柏谷嘉弘・靍岡昭夫 編

日本古典漢語語彙集成

第二冊 研究篇 正

勉誠出版

目次

第一編　序　論……7
第一章　日本漢語（漢語）……8
第二章　日本漢語の範囲……10
第三章　漢語の濫觴……12
第四章　漢語の伏流……15
第五章　漢語の原泉……20
第二編　漢語の摂取──理解語彙としての漢語──……31
第一章　論語の漢語……34
第一節　語数……35
第二節　和漢混種語……36
第三節　漢語の読み……38
第四節　現代語との関連……51
第五節　語彙表……54
第二章　遊仙窟の漢語……75
第一節　語数……76
第二節　和漢混種語……77
第三節　文選読……78
第四節　漢語の読み……82
第五節　現代語との関連……87
第六節　語彙表……88

第三章　文選の漢語……98
第一節　語数……101
第二節　和漢混種語……103
第三節　漢語の読み……105
第四節　現代語との関連……117
第五節　語彙表……118
第六節　文選読……349
第四章　法華経の漢語……391
第一節　語数……394
第二節　和漢混種語……395
第三節　漢語の読み……398
第四節　現代語との関連……417
第五節　語彙表……418
第五章　本朝文粋の漢語……427
第一節　語数……430
第二節　和漢混種語……432
第三節　漢語の読み……435
(一)　漢音よみと呉音よみ……435
(二)　呉音引符……474
(三)　読みと意味分野……478
(四)　連濁・百姓読……481
第四節　現代語との関連……483
第五節　語彙表……484

第三編　漢語の表現――表現語彙としての漢語――……617
Ⅰ　古代の漢語……618
Ⅱ　中古の漢語……623
第一章　竹取物語の漢語……623
第一節　表記……624
第二節　語数……628
第三節　和漢混種語……629
第四節　漢語の読み……629
第五節　漢語の表現……632
第六節　語彙表……635
第二章　伊勢物語の漢語……639
第一節　表記……639
第二節　語数……642
第三節　和漢混種語……642
第四節　漢語の読み……643
第五節　漢語の表現……646
第六節　語彙表……649
第三章　土左日記の漢語……652
第一節　語数……653
第二節　和漢混種語……654
第三節　漢語の読み……654
第四節　漢語の表現……657
第五節　語彙表……659

第四章　宇津保物語の漢語……661
第一節　表記……661
第二節　語数……674
第三節　和漢混種語……675
第四節　漢語の読み……683
第五節　漢語の表現……698
第六節　語彙表……707
第五章　かげろふ日記の漢語……729
第一節　表記……729
第二節　語数……732
第三節　和漢混種語……733
第四節　漢語の読み……737
第五節　漢語の表現……744
第六節　語彙表……746
第六章　枕冊子の漢語……751
第一節　表記……751
第二節　語数……756
第三節　和漢混種語……758
第四節　漢語の読み……764
第五節　漢語の表現……773
第六節　語彙表……776
第七章　源氏物語の漢語……786
第一節　表記……786
第二節　語数……795
第三節　和漢混種語……796
第四節　漢語の読み……807
第五節　漢語の表現……821
第六節　語彙表……840
第四編　終章……859

第一編　序論

第一章　日本漢語（漢語）

日本漢語は、漢民族の言語、即ち、シナ語から日本語に摂取されたことばであり、日本語にとつては、外来語・借用語である。

現今一般に外来語と呼ばれることばは、ポルトガル語・オランダ語・英語など西欧の諸言語からの借用語であり、その年代も、室町時代末、十六世紀中葉以降のことに属し、比較的新しい上に、語数も余り多くない。[注1]

それに対し、日本漢語は、その借用の年代も非常に古く、語数も尨大で、現代日本語の語彙の半ばを占める。[注2]

この点を重視する余り、日本漢語を外来語とするのは皮相的な見方で、本質的には固有の国語的要素であるとする説も生まれたほどである。[注3]

しかしながら、古代の大和言葉・和語と呼ばれる日本固有の言語と、日本漢語とでは、音韻の面で、次の如く大きな差が存在するので、両者は明確に区分される。

一、和語はすべて開音節であるが、日本漢語には閉音節もある。（あか・さと――仙人・昔日）

二、母音音節が、和語では第一音節のみに立つが、日本漢語では第二音節以下にも立つ。（あさ・うみ――博愛・創意）

三、濁音音節が、和語では第一音節に立たないが、日本漢語では第一音節にも立つ。（うばら・いづ――神社・平等・道義）

四、ラ行音の音節が、和語では第一音節に立たないが、日本漢語では立つ。（いろ・うり——瑠璃（るり）・落涙（らくるい））

五、拗音節が、和語にはないが、日本漢語には存在する。（——強力（きやうりよく）・成就（じやうじゆ）・絵画（くわいぐわ）・光明（くわうみやう））

六、ハ行転呼音が、和語には発生したが、日本漢語には発生しない。（言は（ワ）ず・恋ふ（ウ）る・答へ（エ）て——是非（ひ）・古墳（ふん）・歯髪（はつ））

ただ、この六項は、和語と日本漢語とを区分できる特徴であるが、西欧の諸国語からの外来語も同じ特徴を具備してゐるので、日本漢語とこれら外来語との区分には無力である。従つて、これら外来語との区分には、出目がシナ語であること、つまり、漢字の字音よみである点が必要条件になる。漢字音としては、漢音・呉音・唐宋音・現代音などのいづれによつて読まれても、すべて前述の六項の音韻上の特徴を具備してゐるので、本書では日本漢語として取扱はれる。

注

1　国立国語研究所報告25『現代雑誌九十種の用語用字』では9.8％

2　注1の報告では47.5％

3　安藤正次『国語学通論』

第二章　日本漢語の範囲

日本漢語は、シナ語からの借用語であるから、シナ語本来の語である、次のやうな語が該当する。

仁　義　礼　天命　春望　明月　函谷関　王昭君　朝令暮改　一進一退

次に、シナ語にとつては外来語であるが、日本語にとつてはシナ語として摂取された、次のやうな語が、該当する。

阿彌陀・彌陀（Amitābha）　袈裟（kashaya）　三昧（samādhi）　迦陵頻伽（kalavinka）　奈落（naraka）

佛陀（buddha）　比丘（bhikkhu）　蘇枋　葡萄　獅子[注1]

次に、日本漢語が和語と複合した和漢混種語は、構成要素に日本漢語があるので、本書では、日本漢語の範囲に含めて扱ふ。それには、次のやうな例が該当する。

愛す　約す　及第す　制止す　老(おい)法師　み随身　故殿(との)　下衆女(をんな)　執念し　美々し　奏しがたし　上衆めかし

気色ばむ

これと同様な語に、西欧からの外来語と日本漢語との複合語である、漢欧混種語がある。

ベアト日(にち)（Beato nichi）　ナツラル精(せい)（Naturalxei）　御(ご)オンタアデ（go Vontade）　御パション（go Paʃsion）

御(ご)ボンタアデ（go Bondade）　半ドン　ローカル線　マイカー族　アルカリ性　ドイツ語　フランス革命

これらの語も、和漢混種語と同じく、日本漢語に含めて扱ふ。

次に、和語を表記した漢字を、字音で読んだ為に生じた字音語がある。次のやうなものがその例である。（　）内は、もとの和語。

大根（おほね）　火事（火のこと）　返事（返りこと）　出張（ではる）　尾籠（をこ）　出来（いできたる）

物忩→物騒（ものいそがはし）

これら和製漢語は、日本漢語が摂取されて既に数百年経た中世以降の産出で、明らかに出自がシナ語ではないが、もとの和語とは全く異なる字音読みの語形である。その点和語を音仮名で表記した「歌舞伎・寿司」などとは異質のものである。この字音読みに共通の特徴を認めて、右の和製漢語も、本書では日本漢語の中に包摂する。

江戸時代末期から明治時代にかけて、西欧の諸国語を飜訳するに際し、「日曜・哲学・心理・商法・種痘・手術・電信・原子・酸素・公園」など、字音読みの語を案出した。これらの中には、「絶対・演繹・倫理学・形而上・観念・唯心論・宇宙」など、仏典・漢籍に典拠を求められるものもあるが、典拠なしに新しく創られた語が多い。[注2]この新造語も、シナ語出自のものではないが、字音読みであるので、日本漢語として包摂する。

ここまでに述べた「日本漢語」を、以下の論述では、通用に従つて「漢語」と称する。

注

1　山田孝雄『国語の中に於ける漢語の研究』四六ページに、蘇枋を馬來語より、葡萄を希臘語よりの、古代支那語の外来語とする。佐藤喜代治『日本の漢語』八ページに、獅子を梵語よりの借用語と説く。

2　注1『日本の漢語』四二三ページ。

第三章　漢語の濫觴

漢語の伝来は、極めて古く、その始めは杳として不明である。

日本書紀によれば、応神天皇の十五年に、百済王が阿直岐を使として良馬二匹を奉り、その阿直岐を師として、皇太子菟道稚郎子が経典を学び、翌十六年、同じく百済から王仁が来朝し、太子はこれを師として諸典籍を学習した。古事記には、来朝の際、王仁は論語十巻、千字文一巻を奉つたと記される。

これが、正史に記された漢籍渡来の最初である。皇太子が典籍を学習するについては、宮廷内にそれをよしとする思想が存在したと考へられ、大陸の文物に既に接してゐて、かなりの程度まで理解・智識が存在したと推測される。大陸の文物に接すれば、当然シナ語に接するので、応神天皇の頃には漢語が発生してゐたと考へられるが、それを裏付ける確証が発見されてゐない。

一方、金石文は、最近も次々と発見されてゐるが、現時点で最古のものは埼玉県行田市稲荷山古墳出土の鉄剣銘文であり、それとほぼ同時代と推定されるものに、熊本県玉名郡菊水町江田船山古墳出土の太刀銘文、和歌山県橋本市隅田八幡宮人物画像鏡銘文がある。稲荷山古墳鉄剣銘文の「辛亥年」については、西暦四七一年説が有力であるが五三一年説もあり、その「獲加多支鹵大王」が船山古墳太刀銘文の大王名と同一とする説に依れば、両者はほぼ同じ頃の製作となる。隅田八幡宮鏡銘文の「癸未年」については、西暦五〇三年説が有力視されるが、四四三年説もある。

稲荷山古墳鉄剣銘文（傍線・読点は柏谷・以下同）

（表）辛亥年七月中、記乎獲居臣上祖、名意富比垝、其児多加利足尼、其児名弖已加利獲居、其児名多加披次獲居、其児名多沙鬼獲居、其児名半弖比

（裏）其児名加差披余、其児名乎獲居臣、世々為杖刀人首、奉事来至今、獲加多支鹵大王、寺在斯鬼宮時、吾左治天下、令作此百練利刀、記吾奉事根原也

江田船山古墳出土太刀銘文

治天下獲□□□鹵大王世、奉為典曹人名无利弖、八月中、用大鐵斧并四尺廷刀、八十練六十捃、三寸上好□刀、服此刀者、長寿子孫洋々得其恩也、不失其所統、作刀者伊太加、書者張安也

隅田八幡宮人物画像鏡銘文

癸未八月、日十大王年、男弟王在意柴沙加宮時、斯麻、念長寿、遣開中費穢人今州利二人等、取白上同二百旱、作此竟

これらは、それぞれ変体漢文の要素が見えるので、[注1]訓読されたと思はれる。稲荷山古墳鉄剣銘文の「上祖・杖刀・奉事・左治・百練・利刀・根原」は、「中国の古典にも見える漢語」である旨指摘され、[注2]江田船山古墳太刀銘文の「長寿・子孫」などは「字音で読まれたかも知れ」[注3]ず、隅田八幡宮鏡銘文の「長寿・白上同」も字音読みの可能性が大きい。

これらの数語は、字音読みの確例とは断定できないが、もし字音読みの語であれば、五世紀後半から六世紀初頭にかけて、既に漢語が使用されてゐたことになる。この場合の漢語は、表現語彙としての漢語であるが、表現語彙は理解語彙の存在を前提とする故、理解語彙としての漢語は、さらに可能性が大であると云へる。

この理解語彙の見地からは、漢語の摂取はさらに溯ることが可能である。江戸時代、天明四年（一七八四）に北九州志賀島で「漢委奴國王」の五文字を刻んだ金印が発見された。これは『後漢書』に

建武中元二年（五七）倭奴国奉貢朝賀。使人自称二大夫一。倭国極南界也。光武賜以二印綬一。

と記された「印綬」の印に対応するものとされる。これを正真と認めるならば、西暦一世紀の頃、既に漢字文化が渡来してゐたことになる。そして、『漢書』地理志には、

夫楽浪海中有二倭人一、分為二百余国一。以二歳時一、来献見云。

の記述があるので、建武中元二年より、更に古く、大陸との交流があつたと見られる。従つて、金印の文字に接する以前に、漢字に接したことは充分想像できることであり、シナ語に接したことは、それ以上に公算大である。以上の見地から、少なくとも金印の「漢」は、理解語彙の漢語として、一世紀に存在したと認めることができる。また、『後漢書』の文中、「使人自称二大夫一」と、多少の驚訝の念と共に記してあるのは、「大夫」の語を、表現語彙の漢語として認めるに充分である。

ここにおいて、一世紀中葉に、少くとも二語の漢語が存在してゐたことが明らかとなり、漢語の濫觴と云へる。

注

1　長田夏樹「日朝両国漢文訓読探源(上)」(『朝鮮学報』97輯)

2　小谷博泰「文書、金石文の語彙」(『講座日本語の語彙第三巻』所収)

3　築島裕「国語の語彙の変遷」(『国語教育のための国語講座4』所収)

第四章　漢語の伏流

大陸との交渉は、二世紀、三世紀、四世紀を通じて存続したことは、史書・金石文により明らかであるが、[注1]漢語の確実な例を求めることはできず、既述の稲荷山鉄剣銘文などの五世紀に至る。六世紀には、欽明天皇十三年（五五二）百済の聖明王が佛像・経論を献上したと、書紀に記され、佛教が正式に伝来した。これ以後、漢訳教典の読誦による佛教関係の漢語が摂取されたことは、容易に想像される。

推古四年（五九六）の作と見られる元興寺露盤銘には、「天下・奉仕・上啓・万法・佛法・最上・善哉・造立・魏々乎・菩提心・誓願・十方・諸佛・化度・衆生・国家・大平・塔廟・福力・過去・七世・父母・六道・四生・浄土・佛果・子孫・世々・綱紀・法師・律師・鏤盤師・瓦師・博士」など、佛教関係を中心とした漢語と見られる例があるが、確実な例とは言ひ難い。

漢語の確実な例は、天武十年（六八一）の群馬県の上野三碑の一「山ノ上碑」（『寧楽遺文』では山名村碑）の「辛巳歳集月三日記…」の「集月（十月）」である。次いで、藤原宮出土の木簡に記された、次の薬品名である。

（表）受被給薬 車前子一升 西辛一両 久参四両 右三種（裏）多治麻内親王政人正八位下陽胡甥（奈良県教育委員会『藤原宮』七五）

薬草である「細辛（サイシ）・苦參（クシム）」を、類音表記で「西辛・久參」と記してゐるので、字音読みであると確定できる。そして三種の薬品のうち、二種が字音読みであるので、残る一種の「車前子」も字音読みされたと類推される。

但馬皇女は、和銅元年（七〇八）六月没である故、藤原宮に都が遷された持統八年（六九四）以降、和銅元年までの期間の木簡と推測される。

八世紀になると、正倉院文書を中心に、文書類が多量に保存されてゐて、数詞の字音語が多く見られる。

大宝二年（七〇二）の「御野国山方郡三井田里大宝貳年戸籍」には、約三十語見える。

大宝貳年十一月　壹　貳　参　肆　伍　漆　捌　拾　拾壹　拾伍　拾捌　貳拾壹　貳拾貳　参拾貳　参拾捌

肆拾伍　伍拾貳　貳佰貳拾壹　壹佰貳拾捌　壹佰肆拾肆　壹佰伍拾参　肆佰貳拾貳　肆佰陸拾参　捌佰仇拾仇

壹戸　伍戸　捌戸　拾陸戸　五拾戸

これらは、「壹・貳・參・肆・伍・陸・漆・捌・仇・拾・佰」などの、漢数字・同音字や類音字を使用してゐるので、字音読みであることは確実である。

同様の例は、「筑前国嶋郡川邊里大宝二年籍」に

拾玖歳　陸歳　漆拾肆歳　肆拾玖歳　肆拾漆歳　拾陸歳

など、四百人以上の年令が記載されてゐるし、「受田」の面積として、次の語を含む十六語の字音語が見える。

壹町伍段壹百貳拾歩　參町玖段　肆町参段　陸拾歩　壹拾参町陸段佰貳拾歩

この事情は、他の戸籍帳でも同様で、「豊前国三毛郡塔里太宝二年籍」では約百三十人、「豊前国上三毛郡加自久也里太宝二年籍」では約七〇人、「豊前国仲津郡丁里太宝二年籍」では約四百八十人の年令、受田十九の面積が同様に記載されてゐる。

また、天平二年（七三〇）の正税帳には、

壹阡肆佰伍拾玖斛伍斗肆升参合　参仟参佰貳拾壹束捌把半　壹伯肆拾壹間　貳伯漆拾肆斛参升漆合漆夕　陸甕

など、量を表す字音語が多数記されてゐる。

また、天平十年（七三八）の「駿河国正税帳」には、

壹拾捌日　参拾玖人　壹拾捌巻　半枚　貳兩壹分貳銖　肆拾張　陸拾漆斤捌兩　壹枚半　捌拾條　捌拾匹　伍口　拾籠　壹拾陸勺

などの他、多数の字音語が記されてゐる。

以上、生活の多方面に亙る多数の漢数詞は、字音読みではあるが、漢語として認めることはできない。それは、当時の戸籍・計帳・正税帳などの公文書は、すべて漢文で書かれてゐて、その漢文の中での用語であるからである。しかしながら、これらは潜在的な漢語と言ふことはできよう。

さて、天平九年（七三七）「但馬国正税帳」の別筆の傍訓「僧法志」[注2]は、本文とは別であるので、漢語と認められる。

また、万葉集には、確実な字音読みの例として、次の歌の「佐叡(釆)」がある。

一二の目のみにあらず五六三四さへあり雙六の佐叡（巻十六・三八二七）

天平勝宝五年（七五三）の作とされる仏足石歌の中には、

舍加（釋迦）の御足跡石に写し置き敬ひて後の佛に譲りまつらむ捧げまつらむ(九)

久須理師（薬師）は常のもあれど賓客の今の久須理師（薬師）貴かりけり賞だしかりけり(十五)

と、「釋迦・薬師」の二語が、漢語である。仏足石歌では、「三十二相」を「みそちあまりふたつのかたち」、「八十種」を「やそくさ」、「具足」を「そだれる」、「四蛇」を「よつのへみ」、「五蘊」を「いつゝのもの」と仏教関係の語を字音読みにせず和訳してゐる中で、「薬師」と和漢混種語を使用してゐる点に注目される。

万葉集には、「標結ひて吾が定め義之」(巻三・三九四)、「妹に逢はむと言ひ義之ものを」(巻四・六六四)、「結び

大王白玉の緒の」（巻七・一三二一）と、「義之・大王」を「てし」と訓む義訓がある。これは王羲之が書道の師であるので、「手師」と呼んだものであり、その子王献之も優れた書家であつたので、羲之を「大王」、献之を「小王」と称した。この「手師」も漢語であるが、「師」が漢語として摂取され、慣用久しきに亙つてゐることを、「薬師・手師」の混種語が物語つてゐる。

さらに、古事記では、普通音仮名と訓仮名の混用を避けるにも拘らず、「師木」の用法が中巻に「師木津日子玉手見命・師木津日子命・師木水垣宮・師木玉垣宮・倭者師木登美豊朝倉曙立王（登美二字以音）」など、訓仮名と共に使用せられ、特に最後の例の注では、「師」は訓仮名と、安萬侶により意識されてゐたと云へる。これは、「師」が安萬侶の頃には、漢語と意識されないほど、完全に和語化してゐたことを示すものに外ならない。

次に、続日本紀を中心とする奈良時代の宣命では、佛教関係の語を中心に、次の漢語が使用されてゐる。

僧（五詔）　盧舎那像（十二詔）　盧舎那佛（十二・十三・十五詔）　盧舎那如来（一九・四三詔）　大御舎利（四一詔）　大法師（四一詔）　大法師等（四一・四二詔）　師（四八詔）

これらの中には「大御舎利・大法師等」など、和語の接頭語・接尾語が付いた和漢混種語がある点、その漢語が摂取されて久しいことを示す。

これらの語の他に「慶雲・和銅・神亀・養老・天平」などの年号や、「三宝・最勝王經・僧綱・知識寺・出家・弟子」などの佛教関係語や「博士」など、漢語と覚しき例は多いが、厳密な意味での字音語とするには躊躇させられる。これらの字音読みの確例は、平安時代以降に属し、それを根據に溯つて、宣命のこれらの語を漢語と認めうるが、それについては、第三編で述べる。

七世紀から八世紀にかけての漢語は、以上に述べた如く、確例は極めて少ない。しかし、その中には「師」のやうに、和語と区別されなくなるまでに融和したものもあり、和漢混種語も存在してゐて、漢語の質が幾層もあることを反映してゐる。

　これらの漢語は、氷山の一角であり、その水面下に大量の漢語が潜在してゐることは、充分想像できる。が、資料が限られ、確証に乏しく、隔靴掻痒の感がある。

注

1　『後漢書』の東夷列伝に「安帝永初元年（一〇七）倭国王帥升等、献二生口百六十人一、願請見。」とあり、又、『三国志』魏志東夷伝の記録、『日本書紀』神功皇后紀、広開土王碑など。

2　小谷博泰「文書・金石文の語彙」（『講座日本語の語彙・第三巻』所収）

第五章　漢語の原泉

漢籍・佛典の訓読は何時頃から始められたのか、明らかでないが、平安時代に入ると、典籍に直接、句読点・返点などを記入した資料が存在する。年代の記されたものの中、最古のものは、大東急記念文庫蔵『華厳経刊定記巻第五』であり、延暦二年（七八三）、同七年（七八八）の奥書がある。[注1] この句読点・返点の記入してある文献は、他にも数種報告されてゐて、[注2] 平安時代の極初期から、このやうな書き入れがされてゐたと知れる。

これとは別に、万葉仮名を主として、行間に訓法を記入した文献も数種報告されてゐて、[注3] ヲコト点の創案以前の時期における訓読記入の状態が知れる。これもほぼ延暦・大同頃とされる。[注4] その中には、字音が類音の漢字や仮名で記入されたものがある。

『聖語蔵本央堀魔羅経』は字音直読資料とされるが、[注5] 全部で97例の注記があり、そのうち意義を記した2例「文（千）珠（恵）・須（世）彌（界）」があり、多少の疑問が残る。他の95例は字音の注であるが、その中には次のやうな語も含まれる。

濔溺（ヘ宇三悪）　遶旋（根宇善）　振懼（新口）　猨猴（恵爾侯）　象（佐宇）　屠膾（ト恵）　奪取（達之ユ?）　雹（ハ宇）　剪爪（千左宇?）

字音直読資料であれば、シナ語となるので、漢語とは認定できない。が、初期の点本から字音が記入されたことは留意される。

また、『沙門勝道歴山瑩玄珠碑』にも、次のやうな字音の記入がある。

巌（加）　璀（シ）璨（サ）　百頃（ホ）　雱（ハ）霈（ヒ）　崢（西）嶸（兄）　瑩（恵）磨　嵦（加ゝ）　皓（花）然[注6]

ヲコト点と仮名（万葉仮名・平仮名・片仮名）を併用して訓法を記入してゐる文献が、九世紀初頭から存在するが、年代が明確な現存最古の資料は正倉院聖語蔵及び東大寺蔵の『成実論』天長五年（八二八）点である。これには、文字面の中央左部の点が音読、中央右部の点が訓読と、音読・訓読を区別して付されてゐる。[注7] その音読点により、「生・貪・身」[注8] などの一字語、「三業・禮敬・禅定・妙梯・破戒・罪過・思惟し・法薬・欲心・報障・施物・輕賤(せ)・敬仰・所應・女色・壊乱す・身髪・毛抓・富貴・貪心・愁憂し・啼哭する・輕躁・有智・色香・水灑・少弊・持戒・取相」[注9] などの二字語が巻二十一で報告されてゐる。

訓点本の原文は漢文であるが、訓読により成立する文章は日本語であり、その訓読文の中の字音語であるので漢語と認定できる。

『成実論天長五年点』に続いて、年代の明らかな資料は、根津美術館蔵『大乗掌珍論巻上』で、承和元年（八三四）・嘉祥二年（八四九）の加点である。[注10] このヲコト点にも音読符があり、[注11] また二字の連合を示す連合符もある。この連合符は音合のみでなく、訓合にも使用されるが、字音連合と見られる語として次のものが報告されてゐる。[注12]

論-者　了-知(セル)　有-法　真-性　相-違　過-失　方-便　一-切　信-受　有-為　世-間　世-俗
言-説　所-説　破-壊　立-宗　不-成　攝-在　同-喩　違-因　自-性　建-立　所-楽　他-宗　非
-有　立-論　顕-現　女-兒　虚-妄　随-逐　相-應　成-就　自-言　立-宗　所-有　所-立　諸-
行　顕-事　癡-賊　正-理　縁-生　所-執　假-法　共-住　成-立　契-當　堕-落　欣-求　慳-嫉
諍-論　一-乗　分-別　入-眞　滅-壊　唯-識　実-性　自-然　述-成　因-縁　所-行　空-華　所
-依　假-立　勝-義　増-益　損-減　離-言　道-理　衆-縁　二-種　立-巳-成　能-詮　所-詮
偏-計　微-妙　聖-言　傍-論　正-論　遮-破　実-有　能-破　実-有　能-破　比-量　厭-怖　文

−義　受−持　生−起　悟−入　性−空　遺−除　精−勤　安−住　真−実　菩−薩　欣−楽　三−輪　生−死　發−趣　親−近　貧−求　資−糧　他−縁　執−取　修−習　觀−行　句−義　總−別　障−難　所−發　所−照　遮−止　推−徵　音−聲　種−種　同−法

これらも、訓読文中の字音語であるので、漢語と認定できる。

次に、九世紀中葉の加点と推定されてゐる知恩院蔵『大唐三藏玄奘法師表啓』古点で、音読熟合語のみ「□−□」の如き連合符が付せられ、訓読熟合語には付せられてゐないので、この連合符は字音連合に専用されたことが明らかとされ、[注13] 字音語を特定できる。また、このほか、類音の漢字や仮名（稀にヲコト点）で字音が付記されたもの、文選読のものも、字音語と認定できる。以下に、この三条件で採録した語を記す。( )内の数字は、所在の行数である。

義−畫　書−契　籒（中）−文(3)　典−暮　括−性（する）　埃（アイ）−累(4)　寰−區　龍−宮　鷲−嶺(5)　群−迷　沙−界　交−喪（上）　塵−劫　至−極(6)　詮（千）（する）(7)　聖−帝（なり）　陛−下　九−瀛（エ）(8)　胄（素）−庭　八−極　軒−昊（カウ）　紫−塞(9)　幽−陵　青−丘　妖（エ）−気　蟠−木(10)　華−山　完（化）−岫（シウ）(11)　延−閣　容−臺　鳳−篆（占ム）　亀−文　東−觀　戚（キ）−蕤（スイトサカナリ）　銀（言）−鎬(12)　玉−字　浩−汗（と）（オキロなり）　南−宮　真−如　空−寂（なるコト）(13)　妙−法　鹿−野　聖−期(14)　譯（エキ）　鶏−林　神−化　來−儀（セリ）　香−城　中−洲(15)　玄−津　神−縣　像−法　玄−奘　行−業(16)　曲−成　緇（シ）−徒（豆）　光替（弟ナリ）　慨−然（とほケミき）　憤（分）(17)　弘宣（とヒロメす）　罔−威　西−域(18)　毗−尼(19)　七−軀　佛−宍（にク）　舍−利　一百五十粒（立）(20)　骨−舍−利−等（ラ）　一−函（ケフ）　金−地　玉−門(21)　綸−言　飜−譯（セ）　開−士　彗−義　同−證（セ）(22)　惣−畢（する）(23)　顯−揚聖教論(24)　八袠（竹）(25)　經−論等（ラ）　奉進（と（たてま）つリ）　聖−鑒（何ム）　玄−言　沖−遠（なり）(26)　玄−奘　學（ク）　沈−秘　該（カイ）−通　天−規　至−教(27)　爝（尺）−火　修−景　涓（化ン）−々（たる）　細−流　巨−壑（ワク）(28)　軒−皇　流−沙　滄−海　夏（ケ）−載(31)　伊−堯　西−羌（光）

垂―衣 東―夷 刑―措(ソ)(32) 曩―伐 前―典 陛―下(33) 天―下 群―生 鰲(コウ)―足 蘆―灰(化)(34) 方―輿(ヨ) 圓―蓋
武―經 七―徳 文―教 十―倫(35) 泉―源 蕭―葦 房―芝 井―浪(36) 紫―膏 貝―闕 自―雲 玉―検
若(尺)木(37) 濛(ち)―汜(シ) 炎―火 赤―坂(ハイ)(38) 前―良 曠(トオキロにして) 故―府 漢(か) 張―掖―金―城 秦(神)(39) 桂―林 珠―浦
(40) 梵―境 好―事 躬(カ) 螽(の(む)シ) 皇―靈(41) 暎―拜 展―轉(シ) 重譯(若ク) 流―離(とはな)し (42) 巨―雀 前―開 罽(ケイ)
―寘 孤―鸞 曩―實(43) 雪―岫(シウ) 提―河 鶴―林 鷲―嶺(44) 祇―園 麗―迤(ゐ) 王―舍 婆―陁(とアレトも) 歴―
覽(とみ)メ(ぐ)レは(45) 推遷(水千) 帝―京 二(に)―紀(き) 百―有(尹)卅八国(46) 章―亥(か) 廣―袤(衣) 夸(ク)―父 士―風 班―迢(47) 張―騫
玄(ト)―奘 所―記(48) 剪―弃 大―唐 西―域 繕(収)―寫(する)(49) 稟―質 愚―魯 緝(シフ)實 右―筆 左―言(50) 實
―錄 標(ヘウして) 百―王 稱―首 九―丘 皇―代 山―經 汲―傳(51) 區―々(に) 奉―進(とたてま)ツリ 旅衣(リウイ)(52) 表(ヘウ)(54)
玄―門 昌―運 至―道(55) 正―覺 遺―文 概―然(と)ツ(つ)シミ(56) 飜―譯(す) 五―部(57) 尊―像 聖―上(58)
青―蓮(59) 表―發(シ) 玄―藻 宗―極 序―明(シタマヘ) 天―文 秘―思(シ)(60) 日―月 玉―字 銀―鈎(クイ) 乹―坤 百
―代 歌―詠(する)(61) 千―載 悽―々 奉―表以―聞(す)(62) 來―意 法―師 高―行 標(ヘシて)(65) 彼―岸 法―門
大―猷(イ)(66) 朕(竹イ) 學(ク)(68) 西―域(69) 綸―言(72) 法―侶 九―瀛 四―表 皇―霊(73) 朝―化 翻―譯(する) 巻―
軸 詮―序(する)(75) 叡―思 天―華 繫(ケ)象(76) 神―力 無―力 神―思(77) 聖―教 玄―遠(なり) 聖―藻 威―嚴
題―目(78) 宸―睠 沖―邈(カクなり) 矜(コウ)許(コウ)(79) 江―河 雲―和 楽(ク)(80) 金―壁 于―祈(ケす)(81) 雲―雨 天―文 兩
―儀 二―耀(江ウとして)(82) 神―筆 鶏―園 奥―典(なる) 英―詞(83) 梵―象 蠢―々(たる) 迷―生(84) 霈(貝)澤(88) 玄―奘
文―明 息―心 四―恩(89) 皇―睠 流―霞(カ)(90) 切―玉(91) 屛―營(92) 陳―謝以聞(す) 天―鑒(何ム)(93) 六―爻 生
―滅 百―物(96) 真―如 義―冊(尺)(97) 歴―選 玉―毫 金―輪(98) 先―王 九洲(す) 百―千 日―月 列―代
區―域 恒―沙 法―界(99) 精―舍 隄―封 貝―葉(の)―霊―文 冊―府 玄―奘 振(し)錫(100) 崛―山 萬―里

天-威-咫(シ)-歩　千-葉　隻-林(101)　食-頃(兄)　一-乗　鷲-嶺(102)　卜-詔　使-翻-譯　玄-奘(103)　龍-樹　傳-燈　馬-鳴　寫-瓶　經-論(104)　天-恩　象-繫(105)　象-妙　法-雲　百-草　一-音(オム)　演-説(106)　億-劫　微-生　踊-躍((と)アカリ)　歡-喜(とヨ(ろこ)ヒヨ(ろ)コ(ぶる)こと)　受-記(107)注14

以上、延べ約三百三十語に達するが、全文の量に比べて、非常に多い語数である。そして、この漢語を検討することにより、漢語と認定できる条件が、いくつか見出せる。

第一に、漢語サ変動詞である。右の中、漢語サ変動詞が十七語ある。従つて、前記三条件に該当しなくとも、サ変動詞の語尾が付せられてゐる語は、字音読みと認めることが妥当である。この条件は前記『成実論』古点の漢語にも該当する。この条件により、次の十語を加へることができる。

宣す(18)　勅(し)て(25)　稱して(27)　滞して(38)　開して(39)　期(セ)(57)　報(す)(64)　謝(し)(70)　府(シ)(82)　陳謝以聞(す)(108)

第二に、「空寂(なる)・推遷(たり)」など、「なり・たり」が下接した語が十例ある。「なり」の場合は和語の可能性を吟味する必要があるものの、これも、漢語と認定する条件となる。この条件により、次の四語が加はる。

榮々(たる)(27)　静謐(なるに)(40)　見(に)(57)(75)　区々(たる)(83)

第三に、「八-極・七-徳」など数を構成要素とする語が、前記の漢語の中に二十三語ある。この数を構成要素とする語も、漢語と認定する条件とできる。が、この場合も充分検討する必要がある。この条件により、次の十八語が漢語に加はる。

一千帙(20)　六百五十七部(20)　五十八巻(23)(58)　一巻(24)　廿巻(24)　十六巻(25)　貞観廿年七月十三日(29)(53)(63)(70)(86)(94)　一十二巻(49)　二月(?)(57)　四空(67)　八極(67)　千古(76)　百王(77)　一首(87)　一領(87)　一口(88)　三業(89)　貞観廿二年八月五日(109)

以上、第一・二・三の条件で新しく漢語と認めた例と、前記の漢語の例を比べると、次のやうに共通の語がある。

陳謝以聞す(109)……陳-謝以聞す(93)

區々たる(83)……區-々に(52)

八極(67)……八-極(9)

百王(77)……百-王(51)

従つて、漢語として認定された例がある語は、他の個所の例も漢語と認定できる。この条件に該当するのは、次の二語である。

玄奘(1)(3)(53)(55)(63)(71)(72)(96)(109)……玄-奘(27)(89)(103)

日月(79)……日-月(61)(99)

さて、『大唐三蔵玄奘法師表啓』古点の音連合符と同じく、音連合専用のものは、他に『東大寺諷誦文稿』があり、[注15] これは九世紀前半の成立とされる。

しかし、九世紀から十世紀にかけては、『大乗掌珍論』古点と同じく、連合符は、音合・訓合に併用される場合が普通である。音合符と訓合符がそれぞれ異なる位置に付せられて区別されたのは、西大寺蔵『大日経（大毘盧遮那経』）長保二年（一〇〇〇）点』が最初とされ、次のやうな例が報告されている。[注16]

□ 音合 □　随-順　業-壽　縁-業　増-長
　 訓合

などは、音合で上下の字の中央を結び、

云-何為-根　何-以-故

などは、訓合で、上下の字の左側を結ぶ。

後に、この音合符はさらに二種に分れて、中央の音合符は「漢音読み」の連合に使用され、右側を結ぶ呉音引

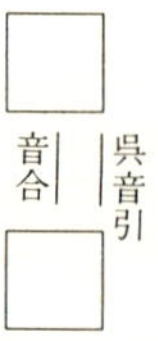

符は「呉音読み」の連合に使用されるに至つた。清原家所用の明経点に見えるものである。

また、一字語については、『地蔵十輪経　元慶七年（八八三）点』では、

定　恵　生　益　帯　作　惑　得（巻五）

など、漢字の右側に□の如く傍線を引いて音読であることを示し、□と左側の傍線の訓読と明確に区別してゐる。注17

このやうにして、一字語の字音読みが判然と示され、二字以上の語は音合符によつて明確に訓法が指示されるやうになつたのは、訓読法の正確さが求められた結果であらう。

また、漢字音の声調示す声点も、十世紀初頭の『周易抄』から見え始める。注18

酬酢。　沼沚　固之　編狭。

右の如く、漢字の四隅に「。」を附したもので、これ以外にも「・」を使用した例が、十世紀中葉の『法華経玄賛』古点『蒙求』古点などに見える。この声点により、その漢字が音読されたことが知れ、字音語を特定する上での指標となる。

十世紀末には、清音「。」と濁音「・」を区別した『大東急記念文庫蔵金剛界儀軌　永延元年（九八七）点』が現れ、注19十一世紀に入ると、さらに「。。・・。」のやうな工夫した符号を濁音に記すものが見え始め、清音と濁音の区別が声点によつても付し分けられるやうになつた。この点も、字音のより正確な注音の方法が追求された結果と考へられる。

さらに、ヲコト点も時代と共に種類が豊富になり、人名を示す「人名符」、地名・山名などを示す「地名符」、

書籍名・詩碑名などを示す「書名符」などが案出された。多くは漢籍で『史記　延久点』に見えるものが最初である。[注20]

これらの付点された固有名詞は、もともとシナの語であるから、音読されるのが普通である。従つて、人名符・地名符・書名符の付せられた語は、漢語として認定することができる。

以上により、漢文訓読文の中で、確実な字音読みの語、即ち、漢語と認定できる条件が明らかになつた。それを列挙すると、次の通りである。

一、字音が、仮名・類音字・ヲコト点で付記された語。
二、字音声点が付記された語。
三、音読符・音合符・呉音引符が付せられた語。
四、人名符・地名符・書名符が付せられた語。
五、複合のサ変動詞になつてゐる語。
六、文選読になつてゐる語。
七、「たり・なり」が下接してゐる語。
八、同一資料の他の個所に、一〜七の例がある語。
九、数を構成要素とする語。

右のうち、七・九項については、特に慎重に検討して、音読み・訓読みを決める必要がある。

訓点資料は、加点原本が現存し、加点年代も明らかなものが多く、しかも、分量が非常に多い点に、優れた価値がある。これまでに知られてゐる資料は、平安初期九世紀で約九十点、平安中期十世紀で約百五十点、平安後期十一世紀で三百点以上、院政期十二世紀で千五百点以上、中世では、千点以上に達し、[注21]尨大な量である。それらには、前記の条件を満足する字音読みの語が多数蓄蔵されてゐるのであり、まことに汲めども尽きない漢語の源泉である。

注

1 土井忠生編『日本語の歴史』八八ページ。
2 築島裕『平安時代語新論』二八ページ。
3 右書二九ページ。
4 春日政治『古訓点の研究』二六六ページ。
5 右書一三九ページ。
6 注2、四一一～四三〇ページ。
7 中田祝夫『古點本の国語学的研究　総論篇』九七一ページ。
8 右書九七二ページ。
9 鈴木一男「東大寺図書館蔵成実論巻二十一天長五年点」(『訓点語と訓点資料』第八輯所収)
10 注7、七一三ページ。
11 注7別冊の第七図。
12 注7、九七三ページ。
13 注7九五四～九五六ページ。
14 中田祝夫『東大寺諷誦文稿の国語学的研究』所収の釈文による。
15 注7、九七六ページ。音合符が付せられてゐるのは、「世綱・自作・教他・増長(セム)・満月・顔容・聖衆」の七語である。

16　注7、九六六ページ。
17　注7、九六八ページ。
18　築島裕『国語の歴史』四三五ページ。
19　築島裕「大東急記念文庫蔵金剛界儀軌の古点について」(『かゞみ』一一)
20　築島裕『平安時代の漢文訓読語につきての研究』三六二ページ。
21　注18、一九四ページ、二〇七ページ。

第二編　漢語の摂取

――理解語彙としての漢語――

漢語摂取の手段として、山田孝雄博士は、「漢語を日本人が知るに至るには、日本人と支那人とが直に相接するか、若しくは漢籍を日本人が讀むかの二方法によるべきもの」[注1]と記されてゐるが、この第一の方法は、物品の舶来に伴ふものが主であるが、それを確かめる手段は極めて乏しい。第二の書籍からの方法は、現存の訓点資料により、検証することが可能である。

この訓点資料により、漢語摂取の状態を明らかにするのが、本編の目的である。具体的には、論語・遊仙窟・文選の点本、法華経の仮名書き資料に、どれだけの量の漢語があるか、その漢語はどんな性格をもつか、また、現代語の漢語とどんな関連をもつかなどを中心に考察する。

また、平安朝の日本人により作られた漢文である本朝文粋の点本についても、同様な面から考察した。日本人の漢詩文も、日本人に愛読され、後世に多大の影響を与へたからである。

さて漢文訓読文の中の漢語の性格について、築島博士に、次の所説がある。

原理的に見ても、漢語は日本人の訓読者にとつては本來外国語であり、その語彙は、漢文訓読によつて学習すべきものであつて、決して生得のものではなかつた。……訓読者には前以て字音語の音韻的イメージがあるとは限らず、寧ろ訓読の過程で始めて接するやうな場合が多かつたと見られるもので、この點では訓読語彙は所謂「表現語彙」ではなくて、「理解語彙」に該當するものと考へられる。[注2]

この所説の通り、訓点資料により訓読する場合の漢語は、理解語彙の性格をもつ。

訓読は、もと〳〵漢文の字句によつて制約を受けるが、それでも、平安朝前半期は文意に即した訓読が多く、個性的であつた。後半期になると、大学寮の博士家の世襲と、佛教の教学における師資相承とにより、師説の尊重、訓読の固定化が著しくなつてくる。その結果として、大略、平安朝中期頃の言語が、後期以後に伝承されてゆく。従つて、平安後期、院政期などの移点者・受講者にとつて、一時代前の言語であり、更に鎌倉時代以降の新興武士階級にとつては、訓読語は口語とは大きく乖離した言語である。即ち、平安後期以後の移点者・受講者にとつては、訓読語自体が理解の言語である面をもつ。その訓読語の中に使用されてゐる漢語は、理解語彙の色彩を色濃くもつと云へる。

そのやうな、理解語彙の性格をもつ漢語が、漢籍、佛典の訓読を介して、日本語の中へ摂取受容され、蓄積されてゆくのである。

注

1 山田孝雄『国語の中に於ける漢語の研究』三一ページ。

2 築島裕『平安時代語新論』五七六～五七七ページ。

第一章　論語の漢語

論語は、儒教の中心的な書物であり、日本の正史に記された漢籍渡来の最初のものである。古代から重んぜられたことについては、「大宝律令が制定されるや、その学令の中に、学生はよし哲学・史学の研究に従事するものでありとも、必ず孝経及び論語は研究すべきであると定め、且つ論語の註釋は鄭玄・何晏の何れによるもよい、とせられたし、又、考課令には論語、孝経に通ぜざる学生は不第と定められて居る。以て論語が我国にあつても官制・学問の基底を為すものであつた事が明らかであらう」と、中村直勝博士が述べられたことでも、[注1]その一班は伺へるし、近年の藤原宮出土の木簡に『論語』公冶長篇の一節を記したものがあることによつても、[注2]裏付けられる。以来、各時代を通じて尊重され、大きな影響を及ぼして今日に至つてゐる書物である。

論語の完本の訓点本では、古いものは十四世紀に入つてからのものが三種知られてゐる。その一つである『大東急記念文庫蔵論語集解建武本』十帖の覆製本により、漢語を採録した。各帖の奥書によれば、明経博士清原頼元が建武四年(一三三七)三月から十二月までの間に巻一から巻十二まで、飯尾三郎に清原家の秘説を授け、巻十三から巻二十までは、康永元年(一三四二)に、直講清原良兼（法名直性）が飯尾三郎に授けたことが知れる。清原家の訓読を伝へた信頼できる資料である。

所用のヲコト点は明経点であり、朱筆で加点されてゐるが、音読・訓読・音合符は墨筆が多く、注音仮名、付訓、注記は墨筆である。墨筆には、小林芳規博士により室町期と推定された別筆があるが、[注3]その点に留意すれば、漢語の認定には余り支障はない。漢語認定に関連するヲコト点例を次に掲げる。

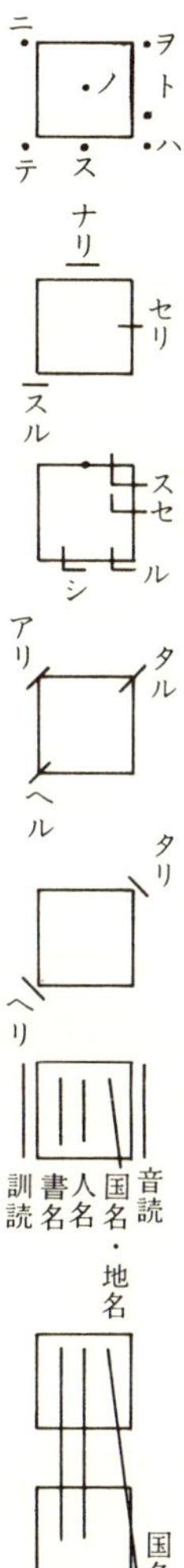

漢語を採録したのは、序と本文についてであり、脚注の部分は除いた。漢語の認定に適用したのは、第一編末尾に記した九條件のうち、一～六までの項である。ただ、文選読の例は本資料には存在しないので、実際に適用したのは五條件である。

この五條件以外で漢語と認めたのは、「孔文子5-60」一語である[注4]。この語は脚注の中で「孔-文-子」と音合符が付せられてゐるし、人名であるが、人名の語はこれ以外はすべて音読されてゐるので、漢語として認めた。

第一節　語　数

採録した漢語の異なり語数は、一二八三語である。それを、「愛・悪」など漢字一字からなる一字語、「以上・下流」など漢字二字からなる二字語のやうに、漢語を構成する漢字の字数によつて分類して、その語数と百分比を表示する。延べ語数、及び延べ語数を異なり語数で除した平均使用度数も併せて示す。

異なり語数では、二字語が最も多く、次いで一字語が多い。一字語・二字語併せて、90％以上を占めてゐて、漢語の中核をなしてゐる。三字語・四字語・五字語と字数が増加するに応じて、語数が減少してゆく。

	異なり語数A	百分比／1283	延べ語数B	百分比／3637	平均使用度数B/A
一字語	456	35.6	2049	56.3	4.49
二字語	703	54.8	1403	38.6	1.99
三字語	87	6.8	146	4.0	1.67
四字語	26	2.0	28	0.8	1.08
五字以上語	11	0.9	11	0.3	1.0
計	1283	(100.1)	3637	(100)	2.83

延べ語数では、一字語が最も多く、二字語がそれに次ぐ。この点は異なり語数と逆であるが、両者を併せると90%を越す点は、異なり語数の場合と同様である。三字語以上は、字数の増加に応じて、急激に減少する。

この延べ語数は、平均使用度数に反映してゐて、一字語が最も多く、二字語・三字語と順に少くなる。

第二節　和漢混種語

和漢混種語には、体言と用言が見られる。

体言では、国名・地名を表す一字漢語に、和語「人(ヒト)」が下接したものがある。

殷(イム)人(ヒト)3-79　郷(キヤウ)人(ヒト)13-103　匡(キヨウ)人(ヒト)9-24　周(シユウ)人(ヒト)3-80　鄹(スウ)人(ヒト)3-60　齊(セイ)人(ヒト)18-14　魯(ロ)人(ヒト)11-43

右の七語がその例である。

用言では、漢語サ変動詞が一五六語あり、全体の12％を占める。うち、一字語サ変動詞は一一五語、二字語サ変動詞は四十語、三字語サ変動詞は一語「端(タン)章(シヤウ)甫(ホ)シ」である。

一字語サ変動詞のうち、語尾が濁音となり、ザ行に活用するものに、次の十二語二十二例あるが、二字語サ変動詞には例がない。

詠(エイジテ)11-123　講(カウズ)0-15　供す(クキヨウズ)10-95　共(ケウズル)2-3　散(セルこと)19-57　賞(シヤウズト)12-76　稱す(シヨウゼラレ)13-85　□す(シヨウゼラレ)13-86　□(シヨウゼ)14-126　□す(シヨウズ)14-126　□せ(セウゼラル)15-61
□ては(セウゼバ)16-101注5　信(シンゼ)14-59　□(シンジキ)5-46　□(シンゼ)7-2　存(ソンゼリ)8-26　変(ヘンズ)10-46　□(ズ)10-89　報(ホウゼン)14-128　□(ホウジ)14-128

右の付訓は、字体により室町期の別筆と見られるものが混じるが、「詠(エイジテ)・信(（シン）ジキ)」の二例は別筆ではない。とすれば、十四世紀前半に、この二語の語尾は濁音化してゐたことになる。それから百年以上を経た室町期の別筆の頃には、一字語の漢語サ変動詞の語尾の濁音化が増大したものと考へられる。

この濁音化の条件はまだ十分解明されてゐないが、三内撥音（-ŋ・-n・-m）の韻尾をもつ漢字に「す」が下接することが、必要条件である。しかし、この条件を備へ、且つ現代語では濁音化してゐる「損(ソンジ)　同(トウゼ)　慟(トウス)　命(メイス)」の四語が、本資料では濁音化してゐない。

また、広韻去声号韻に属する「報」はこの条件に欠けるが、二例とも濁音化してゐる。これは、報の韻「-au」を写した「ウ」と、「-ŋ」を写した「ウ」を同一視したものと考へられ、日本漢字音がシナ原音から離れて、日本語化した顕れを示すものと見られる。

第三節　漢語の読み

漢籍は概して漢音で読まれるが、この「建武本論語」も原則として、漢音で読まれてゐる。

以下、仮名による字音注がある漢語について、主として漢音・呉音で差のある頭子音・韻を取りあげ、検討を加へる。

一　頭子音

頭子音のうち、漢音の特徴のある、次濁の明母・泥母・娘母・日母と、全濁の匣母合口について、順次検討を加へる。語例の仮名音注は、それぞれの項の声母をもつ字だけに付けて、他は省いた。

(1) 明母

木(ボク)-鐸　木(ボク)-訥　草木(ボク)　沐(ホク)-浴　穆(ボク)々　美(ビ)-目(ボク)　美(ビ)　美(ビ)-玉　五-美(ビ)　敏(ビン)　閔(ビン)子騫　没(ボツシたりとも)。　。蛮(バム)-貊　澹臺滅(ヘツ)。
明(メイ)冕(ヘン)-者　師。冕(ベン)　。。麻(バ)-冕(ベム)　黻。冕(ヘン)　冕(ベン)-衣-裳　容-。貌(ハウ)　太-。苗(ヒャウ)　宗-廟(ベウ)　太廟(ベウ)　。。磨(バスル)　馬(バ)融　犬-馬(バ)　車-
馬(バ)　司馬(バ)牛　駙-馬(バ)-都-尉　父-。母(ボ)　玄。牡(ボ)　中牟(ボウ)　大-。謀(ボウ)　東-蒙(モウ)　民(ミン)-人　逸-民(ミン)　問(モン)　没(モツシヌルトキニハ)。　南-面(メンセ)
孟(マウ)　孟(マウ)孫　孟(マウ)懿子　孟(マウ)武子　呉孟(マウ)子　明(メイ)　明(メイ)-衣　明(メイ)-日　命(メイ)　命(メイス)　君-命(メイ)　国-命(メイ)　短-命(メイ)　復-命(メイ)　姓-名(メイ)
微(ビ)　微(ビ)。-生-高　未(ビ)-可　巫(フ)-馬(バ)-期　無(ブ)-為　無(ブ)-道　舞(ブ)-雩　韶舞(ブ)　。憮(ブ)-然　。武(フ)　武(フ)-城　武(ブ)王　文(ブン)武(ブ)
蔵武(ブ)仲　孟。武(ブ)伯　叔孫武(ブ)叔　文(ブン)。　文(ブン)学　文(フン)。-獻　文(ブン)公　文(ブン)子　文(ブン)-質　文(ブン)章　闕文(ブン)　子文(ブン)　蔵文(ブン)仲　陳-文(ブン)。
-子　古-文(ブン)論語　公叔文(ブン)子　問(ブン)　問(ブン)王　下-問(ブン)　子-張-問(ブン)　憲問(ブン)第十四　。汶(フン)　。聞(ブン)　異-問(フ)　百-物(ブツ)　萬(バン)
-方　蕭望(バウ)之　罔(バウナリ)　不-敏(ビン)　巫(フ)-医

明母の大半はバ行音である。ハ行音で注音されてゐるものも、「美・微・武・文」などに、バ行音・ハ行音両様の注音されてゐるのと同じく、バ行音に読まれたものと、思はれる。

また、マ行音に読まれてゐる字の韻尾は、次の三種に分れる。

イ　喉内撥音-ŋをもつ字。

蒙(モウ)　孟(マウ)　明(メイ)　命(メイ)　名(メイ)

ロ　舌内撥音-nをもつ字

門(モン)　民(ミン)　面(メン)

ハ　舌内入声音-tをもつ字

没(モツ)

イの類については、有坂秀世博士により漢音と認められてゐるが、[注3] ロについても、イと同様に韻尾の鼻音に影響された一種の鼻音化現象と考へられる。ハについては、「没」に「ボツ・ホツ」の各一例づつバ行音に読んだ例があるので、「モツ」は呉音の混入した音と考へられる。

(2)　泥　母

泥母は、ダ行音とナ行音とで、注音されてゐる。

。餒(タイシ)　邦内(ダイ)　木-訥(トツ)。儺(タ)。諾(ダク)　桀溺(デキ)　大-司-農(ノウ)　老-農(ノウ)　三-年(ネン)　佞(ネイ)　佞(ネイ)-人　便-佞(ネイ)　南郡(ナン)　南(ナン)-面　南(ナン)

容　周南(ナン)　能(ノウ)　多-能(ノウ)　不-能(ノウ)

タ行音の音注も、「内・諾・溺」にダ行音・タ行音両様の注音がされてゐるので、ダ行音に読まれたものと思はれる。

ナ行音に読まれてゐる字の韻尾は、次の四種に分れる。

イ　喉内韻尾-ŋをもつもの

農(ノウ)　佞(ネイ)　能(ノウ)

ロ　舌内韻尾-nをもつもの

年(ネン)

ハ　唇内韻尾-mをもつもの

南(ナン)

イは、明母の場合と同じく、既に漢音を認められたものである。ロ・ハも明母の場合と同じ一種の鼻音化現象と言へる。

(3)　娘　母

娘母は、ダ行音で注音されてゐる。

仲-尼(ヂ)　女(ヂョ)-楽　女(ヂョ)-子　匿(チョク)

(4)　日　母

日母は、一例を除いて、ザ行音のジ・ゼとして注音されてゐる。

鏗爾(ジト〆)　莞爾(ジト〆)　師-爾(シニ)　禱-爾(ジスト云ヘリ)　卓-爾(ジタリ)　二(ジ)　二(ジ)-子　二(ジ)-臣　二(ジ)代　二(ジ)-篇　二(ジ)-三　子　二-十-篇

二(ジ)十一篇　二(ジ)-十-二(ジ)篇　為政第二(シ)　述而(シ)第七　繹-如(ジョタリ)　翕-如(ショタリ)　皦-如(ジョタリ)　闕-如(ジョス)　純-如(ジョタリ)　勃-如(ショト〆)　怡-怡如(ジョタリ)　行行如(ショタリ)　侃侃如(ジョタリ)　鞠躬如(ショタリ)　空-々-如(ショタリ)　踧-踖-如(ジョタリ)　申申如(ショタリ)　恂-恂-如(ショタリ)　与-与-如(ショタリ)　儒(ジュ)　孺(ジュ)-

悲　一-人(ジン)　行-人(ジン)　九-人(ジン)　賢-人(ジン)　五-人(ジン)　三-人(ジン/ニン)　七-人(ジン)　十-人(ジン)　仁人(ジンジン)　成-人(ジン)　聖-人(ジン)　小-人(ジン)

善-人(ジン)　大-人(ジン)　中-人(ジン)　丈人(ジン)　南-人(ジン)　夫-人(ジン)　婦-人(ジン)　民-人(ジン)　門-人(ジン)　野-人(ジン)　儀-封-人(シン)　五-六

人(ジン)　仁(ジン)　仁(ジン)-者　三-仁(ジン)　不-仁(ジン)-者　里-仁(ジン)第-四　数-仞(ジン)　日月(シツ)　三-日(ジツ)　他-日(ジツ)　明-日(ジツ)　一-日(シツ)

潤(ジュン)-色　浸-潤(ジュン)　間-然(ゼンスル)　喟-然(ゼントシテ)　儼-然(ゼンタリ)　死-然(セム)　斐-然(ゼントシテ)　季子然(ゼン)　循-循-然(ゼントシテ)　不-擾(セウ)　原壌(ジャウ)　譲(ジャウ)

揖-譲(ジャウシテ)　礼-譲(ジャウ)　有若(シャク)　善-柔(シュウ)　任(シン)　任(シンセラル)　周-任(ジン)　飪(シン)　出-入(ジフスル)　一-人(ニン)

清音「シ・セ」での音注もあるが、「爾・二・如・儒・人・日・然・任」のそれぞれに、濁音「ジ・ゼ」と清音「シ・セ」との両様の音注が付せられ、ザ行音と思はれる。「一-人(ニン)」と「ニ」のナ行音の音注がされてゐるが、同じ語が他の個所で、「一-人(ジン)」と読まれてゐるので、これは呉音「ニン」が混入したものであらう。また「三-人(ジン/ニン)」との両様の音注が付せられてゐるのも、室町期後筆で呉音が混入したものと考へられる。

(5)　匣母合口

回(クワイ)　恵(クヱイ/ケイ)　柳下恵(ケイ)　小-慧(ケイ)　会(クワイス)　会(クワイ)-同　絵(ヱ)　桓(クワン)公　桓(クワン)魋　三-桓(クワン)　季桓(クワン)子　越(クワツ)-席　莞(クヮン)爾　玄(ゲン)-冠(クワンシテ)　玄(ケン)成

玄(ゲン)牡　鄭玄(ケン)　和(クワ)　和(クワスレトモ)　和(クワス/ワス)　公西華(クワ)　皇々(クワウクワウタル)　黄(クワウ)-衣　弘(コウ)-毅

匣母合口では、殆んどカ行音の注音であるが、ガ行音により注音されてゐる語が二語、ワ行音により注音されてゐる語も二語ある。「玄(ゲン)-冠・玄(ゲン)牡」の二語は、他に注音例がなく、漢音としてもガ行音の読みのみが行なはれたと見られる。「絵(ヱ)」は、呉音の読みが行なはれたと見られる。

「和(クワ)」は、カ行音・ワ行音両音の注音が施されてゐるだけでなく、カ行音による注音例が三例あり、また「和(クワ)」

の三例もあるので、ワ行音の呉音よりもカ行音の漢音の方が規範とされてゐるととれる。しかしながら、「和（クワ）」の漢音読み三例にはすべて平音の声点が付せられてゐる。意味も、平声の場合は「君子和（クヮ）而不同、小人同而不レ和（クヮセ）」と「和順する」意であるのに対し、去声の場合は「子与レ人歌而善、必使レ反之而後和（クヮス・ワス）之」と「唱和する」意である。従つて、この両者は別語として考へねばならない。

別語として考へれば、「唱和する」意の語の場合、漢語よみよりも呉音よみの方が音楽用語で一般化してゐるために、一旦「クワス」と注音しながら、わざ／＼「ワス」と添記したものであらうか。

(6) 頭子音のまとめ

以上次濁字では、三例を除いてすべて漢音読みであり、非常に正確な注音といへる。

二　韻

頭子音の場合と同じく、漢音の特徴のある韻を中心に、順次検討を加へる。韻目は平声のみをあげて、それに対応する上声・去声・入声の韻を含めてゐる。語例の仮名音注は、それぞれの項の韻に属する字だけに付けて、他の字のは省いた。

(1) 東韻（直音）

オ列音にウの加はる「㋔ウ」の形で注音され、例外は一例あるのみである。猶、漢音・呉音同音の入声の例は省いた。

鳳（ホウ）-鳥　東（トウ）-首　東（トウ）周　東（トウ）-蒙（モウ）　通（トウ）-喪　侗（トウニ〆）　同（トウセ）　同（トウ）-姓　異-同（ドウ）　會-同（ドウ）　童（トウ）-子　小-童（トウ）　慟（トウス）　功（コウ）

成-功（コウ）　百-工（コウ）　公（コウ）　公-門　公（コウ）-事　公（コウ）-室　公（コウ）西華　公（コウ）治長　公（コウ）治長第五　哀公（コウ）　周公（コウ）　文公（コウ）　辟-公（コウ）

霊-公(コウ)　魯公(コウ)　葉-公(コウ)　空(コウ)-空(く)-如　司-空(コウ)　控控(コウくトシ)　孔子(コウ)　子貢(コウ)　大司農(ノウ)　紅(コウ)-紫　子貢(カウ)

最後の「子貢(カウ)」は「子貢(コウ)」の音注が他にあり、室町期の開合を誤つたものと考へられる。

(2)　東韻（拗音）

「㋑ウ・㋑ク」の形が大半で、唇音に「フウ・フク・ホク」の形の注音があらはれる。

風(フウゞ)　中(チウ)-行　中(チウ)-道　鄭沖(チウ)　忠(チウ)　忠(チウ)-恕　忠(チウ)-信　敬-忠(チウ)　仲弓(チウキウ)　仲(チウ)突　仲(チウ)田　虞仲(チウ)　管仲(チウ)　晏-平-仲(チウ)　宮(キウ)

宮(キウ)-室　宮(チウ)墻　南宮(キウ)适　鞠(キク)-躬(キウ)-如　窮(キウスル)　衆(シウ)　衆(シュウ)　衆(シュウ)-寡　衆(シュウ)-星　馬-融(ユウ)　復(フクス)　復(フク)-命　服(フク)　服(フクセン)　衣服(フク)

服(フク)-事　凶服(フク)　朝-服(フク)　子服(フク)景伯　穆(ボク)々　美-目(ボク)　踧(シク)-踖-如　宿(シクセシ/シュクセシメ)　宿(シュク)　王-肅(シュク)　踧々(シクシクトシ)　祝(シュク)-鮀　叔(シュク)齊

叔(シュク)夜　叔(シュク)孫武叔(ク)　世叔(シュク)　公叔(シュク)文子　仲叔(チウシュク)圉　郁(イク)-々(く)-乎　六(リク)-言　六(リク)尺　六(リク)-十　六(リク)-蔽　五-六(リク)十　五-六(リク)

人　方六(リク)-七-十　雍也第六(リク)　刑-戮(リク)　忠(テウ)　六(ロク)-七-人　衆(シュ)

「衆(シュ)・六(ロク)-七-人」は呉音読みの混入である。

(3)　侯韻

唇音は「フ・ボ」の形で注音され、他は「㋔ウ」の形で注音されてゐる。

父-母(ボ)　玄牡(ボ)　微生畝(ホ)　斗(ト)筲　闘(トウ)　俎-豆(トウ)　籩-豆(トウ)　溝(コウ)-洫　溝(コウ)-瀆　口(コウ)-給　利-口(コウ)　夏侯(コウ)　諸-侯(コウ)　安昌

侯(コウ)　関内侯(コウ)　張侯(コウ)論　安郷亭侯(コウ)　后(コウ)帝　夏后(コウ)氏　後(コウ)-死　後(コウ)-生　陋(ロウ)-巷

(4)　尤韻

唇音は「フ・ボウ」の形で注音され、他は「㋑ウ・㋑ユウ」の形で注音されるものが大部分である。

不(フ)-可　不(フ)-幸　不(フ)-擾　不(フ)-善　不(フ)-能　不(フ)-敏　不(フ)-仁-者　否(フ)　冨貴(フヽ)　婦(フ)-人　匹-婦(フ)　負(フ)-板　緜-

負(フシテ)　中牟(ボウ)　大-謀(ボウ)　紂(チウ)　晝(チウ)-夜　九(キウ)-夷　九人(キウ)　九(キウ)-百　子罕第九(キウ)　久(キウ)-要　丘(キウ)　丘(キウ)-陵　孔丘(キウ)　左丘(キウ)明　求(キウ)

冉求(キウ)　羔-裘(キウ)　衣-輕-裘(キウ)　舊(キウ)-悪　舊(キウ)-穀　故-舊(キウ)　伯牛(ギウ)　犂-牛(ギウ)　司馬牛(キウ)　冉伯牛(キウ)　周(シユウ)　周(シウ)　周(シユウシ)　周子(シユウ)

周(シウ)-親　周(シユウ)-任　周(シウ)南　東周(シユウ)　周(シユウ)生烈　首(シユ)陽　大-守(シユ)　鳥-獣(シユウ)　鳥-獣(シウ)　大-受(シユス)　膚-受(シユウ)　友(イユウ)　賢-友(イユウ)　三-

友(イユウ)　朋-友(イウ)　朋-友(イユウ)　有(イウ)-司　有(イユウ)-司　有(ユウ)-司　有子(イユウ)　有若(ユウ)　有(ユウ)-道　冉有(イユウ)　十-有(イウ)-五　鄹(スウ)-人　飲-酒(シユ)

酒(シユ)-食　脩(シウ)-餝　東-脩(シユウ)　子游(イユウ)　子游(ユウ)　言-游(ユウ)　由(イユウ)　由(イウ)　由(イフ)　由(ユウ)　仲由(ユウ)　佚-遊(イユウ)

(5)　模韻

呉音と差のある唇音のみを示す。すべて「ホ」の音形である。

圃(ホ)　老-圃(ホ)　布(ホ)　暮(ボ)-春

(6)　魚韻

「㋑ヨ」が殆どで、歯上音が「ソ」、喩母が「ヨ」で注音される。

女(ヂヨ)-楽　女(ヂヨ)-子　居(キヨ)　居(キヨ)-處(シヨ)　隠-居(キヨ)　燕-居(キヨスルトキニ)　羣-居(キヨシテ)　大-車(キヨ)　兵車(キヨ)[注6]　擧(キヨメ)　莒(キヨ)-父　蘧(キヨ)-伯玉　伯魚(ギヨ)

仲叔圉(ギヨ)　言語(ギヨ)　古-文論-語(ギヨ)　御(ギヨ)　法-語(ギヨ)　長沮(シヨ)　関-睢(シヨ)　叙(ジヨメ)　序(ジヨ)　俎(ソ)-豆　楚(ソ)　蔬(ソ)食　諸(シヨ)-家　諸(シヨ)-夏　諸(シヨ)

-侯　暑(シヨ)　黍(シヨ)　詩書(シヨ)　書(シヨ)　尚書(シヨ)　恕(シヨ)　忠-恕(ジヨ)　輿(ヨ)　接-輿(ヨ)　餘(ヨ)　餘(ヨ)-力　予(ヨ)　宰予(ヨ)　與(ヨ)-與(く)-如(シヨ)　選-與(ヨ)　旅(リヨス)

軍-旅　慮　繹-如　翕-如　皦-如　闕-如　純-如　勃-如　怡-怡如　行行如　侃侃如　鞠-躬-如

空-々-如　踧-踖-如　申申如　恂-恂-如

⑺　鍾韻

脣音・喩母は、「㋔ウ・ヨウ・ヨク」、他は「㋑ヨウ・㋑ヨク」が大半である。

儀-封-人　家宰　供　恭　恭　足-恭　供　共　共王　鐘-鼓　従-者　従-者　松-柏　誦　誦　雅-

頌　雍　雍　雍也第六　孫邕　凶服　容-色　容-貌　南-容　庸生　中-庸　勇　勇　勇　勇-者　用　亀

-玉　蘧伯玉　手-足　束-脩　束-帯　欲　不-欲　沐-浴

「恭」は、室町期後筆の開合の誤りであらう。「頌・誦・凶・恭」などの音は、院政期に既に見えるものである。

⑻　之韻

漢音・呉音で差のある、見母・群母・影母について、次に示す。すべて「㋑・㋑イ」の形である。

箕子　期　期-月　巫-馬-期　噫　噫　巫-醫　怡々如　異-端　異同　諸異邦　異-聞

⑼　微韻（開口）

すべて「㋑」の形で注音されてゐる。

氣　血-氣　辞-氣　沂　荀顗　剛-毅　弘-毅　衣-冠　衣-輕-裘　衣服　悪-衣　黄-衣　素-衣　冕

-衣-裳　明-衣

⑽　咍韻

漢音・呉音で差のある、疑母・影母のうち、疑母は注音例がないので、影母の字についてのみ、次に示す。

哀(アイ)　哀(アイ)－矜　哀(アイ)公　愛(アイ)　愛(アイス)

⑾　齊韻

「㋓イ」の形で注音されてゐる。

帝(テイ)　后帝(テイ)　順－帝(テイ)　四－體(テイ)　唐－棣(テイ)　弟(テイ)－子　兄弟(テイ)　昆－弟(テイ)　門－弟(テイ)－子　為政第(テイ)二　子罕第(テイ)九　雍也第(テイ)六　里－仁第(テイ)－四　悌(テイ)　孝－悌(テイ)　遜－悌(テイ)　禘(テイ)　啓(ケイセ)　輗(ゲイ)　羿(ゲイ)　齊(セイ)　齊(セイ)－人　齊(セイ)景公　齊(セイ)古　齊(セイ)説　齊(セイ)論　叔齊(セイ)　栖(セイ)栖く(タル)　子西(セイ)　公西(セイ)華　忿－戻(レイ)　禮(レイ)　禮(レイ)－楽　禮(レイ)－譲　夏－禮(レイ)　執－禮(レイ)　珪(ケイ)　白圭(ケイ)　恵(クヱイ)(ケイ)　恵(ケイスレトモ)　恵(ケイ)－人　柳下恵(ケイ)　小－慧(ケイ)

「珪」以下は合口字であるが「恵(クヱイ)」一例を除いて、直音化してゐる。

⑿　青韻

「㋓イ・㋓キ」の形で注音され、例外はない。

安郷亭(テイ)侯　定(テイ)公　佞(ネイ)　佞(ネイ)－人　便－佞(ネイ)　甯(ネイ)武子　磬(ケイ)　撃－磬(ケイ)－襄　衆－星(セイ)　刑(ケイ)　刑(ケイ)－罰　刑(ケイ)－戮　靈(レイ)－公　衛靈(レイ)公第十五　夷－狄(テキ)　桀溺(テイ)　戚(セキ)　長戚(セキ)戚く(タリ)　離析(セキ〆)　歴(レキ)数

⒀　庚韻（直韻）

歯音は「㋓イ」、他は「㋐ウ・㋐ク」の形で注音されてゐる。

老彭(ハウ)　孟(マウ)　孟(マウ)孫　孟(マウ)懿子　孟(マウ)敬子　孟(マウ)荘子　孟(マウ)子－反　孟(マウ)武伯(ハク)　呉孟(マウ)子　棖(タウ)　申棖(タウ)(チャウ)　菜－羹(カウ)　生(セイ)　後－生(セイ)　死－生(セイ)　先生(セイ)　庸生(セイ)　周生(セイ)烈　微生(セイ)高　微生(セイ)畝　行(カウ)－人　衡(カウ)　行(カウ)　中－行(カウ)　行(カウ)行く如　徳行(カウ)　伯(ハク)夷　伯(ハク)氏　伯(ハク)達　泰伯(ハク)　蘧伯(ハク)寮　公伯(ハク)寮　冉伯(ハク)牛　泰伯(ハク)第八　子桑伯(ハク)子　子服景伯(ハク)　柏(ハク)　松－柏(ハク)　百(ハツ)－官　百(ハツ)－工　百(ハク)－乗　百(ハク)

-世　百(ハク)-姓　百(ハク)年　百(ハク)-物　百(ハク)-里　九-百(ハク)　三-百(ハク)　玉-帛(ハク)　白(ハク)圭　蠻-貊(ハク)　宅(タク)　賓-客(カク)

⑷　庚韻（拗音）

「㋓イ・㋓キ」の形の注音が、殆どである。

兵(ヘイ)　兵(ヘイ)車　晏-平(ヘイ)-仲　平(ヘイ)-地　五-乗(ヘイ)　病(ヘイ)　明(メイ)　明(メイ)-衣　明(メイ)-日　命(メイ)　命(メイス)　君-命(メイ)　国-命(メイ)　短-命(メイニ〆)　天-命(メイ)　復-命(メイ〆)　敬(ケイ)　敬(ケイス)　敬(ケイ)-忠　篤-敬(ケイアラ)　孟敬(ケイ)子　公子荊(ケイ)　公-卿(ケイ)　王卿(ケイ)　絺-綌(ケキ)　景(ケイ)公　齊景(ケイ)公　子服景(ケイ)伯　兄(ケイ)弟　父-兄(ケイ)　詠(エイジテ)

⒂　清韻

「㋓イ・㋓キ」が殆どである。

姓(セイ)-名(メイ)　貞(テイニ〆)　衣-輕(ケイ)-裘　井(セイ)　清(セイ)　情(ジヤウ)　同-姓(セイ)　百-姓(セイ)　性(セイ)　辟(ヘキ)　壁(ヘキ)-公　便-辟(ヘキ)　踧-踖(セキ)-如　席(セキ)　益(エキ)　損益(エキスル)　博-奕(エキ)　易(エキ)　繹(エキ)-如　鄭(テイ)玄　鄭(テイ)-聲(セイ)　鄭(テイ)沖　征(セイ)伐　政(セイ)　政(セイ)事　為政(セイ)第二　正(セイナリ)　聖(セイ)　聖(セイ)人　将-聖(シヤウナリ)(セイ)　武-城(セイ)　成(セイ)　成(セイ)-功　成(セイ)-人　玄成(セイ)　陳成(セイ)子　棘-子-成(セイ)　盛(セイ)-饌　中領(レイ)軍　令(レイ)　令(レイス)　令(レイ)-尹　六尺(セキ)　赤(セキ)　石(セキ)門　召-公-奭(セキ)

「情(ジヤウ)・聖(シヤウ)」は呉音の混じつたものであらう。

⒃　欣韻

「㋑ン・㋑ツ」の形で注音されてゐる。

殷(イン)　殷(イム)-人　隱(イン)　隱(イン)-居　隱(イン)-者　胇肸(キツ)

「殷(イム)」は、韻尾を誤つてゐるが、舌内撥音と唇内撥音とは、以下に挙げる例においても区別されてゐない。

⒄　真韻

漢音・呉音で差のあるのは、韻鏡における三等字の牙音・喉音である。この条件をもつ字は、次のやうに、すべて「㋑ン」の形で注音されてゐる。

飢-饉(キン)　誾(ギン)-誾(ギン)如

⒅　侵韻

漢音・呉音で差のある、韻鏡の三等字の牙音・喉音は、「㋑ム・㋑フ」の形で注音されてゐる。

子-禽(キン)　飲(イン)-食　飲(イン)-酒　飲(イン)　譖(シム)　參(シム)　浸(シン)-潤　淫(インセ)　急(キウ)(キユウニシテ)　口-給(キウ)　揖(イフスル)　揖(イフ)-譲　邑(イフ)　邑(ユウ)　昌邑(イユウ)　駢-邑(イユウ)　翕(キフ)-如

唇内入声の韻尾が「急(キウ)・口-給(キウ)・邑(ユウ)・昌邑(イユウ)・駢-邑(イユウ)」などで「ウ」と注音されてゐるのが、注目される。

⒆　麻韻（直音）

すべて「㋐」の形で、注音されてゐる。

麻(バ)-冕　馬(バ)融　犬-馬(バ)　車馬(バ)　司馬(バ)牛　巫-馬(バ)-期　駙-馬(バ)-都-尉　三-家(カ)　室-家(カ)　諸-家(カ)　邦-家(カ)　賈(カ)

公明賈(カ)　王孫賈(カ)　稼(カ)　稼(カシテ)　駕(カ)　雅(カ)-楽　雅(ガ)-頌　亜(ア)-飯　夏(カ)　夏(カノ)礼　子夏(カ゛・カ、)　夏(カ)侯　夏(カ)后氏　下(カ)-愚　下(カ)-達

下(カ)-問　下(カ)-流　上-下(カ)　天-下(カ)　下(カ)-大-夫　柳下(カ)恵　季騧(クワ)　衆-寡(クワ)　寡(クワ)-小-君

「騧(クワ)」以下の合口字はすべて合拗音として注音されてゐる。

⒇　佳韻

開口は「㋐イ」の形で注音されてゐる。

訓-解(カイ)　論語集-解(カイ)　柴(サイ)　洒(セイ・サイ)-掃

(21)　皆韻

開口は「㋐イ」、合口は「㋒ワイ」の形で注音されてゐる。

拝(ハイス)　再-拝(ハイシテ)　階(カイ)　阼-階(カイ)　齋(セイ)-戦-疾　齋(サイ)　齋(サイ)　齊(サイ)-如　恠(クワイ)-力

(22)　删韻

「㋐ン・㋐ツ」の形で、注音されてゐるものが、殆どである。

顔(ガン)-淵　顔淵(ケン)　顔(カン)-色　顔(ガン)路　晏(アン)-平-仲　何晏(アン)　察(サツス)　殺(サッシテ)　殺(サツ)　負-枚(ハン)(リン)　関(クワン)-睢　関(クワン)内-侯　蠻(バム)-貊　饌(ゼムス)　(クワン)莞-爾　八(ハツ)佾　八(ハツ)-士

「饌(セムス)・饌(セン)食」は、合口字であるが、「顔淵(ケン)」は開口字である。後者は呉音であるが、前者もその疑ひが濃い。

(23)　山韻

すべて「㋐ン」の形で注音されてゐる。

簡(カン)　簡(カン)公　太-簡(カン)　間(カン)-然　公-山(ザン)　泰山(サン)　公山(サン)氏　子産(サン)

(24)　銜韻

「㋐フ」の形で注音されてゐる。

柙(カフ)

(25)　元韻

唇音は「㋐ン・㋐ツ」、他は「㋓ン・㋓ツ」の形で注音されてゐる。

言(ゲン)語　言(ゲン)-游　一-言(ゲン)　巧-言(ゲン)　片-(ケン)言(ゴム)　六-言(ゲン)　偃(エン)　憲(ケン)　憲(ケン)問第十四　文-獻(ケン)　反(ハンス)　反(ハン)-玷　樊(ハン)-遅　飯(ハンス)

亜-飯(ハン)　三-飯(ハ)　四-飯(ハン)　萬(バン)-方　原(ゲン)思　原(ゲン)壌　愿(グエンナラ)　怨(エン)　遠(エン)-人　遠(エン)-方　發(ハッ)す　發(ハッ)-明す　尅-伐(バッ)　征-伐(バッ)

刑－罰(ハツ)　闕(ケツ)－如　闕(ケツ)黨　闕(ケツ)文　期－月(ゲツ)　吉月(ゲツ)　三－月(ゲツ/ケツ)　三－月(ケツ)　日月(ケツ)　堯曰(キヤツ/ヤツ)

合口の牙音で、「愿(グエン)」一例に合拗音の音注が付けられてゐるが、他の「原・愿・闕・月」では、直音として注音されてゐる。

(26)　厳韻

「㋓ム」の形で注音されてゐる。

(27)　凡韻

儼(ゲン)－然

「㋐フ」の形で注音されてゐる。

法(ハフ)－語　法(ハツ)－度

「法(ハツ)－度」は唇内入声の韻尾が促音化したもので、同様な促音化の音変化は十二世紀に既に発生してゐる。

(28)　肴韻

包(ハウ)子　虎－豹(ヘウ)　匏(ハウ)－苽　容－貌(ハウ)　膠(カウ)東　教(カウ/ケウ)　絞(カウ)　絞(カウス)　巧(カウ)－言　斗－筲(サウ/セウ)　孝(カウ)　孝(カウ)－悌

「㋐ウ」の音形が漢音で、「豹(ヘウ)」など「㋓ウ」の音形は呉音の混入したものである。

(29)　幽韻

糺(キウ)　公子糺(キウ)　幼(ヨウニメ)　長－幼(イウ/ヨウ)

「㋑ウ」の音形が漢音であるが、「幼(ヨウ)」は呉音の混入したものである。

(30)　泰韻（合口）

呉音と差のある牙音、喉音の例を示す。

會(クワイス)　會(クワイ)－同　繪(ヱ)

「クワイ」が漢音形で、「ヱ」は呉音である。

(31)　職韻

直(チヨク)　質－直(チヨク)　匿(チヨク)　棘(キヨク)－子－成　食(シヨク)　食(シヨクスル)　悪－食(シヨク)　式(シヨクスル)　脩－餝(シヨクす)　貨－殖(シヨクス)　顔－色(ソク)　潤－色(シヨクス/ソクス)　戦－色(ソク)　容－色(ソク)

稷(シヨク)　社－稷(シヨク)　弋(ヨクスレトモ)　翼(ヨク)－如　怪－力(リヨク)　餘－力(リヨク)　溝－洫(キキ)　邦－域(イキ)

「㋑ヨク・ヨク」の音形が漢音で、「色(ソク)」はその直音化したもの。「㋑キ」は呉音形である。

(32)　韻のまとめ

以上、漢音と呉音とで差のある諸韻について逐次検討を加へたが、全体として漢音の特徴をよく保つてゐて、呉音と思へるものは僅か十例程度である。

開合の誤りは、二例見られるが、これは、室町期の後筆と思はれる。

合拗音は、中心母音が「ア」の場合には保たれてゐるが、他の場合は、混乱してゐて、直音化してゐるものが多い。

舌内撥音と唇内撥音とは全く混乱してゐて、差が見られない。

以上、頭子音・韻の二面から考察して十四世紀の漢音の姿を示すものと言へる。

第四節　現代語との関連

建武本論語の漢語、約千三百語は、理解語彙として摂取されたものである。その中からは、表現語彙として和文脈の中で使用されたものが多数あつたであらうが、それを立証することは容易ではない。

また、現代日本語の漢語との関連を探ることも、極めて困難である。例へば、現代語の「愛す」は、論語にも存在するが、本書の第二編で取り上げた遊仙窟・文選・法華経・本朝本粋のすべてに、漢語として存在する。それ以外にも、地蔵十輪経・神田本白氏文集・興福寺本大唐大慈恩寺三蔵法師伝・中華若木詩抄などの訓読資料にも見える語であるので、特定のどの資料から摂取されたかは、立証し難い。「愛す」以外にも、「飲食・応す・死・室・信・居處」などの一般用語は、五資料に共通で、どの資料からの漢語が現代語として使用されてゐるかは、確かめることは至難である。

また、論語からの出自であることが明瞭な「志学・而立・不惑・知命・耳順・朽木・糞墻」などの語は、建武本論語では音読されてゐないので、現代語の右の漢語は別の資料からの流入と考へられる。ただ、「不-惑（コク）」は、建武本論語の脚注に見えるが、現代語の「不惑（ワク）」とは音形が異なるので、これも別の資料からの流入であらう。

そこで、現代の代表的な辞書である、『広辞苑』の見出し語と、共通の漢語がどれほどあるかを調査し、それによつて、現代語との関連が計れるのではないかと考へた。

建武本論語の漢語と、広辞苑の見出し語とで、共通するものは、六六九語の52.1%に達する。前述の通り、この共通の漢語の出典を論語に特定はできないが、50%以上が共通であることは、論語の漢語が現代日本語の語彙に多大の影響を与へてゐることを物語るものと言へる。

右の共通の漢語と認めたものは、次の条件該当するものである。

一、論語と広辞苑とで同一字である漢語。

たゞし、広辞苑では、当用漢字字体表の字体を使用してゐるので、その場合は、字形が相違しても同一字と見做した。それ故、「國－国　廣－広　學－学　勞－労　臺－台　萬－万」などは、同一字とした。

二、漢語の読みが同じであること。

歴史的な発音の変化を考慮するとともに、仮名遣の面で、建武本論語は歴史的仮名遣に依り、広辞苑は現代仮名遣に依り表記されてゐるので、仮名は異なつてゐても、同音と認められるものは、共通の漢語とした。即ち、建武本論語の「異邦(イハウ)　衣冠(イクワン)　行人(カウジン)　丞相(セウシヤウ)」などは、広辞苑の「異邦(イホウ)　衣冠(イカン)　行人(コウジン)　丞相(ジョウショウ)」と同音とした。

三、論語の漢語が、広辞苑の見出し語の一部となつてゐる場合、共通の漢語とした。

例へば、「首陽」は、広辞苑に「首陽山」と見し語があるので、共通と認める。

四、漢語サ変動詞については、一字語の場合と、二字語以上の場合とで、扱ひを異にした。それは、広辞苑では、一字語の場合、例へば、「愛」と「愛す」の如く、別別の見出し語を立てるが、二字語以上のサ変動詞は、全く見出し語として立てられてゐないからである。

㈠　一字語サ変動詞の場合、広辞苑の見出し語に立てられてゐるものに限つて共通の漢語と認める。

㈡　二字語以上のサ変動詞の場合、その構成要素の漢語が、広辞苑の見出し語として立てられてゐれば、共通の漢語と認める。

以上の条件のうち、㈠と㈡とは、共に具備する必要のある条件である。従つて、漢字は同一であつても、読みの異なる次の語などは、共通とは認められない。（　）内は広辞苑の読み。

顔色(ガンソク)（ガンショク）　出入(シュツジクスル)（シュツニュウ）　草木(ボク)（ソウモク）　大臣(タイシン)（ダイジン）　百世(ハクセイ)（ヒャクセイ）

共通の漢語は、次の語彙表で◎を付したものである。

猶、建武本論語の脚注にも訓点が付せられてゐて、漢語を採録できる。その脚注の漢語のうち、広辞苑の見出し語と共通のものを、語彙表では併せ収めた。

第五節　語彙表

一、語の配列は、漢字の読みの五十音順による。
二、原則として、一語につき、一例を示す。
三、数字は語の所在で、－の上が巻数、下がその巻での行数を示す。巻数の0は序である。
四、注音仮名、付訓は片仮名で、ヲコト点は平仮名で示す。また、人名符・書名符・国名符・地名符などは（　）内に傍記した。
五、◎は、論語本文の漢語で、広辞苑の見出し語と共通する例である。
○は、論語脚注の漢語で、広辞苑の見出し語と共通する例である。
無印の漢語は、論語本文のものである。

○亜18－70　亜(ア)－飯(ハン)18(扶晩友)－70　○阿黨2－44　◎哀(アイ)19(カナシヒ)－3　哀(アイ)－矜(キヨウシ)(キヤウ〆)19－57　哀公(アイコウ)(人名)2－57　◎愛(アイ)17－105　◎愛(アイス)1－24　餲(アイセル)10－48　奥(アウ)3－52　◎悪(アク)12－72　◎悪(アク)－衣(イ)4－33　○悪－言14－144　○悪－疾6－43　◎悪(アク)－食(シヨク)4－33　安郷亭侯(アンキヤウテイコウ)0－28　○安－居12－92　安昌侯(アンシヤウ)(地名)0－14　○安－静(ナラ)16－65　○安寧(ナルとき)16－30　晏(アン)－平(ヘイ)－仲(チウ)5－67　○以－下(カ)6－78　◎以－上6－78　唯(ヰ)4－46　噫(イヽ)11－27　○夷－9－69　夷逸(イイツ)(人名)18－60　◎夷(イ)－狄(テキ)3－16　○怡

ー怡13ー118
◦怡々如10ー21
◦惟ー◦裳10ー42
◎易3ー15
○異ー義12ー58
○異ー事11ー87
○◦異ー◦心16ー34
◎異ー端2ー47
◎異同0ー23
◎異邦16ー102
◎異ー◦聞16ー92
◎◦衣ー◦冠20ー35
衣ー輕ー裘5ー105
○衣食11ー112
◎衣服8ー85
○◦遺ー愛14ー34
○◦遺文1ー28
◦韋ー賢0ー5
◦饐10ー48
○友ー于2ー69
○幽王16ー42
○憂ー患4ー63
◎有ー◦司20ー41
◎有子(人名)1ー6
◎有若(人名)12ー46
◎有ー道1ー60
○有ー徳14ー22
郁ー々ー乎3ー57
◎一ー◦言1ー4
◎一ー日4ー24
◎一｜4ー45
○一ー◦竿7ー80
◎一◦簣9ー80
○一ー句◦3ー29
○一ー◦隅7ー20
○一升6ー93
○一乗1ー19
一ー身ー有ー半10ー39
◎一ー人20ー17
◎一ー◦簞6ー47
◎一ー◦朝12ー98
○一ー◦致15ー14
◎一ー等10ー20
◎一ー人18ー80
○一年17ー96
一ー邦5ー81
◎一ー瓢6ー47
◎一ー篇0ー13
○一ー名9ー6
佚ー◦遊16ー62
○逸◦3ー29
○逸詩9ー120
◎逸◦ー民20ー20
揖◦7ー95
◎揖◦ー◦◦譲3ー24
◎邑5ー112
○◦淫6ー67
◎淫｜3ー77
○◦淫ー◦刑13ー19
○◦淫◦聲17ー82
○淫ー亂◦6ー105
○陰14ー159
○◦陰ー◦私17ー119
◎◦飲6ー47
◦飲ー食8ー84
◎飲ー酒10ー62
○◦飲食◦2ー29
○◦因1ー58
因1ー57
◎殷3ー37
殷(国名)ー人3ー79
◦隠16ー66
◎隠ー居18ー66
◎隠ー居16ー85
◎◦隠ー者18ー51
◎◦禹8ー65
◎迂13ー12
○◦迂ー遠◦13ー16
欝ー◦鬯3ー42
縕ー袍9ー104
○◦嬰5ー68
○永20ー4
◎衛(国名)9ー71
衛霊公第十五15ー1
◎詠11ー123
○役◦6ー88
易◦(人名)7ー51
◎易◦13ー99
疫ー鬼10ー65
◎益｜6ー15
◎益ー者14ー173
繹ー如3ー101
◦偃(人名)17ー18
◎宴ー楽16ー62
◎

燕（エン）ー居（宴キヨスルトキニ　スル）7ー8　○於（ヲ六鳥）ー菟（ト六塗）5ー74　○應（す）13ー29　○屋ー1ー19　○音8ー58　○音節3ー101　○恩10ー79　○

恩ー恵4ー38　温（ヲン）1ー43　○温ー恭10ー3

◎下ー學（ガクシテ）14ー132　◎下（カ）ー愚（ク）17ー14　下（カ）ー大ー夫10ー5　◎下（カ）ー達（タッス）14ー105　下（カ）ー問（ブン）5ー62　◎下（カ）ー流（ソウ）17ー113

◎何（カ）晏（アン）0ー30　◎可（カナル）ー（ヲ）2ー71　◎夏（カ）15（国名）ー39　夏（カ）侯（コウ）（人名）0ー4　夏（カ）后（コウ）氏（シ）3ー79　夏（カノ）ー礼（レイ）2ー76　○家ー臣3ー11　○

家老14ー43　◎河（カ）18ー73　○河ー圖9ー42　◎雅（カ）ー楽（ガク）17ー82　○雅ー言7ー54　◎雅（ガ）ー頌（セウ）9ー72　稼（カ）13ー24

稼（カシテ）14ー18　賈（カ）14ー90　◎駕（カ）ー10ー77　○駕（して）10ー78　◎害（カイナラクノミ）2ー47　◎害ー（するところ　ヤブル）15ー33　海（カイ）ー5ー21　○解（サ）14ー157

◎階（カイニ　ハシ）15ー108　剛（カウ）5ー50　剛（カウ）ー毅（ギ）13ー114　剛（カウ）ー者（シャ）5ー49　奡（ガウ）（人名）14ー15　○好ー悪（ヲ）4ー9　◎巧（カウ）ー言（ゲン）15ー76　康（カウ）子（人名）

10ー67　教（カウ　ケウ）15ー104　○教化ー7ー63　◎教ー誨（クワイ）7ー88　○教ー誨（セマク）14ー26　○教ー令13ー35　○昊天17ー106

○更19ー64　◎校（カウ）ー尉0ー2　皐（カウ）陶（ヨウ）（人名）12ー107　硜（カク）硜乎（コトタ）14ー152　絞（カウ古卯反）8ー8　○絞（カウナリ交卯反）17ー50　綱（カウセ六剛）7ー79　羔（カウノカハゴロモ　ヒツジ）ー裘10ー

36　羔（カウ）ー裘（キウ）10ー43　◎孝（カウ）ー2ー67　○孝子1ー49　孝（カウ）ー慈（シアルトキンハ　ウツクシヒ）2ー64　孝（カウ）ー悌（テイニタ　大計反）1ー7　膠（カウ音交トウ）ー東0ー7　○行（カウ下孟反）2

ー56　○行行11ー41　行（カウ）行如（シヨタリ）11ー40　◎行（カウ）ー人（ジン）14ー29　◎衡（カウ）15ー24　◎講（カウズ）0ー15　◎鏗（カウ）ー爾（ジトタ）11ー118　○高

ー遠12ー34　高（カウ）宗（ソウ）（人名）14ー157　○高ー大8ー66　◎楽（ガク　タノシヒ）ー17ー99　○楽ー官3ー99　○楽師18ー71　○楽ー章18ー

72　○楽ー人15ー107　◎學（ガク）1ー61　學而第一1ー1　◎學（ガク）ー者（シャ）14ー105　○葛（カツ）10ー36　柙（カフたり）16ー18　紺（カン古暗反）ー緅（シウヲ　ス）

10ー31　○侃侃10ー5　侃（カン）侃如（ジヨタリ）10ー5　喭（ガンナリ　カン）11ー60　○姦12ー79　◎干（カン）18ー70　◎干（カン）ー戈（クワ）16ー35　○間ー9ー

58　◎間然(カンゼンスル)8—83　◎漢(カン)0—19　○漢(カン)(国名)18—74　◎簡(カン)6—5　簡公(カン)(人名)14—94　◎顔淵(ガンエン)(人名)11—18　顔淵第十二(人名)(書名)

12—1　◎顔回(人名)といふ 6—9　顔色(ガンソク)16—67　顔路(ガンロ)(人名)11—21　○儀 3—102　儀(ギ)—封(ホウ)—人(シン)3—102　◎喟(キ)—然(ゼントシテ)11—26　○器

—用 5—11　○器—量 3—86　○基(キ)1—11　◎巍(キ)—巍(タル)(魚威反)8—64　巍巍乎(ギギコ)(タルカナ)8—67　○幾(キ)4—51　○技(キ)—藝(伎其倚反)9—35

◎期(キ)17—91　◎期(キ)—月(ゲツ)13—44　杞(キ)3—35　○歸 3—89　◎歸(キス)1—37　◎氣(キ)10—19　沂(キ)11—123　○犠—牲

6—26　◎季(キ)(人名)18—11　○季夏 17—95　季康子(キカウ)(人名)2—61　季騧(キクワ)(人名)18—82　季桓子(キクワンシ)18—15　季子(キシ)(人名)3—2　季氏第十六(キシ)(人名)(書名)

16—1　季随(キスイ)(人名)18—82　季子然(ゼン)(人名)11—84　○季春 11—123　季文子(人名)5—85　◎季路(キロ)(人名)11—10　◎箕子(キ)(人名)18—2　○義(ギ)4

—35　義(ギ)—説(セツ)0—22　○義—理 1—35　○起(キ)8—10　◎飢(キ)—饉(キン)11—105　○餼(キ)—羊(ヤウ)3—69　◎驥(キ)14—126

◎鬼(キ)—2—80　◎鬼(キ)—神(シン)6—81　◎魏(ギ)14—41　龜(キ)—玉(ギヨク)16—18　○丘(キウ)(人名)5—112　◎丘(キウ)—陵(リウ)19—81　久(キウ)—要(ヨウシテ)14—49

◎九(キウ)—夷(イ)9—69　○九州 12—28　九人(キウジン)8—77　九—族 14—165　九(キウ)—百(ハク)6—21　具(キウ)—臣(シン)11—89　◎宮(キウ)0—10

◎宮(キウ)—室(シツ)8—87　宮墻(キウシヤウ)19—74　求(キウ)(人名)5—30　○牛—12—24　◎窮(キウス)15—9　○窮—達 20—44　糺(キウ)14—75　◎舊—貫(クワン)

11—43　舊(キウ)—穀(コク)17—93　○舊事 11—40　○舊—説 13—72　○舊—約 14—51　舊(キウ)—悪(ヲ)5—95　◎鞠躬如(キクキウジヨタリ)10—24

○吉—10—43　○吉—凶 13—100　吉(キツ)—月(ゲツ)10—44　◎急(キウ)(キウニシテ)—6—19　○急遽(スミヤカニスミヤカナルソ)4—18　○翕(キフ)(六阡皮反)—如(ジヨタリ)3—98　享(キヤウ)—礼 10—

28　○凶(ナル)16—73　匡(キヤウ)(地名)11—82　◎狂(キヤウ)17—51　狂(キヤウ)—簡(カン)5—91　狂(キヤウ)—狷(ケン)13—92　◎狂(キヤウ)—者 13—93　◎襁(キヤウ)—負(フシテ)

13—30　○郷 17—69　郷(キヤウ)—人(ヒト)13—103　◎郷(キヤウ)—黨(タウ)10—2　郷黨第十(キヤウタウ)(書名)10—1　虐(キヤク)20—38　◎居(キヨ)14—8　居處(キヨシヨ)17—

99 ◎御(ギヨ)2－16 擧(キヨ〆)－10－92 莒(キヨ)－父(ホ)(地名)13－74 ◎蘧伯玉(キヨハクギヨク)(人名)15－28 共(ケウズル)2－3 ○興(キヨウ)(コウ)－8－10 興－武(フ)3－65
匡(キヨウ)(地名)－人(ヒト)9－24 ○恭－敬4－54 ○恭－順1－9 ◎供(クヰヨウシ)(キヨウシテ)18(居勇反)－49 矜(キヨウ)17－78 棘(キヨク)－子(シ)－成(セイ)12－39 ○極(キヨク)20
－4 ○玉17－61 ◎玉－帛(ハク)17－61 ○勤－勞(セ)18－47 ○禁(ス)10－55 訓(キン)－解(カイ)0－23 訓(キン)－説(セツ)0－19 ○近
－臣3－53 誾(キン)(魚巾反)－誾如(ギンタリ)10－6 ○具11－119 ◎愚(クナルガ)2－32 ○愚直11－58 ○矩(ク)2－14 虞(グ)仲(チウ)(人名)18－60 空11
－63 空－位10－18 ○化8－68 ○化(メ)1－38 ◎和(クワ)1－5 ◎和(クワスレトモ)1－52 ○和－樂10－5 ◎寡(クワ)8－28
寡(クワ)－小(セウ)－君16－102 ◎果(クワナリ)6－31 ◎果(クワ)－敢(カンニ〆)17－115 ○禍12－31 ○禍－難15－53 ◎華－山16－89 ◎
貨(クワ)－殖(シヨクス)11(市力反)－61 ◎過(アヤマチト)15－82 ○過－言12－42 ◎回(クワイ)2－31 恠(クワイ)(怪)－力(リヨク)7－62 ○懷4－36 ○懷－抱(ハウ)17－
103 ○會15－14 ◎會(クワイス)12－112 ◎會(クワイ)－同(トウ)11－114 ◎光(クワウ)－祿(ロク)－大(タイ)－夫(フ)0－27 ○廣－遠8－69 ○皇20－8
皇々(クワウクワウタル)20－7 ◎黄(クワウ)－衣(イ)10－37 ◎槨(クワク)11－23 鞟(ツクリカハ)12－44 ◎冠(クワン)－者(シヤ)11－122 ◎官(クワン)20－18 寛(ユタカ)(クワンナラ)3－113 ○患
－難6－96 ◎桓公(クワン)(人名)14－65 ◎桓(クワン)魋(タイ)(人名)7(徒雷反徒回反)－67 ○棺(クワン)11－23 灌(クワン)3－40 煥乎(クワンタルカナ)8－71 管(クワン)－氏(シ)3－87 ◎管(クワン)
－仲(チウ)(人名)3－85 ◎莞(クワン)(華板反ジト〆)爾17－16 ○觀17－54 ○貫11－40 貫(クワンセリ)(ナセリ)4－45 ◎闕－雎(シヨ)3－77 危(クヰ)(アヤフキ)－邦(ハウ)(ニハ)8－50
○毀傷(クヰシヤウ)8－13 躩(クキヤク)－如(タリ)10－10 ◎供(クヰヨウズ)(マウク)10－95 ◎供－具(ス)10－96 恵(クヱイ)(ケイ)4－38 缺(クヱツ)(窺悦反)18－71 ○元－亨(カウ)5－57 權－
9－121 ○權(六玄)－道9－120 ◎權(クヱン)－量20－18 愿(グヱンナラ)(「願」)8－60 ◎軍(クン)－旅(リヨ)14－90 ◎君(クン)－子(シ)11－70 ◎君－臣18－54
君(クン)－夫(フ)－人16－101 ◎君(クン)－命(メイ)13－84 ◎羣(ゲム)18－40 羣(グンス)17－54 ○羣(グン)－居(キヨシテ)15－54 ◎兄弟(ケイテイ)2－68 ◎刑(ケイ)2－7

○刑(シ)14－139　刑－罰13－18　◎刑(ケイ)－戮(リク)(カタニ)5－6　○卿2－62　○卿大夫3－4　○啓8－13　◎啓(ケイセ)7－17

○形(ケイ)－質(シツ)7－74　掲(ケイス)14－154　敬(ケイアリ)2－63　◎敬(ケイス)5－67　◎敬(ケイ)－忠(チウアツテ)2－61　景(ケイ)公18－10　珪(ケイ)10－24　○磬14－

150　○經2－36　◎藝(ケイナリ)6－35　○輕(ケイ)－重(チウ)19－5　輗(ゲイ)2－72　◎凶服(ケウフク)10－85　◎堯(ゲウ)(人名)20－2　堯曰(ギヨウキヤツ)0－12

堯曰第二十20－1　皦(ケウ)－如(ジヨタリ)3－100　○驕－佚4－6　○驕(ケウ)－溢(イツニシ)4－63　○驕－泰9－12　驕(ケウ)－樂(ラク)16－61

○戟(ケキ)16－35　撃(ケキ)－磬(ケイ)－讓(ジヤウ)18－75　桀(ケチ)溺(人名)18－25　○決－断8－36　○月－朔10－45　○桀(ケツ)20－7　◎血(ケツ)－氣(キ)

16－69　◎闕(ケツ)－如(ジヨス)13－15　闕黨(ケツタウ)14－171　◎闕文(ケツブン)15－73　◎倹(ケン)1－43　倹(スヘク)(ケンセヨ)3－15　○倹－約4－63　◎儼(ゲン)－

然(ゼンタリ)19－25　○嚴2－63　○嚴(ケム)－正19－26　○謙7－107　○謙－退11－81　○原－憲6－20　原(ゲン)壤(ジヤウ)(人名)14－168　憲(ケン)

14(人名)－2　憲問(ケンブン)(書名)第十四14－1　○犬－戎(イマシム)16－42　◎犬(ケン)－馬(バ)2－24　◎犬－羊12－44　狷(ケン)－者13－94　玄(ゲン)－冠(クワン)10

－43　玄成(ケンセイ)(人名)0－5　玄(ゲン)牡(ボ)(茂古反)20－6　◎紘(ケン)－歌(カ)17－16　◎見(－に賢遍反)9－21　○言－2－23　○言－行8－52　◎言語(ゲンギヨ)11－

9　言(ゲン)－游(ユウ)19－36　◎賢(ケン)1－29　賢－友(イユウ)16－61　○賢－愚4－30　◎賢(ケン)－才(サイ)13－7　◎賢－者14－142　◎賢(ケン)－

人(ジン)7－43　○五3－65　○五音3－99　◎五－穀(コク)18－46　互(ゴ)(戸故反)(地名)－郷(キヤウ)(郷名)7－85　○五－十(ニシテ)9－92　○五－常2－77

五(ゴ)－人(ジン)8－72　五－世(ニシテ)16－44　○五－徳1－45　五－美(ビ)20－25　五(ゴ)－秉(ヘイ)6－16　五(ゴ)－六(リク)十11－109　五(ゴ)－六(リク)人(ジン)

11－122　○古－人7－34　古文論語(コブンリンギヨ)(書名)0－10　○古風11－4　古(コ)－論(リン)0－11　◎呉(ゴ)7－96　呉孟子(ゴマウジ)(人名)7－97　○固

－陋14－125　◎孤(ヒトリアラ)(コナラ)4－65　◎戸(コ)6－68　◎故(コ)－舊(キウ)8－9　◎狐(コ)(戸洛反)－貉(カク)9－104　瑚(コ)－璉(レン)5－12　○瓠－瓜17－42

◎瞽16－67　◎瞽－者9－43　虎－兕6－17　◎虎－豹12－44　觚6－92　顧10－14　○顧－望5－26
◎鼓18－72　◎鼓11－47　◎公10－56　○公－義14－66　○公－會10－34　◎公－卿9－74　○公－侯1－20
公－山（人名）17－23　公山氏（人名）17－25　◎公－事6－57　○公子14－69　公子糾（人名）14－67　公子荊（人名）13－38　◎公－室16
－50　公綽（人名）14－45　公叔文子（人名）14－51　公西華（人名）11－76　○公孫14－70　公孫朝19－65　公伯寮（人名）14－134　○公
平20－23　公明賈（人名）14－52　◎公－門10－15　公冶長（人名）5－2　公冶長第五（人名）5－1　◎功20－22　口－給5－15
○口－才6－66　○后20－8　○后帝20－7　◎孔安國（人名）0－17　◎孔丘18－31　◎孔子（人名）0－3　孔氏（人名）14－148
孔文子5－60　弘－毅8－35　後－死9－21　後－世16－21　◎後－生9－91　悾悾8－61　◎溝－瀆14
－81　溝－洫8－87　空－々－如9－37　◎紅－紫10－33　耦18－26　○薨14－160　○刻－鏤5－71　告
7－100　○告－朔3－68　◎哭11－29　○國－家8－33　○國－君3－89　○國風17－59　◎國－命16
－45　尅－伐14－4　○獄12－65　○穀8－48　穀14－2　◎忽－焉9－47　軏2－72　○婚7－99　○紺
10－32　○闇人14－147　◎困－窮20－3　○昆－弟11－13
◎左丘明（人名）5－100　○左傳15－40　○坐15－109　○坐－中15－109　磋1－66　◎再－拜10－66　◎才8－76
○才－藝6－35　○才－知6－85　○才－力16－14　◎宰5－32　◎宰我（人名）11－9　◎宰予（人名）5－41　崔子（人名）5－
78　◎材5－23　柴11－57　○罪－過20－11　○祭祀8－85　○祭－服8－86　○菜7－58　◎菜－羹10

－60　○菜。(サイ)食7－49　○菜－蔬。13－25　◎蔡。(サイ)18(地名)－71　◎裁。(サイセン)5－92　○裁－制(ス)5－94　○財貨11－63　○財－

物20－41　齊(サイ)14(国名)－65　齊。(サイ側皆反タリ)－如10－61　○喪。(息浪反)6－44　○喪。亡(サウバウ)3－107　○喪－服10－33　◎喪(サウ)－。祭(サイ)20－21

○臧9－106　臧武。仲(サウブテウ)14(人名)－44　臧文仲(サウブンチウ)15(人名)－47　曹義(サウギ)0(人名)－29　竈(サウ)3－53　草木(ボク)19－38　◎草(サウ)－。創(サウス)14－27　○荘(サウ)。2

－63　躁。(サウ早報反)16－65　。造(サウ)－。次(シモ)4－18　○作(サク)7－38　作(サクセ)－7－2　◎作(サクセルスル)－者(シャ)14－145　○朔3－69　◎祭(サツス)15－78　◎

三－3－102　◎三－友(イウ)16－56　三－家(カ)3－6　○三－綱。2－77　三－樂(カクラク)16－59　◎三歸(キ)。3－88　三－桓(クワン)16－53

◎三－軍7－26　三－月(ゲツケツ)6－28　◎三－子11－119　三－子－者11－127　三－日(シツニチ)10－57　◎三－十(ニ)2－10　三－

人(ジン)7－64　三－仁(ジン)18－5　三－。世(ニ)16－46　三－。代(タイ)15－71　◎三(サン)－年(ネン)11－110　三－百(ハク)13－32　三－。飯(ハ)18－71

◎三(サン)－分。(ブン)8－80　○三王20－23　◎卅年13－50　◎山－川6－25　◎山梁(リヤウ)10－94　◎散(セルこと サンズル－)19－57　。散騎。常。侍。(サンギジヤウシ)0

－28　殘。(サンサン)13－47　○殘暴13－48　○。算13－91　○讒14－137　二(ジ)－5－39　二(ジ)－三－子3－105　二(ジ)－子(シ)18－50

二(ジ)－十(シフ)－篇0－3　二(ジ)－十(シフ)－一(イツ)－篇(ヘン)0－13　二(ジ)－十(シフ)－二(シ)－篇(ヘン)0－6　二(ジ)－臣(シン)16－12　二(ジ)代(ダイ)3－56　二(ジ)－篇(ヘン)0－

11　◎市(シ)－朝。(テウ)14－138　○仕－進11－8　侍(ハムヘリ する)5－104　◎侍(シ)－坐(サセリ)11－99　◎侍(ジ)－中0－29　偲。(シ)－偲く13－116　◎

史(シナリ)6－71　史(シ)(人名)－魚15－26　司。(シ)－空(コウ)0－21　○司。寇6－20　司馬牛(シバギウ)12(人名)－15　◎四－悪(アク)20－26　◎四－海12－27

◎四時15－39　◎四十(シフ)2－10　四－世16－52　◎四體10－82　四－飯(ハン)18－71　◎。士(シ)4－32　◎士(シ)－師(シ)18－6

◎子(シ)7－70　子羽(シウ)14(人名)－29　◎子夏(シカ)(人名)1－29　子羔(シカウ)11(人名)－93　子罕第九(シカンテイキウ)9－1　子禽(キン)。1－39　子華(人華)。6－13　◎子(シ)

貢(カウ)(人名)11—9　子(人名)桑伯子(サウハクシ)(子郎反)6—3　子(人名)産(サン)5—64　子(人名)西(セイ)14—34　子(人名)賤(セン)5—7　◎子—孫(ソン)16—22　子—張(チヤウ)2—51

子(シ)(人名)張第十九(書名)19—1　子(シ)—張(チヤウ)—問(ブン)0—12　○子弟(テイ)11—85　子(人名)服景伯(フクケイハク)19—73　子文(シブン)(人名)5—73　◎子(人名)游(イウ)2—22　◎子(人名)

—路5—22　子(人名)路第十三(書名)13—1　○字°17—69　尸(シセ)10—81　師°(シ)2—35　◎師(シ)(人名)11—51　師(シ)(人名)15—111　師(シ)—°摯(シ至)(シガ)8—

56　師(人名)冕(ベン)15—107　師(シ)—°旅(リヨウ)11—105　◎°豉(シイセンニハ)11—91　○志7—12　志°(シ)—士(ジ)15—33　○°思—慕(ボシキ)4—57　○思(シ)—

°慮(リヨ)18—65　摯(シ)(人名)18—70　○次—序9—49　◎死(シ)11—38　◎死(シストモ)4—31　○死—人10—82　◎死(シ)—生(セイ)12—25　死(シ)—

然(セム)11—42　○死—亡(セムコト)12—24　○絲°9—10　◎緇—衣(朱位反)10—36　○耳—目5—55　°肆(シナリ)17—77　°肆(シセシメテム)14—138　○°自(ミ)

—稱(セウバ)16—101　○°自—然°4—7　○至—聖6—113　葸(シス)8—7　○°視—聴(テイ)15—42　◎詩(シ)(書名)2—4　◎詩書(シショ)(書名)7—45

○°謚(シ)2—15　賜(シ)(人名)5—10　○辞11—112　◎辞(ジス)6—21　◎辞(シ)—気8—23　○辞—°譲6—22　雌(シ)—雉(チ)10—94　◎°食(シ)

6—47　食(セ)(クラハ)15—83　◎°駟(シ)12—42　○駟—馬12—43　○°歯14—38　齋°(モスソヲ)(シ六沓)10—18　齊°(シ)—衰(サイ)9—42　◎四(シイ)—時(シ)17—

87　四(シイ)—方(ハウ)13—30　°是(シイ)11—70　至(シイ)—徳(トク)8—2　脩°(シウ)—餝(シヨクす)14—29　◎衆(シウ)15—78　◎衆(シウ)—寡(クワ)20—35　◎衆(シユ)—星(セイ)2—

3　○衆—多(ナリ)13—42　◎周°(シウ)8—81　周(シユウ)2—43　周(シユウ)—人(ヒト)3—80　◎周公(コウ)(人名)7—11　周子(シユウシ)0—16　○周書17—94

周(シウ)—親(シン)20—15　周(シユウ)—任(ジン)(人名)16—13　周生烈(シユウセイレツ)0—22　○周—流18—33　○周—流(シ)18—30　○周礼1—23　周南(シウナン)(書名)17—

57　○柔°17—65　○柔—順15—30　○洲15—22　洲—里15—22　○終°—始19—42　○聚—°斂(す)16—7　◎宿(アラカシメ)(シユク)

12—65　◎宿(シクセシ)(シユクセシメ)18—49　○宿—鳥7—81　○淑°(シク受六反)女17—59　蹜°(シク色六反)(シクトシテ)々10—26　蹴(シク)—踖(セキ)—如(ジヨタリ)10—7　◎卌(シシユウ)17—121　◎

七-十2-13　七-人14-145　◎七-年13-119　◎執-鞭。7-31　◎失。12-26　○失11-81　◎室11-49

◎室-家19-75　○實。17-84　◎日月6-29　漆。-彫-開。(人名)5-17　◎瑟11-47　○疾-。病2-22　◎質。

6-70　◎質-直12-87　◎十5-39　十-有-五2-9　○十一12-48　○十二12-50　十室5-112　十。

乗5-78　十-人8-73　十世2-74　○執7-56　○執-政3-53　執-禮7-54　◎集解1-1　任。。8-

37　任20-22　◎參4-45　○紳。10-75　。諶12-30　◎社3-78　◎。社稷11-95　○。謝17-4　◎射9-

7　◎車-馬10-80　○。上6-80　○上-衣10-36　◎上-下7-113　○上卿12-75　◎上-達14-104　○

上-知6-79　◎上-智17-14　◎尚書0-29　商。(人名)12-25　○商3-33　◎情19-57　昌邑(地名)0-8　将。-聖

9-29　○。将-帥9-102　◎。相14-75　◎章0-2　◎章-句0-6　。讓1-43　◎賞12-76　○蹌-蹌

8-24　○爵。18-3　○爵-禄16-51　◎主16-8　。衆9-11　◎儒。。6-53　○壽-考6-89　孺-悲。17

-88　◎手-足13-20　朱。張(人名)18-60　○。樹-木12-94　◎酒-。食2-28　○種-。類15-105　◎誦13-32

○。首8-58　◎首陽(人名)16-89　○首-陽-山16-89　◎從-者3-104　○從-。弟14-70　。樹3-92　叔夏(人名)18-

82　◎叔齊5-95　叔孫武叔(人名)19-71　叔夜(人名)18-82　◎熟。10-72　祝鮀(人名)6-64　○粛-敬16-38　出-入19-

30　述而第七7-1　循-循-然9-48　恂。-恂-如10-2　◎潤-色14-30　○純9-10　○純。-潔。

18-67　純。-如3-99　◎。舜8-65　荀。。顗0-29　○。順17-12　順-帝0-18　◎叙0-2　◎序0-1

○庶13－42　○庶－幾11－64　○庶－兄18－3　○庶（ソ・シャ）－人（ジン）16－48　◎恕（ショ）15－67　◎暑（ショ）10－35　◎書（ショ）2－67

○書－傳6－4　◎諸（ショ）－家（カ）0－25　◎諸（ショ）－夏（カ）3－17　◎諸（ショ）－侯（コウ）11－134　○諸臣12－75　○諸－父18－4　黍（ショ）

18－50　黍－稷5－12　○乘1－22　松（マツ）3－79　◎松（ショウ）－栢（ハク）9－109　◎稱（ショウズ）16－90　稱（セウゾハ）16－100　○稱－號16－

104　○稱－説17－113　勝（ショウ）（人名）0－4　○勝5－37　◎誦（ショウス）9－107　○誦（セウ）－習（シフスルナリ）1－3　證（アラハス）13－78　邵（ショウ）南（少）（書名）17－57

◎鍾（ショウ）鼓（コヲシモ）17－63　○俗（ショク）7－104　○屬（セリ）16－4　式（ショクシ）10－86　民（タミ）－食（ショク）20－20　稷（ショク）14－18　○職3－90　◎食（ショク）10－73

◎食（ショクスルトキンハ）7－21　申申如（シンシンジョタリ）7－9　申（シン）根（タウ）（人名）（チャウ）5－49　○人－事14－133　○人－民16－26　◎仁（ジン）5－14　○仁－厚（コウ）8

－11　◎仁（ジン）－者（シャ）6－85　◎仁人（ジンジン）15－33　○仁道7－92　○仁－智17－44　○仞12－16　◎信（シン）1－16　◎信（シンジキ）

5－46　○尋2－39　◎新（シン）－穀（コク）17－93　晨－門14－147　◎晋（シン）14－63　◎浸（シン）－潤（ジュン）12－29　◎神（シン）3－49　◎神（シン）祇（ギ）

7－113　○神明7－115　◎秦（シン）（国名）18－72　◎紳（シン）15－26　◎臣（シン）0－27　◎親（シン）19－50　○親－昵10－80　○身－體

8－13　◎進退（シンダイ）19－32　○進－退（すること）13－95　飪（ジン）（而審反）10－50　○数13－91　数（ス）－仞（ジンナリ）19－75　◎数（ス）－年7－51　◎

帥（スイナリ）12－75　◎水火15－92　◎燧（スイ）17－94　○瑞（ハジ）9－42　○衰－老4－60　○衰－老（して）7－11　綏（スイ）10－90　◎足（スウ・ソク）

－恭（ケウスル）5－100　鄹（スウ）－人（ヒト）3－60　○鄹3－61　◎世（セイ）13－50　○世－俗3－54　◎是（ナリ）17－22　○是－非1－62

世叔（セイシュク）（人名）14－29　○井（セイ）8－88　○制8－72　○制（セイし）3－109　○姓1－41　◎姓（セイ）－名（メイ）0－25　◎征（セイ）－伐（バツ）16－39　◎

性（セイ）5－56　◎成（セイ）20－38　○成（セイ）－形（ケイ）7－13　◎成（セイ）－功（コウ）8－70　◎成（セイ）－人（ジン）14－44　政（セイ）12－74　○政－教1－

18　◎政事11—9　○。政。道2—70　○政—理16—27　○政—令8—32　◎栖。栖〻14—123　◎。正12—74　○正—樂8—58　○正色17—81　○正—道9—95　○正—直2—59　○正—服10—34　。洒—掃19—32　◎清。18—67　○濟—濟8—24　○牲。3—69　◎生。15—33　○生—熟10—51　○盛—衰17—54　◎。盛—饌10—87　祭10—56　○精。—神2—47　◎聖6—112　○聖君18—19　○聖子8—4　◎聖—者9—27　◎聖—人7—74　○聖道11—62　○聖—德3—110　○誠。—信1—24　○。誓6—106　。逝—者9—76　◎齊。5—78　齊—人18—14　齊古0—20　齊。説0—15　齊。論（国名）（書名）0—9　齋7—35　◎丞—相0—5　召忽14—67　◎小15—77　○小雅12—57　◎小—過13—6　◎小—慧15—55　○小國14—43　◎小—子11—56　◎小—車2—73　小。相11—114　◎小—人2—44　。小—。大1—51　◎小—。道19—13　◎小—知15—94　◎小—童16—101　小—德19—30　◎小—利13—74　。少1—8　◎。少—師18—74　○。少—時14—51　◎。少—者5—109　○。少弟8—4　。小連（人名）18—60　○昭。—穆3—41　葉公（人名）7—56　◎蕭。—牆16—36　蕭望之（人名）0—4　韶。3—110　韶—樂7—36　韶。舞15—42　◎席10—71　◎石門（地名）14—147　赤5—34　切1—65　○切—磋1—67　○切磋琢磨1—70　◎切—切〻13—116　○契8—73　◎攝。3—88　棁。5—70　◎節5—70　◎節1—24　○節。行18—61　○節—約9—53　薛。14—41　藝—服10—33　◎説。3—45　戰7—35　◎瞻—視20—36　◎饌2—29　○接—輿18—17　○千—釣。7—63　千。駟16—87　千—室。5—31　◎千—。乘1—17　債3—27　僎14—85　◎。偕3—5　◎先—進11

－5　先進(書名)第十一11－1　◎先《セン》－生《セイ》14－174　○先－祖10－73　先《セン》王《ワウ》1－50　◎冉《ゼン》求《キウ》(人名)11－85　°°冉《ゼン》子《ジ》6－13　◎
冉《ゼン》伯《ハク》牛《キウ》(人名)11－9　冉《セン》有《イウ》(人名)3－18　前°《セン》－将《シャウ》－軍《クン》《キン》0－4　◎善《セン》2－64　○善－°行17－122　○善－言4－52　◎善《セン》－柔°《シウ》
16－58　◎善《セン》－人《ジン》11－67　◎善－道2－48　○専13－34　◎戰《セン》戰兢兢《居陵反》《キョウ〱トシテ》8－14　戰《セン》－色《ソクアリ》10－26　◎°撰《セン》《ソナヘニ》11－119
○°淺－近《ナリ》15－96　襜°《セン》－如《タリ》10－12　○穿°《セン》六川－鑿《サク》5－94　○穿°《セム》－鑿《サクシ》7－83　○饌《セン》10－46　愬《ソ》12－32　°愬《ソス》14－134
◎楚《ソ》18－17　◎俎《ソ》－°豆《トウ》15－3　○祖－°考2－81　◎素《ソ》－衣《イ》10－36　◎蔬°《ソ》°食《シ》《シイショク》7－47　°阼《ソ》－階°10－65　○増－
益《す》11－12　◎°宋《ソウ》(国名)3－36　◎宋《ソウ》－朝《テウ》6－65　◎宗°《ソウトス》1－57　◎宗《ソウ》－族《ゾク》13－85　◎宗《ソウ》－廟《ベウ》11－133　◎曽°《ソウ》－子《シ》1－14
○曽參°1－14　曽《ソウ》誓《セキ》(人名)11－98　○俗°－言《ナリ》17－73　◎束《ソク》－脩°《シュウ》7－15　◎束《ソク》－°帯《タイシテ》5－34　○束°帛°17－61　色《ソノ》(マヽ)－
荘°《サウ》11－70　◎賊°《ソク》14－170　◎賊°《ゾクセリ》11－93　賊－害14－170　○賊－害《する》11－94　◎帥°《ソチ》－°爾《シニ》11－103　○°巽9－97
°巽《ソン》六遜ヨ－與9－96　○尊－貴16－62　○尊－°卑3－43　◎存《ソンゼン》《シム》8－26　孫°《ソン》(人名)災《イウ》《キョウ》0－27　◎°損《ソンナリ》16－58　◎°損《ソンシ》8－86
◎°損《ソン》－益《エキスル》2－76　◎°損《ソン》－者16－56　°遜《ソン》15－57　遜《ソン》－悌《テイナラ》14－169
◎他《タ》19－52　○他－事19－50　◎他《タ》－日《ジツ》16－95　◎他《タ》‥人19－80　◎他°《タ》－邦°《ハウ》5－80　◎儺°《タ》10－65　◎多《タ》|8－
28　○多－言2－43　○多－少11－69　◎多《タ》－能《ノウナル》9－27　◎多《タ》－聞16－56　○多－力14－16　○大－°要13
－59　○大－綱7－80　○大－寒9－110　○大－逆11－92　大《タイ》－車°《キョ》2－72　◎大－賢°《ケンナラハ》19－10　◎大《タイ》－故《コ》18－
79　○大－公－°望8－74　◎大《タイ》－國《コク》11－104　○大才8－79　◎大《タイ》－司《シ》－農《ノウ》0－19　◎大《タイ》－師《シ》3－97　大《タイ》－相《シャウ》

11―136　◦大―受15―94　◎大◦守0―18　○◦大數2―4　◎大―人16―73　○大聖9―30　◎大―◦祭12―11

◎大―節8―33　○◦大―祖3―43　○大―大20―8　○◦大◦體2―35　○大―道5―93　◎大―徳19―29　大

―賓12―11　◎大―夫11―24　大―謀◦15―77　◎大―倫18―56　○大路15―40　太―簡6―7　○太公6―

90　◎◦太―宰9―26　○太史（六泰）5―101　◎太―子0―4　○◦太―師18―69　◎太常0―21　○太―祖3―42

太―◦苗3―58　◎太―傅0―4　◎太廟10―78　泰―9―11　◎泰山（地名）3―18　泰伯（人名）8―2　泰伯第八（人名）（書名）8―1

◦餒（奴罪反）10―49　○唐8―77　◎唐虞8―76　◎唐―◦棣（大計反）9―118　◎堂3―9　◎堂◦堂〱19―47　棖5―50　◎湯12

―107　◎滔滔〱18―32　○當◦―時16―4　◎盗17―111　○盗―心17―66　禱―爾7―113　◦蕩17―47　◎

◦蕩蕩〱8―68　◎討14―95　◎討―論14―29　○道義2―35　○道―徳1―61　◎道―路9―63　◎黨―4

―29　◎黨7―96　○黨―類4―29　◎卓（陟角反）―◦◦爾9―51　○卓―然9―53　◎宅0―10　○濁―世9―112

○濁◦―◦乱17―40　琢◦―1―66　○琢―磨1―67　◎諾◦―7―42　◎諾◦―12―65　達◦6―33　◎達6―115　達◦巷

9―3　○答◦11―79　○◦旦8―47　○男―子1―3　◎嘆11―126　◦坦蕩蕩〱7―118　◎歎9―46　澹臺滅

◦明（人名）6―57　○端◦11―116　端◦―章―◦甫11―114　◎短―命6―10　○簞―◦食6―49　◎知2―50　◎知―

者6―84　知◦―道0―11　◎地19―66　◎◦智4―3　◎◦智―者4―7　○治◦2―48　○治（直吏反）―世9―111　○

◦治―◦道6―106　○治―邦14―143　○◦治乱18―34　絺◦―綌10―35　○遲―◦鈍13―115　◎晝―◦夜9―76　◎中―

20−3 ◎中|10−16 ◎中−尉0−8 ○中−外10−38 ◎中。−。行13−92 ○中興14−158 ○中国3−17
◎中−人6−78 ○中−正10−7 ◎中−道6−51 中。牟（人名）17−36 ◎中。−庸。6−108 中−。壘0−2 中領
軍0−28 ○。仲2−49 仲由（人名）11−84 ◎仲弓（人名）6−3 仲忽（人名）18−81 ◎仲−尼19−73 仲叔。圉14−89 仲突（人名）
18−81 ◎忠。1−15 ◎忠−怒4−48 ◎忠−信1−35 ○忠−節1−31 ◎紂19−59 ◎註0−21 ○誅。
5−45 ○誅20−16 ◎朕20−12 ◎丈人18−44 ◎張19（人名）−45 張。禹0−14 張侯論（書名）0−16 ○。杖7−13
杖−者10−62 長11−100 ◎。長14−169 ◎長−。幼18−54 長沮（人名）18−25 長戚戚7−118 長−府11−43
冢宰14−161 ◎女−樂18−14 女−子17−119 ○。著−明8−72 ○徴3−37 ○重−任8−36 ◎直5−97
○直−道15−72 匿。2−38 ◎陳5−91 陳亢（人名）。16−91 陳羣（人名）0−21 陳恒14（人名）−95 ◎陳−蔡11−6 陳子（人名）
禽19−84 陳。司−。敗7−93 陳成子14−94 陳。−文。−子5−78 ◎貞15−101 定公（人名）13−57 ◎帝20−11
帝−臣20−11 ◎弟−子0−3 ◎悌13−86 ◎。禘3−44 ○體4−7 體|7−13 ○鄭5−65 ◎鄭（国名）
−聲15−43 鄭沖（人名）0−28 ◎。弔10−43 ○彫−琢。5−43 ◎朝。5−35 ◎朝。5−35 ○朝−夕10−51 朝。庭
10−3 ◎朝。−服10−75 ◎朝。−服10−64 ○朝。−禮18−16 ○條。−目12−7 ◎。趙14（国名）−41 釣|7−
79 ◎鳥−。獣18−39 ◎徹12−47 ○典−獄。18−7 ◎顚。−。沛4−18 ◎天6−104 ◎天−下3−46 ○
天官14−161 ◎天−子3−8 ○天−心20−11 ◎天−道5−56 ○天地14−134 ○天−帝20−9 ◎天−命

2-11　◎殿 6-61　◎點 11-126　◎圖 9-40　○圖-籍 10-87　土 4-37　○土-地 16-26　◎奴 18
-2　○度 8-62　◎斗筲 13-90　侗 8-60　○動-静 16-60　○同 11-116　◎同 13-101　◎同-姓 7-97
慟 11-29　○投-下 6-101　○東西南北 17-42　◎東-首 10-75　◎東周(人名) 17-28　○東-方 9-69　東-蒙
16(地名)-8　○東門 16-51　東里 14-30　滕 14-41　○統 2-48　○通 6-33　通-喪 17-104　◎童-子 14-
171　鬭 16-70　◎得 16-71　◎得-失 0-24　◎徳 1-37　○徳義 15-77　慝 12-95　○特-立 15-
79　○獨 13-34　◎獨-立 16-93　◎篤-敬 15-20　◎徳-行 11-8　○訥 4-64　○豚 17-4　○貪-欲
14-6　○鈍 11-59
南宮适(人名) 14-14　南郡(地名) 0-18　○南国 13-97　南子(人名) 6-103　南-人 13-96　◎南-面 6-2　南容(人名) 11-15
◎難 16-82　佞 5-14　◎佞-者 11-95　◎佞-‥人 15-43　○年少 9(時照反)-92　◎能 8-27
播-鞀 18-73　磨 1-66　○覇 14-76　馬融 0-19　麻-冕 9-8　◎拜 17-5　○敗-乱 17-68　◎
廢 14-141　○配 17-59　◎陪-臣 16-45　○亡 3-18　罔 2-45　罔 2-44　匏-瓜 17-41　包子(人名)
0-16　◎方 11-107　方 14-117　方叔(人名) 18-72　○方-里 1-22　放 4-39　○暴-慢 8-24　○謗-毀 17-
114　◎邦-域 16-8　◎邦-家 17-83　邦-君 3-92　○邦-国 10-87　邦-内 16-35　防 14-58　○鮑
-叔-牙 14-69　◎伯夷(人名) 5-95　◎伯牛(人名) 6-41　伯魚 16-91　伯适(人名) 18-81　伯氏(人名) 14-36　伯達(人名) 18-81　◎博

―奕17―108　◎博―士0―17　○帛17―61　柏3―80　白圭11―15　百―乗5―31　百―世2―78　◎百―
姓12―50　百年13―47　百―物17―87　百―里8―32　○八―卦9―42　○八佾3―3　◎八佾3―2　八
佾第三3―1　八―士18―81　○八八3―4　◎法―度20―18　百―官14―160　百―工19―21　○發5―48
◎發2―34　○發―起11―12　○發明2―35　○發―明3―34　○法18―36　法―語9―94　盻3―27
◎蠻―貊15―20　○万―物9―90　○反8―62　◎反12―72　反―玷3―93　反―覆11―16　樊須（人名）13―26
樊―遅（人名）2―16　◎萬―方20―12　○萬―物6―86　飯7―47　卑―諶14―27　○悲―哀11―30　悱7―
17　◎微16―53　○微―言5―25　微子（人名）18―2　微子第十八（人名）（書名）18―1　○微―弱14―77　微―生―高5―97
微生畝14―122　斐―然5―92　未―可13―104　○比2―44　○比4―35　◎比干18―2　○皮―膚12―
31　◎美19―76　美―玉9―65　○美―質3―31　○美―女3―31　美―目3―27　費（地名）17―23　◎鄙―
事9―32　○鄙―人9―33　鄙―倍8―23　◎鄙―夫9―37　○非2―22　○非―義4―23　○非―常13―56
○非―法2―14　○非―禮3―22　◎匹―夫9―103　◎匹―婦14―80　肸―肸17―33　◎賓10―14　○賓―
客5―35　◎擯10―79　◎敏5―62　◎彬―彬6―72　擯10―9　◎貧15―86　○貧―賤8―43　○貧―
富11―32　◎閔子騫（人名）11―8　否12―110　◎不―可11―89　◎不―幸6―10　◎不―義7―49　不―
賢4―50　不―賢―者19―67　◎不―仁4―20　不―仁―者4―4　○不―臣6―37　○不―正16―104　不

ー擾(セウ)17ー23 ◎不(フ)ー善(ゼンニ)13ー68 不ー孫(ソンナリ)7ー116 ○不達13ー14 ○不ー忠(ナル)20ー16 ◎不(フ)ー能(ノウ)19ー10 ◎不(フ)ー

敏(ビン)12ー9 ○不ー平13ー91 不ー欲(ヨク)14ー45 。僻(フ)ー雩(ウ)11ー123 ○夫(フ)。1ー19 ◎夫(フ)ー人(ジン)16ー100 ◎婦(フ)ー人(ジン)8ー77

○府11ー44 ◎巫(ブ)(カムナキ)ー醫(イ)(イニクスシ)13ー97 巫(ブ)ー馬(バ)ー期(キ)7ー95 ◎憮(ブ)ー然(ゼント)18ー38 ○桴(フ)。5ー21 ◎武(ブ)(人名)18ー74 。武3

ー111 武(ブ)城(セイ)(人名)17ー15 ◎武(ブ)王(人名)8ー73 ◎父(フ)ー兄(ケイ)9ー75 。釜(フ)6ー14 浮ー雲7ー50 ◎無(ブ)ー為(イ)15ー17 ◎無(ブ)

ー道(タウ)12ー78 舞(フ)ー雩(ウ)。12ー94 膚(フ)。ー。受(シユウ)12ー30 負(フ)(ヒ)ー。枚(ハン)(ハン)10ー86 ◎賦(フ)5ー29 ○賦ー。税11ー56 ○附ー庸16

ー4 駙(フ)ー馬ー都ー尉0ー29 ◎富(フ、)貴(キ)12ー26 ◎夫(フウ)ー子(シ)1ー36 ○封。13ー36 ○封(セラレ)。18ー77 。父(フウ)ー。母(ボ)1ー30

○風11ー5 風(フウ)11ー123 ◎服(フク)11ー122 ◎服(フクス)2ー59 ◎服(フク)ー事(ジス)8ー80 ○復。1ー54 ◎復(カエツマウス)(フクス)。1ー54 ◎復(フク)。ー

命(メイ)10ー14 韍(フツ)。免(ベン)8ー86 ○物ー理6ー33 ○物ー。類2ー79。 憤(フムセ)7ー17 ○。分6ー12 分(ブン)ー崩(ホウ)16ー33

。問(ブンナリ)11ー87 問(ブン)王(ワウ)0ー11 。忿(フン)ー戻(レイナリ)17ー79 ◎文(ブン)。1ー28 ◎文學(ブンガク)11ー10 ◎文(フン)。ー獻(ケン)3ー38 文公(ブンコウ)14ー63 文子(ブンシ)(人名)

14ー85 ◎文(ブン)ー質(シツ)6ー71 ◎文章(ブンシヤウ)5ー54 ◎文ー徳12ー113 ◎文武(ブンブ)19ー66 ◎文王(人名)9ー19 。汶(フン)6ー40 ◎。糞(フン)

ー。土(ト)5ー43 。聞(ブン)12ー87 ◎兵(ヘイ)12ー35 兵車(ヘイキヨ)14ー72 ○平均(ときんば)16ー29 ◎平ー生14ー50 ◎平(ヘイ)ー地9ー83 ○

平王16ー42 ○。屏(ヘイ)16ー37 ○弊(ヘイ)。1ー34 。病(ヘイナリ)9ー55 ○。庿3ー58 ○廟3ー5 ◎憑(ヘウヒヨウガシテ)ー河7ー28 ◎辟(ヘキなり)。11

ー59 ○辟(ヘキ)(必亦反)ー公(コウ)3ー8 ◎別(ヘツ)(アルニ)。19ー39 。卞(ヘム)(皮彦反)荘(サウ)子(シ)(人名)14ー45 ◎。片(ヘム)ー言(ゴム)(ケン)12ー63 ◎籩(ヘム)ー豆(トウ)8ー25 駢(ヘム)。ー邑(イヱウ)14ー

37 ○便。16ー57 ◎便(ベン)。ー辟(ヘキ)16ー57 ◎。便(ベン)ー佞(ネイ)16ー58 ◎便(ベン)便(ベント)10ー3 ○偏(ヘン)。12ー64 ◎冕(ベン)15ー41 冕(ベン)(六勉)ー衣(イ)

ー裳9ー43　冕ー冠9ー43　冕ー者10ー84　◎変19ー25　◎変10ー46　○篇2ー4　◎篇章0ー20　○編5（必綿反）
ー21　○辨ー10ー4　○畆14ー124　◎圃13ー24（居古反又音布・布古反）　布ー10ー45　◎暮ー春11ー121　○報8ー29　◎報14ー128　○
崩16ー34　○奉14ー70　○封ー内3ー20　方六ー七ー十11ー108　◎暴20ー39　◎暴ー虎7ー28　◎暴ー慢
8ー22　◎朋ー友1ー32　○謀ー作14ー28　◎鳳18ー18　◎鳳ー鳥9ー40　◎僕13ー40　◎北ー辰2ー2
○卜ー商1ー29　○墨ー子20ー9　○木13ー115　◎木ー鐸3ー108　◎木ー訥13ー114　沐ー浴14ー94　穆々
3ー8　◎勃ー如10ー26　没10ー22　◎没9ー20　○没1ー47　○凡ー人9ー111　○本1ー11　○本
意3ー16
孟18ー11　孟懿子2（人名）ー14　孟敬子8ー18　孟公綽（人名）14ー40　孟荘子（人名）19ー51　○孟ー子1ー23　孟氏（人名）29ー54　孟
子ー反6（人名）ー59　孟ー孫2（人名）ー16　孟武伯2（人名）ー10　民ー人11ー95　○名ー誉12ー86　◎命6ー44　◎命20ー5
◎明12ー29　◎明ー衣10ー45　○明ー君6ー91　明ー日18ー50　◎門3ー92　門ー10ー16　○門ー弟ー子9ー
6　◎門ー人4ー46
◎野6ー70　◎野ー人11ー2　○洋洋8ー59　洋ー洋乎8ー57　◎陽18（人名）ー74　陽貨17（人名）ー2　陽貨第十七（人名）（書名）17
ー1　陽ー膚19ー55　◎約4ー62　◎約6ー102　○軛2ー73　廋6ー15　○尢2ー53　友2ー68　◎勇14
ー13　◎勇ー者9ー114　愉々如10ー29　由2ー49　◎予17（人名）ー101　○豫12ー66　與ー與如10ー7　○與

18－28 ◎餘。6－29 ○餘－人6－29 餘－力1－28 ○夭夭7－9 夭夭如7－9 雍。5－13（人名） 雍也第六
6－1 ◎容－儀。3－64 ◎容－色10－28 ◎容。－。貌8－22 ◎幼14－169 庸生0－7（人名） ○庸。－君18－63
◎。用1－24 ◎要14－59 ○要14－63 弋。7－80 ◎慾14－4 ○欲。6－87 欲12－76 ◎浴。11－123
翼。－如10－13
◎來1－68 ◎來－者9－91 ◎勞5－107 ◎勞20－32 ○勞。－。苦6－84 ○。勞－。來14－26 瑯耶0－
7 牢9－34 ◎老14－41 ○老－者5－108 ○老－人10－63 ◎老－農13－24 老彭7－3 老－圃13－25
◎。濫15－10 ○。濫－罰13－19 ◎。乱1－10 ○乱－国14－143 乱－神7－62 ◎乱臣8－73 ◎乱－邦8
－51 。履20－6（人名） ◎犂。－牛6－25 ○理8－74 ◎利4－39 ◎利20－30 ○。利－器15－38 ◎利－口。
17－83 ○里6－23 里－仁第－四4－1 ○離。－。散19－58 離－析16－33 鯉16－94（人名） ◎劉－向0
－2 ◎。柳下。恵18－6（人名） ○流。7－80 ○力7－62 ○力－役3－67 ○六3－4 ○六。藝7－15 六－
言17－43 六－十2－12 六尺8－31 六－。蔽17－43 ○陸－地14－16 栗。3－80 兩－君3－93 ○梁－
。上5－71 ◎良。1－43 ◎量19－83 ○領－。袖10－31 慮18－65 ○旅3－19 ○陵5－53 倫。18－64
◎倫。－理。18－65 ○吝－嗇。20－42 林。放3－22（人名） 論語0－1 論語集－解0－26 ○隣－国3－95
◎隣－里6－23 ◎縲。－絏5－2 ◎。誄7－113 ◎。類15－104 ◎令20－39 ◎。令13－35 。令－。尹5－73

◦厲19―26　厲(レイシす)14―154　◎禮(レイ)1―55　◎禮(レイ)―樂(ガク)11―2　○禮―冠15―41　○禮―義13―31　◎禮(レイ)―◦讓(ジヤウ)4―40
○礼―節9―53　霊(レイ)―公(コウ)(人名)15―2　◦繚(レウ)18―71　◎歴(レキ)―◦數(スウ)20―2　○列―次20―3　烈◦(ハゲシキトキンハ・レツナルトキンハ)10―88　◎廉(レムナリ)17―78　◎路(ロ)15―40　魯(ロナリ)11―58　◎魯(ロ)0―2　魯(ロ)―人(ヒト)11―43　魯(ロ)公(コウ)(人名)18―76　◦魯論(ロリン)(国名)(書名)0―14　○◦陋(ロウ)7―117
◎陋(ロウ)―巷(カウ)6―47　六(ロク)―七―人(ジン)11―122　◎禄(ロク)2―56　○論(す)14―31　論◦(ロン)―篤◦(トク)11―70
◎◦往(ワウ)1―68　○◦王(タリ)14―20　王吉(キツ)0―8　◎王卿(ワウケイ)0―7　◎王◦―者13―49　◎王(ワウ)―肅(シユク・シク)0―21　○王―◦制1―23　王孫(人名)◦賈(カ)3―51　○委―曲5―99　◎威◦(イアツテ)7―119　○威◦―儀19―34　為政第二(イセイテイシ)2―1　○闕(ヰキ)10―17　◎繪(ヱ)3―29　遠(エン)12―33　◎遠―人16―32　◎遠(エン)―方(ハウ)1―4　○遠―路8―36　怨(エン)14―4

注

1　大東急記念文庫藏論語集解建武本の覆製本解説。
2　東野治之『正倉院文書と木簡の研究』一二六ページ。
3　小林芳規『平安鎌倉時代に於ける漢籍訓読の國語史的研究』二一三ページ。
4　5-60は第五巻60行を示す。以下同様。但し、0は序文である。
5　原文は「◦自(ミ)―稱(セウズハ)ては」である。この付訓・ヲコト点により、(1)「自―稱(し)ては」の二字語サ変動詞と、(2)「自(ミ)(ら)稱ジテハ」の一字語サ変動詞の、二種の訓法が示されたものと解せる。
6　「シヤ」の注音が最初に記され、その上に「シヤ」を消すやうに「キヨ」の注音が記されてゐる。

第二章　遊仙窟の漢語

遊仙窟は唐の張文成の著した小説である。短篇であるが、「華麗な駢儷体の対句によって畳み上げられた文体、詩と散文の交響によって醸し出される新鮮瀟洒な構成、軽妙且つ奇智に富んだ詩と会話のやりとり、品物羅列や故事、俗諺による教訓もの的要素等々」[注1]により、奈良時代以降、知識人士に愛読された。

萬葉集の巻五、山上憶良の「沈痾自哀文」には、「遊仙窟曰、九泉下人、一銭不直」とあり、また、巻四、大伴家持の坂上大嬢に贈る歌十五首の中の四首（741・742・744・755）が遊仙窟に拠つたものであると、契沖により指摘されてゐる。又、空海も一読した由、神田喜一郎氏により報告されてゐるし、[注2]藤原佐世の日本国見在書目録にも書名が見え、又、遊仙窟の「文句は更に又和漢朗詠集、新撰朗詠集等にも引かれ、謡ひ物ともせられしなり。又唐物語には、本書を材料として一場の説話をなせり」[注3]と山田孝雄博士は述べられ、遊仙窟が後世文藝に与へた影響は大きい。

調査は、現存最古の写本である醍醐寺本遊仙窟の覆製本によつて行つた。正安二年（一三〇〇）交点の本を、康永三年（一三四四）に模写したと奥書にある。所用のヲコト点は紀伝点で、主なものは次の通りである。

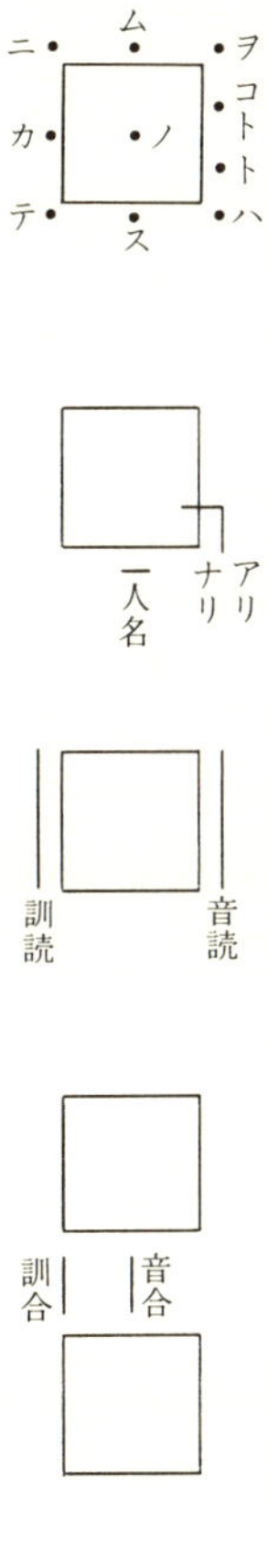
ヲ
コ
ト
ト
ハ
ム
ノ
ス
ニ
カ
テ
アリ
ナリ
人名
音読
訓読
音合
訓合

猶、真福寺本遊仙窟（貴重古典籍刊行会）と蔵中進編『江戸初期無刊記本遊仙窟』を参照した。

漢語と認定した条件は、第一編末に記した九項である。第九項の「数を構成要素とする語」を適用したのは、次の八語である。（例語の下の数字は、所在の行数。）

一首76　一失334　五彩179　五三445　五三張452　五重127　十二扇451　千金340

右の九項目以外に、私意で漢語と断じたものに、次の二九語がある。

夏6　河232　漢127ほか　氣576　愚334　胡259 260　死563 565　詩42ほか　室147　處子438　節351　千金340　泉石9　太原公122　道士420　地7 19　張483　張少府331　天性457　徳211　南国62　房室448　房中450　芳樹432　篳篥349　鳳凰372　本性458　門中43　陽府君118

漢語として採録したものは、以上を含めて八七六語である。

第一節　語数

漢語を、一字語、二字語など、構成する字数により分けて、異なり語数・延べ語数・平均使用度数を表示すると、次の通りである。

	一字語	二字語	三字語	四字語	合計
異なり語数A	77	769	29	1	876

百分比／876	延べ語数B	百分比／1363	平均使用度数B／A
8.8	123	9.0	1.60
87.8	1204	88.3	1.57
3.3	35	2.6	1.20
0.1	1	0.07	1
(100)	1363	(99.97)	1.56

異なり語数では、二字語が最も多く、一字語はその一割であり、三字語・四字語は更に激減する。延べ語数も、異なり語数とほゞ同様な傾向を示す。従つて、平均使用度数も、それぐ\目立つた差がない。

第二節　和漢混種語

遊仙窟の漢語の中、和語と漢語との複合語は、漢語サ変動詞のみである。

一字語サ変動詞は十九語で、一字語の24.6％であり、二字語サ変動詞は二一語で、二字語の2.9％である。一字語に比べて二字語のサ変動詞が少いのは、例えば「安‐置セシメヨ142」が他の個所では「安‐置ミマサムとマシマセ449」と文選読になるやうに、サ変動詞になる代りに文選読になつてゐるからである。

一字語サ変動詞が、接頭語「相」に下接した「相‐配ヒ°すス437」の一例があるが、これは二重の複合形式をもつ和漢混種語である。

第三節　文選読

平安時代の文選読については、築島裕博士の詳論がある。[注4] それによれば、次の二型があり、字音語は多くは漢字二字の熟語で一字のものが時にあり、漢字ごとの和語を竝記する例は稀である。

(一)字音語—ト—和語（属性概念を表はす語—動詞・形容詞・形容動詞の語幹—）

例　浩汗（カウカン）ト（オギロナリ）

(二)字音語—ノ—和語（実体概念を表はす語—体言—）

例　豺狼（サイラウ）ノ（オホカミ）

さて、醍醐寺本遊仙窟の文選読は三二五例あり、右の「ト・ノ」を介するものの他に、「ニ」を介するものがある。次表でそれぞれの例数を示す。

	一字語	二字語	三字語	計	固有名詞	各字の和語併記例
(一)漢語ト和語型	2	220	3	225	8	21
(二)漢語ノ和語型	2	94	0	96	4	3
(三)漢語ニ和語型	0	4	0	4	0	0
計	4	318	3	325	12	23

二字語の漢語が殆どで、一字語・三字語併せて七例にすぎない。文選読の二字語三一九例は、二字語の漢語七六九語のうち四割強を占める。

一字語・三字語の例　禹（ウトキコヘシ/ミカトノ）。6　則（ソクトウツクシケナル/とキラ〳〵シキ）38　琴（ノコト）424　箏（シャウノコト）242 245　唫（キム）―々―然（とホヲエムテ）368　細―々―許（ナリ/とサ、ヤカニナマメキ）101　長―々―馨（と/ミトロメカセリ）101

三字語の漢語の文選読が抄物にあると、寿岳章子氏によつて指摘されてゐるが、[注5] 右の三例はすべて疊字を含んでゐる点、平安時代にはなかつただけに、やはり特殊な例といへよう。

右の「禹（トキコヘシ/ミカトノ）」は、固有名詞にあらはれる文選読で、他には、次の六例がある。

香（タホカウ）―皃（シト/イフマカタチヲ/とを）192　西―施（と/ト云シカホヨキヒトヲ）61　絳―樹青―琴と（云シヲンナイロコノミモ/云シカホヨヒ人モ）34　韓（カン）―娥（カ）宋―玉と（云シヲトコイロコノミモ/云シカホヨイヒトモ）34

張―騫（ケント/云シ/カンナキヒトノ）6　南国（と/トイヒシカホヨキ人）62

寿岳氏が亜文選読として挙げられた古文眞宝抄の「俛〆ト云テウツフイテ・奴隷ト云テ下部ニ・計日ト云テ近日・美田ト云テ上田ノ」[注6] と類似した様式であり、その源をなすものであらうか。

㈠漢語ト和語型の文選読の和語には、動詞・形容詞・所謂形容動詞語幹の来る例が殆どである点、平安時代と一致するが、次例のやうに、体言・副詞の来るものもある。

機―警（とソヘコトヲ）323　薫―穿（セン/トカホリタキモノニ）484　造―次（とシハラクモ）35　姿（シ）―首（シュ/と/カホヨキモノ）271　貪―生（と/ムクツケキ人ナリ）286　坂（ハン）―磴（トウ/と/イシハシトナリンタリ）7　凡―客と（ナラント/タヒ、トナラント）145

また、「ト」に続く和語は、平安時代の例と同じく、終止形、連用形、及び連用形に「テ・シテ」が付く例が大部分であるが、次例のやうに、命令形の例、助動詞「シム・ヘシ・ナラシ・ンタリ」助詞「トモ・モノカラ・ノミ」のつく例、体言「所・時・人」のつく例などが、新しく現はれてゐる。

安—置と(ミマサム マシマセ)449　風—流と(ナサケアラムニセヨ ヲモシロシ)269　遣—通と(カヨハシム)160　負—持と(メヤマスヘキ)87　単—疎と(ヲロソカナラシ)24　坂(ハン)—磴(トウ)と(イシハシトナリンタリ)7　横—陳(トソヒフシ、カトモ フセリトモ)54　含羞(カンシウ)と(ハチシラヘルモノカラ)44　歛(レム)—咲(セウ)と(シタシムルモノカラ)44　断—絶と(スクレタルノミ)222　閑—亭と(ミヤヒカナルトコロニ)66　寸—歩と(タヽスムトキ)84　貪—生と(ムクツケキ人ナリ)286

これは、遊仙窟が文学作品であることにもとづく点もあらうが、その漢語がおかれてゐる文脈を、和語の中に明確に表現しようとした工夫の現はれと考へられる。

㈡漢語ノ和語型の文選読の和語には、平安時代と同じく体言が来るが、例外として次のやうなものがある。

狂—風の(シツカサ ソホタレタルニ)466　卿—相(ノツカサ)の(クラヒアリ)128　貂(テウ)—蟬の(カウフリアリテ)127　波—濤(ノ ナミタツ)6　風流の(ヲモシロキを)51　風—流と(のミヤヒヤカナルコト)397　風—流(のミヤヒヤカナルヲ ミサヲヤカナルヲ)485　髀—子の(エモイハヌ)507

㈢漢語ニ和語型の文選読に属するのは次の四例である。

故—々(コヽニネタマシカホニシテ)38　忽—然に(タチマチニシ(テ))316　安—穏(イム)に(イマセヨ)500　方—便(ニツキ〳〵シク)と(アタカニ)478

この型も抄物にあるとの寿岳氏の記述があり、[注7]平安時代には見えない型であるが、既に十四世紀には発生してゐたことが知れる。因みに、眞福寺本では、「故々・安穏・方便」は㈠漢語ト和語型の文選読であり、「忽然」は文選読にせず「忽—然に」となつてゐる。また「故々・忽然・方便」には、故—々と(ネタマシカホニ)69・忽—然(トタチマチニシテ)531・方—便と(ツキ〳〵シウシテ)464の例があり、㈢漢語ニ和語型は、㈠漢語ト和語型から派生したものと考へられる。

次に、漢字毎の和語を竝記する文選読のうち、眞福寺本では文選読になつてゐないものは、

㈠漢語ト和語型　二十一例中十三例

㈡漢語ノ和語型　三例中二例

あり、この計十五例の中、十二例までが眞福寺本では各漢字を訓読みにしてゐる。平井秀文氏の訳本によれば、[注8]陽明文庫本、神宮文庫本などの遊仙窟の諸本でも同様である。従つて、この漢字二字の和語を竝記する文選読は、もと〳〵二字とも訓読してゐたのを、熟語として字音で読み、もとの訓をそのまゝ残したことから生じたものと考へられる。

右の二十四例を次に挙げる。（　）内は眞福寺本の読みである。

艶ー色《ウツクシケナルイロ》と97（艶《ウルワシキ/ウツクシケナル》色）　交《カウ》ー遊《イフ/フコトノ》と《リ》81（交《マ》ー遊《フコト》）　割《カツ》ー捨《サキステヨ》と524（割《サキ》ー捨《ヨ》）　向ー来《タ、イマ/ムカヒキタル》と《コト》57（向ー来《イマシ》）　雙ー眠《トフタリネシ時》と[注9]54（雙《リ》眠《ネシときに》）　愴恨《サウコム/イタミウラム/カシラヤミス》と575（□□《（シミ）/コントウラメシウシテ》）　辞《シ》ー遜《ソンセ/イナヒノカレ》と315（辞《イナヒ》ー遜《ノカレ》）　相ー思《フコト》と《ヒ》68（相ー思《ノヲモヒ》）　相ー思と（ア）ヒ（オモテ）テ81（相ー思《て》）　端ー仰《キヤウ/ツ、シミアヲキ》と16（端ー仰《トヒタヲモムキ》）　断ー絶《タヘスタレタル》と167（断《エ》絶《レタル》）　停《テイ》ー歇《ケツ/トヤスマン/ト、マリヤスサム》と22（停歇《ト、マリイコハムト》）　侹《テイ》ー昂《カウ/スルトキニ/フシアヲク》と359（侹ー昂《トハフルニ》）　不ー覚《モノヲホヘスシテ》と77（不覚《シにヲホヘ》）　妙ー絶《タエニスクレタルナリ》と10（妙《エニ》絶《スクレタルモノなり》）　湯ー怕《ミタリカハシクヲソル》と189（湯ー怕《トヲソル、》）　踊ー躍《ハシリウクツイテ》と106（踊ー躍《とホトハシ（ッ）テ》）　良ー久《ヤ、ヒサシウシテ》と26（良ー久《とヤ、ヒサシクシ》）　靈《レイ》ー奇《アヤシクメツラシキ/アヤシクアヤシキ》と9（靈ー奇《アヤシク》）　撩《レウ》ー撥《ハツ/ナフリヲサメ》と216（撩《ナフリ》ー撥《ヲトサ》）　列ー坐《ツラネオケリ》と184（列ー坐《トツラネスヘタリ》）　舊。族。《ノユカリナリ/ノフルキヤカラナリ》30（舊《キ》族《ラなり》）

青ー壁《イワヲ/アオキイワヲ》の12（青ー壁《イハホ》）　文ー柏《アヤアルカヘ》の182（文ー柏）

付記、眞福寺本のみの和語竝記の文選読は、二例ある。（　）内は醍醐寺本の読み。照－曜（トテリカ、ヤキ）（照（リ）－曜（カス）154）伴－瞋（とイツハリハラタチシテ）（伴（イツハリ）－瞋（ハラタて））

以上醍醐寺本遊仙窟の文選読は、平安時代の文選読をうけて幾つかの新しい様式を付加したもので、室町時代の文選読へと展開して行く様相を示したものである。

第四節　漢語の読み

仮名による字音注と字音声点により、漢音・呉音の別を中心に、頭子音と韻の二面から、漢語の読みを検討する。

一　頭子音

頭子音では、漢音・呉音で差のある、次濁の明母・泥母・娘母・日母の字と、全濁の匣母合口の字とについて順次検討を加へる。仮名には濁点が全く付けられてゐないので、全濁の他の声母については、対象としない。語例の仮名音注・字音声点は、それぞれの項の声母の字のみに付けた。

(1)　明母

木－栖67　梅－溪419　容－貌30　麥－隴438　千－畝（ホ）409　玉－貌（ハウ）115　眇－邈（ハク）5　美248　妙－絶10　尾－眼60　巫－

峡63　卑－微（ヒ）25　卑－微143　無－事72　無－端344　物－外167　苗－裔29　偭－俛（ヘム）176　媚（ヒ）－子107　姓－望（ハウ）116

面（メン）－子33　蟬－鳴（メイ）300

「◦◦・◦」の声点は濁音を示すもの故、バ行音である。従つて、ハ行の音注は、バ行音を示すものであり、漢音である。マ行音の「面(メン)・鳴(メイ)」は、それぞれ韻尾に鼻音があるので、漢音の可能性を失はない。「無－端」の一例が呉音であらうか。

(2)　泥母・娘母

崔－女－郎28　十－娘(チヤウ)43　拍－搦(テキ)507　寧(ネイ)－處139　可－念(ネム)168

「女・娘(チヤウ)・搦(テキ)」は、ダ行音で漢音であり、「寧(ネイ)・念(ネム)」も、鼻音韻尾をもつので漢音である。

(3)　日母

弱－柳360　翕－然401　傍－人172　仙－人544　数人556　数－人522　千－仭(シン)13　牛乳307　潘－安－仁30　荏(シン)－苒(セン)33

饒(セウ)－劇186　香－児(シ)192　乳(シウ)458　忍(シン)咲109　褥(ニク)180

最後の一例を除いて「ジ・ゼ」を中心とする音であり、漢音の特徴をもつ。「褥(ニク)」はナ行音で、入声字である故、呉音である。

(4)　匣母合口

縦－横(クワウ)454　滑(クワツ)－州556　燉－煌(クワウ)305　狡－猾(クワツ)119　袨(クヱン)－服94　煢－魂(コン)120　畫－匠　畫－鄣451

カ行合拗音の注音は、すべて漢音である。「畫」の二例は、慣用音「グワ」を示すものであらう。「魂」は清音で、漢音である。

(5)　連濁その他

清音の頭子音の字が下字となつて熟語を構成する際、上字の撥音韻尾 -ŋ -n -m の影響で、濁音に変る連濁の例が次の五例ある。（　）内は声母。

兩鬢169（非母）　龍－鬢179（非母）　形－勢345（審母）……以上喉内発音韻尾 -ŋ に下接

真－珠181（照母）……舌内撥音韻尾 -n に下接

心－髄267（心母）……脣内撥音韻尾 -m に下接

たゞし、「髄」には、「骨－髄515」と、撥音韻尾に下接しない場合で、濁音となつてゐる例がある。従つて、諧声音符「𨗉」の誤読による百姓読と呼ばれる慣用音と見て、連濁例からは外すのが適当であらうか。また、「鬢」も、現代では濁音で慣用音とされてゐる。その慣用音が既に発生してゐたのか不明なので、連濁例として扱ふ。

次に、全濁・濁の頭子音をもつ字に、濁声点の付けられてゐる例が三例ある。

辞176（邪母）　科罰231（奉母）　荳蔲子453（定母）

それ〴〵濁音でこの三語は、呉音である。

以上、頭子音の面からは、殆んど漢音の特徴をもち、呉音・慣用音が少数例見られる。

二　韻

漢音、呉音で差のある韻の中、仮名により注音された字のあるものについて、以下順次検討を加へる。韻目は平声のみをあげて、それに対応する上声・去声・入声の韻を含めた。また、語例の仮名音注は、該当する韻の字にだけ付けて、他の韻の字は省いた。

(1)　侯韻

千－畆(ホ)409　鴨頭(トウ)196　寇(コウ)－場120　盱瞜(ロウ)265　疎陋(ロウ)146

唇音は「ホ」、他は「㋔ウ」の音で、漢音の特徴を示す。

(2)　尤韻

手(シュ)－子266　含－羞(シウ)44　半醜(シウ)(クヰ)441　石榴(リウ)104

「手(シュ)」以外は「㋑ウ」の形の注音で、漢音の特徴を示す。「シユ」は呉音の混じたものか。

(3)　魚韻

機－杼(チョ)537　鉅(キョ)－鹿130　玶－駏(キョ)456　裙－裾(キョ)104　那－許(キョ)80　淪－湑(ショ)129　蟲－沮(ショ)356　歔(キョ)－欷522　劇－語(コ)189

「㋑ヨ」の漢音形が殆んどで、「語(コ)」一例が呉音である。

(4)　斉韻

低(テイ)－昂359　崔－秀－珪(ケイ)31　悽(セイ)－傷576　木－栖(セイ)67　犀(セイ)－角195　子－細(セイ)9　細(セイ)－眼194　細(セイ)－辛197　玉－醴(レイ)299

すべて「㋓イ」の音形で、漢音の特徴を示す。

(5)　庚韻（拗音）

蟬鳴(メイ)300　議警(ケイ)387　瓊英(エイ)534

三例すべて「㋓イ」の漢音の音形である。

(6)　清韻

璧(ヘキ)－水548　傾(ケイ)－仰134　煢(ケイ)－魂120　煢(ケイ)々575　瓊(ケイ)漿299　瓊(ケイ)英534　鶉頸(ケイ)196　城(セイ)103　姓(セイ)－望116　癭(エイ)194　軽盈(エイ)100　衣纓(エイ)128

益(エキ)州551　娉(チイ)－婷99

「㋓イ・㋓キ」の音形で、漢音の特徴を示す。たゞ「娉(チイ)」は、音を誤つたものであらう。

(7)　青韻

霹(ヘキ)-靂(レキ)367　停(テイ)-歇22　娉-婷(テイ)99　寧(ネイ)處139　霊(レイ)奇9

「㋓イ・㋓キ」の音形で、漢音の特徴を示す。

(8)　麻韻（直音）

賈(カ)誼144　妍-雅(カ)165　象-牙(カ)180　婭(ア)-姹111

すべて「㋐」の音形で、漢音の特徴を示す。

(9)　欣音・真韻

合-巹(キン)54　檳(ヒン)榔452　龍-鬢(ヒン)179　辛(シン)苦42　膠-漆(シツ)82　魚-鱗(リン)154

始めの一例が欣韻であるが、「㋑ン・㋑ツ」の音形で、漢音の特徴を示す。

(10)　侵韻（牙音・喉音）

翕(キフ)-然401　供-給(キウ)24　飲(イン)289　飲(イン)-器195　熠(イフ)-燿361

「㋑ム・㋑フ」の音形以外の「㋑ン」は、-m・-nの混同であり、「㋑ウ」は「㋑フ」の韻尾のウ母音化を示すものである。が、中心母音が「イ」である点、漢音の特徴を保つ。

(11)　覃韻

合(カウ)-歓547　合(カウ)-[口巹]54　蚕(サム)賊357

中心母音が「㋐」である点、漢音の特徴を示す。「合(カウ)」は、韻尾がウ母音化してゐるが、「蚕(サム)」は-m韻尾を保ってゐる。

(12)　元韻

脣音が「ハン」、他が「㋓ツ」の音形は、漢音の特徴を示す。が、「蟠(ハム)」は−n韻尾を誤つたものである。

坂(ハン)−磴7　蟠(ハム)−龍359　歇(ケツ)−停22

⒀　肴韻

交(カウ)−甫65　交(カウ)−横184　巧(カウ)−兒101　狡(ケウ)−猾119　膠(カウ)−漆82　豹(ヘウ)182 302　玉−貌(ハウ)115

「㋐ウ」の音形が漢音で、「㋓ウ」の音形の呉音二例が、混じてゐる。

⒁　山韻

坏−盞(サン)184　滑(クワツ)−州556　狡−猾(クワツ)119

中心母音「㋐」が漢音の特徴を示す。

⒂　職韻

曹−殖(ショク)436

「㋑ヨク」の漢音の特徴を示す。

韻の面から検討して、全体として漢音の音形を示してゐるが、呉音が僅かながら混入してゐる。

また、舌内撥音韻尾−nと脣内撥音韻尾−mの混乱、フ入声の母音化が見られる。

第五節　現代語との関連

遊仙窟の漢語が、理解語彙として摂取されたのは、前記の八七六語である。それが、現代語にどのような影響を与へたかを探るために、論語の場合と同じく、広辞苑の見出し語との共通の漢語を調査した。共通と認める規準は、論語の場合と同じである。

共通の漢語は、四五四語あり、遊仙窟の漢語の51.8%に達する。それらの漢語には、語彙表で○を付して示した。これらの漢語が、遊仙窟からの出自であると特定できないことは勿論であるが、遊仙窟の漢語の半数以上のものが現代語でも使用されてゐることは、それなりの影響を及ぼしたものと見られる。

第六節　語　彙　表

一、語の配列は、漢字の読みの五十音順による。
二、原則として、一語につき一出例を示す。[注10]
三、語の次の数字は所在の行数である。
四、注音仮名、付訓は片仮名で示し、ヲコト点は平仮名で示す。但し、人名符などは、（　）内に記した。
五　○は、『広辞苑』の見出し語と共通するものである。

○。婀－。娜(とタヲヤカニシテ)31　。婭(ア)－姹(タとナヲヤカニシテ)111　○愛(セ)246　嫈(ケイ)。－嫇。109　○鸚－鵡(のカタラヒ)170　鴨(カツ)。－頭(トウ)196　婄(アム)。－姤(コとミヤヒカナリ ウルワシ)360　○

安－置(セシメヨ)142　安。－。置(とミマサム マシマセ)449　安－枕(シム)142　安－穏(イムにイマセヨ)500　○衣－裳63　衣(イ)。－纓(エイセリ)128　依－々(とタヲヤカナル「)59　○。異－

常。(トハナハタシ)21　○異－種(とメツラカニ)360　○異－同(とハナハタシク カタ、カヒテ)387　○遊－女233　遊。－言。415　○悠。－々(トヾ)567　○一74　一首76　○

一。生87　○一－夫121　○一－時191　○一－錢293　○一－雙266　一－婢(ヒ)271　○一－邊286　一－林280　一失334

○一—得334　○一—曲355　一—縣409　○一—篇416　一—箭439　○一—騎526　○一—寸532　○一—疋551　熠(イウ)—燿(エウと)

(カ、ヤイテナリテ)361　○慇—懃(にネムコロニ)77　○隱—士544　○飲(イムトス)289　○飲(イン)—器(キアリ)195　○飲—食295　○引—接(ス)146　○°禹(ウトキコヘシミカトノ)6　○

優—曇　○欝°金103　欝°—郁°(ウマシカウハシ)484　○運—命5　○雲—母152　○詠(セム)245　腰—支(のコシハセ)33　○腰—帶503　○°窈(エウ)

°窕(テウとタヲヤカニシテ)109　耀—々(とテレル)32　妖°—婬°457　○益(エキ)—州551　○艶—色(とウツクシケナルイロ)97　○鷰(エム)542　○鷰—子396　○煙—霞9

○°餤—々59　○°應(シ)215　○應—答(とアヘシラフ)227　○恩—°命315　恩—情550　○音—聲370　○音—樂380

○下—官25　°下—寮131　○下—愚248　下—人292　下—蔡(セイ)357　○佳—期(のチキリ)51　—°俄—°項(とシハラクアル)510　°可—°愛(とメテタキウツクシケナル)100

°可—々(ヨクく)396　可—念(ネムとアハレニ)168　°可(カ)—怜°(レムとウツクシケナル)100　○河232　河°—源°°4　河—源—道137　○河—西119　○河—東304

河—陽409　雅—韻352　°°雅—妙(とタヘナリミサホナリ)171　○家°業°—129　家—途124　○夏(カ)6　加—諸(サシマセコトヲトリクワヘコト)295　○賈(カ)—誼(キ)144　○鵝(カノ)301

鵝—鴨408　鵝(カ)°°—°項(ケイ)196　海—蜂(ハウのハマクリ)194　○°邂—°逅(とタマサカニ)516　○巧(カウ)—兒(のタクミ)101　崗°巒°8　°哽(カウ)—咽°(エムとムセンテ)521　○交遊(カウイフと)

81　交°—°甫(ホ)65　交°(カウ)—横(ワウとマカリ)184　○江—上300　江°(カウ)—螺(ラのミソカヒ)193　絳—樹34　膠(カウ)—漆(シツとタシカナルヲ)82　蛩(カウ)—駏(キヨ)456　○行°237

○行—軍137　○行°—°使(のツカヒ)139　○行—迹336　○行—歩(のアユミ)172　○行—李559　○高°閣°(ノカトヤ)153　高—唱249　○°高—弟136

耿—々(と〆)574　謌°(カウ)—鏘°(シヤウとユラメイテ)352　○客°243　客°—主157　○樂(六岳)348　○赫°—々(とサカムナルテレル)410　鶴(カク)—琴52　割(カツ)—捨(とサキステヨ)54　○

合°—噙(キンとムツマシク)547　○合°(カウ)—歓(のアフキ)547　○甲—科136　○°甘—°蔗(シヤ)304　含°(カン)—羞°(シウとハチシラヘルモノカラ)44　含—嬌(とハチシライテ)460　○雁(カム)—齒(とキサメル)

155　乾(カン)—煩(とワツラハシクシテ)133　涯°°—岸°°8　○漢127　○看(カン)—々(とミテ)156　眼—子(のマナコ井は)101　眼°°—°°尾(のマナシリ)60　眼—脉(のマナシリ)276　肝—

腸266　閑—亭(とミヤヒカナルトコロニ)66　○顔—色294　○韓(カン)127　韓(カン)—娥(カ)34　韓—壽57　○器—量210　○奇—異(とアヤシク)164　○氣(キ)579
氣—調(のイキサシ ソヘラヒハ)31　○機—関(イキサシハ)171　○機—警(とソヘコトヲ)323　○機—杼(チヨ)537　記—室128　○記—念(のカタミニ)539　譏(キ)—警(ケイとソヘコトヌ)387　○
騏—驎170　○九—曲(のウツハモノ)194　○九—泉292　休—却(セヨ)334　宮—商358　○弓—箭435　樛(キウ)—木233　求—守(とナツミ)78　牛—
乳307　穹(キウ)—崇(シウとタカキ)155　○窮—鬼(イキスカタ)90　窮—奇(とアヤシク)361　○舊—族(ノユカリナリ ノフルキヤカラナリ)30　駈(キウ)—使(シ)133　○急(キフニ)469　○泣—涕(ナンタ)236
泣—涙(とシホタレ)512　○翕(テフ)—然(トシテ)401　向(キヤウ)—上(とミアクレハ)12　向—来(とタヽイマ ムカヒキタル)57　杏—樹419　狂—虚(とタハフレ)65　狂—鶏(のウカレトリ)511　○狂—
風(のシツカサ ゾホレタルニ)466　○郷(キヤウ)—関5　香—皃(タホカウシトイフマカタチヲ)192′　○香—嚢452　香(キヤウ)—風(カセフイテ)107　驚—新(とアケサヤカナリ)165　○鏡—臺(タイ)455　○去—留513　○
擧—止(とフルマフ)168　歔(ケウ)—欷(キヨトナケイテ カナシンテ)522　虚—假(とイツワリナラント)115　虚—俗(のタヽヒトナラント)115　鉅(キヨ)—鹿—侯130　○魚—鱗(リム)154　○供(クヰウ)—給(キウのタテマ
ツリモノ)24　○局(キヨク ハム)255　曲—琴538　○曲—節358　玉—子535　○玉—女350　○玉—皃(ハウ)115　玉—醴(レイ)299　○吟—詠223　○琴(ノ
コト)424　○琴—心271　○金—銀(ノシロカネ)179　○金—盞(サカツキ)193　○金—城2　金—鈿(カンサシ)193　○金—石345　金—履455　錦—枝
406　錦(の)—鄣(シヤウ カウモ)96　○金—繡(のヌモノ)179　唫(キム)—々—然(とホヱエムテ)368　銀—虺(クヰ)455　○銀—杯(ツキ)193　○愚334　○愚—者334　懼—然(とヲソレテ)
538　盰(クカン)—瞜(ロウとサワヤカニシ)265　○科—罸231　畫(クワ)—匠(のエカキ)102　畫—鄣(シヤウ)451　花—林423　菓429　菓—菜(サイ)298　華—闕548　華—
魴(ハウ)407　○靴(クワ)503　靴(クワ)—履64　○廻—雪63　○懐—抱(ハウ)50　○光—儀74　○光—彩(とイロヘタリ)19　光—色(のイロ)96　廣—武將
—軍130　○惶—惑(シテ トヲノヽキテ)494　横—陳(トツヒフシヽカトモ フセリトモ)54　○荒—涼(とアレテ)124　○黄—金64　黄—石—公126　○黄—泉379　○黄—
龍173　○鄽—然(とアキラカニシテ)96　滑(クワツ)—州556　患—嗽(とシハフキミヤミシ)224　○歡—娯(コ)516　○歡—樂(シ)296　○管—絃183　○関—々(とアテナル)231

関―情(とココロツキナル)243　関―内道137　○玄―鶴350　○袨(クエン)―服(とヨソオヒ)94　○阮―藉210　○君―子232　朣(クム)―黄(なり)448　○薫―

香(のタキモノ)95　薫―穿(セン とカホリタキモノニ)484　薫―澤(ノサハ)411　裙(クン)―裾(キヨ のモノスソ)104　○傾(ケイ)―仰(スル)134　○卿―相(ノツカサ のクラヒアリ)128　○京―兆461　○形

―勢(ノカタチ)345　煢(ケイ)―々(とゞ)575　煢(ケイ)―魂(コン ヒトリアルタマシヒ)120　○桂―心40　瓊(ケイ)―英(エイ(人名))534　瓊(ケイ)―漿299　軽―盈(エイ とナコヤカナラ)100　鶏―心308

叫(ケウ)―咷(テウ とナリテ)351　皦(ケウ)―日239　狡(ケウ)―猾(クワツ と カウシヨトミタリカハシク)119　劇―戯(とトヽハカフレテ)75　劇(ケキ)―語(コとタハフレ コトス)189　○潔―齋(とキヨマハルコト モノイミスルコト)16　結―繚(とムスホヲル アツカハシ)

509　妍(ケム)―雅(カとミヤヒカナル)165　○崄―峻(とサカシウシテ)11　汧(ケン)―隴4　○犬―馬561　[目兼](ケム)―[目舌](テム とナツカシキ)101　研(ケム)―華(とウルハシキコト)459　遣―通(とカヨハシム)160

五―嫂(サウ)159　五三445　五三張(アリ)452　○五彩179　○五―色305　○五重127　孤(コ)―鸞(ラン)526　故―々(コヽニネタマシカホニシテ)38　故―々(とネタマシカホニ)69

○胡259　○胡―越382　語―[歹舌](テム とモノカタリス)162　○公―子168　○公―使310　○勾―當(とイヒアハスルコトヲ)499　厚―重(とメツラカニシテ)311　寇(コウ)

―場(チヤウ)120　○孔―丘353　弘―農118　○後―會555　○後―園404　恒(コウ)―娥(カのツキ人)108　紅―衫458　○忽―然(トタチマチニシテ)531　○骨

―髄515

○才143　○才―器435　才―情223　崔―公117　崔―季(キ)―珪(ケイ)31　崔―女―郎28　雙―眼(カンと トフタリネシ時)54　雙―履(シヲ リヲ)541

○嫂121　捜―楊136　愴(サウ)―恨(コム とイタミウラム カシラヤミス)575　曹―殖(ショク)436　曹―大―家219　○滄―海366　○草―亭(のアハラヤ)26　造―鑿(サク とイヤメツラナリ)

361　○造―次(とシハラクモ)35　○颯―々(とスヽシク)548　○三―春417　三升(ショウ)193　○三―重(ミカサネニシテ)153　參―屈161　山―口574　○山川

21　○山―濤(タウ)210　山―楊410　○散(ス)107　○珊―瑚(のタマ)104　蚕(サム)―賊(ソクの ソコナヒノ)357　二千年7　○刺(シ)―史(シ)130　○侍(シ)―婢(ヒの ヲンナトモ)

172　子―細(セイトコマヤカニシテ)9　子―南(如キノ)436　兕(シ)―觥(クワウ)195　姿―首(とカホヨキヲ カタチキラ〳〵シク)77　○師―子456　○徙(シ)―倚(とタヽスンテ)48　○死563

○死—罪（とカシコマル）496　○死—命495　○時—々70　○祗—候（とサフラフ）21　紫—塩305　紫—房285　翅（シ）—羽570　○自—在（ナルと）

414　○自—然（とトヲノツカラに）15　詞—句222　○詩42　○詩—篇114　諮（シ）請（トヽ コフテ）488　○資—質（のスカタ）457　○辞（シナンヤ）176　○辞—謝（とスル トシ）

550　辞（シ）—遜（ソンセ とイナヒノカレ）313　嬭（シム）—房（ハウ のチフサ）507　○周—匝（とメツラシ）160　秋—胡64　愁—人70　惻（シキ）—愴（サウ とイタムテ）574　七—葉127　○室

147　室—宇（ノヤカス）124　颸—颮（とフキサハク カセヲフク）408　十—娘（チヤウ）43　○十—九121　十—箇266　○十—七121　十—盛195　十二—扇451　十—

万—里6　入—深（とムツマシ）331　○斜—眼（とニランテ）199　○謝（ヽ）143　車—渠180　○麝（ーシヤ）163　○上—客124　○上—命138　上—

容134　○倡（シヤウ）—佯（ヤウ とホコラハシクス タノシフ）87　○床—頭456　猖—狂（とミタレテ）105　○相—思（と ヒ フコト）68　○相—如210　相—屬（ス）542　箏（シヤウノコト）242　粧

—紛98　○裝—束（セリ）460　象—牙（カ）180　賞—心422　○尺—八（のフエヲ）245　弱—柳360　○芍（シヤク）—藥（ヤク）502　雀（シヤク）巣（サウ）299　手（シユ）—子（のタナスエ）

266　酒—章228　○酒—池（のイツミ）195　○珠—玉（ノタマ）179　○淑—女232　○出—入（ス）132　瘦（シユム）—瘠（テイ）508　○逡—巡（とノカレ）143　巡—

遶（シ）376　○睢（シヨ）—鳩231　○處子438　偅（シヨウ）—傯（ヘムトツヽシムコト シタカフコト）176　悚（シヨウ）—息（とヲノヽイテ）93　承—望（セ）265　○松—栢18　○稱—揚（セ）112　縱（シヨウ）—横（クワウ）

（ニシテ）454　○勝—境66　○鐘128　○屬（シテ セラレテ）125　蜀—郡52　蜀—生119　○織—女（のタナハタツメノ）108　○真—珠（のタマ）181　○真—

成76　○任（とセルト セ）134　○參—差（とシナくニシテ）154　參（シン）—展（テン とツカヒ）140　○心｜73　○心—肝（のキモ）106　心—口77　○心—緒440　○心—

髓267　○心—膽（タム）217　心—肚（のハラワタ）344　忍（シン）咲（セウ）109　新—花280　新—菓404　○新—婦201　新—様551　○深—思325　○

神—氣（のタマシヒ）294　○神—仙13　秦—樓53　○荏（シン）—苒（セン とヘヽヤカニシテ）33　○辛（シン）—苦（コと ネンコロニ）42　○進—退365　○推—辭（シと イナフ）147

○水—精（のノタマ）151　翠—衫（サム）164　醉530　○數—人522　○雙—六255　○寸—心317　○寸—歩（とタヽスムトキ）84　○是—非132　城（セイ）

103　○城－南299　姓(セイ)－望(ハウ)116　犀(セイ)－角195　歳(セイ)－年123　盛－粧(とヨソテ)94　悽(セイ)－傷(シヤウス)576　情－袖221　○清－音。351　清－河

117　清。－河。－公。29　清－賞380　○清－談294　○清－冷(とスヽシク)407　○生－平336　○精－靈(のタマシヒ)17　○精－神(のタマシヒ)47

。細(セイ)－眼(のウツハモノ)194　細(セイ)－辛197　細－々(とホソヤカナル)33　細－々－許(とナリ / サヽヤカニナマメキ)101　○聲。－色。(のカタチ)50　蟬(セイ)－鳴(メイ)300　製(セム)416　○青。－

壁(のイワヲ / アヲキイワヲ)12　青。－琴(と云シヲンナイロコノミニ / 。云シカホヨヒ人モ)34　青－州129　。青－鸞222　。青－々(とアヲヤカナル)410　○青－銅。543　娙(ヘム / セウ)－妍(ケントウルハシ)378　小－

縣137　小－錢421　小－婢。197　小－府156　小陵－子556　○少－々(トセム / セハクシ)450　少－竹408　少－府315　少－府－公208

少－。苑417　○。消－息264　。照－知。73　○逍－遥131　鐃(セウ)。－劇(ケキとソハフル)186　○簫。348　杓－子398　○石－榴(リウ)104　積－石

3　赤。－白。297　○節351　舌－子(のシタハ)484　千－行532　○千金340　○千。－伮(シンナル)。13　千畒(ホ)409　千－名308　仙－雲63

仙－才208　仙－人。544　○先－後157　○善。248　川－原。298　○泉石9　○漸－々(に)573　翦(セン)－幣(ヘイとツイエタリ)124　糯(セン)。棗(サウ)304

○。賤－陋(とイヤシウシテ)23　○遷－延(とタチヤスラヒテ)158　○疎(ソ)－陋(ロウニシテ / とイヤシクシテ)146　○素(ソ)73　素－面242　○蘇－合349　○奏(シ)348　○。宋－玉(と)

云シヲトコイロコノミモ　云シカホヨイヒトモ　34　○忩－々(タラム)450　○惣－管138　。聚(ソウ)－。散(サンス)516　虆－花405　○則(ソクトウツクシケナル / キラく(シキ))38　○俗。240　○率－尓(とニハカニ)

133　○尊－卑158　○存(セハ / ス)559

○多－事(とアチキナク / イナハナヽルコト)70　那(タ)－許(キヨとナヤマシウテ)80　大－劍420　○大－語(とコハタカニシテ)272　大－谷306　。大－竹408　○大－夫559　○大－

礼118　太原公122　○太－平135　○玳(タイ)。－瑁(マイノタマ)153　○第－五122　○第－三123　○。對(テ)578　○刀(タウ)。子(シ / カタナ)327　○堂。178

堂。－。構(ノヤカ)129　○堂－舍(ノイホリ)23　○桃－花18　桃－澗420　矘(タウ)－朗(とホノカナル / ホカラナル)156　○道－徑(ケイ)335　○道士420　○道－理240

○道－路175　卓。王209　榻。(タツ)子(シのコユカ)182　○丹(タム)412　丹－蕚。(カクー)285　○丹－青(ノイロ)163　丹－履164　單。－疎。(とヲロソカナラシ)24　○團－々(とマ)

(トカニヾ)548　○。斷(ア)－絶。(とタヘスクレタル)167　端。－。仰(キヤウとツヽシミアラキ)16　○端。－坐(とウスクマリタレハ)79　○地7　○地－角。569　知－聞(セマレヲ)518　○智－

者333　○智－惠332　○中。－堂142　○住－居(セリ)126　蟲(チウ)－蛆(ショとサワヤカナル)356　竹。－根。(のタカンナ)194　○娘(チヤウ)－子22　○張483　○張。

－騫。(ケント云シカンナキヒトノ)6　張－公306　張少府331　張－郎190　悵－怏(ヤウとイタムテ)89　腸。(チヤウ)－肚(トのハラワタ)105　○長－子118　長－々－馨(とミトロメカセリ)

101　○長－夜540　長。－廊。152　○直－下(とミヲロセハ)(クタレハ)12　○沈。－吟。。(とサマヨフテ)48　沲。(チム)－澶。(テムトウチハヤキ)5　停(テイ)－歇(ケツとヤスマン)(トヽマリヤスマン)22　侹(テイ)－昂(カウとスルトキニ)(フシアヲク)

359　○叮－嚀(とネンコロナラ)78　啼。－猿。575　涕－血580　○聴－許(とユルスコトヲ)23　調－謔。(キヤク)448　貂(テウ)－蟬(のカウフリアリテ)127　○迢(テウ)－々(とハルカニシテ)567

○鳥－獣562　滴。－瀝。(とシタヽて)151　帖。(テウ)－。薦(セム)180　天－崖569　○天－性459　○天－然436　○天－道576　○天－地583　○

瘨－狂(とクツカヘリ)479　○轉(テムス)280　○顚(テン)－沛(ハイノサカヽリ)(サカタハフレ)(サカヽリ)203　○同－心548　○東－海249　○東－門305　東－嶺447　東－王－公307

○燈－心183　。荳(ー)－。蔻(コウ)－子(シ)453　銅－鐶193　銅－雀149　頭－面346　投。22　○徳211　○燉。(トム)－煌。(クワウ)305　貪。－生(とムクツケキ人ナリ)

286

○南－燕307　○南國(トイヒシカホヨキ人)62　○南－窓184　南－陽125　○褥。(ニク)180　○日－夜565　寧(ネイ)－處139

○波。－濤。(ノナミタツ)6　頗－黎182　摩(ハ)－娑(サとヲシスルニ)507　○。坏－盞。(サンのサカツキ)184　○坏－酒450　梅。－溪。(ノタニ)419　相(ヒ)－。配(ス)437　○仿－

偟(とタチモトホリ)48　傍。人。(のヲトコトモ)172　○房室448　○房中450　房－陵306　○方－便(とツキヽヽシウシテ)(ヤスラヒテ)464　芳樹432　芳－苑423　袍。－衣。503

博－望－侯130　博。－陵。－王29　帛－子459　白－鷺173　白鶴223　○白－魚350　○白－玉174　○白－銀(のシロカネ)153

○白－骨495　○白－水126　○百－獸371　○百－年87　拍－掿(テキ とウチタヽキ／シャク)507　薄－媚(とナサケナキ)511　○麥－隴438　八－子
305　八－尺180　八－幅553　○發(シ)400　法－用(とミツクロヒスル「)485　○万74　万－株404　万－種(シヨウ)308　○万＝尋(ナル)12　○万－
里568　凡－客(とナラント／タヒヽトナラント)145　凡(ハン)－俗(のタヒヽト)209　半－醜(クワイ／シウ)441　○半－面(とハタカクレタルヲ)43　坂(ハン)－磴(トウ とイシハシトナリンタリ)7　汎(ハム)－々－焉(として)196
潘－安－仁30　○斑－婕妤219　○蟠(ハム)－龍(とワタカマル)359　○美248　沸－乱(とワキミタル)479　帔(ヒ)－子(シのウチカケ衣)103　卑(ヒ)－微(ヒとイヤし)25
媚(ヒ)－子(シのカンサシ)107　眉－局(キヨク)544　○比－目(ノウヲ)578　疲－頓(とツカレタルコト)21　○琵－琶212　緋(ヒ)－綾(リヨウ)180　○翡－翠455　○非－常(とハナ)
12(ハタシ)　髀－子(のエモイハヌ)507　○篳篥349　○筆－墨226　○屛－風451　病－鵲(のヤモメカラス)511　賓－貢135　○檳(ヒン)－榔(ラウ)452　○繽－
紛(とトマカ)163　○貧－賤135　○不－覺(とヲロソカニ／スヽロニ)314　不－敢(カンと カシコシト云)201　○不－信239　○不－平(とナヤマス／ナヤマシテ)79　夫－主116　○夫－
人309　巫－峡63　嫵－媚(トコヒタリ／ウツクシケナリ)378　○武－功436　○武－昌410　○父－君52　浮－柱151　○無－事(とアチキナキ)69　無－
情(とアチキナク)69　無－端(とアチキナク)344　○芙－蓉67　負－持(とメヤマスヘキ)87　○賦(フスル)230　○風－塵25　○風－流(のヲモシロキ)51　復－関236　物
－花433　○物－外167　分－疎(とヲロソカニ／ウタカフ)288　分－悵(とホトコセリ)183　○分－明(とアキラカナリ)9　○分－離(セリ)318　分－梨(とマシハル)324　○文－
章115　文－栢(のアヤアルカヘ)182　娉(チイ)－婷(テイ とナツカシ)99　○平－生444　○平－章(とアケツラフ)493　○豹(ヘウ／ハウ)302　妙－絶(とタヘニスクレタルナリ)10　眇－邈(ハクトハル)
5(カナリ)　○苗－裔(ノハツノハツハヽコ／ノハツハツコ)29　○碧－玉(ヲホタマ)154　○碧－潭(のアヲフチ)13　○璧(ヘキ)－水548　○霹(ヘキ)－靂(レキ)367　別－鶴576　別－緒529
○別離(スルコトヲ)516　○卞和(カ)535　○偏－愛(とウツクシケニシ)166　○邊－境119　○歩－々(とアユメハ)107　蒲(ホ)－桃(タフノエヒ)304　○報(スルスルニ)541　蜂(ホウ)－子(シ)430
○鳳151　○鳳凰372　○鳳－管52　鳳－錦536　鵬－鷃(アム)132　北－戸183　北－趙308　木－栖(セイのアツサ)67　○襆－頭(カウフリ)503

○本性458　○煩−悩す73

○湯−語とタハフレタル「228　湯−怕とミタリカハシクヲソル189　○馬。−瑙。181　○明−年388　。面メン−子のカホツキ33　○門−下198　門中43　門

−庭156

○。椰ヤ−。子540　野−鵠359　楊−州543　楊府君118　羊−雍キヨウ535　陽−城357　○餘−音353　○餘−波127　○容−儀のフルマイハ カタチハ

357　○容。−。貌一のハセハ30　○庸−才ニシて380　○踊ヨウ−躍ヤクとハシリウクツイチ106

○羅|96　○羅−衣361　○羅−綺のウスモノ162　羅−巾558　○來−儀スルナリ セリ372　○洛−川62　洛−浦364　○蠟ラウ501　○鸞546

○蘭。53　。蘭−草182　乱−綵サイ454　李−子426　○流−星363　留−滞セル353　○兩。−鬢169　梁−家460　良。−。久とやゝヒサシウシテ26

龍−梭537　○龍。−鬢。。ヒン179　○龍。−門3　緑−紈−香453　緑−線173　○緑−竹211　緑−邊180　悋。−惜。とイナフルコトヲ ヲシムコト24

淪。−。湑ショとマミレタリ129　○輪リン219　麟ホシヽ リンノ302　○瑠−璃153　○。礼112　○礼−樂。−129　礼−貺キヤウとツタナキ「145　嶺−南305　○玲−

瓏とテリ152　靈−奇とアヤシクメヅラシキ アヤシクアヤシキ9　○靈−光のノトノヽ149　寥−亮とトサヤカニシて183　撩。レウ−撥。ハツとナフリヲサメ216　○料トウ−理とシツラヒ142　○列−坐とツラネヲ

ケリ184　怜レム−愍ハムとアハレム495　。斂レム−色とマメタチテ75　斂レム−咲セウとシタシムルモノカラ ホヽエメル44　聊−翾とトヽハフコト395　○蓮−花359　○蓮−子のカナシミ67　○連。

−々タリ236　。弄−玉。。53　○論ス89

。和−香459　娃。ワ−婬チとミヤヒカナリ172　尫ワウ−々−然とシて195　○王−孫169　○圍−碁336　。曄−曄ヨフとテレリ163　謂。−南。409　逶。ヰ−迤。イとタヲ

ヤカニシテ356　婉−轉とミツクロヒシ359　○鴛−鴦381　烏ヲ−鵲のヒトカラスノ177　蓊ヲウ−茸とサカリニシテ407　膃ヲン−腯トツとニコヤカナリ266

注

1 藏中進編『江戸初期無刊記本遊仙窟』解説。

2 『真福寺本遊仙窟』（貴重古典籍刊行會）覆製本解説。

3 『醍醐寺本遊仙窟』（古典保存會）解説。

4 築島裕『平安時代の漢文訓読語についての研究』第三章第二節文選読。

5 寿岳章子「抄物の文選読」の「三の二のイのF」（『国語国文』第22巻第10号）

6 右論文「三の二のイのD」

7 右論文「三の二のイのE」

8 『福岡学芸大学紀要』第三・六・八・九・十・十一・十二号。

9 醍醐本寺「雙眼」を、真福寺本などにより「雙眼」と改めた。

10 全出例については『訓点語と訓点資料』第30輯に発表。

第三章　文選の漢語

文選は、六世紀の前半に、梁（502～556）の昭明太子（501～531）が編纂した模範詩文集で、成立当初は三十巻であるが、唐の顕慶年間（656～661）に李善が注を記し、各巻を二分して六十巻とした。この李善の注の繁雑な点を削り、述作の本義を釈いた新しい注が、唐の開元年間（713～742）に呂延済ら五人の共同作業として作られ、三十巻と復元した。これが集注文選であり、五臣注と通称されるものである。李善注と五臣注とを併せたものが、六臣注文選で、六十巻である。

足利本文選は、この六臣注文選で、北宋の末年に刊行された「明州本」と呼ばれるものであり、六臣注文選の中で最も古い刊本である。

足利学校に長く伝来してゐたもので、その由来は奥書で明らかである。奥書は、第三・六・九……巻の如く、三巻おきに記されてゐる。第三巻のものは次の通りである。（」までが一行）

学痒寄進」永録第三龍集庚申六月七日」平氏政朝臣」司業大隅産九華叟（花押）」加朱墨点　三要

大半は、このやうに簡潔なものであるが、もつと詳しいものも数巻に見える。そのうち第三十・五十七・六十巻のものを次に示す。

（巻三十）學校寄進」永禄三庚申六月七日　平氏政朝臣」隅州産九華行年六十一之時」欲赴于郷里過相州大守氏康」氏政父子聽三畧講後話柄之」次賜之又請再往于講堂矣」

（巻五十七）學校寄進」永禄三年庚申六月七日　平氏政朝臣」能化九華叟行年六十一歳」義易之講百日而畢十又六」度而欲赴旧里過相州之」

（巻六十）學校寄進」永禄三庚申六月七日　平氏政朝臣」能化大隅産九華叟周易傳授」之徒百人百日講席十有六度也」行年六十一書之」加朱墨点　三要」

平氏康は、後北条の第三代北條氏康であり、氏政はその嫡子で、後天正十八年に秀吉の来攻に籠城し、自刃した武将である。

九華は、足利学校第七世の学頭である玉崗の号で、諱は瑞與である。九華が足利学校の経営が意に染まないので、失望し郷里の大隅へと歸る途中、相模の小田原城下で、氏康・氏政父子をはじめ、武将に周易・三略を講義したところ、父子がその学才を惜しんで、再び足利学校の学頭になるべく慰留し、その爲に金沢文庫にあつたこの北宋版の文選をとりよせて、九華に贈つたといふ事情が明らかである。

朱墨点を加へた三要は、足利学校第九代の校主である閑室元佶で、西暦一五四四年に生れ、一六一二年六十五才で死んでゐる。秀吉の小田原攻めの翌年、天正十九年（西暦一五九一）秀次が会津を攻略して引き揚げる際、三要は伴はれて上洛してゐるので、加点の時期は、永禄三年（西暦一五六〇）から天正十九年までの約三十年間のうち、天正十九年に近い頃と推定される。

以上の如く、由緒正しい書物であるので、足利本文選は国宝に指定されてゐる。

調査は、汲古書院刊の写真複製版に拠つた。六十巻揃つてゐる完本で、全巻に互り本文に朱筆で紀伝点のヲコト点が付けられ、墨筆の仮名で字音・付訓・声点が付けられてゐて、ほゞ全文訓み下すことができる。

所用のヲコト点のうち、主要なものを次に示す。

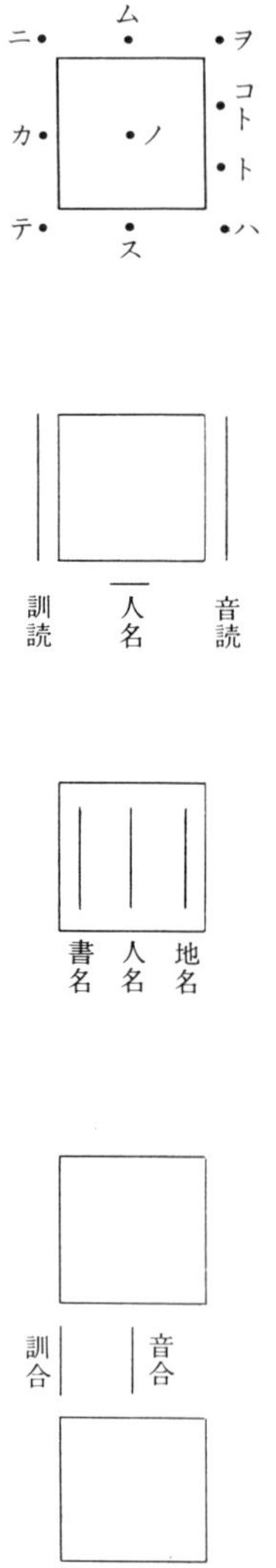

漢語を採録したのは、文選の本文のみからであつて、目次や注文は除外した。漢語として認定したのは、第一編に記した九条件に該当するものである。それ以外に、『慶安板本文選』注1を参照して、私意で、約七百三十語を漢語と認めた。その中には、次のやうなものが含まれてゐる。例語の所在を示す数字は、ページ数である。

戒78　講1174　箏294　潤3346　僧3568　題3674　定3008　拜2223　嬪1291　貧1896　歩2686　祿1082　雲表172　永代302　讌語2481　嘉言72　紀行599　郡中1795　顧命2799　蒼色1035　字音72　時代82　私情2296　清華1337　孫王1177　誅伐3176　緜綿1047　路次1823　王土2742　孝經2798　左傳2805　史書2802　論語2798　衢州71　隴西2620　樓蘭1374　甘泉賦465　山海經1849　蜀都賦306　東征賦608　兩都賦846　金馬門1885　鬼谷子1314　建安中2928　尚書省1866　陶唐氏538　湘夫人2037　工部侍郎73　鎮南將軍2717

右のうち、「孝經」以下の語は、同類の他の語には、書名符・地名符・人名符などが付せられてゐるものである。また、次の例語の如く、足利本と慶安板本とでは漢字の異なるものが多数あり、誤字の恐れのある語については、加点を控へたものと思はれる。（　）内は慶安板本の字である。

帷衽1757（帷－袛）　雲電2011（雲－霓）　幼弟2553（少－弟）　晧蒼2786（昊－蒼）　魏朝3421（外－朝）　瘴氣1745（障－氣）　涼川1916（梁－川）　櫪馬3447（歴－馬）　盤逸932（船－逸）　孝宣帝2678（孝皇帝）　劉德祖86（劉德（人名））

これら約七百三十語は、採録した漢語の約二・三％に当る。

第一節　語数

採録した漢語の異なり語数は凡そ三万、延べ語数は七万に達する。これを「愛・功」など漢字一字からなる一字語、「人生・文化」など漢字二字からなる二字語と、漢語を構成する漢字の字数によつて分類し、それ〳〵の語数と百分比を、次に表示する。

	異なり語数（A）	百分比	延べ語数（B）	百分比	平均使用度数（B/A）
一字語	2726	8.6	19380	27.0	7.11
二字語	27710	87.6	50610	70.6	1.83
三字語	741	2.3	1163	1.6	1.57
四字語	388	1.2	462	0.6	1.19
五字以上語	57	0.2	60	0.08	1.05
計	31622	(99.9)	71675	(99.88)	2.27

異なり語数は、二字語が最も多く、一字語がそれに次ぎ、三字語・四字語・五字語と字数が増加するに応じて語数が少くなる傾向は、論語・遊仙窟に共通である。全体に占める比率は、一字語・二字語ともに遊仙窟に酷似してゐて、論語とはかけ離れてゐる。しかし、一字語・二字語を併せると、90％を越える点は、論語・遊仙窟と共通であり、漢語の中核を形成してゐることが知れる。

三字語は、「諸─君子・賢─主人・五千─人・三百─篇」など、一字語と二字語との複合語の構成になつてゐるものがほとんどであり、「高皇帝・敬皇后・釋慧宗・衛先生・劉太尉・高野王」などの稱号が多い。しかし、この稱号よりも更に多いのは「顔延年・韓元長・虞仲翔・鏡機子・呉季仲・公孫弘・孔安国・左太沖・司馬遷」などの姓名であり、凡そ270語で三字語の1/3を超える。

四字語以上の語でも、「諸葛孔明・徐幹偉長・左氏丘明」などの人名や、「孝文皇帝・宣徳皇后・高祖宣皇帝」などの稱号も多く、また「百四十五・九十有六・七十有八載・五月二十八日・元嘉七年九月十四日」など、数を構成要素にもつ語が多い。

次に、延べ語数を見るに、二字語が最も多く、一字語がそれに次ぐのは、異なり語数の場合と同じであるが、比率において二字語は70.6％と異なり語数の場合よりも大巾に減少し、それと対照的に一字語は27.4％で異なり語数の場合の三倍以上の比率を占める。これは、二字語は特定の語が繰返し使用されることが少いのに対し、一字語は特定の語が何回も繰返し使用される結果である。具体的に述べると、二字語では、百回以上使用されるのは「一首・君子・天下」の3語であり、五十回以上使用されるのは「日月・千里・天地・諸侯・太子・天子・萬里・陛下」の8語に過ぎない。これに対し、一字語で百回以上使用されるのは、「応ス・感ス・漢・気・義・功・士・子・詩・書・秦・臣・情・節・存ス・地・天・同ス・徳・発ス・文・命・礼」の23語であり、五十回以上使用されるのは

「一・詠ス・恩・行・客・期・魏・化・官・帰ス・君・業・賢・公・才・散ス・辞ス・衆・周・室・実・謝・主・称ス・俗・仁・晋・神・制・性・生・斉・楚・難・體・朝・投ス・通ス・微・美・風・紛・兵・變ス・奉ス・僕・命ス・理・霊・論ス・王・威」の52語にも達するのである。一字語は異なり語数は少いが、一語一語が何回も使用される傾向があり、数量的には、それが、延べ語数を異なり語数で除した平均使用度数によつて示され、一字語は二字語の約四倍使用されることが解る。

また、漢語の中には、固有名詞が多く見うけられるが、地名符号は、国・州・郡・都城・山・川の他に、宮殿樓門などに付けられてゐて、873語あり、人名符号は、姓名・姓・名の他に、人の稱号にも付せられてゐて、2126語あり、書名付号は書籍の他に頌・銘・賦などの詩文にも付せられてゐて138語あり、計3137語で全体の9.9％を占める。

第二節　和漢混種語

漢語にサ行変格活用の動詞が下接して生ずる、漢語サ変動詞は2726語あり、全体の8.6％占める。その構成要素の字数によつて分類し、それぞれ一字語サ変動詞が一字語に占める比率、二字語サ変動詞が二字語に占める比率などを、次に表示する。

一字語サ変動詞の語数は、二字語サ変動詞の四半分に達しないが、一字語中に占める比率は19.8％と、二字語サ変動詞の約2.4倍である。二字語サ変動詞の中に「長歎-息ス1764」がある。或いは三字語サ変動詞かも知れぬが、慶安板本では「長ク歎-息ス」となつてゐるので、二字語とした。

	一字語サ変動詞	二字語サ変動詞	四字語サ変動詞	計
語数	531	2191	4	2726
百分比	19.5	7.9	1.0	8.6

サ変動詞で注目されるのは、接頭語「相(ヒ)」が付いてゐるものが、次の十五語あることである。

相-応(シテ)3139　相-感(ズ)3308　相-。和(シ)1138　相和。(ス)926　相-遇(スル)3030　相-謝(ス)1764（□-□-(ス)）　相-親(ヒ)(ス)960　相-持(スル)1295　相-。転(ス)836　相摩(スル)1136　相-罰。。(ス)327　相-賓(ス)1760　相-服-(セン)3163　相-変(ヒ)(シ)3095　相携-持(ヒ)(ズ)3087

最後の一例が二字語であるが、他は一字語サ変動詞である。「相-謝(ス)」は足利本では二字語であるが、慶安板本では一字語に訓まれてゐる。

また、和語の動詞へ漢語サ変動詞が下接して生じた複合動詞として「召(シ)-拝(セラレヌ)946」の一語があり、珍しい例と言へる。

漢語と和語の体言との複合語に、論語と同様、国名の一字語に「人」が下接したものがある。

殷-人206　衛-人612　越(地名)-人2389 2399 2620 2635 3627　燕(地名)-人3242　魏(地名)-人3237 3243　羌-人1086　荊(地名)-人3411　汧(地名)-人3458　呉(地名)-人2298 3025 3249 3251　胡-人570 571 585 718　周(地名)-人1209　戎(地名)-人2399　秦(地名)-人3104　斉-人2315　譙(地名)-人3436　楚(地名)-人2200　宋-人1310　魯(地名)-人1173

たゞし、同様の構成でありながら、二字語となつてゐるものも、次例のやうに存在する。

郢―人1468　巴―人1081 1104 1830 2467 2749　陽人(地名)2323

「陽人」は、脚注の中で、二字に互つて地名符が引かれてゐるので、二字語と認めた。

次に和語の接頭語が漢語についた複合語の体言として「幾(イ)―里(ツ)2552」の一例があり、接尾語がついた体言としては「融―等(ラ)3166・壹―等2737・臣―等1192・奴―婢―等2444」の四語がある。「融・壹」は人名であり、四語ともに複数の人を表はす語である。

以上、和漢混種語は、サ変動詞が圧倒的に多く、他は極めて少い。

第三節　漢語の読み

音合符・仮名による付訓は稠密に記入されてゐるが、字音声点・仮名による字音は疎らである。その字音声点と仮名による字音注とを手掛りに、頭子音と韻の二面から、漢音・呉音の別を中心に、漢語の読みを検討する。

一　頭子音

漢音・呉音で差のある、次濁の明母・泥母・娘母・日母と、全濁の匣母合口の字について順次検討を加へる。また、全濁の声母については、仮名に濁音符が付せられてゐないので、原則として対象としないが、問題のある場合、取扱ふことにする。語例の仮名音注、字音声点は、それ〴〵の項の声母の字だけ示した。

(1)　明母

櫻―梅289　幽―茂346　湮―滅(セム)751　羽―毛370　羽旄437　雲―夢566　英―髦(ホウ)70　幼―眇576　要―妙393 437

蓤－茂 349　下－夢(ホウ) 890　茄－蔤 735　遐－岷(ハウ) 577　綆－縻 1267　既望(シ) 726　丘－墓 989　香－茅 348　廣－莫 764 791

玄－幙 950　玄－默(ホク) 570　玄－默 440　軽－訬 364　軒－免 564　國－美 859　雙－枚 736　草－木 305　藻－茆

287　朔漠 818　充－茂(シ) 422　周－袤(ホ) 548　愁－悶(フン) 959　湫－湄 401　犨－麋 403　森－木 329　寝－廟 360　象－

弭(ヒ) 370　爵－馬 703　菽－麥 289　純－茂 405　胥－靡(シ) 835　翠－幕 484　寸－眸 417　清－廟 298 409　清－穆 951　斉

－敏 292　焦－糜 668　寂－默 698　菥－蓂(ヘキ) 289　潛－瑉 783　全－謨 408　纖－末 1069　纖－妙 1075　陶－牧 681　貊－

岷(ハウ) 329　塵－糜 525　鞮－鍪 575　典－謨 751　天－末 828　麻－紵 289 422　枚－叔 823　枚(人名)叟 815　玫(ハイ)－瑰 527　玫－瑰

501　莓－莓 415　昴(ハウ)－宿 2861　盲－者 585　矛－鋏 374　茅－茨 408　莫(ハク)－邪 3652　漠 873　漠－漠 316　藐－焉 981

邈 634 709 880 1121　邈－邈 419　霡－霂 366　麥－秀 456　末－伎 896 1184　末－曲 822　末－契 976　末－事 1053　末－臣 858

末－迹 977　瀎－然 822　蠻 397　蠻－夷 845　蠻－荊 340　蠻－陬 397　微－妙 945　美(ヒ) 954　美 296 422 634 681 685 1147　美(ス)

1235　麋－鹿 402　靡 363　靡－靡 721 962　靡曼 539　密(ヒツ)－如 576　密－石 712　密－房 313　岷 844　岷(ヒム)－山 331　岷(ヒン)－山

769　岷(ヒン)－山 314　岷－精 795　敏 742　緡 382　緡(ヒン)－玉 527　箟(ヒン)－笏 1077　閩(ヒム)－禺 379　夢－想 965　浮－糜 557　牟－首 418

覆－冒(ホウス) 1076　迷(ヘイ)－惑 2061　黽(ヘイ)－黶 779　妙 430 548 724 794 1012 1085　妙－足 860　渺瀰 756　眇－眇 471　苗(ヘウシ) 437　滅－没(スル) 862

蛾蠓 473　俛－仰 687　免(シテ) 946　勉－勵 629　墓－門 992　慕－徒 809　戊(ホ) 1177　摹－寫 646　暮－春 293　茂(ホ)－勲 2216

茂－松 490　毛－質 875　矛(ホウ)－鋋 430　謀－臣 300　墨－井 406　牧－野 625　木－葉 828　木－蘭 311　沐－猴 399 663

沐－浴（シ）440　穆1193　穆武867　默－語399　沕－穆834　奕－幕330　容－貌（ハウ）846　容－貌990　林－莽802　梁－泯336
良－媒1159　龍－目309　靈－茂886　鹵－莽579　圍－木420　摩（マ）竭3554　哤（マウ）聒1068　氓（マウ）隷541　萌（マウ）－生1237　宿莽（マウ）349　平
－莽（マウ）1621　馬鳴（人名）（メミヤウ）3562　幽－昧692　莽－罠372　玉－貌733　幕622　漠2763　末－事808　美612 842 936　美1934 2604　美－人
831　閩－濮457　車－馬331　妙1774　妙－質842　興－滅（スル）823　鴻－濛553　櫜－沐1380　耳－目296　默（シテ）2760　微
－冥1247　軒－冕720　顧－眄（シ）711　有－無426　開－務442　毫－芒295　魚－文327　苦－霧873　光－武302　荒－
蕪403　句－芒（ハウ）909　弘－務493　紫－微401　織－文370　千－廡322　狙味850　存－亡988　存－問726　長－萬1082
鄭舞（ス）293　天－網1190　亡（セル）970 1075　亡（フ）是公（人名）498　亡墳665　惘658　網－罟380　網（ハウ）－絡771　芒－種422 787　芒－芒
524　蝄－像760　蝄－蜽295　房－廡426　望1237　萬1207　萬－邑403　萬楹714　萬－頃819　萬－國306　萬－室322
萬－商323　萬－端513　萬－物808　萬－類849　蕃－廡289　尾－閭787　微895 1026　微－行638　微－吟437　微
－禽850　微－罟590　微－霜831　微－霰816　微－津411　微臣991　微－矰508　未－央567　未－形1236　菲－薇
319　蘼－蕪523　婺－女340　巫－蠱639　巫廬773　武314　武－義858　武－将300　武－丁835　無695　無－人686
舞－閣703　蕪－穢453　沕－穆834　物－産388　物－類963　文652　文－蛇328　文－教858　文－欀350　汶－
陽1110　木－魅701　穆武867　問960　令－聞449　靈－物860　沕（モツ）3653　亡916　萬553　微621 848 849　微－霜318　乙未
617　武581 656　有－無510　異－物323

大半は、ハ行の仮名字音・濁声点が付せられてゐる。これらは、漢音のバ行音字音を注音したもので、単声点とともに、ハ行の仮名が付せられてゐる「岷－山・苗・戊・遐－岷」も、バ行音の字音を示すものと解せる。「摩竭・宿莽・平－莽・咙聒・岷隷・萌－生・馬鳴・茅・沕」の九語は、マ行音で呉音である。

これに続く「幽－昧」以下の単声点を付せられた語は、その単声点をそのまま、解せば、マ行音の呉音となるが、「岷－山・苗・戊・遐－岷」の如く、単声点が付せられてゐても濁音である例があることと、「漢・妙・軒－冕」には「漢・妙・軒－冕」の濁音点の例があることとで、バ行音の漢音である可能性を残してゐる。

以上、明母の大半は漢音であり、呉音が九語、漢音・呉音不明の語が一部ある。

(2)　泥母

姻－妮2328　藋－蒳348　蠼－蝚530　鼓怒757　沙－納764　二－奈955　尼－父682　然諾1149　素－柰318　内－奥359　乃－誠2317　猱－猱373　暱－交970　沈－溺2530　禰－處－士841　嫋－嫋347　朝－那605　溺3558　稔1205　碧－砮315　勃－怒577　囊－括560　曩秦605　曩－昔968　涊－然2120　羲農443

大半は、タ行の仮名字音・濁声点が付せられてゐて、漢音のダ行音である。ナ行の字音が付せられた四語は、呉音であり、最後の一例は、単声点なので、呉音と思はれるが、明母・微母の例や、後述の日母の例から、漢音の可能性を捨て切れない。

(3)　娘母

鬱－橈506　士－女323　柔－橈540　醇－醲428　女1133　帝－女284　聶－政1541

最初の一例を除いて、タ行の仮名字音・濁声点が付せられてゐて、ダ行字音の漢音である。最初の例は、単声点であるが、「タウ」の字音から、ダ行音を示すものと解せる。

娘母の字は、すべて漢音である。

(4) 日母

揖－讓564　芸－若732　沃－壤814　交－讓315　吉－日326　寡－弱1210　華－蘂284　黄－壤642　黄－碝521　藿－蒻420　元－戎950　謙－讓565　克－讓339　忽－然837　骨－肉1004　創－刃(シン)537　霜－刃374　索－然971　雜－糅437　二－江307　二－奈955　二－帝546　兒－戲658　貳1238　貳(シ)－轄241　紫－茸785　自－然345　詩－人303　乳(シウシ)702　戎－卒552　戎－馬548　戎－旅384　柔(シウ)625　柔－翰1269　柔－祇829　柔－心864　柔－橈543　柔－中1238　朒－朓827　七－戎861　隰－壤452　任733　任(シ)547　任－禁437　任－俠363　任(人名)－子咸982　任(人名)－父380　侵－弱630　袵434　袵(シム)3483　瀼－瀼744　壤304　相－如303　穰－橙289　蘘－荷289　若－英827　若－蓀523　潤－黷(ス)356　溽－暑727　仁869　仁－聲564　刃433　刃(シン)919　真－人302　軔600　979　蕤479　千－仞529　碝石501　大－人337　纛－人879　儋－耳369　忠－恕(シヨ)613　天－壤854　土－壤337　繁－縟1080　豐－壤280　龍－轜988　葳－蕤(スイ)315　遠－邇597　遐－邇550　膏－壤485　黄－潤324　夔(人名)襄(人名)1071　十－二422　日－夜293　耳－目296　任2577　瀼－瀼758　壤2975　相－如332　仁450　887　刄2851

大半は、濁声点・サ行の仮名字音が付せられてゐて、ザ行音の漢音である。単声点とともに「シン」が付せられてゐる「刄・創刄」の二例も、濁音であると解される。

単声点の付せられてゐる「遐-邇」以下は、ナ行音で呉音と思はれる。が、「任」以下の語には、濁声点の付いた例もあるので、漢音の可能性を否定できない面がある。

以上、日母の大半は漢音であるが、漢音・呉音不明のものも一部存在する。

(5)　匣母合口

淮-湖98　闠174　汍-闌3667　闤-闠324　榮-陽610　渾698　白-環752　平-慧3589　泓-浤776　横-流3389

最後の一例を除き、すべてカ行の字音であり、漢音の特徴をもつ。「横-流」は、ワ行音なので、呉音である。

(6)　連濁その他

鼻音韻尾 -ŋ -n -m をもつ字に下接して複合語となつた清音字が、連濁した例は、次の三例である。（　）内は声母である。

精-通431（透母）……-ŋ韻尾

春-秋543（清母）　淵-塞1051（心母）……以上-n韻尾

連濁の例は極めて僅少である。

全濁の声母に濁声点の付せられている例が十六例ある。

並母……陪-侍858・辯-囿396・彭-蠡378・僕945 994・僕-夫1196

奉母……伐-檀543・相-罰327

澄母……自-持1160

従母……烏-賊343

牀母……愁－思1139
禪母……壽831・熟528・膳956
邪母……詭－隨398
匣母(開口)……滔－涸1124

これらは、濁音であるので、呉音である。たゞ、同じ語で、単声点の例が、次の三語に見られる。

僕574 807　壽479 1144 1171　膳948

また、濁声点が付せられてゐて疑問のあるものが、次の八例ある。

檳－榔354　卜－偃404（以上幇母）　撫－覧823（滂母）　鮎－鰯520　兔－脱858（以上透母）　累－讃1101（精母）　荀－卿408（心母）　經－論301　奇－弄1099（以上來母）

以上、声母の面から検討して、漢音が殆んどであり、一部呉音が混入してゐる他に、不明確な音が僅かながら存在する。

二　韻

漢音・呉音で差のある韻のうち、仮名音注のあるものについて、以下順次検討を加へる。韻目は平声のみを挙げて、それに対応する上声・去声・入声の韻を含めた。また、語例の仮名音注は、該当する韻の字だけ示し、他の韻の字は省いた。

(1)　東韻（直音）

厱－空（コウ）786　空（コウ）－堂964　空（コウ）－桑3292

「㋔ウ」と、漢音の特徴を示してゐる。

化したものである。

(2)　東韻（拗音）

彧(イク)2711　夷-戮(リクシ)2663　六(リツ)-翮847

入声ばかりであるが、「㋑ク」の音形で、漢音の特徴を示す。「六(リツ)」は、下の「翮」の喉音との関係で、促音化したものである。

(3)　侯韻

爼-豆(トウ)139　黈(トウ)-纊270　肥-狗(コウ)2101　黄-耇(コウ)3042　耇(コウ)-且2724　詬(コウ)-恥3294

すべて、「㋔ウ」の音形で、漢音の特徴を示してゐる。

(4)　尤韻

球(キウ)-鍾69　酋(シウ)2832　柔(シウ)625　洲(ス)1631

「㋑ウ」の音形の三例は漢音、「㋒」の音形の一例は呉音である。

(5)　鍾韻

冢(チョウ)-嗣3060　拱(キョウ)-木408　匈(ケウ)-溘2116　丹-粟(ショク)281　玷-辱(ショクスル)2454　郟-鄏(ショク)3210　曲(コク)-拂2855

「㋑ヨウ・㋑ヨク」の音形が漢音であるが、「匈(ケウ)」はそれから転じた音で、漢音系と見られる。「曲(コク)」は呉音である。

(6)　斉韻

嬖(ヘイ)-褒645　鞞(ヘイ)-鼓3356　迷(ヘイ)-惑2061　鼂(ヘイ)-黶779　郁-棣(テイ)955　邸(テイ)426　迢-遞(テイタル)1093　匹-磾(テイ)2304　連-逮(テイスル)2450　洗(セイ)3158　洗(セイ)-

馬2294　濟(セイ)漯2707　犀(セイ)98　犀(セイ)犛115　翠翳(エイ)787　沴(レイ)3500　麗(レイ)-靡539　麗(レイ)-密2886　麗(レイ)-服203

すべて「㋓イ」の音形で漢音である。

(7) 庚韻（拗音）

境(ケイ)―界 611　竟(ケイ)塋 553　英(エイ) 102　翹英(エイ) 147

すべて「㋓イ」の音形で、漢音である。

(8) 清韻

營(エイ) 553　縈(エイ)―紆 110　縈(エイ)―河 926　縈。(エイ)―抱(ス) 1091　怡―懌(エキス) 1051　一―役(エキシ) 496　奕(エキ)―奕 364 1168 2160　九譯(エキ) 265　奐(ケイ)―古 1938　犖[?](ケイ)―婺[?] 2156

翠―峦(エキ) 3503　釋(セキ)―奠 1241　釋(セキ)―之(人名) 652　螫(セキ)―毒 3145　射(セキ)―熊―館 571　射(セキ)―聲 2723 3674　禎(テイ)―鯉 673　萬―頃(ケイ) 819　飛―射(セキス) 1039

譯(ヤク) 2182

最後の一例を除き、「㋓イ・㋓キ」の音形で漢音である。「譯(ヤク)」は呉音である。

(9) 青韻

泂(ケイ) 372　坰(ケイ)野 315　滎(ケイ)―陽 610　滎(ケイ)陽(地名) 2416 2903 3429　醇―聴(テイ) 458　析(セキ)―析(トメ) 1260　析(セキ)―木 762　菥(セキ)―蓂 289　鼎(テイ) 2829　惕(テキ)―然 2625　惕(テキ)―

惕怵―怵 2094　滌(テキス) 635　溺(テキ) 1148　的(テキ) 1148　靡―荊(ヘイ) 399　熐[?](ヘキ)―螽[?] 578　囹(レイ)―圄 433

すべて「㋓イ・㋓キ」の音形で、漢音である。

(10) 魚韻

翶―翥(ショ) 874　秬(キョ)鬯 481　虚(キョ)―無 535　車(キョ)駕 1357　車(キョ)―騎 558　車(キョ)―徒 130　車(キョ)―服 1194　皇―車(キョ) 559　戎―車(キョ) 368　素―車(キョ) 648

初(ソ)―九 2956　阻(ソリ) 3530　單―車(キョ) 2506　著(チョ)―録 3392　貯(チョ)―水 287　超―攄(チョ) 862　囹―圄(キョ) 433

二例を除き「㋑ヨ」の音形で、漢音である。

「初（ソ）・阻（ソ）」は、それぞれ、初母・荘母の字で共に歯上音であり、韻鏡の二等に配せられるが、三等の字が拗音形であつても、二等の歯上音が直音形となるのも漢音の特徴である。従つて、すべて漢音と解せる。

(11)　真韻

軼（イツ）－態 1057　溢（イツ） 932　姻－妮（チツ） 2328　殞（ヰンス） 3231　殞（ヰンシ） 982 991　闉（イン） 554　軫（シン）軫 554

すべて「㋑ン・㋑ツ」の音形で、漢音である。

(12)　侵韻

挹（イツ） 1314　愔（イン）－愔（ヒシテ） 434　愔（イン）－愔（タリ） 385 1109 2949　翕（キウ）－忽 345　翕（キウ）－習 385　翕（キフ）－習 325　歆（キン）－羨（スル） 2178　執（シツ）－事 831　執（シツ）－法 413

廩（リン） 2732

「㋑ン・㋑フ」の他に「㋑ウ・㋑ツ」の音形がある。-m韻尾を「ン」と注音してあり、-mと-nの差が失はれて、-nに統合されてゐる。「㋑ウ」は「㋑フ」のウ母音化であり、「㋑ツ」は「㋑フ」の促音化したものである。が、中心母音が「㋑」で、時代の下つた漢音の姿と解せる。

(13)　覃韻

蝦－蛤（カウ） 533　颯（サフ）－沓（タツシ） 874　濟－濕（タフ） 2707　紺（コン） 485 842

「㋐フ」の音形が漢音で、「沓（タツ）」は韻尾が促音化した形である。「紺（コン）」は「㋔ン」の音形で呉音であるが、-m韻尾が、-nに変じてゐる。

(14)　咸韻

狡（カウ）－邪 1722　郟（カウ）鄏 3210　嬐（カン）－空 786

「㋐ン・㋐ウ」の音形で、-m韻尾は、-nに変じてゐる。また、「狭（カウ）・郟（カウ）」は入声韻尾の「フ」が母音化したものであるが、中心母音の「㋐」が、漢音の特徴を示してゐる。

(15) 銜韻

甲（カツ）－車 548　甲（コウ） 344

「甲（カツ）」は、「カフ」の促音化した音形で、漢音の中心母音をもつ。「甲（コフ）」は、呉音形である。

(16) 肴韻

効（カウ） 645　教（カウ） 2430 2632 3518　校（カフス） 3374　膠（カウ）－葛 361　膠（カウ）－轕 557　昴（ハウ）－宿 2861

「㋐ウ」の音形は漢音で、「校（カフ）」は、「ウ・フ」を混同したものである。

(17) 凡韻

三－乏（ハウ） 250　執－法（ハウ） 413　乏（ハウ）－困 3141　乏（ハフ）－絶 3198　法（ハツ）－曹 3625　疲－乏（ハウ） 2500

すべて唇音入声字で、中心母音が「ハ」である点に、漢音の特徴を示す。フ韻尾が、大半、ウ母音、促音に変つてゐて、時代の下つた音形である。

(18) 麻韻（直音）

牙（カ）－旗 254　假（カシテ） 3672　鯊（サ）－鰽 320　把（ハ）－握 3136　馬鳴（メ） 3562

「㋐」の音形が漢音であり、「㋓」の音形の一例が呉音である。

(19) 模韻（唇音）

刀－布（ホ） 427　布（フ） 323

「ホ」が漢音形、「フ」が呉音形である。

(20) 幽韻

樛(キウ)－流474　赳(キフ)－赳桓－桓(トシテ)2897　糾(キウ)－墨2762

「㋑ウ」の漢音形のみである。

(21)　山韻

窫(アツ)－窳(ス)574　殺(サツ)－青70　殺(サツ)－伐(ス)541

入声のみで、すべて「㋐ツ」の漢音形である。

(22)　嚴韻

劫(ケフ)－悟1116　怯(ケフ)－夫2530　勇－怯(ケフ)637 2529

すべて入声で「㋓フ」の漢音形である。

(23)　職韻

溝－洫(クヰキ)745　准－式(ショク)80　寔(ショク)3517　稷(ショク)契3540　穡(ショク)495　陟(チョク)－方336　陟(チョク)罰2261　陟(チョク)陽侯1253　億(ヨク)－年1077　抑(ヨク)－揚374 1114　抑(ヨク)－揚(ス)299　抑(ヨク)く－抑(タル)145　檍(ヨク)－檀284　薏(ヨク)－苡2352　烏－弋(ヨク)582　淢(ヰキ)－汨934

「㋑ヨク・ヨク」の音形が漢音で、最後の一例「㋑キ」の音形が呉音である。

最初の「洫(クヰキ)」は、入声韻尾を誤つてゐるが、諧声音符「血」の誤読によるものであらう。

以上、韻の面から検討して、漢音の音形が殆んどであり、呉音は僅か五例に過ぎない。-n韻尾と-m韻尾とは全く混じて区別がなくなり、フ入声の韻尾が、ウ母音・促音に転じてゐる点、十六世紀の字音の姿が見られる。

頭子音、韻の両面の検討を通じて、文選の漢語が漢音で読まれてゐること、呉音の混入が僅少であることなどが明らかとなつた。

第四節　現代語との関連

文選は周知の通り、『古事記』の序文にその影響が認められ、早く奈良時代から学識者の間で読まれてゐたことが知れてゐる。平安時代には『延喜式』の大学寮、講書の条に「凡應㆓講説㆒者」として挙げてある書籍の中に、「三史・文選各准㆓大経㆒」と記され、大経即ち『礼記・左伝』と同じく七百七十日で文選を教習すべきことが定めてあり、当時の学生の必修科目であつたことが知れる。

藤原道長の日記『御堂関白記』の「寛弘七年八月二十八日」の条には、文選が道長の本棚にあることが記されてゐるし、『枕草子』にも「文は文集・文選・博士の申文」とあり、漢詩文の代表として、当時の知識階級に親しまれてゐたことが分る。また『図書寮本類聚名義抄』では、文選に典拠をもつ訓が多数収められてゐる。

時代が下つて『平家物語』の文章には文選からの引用が多く、『徒然草』でも「文は文選のあはれなる巻々」と、漢詩文の第一に挙げられてゐて、長年に互り文選は愛読されて来たといへる。従つて、文選の漢語が、多数国語に摂取されてゐることは、容易に想像されることである。

そこで、足利本文選の漢語と共通のものが現代語の中にどれだけあるかを調査した。その検証の対象として、『広辞苑』の見出し語を選んだ。

共通の漢語として認めた条件は、論語、遊仙窟の場合と同じである。

このやうにして、足利本文選と広辞苑とで共通と認めた漢語は、8405語に達し、足利本文選の漢語の26.6％を占める。勿論、このすべてが文選に出典を限定できるとは言へないが、これは相当に多い量であり、文選の漢語が、現代日本語の語彙の中に脈々と息づいてゐることを示すものである。

第五節　語彙表

一、足利本文選の漢語を、漢字の五十音順に、列挙する。但し、文選読の例は第六節に示した。

二、所在を示す数字は、ページ数である。原則として、一語について一例の所在を記した。

三、付せられた仮名はすべて片仮名で示し、ヲコト点は平仮名で示した。人名符号、地名符号、書名符号は、（人名・地名・書名）と傍記して示す。

四、○をつけたものは、広辞苑の見出し語と共通の漢語である。

五、必要に応じて、慶安板本の例を（　）内に記した。

ア

亜夫（人名）2505　哇－咬 1116　°妸－娜（タオヤカナリ）722　○婀－娜（トシテ）1162　阿－縞 2384　○阿－衡 1335　阿－閣 1715　阿－緆° 506　°阿－°郝 285

阿－那 1045　阿都（人名）2624　○阿－房 142　⊙阿－保 986　○哀－ 1542　哀－（ス）3491　哀哇 1911　哀－哀（セルカナ）3454　哀－哀（タリ）3501　哀－狖 1643

○哀－音 1121　哀－鬱 1700　○哀－歌 1861　哀－鴻 1338　哀－鼙 1334　哀－響 1756　哀－吟（ス）1805　哀－姜（人名）1069　哀－矜 3596

哀－矜（ス）3613　哀－禽 1634　哀－荒° 1123　哀－敬 1422　哀－鶯（ニ）1400　哀－激（ス）2610　哀－箏 2580　哀策 3494　哀－察 2430　○哀－子 3504

哀－志 3658　○哀－傷 1390　哀－主 667　哀－人 1413　哀－情 2788　哀－聲 1076　哀－彈 1114　哀－歎（ス）1149　哀－帝（人名）2670

哀—風1331　哀—憤1527　哀平（人名）3178　哀—慕3640　○哀—樂1527　哀。—。厲シ1161　哀牢135　哀—怨1700　哀—猨1572　埃—靄1126
○埃—塵939　埃。—。壒419　埃。—。壒ス324　埃—風2009　○。愛1026　○。愛シ585　愛—悪ヲ3035　○。愛—。敬495　○愛—顧2458
○愛—子1005　○愛—妾2662　○愛—惜ス1784　○愛—憎2879　愛—流3575　曖|ト1364　曖—曖ト1848　○。曖—。昧730　。涘419
瘖—痿タイセ1045　碨磥トシテ1136　穢|2656　藹タリ1927　○。藹—。藹タル829　薆—然ト2021　。阨災600　。阨—。僻1121　。隘333　○隘—巷450
。隘峽。カウ518　隘—陋921　。靄818　嚶。タル1102　嚶。—嚶タリ563　嚶—聲2856　○嚶—鳴1560　坱アウタリ2089　坱—圠トシテ836　央—央タル964
。奥アフ869　。奥宇1091　○奥—義2796　奥—區2854　奥—壤3588　奥—主3273　奥フカク—絶トラシ3100　。奥—。秘656　奥—屏タリ1036　○快—
快ト2822　。抰振。411　。柍—。柘284　櫻—胡955　○櫻桃528　櫻。—梅。。289　泱|タル3439　泱—漭タリ1663　罌罌930　。鞅—軋。471
。隩699　隩—區。644　隩—隅3330　鴦1791　鸎—鳴1473　○鸎—鵡852　鸎—螺780　麌—胎271　偓（人名）—佺。477　○阨。451　○
戹—運1530　戹。—勤。セシ611　戹—會3155　○幄アク413　幄—中1962　○幄—幙2139　○悪アク511　○悪—言3247　悪—子3596　○悪—
人3296　○悪—地2571　○悪—法2553　○悪—木1705　悪—欲2825　悪來（人名）3220　悪來革（人名）3122　悪—亂3125　○扼。—。腕655　握—
中1536　渥|2429　渥。—恩622　渥—洽2067　渥—惠2979　渥。—飾1147　渥露1812　○齷齪。337　齷—齪スル207　斡—運シテ1182　斡
—流。シテ834　碣。アツ硞。カツ583　窫アツ—。窳ス574　軋アツタリ2089　軋—軋と（シ）て1031　軋—盤2116　閼アツ伯（人名）3031　愔—愔タル1170　。晻—。曖タリ712　。晻
—。藹タリ488　暗曖タリ936　晻薆524　。菴。藹308　菴。—藺502　諳—。藹935　。闇—。藹タリ558　闇—忽ニ2986　○闇—弱ニ2473　○闇
—主3296　闇—然と（シ）て1150　闇—倏トシテ1060　闇—漠ト2110　闇—漠感—突ス2116　闇—復。シテ1058　闇昧マイ2969　。闇—野924　闇—劣ナル1517

黯－淺ニ 3149
○黯－然トシテ 1000
壓フサキ アフシ 582
壓降 3629
安(人名) 2652
安| 2410
安|ニ 1621
○安－逸ナリ 2693
○安－逸セル 598
安－。暇ナリ 1113
安－歌 1429
安－期(人名) 767
安－居セリ 2662
安－危ナル 638
安－胡 2101
安侯(地名) 3376
安國(人名) 2302
○安－國 2904
安－集ス 2690
安|－寝シツカニ ス 1898
安－昌 742
安－朔 1077
安－處 102
安－處スル 3180
安－處先－生 150
安仁(人名) 1370
安世(人名) 2256
安－城 1559
安西(地名) 3568
○安－全 2577
安－定(地名) 2544
○安－定 602
安－坻セ 1637
○安南(地名) 3626
○安寧ニシテ 723
安－念 1619
安－寐 1489
安平(地名) 2201
安平(人名) 3457
安－歩ニス 3576
安－陽 634
安－豫ナル 1494
○安樂ナラハ 958
○安。－樂。セル 331
安陸(地名) 3580
安陵(人名) 1382
○。按シ 365
○晏嬰(人名) 2763
晏－安シ 2337
○晏－駕シ玉イテ 3635
○晏－如 1403
○晏－然タリ 3126
晏平(人名) 3615
○案| 2632
○。案ス 440
。案－。衍 539
案－衍夷－靡タリ 1113
案－衍陸－離タリ 1101
搴| 3465
搴－甲 1738
搴－馬 1304
○鞍－馬 2606

イ

亄－。費 383
○以－上 3122
○以－西 2477
○以－前 2809
○以－聞 2259
○以－聞ス 72
○伊尹(人名) 2101
伊－欝トシテ 607
伊欝シ 1038
伊顔(人名) 2372
伊霍(人名) 3080
伊管(人名) 2403
伊－闕 220
伊公(人名) 2173
伊－穀 1880
伊－瀔 1651
伊－摯シ 2725
伊周(人名) 620
伊水(地名) 1251
伊生(人名) 2823
伊－川 1660
伊－唐。 707
伊－渉 1544
伊望(人名) 2218
伊。－洛。 403
伊戾(人名) 3076
伊呂(人名) 2867
依。－依トシテ 988
○依－然ス 1008
依－違ニ 2138
依－違嫌－讓ニ 2676
。侈－靡シ 548
倚－薄ス 1630
。倚－。靡トシテ 507
○。倚伏。 883
○倚－伏ス 3288
○。倚－廬 2763
○唯ヰ－唯ク 89
○唯－一 3409
圯－上 2218
夷(人名) 2784
○夷| 2406
夷|セラレ 3268
夷－晏ニ 3403
夷－易イニ 2968
夷。－歌。 314
夷－雅 2865
夷－庚 3230
夷皓(人名) 3467
夷－儀 2992
夷－羣 3604
夷惠(人名) 893
夷羿(人名) 2310
夷－徼 3598
夷。－險 597
夷吾(人名) 2763
夷叔(人名) 3284
夷－世 1749
夷齊(人名) 3137
○夷－狄 2739
夷。－陂 747
夷－泯シヌ ホロヒツキヌ 1760
夷－敞ニ 2612
○夷－滅セラル 2539
夷門(地名) 2609
夷－猶ス 1261
夷－落アリ 397

夷－隆87　夷－戮(リクシ)2663　夷－陸。523　夷－路1511　夷王(人名)1177　夷－遠2864　巳－下2719　○巳－上3522　巳(イ)－成2476　巳－來
724　○帷。2835　○帷。－幄。961　帷－扆3586　帷－奕(シテ)1876　帷－帟(エキ)3064　帷－蓋2115　帷－軒3484　帷－座3669　○帷－牆2404
帷衽1757　帷。－席819　帷－殿3542　帷－房2657　帷－薄3061　帷－幕2344　帷－簾1813　○彝－器217　彝－章2361　○彝。－
倫651　○怡－怡2283　○怡。－悦。(セ)1059　○怡－然(トシテ)2802　怡(イ)－蕩1050　怡(イ)悵(ス)3481　怡－養1107　怡(イ)－懌(エキス)1051　惟－塵1401　惟
良1503　○意|2803　○意－氣1541　○意－義73　意－勝1968　意－生3557　意－製3093　○意－念2408　。意－變－齊同(ス)838
。懿2603　。懿－懿481　懿－義1819　懿－和2991　懿－乎(トシテ)3516　懿－侯2904　懿－鑠3011　。懿－親970　懿－誠3129　○懿－徳2459
懿－網3248　。懿－茂(ナル)1109　懿－律2989　○扆|2452　椅－梧1089　椅。－桐。311　殪|3500　猗。－猗(タル)303　猗－柅(タリ)303　猗頓(人名)2602
。異(人名)631　。異1026　。異(ス)1145　異－肴2173　異－氣3192　異－妓2463　○異－鄕1743　○異－形3671　異－縣1681　異－言2313　○
異－國2385　異－才2257　○異－材1960　異－操2881　異－辭2944　○異－常2326　○異－書3470　○異－俗3127　○異－人794
異－世2429　○異－姓2281　○異－族1488　異－代895　異－黨2742　○異－端2805　○。異－。體862　○異－圖3026　異－等
2187　○異。－。同459　異－能2881　異－徳1544　異－方2499　○異－望2313　○。異－物。323　○。異－域。997　異－倫3142　○
異－類2497　○異－論1552　痍－傷3466　○移。2679　移。(シテ)2670　移－易。(ス)891　○移－書(ス)2670　○移文2679　維－御(シテ)3025　維－
城3031　○維－持(セリ)3038　維縶(チフ)1340　維－縶(セ)1616　萎英1358　○衣|2236　衣－裘3661　○衣－衿1388　衣－巾1668　衣－襟1409　○
衣－冠1424　衣－工1521　○衣－食2754　○衣－食(シ)97　○衣－裳564　衣－帯1772　○衣－服1150　衣－物3186　。食－其。81

饋3681　鮐｜2175　易｜安(ナル)2790　易｜。簡1227　。易(イ)｜辭。(スル)1708　易｜道2797　易(イ)｜路2103　移。｜楊。475　。雌｜獲。530　遺。2831　○
遺｜愛1556　遺｜衣3443　遺｜音1093　遺｜韻1015　○遺｜詠3511　遺｜芥3034　○遺｜。誡941　遺｜寇3376　遺｜行2749　遺
｜學2675　遺｜規1474　遺｜儀2367　遺｜響1895　遺｜光184　遺｜館165　○遺｜訓2605　○遺｜教2967　遺｜挂1414　○遺｜
業2392　○遺｜憲3240　遺｜紘3484　○遺。｜言。。392　遺｜操1103　○遺｜像2219　遺｜。象991　○遺｜策2408　遺｜。思1214　遺
｜衆2708　遺｜醜2697　遺｜守2724　○遺｜書2797　遺｜。謡3235　遺｜。蹤640　遺｜。識(シン)880　○遺｜制2801　遺｜情3669　遺｜
聲1610　遺｜誓(〃)2442　○遺｜詔(〃)2871　遺｜籍3670　○遺｜跡1437　遺｜占3475　遺｜則1998　遺｜鏃3115　○遺｜存976　遺｜
託3635　○遺。｜塵。403　遺｜轍3269　遺｜典3249　遺｜囀1878　遺｜堵1411　○遺｜徳601　○遺｜芳1722　遺｜亡2539　○遺
｜法。360　遺｜美87　遺｜味1027　遺｜氓1359　○遺｜風469　○遺｜文2583　遺｜篇3401　○遺｜命(〃)3534　遺｜約2414　○
遺｜老2880　遺｜慮1917　○遺｜類2726　○遺｜令3656　遺｜黎2336　○遺｜烈1277　遺｜往1047　幽。｜901　幽｜藹(ニ〃)2149　幽
轕。(とシて)559　○幽｜幽(タル)2855　幽｜隱1036　幽。｜蔚。374　幽｜蘊1338　幽｜燕。862　幽｜遐。392　幽｜。介(シ)826　幽｜巷2610　幽
｜竪1092　幽客1878　幽｜隔(シンタリ)1413　幽｜巖695　幽｜緘1854　幽｜。潤775　○幽｜閑1291　幽崖。。733　幽｜期1633　幽｜官1006
幽｜響1968　幽｜墟2121　○幽｜居1575　○幽｜居(セル)3468　幽｜晦(にシて)2051　○幽｜篁2045　幽｜簧1114　幽｜荒264　幽｜關(トホリ)3609
幽(地名)｜〈冀2708　幽｜經871　幽｜蹊1659　幽。｜。迥(ナル)686　幽｜鏡1927　幽｜劫(セラレテ)2307　幽｜。險852　幽｜鍵3559　幽｜圄2420　幽
｜戸1410　幽｜后644　○幽。｜谷。282　幽｜叟1288　幽｜叢2164　○幽｜草1946　幽｜朔1711　幽｜賾(サク)1558　幽｜山2148　幽｜

散°シ 1123
幽―賛 2930
幽―讃 3562
幽―°岫 788
幽州(地名) 2548
○幽―姿 1342
○幽°―°思 332
幽―死シ 666
幽縶°セラレテ 852
幽―識 71
○幽―室 1761
幽―執 2545
幽―執 2299
○幽°―深 842
幽―若 2128
幽―浚 3515
幽―渚 1730
○幽―人 880
幽―神 3669
○幽°―°邃タリ 712
幽―隧 1125
幽―情 623
幽―星 730
○幽―栖 1666
○幽―棲 1594
○幽―棲ス 1260
○幽―静 1148
○幽°―°靜シ 821
幽°―石 703
幽°泉° 310
幽―賤 2290
幽―阻 1403
幽―藪 1835
幽―仄 3097
幽―堂 2159
幽―闥 1497
幽―衷 1591
幽―貞 1425
幽―塗 1929
幽―都 357
幽―獨ニ 1342
幽°―°昧 692
幽―房 1813
幽―薄 1167
幽―幔 1395
幽―微 1950
幽―悲ス 987
幽―°阜 350
幽―°屏 356
幽(地名)―幷 1929
幽―暮 760
幽°―°°茂 346
幽―默 1911
○幽―門 1589
○幽―明 261
○幽―冥 919
幽°―浪° 790
○幽―蘭° 817
幽―流シ 227
幽―律 1334
幽―林 420
幽―淪 2340
幽厲(人名) 3210
○幽―靈 3675
幽―隴 3619
幽王(人名) 2391
○幽―遠 3604
○優° 1040
優｜シツ 1636
○優°―渥° 391
優°―洽ナリ 858
優―遊 652
優°―游°ス 1123
優―
游流―離とシテ 1046
優―°°毅ナル 1079
優―賢 440
○優―柔 1041
優愼ナリ 3008
優―當 2440
○優―劣 2616
優劣 2262
友｜ 948
○友―于 2286
○友―好 3471
○友―人 1816
友―生 1103
友―道 2545
○友―悌 3438
○友―朋 1563
友―僚 1505
右｜ 2103
右―衛―將―軍 3532
右―衛―率 3531
右―°个 742
右司―馬 2317
右―丞―相 2904
右―長―史 2868
右―貂 3078
右―扶°―風 570
右―僕―射 2870
呦―呦タルト 1687
°囿 1179
尤―良 1547
悠ナルカナ 1987
○悠―悠 768
悠―悠忽°―忽とシ 1140
○悠―然ト 1846
悠―邈ナリ 1823
○悠―遠 1524
憂 3635
○憂°―°喜 834
憂―衿 1970
憂―勤 1441
○憂―苦 1497
○憂―苦 1619
○憂―懼 2292
○憂―患 1269
○憂―°思 1380
憂°―傷°シ 897
憂―人 1683
憂―生 1918
○憂―慼セ 2931
憂―歎ス 2264
憂―念 1653
憂―病 3428

憂－樂2657　憂－慄1912　沈－沈湲－湲2118　熊(人名)3587　○熊－虎199　熊－耳558　熊－螭115　熊－蹯1695　○熊°－羆°312

°狖－玃°570　狖－鼯351　貁－狻190　○°有695　○有｜(シ)2316　有(人名)－熊443　有－殷2179　有－弇(エム)1957　有夏(地名)2310　有－客1819

有(地名)－漢1178　有－°°魏403　°有－虞°°415　有－過2470　○有－形767　有－絜1678　有－呉339　有扈(地名)2269　有－鄠644　○有－

功2290　○有－罪2205　○有－司138　有周(地名)1177　有(地名)－娀2015　○有－識2333　有七608　有(地名)－晋2178　有(地名)－新2993　有莘(人名)氏2476

有－生2151　有－聖458　有－靜1971　有齊(地名)3577　有(地名)－宋3675　○有－道238　有－秩1485　○有－德2290　有－方1142　°有－

亡°567　○有－無°°426　有苗(地名)2732　有－命1222　○有－餘1673　有－流342　有－六2298　有－梁69　有－龍2183　有－黎912

°蚴－°蟉(トシ)526　裕(イフ)(人名)2338　誘－接3642　°誘°－賂°633　鄾鄧(地名)3590　°颵(幼)°瀏351　駀(地名)2738　°宥(ニ)1234　柚－梧°°353　楢°－溪°690

槱－燎245　油(イウ)°－油(として)316　油－雲1618　油－素2374　游°1183　游°(シ)863　游－雲1122　○游－泳2834　○游－泳3582　游宴2471

游－宴(スル)3144　游－°衍(ス)1878　游夏(人名)2593　游－遨(セム)1574　游－江1497　游－好1667　游－客1304　游－閑1072　游－°戲516　游－

戲(ス)1214　游－騏°505　○游－魚1015　游－車1441　游－極1728　○游－禽2229　游－宦1293　游－宦(ス)1619　游°－°觀296　游－

觀(ス)1800　游－梟°535　游－俠142　游－紘1104　游－言2621　游－顧1819　游－顧3680　游－娯1472　游－鴻1102　游－子1296

游－絲1892　游－集(セリ)3573　游樹963　游°－儵°814　游－處(セン)2583　游－°説2777　游－説(ス)1278　游－情1233　游－涉(シ)2108　游－

仙1312　游－川1414　游－息(ス)1498　游－憧(スル)3185　游°－談°(セル)332　游°－°女282　游－躅2687　游－塵3324　游－眺

1634　游－田1466　游－盤1397　游－盤(スル)1165　游°－氛809　游－鳳2657　游－揚(シ)78　游－豫(ス)1554　游－龍1059　游°－鱗382

游―歷スル 3214　游―獵 2129　猶。。391　○猶―子 2346　○猶―豫 2019　○猶―豫シ 1160　由（人名）2402　由夷（人名）2512　由。―庚。1169　由基（人名）133

由衍とシて 1068　由―余 210　蕕 2456　輶イウ―車 2831　輶。―軒。371　遊。シ 437　遊―役シテ 1651　遊―延す 779　遊―讌 968　遊―遨 935　遊

―遨す 912　遊―。氣 696　○遊。―。戲 513　遊―極 167　遊―。觀 548　遊―宦 1898　遊―化スル 685　○遊―俠 93　遊―菰。787

○遊―子 606　○遊―士 93　遊―集。シツス 850　遊者 1906　遊。―。處 806　遊―童 119　遊―田 598　遊。―畋 867　遊―蒙 692　遊

―盤スルことを 638　遊―騁 811　○遊―覽 586　○遊。―覽スル 695　遊―鱗 954　遊―麗 177　○遊。―獵。567　羑里エウ（地名）2526　逌―爾トメ

2776　弋。843　弋―者 3087　弋―釣 2815　弋―釣ス 2631　弋。―磻。380　弋。―林 703　奥―渫 2891　懊―咿シ 1107　彧イク（人名）2711　彧

彧とシて 731　淯。―。水 280　煜―熠タリ 1113　育。ス 1029　育―育タル 1530　育―獲 190　薁棣 528（□イク―□テイ）　郁―タリ 2181　郁―郁―乎トメ 2992

郁―棣テイ 955　郁―穆タル 1532　郁―垺 1116　郁。―烈タル 1161　軼イク―態タイ 1057　鳶 2165　○一。442　一―哀 3194　一―尉 2762　一―卣 2206

○一―音 3558　一―軀オウ 793　○一―家 2584　○一―介 2481　一―涯 1772　○一―溉 3194　一―校 2272　一―號 2284　○一―行 2373

○一―角 2313　一―鶚 2257　一―割カツ 1270　一―簡 3095　一―榦 1556　○一―紀 2875　○一―。氣 618　一―奇 2760　○一―期 2940

一―丘 3139　一―鄉 2239　○一―舉 1674　○一―舉シテ 1669　○一―曲 2464　一―金 3155　○一句 2806（□―□）　一―區 2354　○

一―隅。306　一―科 797　○一―過 3195　一―月十―五―日 2629　一―梛 3673　○一―官 2350　一―棺 3668　○一―貫 72

一―卷 2212　○一―丸 1528　一―危 2407　○一―。撓 2796　一―軌 3630　一―騮 2938　○一―簣 2827　一―君ナラン 701　○一―蓺

2075　一―經 1986　一―莖 2970　一―頃 2541　一―。劒 1004　○一―言 269　○一―言セ 2522　一―孤 2363　○一―顧 1884　○一―

口 451　一｜。候 2762　○一｜國 2519　一｜骨 1937　一｜藏 3661　○一｜策 2760　○一｜山 1315　一ノ｜思ヒニ 1796　一｜枝 850　○一
｜死 2524　○一｜矢 2777　○一｜指 812　一｜至 2347　○一｜事 76　○一｜二 2661　○一｜二スル 574　○一｜字 2804　○一｜
時 81　一｜辭 2593　一｜州 2734　○一｜室 971　○一｜日 575　一｜集 70　○一｜心 1787　一｜狀 1367　一｜象 730　一｜觴
1847　一｜主 3215　一｜首 2393　一（人名）叔孫通 2672　○一｜。瞬 1015　○一｜書 2461　○一｜緒ナリ 1002　一｜職 2350　○一。｜人 333　一
｜晨 1429　○一｜身 1382　○一｜水 1780　○一｜世 1462　一｜城 2372　一｜姓 620　一｜才 3329　一｜聖 126　○一｜生 1571　○
一｜笑 597（□｜箭）　一｜借 3597　○一｜夕シ 989　○一｜切 1105　一｜説〆 2244　一｜善 3329　一｜戰 2436　一｜卒 1916　一｜凔
2550（□｜□）　一｜樽 1263　一｜罇 1791（□｜□）　○一｜道 3266　○一｜旦 995　○一｜端 121　一｜彈 1902　○一｜。致 893
○一｜定 2418　○一｜體 891　○一｜朝。389　○一｜轍 1552　○一｜途 1598　一｜塗 809　一｜怒 3194　○一｜統ニ〆 2268　○
一｜通 2595　○一｜德 3583　○一｜念 2421　○一｜年 906　一｜馬 2213　○一｜抔 1410　一｜盃 2637　○一｜方 1290　一｜博。
665　一｜反セン 1529　一｜平ナラン 683　一｜抨 3186　一百段 73　一｜婦｜人 3054　○一｜夫 270　一｜無 697　○一｜物 76　○
一｜分 1152　一｜聞セ 2301　○一｜篇 1022　一｜畝 3195　○一｜部 3606　一｜逢 2486　○一｜毛 2523　○一｜木 3189　○一｜目
843　○一｜面 2881　一｜役エキシ 496　一｜腋 1556　○一｜理 3277　一｜戮 2338　一量 1018（□｜□）　○一｜粒 1606　一｜旅 2608
○一｜縷 2408　乙。　。未 617　佚｜女 2015　佚｜田ス 2006　壹｜欝 77　壹（人名）｜等 2737　挹イツ〆 1314　溢イツ 932　溢セ 1061　溢｜氣 2257　溢｜
肥 1670　溢｜露 2153　軼｜才 2406　軼｜漠 2832　○逸。｜493　○逸｜ス 1504　逸。｜。異 857　逸｜游 1179　○逸｜遊 656　逸｜翮。874

○逸—樂2745　逸—気1124　逸—議2686　逸—響1774　逸禽940（□—□）　逸—驥1511　逸—軌811　○逸—群592　逸—羣1120
逸—景2599　○逸—才3229　逸—士621　逸—志2944　逸—爵1335　逸—趣1369　逸—珠1533　逸—駿3239　逸—人949　逸—妻
1313　逸—態2171　逸—發ス862　○逸—民3088　逸—豫1103　逸—豫シ2473　逸—倫860　逸禮（書名）2670　遹キツ皇タル934　熠—爍2137
熠—燿1182　熠—爚1118　挹—抐1038　揖ス655　○揖—讓291　○揖—讓ス564　揖—拜セシム2631　○悒—悒2612　○邑323
邑（人名）3108　邑ニ〆2277　邑—邑120　邑—屋362　邑—郷601　邑—居317　邑—宰1609　邑—氏3462　邑—社1358　邑—誦シテ2833
邑—頌1982　邑—人2620　邑—野3502　邑—老492　邑—里1869　邕—邕ト〆2105　暗—鳴スレ388　愔イン—愔とシて434　歆（人名）2670　○淫
516　○淫セ1047　淫—遊2006　淫—遊ス2014　淫—溢トシて2063　○淫—逸3050　淫—淫509　淫—衍にシて1096　淫狡カウナル602　○淫—
行シテ1210　淫—縄ニ〆2778　淫—荒ニ〆2541　淫—荒シ582　淫—業138　淫—昏3274　淫—詐3107　淫—滞ス1602　淫—濯シ2097　淫
—放936　淫—費3061　淫—妃720　○淫—風1126　淫文2810（□—□）　淫—僻ニ〆3048　淫—嬖667　○淫—樂ラク511　淫—覽
581　淫—哇3197　蔭—映ス366　蔭—翳422　○陰319　陰—淫539　○陰—陰タリ1870　○陰—雨1814　○陰—雲1610　陰
—曀607　陰—煙タリ2834　陰夏711（□—□）　陰—霞1346　陰—岡1326　陰溝722　陰—儀3508　陰—基416　陰—崖キ640
陰—期1828　○陰—氣1390　陰—渠694　○陰—火765　陰夔（人名）2723　陰—化3059　○陰—莖2154　○陰—谷1355　陰（地名）—山1936
陰—紙419　陰—渚1957　陰—堂742　陰—池227　陰—虬2158　陰—蟲1583　陰—條2159　○陰—徳817　陰—濱783　○陰
—風1651　陰—峯1350　陰—明1680　○陰—陽853　陰—林503　○音1491　○音—韻1127　○音—樂2600　音—翰1487　○

音―義2466 ○音―響1215 音―曲2157 音―徽(キ)2668 音―形1294 音―景3670 ○音―聲846 音―息1498 音―塵831 音鳳(人名)恭顯654 ○音―容830 ○音―律1087 ○韻437 韻―宇3527 ○飲1257 飲(ス)1275 飲―讌1919 飲―燕(ス)2788 飲―讌(シテ)1911 飲―御330 ○飲―食960 飲―食(セル)2095 飲―餞1258 飲―餞(ス)648 飲―帳1766 飲―馬648 鱏―鯨3655 勛(人名)華3303 ○印431 ○印―綬2201 ○允―恭299 允―鑠584 允―塞738 允―亮3534 貟梅2174（圜―□） ○貟―數3077 貟―品2703 ○因―縁1540 ○因―循(シンシ)851 堙―盡(タリ)659 ○堙―滅(シヌ)1653 ○姻―2455 姻―(セン)3479 姻―婭2327 姻―好2454 姻―媾2565 ○姻親2570（□―□） 姻―黨2328 姻―昵(チツ)2328 寅(人名)2443 寅丑2234 ○尹(タル)652 尹(人名)更始3019 尹―司(タルニ)2342 尹(人名)班3310 尹(人名)翁歸3020 ○引―830 引―氣3165 引―和194 ○引―決2529 引―決(す)668 引―漕(サフス)670 引―序79 殞(キンシヌ)991 殞―潰(シタリ)2194 殞―喪2310 殞―胔2165 ○殷(地名)2320 殷―人206 殷―憂977 殷―憂2309 ○殷殷554 殷―衛405 ○殷―鑒2330 ○殷―鑒3575 ○殷―墟969 ○殷―勤(ナリ)826 殷(地名)―周3218 殷(地名)(人名)辛2556 ○殷賑2837（□―□）(シ) 殷(地名)―宗(人名)2007 殷(地名)(人名)湯2616 殷(人名)仲文1333 殷(地名)―帝3300 殷(人名)東―陽1969 殷―盤265 沇―溶523 沇沇溶溶(としてす)560 涒―灘776 湮沈(ス)999 ○湮―滅3065 ○湮―滅(セムコト)751 ○湮―没(タリ)2544 湮―没3395 烟(キム)―熅(ウムタル)722 烟―烟熅―熅(タリ)2998 禋―(シテ)3390 禋―郊1877 ○禋―祀239 ○禋―祀(スル)686 絪―縕3308 胤―子2507 胤―嗣2455 胤―冑2454 茵101 ○茵―席1050 茵―幬1417 隕―(ス)1731 隕―越2350 隕―越(スル)2486 隕―卒(シヌ)3442 隕―顚(セリ)3413 隱2681 ○隱―隱(ト)120 隱―焉341 隱―間2097 隱―几(ス)1551 ○隱―居3085 隱―公2806 ○隱―士1326 ○隱―處1083 ○隱―匿2414 ○隱―遁1312 隱―犯3634 ○隱―微

71 隱—憫ニ 1651　隱夫 528（□—□）　隱—伏 639　隱—僻ニ 2447　隱—没セシ 2809　○隱—約 3165　隱—戮 2702　○隱—

淪 794　隱—淪—惆—悵ス 2428　◦隱—◦嶙タリ 659　◦隱—◦嶙 522　闉インと 554　闉—闍 2612　◦鮣—龜 343

ウ

吁ウ◦—嗟シャ◦ 669　嗚ウ—噎エツ◦ 986　嘔—喩 2890　煦—嘘 2895　于公（人名） 3301　于叟（人名） 3303　于◦—戚◦ 1049　于—旋 220　于張（人名） 3423　○于

定國（人名） 3020　ウ于—靈 551　○◦宇 307　宇◦ 415　○宇—内 559　○◦宇—◦宙 414　宇—量 2953　寓ウ 267　寓—縣 1875　○寓—内 3008

烏◦—號 370　烏—獲 2406　○烏—合 3034　○烏丸（地名） 2196　○烏桓（人名） 2720　○烏—集 3174　○烏—鵲 1687　烏◦—賊◦◦ 343　○烏—孫

1699　烏—烏 2296　○烏◦—◦兎 377　○烏—林 1916　○禹（人名） 390　禹（地名）—穴 1974　盱—衡 3329　竽—笙 1122　竽—瑟 2030　竽—◦籟 1138

紆タリ 1460　紆—鬱タル 1488　○紆—曲セリ 2104　紆ウ◦—迴◦ 602　紆◦—譎◦ 469　紆—結ス 2653　紆ウ◦—軫ニシ 830　紆◦—徐 506　○紆ウ◦—餘 517

◦芋—區◦ 319　◦芋—瓜 289　○迂—闊ナル 2780　○雨—師 131　○雨—雪 182　雨足 1829（□—□）　○雨—露 1745　雩都縣（地名） 3531

○鬱—ト 1609　鬱燠イク 2889　鬱—郁タリ 3309　鬱—鳴シ 1124　鬱—鬱タリ 1271　○鬱—悒ス 2009　鬱—崫タル 3398　○鬱◦—結としてし 993　○鬱—結シ

981　鬱—蒸 2615　鬱—◦盛にして 1138　鬱◦—◦橈タウタル 506　○鬱—陶 1575　○鬱—陶ス 1980　鬱—◦怒として 1090　鬱—盤タリ 1374　鬱—怫シ 1073

鬱—茂 940　鬱—没 2969　鬱◦—◦鞅ヤウシ 391　鬱—◦律と 1075　○鬱—林 1142　鬱—蓊 180　罻ウツ—羅 2727　蔚ウットト 2218　蔚ウツ—爾ト 2811

○云—云タリ 2578　○云—云 2502　○云—爲 121　惲（人名） 2538　熅シ 3480　篔簹◦ 353　耘◦—◦耔 746　耘—耔ス 2792　芸—若◦◦ 732　蘊—ナリ

3557　○◦蘊—◦藻 319　蘊—藉ナル 3087　醞 1591　○◦運 614　◦運シ 331　○運—行フ 2860（□—□ス）　運—會ニ 1540　○運—筭 3405

運周ス 1802　運—世 3153　運—籌 1540　◦運—蒙◦ニ 1242　○運—命 3208　○運命論（書名） 3191　○運—輸ス 2692　○運—用 2949　運—流

1316 雲(人名)96 雲―阿3679 雲―幄1852 ○雲―雨109 雲英70(□―□) 雲―煙1645 雲―屋2863 ○雲―霞1664 雲―崖1824 雲―構1329 雲―閣212 雲―壑2682 雲―鴈822 雲―。罕488 ○雲。―。漢330 雲漢(書名)2615 ○雲―間1333 雲―旗233 ○雲―氣361 雲―騎1909 雲―居2133 雲―車1163 雲―錦764 雲和(地名)2160 雲―火3625 雲―冠1900 雲―官2180 雲。―。館359 雲―關2687 雲―闕1934 ○雲。―霓。。843 雲―軒2171 雲―谿2153 ○雲根1837(□―□) ○雲―際2135 雲―巣2164 雲―装1984 雲梢184(□―□) 雲―師168 雲―芝194 雲―雀417 雲―日1460 雲精783(□―□) ○雲―霄1898 ○雲(地名)―臺2422 雲―澤1744 雲―端1661 ○雲(地名)―中1925 ○雲。―中321 雲中君(書名)2030 ○雲―梯1070 雲―天1969 雲電2011(□―霓) 雲―。旆1144 雲―螭。869 雲―夢。。566 ○雲(地名)―夢1133 ○雲―霧167 雲―物3663 雲―屏2157 雲―陛1867 ○雲表172(□―□) 雲―峯1573 雲―髦2162 ○雲。門。316 雲野3585(□―□) 雲―陽643 雲―翼。791 ○雲。―羅872 ○雲―龍136 雲龍門(地名)2995 雲―梁735 ○雲―林2108 雲―輅2149 雲―路1372 韞―櫝(シテ)1531

エ

叡―音3477 叡―后2907 叡―哲(ナル)1221 叡―蕃1239 叡―敏(ニシテ)2924 叡―文2928 塋(ツカ)。979 塋―壟2325 塋(エイ)―園3616 嬰(人名)648 ○嬰―孩1320 嬰齊(人名)2649 ○嬰―兒2392 嬰―累1403 嬴。(人名)886 嬴國3063 嬴―氏211 嬴―洲171 嬴。―縮(ス)891 嬴芊(人名)(ミヒ)3677 ○影―響1291 扲―詣108 斯楡(エイ)(地名)2738 ○。映(セリ)1355 映―蔚1348 映―日593 枍―詣168 。梬―。棗289 。梬―。楟317 。梬―栗503 ○榮。|901 榮|(スル)1405 榮―哀2343 榮―宴2653 榮―期1092 ○榮―華985 榮―會1423 ○榮。光。860 榮―願3201 榮。―。觀(セ)841 榮―顯3185 ○榮―枯1293 榮―次2339 榮。―滋。1103 榮。―。楯360 ○榮―辱941 榮。―色。351 ○榮―進

2298 榮。|。悴(ナリ) 808 榮|聲 3477 榮邵(人名) 2317 榮|寵 1532 榮|條 1561 榮|問 2496 ○榮|名 1389 ○榮|耀 1807 榮|曜 2657
榮|曜(セ) 3505 ○榮|樂。 1261 楹| 1904 楹|席 3406 。殪。仆(フス) 535 永(スル) 2544 ○永|安 227 永|嘉 1175 永|歌(ス) 2793 。永|。巷
414 永|元元|年 3373 永|始 744 ○永|日(マス) 365 ○永昌(人名)(地名) 2350 永|初 608 永|初三|年 3459 永|初三|年七月
十六日 1626 ○永|世 2596 ○永|生 2121 永|逝 3487 永|夕 3310 永|遷 3489 ○永代 302 (□|世) 永|泰元|年 3503
永|圖 2224 永|寧 227 ○永|年(ニメ) 3249 ○永|平 128 永|平十|七|年 2995 永|平|中 2773 永|命 2807 永|明九
|年 2222 永|明元|年 2871 永|明八|載 3599 ○永|夜 1913 ○永|永 2895 永|埒 865 永|路 1392 。洩|洩 766 潁|
陰 2904 潁|邑(地名) 3180 潁|許 1916 潁子嚴 2805 ○潁川(地名) 2624 潁川郡(地名) 3520 潁陽(地名) 1314 潁|曜(ニメ) 72 濬|壑。 825 。濬|洫。 700
濬|潭 1176 。濬|池 360 濬|沖 1428 。濬|哲。 707 濬|德(ニメ) 72 濬|房 1719 濬|發 3613 ○瀛|海 1827 ○瀛|洲 110
瀛|壖 1346 ○營。(エイ) 553 營|(ス) 2763 營部(人名) 2870 營|宇 166 ○營。|營(として) 555 營丘(地名) 2476 營|魂 1031 ○營|州 1904 營|匠 2154
○營|中 2262 營|。築(す) 626 營|魄 1494 營平(人名) 2897 營表 112 營域 183 璿(人名) 2454 璿|玉 3467 璿|瑰 783 璿臺(地名) 2839 瘞 3494
癭| 3196 盈| 1610 盈。|溢 493 盈|溢(セリ) 253 盈|盈(タル) 1772 盈|衍(シ) 2850 ○盈。|虚。 345 盈|缺 1972 盈|歇(ケツス) 1935 盈|笥
2357 盈|縮 3298 盈|數 1726 盈|尺 2600 盈|瑱 1977 盈|椀 1533 睿| 3638 睿|思 1358 睿|心 3231 ○睿聖(ニメ) 2255 睿|情
1976 ○。睿|哲。 299 睿|圖 1243 睿|武 1677 睿|文 1677 睿|問 3506 穢(エイ)|俗 1126 籯。|金。 324 縈 1673 縈(エイ)|紆(ウす) 110 縈。
|盈。(タリ) 819 縈(エイ)|河 926 縈|紘 3341 縈。|積。 821 縈|帶(セリ) 1493 縈。|纏。 1118 縈。(エイ)|。抱(ス) 1091 縈|薄(ス) 1365 ○纓。 430 纓

ー徽 1097
纓ー笏 1246
纓ー上 1668
纓ー綏 1471
纓ー縻 2849
纓ー佩 1890
纓ー弁 1878
纓ー冕 2456
纓。ー絡。 687
羸ー耊 947
翳ー雲 2135
翳。ー薈。 377
翳ー翳タル 3465
翳ー然ト〆 2221
翳。ー烏 536
翳。ー蔽。 730
翳ー没スル 3670
英（人名） 3106
○英エイ 102
○英。ー雄。 338
英ー英タル 1504
英ー睿 3289
英ー奇 1605
英。ー華 580
英ー盱 1876
英ー瓊ー瑶 1796
英ー賢ニ〆 1810
英ー衮 1868
英ー宰 3536
○英ー才 2255
英ー藻 72
○英ー姿 3069
○英ー主 664
英ー辭 3091
○英ー俊 94
英ー蘂 1531
英ー蕤 1089
英ー精 2785
英ー聲 727
英ー達 1629
○英。ー喆。 442
英ー挺 2441
英ー特 3328
英。ー辯ハム 451
○英ー風 2684
○英布（人名） 2566
英ー妙 653
英ー髦ホウ 70
○英ー名 1274
○英ー明 3608
英ー。藺 630
英ー。麗レイナル 586
英ー六 921
英ー瑋 2607
英ー威 3108
英ー偉ニ〆 3278
。莵ー。。茂 349
。蠳ー黿 286
衛（人名） 657
。衛 447
○衛（地名） 2083
衛ー人 612
○衛ー尉 162
衛魚（地名）（人名） 3605
衛宏（人名） 3401
衛霍（人名） 1956
衛（人名）ー公 532
衛ー后 204
衛ー國 876
衛ー。詩 816
衛ー將ー軍 2871
衛ー叔 882
衛青（人名） 3017
衛先生（人名） 2394
衛女（地名） 3370
衛（地名）ー鼎 3547
。衛鹽 1008
○裔。 363
裔周（地名） 2322
○。詠 299
○。詠ス 385
○詠ー歌 1429
○詠ー歌ス 3136
○詠ー歎 3131
詠ー德 3143
○郢（地名） 2439
郢ー握 1528
○郢ー曲 1866
郢闕（地名） 3677
郢州（地名） 2438
郢ー人 1468
。郢（地名）ー中 2749
郢ー部 2437
銳エイ 2164
○銳エイー氣 314
銳ー騎 3238
○銳ー師 3250
銳ー卒 2720
○銳ー敏ニ〆 2921
鷖 2009
鷖ー軺 3504
么麼ハ 3155
。偠ー。紹 293
○傜 2230
○傜ー役 2325
揺。ー演スル 1077
揺ー刖ト〆 2153
○揺。ー。蕩とシて 521
揺。ー。動シ 573
揺。ー風 997
揺ー漾 1891
○揺ー揺ニ 1657
○揺ー落 2480
○揺ー落。シ 808
○。杳ト〆 1341
○。杳ー杳 986
杳ー漠 2910
。杳ー。眇トシて 526
杳ー冥 1056
杳ー冥冥とて 2046
窅ート〆 1659
○窅ー然ト〆 2219
窅ー眇 2839
○幼ーニ〆 2306
幼安（人名） 2635
幼ー艾 2044
○幼ー孤 2743
幼ー壯ニ〆 1425
○幼ー主 2324
○幼ー弱ナリ 3077
幼

弟 2553
(少—□)
幼—妙にして 964
幼°眇°° 576
曜卿(人名) 2946
曜—曜
振—振タリ 1680
°曜—靈 387
瑶° 362
瑶—英 2158
瑶°階° 820
瑶—琴 1987
瑶°—°瑾 1091
瑶—華 1593
瑶光(地名) 3483
瑶—瓊 1838
瑶—溪 924
瑶°—草 1006
瑶—象 2024
瑶—漿 2081
瑶珠 788
(□—□)
瑶—軫 1360
瑶水(地名) 2839
瑶—席 1859
瑶—臺 217
瑶—壇 2159
瑶°—池 872
瑶—甍 1358
瑶—璠 1720
瑶—碧° 1158
窈—藹ト 1980
○窈°—°窕 788
窈—眇 3304
窈—冥 417
窈—冥にシ 991
○妖—ニ 1696
妖—慾 2984
妖—倖 3061
妖—玩 2083
○妖—孽 2697
妖°—惑° 2556
○妖—女 1694
妖—妄 2808
妖—靡 2124
○妖°—冶ナリ 1026
妖°臨す 669
○妖—°麗ナル 1147
夭—トヤ 3673
°夭シ 629
夭ヨウ—閼 3279
○夭°—夭タル 1114
°夭°矯 789
°夭—蹻 557
夭—采 2856
夭—遂スイ 3410
夭—妄 3192
夭—伐 1347
夭—枉 1422
宎—夏 2075
繇° 626
繇—役 3143
○°要 2536
○°要ス 1267
要°ス 1283
○°要—°害 313
要—荒 232
要—屈ス 201
○要—言 2098
要—趣 3302
要—術 494
°要—復°シ 1040
°要—°妙°° 393
要°—盟 388
要°(人名)—離° 795
○要—略 3649
○要—領 2712
○要—路 1775
腰眇 765
(□—□)
腰—帯 1854
葽°—°草 329
謡—吟ス 1591
謡°—俗° 386
謡—詠シ 1999
軺—軒 2925
遙—帷 1980
遙—裔ト 1907
遙—源 3559
遙—緒 3504
遙—城 1927
遙—夕 1820
遙—然ト 3543
遙—甸 1874
遙—遙ト 1174
飄° 877
颻—颺シ 351
騕—褭 271
鴢—鷔° 784
奕°エキ—奕タリ 364
○弈—弈とシて 1096
弈—思 3608
弈°エキ—幕°° 330
○役° 978
○役°シテモ 668
惕°—息°セ 579
○掖—庭 102
掖—庭
丞 3062
掖—殿 3478
○易(書名) 2671
易スル 2890
易牙(人名) 2101
易°—京 1087
易象 2801
○易°—水 1762
易°—道 544
易卜(書名) 2672
易°—陽 447
疫°—°旱 2578
疫—氣 2571
○疫—癘 1210
○益° 1414
益 547
○益—セン 2511
○益—友 2876
○益州(地名) 2733
益—稷 2799
益—美 1530
益—部 2561
譯°—導シ 397
○驛 2832
驛驛とシて 1126
悦—情 2879
悦—怒

2095 ○悦—服ス 3149 悦—懌セル 1383 悦°—°豫シ 409 悦—°悆シ 1107 ○謁—ス 2492 ○謁°—者 413 越(人名) 3106 ○越(地名) 2271 越(地名)—人

2389 越—香 1141 越—客 1642 越—鄉 1656 越°—棘°タリ 368 越—吟アリ 385 越—叟 1736 越(地名)—砥シ 2887 越常(地名) 1228 越—裳 264 越(人

石(名) 3129 越(地名)—女 2097 ○越—鳥 1614 鉞エツ 2715 葉巻 1353 曄°とシて 488 燁°ヨフとシて 985 爗然シて 1075 奯エツナリ 434 奯エフ—奯タリ 326 裛—露 1847

霅—煜ナル 2777 剡—剡ト〆 2019 厭次(地名) 2928 厭懕とシて 1041 °奄—尹 666 ○奄—奄タリ 2296 奄—忽°にシて 1143 崦—山 1963 崦—嵫 2010 弇

—州 2859 掩とシて 1039 掩エン—掩とシて 1141 °掩°坎 665 掩—息ス 2848 掩—薄°ス 521 掩—路 979 晻—藹 3416 °晻—乎とシて 536 檐—隙

1972 櫩—楹 1850 淹—寂ト〆 2655 淹°速° 834 ○淹—滞 2097 淹—沈 2098 淹—薄スル 1632 ○淹—留 1404 ○淹°—留°ス 384 渰—

ト〆 1835 ○炎—炎タル 2768 炎(地名)—漢 2844 炎—°旱 1123 炎—區 3570 炎—火 912 炎—光 1440 炎°—暉° 737 炎—景 771 ○炎—

上 3003 ○炎—暑 1391 炎—政 3107 炎°—精° 707 ○炎—熱 1685 ○炎—帝 277 ○炎—天 1583 炎—徳 1645 炎°—風 818 炎

—煬 245 炎—煙 1567 炎—靈 1875 焱—絶〆 2466 焱—焱炎—炎トシテ 132 阽—危 2239 ○°豔 1118 豔—逸°シ 1158 豔—歌 1665

°豔—姫 995 ○豔—色 2657 豔—發ス 2168 ○豔—陽 1934 閹 918 閹—尹 107 ○閹—官ナラク 3078 閹豎 3179（□—□） ○閹—

人 3077 閹茂 3402（□—□） ○鹽°—泉° 317 鹽°—池° 313 ○鹽°—田 700 ○鹽—梅 2225 鹽°—°浦 499 偃 1396 偃—仰 2895

偃—仰セン 1871 偃師 608（□—□） ○偃—蹇タリ 3398 偃—蹇連—巻ト〆 2088 ○偃—息°スル 807 偃—暴ス 1591 偃—閉〆 1242

埏隧 3433（□—□） 埏側 1418（□—□） 嬿—服〆 2107 嬿—婉 202 嬿—婉〆 1792 嫣—然とシて 1152 ○°宴 2856 ○°宴ス 291 ○宴

—安 2735 ○°宴°安シ 398 宴—慰〆 1866 ○宴—飲セントス 1048 ○宴—楽 2611 °宴アン—°衎 576 °宴—°喜タル 652 宴—起ス 1433 宴饗ス

143
宴。—居 367
宴—語 3609
宴—。。語ス 347
○宴—會 1220
宴—私ス 3476
宴—處ス 3680
○延| 2437
延(人名) 629
延。—閣。 321

延—瞰シテ 1362
○延—喜 2840
延喜(地名) 3439
延喜里(地名) 3439
延—起〻 2086
延頸(地名) 2438
延之(人名) 1975
延—州(地名) 1978
延—秋 411
○延—壽

723
延。—屬 362
延祚(人名) **71**
○延—納 2471
○延—長にして 147
○延—。長シ 861
延—佇 1958
延—。佇ス 844
延年(人名) 3094
○延—

平 3078
○延ナカサ—袤ヒロサ 2888
延—門 666
延—譽 2945
延瀬(地名) 2680
延—陵(地名) 1943
延。—陵。(人名) 339
延—陵—子 1728
延—露 386
悁—

邑スル 2605
悁—悁タル 1042
悁—勞ス 1979
戭エン(人名) 3587
掮—珮 3676
掾エン 3514
掾—吏 3098
掾—屬タリ 2493
焉とシて 1039
焉有先(人名)—生 498

○煙—雨 3399
○煙雲 2110
煙—駕 1984
煙—客 1963
○煙—火 1676
煙—景 1980
○煙—塵 2650
○煙—霧
霧 1941
○燕(地名)

1275
燕(地名)—人 3242
燕ス 527
燕—姫 875
燕魏(地名) 1176
○燕—居シテ 1292
燕胡(地名) 2642
燕山(地名) 1375
燕。市。にシ 1003
燕—寝 3057
○燕—雀

3016
燕—滑シて 1061
燕昭(地名)(人名) 2938
燕—然(地名) 3376
燕然山(地名) 3373
燕。—。宋 1000
燕丹(地名)(人名) 2394
燕—趙(地名) 2424
燕—魯(地名) 2267
燕—路 1118

燕王(地名) 2397
演連珠(書名) 3307
○筵。 2858
筵—上 2683
○縁| 1635
縁。—督シ 433
縁—陵 2803
舛—錯。 323
蝝—蝗 3602
○蝘—蜓

1045
衍溢 2114
。衍—溢。サツス 520
衍—漾ト〻 1361
衍—衍とシて 434
。筵—蔓タリ 315
○讌 1059
。讌シ 364
○讌—飲〻 2597
讌語 2481

讌—私 1540
。鄢エム—郢エイ 403
鉛。—。錯 281
○鉛—華 1158
○鉛。—刀 1270
○鉛—筆 2374
閼氏 1700
。鰋—鮋。 330
鷰。 1230

鷰—雀 2659

オ

區ヲウ—種セウ 3195
嘔—吟〻 3149
。塕—然とシて 804
歐冶(人名) 2166
歐陽(人名) 2678
歐陽堅石(人名) 1397
歐—陽—子 1817
歐—駱 1830
。應 313

應。ス 386
○。應ス 375
相—應シテ 3139
。應—感 1030
應—期 2972
應休璉(人名) 1308
應吉甫(人名) 1224
應璩(人名) 2617
應侯(人名) 2397
應叟(人名) 2643
應。

－氏1251　應。－。真695　應生(人名)2459　○應－對1906　應。場(人名)(チャウ)3164　應場德璉(人名)3163　應德璉(人名)1215　○應。門1442　應。－龍928　應劉(人名)。
825　甌－越1260　謳2560　謳－謡3090　謳(ヲフ)－謡(エウシ)1040　○謳－歌1484　○謳－歌(スル)2313　謳。吟49　謳－吟(メ)1825　鷗－鳥1966　鷗
駊。784　○屋－2039　○屋－上2036　屋－中2444　屋－壁2673　屋－梁1145　○沃。－。。壌814　沃－若2480　沃。－焦773　○沃。－
。野485　嗢－噦(シ)1107　嗢(ヲツ)－噦(ケツ)1113　○恩。1147　恩－哀2468　○恩－愛1462　恩渥1983　○恩－狎(アツ)3331　恩。－。隠857　恩倖傳(書名)3096
恩倖(書名)ノ篇3103　恩合1423　恩－紀1954　○恩－義2550　恩－舊1747　○恩遇3318　○恩－光2419　恩－私3065　○恩－信2710　○
恩－情1685　○恩－詔2288　○恩－澤1192　恩澤侯(書名)ノ表3103　○恩－寵2288　○恩－德3178　○恩－波1248

カ

下3243　下－邑2239　下－筵1983　○下－愚2471　○下－矩3399　下－科2556　○下－官2417　下－管1026　○。下－國845
下－蔡1152　下－賛2995　○下－。士949　下－趾1065　下－岫1856　○下－乗2562　○下－人123　○下－臣1180　下－世(ニ〆)
1268　○下－情86　下－濟1359　下－招(シ)2069　下－節1830　下－泉1014　下－走2493　下－太－夫2516　○下－女2013　下－
陳2384　。下－陳(セル)385　○下－土2987　下－都1595　下－藩2919　下邳(地名)2722　下－貧2231　○下－民2237　○下－品3100　下武
2842　○下－風1069　。下－。。夢(ホウ)890　下－俚1024　○下－吏3449　下－里2749　○下－流(ニ〆)1309　○下僚1271　○下－位1283　。下
－。畹415　何敬祖(人名)1311　何敬祖咸1517　何公(人名)3519　何進(人名)3083　何劭1471　何曾(人名)2613　何點(人名)3644　何武(人名)2613　俄－傾2870
俄－頃(ケイ)1646　俄－思1656　○俄－然(ニ〆)3243　○假(カシテ)3672　假－合(スルト)1526　段干(人名)1526　段干木(人名)1272　段谷(地名)2734　段－生1535　○
。可499　可－。異(ナリ)1073　○。可－。否2385　可－欲266　嘉－猷2224　嘉－音1574　嘉－姻980　嘉－運1291　嘉。－。穎439　嘉－

宴 2485 ○嘉―肴 1212 嘉―客 1224 嘉―貺 1474 嘉―擧 1505 嘉。―魚 311 嘉―禾 1226 ○嘉―會 622 ○嘉―會ス 1223 嘉―
話 2152 ○嘉―卉 1825 嘉―惠 1545 ○嘉―月 1564 ○嘉―慶 1295 ○嘉言 72 ○嘉―穀 1496 嘉―藻 1559 嘉―祉 2742 嘉―
謚 3521 嘉―辭 1149 嘉―秀 927 ○嘉。―祥。406 嘉甞 1289 ○嘉―賞 1946 嘉―樹 1381 嘉―頌 120 ○嘉―瑞 2806 嘉―制
3640 嘉―歳 1356 嘉―聲 2910 嘉―招 1608 嘉―詔 1201 ○嘉―節 1230 嘉―選 3586 嘉―祚 2478 嘉―蔬 787 嘉―則。1435
嘉歎 2375 嘉珍 136 嘉―遁 2653 嘉―遯 2148 ○嘉―德 228 嘉―魴 1940 嘉。―賓。326 嘉―福 1711 嘉―謀 2344 ○嘉―木
745 嘉―名 732 嘉―命 1755 嘉―庸 2213 嘉―量 2989 嘉―醴 2983 厦―屋。424 ○夏（地名）605 夏（地名）―殷 2809 夏―禹。408 。夏
葉。297 夏―屋 3304 夏康（地名）（人名）2005 夏―姫 202 夏―癸 217 夏（地名）―訓 2312 夏（地名）―桀（人名）2007 夏（地名）―喭 1360 夏后（人名）2741 夏（人名）―后氏
387 夏（地名）―功 2269 夏侯（人名）1203 夏侯嬰（人名）2904 夏侯孝若（人名）2928 夏侯玄（人名）2947 夏侯常侍（人名）3435 夏侯勝（人名）3019 夏侯湛（人名）3436 夏侯淵（人名）2720
夏―載 1354 ○夏―日 2229 夏首（地名）3385 。夏―庭。888 夏。―。鼎 352 夏―服 504 夏陽（地名）2574 娥。1724 娥―娥 1773 娥―月 3680
娥―眉 1865 ○嫁 2453 ○嫁―娶 2990 家―家 2591 家―巷 2006 家（人名）―丘 2561 家―給 2247 家―皇 1907 ○家―計 2454 ○家
―國 1527 ○家―室 3039 ○家―族 1863 ○家―人 2865 ○家―臣 1600 ○家聲 2522 ○家―道 3369 家―諜 2860 家―邦 2280
家―陪 236 ○家―僕 3458 ○家―門 2864 家―閭 3037 家―林 3473 家―園 3476 峩。。―峩とシて 416 ○峨―峨シ 2072 峨―峨―
如タリ 3010 峨。。―眉。。307 ○架 1368 柯。2687 柯―條 1412 柯。―葉 885 檟―楚 3328 歌―詠 3090 歌―詠ス 3132 歌―響 831 歌
―鼓 1118 ○歌―酒 1763 歌―鐘 449 ○歌―。吹 699 歌―笙 1245 ○歌―聲 1424 ○歌。―堂。703 歌―童 3081 ○歌―舞 305

○歌—舞シテ 1670　歌—賦 1660　歌—梁 1878　○暇日 79　瑕。—石 764　。暇—。豫 728　暇—豫〆 2132　○河。 380　河陰(地名) 1289　河衮

1914　河—澳 1879　○河。—海。 818　河—岳 3581　○河—漢 671　河(地名)—間 2388　河。—。巢キ 401　河—曲 152　河—華 119　河外(地名) 1938

河—廣 1561　河—闕 1296　河—源 134　河—。激 1361　河—縣 3465　河—鼓 933　河朔(地名) 2591　河—山 121　河—岫 1894　○河—洲

1917　○河上(地名) 3321　河首(地名) 2716　河—宿 1395　○河—潤 3631　河—濟 1717　○河—西 3391　河内(地名) 2201　○河(地名)—南 2341　河—庭 3394

河—隄 1674　○河—圖 91　○河東(地名) 2201　河潼(地名) 2197　○河—畔 1681　河—憑ヒヨウ 194　○河—濱 2142　河—汾。 405　河(地名)—汴 3461

○河北(地名) 2304　河—目 3291　河陽(地名) 2814　河—陽縣 1607　河—洛 124　河—裏 1303　河—柳 2105　○河—流 1235　○河—梁 77　河

—林 915　河—路 440　河—渭 187　牙曠 1043　○牙カ—旗 254　牙—門將—軍 3449　雅(人名) 2453　○。雅 584　○雅—意 2605　雅—引

3310　雅—詠 69　雅—誥 2796　○雅—樂 128　雅—琴 964　雅—化スル 2384　○雅—言 2265　雅—思 2617　雅—志 2956　○雅—

—頌 86　○雅—俗 2356　雅—性 2957　。。雅—聲 1143　雅—素 2570　雅—達ニ〆 3230　○雅—致 2963　雅—昶チャウトシ 1098　雅—舞 1523

雅—舞〆 1721　○雅—量 2462　珂—珹 365　瑕。—英。 310　瑕—釁キン 2565　瑕—隙 2315　。稼 495　○稼—穡 261　稼—苗 1179　○

笳 1127　笳—鼓 1361　笳—簫 2597　笳—蕊。。 735　苛—ナリ 1709　苛—刻 3171　苛—制 660　苛—慝 1286　荷 1364　荷—衣 2043　荷—

蓋 2038　荷—芰 1600　荷—蕖 715　荷—懼 2361　荷慘ニ〆 2704　荷—縟 1053　荷—戴 2486　○荷—擔〆 2960　葭— 2857　葭—菼 229　葭—

蒲 785　葭—葦 1676　○蛾。。 293　○蛾。—眉。 480　蝦 3654　蝦。—蛤。カフ 533　○賀—スル 2520　賀生(人名) 2863　賀齊(人名) 3232　賀邵(人名) 3241　賈(人名) 3093

○賈誼(人名) 2239　賈屈(人名) 2962　賈景伯 2805　賈后(人名) 3053　賈氏(人名) 597　賈充(人名) 3051　賈生(人名) 653　賈大夫(人名) 3284　賈長淵 1481　賈馬(人名) 76　賈謐(人名) 1481

賈逵(人名)2995　迦維(地名)3558　迦衛(地名)3575　遐－夷2894　遐－宇336　遐－裔852　遐－紀3442　遐－擧2505　遐－圻3238　遐－外2317

遐－怪1366　遐－荒1177　遐－景1489　○遐－邇550　遐－心936　遐－蹤1552　遐－征2464　遐－川1851　遐－阻2148

遐－狄732　遐－年404　遐－方580　遐－氓577　遐－風2305　遐－路1431　遐－遠1813　霞－火788　霞－外2680　餓－

饉3154　餓－隷3106　鵞－鸛255　鰝318　○駕411　駕699　駕－鵞288　駕－軼2112　駕辯386　丐627　○介1079　介

－丘2971　介－居3476　介－馭248　介山(地名)2213　○介－士3138　介推(人名)1082　介－性3085　介－紹3129　介－紹3130　○介－

冑575　○介－弟3615　介－鳥908　介－福2478　○介－立3471　○佳－期831　佳－色1847　○佳－人822　○佳－城1889

佳－政2601　○佳－麗2593　佳治2384　凱－讌2859　凱－康1149　凱－樂3340　凱－歸2436　凱－歸384　凱－入1484

○凱－風764　凱風(書名)3484　劾890　劾－2442　匡－嗛775　○乂－安3393　○咳－唾1543　喈－喈1116　○垓下(人名)2914　堦

－闥3100　○孩－童3064　○害647　○害－2699　害－菑2754　害－馬695　崖－涘2113　崖－崿1845　崖－巘1565　崖－谷3573

崖－澨814　嶰－壑1066　嶰－澗378　嶰－谷354　廨－署362　廨－中1864　○戒78 2868　○戒－告2833　愾－然3656

愷－樂293　愷－悌583　○慨811　慨－慨3457　慨－慷1824　慨－慷1123　○慨－然978　○慨－然2497　慨－息

606　○改－作2357　改－錯2000　改－爲644　械2559　○槩1079　海552　海－右995　海－陰1590　海－鷗1351　○海－

岳3394　海蛤(人名)2444　○海－岸2685　海－狶778　海－曲1717　海－沂1255　○海－隅1234　○海－外512　海－淮1588　○海

－月779　海－孽728　海－鏡1237　○海－上998　○海－若304　海－湑134　○海－水548　海－澨1974　○海－内88

海(地名)ー岱 3425　海ー苫 348　海ー島 431　海盗(地名) 2196　○海ー底 1318　○海鳥 853　海ー甸 2684　海ー童 347　海畔 2595　海ー湄 1093

○海ー濱 499　海ー物 1717　海ー表 3006　海ー浦 187　海ー陵 360　海ー鱗 199　海ー靈 719　涯ー 2486　涯ー灌 785　涯ー涘シ 2482

涯鄰 783　漑と 289　獬ー豸 533　玠ー珪 708　界休(地名) 3511　○塏ー塏タル 922 1443　磑ー磑サカシ タカシ 1139　闓ー懌 2970　○睚ー眦 577　○睚

ー眦スレ 388　礚ー礚タルアリ 1136　礚ー礚シ 1036　○蓋 825　蓋山(地名) 2669　蓋ー節 445　○薤ー露 1756　街ー郵 624　街ー巻 1715　○街ー

衢 423　○街ー談 2595　街ー里 649　○解ース 3635　解ー徽 3663　解ー作シテ 1351　○解ー散シ 2798　解カイー泰シて 1148　解ー豸 2165　解ー

達ス 1914　解ー嘲 2759　諧ー合ス 1026　○諧ー和スル 1566　醢ー醢 3673　開ー 2853　開ー覺カウスル 437　○開ー花 1892　○開ー豁ニシ 2931　開

元六年九月十日 73　開ー寤スル 2996　開ー弘 2728　○開ー國 359　開ー國ー侯 2351　開ー國ー公 2346　開ー國伯 3531　開ー秋

1385　開ー塞 1032　開ー泰 2317　○開ー冬 1355　開ー竇 288　開ー芳 1363　○開ー府 2346　開ー務 442　○開ー闢 719　開

ー陽 935　○階ー 2991　階ー檐 1817　○階ー下 1826　階ー街 869　階ー闥 424　○階ー上 823　階ー陏 411　階ー序 3128

階ー闥 810　階ー闥シ 3272　階ー除 684　階ー庭 2465　階ー列ナリ 1117　階ー列セリ シナくツラナレリ 486　駭ー雞 356　駭ー鯨 2555　駭ー猋 535

交ー游 2515　交ー游セン 2112　○交ー易ス 427　交河(地名) 1936　交ー交タル 3523　交ー竿 2082　交ー綺 2158　交ー御 3230　交ー渠 670　交ー

和シ 261　交ー會ス 308　交廣(地名) 3243　交ー横にして 1069　交ー横セリ マシハリヨコシマナリ 875　交ー谷 445　交ー喪 3559　○交ー錯 3288　○交ー錯ス 1124

○交ー趾 308　交州(地名) 2578　交ー集す 928　○交ー情 1427　交ー精 521　○交ー讓 315　交ー賖シャ 3201　○交ー接 1163　○交ー接シ

1149　交ー禅 2813　交ー疏 1775　交ー泰ナリ 1223　交ー泰ス 2183　交ー分 3657　交ー紛タリ 165　交(人名)ー甫 796　交(地名)ー益 2812　交ー益 395

○交－流610　伉－合2450　○。伉カウ－儷845　傲｜トヿ3454　傲｜シ2464　傲－睨シテ1963　傲－散ヿ2629　傲－法3598　傲－吏1313　岡。－
岑。419　岡。－。㟖409　岡。－。岵378　○岡。－巒ラン308　寇－害2307　○寇－讎3272　○剛1051　剛－豪2163　○剛。－。悍314　剛－
簡ニヿ2955　○剛－毅1043　剛－彊3378　剛。－挂529　剛－絜ニヿ3679　○剛－柔3050　剛。－鏃。374　剛－蟲182　剛腸2633　○。効カウ645
。効－獲。378　卬－卬2115　卬－州912　卬(地名)－僰3379　○向－背3219　○。号629　咬。－咬タル842　哮－嚇3228　哮－闞2131　哮－
呷。1046　哽－咽ス1758　哽－結ス2303　○嗷－嗷タリ1141　抗。－衡。529　坑。－谷。579　○坑－。穽661　○。幸2856　○。幸ス489　幸
－察2407　○幸－甚ナラ2314　幸－臨シ961　○。好－音842　好－合1479　○好－奇2465　○好－仇1098　好－會ス1229　○好事2414
○好－事ス2354　○好－士3645　好畤(地名)3445　好－脩1998　好－脩スル｜2022　○好－。尚スル｜2595　好－爵1209　好－比アリテ2077（カヲヨウメシタレミ）　○好－
風1849　好－廉3471　○。好－。悪ヲ839　姣－姫1134　姣－人2137　姣－。妙にシて1103　。姣－服。293　姣－服セリ2030　姣－麗にシて925　婞
－直ニヿ2004　○孝。495　○孝－友2206　孝(人名)－己キ1069　孝(人名)－元666　孝(人名)－惠2672　孝－敬80　孝景(人名)3176　○孝經2798　孝－建3101
孝－建三－年九－月3678　。孝－侯297　孝公(人名)2381　○孝－子720　孝章(人名)2545　孝若(人名)3436　孝－水628　孝成(人名)87　孝成皇帝(人名)2675
。孝－成。帝464　孝宣(人名)3019　孝宣帝2678　○孝－孫708　孝－治2432　○孝－悌2694　孝武(人名)2469　。孝－。武皇－帝959　孝文(人名)658
孝文皇帝(人名)2391　孝－文－王3115　孝－里658　○孝－廉2294　孝王(人名)2703　崤。－函。306　崤－潼3597　崤－坂632　崤(地名)－澠3666
○巷－説2595　巷伯(書名)3075　○。巧409　巧－學2232　巧－宦944　巧－劫1795　巧－言利－口ニヿ3123　巧－士1072　巧－心1029　○
巧匠164　○巧－拙。2560　巧－捷タル1695　○巧－智949　巧－密3349　巧冶ヤ2887　巧－歴3311　庨－窌1066　康(人名)84　康ス1569　庚

－寅 1990　康－樂。1107　○康居(地名) 2690　○康。－衢 491　康ｰｰ瓠(ムナシキヒサコテ) 3653　康惠(人名) 3477　康娛(ト)(ママ)－ 2007　康－娛 2014　康侯(人名) 3429　康－

哉 750　○康。－。子 833　庚宗(人名) 3209　庚狄(人名) 2126　○康寧(ニ) 2477　康王(人名) 3059　康－園 668　忼－慨(てシて) 357　忼－慨 2301　悅(カフ) 3561　慠－(シ)

2120　慠－然(ト) 2815　○。慷－。慨 664　○慷－。慨(ス) 1100　○抗－(ス) 3385　抗－越(セ) 2463　抗－行 2256　抗－矯 2314　抗(カフ)－直 80　搆－會

2568(セ)　。亢－陽 415　○亢－龍 3000　摎尚(人名) 2722　攪－挍 1046　教(カウ) 2430　。教 2793　○教－義 2429　○教－化 2756　○教－誨(セ) 2694

教子(人名) 2443　教－肄 3564　教－祝(シ) 257　教－制 2629　教達(シ) 255　○教－養(セン) 2637　○教－令 79　敹 257　敹－倉 2706　敹－庾 2922

敲－扑 2684　昊－穹 2966　昊－蒼 1089　○。昊－天 1212　昂－昂(タル) 2960　昂(カ)－昂(と(シ)て) 2054　晧(の)晧 2057　晧－旰(タリ) 2130　晧蒼 2786　暾－

暾(ト) 1824　更。－嬴。430　更。－老 952　杏－花 2226　桁。－。。梧 733　○校－ 2163　○校(カラス) 3374　。校騎 556　校－隊 132　校－獵 549

。校－獵。(センと) 369　○校－尉 2704　。校－。概 392　梗－林 191　槁－槐 2100　○。槁－葉 809　槀－本。523　。槀－。街 426　高－街

－傳 1714　槺－梁 963　○毫(ケモ)－(モ) 2176　毫－纖 2811　毫－素 1031　○毫－端 3608　毫－芒。。295　○毫－末 3422　毫－髮 1747　毫－

分 2786　○毫。－氂。1198　。轂－。騎 371　○江。341　江安(地名)(ノ)伯 3568　江右(地名) 3093　江－陰 1983　江夏(地名) 2721　江夏(地名)－王 3570　○江。－河

532　江－。介 401　○江－。海 872　江－皐 1340　江－衡 1431　○江(地名)－漢 3425　江－外 3229　江(地名)－淮 3141　江源(地名) 2478　○江魚 2057

○江。－湖 807　江－滸 3236　江左(地名) 3565　○江－山 792　江－汜 1735　○江。－洲 329　○江。－。上 326　江－湘 297　江－樹 1657

江。－珠。310　江－潭(シン) 2766　江－潯 2108　江－津 770　○江－水 1667　江－菼 1660　江－中 1635　○江－都 771　○江東(地名) 2711　江

－豚 778　○江(地名)－南 1927　江。－波 324　江。－妃。347　江－濱 1380　江文通(人名) 1365　江表(地名) 2644　○江－北 1635　江(ノ)－北(ノ)岸 1807　江

−瀨。828　江−蘺 901　江。−離。348　江−泒 3536　○江−流 1432　○江陵(地名) 2571　江−路 1657　江−樓 1571　。沆。瀣 910　沆−
瀣(タル) 1041　沆−瀁(トシテ) 1950　洪(人名) 2554　洪−猷 72　洪。−胤 861　○洪−恩 272　○洪−河 90　洪(人名)−涯 198　洪−剛 732　洪−蚶
。780　洪−榦 1551　○洪−基 2234　洪−規 3247　洪−鈞 1473　洪。−姱(ナル) 872　洪−赫 3362　洪−輝 3014　○洪−化 145　○洪。−
業 339　洪−殺(サイ) 3408　洪。−。筭 1236　洪。−。緒 336　○洪−鐘 159　洪−族 3471　○洪−水 2254　洪−細 3345　洪−聖 1217　洪−川
1717　洪−纖 1101　洪。−臺 472　洪。−桃。346　○洪−濤 171　洪−池 228　洪−胄 1485　洪。−。暢 567　洪−洞(タリ) 2146　洪−德 193
○洪。−波。380　洪伐 2151　○洪。−範 433　洪。−。覆(アリ) 1171　洪−飇 2947　洪−茂(ニ) 3132　洪。−寶 977　○洪−瀾 777　洪−
流 1467　洪潦 1837　洪−烈 3577　洪−連 765　。浩(タルこと) 554　○。浩−浩(タリ) 744　浩−浩焉(タリ) 3512　浩−浩澧−澧(ト) 2115　浩−浩
洋−洋(タリ) 1074　浩−汗(タリ) 3490　浩−蜺 2115　○浩−然 2148　浩−盪 2098　○浩−蕩(と) 926　浩−瀁(ト) 2219　浩−麗(レイナリ) 2161　滈 153　○
溝−壑 1277　○溝−渠 2654　溝。−洫(クキチ) 745　溝。−。澮 288　溝−池(ニシ) 3578　○溝。−瀆。522　溝−阜 3242　。灝−。漾 519　熇。暑(シ)
453　烹−醢 3155　羔 2080　○爻。2804　爻−繫(ケ) 3556　狡−焉(ト) 1202　狡−寇 2315　狡−。獸 534　狡−捷 1698　○狡−。兎 717　○狡
−童 2214　狡−虜 2436　狡−。弄 1044　○狹(カウ)−邪(シャ) 1722　珩。905　珩−紞 239　珩−珮 3459　皐。632　皐。伊(人名) 478　皐繇(人名) 2763　皐陶(エウ) 87
皐陶謨 2799　皐−魚 1082　皐。−禽。829　皐。−隰 681　皐−壤 2480　皐−澤。349　皐。門。624　皐−蘭 1126　皐呂(人名) 3423　。皎(と) 1157
○。皎(ケウ)−皎(タル) 873　皎−月 2171　皎−鏡(ニ) 1667　皎−絜。821　皎−日 1719　。皓(人名) 894　皓−羽 147　○。皓−皓 730　皓−樂 2106
。皓−鶴 820　。皓−。汗 821　○。皓−月。。830　皓−侈(シ) 2107　皓−。爾(タル) 897　○皓−齒 1057　。皓−。獸 438　皓質 1157　皓−手 2135

皓－首 1790　○皓－然 824　皓帯 3416　皓－天 1274　皓－腕 1099　皜－眊ニ 785　皦－皦ト 1445　皦－繹 3005　秔稲 585

稉－稲 316　稉－稌 422　窐－寥 1140　粳－稲 1735　絞－槃 1078　絞－灼 1073　絳(地名) 2904　絳灌(人名) 2672　絳－闕 862　絳侯(人名) 2423

絳－唇 703　絳陽 1210　綆－縻 1267　○綗｜ 2759　綗｜セ 2243　○綗－維 843　○綗－紀 359　綗－地 306　○綗－目 2712　○縞

－素 2924　翶－游 2031　翶－翶 932　○翶－翔ス 355　翶－翥ショシ 874　○考 878　考－室 444　考論テ 2799　耕 675　耕｜ス 1178

○耕－耘 138　○耕－耘セ 3296　○耕－稼 1858　○耕－穫 2226　耕－桑 726　耕－桑ス 2540　○耕－織 3112　耕藉 483　○耕－

夫 3603　耕－父 282　○耕－牧 3185　耿(人名) 2437　耿 206　○耿－耿と 1164　耿－介 587　○耿－介シ 811　耿弇(人名)カフ 2270　耿－絜タル

238　耿俠游(人名) 2551　耿賈 3071　耿秉(人名) 3374　肴－核 326　肴－駟 2166　肴－脩 2618　肴－糅サカナマシハリ 2106　肴－羞 2081　肴－饌 2127　肴－

菽 2836　肴－醳 413　○膏｜ 2226　○膏－雨 2244　膏－火 1387　○膏－育 2651　膏－壌 485　○膏－澤 105　膏－沐 1380　○膏

－腴 313　膏－液 317　膏－蘭 1512　○槖－梁 1716　膏－鑪 1987　鎬(地名) 2922　鎬(地名)－飲 1240　鎬毫(地名) 3004　鎬－鎬 730　○鎬(地名)－京 3665

膠カウ－葛とシて 361　膠轕 557　膠－結スル 3038　膠－言 399　膠－固ニ 3175　○膠－漆 2399　膠東(地名) 2675　航フネニ 1237　茳－蘺 501　藁 2212

藁－街 2664　藁－下 1949　藁－萊 848　蘅－皐 1156　蘅－薄 1161　蘅－蘭 501　○行 440　行 1714　○行｜ス 3420　行－游ス 1742

行－雨 422　○行－雲 1834　行－歌 2423　行－蓋 1232　○行幸シテ 2788　○行－行 1926　○行－行シテ 1700　行－號 2308　○行

－間 2439　行－休スル 2792　○行－宮 336　行－吟 2631　行－過ス 1716　行－光 1984　行－暉 1745　行－軌 1758　行－月 1934　○

行－徑 1252　○行－伍 559　行キ－采トリテ 1295　○行－藏 621　○行－事 2522　行－子 1000　行－止 607　行－止シて 614　行

|舟1565　行|楸979　○行|状3622　行狀(書名)3622　行|觴1913　行|所2835　○行|人1280　○行|跡1826　○行|迹3065　行

|川1981　○行|道740　行|塵1004　行|陣2262　○行|年2293　行|徒1696　行|能2481　行|媒2020　行|庖434　行|

夫192　○行|歩2550　行|暮シヌ972　行|邁1524　行|邁ス1522　行|藥シテ1362　○行|役1292　行|潦2220　○行|樂ス1364

○行|李1282　○行|旅423　行|輪1838　○行|列966　行|艫1259　○行|路1292　行|露1297　行|葦601　行|衛ス

1360　○衡567　衡(人名)841　衡|梔1460　衡|軛3182　衡|宇2790　衡岳(地名)3644　衡|嶽340　衡|漢1865　衡|紀1852　衡|軌1525

衡|霍773　衡|館3550　衡|嶠1588　衡|言1428　○衡|山354　衡|軸3226　衡|人2778　○衡|石3407　衡|總3483　衡

|茅1626　衡|巫1654　○衡|門1833　衡|陽182　衡|律261　衡|闈1604　虓|勇383　虓|闞ニシテ2777　虓|豁176　虓|

虎557　○號424　○號ス361　○號|泣2743　號|溢2966　○號|鐘1069　號|迭3605　號|慟3417　號|榮2973　號|

屛1837　蛟2038　蛟|鴻2169　蛟|鰌343　蛟|蟜スイ287　蛟|蛇194　蛟|鼉503　蛟|螭311　○蛟|龍2026　誥206　誥

|誓3003　○講1174　○講|ス3414　講|閲ス1877　講|肆743　○講|習2991　講|諭シ106　豪325　豪|右1276　○豪|家3098

豪|擧93　豪|徼418　○豪|桀363　○豪|俠1795　豪|彦1722　豪|曹2168　豪|士1985　○豪|俊574　豪|帥スイ2717

○豪|豬570　轇|轕と(シ)て709　○轟|轟2857　遨シ1103　○遨|遊1918　○遨|游ス1142　○郊676　郊シ465　郊|禋483

郊|歌860　郊|杞1677　郊|歧1344　郊|畿1256　郊|丘3392　郊|虞2850　郊|衢1970　郊|郭1292　郊|境3249　○郊|

祀1985　○郊|祀シ464　郊|隧359　郊|際1983　郊|餞1240　郊|藪2188　郊|端2687　郊|畛243　郊|甸177　郊|扉

1582　郊。－廟 546　郊－牧 2621　○郊－野 96　郊園 1885　郟鄏（地名）（カウショク） 3210　。鄗 675　○鏗（カウ）。－鉱。386　鏗（カウ）。鎗（サウ）。539　○鏗－鏘（ト〆） 3138

。閌（タルこと） 362　○降。1208　○降－（ス） 2031　降－挹 2551　降－火 3384　降－殺（サイ） 3629　降。－集（ス） 536　降－者 2578　降－辱（セラル） 2335　○降。－

卒 629　降－虜 3017　降－路 2708　降－王 662　顥－氣 111　顥－天 537　囂－俗 2336　囂－埃 3086　囂－滓 1668　○囂然（ト〆） 2310

囂－塵 2619　囂－怨 3083　餚－覈（シテ） 3013　饕－餮（テツ） 3328　○香鑪峯（地名） 1364　高（人名） 215　高－安 667　高－椅 1613　高邑 124　高－韻 3093

高－雲 2618　高－。衍 469　高。－。焔（エン） 310　高－煙 245　高。－下 801　高－柯 1294　○高－歌 2111　高－牙 1203　○高－雅（ナリ） 2953

高－霞 2685　高－駕 1590　高。亥 604　高－蓋 239　高－岡。350　高－構 2955　高－行 3522　高－高（ト〆） 1572　高－鴻 193　○高岳

1764　○高－閣。806　高－巖 1621　高－岸 1721　高幹（人名） 2195　高－基。729　高－奇（ニ〆） 3527　高－嶷 2951　高－旗 3108　高－氣 2931

高紀（人名）（書名） 3068　○高－義 1697　高（地名）－丘 2013　○高－吟 1094　高－岑 682　高－興 1334　高－頊。。877　高－。矩 1183　高－衢 683

高－隅。。693　高－會 1724　高。會（セル） 388　高光（人名） 3001　高－皇 3612　高皇帝（人名） 2393　高奐（人名） 2722　高－冠 3080　高館 1349　高（地名）－闕 1925　○

高－原 554　高－紘 1725　高－徽 1901　○高貴（人名） 3046　高－軌 3569　高－勲 3071　○高－言 1774　高。－軒。321　高后（人名） 3076　高－梧

2959　高谿（人名） 1142　高。－鵠。330　○高－才 3278　高－齋 1592　高－櫟。455　高－藻 1487　○高－山 1311　高－志 1824　高－旨 1552

高－枝 1211　高－視（セン） 2459　○高－車 1888　○高－尚 1828　高－尚（〆） 3414　高－唱 3348　高－。掌 640　○高－昌 745　高－爵 2289

高－樹 1293　。高－。峻 842　高－松 853　高－蹤 1519　高－俗 2466　高－族。984　高（人名）－寝 2348　高－深 1550　○高－人 3644　○高

（人名）－辛 886　高－城 803　高－情 1173　高－旌 1306　○高－聲 2444　高－蔡 1394　高－昭 3627　○高。－節。339　高－漸－離 1762

○高-祖857 高祖宣皇帝(人名)3023 高宗(人名)2556 高-曾120 高-窗1890 ○高-足1775 ○高-大1170 ○高-臺360 高-唐(人名)1135 ○高-堂326 高-濤765 高-闥1715 ○高-談2285 高-譚1895 高-譚1958 ○高-致3457 高-秩3072 高-張434 高-張2055 ○高帝(人名)2472 高-梯1216 ○高-第2223 高-隄1698 高-鳥1624 ○高-天213 高-殿1692 高-桐1412 ○高-年726 高-望670 高-薨731 高-邈2599 ○高-卑3408 高-密1912 高-符1617 ○高-風2155 高-墳1761 高文(人名)3376 高平(人名)2822 高平(地名)2454 高平亭(地名)-侯2317 高-陛1240 高-妙2613 高標312 ○高-峯1857 高-鳳1291 高-冥1717 ○高-明826 高-暮3534 高-門322 高-楊1892 高陽(人名)1990 ○高-詠3542 高-墉1735 高-廊525 高-朗2942 高-浪1318 ○高-巒405 高-柳1898 高力士(人名)73 高-林1315 ○高-陵154 高-厲637 高-亮2291 高-燎1680 ○高-樓720 ○高-位1271 高-闈362 ○高-遠1563 鴞833 鴳鸛118 鴳-鶡380 鴳-盧521 鵠-鴇521 ○鮫-人382 鰝-鰕380 傕(人名)635 壑|2165 ○學440 ○學-校139 ○學-官2670 ○學-士2676 ○學-者2675 學省1889 學-綜3623 ○客807 客-游1690 客-游1643 客-行1809 客行1655 客-館425 客-卿571 客-子1676 客-主2501 客鳥1821 客-位1889 岳944 岳(人名)1952 岳-瀆3521 岳-濱1359 岳-牧3008 岳-陽1654 岳靈1367 恪-居1615 (カク)慤-素1055 ○格-言958 格-言2456 格-人2911 桷|2803 ○樂1049 樂-安982 樂游(地名)1231 樂游苑(地名)1247 樂-飲2468 樂-飲1216 樂-引327 ○樂毅(人名)2547 ○樂-器2644 樂-和105 樂-事1905 樂-胥584 ○樂-處2079 樂辭2518 樂-頌2745 樂正(カク)(人名)3534 ○樂-府314 ○樂府(書名)1922 樂-物251 殼(カク)-中922 殼-玉281 鷇-卵2712 澩-捎1046 滈-

瀑と 308 確—乎 3516 礐—石 757 罻—乎と 519 蕚—葉 803 覺—スルコト 3613 覺寤シ 612 ○覺—悟ス 2640 ○覺—德 2989 ○角
1127 角—羽 1096 角—弓 1741 角—端 525 ○角逐サヨウチク/イソヒオフテ 2110 ○角—觝テイ 656 ○諤—諤タル 1179 赫タルこと 733 ○赫—赫タル 645
赫—赫明—明タリ 3105 赫—戲 930 赫—曦 1612 赫—胥 443 ○赫—然ト 2415 ○赫—然シテ 124 ○赫—怒 187 ○赫—怒シテ
1669 ○赫—奕タル 3666 輅 2770 較—然ト 3100 鄂(地名)—渚 2049 ○閣 825 閣—道 163 ○革 2851 革—車 3387 革木 437 鞶—悦
3608 ○鶴—書 2683 鶴—蓋 3316 鸑—鷟 1109 ○割—據シテ 3225 割—損スル 2571 割カツ—剝ハクシ 2699 割—裂 2471 ○喝 3501 楔—
樅 311 歇—欻幽—藹シ 724 ○渴ル 674 猰—貐 352 碣スル 552 碣(地名)—石 2750 葛(人名) 322 葛—越 2642 葛—天 69 葛天—氏
538 葛—藟 691 ○褐 491 褐—衣 2259 褐—冠 3279 鶡 242 鶡—蘇 553 ⿰契鳥—鸛 288 匣—中 1701 ⿸厂合—窟コツ 778 ○合—ス
3227 合—異 2862 合カツ應 91 合—諧セリ 1143 合宮 217 合—會 2776 ○合—歡 102 合—驩 162 合—昏 3409 合—射ス 248
合—散消—息ス 837 ○合—從 2645 合—沓ト 1658 合—遝と 1039 合肥(地名) 2724 合—離 3207 合—離セル 3207 洽—聞 3413 ○甲コフ
344 甲—等ラ 3547 ○甲—乙 414 甲吉(人名) 1207 甲—科 106 甲—士 3147 甲カツ—車シャ 548 ○甲—卒 642 甲—宅 318 ○甲—冑 1270
○甲—第 322 ○甲—兵 2264 甲—令 3063 袷—衣 810 闔—境 2316 ○闔(人名)—閭 360 榼 2902 ⿰魚甲—⿰魚余 1112 儼とシテ 929て 函—
夏 861 函—夏シテ 2829 函崤 1908 函—轘 1250 函京(地名) 3095 函(地名)—陝 3463 函—弘ナル 391 函谷(地名) 1375 函—列 2857 函洛(地名) 2863 ⿸厂欿カン—空コウ
786 含—一 2492 含—⿰口胡 1116 含—弘 1185 含—弘 2842 含—淳 3143 含—生 2484 含—聽 2703 含—德 226 啗—齰 805
⿰口函—⿰口胡とシテ 1038 ○嚴—ニ 2239 嚴 1403 嚴延年(人名) 3020 嚴—更 162 嚴樂(人名) 1009 嚴—嚴タル 873 ○嚴—寒 1390 ○嚴—顏 1051 嚴—

氣817　嚴―恭ス1677　嚴苦3320　○嚴―科2375　嚴光（人名）3088　嚴―玄1981　○嚴―刑2439　嚴―鼓243　嚴―霜846　嚴―子1634

嚴―秋1740　嚴助（人名）2474　嚴助壽王（人名）2469　嚴徐（人名）2427　嚴―象2257　嚴―遂1541　嚴―城3599　嚴―切ニ3600　嚴―節2155　○嚴―冬

3464　嚴―配3569　嚴彭祖（人名）3019　嚴鏄532　嚴―風1925　嚴母（人名）3301　○嚴―威622　嚴―淵563　○坎―軻1775　坎―傺2062　坎カン

―德768　坎―壈タリ2059　埳―壈1743　堪―輿466　嵒―崿775　嵒―窞1066　巖―阿1409　巖―窔526　巖―岡397　巖―敹

762　巖―耕1539　巖―墾1573　○巖―巖タル411　巖―居ニ72　巖―曲1369　巖―嶇グ1139　○巖―穴286　巖―險205　巖―

岫1406　巖―石1311　巖―藪3520　巖―側1126　巖―陁522　巖―坻766　巖―中3088　巖―底782　巖―窔472　巖―隥2834

巖―覆アリ1066　巖―巒1374　○感873　○感す626　相―感3308　感―咽2865　感―焉とシテ1160　○感―慨1814　○感―慨1384

感―遇1962　○感―化1088　感―會3068　○感―激シテ1380　○感―悟シテ1402　○感―傷1786　○感―傷シ1413　○感―情1852

感―絶3606　感―盪シ1106　感―致3085　○感―通スル2432　○感―動ス1155　感念ス1497　感―發セリ3136　感―澌シテ3149　感陽（地名）

1153　咸（人名）481　咸―和3404　咸―池1050　咸寧3028　咸―寧元―年3419　○咸―陽300　敢―諫238　○橄―欖354　○檻

車シャ571　○檻―穽2525　檻―中1735　涵―泳ス343　瑊―玏501　甘1117　○甘―雨146　○甘―言2724　甘―餐シ2097　甘―

旨2431　甘―實2994　○甘―心1807　○甘―蔗319　甘―食シ3442　甘―脆2096　甘―膬セイ2095　○甘―泉304　甘泉（書名）2811　○

甘（地名）―泉宮1925　甘泉賦465　甘―棠478　甘棠（書名）3138　甘陳1713　甘―茶422　甘寧（人名）3232　甘―霤アリ1168　甘陵（地名）2201　甘―醴291

○甘―露413　○監―護セ3637　○監―督3583　監撫79　監―門450　紺―發ナリ2171　菡―萏タン715　虤魖373　銜―檕639

銜－櫪 2406　銜－組 2836　銜－枚(ムヲス) 2116　銜－奉(シ) 2721　谽－谺 923　○邯(地名)－鄲 1153　酣－湑 387　酣－湑(シ) 434　鉗(シ) 2424　鉗－

奴 2528　○鑒 2350　○鑒－戒 2553　鑒－昭(シ) 613　頗頷(スレトモ)(ストモ) 1997　鹹(カン)－酸(サン) 2080　乾－豆 573　罕(人名) 2896　罕(カン)－車 560　罕生(人名) 3309　罕－

漫(ト) 2981　刊刻 2372　○刊－書 71　刊－立(スル) 2375　○鴈－行 2662　○鴈－行 1740　○鴈－山 1004　鴈－鶩 1892　○鴈(地名)－門 1939　奸 669

奸－渠 3595　奸－回 401　奸猾 1795　奸－臣 3172　奸－漸 667　○奸－謀 3174　奸－威 2334　○姦 2261　○姦－凶 2264　姦－回

3240　姦－宄(クヰ) 159　○姦－臣 1222　姦－情 3169　○姦－智 3032　○姦－慝(トノ) 272　○寒 1707　寒－熊 1068　寒－陰 1985　寒音 1611　○

寒－雲 1653　○寒－煙 1355　寒－燠 261　寒－郊 1664　○寒－氣 1786　寒－郷 1737　○寒－花 1828　寒－垣 1738　寒－卉 315

寒－雞 873　寒－谷 459　寒－沙 1665　○寒－山 825　○寒－士 3453　寒－羞(シフ) 2176　○寒－心 1139　○寒－心(ス) 2651　寒－商 1395

寒－螿 1853　○寒－暑 359　寒－樹 1960　寒－渚 1596　寒－水 2581　寒－城 1874　寒－熱(セツ) 2096　寒－節 1812　○寒－泉 983　○

寒－蟬 1412　寒賤 2292　寒－潭 1233　寒－女 1520　○寒－鳥 1712　寒－冬 1794　寒－冰 968　○寒－風 182　寒－服 1230　寒－飈

1766　寒－木 3364　寒－鳴(カナシウイナ、ヒテ)(クハヘテ) 1001　寒門 923　○寒－流 1869　○寒－林 975　寒涼(ナリ) 1823　○寒－露 1321　寒猨 1835　干－紀 3032

○干－戈 1483　干－遮 538　○干－將 466　干－戚 437　干(人名)－木 450　干令升(人名) 3021　干－鹵 372　幹 2070　幹(人名) 3164　幹－

時 664　悍－害(シ) 592　悍獸 732　扞 3148　捍 2343　旱－苗 3194　睅 2367　汗(カン)－溝 865　汗－漫 2172　○漢 297　漢陰(地名) 3235　漢－宇

1357　漢－恩 996　○漢－家 1700　漢－皐 282　漢－行 145　漢－高 646　漢(地名)－魏 2356　漢光(地名) 2440　漢廣(地名) 2135　漢－京 129　漢(地名)－氏

氏 3181　漢－泗 770　漢－宗 667　漢(地名)－室 2263　漢(地名)－主 2242　漢書(地名)(書名) 2928　漢の緒 125　漢(地名)－初 2206　漢(地名)－祖 2985　漢－祚 272　漢

－。道 828
漢－池 3597
○漢（地名）－中 2382
。漢－女 326
漢－抵 1879
漢帝（地名） 1371
漢－庭 620
○漢－朝 69
漢－貂 1271
漢（地名）－牘 2230
漢（地名）－德 2727
漢南（地名） 2591
漢（地名）－邦 1209
漢濱（地名） 3042
○漢（地名）－武 2271
漢（地名）－風 2922
漢－表 2459
○漢－陽 1797
漢劉（地名）（人名） 3000
漢（地名）－虜 1930
漢（地名）－王 2913
漢（地名）－位 2238
澗｜ 1856
澗－戸 2685
○澗水 1764
澗－中 1773
○澗－底 1271
澗－流 1368
澣海（地名） 1305
○澣－濯 3042
○眼－中 1526
瞯－然タル 3454
竿－翠 1533
○簡｜ナルコト 2629
○簡－。易 851
。簡－易。 583
○簡－要 3530
○簡－隔 2879
簡－久 3582
簡－惠 3630
簡－絜 3472
簡｜裁｜ニス（カンサイノマヽニス） 2456
簡－書 1615
簡－。惰タ 1051
○簡－牘 81
簡穆公（人名） 2864
簡－墨 2712
○簡－約 1476
簡－練ム 2709
簡－音 2174
○翰－藻 82
○。翰－鳥 1015
翰－牘 2880
翰－毛 2712
○翰－墨 1289
○翰－林 571
肝－血 2301
○肝。－。。脳タフ 1205
○肝－膽 1552
肝－脾 2464
艱。 610
艱－虞ニ〆 2870
艱－患 2343
艱－阻 1916
○艱－難 746
○莞－爾シ 2057
衎－凱カイとシ 1045
○諫－鼓 2251
○諫－諍スレハ 2891
。閈－閎。 426
閈－庭 169
○閑。 1727
閑－安 3573
閑－。宴 713
閑。－。奥 392
○閑。－。暇 833
○閑－暇シ 843
○閑－。。雅ナリ 1020
閑－宮 2133
○閑居 948
○閑－居ス 949
閑－坐〆 1592
閑－敞 638
閑－舒 1101
閑－宂ショウ 2238
閑－房 1097
閑－靡にして 1055
○閑－歩〆 2128
閑－夜 1050
閑。－。麗 448
閒 102
閒－言スル（ヘタツル｜コトヲ） 3526
間。田 675
○間。 734
間－介 1068
。間－間。に 558
間－居スルこと 1078
間－。館 477
間－止 1105
間－聲 1100
限－役〆 2431
。顔（人名） 884
顔延年（人名） 1236
○顔回（人名） 3221
顔光禄（人名） 3678
顔君（人名） 3678
○顔－色 1897
顔冉（人名） 3211
顔丁（人名） 3538
顔特（人名）－進 1975
顔范 1566
顔閔（人名） 1389
○韓（地名） 2401
韓（人名） 2779
韓哀（人名） 2889
韓安國（人名） 2889
韓延壽（人名） 3020
韓元長（人名） 3522
韓午（人名） 3054
韓公（人名） 1956
○韓國（地名）（人名） 2276
韓子 2801
○韓信（人名） 2565
韓宣 2801
韓暹（人名）セン 2193
韓當（人名） 3232
韓馬（人名） 641
韓彭（人名） 2504
○韓非（人名） 2533
韓約（人名） 2716
韓王（地名） 2568
鳱－鴠 2099

キ

企キ竦ショウシ 2277　企キ―佇チョ 2287　企キ―佇ス 2934　伎キ 593　伎―巧 324　○伎藝 905　伎水 563　僖（人名）706　熺炭 765　憙―微ナル 2789
儀（人名）2982　○儀| 2874　儀―形 495　儀―形シ 414　○儀―刑 2359　○儀―刑 1219　儀―操 1056　儀氏（人名）2177　儀尚（人名）3677　○儀―則
607　○儀―同三―司 2346　儀―比 1135　儀父（人名）2391　○儀―表 3609　儀―鳳 1111　○儀―容 1417　其―宇 742　其―眞 1948　○几
223　○几―案 3388　几―筵 989　几―杖 605　几―牘 3680　○剞―劂 426　○喜―懼 2303　○喜―怒 3198　喜―慍 3090　晷―
運 1852　晷―度 1812　晷―漏 418　晷―緯 2830　○器 2154　器―異ナリ 2864　○器―械 368　○器―識 2950　器―任 3233　器―
車 2851　器―範 2953　○器―用 366　○器―量 3512　圻 1632　圻岸 1643　基―宇 2955　基―階 1349　基扃 700　○基―址 1143　○|
基―址ヒスル 359　基―緒 2255　基―兆 705　○奇 388　○奇―異 1145　奇―意 998　奇―韻 1117　奇―翰 2850　奇―紀 686　奇
―響 3289　○奇―怪 719　奇―璝 2076　奇―玩 3239　奇―譎 2472　奇キ―卉クヰ 413　奇―隙 346　○奇―才 1277　○奇（人名）―相 795　奇―
草 1321　奇―鶬 781　○奇―策 2515　奇―山 1666　○奇―士 2518　奇―姿 842　奇―思 2064　○奇―獸 3010　奇―秀 1973　○奇―
樹 1779　奇―趣 1659　奇―蹤 3231　奇―正 430　奇―生セル 1065　○奇―石 1963　○奇―跡 2924　○奇―節 2424　奇―璞 1471　○奇
―薄ナル 985　○奇―物 2971　奇―舞 1393　奇―服 1158　○奇―兵 1833　○奇―妙タル 1129　奇―偏 2399　○奇―謀 2910　奇―鋒 2169　奇―
嶺 1367　○奇―麗 390　奇―齢 1320　奇―律 2154　奇―弄 1099　奇―偉 1101　妓 2600　妓―人姫 888　姫（人名）3010　姫―漢（地名）2663　姫姜（人名）2877
姫―化 675　姫公（人名）3184　姫―女 3659　姫―德 624　姫（人名）―伯 257　姫（人名）―滿 817　姫（地名）（人名）―文 3580　嬉ス 1103　○嬉―遊 842　嬉―游ス 2121
嬉―娯シテ 1505　宜 492　宜―春 536　宜―城 1602　宜―僚 396　寄| 3533　寄―慠ス 2790　寄―坐 662　○寄―生セリ 1469　○寄―

付スル 3172　屺 3479　岐｜2970　岐－岐タル 1112　岐°－嶷°° 363　岐－趾 907　岐(人名)－昌 816　岐－豳° 624　岐－陽 257　岐－雍 119　岐°－

梁° 562　○岐－路 1253　○崎°－嶇°とシて 642　崎－傾 1425　嶷(人名) 2375　嶷°°とシて 489　○巍－巍 1213　巍－巍蕩－蕩タリ 2181　己キ宮 3478

己－往 2789　希－數° 1075　希－叔 1598　希－世 2590　希－静 3202　○希－代 2170　希－夷 3577　卂－麗レイ 2124　○忌｜1615　○°忌－

°諱クヰ 545　○幾° 898　幾－音 1245　幾象(書名)タン 3679　○譏° 401　○畿－甸 3271　戲 2773　○戲－謔 1858　戲°水 645　戲－怠トシテ 537　戲馬(地名)

臺 1230　○戲－弄スル 2523　○戲－論 325　○技｜2787　○技－藝°° 967　掎－摭 2594　擬 1895　○°°擬キスルナランヤ 876　○°擬－議°°シ 409

擬－欲ス 2445　○旗－下 3460　旗－蓋 1203　○旗－鼓 2664　○旗－章 1195　○旗°－亭 426　既－安 2476　既過 1474　○既－望°°シ 726

○既－°往 455　○期° 331　○期°ス 327　期°－°運 406　○期－月 3596　期－歳 2864　期－門 114　朞｜ナリ 1595　朞－月 1418　机－榻

2614　杞｜2320　杞－梓 1600　°杞－櫹° 311　°杞°柟 374　°杞キ(人名)－梁 1043　○棋 3186　○棋－局 3189　○綦° 362　機(人名) 1954　○機° 578　機

－°要 2797　○機－械 3250　○機－巧 1966　機－陷カン 2704　○機－宜 2630　○機－闕 3446　○機－事 3048　機－祥 3234　機中 1940

機－兆 1398　○機－°杼 324　○機－密 1794　○機－務 2633　歧－路 1696　毅－卒 3238　毅－武 2110　○枳－棘 2720　蘄陽(地名) 2194

○覬サイ－〆覦ハイ 2191　○°氣 457　○氣－候 1347　氣－朔 2847　氣－志 3208　○氣－質 69　氣－邪° 316　氣－出 1064　氣－序 3606　○

氣－色 1566　○氣－息 2296　氣－類 2282　○氣－力 3147　○熙－熙ト〆 2976　熙°春 956　沂キ川(地名) 2371　淇°－澳° 303　淇°－洹° 447

○犧° 892　犧－樽 3675　狶キ 2918　猗－郙タ 3005　猗頓(人名) 3189　°猗－靡タル 1126　猗－靡シテ 2106　琦－°行〆 2750　琪°－樹 694　璣 3226　○

疑－獄 3589　疑－滯ス 2050　疑－留〆 3083　疑－論 2234　碕°－岸°° 356　碕－磯〆 2089　碕－嶺 775　祀 3545　祀－姑° 369　祀－典

1245 祇°768 祇-粛1619 ○祈-年1372 ○季623 季-葉1410 季-月551 季珪(人名)2947 ○季札(人名)3053 季子(人名)3038 ○季-秋182
季-主1829 季-緒(人名)2462 季-孫(人名)2399 季°重(人名)2580 ○季-冬1440 季布(人名)1943 季豹(人名)3659 季良(人名)2558 ○季路(人名)3299 ○箕|1778 箕-
潁1912 ○箕-坐3385 箕-帚2452 ○箕山(地名)2479 ○箕子(人名)2395 箕-踵1141 箕-伯930 箕-畢1835 箕°-風873 箕-濮1912
○°紀306 紀°2581 ○紀-綱3378 ○紀行599 紀-經2122 ○紀信(人名)2905 紀-別°(スル)81 綦-會239 ○°綺1003 綺皓(人名)1965
綺-縞1806 綺-肴1864 綺-季(人名)1092 綺-紈3320 °綺-衾°822 綺-繢(アリ)1146 °綺-窓°(サウ)321 綺-室3081 °綺-°井410 綺
-席1987 綺-錢1871 °綺-跣694 綺-°態1721 °綺-°靡(ナリ)1019 ○°綺-羅999 ○綺-°麗1214 綺-寮°417 綺-櫳2157
羇-雌2099 ○羇°-旅809 羇°-孤°829 ○羇-束(セリ)1834 羈雌1341 ○羈°-旅(ナリ)844 羈-旅(セラル)2958 ○°°義438 義-感
3538 義-渠602 義-懷2183 義-熙2343 義-訓2803 義興(地名)2868 ○義-士2274 義-始2342 義-旨3429 義-辭641 ○義
-心1295 ○義-讓3589 義-聲226 義-誠668 義-跡900 義-直(ナリ)1404 義-鳥593 °°義-方984 義-夫1483 義-
風2311 義-分1923 ○義-憤3087 ○義-兵668 ○義-勇2324 義-用3400 義-域°667 ○義-理1041 義-類2802 義-
例2803 ○義-烈3451 義-緯3526 羲(人名)222 ○羲-和312 羲皇(人名)2141 義繩(ショウ)69 羲-唐1639 羲°農°(人名)443 羲-文140 狋-
°°狋(タル)445 耆龜195 耆-耇3135 耆山(地名)3577 ○耆-儒2983 耆-耋453 耆-年2848 ○耆-老88 ○肌-骨1215 ○肌°-
膚°639 肌-力1738 膱-膚3567 芰(キ)2354 芰-製2683 萁-稈3454 蚑-行1109 蚑-蟜2100 蚩-研1965 蚩-鄙2427 蚩(人名)-
尤466 蟻-壤1935 蟻-聚2438 蟻-蝨(シツ)575 蟻-螻3655 鬐-鬐(アリ)2073 ○規°(キ)874 ○規|(ス)2445 規-行2241 規-規-然(ト)3327

○規°-°矩706　規-景748　規-摹215　規-謩3393　○記°575　○記°1150(ス)　記-室2479　記室參軍3626　記-籍3192　○誼°

897　誼(人名)832　誼-士2996　誼-方252　譏(キス)3073　譏-議2540　譏-彈(セン)2593　○議2348　○議(ス)2902　議-者2573　議°°-°殿321

議-郎2703　起(人名)2982　起-坐1444　○起-伏1655　起-予(ス)2617　跂-行1045　跂-踞2903　祁°-祁(タリ)434　羈-羇°870　羈

-羇(セラル)1998　頍(タル)1478　飢°674　飢(キセルカ)1198　○飢-渴2497　○飢-寒2620　○饑-渴1216　○饑-渴(スル)1498　○饑-寒3126

○饑-饉1209　○騏-驥1616　○°騎999　○騎-射1929　騎-弩3460　鬐°-鬣°766　○°魏725　魏(人名)105　魏(地名)-人3237　魏°°-

°絳449　魏其(人名)2528　魏°顆920　魏(地名)-君2661　魏郡(地名)2201　魏京(地名)3418　°°魏-闕°434　魏(地名)-公2201　魏(地名)-后2942　°°魏-國395　魏相(人名)3020

魏子悌1556　○魏志(地名)(書名)2946　魏氏(人名)2134　魏周榮(人名)2726　魏-室2477　魏-主2435　魏叔英(人名)2726　魏(人名)-舒222　魏(地名)-晉3525　魏製(地名)1937

魏朝3421　魏土(地名)2542　魏(地名)-都2813　魏(地名)-幕2941　魏(人名)-武641　魏(人名)-文983　魏無知(人名)2905　魏牟(人名)2119　魏豹(人名)2574　魏-域2641　魏-王

1629　○麒°麟°525　麾-旆3597　○丘|594　○丘-壑1176　丘希範(人名)1248　丘°-°墟337　丘-荒1715　丘荒(シンタル)973　○丘-山1411

丘-樹2429　丘-榛1525　丘遲(人名)2667　丘-中1168　丘-仲1086　丘-樊°826　丘-封2221　丘-墳°612　丘-°°墓989　丘-明2804

丘-里3547　○丘-陵°470　○丘-°隴704　丘-園752　丘-園-中1856　○九(アリ)3549　九-阿220　九-隩(アウ)219　九-有750

九-歌2005　九-河1250　九-垓1319　○九江(地名)2700　○九-皐2653　九-旗°488　九(地名)-疑2019　○九-九241　九丘(書名)2797　○九-

牛2523　九-垠°°479　°九-區860　九-衢3572　九-隅714　九-寡2099　九-迴(シ)774　○九-月1761　九-月朔-日3503

九-月十-五-日3444　九-月二-十七-日3494　九-月二-十-日2554　○九-官1678　九-闗2072　九-軌(クヰ)223　○九

ー原1889　○九ー卿944　九ー溪2175　○九ー竅1144　九ー縣3107　九言78　九言(書名)3646　九ー戸161　九ー扈262　九ー侯2077

九ー工2237　○九ー功137　○九ー國2170　○九ー穀1168　九ー谷227　九ー載2298　九ー載(シ)981　九ー司727　九ー師3623

○九ー州90　○九ー秋°294　九ー日1230　○九十(にして)2067　九ー十有ー六2296　九ー十六ー種3564　九ー壤1171　○九ー春

1383　九ー序2235　九人2946　○九ー真98　九ー°世298　九井1333　九ー成436　○九ー星2211　九ー歳2293　九ー逝1584　○

九ー霄1371　○九ー錫2203　○九ー折°328　九ー千2072　九ー千ー里2750　九ー仙1667　○九ー泉663　九ー奏931　九ー嵕°

522　○九ー族°708　九ー°達426　○九ー地2910　九ー雉223　九疇(書名)3521　○九ー重852　○九ー鼎1286　○九ー天1995　°九ー

°土492　九ー塗1742　○九ー徳3517　○九ー年978　九ー伯(ハ)2216　九ー葩199　九ー房230　○九ー百185　九ー伐2734　九ー

班3049　○九ー尾2183　九ー沸(ヒ)2174　○九ー品3099　九ー嬪3057　九ー賓232　°九ー復°448　○九ー服2310　九ー廟669　九ー

辯2005　○九ー牧2546　○九ー命3637　九ー野746　九ー陽1089　九ー籥1751　九ー斿242　九譯(エキ)265　九ー筵157　九ー域2201

九ー罭195　九ー沠1644　○九ー流2248　九ー旒555　九ー旒(シ)730　○九ー龍228　九ー齡1837　九ー列2815　○九夷2382　九ー

°醞291　九ー淵2135　九ー畹(ナル)1995　久ー要1693　久ー久(ト)3379　久ー結1126　久ー長973　仇ー2135　仇ー偶3139　仇ー虜2724　休°

2602　○休°(ス)583　休ー祐119　休ー澣1866　休ー氣2216　休ー休1659　休ー咎1706　休ー牛640　休ー和2845　休°ー光1089　○

休ー憩1570　休ー顯741　休ー者1696　休上人(人名)1986　○休ー戚1545　休先ー生3515　○休°ー息(スルこと)834　○休°ー徵°439　○休

徴シ 2234 休―貞 1755 休屠(人名) 1936 休―徳 2189 休―風 812 休―寶 2231 休―沐 1863 休―命ナラン 700 ○休―明 619 ○休―
明 1912 休―詠 2312 休―。令 2551 休―烈 2741 咎。―繇 751 咎―悔 2711 ○宮。385 宮―羽 3095 宮奇(人名) 2558 宮―居 2095 宮
―火 668 宮―觀 3143 宮―。館 546 ○宮―闕 1764 宮―懸 249 ○宮―刑 2513 宮―卿 3078 宮―教 3062 ○宮。―室。298 宮
―車 995 宮―商 1038 宮―牆 3516 ○宮―人 3062 宮―臣 1954 宮。―正 487 宮―闥 3080 宮―。徵 1096 宮―雉 1596 ○宮―
中 2261 宮―庭 2083 宮―判 2246 宮―陛 1651 宮―廟 635 宮―隣 211 宮―闈 3057 弓。―珧。429 弓高(人名) 2416 弓―騎 2242 ○
弓―矢 1229 弓―旌 2213 ○弓―。。弩 1143 ○弓―馬 3034 ○救―世 2940 救兵 2388 ○朽―骨 2314 ○朽―壤 3490 朽―株 2403
朽―瘁 2301 朽折散―絶セリ 2673 朽―鈍 1671 柩キフ―輅ロ 3443 樛。―木 691 樛キウ。―流 474 求羊 1857 汍―瀾タリ 1399 汍―濫 2781
○牛。(人名) 917 牛哀(人名) 915 牛―豎 3097 牛―驥 2404 ○牛―後 2568 牛山(地名) 3680 牛―。宿 688 ○牛―車 3220 牛―酒 3600 牛―首 536
○牛―女 671 ○牛頭(地名) 3395 ○牛馬(人名) 2510 ○牛―羊 603 玉キフ―人 2394 球キウ―鐘 69 球―琳 2646 ○璆鏘(マヽ)―2029 究 119 穹―
居 2832 穹―谷 1711 ○穹―蒼 1125 穹―岫 922 穹―壤 3610 穹。―石 518 穹―崇トシテ 723 穹―天 3334 穹。―隆。691 穹―廬
578 窮。843 窮。シテ 607 ○窮―陰 873 窮―奥 2148 窮―海 1343 窮―岡 1835 窮―交 3322 窮。―。巷 804 窮―奇 525 窮―居
2403 窮。―居。セリ 985 窮―孤 1546 ○窮―困ス 2000 窮―山 1331 窮。―。岫 453 窮―秋 1305 窮―踧 2737 窮―守 2438 窮―城
3454 窮―棲 1587 窮―捿 3082 窮(地名)―石 2014 窮―蹙トシ 2060 窮―迹 1025 窮―節 1582 窮―泉 1413 窮―賤 1775 窮―澤 2123

○窮－達 1399　○窮。－達シ 682　窮－塵 704　窮－天 1651　窮－塗ニ 1751　○窮－通 3278　窮－獨 1088　窮波 766　○窮－髮 1346
窮。－溟。 767　窮野 909　窮－老ニ 1739　窮－林 1764　窮－壘 3465　糾－錯シ 836　糾－雜ト 3101　糾－擧 2450　糾－紛ト 1530
糾キウ－墨 2762　。糺－紛。シ 429　紈－袴 2447　紈。－質 703　○舅－姑 3050　○舅。－。氏 667　舅犯（人名） 3140　芎。－藭。 501　○舊| 2241　○
舊－姻 1532　舊－宇 3489　。舊－。要 976　○舊－恩 1687　舊－笳 2463　舊崖 1345　舊－丘 1742　舊－彊 1459　○舊－鄕。 682　舊－
墟 120　○舊居 968　舊－歡 3490　舊－館 2882　舊－軌 1654　○舊－勲 3461　舊－京 1554　舊－塋 2866　○舊－業 1271　舊－巘 3473
舊呉（地名） 3589　舊－孤 1533　舊－想 1341　○舊－草 980　舊－山 1631　舊－使 2444　○舊－。史 859　舊－史－氏 150　舊－齒 1715
舊－室 600　舊－車 3443　舊－倡 3669　○舊－章 226　舊－壤 2543　舊－書 2675　舊－。處 663　○。舊－俗。 326　○舊－式 87
舊－職 2474　○舊－臣 3030　舊－親 1722　○舊－制 88　舊－城 602　○舊－情 1903　舊（地名）－楚 2917　舊－宗 2870　○舊－族 2454
舊－則 1194　舊－卒 2262　○。舊－宅。 298　○舊－知 1258　○舊－典 140　○舊－土 2543　○。舊－都。 297　舊－垌 1358　○舊－
德 120　舊（地名）－沛 2219　○舊－邦 624　舊－華 2482　舊－民 2243　○舊－風 2811　○舊－物 2193　舊－文 71　○舊－聞 2534　舊－
圃 981　舊－浦 1834　舊－豐 646　舊（地名）－酆 2355　舊－木 3675　舊－域 3029　舊－老 2452　○。舊。里 302　舊－林 1494　舊（地名）－梁 2913
舊－侶 1341　○舊－例 2802　○。舊－廬。 968　舊－園 1566　虬。 741　虬－虎 2947　○虬。－龍 382　虯| 2172　裘－馬 1603　裘－紱フツ
3670　裘－冕 1877　觩－觺 481　赳－赳タル 3109　赳キフ－赳桓－桓ト 2897　髹。－彤。 734　鳩－合 3273　科－枝 1138　（□キウ－□）

掬 1029
○掬す 635
○菊 814
○鞠—育シテ 1400
鞠—躬ス 1675
鞠—壤 1695
○吉 494
○吉—凶 834
吉—故 2019
吉—士 1311
○吉—日 326
吉—象 881
吉駿（人名） 2861
吉—占 2019
吉甫フハ 78
吉—陽 425
吉—路 3489
肸キツ—蠁タリ 349
肸—蠁シ 331
○詰—屈タリ 1688
○詰—旦 1248
○詰—朝 413
吸嗅 556
噆—嘬 1039
○岌—岌タル 434
○急—ナラン 3183
急—於 2295
急—弦 1726
急—絃 1706
急—景 873
急—觴 1911
急—舒 261
急—節 1058
○急—務 573
汲—黯アムカ 944
汲—井 1856
汲—長（人名）—孺 653
○泣—血 1069
○泣—血スル 2504
○泣—涕 1418
○泣—涕シテ 1684
泣—涙 1700
○級— 3408
○給— 3447
○給ス 2540
給—事 2451
給—事ス 3076
給—事—中 3461
○給—與シ 2709
給園（地名） 3577
翕—とシて 1096
翕キフ—響 328
翕—響シ 1109
翕—艶タリ 1365
翕—赫ナリ 3229
翕キウ—忽コツトシ 345
翕—忽—揮—霍ト 2163
翕キウ—習 385
翕—純 3005
翕—然ト 3414
今—月九—日 2297
今—月十—二—日 2340
今—月令—辰 2484
○今—古 1412
○今—上 2487
○今—日 1918
○今コヨヒ—夕 327
○今—年 2296
○今—來 618
僸—休 137
○吟 1413
吟ス 312
○吟—詠 1088
○吟—詠ス 2618
吟—氣 1047
吟—翫シ 823
吟—想 687
吟—頌スル 2467
○吟—嘯 1765
○吟—嘯 2657
吟—歎ス 1897
トチ噤キン 637
噤—害 3449
噤吟 2765
噤—閉 3667
岑—崟 724
岑—寂ナル 872
岑文瑜（人名） 2615
岑—嶺 757
崯—崯ト 2090
嶔—巖トシて 527
欽—崯 2089
欣—戴セ 2312
歆キン—羨センスル 2178
涔陽（地名） 2034
○琴— 3124
琴—羽 1002
○琴—歌 2684
琴高（人名） 445
○琴—心 3543
○琴—書 1476
琴—緒 3680
琴—筑 351
○琴—瑟 322
琴琅—玕 1797
矜—育 2295
矜キム—莊 3123
矜—然 399
礆—硷と 341
○禁 1444
○禁スル 420
禁—劾 3449
○禁—禦スル 3598
禁藥 548
禁—軒 2856
禁—固セラレ 2282
○禁—錮ト

2458 禁－財 236 ○禁－止 2458 禁－戎 3424 ○禁－城 1424 禁成(ル) 255 (□－□ス) ○禁－省 651 禁°－臺 413 ○禁－中
3078 禁－典 3072 ○禁－兵 173 禁°－°編 734 ○禁－門 1749 禁°－營 950 禁－林 112 ○禁－旅 3593 禁－闈 3663 禁°－°苑
566 衿| 2455 ○衿－帯 637 衿－褵 3646 衾－袵 3680 衾－裳 1418 衾－襚 3427 衾－幬 987 衾－枕 1343 ○襟° 998 襟－衛 1357
○襟－懷 1814 ○襟－帯 205 ○襟°－°帯(セリ) 426 ○金° 1238 ○金－鞍 1002 金－溢(イツ)° 366 ○金－印 3062 金－運 3610 金－揺
2137 金－駕 1355 金溝 1374 ○金－膏 1644 金－行 3297 金－郊 2161 金－較 184 ○金－閣 873 ○金－革° 580 金－岸 2153 金
－機 2163 金－記 1751 金－羈 1697 ○金－玉 1295 ○金°－銀°° 292 金－科 2989 ○金華(地名) 2419 ○金－光 737 金－礦 783 金－
臒 1943 ○金－環 1696 ○金－穴 3317 金－龜 3415 金－景 146 ○金－鏡 3312 金－閨 1009 金－縣 1245 金壺 1866 金－虎 211
金－虎－符 2201 ○金－鼓 508 金－釭(コウ) 102 金－谷 1002 ○金－骨 1935 金－根 488 金°－沙° 310 金－°錯－刀 1796 金－
彩° 281 金－相 3286 金冊 2151 ○金－策 155 金－姿 3573 ○金－字 3406 ○金－枝 1679 金－璽 1197 ○金－紫 3519 金日(人名)
磾 3019 金－商 226 ○金－章 2357 金－觴° 1001 金－爵 107 金－雀 1720 金粟(人名) 3577 ○金－人 472 金－水 3403 金°－°翠 1159
金－樞(スウ)° 756 ○金°－°城 321 ○金－精 2906 ○金－聲 1673 金－鉦 243 金－柝 3464 ○金－石 136 金－錫 2384 金－°組
863 金－素 1627 金－奏 1301 金－樽 1664 金－罇 1859 金－塘 1214 ○金－湯 2225 金－璫 1519 金－潭 1973 金－墀 2133 金
－柱 1283 金張(人名) 1271 金－堤 181 金°－隄° 327 金－°鼎 1007 金°－蜩° 413 金－貂 811 金－貂(シテ) 1946 金－狄 161 ○金－

鐵 2525
金—天 913
○金—殿 1945
金—徒 3408
金—篇 3404
金縢（書名） 3011
○金—波 1596
○金。—。馬 310
○金（地名）—馬 2422
○金馬門 1885
金—匏 2858
○金—帛 2110
金—版 2489
金—鏤 1982
金扉。 712
。金—鋪。（フ） 321
○金—風 1828
金—瓶 1893
金—鑣 2629
金—璧 2844
○金—碧 1938
金—寶 2703
○金—門 1593
金—輿 995
金—墉。 648
金—鏞 249
金。—罍 326
○金—蘭 2345
○金—陵 1753
金—鄰。 369
金—練 1361
金—爐 1006
欽（人名） 2465
欽。—崟 937
欽—若 2234
欽誕（人名） 3026
○欽。—明（ナリ） 707
錦—茵 986
錦羽 2856
錦—繢（クワイ） 383
。錦繡 447
錦繡段 1798
。錦—質。 320
錦—帶 1741
錦—幙。。 1001
頷頤 3319
○黔—首 3116
○黔—黎（レイ） 3658
黔婁（人名） 3477
。仰。止 674
仰—歎（ト） 3149
仰秣 1003
。。仰（キヤウ）—。抃（シテ） 1124
俇—攘（タル） 2063
僵—踣 2165
○羌。 1086
羌—人 1086
羌—胡 1270
羌笮（地名） 2413
羌。—戎 577
羌—笛 1306
羌—僰。 580
羌—夷 1669
○兢—兢（ト） 2984
兢—兢翼—翼（タリ） 2978
兢。—。悚 622
匡—合 3272
匡。—郭。 611
匡—復（シ） 2338
匡—翼 2344
向（ス） 986
向秀（人名） 1302
向常侍（人名） 1302
姜。（人名） 322
姜維（人名） 2646
姜嫄（人名） 3038
姜—。后 739
姜氏（人名） 3059
姜伯約（人名） 2734
○強—者 2739
彊— 2400
。彊—顏（ナラク） 2526
彊—毅 3261
彊—記 3413
彊—彊 2115
彊—圉 2006
彊—禦 1284
彊—近 2294
彊（地名）—吳 3141
彊—胡 2743
彊—寇 2705
彊弱 2529
彊（地名）—晋 3266
彊。—秦 574
彊—臣 3054
彊—盛（ニ） 3176
彊（地名）—齊 3142
彊。—楚 388
彊—大 835
彊（地名）—趙 2388
彊—敵 2721
彊—暴 1043
彊—民 3602
。怳（トシテ） 1154
怳—忽。（トシ） 1145
怳—爾（ト） 2903
怳—然（ト） 1952
枉— 3071
○狂—簡 143
狂—狷 2184
狂。—。顧（シテ） 684
○狂—惑 2536
○狂—疾 2638
狂—生 1428
狂—電 934
狂—赴（フシテ） 1090
狂—厲（ニ） 2653
疆 1503
疆—宇 125
○疆—界 3600
疆—胡 2500
疆秦 1502
疆—陲 2436
疆—中 1570
疆—場 2662

彊—畔2473　彊—場248　○彊—域404　彊—理(シ)743　彊里316　筐—篋(ニ)1309　薑—芋422　薑—蕃289　薑彙348　○
襁—負(フシ)434　○襁—褓1400　誑—曜(セン)2475　睨(キャウ)(ヲクリモノ)2924　睨(ス)510　睨(キャウ)—祐752　○鄉1662　○鄉—邑177　○鄉—曲93　○鄉
—黨3517　鄉—中3062　鄉—羞1581　○鄉—里2535　○鄉—閭2242　○鄉—淚1661　○饗|(ス)1679　饗—祀(シスル)216　饗賜(スルコト)117
饗—象(ナリ)347　響像975　香—秔290　○香—草290　香—芳3198　香—茅348　虐299　虐(す)629　虐—國3273　虐—暑
3363　蠼(キャク)—蝚530　郤萌(人名)2995　去—去1793　去—轂3616　去—思3597　○去—就(シウ)1075　去—日1686　去—人1352　○去—歲2443
○去—年2307　○去—來3561　○去—來(スル)1321　去—留1022　噓—唏(キ)2094　○歔—欷(ニ)2009　○歔—欷(ス)846　噓—吸(シ)2932
圉—空2890　○圉—人3450　圉—北626　○墟554　墟—囿1340　墟—墳2934　○墟—墓1418　墟—落1603　○居408　居|(ス)2339
居—止967　○居—室2074　○居—處3635　居—人327　○居—然303　○居—民611　崌—崍770　巨878　巨—音1040　巨
—狿190　○巨—海98　巨—鼇763　巨—壑2598　○巨—艦3386　巨—魚2894　巨—滑(クワツ)223　巨—闕2168　○巨—細391
巨—象3239　巨—雀853　○巨樹503　巨黍(なり)950　○巨—石115　巨—千323　巨—狄2984　巨—蚌383　巨—防333　○巨
—萬325　巨—鼇181　巨—靈152　巨—麗517　巨—鱗766　○御(トシ)450　○御(す)728　御溝1753　御—氣2838　御—耦490
○御—史2435　○御—史大—夫86　○御者1156　御—宿547　御—屬3672　御—女3057　○御—房298　○御—服3098
御—聞2465　御—奔2843　御—龍3504　拒—圍(スル)2705　据—据2115　據2387　○擧863　擧|(セン)574　擧(スレトモ)392　○擧—措(ソ)444

○擧－措(ソシテ) 2551　○擧－動 3080　○渠。780　渠。－黄 792　渠。－。口 316　渠捜(地名) 2188　渠－彌(地名) 1082　○漁(ス) 2766　漁－子 792　○漁－
者 2476　漁－潭 1665　○漁－釣(スルニ) 947　○漁－父 796　漁－浦 1632　漁陽(人名) 2552　璩(人名) 2609　禦｜ 3374　禦－侮(クワイ) 2349　○。秬(キヨ)。鬯(チヤウ) 481　粔籹 2080
○虚｜。1237　。虚 537　虚－盈 1888　虚－擔 2854　虚－壑 2100　虚儀夫子(人名) 3128　○虚－器 3346　虚－語 2418　虚－寡(ニ〆) 2249　虚－幌
1980　虚曠 3048　虚－廓 2122　虚－館 1858　虚－玄 69　虚－景 1814　虚－言 960　○虚－空 3126　虚－左 2604　虚－作(ナラン) 1495　虚
－謚 1115　○虚－辭 2401　○虚－舟 1346　○虚－室 3644　虚－受 2487　虚。－徐 881　虚－稱(スル) 3135　虚－寂(ニ〆) 1232　○虚－談
2475　○虚－託 2455　虚－恬 1473　虚－誕 1528　虚－薄(ニ〆) 1613　虚－滿 1534　虚。－滿(ス) 1114　虚－美 656　虚－牝 1334　○虚(キヨ)－無
535　○虚－名 633　虚－明(ナリ) 1626　虚－遠(ニ〆) 3641　○虚－位 3169　蜛－蠩 780　○裾。491　○裾。－。勢 455　。許(人名) 890　許(地名) 2719
許潁 2805　許郭(人名) 2356　許－京 1914　許惠卿 2805　許史(人名) 1273　許昌(地名) 3517　許－少(人名) 115　許徵君(人名) 1967　許鄭(地名) 2639　許都(地名) 2193　○許由(人名) 1275
許－與(ス) 2877　許－洛(地名) 3026　許－歷 1675　○語｜ 2995　。語(セ) 3119　。。語－言 1158　○語。。－樂。698　距－虚 505　距－躍(シテ) 3128　車－
帷 2444　車－右 2270　車－下 2398　車駕(キヨ) 1357　車－駕(シ) 2061　車－蓋 1801　車－校 2446　車甲 573　車。(キヨ)－。騎 558　車－騎將－軍
2904　車攻 130　車子(人名) 2463　車－書 2441　車－中 1888　車(キヨ)－徒 130　車(キヨ)－馬 544　車－輔 1433　車(キヨ)－服 1194　車－欄 2444　車－欄－
子 2446　車－闌 2450　車－輪 1688　蘧。(と) 1688　蘧－子 1539　蘧。(人名)－氏 612　蘧－蒢 3218　蘧甯(人名) 2937　。鉅－。海 512　○。鉅－儒 564　○
。鉅－石。503　鉅平(人名・地名) 2350　。鉅－野 528　鉅－鱗 563　○。鉅－鹿。445　鐻。－。。耳 434　。。馭 440　馭｜(スル) 2787　駏－虚 2102　魚－甲

2857　魚—牛 779　〇魚—貫〆 1740　魚—黿 2786　魚—豎 2181　魚—須。370　魚—鬚 504　魚菽 3470　〇魚—鳥 345　〇魚—蟲 77

魚—防 1214　魚。。—文。327　〇魚。—鼇 520　〇魚—目 1543　〇魚—龍 703　〇魚。—麗。487　供。948　〇供。—シ 985　。供シ 928　〇供

—給ス 3637　〇供—帳 136　〇供—養 2294　〇共—和 3271　共穴（地名） 3390　共（人名）—工 224　共—穗 2832　。共—。侍シ 552　共—柢 2970　共

—波 3679　共王 2798　凝。。—。曜 821　凝—寒 1446　〇凝—霜 1331　〇凝—滞セ 2057　凝—露 1869　凝—威 1815　〇凶。834　〇凶—器

1713　凶—虐 2214　凶—渠 3386　凶—頑 2827　凶—危 2711　〇凶—逆 2698　凶—忒コク 2699　凶—殘 1399　凶—侈シニ〆 3425　凶—醜 3447

〇凶—人 2779　凶—。。忍 667　〇凶—賊 2725　凶—父 3172　凶—命 2334　匈ケウ—洶カウト〆 2116　匈—匈タル 2755　〇凶—奴 1335　匈—威

2438　卭。323　卭越（地名） 1934　卭。—竹 309　卭斜（地名）ヤノ 2231　喁—喁—如タリ 2994　喁—喁—然ト〆 2691　。享 411　〇恭。1226　恭（人名） 2437　恭。（人名）—

姜 993　恭—館 3011　〇恭—敬ス 244　恭潔 1981　〇恭—儉ニ〆 1178　恭—險ニ〆 2518　恭—祀 262　恭—輯〆 3002　恭—人 1546　恭—

文 1410　恭—默スル 1404　恭王（人名） 2674　恭—王—餘 705　〇恐—懼 3321　〇拱— 3619　〇。拱スルニ 486　拱—揖ス 2215　拱キヨウ—木 408　〇洶—

洶トシテ 1135　洪。—頤。480　洪—基 3413　洪—災 1123　洪。—鐘 489　洪。キヨウ—流。330　矜。ケフ—謔 665　矜—矜 1178　矜—驕ナリ 1610　矜キヨウ—顧 874

矜—惻 2442　矜—歎ス 2231　硱磳 2089　禺。キヨウ—禺 520　胷 1619　胷—懷 2316　胷—情 3096　〇胷—中 1966　〇胷—腹 3171　胷。—腋 635

〇胷。—臆。ヨク 684　〇。興 77　興—運 1427　興—行アラ 2204　興壞 2534　興—會 3094　興—玩ヨロコヒモテアソンテ 1589　興—建 3021　興—造シ 3019　興。

—作。ス 331　興—事 1084　興—葺 3579　興—主 3208　興—衰 1751　興道（人名） 2444　〇興—廢 1545　〇興—敗ス 890　〇興—亡 1928　〇興

ー復 2265　○興ー復シ 2264　興。ー滅。スル 823　興ー没ス 1347　○興ー隆 2733　○興ー隆スル 2262　興ー王。 859　蛩。蛩 505　卭。ー蒟。す
656　鞏更(人名) 3446　。鞏ー。縣 610　。。鞏ー洛 624　顒ー然ト 2312　顒ー顒 2115　鰅。。ー鰫。 520　鰅。。クキョウー鱅。 287　龔勝(人名) 2335　龔遂(人名) 3020　嶽 3549
嶽ー牧 1202　○局ートス 1824　局。ー下 665　○局。ー蹐。シ 647　○局。ー促ナル 1053　○旭。ー。卉タリ 483　○曲。 437　曲ー阿 1359　曲ー。引 1099
曲ー胤 1073　○曲ー宴ス 1464　曲ー峭。 633　曲ー江 2112　曲ー茎カウ 241　曲ー涯キ 777　曲。ー枅ケイ。 714　曲ー瓊 2076　曲逆クク(地名) 2904　曲ー璒 2857
曲。ー。士 337　曲ー汜 1338　曲周(地名) 2904　曲ー榭 228　○曲ー水 1235　○曲。ー成ス 439　○曲ー折 2464　曲ー照 2301　曲ー沮。 680　曲ー
阻 1256　曲。ー。隊 559　曲ー臺(地名) 2387　曲ー度タク 3165　曲ー池 1600　○曲ー直 2385　曲ー念 3662　曲ー。度 386　曲ー突 1838　曲ー房 1898
曲ー陌 1496　○曲阜(地名) 2476　曲ー岪タリ 2089　曲ー蓬 1612　曲ー面勢 220　曲ー陽 656　曲ー用 1123　曲。ー沃。 636　曲ー檽 1968　棘
矜 3119　棘。ー。刺 399　棘。ー。霸 658　棘ー藩 190　棘。ー林。 391　○極。 836　極ー哀 982　極ー。異 392　極ー孝 2990　極ー危 1065
極ー刑 2535　○極ー言ヾ 2252　極ー思 2980　極ー深 763　極ー寵 2291　極ー天 3581　極ー服 1146　極ー浦 1978　極ー。麗 1128　極ー
陋 2887　○極ー位 648　○獄 2236　獄ー官 2447　獄ー戸 2301　○獄ー訟 1484　○獄ー訟スル 2313　○獄ー吏 2353　○玉(人名) 1133　○玉
ー音 831　玉ー猷 2180　玉ー宇 1927　玉ー纓 184　玉ー英 477　玉ー罕 3318　玉ー階 908　玉ー膏。 283　玉ー衡 577　玉ー匣 2376
○玉ー顔。。 820　玉ー几 234　玉。ー虬 531　玉ー筐 3610　玉ー璜 2488　玉關(地名) 3631　玉ー匱 2862　玉ー笄ケイ 239　玉ー軒 1900　玉壺 1747
王ー。戸 476　玉ー鉤 1865　○玉ー座 1426　玉ー廂 2133　玉ー藻 1029　玉ー策 440　玉ー珥 2029　○玉ー璽 234　玉ー芝 924　○
玉ー趾 1331　玉ー齒 1315　○玉ー質 2306　○玉ー觴 136　○玉。ー。樹 304　○玉ー書 2588　玉ー乘。 995　玉ー燭 1169　玉ー振 3526

玉―津327　玉―水1581　玉―綏507　玉―砌2855　玉―戚467　○玉―石2729　玉―饌367　○玉―臺1730　玉―軑479

○玉―堂101　玉―瑺712　玉―澤1720　玉―墀3501　玉―池287　玉―柱1664　玉―女480　玉―除1454　玉―瑱2029　玉―

題321　○玉―體1411　玉―條2989　○玉―牒2151　玉―誄336　玉―諜3309　玉―度3480　○玉―斗648　玉―馬2489　○玉

―佩1160　○玉―杯1319　玉房3669　○玉―貌703　○玉―帛388　玉―璞281　○玉―盤1797　玉―府857　○玉―門1307

玉―液1036　玉輿1143　○玉容1224　玉―輅370　玉―駱2129　玉―鑾542　玉―鸞1150　玉―律1982　玉―壘307　玉―醴910

○玉―輦487　玉―淵338　絶733　○踽―踖1663　○勤―恪3047　勤―勤2479　勤―勤懇―懇2988　勤―教2198　○勤

―倹3474　○勤―苦1446　勤―懇2510　勤―瘁2734　勤法(人名)―師3568　勤―役1925　勤―役1294　勤―略537　○勤―王635

听―然515　囂頑(人名)1044　均|2205　均―曲1054　○均―田422　垠356　垠―鍔183　垠―隒785　菫―薺956　○巾1292

巾―構292　巾―机3406　巾―巻1246　○巾―車193　巾―箑986　巾―帯1782　巾―拂875　○懇―誠2350　懇―惻3650

擒1795　擒|2735　斤竹―澗1352　旂―旗2989　旂―旒3479　槿1856　槿―籬1370　○欣―欣2030　欣―願1292　○欣―然479

欣樂491　狺―狺2065　禽|327　○禽―獣1081　禽―疾2721　禽息(人名)3342　○禽―鳥452　禽―鹿2629　窘―歩1993　筋―

竿1740　○筋―骨375　箕―箘785　篁―蕢285　○緊―急1053　芹―子2638　菌―閣1364　菌―桂309　袀―服370

覲|2475　覲411　○謹―慎2264　近―獄2447　近―關1398　○近―縣94　○近―古125　○近―侍3592　○近―侍3588

○近―習3101　近―署2258　近―蜀96　○近―臣1508　○近―世1086　○近―情1708　○近―代2811　近―智689　近―甸2350

近―賓 1104　近―遠 762　鈞（スエモノツクリニ） 3048　鈞―石 3032　鈞―臺 2837　鈞―調 737　○鈞―天 385　○銀―鞍 1375　銀―黄 749

銀―書 3407　○銀―臺 924　銀―瑠 3076　銀―樸 356　銀―鋪 736　銀―礫 310　誾―誾（タリ） 3211　闉―德 3619　靳歙（人名） 2905　麕―

齦 2090　麕齬 701　麕―菟 2109

ク

劬―勞 583　劬―勞（セリ） 2731　○區 768　○區―宇 367　區―夏 215　○區―區 1287　區―外 489　區―陬 260　○區―

內 1226　區―中 921　區―土 1091　○區―域 337　區―落 3376　句―斷（トナル） 1080　句―投 1078　嵎夷（地名） 2233　嶇―崯 1090　嶇―嶔

1035　嶇―嶮 1343　姁―媮（シ） 1052　○寓―（ト） 1298　寓―直 806　○愚― 1280　愚―暗 2406　愚（ク）―款（ワン） 2330　愚―鬼 2551　愚―士 838　○愚―

―心 2475　○愚―者 1784　○愚―臣 1192　愚―誠 2297　愚―賤 1653　○愚―智 614　愚―忠 2408　愚―佻 2698　愚―妄 2552　○愚

―民 2227　○愚―夫 2347　愚―蔽 2287　愚―矇 2538　愚―亂 1153　懼―然（ト） 3124　欨―愉 1107　梏―矢 2606　○具― 2446　具―區

369　具―官 1675　具―爾 973　具―尒 2283　○具―瞻 3529　具―位 2210　○矩 741　矩―矱 2020　禹 337　苦―雨 1491　○苦―

寒 1665　○苦―寒（ス） 1712　苦―懷 2614　○苦―言 1499　苦（ニガキ）―口（ニ ノ） 2651　○苦―心 1395　○苦―辛 704　○苦―辛（セン） 1363　苦―熱（セツ）―

行 1744　苦―調 1295　○苦―難 1296　苦―霧 873　○苦―樂 845　蒟（ク） 323　○蒟―蒻 318　虞（人名） 363　虞伊（人名） 2287　虞―夏 140

虞―箴 420　○虞―姫 738　虞―機 380　虞（地名）―丘壽―王 85　虞―虢 2588　虞卿（人名） 2471　虞（人名）―公 1128　虞子陽（人名） 1305　○虞氏（人名） 2976

虞庠（人名） 1243　○虞舜（人名） 2732　虞（人名）―初 185　○虞書 305　虞―人 843　虞―芮 676　虞―韶 895　虞仲翔（人名） 2726　虞翻（人名） 2947　虞（地名）―風 1360

虞文繡（人名） 2726　虞―淵 552　衢州 71　衢―路 1788　軀 176　軀―命 3667　遇 619　○遇―（セ） 2326　相―遇―（スルコト） 3030　隅 423　隅―隈

1110　駒－跳〆 2066　驅－迮セ 2727　驅－騣シ 3213　驅－走 3034　○驅－馳 2263　驅－馳ス 2140　驅－逼スル 2337　○驅－役シテ 1613　倔
－起〆 3154　倔。－。彊 399　堀－巌 2405　崛サカシウ〆 167　崛シ 472　崛－岉タリ 709　崫。。トシテ 308　○崫。－。起シ 409　崫。－詭 392　屈｜ 1558
○屈。シ 852　屈。－奇タル 668　○屈－強 2714　屈君（人名） 3676　○屈－原（人名） 77　屈轂（人名） 2152　屈－産 633　○屈－辱ス 3213　屈。－申。 299　屈
－申〆 2895　○屈－伸 1328　○屈平（人名） 1082　掘－強〆 2666　掘。－鯉 445　欻トシテ 914　欻－吸ト〆 1980　欻－焉ト〆 3603　窟。 758　窟。コツ－宅スル
685　○。化 440　○。化す 656　化－感 2183　化－裁 1237　化－造ナリ 1357　化－産スル 793　○化－成 69　○化－成シ 2167　化－先
1355　○化－導 2336　化－龍 69　○和。 830　○。和 583　和（人名） 3433　○和。ス 538　○。和シ 1142　相－和。ス 926　相－。和シ 1138　○和－
音 3370　和－羹 247　○和－樂。。 1123　和－洽シテ 3125　和－顔 1099　○和－氣 1825　和－響 1412　和－鈞 1239　和－鈞スル 429　和－
會 1359　和－歡 228　和－惠 1356　和。－。氏 562　和－戎 2440　○和－順 2843　和－隨 2786　和－靜 928　和鵲（人名） 2787　和－暖ニ〆 2581
和－。祀シ 1096　和－長－輿（人名） 946　和帝（人名） 3077　和－調セリ 3126　和－適。にして 1146　和－同スル 2754　和－通シテ 1433　和璞（人名） 2588　○和－風 1168
○和－平 1107　和璧（人名） 2588　和－寶ナル（人名） 3133　○和－睦シテ 3132　和－穆シ 2262　和－門 3464　○和－樂ラク 1119　和。－鑾。 301　和－鸞 2990
和ト－理ト 3203　和。－鈴 865　夸。－麗にして 901　媧クワ簧クワウ 69　○寡｜ 2345　寡－鵠 1036　寡－嫂サウ 2448　。寡－弱。。 1210　○寡－妻 2280　○
。寡－人 801　寡－黨 3131　○寡。－。婦 294　寡－劣 2344　戈。－舡 368　戈－殳 2130　○戈－船 1746　戈－鋋 132　戈－矛 254
○果 3462　。果下 415　○。果－毅キ 449　○果－決。 662　果－。布 365　。果－木 304　果－烈ニ〆 2723　○火－山 1744　火－祥 166
○火－食 2444　火－辰 1482　。火－。井 310　火－正 912　火－齊アテ 102　○火－宅 3563　。火－德。 842　火－旻 1627　火－烈。 373

○火—龍239　猓—然（アリ）351　瓜衍（地名）3342　瓜—疇319　瓜—瓞（テツ）1613　○瓜—田1683　瓦—釜2055　○禍834　禍—戒3161　○禍
—機1746　禍—隙3103　○禍—心2570　禍—辱3056　○禍—難2366　○禍敗2505　○禍—福892　禍—謀2705　○禍—亂3537
禾—1168　禾—黍2340　○科—2261　科—教2474　○科—條1041　科—斗2798　科—防2704　裸—壤818　○臥—内1766　臥—治1666
花—叢1884　花—蒔808　○華434　華（人名）1951　華—（ス）1197　華—幄1480　華—淫（ニ）2144　華—陰1007　華—茵1908　華—羽1073　華
—纓1304　華—英292　華—裔771　華—褒2182　華—葉1445　華—屋1050　○華夏（地名）2140　○華—蓋487　華—岳640　華—崖
2657　華蕚1560　華—閣2133　華—旗118　華—廐（キウ）857　華—薌290　華—琚1158　華—嶽197　華—藕2654　華—果1613　華—
繪1094　華—月1927　華—觀3399　華—館1214　華—闕321　華—京1574　華—景1722　華—袿1052　○華—軒1505　華—鼓
865　華—國3464　華—轂1375　華—袞3643　華—采2030　華—叢1230　華—草2159　華藻1147　○華—山416　華—子—岡1645
華子魚（人名）2635　華—滋1779　華—芝468　華—宗1560　華—戎152　華—輈1753　華—色1154　華—質383　華—實90　華—寢
1852　華—酌2081　華—嵩1373　華—黍1168　華—鐘131　華—燭1559　華—爥2139　華—榱（スイ）526　華—蘂284　華—星1333　華
—清405　華—省811　華—説（セイ）2142　華—沼1257　華—組2128　華—岱688　華—堂1104　華—丹1721　華—池696　華—貂
2357　華—殿360　華顚1496　華—桐2856　華—燈1443　華—鐙2084　華—魴673　華—薄1716　華—髮2292　華—幔1810　華—
靡2268　華封（地名）2223　華—楓529　華—覆478　華—平264　華—屏424　○華—表730　華—名2151　華野（地名）3297　華（人名）—陽2382
華容310　華—域1530　華—離399　華林（地名）1224　華—鱗2160　華—梁2133　華—旍2129　○華—麗（ナリ）298　○華—韡3489　華

|蓮 410　華|樓 378　○華|夷 649　蕩|軸 2846　○蝶|嬴 2903　蝸|蜱ヘイ 229　訛シ 3315　○課| 2868　○課|オホスススス 2086　○貨 2230　貨|

2443　貨|賄アイ 3219　○貨|殖 325　貨|賣 2447　貨|欲 3048　貨|賂 2522　○過|言 2461　○過|差セ 1155　○過|失 3659　過

秦(書名・地名) 1270　過秦篇(書名・地名) 2996　過秦論(地名) 3111　過|重 2289　○過|半ニ 1563　過|辟 621　驕 735　乖|迕ニ 2778　乖|人 1445　乖|

別シヌ 1803　○乖|離 1255　○乖|離シテ 1558　回(人名) 920　回|回ト 1800　回|軒 1728　回|水 2050　回|悪セ 2198　回|芳 1329　回|

薄シ 836　○回|風 2043　回|淵 383　○塊|トシテ 992　塊シ 985　塊|然ト 1527　壤|徹 2984　外|囿 3009　外|姻 3061　○外|

廷 2516　外|姦 2704　外|閑 3239　外|厩 2384　外|區 2837　外|虞 2343　外|奬 1909　外|象 1967　外|寝 3433　外ホカ|受ルコト 2660

○外|情 1823　○外|戚 2289　○外|孫 1517　外|内 2202　外|澤 500　外|難 2633　外|體 3133　外|叛 2550　外|府 2846　○

外|物 1372　外|役 1541　外|域 3239　外|林 2162　○外野 1380　外|閭 3029　嵬嵬 1090　嶒|崚とシて 1066　廻|合ス 1643　廻|復ス

342　廻|焱 475　徊|徊トシて 471　○怪 756　○怪|異 2119　怪|疑ナル 2118　怪|錯 779　○怪|獣 544　○怪|石 788　○

怪|物 562　○恢|恢タル 1171　○恢|廓 2405　○恢|廓セン 2656　恢|弘 2796　恢|崇シ 2991　恢|台 2062　恢クワイ|奐 1053　恢|誕ニ

2952　恢|張ニシ 2811　○恢|復ス 125　悔クワイ|吝リン 2626　○懐 945　懐|舊賦 977　懐|荒 2831　懐|歸 1615　懐|縣 1612　懐|才 2505

懐|思ヒセンヤフ 1978　○懐|柔ス 1361　懐|袖 1779　懐|沙 77　○懐|生 2742　懐帝(人名) 3954　懐|土 3159　○懐|抱 991　○懐|抱ス 3584

懐|保スル 3009　懐|羊 180　懐禄 2735　槐|庭 3529　槐賦(書名) 3164　槐|楓 732　習|爽 2744　晦| 327　○晦|朔 1320　○晦|明 1855

○晦|冥ニ 3160　○會 874　○會|ス 330　○會|合 1037　會|吟 1734　○會|稽 388　○會|日 1253　會成 2807　○會|同ス 135

○會－盟 3112　會－面 1772　洄－泬 629　洄－沿 1631　洄－闇悽－愴(タラ) 2119　淮 281　淮陰(地名) 2472　淮陰(人名) 3160　淮陰王(タシカトモ) 2526

淮(地名)－海 1976　淮－漢 756　淮(クワイ)－湖 98　淮－湘 770　淮－泗 384　淮水 1605　淮岱(地名) 3437　淮－甸 1656　淮(地名)－東 2389　○淮南(地名) 1365

淮南(地名・書名) 2461　淮南(地名)－王 2904　淮－服 1879　淮(地名)－汴 2243　淮(地名)－陽 2389　淮－梁 3106　濇－蠹 3063　灰 1760　○灰－燼 3180　○灰－塵 3048

灰－熛 668　灰－滅 2700　灰－没 2299　瑰－意 2750　瑰－異 164　瑰－奇 793　瑰－姿 1057　瑰－木 963　○瑰－麗(レイニシて) 197

瑰－瑋 167　瑰－瑋(シ) 513　瓌－異 342　瓌－奇 383　瓌－琦(ニ) 2812　瓌－貨 174　瓌－姿 1145　瓌－富 686　瓌－寶 360

瓌豔 1101　瓌－瑋(ニシ) 731　磈－磈 341　磈－硊 2089　絓(ケイ) 2442　繢 415　○膾－炙 2111　○詼－諧 2929　話－言 2347　話－談 3129

讀－列 430　賄－交 3318　賄－貨 323　○賄－賂 728　迴－江 1035　迴－渠 1496　迴－迴(タル) 1171　迴－皇(ス) 1074　迴－遑(シ) 831

迴－還 3288　迴－還(ス) 1355　迴－穴 802　迴－眷(ス) 1567　迴－溪 631　迴－磎 1859　迴－谿 1256　迴－互(す) 759　迴－鴰 1919

迴－匝(ス) 409　迴－散 821　迴－掌 1751　迴－翔 1891　迴－翔(シ) 1057　迴－渚 1351　迴－阡 1337　迴－唐 865　迴－塘 1564

迴－遲(シテ) 1758　迴－潮 1338　迴－轉 1353　迴－薄 808　迴－風 1391　迴－文 1007　迴－飈 1066　迴－幹(ワツスル) 1851　迴－淵 951

闠(クワイ) 174　○隗(人名) 2547　隗囂(人名) 2576　隗－隅 1094　頮－濯(ス) 2113　○魁 758　○魁－岸 363　魁梧 305　魁－殊 444　○光－陰 1009

光－曜 472　○光－耀 478　光－耀(セル) 330　光－鑒(セリ/ス) 657　○光－儀 845　光－妓 1117　○光－華 1931　○光－華(シ) 3505　光－光(タル) 1197

光－瞥 724　光－暉 1684　○光－輝 1603　光－啓 2807　光－慶 3013　○光－景 1640　○光－彩 1696　光－釆 1333　光－藻 741

光讃 1505　光－賛(スル) 2459　光－潤(ナル) 1162　光－誦 1366　光－色 349　光－飾(ス) 1560　○光－昭 1340　○光－昭(ス) 3664　光

－照〆 3529　光－濟シ 3152　○光－宅。ス 336　光－塵 1296　光寵 2516　光－寵シ 3080　光－燈 1810　○光－被 2287　光(人名)－武 151　光武(人名)
紀 3068　光武皇帝(人名) 3179　○光－風 2075　光－。覆 984　光－輔シ 3540　○光－明ニシテ 129　光－夜 1491　光－揚シ 2998　○光－臨セ 2124
光－靈 1422　光－禄－勳 3429　○光－禄大－夫 2291　訇－隱 2116　訇－。磕 1127　壙(地名) 3679　壙－宵 1759　宏－綱 2797　宏－器 2881
宏－規 3539　宏－議 2236　宏－材 2929　宏－壯タリ 642　宏－侈 2811　宏。－儒 727　宏－達 106　○宏。－圖。297　○宏－度 3668
○宏－謨 2960　宏－邈ナリ(ヲホイニトヲシ) 2955　宏－域 1947　宏－。麗 722　宏－略 2879　廣 756　廣－筵 1335　廣－衍タル 154　廣－讌 1877　廣－讌ス
1245　廣－廈 1097　廣－樂カク 436　廣－漢 3674　廣－畦 1613　廣－坐 1864　○廣－座 1440　○廣州(地名) 2445　廣－隰 1616　廣津 1362　。廣
－成。426　廣成(書名) 2811　廣絶交論(書名) 3307　廣川(地名) 2615　。廣－。阼ソ 485　廣－内 70　○廣－大 2072　廣－宅 3643　。廣－澤。376　廣－除
1850　。廣－庭。359　廣－壥 1354　廣－殿 409　。廣－塗。321　廣。度 1053　廣途 1735　廣都 913　廣－德 2990　廣－望 864　○廣－
博ニ〆 2110　廣－莫。。764　廣－莫門 1764　廣－陌 1890　廣－廡 169　廣－武 1475　廣武(地名)－侯 2304　廣平(地名) 1261　廣袤 156　○廣－野 2921
廣野(地名)－君 2905　廣－覽 2886　廣－柳 1755　。廣陸 681　廣(地名)－陵 2389　廣－路 92　廣－淵ナリ 2211　徨－徨タリ 471　○恍－忽。コツタリ 524
慌タリ 2112　慌－忽トス 2038　懭悢 2059　擴－集ス 2484　。曠ナリ 1019　。曠タル「 2600　曠－宇ナリアリ 2071　○曠－曠タリ 2112　曠－士 1749　○曠－
日 2752　。曠－。蕩 2556　○。曠－。世にして 1158　曠－迹 1723　曠－然ト〆 1676　曠－代 267　曠－盪 2299　曠－度 2929　曠－年 2589　○曠
－野 968　曠－瀁 1079　曠－朗ニ〆 2149　○曠－遠 1105　桄。－榔。323　。榥 361　横。1124　横－海 765　○横。－行。シ 532　○横－議
2238　横－潰 1907　横。－橋 668　横。－塘。362　○横－暴 2118　横－迸ヨコタハリ 986　○横－流 2218　○横－流〆 1175　横－厲 1530　浤。－

泫 761　湟中（地名）2720　潢-汙 2480　瀇-瀁（タリ）2112　瀇-潦 1492　煌-火 259　○煌-煌 528　煌-煌熒-熒（シ）1138　謍（トシテ）118　熒（とシて）1136

獷-俗（カヘシ）3602　○皇。622　皇-媪 2926　皇-邑 1260　○皇-胤 3482　○皇-運 2899　○皇-恩 193　○皇-家 441　皇-駕 635

皇-階 2906　皇-。綱 632　○皇-考 1990　皇-。鑒 623　○皇（地名）-漢 1928　皇-儀 136　皇-祇 2833　皇。-穹。991　○皇-居 728

皇-車（キヨ）559　○皇-極 398　皇衢 129　○皇-華 2244　皇-皇（タル）1221　皇-皇-焉（タリ）235　皇-歡 137　皇-慶 1218　皇-教 3412

皇-軒 486　皇-姑 3498　○皇-后 959　皇后紀ノ論（書名）3057　皇后本紀（書名）3065　皇-佐 1457　皇-。使 1195　皇-士 1179　皇-旨 3606

皇-州 1742　皇-心 1340　○皇-上 1219　皇-初 2999　皇（地名）-晋 1958　皇-世 2429　○皇-城 129　皇-情 443　皇-聖 1588　皇齊（地名）3580

皇-戚 1246　皇先-生 3523　○皇。-。祖 302　皇-代 672　○皇-太-子 1241　皇唐（地名）3134　○皇-道 89　○皇-澤 2298

○皇-儲 1486　○皇-帝 484　皇-帝陛-下 2979　○皇-朝 2344　○皇-天 480　皇-度 1226　○皇-圖 124　皇-塗 3495　皇-都 1199

○皇-統 272　○皇-德 126　○皇-風 134　皇-眄 1976　皇甫士安（人名）2748　皇-命 1486　皇-明 91　○皇-輿。457

皇-翼 1111　皇-來 247　皇-流 1236　○皇-靈 1909　皇-僚 236　○皇-王 2828　○皇-位 3074　○皇-威 651　皇-闈 1518

璜。905　穔| 3447　篁-竹 3628　篁。-。篠 420　簧 1119　紘-綖 3505　紘-綱 1398　紘覆 894　纊| 3323　荒。1229　荒|（セ）（スサヒ）（オコタラ）296　。荒（とシて）966

○荒-淫。（モテ）516　荒-翳（セリ）2340　○荒。-。裔 397　荒-埏 3619　荒-。宴 1301　荒-遐 1220　荒-階 1594　荒-郊 2353　荒-葛 701

○荒-外 2152　荒-毀 2429　荒-憬 2849　荒-蹊 1293　荒逆 2307　。荒-忽 924　荒-草 1761　荒-樹 1665　荒-榛。690　荒阡 1370

荒-楚 1835　荒。-。阻 431　荒。-阪。357　○荒-怠（〆）3538　荒-池 1878　荒-疇 1252　荒-沈（ニ〆）2711　荒-屯（ツキム）125　荒-庭 1835

荒-塗1326　荒-頓(シ)2219　荒末3000　○荒。-蕪(ナリ)。。403　○荒蕪(セリ)2935　荒-服434　荒-林1634　○荒-涼(シ)2685　荒-路1676
○荒-夷1554　趪-趪(タリ)159　○轟。-轟331　湟-湟(トシテ)2066　湟-湟(セ)3305　鑛-璞3134　閎-議(〆)2741　閎。-澤。524　隍-池2104
○黄|2662　黄(人名)225　○黄-埃703　黄。熊。285　○黄-雲1917　○黄-屋1232　○黄(地名)河2707　黄(人名)蓋3232　黄-。巷640　黄。-甘528
黄。-閒。295　黄-間592　黄-宮1122　黄-旗3397　黄-岑2162　○黄-金1386　黄-棘。650　○黄-巾2192　黄(人名)虞2992　黄-
華1825　黄。-環。315　黄-輝3009　黄-暉1217　黄(人名)權2947　黄(人名)憲3097　黄-犬661　黄-軼265　黄(人名)-公200　○黄-耇(コウニ)3042　黄
鵠118　○黄-昏(シ)964　黄-彩1828　黄-山547　黄支98　○黄-紙2458　黄-沙1929　○黄-雀166　黄。-。潤324　黄-序
2237　黄-初-三-年1155　○黄-。。壤642　○黄-。鍾1071　○黄-神880　黄-瑞2986　黄星2233　○黄-泉1754　黄(人名)石3207　黄-
。。碤521　○黄-精2633　黄。祖。841　黄-組234　黄(人名)唐2780　黄(地名)唐3258　黄。-。稻290　黄(地名)池2713　黄-中2218　黄-竹817　黄-腸
3674　○。黄塵。491　○黄(人名)-帝720　黄-泥1215　○黄(地名)鳥2215　黄-頭2415　黄(人名)霸3020　黄-馬3319　黄-芭1117　黄-藜3010　○
黄。-髮。301　黄-坂1200　黄-霧1656　黄-鉞(ホツ)243　○黄-門1072　黄-門-侍-郎3098　○黄(人名)老2910　○黄(キハミ)‖落(〆テ)2788　○黄-
梁2079　○黄-龍85　黄靈915　黄。-礫523　黄-壚1197　黄(人名)琬2865　廓。(トシ)961　廓-焉(ト〆)1552　廓-爾(ト〆)2145　○廓-然585　廓
-落(タリ)2059　攉。(ス)391　攫-拏(セル)2768　○槨3671　獲-虜192　○獲-麟1538　獲。-夷。558　玃猱503　濩。-略(シ)864　漼。-濩
711　○畫|2398　○畫|(ス)2394　○畫一105　畫-冠2229　○畫-工3647　○畫-贊2928　畫。-流(ス)1240　皠。皠(タル)745　膗-蠵2080
藿。1717　藿。-蒳。。348　虢。633　虢(人名)叔3511　虢。-鄭627　虢土178　蠖1512　○郭93　郭1606　郭(人名)攸之2261　郭(人名)有-道3319　郭(人名)伋

3073
郭欽(人名) 3052
郭隗 2547
郭景純(人名) 1312
郭弘(人名)｜農 1962
郭｜生 1606
郭昭(人名) 2723
郭張(人名) 1072
郭｜桐廬 1606
郭璞(人名) 2860
郭郛 156
郭｜北 1782
郭穆 2317
郭｜門 1784
郭奕(人名) 1302
隔｜閡 2282
霍(人名) 2450
霍融(人名) 3401
霍去病(人名) 2271
霍光(人名) 3019
霍。｜濩 1097
霍將軍(人名) 1305
霍｜然(ト) 2120
霍｜繹 183
鶉｜火 1390
鶉｜首 155
鶴｜立 2287
活｜活(ト) 1349
滑(地名) 3464
滑臺(地名) 3549
豁｜(タル) 72
豁。｜険(ナルコト) 333
○豁達(す) 646
豁｜逹(ト) 1214
鴰｜鶬 182
○丸 396
丸。｜劒 875
倦｜游 1722
○元｜興 1638
○。冠(ラシメ) 843
○冠(シ) 2170
○冠。｜。蓋 363
冠｜車 1364
冠｜軍｜將軍 3627
冠｜山 99
冠。｜縦 434
○冠。｜。帶 324
○冠｜帶(スルニ) 1400
冠｜珮 1942
冠｜冕(ナリ) 2364
○冠｜履 2246
○勸｜戒 2801
勸｜教 2616
○勸進 2303
勸｜進(セシ) 2487
勸｜慕(シテ) 3142
勸｜勵 1176
圜。｜丘。 482
圜｜牆 2526
圜。｜題。 525
完｜士 1675
宦 1396
宦｜竪 2515
宦｜人 3075
宦｜情 1912
宦｜侶 1885
○官。 413
官｜(シ) 2398
○官｜事 3632
○官｜寺 3452
○官｜次 3529
○官｜舍 2875
○官｜。守 2580
官｜屬 1253
官｜帥(スイ) 369
○官｜長 3276
官｜渡 1916
官｜品 2458
官｜夫 1083
官廟 1981
官｜漏 3402
寛｜(ナルコト) 3176
寛｜(ト) 3028
寛｜樂 3471
寛｜和 3124
寛｜科 3073
○寛｜厚(ニ) 3113
寛｜柔 3145
寛｜綽(シテ) 3024
○寛｜恕 2736
○寛｜仁 2718
○寛｜政 1555
寛｜冲(ニ) 3255
寛｜譬 3606
寛｜明 1098
○寛｜裕 2890
○寛｜容(ナリ) 1076
寰｜區 3086
寰｜隧(スイ) 1976
○寰。｜内 402
寰｜甸 3486
患 1403
○患｜害 1387
患｜責 2330
懽｜友 1895
懽｜忻(ト) 3149
懽｜愥(ト) 1371
桓(人名) 3059
桓｜友 644
桓榮 2358
桓魋(人名) 3213
桓｜桓(タル) 1203
桓玄(人名) 2337
桓侯(人名) 3199
桓｜后 1718
○桓(人名)公 1959
桓譚(人名) 3326
桓文(人名) 2479
桓靈(人名) 2640
桓王(人名) 2323
○棺｜ 2703
棺｜柩 2866
○款｜ 2243
。款｜愛(アイシキ) 646
款｜曲(ス) 1574
款｜款(トシ) 3310
款｜關 3392
款｜眷 1540
。款｜實 1160
款｜情 1851
款｜誠 1499
款｜然(ス) 1569
款｜睇 1979
款｜附(ス) 2643
○。歡 2554
歡｜哀

3490 歡ー愛 1383 歡ー愛ス 1380 歡。友。 1914 歡ー謡 120 ○歡ー悦 1441 歡。ー宴 293 歡ー恩 2283 歡ー好 1391 歡ー忻 252
歡ー欣 3136 歡ー欣踊ー躍 2609 歡ー願 1915 ○歡ー娯ーシト 138 ○歡ー娯シテ 1870 ○歡心 960 歡釋シ 1107 歡ー情 387 ○
歡ー然ト 1527 歡。ー愉 1905 歡益 2638 歡。ー。飫ヨ 364 ○歡ー樂 1214 歡ー怨 1458 汍クハンー瀾タリ 3667 渙。ート 1314 渙ー衍ー葺ー襲。タリ
1114 渙ー汗タリ 3292 渙ー乎ト 2120 ○渙ー然ト 2802 渙ー揚ス 3008 灌嬰(人名) 2904 灌ー激 3242 灌。ー。注シウシ 745 灌。ー。莽 702 灌夫(人名)
2528 ○灌ー木 1327 煥。とシて 298 煥ー衍カンタル 2837 ○煥ー乎ト 2811 煥。ー。炳とシて 719 煥ー炳 2179 煥爛と 963 玩ー好 197 玩ー
耽 2467 環ー極 1584 環ー琨 925 ○環ー周ス 1182 環ー洲 1351 環ー堵 1838 環ー珮 1380 環。ー玭。 729 環ー林 951 睆ー焉ト
1896 窅ー達 2295 ○管 244 。管(人名) 882 管商(人名) 1080 管孟(人名) 80 管樂(人名) 2943 ○管ー紘 404 管ー。敬(人名) 449 管ー。庫 649 管蔡(人名) 2199 管
隰(人名) 3069 管蘇(人名) 3075 管寧(人名) 2335 管鮑(人名) 3140 ○管ー籥。 530 管ー輅 3277 紈。 1783 紈ー綺 806 紈牛 2850 紈。ー。袖 820 ○紈ー扇
1940 ○紈ー素 1853 ○緩ー急ナリ 1060 緩(地名)ー耳 3390 ○緩。ー歩 692 翫シ 1864 翫ー好 185 翽ー翽 1112 莞。ー蒻 809 莞ー然ト
3237 菅ー蒯 180 ○萱。クワンー草 822 雚。ー蒻。。 420 雚ー蒲 1676 ○觀。 471 觀(人名) 1207 。觀ー遊 566 。觀ー。宇 420 觀ー閣 2815
觀ー魏 3009 觀ー灤 2572 觀ー盥 1245 。觀。樹 321 觀ー臺 3482 觀。ー聽 331 豢ー豹 2102 ○貫。 549 貫ーシツ 3277 貫ー貿 2849
貫公(人名) 2675 轘ー。轅 1156 還ー旨 2430 還ー荅 2496 還飆 2685 還ー命 2487 ○關。タリ 280 ○關ースル 2515 關ー右 1669 ○關羽(人名) 3236 關
ー下 1306 關河(地名) 3588 關ー外 1923 ○關關とシて 563 關ー源 1928 關ー谷 641 ○關。ー山 997 關ー市 2247 ○關ー。睢 634 關睢(書名)
3059 關ー城 2415 ○關西(地名) 1938 關。ー石 429 關ー塞 3603 關(地名)ー内ー侯 3410 ○關。ー中 1201 関中(地名)ー侯 3444 ○關ー東 3170 關

｜輔1750 ○闕｜門300 闕(地名)｜洛2244 闕｜吏1362 闕｜梁1823 闕龍(人名)3122 ○闕｜路3598 闤174 闤(クワン)｜闠(クワイ)324 頑｜豔2464
頑｜嚚(ナリ)3128 頑｜凶1197 頑｜才2609 頑｜素2144 頑｜蔽3428 ○頑｜魯1443 頋｜言985 頋｜言1467 ○館336 館｜(スル)222
館｜娃385 館｜御141 館｜室162 館宅1676 驩｜欣1050 驩兜(人名)3324 ○鰥｜寡542 鰥夫672 鸖｜鷗344 鸖｜鵠1676
鸖｜鵠1946 僞｜師3425 僞｜新669 僞｜臣3135 僞｜孫1503 ○僞｜朝2295 僞｜庭2335 僞｜武烈皇帝(人名)2323 僞｜封2337
僞｜嬖(ヘイ)2663 冀429 冀幽(地名)2304 冀｜闕659 ○冀州(地名)2032 冀(キ)｜道404 冀｜徐2733 冀｜方1196 冀域(地名)2459 卉｜然(とシテ)544
卉｜服2832 卉｜木347 ○危｜(ナリ)1469 危｜葉2244 ○危｜機2654 ○危｜急2260 危｜冠2181 危｜冠(シ)367 危｜紘2155
危｜苦(コ)1088 危｜國2647 危｜根3431 ○危｜坐(スル)2631 危｜城1208 危｜淺(ニ)2296 ○危｜殆1068 危｜臺3464 ○危｜難2263
危｜柱1643 危｜墜2195 危｜轍1601 ○危｜亡3249 危｜偪(ナリ)1207 危｜明620 喟(とシテ)1115 喟｜焉(ト)1235 ○喟｜然(とシテ)565
○喟｜然(ト)2746 喟｜息1056 夔(人名)3001 夔牙(人名)476 夔｜魖466 夔｜蚳786 夔襄(人名)1071 夔｜龍295 嬀(人名)889 峞巍709
巋｜崋723 巋｜然(とシテ)706 弃｜予2287 徽(トスルニ)1095 徽(人名)1980 徽｜猷1544 徽｜音742 徽｜徽(と)1031 徽(キ)｜顯(シ)406 徽｜索2769
徽｜車554 ○徽｜章3486 徽｜幟440 徽｜纆1471 徽｜容1864 徽｜烈2371 衡｜鯨380 揮｜(シ)2137 揮｜霍(とシテ)328
揮｜弄484 撝｜挹3537 ○歸(す)633 歸｜鞅1664 歸｜運3002 歸｜雲643 歸｜轄3463 歸｜海1666 歸｜耕937 歸｜客1234
○歸｜鴈290 歸｜去｜來2789 歸華1865 歸｜艎2483 歸｜翮2160 歸｜願1294 歸｜逕1659 歸｜言1574 歸｜鴻1497 歸｜士1714
歸｜志2480 歸｜思1624 歸｜舟1575 歸｜軫1425 歸｜昌2154 ○歸｜趣2803 歸｜人1972 歸｜訴2430 歸｜湊(スル)

793 歸—軸 3616 ○歸—潮 1340 歸—鳥 1461 歸—塗 1495 歸—旆 1493 歸—風 762 歸—僕 1259 歸命(人名) 3240 歸—歟ヨ 682 ○
歸—來 639 歸來(書名) 3473 歸—流 1657 歸—慮 1642 ○歸—路 1629 歸—往セ 3153 暉| 3343 暉—映シ 2365 暉—光 1186 ○暉—暉ト
1287 暉—素 1819 暉。—。麗 310 。毀—垣 665 毀—疾 3535 毀—撤ス 1418 。毀—廟 650 毀—滅シナント 3529 。毀—。譽 2538 熙—烝 1127
熙王(人名) 3625 癸—甲 748 季—葉 2229 季—年 2213 ○窺—窬ス 3535 簋クヰ 496 簣|ヲアシカラ 3664 翬—褕 3495 翬—翟テキ 3483 葵。 1717 葵—菫
1749 葵—藿 1739 虧—喪 2442 虺—蘼とシて 1113 。虺—蜜。 701 覬(人名) 3568 詭—異ナル 2465 詭—遇セ 133 詭—怪 1665 詭—観 2119 詭
—惑タル 645 ○詭—辭 2344 詭勝(人名) 2576 。。詭—隨。。シ 398 詭—對 2335 ○詭—道ナリ 1207 。詭—奪 2590 詭戻タリ 1067 貴| 3031 貴—游
2298 貴—介 2902 ○貴—公 1908 貴—仕 3278 貴—宗 2283 ○貴—臣 2506 ○貴—人 3062 貴—勢 2931 貴—盛ニ 2459 ○貴—
戚 3049 ○。貴—。賤 490 積岸 3658 蛙—行シテ 1562 軌—儀 2203 軌—訓シ 2336 軌—式 3429 軌—制 3059 ○軌—跡 2951 。軌クヰ—躅
322 ○。軌クヰ—轍 338 軌—度 2950 ○軌—範 2797 軌—模 941 軌—量 261 軌—路 1652 輝—映ス 1635 輝。—光 483 輝—章 2916
輝—耀 3416 輝—烈 267 闚。—闟。ス 455 ○。驥 856 。驥—子 327 。驥—騄。 295 ○。鬼 889 鬼—區 3006 ○鬼谷子 1314 鬼—
信 2984 ○鬼—神 80 鬼—方 2556 ○鬼—魅 473 鬼—傭。 668 ○鬼—錄 2583 麾ハタ 433 龜。 408 龜—嶋 227 龜—魚 229 龜
—玉 1531 龜—鶴 1316 龜—鴇 3290 龜沙(地名) 3679 龜—書 222 ○龜—筮 3384 龜—鼎 3083 龜—貝 2231 龜賦(書名) 2466 龜—文 3291 龜
蒙(地名) 2476 龜—謀 3640 龜—龍 2768 。窘タルタシナム 838 窘—執 2911 窘—然ト 1471 窘—歩シテ 1586 冏(人名) 2299 嘒—嘒ト 1903 囧—囧トシテ 1965
。囧—然と 759 ○圭| 3395 圭—陰 69 圭—撮サツ 3405 坰。ケイ 372 坰—牧 3010 坰ケイ。—野 315 坰—林 1564 坰牧 2561 ○奎。 709 。惠 847

°惠（人名） 627
°惠ス 1725
○惠－愛 663
惠－渥° 984
惠－音 1499
惠－義 1947
惠－貺スル 2602
惠－訓 3439
惠公（人名） 2316
°惠后 2388
惠－濟 2298
惠－草 1918
惠子 2597
惠（人名）－施 1108
惠－色 1969
惠－心 1288
惠－聲 665
○惠－澤 2141
惠帝（人名） 3053
°惠－風 413
惠－問 3497
惠文（人名） 2982
°惠－養 870
惠運（人名） 1977
惠－露 3613
惠王（人名） 2382
°慧アリ 1044
慧－日 3563
相攜ヒ－持〆 3087
攜－養ス 2697
扃－牖 2902
扃－禁 2419
桂－海 1982
桂－旗 1159
桂－宮 107
○桂－枝 1860
桂－舟 2033
°桂－椒 475
桂－樹 1645
°桂°酒 822
桂（地名）－水 1974
°桂°箭 353
桂－棟 1975
桂－°父 389
桂陽（地名） 3029
○°桂－林 384
°桂－°苑 825
滎ケイ°－陽° 610
炯トシテ 1148
炯－介 1655
°炯－°戒 881
○烱－烱トシテ 990
煢－煢ト〆 2657
○熒°－惑コク 554
熒－燭 2776
珪° 819
珪－瓚 2206
珪－璋 1317
珪－爵 1750
珪－組 1956
珪－符 2240
珪－璧 3303
畦－瀛 2085
睽ケイ合ヲ（ソムキアウ〆ヲ） 3405
袿－裳 1146
袿－徽クキ 925
°蕙 974
蕙－葉 1900
蕙－肴 2029
蕙－華 2064
蕙－茝サイ 1993
蕙－草 102
蕙－°芷シ 904
蕙－質 1952
°蕙－心 703
°蕙－若° 290
蕙－纕 1999
蕙－帶 2043
蕙－帳 2685
°蕙－°°圃 556
蕙－蘭 1509
蕙路（地名） 3478
螢°－°曜 391
螢－燭 2278
○蟪－蛄 2089
迥－望 197
迥－陌 1362
迥－江 1093
°逈－場° 865
°逈－塗° 434
逈－漢 2121
逈－路 2653
閨－牖 3079
○閨閤 2536
閨－草 1951
閨－處ス 2095
○閨°－闥 526
○閨－中 1005
○閨－房 100
閨闈 1661
°熲トシテ 489
○月－氣 1239
月－御 1680
月－窟 582
月－華 1887
月－支 1698
月°°－駟 869
月－日 3637
月－竃 1678
○月－旦 3329
月－殿 829
○月令（人名） 3075
○月－露 1559
橘°－柚 317
○決° 2513
○決°スルこと 596
決－計 2569
決絶〆 2111
泬－寥タリ 2058
潏－湟 775
獝－狂 466
○穴 3447
穴－處 1814
穴－藪 2405
血－拇 2073
○血－脉 2096
訣°－厲 1116
譎－諫 2794
譎誑ナリ 1020
譎－詭 1141
○譎クヰツ－詐サ（イツハリ） 3169
譎°－變 794
觖°－望°°スル 339
蹷クヱツ－然ト〆 2649

甖−痿2096　蹶|(タルコト)2889　○蹶−然(ト)2184　○闕。328　闕−遺2742　○闕−下2230　闕−景3658　闕−爾(ト)2240　闕。−西627　闕
−政2477　闕−然(ト)2513　闕−庭129　○闕−典2863　○闕−文1015　闕。里2615　○闕−漏2261　駃騠。525　倦−遊1925　儇才。
292　○元|(ニ)1244　元。。(人名)980　○元−悪2721　○元−嘉3461　元−嘉四−年月−日3471　元−嘉七−年九−月十四−日3672
元−嘉十−七−年七−月二−十八−日3494　元−凱(ニ)2359　元凱(人名)3295　元−康2306　元−康九−年3430　元−康元−年3437
元−康七−年3444　元−康八年3656　元−康六−年1481　元−基725　○元−気137　元−舅3373　元吉245　元−渠3536　○
元−凶1195　元皇后(人名)3494　○元−元2699　元−徽2866　○元。。−亀。313　○元−勲。449　元−功389　元−宰2844　元−士1822
○元始75　○元。。−巳(シ)293　元−祀244　元。−戎。。950　○元−日232　○元−首2936　元−神1680　元−辰909　○元−帥2921
元城(地名)2471　元−精3517　元歎(人名)2947　元−女3429　元直(人名)2634　元−帝1699　元−天1357　○元−妃3060　元−符584　元−輔2830　元
穆公(人名)3525　元瑜(人名)2581　元王(人名)1177　原3039　原(人名)176　原憲(人名)3221　原。。−隰。316　原常(人名)93　○原泉(地名)2969　原−疇1565　原−薄1232　原−
武610　○原。。−。野289　原−陸261　原陵1410　。呟−喚(とシ)1046　圏−守(スル)2415　。圏−束866　圏(ケン)−牢2273　塤。1084　塤−箭2606
塤−篪3309　壎−篪846　○娟−娟(ト)1865　○巻2248　○巻−舒1970　○巻−舒(ス)1475　○巻−軸3648　巻−。領443　○弦。(ツル)376
弦−。矢535　怰。燿562　愿−法3262　惓−惓(タル)1149　懸1083　懸。−。解391　懸−碕。793　懸−火2086　懸−景3354　懸−象1475
懸−書3398　懸−然(ト)2880　懸−刀597　懸−騰。(す)774　懸−沈(シテ)3009　懸。−。磴691　懸−法3397　懸−匏1110　懸(地名)−圃2010　懸−
蘿1611　懸−流。782　懸−黎102　拳。勇374　○拳−拳2522　拳−猛3463　暄−気1827　暄−濁1826　暄−鳥1662　沅(地名)2037　沅。。

－湘371　沅－澧770　泫｜(タリ)3680　泫－泫(ト〆)1338　泫－泣(〆)2464　○泫－然(ト〆)2668　泫－流(シテ)1069　涓澮771　涓－子1092　涓－流755　源(人名)2453　○源－泉96　源父－子2455　○源－流76　炫963　炫－晃(シ)349　炫－曜(ト〆)2977　○炫－耀(と)501　○牽－牛117　牽掣866　○犬－戎644　○犬－馬268　○犬－羊2307　○玄697　○玄－奥1120　玄－晏3349　玄晏先生(人名)2809　玄－熊717　玄－蔭362　玄－陰823　○玄－雲284　玄－纓1946　玄－宴1976　玄－薦622　玄－甲3375　玄－感2218　玄－顔2086　玄－丘3480　玄－宮550　玄－虯240　玄－秬3010　玄－虚1274　玄－魚745　玄－玉696　玄－化2141　玄－曠(ニ〆)1477　○玄－黄327　玄－鶴508　○玄－闕3559　玄－暉1223　玄－月784　玄－闕(地名)2603　○玄－玄2682　玄－訓900　玄－景1811　玄－珪3437　玄－枵617　玄－言3608　玄軒741　玄－空1372　玄－根1552　玄－混2998　玄－采2171　玄－朔2654　玄－瓚(サン)481　玄－寺2615　玄－思1966　玄沚181　玄－滋406　玄－芝1159　玄－駟1200　○玄－宗3550　玄－識(シ)458　玄－珠3094　玄－首3420　玄－渚172　玄－俗445　玄－津3577　玄－聖685　玄－霄1168　○玄－石3548　玄石(人名)2177　玄－泉227　玄－素1587　玄塞2274　玄－堂3503　玄－澤1226　玄獺320　玄－冑(チウ)877　玄－蹄865　○玄－鳥908　玄－貂2181　○玄－兎827　玄－土2202　○玄－冬551　○玄－同443　玄通(セル)945　○玄－徳237　玄－派2963　玄灞643　玄伯(人名)2947　玄－幙950　玄－幕1203　玄－漠(ニ〆)1183　玄－邈2332　玄－髪1396　玄微子(人名)2120　玄－眉2138　玄－冰(ニ〆)2497　○玄－武1986　玄武(地名)3394　玄－符2986　○玄－風1969　玄－服(シ)1144　玄冥473　玄平(人名)2359　玄－妙1122　玄－豹503　玄－璧1536　玄－冕1196　玄圃(地名)1217　玄－牡2203　玄－蜂1745　玄－謀272　玄豊(人名)3026　玄－木1138　○玄－黙(ホク)573　玄－夜1214　玄－弋184　玄－輅728　玄－覧(シ)224　玄－鸞562　玄

-流671　玄-律817　玄-林1823　玄-龍1523　玄。-。厲501　玄-嶺1090　玄-。蠣780　玄-。醴722　玄-靈3376　玄-廬。
1759　玄-闇3632　玄-淵1243　玄-。猨557　玄猿(書名)3164　玄-遠ナリ2365　眏-澮3201　○眏-畝3085　眩-曜ト〃2095　眩曜スル88
○眩-燿シ483　眷2609　○眷-眷と681　眷-眷セン2508　眷-言1559　眷-言シテ1492　○眷-顧1522　眷-然ト〃1615　○眷-戀〃1165
○絃。1028　○絃-歌1099　絃。-張1053　。秦950　○縣|2723　縣。セ2837　縣-邑2932　○縣-道2694　縣賁父(人名)3450　萱1566　○萱-
草1952　蘬。-葉596　衒アラヒ-達ス3082　蠲ケン-復フクス2222　○。袨服。323　袨-服スルニ3588　諠|(人名)3571　諠-踞1338　踡。-跼キョクナル391　蜷-
局〃2027　。鉉-台619　阮(人名)-瑀982　阮瑀元瑜(人名)3163　阮元瑜(人名)2564　阮公(人名)1298　阮嗣宗(人名)1379　阮始平(人名)1301　阮-生1527　○阮籍(人名)3051
阮陳(人名)2469　阮歩兵(人名)1298　阮-略2375　竈。。-鼂。563　軍-行2115　○軍-國2342　軍-佐2442　○軍-事2262　○軍-士1985　軍
-實。384　軍-主3625　○軍-書2469　○軍-勢255　○軍-政2831　○軍-中1670　○軍。馬386　軍-麾3583　○軍-府2620
軍-武3181　軍-鋒2921　○軍。-容。449　○軍-旅1616　軍-禮658　君。2572　君-。擧セヨ598　○君-侯1443　君山(人名)3285　○
君。-。子299　君-斯3615　○君-臣126　君-親2498　君奭(人名)2822　君。-遷。350　君大(人名)3645　君冑(人名)2617　○君-。長2519　○君-
父2270　君(人名)-平。332　君苗(人名)2617　○君-命2803　君(人名)-明1087　○君-臨1249　君-王829　曛-黒1911　曛-日1573　○熏|ス1745
熏。-鬻。577　獯虜(人名)3460　獯-夷2244　○群2812　群セ1272　群狡2323　群-公1279　群-豕2552　○群-書1269　○群-臣2281
○群-生1473　○群-小3144　○群-峯1645　○群-黎2334　群-鹿2761　羣。865　羣。セ902　羣-鷶2664　羣-有3559　○羣-
雄3207　羣-英1009　羣-鷰1691　○羣-下2469　羣-雅543　羣-。犗380　○羣-議3028　羣-牛2414　羣-羌3446　羣-凶

224 羣-化1582 羣-會2949 羣-卿2206 羣。-形。849 ○羣-言1014 羣-賢1556 羣。-公。565 羣。-。后411 羣-寇3448
羣-才2882 羣-策3159 ○羣-山754 ○羣-司1180 羣。-士295 羣-獸179 羣-心3072 羣-儒3013 羣。-。儁811 羣
-神481 羣-臣113 羣-萃2298 羣-雛1116 羣-情2329 羣-生125 羣-聲1119 ○羣-籍2212 羣-。善664 ○羣-
盜3594 羣-女1153 羣-狄3452 羣-氐(テイ)2717 羣-弟902 ○羣-鳥3146 羣-動1847 羣-方1234 羣-望244 羣-岷2181
○羣(地名)-巒3238 羣-悲(ス)3670 羣-辟。1217 羣-木1856 羣-羊3034 羣-妖。760 羣-流771 羣-虜2701 羣-龍896 ○
羣-類111 羣-癘258 羣-黎574 ○羣-僚。465 羣-寮3520 羣-穢2780 羣-夷3614 ○薫。413 ○薫|(スル)2128 ○薫-
蕕3296 ○薫-辛3196 薫。-鑪。822 ○訓|3007 訓-革2936 訓誥(書名)2797 ○訓釋71 訓-誓2348 ○訓-傳2799 ○。訓。典301
訓-兵2713 ○郡|2416 郡-邑1923 郡-尹2871 ○郡-縣2295 ○郡-國178 郡-相國2695 郡-守2475 郡-人2928 郡-
正3099 ○郡-内1592 郡中1795 ○郡-王3607

ケ

○京。652 ○京-邑223 ○京-尹178 ○京-畿1198 ○京-華1312 京-。観642 京-縣1662 京-口1339 ○京-
國1982 京-倉236 ○京師(地名)3098 京。-室。401 京薪186 ○京城(地名)2548 京-臺1654 京-峙(チ)179 ○京-都83 京輔(地名)3532 京。
-。庾433 ○京-洛142 京-里1926 京-輦1613 京-路1663 係|2409 係-仰2458 係(ケイ)-蹄2428 ○係累。(ケイルイス)579 係-縲2743
係-虜3244 倪寛(人名)3016 傾-雲1758 傾河1851 傾-義1396 傾-宮361 傾-危3183 ○傾-頽(ナリ)2262 傾-弛3641 傾-首2314
傾-側2823 ○傾-倒(シテ)1652 ○傾-動(スル)3175 傾-頓(シ)2654 ○傾。-覆。667 ○傾。-覆(セリ)456 傾-壁1666 ○傾-慕(ス)1931

傾－離 3657　○兄 1488　○兄－弟 948　兒。－齒 301　竟。壄(ケイヤ) 553　竟陵(地名) 2372　竟陵郡王(地名) 3630　竟陵王(地名) 3638　○刑。492　○刑|(ル) 1196　○

刑－獄 2198　刑－。輟(セラレ) 661　○刑－賞 2261　刑－書 2442　○刑－人 3079　○刑－政 2794　刑－德 2233　○刑－罰 2330　○刑

－法 3246　○刑－辟 3423　○刑－餘 2514　○刑－戮 2375　勁－陰 3364　。勁－越 388　勁－翮 2163　勁－吳| 2401　○勁－草 1829

勁－鍛 3238　勁－矢 1726　勁－秋 1013　○。勁－松 644　○。勁－捷。(セウシ) 419　○。勁－。箭 504　勁－弩 2707　○。勁(ケイ)－風 759　勁－利

3254　勁－虜 1713　卿－靄 1976　卿雲(人名) 3323　卿－佐 2202　○卿－。相 1274　○卿－士 646　卿－署 3078　○卿－大夫 2542　○啓| 2425

啓(人名) 2269　○啓|(ス) 2426　。啓－行 951　○啓－事 2432　啓－夕 3488　○啓－發(シ) 2997　○啓－閉 3404　○啓－明 250　境－宇 3376　○

。境(ケイ)－。界 611　○境－內 510　境－土 3267　夐|(トシ) 3377　夐(ケイ)－古 1938　○。契 1018　○契－闊 1557　○契－濶(シテ) 1500　。契－龜 889

契－書 3448　契情 1056　奚。(人名)－斯 706　奚仲(人名) 3347　嵆(人名) 967　○嵆(人名)－康 967　嵆叔夜(人名) 2623　嵆生(人名) 2657　嵆中散(人名) 1299　嵆茂齊(人名)(ホ) 2652　羿(人名)

2006　羿泥(人名)(サク) 2333　。。羿氏 559　形 3194　形(ス) 2795　形－音 1564　○形－影 989　形－解|(ル) 1299　○形－骸 1476　形－器 2952　形。－。氣 834

○形－似 3092　○形－勝 1374　形。－神 969　○形－勢 1090　形－蹟 1624　形－內 1016　○形－。態 1054　形－兆 1964　形－表 3513

形辟 2985　形－變 1845　形－役(スル) 2789　○形容 1754　徑－寸 1271　徑－廷 3301　徑－復(ス) 2855　○徑－路 346　憬|(タル) 3464　○。慶 795

○慶|(セン) 2972　慶－藹 3482　○慶－雲 984　慶－。忌(人名) 367　慶－霄 1289　慶－祚 2551　慶－泰 1909　○慶弔 2282　慶－問(ル) 2283　挈

。壺 487　掲。車(キヨ) 523　○敬－愛 2954　○敬－愛(ス) 1211　敬皇后(人名) 3502　敬。(人名)－通 997　敬－。養 670　敬禮(人名) 2593　○景| 2130　景(人名) 920　○

景－雲 1226　景－曜 158　景－。炎 472　○景－行 2589　○景－行(スル) 1585　景監(人名) 2514　○景－氣 1334　景－光 1794　景－皇。665

景皇帝(人名)3581　景業(人名)3580　景－侯2904　景－刻1911　景－°差800　景－山1126　景宗(人名)2439　景－鑠128　°景－宿335　景春(人名)2106　景(人名)
鐘2462　景－數1219　○景－星°671　°景°悼(人名)627　景－胄3496　景－°帝705　景－颪2581　○景－福°331　○景－物873　景－
平1638　○景－命1482　景－王2904　景夷(人名)2104　景－緯2854　柃－詣650　楬－車2023　°槃(ユタ)429　涇|2451　涇陽(人名)2769　涇°－渭517
溪－行(シキ)1352　溪－子950　溪－鷘°344　煢－煢902　煢－獨°(シ)985　煢－煢(タリ)1418　○煢－獨1826　煢(ケイ)－嫠2156　瓊°362　瓊°－
英°741　瓊－瑶1326　○瓊－筵1867　瓊－宮931　瓊°－鈒°488　○瓊－玉1512　瓊－巘2153　瓊山(地名)2173　○瓊°－枝346　瓊－
室218　瓊－漿2081　瓊°－°樹820　瓊－蘂172　瓊－蕤1901　○瓊°－臺693　瓊－茅(チョ)2017　瓊－琋1160　瓊－珮1006　瓊－芳2029
瓊－蚌780　瓊－縻2024　瓊－敷°1029　瓊－壁2157　瓊－弁184　瓊－木2079　瓊－鑾1725　硜－硜(ト)3086　磎壑1835　○°磬781
磬(人名)－襄1083　○磬－折°(ナル)1116　磬－折(シテ)1392　禊－飲2853　○稽°－古725　○稽－顙2182　°稽－°顙(サウシ)579　稽山911　○稽－
首2442　○°稽－首(シ)585　稽－伏(セリ)2194　○°系448　系(ケイスレトモ)2998　○經|2673　經－賁(イン)2984　○經°－營(セリ)415　○經－行3568　○經
－學2629　○經°°紀(シ)794　○經－過(ス)1294　○經－國274　○經°－始°408　○經°－始(シ)359　○經－師2872　經－象3567　○經
－術2979　○經－書2672　經－處(シ)2854　○經－世3263　○經－涉(セウシ)1068　○經－籍2799　○經－傳2804　○經－典612　經°－
途°308　經－通1526　經－脉2930　經文2804　○經°－略°340　○經－略(ス)587　○經－綸156　○經°－綸°°(シ)301　經－禮3393
○經－歷3417　○經－緯70　○經－緯(シ)2203　經－闈3481　○°繫－囚1795　○°繼－°嗣464　繼－志1244　○繼－體1867　荆°(人名)
660　荆°－越°862　荆－°豔385　荆河(地名)2488　荆軻(人名)1275　荆(人名)－衡3379　○荆－棘402　○荆－棘(セリ)1252　○荆卿(人名)2419　荆°－吳539

荊(地名)山 2104
荊―杞 1381
○荊―州 112
荊(地名)―人 3414
荊(地名)―昭(人名) 3302
荊(地名)―石 2785
荊(地名)―楚 3538
荊。―南 434
荊―徐 1492
○荊―蠻 1408
荊―璞。489
○荊―扉 1370
荊(人名)―飛 795
荊―寶 3433
荊―牧 1654
荊(地名)門 2712
荊(地名)楊 2578
荊。―。豫 280
荊―流 1656
荊(地名)―王 2904
莖―立(セリ) 1065
藒―車 1995
○蓺゜゜ 535
蓺―業 2373
○蓺―術 72
蓺゜゜美 857
○蓺―文 607
蜺゜゜ 409
蜺。―旌。531
蜺―旄 184
○計 2518
○計―議 2391
○計―策 1278
○詣―(スル) 2361
○警―策(ナリ) 1022
○警―急 1698
○警―蹕(ヒツ) 234
○警蹕。(ス) 466
○谿。―壑。283
谿―口 1606
○谿。―谷。802
蹊―徑 1040
蹊―路 1789
輕―(ス) 1347
輕―埃 1872
輕―羽 1491
輕―雲 1157
輕―銳 2477
輕―霞 1230
輕―蓋 1722
輕―行浮―彈(シテ) 1102
輕―汗 1853
輕―旗 1755
輕―綺 2137
○輕―騎 116
○輕―裘。728
輕―禽 534
輕―衾 1814
輕―襟 1613
輕―裾 1159
○輕―車(キヨ) 132
輕―車將軍 2317
○輕―科 2229
輕―猾 3070
輕―紈 1927
輕―刑 3642
輕―劒 1622
輕―桂 1162
輕―。幰 486
○輕。軒。385
輕―鴻 1372
輕―轂 2135
輕―箑。809
輕―絲 1594
輕肆 2633
○輕。―舟。295
輕―繳 2269
輕―生 1869
輕小 2290
輕。―霄 312
輕扇 1594
輕素 1371
輕―罾 2131
○輕―煖 2267
○輕―重 2232
輕―塵 758
輕荑 1248
輕―體 2138
○輕―薄(ニ) 1386
輕―肥 1603
輕―轡 1304
輕。―。鄙 847
輕―飛 558
輕―武 243
輕―武(シ) 554
輕―霧 2687
○輕―風 1829
輕―゜゜訬 364
輕。―輿。365
輕。―翼。328
輕―浪 1891
輕―漣 783
輕―輦 1211
輕―露 1827
○迎―春 227
迎―風 165
邢(地名) 2617
鏡(人名)機子 2121
陘―峴 1352
陘―阻 1070
○雞―冠 2588
○雞―犬 646
○雞―黍 1604
○雞―人 3316
雞―㹠 1739
雞―鶩 2055
○雞―鳴 2230
雞(地名)漉 3375
霓゜゜ 731
○馨―香 1779
○馨。―香(シ) 494
馨―烈 205
驚―翰 2160
驚―急 1632
驚―禽 2244
驚―麏 1370
驚―鴻 1157
驚―砂。(サ) 702
驚―雀 1930
驚―春 1363
驚―湍

1610　驚。｜蟄。(チウ) 459　驚電 1491　驚｜波 179　驚。｜風 535　驚。｜飈。295　驚｜雷 934　驚流 1571　鯨。｜魚。563　○鯨｜鯢 1163　麖。｜

麖。。328　麖｜鹿 2109　黥(人名) 2920　○黥｜首 3149　黥｜徒 3106　○黥布(人名) 2904　僑(人名) 3609　僑肹 1437　○僥｜倖 2577　○僥｜倖(ス) 3179　叫｜

嘯(ス) 1634　喬(人名) 111　喬｜岳 2142　喬｜嶽 3612　喬｜山 767　喬｜樹 1967　○喬松 2895　○喬｜木 1005　○喬｜林 1416　嘄｜陽 560

噭｜噭(ト) 1349　○堯(人名) 493　堯禹(人名) 2372　堯。｜山 297　堯心(人名) 1232　○堯舜(人名) 1993　堯｜典 2799　堯門(人名) 3481　堯老(人名) 1965　嬈｜嬈(シ) 1040　嶠。773

嶠｜路 1360　嶢｜闕 157　嶢｜嶢｜焉(タリ) 2121　嶢｜崢(タル) 908　嶢｜榭 2157　嶢。。｜薛。。(タル) 426　嶤｜武 1250　徼 2779　徼(ケウ)｜倖(カウニ) 2346

徼｜道 162　徼｜墨 2110　儌糴(ケウテキとシて) 1113　。教 651　。教(ヲシヘテ) 2793　○教｜義 2429　○教｜化 2756　○教｜誨(セ) 2694　教子(人名) 2443　教｜肄

3564　教｜祝(シ) 257　教｜制 2629　教達(シ) 255　○教｜養(セン) 2637　○教｜令 79　○曉｜月 1419　曉｜霜 1341　曉｜暢(セリ) 2262　○梟。(シ) 655

○梟｜雄 2705　梟｜懸 2700　梟｜瞯 3149　梟｜鴟 2551　梟｜帥 2500　梟｜風 2914　梟。羊。352　梟｜鸞 3296　梟｜夷(セラル、ニ) 2705　橋

｜梓 2865　橋蕤(人名) 2194　○橋｜梁 1689　澆。774　○澆｜季 2870　澆｜弛 2228　○澆｜薄 3323　澆｜風 3574　澆｜梁 2154　皛｜皛 1626

皦｜皦(タル) 1050　皦｜皦｜然(ト) 3333　。皦(ケ)｜日 417　。矯(ケウトシて) 551　矯｜易(ス) 3086　矯｜抗 1938　矯｜矯(タル) 2933　矯｜厲(シ) 1123　。竅(アナ、リ) 397

。。繞｜。雷 388　翹英(エイ) 147　翹。｜勤(シ) 674　翹｜翹(とシて) 269　翹｜車 3337　翹｜舞 2858　蟯｜獺 3654　譊譊喧｜咋 3280　趫｜悍 176

趫材 367　趫｜迅(シン) 856　○趫｜捷 191　趫。｜夫。865　蹻｜捷 2137　蹻｜容。314　囂。｜塵。324　驕｜淫 625　驕｜盈 1195　○驕

｜傲 2014　○驕｜騫(ニ) 3147　○驕｜恣 2714　驕｜餌 2485　○驕｜奢 1795　驕｜婦 2553　○驍｜勇 2648　○驍｜騎 132　驍｜騎將

｜軍 3531　驍。｜。騰 864　歊｜蒸鬱｜冥(ナリ) 1184　劇秦(地名) 2978　劇秦(地名)美新(地名)(書名) 2980　劇辛(人名) 2547　○劇。｜談 325　却｜背 2410　擊(人名) 3132

◯擊｜壞ス 2181 擊｜轅 2595 ◯檄｜ 2730 ◯檄｜セシ 2730 激。トシテ 1073 ◯激。ス 1121 ◯激｜越トシテ 118 激｜卭シテ 2769 ◯激。｜昂ス 1056

激｜矢 951 ◯激。｜水 503 ◯激｜情 2656 ◯激｜切ニ〆 71 激。｜。楚 539 ◯激。｜湍。 670 激。｜。徵 1054 激｜曜としテ 1128 激。

｜。轉スルカ 757 激電 596 激｜波 1256 激。｜揚す 647 激。｜。颺シテ 802 激。｜朗 1079 激烈タリ 1792 ◯逆。。 665 逆｜胡 2307 逆。｜邪。

605 逆サカフ｜耳ノ 2651 逆｜失ニ〆 2966 ◯逆｜順 2719 逆｜節 2206 ◯逆｜賊 2716 逆｜暴 2696 ◯逆｜謀 1082 ◯逆｜亂 1527 ◯

逆｜流 1914 ◯逆｜鱗 2962 ◯逆｜旅 1064 郤。公。(人名) 327 郤｜克 1628 闃。ケキとシテ 378 ◯隙｜駟 2668 鷁｜舟 2161 ◯鷁。。｜首 378

鷁。。｜鷊 344 偈タルこと 1134 傑。 434 傑｜操 3442 契ケツ｜闊〆 2345 孑ケツとシテ 902 孑｜遺 2715 孑｜立 2294 孑ケツ｜輪 3237 孼。。｜子 998

孼｜臣 3272 挈｜壺 2847 挈｜瓶 1029 挈｜缾 269 揭ケツタリ 280 揭。スルニ 745 ◯揭｜焉トシテ 181 揭｜車 1141 揭。｜孼。。としテ 721 。朅｜

來。 329 朅｜來ス 3666 臬 3395 ◯桀(人名) 2402 桀｜逆ニ〆 2705 桀跖(人名) 1044 ◯桀紂(人名) 1993 桀｜暴ナリ 3147 桀｜虜 2704 楔。｜櫻。 283 楬スル

221 楬鳴 1915 櫱｜栽 273 潔｜朗シ 147 絜｜楹ナランヤ 2054 絜｜壺 3400 絜。｜齋。〆 1154 絜｜士 3449 絜。｜清 1149 絜靜 1106

絜｜白 1167 ◯結 2083 結｜游〆 1591 結｜纓 3300 ◯結。｜。構 713 結｜課 2684 結｜駟 2613 結｜轄 2094 ◯結。｜繩。 443 ◯

結｜束セム 1782 結｜風 539 結｜緑。 356 結｜縷ル 523 結｜軨 2061 ◯頡｜頏〆 2929 齧ケツ｜膝シツ 2889 ◯俠｜ 2391 俠游(人名) 2551 ◯俠｜

客 1900 ◯俠｜氣 1554 俠烈 1924 劫。ケフ｜悟 1116 協｜氣 2969 ◯協｜和シ 2731 ◯協｜同〆 2478 協律 84 夾｜宮 1943 夾｜杖

2444 岬。。岫 376 峽。 773 峽｜口 3251 ◯怯｜懦ナリ 2530 ◯怯。ケフ｜夫 2530 恊(人名) 1957 恊。｜和シ 1118 恊｜佐ス 2342 恊｜升ス 3639

恊。｜比スル 1079 恊。｜風 1218 恊｜律 2846 愜｜愜タル 3454 業｜ 1236 ◯業(人名) 3056 業。ス 2386 業｜行 3573 ◯業｜業タリ 3008 浹｜辰スレハ

2315 ○狹—隘 3380 狹—中(ニ) 2625 ○狹—路 642 ○篋—笥 1429 ○脅—息 1143 郟—鄏 626 鄴(地名) 2582 鄴下(地名) 1938 鄴(地名)—騎 2590
鄴—宮 1905 鄴京 1910 鄴城(地名) 2723 鄴—中 1905 鄴—都 1674 鏶 2167 ○儉 666 儉 493 儉(人名) 2860 儉(シ) 229 儉—嗇(ショクニ) 207 ○
儼—然(ト) 2739 ○兼—愛 2626 兼—衣 821 ○兼—金 1499 兼—御(シ) 1104 兼—御—史 2450 兼—采 2363 兼—造(ス) 439 兼
—山 1632 兼—司—徒 3632 兼—秋 1656 兼—丞 2297 兼—辰 2231 兼—清 291 ○兼—濟 2373 兼—太—尉 3503 兼—呈
325 兼—土 3187 兼—倍(セリ) 358 兼—容 2742 ○劍 575 ○劍—客 1003 劍閣(地名) 2646 劍閣銘(書名) 3367 劍—氣 2212 劍—騎 1922 ○
劍—璽 3587 劍—履 3636 嚴春(サウ)(人名) 1043 ○嫌—疑 1683 嫌—猜 1750 嫌—吝(リン) 2822 嶮—介 771 嶮—艱 1711 嶮—巇 3333 嶮—
巇(として) 1090 嶮—澁 1616 嶮—陂(ヒ) 388 慊—慊(ト) 1691 ○慊—如(タリ) 3248 撿—括(セ) 1527 撿—操 2325 檢— 3352 檢—鏡 2863 ○減—(シ)
2745 溓—溓(として) 989 ○獫(地名)—狁 1209 縑(ケム)—緫 447 ○蒹—葭 287 ○謙— 1610 謙—下 2609 謙—議(シテ) 2551 謙—光 2874 謙—
謙(として) 450 ○謙—讓 2204 ○謙—讓(シ) 565 謙—約 614 鉗(ケン)—盧 287 ○險 455 ○險—隘(ナリ) 1994 ○險—易(キ) 396 ○險—艱
1650 險—巇 1068 險—戲 845 險—棘 398 險—徑 1645 險—險戲—戲(ト) 2118 險—釁 2293 ○險—峻(にシ) 1139 險峭 1367 ○
險—阻 141 ○險—塞 3029 ○險—難 1959 險—徵 3655 險—塗 3217 險—詖 3059 險—遠 2642 頷—頤 2770 ○驗— 3355 ○驗(ス)
445 黔— 3386 ○黔(ケン)—首 213 黔—庶 1555 ○黔—黎(レイタラン) 662 黔婁(人名) 3287 黔婁生 1839 ○乾 768 乾—景 3508 乾—乾(ト) 3188 乾
—顧 3612 ○乾—坤 406 乾—心 866 乾—象 1530 乾—則 2999 乾—軸 2947 ○乾—符 124 ○堅—城 3229 堅—芳 3676 ○
堅—冰 563 堅—林 3561 妍—歌 2836 妍—骸 1760 妍—蚩 1025 妍—唱 822 妍—變 866 嵃 775 巘 283 巘—崿 1341

幰 1616　○建｜安 426　建安中 2928　建｜安二｜十二｜年 3410　○建康(地名) 2875　建｜興 2428　建｜興五｜年 2304　建｜元 2673　建

｜元二｜年 2870　建｜元四｜年 3545　○建｜業 360　○建｜國 444　建章 548　建｜章｜臺 1215　建春(地名) 3486　建信(地名)｜侯 2905

建｜城 746　建｜忠 2710　建(地名)｜德 1974　建｜寧二｜年 3514　○建｜武 122　建｜平｜王 1364　建｜木 694　建｜陽 650　建約(人名)

2717　建｜禮 1885　建威(人名) 3445　○弦｜ 1743　弦高(人名) 1173　弦｜望 1790　彥 1246　彥回(人名) 3524　彥輔(人名) 2365　愆ケン｜釁 1532　愆ケン｜尤 274　憲ノリ 1180

憲后(人名) 3645　○憲｜章 304　○憲｜章シ 127　○憲臺 1512　憲｜度 138　憲｜網 2703　○權 838　權(人名) 2721　權セン 2242　權｜右 2453

○權｜家 1457　權｜槩 3407　權｜倖 3103　○權｜衡 3323　○權｜奇ナリ 870　權｜彊 3082　權｜時 2549　權｜制 3027　權制シテ 2771

○權｜勢 1888　權｜奪 3629　○權｜寵 2329　權備(人名) 2606　○權｜柄 3155　○權｜變 2758　○權｜謀 2937　○權｜門 2697　○權｜

輿ス 396　○權｜利 3161　○權｜略 3227　○權｜威 3077　汧(地名) 3446　汧(地名)｜庾 3455　汧(地名)｜獄 3458　汧(地名)｜人 3458　汧域(地名) 3451　汧督(地名) 3466

汧涌 90　汧｜雍 152　汧｜隴 642　汧｜渭 552　○涓｜涓ト 2791　犍｜牂 308　犴 2164　狷｜狂 1487　獻 627　獻(人名) 3060　○獻ス

1234　獻｜侯 2904　○獻｜酬 292　獻｜斟ス 1591　獻｜歲 2085　獻｜捷 728　○獻｜替 3441　○獻｜替スル 3532　○獻｜納 1206

○獻｜納ス 1753　獻王孚(人名) 3641　○牽｜牛 1161　牽｜率 1559　牽｜綴セラレテ 1737　牽｜復 2579　瓛(人名) 3285　甄ケン｜陶 743　甄｜陶シ

2372　甄ケム｜部 2857　研覈スル 210　研｜蚩 3295　研桑(人名) 2787　○研｜精 304　繾｜綣 1517　繾｜綣ス 1505　虔｜鞏 3008　虔｜劉 431　虔

｜劉シ 3108　○袨｜服スル 2391　褰シ 733　○見｜ニ 2673　○言｜ 2578　○言｜行 2882　言｜諫 2991　○言｜語 845　言｜事 2224　○言｜

辭 1143　言｜象 3547　○言｜笑 3102　○言｜笑ストモ 2497　○言｜泉 1031　言｜鳥 329　○言｜路 2703　○言｜論 1274　僁ケン｜殃ヤウ 965

謇|(トス) 2077　謇|愕 2945　○謇|諤 3240　謇|謇 1994　謇姐(人名)(サ) 2465　研。|縦。376　○賢。398　賢|英 3647　○賢|愚 720　○賢|君

1749　○賢|才 2796　○賢。|。相 1176　○賢|士 1072　○賢|者 2546　○賢|主 1946　賢|主|人 1213　○賢|俊 2255　○賢|

人 1086　○賢|臣 2262　○賢|聖 414　賢|達 1736　賢|智 2737　○賢|哲。844　○賢|能 1512　賢|輔 2549　賢|牧 2238　○

賢|明 2327　○賢|良 1822　○賢|路 1608　○賢|王 2519　蹇|(トス) 2031　蹇(人名) 632　蹇|愕(タリ) 1113　蹇脩(人名) 2013　。蹇叔(人名) 2381　。蹇連 881

軒。450　軒|牖 3647　軒。|于。502　軒|曜 3507　軒|駕 1232　軒|蓋 1304　軒。|。檻 681　軒。|宮。828　軒|。幌 379　軒|懸

2204　軒|翥(ス) 3010　○軒|車 1779　軒|。屏 810　○軒。|。冕 720　軒|輬 2079　軒|轅 913　軒轅(人名) 2534　軒|轅|氏 126　○顯

3416　顯(ス) 129　顯|懿 2841　顯|猷 1169　○顯|榮(ナリ)(ス) 2067　顯|。考 1193　顯|號 2693　顯|軌 1929　顯宗(人名) 2624　顯|敞(ニス) 2133　顯

|。敞(シ) 322　顯|績。654　顯|祖 1180　顯|誅 2702　顯|秩 3424　顯|重 2288　顯|朝 2142　顯|德 2206　顯|媚 1097　顯|報

3201　顯|默 2219　顯|明(ニス) 1402　。顯|陽 413　顯陽(地名) 3481　顯陽殿(地名) 3494　顯|戮 639　○顯|露 2567　顯|祿 2728　騫|翥 166　鮍

|魹。520

コ

○五| 2356　○五|音 1078　○五|韻 2426　五|員。(ウン) 388　五|曜 2889　五|營。863　五|衍 3558　五|家 2222　。五|。界 690

五|蓋 692　五|交 3326　○五|行 145　○五|岳 757　五|嶽 141　五|曲 1105　○五|官 1215　五官中郎將 1439　○五|月

2264　五|月三|十日 3604　五|月二十八日 2580　五|月己|亥 3430　五|月壬|辰 3437　五|紘 3204　五|縣 177　五|君

1297　五|軍 192　五郡 3627　○五|刑 835　五|經 2670　五|莖 436　○五|教 2373　○五|言 **78**　○五賢 1537　五羖(人名) 3140　五

ー湖 771　五ー侯 1863　○五ー公 94　五ー國 3176　○五ー穀 97　°°五ー屼° 328　五ー才 769　五ー材 3591　五ー藏 2113　五ー
釆 738　五ー載 1294　五ー柞° 581　○五ー三 550　五ー三六ー經 2967　五ー始 2887　五ー子 2006　五ー芝 694　五ー宗 2702　五
ー州 2244　五ー戎 2851　○五ー色 100　五ー日 2472　○五ー十 2544　五十九篇 2799　五十首 3334　五十八篇 2799　五ー者 3161　○
五ー車 1932　○五ー常 3090　五ー將 2499　五ー讓 2362　○五ー爵 2991　五ー銖ー錢 3672　五ー首 2222　五ー術 3315　五ー人 2325
五ー臣 1547　五ー辰 2235　五ー世 3070　五ー城 460　○五ー情 1191　五ー正 249　○五ー星 3104　○五ー牲 134　五ー精 245　○
五ー聲 137　○五ー尺 2294　○五ー石 1321　五ー千 2499　五ー千ー戶ー侯 2710　五ー千ー人 2346　五ー千ー錢 2447　五ー千萬 2710
五ー千ー文 2444　°°五ー千ー餘°ー°里 308　五ー層 2888　五ー代 707　五ー內 1700　五ー道 2721　五ー達 699　五ー難 1968　五綵
3014　○五ー重 174　五ー長 3258　○五ー常° 544　○五體 2804　○五ー鼎 3294　五ー的 1229　○五ー典 277　五典（書名） 2797　五ー圖
1751　五ー都 1153　五ー等 3176　五等諸侯論 3257　○五ー德 440　五毒 2703　五ー年 3174　五ー稔 1540　五ー伯 2400　五ー倍（セリ） 3040
○五ー霸 2241　○°°五ー方° 857　五ー白 2084　五ー百戶 3531　五ー百ー人 2691　五ー百ー餘ー°載 701　五ー百ー餘ー人 3522　五ー萬
97　○五ー味 3125　五ー品 1228　○五ー風 2105　○五ー服 1178　五ー辟° 889　五ー變 1138　五篇 142　五ー鳳 85　○五ー藥
1369　五ー老 2216　五°輅 488　五利（人名） 111　○五ー六（にシて） 1068　五ー六ー日 2602　五ー兩° 791　五ー陵 94　五ー龍 719　五ー嶺 1493
○五ー禮 3391　五靈 2806　五ー王 3645　○五ー位 143　五ー威 2987　五ー緯 155　°互ー折 1135　○伍ー 2421　伍員（人名） 3284　伍子（人名） 2051
○伍子胥（人名） 3220　○°午 696　○古ー意 1373　○古ー今 140　○古ー語 2860　○古ー賢 1191　古ー公 408　古ー在ー昔 2984　○古

―時1925
○古―詩76
○古―集71
○古―人614
○古―昔76
古―節1656
古―先2036
古―則3286
古―冢3671
古度350
○古―風3674
○古―文2674
古文尚書(書名)2670
古―墓1784
○古―來1911
○古―往618
○吾―子336
○吾―人111
呼―哈779
呼―韓216
○呼―吸3080
○呼―吸772
呼―噏3316
呼完厨(人名)2720
○呉835
呉(人名)3106
呉(地名)―人2298
呉―邑1729
○呉越(地名)1198
呉娃(人名)2106
呉―寇1822
呉(地名)―羹2080
呉漢(人名)3185
呉季重(人名)2467
呉季仲(人名)2471
呉起(人名)3381
呉宮1003
呉興(地名)3533
呉興邑(地名)2451
呉―嶽187
呉―會456
呉(地名)―闕2273
呉郡2454
呉京(地名)1357
呉―業828
呉―鉤368
呉―國1807
呉―蔡703
呉―扎612
呉(人名)―札404
○呉―山1876
呉―嗣665
○呉子(人名)2665
呉志(地名・書名)2946
呉―岫1661
呉―洲1650
呉質(人名)2579
呉(地名)―蜀2812
呉―趨1727
呉芮(人名)2904
呉(地名)―楚3168
呉―都876
呉―榜2050
呉範(人名)3234
呉翻(人名)3233
呉―阪1529
呉―濞605
呉―歈385
呉(地名)―王2407
呉(地名)―夷3425
固(人名)2995
固―安447
固―窮1838
○固辭2430
○固―辭2869
固陵(地名)2909
○固―陋2184
○固―陋545
固―犴3064
垣484
壺(人名)2429
壺―奥2784
壺―巽1735
壺―漿3387
○壺觴2790
壺―人3644
壺―政3499
壺―博364
壺鐳3447
夸―者838
夸大2640
夸父(人名)2173
夸―容1057
夸―論2475
姑―尤1717
姑繇(地名)3486
○姑―洗3403
姑―蘇360
姑―姪3433
姑―射2839
姑―餘420
娯―優1036
○娯―遊112
娯懷(地名)2104
娯―玩821
娯―觀2159
娯―酒2084
○娯―樂573
○娯―樂1773
姱―節2004
嫮服925
○孤―1469
孤―遺2872
孤―游1352
孤―雲1848
孤―裔2428
○孤―介1425
孤―孩986
孤―行902
○孤―客1634
○孤―雁1801
孤幹1533
孤―岑1065
孤―禽1412
孤―筠1979
孤―苦2293
孤―寡983
孤―光1891
孤―玃786
○孤―危2544
孤―景1860
孤―魂912
孤―嗣3417
○孤―子1139
孤

－雌964　孤－獣1618　○孤－舟1624　○孤－弱583　孤－嶼1635　○孤－松2791　○孤－臣210　孤－生1778　孤－生(セリ)2153
○孤－城2438　孤－績1739　孤－妾1407　孤－賤1363　孤－竹1446　孤竹(地名)2490　孤°－女982　孤－篠1110　孤－鳥993　孤－燈
1395　○孤－獨542　孤－豚2758　孤－貧(ニ)3429　孤－風3679　孤－墳°668　孤憤(書名)2533　孤－蓬702　孤蒙879　○孤－立3266　○
孤－立3103　孤－露2629　孤－猨1952　寤－言1489　○寤－寐1494　○寤－寐(シ)2224　嵣(地名)－嵘1979　庫|3404　弧－矢2787　弧－
旌184　悟－對1573　○°戸742　○戸－°牖846　戸－曹－掾3676　戸－席3648　戸－前2443　○戸－庭1349　黿－黿(シ)528　○
°黿－°從532　○故607　故－陰1343　故－宇2018　故－營2708　○故－鄉606　○故－居928　故－業3112　故－劍3508　○故
－國1652　○故－山1640　○故－事2367　故－枝2613　故－室2081　○故－實2474　故－心1884　°故－°社646　故－處3489　○
故－人1427　故－城1875　故－藪1494　故－道1456　○故－池1569　○故－轍1848　故－都2028　故－房1417　故－府633　故－
物1781　故－域1461　○故－老106　故－里1005　故－吏1539　故－林640　故－路1689　眄－分(とシテ)555　晤－言1906　晤－言
1338　朞－功2294　°杙2835　枯－荄1418　○枯－槁3183　○枯－槁(シ)960　○枯－旱2743　○枯－棋3189　○枯－朽3174　○枯－
魚1309　枯－莖1946　枯－桑1682　枯－枝1818　枯－荑(テイ)2314　○枯－條2916　○枯－木1031　枯－楊964　梧丘(地名)2425　梧－宮1438
梧－楸2062　○梧－桐2105　楛－矢1698　○股－肱°644　°瓠－谷600　°瓠巴1083　涸－陰3363　涸－陰(シテ)154　○湖°786　湖－
邑639　湖－中1350　狐－狢°821　○狐－貉2889　○狐－疑2114　○狐°－疑°°(ス)1160　狐－鼠2453　狐續(人名)3462　狐趙1547　○狐°－
°兎570　狐－白1455　狐－貍1409　瑚－璉2367　○皷2132　箛°－篳285　祜(人名)2288　蠱－媚°°(とシテ)292　○胡°572　胡(人名)3001　胡－人570

○胡（地名）―越 2387　胡（地名）亥 2395　胡―貉（カク ハク） 564　胡―騎 2706　胡（人名）廣 3097　胡（人名）濩 2719　胡―戎 2413　胡―縄 1998　○胡―人 570　胡―塵 2214

○胡―蝶 1834　○胡―馬 1772　胡―風 1933　菰―蒲 1353　菰―蘆。 502　虎（人名） 2897　虎―蛟 779　。虎―。潤 445　。虎。義。 321　虎―

據 1958　虎―戟 233　○虎―口 3447　虎―臣 1228　虎螭（チニシ） 3004　。虎魄。 310　○。虎―。豹 285　虎―夫 242　虎―文 1822　虎―賁 107

。虎―賁。（ホン）中郎。將 806　虎―門 2955　○虎―狼 630　。虎―落 552　虎―旅 186　○。虎―威。 321　虎―闈 2844　觚―爵 1051　詁。

―訓 306　誇―競 2810　護| 3004　護―軍 3538　護―軍中―尉 2905　護―軍將―軍 3534　賈―豎 2542　賈―鬻（シュク） 3326　。賈―貿。。 323

。跨（アツトコヒ） 308　鄠 153　(□|コ)　鄠―杜 96　○錮|（セ） 3642　雇―借 2445　顧| 3003　顧（人名）榮 2299　顧―交―阯 1492　顧彦先 1490　顧―言（シテ） 1615

顧―佚 1493　顧―指 3320　顧―錫 2461　顧―循（スルニ） 1886　顧―瞻 2334　顧―託 2347　○顧―望 2435　顧―歩（シテ） 1369　顧―盻 2657　顧―

盻（シテ） 1466　○。顧―。眄（シ） 711　○顧命 2799　○顧―命（ス） 3520　顧（人名）雍 2947　顧（人名）陸 363　顧―戀（ス） 3432　○。鼓（シ） 1125　。鼓（シテ） 1172　鼓―作。（す） 774　鼓

―鐘 1076　鼓―鐘（ストモ） 1300　○鼓―吹 2463　○鼓―吹（シ） 2708　鼓―。吹曲 1752　鼓（コ）―刀 2891　鼓―刀（セル）（ナラセルカタナヲ） 2020　鼓―彈（セン） 1468　鼓―怒（として） 772

。鼓。。怒（して） 757　○鼓―動 3281　○鼓―舞 757　瞽―史 3347　瞽―説 3161　瞽―夫 1290　鼯―鼠 1068　○侯|（タル） 2358　侯（地名）和 2734　侯（人名）公 2926

侯植 1918　侯（人名）成 2722　侯（人名）生 2604　侯―甸 3003　○侯―伯 1909　侯―波 2118　侯―服 2322　侯―服（セリ） 3611　○侯―王 3035　侯。―。衛 736

○。候 554　○。候（す） 859　。候―。。鴈 320　候―官 2366　○候―人 1540　候―府 3592　○倥―偬 1470　偶|（ニ） 2450　。。偶（コウス） 1026　○偶―坐 1583

○公 1866　公―讌 1211　○公―家 2518　公（人名）衡 2947　公（人名）高 3411　公（人名）幹 1938　公―宮 3498　公―弓 3439　公（人名）瑾 2944　公（人名）會 2874　○公―卿

86　○公―侯 176　公―相 3097　○公。―。子 306　○公―私 2358　○公―室 449　公―上 2540　公（人名）―綽。（シャク） 614　○公―主 1699

公叔(人名) 2139　公眞 1492　○公－正 3080　公曽(人名) 2866　○公－族 3178　○公－孫°(人名) 333　公孫彊(人名) 3209　公孫弘(人名) 3015　公孫瓚(人名) 2705　公孫支(人名)
2381　公孫述(人名) 2735　公孫淵(人名) 2642　○公－道 2329　公達(人名) 2941　公琰(人名) 2947　公旦(人名) 1672　公－儲° 566　公－直 751　○公－庭 2961　公－
朝 1535　○公°－田 496　公－方 2357　公明(人名) 3279　○公－門 2110　○公羊(人名) 2678　公輸(人名) 2560　公－劉°(人名) 601　○功｜ 2170　功°ス 499　功－
勤 2268　○功－業 1538　功－曹 3518　功－收 3196　功－緒 2358　○功－臣 2504　○功－績 706　功－迹 3021　○功－徳 105　○功
－名 1268　功－銘 2275　○功－利 727　功－略 2506　○功－烈 2693　叩｜ 1660　厚スル 2001　○厚－恩 1543　厚－下 3262　厚－幸 2267
厚－地 213　厚土 1035　○厚－徳 646　厚－望 2887　°厚－樸° 528　○厚－薄 1527　○厚－味 3203　厚－福 2973　厚－樂 3260　厚
－利 2215　厚－禮 3072　○厚－禄 2289　厚－援 2570　○口－語 2539　口－説 2676　○口－吻 1128　口－勅 73　○句 3096　句°－
呉 452　○句踐(人名) 2503　句－芒ハウ 909　○后｜ 2327　后－皇 202　后－夔(人名) 249　后稷(人名) 2967　后－辛 2007　°后－唐°(人名) 859　°后－庭° 827　○
后－土 464　○后－妃° 487　后－嬪 3035　后－辟° 1172　后－辟シ 125　后－王 2833　喉脣 3586　○喉舌 3439　垢－氛 1173　○姮(人名)
娥 1315　°孔 895　○孔安國(人名) 2674　孔昊カウ(人名) 896　孔－甲 2183　孔－顔 1707　○孔－丘 1538　孔－公 641　孔佐(人名) 3003　孔臧 86　○孔子(人名)
1397　孔氏(人名) 2142　孔璋(人名) 2585　孔°－雀° 355　孔－樹(人名) 3619　°孔－°翠 309　孔性(人名) 1232　○孔－聖 1471　孔翟(人名) 2399　孔徳璋(人名) 2624　○孔孟(人名)
1079　孔府(人名)－君 3567　孔－父 80　孔文擧(人名) 2253　○孔墨(人名) 3137　○孔明(人名) 2943　孔－約° 893　孔融(人名) 3164　孔融文擧(人名) 3163　孔老(人名) 2119　°孔
－鸞 503　孔°令(人名) 1230　寇－劇 3082　寇－賊 2992　寇鄧 3071　崆峒(地名) 2223　○工° 428　°工 1219　工－巧 167　工－°賈 365　○工－匠
748　○工－商 138　工－祝 2074　○工－人 1072　工－拙 1340　工－徒° 409　工部侍郎 73　工－輸 3242　工－用 2888　弘ス 2322

弘。｜。懿299　弘｜舸3386　弘｜簡2291　弘｜義2369　弘。規。409　弘恭(人名)3077　弘｜廣ナリ2280　弘｜濟ス2192　弘｜深ニ〆3512　弘｜奬
2250　弘｜潤にして1098　弘｜。敞1093　弘｜績1556　○弘｜大ナル2931　弘｜導725　弘｜致2487　弘｜張ニ〆2957　○弘｜長2252　弘｜
陳3003　弘度(人名)2866　弘農(地名)3520　弘｜美1520　弘｜敏ニ〆3230　弘。｜。。務493　弘｜妙1086　弘羊(人名)2256　弘｜益2367　弘｜益ス3626　弘｜
麗ナリ1103　弘｜烈2201　○弘｜遠ナリ2829　○後｜2391　○後｜葉3258　後｜筵1356　後｜駕1766　○後漢(地名)3067　後漢書(書名)3057　○後｜宮
102　○後｜車キヨ2582　後｜愚2321　○後｜會823　後｜光3587　○後｜軍3567　○後｜賢2805　後｜湖1359　○後｜昆1242　○後
｜事72　○後｜嗣2570　後｜舟383　後｜將｜軍2896　後章1022　○後｜。乘1200　○後｜人2784　○後｜進70　○後｜世
727　後｜旌1366　○。後｜生976　○後｜先2086　後善2578　後｜澤2377　○後｜塵2186　後｜陳243　○後｜庭657　。後｜轍。
455　後｜塗1711　後｜福672　後｜服1250　後｜命1622　○後｜來2469　後｜慮2655　後｜王3275　○後｜園500　恒。｜碣。405
○恒(地名)｜山2472　○恒コウ｜常1051　恒｜文3000　悾｜款2492　悾｜悾2331　拘｜執セリ2709　拘コウ愊ヒツ2710　拘コウ攣レン2404　○控｜御1060　控｜
紘3536　控｜紘シ2642　。控｜摶スル837　○攻｜伐3147　○攻｜奪3224　枸。｜櫞。350　椃。｜桃。289　泓｜量770　狗｜馬2277　猴
｜猨813　空｜スル3566　空｜帷1951　空｜。宇992　空｜柯3130　○空｜盧557　空｜語2626　空｜。館981　○空｜閨1806　空｜穴。
801　○空｜拳2520　○空｜隙1963　○空シク｜言ヘリナリ1282　○空｜空2682　○空｜谷1574　空コウ｜桑3292　空｜牀1814　空｜牆1826　空
｜食〆1359　空｜水1635　空｜城1653　空｜然ト〆2251　空コウ。｜堂964　○空｜中1967　空｜庭1858　○空｜房1293　空｜幕1853　○
空｜文2534　○空｜濛ト〆1872　○空｜名1422　空｜林1343　空｜類2811　空｜廬1277　空｜隴2669　空｜園1862　箜｜篌｜引1692

糇―糧1327　紅―萼1574　○紅―顔1052　紅―彩1951　紅―裝1884　紅―粟360　紅―泉1645　紅―鮮674　紅―桃1340　○
紅塵2614　○紅―粉1773　紅―壁2078　紅陽(人名)2162　紅―藥1871　○紅―蘭1001　紅―粒1838　耇1181　耦―耕1626　耦―耕ス1835
コウ苟―且シャ2724　苟盜シ3106　苟奴(人名)2446　苟―利2373　○蕘｜ﾒ2872　蕘―落セ3639　虹―旗2836　虹―蜺359　○虹―霓109　○虹―
彩475　虹―旌433　虹―旃184　虹―帶1900　虹―洞トシテ2113　コウ訌ハチ―チ恥ハチ3294　訌病ス3048　○貢305　○貢ス359　○貢―獻ﾒ2894
貢公(人名)3309　貢―職398　貢―職ス1228　貢―憤セリ892　貢―奉スレトモ3178　項(人名)214　○項羽(人名)2321　項―氏629　項―領セリ
1480　邱成(人名)3332　○鉤｜2099　鉤―距3595　鉤戟3119　○鉤―餌380　鉤―盾228　鉤―繩409　鉤―星735　鉤帶セリ1387　鉤―黨
3082　鉤―虵779　鉤―陳418　鞚1930　韝―上1739　鴻671　鴻(人名)3617　○鴻―恩1945　鴻涯(人名)3514　鴻―雁118　鴻―規3395　鴻
―均3149　鴻―化3498　○鴻―荒719　鴻黃(人名)3022　鴻―輝3294　○鴻―業85　鴻―鵠2659　鴻―鶤182　鴻―藻128　鴻―鶴
2080　鴻―慈70　鴻―鸛521　鴻雀2561　鴻―鐘555　鴻―生564　鴻(地名)―漸3016　鴻―漸ス3423　鴻―儔チウ320　鴻―鵬1431　鴻
―都2357　鴻―絅554　鴻―罿119　鴻濛553　鴻―紛タリ709　鴻―鴇288　○鴻―毛1760　○鴻―門647　○鴻―名2974
鴻―鸞2991　○鴻烈3071　鮔―鱛380　黨―蝞779　鯸―鮐343　鴝―鵒452　黿―鼉343　克―讓339　○克―明2234
○刻―削サクニﾒ3144　刻コク―削サクシ527　○刻―薄3172　○刻―鏤3123　告コク1660　告ス2795　○告―愬2522　告―策サク2649　告―成1251　○
告―訴スル2295　告―備254　告―類シ3238　○哭コク1082　○哭シ632　國―憂1807　○國―恩2294　○國―家86　國―害1144　○國
―學2360　國―紀2870　○國―議3072　○國語(書名)2532　國―均1429　○國―華207　國官1504　國―玩1484　○國―權3101　國―慶

1863
國｜經 1195
○國｜史 2794
國｜嗣 3178
○國｜士 980
國子(人名) 3309
國｜志 2940
國｜爵 3470
○國｜主 2503
○國｜勢 3053
○國｜政 3032
國｜祚 3537
國｜叟 253
○國｜難 1699
○國｜中 2749
國｜冑(チウ) 953
國｜禎 1427
○國｜朝 2569
○國｜典 3635
國｜鄽 1923
○國｜土 2478
○國｜都 1754
國｜網 3642
國。｜。。美 859
○國｜風 412
國｜門 3501
○國｜命 3079
國｜容 2831
○國｜用 2246
○國｜老 144
○國王 1795
○國｜威 2721
。嗀｜騎 863
或。 341
或(コク)｜圍 2116
曲(コク)｜拂 2855
○穀(コク) 493
穀。｜土
546
○穀梁 2804
穀。 1142
穀梁(人名) 2678
穀 2125
谷｜口 2687
○谷｜水 606
谷｜中 1446
○谷。｜風。 284
谷風(書名) 2287
穀。獲。 285
轂。｜。蛫 530
○轂。 324
轂｜下 3630
○轂。｜撃。(ケキシ) 427
○酷｜虐 3145
酷(ハナハタウレヘ)｜毖 1038
酷｜暴 3303
○酷。｜烈 961
鵠。｜鷟。 288
鵠｜酸 2080
鵠亭(地名) 2425
鵠。｜。侶 320
鵠。｜。鷺 852
黒山(地名) 2196
黒。｜。歯 369
黒｜章 2976
黒｜水 3384
黒｜昭 2171
黒｜丹
221
黒端 3595
黒｜鴆(チ) 374
黒｜蜈 1837
乞｜匂 2697
兀。(タル) 1031
○兀｜然(ト) 2903
兀｜嵔 1066
○忽。(と) 1164
○忽｜焉(ト) 1182
忽。
｜。悦(タリ) 618
忽。｜。荒(と) 839
○忽。｜忽(タル) 507
○忽｜諸 634
○忽。｜。。然(にシ) 837
○忽｜然 2498
惚。｜悦(シ) 989
惚｜恍 2932
曶。
｜霍。 467
杌。。｜動(シ) 1055
汨。｜乎(と) 518
汨｜汨(タリ) 2112
沕(タリ) 2089
○滑｜稽 3018
○矻｜矻(タリ) 2887
○笏｜ 2847
骨。｜。像 1158
○
骨｜肉。。 1004
○骨｜髓 3198
骨都(人名) 1307
骨母(地名) 2117
○骨｜法 1147
鮹｜鰊 778
鶻｜鵰 227
劫。｜還(ツナル) 1073
○劫｜殺 3187
劫｜
殺(セル) 3273
○紺(コン) 485
○困｜(スル) 2758
困｜躓(セリ) 2733
○困｜乏(ハウナラン) 2542
困｜偪擒｜獲(セラレテ) 2736
困｜蒙(ナリ) 1818
。困(クルシハシメオトセリ)｜畏 611
○
坤。 710
坤｜維 1827
坤｜義 1530
坤｜元 3406
坤｜珍 124
坤｜靈 99
○婚｜ 1699
○婚｜(セ) 2450
○婚。｜姻。 583
○婚｜媾 2282
婚｜親 2727
婚｜族 2328
崑｜岡 699
崑｜岳 3293
崑｜玉 3286
○崑｜山 820
○崑。｜崙。 311
崐。｜墟 867
崐(地名)｜山 2383
崐

－峯1567　崐。－。閬871　崐。－崘。553　恨－恨ト1789　悃－悃款－款とシて2053　悃－誠2891　○懇－懇2989　懇－發セラレテ1411　昏
1812　昏－姻978　昏－盧3383　昏－惑シ918　昏。作。491　昏－弱3083　昏－主644　昏。－情。460　昏－旦3400　昏－寵2337　昏
－墊テン1837　昏－霾1587　昏－風1867　○昏－迷ス1831　昏－明2309　○昏。－。亂ス471　昆。363　昆－蚑2182　昆－鷄535　昆。－
吾。。501　昆－戎2543　○昆－蟲257　○昆－弟957　昆－駼191　昆－德160　○昆－明117　○昆－明－池548　○昆陽124
昆－鄰551　昆夷(人名)1209　根－生921　○根。－柢とスル359　根－萌2654　根－援2328　。渾コンシ ムラカシ698　渾－一2900　渾濩ト2150　渾－元
897　○渾－渾ト2117　渾敦(人名)3296　○渾－沌とシて1039　○。混シ365　混(人名)1970　○混－一ニス1118　○混－淆3032　○混－混2117　○
。混成。419　○。混－成セリ475　○混－濁111　○。混－同ス427　混－茫2981　。混－并。セリ324　。溷淆。シ676　溷－章2105　○。溷－
濁。804　溷－濁シ2048　煇－煌タリ2977　焜－黃ト1684　猑。－子351　琨。瑶。356　琨(人名)1958　緄珮2128　菎－蔽2083　。袞589　兗邑(地名)1196
兗－司3541　兗州(地名)2699　兗－章3637　兗徐3631　○兗職3520　兗(地名)－土2701　兗－服1485　○兗－冕2203　兗豫(地名)2708　○兗－龍128
閫｜3062　閫－宇3271　閫－閾3329　○閫－外3590　。閫－術。414　閫－闈3106　○闍－寺107　闍－者3074　闍－闉。361　髡－首にシテ カフロニシカウヘヲ
2051　○黿1938　○魂－魄2069　魂輿1758　○鯀(人名)2004　鯤2749　鯤－魚2750　鯤－鮞195　鯤－鱗763　鵾－鵠2105　鵾。－雞。294
鵾－鴻849　鵾－鷺745　鵾鸕288

サ

佐｜3351　佐－命632　嗟－稱ス1748　○嗟－歎ス2793　○。坐457　○坐｜シ2367　○坐－客3329　○。坐－隅。。833　○坐－臥3606
○坐－臥シ2551　○坐－作255　坐－嘯1954　坐－嘯シテ1666　○坐－談2238　娑－娑たる936　○嵯－峨。527　嵳－峩タル632　○座(書名)

右銘 3367　座—左 2606　◯。左—右 990　左—校 2252　左記室(人名) 1955　左丘(人名) 2532　◯左丘明 2801　左車(人名) 2473　左悺(人名) 2697　左—言 2849
左—言ス 454　左賢(人名) 1936　左—賢—王 2304　左呉(人名) 2575　左史倚相(人名) 2797　左—氏 2808　左氏(人名・書名) 2676　左氏丘明(人名) 2674　左氏春秋(書名) 2670
◯左—將—軍 2439　◯左—丞—相 2904　左太沖(人名) 1269　左—帶 3297　◯左纛 3640　左長—史 2317　左—貂 3076　左—的 1698　◯左
傳 2805　左—轉ス 2026　左驤(人名) 2464　◯左—僕—射 2342　左—馳ス 1391　查| 2444　查。—。下 362　。槎—枿。。 438　樝。梨 503　沙| 1567　沙
塸 804　沙—界 3560　沙—岸キョク 1638　沙—。鏡 782　沙—嶼 1984　沙—渚 1338　沙—石 766　沙—塞 2666　沙—。。汭 764　沙。—棠 529
沙。—場。 295　沙—塵 1917　◯沙漠(地名) 2477　沙—版 2078　沙—鴇 1661　◯沙—門 3565　沙—礫 1443　瑣—蛣 780　瑣—瑣焉タリ 257
瑣—窗 1865　莎—雞 1852　蓬—。朧カロクサハカシ 453　◯詐—僞ニ 3123　◯嗟—跪タリ 1386　◯蹉—跎ス 1336　髽。—首 434　鯊。サ—鱨。 320　魦鰡 940
再—駕 2557　◯再—擧 1669　◯再—三 1902　◯再—造 2486　◯再—拜 585　◯再—拜ス 2537　。卒サイ 382　在—三 2332　在—舟 1439
在鄒 77　◯在—昔 125　在—朝 2673　◯在位 2838　◯塞 2413　◯塞—外 2497　。塞—草 702　塞—北 2196　。塞—門 862　◯犀。—
|角 329　犀—革 2888　犀—渠 1933　犀。—。兕 352　犀。—。象 309　犀—比 2084　犀。—犛 557　◯宰|タリ 1555　◯宰—衡 3287　宰—割シ
3115　◯宰—相 2613　宰—臣 3413　宰—庭 1503　宰—嚭(人名) 3322　◯宰—府 2213　◯宰—輔 2291　崔(人名) 3091　崔駰(人名) 2120　崔基(人名) 2299　崔—
巍 2048　◯崔。—嵬。 360　崔子(人名) 2942　崔子玉 3367　崔生 2942　崔琰 2947　崔馬(人名) 3294　崔—温 1553　◯彩| 3438　◯彩—色 1941　彩—章
749　彩—制 733　彩—女 3062　◯才。 590　才シ 3679　◯才—學 1310　◯才—氣 3527　才—義 2862　◯才—賢 1922　。才士 1012　◯
才—子 69　才—淑 3498　◯才—人 2136　才—臣 2289　才—任スル 3075　◯才—智 3287　◯才。—能 845　才—武 2323　◯才—力 700

採－菱 386
摧－割(セム) 3458
摧－藏(ス) 1764
摧－傷(シ) 987
摧－絶(シテ) 2685
摧(クタケ)－頽(オツ)(ス) 1215
摧－拔 3183
摧(サイ)－落(スルニ) 671
○最－ 2165
○最下(ハ) 2525
柴－車 1601
柴－荊 1637
柴－桑 771
○材－ 2466
○材－幹 1088
材－技 3413
材－瓦 3671
材－人 1049
材能 3117
○材－力 2468
漼(サイとシテ) 621
漼－焉(タリ) 3667
災 493
○災 834
○災－害 3126
災－釁(キン) 2640
○災患 1397
○災孽 3000
災－蠹 3600
災－毒 3082
災罰 3222
睬－睚 2703
磪－嵬 1090
○綵－ 3483
綵－斿(ハタ)(リウ) 1361
綵－閣 1752
綵－虹 1666
綵－藻 905
綵－吹 1982
綷－䟽 735
縗(サイ)－麤(ソ) 3629
縗(サイ)－絰(テツ) 3144
○罪－戻 1190
蔡澤 2765
○裁－(スル) 1022
裁－成 1288
茝(サイ) 1997
茝－香 965
茝(サイ)－若 102
○菜－ 3611
○菜－蔬 493
○蕞－爾(ナル) 1220
躧(サイ)－歩 447
○豺－虎 1407
豺－兕 1137
豺－豕 2336
豺貘 375
○豺－狼 299
載－祀 726
○載－籍 71
○財 544
財－賦 429
○財幣(ヘイ) 515
財－雄 1303
財－利 2542
○采 1095
采音(人名) 2444
采－甄 1569
采－采 842
采－采粲－粲(タリ) 1100
○采－色 521
采－抜(セリ) 3024
采－薇 1209
采薇(書名) 3043
○采毛 586
采－旄 1159
采－菱 1642
采－蔆 2160
采－鱗 3009
鋻－倮 454
○齋－戒 542
倉 496
倉－庚 1732
○倉－庫 2549
○倉－卒 2299
倉－天 2113
倉－廩 493
○倉－廪 542
創－夷 2708
創－刃(シン) 537
創－痏 375
早－(ニ) 2427
早－歳 3679
○早－朝 1134
早－路 1656
皁 859
○皁－隷 598
雙－宇 953
雙－崤 1879
雙－觡 2970
雙－碣 411
雙－起 3398
雙－黄－鵠 1792
雙－棺 3673
雙－龜 3458
雙－闕 693
雙－翹 2137
雙－鞬 1930
雙－鴻 1115
雙鴻鵠 1776
雙－鵠 119
雙－魂 3675
雙－材 926
雙－鶬 295
雙－輣 1538
雙－樹 3560
雙－輴 3485
雙－題 1853
雙－笛 1086
雙－兎 1694
雙－枚 736
雙－扉 1786
雙－轡 385
雙－凫 2764
雙－表 979
雙－鳳 1117
雙－鸞 1518
雙－鯉－魚 1682
雙－流 307
雙－轅 734
叢－育(スル) 342
○叢雲 69
叢－菊 1827

叢—菅 2072　叢—棘 552　叢雜(とセル) 1073　叢—集 745　叢臺(地名) 3588　叢—條 2687　叢—麻 1612　叢—薄 703　叢—木 2134　叢—蘭 3283

○叢—林 115　○喪| 3485　喪|(セリ) 2455　○喪—家 3269　喪—柩(キフ) 3418　○喪—祭 3057　○喪—亡(ス) 3449　喪—殯 3656　○喪—服 3430　◦喪—

◦亂 337　喪—亂(セル) 2325　嘈◦(として) 1117　嘈—響 436　嘈—囐 243　嘈—嘈(タル) 1756　嘈—囋 1026　嘈—啐(タル) 1073　孀—老 2156　○崢—嶸(として) 1140

棗—下 1114　巢高(人名) 3467　巢—居 1331　巢許(人名) 3514　巢—龜 2125　巢—穴 1651　○巢—父(人名) 2682　巢—由 2314　想—◦象(ス) 1164　愴(トメ) 1792　愴

—怳 2059　○愴—然(トメ) 1819　◦愴—惻(ス) 987　愴—悢(とシ) 609　愴—◦悢(セ) 2664　慅—慅(タリ) 1604　臧獲 2530　臧倉(人名) 3284　臧札(人名) 636　○臧—否 177

○掃—盪(ス) 1909　○掃—除 2516　○掃—除(ス) 2478　搶◦—悍(として) 1059　○操|(コ、ロサシ) 2815　操(人名) 2697　○操—◦行 443　操—張(ス) 1095　曹(人名) 105

曹元首(人名) 3151　曹景宗(人名) 2435　曹—呉 637　曹公(人名) 2564　曹洪(人名) 2554　○曹操(人名) 2697　曹爽(人名) 3025　○曹參(人名) 2904　曹子建(人名) 1190　曹氏(人名) 3092　曹大家

608　曹譚(地名) 2639　○曹植(人名) 1942　曹長思(人名) 2612　曹騰(人名) 3079　曹馬(人名) 3636　曹沫(人名) 2503　曹伯陽(地名)(人名) 3209　○曹丕 1941　曹—府—君 3521　曹武(人名) 2299

曹◦—風◦ 817　曹—陽 634　曹劉(人名) 3243　曹王(人名) 3328　桑(地名) 1509　桑—間(地名) 2384　桑扈(人名)(コ) 2051　桑弘羊 3018　○桑◦—◦梓(シ) 302　桑◦—漆 289

桑—樞 2418　桑◦—◦柘 422　○桑—中 1008　桑—竹 1655　桑—麻 97　桑—末 921　桑—婦 3603　桑—濮◦◦ 1119　桑—野 1294　○桑◦

榆◦ 401　桑—林(地名) 2616　槍◦—纍 572　○滄◦—海 481　滄—江 1607　○滄—洲(地名) 2479　滄—池 171　滄—波 3536　○滄—溟 2482　○滄◦

—浪◦ 280　滄—流 2642　漕 643　◦漕—渠 699　澡—溉(シ) 2113　○燥—濕 3312　○爪—牙 2097　○爭—臣 2348　○爭—訟 1795　○

爭—訟(ス) 2448　爭—湍 1067　○爭—論(ス) 2878　◦爽—◦塏 321　爽—鳩 1718　爽(サウ)—言 892　爽—口 2178　爽(サウ)—德 217　爽—籟 1334　○

壯|(ナリトス) 3668　○壯—氣 1375　○壯—觀(ナリ) 2641　○◦壯—士 506　○壯—志 2598　壯—◦思 1443　壯—齒 1824　○壯—圖 3658　○壯—

年 1925 ○壯-夫 2418 壯-勇 2116 壯-容。 447 ○。壯-麗 686 牂(地名)-牱 2744 璅-璅タル 2462 ○。相タシカトモ 2526 相-工 3062 相
-。謝ス 1764 相-佯ス 2063 相如(人名) 1284 相-鼠 1190 瘡-痏 177 瘡-距 3629 ○箏 2384 箱。-籠 588 ○糟| 2903 綃サウ 357 ○草| 3433
○草間 1408 ○草-芥 2931 ○草-創 2357 ○草-。創シ 408 ○草-舍〆 3029 ○草堂(地名) 2679 草-澤 1277 ○草-蟲 1801 草-
茅 2053 ○草-莽 3071 ○。草-木。。 305 ○草-。昧 2488 ○草-昧ス 2246 草-野 2631 ○草-萊 1750 ○草-隷 3422 ○草-
廬 2263 ○草-露 1673 莊(人名) 647 莊-馗 1676 莊惠(人名) 3331 ○莊-敬ス 3613 莊公(人名) 3450 ○莊子(人名) 3491 莊氏(人名) 2462 ○莊周 2119 莊襄
王 3115 莊。-姝。ナリ 1147 莊生(人名) 1948 莊。-舄。 682 莊-櫛 3049 莊-都 1246 莊。武(人名) 637 莊-老(人名) 2123 莊老(書名) 2629 蒼|タル 3614 ○蒼-
。旲 722 蒼-江 1882 蒼-。豨 557 蒼-岑 2153 蒼-黃 2680 ○蒼。-梧。 517 蒼-垠 2149 ○蒼-蒼タリ 1214 蒼-山 1588 ○蒼
色 1035 ○蒼-蠅 1460 ○蒼-生 2312 ○蒼-然タリ 1874 蒼-苔 1871 蒼。-螭 468 ○蒼-天 1267 ○蒼-茫タリ 3490 蒼-鷹 852
蒼-靈 2835 ○蒼-龍 197 蒼龍(地名) 3394 ○藏ス 2768 藏-育 1728 藏。-虎。 702 藏-舟 3569 ○藏-書 3397 藏中 3661 藏。-莨。
502 。藻 332 。藻 687 。藻|シテ 2836 藻-幄 1523 藻-繢 2561 。藻-扃 703 藻-景 1721 藻-翹 1720 藻-。思 1023 藻-繡 102
藻-舟 1360 。藻-飾。 304 。藻-質。 871 藻-井 158 。藻。。茆 287 藻-服 1223 藻-。詠 415 藻-綷 239 藻。-。麗 1014 諍-
辭 1594 諍-訟 1858 ○象-棊 2083 贓| 2697 ○。造-。化 396 ○。造-作セル 332 ○造-次 2456 造-舟 3510 造-新 1700 造-
膝 2344 造父(人名) 2103 ○造-物 2211 躁-競 3202 。躁-靜 812 錚-鐄 1069 霜-雨 1882 霜雲 822 霜-鍔 2168 霜-鴈 873 ○
霜-氣 702 霜根 1929 ○霜-。。刃 374 ○霜。-雪。 282 霜-鵽 2174 霜-蓄 2124 霜-鏑 2465 霜-毛 872 ○霜-夜 3501 ○

霜—°露 404　駔—驥 3320　°駔—°駿 429　騒騒(タリ) 922　騒—殺 243　○騒—人 77　○騒—擾(シ) 3416　○騒—動(セリ) 3122　鶬—鶊 1153

鶬鴰 118　鶬°—鴰° 344　○作° 748　作°(シ) 983　作—苦(シテ) 2540　○作°—°者 304　作贈(ス) 1439　作°—労 676　冊—書 2201　嗽°—獲°(シ) 805

岝—峉 1090　岝°—崿°(タル) 375　岝—嶺°(タカキ) 754　摵—摵 1845　○昨—日 1417　○朔° 327　朔(人名) 2928　朔雲 866　朔漠°° 818　朔°—°管 830

○朔—日 2711　朔—垂 2308　朔—陲 1481　○朔—雪 1933　朔—岱 3413　朔—土 1205　塑—塗 1499　朔—馬 3463　朔—方 1252　○朔

—望 1417　朔—鄙 1554　○朔—風 1390　朔°—邊 661　○朔°—北 434　朔—野 877　柞 1236　柞—樸 1067　浞 2006　穱麥 2103　筰｜ 2738

○策° 2771　○策｜(セン) 2222　策°—駟 932　○策—書 3157　○策—書(〆) 3449　○索｜ 2911　○索—居 1343　○索°—然°°(トシ) 971　蓆(ト〆) 2063　錯°

665　錯(サクセリ)(ソセリ) 2084　錯°—°°迮(ス) 802　○錯綜 2804　○錯°—°綜(ス) 794　錯°—°糅(シ) 1100　錯(サク)°石 963　○錯°—°繆(セリ) 376　○錯—亂 2799　○

錯—亂(〆) 2676　鑿契(サクケイ) 3051　鑿°—齒 574　鑿齒(人名) 3297　察｜ 2924　°察 1080　○察°(スル) 677　察°—°解(シ) 743　察°惠(ナル) 1116　○察—察(タル) 2057　察—

諒 2331　○殺｜ 2736　○殺—氣 1985　○殺(サツ)—青 70　殺—節 873　○殺(サツ)°—伐°(ス) 541　○殺—戮(スル) 3050　札—札(ト〆) 1780　樧 2023　唼°—

唻° 521　纚—譶 1099　霅—燁° 1113　○雜歌 1762　○雜—居(〆) 3259　雜—花 2664　雜會(シ) 676　雜縣 1318　雜—錯 925　雜錯(シ) 292

雜—詩 1799　雜°—襲(シウ) 376　○雜°—°°糅 437　○雜—糅(セリ)(マシハレリ) 2003　雜—樹 1880　○雜—種 2663　○雜°—沓°(として) 365　雜—沓(シ)(マ、) 649

雜°—襲°(タフ) 530　雜—遝(として) 1161　○雜—體 1937　雜—佩 1499　雜—珮 1979　○雜—物 719　雜°—°弄 1077　○颯—颯(として) 2047　○颯°

—然 800　颯(サフ)—沓°(タツシ) 874　颭(として) 934　颭—沓(タリ) 1304　颯—遝°(と(シ)て) 1113　馺°°娑 548　馺—遝(タリ) 1031　○三 76　三—揖(イフ) 235　○三(地名)—越

2477　三—河 1384　○三—界 3575　三—江 771　三—閣 2298　○三—學 2676　三—間 714　○三°季 493　○三犧 134　三丘 909

三－宮 230　三－鄕 2169　三－驅 256　三－驅(ス) 132　三－窟 2604　三淮南(人名) 2388　○三－皇 465　○三－光 145　○三－月 2304
三－月三－日 2827　○三關(地名) 2438　三危(地名) 3576　三－郡 2739　○三－軍 116　三－卿 3338　○三－徑 1600　三－荊 1710　○三－傑 2938
三－孼 1533　三－峽° 328　三－獻 3503　三－言 **79**　○三－賢 2937　○三－五 125　○三－公 2401　○三－后 720　○三－國
2559　○三－才 618　三－載 1631　○三－市 1687　○三－山 1641　○三－°事 424　三－°市 426　三－司 2874　○三－四 1444　三
－字 **78**　○三－子 3270　三－徙(ス) 3300　○三－時 493　○三－芝 1369　三－趾 886　三－州 2193　三－秀 1667　○三－秋 1757
○三－七 3590　○三－十 2381　三－十－一－人 2905　三－十有－五 3637　三－十有－七 3604　三十°有二 806　三－十有－八
2875　三－十九－篇 2674　三十巻 **71**　三－十－五 2366　三－十－載 1427　三十七－品 3563　三－十－首 1938　三－十－人 3544
三－十二－人 3074　三－十－萬 2502　三－十餘 2586　三十六－所 **98**　○三－舍 1317　三－壤 2991　三－湘 1654　○三－殤 1286
○三－章 3104　三－爵 1049　○三－壽 253　○三－綬 2550　三－首 1929　三－術 2779　○三－旬 1391　三－旬°有－餘 573　○
三－春 1103　三－種 2196　三－屬° 430　三－蜀° 325　三－仁 893　三－秦(地名) 3105　○三－晋(地名) 3344　○三－神 2972　三－臣 1268
○三－辰 **70**　三－垂(スヰ) 548　三－帥 632　○三－寸 2770　○三－世 2267　○三－°正 1217　三－歲 1786　○三－精 3107　○三－
°聖 675　○三－尺 2183　°三接°(ヒマシハリ) 431　○三－千 759　三－千戸 2346　三－千－里 1497　三－川 1303　三川(地名) 2382　三－善 3586　三
－楚 1394　三－°祖 1201　三－嶁° 552　三－奏 2836　○三－族 2702　三－足 3010　○°三－°代 297　○三－台 1544　三臺 415　三－
推 2225　三－桃 955　○三－道 2225　三－螻° 779　○三－重 1775　○三－朝 135　○三條 **92**　三－調 1734　○三－鳥 1955　三

哲1483　三(地名)-塗2555　三。-都。305　○三-冬2352　三-等3062　○三-農254　○三-年833　三-敗2503　○三。-方。281
○三-八3664　三-乏(ハウ)250　三-幡。697　三-叛2804　三-萬1202　三-萬-里98　○三-藩(タリ)2374　三-避1568　○三-百
206　三-百-人2205　三-百-篇2797　三-夫2576　三-夫-人3057　○三-府3518　○三-分2260　○三-分(〆)3043　○三
-墳277　三墳(書名)2797　○三苗(地名)2712　三-篇3132　○三-輔2244　○三-木2528　○三-門173　三-命1253　三-明3578　三-雄
1502　三雍128　三-益1557　○三葉2305　○三-餘70　三-翼2160　○三-老2694　三-巒。482　三-欒。891　○三-六223
三-良990　○三略(書名)3207　三閭(人名)3284　三-閭大-夫2056　三-靈565　三-齡1672　○三王。(人名)652　毚兔1931　嶄-巖(ト〆)2088　○嶄
-絶1665　巉-嵒(ト〆)1874　○巉-巖。。(とシ)1090　○參1791　○參|(ス)1670　參-旗730　○參-議2449　○參-議(〆)2457　參-軍1623　參-
五(ニシ)3004　○參錯(マヽ)-1632　參-商1498　參-象(ス)134　參-乘(セシカハ)2514　參-任(スル)3072　參辰1793　參-請(シ)3603　參-譚(とシて)1101
參-天2742　參-倍(セリ)2231　參-發(シ)1096　參半(マテモ)684　參-分(タリ)2944　參-分(〆)2959　參-變(ス)1239　參-夷212　參-夷(ス)3080　○
慘|。(トシて)846　○慘-酷(ニ〆)2985　慘-愴(ト〆)1712　慘-愴(シテ)1432　慘-爾(イタンテ)3443　慘-悽(タリ)1446　慘-悽(〆)1296　慘-怛805　○慘-毒2287
慘-慓1786　慘-裂(レッセリ)2497　。憯-悽(とシて)1143　。憯惻(す)684　憯-懍慘-悽(〆)1107　攙。-搶。380　欃(サン)-槍224　欃。-檀。529　。瀺
潺(とシ)671　螹蝴191　螹。-胡530　磛-巖115　簪-履2483　○讒|3651　讒-巧1460　○讒-構3205　讒-凶(ナリ)2556　○讒-邪1796
○讒-人2055　讒。(サ)-賊(チョク)639　讒-夫3123　○讒-諛2399　讒-莠(ユウ)2848　驂。1261　○驂。。乘550　○驂。-。乘(シ)504　驂-鑣1876
山-阿390　山-櫻1667　山-宇3646　山-雲1957　山-煙1424　○山-河1294　○山-海656　○山海經1849　山-岡165　山

－皐2049　○山－行1638(ス)　○山－岳2299　山－嶽349　山－基1926　○山－氣1846　山－祇1360　山－丘385　○山－居3645
山(人名)巨源2623　山－隅。572　○山－外637　山隈3434　山－闕1358　山－鬼701　山－扃2686　山－。經352　山－雞355　山－嶠
1972　山公(人名)1302　○山－谷181　山－藻3643　山。－。柹289　山－岫2121　○山戎(地名)2490　山－羞3678　○山－上1271　山－嶂1372
山－樹1459　○山－椒828　○山－人2685　○山－神719　○山－水1067　○山－棲1349　○山－西3565　山－石579　○山。
－川。305　山－潛。621　山－泉1871　○山－。藪807　山－側1001　山－桃1574　○山－濤2357　○山－澤。340　山－鵶2125
山－坻3223　○山－中1368　山－庭2679　○山鳥1467　○山－巔490　山。(人名)－圖。314　○山－東98　山－瀆2830　山坡。912　山
－陂1778　山－樊1928　山－父2620　山－膚2101　山。－皐。308　山甫(人名)3532　山－峯1457　○山－野2617　○山陽(地名)2619　山－溜1329
○山－林405　○山－梁2102　○山－陵538　○山－嶺1610　○山－靈131　山－。壟(レウ)758　山－園3501　山－淵113　巑－岏
1879　攢－素1356　攢－峯2686　散。764　○。散(ス)566　○。散－逸(ナリ)649　。散－。騎806　散－騎侍－郎2299　散－騎常－侍1481
散(書名)－騎常－侍3436　○散渙(ス)523　○散闕(地名)2717　散－電2168　散－輩2301　○散－漫(ト)1872　散－漫1837　。散－。漫交。－錯。(シ)819
○散－吏3034　棧齴159　○棧－道2393　櫕－。萃(セル)2834　櫕－羅(シ)1111　○殘。604　○殘－。害454　殘－獷3303　殘－醜(ナル)2706
殘－悴1355　○殘－賊2242　○殘－戮(セ)2322　爨－鑊2712　○珊。－瑚。346　瓚(人名)2705　○。產(ナリム)303　產－毓(スル)1091　○產－業1277
產－毹(シ)784　產祿(人名)2696　箄(地名)2930　。箄－。祀443　。簒－逆。668　。纂－纂(タル)1114　纂(サン)－事2337　纂－組2076　○。粲－(ト)1729　粲(人名)2867
粲－(シ)1018　粲(サン)－乎(コ)120　○。粲－粲(タル)1289　○粲－然(ト)77　粲－爛229　纘－女3510　爨聞2981　蒜－芋956　蒜(サン)－山1357　蠶－月

1294
○蠶—室 2522
○蠶。食(シテ) 2382
○。讃 619
○讃(ス) 2592
讃—拜(スル) 3636
讃—揚(ス) 2590
讃—論 81
○賛| 2946
○。賛(スル) 305
賛—契 3639
賛—揚 3001
輚—輅 118
酇(地名) 2964
○酸(サンヲ/スキ—ヲ)(イタミヲ) 999
酸—切(ニ) 2866
○酸—鼻 2155
○酸—。鼻(ス) 1139
○鑚—仰(スル) 2466
鑽—厲 2352
霰—雪 2051
○餐。638
餐。1290
餐—食 1682
○餐—飯 1772
餐。—服。(シ) 674

シ

○之—罘。512
事| 1718
事—外 1623
○事—故 1912
事—蹤 2300
事—勢 2640
○事—務 2612
○事—理 3157
○二 76
二—嬴。436
二—姚(エウ) 2016
。二—。。雅 881
。。二—江。307
二—豪 2903
二—客 396
二—崤 89
二—漢(地名) 2328
二—儀 391
二—奇。689
二—紀 2376
○二—九 272
○二—宮 1509
○二—極 3634
二—華(地名) 2715
二—皇 268
○二月 726
二—月九—日 2442
二月三日 2582
二月八日 2468
二—關 219
二—。軌 710
二—軍 2696
二—君 516
二—君—子 3230
二—京(書名) 2811
二—賢 1517
二—五 3291
二—公 2375
二—后 2968
二—國 626
二—莊(人名) 3564
二—三 726
二—三—子 1464
二—司 2703
二—子 968
二—氏 2812
二—駟 2203
二—周 1506
二—州 2296
二—秋 1486
二—日 3388
二—十以—下 3062
○二—十—一 2364
二—十—九 3430
二—十許(キヨ)—年 2443
二—十五—年 2814
二十五篇 2799
二—十—載 1638
二—十—四 2255
二—十四—郡 2414
二—十—七 3057
二—十—人 3078
二—十—年 2484
二—十—八 2870
○二—十八—將 3068
○二—十八—宿(シク) 3068
二—十有—一—年 2263
二—十有五—年 2591
二—十有四—年 3181
二—十有七—人 2738
二—十餘—通 2675
二—十餘—頭 3671
二—十—餘—年 2515
二—十餘—篇 2584
二—相 2330
二—主 1284
二—守 3533
二—首 1193
二—旬 1837
○二—人 2296
二—臣 2271
○二—世 2196
二—生 3138
○二—聖 3001
○二—千—石 2759
二—千—戸 2870
二—踈 1279
○二—祖 269
二—

族1533　二°°―奈°°955　二―代2809　二―虢2267　二―中―書1566　二°°―帝546　二―體1737　二―女907　二―轍3399　二―傳2805　二―展3504　二―塗3099　二―都3034　二―途2230　○二―°等738　二―南634　二―年1863　二―伯ハ2202　二―霸3168　二百四十二年2804　二―百―萬2507　二―百餘―朞205　○二―八359　二―方2271　二―邦1439　二班3092　二―妃911　二―美496　○二―品3100　○二―分°°409　○二―別1879　二―母3162　○二―毛806　○―二部（マヽ）3641　二―門3618　○二―名697　二―溟2947　二―老692　二―離1518　○二―六460　二―連3538　二―輅ロ2200　○二―王2833　二―袁2715　○°市949
○市―人2461　○市―井1362　○市―朝°365　市鄽°323　市―南396　○市―門1956　市―閭663　仕―子1304　○伺―晨1895
○°使―者510　使―上2445　使―持―節2304　○侍3416　侍―御―史2442　侍官3076　侍―言1245　○侍―坐2605　侍―兒3081　侍―子3392　侍―祀2358　○侍―者292　侍―宿2077　○侍―從2469　○侍―中1517　侍―中司―徒3543　侍―中中書―監3538　○侍―郎2261　○侍―衛2260　°侈―°靡511　佽―飛114　°偨―°傂467　偨°―池°530　○兒1763　○兒°°―戲658
兒―息2294　○兒―女1462　○兒―童957　兒良3114　兕115　兕―虎189　○刺―史2294　此―縣3522　此＝詩1981　此―觿745
斷°579　斷―庶2451　○°史652　史（人名）175　史孝山（人名）2898　○史―記2797　史（人名）―°起422　史魚（人名）2256　○史官2800　○史―館3481　史（人名）公3305　○史―策3222　○史書2802　史―述3103　○史―臣3021　○史―籍2274　史遷（人名）2423　史妠（人名）タレ2464　史白（人名）2227　○史―筆2273　史游（人名）3077　○史論3068
○司（地名）2439　司袞（地名）3460　司―儀235　○司―會2349　司―官3423　司―勲2342　○司―空2304　司―空太―尉945　司―造3500　司州（地名）2437　司―職3288　司―旌250　司―典1671　○司―徒644　○司°―農487　司馬（人名）2561　司―

馬｜安944　司馬喜(人名)2397　司馬子長(人名)2510　○司｜馬相｜如(人名)85　司馬叔持3451　○司馬遷(人名)2510　司°｜°馬大｜夫816　司馬長(人名)
卿2405　司｜岷(地名)2441　司｜分°1244　司｜部2214　○司｜牧(スル)2304　司｜命916　司｜雍2339　司°｜律°860　司｜°隷1868　司｜歴
2834　司｜°衛418　咨(人名)2736　○咨｜嗟3520　○咨｜嗟(セン)1384　○°咫｜尺585　咫｜歩1550　°嗣(人名)980　○嗣2498　嗣之(人名)2454　嗣宗(人名)
1938　°嗜557　○嗜｜好3201　○嗜｜欲139　○四76　○四｜夷137　四｜維3033　四｜隩°(イク)857　四｜°運808　○四｜裔116
四｜筵1231　四｜奥364　四｜屋1826　四｜遐1708　○°四｜°海332　四｜晧2772　四｜°校532　四｜皓3159　四｜膏(カウ)256　四郊
94　○四｜岳1544　○四｜氣1182　四｜紀2644　四｜騏°370　○四｜極736　四｜獄2555　○四｜隅1277　○四｜科2225　四
｜°會699　四｜°會(ス)1138　四｜荒2003　○°四｜月°°833　四｜月乙｜丑3419　四｜月壬｜子3478　四｜關1742　四｜君2383　○
四｜境1676　○四｜教3042　四｜言78　四｜賢1277　○四｜五1410　○四｜國1435　四｜垠923　四｜坐841　○四｜座1280
○四｜載1613　○四｜七224　四｜士2574　○四｜始2795　四｜子3659　四子講德3128　四｜支2097　○四｜時246　○四｜州
2195　四｜愁1794　○四｜十970　四｜十｜二2470　○四｜十｜八3278　四十部2805　四｜十有｜九3437　四｜十有｜五｜人
2860　四｜十有｜二3514　四｜十有｜四2296　四｜十有｜八3545　四｜十有｜八｜章2987　四｜十餘｜年3169　四十里547
四十六巻2799　四者2516　四｜上2837　四首1794　○四｜術1273　四｜旬3460　四｜人492　四｜世2426　○四｜姓1729　四｜歳
2293　四｜星3075　○四｜聖2305　四｜照3573　°四｜慼°809　○四｜節987　○四｜禪1368　四｜膳(ニ〆)2173　四｜祖1221　四｜
宗3006　○四｜塞(シ)141　四｜族3350　○四｜達1290　四｜帝3064　四｜體631　四｜鳥1710　四｜鐵130　四｜塗485　○四｜

德3057　四―瀆141　四―年2445　○四―方223　四―邦2912　四―百餘―年98　四―美1534　四―賓1228　○四―表405　○
四―壁1391　四―牡1177　○四―寶2589　○四―部2866　○四―門419　○四―民1759　○四―明685　四―溟1837　○四―面
1387　○四―野358　四―履2216　四―流3556　四―靈246　四―隈(アイ)。403　○四―王3262　○。四―遠。360　寺―寢2934　。寺―
。署649　○寺―人3074　○。士385　士衡(人名)1938　士季(人名)1938　士元(人名)2946　○士―君―子2675　士―載3396　士―子1083　○士―師。619
○士―庶2455　○士―人2813　士燮(人名)(セフ)3245　○士卒。374　士―孫文―始1432　○士―大―夫537　○。士―。。女323　士―馬700
士伯(人名)3534　士―民2703　○士―林2700　士―龍1488　姒(シ)(人名)222　姒(人名)―幄3481　姉歸1142　始―安―郡1653　○始皇(人名)2380　○始―
終2869　○始―終(セリ)2292　始―寧―墅1630　始―望2302　○姿―色3062　姿―度3512　姿―媚1383　○。子338　。子1151　子(人名)2457
子―愛3260　子―雲1601　子(人名)―嬰214　子夏(人名)2493　子雅(人名)3049　子―瑕1766　子高(人名)2634　子―奇1510　子圉(人名)2316　子―衿1686　子(人名)―虛
498　子玉1401　子玄(人名)3280　子卿2496　子荊(人名)3096　子敬(人名)2947　子―喬1115　子建(人名)2589　子臧(人名)2370　子産(人名)3524　子之(人名)2400　子史81　○
。子子孫。孫483　○子思(人名)3214　子胥(人名)2395　子。勝2561　子眞(人名)3049　子西(人名)3212　子冉(人名)2399　子―賤1612　○子―孫723　子―大―夫
2178　子頽(人名)(タイ)627　子囊(人名)3427　子仲(人名)2401　子長(人名)3279　子―長。政駿(人名)652　○子―弟1763　子(人名)―都403　子孟(人名)2348　子(人名)―房647　子反(人名)3141
子布(人名)2577　子牟(人名)1347　子文(人名)2626　子―母1387　子―墨571　子明3246　子(人名)―野275　子陽(人名)2712　子瑜(人名)2947　子輿(人名)3284　子陵(人名)2423　○子(人名)
路2585　孳―孳(トゞ)2755　○。字1786　○字音72　○師。379　相―師(トシテ)2510　師。―。尹424　師―官2620　○師―訓(セ)1947　師涓1821
師―師(として)232　師―氏3633　師囊(人名)1043　師―錫2924　師―祖(トス)3091　師―堂2100　○師―道2358　師―徒2274　師―謨(トゞ)3172　○師

｜傳 3042 ○師｜表 2609 師｜豹 115 ○師｜保ト 2202 ○師（人名）｜門 445 ○師｜友 80 師利（人名） 2443 ○師｜旅 1209 師｜令 1204

○師｜位 1241 ○尸 1082 尸韓 663 尸｜祝 2625 ○尸｜素 1206 尸逐（人名） 3375 ○尸｜禄 2266 尼（人名）｜父 682 屣｜履 1683 ○

弑｜逆 3299 ○貳 1238 貳シ｜轄カツアテ 241 貳｜宮 2840 貳師（人名） 2521 貳｜辭 2361 貳｜地 2742 弛｜維 1544 ○弛シ｜張 1285 ○弛｜

張 2929 ○徙｜倚 1585 ○徙倚ス 684 徙｜倚彷｜徨ス 1160 徙｜靡 1138 ○志 2607 志｜意 1212 ○志｜學 2864 ○志｜

氣 2628 ○志｜願 2637 ○志｜士 1452 ○志｜尚 1389 志｜績 2343 ○志｜節 3459 志｜態 1150 志｜度 3679 志｜能 3069 ○

志｜慮 2261 思 650 思（人名） 1955 思歸（書名）ノ引 2815 思晦（人名） 2364 思心 1009 思｜情 1791 思｜存 1886 思｜致 2366 思｜忠 425 思｜鳥

1495 思｜婦 1142 思｜風 1031 思｜暮 3455 ○思｜慮 1038 恣｜睢ト 3452 ○慈｜ 3542 ○慈｜愛 3037 慈｜顔 957 慈｜和ニ 3255

慈｜訓 3507 ○慈｜惠アリ 3512 慈｜姑 3488 ○慈仁 2401 ○慈｜父 1041 ○慈｜母 1399 指｜意 3132 ○指｜麾 2650 ○指｜麾

2476 ○指｜事 79、指｜趣 71 ○指｜適セ 1022 ○指｜南 276 摯咎繇（人名） 2020 ○支｜持シ 706 支｜體 2096 支伯（人名） 2479 支｜

附 3081 支離（人名） 2176 ○支｜離シ 1628 ○孜シ｜孜ト 751 斯（人名） 2982 斯｜干 265 斯｜須ナリ 1789 ○施 2382 ○施 2198 施和 2126 施績（人名）

3240 施孟（人名） 2678 ○旨｜酒 494 ○旨｜趣 1089 ○時｜雨 1886 ○時｜運 607 時｜暇 1294 ○時｜宜 3099 時｜義 3560 時｜

菊 1597 時｜會 601 時｜藿 956 時月 2340 時｜君 2784 時｜訓 2853 ○時｜事 1739 ○時｜時 2095 ○時｜序 1491 時｜乘

2838 ○時｜俗 172 時｜信 1898 時｜歳 990 時｜聖 2185 ○時｜節 130 ○時｜宗 2941 ○時代 82 時｜鳥 1731 時｜哲

1234 時｜棟 2956 時｜望 3533 時｜網 1195 ○時｜務 1933 時｜風 3338 ○時｜服 241 ○時｜文 2181 時｜紛 2948 時｜苗

1608 ○時—變1316 時—謀1675 時—髦1913 時—命1705 時—明2703 時陽1116 時—用1613 時—雍(ナリ)1194 時—來1556 時

—戮654 時—龍131 時—累3364 時—王626 ○°是(トセン)566 ○°是—非°550 是—非(セリ)2676 枝—格531 ○枝—幹3169 枝

—岐759 枝—庶3420 ○枝—條1499 枝—末636 ○枝°—葉°822 枳—棘1278 °枳—句°801 枳—塗214 枳—落190 柴—

°燎952 ○梓|(ナリ)1509 ○梓—宮3503 梓—材1183 °梓—°匠408 梓—瑟2084 梓—棫180 栥—棿3156 榹°—桃°317 ○次|3407

○次|(ス)3012 °次—°舍414 ○次—席234 ○次—第1444 次—列(ス)1059 止|900 止—鑒(ノ)1638 止戈2322 止—足°947 °止—息

1104 止—息(ス)2002 止—託1632 ○°死635 ○死|(ス)3420 ○死—去(セシトキニ)1761 ○死—灰804 ○死—°罪1193 死—喪(ノ)2468 ○

死—士2391 ○死—傷2520 ○死—所2485 ○死—人1783 ○死—生805 死—鼠2635 ○死—地1746 ○死—亡2694 ○死—

亡(ノ)2445 ○死—没(シテ)1754 ○死—力2521 ○氏|3400 氏—號2999 ○氏—族3152 汜759 沚2855 泗(地名)3583 ○泗水(地名)2371 ○泗濱(地名)

2598 淄—右1006 淄原(地名)3294 滋°565 滋°—熙1035 滋—旨3648 滋—潤1823 ○滋—味2106 ○滋—液2975 漬(シ)—酒3331 澁—

澁(タリ)2090 °°瀰°池(タル)699 爾(人名)164 玆(シ)497 玆—情976 玆—白2850 珥(ジ)2099 ○°璽954 矖—目(ノ)1976 疵—釁(キン)2631 疵—賤1604

矢—言659 ○矢—石1198 矢—陳(セヨ)2227 砥—室2076 砥—柱1140 ○砥—礪(スル)2405 ○磁°—石668 ○°祀1179 祀(シ)238 ○

祀—典2217 ○祀—宇2933 祇°—莊°567 祇—庸2991 ○私—室2282 私—粟3458 ○私情2296 私—錢2445 私—第3545 私

—溺3062 ○私—門1545 私—隷3448 積(シ)3448 笥(ハコノ)—中1853 ○粢—°盛(セイ)495 ○絲°1327 絲—簀1076 絲—枲3050 ○絲°—竹°

326 ○絲—桐1231 絲—麻2361 ○絲—綸3635 絲—淚1935 絲—路1562 紫|2039 ○紫—衣2249 紫—纓2105 °紫—英°281

○紫煙1315　◦紫−◦鳶866　紫−霞1725　○紫−蓋3502　◦紫−◦絳348　紫−蚖780　◦紫−宮359　○紫−禁3483　◦紫−薑◦(キヤウ)290
○紫−極638　紫−莖2079　紫−茸◦◦785　○紫−綬3062　紫−榛◦732　○紫−萸782　紫−◦塞699　紫−軑1868　紫−臺997
紫−苔1889　紫−脱2851　○紫−闥2283　紫−柱2133　紫−的(フサ、カリテ テキアリ)715　紫−殿1870　◦紫◦貝508　紫−房355　紫芳1984　紫−
苞1574　○◦紫−微◦◦401　紫−氛1446　○紫−蘭2126　◦紫−鱗◦326　紫−闈3498　紫淵◦517　○緇1639　○緇−衣644　緇−塵
1598　緇−文3009　緇−磷1630　○緦−麻(ニ〆)3522　縰−縰莘◦−莘(として)1141　纚2763　纚乎◦(コ)509　纚−纚(タル)1998　翅−羽843　○◦耳−
目◦296　◦肆(トクシ)475　肆−夏2990　肆−義3348　肆−乎(として)519　肆−人175　肆−鄽649　○脂−燭3186　脂−韋3325　膩−理3290
○自−愛2622　○自−愛(セヨ)2509　自−引(セム ラ ケル)990　○自−我1173　○自−己2457　自−休(スル)3162　自−勸(ミ スヽム)433　自薊1740　自−見
2347　自−見(スル)3162　○自−裁(スル」)2529　○自−若(ナリ)3118　自|−衰(ス)1462　○◦自−然◦◦345　自−持509　自−持(タノム ス)1149　○自−得396
○自−得(ス)947　○自−來(スル)2946　○自−立(スル」)2584　◦至−◦異383　至−音1122　至−寒2889　◦至−艱◦◦(にして)982　至幾1120　至−虚
1227　○至−極(ナリ)1129　○至−愚2693　至−和267　至−歡752　○至−願2285　至−訓3462　○至−言2730　至−娯2124　○至
−公443　至−公至−平(ナリ)2479　至−壯(ナル)2109　至−止1192　○至−心2547　至−駿2104　○至−人812　○至−仁2743　至−性
2630　○至−情725　至−清139　至−◦盛458　○至−精731　○至−聖2979　○至−◦誠944　至−數3255　○至−尊163　○
至−道2234　○至−德339　○至−忠2324　至−寧576　至−悲(ナリ)2100　至−美2102　至(人名)−妙2258　○至−妙(ナリ)1049　至−樂◦1330
○至−理1331　至−隆(ニ〆)2143　○◦至−◦論892　芝◦687　芝−蓋199　芝−蕙3347　○芝−草438　芝−◦麈2834　芝−田1156　芝◦

−房。283　○芝−蘭3293　芷2037　。芷−。蕙(アリ)1141　芰−荷1348　茈−薑523　苣若。501　。苣−蘭。851　菑。−畝422　蒠|(ヲチンヤ)3008
薟−葇−葹2004　蓍。907　蓍−蔡2949　蚩(人名)−尤555　蚩−蚩(ト)3315　○視−聽2344　觜。陬。713　觜−嶲。383　○詞1155　詞−言
2783　詞−旨1193　○詞−人69　詞−賦2810　詞−論72　○詩3497　詩(書名)2533　○詩−史3096　○詩−書87　○詩(書名)−書(書名)2555
詩−頌2946　○詩。−人。。303　○詩賦3135　誌−狀99　○。諡1037　諡2876　諡−典3471　豕(地名)韋1177　○資。480　○資。(シ)2386　資
−貨3189　資−敬2864　資−次3049　○資−性3459　資−父2151　資−幣3251　資−用1386　資−粮1765　○資−略2119　賜−書
2365　○趑−趄(ス)3381　跐−履(シテ)965　躧−歩1628　躧−歩(シテ)1918　躧−履1599　軹3422　○輜(シ)−重270　輜−輧2250　轜−軒1758
○辭|940　○辭。(ス)604　辭−翰(アリ)3550　○辭−義1943　辭−歸1691　○辭訣(シテ)1700　辭采82　○辭−讓(ス)2987　辭−人3092　辭−
悽1589　辭−條1028　辭−賦1274　辭−辯2244　○辭−令2524　○錙−銖1022　○雌−雄560　○雌−黄501　雌。−風805　颸
−風384　○。食492　○。駟504　。駟(ス)301　○。駟−馬1003　騂−騂(ト)1535　髴−髦242　鳲−鳩1192　鵁。−鶄。536　鴟−夷(タル)2395
鴟−鴞2323　○鴟−梟1460　鷙2720　○鷙−鳥2109　鷙−猛3289　。齒−。笄861　齒−至2102　齒−召(テフヲ)1192　齒−髪1755　。齒−
歷。857　○。。乳(シウシ)702　乳−竇1973　○修(ス)3568　修−列(セリ)2532　脩|(セン)2217　脩(人名)2458　○脩−營(ス)1307　脩−罕1533　脩篁1374　脩−
完補−輯(ス)2699　脩−原2655　脩−坰1638　脩−景1612　脩−莖172　脩(シウ)−絜908　脩−日1506　脩−渚1851　脩−畛1571　○脩。
−成。650　脩−撾1112　○脩。−。短614　○脩−治(シ)2415　○脩−竹227　脩−帳1233　脩−長(シ)889　脩−塗1624　脩−能1991
脩−網3663　脩−芒1609　脩−幕(アリ)2078　脩−薄1618　脩−阪1460　脩−罠2162　脩−門2074　脩−夜998　脩−楊1362　○脩−

理ニ 3007　○脩―理チスル 2428　脩―霤 1492　脩―梁 733　脩―陵 2654　脩―嶺 1616　脩―隴 993　脩―遠ナリ 2010　充―屈 1075　充―
屈セ 3305　充國(人名) 2897　充―仞セリ 2850　充シウ―茂シ 422　充奉ス 94　○衆 498　衆―哀 1069　衆―音 1077　衆香 524　衆―器 1089　衆
―議 2262　衆―禽 842　○衆―寡 192　衆―果 2581　衆―偽 902　衆―毀 2542　衆―君―子 1907　○衆―藝 1109　衆―雞 965
衆―險 3199　衆―獻 319　衆―賢 1916　衆―口 662　衆―工 1695　衆―材 1512　衆―作 1110　衆―山 907　衆―士 3130　○衆―
子 1501　衆―辭 1022　衆―色 501　衆―心 2825　衆―車 479　衆―雀 1141　○衆―庶 2385　衆―書 2673　○衆―人 88　衆―
雛 845　○衆―星 486　衆―清 1119　衆―聲 1127　衆―尺 2171　○衆―多ヲ、シニ 1935　衆―難 3199　○衆―女 1999　衆―聴 1104　衆兆
892　衆―鳥 179　衆―哲 2927　衆奴 2444　○衆―葩 1103　○衆―芳 803　衆―美 1551　衆―賓 1440　衆―賦 1555　衆―物 502
衆―變 201　○衆―妙 958　○衆―目 3261　衆―理 1032　○衆―流 2930　衆―慮 1016　○衆―類 1109　衆―靈 1161　○周(地名) 1236
周(人名) 1204　周(地名)―人 1209　周―渥ナリ 857　周(地名)―家 3042　周―夏 752　周―雅 816　周苛(人名) 2905　周―行 1289　周―行ス 649　周―姫 211
周魏(地名) 2504　周―給 2930　周―阹キヨ 571　周―御 1354　周―屈シ 415　周―曲 643　周―迴ス 1553　周―惶トシ 1414　周―環 595　周(地名)―
官 2238　周原(地名) 2854　周＝傾ノヲ 1718　周(地名)―京 3360　周―軒 416　周賈 892　周―固ニシテ 205　周孔(人名) 2633　○周(人名)―公 222　周―才 1331
周―最 3113　周史(書名) 3394　周(人名)―詩 2312　周―周 1391　周(地名)―室 2200　周―任 958　○周―章ス 2031　周―除 829　周―稱セ 2590　周―慎ニ
1405　周―親 1757　周―身 2807　周成(地名)(人名) 2199　周盛(人名) 2726　周(人名)―召 2372　周(人名)―邵 634　周宣(地名)(人名) 2555　○周―旋 904　○周―旋ス 445
周―楚 280　周泰(人名) 3232　周泰明(人名) 2726　周―堂 215　周(地名)―道 1286　周黨(人名) 2614　周旦(人名) 2461　周―池 92　周―馳シテ 2108　周―儲 1243

周－鄭 1650
周－鼎 2392
周－德（地名） 2269
周－南 1359
周武（地名）（人名） 2732
周－風 1171
周－文（人名） 2020
周－袤（ホ） 548
周－寶（地名） 2881
周穆（人名） 796
周勃（人名） 2904
○周瑜（人名） 2571
周－游（スル） 2935
周易（地名・書名） 2531
周－墉 1411
周－容 2000
○周禮（地名・書名） 3074
○周－流 907
○周－流（ス） 471
周－魯（地名） 3564
周－王（地名） 3611
周－衛（地名） 3464
周－衛（スル） 337
○啾－啾（トシテ） 2047
啾－咋 1073
啾－發（ス） 2778
○穴（シウ）長 1020
宿（シウ） 2856
祟（シウ）－嶺 632
岫－幌 2687
○州 1753
○州－郡（クヰン） 94
○州－縣 2187
○州－國 3081
州－司 2295
○州－壤 3472
州泰（人名） 3024
州－土 126
州－都 3099
州－伯 3445
州－府 3469
州－部 3294
○州－牧 3181
惆－悵（シテ） 2789
愀－愴（シ） 1107
愀愴惻－減（トシテ） 1113
○愀然（トシテ） 545
○愁－雲 815
○愁－苦 2051
○愁－苦（ス） 2069
愁－臥（セシ） 1889
○愁－思 1139
愁（ル）－鵾（トヒヲ） 1371
愁－人 1811
愁－辛（ス） 1949
愁－民 672
愁－悶（フン） 959
愁－慕 935
愁－霖 1559
愁－怨（ス） 1862
○戎 581
戎－人（地名） 2399
戎－夏 3502
戎－剛 2162
戎－行 2192
○戎－羯 3033
○戎－車（キヨ） 368
戎－禁 2454
戎－葵 180
○戎－軒 2920
○戎－事 1443
○戎－士 243
戎－州 1880
戎－政 658
戎－旃 2481
戎－卒 552
戎－重 2666
戎－秩 3592
戎－女（地名） 3060
○戎－狄 216
○戎－翟 3040
○戎－馬 548
○戎－兵 743
戎－落 3604
戎－旅 384
戎－輅 3416
戎－王 602
攸之（人名） 2265
収－成（ス） 262
○収－斂（レンスル） 571
○柔（シウ） 625
柔－幹 1269
柔－祇 829
柔－心 864
○柔－弱 3378
柔－擾（ナリ） 1124
柔－橈（タウ） 540
柔－中 1238
柔－荑 2856
柔－條 1013
柔－風 1815
柔－服 2321
柔－明 3497
楸 980
楸－梓 414
○洲（ス） 1631
○洲－渚 346
洲－島 1643
洲－淤 518
湫（タル） 1134
湫－阨（シ） 391
湫－隘 3322
湫－湄（ナル） 401
犨－稟 403
○獸 2165
○獸－心 3296
○秀 715
秀（人名） 2335
秀－蕚 1969
秀－氣 2842
秀－擧（ニ） 3608
秀－驥（シ） 866
○秀－才 945
○秀－士 1394
○秀－色 1720
○秀－出 308
○秀－出（セリ） 2157
秀－達（ナリ） 3286

秀－徳3581　◦秀－發◦(シ)332　秀－木1329　秀－朗(ニ)2925　秋－河(アマノカハ)1596　○秋－菊1847　秋－御◦◦438　秋－華1611　秋－黄2102　秋
－莖1838　秋胡(人名)1290　秋－草1701　○秋－霜622　秋－實2483　○秋－蟬2176　秋－場1882　秋－兎1926　秋－茶2229　秋－冬2049
秋－橙2175　秋－方226　秋－◦坂825　○秋－風1820　秋－夜1801　○秋－陽3591　秋豫(シ)262　秋(ノ)－蘭◦1211　秋－霖1127　○
秋－霖(ス)2065　○終－焉(ト)3573　終－窮(セン)2051　○終－極1252　終軍(人名)2257　終軍才(人名)1956　○終◦－古392　○終◦－◦始882　○終－
始(ス)2645　○終－日510　○終－身1528　終－然1904　○終－朝759　終－天2369　終◦童(人名)653　○終－◦◦南(マヽ)643　終－畢1952　終
－篇3651　終－没(シヌ)3522　○繡－衣1146　◦繡－桷◦734　繡－軸1002　繡－裳905　繡－甍1938　羞2423　羞3616　羞－炰2111　聚
2408　聚－雲3292　○聚－散1573　○聚－斂(ス)1042　○臭－味2872　○臭－腐2635　○舟◦－航◦378　舟－壑1971　舟－客1667
○舟－子790　○舟－楫2712　○舟－車2742　○舟－人761　○舟－船2572　舟－牧194　舟－輿126　◦袖－幕◦◦427　酋(シウ)2832
酋－豪2664　酬1693　○酬◦酢◦(スル)439　酬－荅(ス)1916　○讎－◦校(シ)440　讎－訟3327　讎－賊2736　○讎－敵2400　醜－裔2306　○
醜－行(ナリ)2278　醜－士1622　醜－辭2448　○醜－狀1628　○醜－虜2437　○醜－類2195　遒－文3328　鰌鱓3137　鷲◦－鵃◦344
鶺◦－鴒◦◦312　鶖鶬◦◦849　○肉123　肉－角2983　○肉－食1717　○肉◦－◦袒(タンス)648　朒◦◦－◦朓827　○色｜3010　色◦－◦空697　色
－授3063　色－養947　色－樂2385　○識(シキ)3471　識－義1948　識－會2868　識－察1787　識－達3428　識智3557　識－密(ニ)1298　○
識－量2343　蹴頞3319　蹴－圮(シヽマリクツカヘル)1175　顣－頞3290　○七2631　七－哀1406　七－依2120　七－邑610　七－九(ニ)3210　七－貴620
○七－月1625　七月－七日1850　七－啓2120　七－激2120　七－國665　七－子1192　七志(書名)2866　七－州1176　七◦－戎◦◦861　七

ー日2502　七ー十550　七ー十ー國3213　七ー十二ー子2671　七ー十二君2973　七ー十有ー四ー人3012　七ー十有ー二ー2755

七ー十有ー二ー君2966　七ー十有ー八ー載2738　七ー襄(カヘテ)1584　七ー相94　七首1312　七ー旬629　七人2946　七ー臣3270

七ー萃(スイ)1306　七ー政1218　七ー尺1760　○七ー夕2425　七ー千2444　七ー族2328　七代80　七ー澤500　○七ー年576　七ー年

五ー月三ー日2875　七ー百3210　七ー百ー歳2755　七ー百ー人2709　七ー百餘ー里3116　七ー八ー十ー人2674　七發(シツハツ)2093　七

ー盤1721　七ー廟3119　七ー篇3093　七ー辯2120　七ー歩3624　七ー奔(ス)1738　○七ー雄211　七ー葉1271　○七ー里362　七略(書名)

2866　○失(シ)1043　失。ー(セリ)515　○失。ー計2553　○失ー策3179　失ー節(ウシナヘルヲ)3269　失ー得1119　○嫉ー妬2398　○嫉ー妬(ス)1996　○室。376

○室ー家2079　室ー中2076　室ー廬805　悉ー(ニ)2723　日ー角3291　日ー及973　○日ー華1883　○日ー月80　日ー官3404　日ー

觀1357　日ー景108　日ー際1678　日ー入(ナリ)1601　日ー者3278　日ー昃(ショク)(ヒクレ)3187　○日ー新1260　○日ー夕1441　○日ー中。426　日(人名)

逐(チク)1307　日ー晷409　日(人名)磾(テイ)3017　○日ー暮1670　日ー母2113　○日。ー夜293　日ー力728　○日ー域(ヰキ)871　暱ー愛1851　○桎(シツ)ー

梏(コクセラレタル)391　漆園(地名)1313　漸ー汨2118　○瑟197　瑟ー琴1122　○瑟ー瑟(タル)1446　疾2114　○疾ー疫(〆)2583　疾ー疢(チン)1528　疾ー疹(チン)1462

疾ー妬2676　○疾。ー風961　○疾ー病2293　○疾ー雷2114　○膝ー下947　膝ー歩(〆)3136　蛭ー螾3654　○蟋ー蟀207　蒺。ー

蔾。558　卹ー然(ト〆)2112　郅惲(人名)2619　○實。444　○實ー事3276　實(人名)沈(チム)3031　○實ー録2596　○質。453　質。(人名)2602　質ー闇2972　質ー

幹1148　質。ー劑。427　○質ー直3018　質ー敏(ニ〆)3137　鑕ー鈇2763　駟。322　○什一2541　什倍3114　○入ー貢(ス)857　入ー侍(セリ)2849

○入ー朝(ス)2690　○十ー2356　十ー半(カ)2415　○十ー一ー月2307　十一ー月五日2554　十ー一ー月十ー一ー日3459　十ー一斛3195

十―紀 671　十―九―日 3678　○十―月 2976　十―月十―二―日 2445　十―月丁―亥朔 3405　十―郡 2201　十シツ―戸 2408　○十―五ニ〆 1932　十五巻 2805　十―五―日 2340　十―五―王ニ〆 3044　十―歳 2586　十―載 1864　○十―三 2636　十―三巳―上 3062　十―四 204　十―四―五 1389　○十―。二シ 422　十二衢 1304　○十―二―月 1794　十―二―國 2752　十―二―日 2443　十二首 1893　十―二―書 2534　○十―七 2414　十七首 1379　十―室ニ〆 2290　十―日 1602　十舎 70　十―数 3048　十数家 2804　十―数―年 2288　十首 1825　十。―旬 291　○十―人 2538　十―仞 3673　十。世 465　十―城 630　十―雉 3446　十―帝 1751　○十―年 971　十―倍 3196　十―八―日 2304　十―八―王 3044　○十―萬 2500　○十―分にシテ 121　十―表(書名) 2534　十―有四―位 104　十。有四載 858　十―有四―年 806　十―有餘―日 2519　十―有餘―世 3266　十―有餘―年 500　十―有―餘輩 2715　十―餘―公 654　十―餘―旬 1441　十―餘―年 2326　十―葉 628　十―六―日壬―寅 3405　十―六―篇 2674　十―六―王ニ〆 3044　十―亂 675　十―里 2416　十―圍 1745　執―金―吾 3374　執。―珪。1192　執。戟 1858　執―憲 1196　執。―。古 458　○執―。事 831　○執シツ―政 2282　執シツ。―法。ハウ 413　○執―鞭 2626　○拾―遺タル 2284　○集 1905　集｜シ 2989　集―雅 3392　集解 2805　集―記 2883　集―止 1478　集―隼 2848　集―翠 1024　○集―注 72　集―悲 1069　○集―録スル 2883　集。往スル 342　楫―櫂 3171　槢。741　濕。806　習シ 2416　習―。。御シ 379　○習。―習タル 423　○習―俗 396　緝―熙 134　緝―熙スル 3532　緝―隆 2343　襲―逆〆 2094　襲。。険 337　輯穆セリ 2316　隰―坰 1672　隰。―。。壤 452　隰(人名)甯 3140　隰―朋 1186　○。。任 733　○。。任シ 547　任。―。好 633　。。任―禁。437　○。。任―俠。363　任(人名)彦升 2210　任(人名)彦昇 2351　任―公 1347　任(人名)座 2256　○任―使ス 3158　任(人名)子 2134　任(人名)。。―子咸。982　任―實 2629　任―職 2891　任(人名)少卿 2509　任―城 441

任棠（人名）3600　任昉2435　任（人名）。。—。父380　○任—用シ3169　侵。—淫シ534　侵—駭セラル、2439　侵。弱。。—（マ、）630　侵—辱2565　○侵—擾ス2734

○侵—地644　侵—軼2436　侵—誣1309　。僣シンす667　參—墟224　○參。—差として483　參—參たる936　○參—商1525　參—辰2211

參。—塗487　壬寅2463　○。寝412　寝—シ3427　寝丘（地名）3532　寝—興1953　寝—興1293　○寝—食1619　○寝—食1858　寝—寐にして

965　寝—伏3427　。寝—廟。。360　○尋—1533　尋（人名）3108　尋—桂1838　○尋—常848　尋—竹2150　尋表2870　尋—木273　尋陽（地名）3468

尋陽縣（地名）3471　尋。—繹。エキ823　○心—1688　○心—意1333　心—行3554　○心—肝1399　心—顏2351　心—期1607　心—許1420　○心

—膂692　○心—曲1444　心—極2863　○心—計2787　心—悟1970　○心—魂1956　○心—事1262　○心—志1106　○心—思1738

心—賞1663　○心—神1327　心跡1857　心—迹1637　○心—中1399　心—腸1146　○心服。す822　○心—腹2408　心—目692　心

—悶2636　心—明3527　心—膂2330　○心—力2342　心—。累977　心—禮2955　○斟。—酌。ス391　棖—3482　棖。—。桂311　森。としテ285

森—藹タリ1356　森—槮タル1067　○森—森タル1018　森。シム—木。。329　沈休文（人名）2450　沈—毅3463　○沈約（人名）1379　。浸643　浸—淫タル1043　浸—

潭イン2983　浸—弱ニ3395　○浸—潤1110　深。1123　流。—溝。470　深—巖520　深—感1445　深—澗1870　深—諫ス3122　○深—宮803

深—憲3072　深—言3123　深—固ニシ3183　○深—谷1620　深—根3174　○深—山2525　深—。頌458　○深—識1551　○深—切ニ

3178　○深—淺1667　深—阻ニ3024　深—澤1446　深—衷1301　○深—沈タリ1341　深—圖3069　○深—謀2316　○深—林2050　深—

略3108　深—淪ス1680　○深—淵2073　滲3483　滲—漉2975　潯。—。涘シ785　○潯—陽771　祲—3500　○箴。シン1020　箴。—規。460

箴。—疵。521　箴—誦2991　箴—銘3648　○荏—苒ト1182　葴—莎180　葴—菥。502　葴。—橙523　袵シム3483　○袵—席2483　。。袵

434
諶1539
○讖918
○讖-緯406
○軫427
軫軫(シン)554
鍼石2787
○駸-駸(タリ)1395
鱏-魚330
鱏-鱣287
哆嗚3290

寫-霧2685
奢-淫1123
奢-淫(シ)656
奢-言(ヲコリイフ)(シ)511
○奢-侈(シ)516
奢-泰205
奢欲3081
○奢麗(レイ)548
捨-講2355
斥

-丘1476
斜(シャ)-漢825
榭825
洒-掃(シ)2780
灑-掃985
灑屬(セリ)526
○灑-落(ス)1968
灑-練2113
社-宮3209
○社-稷

409
罝-罘570
○舍833
○舍-(ヤトル)(ス)531
舍(書名)-人3436
舍-中3660
○舍-弟2589
謝587
謝(人名)3094
○謝(ス)1233
謝-監1586

謝(人名)希逸3478
謝(人名)光-祿1983
謝(人名)惠運1337
謝(人名)玄暉1261
謝-諮-議1425
謝(人名)叔源1336
謝(人名)詢2320
謝(人名)宣遠1230
謝(人名)琰3593
謝(人名)眺2480

○謝-德2211
謝(人名)法曹1977
謝-聞(ス)2487
謝(人名)僕-射1970
謝(人名)臨-川1972
○謝(人名)靈運1173
赭-堊281
赭(シャ)-衣2353
赭-汙3595

頳-白857
赭陽287
○射1229
射-宮251
○射-御2930
射-鉤1537
射-雉-賦586
射-筒353
車(シャ)-徒1923
遮

-列864
○邪405
邪-嬴175
○邪-行2743
○邪-氣962
邪-孽3089
邪-主3123
○邪-臣1153
邪-政2982
邪-

正2724
邪-叟3628
邪-諂3122
邪-僻3037
○邪-論3137
○麝3196
○上464
上-(スル)2445
上-囿98
○上-下119
上

-下(ス)2012
○上-儀128
○上-宮1008
○上-皇1634
○上-官2631
上-玄238
○上(地名)-郡2382
○上-京878
上教151

上-賢3587
○上-古1145
○上-國2596
上-谷1206
上-笏1983
上-才1887
上-祭(サイス)320
上-宰1608
○上-策3390

上-事566
○上-司2736
○上-士1007
○上-巳2834
上-尚2304
上-庠(シャウ)2831
○上-將2349
○上-壽2353
上-春

1003
○上書2380
○上-書(ス)1278
上-仁878
○上-世307
上-聖882
○上-訴123
○上-訴(セ)2300
上-送2799

○上-代2332
上-台2492
上-道2295
○上達(セ)2327
○上-智2241
○上(人名)-帝123
上-寵2737
○上-天483
○上-都

94　○上―東―門1782　上―箭1114　上―農3473　上―徳458　上―邦338　○上―品2364　上―旻3486　上―務2779　上―

風593　○上―聞（ス）70　上―報（セン）2294　上―藥3197　上―腴90　上―榮472　上―楹718　上蘭（地名）2918　○上―流（地名）3624　○上林（地名）

2415　上林（書名）2811　上―靈2833　上―列654　上―路2415　○上―位2273　上―圓3399　升―越366　○升―遐（ス）619　升―降487

升―降（シ）803　升皇2027　升―月1850　升―獻（シ）256　升―長1351　升―天―行1750　○升―平216　升―龍172　○倘―佯（として）

915　倘―佯（シ）374　○倡―優2523　倡―家1773　傷―憂（ス）1904　傷―害侵―奪（セン）2443　傷―禽1743　傷―懷974　○傷―心2824

○傷―悲（ス）1685　傷―易2699　○像1289　儴―佯（シテ）193　匠―郢1971　匠―者1540　○匠―人645　匠―石749　匠―斲（タク）426　向（シャウ）

―寵（テウ）2262　尚―3544　尚―（ス）2866　尚―冠650　○尚―子1637　尚子平（人名）2628　○尚書（書名）2673　○尚書省1866　尚―書右―丞2299　尚―

書右―僕―射3533　尚―書―郎（書名）3436　尚―書吏―部―郎3530　尚―書―令3537　尚―席1244　尚―生2681　尚父（人名）2844　敞―

閑（ナリ）951　敞―罔（タル）1079　湯―湯144　○湘（地名）3215　湘―娥（人名）795　湘―干（地名）3677　湘―漢（地名）3578　湘―沅（地名）2721　○湘君（地名）2032　湘―呉821

湘州（地名）3675　湘―渚（地名）3284　○湘水（地名）3651　湘―川1724　湘西（地名）3236　湘―西―縣2439　○湘南（地名）77　湘―濱911　湘夫人2037　湘―羅（地名）3386

湘流（地名）3651　○漿（地名）1712　漳（地名）3056　漳―渠423　漳―水（地名）2389　漳―滏405　○瀼―瀼（として）744　戕―風760　○牀1416　牀―帷

1385　牀―笫（シ）2455　牀―寢1674　牀―蓐2294　○狀2996　狀―（ス）3650　○狀―貌2090　○將442　○將―軍1738　○將―校2710　將―

迎1638　將―將（タリ）2115　將―將―焉（タリ）235　○將―相2505　○將―帥（スイ）374　○將―率3460　將―泰2569　○將―兵3034　○將

―來455　牆102　牆―宇2951　○牆―藩472　猖―狂744　猖―獗（ニメ）2714　○猖―蹶2660　○商428　○商（地名）2735　商（人名）661

商(地名)｜人 3263　○商鞅(人名) 2381　商｜羽 1122　商奄(地名) 2269　商｜歌 1626　商｜歌シテ 3129　商｜郊 2245　商｜摧 1730　商｜擢 771　商｜権スル 3095　商｜氣 1412　商｜君 3112　○商(地名)｜山 2176　商周(地名) 2556　○商｜秋 733　商｜參 1821　商臣(人名) 3300　商(人名)｜辛 655　商｜聲 1388　○商｜飈 1815　商(地名)｜牧 3387　商｜羊 1837　商洛(地名) 2219　商｜魯 388　商(地名)｜王 2175　唱｜シ 2464　唱｜引 1123　○唱｜和 386　唱｜和ス 2645

唱｜言スル 2286　唱｜發 1118　襄(人名) 627　襄｜邑 447　襄惠(人名) 3271　襄城 2839　襄文(人名) 2982　襄陽(地名) 2721　襄｜王 800　壤 304　壤｜子 2392　壤｜石 1569　壤東(地名) 2908　壤｜末 3487　嬙｜媛 3081　嶂 1237　常｜安 3657　常｜均 2375　○常｜山 445　常山縣 71　○常侍 161

○常典 686　○常｜寧 102　常｜伯 487　○常篇 686　○庠｜序 139　彰 621　彰｜徹ス 1581　○惝｜怳シ 992　慞｜惶ト 3488

○掌｜握 3101　掌｜技 2259　○掌｜故 2673　掌｜舍 484　掌｜徒 1199　掌｜夢 2069　掌｜拊 3148　昌(地名) 2904　昌邑(地名) 2348　昌｜陰 650

○昌｜運 1423　昌海(地名) 2666　昌姫(人名) 2844　昌｜暉 3497　○昌｜言 1029　○昌｜言シ 727　昌國(人名) 3615　昌發(人名) 624　昌(人名)｜容 445　殤｜ 1741　殤(人名)子 1254　璋 486　璋｜瓚 3508　璋之(人名) 2454　○瘴氣 1745　○相 442　○相シャウシ 222　相｜御 2108　○相｜公 1669　○相｜國 2645　○相｜思 350　○相｜者 2067　相｜如 303　相｜羊ス 2011　○祥｜ 2226　祥｜河 3576　祥｜光 2216　祥｜習 1359　○祥｜瑞 2984　祥｜風 145

祥｜飈 1361　穰(人名)｜侯 2382　穰苴(人名) 1270　穰｜橙 289　○章｜ 314　章｜夏 1118　章亥(人名) 2172　章邯(人名) 2393　○章｜句 71　章｜華 211

章｜溝 161　章施 738　章(地名)｜臺 2772　○章｜程 2831　章｜服 2631　章｜表 3164　章｜甫 1830　章｜明 2287　章｜陵 298

箏 294　○緗帙 80　翔｜鴻 2302　翔｜禽 1550　翔｜鶤 166　翔｜驟 2834　○翔｜集 1110　○翔｜集ス 336　翔カケル｜鳥 1380　翔｜風 1035

翔｜鳳 1616　翔｜陽 756　翔｜泳 1237　翔翼 382　○翔｜鸞 692　翔｜龍 438　○菖｜蒲 501　菖｜葉 2226　蔣｜

芋523 蔣欽(人名)2492 蔣—生1857 蔣。—蒲287 蔣琬(人名)2947 蘘。。—荷289 ○裳|1801 裳—衣1782 裳—袂1409 裳—服1853 詳スル3583

詳—一ニシ3594 ○詳—略2828 觴192 觴|セント1048 觴—酌2597 觴—酌流—行シ2583 觴—奠3605 觴—豆253 觴—醳2836 ○

。象1032 象(人名)2400 ○象—牙1037 。象—骼。376 ○象—魏226 ○。象—。。外696 象—闕2224 。象—郡369 象—教3562 象—

弧1930 象—正3577 。象。犀525 象—設3509 。象—。箽366 象—白2174 。象—。。弭ヒ370 象—罷ヒ115 象—服3497 象—物3500

象—筵1245 。象シヤウ輿。527 ○。賞843 ○。賞セラル882 賞—好3093 ○賞—賜3062 ○賞賜ス2110 賞—心1342 賞—錢2710 ○賞

—罰1178 鄣|3391 彰—癘3332 ○鏘。—鏘タリ370 鏘—洋ス3550 。障844 障—。隧604 。障—。厲453 閶闔(地名)3424 閶—風262 閶

—門1727 鱨—魦182 鱨。—鯊。380 削シヤク—黜1180 ○婥—約1055 ○弱|2677 弱—綱3268 ○弱—。冠946 弱—才2302 弱—喪

1967 弱—藻1891 弱—思1984 弱|、枝955 ○弱—主ニ〆2695 弱—植ニ〆1586 弱—水479 弱—情3658 ○弱—小ニ〆3169 弱—葉

1328 ○弱—齢ニ1623 ○爵2267 爵。シテ1287 ○爵—號2986 爵—賞2702 爵。—堂。321 爵—秩3062 ○爵—土2442 爵。—。。馬703

爵—服1328 爵—命2719 ○爵—禄2268 ○爵—位2537 爵—園2838 灼。タル734 ○灼。—灼タリ489 ○灼爍と(シ)て929 ○灼—爛2615

爍—德2991 皭タル332 ○若|2111 若。。—英。827 若—華913 若水(地名)2854 若。。—。蓀523 若—芳1052 若—木478 若。—。榴289

綽と(シ)て。633 綽—寛ナル1148 ○綽—綽ト〆2920 繳シヤク。849 繳|スルトキニハ2848 ○芍。—藥。290 蒻—阿2076 ○酌|3681 酌—言1918 雀臺(地名)

1934 雀雉1588 ○錫。695 錫—文2337 鑠〆2167 ○。主388 主。1088 ○主—恩3136 主—器3593 主—者2220 ○主—上2143

主—爵3220 ○。主—人833 ○主文ニ〆2794 ○主。簿946 主父(人名)ホウ3016 主父偃(人名)ホ3294 主—威3101 ○侏。—儒。539 ○儒2673

○儒―雅 2798　儒―行 3285　○儒―學 2773　儒―業 3427　○儒―士 2672　○儒―者 2359　○儒―術 953　○儒―生 1931　○儒墨
936　○儒―門 1241　○儒―林 2783　取―睽 3608　○取―捨 2774　取―與 2518　受降(地名) 2438　○受―納 2481　○受―命 2745　○壽°°
831　壽―安 227　○壽―考(ナランヤ) 1781　壽―宮(クワウヲ) 2031　壽―原 3502　壽―觴 957　壽春(地名) 2720　壽―堂 1760　壽―命 1333　壽陵(地名) 1929
壽王(人名) 2474　○孺―子 2464　○孺―人 997　孺°―筮°° 889　○守|(ト゛) 2352　○守―禦 516　○守戰 3112　守―家 2320　守―屏 2845　○
守―文 3053　戍°(ス) 1708　○手―足 2097　手―命 2468　○授―受 3409　○授―受(スル) 2358　授―任(スルコト) 3243　○朱° 1152　朱(人名) 176　朱°櫻°
318　○朱―衣 3416　朱―英 2851　朱―烏 3010　朱家(人名) 2528　朱―霞 731　朱―桷° 410　朱―閣 1492　朱―竿° 553　○朱°―顔°° 822
朱―崖°°(キ) 762　朱―旗 214　朱―羲 1320　朱宮 1234　朱虚(人名) 2391　朱虚(地名) 3175　朱均(人名) 1044　朱―火 1050　朱―華 1211　朱°―光° 298　朱―
紘 2226　朱桓(人名) 3232　°朱桂 722　朱°―闕° 362　朱―玄 488　朱―紘 1027　朱°―軒 1002　朱―戸 2204　朱―公 2681　朱公叔(人名) 3308　朱
―垠 134　朱―草 264　朱氾(地名) 2113　朱―紫 173　朱―絲 1747　朱―實 1538　朱叔元(人名) 2548　○朱―脣 1163　朱生(人名) 3313　朱宣(人名) 2237　朱(人名)
然 3232　朱―組(ソ) 1976　朱堂 99　朱―櫂 1982　朱―丹(ニス) 2759　朱―°仲 955　朱―塵 1005　朱―綴(テイ) 2075　朱―邸 1868　○朱―鳥 717
○朱買臣(人名) 3018　朱―方 1419　朱―網 1871　朱―博 1611　朱浮(人名) 2567　朱―紱 1196　朱―芾 2845　朱―黻 1177　朱―旄 242　朱穆(人名) 2545
○朱―門 1312　朱―明 587　朱楊 503　朱―榮 2134　朱益州(人名) 3311　朱―°炎 737　朱―鷺 1504　朱林(人名) 3672　○朱―緑 162　○朱―
輪 363　○朱―樓 1753　朱鮪(人名) 2572　○樹 3456　樹―羽 249　樹―草 2853　樹―塞(スル) 1476　樹―端 1712　○樹―木 1456　樹―養 3196
○樹―立 3033　樹―輪 2089　樹―園 1856　○殊―異 2620　殊―尤(にして) 1128　殊°―隱 448　殊―裔 3238　○殊―恩 3458　殊―健(ニ゛) 2585

○殊－功1104　殊－操3431　殊－策3486　殊。－。事392　○殊－俗2478　殊－棒531　殊－節2336　○殊－絶(スル)2461　殊－珍2173
殊－方1569　殊。－鄰500　○殊－類1700　殳。－鋋。372　○洙泗(地名)3211　酒－駕2166　○酒－肉1670　○酒－食3050　酒－池655
酒－德3470　酒－德(書名)3543　酒德頌(書名)2901　酒－賦2684　○須－臾379　○須－臾(シ)604　濡。－翰。(ウルヘル)1442　濡須(地名)3237　。狩(シ)437　珠。1003
珠－纓1700　珠－閣693　珠－柙1411　珠－旗504　珠－璣。576　○珠－玉266　珠－。漼788　珠－子520　○珠－襦2376　珠
－翠656　珠－玳1603　珠。－胎345　珠－綴1887　珠。－。貝330　珠－網3572　珠－。琲366　珠－被2076　珠。－服367　珠－璧
70
珠－蜯2135　珠。－履364　珠－櫳1865　竪｜2844　竪－儒1986　○綬｜1006　○茱。－萸。319　蛛。－螯。。455　。竪(人名)917　竪牛(人名)3209
竪刀(人名)3076　。趣－捨812　○趣－舍1548　○銖｜(ト)2411　陬。。牙(シュ)1139　。首2684　○首－惡2969　○首－夏1346　首－身604　○首－
鼠3600　首－旦1362　○首－尾2775　首－目717　首－腰2715　○首陽(人名)1328　○首－領2338　麢。－鷚377　嵩(人名)2697　嵩－構(人名)3550
倜(シュクタリ)2112　倏(トシテ)2043　○倏。－忽。(ト)310　倏。－。眒505　倏－悲1656　儵－悅794　儵－忽(トシ)881　儵。－眒328　○叔917　叔。(人名)633
叔高(人名)3528　叔源(人名)3094　叔－子1043　○叔齊(人名)3124　叔孫(人名)3213　○叔孫通(人名)2770　叔孫豹(人名)3209　叔田(人名)2612　叔度(人名)3097　○叔伯2294　○叔－
父2822　叔寶(人名)2365　叔－夜3679　叔－郎2443　叔。－鮪778　○夙－昔937　○夙－夜(ニ)1180　夙－夜(セ)1550　夙－齡1666　○宿600
○宿。(ス)526　宿－好1625　宿－侯3269　○宿－草1955　○宿－心1235　○宿－將2272　宿－儒
71
宿－訟3589　宿－栖1689　○
宿－昔(ムカシ)1383　宿－楚1958　○宿。－德2613　○宿－霧1848　○宿－憤3376　宿－兵2271　宿。。莽(マウ)349　○宿。－衞2537　○宿－衞(スル)
500　柷－圉3356　椒(人名)2023　椒。丘518　椒。－鶴。414　椒－糈2019　椒－漿2029　椒－庭1752　椒－塗1161　椒－房102　椒風(地名)3478

椒－蘭1913 橚－爽180 淑。にして870 淑(人名)1981 淑－懿3413 ○淑－氣1731 淑－晛1591 淑－均ニ2262 淑－賢2990 淑－姿1183
淑質2255 ○淑－人902 淑－清ニ3146 淑－聖3505 ○淑。－女742 淑－哲3062 淑－貌1716 淑。－。美1159 淑－穆玄－眞ナリ
1107 ○淑－問1485 淑－明シ926 淑。類861 淑－儷1417 淑－靈3515 淑－媛2594 潚とシて923 潚。－。潤775 ○熟。。シ528 熟－
簀1111 ○祝。－史497 祝－宗494 ○祝。－髪1830 ○祝。－融913 肅。とシて298 肅－駕1981 肅－祗スル3009 肅－恭ス2703 肅。－
乎と475 肅侯(人名)3429 ○肅。－肅タル424 ○肅。－。愼516 肅－肅－焉穆－穆－焉タリ3543 肅。－震486 肅成69 ○肅。－清に(シ)て
1097 ○肅－清セン3420 肅－齊ニ2720 肅－然216 肅宗(人名)3089 肅。－陳。ス858 肅－紛タリ2110 肅－穆トシ1248 肅－雍1221 肅－雍ニ
3479 肅－良ナリ3463 肅－烈ナリ1194 ○菽。－麥。。289 ○菽－粟2352 驌。－驦。370 鷫(人名)博。1044 鷫－鶊182 出－降ス2722 出－
冡シ868 ○出－入653 ○出－入ス671 出－宿1258 出－宿シテ1757 ○出－處2946 ○出－征シ430 出－濟1240 出－。餞2833
○出－納1486 ○出－沒シ1880 ○怵。－惕。テキス1197 怵。－迫。838 朮2633 ○術。380 術藝2784 ○術－士3142 ○術－數2574
術－阡1645 述｜3420 述｜ス2268 述－造スル2587 ○述－作71 述－詠3547 述－録シテ3522 。儁332 ○儁－異3440 儁乂シュンカイ2647 儁
－彦2726 儁－乗2173 儁－俗2681 儁－聲3431 儁－民2881 儁－茂3430 ○。俊1179 ○。俊－乂。。ケイ947 俊－賢2486 俊－公－
子2140 ○。俊－才722 ○俊－士2894 俊－人1600 ○俊－德2280 ○俊－邁3328 俊－民2832 ○俊－茂3231 。俊－烈1013
俊－偉ニ2700 准｜2953 ○准ス2445 准シュン－式ショク80 ○準シュンテキ的70 峻3380 峻－高にシて2051 峻－崿1092 ○峻－岳1311 峻－巖1608
。峻－岐312 峻－崖115 峻－嶽。。1089 。峻極。685 峻－隅。703 。峻－危397 峻－垝2834 ○。峻－。嶮610 。峻－谷。980

峻｜山 3249 峻｜跱 419 峻｜節 1291 峻｜阻ソ 333 峻｜挺ナリ 2153 峻｜邈 3668 峻｜阪 1256 峻｜文 3072 峻｜朗ニ 1223 峻｜
廬 746 徇｜華 2149 循｜岸 1836 ○循｜環 657 ○恂｜恂タル 2950 恂｜恂焉斌｜斌焉タリ 3517 ○旬 327 ○旬｜月 2421 ○旬
｜朔 1817 旬｜始 224 旬｜時 2602 ○旬｜日 2472 ○春｜宮 2013 春｜鳩 1452 春｜衢 2171 ○春｜花 1793 春｜華 1472 ○春
｜官 2835 春閨 1007 春｜翹 975 春｜枯 2302 春｜穀 1874 春｜叢 3320 春草 1859 春秀 1882 春｜渚 1340 ○春｜心 2108 ○
春｜色 1882 春申(人名) 3589 ○春｜秋 543 ○春｜秋(書名) 2981 春秋左氏傳(書名) 2748 春｜臺 811 春｜塘 1891 春｜梅 2175 春｜方 1360
春｜芳 2618 ○春｜風 1864 ○春｜服 417 春｜圃 264 ○春｜陽 1212 春｜游 1722 春游シ 262 ○春｜蘭 3433 春陵(人名) 93 春
｜林 1729 春｜路 226 春｜王 1496 杶｜櫨 350 楯 741 楯｜軒 526 洵｜美 445 浚｜谷 1329 浚｜波 3559 浚｜明 1242
淳｜懿 1729 淳于(人名) 3173 淳于越(人名) 3171 淳｜化 237 淳｜源 3574 淳｜至 2865 淳｜脩 3573 淳｜深タル 652 淳｜仁 3145 淳｜粹ナル
910 淳｜精ナリ 147 淳樸 1330 淳｜耀アリ 886 淳｜曜シテ 1218 淳｜流 3136 ○潤 3346 潤｜屋クノ 3318 潤｜和 1122 潤｜堅 1035 ○潤
｜色ス 85 潤｜飾セ 2593 ○潤｜澤ス 2975 潤｜黷ス 356 筍｜虡 489 筍｜業 159 筍｜蒲 2101 ○純｜ナリ 3516 純｜懿 217 ○
純｜一 3042 純｜殷 722 ○純孝 3484 純｜犧 1142 純｜熙 707 ○純｜化 2311 純｜鈎コウ 368 純｜漆 2588 純｜淑 878
純｜仁 3142 純｜仁シ 580 ○純｜粹ナル 1993 純｜素ナリ 2950 純｜德 297 純｜茂ナリ 405 純｜緜 2886 純｜約 1610 ○舜(人名) 390
舜禹(人名) 3128 舜｜典 2799 荀彧(人名) 2946 ○荀卿(人名) 408 荀爽(人名) 2360 荀攸(人名) 2946 荀慈明(人名) 3522 荀摯(人名) 2878 荀宋(人名) 76 荀息(人名) 1959 荀仲茂(人名) 2589
荀裴(人名) 3540 荀令(人名) 2365 葰｜楙ホ 529 葰｜茂ナラン 1996 蕣｜榮 1321 ○蠢｜爾タル 1202 ○蠢｜蠢タル 1169 蠢｜生ス 345 詢(人名) 1967 ○諄

｜諄タラ 2977　踳｜駮ハク 399　巡シュンセシ 69　巡｜駕 1358　○巡｜幸シシ 639　○巡｜狩 2676　巡｜狩シ 129　巡｜省 649　巡｜靖シ 3009
○巡｜遊スル 789　逡（人名） 2443　○逡｜巡 816　○逡｜巡シ 142　○遵｜奉セ 2866　郇邠 601　醇｜和 1089　○醇｜酒 2239　醇｜粹スイ
399　○醇｜酎 821　醇｜聽テイ 458　醇｜醲 428　醇｜泊ナル 3203　醇薄ナリ 1119　○醇｜醴 3193　雋シュン 3164　○順｜アリ 2510　順（人名） 3079
順シ 1022　順｜許 2350　順皇（人名） 3539　順｜叙にして 1101　○順｜序 1146　順｜成ニ〆 3499　順｜動 1354　○順｜德 413　○順｜風 2223　○
順｜流 1170　馴麗 597　○馴スキム｜致 428　馴｜駁 504　○馴｜養 876　○駿 861　駿｜骨 2249　駿｜人 2906　○駿｜足 1601
駿｜珍 1547　駿｜馬 2384　駿｜駮 184　駿｜發 2841　駿｜奔 2182　駿｜奔〆 2489　駿｜茂 3142　駿｜命 1221　駿｜利ナル 1030　駿｜
騄 2132　鵔｜鸃 508　鵕｜鸏 375　且 339　庶｜尹 1178　○庶｜幾 2861　○庶｜幾スル「ヲ コヒネカフ「ヲ 884　庶｜姫 3373　庶｜官 2596　庶｜
桀ケツ 3045　庶｜功 2206　庶｜草 146　庶｜事 726　庶｜士 1086　○庶｜子 1600　庶｜羞 1693　○庶｜人 490　○庶｜姓 2328　○庶
｜政 2342　○庶｜績 619　庶｜息 2443　○庶｜女 2417　庶｜朝 627　庶｜土 429　庶｜珉 2833　○庶｜務 2880　○庶｜物 261
○庶｜類 1169　○庶｜僚 3604　庶｜寮 2327　墅｜ 2445　如｜姫 1766　如｜絲 3587　如｜仁 2218　宿 748　○序 434　○序｜ス 3646　序
述 **82**
徐（地名） 2436　徐勛（人名） 2701　徐衍（人名） 2398　徐幹（人名） 3163　徐幹偉長（人名） 3163　徐璜（人名） 2697　徐敬業（人名） 1373　徐生（人名） 2469　徐陳（人名） 2583　徐都曹 1882　徐（地名）｜
方 2700　徐｜邈 2947　徐樂 1906　徐ヲモムロナルス、｜鑾 2856　徐劉（人名） 2459　所｜居 2149　○所｜思 1715　○所｜職 2339　○所｜生 3534　所｜誠 1559
所｜短 2877　所｜致 1108　所｜治 2600　所｜住 2445　○所｜長 2877　○所｜天 2300　所服 3003　所｜嬖 2569　○所｜由 924　所
｜欲 938　所｜理 2580　所｜慮 2470　所｜謂 2739　○暑｜ニ〆 1614　暑｜賦 2460　○書 833　○書（書名） 3134　○書〆 2617　○書｜記 1601

書—軌 1877　○書契(ケイ) 75　書—計 2930　書—策 3534　○書—札 1786　○書—史 1975　○書—辭 2512　書—疏 2583　書—誓 79　○
書—籍 1906　○書—中 1682　○書—°傳 611　書—府 2799　書—幣(ス) 1923　書—圃 543　書—部 70　書—問 2580　書—命 2705　○
書—林 580　○書—論 3164　楈—枒°(ヤ) 284　汝郁(人名) 2865　汝陰(地名) 2299　汝—潁 1915　汝海(地名) 2104　汝南(地名) 3163　沮—傷 2734　沮°—漳 770　°沮
—澤° 313　沮—溺 1671　沮—斃(シタリ) 2194　涂中(地名) 2436　潊(地名)—浦 2050　渚| 1606　°渚—禽 380　○°緒 294　緒業 2515　○緒—言 2485　緒才
2594　緒—風 1343　○°署 423　胥°—邪° 529　胥°—靡(シ) 835　舒向(人名) 3323　舒—°巻 621　○舒—緩(ナリ) 1114　舒—肆(にして) 1124　舒—放(にシ) 1093
舒—辟 2169　舒—慢 1611　茹—蕙 2009　菹醢 2052　蔗 2080　藷°—柘 289　○°處(スル) 869　○處—士 2255　○°處—子 596　○處—°所
1134　處父(人名) 3462　○初—學 3526　初—儀° 649　初—篁 1351　初—宦 3077　初—景 1343　初—創(セシ) 1501　○初—秋 1454　初征(書名) 3164　初
—晰 1973　○初—度 1990　○初—伏 1612　初—服 623　初—服 1661　初—役 1414　諸—越 1830　○諸°—°夏 334　諸—好 1145
諸—客 1059　諸(人名)—葛 337　諸葛瑾(人名) 2947　諸葛孔明(人名) 2253　○諸葛亮(人名) 2946　諸—姫 3169　諸—舅 3433　諸—華 1728　○諸—軍 2721　諸
—軍—事 2304　諸—君—子 2611　○諸—°°彦 1009　○諸—賢 2469　諸—姑 3507　諸—孤 3332　○諸—侯 450　○諸—公 425　諸
—工 1056　○諸—國 2283　諸—才 1906　○諸—子 2583　○諸—°將 2578　諸—儒 2670　○諸—神 1142　諸神—策 2195　○諸—生
2248　諸—°柘 501　諸—孫 2320　○諸大—夫 2111　諸—贄 262　諸典—謨 2999　諸凡 2805　諸—府 2454　諸賁(人名) 1079　諸°變 1078　諸
—吏 2710　諸—呂(人名) 2527　諸例 2805　○諸—王 2206　諸—苑 3143　疏°—屬° 391　疏°—糲° 444　鉏鋙(トシテ) 2066　鋤耰 3119　○鋤—犂
1671　○睢—鳩 227　°鶋—鳩° 355　°黍 459　黍—谷 2493　○°黍—稷° 316　°黍—苗 650　○°黍—離° 456　黍—累 3405　○丞 2456

○丞ー相 177 ○乗ー 2108 乗（人名） 2408 ○乗ー 2298 乗ー雲 2223 乗ー鴈 2764 乗丘（地名） 3450 乗ー黄 2850 乗ー軒 241 乗ー黨 380 乗ー
日 1910 乗ー石 2488 乗ー旦 2889 乗ー邅 1078 ○乗ー馬 3341 乗ー風 861 ○乗ー輿 534 乗ー龍 2970 乗ー轅 2194 僶ー俛 2338
僶ー俛 1293 勝ー引 1335 勝廣（人名） 3173 勝言 3071 ○勝ー地 3566 勝ー塗 2957 勝ー幡 3579 勝ー否 3072 ○勝ー負 659 勝ー
兵 2552 勝母（地名） 2405 塍ー埒 333 ○従ー 3112 従ー 1364 ○従ー横 1101 ○従ー横 557 従ー官 2538 ○従ー兄 1494 従ー姑 1517
○従ー事 1539 ○従ー事 2450 従ー者 582 従ー人 2778 ○従ー臣 120 従ー内ー兄 1517 ○従ー弟 1445 ○従ー兵 2387 ○
従ー容 853 ○従ー容 962 従ー容秒ー翫 1099 ○悚ー悚 713 悚ー戰 2368 承ー疑 1244 承華（地名） 1220 承ー光 650 承（人名）
宗 2947 承ー荅 2284 承天（人名） 3401 ○承明（地名） 1309 承ー露 1457 松（人名） 111 松ー架 1984 松ー櫝 2374 松ー菊 2790 松ー菌 1335 ○松ー
桂 2682 松喬（人名） 172 松ー喬 1333 松ー嶠 3680 松ー山 1355 ○松ー子 281 松ー杞 1735 松ー梓 350 松ー栴 1134 松ー楸 3509
松ー宿 1751 松ー石 2834 松ー雪 1582 ○松ー竹 2948 ○松ー栢 311 ○松ー風 1424 松ー霧 3486 松ー標 1550 ○松ー門 1644
松ー銘 1953 漎ー萃 365 猣ー 2164 種（人名） 2401 種 1849 種ー樹 2412 種ー落 2718 種ー稑 487 種蠡（人名） 2764 稱 444 ○稱 304
○稱 293 稱ー引 2547 稱ー下 3078 ○稱ー號 3062 稱ー計 2858 稱ー歎 2546 稱ー辯 1009 稱ー歟 296 ○稱ー譽
2542 ○稱ー謂 3556 竦ー劒 367 竦ー尋 420 竦ー踊 1290 竦ー誚 2686 鐘ー籠 285 ○縦ー逸 2307 ○縦ー逸
2441 ○縦ー横 323 ○縦ー横 380 縦ー弛 1058 縦ー肆 1079 縦ー酒 2106 縦ー性 2151 縦ー誕 1642 縦ー容 1039 ○
縄 2998 縄ー縄 402 縄ー樞 3318 ○縄ー墨 900 罿ー罻 850 聳兢 168 蒸 1090 蒸ー禋 3228 蒸ー嘗 291 ○蒸ー暑 1212

○蒸－蒸 246　蒸。－屬。663　蒸－人 2619　蒸。－徒 423　○蒸－民 223　蒸－報 3297　蒸－液スル 793　蒸。－雷 773　蒸－栗 2588

○衝。700　衝－鬱シ 1121　衝。－牙。487　衝－波 1709　衝－輣 3239　衝－飈 1551　衝－要 1914　訟究 1404　誦｜2460　○。誦ス 1013　誦－

讀反－覆ス 2458　○誦－詠スラク 2462　○。證 1096　○證セン 1471　踈ショニ〃－勒｜スルニ 2437　○鍾。476　鐘（地名）阿 3644　鐘。－儀 682　鐘（人名）－期 1043　鐘

－虚 100　○鐘。－。磬 322　○鐘－鼓 136　鐘（地名）山 1321　○鐘（人名）子期 2511　鐘（人名）士季 2689　鐘－石 2828　鐘（人名）大理 2587　鐘（地名）－岱 2102　○鐘

－鼎 2440　鐘（人名）鄧 3026　鐘－萬 3479　鐘－阜 2354　鐘－庾 2449　鐘（人名）－離 739　鐘－律 1118　○。頌 440　○。頌ス 305　頌－祇。478　○

頌－述スル 2996　頌－歎スル 96　○俗。305　俗－化 151　○俗－士 2687　俗－狀 2683　○俗－人 2523　○俗－情 1625　○俗－吏 3047

寔ショク（人名）3517　崱。－屴。リヨク 724　辱｜2421　辱｜セラル 3035　○屬 3241　○屬。スルニ 466　屬－御スルニ 131　○屬。－車 487　屬。－玉。521　屬－言

2365　○屬。－國 578　屬－城 1729　アヒムサボテ屬－叨〃 1599　○式 2427　○式－微 1809　植。（人名）1190　○植－物 179　○殖－財 3642　殖－物 2813

○溽。。－。暑 727　○燭 1784　燭－銀 783　燭－燭タル 1793　燭－龍 924　爥 163　爥－房 829　爥。－龍 820　矚ス 1311　稷（人名）2893　稷（地名）－

下 2594　稷（人名）嗣 2923　稷－嗣－君 2905　稷。－。黍 289　稷（人名）契ショクセツ 3540　穡ショク 495　○粟。643　粟－帛 2203　縟－采 2882　縟－旨 3093

縟－繡 1023　縟。。－。組 782　織。－錦 1007　○織－紝 138　○織－女 1691　○織－婦 1806　○織－。。文 370　織－路 923　○職。423

○職－業 2203　職－。。貢 345　○職－司 1615　○職－事 1800　職方（書名）2797　○職－分 2264　職－僚 2442　蓐。。－收 846　○蜀（地名）2268

○蜀漢（地名）2985　蜀琴 1866　蜀郡キン 959　蜀－境 2273　蜀（地名）－侯 2735　蜀志（地名）（書名）2946　蜀－石 521　蜀。－都。307　蜀都賦 306　蝕｜セ 2188　觸

－目 2369　謖 1602　○軾。427　軾。シ 450　钃－鏤セラレ 3220　○食。1045　○食。シ 610　○食－邑 2870　食－革 2859　食。－葛。348　○食－

事2061
○食－時3624
食－土3260
飾。－。好437
飾－玩3061
飾－奬（〆）1547
飾。－糚1154
飾－讓2350
鸐鳿344
申。（人名）893
申韓（人名）1080
申－寫（ス）1633
申商（人名）3172
申－椒1993
申－黜（シリゾイテ）1748
申胥（人名）2713
申－申（ト〆）2004
申。－錫（スル）460
申－。旦625
申徒狄（人名）2398
申－詠2600
人3122
○人－煙1252
○人－間814
人－祇3384
人－紀2237
人－蓄（キフ）3447
人－居1761
人－和3255
人－悔1423
○人－皇719
○人－寰。872
人－鬼2704
○人－君573
○人－境1846
人徑1372
○人－傑2869
人－功1857
○人－才3099
○人－事252
○人－士2296
人－上867
○人－爵1511
○人－主573
○人－壽1733
人－術794
人－人2591
人－神。1163
○人－臣537
○人－身2454
人－瑞3146
○人－情751
○人－生971
人－迹1068
人－宗2864
○人－道1307
人－徒1573
○人－馬1670
○人－望2325
人－範2873
○人－品2453
○人－民1688
○人－物454
○人－文75
人－兵2578
人－表2872
人－謀440
○人－命1252
○人－面3296
人－役2991
人－益1708
○人欲1799
人。。－。理331
○人－力212
○人－倫80
人－靈69
人－怨273
○仁。。869
○仁－恩1043
○仁－義543
○仁－君2569
仁－形。（アリ）741
○仁－惠225
仁－經3526
○仁－賢612
仁－公3537
仁－策2890
○仁－心3171
○仁－者545
仁－獸1214
○仁－壽2239
○仁－恕3158
○仁－人2860
仁－聖128
仁。。－聲564
○仁－道1183
○仁－智1309
○仁－篤3512
仁頻。529
○仁－風252
○仁－明3461
仁里900
佻－佻（タリ）2073
○。信511
信。613
信（人名）3106
○。信（ス）1179
信。（セラル）903
信越（人名）3070
信－行1923
○信－使2694
信－脩（〆）2017
○信－任（シテ）3144
○信－宿。（シ）693
信－順3596
○信－臣3117
信－誠2937
信－重（シ）3169
信－都447
信布（人名）3155
信武（地名）2904
信－陽773
信。（人名）－陵450
○。刃630
刃。。（ハ）433
審－曲3395
審配（人名）2723
宸732
宸－駕1360
宸－居2829
宸－極

2306
宸－景 1867
宸－軒 3480
宸－網 1982
宸－歴 2452
愼(シン)－。竃 919
振(ス) 1483
○振－起(ス) 2957
○振－古 404
○振－振(タル) 1172
振。－。盪(シ) 345
振－蕩(シ) 1159
振－陳(トノホリツラネテ) 1139
（□－□）(〃)
振－抜(シ) 2775
振－風 1492
振。－。耀(とシ) 564
振－落(〃) 1182
○。振－。旅 431
○振－旅(〃) 2489
。振－。鷺 563
振－威(セ) 2992
振－遠 2831
○。搢－紳。301
搢－紳先－生 2974
新－哀 3491
新安(地名) 3627
新安(地名)王 2480
新－意 2803
○新－衣 1097
新－邑 646
新－鶯 3674
新－歌 2081
新－器 3404
新－羈 2500
新－起 3034
新。－宮。321
○新－舊 2803
新語(書名) 2783
新－館 649
新－蓱 2855
新－藝 3432
新垣(人名) 2392
○新－婚 1532
○新－詩 1103
○新－室 2987
新(地名)－室 2988
新－賞 1978
新－成 2905
○新。－聲。294
新－節 1612
新亭(地名) 1261
○新－都 3108
新－德 2980
新－悲 3490
新－蒲 1351
新－豊 1863
○新－陽 1343
新－林 1595
新－林－浦 1657
新漏刻(書名)銘(〃) 3399
新。－荑 470
晨| 1680
晨－禽 3364
○晨－光 735
晨－歡 829
晨－月 1813
晨－鵠。784
○晨－昏 2431
晨－餐(サン) 1166
晨－羞(シウ) 1166
晨。－晃 320
○晨－風 1232
晨風(書名) 3132
○晨－服 3239
晨－暮 1292
○晨－夜 2706
晨－旅 1624
○。晉(地名) 1218
晉(人名) 627
晉安郡(地名) 2366
。晉－。賈 384
晉(地名)－紀 3023
晉紀(地名)論(書名) 3021
晉－京 1256
晉－獻(人名) 3411
晉(地名)－國 2316
晉造(地名) 1937
晉(地名)－氏 2243
晉(地名)－室 3423
晉－昌 1557
晉－主 1739
晉(地名)－鐘 3547
晉世(地名) 2878
晉(地名)－制 2084
晉朝(地名) 3102
晉(人名)－典 2429
晉武(地名)(人名) 3021
晉文(地名)(人名) 2200
晉野(人名) 1117
晉(地名)－陽 2916
晉－輿 633
晉王(地名) 2475
榛| 2165
榛－棘 1676
榛。－曠(にシて) 403
榛－桰 1024
榛。－榛(タル) 612
榛－藪 2130
○榛－蕪(〃) 2340
榛－林 1138
櫬 3674
津。756
津。－涯(キ) 2116
津－濟 1651
津－塗 2340
津門 3638
津陽門(地名) 2446
○津－梁 1964
溱(地名)－洧 1153
璡(人名) 3285
甄(シン)井(地名) 2323
。。眕－。畷 358
○眞。740
○眞| 3433
○眞－意 1846
○眞－僞 1399
眞－際 3563
眞－想 1624
眞－趣 1969
○眞。－人。。302
眞－神。584
眞－。定 447
○眞－龍 2249

○神。329　○神―意1054　神―祐1679　神―宇987　神―睿3313　神―營(セリ)1358　○神―奥1817　神―駕3604　神―皇154　神―蘼2159　神。―行。867　神―岳110　○神―感1845　神―監2935　○神―鑒3638　神姦186　神―丘3377　神―休。465　神―躳3487

神―器223　神―基3581　神―期1420　○神―氣998　○神―祇。497　神―襟3506　神―居3573　神―御1360　神―禽3010　神―區。871　神―卦2989　○神。―。怪(クワイ)331　○神―光556　神―逵。(クヰ)915　神―龜503　○神。―。化345　神―京3509　神―坰1367

神―契2911　神―景2135　神(地名)―縣1975　神虎226　。神―滸1159　○神―功2486　神―造3409　神―察(シ玉ハン)3410　○神―山171

○神―筭3539　○神―。使796　○神州(地名)2333　神―秀(ナル)685　神―心1150　神―爵546　神―渚1161　○神―人128　神―情2945　神―旌3108　○神―聖550　神―鉦。405　神―跡2910　神―雀85　○神―仙101　○神―泉1090　神―宗3382　○神―足3579

神。島656　○神―道707　神―池98　神―螭。374　○神―女1145　神―聽2279　神―鼎1365　神(人名)―農1084　○神―德3654　神―轡695　○神―武646　○神―符2987　○神―風1222　神。―物。304　○神―兵2170　神―飈1211　○神―妙347　神―母3104

○神―謀3426　神―寶3065　神―牧3634　○神―明548　神―容875　神―用2863　○神域。898　神―理1175　○神―龍202

神―略3025　神―。蜧781　○神―靈723　神―麗(にシて)1092　神路3495　神。―偉(ナル)298　神―委771　神―淵2143　○秦(地名)1173　秦(地名)―人3104　秦娥1895　秦。―衡。803　秦(地名)―郊1204　秦(地名)―漢3258　秦基(地名)2229　秦紀(地名・書名)2983　秦―宮1932　秦―墟659　秦(地名)―貨2780　○秦(地名)皇1371　秦皇(地名)―帝2404　秦―觀1367　秦―京1718　秦稽(地名)3593　秦(人名)欸(ケツ)2103　秦。呉。。1000　秦項(人名)123　秦ノ始皇帝本紀(地名・書名)2995　秦―箏1117

秦制157　秦(人名)―成115　秦青(人名)2171　秦(人名)―昭602　秦川(地名)2733　秦(地名)―代3603　秦(地名)―地3056　秦中(地名)2667　秦―帝994　秦(地名)―趙3076　秦―瑟

1912 秦。-。野 303 ◯秦-嶺 91 秦隴(地名) 3445 秦-王(地名) 1941 ◯紳| 1281 紳-珮 3513 紳-冕 2449 脣-齒 1031 脣-吻 3169 ◯臣|
2260 臣-等 1192 ◯臣-下 3133 臣-琨(人名) 2304 ◯臣-子 3125 ◯臣-庶 3185 臣-乗 2411 ◯臣-妾 2312 臣-磾(人名) 2317 臣-
匹磾(人名) 2304 ◯臣-僚 1223 莘。-莘タル 423 蓁 2368 ◯蓁-蓁タル 915 蓁-藪 3180 薪-歌 2680 薪-冞 2324 薪-草 1965 薪-芻
1748 薪-櫓 2240 薪-燎 3051 蜃-衛 3504 ◯親。 646 親|ス 980 相ヒ-親ス 960 ◯親-愛 1460 親。-。懿 829 親-宴 1940 ◯親
-交 1454 ◯親-幸セ 3077 ◯親-好 1607 ◯親-舊 2448 ◯親-近 2405 ◯親-近ス 3123 親月 1625 親-賢 2375 親-故 970
親-厚 2553 親-屬 3065 親-串 1397 ◯親。-戚。 441 親-接スル 3078 ◯親-踈 3167 親-知 1882 親-暱 1252 親-寵 2326
親-媚 2517 親-賓 1006 親-服 2381 ◯親-睦 1672 ◯親-友 1256 親-吏 2576 親-理 2282 。賁 1237 。賁-。贄 434 身| 3485
身-意 1924 身-義 1423 |ト身-|ト玉 1283 ◯身-軀 1035 ◯身-外 2820 ◯身-後 2345 身-才 3476 身-手 3180 ◯身-首 635
身-世 1304 ◯身-名 1974 軔 600 軫シン-軫タリ 2858 ◯辛-夷 2039 辛有(地名) 3053 辛-甘 2080 辛。-薑。キャウ 319 辛-勤 1574 ◯辛-
苦 2296 ◯辛-苦 1494 ◯辛-酸 1384 ◯辛酸。シテ 1115 辛-壬 748 辛受(人名) 3295 ◯辛-楚 1489 辛-丑 1625 辛李衞霍(人名) 651 辰。
828 辰-漢 1585 辰-極 1089 辰-光。 458 辰-晷 1223 辰-事 1915 辰-象 3581 辰-精 3548 辰-明 1358 辰-陽(地名) 2050 辰
-旒 240 辰-良 2029 迅-翮 3285 迅-商 1230 ◯。迅-足 1317 迅シム-風 234 迅-澓 774 迅-飈 923 迅-漂シ 1046 迅-蜼
786 ◯迅-雷 1491 ◯進-御ス 3405 ◯。進-。止 1162 進-讓 2971 ◯。進-。退 299 ◯進-退 2929 ◯進-達シ 3144 闐。-
噎。 363 ◯。震トシテ 1073 震|ス 1275 震-隱シ 1127 震-越ス 72 震-響 3605 震-震シ 442 。震。兊タイ 488 震-悼ス 2191 震-盪シテ 836

震－蕩(ス)1663　○震－霆578　○震電3160　○震－怒(ス)3176　○震－動(ス)3604　震－騰3499　震－風2927　○震－服(シ)2477　○。震－。耀654　震－鱗888　。搌－。鷺320　○齓髫(シンナラ)3431

ス

嵩。(ス)－丘978　垂－雲731　○垂(ス)。－。拱(シ)433　垂－棘。2588　垂－雞。1142　垂－旨3401　垂(スイ)－堂691　垂－堂(セ)2407　垂－涕1088　○垂－天345　垂－文3547　○垂－楊1753　倕1085　。出(スイ)－車370　○出(イタセシイクサヲ)師(スイシ)2259　出師(書名)ノ頌2898　○出(イタシイル、)－納(スイ)「3587　吹－噏1114　吹－蠱1745　衰3199　衰－孽1428　衰周(地名)2782　衰－疾。1345　衰。－。緒669　衰－色202　○衰－世2744　衰－賤1522　衰。－代404　衰。－薄。844　○衰－微(ニ〆)2730　○衰(スイ)－微(シテ)612　衰－敝3338　衰－暮(シヌ)1262　衰－木977　衰。－。亂611　○衰－柳1869　衰－林1260　衰－陵3274　○帥(スイ)3182　○彗－星2044　悴－葉2916　○惴(スイ)－惴(タル)1210　○推－恩3177　推－校(ス)2300　推－斥(ス)1440　推。督(スル)491　○推－埋3598　棰。(シ)1065　榱－椽3569　榱(スイ)－棟2935　水衣1837　水－運3538　水－。。臯748　水－行2415　水－衡112　水－客。329　○水－旱2225　○水－玉521　○水－郷1496　水－曲1926　○水－禽1163　水－區。379　○水－火919　水－。怪764　水－鶴1957　○水－軍2571　○水－鏡829　○水－國1654　○水－草2438　水－。兕782　○水－深1796　水－若1360　○水上1947　○水－漿3629　水－宿1643　水－宿(シテ)1346　水－。渚521　○水－松348　水－人199　水－渉(シテ)1631　○水－。戰672　○水－族195　○水－中1086　。水－蟲。286　水－德769　○水－濱1001　水－蘋2135　○水府763　。水－物。311　水－荓1939　。水－豹295　水－碧1644　○水－母780　水－木1337　水－。菰787　○。水－陸。307　水－夷789　○。燧1200　○。瑞(スイ)481　。瑞(スル)856　。瑞－史2832　。瑞－。典860　瑞－圖147　瑞－福3132　瑞－命263　瘁－音1025　睦固(人名)2194　睟－(タル)1239　睟－容2858　睢(地名)－河

3293 睢−渙 2561 睢−睢盱−盱 2980 ○睢陽（地名） 2904 箠−楚 2524 粹−温 3472 粹−精 2979 綏 3435 綏−世 3259 綏−旄
2851 翠 1144 翠−幄（ママ） 347 ○翠−帷 508 翠−羽 239 ○翠−雲 1223 ○翠−翳 787 翠−帟 3503 ○翠−霞 789 翠−
蓋 1724 翠−碉 1980 翠−翰 1720 翠−氣 475 ○翠−華 301 翠−黄 2970 翠−観 2157 翠−翹 2076 翠−草 1816 翠−山 1983
翠−綏 653 翠−樽 2126 翠−幬 2078 翠−帽 184 翠−幕 484 ○翠−微 308 翠−被 196 翠−阜 2159 ○翠−屏 691
翠−鳳 1367 翠−林 1827 ○翠−緑 1095 翠−鬣 2105 翠−瀲 672 萃 2931 萃縦 556 萃−蔡 507 萃−然 582 蕤 479 蕤−
綏 468 ○蕤−賓 617 蘂−蘂 1845 ○誰−何 3117 遂−古 719 ○邃−宇 359 邃遠 2017 ○隨 1507 隨−夷（人名） 3652 隨（人名）
何 2905 隨−和 2512 隨會（人名） 2220 隨光（人名） 1079 隨−侯 356 隨−侍 2325 隨−掌 1528 隨−珠 281 隨武（人名） 3524 隨−王（地名） 2479 醉−
歸 1049 ○錐−刀 2272 ○錐−嚢 2277 隧｜ 3453 ○隧−路 3487 靃−靡 2090 崇 2987 崇−靄 1223 崇−雲 1705 崇−衞 860
崇−恩 3073 崇−牙 233 崇−岡 1126 ○崇−高 1339 崇巖 3578 崇−基 485 崇−丘 1170 崇−虚（地名） 2556 崇−嶽 907 崇−和
2579 崇−観 746 崇憲（地名） 3482 崇−賢 226 崇−壯 3515 ○崇−山 409 崇−岫 825 崇−尚 2829 崇讓（書名） 3049 崇樹 1422 崇−
崇 482 崇−城 2649 崇−情 1590 崇−正 1504 崇−盛 1232 崇−臺 101 崇−替 3540 崇−替 1715 崇島 763 崇−雉 1735 崇
−重 2332 崇−徳 225 崇−芒 1611 崇−逸 1478 崇−墳 594 崇−文 2846 崇−墉 700 崇−禮 321 崇−麗 3396 崇−論 2741
嵩華（地名） 3380 芻｜ 3454 芻−槀 2247 芻−狗 1531 芻−豢 3303 芻−蕘 3148 ○芻−牧 3017 芻−靈 3673 ○數 2604 數−家 2677 ○數
奇 1375 數−句 2804 數巻 73 數−君 2627 數朞 121 數−公 3072 數−口 3448 ○數−刻 1528 數−四 3071 數−子 2592 數

詩 1863
◦數-州◦ 341
數-十 3167
數-十-斛 3062
數-十-種 3671
數-十-人 2749
數-十族(ヤカラナリ) 3030
數-十-年 2752
數十萬人 579
數-十-餘萬-言 2760
數-日 2520
數-術 1064
○數-人 2541
數-仞 671
數-世 3270
數-千-載 2985
數-千-尋 1831
◦數-千-人 2749
數-千-里 2414
數-千-齡 1752
數-蝶 1884
○數-年 2468
數-度 3418
數-百 788
數-百-人 2723
數-百-千-◦處 531
數-百千-里 792
數-百-年 3192
數-百-萬-石 3448
◦數-百-里 509
數萬(シテ) 232
數畝 2354
數-里 721
◦數-粒◦ 850
數-王 2390
殊(スウ)榛 191
樞|(トサシナリ)(ナリ) 1922
○樞◦(スウ)-機◦ 401
樞-電 3292
◦樹(スウ)-執 491
犓牛 2101
篷弄 1078
菆◦-井 663
蒭◦-蕘 585
○趨-舍 2518
○鄒(地名) 2673
鄒 1906
鄒衍(人名) 2547
鄒子(人名) 2493
鄒-俗 2249
鄒生(人名) 815
鄒(人名)-説 2233
鄒卜(人名) 2493
鄒◦(人名)-陽◦ 822
○鄒-魯 1110
雛-雉 3601
騶◦-虞◦◦ 543
○◦寸-陰 379
寸-管 3355
寸-晷 1510
○寸-心 1018
寸-旬 440
◦寸-眸◦◦ 417
寸-祿◦ 1278

セ

○世-運 1176
○世家(書名) 2534
○世-間 1008
○世-議 1747
世-及 3070
世-禍 885
◦世-僞◦◦ 851
○◦世-業◦◦ 879
○世-故 1616
世-功 1961
○世-事 695
○世子 1888
世-資 428
世主 1410
○世-儒 1465
○世-俗 747
○世人 2593
世-親 978
○世-情 1029
○世祖(人名) 3027
世祖武皇帝(人名) 3622
世宗(人名) 2255
○世-族 3049
○世-代 406
○世-道 3407
世-難 1916
世-◦胄 1271
世-屯(ツキンヲ) 1174
世-哲 1236
世-德 1013
世-覇 3472
世-網 1620
世-武 1218
○世-務 1405
○世-婦 3057
世-紛 3470
世-廟 128
◦世-表 976
世庸(人名) 3141
世-用 1470
世-羅 1729
世-亂 1945
○世-路 1121
○井| 3400
井-邑 1525
○井-幹◦ 109
○井-臼 2353
井-徑 704
◦井-谷 380
井-渫◦ 683
○井-田 2991
井-絡◦ 331
儕-類 2629
凄◦(タル) 1134
凄

—寒ナラ 737　凄—。緊ナリ 1334　○凄—凄として 990　○凄—風 1431　○。制 408　制。492　。制ス 1020　○制—作 656　○制—作シ 2671　。制

—造す 646　制—勝 3531　制—成セルハ 2990　○制詔 2190　○。制—度 706　制—度ス 3019　○制—令 3078　○勢 654　勢—交 3317　○

勢—權 3414　勢—勝 3169　勢—族 3099　○勢—門 2364　○勢—利 2776　○勢—力 3083　○城。994　○城—邑。305　城—闉 1362

城皐（地名） 1985　○城—濠 1960　城—隅 223　○城。—隍。408　○城—郭 173　城—洫 156　○城—闕 243　○城—狐 701　○城—市

1736　城—肆 1336　城—上 704　○城—守 2240　城—西 1341　○城—池 2643　○城—中 3446　○城—東 1362　○城—南 961　○城

—府 3024　城陽（人名） 2388　城—閾 1201　城—尉 170　○姓| 3411　姓—字 3673　○姓—族 2455　○姓—名 2583　○妻—子 1267　○妻—孥

2544　征。2556　征。ス 1178　征—駕 1743　○征。—行。727　征。—僑。477　征思（書名） 3164　征—戍 1652　○征—人 1713　○征—稅 212　○征

—西 1253　○征—西將—軍 2720　○征—討シ 2641　征—軸 1882　征—徒 1661　○征—東 2650　○征—馬 1004　○征—伐 2549　○

征—伐ス 2321　○征。—夫。369　征—北将—軍 3631　征—役。635　征—旅 1199　征—虜將—軍 3630　○。性 459　性—婞 3679　○

性—。行 901　○性—相 3557　○。性—命 613　性—類 3007　性—靈 3302　征—忪 3145　○情| 595　○情—意 2629　情—殷 1584

情—感 1823　情—巧 2574　○情—話 2791　○情—願 1900　○情—事 2369　情—志 1013　○情詩 1808　情—昵 1589　○情—實 2676

○情—人 1866　情—性 1371　情—節 2338　情—素 1570　情—塵 3575　情—條 3680　情—慝 3048　情—貌 1017　情—盻 1441　○情—

慾 3246　情—瀾 3609　○情—理 3092　情—慮 1820　情—累 1894　情—禮 2341　悽|トシテ 846　悽—感ス 2341　悽。—。欷シ 294　○悽—

愴 2889　○悽。—愴シ 684　悽—傷ス 3671　○悽—悽ト 1572　悽—悽シテ 1564　悽—戚ス 1855　○悽—切ニ 3489　○悽—切ス 2636　○悽—

惻。ス 975　悽－悷 1115　成(人名) 84　○成｜ 2972　○成｜ント 2596　成安(地名) 2472　○成－育スル 3144　成康(人名) 2188　成。－皐。 610　成宜(人名) 2197　成紀(人名) 3106
成紀(人名・書名) 3068　○成－規。 1206　成－議 2569　成－均 2847　成侯(人名) 3429　○成－功 78　成－操 1561　成－山 512　成周(人名) 565　○成－
人 1185　成親(人名) 3263　○成－湯。 547　成帝(人名) 3178　成。－都。 321　成。都シ 456　○成－。敗 720　○成－法 3099　○成－文 2801　○成
－立 2293　○成王(人名) 2822　棲－遲シ 3516　政(人名) 2982　○。政－刑 743　○政－教 2742　○政－事 2469　政－術 663　政－績 1613　政－
要 2251　整(人名) 2443　○整－訓スル 2704　○旌 2132　旌－甲 1741　○旌。－旗。 429　旌－弓 619　旌－帛 3088　旌－棨 1869　旌。－。栧 508
旌招 1503　○旌－旆 1713　旌－門 2835　旌－命 3231　○星－漢 992　○星。－。紀 340　星－驅 1680　星－火 1182　星－言 3628　星
－軒 3499　星－虹 3292　星。宿。 706　星－象 2237　○星－辰 2188　星－星ト 1345　星－畢。 317　星－分 1583　星－。曜 409　星－闌
1911　星－暦 2523　星－緯 1358　栖－巖 1637　栖。－。時 842　○栖－息 1642　○栖－遲 905　○栖－遲ス 2934　栖－鳥 1818　棲ス 355
棲－遑 3351　棲－遑ト 3561　棲。－集。 622　棲－棲遑－遑タリ 2774　○棲－息ス 531　○棲。－遲。 684　○棲。－遲。シ 844　棲－薄ニ 1571
棲－鳳 1591　棲－約ニ 2366　○。正 1175　○正位 99　○正－號 3056　正－閤 2455　正－諫 2929　○正－氣 3198　○正－義 2144
○正－議 665　○正。－月 465　正－月乙－亥 3514　正－月二－十四－日戊－申 3410　正－月八－日 2463　正－言 2695　○
正。－朔 440　正－司 2345　○正－始 69　正－性タリ 3012　○正－聲 1096　正則(人名) 1990　正－内 3075　○正－道 143　○。正－中 927
正長(人名) 3096　○正－直 613　○正－體 2830　○。正－殿 962　○正－統 3002　○正－南 552　○正－法 3562　○正－風 3627　○正
－平 2255　正冥 1142　正－陽 2977　。正－。要 409　正－列シ 2974　○歲－寒 1257　○歲－月 1181　歲－候 1583　○歲－時 2540　○

歳―序 1591　歳―年 1955　○歳―暮 1373　洗セイ 3158　洗―然ト〆 1504　洗セイ―馬 2294　浄―住―子 3649　○清° 341　清―哇° 2155　清―

埃 1288　清―晏ニ〆 3600　清―懿 3369　清―猒 3613　○清―音 1792　○清―陰 1890　清―雲 478　清―英 80　清―越 1589　○清―

宴 742　清―讌 1910　清―謳° 437　○清―歌 926　○清―歌ス 1162　清―河 447　清河大(地名)―守 2317　清°―角° 292　清―漢(地名) 3505

清顔 1719　○清―閑ナリ 1092　清―昊 1919　清―江 1931　○清―氣 1590　清―機 1817　清―涯 767　清―義 1558　清―宮 2096　清―

穹 1230　清―琴 1894　清―襟 2868　清°―狂°シ 457　清―響 873　清―擧 2494　清°―渠° 320　清―°°禦 420　○清―虚にして 1027　清―

旭° 791　清―曲 822　清―化 2294　○清―和 1101　○清華 1337　○清光 1664　清―曠 1630　清―輝 1725　清―徽 1661　清―暉 1247

清―軌 1623　清°―°迥 871　清―閨 1395　清―源 909　清―畎 2226　清―景 1211　清―激 2464　清―顯 2454　清―絃 1315　清°―

°縣 829　清°―酤° 434　清(人名)―公 2868　清―候 187　清―才 3430　清―壯ナリ 1020　清―藻 1508　清―時 1252　清―沚 1735　清―泚 1869

清―辭 1919　○清―秋 1334　清―室° 527　清―質 828　清―唱 1025　清―商 202　清°―漳° 680　清―°署 670　清―醑 1859　清―

潤ナリ 78　清―醇 1104　○清―晨 1459　○清―新ニ〆 2365　○清―水 1941　清―制 1424　清―濟 1668　清―聲 3522　清―靜 614　清―

沼 1172　清―切 1444　○清―節ニ〆 2726　○清―泉 1126　清―淺 1353　清―霄 468　清―川 1214　清―泰ナリ 2644　○清°―濁° 476　○

清―談 2364　○清―談シテ 1441　清―壇° 481　清―彈 1523　清―端 1722　清―池° 503　清―衷 2863　清―衵 1124　清―暢 198　清―

徵 1098　○清―澄タル 469　清―澂ナルニ 168　清―塵° 416　清―通 3530　清―條 1018　○清―朝 1338　清―塗 1504　清―都° 448　清―

巵 1878　清―波 1211　清―防 1585　○清―白 2001　清―氾 1027　清―謐 1961　清―蹕 1354　清―浮 2562　○清―風 237　清―氛 1976

清-芬 1013　清-雰 1654　○清-平ニ 88　清-廟 298　清-妙 3516　清-醥 326　清-颷 1125　○清-眸 1057　○清-穆
951　○清-明 3208　○清-夜 1211　清-陽 1053　清-容 1851　○清-朗 956　清洛(地名) 3509　○清-流 362　清-慮 3669　清林 586
清-厲ナル 1079　○清-冷 282　清-涼シ 804　○清-麗 1023　○清-漣 1631　清臚 480　清-路 2617　清-露 172　清-論 1913
清-夷ナラン 1520　清-渭 643　清-閾 649　清-猨 3644　清-淵 171　凄ト 1442　凄歌 1566　凄-凄ト 1233　凄-然タリ 968　凄-風
386　濟 434　濟-ス 878　濟ス 451　濟-江 1574　○濟-濟ト 1819　濟-濟-焉タリ 235　濟西(地名) 3242　濟岱 1431　濟漯モイタフ(地名) 2707　濟-南 2798
濟北(地名) 2392　濟陽(地名) 3568　○牲- 3675　○犀セイ 98　犀セイ鼇 115　狌-狌 1974　猜-恨 1747　○猩-猩 309　○生 601　生-煙 1364　生-孩
2293　生-戒 1423　生-幸セラレテ 1629　生-簳 1111　生-軀 1746　生-事 751　○生-死 1427　○生-人 607　生-妻 2507　○生-
生 444　○生-前 2826　○生-存 1693　生知(人名) 3622　○生-長シ 525　○生-年 1214　○生-徒 953　○生-民 123　○生-
平 2664　○生-命 663　○生-理 2942　生-慮 1260　○生-類 271　○生-路 3252　瘵 753　盛- 2372　○盛-夏 525　盛孝章(人名) 2543
盛漢(地名) 2543　○盛-觀 1290　盛-化 2343　盛-勳 2478　○盛-業 3300　盛-際 2143　盛-藻 1012　○盛-事 3165　○盛-時 1693
○盛-暑 2889　○盛-飾と 1146　○盛-飾 2405　○盛-衰 1087　○盛-世 619　盛-鬋 2077　盛-則 3304　盛-尊 635　盛-
道 2592　○盛-典 3321　盛-農 1594　○盛-德 404　○盛-年 1163　盛-滿 648　盛-美 1086　盛-務 138　盛-明 1331　盛-
禮 2317　盛-烈 858　省 806　省-禁 2696　省-曠 3470　省-闥 2326　省-中 413　省-覽 2459　祭 1417　祭シ 3675　○祭-祀 3053
○祭セイ-酒 1517　○稅 1359　稅-セ 2246　稅-穆 2832　靖-恭 3373　靖-恭シ 614　靖-節 3477　靖節徵士(人名) 3471　靖-端ニ 1617　靖-

冥。562　○笙。294　笙。－竽。(ウ)351　○笙－歌(ヲ)1935　笙－籥。1104　○。筮(セイ)408　筮(シテ)2069　筮－氏908　。筭(セイ)－星553　○精。340　精(地名)
2166　精威1206　○精－。衛445　精。－剛。480　○精－覈(カクセ)71　○精－甲2555　○精－氣1355　精義1817　精－光965　精－景
1929　精－妍(ナリ)。700　○精－魂926　精。－采。1150　精。－爽。1031　精－裁3527　○精－舍1347　○精。－神1144　○精。－粋914
○精。－誠。879　精－麤3345　○精－卒3117　○精。－通。。(シ)431　精－稗2124　精－魄794　○精－微(にして)1020　○精－兵2501　精
－妙(ナリ)1919　○精－。鋭(エイナル)595　精－。曜860　精。－朗(ナリ)。1148　靖－理1590　○精－靈390　精－列1064　精－錬3133　○精－練(ナリ)
2648　精－廬2372　精－遠(ニヲ)72　○細－。行2584　○細君2772　○細－。故840　細－草1248　細－政2704　細－體1053　細－德3655
細－網2555　細－微1216　○細－柳178　○細－流2385　繐－帳3660　繐－帷1426　脆(セイ)－促。1421　○。聖1218　○聖－意2679　○
聖－恩1190　聖－漢(地名)2771　○聖－顔1198　聖－儀2837　聖－期1875　○聖躬134　聖－懐2341　○聖－皇。298　○聖－化1047
○聖－君1674　聖。教952　○聖－賢607　聖－宰2141　聖。卓。857　聖－策1197　○聖－旨2478　○聖－姿2310　○聖－者3215
聖－心1230　○聖－上138　○聖－主732　○。聖－人495　聖－神146　○聖。世491　聖－政2327　聖－情1359　○聖－詔1192
聖－仙1354　○聖－善2459　○。聖－。祖861　○聖－代71　○聖－澤2267　聖－達623　聖－智619　○聖－帝2304　聖－聽
2260　○聖體2465　○聖－朝2294　○聖－哲。408　○聖－德2223　聖－孚(ナリ)3011　聖武(人名)577　聖－風580　○聖－文576　聖－問
2284　○聖－門885　○聖－明1447　○聖－容(アリ)1226　○聖－靈1245　聖－暦2424　聖－列3441　聖－論2997　○聖－王1037　○
聲。1491　○聲－音1088　○聲。－價。861　聲－歌1724　○聲－樂。。670　聲－華2213　聲－化3544　聲－訓2871　聲。－。教1227　聲

｜稱 2741　聲｜色 2124　聲｜勢 2710　聲｜聽 1903　○聲｜名 2657　○聲明 1877　聲｜利 1303　聲｜林 830　芮（人名） 3106　菁 203　菁｜
華 3468　菁。｜。藻 521　萋｜（ト〆） 1781　○萋萋（とシテ） 993　蔡（地名） 3213　蔡（人名） 2400　蔡（地名）｜謳（アテ） 2083　蔡邕（人名） 2995　蔡公（人名） 2863　蔡（人名）｜使 3568　蔡｜。子 939
蔡子｜篤（トク） 1430　。蔡｜氏 1105　蔡道恭（人名） 2437　蔡澤（人名） 2770　蔡伯喈（人名） 3511　。蔡｜。莽 453　蜻｜蛚 1413　○製｜ 1363　○。製｜（スル） 2763　西。｜（スル） 2573
西｜邑 211　西。｜音 326　○西夏（地名） 3665　西（地名）｜河 2389　西。｜。海 382　西｜江 1259　○西｜郊 98　○西｜岳 1664　○西漢（地名） 3098
西｜氣 1464　西｜羌 201　西｜疆 2896　西僰（地名） 2691　西｜極。 517　西隅 2464　西｜皇 2026　西｜館 1192　西｜洫 170　西｜傾。 434
西｜景 3628　西。｜荆。 294　西京（地名） 1279　西｜崐 1886　○西｜廂 713　西（地名）｜山 2881　西子（人名） 3351　○西（人名）｜施 1147　西｜汜 1231　○西｜
周 624　○西。｜戎。 303　西｜日 387　西｜寝 1424　西射｜堂 1341　西｜墅（ショ） 914　西。｜蜀。 306　西｜津 1954　○西秦（地名） 2139　西｜
城 1523　○西｜征 2717　○西｜征（セシム） 2738　○西。｜清。 474　西｜澨（セイ） 2038　西｜川 1573　西｜踐 1550　西｜水 624　西楚（地名） 2393　西｜
阻 1744　○西｜堂 2064　西｜池 1336　西｜中｜郎｜將 3570　西｜疇 2791　西｜朝 274　西朝（地名） 2455　○西｜土 88　西｜屠。 369
○西。｜都 304　西都賦（地名）（書名） 88　西｜東 742　○西｜南 228　西｜陂。 524　○西｜方 1811　西｜伯。 2526　西｜伐 3625　西｜畔 2118
西｜賓 644　西｜府 1595　○西｜偏。 737　○西｜北 1380　西（人名）｜門 422　西｜門 1864　西。｜冥。 827　○西｜面（シテ） 2382　西陽（地名） 2443
西陽王 1366　西陽郡 2444　西｜掖 1341　西｜墉 107　○西。｜域（ヰキ） 842　西｜翼 1534　西｜流 1500　西｜陸 1320　西｜隣 1437　西陵（地名）
3236　西｜路 844　○西（人名）｜王。｜母 479　○西｜夷 2739　西。｜園。 556　西｜苑 1444　○靚｜裝 2836　○誠｜惶 1193　誠｜貫 1586
誠｜恐 1193　誠｜。僞 747　誠｜恕 3595　誠｜信 1339　誠｜説 2353　誠。｜。素 1160　誠｜德 3600　。説 627　説（人名） 2020　説（シテ） 2766　説°°｜

者 2806　説難(書名) 2533　誓命(書名) 2797　○請― 3650　○請セ 2767　贅―衣 107　贅閣セイ 2697　贅―行ムサホレル―アリ 2456　逝―感 1524　逝―景 1591　逝―言 1500

逝―止 1021　逝―止スル― 1434　逝―川 1259　逝―湍 1634　逝―没 980　醒―寤 2472　鉦 255　○鉦―鼓 373　鉦―鞞 3271　○青

2759　○青―雲 500　青―煙 3447　青―屋 242　青―霞 998　青崖 1361　○青―蓋 3397　青―郊 1882　青―縞 488　青―江 2483　青

―閣 1598　青―簡 2668　青―翰 2836　青丘(地名) 3297　青―氣 1005　○青―旗 2226　青―規 2251　青―岑 910　青(人名)―琴 540　○青―玉

1798　青―槐 362　青―光 3585　青―臒 281　青冀(地名) 3033　青―闕 1585　青―徼 2180　青―谿 1314　青―鯤 673　青―瑣 736　青―

莎 2090　○青―草 788　○青―山 1364　青―兕 2086　○青―史 2422　○青―紫 1956　青州(地名) 2707　青―楸 1001　青―社 3424　○青

―嶂 1368　青―珠 315　○青―春 733　青―筍 956　青―徐 762　○青―松 1616　○青―翠 1341　青―精 1868　○青―青タル 1311

青―茗 1958　青―霄 308　青―荃 1141　青―葱ナリ 304　青―組 2302　○青―苔 1007　青―壇 484　青―池 295　青―虬 2049

青―條 1825　青―瑁 930　青―鳥 2853　○青―天 1811　青―土(地名) 2591　青―蕃 672　青―薠 502　青―蘋 802　青―紱 2284　青―

洴 2466　○青―壁 355　青篾(地名) 2116　青―編 2371　青―浦 1983　青門 1387　青―冥 284　青陽(地名) 2389　青豫(地名) 2459　青―蠅 3137　○青―

巒 2162　青―驪 1394　青―柳 1256　青―陸 2833　青―林 555　青―顱 595　○青―龍 526　青―綸 782　○青―樓 1696　○靜―ニ

2768　○靜―安セリ 2723　○靜―一 1178　○靜―一ス 2332　靜―間ニ 2074　靜―言 1705　靜―躁 1473　靜―者 1630　○靜―寂ナリ 1734　靜

―然ト 1984　○靜―息ス 3393　靜―泰ニ 3202　靜―退 1539　○靜―夜 1887　鯖―鰐 343　鶄―鶴 344　麡―狼 352　鼱―鼩 2758

○齊(地名) 1347　齊―人 2315　齊ス 1556　齊―謳 1717　齊―娥 1727　齊―戒シ 1144　齊(地名)―韓 3623　齊―氣 3163　齊(地名)―姫 2097　齊―給シ 460

齊。桓。(人名) 550　齊-紈 1685　齊-境(地名) 2270　齊景(地名・人名) 3221　齊侯 2803　齊-國 510　齊-章 826　齊。-秦 703　齊-祭ス 1863　齊-聖 2211
齊。-楚 545　齊-代(地名)(地名) 1934　齊-臺 2869　齊堂(地名) 3345　齊-中 1857　齊-都 1610　齊。-僮。293　齊-網(地名) 2376　齊萬(人名) 1208　齊-瑟 1117
齊。-敏。。シ 292　○齊-民 548　齊-斧 2712　齊-物 1527　齊-豹 2804　○齊-明 3113　齊-魯(地名)(地名) 3411　齊王(地名) 2416　僬-眇 1084　。勦
-絶セリ 455　召 2351　召滑 3113　召-公 2795　召-貢 3516　召信臣(人名) 3020　○召南 2795　召-伯(人名) 222　嘸。嘸と 563　嘯| 2792　嘯-歌 1327　嘯-
歌ス 3680　嘯-傲〆 1847　嘯-呼ス 2074　嘯-歎 1814　嘯-詠〆 2654　宵。-宴 892　宵月 1853　宵。-寤 879　宵-燭 3318　宵-人 1985　宵(地名)
城縣 2351　○小| 3182　小-隱 1330　○小雅 2795　小-行 2314　○小-器 2472　○小-過 2756　小-黄-門 3077　○小-惠 2724　小
-縣 3182　○小-國 638　○小-才 2547　○小-事 2570　○小-史 2600　○小-子 143　○小-疵 3448　小-戎 254　○小-心
2633　○小弱 3170　小-儒 1942　小邾射 2808　○小-人 585　○小-臣 1178　○小-星 3372　○小-説 70　○小-節 2488　○小
-善 2481　○小-戰〆 2646　小-大 1049　○小-道 2596　○。小-智 838　小-鳥 848　小白(人名) 2309　小-文 2593　○小-便 2629　小
-。辯ヘム 460　○小-利 3445　小-怨 3266　○少| 3596　少康(人名) 2016　。少-。昊 846　少-官 2155　少-華 228　少原 3359　少-君 172
少卿(人名) 2421　○少-壯ニ〆 1527　少-室 1367　少-城 322　○。少-。小 2591　少-多 3099　○少-長 2204　少-典 2992　○。少-年 1003
○少-傅 2873　○少-府 3278　。少-陽。708　○少-牢 3449　少連(人名) 2360　。峭-崿。。690　。峭セウ-陁チ 1070　嶕-嶢 1761　怊-悵シ 3550
悄-焉と(シ)て 825　○。悄悄と(シ)て 938　悄切にして 1116　悄蒨セント〆 1327　○憔-悴タル 3085　○憔-悴セル 1390　招| 3516　招-具 2074　招-攜ス
1853　招-賢 3073　招-納〆 1914　招-辟ヘキス 3519　招。-要ス 1338　招。-。揺 480　招。-揺。シ 483　招。-揺。-乎コトシ 536　捎星 555　擾

―攘 2644 擾―攘シ 1059 ○擾―擾タル 1362 擾―溺と 1445 昭（人名）1326 昭―應シテ 2830 昭（人名）―儀 204 昭―丘 681 昭―華 2840 昭懐（人名）3677
○昭。―光 564 昭―曠ナリ 1633 昭憲 2420 昭侯（人名）3606 昭荘（人名）2982 昭―事 1245 昭―洒ス 1869 昭襄（人名）1284 昭―灼ト〆 2857 ○昭―昭タル
1683 昭。晰とスル 731 ○昭―然ト〆 2799 昭―泰〆 2849 昭―忠 3678 ○昭―著ニ〆 2980 昭―昧 1936 昭―副 2579 ○昭―穆 3420 ○
昭―明ナリ 741 ○昭―明シ 225 ○昭明太子（人名）71 昭―陽トノ 102 昭―臨 1232 昭。―列。709 昭王（人名）2382 杪―秋スヘノ 1571 梢。―雲 354
梢―梢ト〆 1597 樵―隠 1856 樵―采 1276 ○樵。―蘇。420 樵―蘇〆 2614 樵。―蒸。480 ○樵―夫 2181 檣―槮タル 2063 沼| 2970 沼
―沚 3505 ○沼。―池 546 ○消|スル 2334 ○消―散ス 1800 ○消―息ス 891 消―爛 2712 消―淪ス 2706 ○瀟湘（地名）1261 焦―煙 1744
焦―原 419 焦―渓 818 焦―觸 2723 。焦―糜。。668 焦―鵬。536 ○焦―螟 2159 照| 2218 照|サ 2279 ○照―察ナラ 2981 照―車 3478
照―灼タリ 1363 。照―照タリ 737 ○照―耀ス 2989 ○照―曜カカヤク 1052 ○照―曜ス 528 ○照覧 70 照―。爛トシテ 955 ○照―臨 1867 照
―烈シテ 3495 燋―齒 3148 ○燋―爛 3065 燋―爛スル 2663 竦―勇セウ 1113 ○笑―言 1720 ○笑―語 1434 。篠―。簳 285 ○簫 1065 簫
簳 1034 。簫―。管 489 ○簫―鼓 1002 簫。―。籟 380 紗―縠 2128 紹布（人名）2733 茗―茗ト〆 1174 蕉。―葛 366 蕭（人名）105 ○蕭何（人名）2771
蕭―艾 3293 蕭―藋 1845 蕭―公（人名）122 蕭―杌 3047 蕭―宰 1287 蕭曹（人名）2598 蕭曹魏邴（人名）651 ○蕭―索タリ 819 ○蕭―索シ 998 ○
蕭―散ニ〆 1970 ○蕭―散スル 1870 蕭―氏 1828 蕭周（人名）3077 蕭―森タリ 1835 蕭―灑ト〆 2680 ○蕭―牆 1491 蕭。―。相（人名）408 蕭朱（人名）3327 蕭
―辰 1335 ○蕭―蕭タリ 1761 蕭太傅（人名）2430 ○蕭―條ト〆 1369 蕭―望―之（人名）86 蕭樊（人名）2504 ○蕭。。瑟タリ 846 蕭。―。傅 664 蕭。―斧
433 蕭。―茅。494 蕭楊州（人名・地名）2361 蕭―王（地名）2470 蕭遠（人名）3280 ○。詔 465 。詔シ 466 詔―誥 79 詔―旨 2368 ○詔―書 1192 詔―崇

3636　○詔｜令 3076　譙(地名) 2572　譙(地名)｜人 3436　譙(地名)居 2854　譙(人名)元彦 2331　譙｜郡 1676　譙(地名)｜國 3436　譙(人名)秀 2334　譙(地名)｜沛(地名) 3180　軺°ス 370

○逍｜遥 960　○逍°｜遥°シ 298　°邵 300　邵(人名)康公 2199　邵｜虎 2269　邵(地名)｜陵王 3625　邵(地名)陵｜王｜友(人名) 3626　銷(地名) 2167　銷毀シヌ 1396

○銷｜鑠シャクトシテ 2063　○銷｜鑠シ 1978　銷｜亡ス 3407　銷｜落ス 1454　銷｜漏 2231　霄｜駕 1724　霄堮 2149　○霄｜°漢 1907　霄｜外

1315　鞘｜中 1832　韶 1505　韶｜夏 436　韶｜虞 2384　韶°｜°護 539　韶｜箾 1080　韶｜武 1118　韶｜舞 137　○鮹°｜頟セリ 846　鐃｜

2247　鐃セウ｜衍 272　鷦°｜鵬° 380　鷦｜螟° 854　○鷦｜鷯 848　髾° 507　隻｜字 2300　○隻｜翼セリ 1897　隻｜輪 632　夕 1571　夕｜

陰 1259　夕ノ｜穎 1815　夕｜讌 1935　夕｜曛 1341　夕｜死 3302　夕｜秀 1015　夕｜膳 1166　夕｜鳥 1890　夕｜惕テキ 2655　夕霏 1348　夕°｜

°°暮シ 296　○夕｜陽 786　夕｜淪 1866　寂°｜爾トシ 1091　○寂｜寂 1274　○寂｜然ト 3203　寂｜動 1964　○寂｜寞°トシテ 1025　寂｜漠ト

2068　寂莫ナリ 923　寂｜蔑ト 1599　寂｜默°° 698　○寂°寥°トシテ 433　○寂｜寥セリ 1910　寂｜寥忽｜慌タリ 3288　寂｜漻タリ 2059　寂｜歴ト 1980

寂｜遠ニ 3508　○尺｜ 3294　尺椽 1651　尺｜蠖 2159　尺｜剣 3292　○尺｜書 1309　尺｜°爐 1838　尺｜棰 1965　○尺｜寸 3171　○尺｜

素 1018　尺｜澤 2750　○尺｜鐵 2501　○尺｜牘 1259　○尺｜土 127　尺｜波 1726　尺｜表 3355　○尺｜璧° 460　○席° 816　○席

｜次 2683　慼｜ス 3432　○慼｜慼ト 1345　慼°｜貌 974　○戚 2830　戚｜施 3218　○慼｜屬° 970　○戚｜戚ト 1364　戚｜藩 2305　○戚°

｜里 425　斥鴳 2125　斥｜蠖 1045　○斥セキ｜候 1307　○昔｜日 2262　○昔｜人 2449　昔｜辰 2457　析セキ｜析ト 1260　析°セキ｜木 762　析龍(人名)

1080　淑｜漻 2105　潟｜鹵 2227　石°(人名) 890　石｜ 2411　石｜友 1257　石｜下 1860　石｜杠° 423　石｜間 814　石｜圻キ 1745　石季倫(人名) 2748

石｜記 336　石(地名)｜渠 1214　石｜華 779　○石｜郭° 321　石｜闕 470　石｜菌クキン 909　石闕銘(書名) 3367　石｜徑 1740　石慶(人名) 3017　○石｜

逕2685　石－鏡1644　石－蛣。780　石建(セツ)(人名)3017　石顯(人名)3077　石－谿1065　石子(人名)1255　石－緇221　○石－室347　石－首－城1639
石－髓1372　石－城368　○石－泉1326　石－道1984　石仲容(人名)2623　○石－磴1645　石苞(人名)2652　石。－帆。348　石－密924　石冰(人名)
3033　○石－壁1347　○石。－門。311　石－瀨415　○石－蘭2039　○石－榴955　石－留453　石－林375　○石－梁1930　碩
－交2568　碩。－畫。431　碩。－果420　碩。－生727　○碩－鼠1748　○碩－老2983　碩－鱗481　碩－量3023　碩－慮3014　○
磧礫。338　磧－歷553　磧－鹵3375　○積－羽784　○積－學3192　○積－毀2399　積－險(ニシテ)3250　積－讒2422　○積－翠1356
積。－石963　積－雪606　○積－善3302　積－素1423　○積－德2412　積－冰922　積－陽1490　積－流768　積、－累3153　穸
3500　穸－窆(トンス)3674　○籍2642　籍(人名)647　○籍－甚(ナリ)2213　○績。449　釋－位3264　釋慧宗(人名)(シウ)3565　釋(セキ)(人名)－之652　○釋(セキ)。－奠(テム)1241　釋(人名)
曇珍3573　釋－網3577　釋－部(ホウ)2682　釋－例2805　腊－毒2178　菥(セキ)。－蓂(ヘキ)。。289　藉｜3596　藉｜(ノ)2456　藉(地名)－藉2118　藉－藉(ト)1923　○藉。
－田437　螫(セキ)－毒3145　責－瑣1605　赤烏361　赤－瑕。527　赤鴈85　赤－岸2274　赤岸(地名)2117　赤－蟻(キアリ)2071　赤－玉1973　赤。－
。縣401　赤山(地名)2166　○赤－子629　赤－氏245　○赤－心2577　赤－須。389　赤－首525　赤松(人名)1315　赤水(地名)2026　赤。－城689　赤
－霄849　赤－石1345　赤－舄2203　赤－仄(ソク)2232　赤－刀200　赤－墀3278　赤－螭。520　赤(地名)－亭1977　赤－帝3153　赤－電534
赤－眉。631　赤－阪1744　赤(人名)－斧314　赤－文859　赤－豹558　○赤壁(地名)2571　赤－鯉445　○赤－鱗1003　赤。－靈(タツ)281　赤－
王501　赤猿503　跖(人名)2402　跖(人名)－蹻3652　跖－實2153　蹙－容3669　射(セキ)。－。熊－。館571　射(セキ)。－聲3674　○錫3566　錫。－碧501
鵲巢。634　○鶺－鴒2755　剡3568　○切(ナリ)。1249　切－雲2048　○切－諫(スル)3122　切－。。擬(キス)1057　切－響3095　切－峻(ニ)2295　○切－切(ト)

1874 切—亶2251 竊—吹2682 竊—位2539 巀—嶭572 ○屑—屑947 ○折頞2770 折—簡3386 ○折—獄2684
折—枝3325 折—衝將—軍3419 折—茗2729 折—節2604 ○折—中408 ○折—衷2864 折—魦2699 折—盤294 拙
—難949 拙—疾1630 ○拙—速1834 拙—訥1637 拙—目1029 晣1134 晣—晣434 ○熱805 ○熱—暑2095 泄
雲1659 浙右（地名）2684 ○浙—江1565 卨（人名）513 ○節326 節—槩2543 ○節—概388 節—解1080 節—鄂1082 ○節—儉
138 節—候1343 ○節—操1047 ○節—士1548 ○節—序1970 節—信3047 節—趨3133 ○節—制3025 節—宣3250 ○節
—奏1078 節—中2005 節—夫2443 ○節—物1898 ○節—理3044 絶—炎2974 絶交論（書名）3308 絶—岸773 絶—澗2229 絶—
伎597 絶—紀3663 絶—區2100 絶—輝1221 ○絶—境2863 ○絶—景1900 絶—業2744 絶—巘2150 ○絶—紘1296 絶—國
1000 絶—垠849 ○絶—唱3092 絶濟1524 絶—跡2968 絶—節3348 絶—足2259 絶黨580 絶紐3562 ○絶—頂1666 ○
絶—壁1349 ○絶—滅1039 絶—冥691 絶—梁531 ○絶—倫1055 ○絶—域689 ○絶—遠328 ○舌—端1932 薛（地名）
2905 薛公（人名）2604 薛（人名）洪2722 薛—燭2169 薛綜149 薛—包2448 薛方（人名）2335 薛訪（人名）2463 薛閭訓（人名）2317 薛—荔2686 ○説696 説
—豫85 設—論2751 雪—宮816 ○雪—山816 雪—雰1796 ○妾1006 妾—人966 妾—媵3050 婕（人名）—妤204 嶕—嶫
527 捷220 ○捷—徑1393 捷—逕610 捷—宿377 捷—武1046 捷—獵360 接630 ○接1093 ○接—近967 接—事
1450 接輿（人名）2051 ○攝455 攝檢2444 攝—進2192 ○攝—生1348 ○攝—生337 ○攝—提251 攝—統2732 楫—棹672 浹
—日3398 浹—辰3242 涉安（人名）2438 涉—人790 ○涉—獵328 燮—和3639 燮—燮1957 緤—賄366 躡—3118 僉2465 ○僣—

3446 ○僣(セン)—號(セリ)2716 僣—逆(ニ)2193 僣—縦3059 僣—盜2663 剡中1572 冉(人名)884 冉耕(人名)3283 冉—弱(にして)1124 冉—冉(として)972
占—(スル)833 僉—人3008 憯—悽2059 槧—榴354 槧—櫨736 ○漸(ナリ)2525 (ツキヌ)漸—(ス)2087 漸—漬(シ)1423 漸—漬(セリ)2472 漸—苒(シ)906
漸—臺721 漸—包(ス)315 漸—離520 漸離(人名)1275 潜—處1164 潜—川1160 潜—瑨783 ○潜—水195 潜—慮2344 ○
潜—龍459 潜—靈988 潜(人名)1971 潜(セリ)1471 潜—隱(シ)3513 潜游3077 潜—穢115 潜—魚2947 潜—薈785 潜—穴2121 潜
頹356 潜—險383 潜(セム)—鵠779 潜—鰓2160 潜深923 潜(ヒソカニ)—授(ク)2645 潜—潤(ス)2267 潜—處(シ)879 潜—隧3490 潜—罨2125
潜—通(ス)170 潜—底3138 潜—氏3447 潜—圖1398 潜—波1314 潜—謀3253 潜—朗(ニ)2949 ○潜—龍287 潜—淵2610 潜
—逸2333 潜—翳(シヌ)1417 潜—氣2463 潜—虬1342 潜—魚1211 潜—戸262 潜—鱗1431 潜—鹿380 潜演775 潜—虯330
潜—達788 潜—沫(マイ)316 潜—龍313 澹—然580 燂—爍2095 痁—疾(アリ)3475 瞻—觀(セ)2586 瞻—係(シ)2303 瞻—遲(ス)1864
瞻—眺(シキ)1350 瞻—拜(セル)3241 ○瞻—望1192 瞻—目(シテ)1233 苫夷(人名)3462 苫(セン)—蓋3322 苫—席986 蘄—(タリ)2100 蟾兎1786 襜—帷
2449 襜—襜(と)961 西(地名)零(センレン)2899 詹尹(人名)2053 詹何(人名)2119 詹(人名)—公380 詹(セン)—事2870 譖1177 贍—智2929 ○千2501 千—有—餘
人2719 千有餘—篇87 千—鎰2103 千—巖820 ○千—金1693 ○千—鈞1276 千—羣2706 千—計3573 ○千—古2224 千
—戸2351 ○千—載(サイ)81 千—祀404 千—駟556 ○千—秋629 千—室1526 ○千—日447 ○千—乘450 千—鐘2166
○千—人538 ○千—仞529 千—城2832 ○千—歳(ナル)913 千—石537 ○千尋(にして)350 千—念1644 ○千—年1008 千—都
3391 ○千—百364 千—萬—歳1144 千—萬人1674 千—品136 千—夫3250 千—廡322 ○千—變2632 千—變萬—化

837　千—變萬—化（シ）719　千—畝 484　○千—門 108　千—名 290　千—餘—歳 3192　千—餘—仞 1314　千—翼 1360　○千
—里 606　○千—里（シ）642　千—里—曲 1644　千—里—餘 1624　千—旅 3236　千—類 784　千—嶺 686　千—齡 704　千—列
192　千—廬 162　○仙 445　○仙—宮 1975　○仙—禽 871　仙—車 199　仙—才 1320　仙—室 2847　仙—倡 197　仙—掌 172
○仙—人 1784　仙—都 693　仙—夫 938　仙—歩 1820　仙—類 1312　仙—靈 361　全—氣 3075　全—犧 2110　全—經 2674　○全—
功 2570　全—秦（地名）2413　○全—盛 699　全節 640　全趙（地名）3588　全—邦 2350　○全—文 72　全—謨 408　○先|ヲ（サイタン）|ヲ 2110　先—友
3226　○先—考 3428　先—覺（カフヲ）1242　先—漢（地名）2262　先—期 3441　先—急（ナラン）3188　○先驅 133　○先—驅（ス）555　先—軌 1195　○先
—君 614　先訓 3432　先—塋 3503　先—景 861　先—言 2366　○先—賢 2321　先—故 2085　先—顧 3639　○先—公 3044　○先—
后 2306　○先—後 532　○先—後（ス）1994　先—相—國 2477　先—士 1012　○先師 2673　先—志 2360　先—旨 3062　先—将—軍 2505
先—賞（ス）1909　○先—儒 2804　○先主（人名）2644　先—識（ショク）727　○先—人 1013　○先—臣 2298　先—政 3254　先—正 2191　○先—生
303　○先—聖 895　先—祚 1225　○先—代 455　○先—達 1961　先—疇 120　○先—帝 297　先—條 1021　○先—朝 2596　先（人名）
趙 3069　○先—哲 626　先—典 2661　○先—天 3540　○先—登 1673　○先—德 2488　先茅（地名）3342　○先—民 740　先武皇帝（人名）2274　先
—鳴 1713　先—輅 242　先零（地名）2896　先—靈 237　先—路 1992　○先—王 219　前—胤 1560　前—宴 2605　前—覺（カウ）392　前—鑒 2647
○前—期 1262　前—暉 3587　前—規 3526　前—禽 1250　前—魚 1766　○前—驅 185　○前—驅（ス）2717　前—緩 1724　前—徽 2452
前—軌 974　○前—軍 1936　前—經 2226　○前—言 2655　○前—賢 2826　○前—古 2229　○前—功 2198　○前—後 554　前—後

｜部 3641　前｜誥 2450　前｜載 2308　前｜藻 3095　前｜冊 3541　前｜筭 1395　○前｜事 2249　○前｜史 3061　○前｜志 3471　前｜

施 2377　前｜脩°(シウ) 448　前｜秀 3094　前｜識 3661　○前｜日 2597　○前｜車 3181　○前｜緒 2322　前｜蹤 1851　前｜式 3096　前｜

辱 2535　○前｜人 2989　前｜綏 1785　○前｜世 150　○前｜聖 121　前｜跡° 455　○前｜°代 860　前｜墀 1980　前｜儔 1656　○

前｜庭 1256　前｜典 2456　○前｜殿 228　前｜登 2706　○前｜途 370　○前年 2624　前｜輩 2545　前｜婢 2447　前｜符 3243　前｜

物 975　○前｜文 1244　○前｜聞 2560　前｜良 902　前｜侶 1979　前｜林 1412　○前｜例 2375　○前｜烈° 878　○前｜路 1711

前｜籙 2684　○前｜王 867　喘｜息(シ) 1045　喧°卑° 872　°單(トシ) 483　°單(人名) 884　○單于(人名) 2257　單｜子(ニ〆) 2544　單｜人 1910　單生(人名) 1967

單｜父 1510　單門(地名) 2877　○°善 440　○善｜惡 3032　善｜游 1354　○善｜°行 666　善｜謔 2485　善｜宦 1864　善｜經 725　○善｜

士 3082　善志(ナリ) 2801　○善｜人 2345　善｜制 3264　善｜貸 2338　○善｜道 2265　善｜芳 2850　○善｜否 2617　善｜名 628　善｜鳴

1539　嘽｜°諧(シ) 1116　嘽｜緩舒｜釋(ニシテ) 3131　墫｜甓(ヘキ) 3671　壇(センアリ) 2039　○嬋｜娟 202　嬋｜媛(ト〆) 1426　孅｜離 2383　宣(人名) 84　宣｜游(〆)

1359　宣猷堂(地名) 1217　宣｜遊(セム) 921　宣｜温 101　宣°｜嶽°° 867　宣貴妃(人名) 3478　宣°｜宮° 889　宣°｜曲 536　宣°｜°化 321　宣｜和(シ)

1087　宣皇(人名) 2312　宣皇帝(人名) 2305　宣景(人名) 3045　宣后(人名) 3059　宣°曹°(人名) 890　宣｜讃(シ) 2343　宣室(地名) 2669　宣｜城 1657　宣城郡(地名) 2346　宣尼(人名) 1274　宣｜

勅 2428　宣帝(人名) 2822　○宣｜德 2347　宣德皇后(人名) 2210　宣｜美(ス) 2198　宣布(書名) 3127　○宣｜布(シ) 3135　宣｜平 649　○宣｜明 226　宣｜夜

2847　宣靈(人名) 2982　宣王(人名) 2312　專(スル) 3073　專｜策 1202　○專°｜心 587　專(セム)｜車 2874　專°(人名)｜諸° 367　專｜良(ニ〆) 3075　川° 341　川｜岳 1361

川｜嶽 2237　川｜氣 1610　川｜禽 229　川｜后 1346　川｜谷 123　川｜上 1626　川｜渚 1353　川｜澤° 405　川｜漲 1664　川｜坻

1607
川｜途 1235
川｜瀆° 286
川｜流 793
川｜陸 670
川｜梁 1986
川｜岑 1232
川°｜°路 831
巽｜羽 889
戔｜戔タル 238
○淺｜近 2805
淺｜術 2419
○淺｜深 1019
淺｜淺トシ 2035
○淺｜短 2346
○淺｜薄ニシ 2331
淺｜末 1193
濺｜濺タリ 1667
牋｜ 2465
牋｜記 79
牷｜ 1678
湍° 281
湍｜險 1607
湍｜°瀨 1159
漩｜澴ケン 775
旋°｜室 712
旋｜臺 2157
旋｜復シテ 1074
旋°｜目 521
旋°｜門 610
旋°｜流 692
旋｜流シ 2616
潺｜湲タリ 1039
煎｜熬 1387
°憚｜°漫 1045
○戰｜國 2671
○戰｜士 2501
戰｜射 2416
○戰｜勝 1873
○戰｜場 1793
○戰｜陣 3187
○戰｜鬪 2691
戰｜力 3069
○戰｜慄シ 2288
旃 1510
旃°裘 564
泉｜室 357
泉°°｜壤 991
○泉｜石 3645
泉｜臺 549
泉｜途 3478
泉｜陽 772
泉｜°襄 999
泉｜流 452
○撰 2084
染｜翰 80
°橪°柹 528
檀｜欒トシ 1880
氈°｜裘 2519
氈｜帶 1930
○然諾°° 1149
煽｜熾タリ 3452
琁｜蓋 1361
琁°｜璣と 479
琁｜源 1581
琁°｜室 475
琁｜臺 3389
琁°｜題 477
琁°｜淵 703
璿｜曜 3548
°碝石 501
○°禪 584
°禪ス 2993
禪｜慧 3578
禪誦 3568
禪｜代 3046
禪｜文 2299
瞗｜鳧 2080
穿｜掘 3598
○穿｜鑿スル 3562
筌°｜°緒 409
箭｜槀アリ 1065
箭｜漏 3283
縼｜纆 1076
繕｜脩セ 2702
○纖｜(人名) 2124
纖°｜阿° 504
○纖°埃° 411
纖｜雲 1812
○纖｜毫 2205
纖｜葛 1608
纖｜纊 3323
纖°｜翮 1114
纖°｜經° 673
纖｜縠 1058
纖｜枯 1816
纖｜根 1070
纖°｜草 692
○纖｜指 1099
纖｜質 1551
纖°｜繳° 508
○纖｜手 1902
纖縟 162
○纖｜纖トシ 1780
纖｜絺° 809
纖｜末°° 1069
纖｜美 138
纖｜妙°°にして 1075
纖｜要 925
纖｜胥 1522
纖°｜羅 758
纖°｜驪 866
纖｜鱗 1326
○纖°｜°麗 323
纖°｜婉ナル 872
羨(人名)｜門 1142
羨門子(人名) 1389
扇｜揚シ 2569
翦(人名) 2982
○翦｜除 2193
翦｜髮 3149
翦｜拂セラレテ 3330
翦｜滅ス 3180
舛セン 3404
舛セム｜°互 362
○舛セン｜錯° 853
腨｜苦セル 2080
○°膳 948
膳ス 256
膳食シ 3143
○°膳｜夫 413
芊°｜芊タリ 489

芊｜眠(ナリ) 1023　荃｜ 2039　荃｜蕙 1583　荃｜宰 2211　荃｜蓀 3677　荃｜蘭 965　蒨｜蒨(タル) 1167　薦｜ 1877　薦(メ) 3005　蝘｜蝸 780　。蟬｜。冕 489　蟬｜翼 2055　蟺｜蜎。 477　詵｜詵(タル) 2963　○賤｜ 3100　賤｜伎 2419　賤｜軀 1789　賤｜事 2512　賤｜子 1310　賤｜職 2626　○賤｜臣 2417　賤｜妾 1407　賤｜族 3100　賤｜俘(ニメ) 2295　賤｜服 2249　賤｜老 3206　跧。伏(シ) 717　遄(トク)｜征(ユクニ) 2655　遷(人名) 2997　○遷｜客(トシ) 998　遷｜革 2233　○遷｜化(ス) 1056　○遷｜喬 2334　遷｜斥 1634　遷｜易。(ス) 1715　○遷｜延(と(シ)て) 1059　○遷｜延(シ) 874　遷｜延徙｜池(とシて) 1045　遷｜路 659　○選｜ 2866　選｜事 2874　○選｜士 1250　○選｜任 1250　選｜納 3061　選。｜巫。 481　阡 1252　阡｜阡(タリ) 1364　○阡｜陌 1387　阡｜眠(タリ) 1620　陝｜(セン) 2238　。陝(セン)｜郛。(フ) 634　陝｜(セン)服 3624　鐫｜勤 2372　銓｜ 3530　○銓｜衡。 1022　銓｜品(シテ) 2877　○錢(セニ、ス) 2443　錢｜神 3052　餞｜(ス) 2901　○餞｜宴 1234　餞｜席 1250　○餞｜送(ス) 1863　○饌｜ 2178　饌｜賔 1540　闡｜揚(ス) 1242　顓。頊。 551　鮮｜雲 1731　鮮｜榮 1154　鮮｜輝 1561　鮮｜禽 3370　鮮車 1375　○鮮｜魚 2610　○鮮｜絜 1685　鮮｜藻 1709　鮮。｜支 523　鮮｜澤 1815　○鮮(地名)卑 2197　鮮｜膚 1720　鮮｜風 1728　鮮｜飈 1968　鮮。｜扁。 554　○鮮｜明(ナリ) 292　鮮陽(地名) 2897　鮮｜鯉 2101　鱻。｜魚。 290

ソ

。岨 1134　徂。｜謝 1420　徂｜生 1582　徂｜物 1355　徂｜役(メ) 1955　。徂(ネノクルマニ)｜兩(ヲ) 1663　○楚(地名) 1133　楚(地名)｜人 2200　○楚｜越(ナリ) 1552　。楚｜。夏 395　楚(地名)｜客 1987　楚(地名)｜魏(地名) 2381　楚鳩 1142　楚｜吟 1343　楚玉(人名) 2446　楚｜國 69　楚(人名)嚴。(サウ) 550　楚｜山 1650　楚(地名)｜子 3242　楚｜壤 1908　楚(地名)｜晋(地名) 3075　楚｜塞 1664　楚｜組(ソ) 963　楚(地名)｜囊(人名) 3605　楚｜地 510　楚｜趙(地名) 2275　楚｜甸 1876　楚都(地名) 3566　楚｜望 1654　楚｜夢 1718　楚｜榜 2703　楚(人名)｜樊 739　楚｜挽 3486　。楚｜妃。 1105　楚｜。。舞(シ) 385　楚｜風 1611　楚｜廟 2322　楚苗(地名) 2101　。楚｜謡。 817　楚(地名)｜域 2913　楚｜老 1420　楚(地名)｜王 2395　殂｜落 1599　○殂(ソ)落(ス) 551　沮｜顔 3148　沮｜溺 1858　。泝｜洄 344　。泝(ソ)｜洄(シ)

790 ○俎 598 俎｜實 1245 ○俎｜豆(トウ) 139 俎｜味 850 狙丘 81 狙｜獷(ニ〆) 2983 ○祚 443 祚｜胤 2807 祚｜靈 3482 ○祖(とす)
869 祖｜(〆) 3443 祖｜構 2812 祖｜江 924 ○祖｜考 495 祖｜饋 3495 ○祖｜業 2255 祖｜載 1756 ○祖｜述(ス) 2804 祖｜少｜
卿 2454 祖｜宣(人名)｜皇帝 3581 ○祖宗 707 祖｜曾 2451 祖｜送(ス) 1762 祖｜則 3008 祖｜德 1172 ○祖｜父 2697 ○祖｜廟 146
○祖｜母 2293 祖｜龍 641 ○租｜税 3177 ○素 1222 ○素｜意 2870 ○素｜衣 1497 素｜友 3679 素烏 147 素｜謁 2686 素(人名)
｜娥 827 素｜蓋 1214 素｜甲 1203 素｜虬 468 素｜旗 3410 素｜祇 2233 素｜騏 1757 素｜琴 998 素｜襟 1590 ○素｜車(キヨ)
648 素｜魚 2988 素玉 356 素｜花 355 素｜光 1824 素｜館 3443 素棺 3520 素｜巻 1535 素｜揮 2708 素｜輝 1621 ○素｜月
826 素玄 138 素｜景 1880 素｜蜺 1059 素｜交 3314 素｜業 2359 ○素｜縑 3102 素｜軒 3502 素｜滻 643 素｜滄 2539 素
｜飧 2266 ○素｜餐 1673 ○素｜志 2361 素｜支 865 素｜絲 1819 素｜辭 1912 素｜雌 530 素｜秋 1182 ○素｜質 1388 ○
素｜心 1972 素｜駿 1758 素｜尚 2871 素｜章 3497 素｜手 1696 素｜書 1682 素｜舒 3507 素｜鱮(シヨ) 673 素臣 2806 素｜水 2134
素｜蕤 1815 素｜毳 2832 素｜節 1828 ○素｜雪 1803 素｜柰 318 素｜帶 1749 素｜雉 3010 素｜女 347 素｜體 1037 素｜
波 1038 素｜旄 2900 ○素｜樸(ハク) 265 素｜膚 2124 素｜風 2221 ○素｜文 895 素｜門 2352 素｜明 1683 素｜帷 986 素｜液
406 素葉 1441 素｜瀨 3644 素｜卵 622 素｜里 3480 素｜靈 1217 素｜領 1163 素｜論 2491 ○素｜王 2371 素｜腕 1523 素
｜威 930 組 648 組｜帷 379 組｜纓 2083 ○組｜甲 369 組｜織(シ) 3314 組｜帳 1468 組｜旒 3495 ○組｜練 1876 胙 116
○葅｜醢(セラレタル)(ツケモノニシシ、ヒシヲニスル) 2007 葅(ソ)｜圃 313 ○蘇｜ 2102 蘇游(人名) 2723 蘇｜蔱 290 蘇子(人名) 1384 蘇(人名)｜屬｜國 651 ○蘇秦(人名) 1278 ○蘇張(人名)

676　○蘇武(人名)2496　蘇厲3113　蔬3740　蔬。-。圃415　蔬。-䲜。792　初ソ-九2956　訴|ニ2447　○踈|ニ3361　踈(人名)648　踈-客1116　踈

-。桂729　○踈。-密734　踈嬾ニシテ2629　踈-朗ニ2951　○踈-遠ニ3178　○。䟽2767　䟽-華1979　䟽-蹊2163　䟽-俗580　䟽-

逖2744　䟽-蕪1869　。阻1832　阻ソセリ(ウチハヤシ)3530　阻-難3414　阻-險2406　阻-顚ス1545　麤-踈ニ2637　麤密87　○僧3568　僧孺(人名)2367

○僧-徒3569　○叟|1536　増-崖1102　増。-。欷セ1143　増。-宮483　増-眷ス1542　増傷。294　増-城102　増-成162　増。-

成シ526　増-石1066　増-波2088　増-冰2072　増-桴169　○増。-益シテ376　○奏1020　○。奏ス964　奏-記ノ2492　○奏-議

2870　奏御セル87　奏-課3627　○奏-事3098　○奏-彈セン2435　嫂-叔1683　嫂ソウ(アニヨメ)姪テツ(ヲイ)3488　○。宋857　宋-人1310　○宋玉(人名)1133

宋-皇3463　宋。灌(人名)1072　宋建(人名)2716　宋-公(地名)2217　宋氏(人名)2451　宋昌(人名)3268　宋-如-意1762　○宋書(地名)(書名)3067　宋-臣(地名)2242　宋城(地名)2560　。宋

生808　宋-蔡538　宋段(地名・人名)3524　宋-翟。(人名)1070　○宗。291　宗(人名)3568　宗。シ768　宗-漢2830　宗姫(人名)2310　宗-虞669　宗惠叔(人名)2589

宗衰1880　○宗-子2956　○宗-祀シ143　宗-周645　○宗-室3055　○宗-社2546　○宗-匠2936　宗-守1433　宗-庶3259

宗-緒223　宗-稷3536　宗-臣2907　○宗-親2711　宗正86　宗-戚セキ3103　○宗-族2515　宗-黨1931　宗-長ナリ1909　宗。-

祧。668　宗-哲2305　宗-祊3228　宋法師(人名)3566　○宗-廟2189　宗-盟2281　宗-王3103　○層1506　層-楹1001　層-構167

○層-閣1934　層。-曲721　層-軒2075　層。-城。690　層-臺1735　層-甍1957　層-盤744　層-。覆729　層-峯3566　層。

櫨。714　○層-樓2855　嶒-崚ト2153　○憎-悪ス3144　揔-角ニシテ980　揔-草1523　揔-集ス2355　揔-章2846　揔-制ノ2863

揔-揔タル1611　揔-領ノ2538　曽|3430　曽(人名)648　曽-阿1337　曽-陰1366　曽-雲1015　曽。-宮409　曽-穹1850　曽-暉1654　曽

—岑 1984　曽—曲 1330　曽—観 671　曽—闕 1927　曽—沙(地名) 3505　曽—山 2834　曽史(人名) 3323　○曽子(人名) 2405　曽氏 937　曽颸 1640　○曽(人名)

參 2620　曽—深 1232　曽水(地名) 3406　曽—城 1724　○曽—祖 2453　○曽—孫 3429　曽—臺 1900　曽—潭 776　曽—巓 1631　曽阜 1371

曽波ノ如シ(フタカハ目也) 2082　曽—嶺 1565　榛— 2176　椶—楠 180　椶—栟 311　樅—栝 179　湊(地名) 2854　矰 849　矰—紅 193　矰—繳 119　窻—牖 1772

窻—戸 1314　綜—覈ス 3527　總—期 217　總會シ 197　總—集シ 263　總—成シテ 78　總—總トシテ 2012　總—論 3023　繒 818　罾—繳 2704

罾—網 438　罾—罛 378　聰 742　聰—叡 3512　聰—察 2865　聰—善シ 841　聰—哲 2306　聰—明ニシテ 842　聰—明睿—達ニ 3244

腠—胝ニ 2741　腠ソウ—理 413　葱—韭 956　葱—芊タリ 1356　葱—翠 724　葱—青 1365　葱—蒨タリ 1877　蒐—狩シ 130　藪— 3337　○藪

—澤 546　藪—薄 376　賨邑(地名) 2718　賨—幏 428　賨旅ス 314　○贈— 2345　贈—荅 1430　贈—問スル 1855　走 2510　走—獸 1143　走—

馬 271　送—終 2990　騣—馬 1741　鯼—魮 779　○俗—塵 1947　促衿 1342　促—管 1643　促—裝ニ 2686　促—織 1777　促—節 1901

○促—促タル 1711　促—中 2633　促—柱 326　促—鱗 2151　促—路 3658　側—階 2875　側—徑 1351　○側—席ニ 2290　側—堂 732

側—陋 157　○即 2481　○即—日 2463　即墨(地名) 2560　仄陋 238　呢呰慄斯喔—咿嚅—唲シ 2054　○息 2446　息ス 607　息—悒イフ 965　息

—宴スル 101　息—饗 1356　息—言 3554　息ヤメレ—心ヲ 3573　○惻—隱 2247　○惻—隱シ 3144　惻—愴ス 1303　○惻—惻 989　惻—怛 2408

度スル 1645　蔌ソク—蔌タル 702　○賊 602　賊—姦 2074　○賊—殺ス 2692　○賊—子 3154　○賊—臣 2501　賊—盜 1410　○足—下 510　○

○族 291　族—世 120　○族—滅 2549　○族—類 848　束阨 455　束—帛 238　束—紳ニ 1424　束廣微(人名) 1165　測—恩 1976　測—

足—趾シ 392　○卒— 2116　○卒—シヌ 3410　○卒—然トシテ 2406　卒—卒ニ 2512　崒トシテ 1133　○率—爾ナリ 1017　○率—然ニセシテ 3120　○率—土

339 瀸－然ト 2137 ○存。612 ○存。ス 1416 存－。救 493 存－者 3661 ○存－亡。。988 存－撫シテ 2690 ○存－没 1655 ○存－問。。
726 存－慰 1216 孫(人名) 2558 孫臺(人名) 2736 孫皓(人名) 2623 孫會宗(人名) 2537 孫－原(地名) 2744 ○孫權(人名) 2564 孫－卿 727 ○孫呉(人名) 2491 ○孫子(人名) 2532
○孫－子 957 孫子荊(人名) 1253 孫氏(人名) 2544 孫－枝 1094 孫綽(人名) 3401 孫－叔。(人名) 532 孫叔敖(人名) 2401 孫程(人名) 3079 孫登(人名) 1402 孫－謀 3226 孫
－臏 3114 孫輔(人名) 2725 孫陽(人名) 2962 孫劉(人名) 2812 孫王 1177 ○尊｜ 3033 ○尊－號 2314 ○尊－貴 1653 尊－官 2515 ○尊－敬シ 3042 ○
尊－嚴ナシカトモ 2978 尊－賢 1363 尊－顯ナリ 2703 尊－顯セラレテ 3652 ○尊－親ナレトモ 2540 ○尊－卑 164 尊－䜌 658 ○尊－名 2968
尊。(人名)－盧。443 ○尊－位 2315 ○損 215 ○損｜シ 2361 ○損－減ス 2578 ○損－益。492 ○損｜スル益 2460 ○村－童 1665 ○樽。モタヒ 327
樽｜ス 1250 ○樽。酒 609 ○樽－俎 1833 洊セン－至 1632 洊－歳 2231 罇 1468 罇－酒 1426 蓀蕙 2595 蓀。－萇。290 蹲－蹲 1049 蹲。
－鴟。315 鱒。－魴。320

タ

○他。958 ○他－郷 1681 ○他－事 3065 ○他－日 1012 ○他－人 204 他－辰 920 他。－他 537 ○他－方 1691 佗 1995
○侘傺ス 2000 唾。2484 太ダ－歳丁－亥 3405 ○多。946 ○多－幸 1587 多－奇ニ 3230 ○多－言 1385 ○多－才 3422 多－財 1280
○多－士 1556 ○多－少 2813 多－談スル 2543 ○多－難 3045 多－美にシて 1148 ○多－福 144 惰－游ノ 2250 惰－窳セリ 2097 懦－
讋 1706 懦－品 2453 ○懦タ－夫 2964 沲。－汜 793 袳－服 2138 ○駝－馬 3603 乃タリ－懷 2345 乃＝心 2339 乃タイ－誠 2317 ○乃－
祖 2359 ○代｜ 2214 代。－越。845 代。－耕。493 代－工 1287 代。－。祀 419 ○代－謝 3021 ○。代－。謝ス 1182 ○。代－。序 808
○代カハリツイツ－序す 992 岱。－宗 794 代。ノ馬 1802 内。。－。奥 359 ○内－應 2723 内感 1823 内－機 1967 ○内－外 170 内－兄 1598

○内－藏3126　。内－棧858　○内－侍2454　○内－史2297　○内－屬3444　○内－職3057　○内－則3059　内－難2343　内－
美1991　○内－府3239　内－附ス2736　内－病2633　堆タイ。－埼。518　堆－阜ニ〆3578　○台－階2365　台－衡3529　○台。－嶽688　台
－司2288　台－室828　台－保1246　台－牧3607　台－曜3639　○台。－。嶺690　○。大638　。大635　○大－猷895　○大－音
3663　○大－隱1330　○大雨726　大－。運728　大－易448　大－謁－者3076　大－閱。438　○大－廈161　○大。夏323　○大
－河124　○大－雅106　大迦葉（人名）3568　○大－駕196　○大－害2736　○大－海3332　大－好ナリ2733　大－康1440　○大－江502
○大－綱1163　大－羹。1027　○大－行2905　大－行皇－后3494　。大－號214　大－璧。773　。大－較。ナル731　大（地名）－漢2762　○
大－儀1182　○大－器3035　大－歸。460　○大－義623　大（地名）－魏2479　○大－極2123　大－鈞。836　大－苦2080　大－遇2547
大－和2268　○大－火726　○大－過2947　○大－塊796　大－魁1111　大－皇1729　大皇帝3231　大－荒。342　○大－患3036
○大－觀1255　○大－觀ス838　○大－化2333　大－惠1543　○大－權3025　○大－軍2706　○大－君。496　大－訓2796　○大
－郡2550　大坰（地名）2841　大－教1245　○大－業496　大－弦1143　大－縣3071　○大－賢2241　。大－呉。。338　大－侯249　○大－
功2608　大－鴻－臚3637　○大－國511　大－谷955　大谿（地名）3445　大－哉2186　○大－才654　大－災2307　大－。壯408　大－
漕97　大－造1219　○大－事2264　○大－使1197　○大－司－馬2272　○大－志2814　大－質2512　○大－。任2500　大－匠
2821　大商（地名）1177　○大－將2528　○大－將－軍1220　、大－象3022　○大－樹2214　大春（人名）3645　大－順2311　大－胥174　○大－人。。
337　大人先－生2902　大－信2338　大晋（地名）2312　大新（地名）2986　大－秦264　○大－臣86　大齊（地名）2840　○大－小2261　大小夏侯（人名）2678

大沼767　○大―節1465　大―千3561　○大―川1091　○大―漸3545　○大―漸ス3666　○大祖3107　大―宗2369　○大息2444　○

大―息ス2064　○大―内428　大―°憖641　○大―盜3107　○大―道276　大―宅2109　大―澤2975　大―阺1135　○大―丈

―夫2598　大―杖2448　大―帝436　大―庭―氏277　大―弟2614　○大―體664　大―朝1670　大―耋1900　○大―典2874　大

―椽3522　大(人名)―顚763　○大―度646　○大―都2535　○大―德977　○大―波795　○大―方3259　○大―邦1508　大―朴ハク2332

大―漢3375　大―美2462　○大傅946　○大―夫398　大―武3044　大―°溥559　大―務582　○大―風1763　大―茀2983　○

大―分1557　大(人名)―丙250　○大―兵2729　○大―變2565　大彭(人名)1177　○大―寶618　○°大―鵬°854　○大―名2355　○大―命

2095　○大―明756　大―明五―年3567　大―明六―年3478　大―野2656　大―羊3654　大―予2831　大容932　○大―欲2826

大―勞3456　○大―理424　大―律3014　大梁(地名)2173　○大―量762　○大―略2929　○大―呂2083　○大―禮2493　大―戀3670

大―輅75　○大―路1696　大―麓3374　○大―王510　大王(人名)3045　大―位3278　○大―圓°1171　○大宛98　太―阿795　○

°太―一480　○°太―陰466　太―階577　太―康1290　太昊(人名)2999　太行(地名)2648　太丘(地名)3518　○°太―虛687　○太―極777　太―和

2144　太°華925　太―官3637　太―元1175　○太原(地名)2900　太玄(書名)2759　○太―湖°520　○太公(人名)2067　○太―公―望1536　○太―后

3063　太(地名)―谷1985　○太―宰1485　太―宰侍―中3546　太―宰―領3640　○太山(地名)2656　○太史公(人名)2510　太史遷2995　○太―子1905

太―子太―傅86　°太―°子射°841　○太―師136　太紫99　太―室221　○太―上145　○°太―常°301　太―常博―士

2670　○太―守2294　太叔(人名)2549　太―清°387　○太祖(人名)2641　太祖高皇帝(人名)2346　太―°素897　太宗(人名)2866　太息1806　太―息ス603

○太-簇ソウ 3396　太尊 583　太-中 2873　太-中大-夫 86　太(人名)-伯 339　○太-白 2115　太-漠 2500　○太-半 109　太-微
1975　○太(人名)-傅フ 3525　○太-夫 2401　太夫-人 947　太-武 112　○太-平 1331　太-卜 2053　太-僕 487　太-冥 2153　○太-
陽 1157　○太液 548　太-容 1725　○太-牢 136　○太-尉 806　岱 127　岱-雲 997　岱-郊 2833　○岱-嶽 261　岱-山 1605
岱-宗 1441　峩タカクナカク 474　[山+對]タル 409　○對｜ 2348　○對セル 1155　對-越シ 2304　對-禁 1585　○對-策シテモ 3294　對-荅 1403　○對-揚 1479
○對-揚ス 1544　帶(人名) 627　○帶-甲 389　帶佗 3114　○待-詔ス 2427　待-接 1540　待-旦 3185　待-漏 3587　戴記(書名) 3394　戴-侯
980　戴-侯揚-君 978　戴-勝 925　推タイ-轂 3590　推-服ス 2867　[目+對]タル 1134　殆タイ-庶 2218　殆-辱 1472　泰 412　泰(人名) 3511　泰-
階 442　泰-極 396　泰-華 558　泰-古 137　○泰山(地名) 2410　泰-始 3101　泰-時 464　泰初(人名) 2947　泰-眞 1054　泰-清 1122
泰誓(書名) 2674　泰素 1097　泰-伯 1728　泰-容 1094　滯-淫ス 1662　滯-瑕 1241　滯-思 974　○滯-積 1126　○滯-積〆 2203　滯
-念 1899　滯-用 2870　○瑇-瑁 503　碓-投シ 1067　胎-鰕 1695　○胎-化 871　胎珠 564　○胎-卵 3144　臺 1133　○臺
509　臺シ 415　臺孝威(人名) 2628　臺-澗 1232　臺-館 1651　○臺-榭 546　臺-城 2104　臺-省 1970　臺-堂 3660　臺陂 650　臺-
郎 2257　臺-隷 3100　○蔕-芥 840　臺-笠 1594　蝳-蝐 383　貸｜ 1640　貸-故 2567　積-毀 2325　退-修 2557　邰(地名) 3039　○隊｜
2272　頽-綱 1222　頽-響 1330　頽-寝 1289　頽クツレ-侵スス 1233　頽-息シ 1069　頽魄 1396　頽-風 2336　頽-暮 1627　頽-陽 1259　○頽クツル、
-齡トシ 1371　頽隴 1411　駘-盪 650　○駘-蕩シ 1077　鮐-背 301　○倒-景 473　○倒-懸 3453　○倒-懸〆 2547　儻｜タリ 2112
○刀-鋸 2515　刀-尺 1521　刀-斗トウ 1306　刀-鈹 374　○刀-筆 2509　○刀-布ホ 427　到長史溉(人名) 1373　叨タウ-昧ス 2337　○唐(地名) 1194

唐（人名）230　唐（地名）－基 3005　唐擧（人名）2765　○唐－虞 565　唐虞（人名）720　唐（地名）－官 2233　○唐（人名）－堯 1098　唐公（人名）2162　唐咨（人名）2736　唐（人名）－氏 3137　唐。－
祀。297　○唐－詩 204　唐稷（人名）2173　唐－生 939　唐中 110　唐－。典 688　唐都（人名）3018　唐統（の）125（□－□）○唐－突（ス）2486　唐。－陂。（ヒ）558
唐－林 1436　啁－哳（シ）2059　嘲－戲 3164　○嘲－謔（ス）1429　嘲哂（タウシンス）2931　嘲－哳。（とシて）1116　島｜2764　○。島－。嶼 346　。島－濱 757　○
堂。425　○堂－宇 3568　○堂－下 2036　堂－構 973　堂－基 3422　堂－隅 987　堂－室 1618　○堂－上 1381　○堂－堂（タル）729　堂
－中 171　堂－除 981　堂－庭 748　塘－上－行 1730　。宕－渠。313　宕子 1407　宕－冥（にシテ）1038　導－言 2016　導－揚（ス）1118　導－
養（シ）1087　忉。－怛（タツとシて）684　忉（タウ）－怛（タツス）3428　慆－慆（と）885　○擣－衣 1852　桃。枝。313　桃。－笙。366　○桃。－。李 422　○桃－林 152
桃－園 640　○棹－歌 2788　棠－陰 3610　棠－棣 2285　棠。－黎。482　棠。－梨 536　檮机 2801　湯 3387　○湯。（人名）921　湯禹（人名）2007　湯
－火 2629　湯。（タウ）－谷。280　湯－井 643　湯－泉 221　湯武（人名）2408　○湯。－沐。2485　○湯－藥 2294　滔－涸。。（ナリ）1124　○滔－滔（とシて）972
滔－蕩（ニ）1465　濤－水 554　○濤－波 2776　掌。距 1073　猱。。－猨。373　當。2519　當－己（キ）2776　當－御（ス）2702　當－關 2631　○當－
今 3080　○當－時 727　○當－世 1285　當－夕 1812　當。（レ）－前（ニ）（アツルマヘニ）2385　○當－代 2516　當－天 3002　○當－年 408　當－塗 2494　當
－途 1321　當百（人名）2443　○當－路 1392　盜－鍾 2489　○盜跖（人名）3558　○盜－泉 1705　○。盜－賊 706　。盜－。亂 885　。盪（トシ）892　盪｜（ス）1911
。盪－。駭（ス）475　盪－失 1433　。盪盪（と（シ）て）935　盪－滌 125　瞠－眙（シて）1084　。碭－基 737　碭－突（ス）1067　禱－祠 3475　稻－栽 1613
稻－粢－穱－麥 2079　。稻－田 288　稻－粱 3303　舂 1429　舂－税 947　。蕩（ト）1286　蕩｜（ス）2854　○蕩－子 1773　蕩－取（シ）2118　蕩－
析（セキシ）2243　○。蕩－蕩（タル）517　蕩－滌 1782　蕩－瀁（ト）1981　螗－蜋 2706　螳。－蜋。455　討 3444　。討（タウスル）602　○。討｜（ス）1016　討－賊 2265

○討－伐 2744　○討－論〆 2797　○讜－言 2344　讜－言弘－說ス 140　讜辭 3013　蹈－海 3086　道－游 532　道－天－ス 1171　○道

－家 2278　○道－義 2336　道恭(人名) 2440　道－元(人名)。。公(人名)－。嗣 978　道－契 2936　道－藝 2122　道－業 2221　ミチ道－喪ホロヒ 2332　○道－士 1314

道－識 3641　○道－心 1590　○道－術 1796　道－勝 1836　○道－人 1963　道－眞 910　道－情 1175　○道－中 1620　道－帙。 2684

○道－。德。 332　道－祕 1243　○道－風 2359　道－里 1939　道－流 2682　○道－路 1641　道－論 1174　陶。シ 440　陶－鈞 2403　陶。

虞。 408　○陶朱 3117　陶。－蒸シ 853　陶唐(人名) 2182　陶唐氏 538　陶－陶タリ 2903　陶－鑄〆モ 3281　陶徵(人名)－君 1971　陶徵士(人名) 3466　陶塗(地名) 2762

駒。－駼。 525　陶－匏 138　陶白(人名) 3317　陶。－牧。。 681　○陶淵明(人名) 2789　韜。－磬 583　韜。－世 982　饕タウ－餮 252　○。黨－ 325　○黨－スル

2328　黨－事 3518　○黨－人。。 879　○黨－類 3081　倬。－詭 444　○卓。トシテ 621　卓。(人名) 329　○卓－爾ト〆 2944　○卓－然ト〆 1964　卓－卓タル

2959　卓茂(人名) 2358　○卓。－犖。トシテ 340　卓－躒 2255　卓魯(人名) 2684　啄－害ス 2072　○宅。 306　宅－シ 2829　宅－道 1358　宅－中 1677　宅－兆

3490　宅。－。土 331　度タク－量 3473　拓タク－落タル 2761　擢タク－拔スル 2112　○柝タク 3631　櫂－歌 1665　○橐。－駞。 578　橐。－籥 1029　橐タク 3039　涿

1607　涿(地名)－邪 3376　○澤。 551　澤－虞 195　澤－葵。 701　澤－雉 1835　澤。－。馬 860　○澤－畔 2056　澤－風 828　○澤－蘭 1344

○濁。 341　濁－河 1867　濁－渠。 485　濁。－涇。 643　○濁－酒 1971　○濁－世 2928　○濁－水 1899　濁－清 1428　濁－醪。 434

濯タク－溉カイシ 3322　濯－濯タル 2976　濯－沐ス 2992　濯。－龍 869　○琢－磨ス 2843　○託－ス 2454　託－付 2264　○諾－ 1875　○諾－スル 3472　○謫。

833　謫。戍 3119　跅－弛 2187　○鐸。 369　翟(地名) 3464　翟景 3113　翟公(人名) 3327　翟子(人名) 2681　怛。タツトシテ 992　怛－悼スル 2521　怛－惕 1078　○獺。タツ

1166　○脱－〆 1234　○脱。－屣 339　○脱－遺〆 3219　○脱－落セリ 2867　○脱－略シ 997　達－ 3353　○達。ス 889　達－義 1242　達－言 2593

○達ー士1279　○達ー識2356　○達ー者2573　○達ー人607　達ー世1847　達ー生1636　達ー度1553　達ー禮2863　達ー論

2600　闌ー2919　闌ー爾とシ1099　沓ー嶂1665　納シ3158　納ー陛2205　○納ー言413　納ー貢セ515　納ー麓3606　○荅ー2952　荅ーセシ

2465　荅ツー客79　荅ー旣スル2607　荅遝528　訥ー愼1108　闒ー茸2447　鮚ー鰨520　儋ー耳369　○男ー女3146　憺トシて2046

擔ー石3155　○淡ー淡とシて1135　○淡ー泊にシて750　淡ー薄1302　湛ト1626　湛淡タル344　○湛ー湛1716　湛盧368　湛ー露486

澹タル840　澹ー雅2862　澹ー澈シ2113　澹タムー乎1091　澹ー然ト3518　澹(人名)タンー臺383　澹ー淡タリ2099　○澹タンー泊573　澹ー灃1436

潭ー隩785　潭ー淵397　琛ー2850　琛ー幣428　琛ー賂356　琛ー縭925　耽ー耽とシて362　耽ー盤598　○耽樂205　耽

周1528　膽ー3317　○膽ー氣2646　○談ー2661　○談セ581　談ー讌シテ1687　談ー交3320　○談ー話807　談ー士2545　○談ー笑2554

○談ー笑1273　談ー賓1535　諶(人名)1960　○貪ー3162　貪ー競1636　貪ー殘2704　貪饕1042　貪ー佞2508　貪ー鄙ナリ2543　貪ー夫838

○貪ー慾252　○貪ー婪ラン908　酖ー毒1716　醰ー粹440　鬒と(シ)て928　黮ー黮タル1168　○丹872　丹(人名)2396　丹ー帷1518　丹ー雲

3302　○丹ー榏361　丹ー烏2988　○丹ー霞1333　丹ー臒863　丹ー崖キ1090　丹ー氣308　丹ー旗2130　丹ー涯キ481　丹ー綺

735　丹ー丘690　丹ー宮1585　丹ー魚438　丹ー藕420　丹ー臒クワク3572　○丹ー款2331　丹ー橘354　丹ー穴264　丹ー桂346

丹ー經1365　丹ー鉛1317　丹ー慊2350　丹ー巘1368　丹ー紘1982　丹ー轂1211　丹ー谷2159　丹ー沙313　丹ー彩730　丹ー渫

788　○丹ー冊2422　丹秀355　○丹ー漆1183　○丹ー心1318　丹ー裳セリ1504　丹ー書2302　丹ー粟ショク281　丹ー脣1121　丹水(地名)2619

丹ー井1973　丹ー情2285　○丹ー誠2487　○丹ー青310　丹ー霄2877　丹ー椒セウ315　丹ー石1870　丹泉1984　丹ー素1931　丹ー

蛇 1745　丹—澤 2165　○丹°—墀° 416　丹—梯 1659　丹—荑 1313　丹徒（地名）2714　丹°—竈 1007　○丹—葩 1326　丹—珀 3102　丹—白 955

丹—府 3244　丹浦（地名）1249　丹—冥 2180　丹陽（地名）2871　丹—榮 1799　丹掖 3501　丹—°焰 668　丹—溜 1319　丹°—梁 410　丹陵（地名）2854　丹—

礫 783　○單°—鬩° 833　單タン—車キヨ 2506　單°タム—°惠ナル 458　單—醪 2177　嘽—啴 1043　○團—扇 1884　○團—團トノ 1685　○坦—懷 3540

○坦—然ナリ 2330　○壇 701　壇°—°宇 322　○壇—場 2922　彈° 1016　○彈°シ 294　○彈—壓アツス 2842　○彈—棊 2580　○彈—琴 2637

彈—射セキス 177　摶｜ニキリヲ スルニ 2101　摶°摶とシて 900　摶—飛シテ 1605　○°斷 1140　○°斷ス 893　斷—焉トノ 3327　○斷—割 2594　○斷—割スル 3063

○斷—金 2658　○斷—絶 1743　○斷—絶ス 1306　斷—蚶 2988　○旦 2430　旦°（人名）902　○旦—夕 1824　旦奭（人名）2267　○旦—暮 1641　○

暖—氣 1813　檀｜ 3559　檀桓（地名）2116　○歎｜ 2218　○歎｜スル 2283　°歎—音 682　歎—慨ス 1542　○°歎—息° 834　○°歎—息ス 991　歎—息

痛—恨｜セ 2262　歎—譽 1310　段干木（人名）2542　段生（人名）1173　湍—渚 914　○湍—流 2099　○煖ナラ 1985　○男｜ 546　男（人名）72　○男—兒 2508

○男°—°女 293　○短｜ 2634　ソシリ短｜シ 1151　短—韻 1025　短—羽 2151　○短—歌 1691　○短—歌シテ 1733　○短—歌—行 1686　○短—褐

3155　○短—期 971　短—翮 1885　短—計 1751　短—後 2181　○短—才 2824　○短—札 1582　○短—日 3658　○短—章 1301　短—

弱 1539　短—書 1940　○短—折ニノ 3432　°短—°晷ナル 810　○短—長 1111　○短—命にシて 978　短—略 2698　○端 1489　端°—°委 339

端—憂°シ 825　○端—倪 1346　○端—坐シテ 1456　端°—操 599　端—飾シテ 1853　端—信 172　○端—正タリ 1446　○端—直にシ 173　端—

明ニノ 3528　端—理ナリ 1106　○端—麗ニノ 3062　端—闈 100　簸° 1917　○簞—食シ 3387　簞瓢 2784　○袒—裼 2110　誕—育ス 2192　誕—曜

1358　誕—略 3005　彖タン 3481　○輭弱ナリ 1531　邅—迴ス 2050　赧（人名）628　○赧タン—然トノ 2607　鍛—成 2167

チ

佁－擬に(シ)て 1076
咎－悔 1404
咎繇 920
○地 303
○地－界 2450
地－芥 2250
○地－祇 2973
地－義 3582
地－隔 2172
○地－形 2472
地穴 2164
地－功 238
地－險 1654
地－垠 482
○地－勢 280
○地－道 788
○地－底 479
○地－軸 757
○地－圖 305
○地－德 1367
○地－方 3248
○地－脉ハク 604
地－符 2851
○地表 828
○地－理 335
○地－利 2413
地－鼇 2995
地－廬 436
地靈 1358
地－絡 183
地－緯 460
坻 533
坻－鄂 729
坻－坂ハン 285
墀 1865
墀－廡 819
○徵チ 292
徵 1078
尼父(人名) 2593
○持－スル 1263
相－持－スル 1295
○持－久ナリ 2752
○持－論スル 2469
致－雨 2616
○智 2560
智－巧 2108
○智－效 1247
智－惠 3661
○智－計 3189
智－士 2122
○智－者 1861
智刃 3571
○智－能 2752
智伯(人名) 2573
○智－勇 631
○智－略 2240
○智－力 2288
植－持スル 1076
池 2415
○池－魚 807
池－隍 3467
池－館 999
池－卉 1976
池－塹 3126
○池－上 1342
○池－沼 947
○池－塘 1343
池－紵 3510
池－圃 752
池－陽 1924
○治 920
治－セ 2097
○治－道 3047
治－體 2880
○治－兵ス 3374
○治－平ニス 3071
○治亂 931
滍皐 290
滍－澧 286
○痔チャム 1152
○知－ 2396
知－スル 3057
○知－音 1523
○知－己キ 2470
知－幾 1437
知－舊 983
知－寺 3573
○知－識 2544
知－聞セ 2737
○知－命 946
祉チ 3482
祉チ－福アリ 723
○稚－子 991
稚－齒 957
稚－質 447
稚－節 1363
稚賓(人名) 3473
○篪 197
篪 1117
篪－塤 1433
絺－綌 2133
絺チ服シ 365
置ス 1763
○置－酒 1048
○置－酒シ 326
置－對シ 2670
○恥－辱 2568
胝 2489
膩－理 2078
臺チ 1757
虒(地名) 2646
虒(地名)－公 2225
螭 741
螭－虎 3374
○螭－魅 1760
螭－龍 927
質チ 2706
質チス 2449
跱チ－蹠とシて 1074
○蜘－蛛 1826
踟－躕 847
踟－躕ス 1159
遲(人名) 2658
遲－迴スル 1750
○遲－速 837
○遲遲とシて 609
遲－留シテ 1937
遲－暮ナリ 874
雉－子 2790
雉－堞 700
○雉－兎 545
馳－暉 1596

馳―俠1928　馳―蕩2185　○馳。―。道415　馳―逐1929　馳―騖1959　馳―騖2742　馳―騁2110　馳騁1992　○魑。―。魅686
魑―魅魍―魎186　○中。406　○中｜1812　中。―阿。315　○中―央171　中―帷3484　中―囿132　中―飲1913　中―宇1613
中營。469　○中。―夏。397　○中―行3089　中―岳2641　中―嶽2973　○中―間2464　中―鄉2905　中―曲1776　中―區321
○中―和884　（書名）中和3127　○中―華2334　○中―外2711　中―懷1792　中―荒2162　中。―黃870　（人名）中黃2706　中―官3078　中―
逵。399　○中―。饋1253　中―闈1853　○（地名）中原2264　○中―軍2447　中―軍將―軍3537　○中―經2866　中―教3632　中―業3248
○中―堅1675　中―縣3298　○中―言3476　中鉉2844　○。中―古307　中―谷1125　○中―興2307　○。中―興408　○中―
國577　中昏1862　○中―佐2996　○中―坐721　中―才3556　中。―。操964　（地名）中山2201　○中―。散1299　○中―散大―夫2979
○中―產2231　○中―使3606　中―。旨858　中―沚2135　○中。―州。867　○中―心1256　○中―傷2632　中―壤1875　中―常
3076　中―常―侍2697　○中。―酒364　○中―書2325　中―書―監2346　（書名）中―書―郎3436　中―書―令3534　中―書侍―郎
2299　○中―書―省1870　中―庶―子2404　○中―丞2435　○中―人3075　中宸168　○中―身3475　○中―世3231　○中―情
937　○中―正2451　中―誠1474　○中―宵1491　中―川1635　中―泉3487　（人名）中宗元皇帝3057　○中―大―夫3062　○中―唐264
○中―堂202　○中―道1607　○中―壇。440　中―智3199　中―厨1464　○中―腸1253　中―亭1206　○中―庭。803　○中―
朝。412　。中―適737　中―典3390　○中―天99　○中―年3442　中―甸2846　中―土3575　中―塗629　（地名）中都里3622　中―
阪1137　中―孚1640　中―平三―年八―月3520　中―表2327　○中―門3074　○中。―夜825　中―野1252　中―藥3197　○。中

－葉。314　中－筵1117　○中－庸2352　中－域2812　中－牢3521　中－郎1539　○中－郎－將1215　○中－流。320　○中－林
1331　中－領－軍3429　中－路1392　○中論2584　中－闈1756　中－園1871　仲由(人名)3300　中－雍(人名)633　○仲弓(人名)3517　仲擧(人名)3679　仲山(人名)
2461　仲山甫(人名)3048　○仲－尼(人名)265　仲－氏2681　○仲－秋989　仲任(人名)3279　仲翔(人名)2947　仲孺(人名)2611　○仲－春1574　仲舒(人名)2614　仲宣(人名)1938
仲長(人名)3643　○仲－冬254　仲武(人名)3429　仲文(人名)1969　仲寶(人名)2860　仲容(人名)1301　仲連(人名)1173　仲路(人名)1978　仲蔚(ウツ)(人名)(イ)2423　○儔－匹1684　○儔－侶
1600　○儔(チウ)。－。類590　儔－列2931　○沖－虚3525　沖－華3485　廚。－。膳290　○宙(チウ)889　○忡－忡(タリ)2032　○忠。945　○忠－厚
3042　○忠－孝652　○忠－諫2260　○忠－義1268　忠－規2344　忠－果2256　忠－敬(ナリ)2693　○忠－言2265　○忠－賢2916　忠
－公3080　忠－壯2723　忠－志2260　○忠－實2224　忠－肅2731　○忠－純(ナリ)2261　○忠－恕(ショ)613　○忠－信1765　○忠－臣80
忠－。正751　○忠－誠623　○忠－節3420　忠－善2261　忠－讜2252　○忠－直3216　○忠－貞1544　忠貞公(人名)壺(ケンカ)2428　忠－謀
3441　○忠－邪2338　○忠－勇657　○忠－良1741　惆。－愓(シ)872　惆(チウ)－焉(と(シ)て)973　○惆。－。悵650　惆。－。悵(ス)830　晝－日
1670　晝－分(ニ〆)1190　○晝－夜396　。杻－櫺。284　柱－下3093　。柱－後413　柱史1330　○柱－石2550　柱－礎1957　柱－地3403
柱－楣964　沖。827　沖(人名)－等2475　沖－和2932　沖－旨3541　○沖－人(ニ〆)3046　沖－達(ニ〆)2958　沖－藐(ニ〆)3507　沖－漠2149　沖－漠
公－子2148　○注2801　注引71　○注－解(セシ)3646　注－緝(シフ)70　○注本73　注－。流345　沖。－瀜。756　疇－咨(〆)3231　疇－日
2664　疇－人3400　○疇。－昔。331　疇－曩1546　疇－匹1390　疇－庸2359　疇－隴1455　盩－厔178　种府(人名)－君3522　稠－疊(セリ)1631
○籌2119　○籌畫(シ)3023　○籌－策1674　糾(チウ)－墨2762　○紂(人名)1207　紐(タマモノ)3291　○綢－繆1541　○綢－繆(ス)3660　冑(チウ)2844　輈張(シテ)1527

籌—蓼 2105　○衷。1198　○誅— 2329　○誅— 2395　○誅—夷 2696　誅—殛 2205　○誅—殺 3297　誅—始 2299　誅—賞 639　誅—

鉏 3230　○誅—鋤 3172　○誅伐 3176　○躊—躇 1327　○躊。—躇。1100　躊—躇稽—詣 1047　酎 2081　酎飲 2085　酎—金 3177

馬—䑳 380　鯈—魚 1473　畜—積 3126　○畜—養 2412　○竹—簡 2799　竹—花 1606　竹—使—符 2202　竹—樹 1372　竹—書 2367

○竹—素 1836　○竹。—帛 406　○竹—栢 374　○竹—葉 2177　○竹—林 556　○筑。660　○舳艫 3250　○軸 3048　軸。699　軸。

—艫 790　逐。2103　逐。—馬 2109　逐。—末 1060　○逐—鹿 3161　○帙。1244　暱。。—交 970　○秩。493　秩— 2345　○秩。—序 1021

秩—秩 2855　袠 1933　黜— 3426　○黜—陟 261　黜—殯 3650　蟄 1827　縶維 2338　○枕—席 1133　沉— 2124　○沈—痾 3606　沈—憂 1415

沈。—憂 903　沈。—淫。521　沈—陰 2421　沈—飲 1301　○沈—鬱 2862　沈—恩 2143　沈—稼 1492　沈珩（人名） 3234　沈—寒 3364　沈—

機 3108　沈休文（人名） 1249　沈。—牛 525　○沈—吟 826　○沈—吟 1852　沈—患 2391　沈—歡 1497　沈—痼 1441　沈—。虎 380　沈—

藏 2062　沈—姿 1721　○沈—思 82　沈—絲 2160　沈辭。1015　沈攸（人名） 3624　沈—心 2925　沈—深 1353　沈—尚書 1593　沈—詳。1148

○沈—醉 1298　沈—城 3460　○沈—潛。826　○沈—潛 2992　沈—蕩 1051　沈道士 1371　○沈—沈 1869　○沈—痛 1420　沈—

泥 1588　○沈—溺。2530　沈—頓 2472　沈—浮 1938　沈—迷 2660　沈—迷 1800　沈—冥 1349　沈—榮 1680　沈液 1838　沈—燎 1987

沈—淵 1982　湛—恩 2968　珎—恠 2076　琛。1237　跐—踔 761　鴆 2015　○鴆—毒 3296　○。丈 1244　○丈—人 2621　○丈—夫 1280

丈—餘 3671　○張。379　。張 644　張（人名） 176　張安世（人名） 3020　張温（人名） 3233　張敖（人名） 2527　張—校—尉 1738　張。—衡。（人名） 304　張部鴿（人名） 2722　張（人名）

黃門 1957　張韓（人名） 1959　張—儀（人名） 451　張霍（人名） 3325　張桓 3289　張玄（人名） 2576　張卿 3076　張景陽（人名） 1279　張騫（人名） 3019　張公（人名） 3246　張含（人名） 2297　張曹（人名） 2878

張耳(人名) 2387　張司空(人名) 1951　張士然(人名) 2320　張子(人名) 1967　張子房(人名) 1285　張湘州 1653　張湯(人名) 3018　張惇(人名) 3233　張徐州(人名) 1247　張勝(人名) 2567　張承 3233

張蔡(人名) 3164　張昭(人名) 2946　張繡(人名) 2194　張邵(人名) 3675　張銑(人名) 72　張仲蔚(人名) 1957　張－女 1114　張陳(人名) 3327　張廷尉 1964　張趙(人名) 2684　張孟 3457　張孟(人名)

陽 3367　張－博－望(人名) 651　張敞(人名) 2302　張郃 1567　張歩(人名) 2270　張茂先(人名) 1181　張揚(人名) 2194　張良(人名) 2217　張遼(人名) 2722　張魯(人名) 2717　張－禄(人名) 451　張(人名)

王 3322　場－苗 1340　○場－圃 2481　○娘－ 2446　○帳 1007　帳－飲 1002　悵(トシテ) 611　悵－焉(ト) 1913　悵－悦(ト) 1414　○悵－恨(セ) 1528

○悵爾(トシテ) 1145　○悵－然(トシテ) 1043　○悵－悵(ト) 3489　悵－望(ス) 1261　暘－谷 671　暢－轂 2851　漲－海 699　○腸 3317　萇－弘(人名) 222

○長 833　○長 2849　○長(ス) 1171　○長安(地名) 88　長－撞(す) 658　○長－幼 490　長－纓 1622　長－垣(エン) 611　長－煙 1319　○長－

歌 1901　○長－歌(ス) 1744　長－河 829　長－駕(セント) 2744　長－厚(ナラ) 2694　○長－庚 401　○長－江 785　長－壑 2163　長－干(カン) 362

長－技 3251　長－規 3255　○長－久(ナル) 2276　長－御 3259　長－裾 2390　長－棘 3238　長虞(人名) 3049　長－衢 1255　○長－驅(ス) 2643　長－

徽 1550　長卿(人名) 1396　長卿淵雲 652　長－戟 2706　長－袂 1893　長－鋏 1832　○長－劍 606　長－轂 3108　○長－恨 1744　○長－

沙 297　長沙(地名)－王 3651　長－才 2637　長鎩 3119　○長－策 3115　長－塹 3454　長－山 664　長－笄 3664　長－史 2346　長－思 2464

長洲(地名) 2415　長－秀 1732　○長－袖 1628　○長－者 305　○長－蛇 1881　○長－壽 425　長壽(地名) 2990　○長－春 411　長－松 692

長－人 2070　長信(地名) 3504　長－津 1907　長率(スイ) 3274　長－綏 2129　長－隧(スイ) 2848　長－世 725　○長－城 333　○長－生 691　○長生(す)

910　○長－逝(シナハ) 2513　○長－嘯 1129　長－宵 1395　長－感 1078　長－川 455　長－息(ス) 2752　○長－大(ニ) 2586　長－道 1780　長

帶 1863　長歎－息(ス) 1764　○長短 908　長丈(人名) 2947　長－庭 411　長寧陵(地名) 3494　長－隄 2814　長－笛 1065　○長－年 971　長－圖

746　長－塗 418　○長－途 473　長－都 600　○長－德 2368　○長－波 754　長－莽 186　長－苞 1613　長(地名)－薄 2085　○長－

髮 2082　長－坂 602　長－萬 1082　長－阪 1601　長－轡 2645　長－悲 876　長－縻 1535　長阜 1466　長－風 171　長－平 482　長

－颸 1749　長－圃 949　長－暮 1783　長－門 1883　長－門－宮 959　○長－夜 1269　長－楊 116　長－謡 1341　長－筵 957　長輿(人名)

2874　長－翼 2158　○長－老 970　長－廊 169　○長－樂 107　長－巒 1712　長－瀾 3612　○長－吏 1139　長－離 69　○長－

流 940　長－林 1103　長(地名)－陵 2375　長－路 602　長－往 2682　餦－餭 2081　勺－藥 509　○芍－藥 290　貙－犴 503　貙－象 352

貙－氓 329　怵－惕 2064　怵－惕 2654　屯 1241　屯 1740　屯－夷 2345　屯－雲 422　○屯－營 362　屯騎 929　屯

－圉 473　屯－聚 112　屯－蹇 1397　屯－難 1175　屯－邅 881　屯－方 747　屯－平 1751　迍－邅 1277　佇(マヽ)－眙 365

佇－眄 1489　○佇－立 1902　佇－立 1684　儲－駕 485　儲－季 3642　○儲－宮 1508　○儲－皇 1287　儲－鉉 2875　儲－后 1954

○儲－嗣 3501　○儲－貳 639　儲－祉 2972　儲－胥 572　儲－積 552　儲－端 3592　儲－偫 548　儲－稸 493　儲－邸 2850

儲－命 3586　儲－隷 1240　儲－闈 2454　○女 1133　女－娥 198　○女－樂 385　女－宮 3074　○女－御 3057　女媧(人名) 1162　○女－

工 2473　女－桑 2105　○女－史 984　女史箴(書名) 3367　○女－子 980　女－師 1150　女－牀 264　○女－主 3078　女嬃 2004　○女－貞

529　女－羅 2044　○女－蘿 1321　杼機 1521　杼－首 453　杼－軸 1023　樗－散 70　樗(人名)－里 655　貙－肩 2132　褚(人名)－諮－議

蓁(人名) 2368　褚淵(人名) 3523　紵－衣 365　紵－縞 506　○著 1437　○著－作 106　著－作佐－郎 3528　著作－郎 3470　○著－述 2593

○著－明 2968　○著－録 3392　○貯－水 287　躇－峙 1098　○除－ 2294　除－滅 2705　雩都縣(地名) 3531　○冢－宰 620　冢－司

2360
冢(チョウ)-嗣 3060
冢-社| 2202
○寵| 1195
○。寵(シ) 450
寵(人名) 2262
寵-異 3466
寵-光 2602
○寵-子 3439
寵-私 2358
○寵-
任(スル) 3172
寵-章 2199
寵-爵 3412
○寵-辱 1614
寵-贈 3427
寵-秩 2736
寵-珍(セラ) 1442
寵奮(人名) 2454
寵-命 2295
○寵-榮 947
寵-靈 1959
寵-賂(ロ) 3052
寵-禄 1387
○徵| 2233
○徵|(ス) 3288
徵-應 3158
徵-效 2616
徵-驗 2677
○徵-士 3468
徵-祥 3056
徵舒(人名) 2106
徵-賦 3600
懲-革(ス) 3405
澄-江 1662
澄。-暉(キ) 829
澄-懷 72
澄-湖 1564
澄什(人名) 3565
澄-心 1016
澄-觴 1908
澄-寂(シ) 790
澄-鮮(ナリ) 1635
澄。-。澹 776
○澄-澈(セリ) 1973
澄瀛 1338
澄-醪 1535
穜-稑 3505
○。重 1248
重。 627
重(人名) 888
重(スル) 450
重。幄。 822
重。-陰 923
重。-雲 1168
重-英 2857
重-穎 1496
重-屋 230
○重-恩 2267
重-涯 171
重。-爻。 408
重-江 699
重閣 198
重-甲 2169
重-磵 1712
○重-器 2697
重-議 3642
重-基 1103
重-丘 1072
重衾 1491
重。-襟 1327
重-錦 2646
重。-。秬 290
重(人名)-華 738
重-光 370
重-纊 1415
重-關 1696
重-玄 2910
重-扃 3487
重-闈 170
重-險 692
重。-巘 1090
重-繭(ケンシ) 893
重-軒 3398
重-昬(にして) 2052
重。-。坐 525
○重-山 455
重-。笥 904
重耳(人名) 2309
重-岫 2149
重-深 1904
重-壤 1089
重-爵 2577
○重-任 236
重-仞 3516
重-櫬 1757
重。-城。 359
重。-霄 377
重-旃 242
重-泉 1952
重。-。阻 637
重-闥 2329
重-誅 2408
重-畜(ナリ) 3035
○重-疊(シ) 1909
重疊增-益(ス) 1140
重-殿 2158
○重-罰 2229
重-阜 1759
重-桴。 736
○重-複(セリ) 1654
重-棼 169
○重-寶 3112
○重。-門。 321
重-明 1968
重-溟 686
○重(地名)陽 3478
重。-葉。 858
重-欒 167
重-林 1664
重。-輪。 869
○重-禄 2273
○重-圍 1208
重-闈。 413
重-怨 2638
重。-淵。 345
○直。 663
直〆 1584
○直-諫 2408
○直-諫〆 3123
○直-言 238
○直-言(セリ) 3122
直。-。事 413
直-臣 2252
直-

性 2625　直生(人名) 2422　直-切 3311　直-阡 1496　○直-道 619　直-置〆 1970　○直-筆 3049　○直-木 2635　○直-廬 1491　陟-
配 1679　陟。-方(チョク) 336　陟罰(チョク) 2261　陟陽候(チョク)(地名) 1253　塵。1760　○塵。-埃 2529　塵-纓 2685　塵-網 1968　○塵-外 908　塵-軌 1590
塵-劫 3560　塵-雑(サツ) 2864　○塵-事 1625　塵-榻 1885　塵-轍。862　塵-謗 3670　。塵-槃。。525　○塵-務 1969　○塵-霧 2278
塵-物 1176　塵-紛 1583　塵-冥 1901　塵-遊ニ〆 72　塵-筵 2076　塵-容 2683　○珍。564　珍-駕 936　○珍-器 3112　珍-裘
1556　珍玉 153　珍。-。怪 304　珍-瑰 3239　珍-館 181　珍-羣 2970　○珍-藏 96　○珍。-羞。(シウ) 385　珍。-臺 477　珍簟 1594
珍-池 562　珍-符 2972　○珍-寶 197　○珍-物 163　珍-木 1214　珍。-瑋。390　眕 1387　疢-痗 1566　瞋-菌 1075　縝。-紛。
524　○朕- 2189　○。鎮 773　。鎮(スル) 744　鎮-衛〆 2269　鎮-軍 1623　鎮-軍将-軍 2871　○鎮西(地名) 3625　○鎮西府(地名) 3625　○鎮-静(シ) 2336
○鎮南将軍 2717　鎮-北将-軍 3630　○。陣 557　○陳(地名) 2514　○陳。(ス) 2537　陳(人名) 2459　陳嬰(人名) 3156　陳-娥 1008　陳-。荄 981　陳咸(人名)
2474　陳丘子(人名) 3131　陳皇-。后 959　陳君(人名) 3520　陳羣(人名) 2947　陳(地名)-汧 1207　陳-見(スレトモ) 2891　陳公(人名) 3520　陳孔璋(人名) 2465　陳項(人名) 3174　陳-根
1838　陳相(人名) 3322　陳思(人名) 3624　陳思王(人名) 1942　陳氏(人名) 2459　陳-唱 2111　陳-将-軍 2658　陳徐(人名) 2468　○陳勝(人名) 2387　陳軫 3113　陳-渉 3118
陳-焦 3447　陳-説(セン) 2637　陳-宋 1118　陳太丘(人名) 3517　陳泰(人名) 2947　陳農(人名) 3623　陳-昧(ナリ) 2219　陳伯之(人名) 2623　陳武(人名) 3234　陳-聞(ナルコトハ) 2287
陳-聞(ス) 2432　○陳平(人名) 1277　陳-篇 826　陳-寶 153　陳留(地名) 3163　陳琳(人名) 2554　陳琳孔璋(人名) 3163　陳(地名)-王 3092

ツ

塠。2116　墜-景 1483　椎-髻 3385　椎髻(シテ) 3223　椎-輪 75　○追。-。孝 297　追-感〆 3073　追-尋(ス) 2474　○追-贈〆 2876
追-寵 3461　追-風 2121　追養 246　○追-錄(シ) 2324　相-追-隨(フ) 1942　魋-。結(シ) 453

テ

丁。(人名) 883　丁ー儀 1454　丁敬禮(人名) 2593　丁固(人名) 3241　丁ー生 1458　○丁ー年 2507　○丁。ー未゜゜ 484　丁傅(人名) 2758　丁奉鍾(人名) 3241　○丁令(地名) 2197
丁令(人名) 2720　○丁ー零 264　低。ー仰゜゜ス 642　低ー印ス 2541　○低ー徊シ 991　低ー昂 3095　低。ー昂す 929　○低ー迷〆 3193　佞ー哀。
669　○偵ー諜 3603　停ー依トヽメテニ〆 1565　停ー陰 1492　停樹 1668　停ー絶スル 2370　停ー住セル 2445　停。ー綴゜ 841　○亭。 629　亭。皐。 523
亭ー菊 2948　亭ー候 228　○亭ー亭トシテ 966　亭ー毒 3281　○呈ーシ 2463　呈ー試セシ 2464　呈。ー露゜ 1157　堤。ー塍。 288　定衷(人名) 3212　定(人名)ー
國 652　○定ー策 3249　定ー山 1632　定ー爾 2841　○定ー省ス 2932　定ーレル分 1399　○帝゜ 333　○帝ー猷 2841　帝゜ー宇。 401　帝ー
江 2859　○帝。號 605　帝ー郊 2043　帝ー學 3513　帝ー漢。 707　帝ー宮 1419　帝゜畿 90　帝゜ー郷。 872　○帝ー居 159　帝ー魁 277
帝゜ー皇 306　帝ー紘 2780　帝嫣。 753　帝ー暉 1354　○帝ー京 1945　帝ー堯(人名) 3128　○帝ー業 269　帝ー軒(人名) 859　帝ー祜コ 1221　帝ー
功 126　帝ー闔。 481　○帝ー座 3230　帝ー載 2179　帝ー像 767　帝ー子 1261　○帝ーノ師 2861　帝ー祉 1479　○帝ー室 442　帝゜ー
心 857　帝ー者 151　帝ー狩 1360　帝ー詢。 670　帝ー緒 3141　帝ー渚 3616　帝ー臣 232　帝辛(人名) 2175　帝ー世 1425　帝ー藉 248　帝ー
迹 1236　○帝ー祖 1677　帝ー族 2198　帝ー臺。(人名) 867　帝ー唐(地名) 3587　○帝ー道 3292　帝ー闥 3441　帝ー゜゜女 284　帝ー弟 1504　帝ー
體 1238　帝ー典 2924　○帝ー圖 2829　○帝ー都 2704　○帝ー德 443　帝ー服セリ 2031　帝ー文 124　帝容 136　帝ー命 2642　帝ー里
3394　帝ー錄 2905　○゜帝ー王。 299　○帝ー位 440　底ー滯シ 1031　。底ー寧スルニ 807　底ー沓シ 2117　○庭ー 2120　庭ーセ 2897　庭宇 646
庭ー筵 3489　底ー下 1864　庭ー柯 2790　庭ー階 1109　庭ー衢 2902　庭ー槐 1852　庭堅(人名) 3296　庭。ー鶤。 821　庭ー草 1826　庭ー實 136
○庭ー樹 810　庭ー序 2935　○庭ー前 1779　○庭ー中 105　庭ー除 1816　庭ー廡 981　庭ー蕪 1293　○庭ー燎 2890　庭ー闈 1165

〇廳2486　〇廷－尉945　廷－尉－正2299　〇弟|1488　弟二2445　〇弟－子2461　。抵見(テイ)(セメ)997　挺－解(セン)2096　。挺－。檖594　。挺－

生。(セリ)332　提－衡2875　提－契2485　〇提－挈853　提－攜(シテ)1912　杕杜1945　楟。－。柰528　楨(人名)1944　楨。－檑。350　檉－松283

〇氏(テイ)3444　氐(テイ)羌(人名)2720　氐羌(地名)2188　氐斧(地名)1204　汀－葭1660　汀－曲1571　〇汀－洲1588　汀－濘2151　泜(地名)－水2472　〇泥。2786　泥(ス)1459

〇泥－沙781　泥。－滓653　泥－首2355　泥－人2615　泥－泥(タリ)1869　〇涕－泣1443　〇涕－泣(ス)2265　〇涕－泗1904　涕－唾

2770　涕－流(ス)2155　〇涕－淚1432　渟。－洿。287　渟－海2993　渟－涔1067　珵(タマノ)－美(ナルニ)2018　〇砥－礪2726　砥－路2848　睇眄2138

隄禽(セ)133　禎。424　禎。－祥。439　禘－郊248　禰衡(人名)2254　。禰－。處－。士841　〇程。418　程。(シ)1018　程。。－姬705　程－試3188

程－式。(スル)1147　程普(人名)3232　程羅(人名)3317　稊。－莢。594　稊－楊803　筳－篿(ス)2017　第|2271　第－一2201　第館3081　第－五2201　第－

三谷1645　第－二2443　第四3106　第－十2202　第(テイ)－宅1774　綈。－衣576　綈－錦173　綴(テイ)558　。綴(テイスル)732　綴－衣2347　綴－學

2675　。綴－。敘1089　綴－旒2191　締。－。錦412　。締－。搆403　締－構2213　緹－帷2856　緹－騎2835　緹－轂(コウ)1355　緹－繡3081

緹－幕1443　緹－幙3644　聽－覽2248　腥－醲2095　薙－氏213　詆－訶2594　詆－訐(セン)303　〇貞。(ナレヤ)824　貞－介3328　貞－孝

3461　貞－慤960　貞－休1569　貞－吉927　貞－。觀(シ)896　貞－軌2926　貞－堅1630　貞－固172　貞－壯3461　貞－士3342　〇

貞－心1311　貞－純3187　〇貞－順3050　貞－信2111　貞－臣3336　貞－脆(セイ)1335　貞－石3579　〇貞－節272　貞－則1458　〇貞

－女720　貞－亮905　貞－良613　貞－吝3668　貞－廉3143　貞－夷3472　蹄。－足1143　〇。邸(テイ)426　〇。鄭(地名)1049　鄭(人名)97　。鄭

－。衛539　鄭－雅1049　鄭義泰(人名)2428　鄭(人名)－鄉3619　鄭均(人名)3089　鄭弘(人名)3020　鄭興(人名)3073　鄭莊(人名)3328　鄭氏(人名)3429　鄭衆(人名)3078　鄭－尚書1584

鄭生 1396　○鄭(地名)—聲 3126　鄭°(人名)詹尹(セム) 2053　鄭(人名)—當—時 653　鄭沖(人名) 2475　鄭°—女 506　鄭都 644　鄭白(人名) 643　鄭武(地名)(人名) 2570　鄭°舞°°(ス)
293　鄭(地名)—璞 2881　鋌| 2166　隄—防 3051　隄—封 97　霆(の如ニ) 124　頳—莖 2832　頳°—壤 700　頳—素 2158　頳—丹 356　頳°—螫° 781
頳(テイ)—鯉 673　鞮—°鞻 437　鞮°—鍪°° 575　鞮—譯 2850　○題 3674　題°(スルニ) 944　題—湊 3485　°體 1055　○°體 280　○°體(シ) 725　○體
—解(ス) 2004　體—行 3012　○體—氣 3195　體—國 2350　○體—裁 3094　體—信 3261　○體—制 1088　體—勢 116　體—性 2961　體
—澤 1726　°體—°統 306　○體—貌 1151　體—分 2936　體—文 3165　體—命 3288　體—理 2809　鵜—鶘° 320　鮷°—°鱧 320　鶗—
鴂° 906　鶗—鴂 2021　○鼎(テイ) 2829　鼎—°貴 363　鼎—°鉉 1511　°鼎—湖 547　鼎—士 2391　鼎—司 2308　鼎—實 1255　鼎—食 1874
鼎—食(スル) 2241　○°鼎—°俎 844　○°鼎足° 300　鼎—門 1596　鼎—彝 2871　鼮—鼠 2367　佻—巧(ナル) 2015　○°兆 670　兆—庶 3255　兆
—人 248　°兆—朕(シ) 406　○°兆—民 742　°凋 753　°凋—°殞(ホシニタリ) 978　凋—喪(シンヌ) 1715　凋—年 873　○凋°—落(シ) 970　刁| 3407　姚(人名)
泓 2663　姚澤(人名) 2854　○°°嫋—嫋(タル) 347　°嬥—歌 454　岧—嶤(タル) 1609　岧°—嶤°°(シ) 746　弔| 3662　○弔|(ス) 3521　弔—祠(〆) 3521　○弔—祭 2872
彫—雲 1361　彫—瑑(シ) 1094　彫—閣 2157　彫—弓 504　彫°—玉 504　彫—煥(ス) 1396　彫—枯(ス) 1278　彫—胡 502　彫°—°虎 328　彫
—殘(セリ) 1527　彫—章 2882　彫—觴 2126　彫—飾(セ) 1945　彫—衰(〆) 2451　彫—俎 1864　彫°—鎪° 412　彫—堂 2157　○彫—琢 905　○
彫—琢(シテ) 2536　彫—庭 2136　彫—篆 3574　彫斲 2246　彫—服 1930　○彫—文 3081　彫—落(セル) 1311　彫—輦 234　彫—籠 843　怊—°悵(として)
1140　晁錯(人名)(ソ) 3176　○朝° 301　○朝|(ス) 1374　○朝—衣 1280　朝—右 1549　朝—陰 3432　朝—隠 2934　朝—雨 1872　朝—雲 1133　朝—
桊 1751　朝(地名)—歌 2600　○朝—賀(ス) 3127　朝—霞 250　朝—階 267　○朝—儀 1195　○朝—議 1202　○朝—°覲 1201　朝°—華 456

○朝－會 2702 朝－闕 1232 朝－經 2350 朝－昏 1644 ○朝－權 2695 朝－彦 1556 朝。－采 527 朝。－市 633 朝。－市シ 331
朝－士 2279 朝－寺 1614 ○朝－旨 3631 朝－肆 1196 朝－秀 3290 ○朝－日 1118 ○朝－章 2870 ○朝－臣 3078 朝－政 235
朝－請ナラ 3071 ○朝－夕 85 ○朝－夕ス 2882 ○朝鮮（地名） 2666 ○朝－宗 2480 朝。－那。。 605 ○朝－堂 105 ○朝－旦 1350 朝－
端 3541 ○朝。－。廷 580 朝－聽 2345 朝－朝暮－暮 1134 朝－霧 2171 ○朝。－服 542 ○朝服〆 2478 朝－黻 1240 朝－晡 3660
朝－夜 1882 ○朝－野 1279 ○朝。－陽 486 朝－命 1414 朝－蘭 1827 朝－列。 807 朝－烈 1581 ○朝－露 870 梟－梟タリ 1919
○條。エタ 549 條（人名） 890 條－昶にル 1101 條－決。クエツ 1080 條－貫 2757 條－侯 658 ○條。－支。 853 ○條－枝 98 條－上 1860 條－
暢ス 3442 條。－。暢タリ 642 條－暢シ 1034 條－風 2853 檮杌（人名） 3296 洮。－滆。 788 滌－蕩トシテ 1126 潮－源 2834 ○潮。－水 382 潮。
－波 342 眺（人名） 2480 祧祀〆 2193 綢－繆ナル 1099 朓－側 3499 苕テウ 1024 苕－嶢ナリ 2153 苕－亭ト〆 1978 苕－苕タル 1469 傜－蜅 781 ○
。調 2597 ○調－和セ 2101 調－笑シテ 1916 ○調－度 2024 調露 2426 ○貂 3098 貂－襜－褕 1798 貂－馬 2642 貂－冕 1956 超。とシて
657 超。シ 992 超（人名） 2719 ○超－越 3049 ○超－越セル 1346 超－曠ニ〆 3473 超－忽タリ 3566 超－驤 929 超－乗 1250 超遂（人名） 642 ○超
－世 3544 ○超。－然とシて 1120 超ハシル－攄。チヨ 862 超－野 2121 超－趛とシて 1058 超－踰 938 超－遥ト〆 1293 ○。趙 447 趙（人名） 176 趙禹（人名） 3018
趙－衛 2384 趙（地名）－謳 1361 趙高（人名） 2695 趙－姫 1748 趙廣漢（人名） 3020 趙景眞（人名） 2623 趙彦（人名） 2703 趙國（地名） 2201 。趙－。厠 1003 趙沓（人名） 3234 趙－
氏 205 趙充國（人名） 2896 趙奢 1555 趙衰（人名） 3140 趙宣（人名） 2995 趙談（人名） 3077 趙達（人名） 3234 。趙－女 293 趙武（人名） 2607 趙文（人名） 3524 趙－母 2435 趙李（人名）
1386 趙良（人名） 2514 。趙虜 639 趙－王 995 跳－踃とシて 1051 迢－遞テイタル 1093 迢。－。遞シ 405 ○迢－迢タル 1641 釣－射 2270 ○。釣渚。

703
釣ー叟 1468
釣ー臺 1877
釣ー緡 2619
銚ー憧ナル 1080
雕鶚 908
鵰。ー鶚 851
鵰ー弓 2108
鵰。ー。虎 903
○雕ー刻シ 3316
○雕ー琢 576
雕軫 184
雕ー題 2071
雕。欒。ラン 361
雕。ー龍。 1009
髫。テウ モトヾリ 491
鳥ー紀 2180
鳥ー魚 2781
鳥ー策。 336
○鳥ー。獣 305
鳥ー章 370
○鳥ー雀 1850
鳥ー程 2177
鳥ー路 1596
鵰。ー鶚。。 1137
龍テウ 3412
俶。ー。儻 513
○倜。ー。儻 392
倜ー儻 2930
商ー武(人名) 3580
弴 2099
惕。テキとシ 612
惕ー 1474
○惕テキー然ト 2625
惕ー息ス 2526
惕テキー惕怵チユツー怵と 2094
惄焉ト 1500
○敵 2924
○敵ースル 2821
○敵ー國 2298
○敵ー人 2316
滴ー瀝 712
滌 1678
滌。テキス 635
滌ー汔スル 2112
○滌ー蕩ナリ 1907
溺テキ 3558
溺。(人名) 885
○狄ー 1205
狄ー人 3039
狄ー牙。。 1108
狄道(地名) 2424
狄。ー鞮。 539
狄ー隷 3458
的テキとして 1148
的ー皪 925
螫。ー刺。シ 453
謫ーセラル、ヲ 3651
躑。ー躅チヨク 874
○躑躅 1782
○躑。ー躅スル 1001
適。 1906
○適ースレハ スラク 2385
翟ー葆 194
哲ー 742
哲ー兄 1564
哲ー后 2957
哲ー匠 1335
○哲ー人 1948
哲。ー。聖 725
哲ー母 2917
哲ー門 1477
哲。ー王 1217
喆ー人 3410
墆ー霓トシ 165
○姪ー 2449
○徹。シ 1072
○撤シ 3503
涅。テツー陽 603
蛭蛹。 530
○跌。宕ス 997
迭ー盪タリ 934
輟ス 1644
○轍ー 2163
轍ー跡 1354
轍。ー迹。 867
○鐵。 329
鐵ー瑣 3446
○鐵ー馬 3386
鐵鳳(地名) 3394
堞。テフ 418
惵ー惵タル 213
揲ー然トシテ 142
○牒ー 1976
牒ー訴 2684
疊ー穎 2687
疊。ー基 456
疊ー嶂 1607
聶テフー政 1541
褋 2040
諜 3010
蹀ー 1850
跕 866
蹀。ー鼓。 425
忝テンー竊セツスル 2291
恬(人名) 2982
恬ー虚にして 1107
恬ー曠 1472
○恬ー靜 2133
○恬ー然ト 1846
恬ー怠 2114
恬テンー蕩ニ 1184
○恬ー淡ニ 1504
恬。ー漠。。トシ 839
恬テンー敏ヒンナリ 2366
玷テンー辱ショクスル キズツケハツカシメラル 2954
。。稔ータリ 1205
稔ーセシム 3228
諂テムー夫 1179
○諂ー諛 2405
貼ー 2444
霑。テムー汗。 575
霑ー沐 1661
霑ー露 1896
○點 841
○點ース 3428
黏。テンー黴。 673
○傳。 426
傳ーセ 2676
傳(地名)ー巖 3339
○傳ー記 2459
傳ー呼 3401
傳ー璽 2202
傳ー舍 1426
傳ー祝 1143
傳ー瑞 1603
傳ー詔 2341

○傳－説2673　傳－武－仲（人名）1064　傳－武平侯（人名）2203　傳－葉2551　傳－漏3403　○典－2210　典引（書名）2995　○典－雅1064　典－戒984
典－校ス2773　典－刑413　典－業2993　○典－憲433　典－言2811　○典－故3393　典－冊2484　典－司107　○典－章460
典－屬－國2508　○典－籍106　典－謨751　典謨（書名）2797　典－墳1013　○典－禮2142　○典論（書名）3151　典－彝2870　囀2463　塡－
委ス1800　○塡－塞600　塡－塡トシテ489　壥－3638　○天－285　天－スル2470　○天－意3023　天－維183　天－乙（人名）257　天－邑156
天－宇436　天－雨1135　天－雲1173　○天－下333　天－階272　○天－涯1939　天－號206　天－綱753　天－行1751　天
－郊238　天－閣3529　天－寒1682　○天－漢671　天－儀1360　○天－氣1691　○天－機1030　天－璣3498　天－紀3396　天－
墟762　天－居875　天－居セリ1934　天－區253　天衢707　天－隅854　○天－和1331　天－禍985　○天－外935　大－懷
2943　○天－光250　天－潢933　○天皇931　○天－官131　天－關574　天－月1395　○天－闕3395　天－驥859　○天－眷
3607　○天－惠1457　○天慶147　天－經460　天－雞784　○天－業1287　天－監920　天－監二－年六－月2445　天－監
六－年3405　○天－險637　天－憲2453　天－權662　天－呉384　天－弧554　天－顧1423　○天－工1582　○天－功2355
天－口2212　○天－骨2951　天－垠2172　天－閫482　○天－才2635　○天－際2134　○天－窓サウ715　○天－造976　○天－
子867　天－只2287　○天－姿1085　天－師2720　天－旨3278　○天－日3490　○天－心298　天－潯3487　○天－壤854
天－奬2427　○天－爵667　天－緒2333　天－屬3538　天－矚2853　○天－人91　○天－津2025　○天－神2973　天－垂スイ310
○天－瑞741　○天－井1759　○天－性893　天－情869　○天－成3096　天－星554　○天－聲482　天－霄760　○天－

然2466　天-阻1803　天-宗696　天-聡2288　天-損1708　○天-台685　○天-台-山685　○天-道541　天-討3108　天

-琛764　天-。難983　○天-。地299　○天地人618　天-晷1218　天-池259　天-衷2192　天-秩726　天-寵3479　○天。

-庭。332　○天-。帝331　天哲3011　○天-年3161　天-田248　天途935　天-得(セリ)2880　○天-徳747　天-波2302　○天-

馬229　天-。。網1190　天-末。。828　○天-罰2732　天-飛2427　天-畢185　天-符2785　天。-封283　○天-風1682　○天-

文335　○天兵580　○天-。歩871　○天-。保1219　(書名)天保3043　天-寶560　○天-門469　○天-命156　天-姥1572　天-

臨1237　天-梁108　○天-倫2667　天-輪757　天-歴1225　○天-路172　○天-禄106　○天-王1061　○天-位223　○

天-威198　天-淵1014　奠|1245　奠(ス)3681　奠-祭(〆)3637　奠-牧1239　展季(人名)1173　展禽(人名)3477　展-送(セ)2443　○展-転(ト〆)1801　○

。展。転(シテ)821　展隆(人名)2995　巓-根1066　巓-倒偃-側(ス)2118　廛(テン)-左485　廛-里173　畋遊76　畋-獵582　椽。-欒。469　殄-

庢(スル)3253　殄-敗3083　○殄-滅1822　○。殿425　○殿-下232　殿-館745　殿-坐1283　殿-。最1022　殿-省3076　○殿-堂

1146　殿-闥1509　○殿-中2341　。殿-傍650　殿-門552　殿-翼743　。淀(ヨトミ)445　淟濁2114　淟-涊930　滇-河548　滇。-

池。329　瀍220　瀍(地名)-洛(地名)3298　○田。406　田(人名)2558　田-游2166　田-邑3532　○田-家1309　田-鶴1661　田-儀1171　田忌3114

田老(人名)2139　田横(人名)2572　田-官3143　田-子1739　田子方(人名)2542　田氏(人名)2595　田-上2443　田常(人名)2400　田-種3195　田-畯262　田生(人名)3469

○田-租2247　田翟(人名)(テキ)3141　○田-田(タル)1600　田竇1818　田巴(人名)2594　田-方1839　田-父492　田(人名)-文176　田-里997　田-廬1270

○田獵1179　田(人名)-連1095　○田-園2789　。甸484　甸-畿。496　甸-師。484　甸-内2992　○篆-刻2352　。篆-。素336　篆-籀

3608　◦篆-◦籀 440　纏-牽 1328　纏迫 2429　○纏-綿ナリ 3044　纏テン-縣タリ 624　纏-縣シ 987　靦顏ニ 2662　輈◦-輈とシテ 431　○輾-轉シ

1416テ　○◦轉ス 821　相-◦轉ス 836　○轉-運 3131　轉-徙 2251　轉-死スル 3155　轉-切セ 2125　◦轉-續と 834　轉-闢スル 2519　轉-

薄ス 1690　轉-◦盻とシテ 1162　轉-蓬 1805　邅-廻ス 1970　鄽-里 1676　闡-◦緩ナリ 1077　○電| 2914　顛-隕タリ 2007　顛◦-歌 538　顛-眴

2980　顛-倒殪-仆ス 3148　○顛倒シ 1150　顛池 2666　○顛-墜 3031　○顛-沛 2334　○顛-◦沛セリ 456　○顛-仆 2825　○顛◦-

覆◦シ 375　顛-没セン 2727　驛◦-駿と 525　鱣◦-◦鮪 320　鱣鯉 181

ト

兔-絲 1939　◦◦兔-脱◦シ 610　○兔-園 815　孥-戮 3082　○努-力 1685　○努-力ヌ 2587　吐-喔 2890　吐-漱ソウ 3316　吐-

納 3195　◦吐-納す 772　○圖◦ 660　圖◦スル 361　圖-議 3078　○圖-◦◦畫シ 718　圖-史 1974　○圖◦-◦像 686　圖◦-◦象シ 738　○圖-

書 135　○圖-◦讖シン 728　圖-牒 1646　圖-典 2985　圖-錄 440　圖-緯 2869　○◦土 305　土-宇 216　土-梗 3324　土-膏 247

土-宜 2472　○土-圭 219　土-肉 779　○土-室 3305　○◦土-◦◦壤 337　○土-囊 802　○土-◦地チイ 389　○土-中 626　土-

伯 2073　◦土-風◦ 303　○土-崩 3264　○土-木 3081　○土-龍 2615　○堵 2719　塗| 2407　塗-歌 2833　塗-巷 3231　塗-車 3673

塗-口 1625　○塗◦-炭◦ 644　塗-中 2123　塗-塗ト 1597　塗-路 2580　○奴| 2325　○奴-婢 2444　奴-婢等 2444　○奴-僕 3017

奴-虜 2743　妬-忌 3050　妬◦ト-媢コ 906　屠各（人名） 2706　屠-剿サフセラル 3103　屠-釣 2290　屠-門 2598　屠-保 2363　○屠-戮セラレテ 3174　屠

-裂セラレタリ 2275　○◦度| 583　度-越ス 2459　度-曲 198　○度-外 3644　○◦度-量 626　○徒◦ 499　徒-歌 1585　徒-御 193　徒

-車 537　徒-首 2501　徒-庶 3615　○徒-然 1955　○徒-步 2500　徒ウツシテ-藥ニ 1983　徒-侶 1765　徒-旅 1634　徒-◦隸 654　徒-

爲 255
○°斗 1778
斗–極 574
斗十–千 1695
○斗–酒 1773
○斗–筲 947
斗–儲 1278
杜赫 3113
杜(人名) 2622
杜–郵 658
○°杜(人名)–°宇 331
杜–康 1686
杜–蘅 1996
杜(人名)矩 2995
杜(人名)元凱 2748
杜(人名)濩コ 2718
○杜–若 2036
杜–霸 94
杜(人名)延年 3020
杜(人名)預 2377
杜(人名)連 2106
涂 2617
°秺(人名)–侯 652
稌| 2236
荼(オホトチヲ)° 1205
荼(人名) 2920
○荼毒°° 982
荼=毒ス 1209
菟–絲 1778
○蠹 3404
途–軌 1710
○都° 768
都°シ 705
都–尉 2463
○都°–邑° 325
○都–雅にシて 1101
都–畿 2812
都鄉 3622
都–外 622
○都–會 2837
都–縣 3098
○都°–護°° 425
○都–市 3451
○都°–人°° 323
○都(地名)水 72
○都–城 2588
都–正 3099
都–内 2232
都–場 229
都–中 649
都–長ニ〃 2961
都–壥 1982
都–甸 1976
都都 120
○都–督 2304
都–督將–軍 2723
都–房 2064
○都°–鄙 365
都野 1361
都–盧 197
都–°輦 364
鄧(人名)艾 3024
鄧(地名)–塞 3235
駑–猥 1547
駑–蹇 1555
駑–騫 3156
○駑–駘 2066
○駑–鈍 2264
○駑–馬 1774
偷–薄ニ〃 2336
僮 2294
僮–僕 2790
兜–離 137
冬夜 1097
凍 154
凍–飲〃 2081
○°凍–雨 928
°凍–°醴レイ 434
○動 3358
○動|スレトモ 3085
°動°應 794
○動–作 3132
○動–°靜 791
動–寂アリ 3577
動–息 1873
動–發〃 2753
動–復 1971
○動–物 179
動–類 1171
○同 2785
同 337
○同°セ 2574
同–惡 2197
○同–異 106
同–一–揆ナリ 3065
同–焉ト〃 3280
○同–好 1120
同–閑ニ〃 3106
○同–氣 2347
○同–衾 3371
同–響 1560
○同–居スル 3065
同–懷 1497
○同ク=坐イ 2464
同–産 2611
同(人名)子 2514
○同–時 970
同–趣 1469
○同–姓 3178
○同–生 1461
同(地名)川 3390
○同–年ニ〃 3119
同–德 2355
同–袍 1785
○同–胞 2752
○同–文 71
同–弊 3082
○同–病 3321
○同–門 1777
○同–盟 3228
○同–僚 1508
同–寮ニ〃 1432
○同–列 2298
同–輩 704
同–圍 3458
墱–道 107
°墱–流 422
滕–臣 3206
幢–蓋 3448
幢–幢タリ 249
彤トウ 2847
彤–雲 694
彤°–

弓 1177　○彤-管 3058　彤-軒 2133　彤-弧 3003　彤-。彩 711　彤-失 2206　彤-朱 3452　彤-庭 1870　彤。-彤(タル) 723　彤-闈 1598
投。 623　○投。(ス) 1117　投-弃(シ) 2114　東。(ス) 548　東-阿。 441　東阿王(人名) 2602　○東-夷 577　東-游 3106　東-羽 1534　東-裔 2642
東越(地名) 2423　東粤(地名) 3331　東-謳 1464　東家 1152　東-歌 385　東夏(地名) 2914　○東-海(地名) 2762　○東-階 250　東-岡 3672　東坑(地名) 3252　東-
阬。 479　東-皐 814　○東-郊 1370　○東岳 565　東-嶽 1198　東-歸 1689　東-厓(キ)。。 473　○東-宮 1584　東-閣 3294　東-岑
1591　東皇太一(書名) 2029　東-荒 790　東郭(人名) 2131　東莞(地名) 3425　○東-闕(地名) 2436　東-館 1585　東-極。 342　東-龜 908　東郡(地名) 2474　東-
軍 2274　○東京(地名) 2328　東-坰 1424　東-軒 1847　東。-呉。。 335　○東胡(地名) 3374　東-顧 1550　○東-國 816　東-谷 1835　東-廂。 526
東-蘠。 502　○東-作 138　東-山 360　東-市 2663　東-峙 1500　東-師 728　東-汜 1886　東-菑 1594　○東-周 2807　東
-主 644　東-序 713　○東晋(地名) 2455　東-井 795　東城(地名) 2921　○東-征。 478　東征賦 608　○東-西 361　○東-西南-北 517
東。-。沼 827　東-川 3510　東楚(地名) 3589　○東-道 1383　○東-南 547　○東-帝 3268　東-第 2693　東-鯷 434　東-朝 1238　東
-田 1363　東-塗 235　○東都(地名) 1957　東都賦(書名) 121　○東-方 966　○東方朔(人名) 2469　東方先生(人名) 2752　東方曼倩(人名) 2747　東陂 287　東-
房 737　東-蕃 2267　東-藩(ハム)。 510　東-扉 1348　東。-。鄙 826　東-瑟 630　東府(地名) 3671　○東武(地名) 3419　東牟(地名) 2348　東-皐 1418　東-
鶩(フシテ) 69　○東-風 348　東平(地名) 2669　東-表 1718　東-壁 1777　東-別 772　○東-北 1657　○東-門 648　東-門-行 1743　東
-門-呉 1416　東-野 2467　東陽(地名) 3627　東-溟 1357　○東-籬 1846　○東-流 1445　東-隣 887　○東-陵(地名) 2881　東-路 1459　東-
魯 2681　東-麓 3674　東-園 1370　桐-郷 1510　桐-樹 1605　桐。-栢。 280　桐-葉 1606　桐-林 1973　棟。-宇。 317　棟-幹 2343

棟－桴99　○棟－梁2705　棟－隆1553　橦－華。323　橙1506　橙。－。栋317　橙。－棒528　○。洞トシテ892　洞－壑。793　○。洞
穴563　○洞－簫。330　洞－達141　○洞庭(地名)1261　○洞－澈ニ〆1667　○。洞－房。526　○。洞－門362　潼。640　痛｜3606　○痛－
哭ス3053　痛－酷シテ1399　○痛－切ス2469　瞪－眄〆2825　瞪－瞢マウとシて1045　穠－纎。1157　。竇(人名)916　竇融(人名)2576　竇憲(人名)3077　竇武(人名)3083
竇林1209　等｜シ2429　○等－級631　等－列セリ3089　○。統465　統－作城3672　統－類3125　○能。1906　能｜スル80　能－賢2370　○
能－事3560　○能－者2799　能仁(人名)3575　○能－否1830　能－裨シ2261　能－鼈221　朧－肌2124　董(人名)174　董允(人名)2261　董－褐1438
董賢(人名)2758　董公(人名)2905　董相(人名)3305　董－氏1910　董襲(人名)3234　董生(人名)2542　董石(人名)3316　董叟(人名)2924　董卓(人名)2323　○董仲舒(人名)3017　螽－斯3372　。豆
－。蔻348　○登－遐セリ2306　○登－降140　登－祇2490　登－御ス3062　登タウ－閎タル551　○登－仙3319　登－徒－子1151　○登－
庸3606　○登－庸セラレ2342　登樓(書名)3164　逗－橈2435　○通。281　○通。ス428　通－邑2535　○通－韻2949　○通－雅ニ〆2953　通。－溝。
423　通－墾3578　通－急1356　○通。－衢。610　○通－闕シ3075　通－軌1585　通－侯2439　通－谷1156　○通－才3165　通－
莊ニシ3576　○通－稱ナリ3195　通－燭シ828　○通－人946　通－津1259　通－神722　通－渉ス3285　通－仙696　通－川527　○通
－塞。619　通－旦マテにシ1069　通－池703　通－體2802　○通－徹2454　○通－天234　通－塗2940　通。－都。866　通－瀆2993　通
－波1496　通－方2813　通－帛242　通。－浦フ680　通－。蔽1421　通－變神－化〆2999　通。－門。321　通－鑾2492　○通－理1548
○通。－流ス2593　通－亮ニ〆3527　○通－路1278　○通－論2608　通－淵。923　。鄧－橘。289　鄧訓(人名)3604　鄧后(人名)3078　鄧攸(人名)3589　鄧－
生1537　。鄧－林312　醲－化3248　醲。－實ナル1148　○童－幼2356　童－昬3351　○童－子2763　○童－豎1411　○童－女3062　○

童－蒙 2998
童－牧 2429
○銅｜ 2231
銅。－。鍇 356
○銅－山 700
銅－史 3408
銅－漆 3671
銅爵(地名) 3394
銅。－錫。(セキ) 281
銅雀(地名) 3660
銅雀臺(地名) 3660
銅－墨 2240
銅。－梁。 313
銅－陵 1645
銅－龍 1599
銅－輦 1619
鬬－城 2387
隥－道 170
○頭－陀(地名) 3568
頭陀(地名) 寺 3553
頭－面 2629
騰(人名) 2697
騰－雲 1828
騰－駕 2038
騰－遌。。(とシテ) 1096
騰－黃 263
騰－裝(スル) 2115
騰。－蛇。 343
騰－驤 240
騰(ノボリ)－逴(トク) 351
騰－步(シテ) 1722
○騰－躍 938
○騰－躍(ス) 372
騰。－涌(ヨウセリ) 722
騰。－猨 285
騰。－。遠 503
鰧－鮋 778
韇(トウ)－纊 270
○得 3219
○得－意 3555
得－賢臣 2886
得－二 2861
○得－失 544
得－趣 229
○德。 300
德｜(セ) 2403
德－猷 3550
德－音 369
○德－行 2726
德。－。號 542
德－。厚 544
○德－義 669
德宮(地名) 3433
德宮里(地名) 3430
德厚(ノ) 137
德－輝 1581
德－暉 3655
○德－化 2538
德－刑 3537
○德－惠 3126
○德－教 2267
○德－業 78
德－心 2950
○德。－人 840
德－臣｜(トシ) 3007
德－精 2861
德－聲 1185
○德－澤 1684
德－牧 2105
德－陽 225
德－禮 1361
德璉(人名) 2584
忒(トク) 2703
慝 2456
犢(人名) 445
特。－霞。 1068
○特－進 3071
特生(トク) 3471
○特－達(ニシテ) 3130
特－豚 3675
特－闈 225
○獨－居 3606
獨。－。繭 540
○獨－見 2645
獨－鵠 2099
獨宿 1785
○獨－身 2530
獨－。遂(スイ) 392
獨－静(ニ) 1583
○獨－善 3473
○獨－斷 3025
獨拜(ス) 987
○獨－夫 3043
○獨步(シ) 2591
獨－夜 1409
○獨－樂。(ラク) 545
○獨－立 3216
○獨－立(セリ) 2544
○獨－往 1646
瀆。 314
○毒。。 329
○毒｜(シテ) 1746
毒－卉 1531
毒。。－噬(ス) 453
毒螫 105
毒－藥 2097
督｜ 2262
○督｜(セシム) 3638
督－郵 1064
督－守 3444
篤－好 1558
○篤－行 3017
篤－義 2283
篤－誨 3008
篤－固 3231
篤－聖 2823
篤。－誠 646
罜－麗 195
黷－亂(スル) 3050
突(ト) 2116
突｜ 2444
突－奧 2776
○咄－嗟(シテ) 1278
咄－唶 1462
突－梯滑－稽(シテ) 2054
屯－雲 3384
屯－用 3008
屯－衛 3606
○呑－舟 1317
呑－縱 3363
呑－波 3357
庉－庉(ト) 2117

忳ト 2000 惇—史 1245 惇—睦 3009 敦(人名) 3448 敦—悦 3626 敦洽(人名) 3287 敦—固 2281 敦—崇シ 2198 敦—脈 2073 敦—穆ニ 3526 暾。ト

595 曇—雲 3418 沌—沌 2117 豚—魚 3196 豚—酒 3672 豚—胉 246 豚—醪 3672 遁—佚 2098 遯 3084 遯—俗 1092 ○鈍—器

2887 ○頓—ニ 2299 頓—ス 1316 ○頓—。挫にシて 1020 ○。頓—首 1193 ○頓—首ス 2658 。頓—。悴 990 頓—擗 1251

ナ

囊— 3039 囊。ナウ—括。クワツス 560 囊—被 2352 囊—基 1569 囊—載 3664 ○囊—時 3017 。囊ナウ秦 605 囊ナフ—昔 968 。囊—篇 1023 南—ス

2720 南—夷 2049 南。—音。299 ○南—榮。527 南裔 1493 ○南越(地名) 2422 南兗(地名) 3631 南兗州(地名) 3631 南歌。シ 293 ○南—海 1507 南。

—涯 295 南—陔 1165 ○南—階 1853 南—岡 1163 南康(地名) 3541 南康郡公(地名) 2368 南—江 1561 南—岳 1469 南—嶽 1446 南—鴈 1811

南—澗 1329 南—箕 1125 南—崖キ 1721 南宮(地名) 3073 南—岑 1835 南—金 1295 南郷 1440 ○南—極 790 南—懼 1554 南—淮(地名) 1215

南—荒 3239 南—郭 2681 南—闕 1664 南—館 2580 南郡(地名) 2456 南荆(地名) 3324 南—徑 1348 南呉 1502 ○南—國 703 南—巣 625 ○

南山(地名) 2772 ○南—枝 1614 南—。氾 886 南—州 1333 ○南昌(地名) 3054 南昌縣(地名) 2870 南—湘。1161 南—。斗シュ 391 南。—巡。302 南徐(地名)

兗 3630 南徐州(地名) 3622 南—津 1524 南—垂。668 南—滋 1954 南單于(人名) 2720 南單于(地名) 3374 南楚(地名) 3414 ○南—窻 2790 ○南—端。411

○南—中 1597 南—中—郎 3625 南—望 2244 ○南—方 2070 南皮(地名) 2580 南。鄙 706 ○南—風 880 南—服 1258 南—平 650

南—。畝 1184 南—浦 1008 ○南—北 361 南—冥。357 ○南—面 2960 ○南—面ス 2357 南。—陽。297 南陽王(地名) 3056 南—籥。1080

南—墉 1585 南—容 3132 南—巒 1572 南蘭陵(地名) 3622 南蘭陵郡(地名) 3580 南—流 1806 南—陸 1612 南—陵 632 南—鄰 564 南—路

1611 南—樓 1978 南—樓—中 1854 南—威 2129 南—闈 1890 南—園 1834 楠。—榴。350 湳徳(地名・人名) 1207 ○。難 396 難。1443 ○。難シテ 2751

ニ
如―來 3558

ネ
涅―槃 3557
侫 2023
侫倖傳(書名) 3103
侫―險 3077
侫―枝 2852
○侫―人 2568
侫―諂 3144
寗(人名) 2782
寗(スル) 111
寗越(人名) 3184
○。寗―蓬。949
寗―朔將―軍 3625
寗―子(人名) 1128
寗氏(人名) 2821
寗―親 3498
寗―歳 1738
寗―濟(ニスル) 2344
寗―。濟(ス) 1193
寗生 1539
寗―靜(ナル) 236
寗戚 1959
寧―息(スル) 3184
寧遠(地名) 3459
鶤―鳩 2727
○念 2271
涊(ネン)―然(ト) 2120
年(トシ)―運(ハルカニ) 1293
○年―紀 85
年―義 1591
○年―月 2436
年―載 1296
年―時 974
○年―齒 3184
○年―壽 3165
年―勢 2867
○年―。歳 823
○年―所(ソ) 205
○年―代 3096
○年―芳 1892
年―貌 1935
年―命 1783
年―力 1233

ノ
○農。583
農―郊 541
○農―隙 3024
○農―功 649
○農―桑 138
農―祥 247
○農―人 573
○農―政 3423
農―戰 2241
農帝(人名) 2173
○農―民 571
○農―夫 807
○農―圃 1411
農―野 611
農―輿 241

ハ
伯(ハタリ) 3227
伯(人名) 647
○婆―娑(タリ) 2815
○婆。―娑(ス) 604
岥―峨。(トシテ) 659
皤。―冢 643
巴(地名) 2740
巴夷(地名) 2718
巴。―姫(イ)。326
巴。。漢 337
巴郡(地名) 2718
巴。―戟。313
巴―菽。313
巴―苴。501
○巴(地名)―蜀(地名) 2382
巴―人 1081
巴西(地名) 2334
巴―虵。。376
巴。―中。312
巴東 773
巴。―童 875
巴岷(地名) 2644
巴。―兪。538
巴―梁 770
巴―陵 788
巴―陵城 1653
把| 2953
○把(ハ)―握 3136
○摩(スル) 1333
相摩(スル) 1136
○摩―滅 2799
○摩―滅(ス) 1646
○。播―殖。487
○播―遷(ス) 1545
播(ハ)―逸。(シ) 1097
泒―流 3315
○波。420
波―散 1073
波―臣 2482
波―蕩(ト) 2315
○波―濤 110
○波―瀾 1067
波―流 2626
灞―涘 1662
灞岸(地名) 3095
灞(地名)。滻 1374
灞―池 1660
皤―皤(タリ) 434
破―敗 2724
磨|(ス) 2422
○磨―滅(シ) 1974
磨―礱 2412
磻 1467
葩―葉 1138
鄱。―陽 364
陂―池 2118
陂―陁 2079
○。霸(タリ)

627 ○霸ー業 2957 霸ー功 1875 霸ー上 648 霸ー跡 2959 霸ー川 651 霸ー楚(地名) 2909 ○霸ー道 2143 霸ー朝 2940 霸ー德 1484

霸ー夫 2728 霸ー陵 1408 霸ー勒 1910 ○霸ー王 3261 °頗ー僻 904 馬(人名) 3454 馬融(人名) 2811 馬延(人名) 2723 馬ー銜° 760 馬君(人名) 3444 馬(人名)

汧督(ケントク) 3444 ○馬ー上 1699 ○馬ー首 2653 馬駿(人名) 2377 °馬ー犀 471 馬生(人名) 3451 ○馬ー蹄 1698 馬超(人名) 2197 馬敦(人名) 3449 馬ー法 2991

馬服(人名) 1961 馬鳴(人名)(メミョウ) 3562 馬援(人名) 2442 °駮ー°°騀 470 ○麻ー衣 817 麻ー源 1645 麻°°ー紵(チョ) 289 佩ー纕 2013 ○佩ー刀 2860 佩ー幃

2023 ○俳°ー優° 539 ○倍|(セリ) 2238 倍ー價 3330 埋ー輪 2453 媒ー蘖(ス) 2518 媒ー氏 1697 媒ー人 2454 ○廢| 2909 ○廢|(ステシ) 3538 ○

廢ー興 1736 ○廢ー興(スル) 3262 ○廢ー絶 2675 ○廢ー置 3045 ○廢ー黜(セラ) 3030 廢ー遺 2677 廢ー離(セ) 2294 ○廢ー立 3172 ○徘

ー徊 374 ○徘°ー徊(ス) 292 徘ー徊翱°ー翔(シ) 506 徘ー徊顧ー慕(シ) 1099 徘ー徊布ー護(シテ) 1114 ○悖ー逆 2715 ○拜 2223 ○°拜(ス)

669 召ー拜(シ)(セラレヌ) 946 拜ー起(ス) 2551 ○拜ー受(ヌ) 2298 拜ー表 2370 拜ー表(ス) 2292 排 1342 排ー虛 1557 ○排ー斥(セ) 3080 排ー擯(シ)

3178 ○敗| 2712 敗|(スル) 3201 ○敗ー軍 2263 ○敗ー績(セム) 1994 °斐ー然 2561 斐ー斐(ト) 1338 斐ー暐渙ー爛 1100 旆(ハイ) 2836 旆|(セン) 1758

旆ー旌° 372 昧谷(地名) 2233 ○°昧ー死 2314 ○°昧ー°旦 995 ○杯ー酒 1741 ○枚| 2116 枚 1906 枚皐(人名) 2469 枚°°ー叔 823 枚乗(人名) 1064

枚生(人名) 3016 枚°°叟(人名) 815 梅鋗(人名)(ケン) 2916 梅生(人名) 1956 梅ー福 1736 梅°ー°李 317 °沛 623 沛(地名) 2904 °沛(人名) 647 沛ー宮 1763 沛ー乎(タル) 2894

沛公(人名) 3207 沛國(地名) 3285 ○沛ー然(ト) 2283 沛ー澤 3153 沛ー中 1763 °沛ー沛(トシテ) 384 玫°°(ハイ)ー瑰°(クワイ) 527 珮 1924 珮ー飾 1150 盃ー酒 2518

昒ー昕°(シ) 880 背穴 1139 背ー叛 3176 ○肧渾 776 ○胏 781 ○肺ー肝 1269 胏(ハイ)ー石 2228 ○莓°ー苔° 691 莓°°ー莓(トシテ) 415 裴(人名)

棓 3530 貝°ー°錦 324 貝ー°冑 370 買臣(人名) 1276 ○賣ー藥 1956 ○°配(シ) 449 °配天 688 °配ー藜° 480 陪| 1608 ○陪|(シ) 3542 ○陪°°

一。侍 858 ○陪。一乘シ 487 ○陪一臣 1179 陪一奉〆 3100 ○陪一隷ナリ 2277 陪一列シ 2317 。霈一霈タル 1137 霈一然ト〆 2432 霾一
。曀エイ 758 。眛一。昧 437 ○亡。 916 亡。。セル 970 亡一高一祖 2428 亡一期 641 亡一機 3560 亡一虞 633 ○亡一國 77 ○亡一魂
990 亡一矢 3115 ○亡。一者 3661 亡一秦 105 亡一身 2335 亡。是。公フ（人名） 498 亡一齊（地名） 2333 ○亡一父 2444 亡。。墳。 665 亡一没シテ 1462
○亡一命 2769 ○亡一命〆 2302 ○亡一靈 2325 亡一主 625 仿一佯シ 2072 傍一統 2369 。罔トシテ 1145 罔一極 1197 罔一車 933
罔一象トシテ 1044 ○剖一判シテ 2981 剖一符 2523 厖一鴻ニ〆 2968 厖一眉 3135 咆。一咻 431 咆一虎 1831 咆。一。勃タル 631 嗷石 951
○坊。 425 妄作 1528 妄歎スル 2592 妄一彎 2687 匏。一。瓜 683 匏一竹 1108 ○匏。一。土 437 庖（人名）一犧 1084 庖羲（人名） 3369 庖子 2174 ○
庖一人 2625 ○庖。一厨 531 ○包一含 2931 包。一。匭キ 349 ○包藏〆 2570 包。一山 384 ○彷。一徨。 1079 ○彷。一徨ス 512 彷
一徨一翱一翔ス 1044 ○彷一彿トシテ 2063 怦一怦トシテ 2061 。。惘トシテ 658 惘懈ト（シ）テ 921 抱一關 3070 ○房 1733 房一帷 3489 房一樂カク 3499
房一子 447 ○房一室 748 房一闥 3660 房。一。。廡 426 房一陵 955 房一閭 3079 房。一露 830 房一櫳 361 房一闈 3079 抨ハウ
3189 抨シ 927 。放 1020 ○放一逸 2814 。放一。曠 814 放一横ニ〆 2697 放勛（人名） 3283 放シ一殺シ 2743 ○放一肆 1091 放一失 2534 ○放
一縱にシて 1148 放一唐（地名） 3012 ○放一蕩タル 3053 放一濁 3047 放一達 1106 ○。放一逐。シ 295 放一陳〆 2083 方。 305 ○方（人名） 2897 方（人名）
煙 2171 方一媾 2457 方一岳 3032 方儀 1845 方一畿 2709 方一祇 3496 方。九一百一里 500 方一隅 1226 ○方一外 2132 方廣（人名）
3564 方一暉 1887 方。一。軌キ 321 方一罫 3186 方。一壺。 403 方一國 3189 方一。綵 488 方。一。載 859 方冊 3401 ○方一策 2828
方山（地名） 1259 ○方一士 1963 方一。志 347 方一州 3010 方一舟 1807 方一將 1906 方一相シャウ 258 方一驤。タリ 934 方輸シュ 2414 方叔（人名） 3532

○方｜術 2119　方｜䟽 2158　方｜任 2317　方｜神 131　方進(人名) 3535　○方｜寸 2952　方°井 715　方°｜城° 280　○方｜正 2767　方｜

石 3576　○方｜内 2734　方｜塘 1444　方｜澤 940　方｜池 1945　○方｜丈 171　○方｜伯 2701　方｜望 1358　方｜部 3583　方牧 1603

方｜°命 431　○方｜面 3393　○方｜輿 1171　方｜域 389　方｜來 3063　方｜流 1581　方(地名)｜林 2049　方｜連 2075　○方｜位 245

○方｜圓 2001　旁｜°°迕と 1039　旁｜薄ト 1759　○旁°｜魄° 337　昉(人名) 2426　○昴｜ 2394　○昴ハウ｜宿シフ 2861　昴｜靈 3548　○°°望 1237　望(人名) 2782

望｜ス 2993　望夷(地名) 2695　○望氣 3054　望｜哭ス 3616　望｜之 663　°望｜祀° 726　望｜祀シ 2478　°望｜舒° 559　望｜仙｜宮 1372　枹｜

鼓 2770　榜｜人 1259　榜｜箠 2526　氓｜ 3254　氓｜庶 3589　氓｜俗 2228　氓｜黎 3081　氓隷 3117　泡｜溲 1046　滂°ト 1136　○滂｜沱タリ 993

滂°浥°タリ 317　滂°｜°沛タル 342　滂｜渤 2116　滂アマネク｜流シテ 1193　漰ハウ°｜渚ハク° 774　漰ハウ°沛タリ 771　○盲°°｜者 585　○眸｜子 1038　○矛｜戟

2110　矛°°｜鋏° 374　砰｜°礚タリ 563　砰ハウ°｜磅 519　磅｜硠タル 933　○紡｜績スル 1972　網｜軒 1887　網｜戸 2075　°°網｜°罟 380　網｜

絲 1951　網｜蟲 1890　○網｜羅 2240　○網｜羅ト 2534　°°網ハウ｜絡ラク° 771　胞｜中 2629　舫｜舟 1430　芒｜ 2617　芒山(地名) 1251　○芒｜刺 2822

○芒°°｜°種 422　芒｜消 315　芒°°｜芒として 524　芒｜標° 912　○忘｜憂 1847　忘｜歸 1465　○芳° 290　芳｜°藹 1159　芳｜猷 1238

芳｜音 1878　芳｜葉 1845　芳｜煙 2166　芳｜°柯 1337　○芳｜香 723　芳｜氣 1128　芳｜襟 1426　芳｜花 1154　芳｜馨 2039　芳｜

菰 2124　○芳｜草 1141　芳｜酸 2125　芳｜旨 2177　芳｜時 1651　芳｜枳 954　芳｜芷 1996　芳｜餌 1519　芳｜洲 2036　芳｜樹 1391

芳°｜°酒 829　芳｜椒 2039　芳｜縟° 822　○芳｜春 1013　○芳｜潤 1014　芳｜訊 1245　芳｜蕤 1018　芳｜醑 1918　○芳°｜聲 842

芳｜荃 1667　芳°｜鮮° 330　芳｜蓀 1643　芳｜澤° 1158　芳°｜塵° 825　○芳｜年 1927　芳｜甸 1662　芳｜杜 2686　○芳｜菲 1661

芳。－薇 822　芳－風 1508　○芳－蘭。1897　芳－梨 1256　芳－蘺 785　○芳－林 227　芳林(地名) 2854　芳林園(地名) 2854　○芳－烈 2135　芳－

苓(レン) 2105　芳－蓮 2125　芳－醴 1231　芳－苑 2657　苞(人名) 2639　苞－擧(シ) 3013　苞－桑 3170　苞。－。筍 354　○苞－苴 3325　苞－茅 3168　苞

－弁(セリ) 1141　苞蒲(地名) 2738　苞。－。茘 502　○茅－屋 807　○茅。。－茨。408　茅－社 3585　茅－土 2345　茅－楝 1371　茫昧(シ) 3485　○茫－

茫(ト) 1641　莽(ト) 1390　莽(人名) 3178　莽－尊 180　。莽－。罝 372　茴露 1745　茴－臺 180　○萌－芽(ス) 2673　萌－兆 2639　萌隷 1411　。蚌 821　蚌

－蛤。345　。。蝄－。像 760　。。蝄－。蜽 295　訪對 2367　○。謗－議 2535　謗－鞅 2420　○謗－言 2477　謗－讟 2327　謗－木 2251　○貌 3649

貌－恭 1748　○。貌－形 1038　迸(ハウ)集。(シ) 452　邙 1845　邙山(地名) 3643　○邦－家 2923　○邦－畿 1467　邦。－君 449　邦－。教 1247　邦－。彦

1729　邦－后 3578　○邦－國 2309　邦－族 1714　邦－懋 1581　鋩。。－。氣 431　防| 2807　防－閑 3063　○防－禦 90　○防－風 911

防。－露 1026　駍。－。聲 560　霶。－。霈(ハイタリ) 482　○。髣－。髴 730　○。魍－。魎 886　魴 1166　魴(人名) 2457　魴－。鱮 295　魴－鱧 195　鮑

275　○鮑－魚 3299　鮑參(人名)－軍 1985　鮑生(人名) 2369　鮑焦(人名) 2404　鮑明遠(人名) 1303　亳(ハク) 2179　○伯 918　○伯(人名)－夷 249　伯禹(人名) 795　伯(人名)－益 179

伯牙(人名) 1083　伯奇。(人名) 1069　伯－舅 2901　伯魚(人名) 2422　伯喬(人名) 3420　伯言(人名) 2947　伯－昏 1632　伯始(人名) 3097　伯子(人名) 3076　伯成(人名) 2634　伯－迹 2890　○

伯－仲 3162　伯通(人名) 2549　伯符(人名) 2944　伯陽(人名) 1397　伯庸 1990　○伯樂(人名) 2103　剝－割(シ) 3081　剝。－亂 635　剝。－廬。459　博(ハク) 2277　博。(セリ) 1716

○博－弈 2580　博奕(ハクエキ)論(ノ)(書名) 3183　○博雅 2800　博見彊－識(ニ) 2097　博蹇 2004　博－古 150　○博。－。士 946　博。－大(ナル) 427　博－達(ニ)

2928　博－誕(ニセリ) 2811　博望(地名) 3386　○博－物 2930　○博－聞 2752　博。－。敞(ナリ) 709　博－辯 2104　博－約(にして) 1020　○博。－覽(シ) 727　○

博陸(地名) 2348　○莫－大 2300　○莫－莫(タル) 1606　莫(ハク)－邪(ヤ) 3652　○帛。996　○幕。622　幕－南 3391　幕－幕(たる) 933　○幕－府 2698　幕－

裏 2949　幞｜帷 1240　幞｜中 1287　博｜奕 3186　博｜瞻 3623　博陸(人名) 2822　○暴｜露 2616　朴(ハク)｜斲 1183　柏。｜。擧 388　柏。｜谷 638

柏｜舟 993　栢皇(ハク)(人名) 3021　(書名)栢舟 2287　栢(地名)｜人 2472　栢｜木 2814　栢｜梁 166　檗。｜離。 503　樸(ハク)｜儒 1722　構。｜櫨。 475　○泊。(トシテ) 674

泊。乎(トシテ) 509　泊｜如 2759　泊。｜然 3195　溥｜漠。(と) 1074　漠。。 873　○漠。。｜漠(タリ) 316　○瀑。｜布 689　○白｜ 1320　白(人名) 97　白 3611

○白｜衣 1396　白｜。羽 535　○白｜雲 1337　○白｜鷗 1656　○白｜屋 1683　白｜薤(カイ) 956　白。｜鶴 294　白｜簡 2442　白。｜間。 735

白｜鷴 119　白｜驥 3418　白｜鳩 2988　○白｜魚 3146　○白｜玉 823　○白｜駒 1436　白華 1167　白｜環(クワン) 752　白。｜黿。 320

白圭(人名) 2396　白｜珪 1639　○白｜。虎 533　○白｜虹 2394　白｜鵠 508　白｜黒 1038　○白｜骨 1205　○白｜沙 503　○白藏 428

○白｜芷 2085　白｜肉 3450　○白｜日 188　○白｜質 2976　白｜商 2161　○白｜首 1257　白｜書(ス) 2589　○白｜刃 647　○白。｜。水 298

白盛 737　○白｜雪 822　白｜牋 2487　白｜素 1520　白｜荅(ス) 2609　白虵 3160　○白。｜。雉 309　○白｜鳥 745　白｜登 1537

○白｜頭 2395　○白｜馬 1674　白馬(地名) 2921　(書名)白馬 1922　白｜茅 2202　○白｜髪 1345　白｜蘋 2037　白。｜坿 501　○白｜壁 1750

白門 914　○白｜楊 702　白。｜狼。 314　白｜螭 2049　○白｜龍 269　白｜麟 85　○白。｜。露 318　○白｜鷺 2105　○白｜鹿。 534

○百 1784　百｜殃(アフ) 601　百｜憂 919　百｜有餘｜區 119　百｜有餘｜年 3119　○百｜一 1308　百｜鎰 1386　百｜越(地名) 3238

○百｜家 2248　○百｜。行 1296　百。｜。感 1000　百｜艦 3250　百。｜儀。。 886　百｜技 2632　百｜揆 2311　百｜金 1250　百｜斤 959

百｜禽 187　○百。｜。果 318　○百｜官 531　百｜鍰 2229　百｜。卉 1212　百群 106　○百｜工 947　○百。｜穀。 289　百｜斛 3196

百｜谷 1135　○百｜草 940　百三十篇 2534　百｜二 1718　百｜二｜十 3192　百二十人 1763　○百｜司 2283　百四十五 178　○百

—子742　百—氏2580　百—祀2990　○百—獸113　百—室324　百—尋671　百常（地名）3398　百。—。種290　○百—人2410　百—神
2019　百—端414　百—。隧427　百—數2313　○百—世1274　百—井3532　百—城1457　○百—。姓495　百歳1389　○百—尺759
百—川341　百—層。864　百—足3182　○百—代302　百—雉3566　○百—丈1668　百—重192　百—壥93　百。—堵408　○
百—度2246　百—毒3198　○百—年120　○百—萬2552　○百—蠻135　○百—味2267　百—夫1268　○百—福2837　○百—物
205　百—病2095　○百—辟（ヘキ）2487　百—篇2797　百—畝（ナル）1995　百—歩2410　百。—濮。。312　○百。—藥。315　百—餘—斛3195　百
—餘—尺1774　百—餘—枚3672　百—羅1547　百—籟1831　○百—里547　百里（人名）2891　○百里奚（人名）2381　百—翟（リ）2155　○百—六2956
百。—。兩326　百—慮1598　百—禮|137　百—靈764　百—齡3567　○百—僚232　百—寮105　○百—鍊1538　○百—王125
○脈—脈（トシテ）1780　脈—脈（シテ）1605　脈脈然（トシテ）3220　碧。—砮。。315　○箔2446　脉（ハク）—起（セル）247　薄|2131　薄帷1379　薄—游（シテ）1637　薄—祐（ニシテ）
1400　薄—陰1731　薄—寒2059　薄—。伎2517　○薄技2882　薄—耆（キ）2101　薄—具961　薄。—軀。847　薄—宦（タリ）2360　薄—草1141
薄。—裝。1146　薄—質1912　薄—賞1713　薄—蝕1287　薄—身1675　○薄—德（ナル）2569　薄—霧1872　○薄—暮995　薄—劣1235
藐。。—焉（として）982　藐—爾（タル）3332　藐眄1361　貊2182　貘—犖。525　迫。—。隘642　迫—脅157　迫—束1470　邈。。（カナ）634　邈。。（シ）988　邈
—焉（トシテ）1431　○邈—然（タリ）1017　○邈。。—邈（タル）419　鏌。—鋣553　陌1252　陌—上1005　霡。。—霂。。366　○魄（クラシ）|（タリ）1320　鼆1938　麥|2100　○
麥。。—。秀456　八—維714　○八—佾137　○八—音387　八—。裔754　八—埏。403　八—解1368　八—溪（キ）227　八—九2852
八—九—月1305　○八—極417　八—圻（キン）2986　八—區。308　八—寓257　八—隅2134　○八—卦75　○八—荒。437　○八—

紘。336　八－桂694　○八－月2112　八－月二－十－一－日3545　○八－元3549　八－郡2197　八－刑3541　八公山1879　○八－座3633　八－索2796　○八－字79　○八－州3119　八－戎2170　八－襲ニ2157　八－十有－三3520　八－十－一3057　八－章2534　八－象1501　八－衡2650　八首1905　八－駿796　八。乗929　八－頌3483　○八－神466　八－正3559　八－歳2636　八－川517　八－族。1729　○八－代3238　○八－達。322　○八－珍1321　八－。鎮556　○八－陣2559　○八－體3608　八－都156　○八－難81　八－年2290　○八。－方。303　○八－百625　八－蕃。450　八－鄙233　八－品3060　八－風790　○八－表1651　八－命2453　八－鑾。863　○八－龍2027　八－列584　○發。594　○發。ス286　發－越102　發－越シ1100　發－軌1425　發－皇ス2114　○發－遣セ2702　○發－散ス1126　○發－生ス262　發－涂セフス1106　發旦（人名）2459　發－中2289　○發－布593　○發－憤スル2568　○發。－揚ス1128　○發－明シ804　末｜3212　○末－葉3241　○末－學71　末。。－伎キ896　末－議2516　末－響1980　末。。－曲822　末－光1731　末－官2431　末。。－。契976　末－景3468　末。－。事808　末師2676　末－緒3662　末。。－臣858　末－垂1612　末。。－迹977　末。－折3262　○末－代1634　末胄3411　末－塗1912　末－徳1713　○末－班。623　末－暮1425　末－命2918　○末－流140　○末－路1573　○末－位1458　伐。－。夭セ438　伐－柯1611　伐。。－檀。543　○伐木2285　抜。撥。とシて1042　○抜－擢2295　罸2438　相－罰。。ス327　秣陵（地名）2650　茇。萿。470　茷－骪2089　紱。814　紱－冕94　○跋－扈3324　○跋－扈シテ2699　跋－躓セル3220　○髪｜2409　髪－齒2113　乏ハフ－困コン3144　乏ハウ－絶3198　○法。661　法｜セ967　法－雲3563　○法－筵2684　法－。駕438　法－獄2442　○法言（書名）2783　○法ハツ－曹3625　○法－相3062　○法－師3568　○法－身3558　○法－制2447　法－星3300　法忠（人名）2446　○法－。度444　○法－服128

○法—吏 2522
○法—流 3578
○法—律 3391
○法—令 2228
○凡 2803
凡—耳 3348
○凡—庶 3181
○凡—人 3133
凡—鳥 2562
○凡。—百ッ 1216
○凡—夫 3162
○凡—庸 2325
○凡—流 2352
帆。—席 759
氾ト 2075
氾毓（人名） 2442
。氾—豔とシ 1113
氾—濫衍—
溢セリ 2740
○汎シ 1886
○汎—汎タル 1445
。汎—。剽 458
汎—濫ト 1978
泛ト 1256
。泛—愛 1335
泛—豔タリ 1987
泛—捷セツシテ 1046
泛—灑
131
○泛。泛たる 933
泛—濫 1074
。泛—。濫ス 344
○範 3521
。范 647
范（人名） 2443
范安成（人名） 1262
范蔚宗（人名） 1232
范彦龍（人名） 1936
范—侯 1429
范—公 2175
范蔡（人名） 1080
范始興（人名）（地名） 2370
范氏（人名） 133
范—尚—書（人名） 2351
范愼（人名） 3240
○范睢（人名） 2382
范燓（人名） 3053
范—張 3310
范武（人名） 2610
○
范—蠡 1736
范零陵（人名） 1261
○万—物 3546
○判ト 2004
○判—ス 2338
○半— 2431
半規 1344
半—菽 3324
○半—歳 3518
○半—年 3200
○反—スル 3268
反—宇 3398
反—易エキシテ 2192
反—哭ス 3491
反—錯ト 3032
反—踵 2849
反—信 1894
反スル—招。ナラフヒシ—隱 1330
反舌（地名） 3390
○反—側 684
○反—側ス 1192
反—荅 2462
。反—。旆 431
○反—覆。 757
○反ハン—覆ス 113
○反—哺 1550
反—虜 3252
○。叛
883
○叛—逆 2477
○叛—逆スル 3179
。叛—。換 431
叛—人 2700
○叛—亂 2715
。坂サカヨリ 313
。坂—。坻 283
樊。（人名） 647
樊於期（人名） 2396
樊姫（人名） 3369
○樊噲（人名） 2904
樊霍（人名） 2765
樊—山 1877
樊。—川 668
樊—鄧（地名） 2214
媻。姍。 507
嫚—秦（地名） 1178
幔—帷 963
慢ニ 2023
慢—
弛 2630
澷。然。としして 822
○挽—歌 1754
播—種 3148
播—潜セリ 2644
播—揚ス 1126
攀—翻タリ 1860
○攀—龍 1275
斑（人名） 3091
斑—劒
2876
斑—題 2164
○斑—白 423
○斑。—文。 533
晩—運 3103
○晩—歳 1453
晩—至 1751
○晩—節 1829
晩—代 3099
晩—
彫 1816
板—詔—書 2297
板—蕩ス 1908
。板—築。 700
板纏シ 1569
○板—輿 956
般（人名） 164
般。—乎 509
般匠（人名） 1037
般輸シュ（人名） 2787
般。倕。スイ（人名） 476
般—般 2976
潘（人名） 3093
潘安仁（人名） 1201
潘濬（人名） 3233
潘黄門（人名） 1952
潘元茂（人名） 2190
潘—子 618
潘璋（人名） 3232
潘崇（人名） 3299
潘僧尚（人名）

2447
潘楊（人名）2455
瀿。｜瀷。787
○煩｜3530
煩｜紆（セム）1798
煩｜宛（とシて）1097
煩。｜。想 692
煩｜傷（セン）1797
煩｜辱 3042
煩｜促 1472
煩｜憺（トシて）2061
煩｜酲（セリ）2094
煩｜挐（シて）2063
煩｜毒 903
煩｜黷 2815
煩｜懣（シテ）2114
煩。｜驚 521
煩｜文 2797
○煩｜勞（セム）1797
煩｜亂 2797
煩｜禮 3470
煩｜惋（セン）1798
燔｜瘞 3009
版｜（ス）3625
版屋 303
版｜橋 1657
版｜蕩（セシ）3297
版｜築 2290
○班。644
班｜（セリ）2454
班楊（人名）（エイ）3679
○班（人名）。｜。固 304
班｜司 1476
班｜嗣 2619
班爾（人名）2099
班｜匠 1470
班叔皮（人名）3151
班｜如（タル）3341
班｜叙（シ）2198
班（人名）｜倕 1094
班｜生 1624
班（人名）。｜妾 739
班｜婕 1766
○班婕妤（人名）1940
班孟堅（人名）83
班｜揚（スル）2474
班輸（人名）2134
班｜例 2374
畔｜換（シテ）3105
番。｜禺。。323
皤｜皤（タル）144
○盤。1712
○盤｜遊 941
盤逸 932
盤｜紆（とシて）1090
盤｜盂 3309
盤｜庚 206
○盤｜樂 201
○盤樂。（シて）747
盤｜巖 793
盤。｜岸 1139
○盤｜桓（タリ）1899
○盤。桓。（シて）684
盤｜桓毓。｜養（シて）1099
盤｜鼓 1057
盤。｜石 527
盤｜樽 203
盤。｜渦。（ワ）777
○磐｜石 1139
磻磎（地名）2476
○繁｜1017
繁｜。囿 1337
繁｜育（セン）3183
繁｜音 1734
繁｜雲 1829
○繁｜榮 955
繁｜纓 241
繁｜英 1538
繁｜肴 2176
繁｜翰 1582
繁休伯（人名）2463
繁欽（人名）2463
○繁｜華 1304
繁｜華｜子 1892
繁｜會 1073
繁｜紘 1023
繁。｜。采 765
繁｜霜 1164
繁｜姿 875
繁｜辭 1385
繁｜弱 1465
繁。｜。手 1076
○繁｜縟。。1080
繁｜飾。735
繁｜飾（セリ）2003
繁｜星 1811
繁。｜節 865
繁舛 3594
○繁｜組 2610
繁｜促（ナリ）1101
繁｜沸（ヒス）1113
繁｜富 2585
繁｜廡（シ）271
○繁蕪 726
繁。｜。霧 821
繁｜鶩（シて）1123
○繁｜文 3093
繁｜禮 751
繁｜慮 1395
繁｜林 1230
縵｜2167
。辮（ハム）｜髮 434
翻｜爾（ト〆）2137
○翻｜然（ト〆）2300
翻｜翻（タル）1444
翻｜飛 1497
翻｜飛（シテ）1499
翻｜覆（ス）1930
。蝘｜。蜓 503
蟠｜木 2402
蟠。｜螭。717
蟠｜蜿 229
○蠻。。397
○蠻。。｜夷。845
蠻｜裔 1435
蠻｜夏 3213
蠻。。｜荊 340
蠻。。｜陬。397
○蠻｜邸 2664

蠻−狄604　蠻−方1802　○蠻−貊607　○萬1207　○萬−有2407　萬−有三−千餘−乘3375　○萬−一2420　萬−邑403
萬−寓(ウ)2251　萬楹714　○萬−葉2829　萬−家3594　○萬−感1644　萬−期2902　○萬−機235　萬−紀1424　萬−騎499　○
萬−金2588　○萬−鈞159　○萬−化1427　萬−官237　萬−貫427　萬−鬼1759　萬−穴755　萬−景1221　萬−計(ニ)3235　○
萬−頃(ケイ)819　○萬−古1655　○萬−戸108　○萬−戸−侯2508　○萬−國306　○萬−恨1429　萬−載671　○萬−事1633
萬−嗣3014　萬−始1489　○萬−死2518　萬−祀299　萬−祀(シ)700　萬−色765　萬−室322　萬−商323　萬−祥2894　○
萬−象698　○萬−壽957　萬−殊1018　萬−株2814　萬−緒1971　○萬−乘545　萬−鍾136　萬−俗391　○萬−人538
○萬−仞1014　○萬−尋(ナリ)1090　萬−帥(スイ)556　萬−燧2166　○萬−世263　○萬−姓575　○萬−歲995　萬聲784　萬−石537
萬石(人名)1108　○萬−全2406　萬−川770　萬−泉1340　萬−庾1307　萬−艘378　萬−族1002　○萬−代121　○萬−端366　萬
−端(シ)513　萬−雉(ナル)92　萬−軸1360　○萬−丈691　萬−塗1552　萬童(にして)258　○萬−年732　○萬−方496　○萬−邦443
○萬−萬2477　萬−萬有−餘(ナリ)762　萬−品853　○萬−民2739　○萬−夫333　○萬−福3384　萬−舞247　萬−舞(す)647
○萬−物808　○萬−分之一2980　○萬−變748　萬−畝350　○萬−寶2899　萬−樂137　萬−餘−丈1831　萬−餘−里
1772　○萬−里342　萬−流1243　○萬−類849　蕃(タリ)893　蕃侯2596　蕃−滋(シ)2781　蕃−祉3012　蕃−賜(ナリ)861　蕃−弱535
蕃−廡(シ)289　蕃−屛(タリ)441　蕃−蘺2750　蕃−廬422　蕃−衞(トシ)2199　蕡−莞287　蕡−草2090　○藩398　藩−(ス)1194　藩−維
3570　藩−要3590　藩−岳1504　藩−后1493　藩−國232　藩−司3604　○藩−臣1622　藩−朝1486　藩−房2482　藩−輔2649

藩｜服 736　○藩｜屏(トス) 2281　○藩｜籬 848　藩｜援 3249　輓 2770　阪｜ 3330　(ハム)犛 905　犛｜帨(セイ) 69　犛｜厲 239　犛｜礪 1622　頒(ハム)

斌(ヒムトシて) 490　飜｜然 2569　飜｜飛 1802　飜｜覆 3326　○飯 2101　飯(ス) 1743　飯｜牛 3017　鱕｜鰭 343

ヒ

丕(人名) 2582　○丕｜顯(ナリ) 1227　○丕｜顯(シ) 493　丕｜夫 3014　○匕(ツルキ)｜首 2404　亹 2355　亹｜亹(タリ) 362　仳別 1564　俾(シ) 627　備｜

從 929　○備｜悉 2471　備｜物 2870　匪｜埶 787　匪｜蘖(ケツ) 440　匪｜人 398　匪｜席 2217　匪｜他 1548　匪｜民 2731　卑｜高

1608　○卑｜官 408　卑｜辭 2403　卑｜室 230　○卑｜濕 833　卑｜庶 3100　卑｜辱 2891　卑｜勢 3272　○卑｜賤 2521　卑｜濁

3657　卑｜达(セル) 1041　卑｜微(ナル) 2602　卑｜位 2626　○否｜(ニ) 3265　否(ヒ)｜隔(カク) 1054　否｜隔 2338　否｜泰 391　否(書名)｜泰 3298　[illegible]｜者

556　圮(人名)(ヒタリ) 223　圮｜裂 2333　埤｜濕 502　妃｜主 3035　○妃｜妾 2283　○妣(人名) 890　○婢(ヒ) 2444　婢｜姉 2444　婢｜姉｜妹 2443

○婢妾 2530　○婢｜僕 3050　○尾(人名)｜生 1107　尾｜閭 787　○庇｜蔭(スル) 3178　彌｜天 3359　彌｜彌(ニシ) 1180　○彌｜縫 2705　彌｜綸(スル)

3213　○彼｜我 3546　○彼｜岸 3556　彼｜己(キ) 2268　○彼｜此 3243　○微 895　微｜音 1102　微｜陰 1809　○微｜雨 956　○微｜

行 201　○微｜行(シ) 638　微｜學 2677　微｜躬 1372　○微｜吟 437　○微｜吟(ス) 2581　微｜禽(ナル) 850　微｜莖 984　○微｜軀 1713

微｜和 1905　微｜火 1202　微｜晝 1675　○微｜官 1398　微｜管 1880　微｜月 1811　○微｜言 1817　微｜罟 590　○微｜功 1198

○微｜才 2273　微｜霜 318　微｜霞 816　微(人名)｜子 1098　○微｜志 1833　微斯文學(人名) 3128　○微｜旨 3313　微｜詞 1151　微｜尚

1567　○微｜弱(ニ) 1502　微｜津 411　○微｜臣 991　微｜情 1027　微｜誠 2299　微｜綃 1609　○微｜賤(セル) 2294　微｜鮮 2128　微｜

矰 508　微｜澤 3318　微｜燈 3680　○微｜波 1159　微｜昧(ナル) 939　微｜芳 1730　微｜薄(ニ) 1917　○微｜微(タリ) 298　微｜密(ニ) 3288　○

微－風 118　微－物 844　微－文 2996　微－冥 1247　○微－妙 945　微－飈 2818　微－命 847　微－陽 810　微－涼 1461　微－
遠 1290　怫－悁 1097　悱－憤 1126　○悲－哀 1088　悲－憂 2060　悲－音 1409　○悲－歌 1913　○悲－歌 1721　悲－笳 2581　悲－
號 2276　悲－吟 2464　悲－吟 1327　悲－欣 1558　○悲－曲 3321　悲－懼 2377　○悲－懷 1416　悲－歡 1607　悲－哉－行 1731
悲－慙 2303　悲思 959　○悲－愁 959　○悲－愁 2062　悲－心 1808　○悲－傷 1676　○悲－傷 1715　悲－傷－摧－藏 1123　悲
－傷歎－息 3178　悲－情 1499　悲－泉 873　悲－吒 1317　悲－臺 639　○悲－歎 1406　悲－端 1572　○悲－風 998　○悲－
鳴 1269　悲－涼 1293　悲－猨 1338　披－香 102　披－披 987　披－拂 1348　披－離 1100　○未－央 567　未－華 1803　未－
形 1236　○未－生 2412　○未－然 1683　未－兆 2573　○未－聞 206　未－萌 2735　○未－來 1987　○枇－杷 317　梍－梠 736
○比 2400　○比－ 2286　○比－屋 2457　比－伉 906　○比干（人名） 1107　比－景 354　○比－周 2398　比－數 2514　○比－目 304　○
比－翼 1253　○比－鄰 1462　沸－脣 3297　沸－潭 818　濞（人名） 2714　濞－焉 341　○獼－猴 2090　○琵琶 343　毗－佐 3530　毗（地名）
邪 3555　疲－散 3118　疲－弱 1356　疲－薾 1630　疲駑 2511　疲－鈍 649　疲－乏 2500　疲敝 2260　疲－病 2494　疲－隷 1549　皮
－褐 1453　皮－軒 242　皮－帛 235　皮－弁 2121　○眉－宇 2109　眉壽 301　○眉－目 2251　眉－連（人名） 445　○碑 1019　碑－碣
79　碑－版 1646　○碑文（書名） 3553　碑－表 2429　○祕 3096　○祕 1581　祕－宇 2157　○祕－奥 950　祕－駕 2835　祕－閣 1486　祕－
器 3637　○祕－藏 2675　祕－書 2773　祕－書－丞 2866　祕－書－郎 2866　○祕－府 2675　祕－寶 2367　○秘－閣 1495　秘－旨 72
○秘－書 185　秘－書－丞 2364　秘－殿 708　秘－舞 202　秘－文 106　秘－寶 857　羆－獠 2132　○美 954　美 1934　美 1235

°°美｜悪°(ナリ) 808　美｜意 2620　美｜價 1586　美｜好 1384　美｜玉 96　美｜話 1913　美｜玦(ケツ) 2589　○美｜景 1905　○美材 733　美｜
志 2584　美｜諡 2776　○美｜辭 80　○美｜色 539　美｜手 1109　○美｜酒 1695　美新(地名) 2978　美新(書名)(地名) 2997　○°美｜人° 831　美｜
政 2028　○美｜少｜年 1384　○美｜談 2312　○美｜女 995　○美｜徳 3134　○美｜°貌 1146　○美｜服 3442　美｜目 1720　○美｜
麗 2120　翡｜帷 2078　○°翡｜°翠 330　肥｜牛 1692　肥｜豢 2124　○肥｜厚(ナリ) 2095　肥｜狗(コウ) 2101　肥｜釀 2096　○肥｜饒 3112　肥｜
遁 1645　肥｜遁(ス) 2814　肥｜遯 2334　°朏｜魄° 827　°礨礨 376　°°芋(ヒ)(人名) 886　菲｜披° 288　○°菲｜薄 619　°菲｜微(タリ) °°319　菲°｜
菲(タリ) 349　蘼°｜蕪 °°523　薇｜藿 1453　薇｜蕨 180　薇｜蕪 290　○°被(とシて) 1042　被｜(ス) 2121　○°被｜服 1146　○被｜服(セリ) 1782　被｜麗°
披°｜離°(とシ) 802　被°｜練° 370　裨｜師 2698　○裨｜將 3445　裨｜°助(シ) 1086　譬(ヒ)｜類 1041　貔｜虎 3108　貔°豹° 533　費無忌(人名) 3220　°費
｜°務 728　°費｜留° 431　費禕(人名) 2261　賁°｜赫 2567　°蹕 487　避｜迴 2300　邳垠(地名) 2783　邳°豹(人名)(ヒ) 2381　郿 1064　鄙(地名) 2407　鄙｜好(ナル) 2249
鄙｜懷 71　鄙｜願 2656　鄙｜宗 2221　鄙｜心 2606　○°鄙｜人 545　鄙｜訊(ニ〆) 1403　鄙｜情 2456　鄙｜生 206　○鄙｜賤 3189　鄙
｜殆(タイ) 3135　○鄙｜夫 277　○°鄙｜°俚 444　○鄙｜°吝(リン) 631　○鄙｜°陋 2538　阰(ヒ)(地名) 1991　陂°(ヒ)潢 754　陂｜塘 2618　陂(ヒ)｜澤 287　陂°
｜池 523　陫側(シキ)(ソク) 2034　陴° 2664　霏｜霜 2153　○霏｜霏(タリ) 1604　○非°(ヒにシ) 566　非有先生(人名) 3120　非｜罪 2703　非｜次 2289　○非°｜常° 331
非常(人名) 2186　非｜所 2441　非｜方 2812　非｜服 2326　○非｜命 670　非｜類(タル) 3182　鞞｜鼓 1832　頗(ヒ)｜偏 1445　飛｜鳶 1694　飛音 351
○飛｜宇 731　飛｜羽 112　○飛｜雨 1827　○飛°雲° 312　飛｜榮 1328　飛｜越(セリ) 2308　飛｜檐 169　飛｜欄 729　○飛｜燕 1884
飛｜鶩 204　飛｜蛾 1826　飛｜霞 1337　飛｜駕 1493　飛｜蓋 1758　飛｜閣 227　飛｜鶴 1311　飛｜旗 553　飛｜岑 1831　飛莖°(カウ) 691

飛−響 2987 飛−。遽 535 ○飛−禽 716 飛−華 2177 飛−光 1371 飛−黄 859 飛−翮 2134 飛−藿 1381 飛−。觀 720 飛−軒 1764 飛−鶱(シテ) 2592 飛狐(地名) 1305 飛−鼯 191 飛−鴻 1074 飛−采 2159 飛−霜 2155 ○飛−散(シ) 1055 飛−矢 3452 飛−駟 2129 飛−猱 1698 飛。−。聚 821 ○飛−翔 102 飛−星 2216 飛−生 373 飛−聲 2138 飛−射(セキス) 1039 ○飛−雪 1936 ○飛−泉 909 飛−甍 2160 飛−。走 377 飛−鏃 3460 飛−闥 110 飛−馳 3165 飛−沈 1249 飛−除 2138 飛−塵 1362 飛−聽 1908 ○飛。−。鳥 868 飛。−。旄 988 飛−兔 271 飛−楝 1452 飛−遯 907 飛−遯 2120 飛−昂。。 734 飛−蕓 362 飛−幕 2664 飛−薄 1651 飛−翻(セム) 1431 飛−轡 1899 飛−飛(ニ) 3486 飛−鳧 1162 飛−歩(シテ) 1932 飛−浮(ス) 1360 飛−舞(ス) 1933 飛−文 80 飛。−。陛 415 飛−豹 560 飛−颷 1722 飛−辯 3437 飛−蓬 1231 飛−鋒 1709 飛−奔 1355 ○飛−揚。(シ) 560 ○飛−颺(ス) 2064 飛。−容。 873 飛−羅 2162 飛−鸞 1430 飛−流 1565 飛−礫 2150 飛−鱗 2125 飛−梁 259 ○飛。−龍 301 飛。−。貓 285 飛。−。蝠 530 飛−軨 2108 ○飛−廉 113 飛廉(人名) 2725 駓−駓(タリ) 2073 騑 2063 騑−驂 1200 騑−駟 3463 騑−轡 1164 騑−服 1500 髴−猬 190 鶻−鷗 227 麋。。 499 麋。。麖 373 麋(クタケチリ)−散(シテ) 2071 ○麋。。−鹿。 402 。。靡 363 靡−迆(ト) 1856 靡−顔 2078 靡−徙(ト) 2746 ○靡−然(ト) 3392 。。靡−靡(タル) 722 靡−靡猗−猗(タリ) 1102 靡−敝(シテ) 2771 靡−萍(ヘイ) 399 。。靡−。曼 539 靡−曼 2096 靡−麗 2107 。靡−。麗(レイシ) 541 ○鼻−息 3323 滮。−池。 410 滮。−滮(として) 341 樛。−木 880 繆賢(人名) 3076 繆公(人名) 2398 繆(ヒウ ホク)子(人名) 1283 謬−恩 2494 謬(ヒウ)−舉 2266 匹−溢(タリ) 1038 匹−合 2067 ○匹−儔 1456 匹磾(人名)(テイ) 2304 ○匹−夫 623 ○匹。−。婦 638 匹−侶 1695 宓。妃(人名) 540 宓−生(ス) 1510 ○密−(ナリ) 3362 密(人名) 2293 密。−友 1104 密−雨 1828 ○密−雲 1816 密−葉 1829 密−竿 1642 密−勿 3001 密−勿 2342 密−坐 1050 密

－爾ト 2787 密－迩シ 676 密ヒツ－如 576 密－親 1620 密－清 261 密－石 712 密－戚 3587 密－雪 816 密－網 2229 密－
謨 2344 ○密－林 1344 密－慮 3584 密陵(地名) 3429 密－苑 1230 弼－諧 1547 彪－休タリ 1091 ○必ス 2491 必－告コク 2373 ○必－至 3165
必－書 863 ○必－然 2398 必－對 2367 必－拜 2377 必ス－封スル 2491 櫝ヒツ 2467 泌－丘 3516 滭－渤 2986 畢公(人名) 2202 畢－昴 403
畢(人名)－萬 3411 畢－命 2266 ○筆－削サク 2880 ○筆－札 1601 筆精 1009 ○筆－跡 2300 ○筆－端 1016 ○筆－鋒 1932 ○筆－墨
571 蜜－餌 2080 蜜－勺 2081 蜜－房 313 謐－静セリ 2180 ○蹕 374 逼－側ス 649 ○逼－迫 2295 逼－迫ス 1175 閟－宮 3510
○品 79 ○品－藻スル 1938 品－式 2831 品－庶 838 品－物 365 ○品－目 3099 ○品－類す 718 冰｜ 1747 冰－紈 3081
冰－紈 3304 冰－霜 182 冰－室 416 冰－刃 2168 冰－井 1943 冰－折シ 907 冰－天 1982 馮ヒヨウ－夫(人名) 821 馮－相 231 憑ヒヨウ－陵ス
2642 ○便｜ 3115 便－娟エントシ 819 便嬛 2618 便蜎(人名) 2119 便習 1632 便－姍 540 便－道 2303 便－房 1410 便－辟 3325 儐 481 儐
－從 364 僶－俛ス 1019 ○嬪 1291 嬪－后 3062 嬪－則 3507 嬪－德 3497 ○賓 411 賓｜ス 3147 相－賓ス 1760 賓－友 815 賓
－飲 1253 賓－階 1889 ○賓－客 841 賓－洽シテ 3147 賓－監 3008 賓－儀 2858 賓－御 1304 賓－從 2581 ○賓－服 2753
賓－僕 1931 賓－侶 425 ○賓－旅 330 ○賓－禮シテ 3229 岷 844 岷－越 727 岷ヒム－山 331 岷－精 795 岷(地名)－嶓(地名) 3379
愍懷(人名) 3055 愍帝(人名) 3054 敏侯(人名) 2868 擯｜シ 2684 ○擯－斥セラレテ 3286 ○敏ナリ 742 敏－手 865 ○敏－捷 2930 敏－達 3234 ○閔(人名) 3142
閔－凶 2190 ○閔子(人名) 2614 旼－旼穆－穆ト 2976 昬－狡ニ 2663 昬－旦 1347 昬－墊 1344 彬－蔚ナリ 1020 ○彬－彬タル 1014 梗－
枏 503 ○檳－榔 354 殯｜ 1756 ○殯－宮ノホリクタル 1756 汶上(地名) 2619 濱 2742 濱－據シ 2197 獱－獺 536 珉 1508 瑉ヒン－玉 527 笢ヒン－笏 1077 ○

緡 382　緡－繦 2231　繽｜(トス) 2040　繽(ス) 936　○繽－紛(トシテ) 555　繽駍 557　繽－理(ナル) 1080　臏－脚(セラレテ) 2532　蘋｜ 2111　蘋－藻 130　嚬－

瘁(シ) 3667　蘋中 2037　○蘋－蘩 319　蘋－萍 1353　○閩－越 577　閩(ヒム)－禺 379　閩－中 1568　閩－濮 457　豳(地名) 3039　豳－歌 1343

邠 2858　邠荒(地名) 2982　○貧 2236　○貧－窮 542　○貧－居(ス) 1914　貧－士 2059　○貧－賤 1452　貧－惰(タ) 672　○貧－民 3126　○貧－

富 3298　○貧－病 3474　○貧－樂 1561　○鬢 811

フ

不－游 2682　○不－易 863　○不－可 2015　○不－幸 978　○不－覺(ニス) 1416　○不－堪 2631　不－刊(カン)(ケツラ) 2371　不(人名)－疑 655

○不－義 2422　○不－羈 967　○不－朽 2815　不－恭 2717　不－謹(ナリ) 2693　○不－虞 162　○不－遇 2945　(書名)不－遇之文 3305　不

－羣 2962　不－譓 2971　不－賢－者 2678　○不－言 698　○不－辜 3122　○不－告 1911　○不－才(ニス) 2500　○不－材 1539　不－

造(ナル) 983　○不－二 3046　不－使 3181　○不－死 690　不－訾 2724　不－周 479　不－捨 3559　○不－祥 833　不－仁－者 2848

○不－盡 3561　○不－臣 2268　不－世 2272　○不－肖 2397　不(人名)－占 1082　○不－善 1207　不－然(ナル) 2691　○不－測 2408　不－存

2406　○不－遜(ニス) 2534　不－逮 1144　○不－知 2396　○不－忠 2694　○不－德(ナル) 2190　○不－拔 3181　不－密(ヒツ) 845　○不－敏(ナリ) 614

○不－平 908　○不－毛 2264　○不－明(ナル) 3121　○不－豫(ナリ)(ウタカハ) 2052　不－樂(ナリ) 1145　○不－類 2311　不－烈(ナリ) 2508　不－諱 2760　不(人名)

韋 2532　仆(フ)質 869　○付｜(シテ) 2442　付制 2450　侮－食 2849　侮－吏 3598　俯 295　○俯｜(ス) 2122　○俯－仰 1027　○俯－仰(ス) 846　俯－

同 2426　俯－擗(ヘキシ) 3635　俯－僂 1509　○傅 1177　傅咸(人名) 3047　傅巖(地名) 2020　傅(地名)－璣 2384　傅季友(人名) 2217　傅毅(人名) 2120　傅－會(シ) 654　傅寛(フ)(人名) 2904

傅玄(フ)(人名) 3052　傅(人名)－説 835　傅－父 2095　傅予(人名) 2106　鳧 1800　鳧－鷖 295　鳧－鴈 2066　鳧－鵠 1600　鳧－藻(ニス) 1294　鳧－舃 1885　○

富゜－゜有 428　馮－生 1477　馮文羆(フ)(人名) 1476　夢(地名) 2086　○夢゜゜－想 965　○夢－寐 1575　○夫－夫゜ 2595　○夫(人名)－差 360　○夫－妻 1792　○
夫－子 604　○夫－人 663　夫－南 369　○夫－婦 126　○婦| 3359　○婦－人 1133　○婦－道 3042　○婦－女 3049　○婦－徳 3369
婦－禮 3057　婺(ム) 3480　゜゜婺－女 340　○富－貴(にして) 2054　゜富疆゜ 389　○富－商 3662　富－春 1606　富－春(ス) 1729　゜富－中 367　富陽(地名)
2453　富－利 2383　富－樂(ナル) 2928　巫咸(人名) 2017　巫゜゜－峡゜ 770　○巫゜゜－゜蠱 639　○巫－山 502　巫陽(人名) 2069　巫゜゜廬 773　○布(フ) 323　○
布－教 3398　○゜府 360　府|(スル) 2371　府－掾(エン) 3436　○゜府－゜庫 544　府－藏 3198　゜府－゜寺 423　府署 3081　府－丞 3522　○府－中
2261　府－朝 1541　府－庭 2482　廡－門 2039　゜復(マタ) 380　○憮－然 209　○゜゜武 314　武(人名) 84　武゜安 659　武康公主(人名) 2866　武－゜゜毅 1051
゜゜武－義゜゜ 858　武－誼゜゜ 564　武－゜騎 560　武皇(人名) 2347　武－皇－帝 945　武闕(地名) 2908　゜武－闕゜ 280　武元(人名) 3061　武－巻゜ 610　○武－
藝゜゜ 864　○武－゜庫 655　武侯(人名) 2647　○武－功 1172　武－公 945　○武－事 112　○武－士 255　武始(人名) 2369　武子(人名) 3528　武秋(人名) 2455
○武昌 360　○゜゜武－゜將 300　゜武－象 539　○武－術 1242　○武－人 433　○武－臣 2271　武－城 1510　武－聲 1041　武－昭 3112
武－節 253　武－卒 2713　武仲(人名) 3162　゜゜武－丁 835　○武帝(人名) 1224　武－怒 2195　武都(地名) 2720　武－猛 2847　○武－夫 2672　武平侯 2190
○武－弁 2284　武－穆 1238　武穆皇后(人名) 3628　武羅(人名) 2333　○武－力 994　武烈(人名) 3229　武烈皇帝(人名) 3227　○武王(人名) 2320　○武－衛 3245　武(人名)
－園 2348　扶－揺 1098　扶－光 1231　扶゜－゜護(スル) 860　○扶(地名)－桑 2010　扶－䟽(タリ) 1034　扶゜－踈゜(タリ) 319　扶－蘇 660　○扶－持゜(スル) 688
扶風(地名) 3444　扶－風－歌 1763　扶゜－留゜ 348　゜拊－゜嗟 1101　゜拊－拂(シ) 784　撫|(スル) 2218　撫－和(ス) 2197　撫－軍 1549　撫－軍大－將
－軍 2304　撫－循(セラル) 3453　撫－巡(セ) 3239　撫－寧 2343　○撫－養 2872　○撫－養(ス) 2293　゜゜撫－゜覽 823　○敷－衍(シテ) 181　敷－讃(シ)

2342 ○敷－奏 3634 ○敷－奏シテ 1914 敷－陳セリ 1907 敷－紛シ 1034 斧｜ 3371 斧－扆 234 ○斧－鉞 3161 ○斧－斤 2134 斧－藻ヒシテ
2843 。斧－斨。438 斧－質チ 3455 无忌（人名）2140 ○普－天 144 朴胡フ（人名）2718 枹 2030 枹－鼓 3138 ○桴ハチ 641 桴。－楫。635 浮（人名）2549
浮－埃 1987 ○浮－遊スレハ 94 浮游先生（人名）3131 ○浮－雲 146 浮－榮 1334 ○浮。－。泳シ 454 浮－客 1564 浮－翮 2169 浮－
蟻 2126 浮丘（人名）1316 浮－丘－公 1572 ○浮－華 2996 浮。－。曠 871 浮。－。觀シ 585 浮。－。景 468 浮－磬 783 浮－橋 2340 浮
－彩 2168 ○浮－藻 1015 浮－辭 2640 浮－詞 2397 浮－駿 1235 浮－爍ニ 1680 浮－聲 3095 ○浮。－石 357 ○浮－説 1907 浮
箭 2172 浮－賤 1977 浮－惰シテ 1886 浮－湍 1642 浮。－。柱 474 ○浮－沈 1591 ○浮－沈ス 1393 浮－杯シ 957 浮－氛 1565 ○
浮－萍 1611 浮－名 1637 浮－陽 1827 浮－利 3086 浮－梁 950 浮－橐。。557 ○無。。695 無－衣 1455 無－逸 746 ○無－緣
3560 ○無－間 1240 無－忌（人名）176 ○無－窮 2170 ○無－疆 1288 無－響 3371 ○無－極 2408 無－外 2141 ○無－形 924 ○無
－功 3200 無－垠 1054 ○無－事 265 ○無－象 2122 ○無－心 3048 ○無。。－人 686 ○無－情 3657 。無－。生 696 ○無－聲
2122 無棣（地名）2200 ○無－道 2704 無－澤 2065 ○無－地 3572 無知（人名）2924 無年 1356 無－能 2534 無－妄 2957 無－方 2140 無レ－物
3561 ○無－文 3392 ○無－用 751 ○無－欲 768 無－倫 2760 ○無－禮 645 ○無－為 738 父 2191 ○。父－兄 605 ○父
－子 126 ○父－母 982 ○父－老 1763 牟。。－。首 418 珷－玞 3354 碔－砆。501 務－光 2683 祔｜ス 3675 ○符フ。シルシ 856 符ス 1197
符－應 3159 ○符仰 2368 ○符－契 2938 符－檄 79 符'－虎 2302 符－策 2870 符－璽 2362 符－祥 794 符－賞 2710 符－守
1561 符－瑞 2310 ○符。－節 413 符－同セリ 2455 符－竹 1930 符。－。命 440 符。－。來 310 。箟フ 496 。箟－篡クヰ 494 フ。缶ホト 630 腐 1752

○腐—刑 2525 腐—腸 2096 ○腐—餘 804 膴—膴タリ 1410 舞ス 137 列ネ—舞ス 244 舞—詠 69 ○舞—閣 703 舞—館 1878 舞
—操 1054 舞—女 3081 舞陽(地名) 2919 舞陽侯(地名) 2904 芙—蕖 735 ○芙—蓉 288 芙—蓉—池 1332 茉—莒 3283 蕪—音 3091 蕪—
城 704 蕪—滅シ 2429 蕪—没シ 3619 ○蕪—穢 453 膚—色 2096 膚—寸 1835 膚體 3667 ○蜉—蝣 1316 蝥—賊 1911 ○訃フ 3475
負—下 2535 ○負—荷 620 ○負—荷ス 2958 負—海 1735 ○負—郭 1277 負—載シテ 3618 負—乘 1474 ○負—薪 1913 負戴シて
717 ○負—擔 1220 負—重 2843 負—鼎 1671 負—圖 3635 負—累 2572 賦 707 賦 549 ○賦 303 ○賦ス 849 賦—歌 1040
賦—頌 1088 ○賦—斂 3126 ○賻フ 3475 赴シ 1617 赴フ—會ス 1099 赴—弔スル 2686 跗 3482 郛 735 郛—邑 3604 郛—郭 359 郛—
壥 3594 鈇フ 2715 ○鈇—鉞 2200 阜フ 356 阜—鄉 767 阜—螽 3308 阜—陸 754 阜—陵 522 ○附—會 2923 附—從スル 2115
附—蟬 2358 附—庸 708 霧—雨 2390 霧—縠 506 霧—綃 1159 霧—露 1823 ○駙—馬 2284 駙—馬—都—尉 2866 鮒—隅
3509 黼筵 3495 楓—柙 350 ○楓—樹 1393 ○諷 571 ○諷 2600 諷—高 3095 ○諷—諫 1176 ○諷—諫ス 1177 諷—議 3233
諷—采 2607 諷—誦セ 2607 ○諷—諭 86 風 524 ○風 388 風ス 465 風—ス 2763 風—猷 2371 ○風—雨 219 ○風—雲 76
風—謡 314 風—煙 1596 ○風—雅 71 ○風—槩 2948 ○風—寒 1293 ○風—儀 3527 ○風—氣 1559 風—軌 2946 風—規
274 ○風—光 1883 風—篁 829 風—徽 1560 ○風—化 2204 風—化 2793 ○風—穴 3285 ○風—教 3038 風—憲 3060 風湖(人名)
2169 風后(人名) 250 風—谷 2153 ○風—采 427 風—埽 2912 ○風—霜 3299 ○風—騷 3092 ○風—刺ス 2794 ○風—色 2951 風
—什 2426 ○風—俗 121 風—人 2268 ○風—情 2682 ○風—聲 1033 ○風—雪 1978 風—泉 3573 ○風—濤 1359 ○風—塵 1497

○風體3626　○風－潮1643　○風－土1526　風－伯131　○風－波793　○風－靡2936　風－舞2853　○風－物1334　○風－聞(ホノカニキコフ／スルニコト)

2453　風－摽3608　風－猋(シ)558　風－颷606　風－飄1609　○風－流676　風－涼1214　風。－烈。301　風－烈先－生511　風

－簾1884　風。－連。315　○風－威(アリ)702　○伏1366　伏(人名)－羲719　伏羲氏(人名)75　伏－死(スル)2405　伏生(人名)2763　伏泉1837　伏。－螭。287

伏－兔2387　伏－波1746　伏－武－昌1875　伏－。暴702　伏－涌(ス)1942　伏－臘。948　副－君1919　幅－裂(ス)1482　○復。(ス)672

○復－起(セ)2394　復－陸198　愊－抑(ヨクトシ)3443　○服。314　○服。(ス)576　相－服(センコト)3163　○服－膺(ス)2306　服－御138　服－御(シ)1109

○服－事(ス)3043　○服－從(シ)2629　○服－色。440　服－習2473　服－食2815　服。－食。(シ)1007　服－馬3501　服－冕3102　服－命

3640　楅－履1947　洑。－流。(シ)309　○福。834　福－。應440　福－衡246　福－饗(セ)3153　福。－。祜584　○福－祚3162　福地2854

福－庭690　○福－祿1222　腹－議(スル)2702　○腹－心2980　○腹－背1557　蝮－蛇2729　蝮－虵2071　複。－閣。744　複。－闕699

複。－疊。733　複廟230　覆(カヘサウスルヲリモ／フクレウヨリモ)－盂2753　覆－虧(シ)2118　覆－逆2930　覆－載2718　覆－載(セ)3134　○覆。－車655　覆－亡2708

。覆－冒。。(ホフス)1076　○覆－滅3267　○覆－滅(ス)2713　○覆－没(スル)2729　堛－砮242　○輻。－。湊(シ)365　馥。－馥(タル)1018　馱。(スル)856　鵩。

833　鵬－鳥833　勿－照3560　佛－鬱(トシ)1125　佛。－悦。1015　(ツク)佛－壁2076　拂－戻(ナル)1079　泐－潏2969　泐－穆。。(トシテ)834　沸。－乎(トシテ)

518　○沸－騰(シテ)3452　沸－鼎2664　○物－我1966　○物－化1182　○物－故1299　○物。。－。産388　物－。衆747　○物－色1295

○物－色2363　○物－象2121　物－牲246　物－聽3531　物－。土335　物－表2680　物－變1584　物－役1559　○物。。－。類963

祓－飾(シテ)2974　紱3424　紱－冕2775　黻1984　黻。衣905　刎－頸3322　○。分1213　分－乖1542　分－決(シ)2114　分－陜(セン)3593　分索1499

分－索スル 1487　分－次 2813　分－至 3401　分。－銖。シュ 596　分－寸 2422　○分－析 1528　分－析〆 1820　分－天 3405　○分－別 2518

分－崩ス 2730　分－命 2233　○。分－野 709　○分－離 1573　○分－離セリ 2715　○分－裂 2132　○分－裂ス 3115　坌－涌ショウ 2257　○

墳。ツカ 632　墳。－。衍 316　墳－丘 1507　墳－隅 1418　○墳。－塋 624　墳－籍 **81**　墳。－素 949　墳－澤 1565　墳－典 2797　墳－土

2276　○墳－墓 2388　墳－羊 923　墳。－腴。シ 485　墳－壟 1715　墳－陵 2703　。忿－悁 631　。忿－。恨 2569　忿－怒 3659　忿－忿ト〆

2570　忿－戻 3186　悶フン－癢セ 2629　憤| 2425　憤－盈セリ 1701　○憤－慨 2341　憤－氣 2656　。憤－思 2534　憤－積〆 2474　憤－歎ス 1404

憤－痛〆 2700　○。憤－懣 2513　○憤－懣〆 3662　○憤－怨ス 3105　○文。。652　文(人名) 216　○文－案 1495　文。。－蛇イ 328　文－。囿 1232

文－鰩。382　文－鉞 2850　○文－雅 1443　文－杏カウ 962　文－考 951　○文－學 1473　文－竿 119　文簡 3546　文簡公(人名) 3524　文－綺

167　○文－義 276　文－裘 2121　文－禽 2611　文欽(人名) 2736　文－魚 1163　○文華 **82**　文光(人名) 867　文皇帝(人名) 2730　文－軌 1176　○文

－化 1172　文君(人名) 959　文景(人名) 3176　○文。－。教 858　文－鴿。。508　文憲(人名) 2876　文－軒 1124　文－狐 2130　文侯(人名) 2397　文公(人名) 3140　文后(人名) 3423

文－虹 2855　文告 2733　文－縠 2137　文－犀 2127　○文－彩 749　文－綵 1787　○文－采 2531　文－史 998　文子(人名) 2823　文子(書名) 2286

○文－字 2798　文－思 **70**　○文－辭 2561　文－駟 857　文－終－侯 2904　○文。－質。408　文若(人名) 2940　文昌(地名) 3665　文。。－懹。350

○文－章 **87**　文－儒 2241　○文殊(人名) 3577　文叔良 1436　○文－書 3519　○文－人 1051　○。。文－身 398　文－軫 1982　文－櫰 2133

文成(人名) 111　文－成－侯 2904　文－韶 1238　文－石 414　○文－籍 **75**　文宣王(人名) 2372　○文選 **82**　文－祖 3382　文－奏 1663　文－

瑙。734　文－虵 1834　文仲(人名) 3520　文帝(人名) 1332　○文－體 1938　文－條 2233　○文通(人名) 2448　○文德 253　文範先生(人名) 3521　文－魮 781

文－府 1590
○文－武 438
文武(人名) 583
○文－物 1877
○文－墨 1800
文－陛 3613
文－璧 1558
文－冕 2635
文－簿ホ 3210
文命(人名) 3437
○文－明 1868
文－吏 2679
文－履 1159
○文－理 2757
文－貍 2045
文律 1029
文－鱗 527
文－令 1242
○文王(人名) 2280
枌－邑 1981
枌－櫝 1631
枌－栱 2158
枌－梓 1176
○枌－楡 646
枌－橑 410
棼－楣 109
棼－橑 99
氛 818
氛－埃 1887
氛－氳 819
氛－昏 873
氛－霜 1443
氛－雜 1856
氛－慝 1910
氛－霧 1958
氛－旄 929
氛－厲 2306
汶江(地名) 2720
汶－陽 1110
汾－陰 464
汾－沄 578
汾－河 70
汾－水 1339
汾陽(地名) 1289
汾－溶 530
湓－流 774
奮－逸ナリ 1099
奮－竦ショウス 3138
○奮－迅シンス・セリ 653
○奮－發ス 3082
奮－涌ヨウシ 1124
奮－擣スル 3002
砏－汃 286
粉 1152
糞－車 271
糞－上 1701
糞－壤 2019
○糞土 2531
紛とシテ 488
紛－藹ス 1029
○紛－紜とシテ 366
紛－虹 1867
紛－諍 2234
○紛－錯タリ 892
○紛－錯シ 437
○紛－擾セリ 1254
○紛－然トシテ 3122
紛－濁 681
紛－糅トシテ 2063
紛－沌 2094
紛－披セリ 3090
紛－葩 1073
紛－半ナリ 427
紛－敷 1110
紛－敷シ 642
紛－文 1102
紛－紛 2857
紛－紛翼－翼トシテ 2118
紛－猋とシテ 1058
紛－綸 1109
聞 2767
聞－ス 2279
聞喜(地名) 3518
聞喜縣(地名) 3627
○聞－見 1975
○聞－達 2263
○芬 290
○分－鬱トシテ 2105
○芬－華 1845
芬－若 965
芬－藉ニシテ 2836
芬－澤 3346
芬－葩 366
○芬－芳 576
芬－馥 349
○芬芬 2024
蕡－實 319
蒕－蒀 308
蚊－蝱 3128
賁(人名) 2368
賁育(人名) 2406
賁－鼓 3361
賁父(人名) 3450
轒－轀 578
閔參(人名) 3438
閿－鄉 640
雰－埃 168
雰－祲 791
雰－濁 3333
雰－霏 2956
鱝黿 779
鼖－鼓 249

へ

丙－穴 311
丙－丁 617
伻シテ・シム 3014
倂－性トシテ 1673
○兵－ 2393
○兵－革 2691
兵－塋 3426
○兵－權 2330
○兵－庫 2109
○兵－法 2532
獘－帷 869
○獘－邑 668
○娉シ 329
嬖－人 191
嬖ヘイ－褒 645
○屏－ 1195
屏－翳 1162
屏－營 2351
屏－營ス 1701
屏－

營延―仰スル 2303 ○屛居〆 1602 。屛―室 922 屛―風フセケリ 2079 崥―崹タリ 2153 ○幣｜ 3339 ○幣―帛 2691 幣―役 2693 ○平｜ 3530 平(人名) 626
平。スル 1178 ○平―夷 141 ○平―夷ス 2118 平陰(地名) 2924 平。―。于ウ 445 平―蔚 1232 平。―。衍にして 283 平―岡 1371 平―皐 3566 平
―樂 556 平―丘 611 平―居〆 3183 ○平―均ニ〆 2753 平衢 1919 ○平。―原。。 330 平原(人名) 2472 平―慧ケイ 3589 平―呉 3051 平―后
668 平國(人名) 2926 平―國―君 2905 平子(人名) 3091 平―隰 2655 ○平―章ニス 2280 ○平―人 2193 ○平―津 1599 平―粹 3198 平―世 3128
平城(地名) 2502 ○平―生 975 平―楚 1874 ○平―。素 988 平(地名)―代(地名) 2472 平臺(地名) 3093 ○平―旦 1749 平―。仲 350 平―直ナリ 1290 平―
徹。にして 1020 平―。度 607 平―塗 3597 ○平―民 2302 ○平―分ス 2061 平―圃 2853 平勃(人名) 2765 平―莽マウ 1621 ○平―明 1601 平陽(地名) 2717
平―逵。 426 平林 936 平。―。路 302 ○平―王 2807 幷(地名) 2710 幷―柯 2832 幷―介 2625 幷―夾 250 幷兼 1795 幷州(地名) 2304 ○幷―
呑シ 3380 幷―包 2742 幷―奔セン 1571 幷―櫚 2105 幷。―閭 470 敝｜ 3237 。敝―邑 338 敝―俗 2453 敝人ミシノ 2393 敝―廬 2289 柄カヒ
2695 枰。―櫨。 529 栟。―櫚。 284 瀰―瀰 3612 ○。炳タル｜ 1023 ○炳―焉 87 炳―煥ト〆 2158 炳―晬ナリ 1243 ○炳―然ト〆 2810 炳―
炳煒―煒ト〆 2992 。炳―靈 877 瓶―壺 3454 瓶―甒 3447 病｜ナル 2996 砰。―。。宕タリ 384 。聘 924 ○聘ス 1822 聘―納 3062 ○聘―禮
2455 苹 1687 苹―苹タル 1143 蓱｜ 1918 蓱。―實 382 萍 2903 蓂―莢ケウ 267 蔽ヘイ 1938 蔽ヘイス 2600 蔽―壅 3344 蔽―壅セ 3070 蔽―蔀セラレ 2053
。薜―。荔 290 ○評｜スル 1938 軿―輅 3484 辨ヘイ―章 3009 ○迷―惑 903 ○迷ヘイ―惑コクス 2061 ○迷―鳥 1341 迸―脱 2716 邴(人名) 105 邴(人名)
吉 3020 邴―生 1637 ○陛―下 70 。陛―。制セリ 455 。陛―殿 659 鞞 1505 駢―馳翼。―驅ス 1100 駢。―塡 749 駢―田ナリ 1075 駢。
―闐 649 騁―望 1918 麛―奰 196 鼊ヘイ―鼊 779 ○鼙ヘイ―鼓 3356 僄―狡 191 馮(人名)―夷 1162 馮熊(人名) 2299 馮諼(人名) 2604 馮公(人名) 1271 馮―

相3508　馮豕2164　馮都尉(人名)3284　馮文羆1498　馮媛(人名)3370　馮—應2984　憑—虚76　憑—虚公子(ト云)150　憑—陵(ス)3538　剽314　剽

—急(ナリ)1113　剽—剽(タリ)417　剽—虜1411　○妙548　妙—有687　○妙—音1319　妙—巧1521　妙—妓2136　妙—姫703　妙—

戲197　○妙—曲1096　○妙—句2466　妙—觀(スル)797　妙—材202　妙—綵1146　妙—指941　妙—詩1558　妙—質842　妙—聲

969　○妙—絶(ナリ)1601　妙—善1857　妙—足860　妙—態1055　妙—道2098　妙—年2271　妙—微2128　妙—靡2859　妙—舞829

妙—物2463　妙—譽2684　○妙—理1817　妙—略2645　嫖姚1936　○廟1134　○廟—筭641　廟—勝2645　○廟—堂2363　廟—

桃494　廟—中584　廟—謀3109　廟—門2821　彯—(シテ)1924　彯—搖2847　彯—禽581　彯—輕910　彯—沙757　彯—撇3324

慓(タリ)2112　摽2680　摽—(セ)2940　摽—擧(セラレテ)3094　摽—危419　摽—膀2955　杪顚531　○標689　標(セリ)686　標—勝2864　漂(として)1040

漂—霰2099　漂疾(に)2114　漂—漂(ト)3653　漂—淩(シ)1076　渺瀰756　猋—(ト)2031　猋—忽935　熛—起(ス)1121　熛—闕473　熛—炭

2707　熛—怒802　獠—狡2698　獠—禽561　○眇(として)1099　眇焉(ト)80　眇—爾3446　眇—身2201　眇婧(先/後)925　眇—小2114　○眇

—然1963　○眇—眇(トシテ)471　眇—默(ト)1652　篻簩353　縹—(ナリ/ハナタナリ)737　縹—瓷1117　縹—酒2126　縹—囊80　縹—碧356　縹—

繚瀲—冽(タリ)1102　○苗2992　苗(ヘウシ)437　苗扈(地名)2556　○苗—裔1990　藐(ヘウと)934　藨—苧287　○表668　○表(シ)420　表—異2325　表—

記2870　表—啓2866　表—疏3637　表—奏79　表—門3395　表—揚(ス)3415　○表—裏1374　○豹—2079　豹(人名)3587　○豹—尾2132

豹—螭1698　軯礚233　鑣—(ス)1535　鑣—駕1370　鑣—轡866　飄(として)621　飄(ス)637　飄—颻853　飄—颻(スル)1696　飄—焉(として)1109　飄—

寄2657　飄—忽802　飄—爾(ト)2653　飄—翔(シテ)2066　○飄—然(タリ)1126　飄—塵1866　飄—薄1915　○飄—風961　飃—飃(として)961

○飄－飄 2115
飄－飄 1525
飄－飄－焉 2121
飄撇 1047
飄－揚 730
飄－楊 1741
○飄－颺 1683
飄－零 824
颷 3228
颷－塵 1775
颷－流 3092
驃－騎 2772
驃－騎大－將－軍 2346
驃衞（人名） 577
僻－左 2580
僻－主 3038
僻－脱 743
○僻－遠 2050
壁－立 691
壁－立 773
○壁－壘 559
擗－摽 1069
汨 3678
汨渚（地名） 3676
○汨羅（地名） 3651
熚－螽 578
○璧 819
璧 471
璧－瑛 712
璧－羔 235
璧－璫 526
璧－門 107
○碧－雲 1987
碧－澗 1645
○碧－玉 311
碧－雞 310
碧－沙 775
碧－滋 1951
○碧－色 489
碧－瑋 1973
碧－樹 703
碧－丹 749
碧－琳 527
碧－嶺 2686
薜－莎 502
薜－蘿 1353
薜－茘 478
襞－積 901
襞積 506
辟彊（人名） 3584
辟－芷 1991
辟－書 2493
辟－靡 2676
辟－雍 951
鈲－摫 325
○霹－靂 555
鸊－鵜 288
○別 955
別－營 1203
別－葉 1865
別鶴 1105
○別－業 2814
○別－館 525
別－寢 101
別－世 2509
別－島 171
別－隝 522
○別－殿 2834
別－白 2234
別－理 2432
○別－離 1262
○別－離 1771
戳矇 931
○滅－ 2171
○滅 668
○滅－亡 3056
○滅－亡 661
滅－没 862
○蔑－如 2198
蔑－然 3673
蔑－蔞 1070
蠛蠓 473
鷩鵜 313
鷩－雉 650
鼈 781
鼈－黿 503
鼈－蠆 229
鼈令 916
○卞－和 1546
卞忠貞（人名） 2428
卞彬（人名） 2428
○便－門 657
俛 3399
俛－仰 687
俛－仰 1390
俛－起 3118
○偏－ 2679
偏－紘 1025
偏師 1203
○偏－私 2261
偏－舟 2272
偏－將 2717
○偏－人 1913
偏－帥 3445
偏－説 3172
偏－智 1331
偏－裻 430
偏－裨 2442
○免 946
○免－官 3031
免－削 3177
勉－勵 629
窆－窀 1533
窆－魂 3459
○弁 1246
抃－舞踊－溢 1107
○扁鵲（人名） 2097
○變 433
○變 964
相－變 3095
○變－易 2022
變－雅 2794
○變－改 76
變－巧 2124
○變－化 834
○變－化 882
○變－故 1463
變－詐 3187
變－商 2155

變衰(す) 808　○變｜態 534　○變｜通 2928　變｜風 2794　變｜用 1104　變｜例 2805　○冕 2298　冕｜(シテ) 2755　冕｜弁 1223　冕｜紡 2238

冕｜帶 239　○冕｜旒 72　○冕｜旒(シテ) 3288　朴｜射 364　梗｜枏 311　梗｜楓 180　澠｜池 630　片｜議 1956　○片｜言 1022

○片｜言(ス) 2244　片｜善 1750　眄｜睞 2484　眄｜睞(シテ) 1786　窆(ヘンス) 3475　○篇 696　篇｜翰 1932　篇｜辭 79　○篇｜什 82　○篇

｜章 440　○篇｜籍 1277　篇｜末 3074　○籩｜豆 2671　編｜結 3148　編｜戶 3444　編郡(地名) 3415　編｜蓬 3305　編｜列 2692　編連 102

緬｜(トシテ) 1611　緬(人名) 3580　緬｜然(トシテ) 1618　緬｜邈(トシテ) 992　緬｜邈(ス) 1635　翩(トシテ) 326　翩(シ) 326　翩翾 850　翩｜幡(シ) 531　○翩｜翻 200

翩｜飄(と(シ)て) 923　○翩｜翩(タリ) 1601　翩｜翩｜然(と(シ)て) 849　翩｜緜飄｜邈(と(シ)て) 1102　褊｜心 1402　○辯 1227　辯｜囿 396　辯

｜給(ナリ) 1108　辯｜惠 842　辯｜言 2123　辯｜惑 2150　辯｜詐 3211　○辯｜才 2427　○辯｜士 81　辯｜省(シ) 246　○辯｜智 2752

辯｜問 2444　○辯｜論 177　貶 666　○貶｜(シ) 3008　貶｜損(スル) 2996　輧軒 1721　○辨｜ 1938　辨｜(シ) 2450　辨｜章(ス) 2783　辨亡論(書名) 3191　辨｜

問(ス) 2454　辨｜命｜論 3277　返｜路 1596　○邊｜ 1874　○邊｜疆 1822　邊｜荒 759　邊｜郡 1004　○邊｜境 2268　邊｜隙 3599　邊

｜朔 1233　邊｜事 3459　邊讓(人名) 2700　○邊｜陲 397　○邊｜城 325　邊｜聲 2497　邊｜簫 3486　○邊｜地 1669　邊｜亭 1740　○

邊｜土 2497　邊｜馬 1820　○邊｜鄙 3025　邊｜風 704　邊｜兵 3463　○邊｜遠 2709　勔(ツトメ) 908　鞭｜箠 2529　駢(ヘン)｜衍(として) 554

ホ　○匍｜匐 579　○匍｜匐 1532　○畝｜ 2246　○哺 3158　哺｜食 2443　圃草 130　墓｜ 2222　○墓｜誌 3617　墓｜田 3660　墓｜門

992　嫫(人名)母 3130　布(人名) 2701　○布｜衣 121　布｜憲 3393　布｜護 286　布｜濩半散 1100　布｜濩流｜衍(シテ) 2991　○布｜護(ス) 2975

布｜素 2876　慕｜徒 809　慕容超(人名) 2663　○戊(ホ) 1177　戊｜卒 3159　怖｜懼 2297　怖｜覆(ス) 1150　扶(ホ)｜服(シテ) 2769　摹｜寫(シ) 646　晡｜

夕 1145 ○暮－秋 1003 ○暮°°－春° 293 暮－節 1234 ○暮－年 1651 ○普－天 581 模 2169 ○模－範 3429 ○歩 2686 ○歩－(セン)

2650 歩－櫚° 423 ○歩－°騎 537 歩－光 2127 歩－驟 2655 歩隲(人名) 3233 歩－闈 3251 ○歩－卒 2499 歩－檐 3478 °歩－°頓 417

歩馬 2501 ○歩－武 1562 ○歩－歩 3486 歩－欄 1976 ○母－兄 1400 ○母－后 3030 母－昆(ニ) 2703 ○°母－子 845 母－氏 908

母－孫 2296 母－黨 3178 浦(地名) 3026 浦(地名)－陽 1977 父－ 3437 牡 2102 牡－駿 2108 甫 3208 甫－刑 2991 簿－閥 2454 簿－領 1800 脯

－糒 3660 ○腐－肉 2414 茂－異 3019 茂－育(シ) 125 茂－陰 1476 茂－行(アリ) 2008 茂－器 2367 茂(ホ)－勳 2216 茂－彦 1428 茂－宰

1878 ○茂－才 2187 茂－草 651 茂－實 2974 茂－樹 1554 茂－緒 3461 茂°°－松° 490 茂－親(ニ) 2666 茂－崇 3640 茂－世 567

茂－制 3095 茂－盛(ニス) 3183 茂－績 3069 茂－典 2228 茂－德 580 茂－庸 3541 茂陵(地名) 1262 茂－林 807 茂－°菀 360 蒲－車 3088

蒲－且 193 蒲城 611 ○蒲°－桃° 420 蒲萄 528 蒲－稗(ハイ) 1348 蒲－帛 2336 蒲(地名)密(ヒツ) 3353 蒲－伏連－延(ス) 2118 蒲－輪 3016 蒲(人名)蘆

蘆 1183 ○補－(セシム) 2480 補－衮 2579 ○補－益(シ) 2278 補－行參－軍 3025 補－天 3403 ○補(ホ)－亡 1165 謨－擬(ス) 2958 ○謨－訓

3311 謨－士 3245 謨－臣 3236 謨－明 1540 ○譜第 2805 ○°輔 708 輔果(人名) 2573 輔國將－軍 3627 ○輔－相 2645 ○輔－車 2647

○輔－弼 1179 輔－養 3197 逋－逸 2716 逋－客 2687 逋－罪 2725 逋慢(ナル) 2295 鋪°－首 1050 黼－帷 118 黼－衣 1177 °黼°繪

591 °黼－°帳 703 黼－黻 239 丰茸 963 丰－容 1351 ○保－(ス) 3226 保－阿 3058 保－祐 3639 保－家 3161 °保－綏 298 保生

2841 ○保－持(スル) 2630 保－定(ヲ) 1477 ○保－母 2095 ○俸－ 3062 ○°剖－°判(シ) 396 蒯(人名)－°°聵 1082 堥－敦(トン) 2781 °培－塿 403 ○報－

2394 ○報－(ス) 1680 報－施(ス) 3474 報°－章° 320 報－聞 2703 °奉 297 ○°奉－(シテ) 904 °奉－°引 864 奉－謁(ス) 2340 奉－時 3540 奉

—車 2284
奉—述（セシム） 858
奉春 91
奉—遵（シ） 2474
奉進（ス） 70
○奉荅（シキ） 1598
○奉—讀（ス） 2468
奉—被（スル） 2487
奉—表 2361
奉—明 670
○封 550
○封（シ） 516
封—熊 2174
封—狶 374
封—畿 178
封—丘 611
封—疆 453
○封—建（スル） 3175
封—狐 191
○封—侯 1375
○封—事 2979
封—豕（シ） 534
封—豕（シ） 574
封—章 2897
○封—爵 2345
封—植（ス） 3175
○封—人 484
○封（書名）禅 2980
封—畛 3263
○封—域 316
封—狼 933
封—巒 470
封—禄 3073
○崩—（スル） 2264
崩—摧（ス） 3417
崩—喪（シヌ） 2215
崩—弛（シテ） 3123
崩—榛 702
崩—殂（シ玉ヘリ） 2260
崩—騰 1175
崩—波 1655
崩—迫 2432
崩—浪 777
崩—亂（ス） 1908
崩—離（シテ） 1178
龐統（人名） 2946
彭（人名） 897
彭越（人名） 2527
彭碣（地名） 3380
彭咸（人名） 1998
彭韓（人名） 3289
彭—胥（人名） 564
彭城（地名） 1178
彭—薛 1636
彭祖 2895
彭澤（地名） 3470
彭聃（人名） 1254
彭寵（人名） 2548
彭—門 328
彭—陽 603
彭—蠡 378
彭—蠡湖 1643
捧—（スル） 3469
旄—端 3320
旄—塵 328
○暴 629
○暴虐（ナリ） 2556
○暴—君 3274
暴—秦（地名） 2672
暴—辛（人名） 1084
暴—楚（地名） 3267
暴—亂 2641
朋— 3102
○朋—友 1278
朋—好 1587
○朋—黨 2398
朋—知 1640
○毛— 2173
毛—羽 177
毛玠（人名） 2357
毛—褐 690
毛—羣 328
毛公（人名） 2202
毛子（人名） 3469
○毛詩（書名） 2670
毛脩之等（人名） 2341
毛—宗 3009
毛—質 875
毛—嬙（人名） 1147
毛遂（人名） 2277
毛—體 592
○毛—髮 2524
毛—翼 766
毛—林 2165
毛—類 2132
汎—淫 1113
泛—駕 869
淜—滂（として） 802
澎—濞 1041
澧 153
澧—滈 552
澧—灞 91
○烽—火 1740
烽—鼓 3598
烽—候 1374
烽—燧 509
烽—櫓 700
淎湧（スルコト・ワキイツル） 2969
甍—宇 173
冒（シ）—奏（ス） 2487
眸—瞯 2171
瞀—亂（ス） 987
矇 2617
矇—瞍 2462
矇—矇（トシテ） 880
矛（ホウ）—鋋（セン） 430
硼—硠 1127
綘—氣 1365
罘—罝 1143
耄—老 3144
芼—實 672
葆—佾 2858
蔀—家 459
○蓬蒿 1957
蓬—衡 70
蓬—居 1913
蓬壺（地名） 1934
○蓬—戸 2418
蓬—茨 2886
蓬—茸 180
蓬—室 1452
蓬—心 2483
蓬—池 1390
○蓬—華 1520
蓬—勃（と） 1118

○蓬萊(地名) 1318
蓬—廬 941
蓬龍(地名) 3237
蓬—蔾(レイ) 1589
○蜂—蠆 3444
褎(人名) 3127
褒°(ス) 666
褒—異(スル) 3182
褒°—谷° 311
褒—采(ヌ) 2481
褒讃(スル) 78
褎°—斜° 570
褒—弊(スル) 3449
褒—述(ヌ) 2343
褒—崇(スル) 3638
褎—女 1748
○褒—貶 2804
○褒—貶(シ) 81
謀—猷 2342
○謀—士 2268
○謀°°—臣 300
謀—選 1876
謀—謨 3531
謀—夫 3415
謀—力 2650
謀—律 3228
豐(地名) 2904
豐邑(地名) 2854
豐—殷(ナル) 1184
豐—°盈°(シテ) 1147
豐—頴 1355
豐°—肴° 434
豐°—确° 391
○豐—肌 1760
豐—寡(ナル) 746
豐—蓺 3422
豐—功 2215
豐谷(地名) 2906
豐—草 977
豐—施(シ) 1240
○豐°—°°壤 280
豐—贍(シ) 1103
豐—膳 1464
豐—澤 1212
豐—注 1492
豐—條 1551
○豐°—年 817
豐—沛(ト) 3136
豐(地名)—沛(地名) 3509
豐°—約° 408
豐—融(ニ) 481
豐—利 3260
豐—隆 377
○豐°—°麗 709
豐°—樓° 426
豐°—°蔚(ヰ) 308
寶—衣 3389
°寶—°鉸 863
寶—玦 2590
寶—雞 643
寶—業 3507
○寶—劒 1306
○寶—°庫 1202
寶—相 3573
○寶—樹 3576
寶—書 1987
寶—殖(スル) 1091
寶—°勢 722
寶—城 3251
○寶—祚 3103
○寶—鼎 85
○寶—殿 1975
寶—°貝 763
寶—瑟 1893
寶—命 1677
寶—°利 281
寶—璐 2048
輣°—軋 286
逢—迎(ス) 1423
逢°(ハウ)—蒙 559
逢萌(人名) 3088
逢門子(人名) 2893
○°部 863
○部°°—曲 534
部—司 3456
○部—落 2664
鄷° 675
鄷—鄗 113
鄷°—°鎬 517
鄷—宮 2837
鄷—鄠 178
鄷—琅 1075
鋒—穎 1506
鋒—捍(ニ) 2715
鋒—鉅 2656
鋒—栝(クワツ) 3466
鋒°—刃 635
鋒—鏃 3536
鋒—鍉 3116
○鋒°—鏑° 402
髦—傑 3328
髦—殘 2174
髦—士 954
○髦—俊 3188
○°鳳 2749
鳳—蓋 118
○鳳—閣 1918
鳳—皇 162
鳳—皇—池 1605
鳳—擧 3337
○鳳—闕 107
鳳—°吹 2680
鳳—臺 1752
○鳳池(地名) 2874
○鳳—鳥 3302
鳳—鳴(ク) 2727
鴇鶂 118
○鵬—翼 376
○僕°° 945
僕—御 1700
○僕—射 2870
僕—人 3501
○僕—妾 3469
僕°°—夫 1196
○僕—隷 2285
北—(ス) 3415
○北—阿 632
北兗(地名) 3631
北燕(地名) 2139
北(地名)—河 1925
北海(地名) 3163
北岳(地名) 2682

北―嶽 124
○北―岸 2118
北―澗 1572
北冀（地名） 2915
北―歸 2244
○北魏（地名） 3417
北宮（人名） 2131
○北―疆 3107
○北―極 160
北―紘。 536
北―荒 3394
北―隍 3674
北。―煥 650
北―闕 173
○北―京 1258
北―固 1339
北―戸 357
北―湖 1354
北―垠。 551
北―朔 1125
北壍 3671
北―山 382
北―寺 1444
北―沚 1163
北。―。渚 295
○北―辰。 486
北征賦 599
北―毳 3102
北。―叟 883
北―地 2416
北―場 2580
○北―狄 564
北―土 1215
北―度シテ 69
○北―斗 1812
北―南。ナンス 962
北―房 1853
北方 2072
北芒（地名） 1251
北―邙 1410
○北―伐セシヲ 1305
北發（地名） 2188
北―鄙 2701
北―阜 1367
○北―風 191
○北―邊 611
○北―面 2942
○北―面ニ 1442
北―門 1248
北―落 933
北―里 1123
○北―陸 825
○北―林 1804
北―梁 1005
北―慮 1555
北陵 2377
北―列 1357
北―隴 2685
北―園 528
○卜。 2830
○卜―スル 2305
卜。。―。偃 404
卜―揆ニ 1877
卜子夏（人名） 2748
卜―祝。 2523
卜式（人名） 3016
○卜―筮 3134
卜―擇シテ 1755
嘿―嘿タリ 2055
墨（人名） 2558
墨―縗。 632
○墨子（人名） 2405
墨氏（人名） 2601
墨―齒 2071
墨―綬 2683
墨。。―。井 406
○墨翟（人名） 2119
○墨―妙 1009
○牧― 2190
○牧―守 3274
牧―。豎 645
○牧―人 2111
牧―伯 2296
○牧―馬 2497
○牧。。―野 625
○木―ニ 2918
木（人名） 839
木―羽（人名） 445
○木。。―葉 828
木―器 576
木禾 910
木―功 566
木―根 1997
木―索 2524
木―芝 1963
木―上 2037
○木―石 1653
木難 1696
木―末 191
木―。。魅 701
木―。擁 572
○木。。―蘭。 311
○木―理 438
樸 2887
樸―叢 191
樸。―略シ 719
○沐―ス 1882
○沐。。―猴。 399
○沐。。―浴シ 440
濮―上 1393
濮陽（地名） 3459
璞（人名） 1962
○目 1655
目―觀 192
目―成 1294
目―成ス 2043
目―精 1138
○目―前 2632
目―中 3491
冒頓（人名） 3376
睦―親ナリ 1180
穆。。タル 1193
穆（人名） 917
穆。―。羽 476
○穆公（人名） 2381
穆之（人名） 2344
穆―親 2823
穆生（人名） 2573
穆―清ニ 2144
穆。―然タリ 477
穆滿（人名） 2839
穆。。。。武（人名） 867
穆―穆タル 1180
穆―穆―焉タリ

235
穆陵(地名) 2199
穆—遠(ニ) 2962
○繆—公 154
纆—牽 1185
踏(タフシテ)—焉(ト) 2118
默 1366
○默(シテ) 2760
默—語 399
默(モダス)—仙 1299
○默—然(ト) 3120
○默—默(ト) 1710
○默—默(セル) 2768
○勃 1114
勃—鬱 804
勃—碣 784
勃貂(人名) 3075
勃—怒 577
勃—盧 372
○渤(地名)海 3594
渤海(地名)—公 2304
渤—澥 420
○没(イル)(ス) 998
没—滑 286
○没—世 3344
怫鬱(ト) 2116
綍 3494
騁—馬 782
歿(シ) 612
○法(ホツ)—鼓(ク) 696
○法—師 3573
問 960
噴勃(として) 1074
奔—起(スル) 2115
奔—驥 2130
奔—牛 2559
奔—競 2874
奔—競(スル) 3221
奔—鯨 656
奔—邀(ス) 1113
奔—沙 2149
奔—壯(ナリ) 1124
奔—兕 2555
奔—駟 2169
奔—屬(セ) 2011
○奔—星 526
奔—精 1679
奔—峭 1634
奔—湊(アツマルス) 1757
○奔—走 2643
○奔—走 2303
奔—螭 733
○奔—馳 2295
奔—踶 2186
奔電 2889
奔—波 3628
○奔—馬 2117
奔—北(ハイ) 2275
奔—邁 2650
奔—亡 2659
○奔—放 2259
○奔—放(シ) 1026
奔—播 3054
奔—迸(ヘイ) 2196
奔—溜 775
奔—龍 1852
憒—滿(ス) 1960
○本 495
○本—意 2806
本—號 2874
○本紀(書名) 2534
○本—懷 2300
本—官 2871
本—經 2798
本—根 1805
○本(モト)—支(シアリ)(エタアリ) 886
本—枝 870
○本—州 1558
○本—心 2569
○本—性 1446
本—第 3074
○本—朝 2192
○本—土 2812
○本—末 2516
汶—汶(タル) 2057
汶—陽 3222
焚林 3626
盆口(地名) 3625
翻—飛 1534
翻—覆 1706
賁育(人名) 553

マ

摩竭(人名)(マカツ) 3554
沕(マイトメ)(モツトメ) 3653
咙聒(マウクワツスル) 1068
氓(マウ)隷 541
漭—沆 286
漭—漭(タル) 1143
○猛— 3453
猛—銃 2643
猛—毅 732
猛—氣 631
猛虡 159
○猛—犬 2065
○猛—虎 1125
○猛—士 1763
猛志 852
猛—氏 534
猛—鷙 3567
○猛—獸 506
○猛—將 2502
盳—謡 1982
孟(人名) 632
○孟—夏 833
○孟軻(人名) 2762
孟公(人名) 2611
○孟子(人名) 2119
○孟子(書名) 2287
○孟宗(人名) 3241
○孟嘗(人名) 2448
○孟—甞—君 1653
孟—陬 1990
○孟—春 232
孟—諸 512
孟(地名)—津 2552
孟達(人名) 3024
○孟—冬 182
○孟(人名)—母 739
孟明(人名) 1204
孟(地名)—門

2843
莽(人名) 3001
萠(マウ)—生 1237
萠。—。柢 406
曼。—姫 506
曼辭 2536
曼倩(人名)(セン) 2928
曼—羨 2969
曼—鬋 2082
曼—䰅 3130
曼—㜷(ナンクワン) 2095
曼睩 2078
。槾—栢。 283
○。滿 327
滿公琰(人名) 2609
滿氏(人名) 2453
滿璋之(人名) 2454
○。滿—堂。 831
○滿—腹 3222
滿奮(人名) 2455
。漫 681
漫—。衍(とシて) 1141
漫。沙 656
。漫—瀆。 634
○。漫—漫(とシて) 990
。縵—胡。 430
○蔓—延 199
蔓—葛 1546
。蔓—荊 1067
○。蔓—草 994
。蔓—藻 344
蔓—蔓(タリ) 2046

ミ

民—英 1427
民—祇 3596
民—極 2829
○民—事 3044
民—思 1286
民—宗 2880
○民心 1999
○民—主 2998
○民—庶 2643
民—食 1169
民—人 2385
民—神 3508
○民—生 1998
○民—情 3038
民—聽 2344
○民—德 2008
○民—望 3273
○民—風 3053
民—命 2728
民—譽 2878
民—靈 1361
○民—力 497
民倫 3351
民—黎 3350
泯—(セ) 2345
○泯—絶(ス) 2215
○泯—滅(スル) 2730

メ

冥— 2908
冥。—。奥(シ) 686
冥—。翳 908
冥—火 2109
冥—。觀(す) 698
冥—固 2936
冥—數(ナリ) 1960
冥—寂 1315
冥—筌 1967
冥—兆 3282
冥—漠(タリ) 1424
冥漠君(人名) 3672
冥—邈。。(ニシて) 974
冥。—默。(シ) 889
○冥。—冥(タル) 1269
○冥—濛 1975
名—宇 671
名—謳 1693
○名—家 1729
○名—號 2405
○名—器 2961
○名—義 2338
名—級 3471
名—區 3578
名—翬。 586
名—京 649
○名—教 1339
名—傑 3278
名—檢 3047
名—賢 3229
○名—山 2371
名—散 1114
○名—字 2549
名—師 1072
名—氏 120
名—。謚 890
○名。實。 345
名—倡 2465
○名—將 2521
○名儒 106
○名—稱 3184
○名—臣 2423
○名—城 3116
○名—聲 2418
○名績 2275
名—跡 2951
○名—節 621
名秩。 748
名—體 2946
名—都 94
○名—德 2860
○名—王 954
名—位 3203
○。命 625
○。命 299
○。命(ス) 535
名—賜(セル) 3003
。命—臣 486
○命—世 630
命—服 3583
。命—鼇。 320
○明。 345
明(人名) 633
○明—闇

1473　明－懿3681　明－。允727　明恩826　明－號465　明閣525　明－器3671　明－忌2278　明－璣。356　明－義1297　明－據

3418　明－科2457　明－光107　明皇（人名）3533　明皇帝（人名）2346　明－嫿。瞭－惠（ナリ）1102　○明－月102　明－暉。842　○明－君1115　○

明－。訓984　明。－。惠841　明－絜3676　○明－經1304　明－賢3064　明－公2432　明－早2597　○明－察2498　明－旨2887　明

－時2274　明－祀1422　明－室2159　○明－日1145　明。心。871　明－者2735　○明－主1741　明－珠460　明－淑1655　明（アケボノ）－鐘（カネ）

2856　明－燭822　明－晨1806　○明－神244　明－政1670　○明－星1304　明－濟2931　明－盛2760　明。－。聖1221　明－誓993

明－宵。418　明－詔138　明－亦2988　○明節2938　明－臺2235　○明－堂134　明－瑠1164　○明－道3262　○明－達3443

○明－智（ニ〆）3113　明－中3395　○明帝（人名）2866　○明－哲958　明－燈1440　○明－德252　明－年570　○明－白2425　明－發609

明－發。（シ）454　明－罰2435　明－妃996　明－密（ナル）3094　明－分3161　○明－文2806　明－表2696　明－辟3046　明－懋（ナランヤ）1354

明－牧1258　○明－。命860　○明－明（ニ〆）2542　明－豔1291　明－兩1289　明－略939　明－慮1750　明－令2474　明－靈439

明－燎3489　○明－王495　明－威1487　明－遠（ナリ）1334　○瞑色1348　○溟－海2150　溟－洲1361　溟－漲1346　溟－漭776

溟（地名）－渤（地名）1934　螟2240　○螟－蛉2903　鳴－鳶184　鳴－咽（エッス）2156　鳴－葭194　鳴－鴈1388　鳴－驥3465　鳴－球584　○鳴－

鳩1732　鳴。－琴。829　鳴－和1725　鳴簧1523　鳴。－玉1329　○鳴－禽1337　鳴－駒3454　鳴－鶉2125　○鳴－鶴1831　鳴－雞153

鳴－謙3608　鳴。－。鼓（コ）313　鳴轂2270　鳴－鍾3632　鳴－騶2683　鳴－笙1113　鳴－聲2632　鳴－石783　鳴蟬1611　鳴－。虵（タ）286

鳴－盜2419　鳴。－鵐。290　鳴－湍2687　鳴。－條351　鳴－鳥2250　鳴－笛969　○鳴－鏑1270　鳴－佩1871　鳴－鞞1665　鳴－

瑟 447　鳴ナラスコト-桴ヲ 2848　鳴-飈 2153　鳴-鳳 692　鳴-。籟 508　鳴-律 1291　○盟 2309　○盟-主 2200　盟津(地名) 2557　盟-府 3188　茗
邈ト 2153　○銘- 3407　○銘-ス 2180　銘-誌 1653　銘-典 3406　銘-謡 890　銘-誄ルイ 3164　澠メン池(地名) 1284　緜-駒 1083　緜。-。纊 447　緜。
杬。。 350　緜-嶠ケウ 69　緜-邈 1018　緜-蔓 1110　○緜。-緜タル 434　緜-緜連-連タリ 3126　緜-野 1984　緜。メン-洛。 316　緜-留ス
3606　緜-攣 919　緜-絡ラクアリ 2074　面-櫬シテ 1502　。面-朝。 657　面-旁 1066　○面-縛セラレタリ 2646　○面-目 965

モ

濛鴻 934　濛。-。汜 309　○濛-濛タル 1168　チガヤ茅モウ 2022　○蒙- 2114　蒙嘉(人名) 2404　蒙-恬 3116　蒙-公 555　蒙-荘子 1416　蒙-施
2286　○蒙塵セシに 631　○蒙-昧ナリ 3667　蒙-鄙 2590　蒙-密 1233　蒙。-籠 475　蒙-蘢タリ 850　蒙-蘢ト 1411　捫スル 526　○文-
選 **70**　○門 2711　○門-下 2419　門-階 3648　門-基 1295　門-衢 3603　門館 1888　○門-闕 3602　○門-戸 2726　門-子 1167
門-緒 2428　○門-人 2358　○門-籍 2368　門-素 2451　門-側 3488　門-闥 100　門-塗 1714　○門。-閭 487　門-闈 2784　○
門-衞 164

ヤ

冶-服 1622　冶ヤ-容ナルモ 3341　冶ヤ容(人名) 3358　射。 554　○射-干。 523　夜-行 2654　○。夜-光。 281　○夜-景 1626　夜-哭 3292
○夜-色 3294　○夜-中 1379　○夜-分。 1190　○夜郎(地名) 2739　夜-猨 1607　○椰-子 2177　栁。-葉。 354　耶谿(地名) 2166　○野 340　野
-陰 1582　○野-外 1758　野-蕨 1574　○野徑 1370　野-藺 2099　○野-草 552　○野-獣 2100　○野-心 2705　野-酌 3678　野
-雀 1705　○野-人 807　○野-戰 2358　○野-戰 2515　野-。鼠 701　野-棠 1667　野-雉 1068　野-庭 1837　○野-亭 1564
○。野。鳥 833　野-奠 3616　○野-田 1609　野-途 1620　○野-馬 505　野-風 1744　野-蒲。 661　。野-羊 533　○野-老 1665

野-馗 1246　野-廬 484　野王（地名） 3423　○佯狂シ 2395　○揚雄（人名） 2997　揚°-摧°シ 307　揚荊州（人名） 3419　揚侯（人名） 3419　揚-綵 1230　揚使君（人名） 3419

揚州（地名） 3634　揚駿（人名） 3030　揚倩（人名）セン 2610　揚-披 2118　揚彪（人名） 2703　揚門（地名） 3345　揚-歴 440　揚王（人名） 2561　揚-汩スル 2112　暘°-夷 372　暘ヤウ谷 972

°柍-°榠 472　楊（地名） 2650　楊°（人名）-雄° 303　楊-葉 2410　○楊（人名）-家 3619　楊荊州誄（人名）（書名） 3368　楊經（人名） 3429　楊公（人名） 3520　楊子（人名） 2759　楊子雲（人名） 2596

楊子幼（人名） 2537　楊史（人名） 3624　楊州（地名） 2346　楊朱（人名） 2119　楊仲武（人名） 3368　楊德祖（人名） 2458　○楊梅 528　楊-班 3164　楊奉（人名） 2193　°漾トシテ（ナカフシて フカフシつ） 682　洋°-溢°

566　洋°-溢イツセリ 440　○洋-洋 2322　洋-洋-乎タル 3003　洋洋習習タル 1060　羊琇 3592　羊-何 1570　羊-祜 3028　羊公（人名） 3604　羊左（人名）

3331　羊家 3016　羊叔子（人名） 2288　羊-質 1822　羊職（人名） 3534　羊舌（人名） 3332　○羊-頭 2167　○羊-腸 1688　○陽° 319　陽阿（人名） 1693　陽-陰 2106

陽°-烏° 312　陽-雲 509　陽（地名）-雲 1987　陽-榮 733　陽-葉 2159　陽嘉中 1794　陽-柯 2154　ヤウ陽-荷カラ 2081　陽-爻 1530　陽-崖

1350　陽-旰 2616　○陽-氣 2109　○陽°-°九 337　陽-丘 665　陽給事（人名） 3459　陽-魚 2105　○陽-光 491　陽-卉 1233　陽原（地名） 2424

陽君（人名） 3459　陽-景 806　陽-橋° 648　陽峽 1357　陽-劍 2166　陽°-侯° 330　陽瓚（人名） 3461　○陽（人名）-子 504　陽-榭 720　○陽-春 823

陽-春白-雪 2749　陽書（人名） 2609　陽-渚 783　陽人（地名） 2323　陽°-°遂ス 321　陽生（人名） 3464　○陽（人名）-石 177　陽-臺 1134　陽-澤 1340　陽-

朝° 555　陽-鳥 784　陽翟（地名） 3524　陽-馬 734　陽-冰 765　陽°-濱° 293　陽武（地名） 2904　陽文（人名） 2106　陽平（地名） 2559　○陽-明ニ 1169　陽-

陸 1355　陽陵（地名） 2904　陽-林 694　陽°-靈° 419　陽-路 362　陽-隈 670　°養 852　養（人名） 896　養-士 2603　○養-生 1636　養生論（書名）

3191　○養-物 2273　養由（人名） 1183　○養由基（人名） 2410　°鞅（人名） 660　鞅斯（人名） 2782　鞅-掌 2633

ユ

兪°-°騎 370　兪跗（人名） 2769　婾-樂ト 935　婾-樂ス 2027　°庾 469　庾元規（人名） 2325　庾西陽（人名） 1258　愉-逸ス 1970　○愉-悦 1348　愉

－愉煦－煦(トシテ) 3123
。欲 674
楡－莢 2232
楡中(地名) 2413
渝。－。。舞(ス) 314
瑜 1507
瑜(人名) 2571
瞩－瞩(タル) 1179
腴| 2101
腴－潤 3304
褕。－
袣(エイ) 540
○諛－言 2553
輸－寫(ス) 2114
踰－佚。(シ) 960
踰(イウ)－溢(イツ) 215
踰－沙 2832
踰－跇(エイス) 2117
踰。－。延(トメ) 749
彤－彤 931
融(人名) 1064
融－等(ラ) 3166
融－裔(タリ) 1116
融－顯(ナリ) 2696
○融－通(セリ) 3641
融－。朗(ナリ) 767
○雄。(トシテ) 325
雄(人名) 464
雄－豔 587
雄。－豪。 442
雄－鳩 2015
雄－琴 1110
雄－虺。(キ) 375
雄。－戟。。 370
雄－虹 157
○雄－才 3023
○雄。－。志 870
○雄。－姿 864
雄－雌 598
○雄－心 2568
雄－俊 2139
○雄－臣 1482
雄－節 2931
雄－率 2273
雄－斷 3109
○雄－圖 994
雄－芒 2162
雄－富(シ) 700
○雄－風 804
○雄－辯 3319
雄－名 1307
○雄－略 656

ヨ

○予。 706
○余| 305
余－吾 578
於卓氏(人名) 2772
璵。－璠 1454
瘀－傷(ス) 2063
○。與－國 633
與－二 2971
。與－與(とシて) 554
艅。－艎。 378
菸－邑(シ) 2062
○譽－望 2870
豫(地名) 2650
。豫(ス) 437
豫－觀(ル) 1399
○豫州(地名) 2689
。豫－章 350
豫章－王 3055
豫－樟 503
豫讓(人名) 2420
。豫(人名)－且 639
豫寧侯(地名) 2865
豫北(地名) 2177
輿。 507
輿|(シ) 2096
輿。－。騎 425
輿－棺 2355
輿－皁 2363
輿－鈠 3509
輿－誦 3547
輿－軫 3024
輿－人 1977
輿－臺 236
輿－徒 256
輿－馬 1535
輿－服 3248
輿－輪 2581
輿－隷 1356
輿。－。輦 324
醧－。讌(ス) 434
飫－宴 140
飫－饒 1670
○餘| 553
餘－哇 1919
○餘－威 3117
○餘－音 983
餘映 1409
餘－霞 1662
餘－巧 1694
○餘－香 3660
餘－甘 354
餘－華 993
餘－基 659
○餘－響 1097
飲－徽 3550
餘－暉 3543
餘－輝 1093
○餘－光 1391
餘－懽 2465
餘－歡 2518
餘－玩 1122
○餘－。慶 625
餘。－。景 831
○餘－業 2537
餘－紘 1076
餘－霜 1891
○餘－事(ナラク) 2774
餘－。址(アリ) 671
餘－滓(シ) 1969
餘－貲 1606
○餘－日 1473
餘－。絢 1878
○餘－人 403
餘－津 1328
餘－清 1344
餘－。稅 814

○餘-生1911 ○餘-聲1489 餘-簫1112 餘-跡3490 餘-迹1414 餘-息3667 餘-帶1894 ○餘-黨3536 餘-道2677 餘

-軸3484 餘姚(地名)公-主3528 ○餘-年845 ○餘-波771 ○餘-芳1731 ○餘-風1829 餘-萌(マウ)251 ○餘-命969 ○餘

-裕2351 餘-謡1610 餘-力2541 餘-糧440 餘-燎1567 ○餘-瀝3318 ○餘-烈2221 餘-露1663 餘-弄2464 餘-

論277 鱮-銅181 鸒斯1945 雍|2392 雍(人名)882 雍-丘447 雍渠(人名)2514 雍-熙(ナリ)750 雍-谷1055 雍州(地名)2732 雍(地名)-部3444

雍-穆567 雍門(地名)1207 雍門(人名)2270 雍-門-子1653 雍-豫408 雍-雍1116 雍-雍穆-穆(トシ)2280 ○雍-容2128 ○雍-

容(シ)1113 傭-書(シ)2366 ○勇441 勇-義612 勇-懼1081 ○勇-怯(ケフ)637 ○勇-士482 ○勇-者2530 勇-剽(タル)1698 ○

勇-略3188 ○勇-烈3461 噰-噰(シテ)2059 墉2157 墉-垣737 墉-基3182 墉城(地名)2920 媵-母2550 孕(ヨウ)-育667 孕-育(ス)2372

○容142 容-易(ン)3124 容-裔(トシテ)385 容-好1380 ○容-顔1150 ○容-儀1720 容-居(スル)2752 容-華1363 容-光1247

容-輝1785 ○容-姿1897 ○容-止299 ○容-飾2129 ○容-色1315 容-入(セラル)3144 容成(人名)1319 ○容-體3443 容-翟3494

容-謟2879 ○容-貌846 容-物1424 容彭(人名)3287 ○容-與910 ○容-與(シ)1156 ○庸720 庸-音1030 ○庸-器1960 庸

-渠521 庸-近2347 庸-勲2210 庸-固2441 ○庸-才2346 庸-祇3531 庸-主633 庸-蜀452 庸-人2888 庸人(書名)3134

庸-親2917 庸生(人名)3675 庸-代3108 庸-怠3302 庸-聽3348 庸-德3638 庸-薄2369 庸(地名)-岷3385 ○庸-夫2765 庸-蔽858

庸-庸(タル)3284 庸-流2481 庸-陋2427 ○擁(セシム)369 擁-鬱抑(ヨク)-按(ス)1099 擁-隔(セル)682 擁-劒343 擁-樹(ス)2920 擁帶

2642 曜卿(人名)2946 曜-曜振-振(タリ)1680 曜-靈324 涌-裔(タリ)2116 涌觴2111 涌-泉509 湧-泉503 獷-旄525 ○用

304　○用-捨2945　○用-心493　用-納2784　○用-兵2982　甬-道110　窅-冥3292　。燿1145　燿-穎2603　燿-雪

2168　膺|2728　膺。-。隼369　膺。-門865　蠅-蚋2414　蠅-蠅翊-翊1045　踊-絶3635　○踊-躍。1192　○踊-躍。331

踵武1994　鎔-造2430　鎔-範2232　鏞-鼓233　雝-雝1404　饔192　饔-飧236　饔-人673　鷂-鷂。344　鷹。-。犬328

鷹-隼1597　鷹。-鶚850　○鷹-揚2324　○鷹-揚2597　鷹。-鷂1137　○億|3423　億-載1032　億-丈3117　○億-兆2312

億-年147　億-度3136　億-萬2519　○域|2239　域-中690　抑-隱。1077　抑-遏2567　抑。-挫2571　抑-絶2345　抑-

退2205　○抑-揚。374　○抑。-揚。299　○抑-抑く145　○欲|1857　欲-利2513　檍。-檀。284　○浴|2030　○翌-日3665

○翼1102　翼-乎2894　翼-佐3537　翼子3226　翼-爾1058　翼。-。軫340　翼-新2342　翼-戴2945　翼-扶3069

○翼-翼2281　翼-翼邑-邑3146　翼-翼矜-矜3373　翼-鱗2775　臆。834　臆-對880　薏-苡2352

ラ

裸-壤2654　。裸人762　裸-袒3149　○羅|3339　羅-帷803　○羅。-衣1158　○羅-。綺447　羅。-紈。366　羅-紈1146

○羅-裙1005　羅潭(地名)3676　羅-幬986　羅-帳1927　○羅。-網570　羅-幕1716　羅-敷1719　羅-浮1641　羅-落2710　羅-

縷1907　。傴990　勑|2426　勑|2425　勑-天3012　。〓。〓709　○來|768　來232　來-裔2737　來-葉1032　○來-客1854　○

來-儀1447　○來。-儀。。439　○來-今1832　來。-享564　來-還2619　來-歸2926　來事1856　來。-思817　來-詩1530　○

來-日2457　○來-者2475　來-章1574　來-人2994　○來-世1437　來-籍2826　來-蘇629　來-蘇1175　來-庭741　來

-哲。677　○來-同1373　來-芳3502　○來-賓135　○來-命2468　○來-往673　○來-往1149　來-王。647　來。-

王°ス 1193　來-轅 2687　瀨| 3489　°磊°珂とシて 366　○磊石 509　○磊-磊タル 1773　○磊-落ナリ 1075　○禮(書名) 2673　○°籟 830　○耒| 2481
○耒-耜 2619　萊° 1873　萊(人名) 3617　萊黄(地名) 2175　萊氏(人名) 1313　轠°-轤°とシて 555　酹-觴 3489　○雷° 951　○雷°°雨 417　○雷°-鼓 482　○
雷-師 2011　雷-輜 3375　雷-泉 2071　雷-歎 1069　雷-池 788　○雷°-霆° 563　○雷-同シテ 2676　雷-風 2840　○雷-鳴ス 2055
勞° 956　○°勞 2577　○°勞セル 584　勞-愛ス 1342　○勞-逸 117　勞-倦シテ 2739　勞-結 2583　勞-謙 1683　勞-謙セリ 2255　勞-心
2032　°勞°-者 1336　勞-臣 2289　勞-積 2597　勞-動シ 2734　○勞-役 2732　○勞-來シテ 2053　勞-來安-集ス 2243　○牢 2525　牢°
-落° 352　牢°-落°シ 403　牢-落淩-°厲シ 1100　牢°刺 1079　○牢°-籠°ス 408　[山聊][山曹]トシテ 2150　○廊° 413　廊肆 1359　○廊-廟 1505
悢-然タリ 2658　悢-悢セ 2301　悢-悢 2637　○朗-詠 695　朗-鑒 1708　○朗-月 1097　朗-心 2959　朗-暢ナリ 1020　朗-笛 3361
朗-天 3146　朗-璞 3343　朗-陵-公 1517　桹° 673　浪-拽ス 2686　°浪-°孟とシて 1113　○浪-浪タル 1163　潦 2059　°潦-濇° 517　狼°
-朧° 369　○狼-藉トシテ 2165　○狼-狽 2295　○狼-°狽シ 660　狼°-跋° 376　○狼-°戾ナリ 1074　琅-玕° 291　琅(地名)-邪 2364　琅(地名)-
邪-城 1373　琅邪臺 1879　琅邪王(地名) 1927　○琅-琅タル 2951　硠-硠タル 3457　[石聊]-嘈タリ 1127　○老| 3042　老(人名) 897　老|セン 2622　○老-
幼 623　○老莊(人名) 80　○老子(人名) 2626　老氏(人名) 1948　老上(人名) 3376　○老-弱 579　○老-臣 2960　○老-成° 363　老聃(人名) 1330　○老-大ニシテ 1685
老(人名)-童 1094　老博-士 2360　○老-夫 2554　○老-母 2498　○老-翁 2586　○郎° 669　○郎-君 2609　郎-將 233　郎-遂 2446
郎-署 2295　郎-中 1481　醪| 1509　閬(地名)-風 2012　樂ラク安(地名) 3328　樂ラク-遊 669　樂ラク-飲ス 957　樂ラク-康ス 2030　樂-國 1082　樂ラク-°胥 543
樂ラク°-°湑ショ 389　樂ラク職(書名) 3127　樂池(地名) 3486　○樂-土 1677　樂°-都 3439　樂ラク-篇 2815　○樂-浪 264　樂°陵郡(地名) 2928　○洛(地名) 1286　○洛-

邑129　洛-飲2834　洛宴(地名)1240　洛-畿(地名)3465　洛-宮224　洛-涘(地名)シ3397　○洛水(地名)2340　洛-城1749　洛汭(地名)2667　洛川(地名)3434　○洛-中1774　洛-沬770　洛濱(地名)3584　洛浦(地名)2680　○洛-陽(地名)2339　洛。-靈1160　辂。-硌776　絡-頭1741　落。ムラ376　○落-英1608　○落-葉1013　落下閎(人名)3018　落-簡2367　○落-暉1900　落-景1970　落-宿シウ1927　○落-日1419　落-蘂1997　落-星384　○落-。帶738　○落-落タル692　駱-驛ナル1080　駱-驛シて1060　駱統(人名)ラク3235　拉。ラウ-。捭375　拉。-攞。373　○臘。633　○獵。ラフタル1039　婪-婪タル3452　攬茝ランサイ トル「ヲシヲ1999　濫-巾ス2682　○。濫-。觴769　○濫-吹シテ1962　濫-泉1256　藍-朱1937　○藍田(地名)3223　覽-觀〃2104　○。亂641
亂。シ607　○亂-逆620　亂-象1822　亂-主720　亂-繩3594　○亂-人3032　○亂-臣2323　○亂-世2263　亂-亡2916　○亂-髮2138　○亂-離1205　○亂-離〃1430　亂-流〃2006　嬾2629　巒。-阮558　欒ランタリ3484　欒。-。栱736　欒郤(人名)ケキ2452　欒-大(人名)172　欒。-櫨。410　。瀾-。汗754　瀾-漫2165　。爛タル820　。爛シ1050　爛-汗ト〃2157　○爛-然〃72　○爛-。漫とシて531　○蘭。736
蘭-宇3680　蘭英2102　蘭。-皐。315　蘭-肴1104　○蘭-膏1813　蘭儀3480　蘭-錡173　蘭-宮2157　蘭-筋キン2562　○蘭-。蕙476　蘭-桂1534　蘭-逕1951　蘭。-紅。785　蘭-茝サイ117　蘭-氾1917　蘭-。沚1337　蘭-洔1610　○蘭-芝722　蘭-芷2022
蘭-室1716　○蘭-若シャ1898　蘭。-。旬1240　蘭-。渚415　。蘭綷591　蘭-苕1315　蘭-泉2855　蘭-蓀1886　○蘭-臺161　蘭。-堂。291　蘭。-唐。556　蘭-湯2030　蘭-澤1146　蘭-池643　蘭-殿3500　蘭-杜1667　○蘭-房1380　蘭-芳1420　蘭-薄1340
蘭-芬450　蘭-圃1103　蘭-野1359　蘭-林102　蘭-橑1975　蘭-路825　鑾。488　鑾-音1232　鑾-旗242　鑾旌1289　鑾-刀253　鑾-躅3542　鑾-輅247　○闌。-干。タリ366　闌-暑1627　闌-夕1916　○鸞。1008　鸞(人名)2454　鸞-音1112　鸞鷟。902　○鸞

-駕 2701
鸞鷟。。 285
鸞-鶴 1365
鸞-皇 842
鸞-鵠。 373
鸞-觴 1810
鸞-旍 1470
○鸞-臺 1199
○鸞-鳥 264
○鸞輿 113
○鸞-。鳳 479
鸞-龍 2470

リ

○利 433
○。利(す) 637
利-交 3315
○利-。害 637
利-眼 3343
○利-器 1202
○利-刃 2185
利-貞 1405
○利-兵 3117
利-病 2594
○。吏 413
吏-士 2703
吏-職 3072
○吏-卒 2631
○吏-道 1471
吏-民 2187
○吏-部 2870
吏-部尚-書 2351
吏-部封-侯 2351
吏-部-郎 2868
履-組 3660
。李(人名) 896
李胤(人名) 2291
李延年(人名) 3018
○李-下 1683
李善(人名) 2291
李奇(人名) 1938
李(人名)-君 995
李-輕-車 1738
李公(人名) 2365
○李斯(人名) 969
李-氏 1416
李周翰(人名) 72
李將(人名)-軍 1925
李辰(人名) 3033
李齊(人名) 2473
李少卿(人名) 2496
李蕭(人名) 遠 3191
李善(人名) 71
李叟(人名) 2652
李。重(人名) 2868
李都尉(人名) 1940
李通(人名) 3074
李-牧 1554
○李陵(人名) 2509
梨-栗 585
氂(人名) 2558
灕。-乎 468
犛-櫟 1080
○。理 392
。理 890
。理(ス) 1057
理-感 1421
理-懐 3573
○理-化 1334
理-遣 2365
理-色 2524
理-尚 2366
理-勢 3174
理-席 1659
离-坎(カン)。 488
褵 3369
裏-罵 2446
貍。-。首 543
邐-池(タル) 2602
○幾(イ)-里(ソ) 2552
。里-。閈 322
里-語 3163
里-社 3206
里-仁 954
○。里-閭 423
○離 3335
離(スル) 2399
離-奇(イトメ) 2402
離-異(ナリ) 1615
離(カシリレ)-憂(アリ) 2047
○離-隔(シヌ) 2657
○離-合 1498
○離。-合(シ) 439
○離(地名)-宮 1929
○離-居 935
○離-居(メ) 1296
離-闊 2637
離館 3077
○離-羣 2613
離-堅 2862
離-鴻 811
離-鵾。 1102
○離。-騷。 349
離騷(書名)-賦(ノ) 3651
○離-散(シンタリ) 2069
離。-。散。轉-移。 802
離(人名)-子(シ) 1094
離-思 1256
離支 528
離-心 2025
離-樹 2078
離-傷(スル) 1381
○離-朱 731
離-身 2849
離-情 1428
離-析(す) 635
離石(地名) 3034
離翦(人名) 2861
離-殿 1877
離。-房。 324
離-披(ス) 2062
離斐(人名) 3241
離-畢 2179
離-分(シテラ) 1442
○離-別 1791
○離-別(セル) 1292
○離。-

離タリ 1115
○離-妻 585
驪| 2272
驪-翰 2234
驪姫 2309
驪-虯。 788
驪-駒 2611
○驪山 645
○驪。-龍 338
。鯉 380
○鯉-魚 1682
驪-黄 227
劉(地名) 3505
劉。(人名) 663
劉安(人名) 2088
劉寅(人名) 2443
劉歆(人名) 2866
劉曜(人名) 2307
劉越石(人名) 2303
劉媼(人名) 3159
劉應(人名) 2468
劉買(人名) 2904
劉孝標(人名) 2623
劉基(人名) 3235
劉毅(人名) 3052
劉季(人名) 2594
劉虬(人名) 3644
○劉向(人名) 2783
劉勲(人名) 2722
劉敬(人名) 2905
劉瓛ト云モノ 3285
劉侯(人名) 2667
劉公(人名) 3244
劉公幹(人名) 1213
劉。-。后 297
劉-項(人名) 2913
劉參軍(人名) 1300
劉子駿(人名) 2623
劉氏(人名) 2443
劉嗣之(人名) 2454
劉。-宗。 233
劉承祖(人名) 72
劉頌(人名) 3047
劉眞長(人名) 2871
劉整(人名) 2442
劉生(人名) 2595
劉先生(人名) 3617
劉前軍(人名) 2341
劉禪(人名) 3027
劉太尉(人名) 1958
劉楨(人名) 3163
劉楨公幹(人名) 3163
劉德祖 86
劉-伯(人名)康 1064
劉伯倫(人名) 2901
劉秣(人名)陵(地名)沼(人名) 2623
○劉備(人名) 2569
劉府-君(人名) 3571
劉馥(人名) 2567
劉文學(人名) 1944
劉表(人名) 2196
劉穆之(人名) 2342
○劉伶(人名) 1300
○劉淵(人名) 3034
懰-。亮タリ 1114
懰 1113
○旒| 2755
旒-旗 3420
旒-纊 2362
旒-旌 1143
柳下(人名) 2937
○柳下惠(人名) 2626
柳杞キ 181
柳。季(人名) 619
柳惠(人名) 1402
柳莊(人名) 3342
○流。 344
流-藹 1758
流-雲 1232
流-影 1745
流-裔 3411
流英 909
流詠シ 1810
○流-鸎 1892
流-易ス 1413
流。-。衍セリ 433
流-温 1644
流-霞。 478
流-膏 2166
流-。喝ス 508
流。-。漢 311
流-澗 1831
流-綺 2168
流-議 1300
流競 2332
流-響 1811
○流-。寓シテ 1908
○流-火 811
流-化 1730
○流-光 560
流-荒 2182
流。-黄。 281
流-憩 2790
流-景 169
流-谿 2163
○流-言 2660
流-伍 2457
○流。-沙 843
流。-。藻 865
流-霜 2149
○流-矢 635
流-宗 771
流-。戍シウス 998
流-灑ス 2118
流-輸シユスル| 2387
○流-俗 1120
流-俗-人 2510
流-吹 2835
○流-水 1074
○流-星 1365
流-精 3394
流-聲 2136
流-川 1035
○流-泉 130
流-楚 1105
流-蘇。 379
流-唐 752
流-宕 2155
流-蕩スル 2658
流-澤 3153
流-徵チ 964
流-池 1357
流-塵 1926
流-睇 3608
流-。綴ス 1355
流-潮 1260
流-遁 751
流-。遁シ 598
流-遯

2336 流－波 1046 ○流－派 1214 ○流－輩 2454 流－邁(セン) 3184 ○流－亡(シ) 635 流－芳 1414 ○流－沫 1568 ○流－沫(ス) 2770
流－。漫(タル) 1099 流－品 3531 ○流－民 1492 ○流。－風。 292 流－聞(ツタヘキク)(スラク) 2274 流－飄。(シ) 844 流－猋 1452 流－。湎(セル) 447 流－
。盱(ス) 1156 ○流－盼(シテ) 1383 流－攬(シテ) 2113 ○流－離。 365 流－離。辛－苦(〆) 2506 流－隷 3154 流－潦 1459 流－連 2219 流－
連(シテ) 1303 。溜 588 瀏｜(タル) 2600 瀏。－。莅(リ) 530 瀏。－瀏(トシ) 989 瀏－亮(タリ) 1019 ○留(地名) 2904 留－荑 1588 留－行(セ) 2393 留－義 72
留(人名)－侯 81 留－攢 3616 留－事 1064 留－子 1564 留城(地名) 2219 ○留－滯(シテ) 1359 ○留。－落。 529 留－聯(シ) 1101 ○留－連(セハ) 2292
留－連瀾－。漫(トシテ) 1107 蕾－荑 523 虸－江 780 。雷 347 隆－恩 847 隆－家 3659 隆。－。厦 419 隆－嵑 3377 隆－漢(地名) 3109 隆
－器 2355 隆。－響 386 隆－窟 153 隆－殺 2818 隆－思 1497 隆－熾(ナリ) 1614 隆(地名)－周 1928 ○隆－車 2706 ○隆－昌 2213 隆－
暑 1612 隆－。振(セリ) 871 隆－晋 1484 隆－崇(スウニ〆) 165 ○隆－盛(ナリ) 3429 隆－坻 1257 隆－重 2363 ○隆。－替(ティ) 621 ○隆－替(ティシ) 1286
隆－替。 677 隆－冬 525 隆－平 127 ○隆－敝 3262 ○隆－隆(タル) 2768 隆－烈(タリ) 551 飀－飀(タル) 384 ○六。｜(ニス) 468 六。｜(ス) 531
六－衣 3503 六－幽 3006 六－佾 2204 六－引 1734 六－英 436 六－駕(シ) 2115 六－較。 373 六－樂 1864 六(リッ)－翮。 847 ○六。－
合 307 六－器 1086 六－奇 81 ○六－氣 1170 六－祈 3483 ○六－義 3090 ○六－宮 3053 六－禽 256 六－莖 2595 六－區
938 ○六－官 1246 ○六－月(ニ〆) 2293 ○六－軍 370 六－郡 1306 ○六－卿 424 ○六－經 128 ○六－。藝 543 六－后 3064
○六－國 1502 ○六－帥 2650 六－州 771 六－七 2761 六－日 3402 六－入 3578 六十卷 70 ○六十四 2804 六－十－人 2876
六－十－餘－載 3016 六首 1804 六－人 2444 六－臣 3268 六－穗 2970 六－帥(スイ) 113 六－世 2738 六－姓 2828 六－城 2396 六－

情1031　六－歳2865　○六－齊(地名)2388　○六－尺3660　○六－籍121　○六－代2246　○六－條3592　○六－典226　六年2874　○

六－度3556　六－斗2443　○六－馬2156　○六－博2083　○六－百2214　六－駁2562　六－八3210　六－飛2362　○六－府2374

六－服861　六－符1227　○六－蔽3290　六－變244　六－輔2871　○六－律137　六－龍250　六－歴3405　○六－位3362　戮。

620　○戮。(シ)627　戮－笑(セラレテ)2535　戮－辱3031　蓼－莪983　逵(人名)2294　陸(と)289　陸(人名)3093　○陸(人名)－賈652　陸凱(人名)3240　○陸－海96

○陸－行2415　陸機(人名)2297　陸公(人名)3232　陸佐公(人名)3367　○陸－産1717　陸士衡(人名)1217　陸士龍(人名)1220　陸子(人名)2783　陸生(人名)2923　陸績(人名)3233　陸遜(人名)

2947　陸(人名)－大－夫3319　陸。－澤。317　○陸－沈1836　○陸－沈(シ)2151　陸平(人名)－原1954　○陸－離。(とシテ)554　○陸－梁2712　嵂崒500

○律。1223　律－均931　律－谷3478　律－度2778　○律。－。呂386　○律－令2710　慄(タリ)2089　栗。(人名)883　栗陸(人名)3021　栗－栗2994　矞

－雲438　聿－懷3010　聿。－皇(タル)560　鴥。(タル)759　立|(セリ)3558　立峴2377　○立－錐2408　○立(タチトコロニ)－談(スル)2766　惏－悷1143　慊－縿1102

懍－懍(トシ)2474　林。－箊。353　林。－衡。408　林壑1348　林－間693　林－丘1565　○林。－檎。317　林回(人名)3326　林－光165　林－

叢。558　林－巣1340　林－草3085　林－氏263　林－趾1608　林宗(人名)3511　林－渚1903　○林－鍾726　林－籥1067　○林。－。藪337

林－。。莽802　林。－薄。328　林－府1014　林－表1661　○林－木1690　○林。－。野853　林－巒2683　林－閭1582　○林。－麓。315

林－園1625　淋－浪。(とシテ)1096　○淋。－灕。556　淋－淋－焉(トシ)2115　琳(人名)2466　琳瑀(人名)3164　琳－珪1589　琳。－。。瑉501　琳。－琅。292

碄－碄(タル)923　綝－纚(と(シ)て)929　臨(人名)3587　臨|(ス)3428　○臨－海360　臨－海－嶠1570　臨。－顔658　臨。－。。崖(キシ)309　臨沂(地名)2860　臨

－硎。361　臨－哭(ス)2321　○臨－菑。403　臨淄侯(地名)2458　臨漳3056　臨－照(ス)1180　○臨川(地名)2666　臨洮(地名)2424　臨－眺(シテ)1368　臨－。圃

742

霖1491

○霖-雨1455

霖-潦1816

霖-瀝シテ1837

兩-邑1613

兩-楹1756

兩-家396

。兩-。鮘380

。兩-學。953

○兩-漢(地名)3525

○兩-儀2310

兩-宮1774

兩-禽1694

兩-鄉1596

兩-句3095

兩-觀226

兩-君2396

兩-京1735

兩-閨1587

兩-賢3286

兩-壺3675

○兩-國2267

○兩-造2456

兩-耳3653

兩-袖1853

兩-主2394

兩-如1568

○兩-人2103

兩-晋(地名)3592

兩-說1932

兩-帝460

兩-都1751

兩都(書名)2811

兩都賦88

兩-奠3485

兩-藩3625

兩-赴3504

兩-門626

兩-明3564

兩-龍2839

兩-王627

兩-闈1585

兩-轅1616

○梁71

梁-埃1911

梁-陰3550

梁-潁1492

梁-益3382

梁(地名)-岳3637

梁-基565

梁冀(人名)3079

梁(地名)-魏(地名)2915

梁丘(人名)2678

梁丘賀(人名)3019

梁-劒665

梁-侯955

梁-鴻1737

梁-藻2066

○梁(地名)-山3379

梁-鄒130

梁-騶438

梁-城1652

梁(地名)-征1203

梁生(人名)2652

梁籍(人名)3155

梁-宋1650

○梁-塵1901

梁(地名)-陳(地名)1954

梁朝(地名)3647

梁-趙3108

梁-棟1314

梁(人名)-竇(人名)3316

梁-岷。。336

梁-。父584

梁甫(地名)2993

○梁-木3434

梁-野112

梁王(地名)2576

○涼(地名)3347

○涼-燠イク70

涼-陰3680

涼-葉1957

涼-温1599

○涼-氣1385

涼-沙873

涼颸1594

○涼州(地名)2716

○涼-秋2497

涼-室737

涼川1916

涼-臺2615

○涼。風。318

涼-飇1613

涼-野1651

○涼-。夜810

琅邪(地名)-王3056

糧-粒3470

○良|3439

良(人名)2783

○良-友982

良-游1487

良-遊1919

良-逸。953

○良-緣1896

○良-家1699

○良-弓1698

良-規2251

良-驥2608

良-玉2587

良-。。具664

良-。。遇1216

良-。會1163

○良-工3133

良-宰3344

○良-才3188

○良-材1464

良-史944

○良-士3275

良-時1587

良-實ニ2261

○良-質1025

○良-。將3117

○良-主3240

良-守2238

良-駿1059

○良-書1878

良處士(人名)72

○良-人660

良-訊1499

○良。辰。326

○良-說2247

良-。叟919

良-儔1554

良

－覿(テキ) 1855
良－田 1453
良－塗 1825
○良－圖 1270
○良－馬 1465
○良－媒。。 1159
良－謨 1547
良－比 2589
○良平(人名) 3080
良－苗 1670
○良－朋 1402
良寶 2727
○良。－木。 311
○良－夜 1793
良藥(人名) 2601
良。。窳 747
良樂。(人名) 2787
良－隣 1526
○。諒－。闇 620
諒－直(ナリ) 2061
○量｜(ナルカ) 1553
量－交 3325
量－苞(ス) 1540
閬－風 170
閬閬 932
○略｜ 2738
○略。(シ) 675
略－術 2974
○呂 1071
呂(人名) 967
呂(人名)－安 967
呂延濟(人名) **72**
呂延祚(人名) **73**
呂向(人名) **72**
呂興(人名) 2647
呂刑(人名) 2771
呂郤(人名) 2316
呂虔(人名) 2860
呂公(人名) 3160
○呂后(人名) 2696
呂氏(人名)(書名) 2461
○呂氏(人名) 3268
○呂尚(人名) 2404
呂僧珍(人名) 1249
呂岱(人名) 3233
呂望(人名) 2020
呂－法－曹 1592
呂範(人名) 3233
呂布(人名) 2194
呂蒙(人名) 3232
○呂覽(人名)(書名) 2532
。呂－梁 415
慮｜ 2975
梠－桷 3447
○旅｜ 1714
旅｜(ス) 3396
旅－逸 1737
旅－翮 2482
旅－鴈 1233
旅－宦(シテ) 1928
○旅－館 1344
旅－思 1657
旅－食(ス) 2580
○旅－人 1979
莒(地名) 3142
○虜｜ 2659
。虜｜(セラレ) 995
虜－騎 1305
虜－陣 1740
虜－廷 2307
虜－庭 2707
○閭。 368
閭娵(人名) 2106
閭。－閻。 363
○凌－雲 744
凌。－。遽 866
凌。兢。 469
凌－遲(シ) 613
凌統(人名) 3232
凌－波 789
凌－風 1221
凌－亂。(シ) 875
凌－厲(シ) 1466
凌－遽 1356
凌－縱 1097
凌－飛(キ) 1093
○稜 134
○稜－威 2194
○稜－威 1284
○。稜。(ウ)－稜(タル) 702
綾－綺 1951
○綾－羅 764
聾－耳 2185
聾－俗 2654
聾－昧(ナリ) 2556
(レウ)蓼｜ 2081
蓼。－。荷 787
蓼。－。藕 521
蓼－華。 503
蓼。。芡 287
○陵。 1167
陵(人名) 2437
○陵－夷 2744
陵－夷(ス) 3562
陵－邑 **94**
陵－雨 3364
陵－雲 2815
陵－岡 601
陵－丘 349
○陵－虐(ス) 2307
陵－虛 2153
陵－火 3363
陵－闕 1337
陵－窘(セリ) 2109
陵－喬 1608
陵－谷 2371
陵－上 1311
○陵－辱 1700
陵－苕 1318
陵－藪 1330
○陵－遲 2967
○陵－遲(ス) 3210
陵－巔 1168
陵－土 2348
陵－邁 3049
陵－阜 2166
陵－廟 1422
陵－飆 3342
○陵－墓 173
陵陽(地名) 2369
陵陽(人名) 1319
陵－躍超－驤蜿－蟬揮－霍(ス) 2137
陵－巒 754
陵－亂(ス) 1396
○陵－鯉。 357
○陵－轢 2140

隴－頭 1306
鯪－鰩 778
鯪鮭 785
○龍。296
龍－帷 3510
○龍－駕 3603
○龍－駕シ 2031
龍－桷。716
○龍。－。。眼 354
○龍－顔 664
龍－斾 241
龍－騎 1248
龍－。驤 488
龍丘(人名) 3628
龍郷(地名) 3478
龍－魚 763
龍－興 160
龍－興ソ 2798
龍－軿 3494
龍－火 2155
龍－旒 1755
龍－蠖 1633
龍－穴 357
龍－牽 2444
龍－見 1313
○龍－虎 887
龍－犀 3291
○龍－山セム 445
龍－轜。。988
○龍－舟 765
龍－章 2654
龍－雀 229
○龍樹(人名) 3562
龍－首 91
龍且(人名) 2913
龍－叙 3389
龍－燭 391
龍－川 340
龍－戰 1875
龍－潛 2427
龍－虵 2078
龍－臺 536
龍脱(地名) 2920
龍。－池。308
龍－庭 3376
龍趙(人名) 3623
龍－圖 222
龍䝘トウ 252
龍－德 3398
○龍－馬 1002
龍逄(人名) 3125
龍－文 146
龍逄(人名) 2403
龍－鳳 1095
龍。－目。。309
○龍門(地名) 2098
龍－陽 1382
龍－翼 2999
龍－鸞 3677
龍－鯉 781
龍－輅 233
○龍樓(地名) 2844
龍－淵。479
力－耕センヤ 2053
力－政 1286
○力。－役 583
淥。水 386
淥－池 2687
淥－波 1157
○緑－葉 1391
緑－綺 1904
緑蟻 1594
緑－騏 1529
緑－槐 1615
緑－黴 950
緑－葵 956
緑－蕙 523
○緑－草 1926
緑草(人名) 2443
緑－滋 1828
緑－渚 1814
○緑－。水 813
緑－。沼 672
緑－幘 1892
緑－泉 1957
緑錢(マこ)－ 1889
緑－素 591
緑－罇 1885
緑－虵。シ 866
○緑。－苔。825
緑－蘀 1351
緑－池 1211
緑－疇 1361
○緑。－竹。303
緑。－荑。315
緑－篠 1631
緑－房 715
緑－繫 1616
綠。－碧。281
○緑野 1644
○緑－蘿 1315
緑－柳 1340
○緑－林 1467
緑－綟 3640
緑。醽。385
菉－蒩 2085
趢－趗 268
騄騻 2561
倫－ 2846
倫－好 2653
倫－化 1425
倫－黨 2657
倫－比 2979
。凜－秋 956
○凜－然ト 2542
○凜－凜タリ 990
吝 1575
吝－嫉ソ 3458
廩リン 2732
廩－倉 2753
崙。－菌。724
憐－察 2418
憐－女 1399
橉。－杞 785
淪セリ 1910
淪－藹シ 3502
淪－誤ス 1931
淪－惑ス 1748
淪－雜ソ 2451
淪－躓 1633
淪－塞 2428
淪。－池。830
淪－亡スル 3065
淪－薄ソ 1916
淪－漂

1914
璘－瑞(ヒンタリ)749
○磷－磷521
○綸｜3529
綸－誥3584
綸組348
藺生(人名)1283
藺先生(人名)2772
蜦－蜳779
○輪411
輪－

蓋3325
輪－翮2352
輪－囷2402
○輪－奐(ト)3579
輪轂1333
輪－匠3347
輪－扁1028
轔(スル)558
○轔－轔2851
鄰－國2529

○鄰－人968
鄰里1259
○隣－里646
鯩－鰱778
鱗｜2175
○鱗－介311
鱗－骼(カク)656
鱗－甲342
鱗－翰1361
○鱗－

蟲563
鱗－翼3320
鱗－侖(トシテ)1067
鱗－鱗(ト)1656
麟499
麟－閣1307
麟－趾77
麟－鳳2188

ル
縷形(ツイテミアラハス)「2112」
壘－壘(タル)1410
壘－垣3029
壘和(ルイ)658
○壘－壁186
淚－容1927
礧3454
礧(ルイ)3446
○累2187
累－巧735

累－行2412
累－氣3091
累－舊3129
累－讃(シ)1101
累－榭2075
累－樹1346
累旬2440
○累－世1545
○累－積376
累

－息(ス)593
累－臺526
累－藩3598
○累－卵2409
○縲－紲3064
○縲－紲(セラレ)3070
縲－緤2530
縲(ルイ)－匿(トク)3144
○纍－纍(タル)

434
螺－蚌764
○誄1019
誄｜(ス)3450
○類719
○類(シ)741
類－生(ス)768
類－帝2833

レ
○令700
○令｜(ス)2894
令－猷1563
令－尹1931
令－顔1697
令－儀293
○令月940
令－史3162
令－姿1519
令－主

3266
令－績3593
○令－弟1573
令－典3544
令－圖1881
○令－德612
○令－望2845
令－範2843
○令－聞449
○令

－名1457
○伶(人名)－倫1095
○例2802
○冷(スヽシキ)979
厲(ハゲシ)318
厲－揭2992
厲－節2256
厲宣(人名)3271
厲王(人名)2391
○囹－圄1403
○囹(レイ)

－圄(キヨ)433
戾－莎523
戾－夫2743
戾－戾(ト)1957
戾－園639
協－槤785
棣－華3313
櫺－檻741
櫺－軒1452
○沴(レイヲ)

3500
○冷－然(ト)1967
○冷－風2226
○冷－冷(と)1031
澧(地名)2037
澧－水1901
澧(地名)－浦2036
○玲－瓏(ト)1871
珕－珋783
瓴－

甒1830
瓴－甓963
癘－痟316
礪1186
禮1160
○禮437
禮｜(スル)2321
○禮－樂2215
○禮－儀247
○禮－義1434
禮－

官106
禮｜訓2864
禮｜經3395
禮｜教2451
禮｜事251
○禮｜讓1730
禮｜術3407
禮｜序3059
禮｜俗3044
°禮｜神°478
禮｜制1078
禮｜正3371
禮｜數1426
禮｜智2982
禮秩3248
○禮｜典2478
禮｜防1160
○禮｜法2630
○禮｜物2199
○禮｜文3036
○禮｜容°953
禮｜律2203
禮｜闈2882
禮｜園543
舲｜船2050
茘｜芫180
○茘°｜枝°354
蔾｜藿2127
蔾｜菽3469
軨°｜軒471
軨｜°軹929
醽°1117
°醴413
○醴°泉565
醴｜醪3198
○°隷2516
隷古2799
隷（人名）｜首179
○零｜雨1253
零｜悴（アリ）2614
零雪2153
○零｜丁2293
零｜茂3144
○零｜落1381
○零｜落（ス）1633
零｜淚1977
零陵郡（地名）2444
○零｜露977
○靈°298
○靈｜異1605
靈蠵563
靈｜衣987
○靈｜°囿527
靈｜宇3579
靈運（人名）1972
靈｜曜3521
○靈｜液1090
靈｜越688
靈｜駕1851
靈｜海755
靈｜鑒1286
靈｜旗480
○靈｜氣1320
靈°｜祇°298
靈｜丘1758
靈｜虬3408
靈｜宮96
○靈｜柩1461
靈｜眖3107
靈｜響405
靈囿（人名）2970
靈｜居763
靈（人名）｜均796
靈｜和797
○靈｜光706
靈光（書名）2811
靈°光°｜殿705
靈°｜關°307
靈｜夔°382
靈暉3526
靈｜輝3338
○靈｜龜927
靈源3581
靈｜訓881
○靈境1973
靈｜契2986
靈｜慶3109
靈｜景1274
靈｜溪692
靈｜矯（スル）789
○靈｜驗690
靈｜獻1502
靈｜湖776
靈｜鼓233
靈公（人名）2514
靈谿（地名）1313
靈°｜根°297
靈｜璅2010
靈｜蔡2184
○靈｜草1963
靈｜爽°795
○靈｜山1367
靈｜址485
○靈｜時2976
○靈｜°祀（シ）871
○靈｜芝171
靈｜脩1995
靈州（地名）2477
靈｜若656
靈｜主245
靈°｜°壽313
靈｜珠3401
靈｜轜1756
靈｜潤794
靈°｜胥379
靈｜心3579
靈｜辰466
靈｜櫬3604
○靈｜瑞3159
靈｜°沼553
靈｜仙°685
靈｜祖247
靈｜族1724
靈｜虵2591
靈｜鱓2383
靈｜鼉537
○靈｜臺134
靈｜壇°490
靈｜誅2712
○靈°｜長°（ナリ）769
靈｜輴2489
靈｜體1164
靈｜兆2989
靈｜潮772
○

靈｜鳥842　靈｜圖2843　○靈｜德2786　靈｜波1330　靈｜魄3487　靈｜妃1315　靈｜匹1851　靈｜武2911　○靈｜符2641　靈｜
風3662　靈｜風3662　○靈。｜物。。860　靈氛(人名)2017　○靈｜廟2219　靈。｜。表842　靈｜變1976　靈｜變スル760　靈｜篇147　靈｜圃
1613　靈｜茂。。ナリ886　靈｜鳳1947　○靈｜寶2169　靈｜輿555　靈｜淵2171　○領｜セシム2327　領｜右長｜史2317　領｜冀州(地名)2190　○
領｜會969　領｜軍3421　領｜護2304　○領｜袖タリ2365　領｜主｜簿2463　○領｜取73　領｜直｜兵3672　領｜豫州(地名)2695　領
｜略1965　駖。｜磕と557　黎(地名)3003　黎(人名)886　黎丘919　○黎｜元1205　黎｜獻1477　○黎｜庶3132　黎｜烝2977　黎。｜人728　黎
｜氓3134　○黎｜民2740　黎｜苗2141　黎｜陽1914　黎。｜栗。289　○麗｜2842　麗｜曲3091　麗｜草2134　麗｜藻3328　○麗｜日
1892　○麗｜質2590　○。麗｜人1156　。麗レイ｜。靡539　麗レイ｜密ヒツ2886　麗レイ｜服203　○。麗｜容。842　○了サトリテ｜レ義ヲ3573　亮｜1632　亮(人名)2260
亮｜月1810　亮｜誠3634　亮｜跡2926　亮｜節1706　僚｜舊3610　僚｜庶3608　嫽｜妙1052　○寥。｜廓。392　寥｜泬タリ1973　○
寥｜落タリ1663　寥｜戾タリ3139　寥｜亮タリ3526　○寥｜寥タル987　○寮3008　寮｜友2931　寮｜寀1472　寮。｜司672　寮｜屬3428
寮。｜。位621　嶛。｜嶕374　憀｜亮タリ1095　憭タリ2089　憭｜慄タリ2058　漻｜澥195　潦｜倒2637　燎｜ス2971　燎｜煙1908　○燎｜火
3106　。燎｜薫。ス480　。燎｜爥。472　獠｜徒2130　瞭とシて1148　。繆｜繞507　膠｜緻1038　。繚｜。繞595　聊タリ2112　聊｜城1932　聊｜
攝1717　聊。ホシイマヽナリ｜浪。559　聊｜慮1076　。蓼｜蕺。289　蓼｜荽956　○遼(地名)海2335　遼｜廓ト2655　遼｜索1845　遼｜水1004　遼｜絶2742
○遼(地名)東1925　○遼(地名)陽2643　遼｜落セル2357　遼｜亮タリ1969　○遼｜遠ニ2691　飂｜淚とシて934　飂。｜戾タル643　飄。厲。タル326　歷｜2807
歷｜運2245　歷｜紀2985　歷｜草2852　歷賞スル3095　歷｜政3598　歷｜説シテモ3294　歷。｜數440　○歷｜代1088　曆｜天555　歷｜

配。ス 861　歴。－阪ハン 937　歴－命 3241　歴－陽 3292　○歴－覽 1635　○歴－歴タル 1777　○暦。－象ス 414　○礫。 1136　礫－石 3293　櫟。

－櫧。 529　櫪馬 3447　瀝－液タル 909　酈食其(人名) 2757　酈商(人名) 2904　酈生(人名) 3158　洌－清 1845　洌。－風 1143　○洌洌 1764　○列。 958　列－

筵 1734　列－壑 2687　－列岳(マヽ) 2349　列－官 3049　列鉄。アリ 555　列－郡 2387　列－卿 2538　○列－侯 2719　○列。－國 339　○列コン－

坐 1695　○列－坐セリ 1945　列。－。侍 413　列－寺 362　○列－子 1098　列。－。肆 426　○列－。宿 397　列－狀 2447　列－將 2439

列－樹 1799　列－稱ニ 2447　列心 1617　列－眞 347　○列－星 1138　○列。－聖 403　列。－仙。 283　列－錢 102　列－紏 3565　○列

－傳 3065　○列傳(書名) 2534　○列－邦 3615　列－蕃 3530　列－辟。 750　列－墉 1856　列－列タル 979　○劣－ナリ 3588　洌 1124　烈。 583　○烈

－火 1567　○烈。－士 838　烈－心 1722　烈－將 3455　烈－精 3003　○烈－祖 2731　○烈－風 2099　烈－柄タリ 2784　○烈－烈 1852

迾－卒 187　獵－射 3147　獵－徒 186　獵－攦トシテ 1112　○獵獵ト 1656　熚－捷トシテ 1039　○廉。 1023　廉－孝 107　廉－高 3182　廉－

隅 3392　廉－絜タリ 2068　廉－絜正直ニシテ 2054　廉(人名)－公 631　廉－深 3472　○廉－恥 139　廉－貞 2055　○廉頗 3114　廉－風 3600　廉(人

藺(人名) 2473　戀－恨 2653　斂－ 3475　斂－スルニ 3442　獫玁獢のイヌヲ 185　簾－肆 2421　簾－櫳 1850　㜕－娟トシテ 1052　○漣。－漪。 383　漣－洏タリ 1432

練 1662　○練。シ 389　蓮。－。。藕 502　。聯－。延 1141　聯－城 3478　聯。－翩。トシテ 819　聯緜 1047　○輦。 415　輦－ス 2096　輦－居 1214　○輦

－轂 1192　○輦－車 2387　○輦－。道 2104　○輦－路 107　○輦－。輅 864　連－シ 673　○連－陰 1594　○連－。延トシテ 740　○連－

岡 1420　連－綱 963　連。－閣。 298　連。－。觀 829　連－卷。 557　連－蜷トシ 2030　連－。蹇ス 2762　連－雞 637　連－軒 873　○連－

枝 1790　連－璽 1273　連－障 1341　○連－珠 1036　連－屬 3274　連－屬。セリ 470　○連－城 1283　○連－帶ス 2191　連－闉。 413　連

－榻 1908
連－逮 2450
連－逮(テイスル) 2450
連°－抱°(タリ) 529
連－舫 1674
連－翩(と) 936
○連－緜 1631
連－廊 2104
連°－落° 606
○連－理 2313
鍊|(ス) 1321

ロ

廬° 450
廬(地名)－江 2085
廬(地名)－九 3386
廬(地名)－霍(地名) 1973
廬(地名)－山 1365
廬－室 649
廬陵王 1419
廬園 1637
○魯(地名) 1194
魯(人名) 2719
魯(地名)－人 1173
魯－縞 2555
魯(地名)－客 1931
魯－縣 297
魯(地名)侯 3535
魯－公 1481
魯(地名)國 2503
魯史 2801
魯(人名)子 3247
魯(人名)芝 2291
魯(人名)肅 2947
魯(地名)春秋 2801
○魯(人名)仲連 1273
魯(人名)－班 1070
魯(地名)門 1318
魯(人名)－陽 387
魯(人名)連 2423
魯(地名)－衞(地名) 3212
櫨°－櫪° 284
瀘° 1746
玈－弓 2206
玈－矢 2206
臚－人 232
艫－栧 1564
蘆洲 1655
蘆－人 792
盧(人名) 3106
盧－弓 1933
盧(人名)欽 2870
盧(人名)綰 2566
○盧°－橘° 303
盧－狗 2276
盧－山 564
盧(人名)子諒 1282
盧諶(シン) 1526
盧(人名)播(ハ) 1205
盧(地名)－博 2388
盧°(人名)－°附 316
盧(人名)郎中 1960
輅(ロ) 3131
輅－木 241
路(人名) 885
路－衢 1460
路－左 662
○路次 1823
路－歧 1819
路°－寢 706
路－車 2901
○路－人 2282
路－粹(スイ) 2257
路－蕟 249
○路－傍 1214
鑪－捶(シ) 3316
露－英° 478
露－寒° 536
露－葵 2124
露－雞 2080
露－犬 2850
露－鵠 2174
露－彩 1987
露－斯 1819
○驢| 3653
驢－騾(ラアリ) 525
°鷺－鴻° 344
°鹵－°°莽 579
°哢－吭(ス) 320
婁(人名)玄 3241
婁(人名)－敬 122
婁(人名)子 2176
崚－嶒(トゥ) 1368
巃－嵸(トゥ) 2088
弄| 3468
弄(ス) 1912
慺－慺 2287
○樓° 384
樓緩 3113
樓－觀 1355
樓－舡 365
樓(人名)秀 2103
○樓－上 1772
○樓－船 2648
樓－雉 1880
樓中 1337
樓(地名)煩 1930
○樓蘭 1374
○漏 1585
漏°－江° 309
漏－跡 2163
漏－卮 2598
(書名)漏卮 3164
漏－網 3268
樓－搥櫟－埒(とシて) 1102
籠－檻°(カン) 846
籠－罩(タウ) 2931
○籠°－鳥 807
○螻－蟻 1045
○螻－蛄 1785
°鏤(ロウ)－章 863
鏤－象(シャウ) 531
°鏤－楶 361
陋－宇 2655
○陋－巷 2637
陋－宗(ナリ) 1545
○°陋－質 619
°陋－身° 958
°陋－賤 847
°陋－體 844
陋－圃 1475
○隴| 2717
隴(地名)右 2734

隴－陰 998
隴－鴈 997
隴－首 90
○隴西 2620
。隴－。坻 843
隴阪 1797
○隴－隴タル 1416
○禄| 2724
禄|シ 3125
禄。－。命 844
禄－利 2249
籙。859
籙－圖 3207
錄| 3291
○錄。シ 465
○錄－事 3672
錄－尚－書－事 2346
○勒。656
○勒。ス 420
鹿丘（地名） 2841
○鹿－鳴 1104
○。論 516
○。論ス 1012
論－記シ 1079
○論語 2798
。論－者。304
○論。－者 2760
○論－說 2894
論－著チョスル 3429
○論－文 3162
論文（書名） 3151
論－報 2482
論－輸セン 2252
論－列セン 2516

ワ

哇ワ－咬 1057
窊。－隆。358
鼃。－黽 452
。渨ワイ。灅ライ 775
煨。－。燼 402
猥－積とシて 1077
。猥－積。シて 452
猥－濊 1543
碨－柍 1075
。穢－累 910
隈－隩 1352
繩－咬カウ 275
○往 1489
往－駕 3502
往－行 2366
往－。號 584
往－漢（地名） 3380
。往。記 1243
往－舊 156
往－化 1422
往－懷 2667
○往－還 1655
往－還セン 2834
往－賢 2249
○往－古 1554
往－告 2649
往－載 3080
○往－事 3534
往－使 3649
往－初。378
○往－昔 165
往－朝 2323
往－哲 2456
往－牒。859
往－圖 2684
往－。播ハシテ 1222
○往－復センヤ 1259
○往－反ス 2583
往－篇 1570
○往－返 1670
○往－來 2071
○往－來ス 534
往－來游－讌 2097
往－烈 2450
○往－路 1294
○往－往 2673
。枉ワフ 1201
○枉－屈セリ 2263
枉矢 184
枉（地名）－渚 2050
○横ワウ－流 3389
汪。－洸 776
汪。－氏 913
汪－濊タル 2738
○汪－汪タル 2950
汪－汪焉タル 3512
汪－汪－焉洋－洋－焉タリ 3527
泓－宏 1116
泓ワウ－汯クヮウ 776
瀇ワウ滉 776
○。王タルニ 75
王（人名） 883
王。564
○王－維 3537
王－猷 1171
王逸（人名） 2029
○王－家 3063
王－夏 251
王－綱 3168
王康（人名）琚 1330
王簡（人名）栖 3554
王－暕カン 2364
王韓 1724
王－姫 3479
王季（人名） 3041
○王－畿 1292
王－。。義 399
王－休 1544
王－居 3394
王。－。會 861
王（人名）－閎 205
○王－化 2342
王元（人名）

2576
王元既 1512
王元長（人名） 2222
王源（人名） 2450
王君（人名） 3410
王－軍 2917
王經（人名） 2947
王－喬（人名） 1108
王教 2809
○王－業 273
王儉（人名） 3646
王－薾 476
○王－言 2349
○王－侯 1273
○°王－公° 319
王－國 1194
○王－佐 1427
王－宰 1239
○王粲（人名） 3163
王粲中宣（人名） 3163
王餐（人名） 2120
○王－事 1821
○王－子 1458
王子（人名） 2859
王子淵（人名） 1064
王子喬（人名） 1311
王子晉（人名） 1384
王子比干（人名） 3122
○王－師 2556
王氏（人名） 3178
王慈（人名） 2455
○王戎（人名） 3530
王°－職° 301
○王肅（人名） 2613
○王－室 1178
王－心 2926
王奢（人名） 2396
○王°－°者 306
王常（人名） 3074
王－章（人名） 666
王－爵 1197
王主簿 1883
王－睢 562
王襄（人名） 3127
王蠋（人名） 2333
王信（人名） 2916
○王－臣 2742
王－°隧 917
王－蒭 180
○王－制° 953
○王－城 219
王成（人名） 3020
○王政 2795
王生（人名） 1255
王－昭 1105
○王－昭－君 1699
王跡 2907
王－迹 1729
王－鱣 778
王僧孺（人名） 2366
王僧達（人名） 1927
○王°－孫° 306
○王－道 581
○王－澤 84
王丹（人名） 3328
王赧（人名） 3169
王－中－書 1604
王仲宣（人名） 1212
王仲宣誄（人名）（書名） 3368
王仲寶（人名） 3524
王－衷 1679
王－誅 631
王－著作 1879
王徵君 1980
王－庭 578
○王－朝 3075
王－珧 779
○王土 2742
王－塗 2638
王－度 1520
王杜（人名） 3028
王途 3530
○王霸（人名） 3088
王－網 2986
王彌（人名） 3633
王－°傅 832
王武（人名） 3160
王－武－子 1517
王撫軍（人名） 1258
王－風 1286
王文憲（人名） 2817
王彪 1458
王－表 2841
王－豹（人名） 1108
○王－母 670
王°－褒°（人名） 332
王門 1600
○王－莽（人名） 123
王滿（人名） 2455
王－明－君 1699
○王－命 759
王命論（書名） 3151
王陽（人名） 3309
王－游 1360
王由（人名） 3140
王－餘° 357
王－良（人名） 932
王－略 2960
王－旅 3444
○王陵（人名） 2904
王－寮 1608
王廖 3114
王－°委（ヰ） 1169
王－°鮪 343
王－羽 872
蠖°－濩 477
蠖°略° 468
斡（ワツ）－流（シ） 891
彎°－崎° 361

ヰ

○位|2308　位|シテ 2838　位—勢 2405　位—貌 2364　倭傀(人名)3130　偉長(人名)2584　偉—。兆スル 439　圍。—經シ 552　。圍。口 564　圍。—木。。420

○。委す 639　。委ヰスル 869　委—羽 1915　委—鬱トシ 3486　委—骸 3463　委—裘ス 2363　○委—曲 1053　委灰 3344　委—篋 3398　委—瑣 2741

。委—。輸シフスル 755　委—質〃 2182　委—屬。シ 582　委—隨シ 2097　委—成ス 2349　○委—蛇タリ 1101　委—約シ 2062　委—用 3078　。委—離ス 870

○威。388　威—夷。タル 632　威—紆ト〃 1874　○威—儀 253　威—懷 1202　威—刑 3602　○威—嚴アリ 1795　威—弧 933　威。—神。710

威—蕤ト〃 2966　威宣(人名)2399　威—遲タリ 1292　威—重 2405　○威—德 2896　○威—武 2550　○威—風 2197　○威—福 2274

威—柄 2699　威—謀 2897　○威—名 3182　威—命 2193　威—明 2718　威—約 2525　○威—容 856　○威—力 3661　○威—令 3599

○威—靈 429　○威—稜。ロウ 864　威—稜スル 3227　威—王 2276　崴—。。嵬 522　○。尉 917　。尉—卬。605　尉—候 2851　。尉—佗 605

幃—屛 1414　尉—誨 2497　慰—納 2575　尉—喩 2602　。暐—曄。とシて 332　洧盤(地名)2014　渭。548　渭—瑩。ケイ 666　渭—城 659　渭南(地名)2197　渭(地名)濱 2782

渭(地名)—表 2911　渭陽(地名)2901　煒爗にシて 1020　煒—曄スル 2178　。煟—煌。タリ 371　。瑋—態 1145　瑋—寶 3239　褘充(人名)2265　褘—褕 3508　緯繢シテ 2014

。罻—羅。328　胃ヰ—維 2833　葳。—蕤。507　葳—蕤スイシテ 241　葦—杖 3596　葦—苕 2727　蜲—蜲蜿—蜿シ 1137　。蝟 1741　蝟—結 2438

逶。—迆。〃 517　逶—迆ス 3218　逶—迤タリ 1391　逶—迱ト〃 3456　逶—遲タリ 1001　違|スル 2874　違。—異 2565　違—謝〃 2339　○違—命 2268

違—離 1543　闈。321　闈—庭 3526　韋(地名)3003　韋(人名)2982　韋玄成(人名)3019　韋—弦 2865　韋弘嗣(人名)3151　韋—帶 2418　韋—帶セル 2183

韋孟(人名)1176　鮪鯇 181　彧。彧とシテ 839　有彧ヰキ—汨ヰツ 934　汨ト〃 1991　汨越 729　汨—起スル 998　蝹。タル 734　蝹—蝹タリ 199　隕—妣 3479

ウ

○羽 376
羽(人名) 663
羽ー蓋 241
羽ー校 2650
○羽ー翮(カク) 420
羽ー褐 792
○羽儀 344
羽ー旗 194
羽ー騎 555
羽群 2134
○羽ー檄 1270
羽山(地名) 2004
羽ー卮 1893
○羽ー觴 202
羽ー爵 326
○羽ー書 1306
羽ー人 690
羽ー楫 3235
羽ー族 328
羽ー隊 2162
羽ー旆 1369
羽ー葆 2876
○羽ー毛 370
○羽旄 437
○羽ー翼 1461
○羽ー林 2415
羽ー獵 274
羽ー獵(ス) 1143
羽ー衛 1982

エ

轉 699
爰ー居 1949
爰ー絲 665
袁(人名) 3528
袁家 1910
袁綺(人名) 2335
袁熙(人名) 2723
袁渙(人名) 2946
袁彦伯(人名) 2935
袁公(人名) 3519
袁粲(人名) 2867
袁(人名)絲 2514
袁尚(人名) 2196
袁術(人名) 2193
袁生(人名) 2925
○袁紹(人名) 2195
袁太ー尉(人名) 1981
袁譚(人名) 2195
袁本ー初 1910
袁陽源(人名) 1922
袁諭(人名) 2299
○圓ー(ニ) 3558
圓ー影 1887
圓ー海 951
○圓丘(地名) 1321
圓ー月 1940
圓ー景 1452
圓ー象 1845
圓ー井 2158
圓ー精 3496
圓ー折 1581
圓扇(書名) 3164
圓ー波 1610
圓ー方 291
圓ー扉 2848
圓ー府 2232
圓ー文 2164
圓ー門 2425
圓ー流 3408
圓ー靈 829
圓ー淵 715
園 1929
園ー囿 2562
園ー邑 666
園ー客 1095
園ー菊 1852
園ー墟 1476
園ー葵 1815
園ー塋 1422
園ー縣 1358
園ー寢 1411
園ー桃 1114
園ー中 822
園ー田 1624
○園ー圃 289
園ー柳 1343
園ー陵 670
○園ー林 1825
園ー廬 298
圜(エム)ー闕 166
垣ー上 1820
○垣ー牆 1251
垣閭 1838
宛(地名) 2381
宛郢 1909
宛ー虹 526
宛珠(地名) 2384
宛(地名)ー葉(セフ)(地名) 2985
宛洛(地名) 1923
宛陵(地名) 3429
宛ー宛(タル) 2977
宛ー伏 2109
婉 1101
婉(シ) 864
婉ー嫕(ニ) 3369
婉ー蟬(ス) 527
婉ー媚(ニ) 1720
婉ー約(に) 1123
婉ー孌(タリ) 1494
婉ー孌 1509
○婉ー婉(タル) 1287
○婉ー轉(ト) 1293
○婉轉(ス) 1045
怨 603
怨ー歌ー行 1685
怨ー曠 603
怨ー曠 2708
○怨ー恨(シ) 3176
怨ー沮(シ) 1100

怨—情 1883　○怨—憎 1402　怨—懟シテ 1077　○怨—毒ト 1384　怨—慕 1495　○援エンナリ 3481　○援—助 2613　晼—晩と(シ)て 971　淵。 776
淵(人名) 96　淵雲(人名) 1009　淵—英ナリ 3679　淵—海 3323　淵—客 357　淵—角 2862　淵丘 1361　淵。—魚 1003　○淵—源 3013　淵—玄 1303
淵—静 1105　淵—然ト 3161　○淵—藪 3594　淵—塞。。 1051　淵—澤 3036　淵—沈 940　淵—塗 3421　淵—穆 3002　淵。—黙ナリ 406
淵—流 1938　淵—令 3485　淵。—。偉 631　淵—遠ナリ 3573　猿。 1739　猿。—父 351　猨—蜼 1068　猨。—。狖 312　○猨—猴 1409　。琬エン—
。琰エンアリ 527　○。苑—囿。 546　。苑—。囿 513　苑僕射ヤ 1426　苑—門 113　菀—柳 2618　。苑鹿 661　菀とシて 1115　蜿—虹 733　。踠シ 865　踠
—踠とシて 199　轅生(人名) 2905　轅—馬 1700　遠—埃 1749　遠—夷 2879　○遠猷 1499　遠音 1342　遠—韻 1544　遠—煙 1656　○。遠—行 808
遠—行シテ 1688　○遠—郊 1761　遠—壑 1666　遠—岳 1751　遠—期 1726　○遠—近 87　遠—關 455　遠—京 968　遠—巖 1340　○
遠—國 1228　○遠—山 1006　遠筭 3069　遠—旨 1527　遠—。。邇 597　遠—戎 741　遠—岫 1592　○遠—心 2929　遠—者 2040　遠—祥
2841　○遠—樹 1364　遠—出 573　遠—所 2694　○遠—人 1791　○遠—征 1708　遠—迹 1590　遠—跡 2713　遠—績 3232　遠—節 1711
○遠—祖 3411　。遠—。代 297　○遠—大 3582　○遠—道 1681　遠—冑 3504　遠—陟 1823　遠—聽 2508　遠—天 1874　遠—度 1628　○
遠—圖 1176　遠—念 1496　○遠—方 1786　遠—風 1856　遠—峯 1344　遠—朋。 291　遠—游 1159　遠—役 1826　○遠—略 3247　○遠
—慮 2316　○遠—路 1793　鴛 1791　○鴛。—鴦。 288　鴛—雛 786　鴛—鸞 102　鵷。—鶵。 285　鶢。—鶋。 344

ヲ

嗚—唈ス 2480　○嗚—咽シテ 1620　嗚—嗚トシテ 2384　嗚—嗚ス 2541　汙—辱 2696　汙池 2561　○汙—瀆 3655　汙—隆ス 3312　○汚—

辱2542　○汚-辱(ス)2535　汚(ヲ)-隆670　洿-塗2775　於-邑(ス)2587　於赫(タル)145　○於。-菟。352　烏滸369　烏(ヲ)-椑(ヒ)955　於-穆3005　於陵(地名)2401　於-陵-子1839　烏(ヲウ)獲(人名)2787　烏(ヲ)弋(ヨク)。582　鄔1064　。甕2384　甕-牗805　吁(ウン)267　温。805　温(人名)2443　温-渥1356　温-燠3320　○温-雅(ニ〆)2950　○温-恭905　温禺(人名)(グ)3375　温嶠(人名)2317　温-胡(人名)2464　温-谷。643　○温-柔(シ)1101　○温。-室。414　温-淳2095　温-潤(ナリ)1020　○温。-泉。405　温太眞(人名)2871　温。-。酎434　温-直1079　温-飭227　温-調160　温。-房737　温-敏3463　温-風3676　温-汾2112　温-明3637　温-液221　温-涼1714　○温。-良。299　温-麗1601　温-温1546　縕-緒3643　轀-輬-車3640

第六節　文選読

文選読については、江戸時代以来、諸先賢が注目し言及してゐるが、戦後、訓読語研究の発展の中で、中田祝夫博士、築島裕博士、小林芳規博士らにより多数の点本について本格的実証的に究明された結果、その大要が既に明らかにされた(注2)。

即ち、文選読は「經(ケイ)營(エイ)トイトナム・織(シヨク)女(ジヨ)ノタナハタ」のやうに、その語を最初に漢語として音読し、ついで同一語を和語として訓読みし、その漢語と和語の間を「ト」か「ノ」によつて媒介する形式の訓法である。平安初期佛家点から見え始め、平安中期以降は博士家点にも見えるやうになり、出例の量も多くなる。平安朝の文選読の構成は、

甲　漢語…ト…和語（属性概念を表はす語）
乙　漢語…ノ…和語（実体概念を表はす語）
の二形式であるが、中世には次の新形式が生じた。(注3)
丙　漢語…ニ…和語（属性概念を表はす語）

文選読は仮名文学などにも散見するが、殆どは点本など漢文訓読語に使用される。そして、一つの点本中でも部分的に集中する傾向がある反面、ある箇所で文選読された語が同一点本の他の箇所で文選読されるとは限らない。また、同一漢語が何回も文選読になる場合に、和語は必ずしも同一ではない。

以上のやうなことが、文選読について明らかにされてゐることである。

文選読が文選に多く用ゐられてゐることは、「文選読」といふ名称からも容易に想像できるが、現存の文選の古訓点本にも多く使用されてゐることが、諸氏の調査により確かめられてゐる。

しかしながら、それらはすべて零本であり、六十巻（昭明太子撰は三十巻、李善注本以後は六十巻）の完本による調査はなされてゐない。そこで、こゝに六十巻完備し、しかも伝来の事情も明確な足利学校の文選により、調査、検討しようとするものである。

六・一　文選読の認定

足利本には、精粗の差はあるが、全巻に亘り、本文に朱筆でヲコト点が加点され、また墨筆で仮名、声点、音読・訓読・音合・訓合符などが付せられてゐて、ほぼ全文訓み下すことができる。

慶安板本には、本文・脚注ともに、仮名、返点、音読・訓読・音合・訓合符などが、全巻に付せられてゐて、ほぼ全文を訓み下すことが可能である。

さて、文選読として採録した例は、前記の甲・乙・丙の三形式に該当する例である。大半は、両者で共通して文選読になつてゐるが、一部次のやうに、一方だけしか該当しないものがある。

崪（タカシ）と 700（□（カタキ「ハ））　傾（キ）－崎（カタフイ） 1139（□（カタフキ）－□（カタフイチ）ト）　屬－鏤（ツルキ）の 367（□－□）　峻－湍（サカシキセ） 777（□（サカシキセ）－□ノ）

また、甲・乙・丙三形式とは一致しないが、音訓複読をしたと思はれる例が、幾群か現れる。

(イ)　泱（ヒロク）－漭（ヲホキニ）〆 181（□（ワウ）（ヒロク）－□（オホキニシテ）ト〆）　頽－齢（クツル、トシ） 1371（□（クツル、トシ）－□）など30例

(ロ)　莚（カロク）脆（サハカシ）は 453（□（カヒク）－□（サワカシ））

(ハ)　藹－藹タル 413（□（サカンナル）－□タル）など3例

(ニ)　偃（エント〆フム）蹠ナリ 1139（□（エン）－□（フム）（セキト〆））

(ホ)　曽波（フタカハ目也）ノ如シ 2082（□－□（フタカハメナリ）ノ如シ）　抵（チ）（シマ）に 519（□（チニ）（シマニ））など6例

(ヘ)　澹淡トシテ 118（□－□（ウカミ）ト〆）　僊僊と 326（□－□（スクフ）ト〆）など20例

(ト)　屬（カヒ）－叨（ムサホテ）〆 1599（□（アヒ）－□（ムサホテ））

(チ)　評（アキラカニハカリテ）－議モ 2455（□（アキラカニハカリテ）－□モ）

右の(イ)の30例は、漢語と和語を媒介する「ト・ノ」が欠けてゐる場合である。「ト・ノ」を補読して文選読とした方が適当なのかもしれないが、両書ともに欠けてゐる上、慶安板本では「トシテ」が介在する例もあるので、

一応文選読から外す。

(ロ)は、朱星点が右下隅「は」の位置にあり、或いは、「と」の位置を誤つたのかもしれない。

(ハ)(ニ)(ホ)は、それぞれ漢語によむ訓法と和語によむ訓法とが並記されてゐる例と見えるので、文選読から外す。

(ヘ)の20例は、足利本に和語はなく、慶安板本で漢語と和語の間に「トシテ」が介在する場合である。

ところで、文選読として認めた例の中に、足利本では甲形式であるが、慶安板本では「トシテ」が媒介する形式となつてゐるものがある。

洞達（トホリヒラケ）と 92（□-□（トヲリヒラケ）トメ）　粉（とサカリに）280（□（サカリニ）トメ）　陸-梁（ヲトテ）と 199（□-□（ヲトテ）トメ）　宛轉（メクリテ）と 717（□-□（メクリ）トメ）

このやうな例は52例あり、これは足利本の甲形式の文選読が、慶安板本でこのやうに変化したと考へられる。即ち、慶安板本では、例へば、「洞達トシテ」といふ音読みと、「トヲリヒラケ」といふ訓読みとが並立してゐると見るより、むしろ「洞達トシテトヲリヒラケ」と一続きに読む新形式の文選読の訓法と見られる。

そして、次のやうな例が8例見える。

洋-洋（サカリニし て と）1136（□-□（サカリニシ）ト（トシテ））

これは、「洋洋トシテ」といふ訓みと、「洋洋トサカリニシ」といふ文選読との二つの訓法とを示すものともとれ、また、甲形式の文選読と、「トシテ」を媒介とする新形式の文選読の訓法とを示すものともとれる。前者の場合、異なる二つの訓法が同一語に付けられてゐるのであるが、それは他本を参照する場合によく発生する事象であり、その二訓法に習熟することにより「トシテ」を媒介とする訓法の発生を促すことも自然の推移である。従

つて、

丁　漢語…トシテ…和語（属性概念を表はす語）

を、甲形式に起源をもつた新しい形式の文選読として認定する。（注4）

これにより、(ヘ)の20例と、(イ)のうち10例、(ニ)の1例が新形式の文選読に加はる。

(ト)は、足利本では漢語がサ変動詞になるので、二つの訓法が並立してゐると解せられ、文選読みから外す。

(チ)は、「モ」が漢語と和語の媒介をしてゐるが、両書とも同じ訓法である。これは「ト」の働きの上にさらに強意が添へられたものと見られるので、孤例ではあるが、新形式の文選読として認めたい。

戊　漢語…モ…和語（属性概念を表はす語）

この新形式の文選も、甲形式から派生したものと云へる。この形式に該当するものは、一例である。

以上、甲～戊の形式に該当する訓法を、文選読として採録し、以下に検討を加へる。

六・二　文選読の例数と分布

甲～戊の形式に該当する文選読の例数を、次に表示する。先づ、足利本で文選読になつてゐる例と、足利本では文選読ではないが慶安板本で文選読になつてゐる例とに二分し、それ〴〵を、漢語を構成する字数によつて分類して示した。

「莫々とシツカニシて」「莫々とサカリに」のやうに、漢語は同一であるが、和語が異なるものは、それ〴〵別の文選読の例とした。（　）内の数字は、出例度数である。特に示さないものは、異なり例数と出例度数とが一致するものである。

漢語	漢語＼媒介語＼形式	甲 ト	乙 ノ	丙 ニ	丁 トシテ	戊 モ	計
足利本の文選読例	一字語	93 (105)	8	1			102 (114)
	二字語	950 (1037)	114 (120)	1		1	1066 (1159)
	三字語	3					3
	四字語	17 (18)					17 (18)
	計	1063 (1163)	122 (128)	2	0	1	1188 (1294)
	百分比/1188	89.5	10.3	0.17		0.08	(100.05)
慶安板本のみの文選読例	一字語	26 (29)	8		5		39 (42)
	二字語	251 (270)	95 (96)	1	24		371 (391)
	三字語	2					2
	四字語	1			2		3
	計	280 (302)	103 (104)	1	31	0	415 (438)
	百分比/415	67.5	24.8	0.2	7.5		(100)

足利本では、甲形式の文選読が90%弱、乙形式の文選読が10%強で、この二形式で殆んど全部を占める。また、文選読の漢語は、二字語が90%弱、一字語が9%弱で、三字語・四字語の文選読は例外的な感がある。それで、二字語の甲形式九五〇語は、全体の80%弱を占め、文選読の主流をなしてゐる。

足利本では文選読されず、慶安板本で文選読されてゐる例では、足利本の場合と同じく、甲形式が最も多いが、百分比は68%弱と減少し、代つて乙形式が25%弱と多くなる。兩形式を併せて92%で、全体に占める比率は、足利本より、や、少い。文選読の漢語は、二字語が90%弱、一字語が9%強で、足利本と殆んど変らない。

因みに、足利本で媒介語が明記されてゐないので文選読と認定せず、慶安板本では媒介語が記されてゐるので文選読と認めた、次のやうな例がある。

甲形式　遐（トホク）－布（シク）1097（□－□ト）（トヲクシク）　錯－落（マシハレリ）1037（□（サク）－□ト）（マシハリ）……105例

乙形式　豺－狼（ヲホカミ）115（□－□ノ）（オホカミ）　菡－萏（ハチス）954（□－□ノ）（ハチス）……32例

これらは、媒介語を補読すれば、文選読となる例であるが、右の表では、慶安板本の文選読例へ算入してある。

次に、文選読の分布を各巻ごとに見るに、六十巻にあまねく分布してゐるのではなく、特定の巻に集中して現れるのである。

以下詳述すれば、足利本・慶安板本併せて1732の出例は、殆ど巻一から巻十九までに集中してゐるのであつて、巻二十以下では僅か16例しか出例しない。1例は巻二十三・二十四・三十二・三十三・三十四・三十九・五十・六十で、2例は巻四十、3例は巻四十一・五十六であり、皆無の巻が序と半数以上の31巻もあるのである。巻十九までの巻も、それぞれ大きな差がある。巻十一は206例と最も多く、ついで巻十二の173例、巻八の145例と続くのに対し、巻十四は9例と極端に少く、巻十は32例、巻十三は37例、巻十九は44例、巻十六は45例といふ状態である。

また、同じ巻でも、一巻に満遍なく文選読があるのではなく、部分的に集中して分布してゐるのである。巻十一を例にとると、巻十一は遊覧の賦が三首と宮殿の賦が二首収められてゐるが、遊覧の第一首「登樓賦」は足利本で5ページで、文選読は3例散見する。第二首の「遊天台山賦」は14ページで17例あり、二・三・五例纏つて現れる。第三首の「蕪城賦」は6ページで、3例散見する。

それに対して、次の宮殿の第一首「魯霊光殿」では、実に122例も集中的に分布するのである。すべて20ページのうち、最初の4ページは皆無であるのに対し、1ページに20例・18例・12例・11例も現れるのが各1回、10例・9例・8例現れるページが各2回あり、祖密の差が甚しい。

宮殿の第二首「景福殿賦」は、28ページで、39例ある。8例・6例が各1ページ、5例が3ページであり、皆無のページが16もある。

このやうに、同じ巻の中でもばらついた分布をなすが、これは他の巻でも同様である。

文選読みの分布は、巻によつても大きな偏りがあり、同じ巻の中でも、特定の部分に稠密に集つてゐる。

六・三　文選読の特性

文選読の例を検討して気付くのは、同一の漢語に別の和語が結合してゐる次のやうな例が多いことである。

容-與とウテル294　容與ホシマ、ニ117（□-□ト ホシイマ、ニ）　容-與ス603（□-□ト ユク）　容與と1001（□-□ト ヤスラヒテ）

容-與とユタカナル1041

巃-嵸とタカク522　巃嵸とタカクサカシ643　巃-嵸とサカシ724　巃-嵸とアツマリて1059

隱-隱とサカリニ178　隱隱とオホク243　隱-隱とト、メイて961

紛紛とヲホウ〆114　紛紛とチリマカヒて558

清冷のフチ259　清冷とサムシ711

蝼-蛇のオニ259　蝼-蛇とナ、メニ1058　蝼-蛇と287（□-□ト ナカシ）

「容與」は異なり例数5で、異なり例数4の巃嵸と共に各1語のみ、異なり例数3のものは15語、異なり例数2のものは52語で、計69語について、それぞれ異なつた和語が付けられてゐる。

これは、「清冷・蜲蛇」の場合で象徴的に示されてゐるやうに、その漢語の意味を文脈の中で最も適した和語に結合してゐることを示すものである。

この点、文選読が創案された理由として、築島氏が「典雅な訓法を企図したのではなく、難解な漢語を平易に解釈しようとした結果生じたものである(注5)」と述べられたのは傾聴に価する。

ある箇所で文選読として現れる漢語が、他の箇所でも同じ文選読になるかといふ点を検するに、出例度数6のものが「崔嵬とタカクサガシ・參差とカタ、カヒナリ」の2例、出例度数4のものが8例、出例度数3のものが12例、出例度数2のものが90例あり、「難解な漢語を平易に解釈」する為に、文選読が案出されたことと矛盾しない。しかし、文選読の漢語は、文選読の箇所にだけ現れて、他の箇所には現れないのであらうか。

この点について検した一部を次に表にして示す。

漢語	文選読出例度数	非文選読出例度数
灌叢	4	0
徒搏	3	0
陁靡	2	0
仡	2	0
蹇産	2	0
芒然	2	0
贔屓	2	0
罘網	2	0
別風	2	0
離樓	2	0

漢語	文選読出例度数	非文選読出例度数 巻十九まで	非文選読出例度数 巻二十以後
鬱	6	8	19
經營	3	5	2
崔嵬	5	4	2
崢嶸	4	7	2
參差	6	8	16
髣髴	4	8	14
繽紛	3	6	5
紛	2	29	51
駱驛	3	6	2
流離	3	4	8

上段の語は、文選読の例のみで、他には出例のない漢語で、これは「難解な漢語」と解して矛盾しないものである。このやうな文選読される漢語は、出例度数2回以上のものが、この表のものを含めて約30語ある。

下段の語は、文選読の他に、文選読されない例もある漢語で、文選読になる可能性が大きい巻十九までと、その可能性が極少な巻二十以下とに分けて出例度数を示した。文選読の例よりも、非文選読みの例の方が多く、非文選読の大半は「……トシテ」「……タリ」の形式で読まれてゐて、この表のものを含めて、約七十語ある。

これら、非文選読の語は、巻二十以下を除外して、巻十九までをとりあげても、同一の漢語が、ある箇所では文選読となり、別の箇所では文選読ではないのである。しかも、文選読の例の方が少い場合が多いのである。これは、難解の漢語の理解を容易にする為といふことでは、説明できない事象である。少くとも、文選の文選読は、もつと別の特徴をもつのではなからうか。

それを究める為に、前節でも觸れた巻十一の「魯霊光殿」を例として考へたい。魯霊光殿は、最初に序があり、次に賦がつづく。賦の書出しは霊光殿を建てた由来を述べる導入の段落である。ついで、「彼の霊光の狀タルを瞻レば則」と、以下に霊光殿の壯麗な様子を讃美する段落が続く構成になつてゐる。文選読はこの霊光殿讃美の段落に集中するのであつて、序や賦の導入の段落には存在しない。

序や導入の段落は、記録的・平面的・客観的な叙述となるのに対し、宮殿讃美の段落は修辞的・文学的・主観的な叙述となる。後者は自然に、誇張し、美化し、想像が天翔るやうになり易い。藝術的な雰囲気が漂ふのである。

後者の段落に文選読みが多用されるのは、原文の修辞的叙述の醸し出す藝術的な気分を反映しようとしたからではなからうか。

意味の理解だけなら、音読して注記すれば事足ることであり、或いは、和語だけでも充分である。漢詩文が盛行し、公文書は漢文であり、男子の日記も漢文で書いた時代に、ことさらに、音訓複読の面倒な訓み方をするには、それだけの理由があつたらう。

文選読の漢語には、難解なものが多いことも事実である。しかし、同じ難解の漢語が、ある段落では文選読されず、他の特定の段落では文選読にされるのである。従つて、文選読は、難解の漢語の理解といふ実用的な性格の他に、遊びの要素とも言へる藝術的・文学的な性格をもつものと言へる。

その点を更に別の巻で確かめると、巻二の西京賦では、後宮の美景を叙述したり、戯れ遊ぶ鳥獣の様子を述べる段落に文選読が集中して現れる。巻四の西都賦では、天封・大孤の二山の壮観を述べる部分に、文選読が集中する。また、蜀都賦では、水陸の景観を讃へる段落に集中し、上林賦では、上林苑の美景を述べ、青琴・宓妃の二神女について述べる部分に、文選読が集中して現れる。また、巻十二は、海賦と江賦の二篇から成るが、海賦では霊海、水府の怪奇を叙べる段落に、江賦では三江五湖の美を述べ、魚類の奇を述べる部分に、文選読が集中して現れるのである。

このやうに、原文の叙述と関連して、文選読が集中して現れるのは、文選読が原文と同様に修辞的・文学的な性格を与へられたものといへる。

六・四　他の文選読との比較

平安末、院政期の書写とされる図書寮本類聚名義抄には、文選を出典として示す文選読が34例ある。それと比較するに、27例は足利本と一致し、他の3例が慶安板本と一致する。不一致は4例のみである。このことは、足利本・慶安板本の文選読が、平安末の訓法を忠実に伝へてゐることを示すものである。

さらに、右の計30例の巻毎の分布を見るに、巻一25例、巻七2例、巻十一・十二・十七が各1例でありすべて巻十九までの巻の例であることが足利本と一致する。また、巻一の例が極めて多いことも注目に価する。

不一致の4例の中に「玲瓏トナル」があるが、実は足利本巻一には「玲-瓏ナル131」があり、慶安板本では「玲-瓏タリ」となつてゐるので、第二節の(イ)群へ分類した。図書寮本名義抄の文選読は、巻一から採られたものが極めて多いことを併せて考へると、この巻一の「玲瓏」はもともと文選読であつた可能性は大きい。

また、小林芳規氏により紹介公表された猿投神社蔵正安本文選(注6)は、三十巻本の序と巻一で、六十巻本では、序・巻一・巻二にあたる。序には文選読が全くない点、足利本と合致する。序以外には、甲形式・乙形式の文選読が多く、さらに第二節(イ)群の例も多く見える。正安本のそれらの箇所が、足利本で文選読になつてゐるかどうかを調査して得た結果が次の表に示される。

正安本の文選読91例中、78例が足利本で文選読となり一致するので、両書の関連は非常に密接であるといへる。

正安本＼足利本	文選読	非文選読	計
甲形式・乙形式	78	13	91
(イ)群形式	63	13	76
計	141	26	167

そして正安本の(イ)群形式76例のうち、八割を超す63例が足利本で文選読となつてゐる。

この事象と、前述の「玲瓏」を併せ考へると、本論第二節の(イ)群形式のものは、大半文選読にはなつてゐて、媒介の語が表記されてゐないだけの例と考へられる。

六・五　文選読の例

第二節で認定した文選読の例を、漢語の五十音順に並べて以下に列挙する。

出例度数2以上の例では、2回目以下は漢字を□で示した。ヲコト点は平仮名で示し、付訓の仮名はすべて片仮名で示した。

先づ足利本の例を示し、ついでその所在ページ、次の（　）内へ慶安板本の例を示した。慶安板本での漢字は原則として□で示し、足利本と一致してゐない場合のみ字形を示した。

例の頭に○をつけてあるのは、図書寮本名義抄の文選読と共通した例であり、◎は正安本の文選読と共通のものを示す。◎は兩者に共通の例である。

曖曖と 986（□－□〈クモリテ〉トシテ）

問－砢〈ヨリカタカケリ〉 529（□－□〈ヨリカタムクアリ〉ト）

蔓－蔚〈モクサカリニ〉と 180（□－□〈モクサカリニ〉）

藹－藹〈クラクシテ〉と 712（□－□〈クラウ〆〉ト）

藹サカリ－藹〈に〉と 819

（□－□〈サカリニ〉ト）

藹－藹萋－萋とサカリニシテ〈に〉 733（□－□□－□〈サカリニ〆〉ト）

靉靆とホノカに 763（□－□〈ホノカニス〉ト）

靉－靅〈クラウシテ〉と 761（□－□〈クラウ〆〉ト）

映－咽〈ムセフ〉 452

（□アウ－□エツト〈ムセテ〉）

坱－圠〈ヒロクヲホキナリ〉と 347（□〈ヒロクオ、キナリ〉－□ト）

□〈ヒロクオホキシ〉□と 710（□〈ヒロクオホキニ〆〉－□ト）

泱－泱と 231（□アウ－□く〈ナカルタ、ヨヘリ〉ト）

泱アキラカニシ－泱〈タナヒイて〉と 588（□〈タナヒイテ〉－□アキラカニ〆ト）

泱－瀼とナカハ 755（□－□〈ナカレテ〉）

○泱－漭〈ヒロクオホキニ〆〉 181（□ワウ〈ヒロクオホキニシテ〉－□ト〆）

□アウ〈ヒロクオホキニ〉－□マウと 754（□アウ〈ヒロクオホキニ〉－□マウト）

鉠－鉠タリ〈－ナル〉 240（□－□〈ナル〉ト）

[illegible]－[illegible]〈オホ〉

－顴メフカシ〈カシラにシて〉 718（□－□カウ〈オ、カシラ〆〉－□メフカシト）

鶩〈マタラカにシて〉と 588（□〈マタラカニ〆〉ト）

飫－蔓〈ナカシ〉と 347（□－□〈ナカシ〉ト）

軋－芴〈キヒシ〉と 524（□アツ〈キヒシク〆〉－□ト〆）

晻－晻〈クラク〉と 290（□－

□クラク ト）　晻ー晻とシテ 603（□アン ホノクラク―□くト）　晻ー哼とクラシ 351（□―□ハイト クラシ）　暗ー暗とフカウシテ 476（□―□フカウシテ ト）　暗藹と 481（□イン クラウシテ―□ト）　闇ー藹とクラシ

1138（□―□クラシ ト）　安福のトノトモ 228（□―□ノトノトモアリ）　案ー衍とクホミ 502（□クホミクタリ―□ト）

倚ー巇とサカシク 1035（□―□サカシク ト）　倚リー伏セリ 1066（□ヨリ―□フセリ ト）　夷ー猶とウラオモヒシ 376（□ウラオモヒシテ―□ト）　夷庚ツネノミチ 1169（□ツネノミチ―□ノ）　夷ー漫とタイラカニノホル 650

（□タイラカニノホリ―□ト）　夷ー靡とナヽメにシテ 594（□ナヽメニメ クツレ―□ユヒテル ト）　怡怡イとヤハラキシタカフ 3422（□ヤワラキシタカフ―□ト）　懿ー濞とシツカナリ 713（□シツカナリ―□ト）　椅ー梶カサナリシと 1138

（□キ―□シトシテ）　旖ー旎 468（□ナヽメナルノミナラン―□シト）　漪ー瀾ナミ 344（□ナミ―□ノ）　○猗ー猗とウルハシ 117（□ウルワシ―□ト）（□ウルハシ―□と 309（□ウルワシ―□ト）

（□ノルハシウシテ―□と 413（□ウルワシウシテ―□ト）　猗ー柅とタヲヤカニシテ 530（□タヲヤカナリ―□ト）（□―□とタヲヤカニシ 1038（□タヲヤカニメ―□チト）　猗靡とウルハシキ 657（□ウルワシキヲ―□ト）　猗ー

萎とナヒク 787（□ナヒク―□ト）　池ー靡アヒツラナリ 470（□アヒツラナリテ―□ト）　池イー延とツラナレリ 754（□イ ツラナレリ―□ト）　陁靡とナヽメニシテ 502（□イ ナヽメニメ―□ヒト）（□ナヽメナリ―□と 522

（□ナヽメナリ―□ト）　陁ー嶙ナヽメナリ 1035（□ナヽメナリ―□ト）　幽ー藹とサカリニシ 311（□サカリニシ―□ト）　幽ー峡とフカウシテ 405（□フカウシテ―□ト）　幽ー邃にシテ 689（□フカク―□シト）

悠ナルカナ 618（□ナカイカナ―□ト）　悠ー陽と 810（□クラウシテ ナヽメニメ―□ト）　瀲ー湙とナカレユキ 756（□ナカレテ―□ト）　游ー車キヨの 486（□アソヘルクルマ―□キヨノ）　蟉ー虬とワタカマテ 717（□ワタカ―

□マリテ）　麀鹿のメカ 184（□ユウ メカ―□ノ）　黝イウトナカフ 950（□イウト ナカウシテ―　黝ー黝とクロキ 422（□イウ クロク―□ト）　黝ー糺とツラナリ 715（□ツラナリテ―□ト）　黝ー靅とモクサカナリ

315（□モクサカンナリ―□ト）　□モクサカリニシ□ 722（□モクサカリニメ―□ト）　佚トクシー豫と 1041（□トクシテ―□ト）　咲朌と 476（□シツ トクメ―□キツト）　熠ー爚とシテ 749（□キラメキ―□トメ）

熠ー燿のホタル 810（□ホタル―□ノ）　愔ー懕ミヤヒカナリと 1148（□ミヤヒカナリ―□エイト）　淫インー夷セラル 579（□インヤフラレタル―□イト）　淫ー淫トヒアケルと 766（□トヒカケル―□ト）　淫ー淫裔アツマとツラナリホトコリて

533（□ツラナリ―□エツホトコリ―□くト）　淫ー裔とヒラメク 934（□ヒラメクヲ―□ト）　淫ー𣿰とシサカリニシテ 523（□サカシウメ サカリニメ―□ト）　湛ー灤とス、ミシリソク 761（□ス、ミシリソイテ―□ト）　陰ー｜の 711（□クモレルカ―□｜ノ）

陰ー映とテレリ 693（□テレリ―□ト）　陰ー潛シンにシテ 469（□クモリテ―□シテ ト）　伉溶サカリニオホクメ 556（□サカリニオホクメ―□ト）　殷ー殷タル 402（□サカンナル―□タルト）　○殷賑とサカリ

177（□−□ト サカリナリ）殷−轔 トサカリニシテ 466（□−□ト サカリニ〆）緸−宛婉−嬗 とウコク 1077（□イン−□−□−□ト ウコク）蔭−蔚 サカリニシテ 117（□−□ト〆 サカリニ〆）隠
−藹 とタル オホキナル 785（□−□ト オホキナル）○隠−隠と サカリニ 178（□−□ト サカリニ）□サカリに□と 519（□−□ト サカリ）□サカ□と ナリ 953（□−□ト サカンナリ）隠隠と オホク 243（□−
□ト オヽク）隠−隠と トヽメイテ 961（□−□ト〆）隠−訇と ナル 233（□−□ト ナル）隠レ−深シ 1090（□−□ト カクレフカシ）隠−賑と サカリニシテ 317（□−□ト サカリニ〆）□−□と サカリニ
356（□−□ト サカリニ）夤−緣と メクリ 349（□−□ト メカリ）
烏獲の 197（□−□ノ チカラヒト）盱ウ−瞑と センホノカナリ 284（□ウ−□ミンノ ホノカナリ）紆−鬱と イキトヲリ 1038（□−□ト イキトホル）紆−鬱とタリ ヨソノホレリ 709（□−□タリ ヨソノホレリ）蝺−僂と ク、セニシテ 1152
（□−□ト ク、セニ〆）蔚と サカリて 484（□−□ト サカリニ〆）□と サカンニシて 587（□−□ト サカリニ〆）□と サカナリ 672（□−□ト サカンナリ）鬱 サカリニシテ 109（□−□ト〆 サカリニ〆（ミセケチ））□と サカリニシて 308
（□−ト サカリニ〆）□と 710（□−□ト サカリニ〆）□サカリにと 757（□−□ト サカリニ）□サカリにシと イキトホリて 589（□−□ト サカリニシ イキトヲリテ）鬱とトヲリ 1089（□−□ト イキトヲリ）鬱と 349（□−□ト オホウ〆）鬱−邑 ウレヘ
805（□−□ト ウレフ）鬱−悒とシて 912（□−□ト イタツカハシウシテ）鬱−弗と 341（□−□ト コトニオコレリ）○鬱−律と カタ、カヰナリ 153（□−□ト カタ、カヒナリ）鬱律とナリ 472（□−
□ト ナリ）鬱律とアカリて 776（□−□ト アカリテ）鬱−壘ルイの カミ 260（□−□ノ カミヲ）鬱嵂とシて カタ、カヒニシ 522（□−□ト カタ、カヒニ〆）鬱−礦と タカクサカシウシて 758（□ウツ−□ワイト タカクサカシウ〆）蝹
−輪 とモコヨヒて 781（□−□ト モコヨイテ）運−褢と メクリマワレ 1066（□−□ト メクリ マツワレ）耘耔と 248（□ウン−□シト クサキリスク）
嵲−溟と クラク 340（□−□ト クラク）瀯−瀯と 775（□−□ト ナリテ ワイテ）瀴−溟と ハルカニシテ 762（□−□ト ハルカニ〆）縈−澆と セウ 777（□−□セウト メクリソ、ク）翳翳 とクラウシて 1031（□
−□ト クラウ〆）裔裔と トフ 692（□−□ト トフヲ）夭−矯と タカウシて 736（□−□ト タカウ〆）夭−矯と スカリカ、リ 531（□−□ト スカリカ、リ）夭−矯と ホシイマ、シ 934（□−□ト ホシイマ、ナリ）夭ヒト ツラ
蟜とリイテ ナリメクリて 715（□ヒトリイテ−□ト ツラナリメクリテ）妖−冶と ウルハシク 540（□−□ヤト ウルワシク）妖−蠱と コヒタルコト 202（□−□コト コヒタル）杳とシて 483（□タカク−□ト フカクトヲウ〆 ハルカニ〆）杳−藹と クラク 285（□−
□ト）杳−杳 タル 606（□−□ト ハルカラルヲ）杳−窱 110（□−□ト フカウシテ）○杳冥の クラシ 200（□−□ト クラシ）□クラク□と 724（□−□ト クラク）杳−溟と ハルカナリ

791（□ハルカナリ-□ト）　窈（ミヤヒカナル）-窕と 109（□-□ミヤヒカナルト）　窈-窕（フカクシツカナリ）と 712（□フカクシツカナリ-□ト）　窈窕（ハルカナリ）と 689（□ハルカナリ-□ト）　嶲-嶲と 588（□-□ナイテト）

攊（マシハレリ）-捻（シム）タリ 1038（撒-攡（マシワレリ）テフト）　曄とシテ 349（□サカンニ〆ト）　曄-煜（サカリナリ）と 136（□-□サカリナリ イクト タリ）　○曄-曄とテリ 117（□-□テリト）　□-□と 309（□

-□テレリト）　爗とシテ 928（曄ヒカリテト）　裛（タ、ナハレルハ）葉 319（□カサナレル-□ト）　奄（タチマチニシテ）-欻と 345（□-□タチマチニ〆コツト）　○燗（ホカラカニ〆）朗 100（□ホカラ-□カニ〆ト）　蚺（シタシ）-蛟とて

717（□シタシマ-□シタサシイタシテト）　闇（エン）-易（シナヒテ）と 540（□-□シナヒト）　黶（エム）-翳（クラウシテ）と 713（□エン-□クラウ〆）　◎偃-蹇（タカウシテ）と 109（□-□タカウ〆ト）　偃-蹇（ホシイマ、ナリ） 531（□-

□（ホシイマ、ナリ）ト）　偃-蹇（マカリ）と 714（□-□マカリテト）　□-□（クシケマカリ）と 724（□クシケ-□マカリト）　偃（エント〆フム）-蹠ナリ 1139（□エン-□フムセキト〆）　厭-躡（カサカリて）テウと 589（□-□カサナリテテフト）

㘨（フカク）-泫（ヒロウシテ）と 776（□スミタ、イテ-□フカクヒロウ〆メクリウツハイテ）　掩（エン）-忽（クラクシテ）と 761（□タチマチニ〆-鬱クラウ〆ト）　涓（スンテ）-涓（シタ、リて）と 588（□スンテ-□シタ、リテト）　[糸+匽]蹇 934（□-□ヲコリト）

於-悒（イキトホリて）ト 607（□-□イキトヲル┐ト）　漚（ヲウ）-鬱（ニホヒて）と 540（□-□ニホヒト）

呀（カマミスウシて）-呷と 758（□カマヒスシウ〆-□ト）　呵（タチマチニ）-嗽と 761（□タチマチニ-□ト）　峨-峨タリ 308（□-□タカシト）　峨-峨ト〆 197（□タカクソヒヘテ-□ト〆）　峨-峨嶫

嶫（タカウシて）と 731（□-□-□-□タカウ〆ト）　峨-嵋の山 772（□-□ヤマニハノ）　○峩-峩（タカシ）と 171（□-□タカシトタリ）　□-□とシて 1158（□-□タカクト）　峩（タカクヲ）-

峩（ホヒナリ）と 522（□タカクヲ、ヒ也-□ト）　峩-峩（トウルハシ）タル┐ 1147（□ウルワシ-□タル┐ト）　遐-邇 409（□トヲキモチカキモ-□ノ）　遐（トホク）-布（シク） 1097（□トヲクシク-□ト）　○[風+牙]-[風+牙]（クチアヰテ） 199（□ク

-□チアイテト）　喈（ヤハラキナイて）-喈と 1153（□ヤワラキナイテ-□ト）　海-若（ワタツミ）の 172（□ワタヅミニ-□ノ）　溉（ス、キアライ）-盥 1084（□ス、キアラヒ-□ケントト）　皚-皚タル 606（□シロタヘナルヲ-□ト）　○睚

眦と 176（□ニラム┐-□ト）　磑磑（タカクて）と 710（□タカク〆-□ト）　礚（ナル）-礚と 341（□ナル-□ト）　蓋-海（フネ）の 378（□フネ-□ノ）　蓋戴（フケリ）と 108（□フケリ-□スト）

○街（チマタ）-衢の 92（□チマタ-□ノ）　□-□（チマタ）の 173（□チマタ-□ノ）　交-錯 500（□マシワリ-□ト）　傲-睨（ホシイマ、ナリ）と 789（□ホシイマ、ナリ-□ト）　剛-㢆（タン）の 258

（□ヲニモ-□モノ）　崆-峴 282（□コウ-□タカクカウト）　巧（フカクムナシウシ）-老と 1066（□フカクムナシウ〆-□ト）　○庨-豁と 169（□カフホカラカナリ-□ト）　忼（イキトホリて）-慨と 557（□イキトヲリ-□ト）

摎ー蓼（ナリハタメイテ）196（□ー□ト　ナリハタメイテ）

皛曜と（シロウシテ）711（□ー□ト　シロウ）

皜と（シロウシテ）979（□　シロフ）

沆ー漑と（ナカレテ）519（□ー□ト　ナカレ）

沆ー茫としテ 553（□ー□ト　カウ　ヒロクオホキニ）

沆ー瀁と 342（□ー□ト　ヒロクホカラカナリ）（□ー□　ヒロクオホキニ）788（□ー□ト　ヒロクオホキニ　キロ、カナリ　フカクヒロク）

港ー洞と（トホレル）1066（□ー□ト　トヲレハ）

浩（タルこと）671（□ト　タル　ヒロイ）

浩ー浩（タリ）439（□ー□トタリ　ナカル）

浩ー汗（ヒロク大ナリと）756（□ー□ト　ハシリ　ツク　ヒロクオホイナリ）

浩ー溔と（ヒロクオホキニシテ）405（□ー□ト　ヒロクオ、キニ）

滈ー滈と（キロ、カニシテ）520（□ー□タリ　キロ、カニシ）

滈ー汗と（サカリニシ）771（□ー□ト　ニキロ、カニ　サカシウ　サカニシ）

澔ー澔 711（□ー□ト　カ、ヤキ）

澔ー汗と（キロ、カニシテ）521（□ー□ト　キロ、カニシテ）

梟ー獟と（マシハリテ）366（□ー□ト　マシワリ）

漻ー滈と（ヒロク）756（□ー□ト　ユキカヒ　ヒロクフカク　キタリアヒ）

皓ー溔と（オホイナリ）405（□ー□ト　オ、イナリ）

瞑ー曠と（クラフシ）713（鏗ー瞑ト　クラウ）

硠ー礚と（ハタメイテ）934（□ー□　カウ　カイタルニ）

絳ー脣（アカキ）1037（□ー□ノ　アカキクチビル）

綱鉅にて 673（綱ー□ノ　ツリハリニ）

翷翔（ス）1036（翷ー□ト　カケル）

耕父の（オニ）259（□ー□ノ　ヲニ　ヒカルオニ）

聱ー耴と（カマヒスシウシテ）345（□ー□ト　カウ　キツト　カマヒスシウ）

膠ー轕と（マシハリ）467（□ー□ト　マシワリミタル）

膠ー戾と（レイ　ナ、メナリ）519（□ー□レイト　ナ、メナリ）

膠戾と（メクリテ）757（□ー□ト　メクリテ）

○虩ー豁と 176（□ー□ト　カウ　イサメリ）

衡ー陵（ヲカシテ）803（□ー□ト　ヲカシテ　ツキヲカシテ）

轇ー轕と（マカレリ）242（□ー□ト　マガヘリ）

迋ー迋としテ 965（□ー□トシテ　ヲトロイテ）

鏗ー鏘の 654（□ー□ト　ナリテ）

○鏗鎗と（ナリ）136（□ー□　カウ　カウト　ナリ）

閌と（タカクシテ）474（□　カウト　タカクシ）

高ー眶（マナカフラタカナルニ）189（□ー□ノ　タカキマシリアリ）

高ー燥の 502（□ー□ノ　タカウ　カワケルニハ）

鮫ー函の 367（□ー□ノ　サメサヤヲ）

各ー落と（カタ、カヒシテ　アヤウクケハク）736（□ー□ト　カタ、カヒシ　アヤウクケワシウ）

客は（マラウト）293（□ノ　マラウト）

愕ー眙（ヲトロイテ）109（□ー□ト　ヲトロイテ）

涸ー流の（カク　カレタル）1031（□ー□ノ　カレタルナカレ）

學ー濁と（ナル）774（□ー□　カク　リクト）

滈ー瀑と（ワイテ）1067（□ー□ト　カフ　ホウト　ワイテ）

嶱ー嵑と（タカクサカシク）282（□ー□ト　サカシク）

赫（サカリニ）171（□ト　サカリニ）

□と（サカリ）710（□ー□ト　サカリニ）

赫ー奕 730（□ー□ト　サカン二）

○鍔ー鍔と（タカク）169（□ー□ト　タカク）

諤ー諤と（ツラナリ）718（岳ト　ツラナリ）

鶴ー脒の（ホコ）368（□ー膝ノ　ホク）

合ー遝と（カサナリ）1044（□ー沓　カサナリテ）

○狎ー獵（カサナレル）158（□ー□ト　カフ　カサナレルヲ）

狎ー獵と（マシヘカサリ）292（□ー□ト　カフ　タウト　マシヘカサリ）

砐（カフ）ー硪と（ウコイテ）777（□ー□ト　タカウテ　ウコイテ）

鞈ー鞢と（カフ　カサナリ）735（□ー□ト　カサナリ）

○含章の 160（□ー□ノ　トノトモアリ）

○含利の（ケモノ）199（□ー□ノ　ケモノ）

嵒嵒と 929（□ー□ト　タカクシテ）

○嵒ー䶗と（チカヘリ）171（□ー□ト　カン　ゴタリ　チカヘリ）

嵌と（ヒラケ）472（□ト　カント　ヒラケ）

嵚ー巌（フカクシテ）470（□ー□ト　カン　フカクシテ）

巌巌と（ヒラケテ）472（□ー□ト　ヒライテ）

巌-巌と(サカシウシテ) 710 (□-□ト サカシウ〆) ◎巌峻の(イハホ) 111 (□-□ノ イワヲ) 泔-淡と 481 (□-□ト タヽヘタリ) 磪-碍と(タカウシ) 405 (□カン-□カクト タカウシテ) 菡-萏(ハチス) 954 (□

-□ノ ハチス) 谽-呀 522 (□-□ト オホイナル) 谺瞰と(ホカラカナルコト) 777 (□カムト ホカラカナル ヒラケタル) 䡴-䡴と(トクシテ) 370 (□-□ト トクシテ) 頽淡と(ウコイテ) 1067 (□カン-□ト ウコイテ) 悍壯

367 (□-□ト サカリニシテ) 汗-汗と(ナカレ アカ) 671 (□-□ト ナカレテ) 汗-汗 油-油と(ヒロクオホイナリ) 776 (□-□-□テン-□ト ヒロクオホイナリ) 汧-汧と(トクナカル) 341 (□-□ トクナカル)

汧-汧と(アキラカにして) 711 (□-□ト アキラカニ〆) 旰-旰と(サカリニシテ) 730 (□-□ト サカリニ〆) ○竿殳(ホコノ) 188 (□-□ノ ホコノ) 簡積(オホキにて) 1066 (□-□ト オホキニツモリテ) 艱-屯と(ウチハヤウ〆 チユン) 979

(□ウチハヤウ〆-□チユント〆) 閑-都と(ミヤヒカナリ) 540 (□-□ト ミヤヒヤカナリ) 閑-敞(シヤウと ホカラカナリ) 280 (□-□シヤウタリト〆 ホカラカナリ) 韓盧(イヌ) 189 (□-□ノ カリイヌ)

崎-嶬と(サカシウシテ) 715 (□-□ト サカシウ〆) 崎-錡と(ウチハヤウシ) 1021 (□-□キト ウチハヤウシテ) 崎-嶇と(ウチハヤシ) 283 (□ソハタチナリ-□ト カタムキウチハヤシ) (□-□と ウチハヤウシ) 452 (□-□ト ウチハヤウ〆) 奇-譎ケツと(アヤシウシ)

331 (□-□ケツト アヤシウシ) 晞-曜と(カヽヤイテ) 780 (□-□ト カヽヤイテ) 欺-偲と(ヲホカシラ) 718 (□-□ト オホカシラニ〆) 熈-熈(タノシキにてと) 811 (□-□ト タノシキニ) 踦-䟰と(ホトハシリ) 785 (□-□クト ホトハシリ)

踕-踽と(フミハタキ) 190 (□-□ト フミハタキテ) 躨-跜と(ウコク) 716 (□キ-□シト ウコク) 䍧-䍧と(クラフシテ) 345 (□キ-□ト クラフシ) 魌-蚩の(オニ) 260 (□キ-□イキト ワラハオトコ) 丘-虛 522 (□ タカク

□ト サカシウ〆) 劉-流と(モトムル メクル) 933 (□キウ-□ト モトル) 樛-流と(モトレリ) 602 (□-□モトレリト タヲル) 穹-隆と(サカリナリ) 475 (□-□ト サカリナリ) 穹-隆と(タカウシテ) 519 (□-□ト ウツタカウシ) 窮

-穴(ショウ タユミ) 561 (□-□ショウト アユミ ウミタユミテ) 糾-紛と(マシハリ) 308 (□-□ト マシワリ) 糾-紛とシテ 500 (□-□ト ミタレテ) 虯-蟠と(ワタカマテ) 351 (□キフ-□ト ミツチノ如ニワタカマリ ワタカマル) 風風-翻と(ナラヒハセテ) 370

(□-□ト ナラヒアワセテ) 鞠と(タカク) 283 (□ト タカク) 仡と(イサムテ) 472 (□-□ト サカレニイサミ) (□と イサムテ) 732 (□ト イサムヲ) 仡と(カシラアケ) 716 (□キツト カシラアゲテ) 仡と(オホキに) 718 (□ト オホキニ) 屹と(コトニ)

ヲコリ 709 (□ト〆 コトニヲコリ) 屹と(タカイ) 713 (□ト タカク) 屹-巒と 282 (□-□ケツト ナカタエタリ) 屹-然(とタカクシテ) 721 (□-□ト タカク〆) 屹-崒と(タカクサカシ) 774 (□-□ト タカクサカシ)

欻と 199 (□キツト タチマチ) ○桔-槔 168 (□キツ-□タリト フカクカクレタリ) 猗-狂の(オニ) 259 (□-□ヲ アラフルカミヲ) 翻(トヒ)-翍と(ハシル) 784 (□キツ-□ケツト トヒハシル) 詰-屈(マカレリ) 721 (□-□ト マカリ)

頡-頏(ノホリクタリテ) 940 (□ケツ-□カウト ノホリクタリ) 岌-峩と(サカシ) 714 (□-□ト サカシ) 岌-峇と(ナリハタメクカ如) 1074 (□キフ-□カフト ナリハタメクカコトシ) ○岌嶫と(タカクサカシ) 157 (□キフ-□カフト タカクサカシ) 歙-艳と(アカフシテ)

711（□－□アカウ〆ト） 翕（トクシ）としてて 912（□ト〆） 翕－赩（サカリニ）と 467（□－□サカリニシト） 翕呷（ナリ）と 507（□キフ－□ナリカフト） 翕艴（サカンナリ） 1091（□－□サカンナリキヨクト） 翕（サカリ）－

習とにて 722（□－□サカリニ〆ト） 嶔－岑（サカシウシて）と 714（□－□サカシウ〆ト） 岑崟と 500（□－□タカクスルトニ〆ト） 嶔－巇（ムカヒサカシク）と 282（□－□アヒサカシクト） 嶜崟と 562（□タカク－

□オホキニ〆ト） 金－楹 736（□－□コカネモテカサレルハシラノ） 金－鏃 579（□－□ヤシリニソクノ） 金鈒（カンツ、ミ）の 240（□－□カンツ、ミハンノ） ◎悅－悅（ホレテ）と 109（□キヨウ－□ホレテト）

□ホレ－□とて 961（□－□ホレテト） 狂趭（ハシリ）と 372（□－□ハシリト） 嚮－忽（トイコト）と 564（□－□トイ┐ト） 嚮－象（ホノカナリ・ホノメクコト）と 718（□ホノメク┐－□ホノカナリト） 倨貴（オコリタフトキ） 658（□ヲコリタ－

－□タキ┐ヲツトキヲノ） 噓－蹀ス 782（□ハク－□トス） 巨鼇（カメ）の 345（□－□カメノ） 巨－蚌 287（□ハマクリ－□ノ） 巨－木アリ 522（□オホイナルキ－□ノ） 藁－藕（ハチス）

195（□－□ハチスノ） 蘧－蘧（タカウシて）と 714（□－□タカウ〆ト） 凝滞（ト、コヲリ）と 1001（□ト、コヲリテ－□） 洶－湧（ヲトリテ・ヨウとワイ） 518（□ヲトリワイテ－□ト） □－□とワキ 1091（□ケウ－□ワキト）

洶－洶（ワイて）と 341（□－□ワイテト） 旭旭（トクシて）と 557（□－□トクシト） 玉－車の 469（□－□タマモテカサレルクルマノ） 玉－壤（ヲモノ）の 240（□－□ヲンモノ） 玉－舄（ツミイシ）の 736（□ツミイ－

□シノ） 玉－柱（コトチ） 1001（□－□タマモテツクレルコトチヲノヲ） 玉－壘 772（□－□ヤマハノ） 艴（アカヒ） 412（□アカイ┐ト） 艴翕（アカウシてと） 590（□－□アカウ〆） 艴－赩（キヨク・アカキ）と 590

（□キヨク－□アカ〈ト） 艴－熾（アカウシて）シと 313（□キヨク－□アカウシテト） 踽顧（クヒヲリカヘリミル）ト 988（□－□クヒヲリカヘリミルト） 偖－束（トラハル）と 380（□－□トラワレト） 迓－淪と 777（迓キン－□メクリシト）

岩－嶙（ツラナリて）と 282（□キン－□ツラナリテト〆） 愁（ワラヒて・キンとシ） 925（□チントハラヒ） 炘－炘（サカムナル）と 472（□キン〈－□サカンナルヲタルヲト） 顑－砡（カシラ・ト、ノフレリ） 1066（□キン－□カシラト、ノヲヘリキクト） 斷－斷（ニカメリ）と 717

（□キン－□ハサシイタシト） 昀－昀（ハリ・ヒラケて）と 406（□ハリ－□ヒラケト） 菌－蠢（サカリニ）と 283（□キン－□サカリニ〆ト） 闇－闇（サカナル┐ヲ）と 961（□キン－□サカンナル┐ヲ〈ト）

盱－衡（マスミアケシて）と 395（□クウ－□マユミアケシテト） 窶數（ツラナ）と 736（□ク－□ツラナリト） 夔－夔（アツマリ）と 184（□ダ－□アツマリグト） 隅目（マスミタチ） 189（□－□マスミタチノ） 倔俛（アヤウクシ）と 714（□アヤウ－

□ク〆ト） 堀－礨（カタ、カヒナリ）ト 522（□－□カタ、カヒナリと） ○崛（サカシウ〆） 167（□ケツト〆－□サカシウ〆） 崛－崎（サカシ）と 522（□－□ケワシクト） 和－囉（マシハレリ）と 1040（□－□マシワレレリト） 和－鈴

240（□－□ス、ノ） 火－齊（アテ） 163（□－□タマアテノ） 華轙（クツワツラ）の 240（□－□クツワツラノ） 巇巇（ナテ）シて 240（□クワイ－□ナリテ〈ト〆） 回回と 931（□－□テリテト） ○

嵬―峩と〔タカクヲホキニシテ〕 157 （□―□ト〆 タカクオホキニ〆）
嵬―峨と〔タカクシテ〕 1113 （□―□ト タカクシテ）
嵬―嶷と〔タカクサカシク〕 340 （□―□ト タカクサカシク）
怪物 534 （□―□ノ アヤシイモノ）
潰〔トマシハリ〕 1135
（□トトシテ マシワリ）
潰―濩と〔ワク・クワク〕 775 （□―□クワイクワクト ナリテ）
潰〔クワイ・ワキ〕―泓 341 （□―□ト ワキ）
潰―沲と〔メクリワク〕 775 （瀢―灑ト メクリワイテ）
瑰―瑋と〔アヤシウシテ〕 724 （瓌―□ト アヤシウ〆）
瓌―譎と〔アヤシクシテ〕 709 （□―□ト アヤシク）
瓌―材 410 （□―□ト ウルワシキ┐）
磈〔ソハ〳〵〕―磥と〔シウシテ〕 780 （□―□ト ソハ〳〵シウ〆）
廻―穴と〔メクリ〕 803 （□―□ト メクリ）
廻―繚と〔メクレリ〕 405 （□―□ト メクレリ）
光燭と 268 （□―□ナリト アキラカナリ）
訇―磤とナリテ 732 （□―□ト ナリテ）
訇〔クワウ〕―礚と〔ナル〕 519 （□―□ト ナル）
喤―呷と〔ノ、シリテ〕 366 （□―□ト ノ、シリ）
喤―喤と〔ナル〕 247 （□―□タリ ナル）
廣―衍と〔ホコリテ〕 524 （□―□ト ホコリテ）
○廣―象と〔ヒロクオホナリ〕 171 （□―□トタリ ヒロクオホヒナリ）
宏―埥と〔ツラナリテ〕 730 （□―□ト ツラナリテ）
慌―罔と〔ホノカニテ〕 345 （□―□ト ホノカニ）
晃―朗と〔ホカラカにして〕 810 （□―□ト ホカラカニ〆）
曠―蕩と〔ヒロクヲホイナリ〕 283 （□―□トナリ ヒロクオホイナリ）
曠―蕩と〔ユタカニヒロシ〕 1035 （□―盪ト ユタカニヒロシ）
曠―朗と〔ホカラカナル・タル〕 992 （□―□ト ホカラカナルニ）
横―潰と〔ツエテ〕 1042 （□―□ト〆 ツエテ）
横―梧と〔カタ、カヒにして〕 1139 （□―□ト カタ、カヒニ〆）
横―流と〔ヨコシマニナカレテ〕 518 （□―□ト ヨコシマニナカレ）
滉―瀁と〔ウカヒタ、ヨウ〕 671 （□―□ト ウカヒタ、ヨウ）
滉瀁と〔フカクヒロウシテ〕 756 （沆―□ト フカクヒロウシテ）
潢洋と〔ヒロクシテ〕 519 （□―漾ト ヒロクシテ）
潢―潦の〔ニハタツミ〕 288 （□―□ノ ニワタツミ）
瀇〔クハウ〕―瀤と〔ワキ・クハイ〕 774 （□―□クワウカイト サカノホリ）
煌―煌と〔テリ〕 953 （□―□ト テリ）
○煌―煌と〔サカナリ〕 143 （□―□ト サカン ナリ）
（□―□と サカリナリ） 730 （□―□ト サカリナリ）
爌―熀と〔アキラカニシテ〕 711 （□―□ト アキラカニ〆）
獷―猤と〔イサムテ〕 372 （□―□ト イサンテ）
砿
隠と〔ナリテ〕 489 （□―□ト ナリテ）
耾とナリテ 1073 （□ト ナリテ）
耾―耾と〔カマヒスキコト〕 802 （□―□ト カマヒスシキ┐）
謍―嗃と〔ナル┐〕 1069 （□―□ト ナル┐）
黋―朗と〔ホカラカニシテ〕 406 （□―□ト ホカラカニ〆）
廓とシテ 935 （□ト ホカラカニシ）
廓然と〔ホノカナル〕 760 （□―如ト ホノカナル┐）
廓―落と〔ワカレアラケタリ〕 556 （□―□ト ワカレアラケタリ）
濩―渭と〔ナリ〕 761 （□―□ト ナリテ）
灌洊と〔ナリ〕 761 （□―□ト ナリ）
瞿―然〔ツ、ラメニ〆〕 142 （□カク―□ト ツ、ラメニ〆）
矆〔ミ〕―睒〔ルに〕 761 （□―□ト ミ ミルニ）
矍―然と〔にて〕 457 （□―□ト ツ、ラメニ〆）
繣と〔ワカレテ〕 642 （□ト ワカレテ）
钁―挐と〔カシラアケシ〕
〔ヒコツラフテ〕 716 （□―□ト〆 ヒコツラウテ）
霍と〔トフ〕 592 （□｜ト〆）
泧〔クハツ〕―漷と〔ワイ〕 775 （□―□ト ワイテ）
○豁と〔ホカラカニシテ〕 167 （□ト〆 ホカラカニ〆）
□とホカラカナル 777 （□ト ホカラカナル┐）
豁―閑と〔ホカラカニシテ〕 522 （□―□ト クホカニシ）
豁―爾と〔ホカラカニシテ〕 282 （□―□ト ホカラカニ〆）
豁達と〔ホカラカナル〕 732 （□―□ト ホカラカナルヲ）
渙 1091 （奐ト ヲ、ク アラケテ）
○灌叢と〔アツマリ〕 180

（□－□ト アツマリ）　□－□と アツマて 315　（□－□ト アツマル）　□－□と アツマレリ 346　（□－□ト〆）　□－□と アツマ 420　（□－□ト アツマリ）　灌－注シウと ソ、ケリ 341　（□－□ス）

○煥 テレルコト 101　（□ト テレルコト）　□と 146　（□ト〆 テリ）　○□ テレルコト 163　（□ト テレル㆑）　○□とて 936　（奐ト テリテ）　煥－爛と テリ 778　（□－□ト テリカ、ヤキ）　莞－爾 209

（□－□ クワン シト ニコ〈シテ）　讙－譟 カマミスクカマミスシ 1068　（□－□ クワン サウト カマヒスクカマヒスシ）　闗－闗嚶－嚶と ヤハラキナク 227　（□－□－□－□ト ヤハラギナク）　□□□□と ヤハラキナ 940　（□－□－□－

□タリ）　卉－歙と ナリ 530　（□－□ト ナリ）　渭とシて 609　（□ト トゲイチ）　歸崎と サカシウシ 1035　（□－□ト サガシウシ）　嵬－崫と タカフシ 773　（□－□ト タカク〆）　巍－巍と 308

（□－□ト タカク〆）　巍巍と タカクサカシウシて 283　（□－□ト タカクサカシウ〆）　姽－嫿 ウルハシ 1148　（□－□ト ウルワシ）　夔－魖の オニ 260　（□－□ キイ キヨノニ ヲニ イワヤカミ）　煇－煌と テレルニ 160　（□

－□ト〆 テレルニ）　煇煇と テレリ 163　（□－□〈ト〆 キ テレリ）　睢－維とマタ、イて 1084　（□－□ト スイ マタ、イテ）　○睢－盱ト メミハリ 187　（□－□ト ハイ メミハリ）　□□と メミハレリ 719　（□－□ウト キ メミハレリ）

睢－剌と ミタル、トキ 299　（□－□ラツト ミタル、トキ）　睽－睢と メミハレリ 718　（□－□ト メミハレリ）　詭－譎 ナカシ 1039　（□－□ト ナカシ）　貴賤 614　（□－□ノ タトキ イヤシキト）　騤－瞿と ハシリテ 187

（□－□ト ハシリテ）　騤－騤と ツキ 301　（□－□ト ツヨキ㆑ヲ）　嘒嘒と ナイて 810　（□－□ト サワイテ）　睽罛 169　（□－□コト ケイ ソヒテ）　決－拾の ケツ ユムカケトモ 251　（□－□ノ ユカケトモ）　潏－ ワキ

潏と イテて 519　（□－□ト ワキ イテ）　譎－詭 229　（□－□ト〆 アヤシウ〆）　儇－佻 372　（□－□ト ケン トク）　元－符ナリ 927　（□－□ト オホイナルシルシアリケリ）　捲－垣と マトカナリ 483

（□－□ト マトカナリ）　涓涓とスメルニ 814　（□－□ト スメルナカレニ）　泫－沄シて 912　（□－□ト〆 ケン ワイテ ト）　環－句 メクリカ、マレリ 714　（□－□ト メクリカ、マレリ）　眩と カ、ヤイテ 294　（□ト カ、ヤイテ）

眩眃と 936　（□－□ト メニハリテ スミヤカニ）　眩－曜と カ、ヤイて 731　（□－□ト カ、ヤイテ）　眩轉 トメクリテ 109　（□－□ト メクリテ）　眩－渙粲－爛トシて 802　（□－□－□－□ト ケン アサヤカニ）

絢－練とトクシて 865　（□－□ト トクシテハルカニ）　諠－譁と カマヒスウシて 324　（□－□ト カマヒスシウシテ）　□－□と カマミスク 366　（□－□ト カマヒスシク）　跲秃 ツカレて 537　（倦－□ト ツカレ ツカレテ）　踡－蹐とカタ〈 クシケ マカリて 724

（□－□ト クジケマカリテ）　薫－薫と サカクサウテ 237　（□－□ト サカクサウシテ）

傾－崎 カタフイて 1139　（□－□ト カタフキカタフイテ）　傾－㕢キ カタフク 1066　（□－昃ト カタフキカタフキ）　荆－門のト 774　（□－□ノ ヤマ）　敻トシ 889　（□ト ハルカニ〆）　徑－延と ヨコカマシ 170

（□－□ト）ヲコカマシ　敬－慎 ツ、シミツ、シムテ 614　（□－□ト）ツ、シヒツ、シンテ　炯－晃と テレリ 488　（□－□ト）テレリ　□□と テレリ 694　（□－□ト）テレリ　熒ケイ－曄とテリて 782　（□ケイ－

（テイト テリテ□ト）　矆－矆と カ、ヤイて 712　（□－□ト）カ、ヤイテ　競－軼 キヲイアフル 1039　（□－溢イツト）キソヒアフル　◎經營と イトナンシトキ 89　（□－□ト）イナンシトキ　□□ イトナムと 771　（□－□イトナムテ）タテサマヨコサマニ〆

○經－營 メクリテ 107　（□－□ト）メクリテ　輕ク－利トシ 589　（□－□ト）カロクトシ　熲熲とケイ テレル 811　（烱烱ケイ〱ト）テレルヲ　○叫篠と フカクて 170　（□－□ト〆）フカウ〆　□－□と 712　（□－フカウ〆

（□ト）　喬－桀と スクレタル 590　（□－□ト）スクレタル　嶢と タカク 340　（□ト）タカク　嶢嶢と タカクシ 469　（□－□ト）タカクシテ　嶢－峴と ウチハヤウシテ 714　（□－□ト）ウチハヤウ　澆と クリテ 295　（□ト）メクリ

皛キロ、カナリ－溔と 788　（□ヒロクオホキニ ケウ－□セウト）キラ、カナリフカノヒロク キロ、カナリ　翿遥と カルクアカリ 294　（□－□ト）カロク アガリ　○激と ソて 758　（□ト）ソ、イテ　激ソ、ク－勢ヒ 761　（□－□ノ）ソ、クイキホヒ　傑とシ タカフシて 950　（□ト）タカウ

ウ〆）　嵥－竪と イチシルシウシて 774　（□－□ト）イチシルシウ〆　孑－蜺と カシラササシノフレ 717　（□－□ノ）カシラササシノヘテ　掲と アカリ 714　（□ト）アカリ　掲として 929　（□ケツト〆）ヒラメキア　掲ケツ－驕と ホシイマ、ナリ 588　（□ケツ ホ

（－□ト）シイマ、ナリ　滐と イチシルウシて 758　（□ト）イチシルシウ〆　㮆－刖 タルアリ 1066　（□ケウ－□ゲツト）アヤウキアリ　結ムスヒマツハレリ－絡と 775　（□－□ト）ムスヒマツワレリ　巘と タカクシて 729　（□ケツト）タカク

○轍轍と タカシ 169　（□ケツ－□〱ト〆）タカシ　□－□と タカフシて 419　（□－□ト）タカウシテ　○業－業 トタカク〆 169　（□－□ト）タカク〆　儼雅と マメタチ 718　（□－□ト）マメダチ　嶮－喁とて

344　（□－□キヤウト）クチサシツトヘテ　乾－乾ス 237　（□－□ト）ウヤマフ　巘ケン－錡と 522　（□ケン－□ト）クホミクシケ　懸レル－棟 715　（□－□ノ）カ、レルムナキ　懸－黎の 163　（□－□ノ）タマノ　灝

－渙と トホリイテ 776　（□－□ウツツクト）トヲリ　牽－牛 181　（□－□ノ）ヒコホシ　褰－綢と マシハリ 506　（□－□ト〆）マシハリ シ、マリ　巑こ 420　（□ケント）ナヒク　○蹇産と クシケマカリて 170　（□タカク－□オホイニト〆（ミセケチ））クシケマカリテ

（□□ト）クシケマカレル 522　（□－□ト）クシケマカル、　蹇－産と カタ、カヒナル 328　（□－滻ト）カタ、カヒナルヲ　軒－翥と ハフリ 589　（□－□ト）ハフリテ　□－□と ハフル 489　（□－□ト）ハフル　顥－皦 とナル 391

（□－□ナル¬）　顥－皦 ホカラカにシて 680　（□－□ト）ホカラカニ〆　齜アイクチニ〆－脣と 1152　（□アケル－□ト）アヒクチニ〆ハアラワレ

固－護と ヒタヲモフキニシテ 1076　（□－□ト）ヒタヲモフキニ〆　孤－鴻と ヒトリアル 1380　（□－□）ヒトリアル　孤－亭 タカシ タテリ 763　（□タタテリ－□ト）ヒトリタカシ　○盷盷と アキラカニ〆 171　（□コ－□ト）アキラカニ〆　股モ、－戰ヲノ、キ 1137

（□－□ト）モ、ヲノノキ　虎ヤマ－牙の 774　（□－□ノ）ヤマ　○觚－稜と ソハ〱シウ〆 107　（□－□ロウト）ソハ〱シウ〆　鼓－鞞の フリツ、ミ 489　（□－□ヘイノ）フリツ、ミ　垢コウ－滓シ 1084　（□コウ－□シノ）アカツケルヲ

弘－敞と（ホカラカナリ）171（□－□シヤウトタリ ホカラカナリ）□－□と（ホカラカナリ）471（□－□ト タカクオホイナリ ホカラカナリ）洪－洞と（アヒツラナテ）1040（鴻－□ト アヒツラナリテ）洪－縻の 490（□－□ノ ハナツラ）洪－紛にして

469（□－□シテ トミタレテ）澒－溶と（キノホリ）342（□－□ト ワキノホリ）鉤－膺の（ムナカキ）240（□－□ノ ムナカキ）刻－飾と（ツクロヒテ）540（□－□ト ツクロヒ）○刻－陗と（アカリタカウ〆）165（□－ アカリタカ

□ト（ウシテ）酷－烈と（コク ハケシク）540（□－□ト ハケシク）酷－烈（トカウハシ）901（□コク－□ト カウハシ）兀と（シツカニシテ）698（□ト〆 シツカニ）光と（カフロニシテ）340（□ト カフロニシ）忽－焉と（ホノカニシテ）1159（□ ホノ

－□トシテ（カニ〆）惚－恍と（タチマチにシ）760（□－□ト タチマチニ）杌と（タカウシテ）732（□ト タカク〆）汨－淈（コツ コツスル）775（□コツ－□コツト ホトハシル）汨－活（トク）1067（□コツ－□ト トク）淈と（ミタレ）

1046（□ミタル─）淈－淈と（ナカレイテ）519（□－□ト ナカレテ）淴－泱と（コチ アフ フカクヒロク）775（□コヒノ－□アフト フカクヒロク）硉－矹と（マロヒテ）775（□コツ－□コツト〆）昆－明（ムラ カレ）563（□－□ト ムラカレナク）棍（ムラ）

－批（カレウツ）476（□－□ヘツト ムラカレウツ）混－澣と（ウツハク）776（□－□ト ウツワク）混－淪と（マロフ）781（□－□ト マロフ）焜－煌と（テレリ）1050（□－□ト テレリ）□－□と 929（□コン

－□ト（テレリ）

嵯－峨（タリ）483（□－□ト タカシ）嵯－峨嵳嵬と（タカクサカシクシテ）709（□－□－□－□ト タカクサカシク）左－纛の（フサ）240（□－□タウノ フサ）杈－枒と（サ カタ、カイニシテ）714（□－□ト カタ、カヒニ〆）

○蹉－跎と（フシマロフ）172（□－□タリト フシマロフ）○崔－巍（タカクサカシクシテ）474（□－□ト タカクサカシウ〆）◎崔嵬と（タカクサカシウ〆）101（□－□ タカクサカシウ〆）○□－□と（タカクサカシク〆）108（□－□ト タカクサカシウ〆）

□と□（タカクサカシク〆）199（□－□ト〆 タカクサカシウ〆）□－□と（タカクサカシク）298（□－□タリ タカクサカシク）□□と 522（□－□ト タカクサガシ）□－□と（タカクサカシ）777（□－□ト タカクサカシ）崔－錯（マシハリ）529

（□－□ト マシワリ）○崔－崒 153（□－□ト サカシウ〆）嶊－峩と（タカク）522（□－□イト タカク）嵬－巍と（タカウシテ）474（嵔－隗ト タカク〆）嵬－嵬と（タカクサカシクシテ）282（□－□ト タカクサカシク）

巀－嶭と 522（□－□ト タカクサカシク）□－□ケツと（タカクサカシクテ）643（□－□ケツト タカクサカシク）摧－嶉（ツモリテ）471（□－□スイト ツモリテ）漼と（サイ フカウシ）420（□－□サイト フカウ〆）漼と（ソ、ヒテ）606（□ソ、イテ）

璀－璨（シナヒテ）694（□－□ト〆 シナヒ）璀－璨と（マタロノカナリ）710（□－□ト マタラカナリ）璨－粲と（ソヨメクヲ）1158（□－□ト ソヨメクヲ）璀錯（マシハレリ）715（□－□ト マシハレリ）◎綵－緻と（イロキヒシウ〆）103

（□－□チノ イロキヒシウ〆）蓑－蓑と（シナヘル）284（□スイ□くト シナヘルヲ）蕞－芮と（サイ セイ）649（□サイ－□セイト イヤシキモノハ）蕞－陋と（イヤシウシテ）453（□－□ト イヤシウシ）豺狼（ヲホカミ）115（□－□ノ オホカミ）

○采飾(カサリ)と 162 （□ー□ノ） 鑵ー錯(マシハリて)と 778 （□(マシワリテ)ー□ト） 雙ー美(ヒ ウルワシク) 1100 （□(ヒウルワシク)ー□ト） 嘈嘈(カマヒスクシて)と 712 （□(カマミスク〆)ー□ト） ◎崢ー嶸 111

（□(タカクサカシウ〆)ー□ト） □□(タカクサカシキ)と 328 （□(タカクサカシキヲ)ー□ト） □□(フカクサカシ)と 711 （□(フカクサカシ)ー□ト） ○崢ー嶸(タカキに)と 474 （□(タカキニ)ー□ト） 嶒ー竑(ナカクムナシ)と 710 （□(ナカクムナシ)ー□ト） 爽(サウ タカヘルコト) 550

傖(イタムて)ー悦と 1042 （□(イタンテ)ー□ト） 愴ー恨(シて) 606 （□ー悢(カナシヒテ)ト） 愴ー然(イタミ) 1045 （□(イタミ)ー□ト） 憚ー恅(シツカニ)と 1044 （□(モノシツカニ〆)ー□ト）

（□(サウ タカヘル)ヲ） 爽ー塏(とナル) 401 （□ー□(カイナルト)） □(サウ)□(カイ)(トアキラカニシて) 280 （□(サウ アキラカニ〆)ー□(カイト〆)） 桑ー門(ヨステヒトモ)の 203 （□(ヨステヒト)ー□ノ） 相ー磢(ヒ マシハリて) 761 （□(アヒスリ アヒマシハリ)ー□ト）

相ー沏(スル) 761 （□(アヒ)ー□(スル)ト） 磢錯(とスル) 775 （□(ウチキル)ー□ト） 草ー昧(マイ クラウシて)と 315 （□(クラウ〆)ー□ト） 藻ー翰(ウルハシキハネ)の 590 （□(ウルワシキハネノ)□） 蹌ー蹌(ユイて)と 556 （□(サウ)

ー□く(トユク〆)） 錚ー鎗(ナリて)と 487 （□ー□(ナリテ)ト） 岩ー峉(カタ、カヒ)と 282 （□(サク カタ、カヒニ〆)ー□(カクト)） 摵(カシケて)と 810 （□(カシケテ)） □(カシケて)と 587 （□(カシケテ)） 錯ー雜(マシハリ) 1037 （□(マシワリ)ー

□(サフト マシハレリ)） 錯ー繆 283 （□(マカヒテ)ー□ト〆） 錯ー落(マシハレリ) 102 （□(サク マシ)ー□(ハリ)ト） 刷ー澀(ハネツクロイテ)と 344 （□(ハネツクロヒス)ー□ト） 唼(サウ ツイハム)ー喋(タフ)と 671 （□(サフ ツイハム)ー□(タツト)） 鈒ー

戟(ホコ) 242 （□ー□(ホコ)ノ） 雜ー沓(カサナレリ)と 467 （□(カサナレリ)ー□ト） □ー□(カサナリて)とシ 324 （□(カサナリテ)ー□(タツト)） 雜ー糅(マカテ)と 351 （□(ユキテ)ー□(シウト)） 霅ー然(アラケテ)ト 468 （□(アラケテ)ー□ト）

鞁ー雪(トクシ)と 370 （□(トクシ)ー□ト） 颯(ソ、ケて)と 811 （□(ソ、ケテ)‖ト） ◎颯ー纚(シキヒ)と 104 （□(サウ シナヒ)ー□(シト)） □ー□(シナヘルヲ)と 203 （□(シナヘルヲ)ー□ト） 颯ー灑(とナル) 722 （□ー

□(ナル)ト） 參譚 372 （□(ハシリ)ー□ト） 毚ー兎(ウサキ) 188 （□(トシヨリウサキ)ー□ノ） ○嶄ー巌(サカシウ〆)と 171 （□(サン サカシウ〆)ー□ト〆） □□(サカシク)と 522 （□(サカシク)ー□ト） 嶄(サン)ー鑿(ウカテリ)と

754 （□(ウカテリ)ー□ト） ○巉ー嶮(タカクサカシ)と 159 （□(タカクサカシ)ー□ト） □(サカシキ)□と 374 （□(サカシキニ)ー□ヲ） 慘(サン イタムて)ー慘(クラシ)と 684 （□(サン クラシ イタムテ)ー□ト） 慘ー懍と 469 （□(サムシ)ー□ト）

○慘ー烈(レイと ハケシ) 182 （□(ハケシ)ー□(レイト)） 憯ー悽(イタミ〆)と 804 （□(サム スサマシク)ー□(ク イタミテ)ト） 瀸ー漏(シて) 452 （□(ウルホヒテ)ー□(シテ)ト） 瀺ー灂(ナリて) 295 （□(ナリテ)ー□ト〆） □ー□(ナリ)と

519 （□(サン ナリテ)□ト） 鬖(ミタレタリ)ー髟 782 （□(サン ミタレタリ)ー□(サント)） 憯(イタミ)と 718 （□‖ト〆） ○巑ー岏(とシ) 1139 （□(サカシウシテ)ー□ト） 攢ー仄(とセマリ) 1077 （□(セマリテ)ー□ト） 攢(アツマリ)ー

羅(ツラナリて) 714 （□(アツマリツラナリテ)ー□ト） 散ー渙(ホトコリて)と 1039 （□(ホトコリテ)ー□ト） 欑ー植(アツマリヲヒタリ) 980 （□(アツマリヲヒタリ)ー□(チト)） 瀾ー淪(サン シ、ク ナカレトシ)と 775 （□(サン ナカレトシ)ー□ト） 珊瑚 163 （□(タマノ)ー

（□ノ エタ）
粲（テリテ）と 467
（□ト シイテ）
粲-爛（キラ、カニシ）と 540
（□-□ト キラ、カニ〻）
粲-爛 936
（□-□ト アキラカナリ）

侈（シ）-侈（サカリに）と 325
（□-□〱ト シ サカリニ）
厎（シ）-柱（ヤマ）の 221
（□-□ノ シ ヤマ）
嵫-釐（サカシク）と 724
（□-□ト サカシウ〻）
嵳-嶷と 724
（□-□ト サカシ）
支-離（ワカレタリ）と 410
（□- ワカ

□ト レタリ）
□□（ワカレ）と 715
（□-□ト ワカレテ）
昏-髟（カヘリミカタミアク）と 1068
（□シ-□ヒヨウト カヘリミタチカミアリ）
枝-掌 714
（□-□ト サ、エタリ）
枝-柱（サ、ヘタリ）と 714
（□-□ト サ、ヘタリ）
狋-鬌（サカシウフシ）と

1066
（□シ-□キト サカシウ〻）
猥猥（オソテ）と 713
（□-□ト ヲソリテ）
紫-蔚（マタラカにシて）と 724
（□-□イト マタラカニ〻）
芝-栭（タ、リカク） 714
（□-□ト カサナリテ）
茈-虒（カタ、カイニシて）と 530
（□-□ト カタ、カヒニシ）

蚩（キ）-眩（カ、ヤカス） 175
（□シ-□スト アサムキマドワス）
跐-豸（タヲヤカナリ）と 202
（□-□ト タヲヤカナリ）
主（アルシ）ノ 293
（□ アルジハ）
周-行（メクリユク）とスル 721
（□-□ト メクリユク）
◎周-匝（メクリテ）サフと 113

（□-□サフト メクリテ）
周-章（アハテ）と 376
（□-□ト アワテ）
□□（アハツ）と 711
（□-□ト アワツ）
◎周-流（メクテ）と 110
（□-□ト メクリテ）
□-□（メク）と 552
（□-□ト メクリテ）
啾（ナイテ）と 593

（□ト ナイテ）
啾（カマヒスクシ）と 1040
（□‖ト カマヒスシク）
啾-嘈（カマミスクシ）と 489
（□-□ト アマネクナル カマヒスシ）
啾-啾（カマミスク）と 556
（□-□ト カマヒスウシ）
□-□（カマミスウシ）と 952
（□-□ト カマヒスシウシテ）
噍-噍（ナイて）と 1068

（□シウ-□〱ト ナイテ）
○嶒崪 111
（□-□ト タカクサカシウ〻）
瑀-輿 928
（□-□ノ クルマ）
◎蹂-躪（フミニシリテ）と 113
（□シウ-□ト フミニシリテ〻）
邐-麗（ウルハシクウルハシキ）ノ 3094
（□-□ ウルワシクウルワシキ）

倏-夐（タチマチニシ） 534
（□-□ケイト タチマチニ〻）
○儵-忽（タチマチニ〻）と 133
（□-□ト〻 タチマチニ〻）
儵 936
（□ト スミヤカニ）
倏-忽（タチマチニ〻）と 200
（□-□ト〻 タチマチニ〻）
○儵-爚（テレリ）と 184
（□シユク- テ

□ト アリ レリ タリ）
欞-矗（ト、ノホリ）と 354
（□シク-□ト ト、ノヲリ）
肅-殺（サムシ）セイと 182
（□-□セイト サムシ）
踧-踖（アツマル）と 765
（□-□ト アツマル）
踧（シク）-沑（アツマリ）チクと 758
（□-□チクト アツマリテ）
郅-偈（ハタサホ）の

468
（□-□の ハタザホ）
靇-昱（トクシ）と 761
（□シク-□イクト トク〻）
澌-泊（トク）と 1091
（□-□イツト トク）
蟋-蟀のキリ〱ス 810
（□-□ノ キリキリス）
質の 175
（□-□ノ サヤマキ）
埤-堄（カサナリ） 351

（□シフ-□シフト カサナリテ）
揷-堄（カサナリて）と 410
（□シフ-□シフト カサナリ）
戢-舂（アツマレリ）と 714
（□-□ト アツマリ）
澀-言（ヒチメキ）言言と 366
（□シフ-□チツト ヒチメキ）
潗（ヒチメク）-滑と 758
（□シフ-□ケフト ヒチメク）

濕（ナカレアフ）-濕（ヒラケアフ）と 758
（□-□ト ヒラケ アフ）
習（シツ）-習（ユキ）と 243
（□シツ-□〱ト ユキ）
參-差（カタ、カイナリ）と 197
（□-□ト カタ、カヒナリ）
□-□（カタ、カヒナリ）と 410
（□-□ト カタ、カヒナリ）
□-□（カタ、カヒニ〻） 467
（□- カタ、カ

□ト ヒニ〻）
□□と 500
（□-□ト カタ、カヒニ〻）
□-□（カタ、カヒニシ）と 589
（□-□ト カタ、カヒニ〻）
□-□（シナヘリ カタ、カイナリ）と 954
（□-□ト カタヒナリ）
岑-嵒と 1090
（□シン-□キント タカクサカシ）
嵾-嵳（カタ、カヒナリ） 522

（□－□ト カタ、カヒナリ）嵾－岑と タカクサカシウシテ 282（□－□ト タカクサカシウシテ）嵾－䍦シト ハネタレタリ 468（□－□シト ハネタレタリ）森と イヨ、カナリ 420（□ト イヨヤカナリ）森として 486（□ト サカンニ）森

森トシナヘル 690（□－□ト シナヘルヲ）森シナ－衰と 780（□－□ト シノキチ）森－萃と イヨ、カニアツマリテ 354（□－□ト イヨヤカニアツマリ）椮－䍦と シナヘル 767（□－□シト シナヘルヲ）浸－潭と ウカヘリ 420

（□－□ト ウルヘリ ウカヘリ）□－□ ウルヒテ 1036（□－潤ト シン ウルヒテ）浸－淫とシ カウヤクニシテ 559（□－□ヤウヤクニ〆）深－林 522（□－□ノ フカキハヤシ）湛湛として 1136（□－□ト フカクシテ）

滲－淫と ウルイテ 755（□－□ト ウルヒテ タ、ヨフ）叉－族の ヒシノ 188（□－□ノ ヒシノ）射－越 トカヲル 2126（□－□ト カヲル）倘－佯と タチモトヲリテ 803（□－□トシテ タチモトヲル）儴－佯シテ トアソムテ 536

（□－□ト アソンテ）商賈 アキント 175（□－□ノ アキント）商－旅の アキント 177（□－□ノ アキヒト）◎蔣－蔣と タカキニ 110（□－□ト タカキニ）昌－披タル トマヒロケタル 1993（□－□ト ヲビトリヒロケタル ウツヒホサヘサ、ス）

◎湯湯 ナカル、 110（□－□ト ナカル、ヲ）□－□と 311（□－□ト ナカレテ）□－□と ナカレ 671（□－□ト ナカレ）穰－穰タリ 247（□－□タリ オ、シ）穰－穰と シケウシテ 481

（□－□ト シケウシテ）章－皇と タチモトヲリ 552（□－□ト タチモトヲリ）章－灼と テレル 730（□－□ト テレリ）章－甫 フノカムフリ 3653（□－□ヲ カフ、リヲ）觴 サカツキ 292（□ノ サカツキ）詳－ アキラカ

議モ ニハカリテ 2455（□－□モ アキラカニハカリテ）爵 サカツキ 292（□ノ サカツキ）灼と サカリにして 589（□ト サカリニ〆）灼－爍 テレリ 310（□－□ト テレリ）□－□とテリテ 1095（□－□ト テリカ、ヤイテ）

焯－爍と 562（□－□ト テレリ）綽－約と ニキラカナリ 540（□－□ ニキラカナリ ニコヤカナリ）鑠－鑠として 730（□－□ト〆 テレリ）朱アキ－冠サカの 590（□－□ノ アカキトサカ）崇－崇と タカキ 600

（□－□ト タカキヲ）淑－郁と カヲル 540（□－□ト カホル）肅と ト、ノホリテ 1140（□－□ト ト、ノヲリテ）肅肅と ツ、シミ 243（□－□ト ツ、シヒ）□－□として 1092（□－□ト〆 フカウ）肅清 カスカナル

とタル 992（□－□ト カスカナルニ）瀟－率とシ スキツナリ 556（□－□ト〆 トヲリ）怵－悼タウと ヲソリ 168（□－□タウト〆 ジユツ ヲソレ）崪と タカシ 700（□ タカキ「ハ）怵－迫と ヲチセマル 457（□－□ト ヲチセマル（ミセケチ） ノホルアヤウ）

戌－削と カイソケリ 507（□－□トタリ カイソケタリ）戌削と エカキツクルカコトシ 540（□－□サク タチハフケリ エカキツクルカコトシ）峻－嶒－峭とシ 648（□－□－□ト タカク ケワシウ〆）峻嶮と サカシクサカシ 159（□－□レ）

キニ）峻－湍 サカシキセ 777（□－□ノ サカシキセ）嶟－嶟と タカキ サカシキに 472（□－□シュン〈ト タカキニ サカシキニ）○踆－踆と ヲトリアリク 199（□－□ト ヲトリアリク）且千 チ、ハカリナリ 92（□－□ト チ、ハカリナリ）咀嚼と ツイハム

521（□－□シヤクト ショ ツイハム）岨峿と ナヤマシウシ 1016（□－□キヨト ショ ナヤマシウシテ）沮－洳 453（□－□ト ミソコレリ）屬－鏤の ツルキ 367（□－□）溭ショク－減 775（□－□ト ショク セマリ）

縟（ショク）－繡と（マタラカナリ） 351 （□（ショク）－□ト　マタラカナリ） 織－女 181 （□－□ノ　タナハタ） ○罝羅の（アミノ） 188 （□（シャ）□ノ　アミノ） 睢鳩 926 （□－□ノ　ミソトリ） 從－容と（タヲヤカナル） 692 （□－　タヲヤ

□ト　カナルニ） 承華（ムマヤノ） 242 （□－□ノ　ムマヤノ） 縱縱と（トクシテ） 479 （□－□ト　トクシテ） 竦（ショウ）と（クワタテて） 674 （□（シヨウト）□ノ　クワタテ） □ 1092 （□ト　ヲロソカニ〆） 竦峙 165 （□（シャフ）－□（シト）　アカリタチリ）

稱－首（ノハシメト） 2443 （□－□ト　ノハジメトシ） 縱－横と（ホトコリ） 715 （□－□ト　ホトコリ） 罝－罻の 371 （□－□ノ　アミ） 蒸蒸（トス、ミ） 3422 （□－□ト　ス、ミ） ○燭燿と（テレリ） 117 （□

－□ト　テレリ　テリ） 侲－子の（コハラヘ） 258 （□－□ノ　コワラヘ） ○侲－僮の（コワランベ） 200 （□－□ノ　コワランベ） 振｜（トフルヒ） 466 （□ト　アマサクフルヒ） 振振と（サカリニシテ） 952 （□－□と　サカリニシテ） 津潤と（ウルヒテ） 318

（□ノ如ニウルヲヒ　□ウルヒ） 濭－隕と（カタ、カイにて） 775 （□－□ト　カタ、カイニ〆） 神－潢の（ミツ） 259 （□－□ノニ　ミツニ） 神－荼の（カミ） 260 （□－□ト（ノ）　カミ） ○神－明の（トノ） 167 （□－□ノ　トノ）

□□のトノ 109 （□－□ノトノ（ミセケチ）） 蓁－蓁ト（サカンナリ） 319 （□－□ト　サカンナリ） 蜃蛤の（ハマクリ） 195 （□－□ノ　ハマクリ） 震－震と（サカリに） 489 （□－□ト　サカリテ） ○震震爚（キリア）

爚と（キラカニ〆） 113 （□－□－□－□ト　テリアキラカニス） 震霆（テイ） 928 （□－□ト　フルヒナル） 蒸民 903 （□－□ノ　モロ〱ノタミヲ）

睟と（ニキラカナル） 395 （□（スイト）　ニキラカナル） 緌－肆（ヲソク　ユルシ） 1042 （□－□ト　オソク　ユルシ） 綷縩と（ソヨメク） 488 （□－□（サイト）　ソヨメク） 翠－蓋（アリ） 468 （□－□ノ　カザレルカサ） 翠－粲と（ヨソメイて） 1097 （□　ソヨ

－□ト　メイテ） 靃靃靡靡と（ホソヤカニ） 674 （□－□ト　ホソヤカニ）

淒清と（サムクシて） 810 （□－□ト　サムクシテ） 嚌－嚌と（カマヒスシ） 606 （□－□ト　カマミスシ） 掣掣洩洩と（ナカレユキ） 762 （□－□－□（ナカレヨリ）－□ト　ナカレユキ） 星－旌 468 （□－□ノ　マネキヲ） 清－清

冷－冷と（ス、シウシて） 804 （□－□－□－□ト　ス、シウシテ） 清－冷の（フチ） 259 （□－□ニノ　フチニ） 清冷と（サムシ） 711 （□－□ト　サムシ） 淒と（サムウシて） 979 （□　サムフク） 濟－濟と（サカンナリ） 413 （□－　サカン

ナリ□ト） 犀渠の（セイ　タテ） 368 （□（サイ）－□ノ　タテ） 萋－萋と（サカナル） 284 （□－□ト　サカンナルヲ） □－□と 309 （□－□ト　サカンナルヲ） □－□と 413 （□－□ト　サカンナリ） □－□と 486 （サカナル）

（□－□ト　アヲキヲ） 靚－莊と（ヨソヘリ） 323 （□－□ト　ヨソホヘリ） 靚－糚と（ヨソヒ） 540 （□－□ト　ヨソヲヒ） 躋（ノホリ） 1046 （□（ヨチノホリ）ト　ノホリ） ○青－熒（アヲヤカナリ） 103 （□－□（エイト）　アフヤカナリ） □と　アヲヤカナリ

562 （□－□ト　アヲヤカナリ） 青骹の（タカ） 189 （□－□ノ　タカ） 青－鞦（キ　ヲフサ） 591 （□－□ノ　アヲキヲフサノ） 青－葱と（アヲヤカナリ） 298 （□－□（タリ）ト　アヲヤカナル） 靜－謐（ナリ） 1092 （□－□（ナリ）ト　シツカニヤスシ）

鬟-髪(カミユイタテ、)と 190 （□(セイ)-□(ソ)ト(カミユヒタテ、)） 峭-格(アミ)の 371 （□-□(カクノ) タカクアミハレルキヲ） ◎嶕-嶢(タカクサカシキアリ)と 108 （□-□ト タカクサカシキアリ） ○嶕嶢(タカキアリ)と 167 （□-□ト タカキアリ） ○

擄-箾(マツワレテ)と 188 （□(シヨウ)-□(サクト)〆 アマニツワレテ） 昭(アキラカニシテ)-晣と 1014 （□-□ アキラカニ〆） 橚-槮(イヨ、カナリ) 180 （□-□ト イヨ、カナリ） 潲(セウ)-洲(タン)と(サカシキナミ) 758 （□(セウ)-□(タント) サカシキナミ） 照-灼(テレルに)と 873

（□-□ト テレルニ） 照-燿(テリ)と 488 （□-□ト テリテ） ○照爛(テレリ)と 101 （□-□ト テレリ） □-□と(テリテ) 467 （□-□ト テリ シイテ） □-□と(テリ) 501 （□-□ト テレリ） 箾-(イヨ、カ)

蓼(ニシテ) 530 （□-□ト イヨヤカニ〆） 篠-簜(タケ)の 181 （□(ノ)-□(ノ) ノタケ タケ オホタケ） 絹紈 488 （□-□ノ ウスキヌ） 蕭-森(イヨ、カにして)と 589 （□-□ト イヨヤカニ〆） 蕭-蕭(カスカニシテ)と 1000 （□-□ト カスカニ〆）

○蕭條(カスカニシテ)と 116 （□-□ト カスカニ〆） □-□と(カスカナリ) 557 （□-□ト カスカナリ） （□-□ カスカナルコト） 803 （□-□(タル)ト カスカナルコト） □(カスカナル)-□と 873 （□-□ト カスカナルニ） 蕭條(ス、シウシテ)と 711

（□-□ト ス、シウ〆） 蕭-瑟(ナル)と 354 （□-□ト ナル） 蕭(カス)-瑟(カナリ)と 808・ （□-□ト〆 カスカナリ） 蕭-蔓(タカフトヲウシテ)と 740 （□-□ト タカクトヲウ〆） 逍-遥 1046 （□-□ト カスカ） 銷-

落 999 （□-□ト アラチヲチ） 寂(とシて) 1090 （□-□ト モノサヒシウ〆） 寂-寥(シツカニシテ)と 341 （□-□ト シツカニ〆） 寂-漻(スミナカレテ)と 519 （□-□ト スミナカレテ） 斥(セキ)斥(ヒロクオホキナリ)と 406 （斥(セキ)-斥 ヒロクオ、キ

ナリ ト） 淅-瀝と 819 （□-□ト ホソク クタリ） 耤-耤(ヲホクシテ)とシ 537 （□-□ト オ、ク〆） 赤疫(エキ)の(オニヲ) 259 （□-□(エキノ) アカキヲニヲ） 巌(セチ)-嶭と(タカクサカシウシテ) 283 （□(セチ)-□(ケツト) タカヒ サカシウ〆） 屑(ホノカに)と

713 （□-□ト ホノカニ） 沏-迭(テツ)と(トクシテ) 757 （□-□ト トクハヤク チツト） ○崨-嶫(タカクサカシウシテ)と 160 （□(セウ)-□(ト)〆 タカクサカシウ〆） 捷-獵(マシハリ)と 715 （□-□ト マシワリテ） 捷獵(カタカヒナリ)と 1037 （□-□ト カタ、カヒナリ）

浹(セウと)-渫(テフ)(ツラナリ) 777 （□(セフ)-□(テウト)〆） 捻(ホトハシリテ)-躍と 594 （□(セン)-□(テキト) ホトハシル） 潤(とトク) 758 （□(セント) トク） 漸(ヒキて)-漸と 588 （□-□ト ヒイテ、） 潜(セン)-蓋(アフ)と(カクレタルカナ) 286 （□(セン)-□(アフト) カクレタルカ）

ナ） 聠-瞞(オトロキミル)と 786 （□(セン)-□(キツト) ヲトロキミル） ○蟾(セム)蜍(ヒキ)の 199 （□-□(ノ)ト ヒキト） 襳-襹(シナヘルヲ) 198 （□-□ト シナヘルヲ） 閃(ホノメク)-屍と 760 （□-□ト ホノメク） 千-門 721

（□-□ノ チ、ノカト） 倩涖と 505 （債(セン)-□ト トクシテ） 僊。-僊と 326 （□-□ト〆 スクフ） 吮の 579 （□(エンノ)-□ ヤハス） 嬋-娟と(タヲヤカにて) 354 （□-□ト タヲヤカニ〆） -姌嫋(ナカクユイ) 1058 （□

（□-□ト タヲヤカニ〆） 嬋-媛と(タヲヤカナリ) 284 （□-□ト タヲヤカナリ） 川-后 1162 （□-□ノ カワノカミ） 戰-懼と(ヲノ、キヲチ) 622 （□-□ト ヲノ、キヲチテ） 洊-密(ヒチナリ)(シキリキヒシ) 875 （□(セン)-□(ヒツナリ)ト シキリニキヒシ）

獮-獮と(イカル) 717 （犾-犾ト イカル） 瓀珉(タマ)の 163 （□-□ノ タマ） ◎碝(セン)-碱(セキ) 103 （□(セン)-□(セキノ) サ、レイシ） 纎-弱と(タヲヤカナリ) 540 （孅-□ト タヲヤカナリ） 纎-縟(マタラカにと) 735 （□ マ

（タラカニ□ト）羶−肉ナマクサキシ、2497（□−□ノ ナマクサキシ、）舛セン−錯セリ 344（□セン−□サクト マシワリマシワレリ）芊−茦とシテ 785（□アヲヤカニ−□ト ユタヤカニ）蒨−旆ハイの ハタモトアリ 242 綪サウ−（□ハイノ ハタモトアリ）蟬ッ

聯と ラナレリ 349（□−□ト ツラナレリ）蟬−蜎と トヒアカル 765（□−□ト トヒアカル）遷−延 シリソキカ、ヘテ 192（□−□ト シリソキメクリテ）□□と シリソキカヘリ 249（□−□ト シリソキ）鋋 579（□センノ ホコ）

噌−吰と ナリテ 962（□−□ト ナリテ）增−起 カサナリオコテ 1090（□−□ト カサナリオコテ）○增−盤のモトヰ 101（□−□ノ モト）曽−華の スナハチハナサイテ 2064（□−□ノ スナハチハナサイテ）䎖−繳 114

（□ソウ−□シャクノ アミ）緫−緫 467（□−□ト アツマリテ）繒−綾ロウと カタ、カヒニシテ 710（□−□ト カタ、カヒニシ）罾−罤の 792（□ソウ−□ライノ アミ）葱−翠と アヲヤカナリ 589（□−□ト アヲヤカナリ）葱− アサヤカ

龓と ナリ 785（□−□ト アサヤカナリ）蹭−蹬と フシマロヒ 765（□−□ト フシマロヒ）鎪−鏤 ヱリチリハメタル 1037（□サウ−□ノ エリモノアテ）颼−飀と 351（□−□ト ナル）崱−屴と タカクシテ 710（□−□ト タカク）側 イタム

慽と 1042（□−□イキト イタム）率−乎と トクシテ 536（□−□ト トクシ）帥ソツ−爾 アツマ 468（□−□ト アツマリテ）蕁−蕁と イヨ、カニシテ 285（□−□ト イヨ、カニ）蕁−蕁タリ 439（□− ユタカ

（□ト タリ ナリ）蓴−蓴と アツマテ 467（□−□ト アツマリテ）蹲−踆と ウスクマル 717（□−□ト ウズクマル）

○挐−攫 ヒコツラフ 199（挐−□ト ヒコツラフ）□□と ヒコツラヒ 561（挐−攫ト ヒコドロヒ）汰ノナミ 295（□タノ ナミ）妥−帖と ヤスライテ 1016（□−□ト ヤスライテ）大−狐のヤマ 283（□−□ノ ヤマ）

）大−岯 221（□−□ノ ヤマヲ）蔕−芥の アクタハカリモアラ 512（□−□ニモセ アクタハカリトモ）○蔕−芥の アクタハカリモスレハ 176（□タイ−□ アクタハカリモスレハ）退−概と ホノカナリ 730（□−□ト ホノカナリ）

隤−唐とクツレテ 1047（頽−□ト クツレヲチテ）𩰲−タル 791（□ユク−□ト）儻−朗と カ、ヤカンことを 593（□−□ヲ カ、ヤカシ）嵽−嵲と ヒロクオホキニて 282（□−□ト ヒロクオホキニ）[?]−□ 168（□タウ− タカ

（□カフト ク）惕と ヲトロイて 965（□ヲトロク）爣−閬と アキラ 711（□−□ト アキラカナリ）碭−駭と ツキヲトロカシて 1073（□タウ−□ト ツキヲトロカシテ）蕩−颺と 757（□−□ト トシ）讜−言 739（□ナ

（□ノ ヲキコト）闉−軨と ナリテ 539（□−□コウト ナリテ）卓−犖と スクレ 331（□−□ト スクレテ）◎卓−犖と コエスクレテ 95（□−□トシテ コエスクレテ）卓−峙 トスクレタチタリ 3415（□−□タリ スクレタテリ）

拓−落と ヒロクオホキナリ ロイテ ト 406（□−□ト ヒロクオ、キナリ）○濁の ホシ、ウリ 175（□ノ ホシ、ウリ）匒−匌カフと カサナて 758（□タフ−□カフト カサナリ）涾−沲と ナカクシて 754（□アヒカサナリ−□ト ナカク）澹 タントシツカニ 966（□タン−□ヲト ウコ シツ）

（カニ イテ）澹−淡とシて 288（□−□ト ホシイマ、ニ）□−□エンと ホシイマ、ナリ 521（□タン−□ント ホシイマ、ナリ）□−□と ホシイマ、ナリ 671（□−□ト ホシイマ、ナリ）澹−淡とウコイて 1138（□ウカヒテ−□ト ウコイテ）澹−

淡トシテ118（□－□ウカミトヲ）澹－澹とタ、ヨヘリ229（□－□タ、ヨヘリとシ）□－□タ、ヨテとして1137（□－□タ、ヨヒテト）澹－泞とスミフカウシテ754（□－□スミフカウヲト）潭－淹とタ、ヨフ787（□－タ、ヨ

フ□ト）○耽－耽とフカウシテ161（□タン－□フカシくト）醰－醰とコマヤカニシテ1042（□－□コマヤカニヲト）靃－靃と351（□タン－□コマヤカニヲツイト）靃－靃とクラウシテ724（□－□クラウヲト）黕とクラウシテ484

（□クラウヲト）黮－靃とクロウシテ731（□タン－□クロウヲタイト）黮－黮とクロウシテ411（□－□クロウシテト）髧とタル409（□タル）丹－臆アカキムネ591（□－□アカキムネノ）壇漫ヒロクオホイナ

リ470（□－□ヒロクオホイニヲト）壇－曼と502（□－□タイラカナリタイラカニヒロクヲト）檀欒とマトヤカニ354（□－□マトヤカニラント）殫－極ノツキキハマレル2411（□－□ツキキワマレルノ）澱－漫とタ、ヘリ756（□－タ、

ヘリ□ト）○澶－漫とヒロクオホキニシテ154（□タン－□ヒロクオホキニヲト）澶－漫とシキホトコリ285（□タン－□シキトコセリト）○袒－裼とカタヌイテ190（□タン－□カタヌイテト）□－□カタヌイてと372（□タン－□カタヌキセキ）

○坻－崿のモトヰ159（□－□モトヰノ）蚳－蝝のアリノコマテニ196（□－□アリノコマテニノ）螭－魅のオニ259（□－□ヤマノカミヲノ）踟－蹰タ、スムテ713（□－□タ、スムテト）蹪ツマツイテ1046（□ツマツ クタリ メクリ－□トキヒシ

イて）遲－遲と602（□－□ヲソウテト）馳－驟ハセウクツクコト857（□－□ハセウクツクコトト）中－逵のミチキ366（□－□ミチキノ）稠－華ヲキヒシキ1168（□－□キヒシキハナヲノ）綢－繆キヒシ

とクテテ351（□－□キヒシクト）綢－繆トマツハル934（□－□マツハルト）躊－躇す913（□－□タ、スムト）湽－漯とアツマリ757（□－□アツマレリト）矗とヒトシク700（□－□ヒトシキハ）矗チク

－矗とイヨヤカニシテ522（□チヨク－□イヨヤカニヲくト）汾－潗とワイテ519（□－□ワイテト）沈－沈とフカク519（□－□フカクト）踸－踔とス、ミシイテ（虫喰）1030（□シン－□ス、ミシリソイテタクト）（□－□ス、ミシリソキと）1096

（□－□ス、ミシリソキト）鍖－銋ユルクシテ1040（□チン－□ユルクヲト）○張－里のムマクスシ175（□－□ムマクスシノノ）長－袖キ1055（□－□ナカキタモトノ）長－綃のホツナ759（□－□ホツナヲヲ）

女魃のオニヲ259（□ヲニ－□ヒテリオニヲバツヲ）麈－逸にして901（□－□トホクシテト）獑－猢とツラナレル1036（獑□チン－□アヒツラナレリテント）

亭－亭と419（□－□タカキト）○亭－亭とタカウシテ167（□－□タカウヲト）低－徊とフシ933（□－回）停－僮とマトヤカにシ589（□－□マトヤカニヲト）梠－梠とモクシ319

（□テイ－□モクシくト）泥－濘とミソコレリ366（□－□ミソコレリト）涕－洟ナンタス、ハナ1084（□テイ－□ナンタテイノ）湞－濘とテイワキ758（□テイ－□ワキテイト）滯－沛とハシリアカル519（□テイ－□ハシリアカリハイト）澛アサハヨト

濴とカナルメル479（□テイ－□ヨトメルアサハカナルエイト）跇－踰とフンテ374（□テイ－□フンテト）躑－躅とタ、スン1017（□タ、スンテ－□ト、コヲリテトヲ）嘲－哳とナリテ489（□タウ－□ナリテタツト）岹－嶢とハルカにして714（□－ハルカニ

（□ト）　彫-弓 251 （□-□ノ エカケルユミ）　彫-琢と 292 エリミカキ （琢タク-琱テウト エリミカキ）　彫-啄と 344 ツイハム （□-□ト イツハム）　彫-鏤と 716 チリハメタリ （□-□ルト チリハメタリ）　惆悵と 636

（□-□ト オホイニナケキ）　旃 468 （□ノ カクハタ）　調-均 1094 ヒトシウス （□-□ト ト、ノヘ ヒトシウス）　超-攄 862 チヨと ハシル （□-□ チヨト ハシルフハ）　超-騰 1046 （□-□ト アカリ）　跳-然 1039 ホトハシ

（□-□ト ホトハシリテ）　迢嶢 709 （□-□ト タカク）　迢-遞と 346 ハルカニトヲシ （□-□ト ハルカニトヲシ）　○迢-迢と 167 ハルカナリ （岧-岧ト ハルカナリ）　倜-儻と 709 アヤシク （□-□ト アヤシク）　俶

-儻と 331 アヤシウシテ （倜-□ト アヤシウシテ）　彳亍と 596 （□-□ テキ トクト タ、スンテ）　惄 912 テキとシテ （□ト ウレヘ）　惕と 1044 オソリ （□テキト ヲソリテ）　溺-溺と 1136 シツメル （□-□ シツメルカ）　滌-蕩と ナラムて

650 （□-□ト ヒトシクホロヒテ ナラシテ）　的-爾と 721 テキ アキラカにして （□-□ アキラカニ）　的-皪と 521 テレリ （□-□ト キラ、カナリ テレリ）　□-□と 540 テキ テレリ　（□-□ト テレリ）　□□ テリてと 1052 （□-□ト テリテ）

的-皪 420 テレリ （□-□ト テレリ）　瞟-焉と 457 アワテ （□-□ト チヨク アワテ、）　哲-陊と 356 ナル （□-□ト ナル）　墆-霓 イクと 323 タクワヘヒサイて （□-□ノ テツ タクワヘヒサイヲ）　峌-峴と 763 タカフシテ （□ タ

カウ （-□ト）　徹-鑒 589 トホリ カ、ミル （□-□ト トヲリカンミル）　遻-律と 1039 ヤワラケリ （□-□ト ヤワラケリ ヲソシ）　餮-切 593 テツ タウと （□-□ト テツ タウト ナラシヲ）　恬-淡と 1042 シツカニシて （□-□ト シツカニ）　點 ケカ

-辱と 1168 シハツカシムル （□-□ ケカシハツカシムル）　囅-然と 335 ニコ、ニシて （□-□ト ニコ、ニシ）　展-季 203 マメヒト （□-□ノ マメヒト）　○展-展 178 ト、ロク （□-□ト ト、ロク）　展-轉す 811

（□-□ト フシマロヒ）　殿 243 （□ テンノ シツハラヒ ヲクレタルハ）　殄-坉と 1046 ムラカレリ （□-□ トント ムラカレリ）　洟-淣と 1021 ニコリテ （□-□ テン テント ニコリテ）　澒-澌と 341 スミタヘヒ （□-□ト スミタ、ヒ）　澶-湉と シツカニナカレ

342 （□-□ト シツカニナカレ）　賨-祓 1077 とユルス （□-□ タント ユルシ）　闐-闐と 331 ト、ロク （□-□ト ト、ロク）　顛-波 1090 クツカヘル （□-□ノ クツカヘルナミ）　醍-憒とと 457 （□-□ト テン ヲモホテリハチタル）

度朔の 260 ヤマニ （□-□ノ ヤマニ）　徒-搏 115 タムナウチ （□-□ タント ナテウツテ）　□-□ 188 （□-□ト ナテウツテ）　□-□と 372 タンナウチ （□-□ト テウチニシ イチトリニシ ナテウチ）　都盧の 168 テラツ、キ （□-□ノ）

曈-曨と 1014 ホカラカニシて （□-□ト ホカラカニ）　洞と 483 ホカラカニシ （□ト ホカラカニ）　◎洞-達と 92 トホリヒラケ （□-□ト トヲリヒラケ）　潼-潼と 1136 （□-□ト アツマリテ）　瞪-盱 717 カヘリミカヘリミて （□- カヘリミ

テ□ト）　筒-灑の 792 ツリ （□-□ トウ サイノ ツリ）　曈-矓と 810 （□-□ トト クラウシテ）　騰-驤と 488 アカリて （□-□ト アカリテ）　□-□と 716 アカリて （□-□ト アカリテ）　騰-薄 ノホリ セマリて

1091 （□-□ト ノホリ セマリテ）　突と 200 （□ト ツキ）　突-杌 765 タカフシて （□-□ト タカウ）　窋-窕と 715 サシクミて （□-□ トツ タト ハチスノ如クニ）　懰-㵳と 805 ワツラハシ （□-□ト イキトヲリテ ワツラハシク）

年命ノ1471（□ー□ノ）
婆ー娑と1040（□ー□ト）摩ー跌の1058（□ー□ト）葩ー華と758（□ー□ト）葩ー瑳の241（□ー□ノ）◎陂池と
96（□ー□ト）○□ー□98（□ー□ト）陂ー陁500（□ー□ト）俳ー佪117（□ー□ス）斐と355（□ト
）斐ー尾と1102（□ー□ト）斐亹と694（□ー□ト）昧ー莫の372（□ー□ノ）沛ー艾と240（□ー□ト）□ー
□と488（□ー□ト）腜ー腜と422（□ー□ト）陪ー鰓と591（□ー□ト）韎ー韐の187（□ー□〆）仿ー像と763（□ー□ト）
罔ー象の260（□ー□ノ）罔ー象934（□ー□ト）彪ー鴻と723（□ー□ト）哤ー聒と324（□ー□ト）弸ー彋と476
（□ー□）○彷徨と110（□ー□ト）□□ス965（□ー□ト）惘ー然と276（□ー□ト〆）方ー釳の240（□ー□ノ）方
ー攘と467（□ー□ト）方ー良を259（□ー□ヲ）旁ー行と1152（□ー□）旁ー唐と527（□ー□ト）馮潩と774（□
ー□ト）滂湃と518（□ー□ト）滂ー濞と519（□ー□ト）滂ー流1067（□ー□ト）○滂流と171（□ー□〆）漰ー
渤と778（□ー□ト）澎ー湃と1091（□ー□ト）澎ー濞と758（□ー□ト）□ー□1067（□ー□ト）砰641（□ー□ト）
砰ー礚と198（磅□ー□ト）□ー□と1 489（□ー□ト）○砰ー訇182（軿ー□ー□ト）磅ー唐と1075（□ー□ト）芒ー然541（□
ー□ト）（□ー□と561（□ー□ト）芒ー芒と345（□ー□ト）苹ー縈1067（□ー□ト）軯928（□ー□ト）駢ー隱469（□
ー□ト）（□ー□476（□ー□ト）○髣ー髴と206（□ー□ト〆）□ー□と378（□ー□）□ー□と760（□ー□ト）□ー
ー□と988（□ー□ト）嶓ー澌と1036（□ー□〆）搏ー鷙183（□ー摯）○搉ー搩と188（□ー□ス）柏舟938（□ー

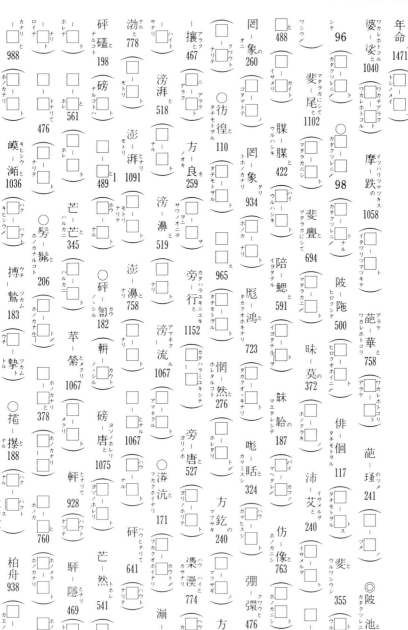

（□ノ フネ）
欂－櫨 963（タヽリカク）
（□－□ノ タヽリカタヲ）
泊－洦と 758（サヽラナミタ）
（□サク－□ト サヽラナミ）
脉ハク－脉と 717
（□－□ト ニラメ）
莫－莫と 474（シツカニシテ）
（□ヲホイニ〆－□ト シツカニ〆）
莫－莫と（サカリに）
558
（□－□ニ サカリ）
薄と 1074（セマて）
（□セマル）
邈 618（ナルカナ）
（□ト ハルカナルカナ）
邈 1090（ハクとして）
（□ト トヲウ〆）
□とタル 1093
（□ト トヲク〆）
駮－蝦と 287（マタラカニ）
（□－□ト マダラカニ）
駁犖とシ 527（マイラカニシテ）
（□ハク□ラクト マタラカニ〆）
八－霊 260
（□－□ノ ヤスミノカミ）
抜－距と 372（フミハタカリて）
（□－□ト フミハタカリテ）
抜－刺と 933（クリモトレル モトレル）
（□ハツ－□ラツト モトクソシルヲ）
癹－䏑と 529（モトリて）
（□－□イト モトリ）
發－越と 524（カヲリ）
（□－□ト カホル）
○跋－扈と 187（フミハタカリ）
（□－□ト フミハタカル）
汎－汎悠－悠と 762（ナカレユク）
（□－□－□－□ト ニ三ナカレユク）
泛－滟 781（ウカミアソヒ）
（□－□ト ウカヒノホリクタリ）
半－漢と 229（イサメリ）
（□－□ト イサメリ）
半－散と 467（アラケ）
（□－□ト アラケ）
半－散と 557（ホトコリ）
（□－□ト ホトコリ）
反ハム－宇 729（ソレルノキ）
（□－□ノ ソレルノキ）
叛－衍と（ホシイマシて）
324
（□－□ト ホシイマヽニ〆）
○叛と－赫 160（テリ）
（□－□ト〆 テリ）
幡－纚と 529（アカル）
（□－□ト アタル）
泮－汗と 341
（□－□ト ヒロク）
煩－冤と 804（ヨソノホ）
（□－□エント ヨソホツテ メクリテ）
瓣
－華と 165
（□－□ト シキ オホキヲ）
瘢耆 579（キスツケラレ レ）
（□ハン－□キト キス ツキ（ミセケキ））
皤皤－焉と 301（シラケて）
（□－□－然ト シラケテ）
盤 1051
（般ト タテノシンテ）
盤滸と 758（ウツマキ）
（□－□ト ウツマキ）
盤－紆と 500（ヨソノホリ）
（□ハン－□ウト ヨソノホリ）
□－□と 283（ヨソノホレリ）
（□－□ ヨキノホレリ（ミセケキ） ヨウノホレリ ヨウノホル）
盤屈と 346（ワタカマて）
（□－□ト ワタカマリ）
○盤－桓と 190（タチモトヲル）
（□－□ タチモトホリ）
盤－桓の 640（タチモトル）
（□モトル－□ト タチモトヲル）
磐－礴と 774（ヨソノホレリ ヒロクオホキナリ）
（□－□ト ヨソクホレル ヒロクオホキナリ）
磐－辟と 595（メクリ）
（□－□ト メクリ）
繁－華の女アリ 104
（□－□アリ）
繁－廡 916（ナリ）
（□－□ト シケシ）
繁－蔚 785
（□－□ト オホキナル）
般 470（ツラナリて）
（□ト ツラナツテ）
般－紆 1137（ウスマケリ ス）
（盤－□ト ウツマケリ）
萬－戸 721
（□－□ノ ヨロヅヤ）
蔓－衍と 955（ハヒコレリ）
（□－□ト ハヒコレリ）
彌－漫と 671（ワタリ）
（□－□ト ワタリ）
披－靡と 524（ナヒイ）
（□－□ト ナヒイテ）
毖－涌と 405（ヨウと ワイて）
（□－□ヨウト ワイテ）
瀵 1135（トイタリ）
（□ヒト イカリ）
罷－池と 500（カタクツレニ）
（□ヒ－□チト カタクツレニ〆）
美－漫と 557（ツラナリ）
（羨－□ト ツラナリ）
翡－翠 163
（□－□ノ ハネ）
菲－菲とシて 524
（□－□ト ニホヘル）
被－麗 470（アラケて）
（□－□ト アラケテ）
裶－裶と 301（ヒラメク）
（□－□ト ヒロメクヲ）
裨－販の 175（ヒサキヒト）
（□ヒ－□ハン〆 ヒサキヒト）
貏－豸と 523（カタクツレて）
（□－□ニ〆 カタクツレニ〆）
○贔－屓と 152（チカラヲコ〆）
（□－□キト チカラヲコ〆）
（□－□と チカラヲコシヽて）345
（□－□ト チカラオコシ）
霏－霏（タリ）
198
（□－□タリ トフ トリ）
（□－□とトフ ホソクキヨシ）674
（□－□ト ホソクキヨシ）
□－□と 935
（□－□トシテ タナヒイテ）
飛－雲の 790（フネ）
（□－□ヲ）
○飛－罕 187（アミ）
（□－□カンノ トリアミ）

飛-澇(フナミ) 761 （□-□ノ）(トフナミ)　飛-礫(ツブキテ) 258 （□-□ノ）(ツブテ)　鬏-鬆(タテカミアラク) 189 （□-□ト）(タチカミアラク)　駓-騃(ハシル)と 179 （□-□シト）(ハシル)　○靡-迤(ナヽメニ〆)と

154 （□-□イト）(ナヽメニ〆)　彪(シナフ)と 811 （彪(シナウテ)）　彪-炳(テレリ)と 310 （□-□）　馬馬-駭(トク)と 369 （□-□ト）(フウ ヒヨウ トク)　○偪-側(セマル)と 184 （□-□）(セマル ヒツ)（ミセケチ）□-仄(ソクス アツマレリ)　（□-□と）(セマリ)

518 （□-□ト）(ヒヨク セマル)　吣-嗤(オホコヱニシテ)となり 1040 （□-□〆）(ヒツ セツト オホコヱニ〆)　吣-茀(カヲル)と 524 （□-□ト）(カホル)　密 1092 （□-□ト）(ヒソカニ〆)　密(シツカニシ)-率(ヒツ シユツ)と 1039 （□-□シユツト）(シツカニ〆)　密(キヒシク)-

緻(キヒシ) 589 （□-□ト）(キヒシクキヒシ)　泌-瀄(アヒウツ シツ)と 518 （□-□シツト）(アヒウツ)　滵-泊(クトシテ)と 518 （□-□イツト）(ヒツ トクシ)　滵-溢(アフレナカシ)と 283 （□-□ト）(ヒツ アウレ ナカレテ)　滭-沸(サカリに)と 518 （□-□ホツト）(ヒツ サカリ)

畢-方(オニ)の 260 （□-□ノ）(ヒノカミ)　罼-罕(アミ)の 371 （□-□ノ）(ヒツ アミ)　憑-隆(タカクオホキナリ)と 346 （□-□ト）(ヒロクオホキナリ タカクオヽキナリ)　㘓-蹙(イタム)と 718 （□-□ト）(イタムテ)　旼-旼(ヤワラケル)と 440 （□-□）(ヒン ヤ)

-□(くト ワラケル)　濱-落(タヽヨハレタリ)と 792 （□-□ト）(タヽヨヘリ ヲトシタヽヨハレタリ)　繽-翻(トヒアカて)と 345 （□-□ト）(トヒアカリ)　◎繽-紛(マカヘリ)と 104 （□-□ト）(サカヘリ)　□-□と(マカヘリ) 254 （□-□ト）(ヒラメキマカヘリ)

繽-紛(オホシ)と 293 （□-□タリ）(オヽシ)　繽紛と 903 （□-□ト）(ミタレテ)　罠-蹄(ワナ)の 371 （□-□ノ）(ワナ)　貧富 614 （□-□ノ）(マトシキトメルトハ)

俯(フ)-仰(ア) 711 （□-□ト）(フシ アフキ)　巫-覡(カンナキ)の 258 （□-□ノ）(カンナキ)　嫵-媚(ナツカシク)と 540 （□-□ト）(ナツカシク)　扶-疎(シナヒ)と 529 （□-□ト）(シナヒ)　浮-騰(ホトハシリ) 1058 （□(ホト)

-□ト(ハシリ)　浮-浮(ウカヒ)と 819 （□-□ト）(ウカヒ)　◎罘-網(アミ)の 113 （□-□ノ）(アミ)　□-□の(アミ) 499 （□-□ノ）(アミ)　藟-蘽(サカリニシて)と 347 （□-□イクト）(サカリニ〆)　跗(フ)

-蹋(ムマネシ) 1058 （□-□ト）(フムマネシテ)　髟(フウ)-眉(ヒアリ アヲキマユ) 917 （□-□ノ）(アヲキマユアリ)　複-陸(ウチハヤシ カサナレハ)と 406 （□-□ト）(ウチハヤシ カサナレリ)　蹓-蹴(アツマリ)と 1077 （□-□シクト）(フク アツマリ)　馥(カウハシウ)と 696 （□-□ト）(カク)

馥-焉(アハテて)と 596 （□-□ト）(アワテヽ)　馥-馥芬-芬(カウハシ)と 733 （□-□-□-□ト）(カウハシ)　佛-鬱(カサリニシて)と 1113 （□-□〆）(サカリニ)　勿(フツ)-述と 1039 （□-□ト）(フツ ナメラカナリ)

勿-罔(ホノカナリ)と 713 （□-□ト）(ホノカナリ)　岪鬱と 500 （□-□ト）(フツ フカクハルカナリ ハルカニ〆)　岪-蔚(コトニヲコ)と 715 （□-□ト）(コトニヲコテ)　拂-汩(ウコク)と 476 （□-□イツト）(ウコク)　○沸-卉(ハネタヽキ) 182 （□(ホツ ハタ)

-□(キト ヽキシ)　沸(アク)-渭と 761 （□-□ト）(ワキミタル)　沸-渭(サカリニシテ)と 578 （□-□トシテ）　沸-渭(ウチハヤキカ) 1041 （□-□ト）(タチハヤキカ)　坌-並(ナラムて)と 372 （□-□ト）(フン トクハシリテ)

文-章 936 （□-□ノ）(フミノアヤ)　文-翮(マタラカナリ ツハリ) 589 （□-□ノ）(マタラカナルツハサ)　溢-湧(ヨウ ワイて)と 778 （□-□ト）(ワイテ)　濆-瀑(メクリワク)と 775 （□-□ト）(メクリワイテ)　濆(ワキ)-薄(セマて)と 341 （□(ワキ)

（−□ト　アカリ　マカヒ）　□−□と　ミタレて　773　（□−□ト　ミタレセマリ）　玢−豳　マタウカナル　527　（□−□ト　マタラカナル）　奮−鼍と　フルヒトクシて　716　（□ウゴイテ−□ト　フルヒトク〆）　紛と　サカリに　280　（□ト〆　サカリニ）　紛フン　マカヒ　240

（□‖ト〆　ミタレ）　紛−紜と　マカヒ　936　（□−□ト〆）　紛−紜と　ミタレ　1018　（□−□ト　ミタレ）　紛−紜とシて　1089　（□−□ト　シケシウ〆）　紛−糅と　マシハリ　819　（□−□ト　マシワリテ）

紛−純　トモトヲセリ　234　（□−□ト　モトヲシセリ）　紛挐と　ヒコツラフ　1051　（□−□ト　ヒコツラフ）　○紛−泊と　トヒハシリテ　183　（□−□ト　トヒハシリテ）　紛−泊と　トヒアカル　328　（□−□ト　トヒアカル）　紛−拔と　ユルク

1041　（□−□ト　ユルニカニ〆）　紛敷と　ミタレシケリ　735　（□−□ト　ミタレシケリ）　◎紛−紛と　ヲホウ〆　114　（□フン−□〱ト　オホウ〆）　紛紛と　チリマカヒて　558　（□−□ト　チリマカフテ）　紛−紛霏−霏とシ　507

（□−□−□−□ト〆　シナヘル）　紛−紛擾−擾とシて　ミタレ　1145　（□−□−□−□ト〆）　紛−離と　マシハリ　1038　（□−□ト　マシワリテ）　芬−葩と　ヒフケシケリ　288　（□−□ト　ヒラケシケリ）

芬−茀て　カホ　475　（□−□トト〆　カホリテ）　芬−芬と　カウハシ　237　（□−□ト　カウハシ）　芬−芬タリ　481　（□−□トタリ　ニホヤカナリ）　蚡−緼蟠−紆と　マツハて　1077　（□フン−□ウン−□−□ト　マツワリテ）

平−生ノ　ワカイトキノ　970　（□−□ノ　ワカカリシトキ）　平−砥と　タイラキト、ノヘリ　チ　485　（□−□ト　タイラキト、ノヘリ）　敝−閑と　オホヒナル　1035　（□−□ト　オホイナルアリ）　潎−潎と　アソフヲ　814　（□−□ト　アソフヲ　アソヘル−ヲ）　○炳　テリ

146　（□トタリ　テリ）　炳煥　229　（□−□ト　テレリ）　□−□と　テリ　414　（□−□ト　テレリ）　並−進　ス、メて　1100　（□−□ト　ヒス、メテ）　陛戟　ホコモタルモノ　107　（□−□ノ　ホコモタルモノ）　僄ト

狡キモノ　109　（□−□　コウ　ノトキモノ）　□−□と　トキモノ　115　（□−□ノ　トキ　モノヲ）　憑−噫の　ヘウ　イキトホて　962　（□−□ト　イキトヲリテ）　渺−沔　ヒロクオホキニ　776　（□−□メントト〆　ヒロクヲ　ホキニ〆）　淼−茫と　ヒロクトホシ　770　（□　ヒロ　ヒロ　ハル

（−□ト　シ　カナリ　クトヲシ）　淼−漫と　ヒロクヲ、キナリ　341　（□−□ト　ヒロクヲ、キナリ）　漂　カロク　714　（□ト　カロク）　漂泳　783　（□−□ト　タ、ヨヒヲヨク）　瀌−瀌と　トヒ　819　（□−□ト　トヒ）　○眇と　ハルカニ　108

（□−　ハルカニ）　□と　ハルカニシテ　170　（□ト〆　ハルカニ〆）　□と　ハルカニシ　540　（□ト　ハルカニシ）　□と　ハルカナル　791　（□ト　ハルカナリ）　眇眇と　936　（□−□ト〆　ヨソイテ）　眇−眇と　イヤシキコト　879　（□　イヤ

−□ト　シキ┐）　眇−䁘と　ミ　760　（□ミ−□ト）　瞟−眇と　ホノカに　718　（□−□ト　ホノカニ〆）　□□と　ホノカにシ　767　（□−□ト　ホノカニ〆）　蘼芜ニ　クサキリウヘテ　1184　（□−□ト　クサキリウヘテ）　飄−　ト

忽と　シ　1058　（□−留ト　トシ）　飄と−飄　トンテ　182　（□−□ト　トムテ）　□−□と　トムて　810　（□−□ト　トンテ）　飈−悠と　ヒロメイて　240　（□−□ト〆　ヒラメイテ）　幎−歴と　ホノカに　596　（□ヘキ−　ホノ

（□ト　カニ〆）　○碧−樹　シウの玉　103　（□−□シウノ　タマ）　礔礰激　ソ、イテ　198　（□−□−□ト　ソ、イテ）　冪−歴と　ヘキ　オホヘリ　349　（□−□ト　ヲホヘリ）　別−風の　トノ　167　（□−□ノ　トノ）

□□のトノ 108
（□—□ノ トノ）
嫯—屑と（シタラカニシテ） 540
（□—□ト シタラカシ）
漖—洌（アヒウツ） 518
（□ヘツ—□レツト アヒウツ）
濈—潏と（トクナカル） 286
（□—□ト トキナカレ）
蹴—躃（シリソカヘキ） 294

（□ベツ—□セツト シリソキカヘツテ）
泛—濫と（ウカヒタ、ヨウ） 521
（□—□ト ウカヒタ、ヨフ ウカンテ）
便—娟と 293
（□—□ト アサヤカナリ）
便—嬛と（ウルハシク） 540
（□—□ト ウルハシク）
○便—旋（メクリ） 202
（□—□ト メクリ）

偏—孤と（カタミナシコナリ） 983
（□—□ノ カタミナシコナリ）
僊—躚と（マヒアリク） 294
（□—□トメ マヒアリク）
嫓—娟と（ウルハシウシメクリマカリて） 712
（□—□ウルワシウメ メクリマカリ）
媲（ヘンとヲトリ） 934
（□—□ ヲトリ）
翩とアカリ 294

（□トメ アカリ）
翩—翩（カケテ） 179
（□—□ト カケテ）
翩—繽と 911
（□ウルワシウシテ—□ト ヤスラヒテ）
○邊—鄙の（アツマウトヲ） 175
（□—□ノ アツマウトヲ）
駢（トシて） 483
（□ヘン—□ト ツラナリ）
□と（ツラナて） 724
（□ ツラ

ト ナテ）
○駢—田と（ツラナリ） 184
（□—□ト ツラナリ）
駢—羅と（ツラナリ） 467
（□ヘン—□ト ツラナリ）
鶣—鷅とシて 1055
（□—□ト カルウメ）

匍—匐と（ハラハイて） 1070
（□—□ト ハラハヒテ）
布—濩と（ホトコて） 315
（□—□ト ホトコメ）
布—護と（シキホトコ） 349
（□—□ト シケリ シキホトコシテ）
□—□と（キシホトコリ） 524
（□—□ シキホトコセリ）
蒲—梢（サウノムマ） 242

（□—□ノ ムマ）
奉引 242
（□—□ノ ミチビキ）
毛—毴の（ツ、ミヤキ） 246
（□—□ノ ツ、ミヤキ）
淕—浡とて 342
（□—□ト クラウメ）
眸—子 1148
（□—□ノ ヒトミ）
蓁—茸と（キヒシ）

594
（□—□ト キヒシ）
蓬—頭と（オホトヲレカミ） 1152
（□オホトヲレカミ—□ト ネミタレカミ）
豐—霈と（カサナレリ サカナリ） 1138
（□—□ト カサナレリ）
○穆—穆と（ツ、シム） 143
（□—□ト ツ、シヒ）
颮—颮 114
（□ボク—□くト オホウメツムジカ）

ゼ）
浡—潏と（ワイて） 753
（□—□ト ワイニサカシウメ）
勃—窣と（ハラハラヒノホリ） 508
（□—□ソツト ハラハラヒノホリテ）
渤—湧と（ツイ） 759
（□—蕩ト ツイテ ウネツイテ）
奔—突（リ ツイて） 1090
（□—□ト ハシリツイテ）

猛—毅（タケク） 189
（□—□ト タケク）
○猛—噬とセイ（タケク） 115
（□—□セイト タケクフモノヲ）
孟—浪と（イヤシキ） 392
（□—□ノ イヤシキ）
莽—蕩と（ヒロシ） 606
（□—□ト ヒロシ）
曼—衍（ワカレシケシ） 474

（□—□ト ワカレシケリ）
嫚—嫚と（タヲヤカニシテ） 540
（□—□ト タヲヤカニ）
曼—延と（ナカシ） 721
（□—□ト ナカシ）
漫と（ハヒコレルニ） 331
（□ト ハヒコレルカ）
漫と（ハルカナルコト） 559
（□ト ハルカナル┐）

漫—衍（とナカレて） 1039
（□—□トメ ナカレ）
漫—汗とカン（ヒロ、カニシ） 286
（□—□カント ヒロ、カニシ）
漫—滸と（ユタカナリ） 771
（□—□ト ユタカナリ）
漫—漫と（ナカキ） 471
（□—□ト ナガキヲ）
漫—漫（タル）

603
（□—□ト ハルカナルニ）
漫—漫と（ナヒイて） 1000
（□—□ト ナヒイテ）

冥—昫（カ、ヤイて） 471
（□ヘン—□ケント カ、ヤイテ）
冥—蒙と（クラシ） 346
（□—□ト クラシ）
○昈—邈と（ウルハシキ） 203
（□—□ト ウルワシキ）
鳴鶴 926
（□—□ノ ナケルツル）
矊—眇と（トヲクミル） 789

（□メン－□トヲクミル ト）
緜－藐ナカムと 540（□－□ナヤム ナカシ ト）
緜－蠻と 731（□－□マタラカニシ ト）
緜－冪ヘキと イヤシキ 455（□－□イヤシキ ヘキト）
緜－緜と ツラナリて 294（□－□ツラナリテ ト〆）
緜－聯と ツラナリて 179（□－□ツラナリ ト）
□－□ツラナリて 1040（□－□ツラナリテ ト）
緬とシ ホノカニシて 659（□シテ ホノカニ〆）
蒙茸トミタレて 467（□－□ミタル ト）
蒙－籠と ヲクラウシて 283（□－□ヲクラウシテ ト）
□－□と オクラキ 328（□－□ヲクラキヲ ト）
□－□と ヲクラキて 690（□－□ヲクラキヲ ト）
□－□と ヲクラウシて 782（□－□ヲクラウ〆 ト）
冶－夷と コヒタリ 760（□－□コヒタリ と）
夜光玉 102（□－□ノ玉）
野－仲の オニ 260（□－□ヲニ ノツチ ヲ）
洋－溢と ヒロクオホイナリ 286（□－□ヤウ ヒロクオホイナリ ト）
◎洋－洋と タ、ヨヘルニ 110（□タ－□タルニ、ヨヘルニ（ミセケチ））
洋－洋タルに 926（□－□ナカル、ニ ト）
洋－洋と サカリニシて 1136（□－□サカリニシ トシテ）
陽の 711（□|□ヒテレルカ ノ）
陽－侯の 295（□－□ナミ ノ）
□－□のナミ 767（□－□ナミ ノ）
□－□ナミ 777（□－□ナミ ノ）
呃－喔と ナイて 591（□－□ナイテ ト）
愉－愉タリ 253（□－□ヤワラケリ ト）
油－油と コエタル 422（□－□コエタル ト）
□－□タリ 1166（□－□ナヒケリ ト）
遊－光の オニ 260（□－□ツキカミヲ ヲ）
渝ミチ－溢アフル 761（□ミチ－□アフル ト）
踰－跐シ 1046（□－□タカウ〆 ト〆）
踰－波 519（□－□コユルナミ ノ）
遊－場シヤウの ツチクレ 490（坻－□ツチクレ ノ）
熊耳ノヤマ 221（□－□ヤマヲ ノ）
融－泄と ウコク 731（□－□ウゴク ト）
遊－鷸キシ 188（□－□キジ ノ）
○要－紹タヲヤカニシテ 203（□－□タヲヤカニ〆 ト）
要－紹と マカリて 714（□－□マカリテ ト）
飈と ナリ 711（□ナリ ト）
奕－奕と ナラヒマイ 247（□－□ナラヒマイ ト〆）
奕－奕と ハリヒラケル 422（□エキ－□ハリヒラケル ト）
奕奕と サカナリ 819（□－□サカンナリ ト）
繹－繹と サカンナル 469（□タカキヲ－□サカン ナルヲ ト）
燡燡と テリて 710（□－□デレリ テリテ ト）
延－視ス ナカク ル 1148（□－□ナカク ミル ト）
延－蔓と ハヒコレリ 524（□－□ハヒコレリ ト）
旟 468（□ヨノ トリノハタ）
艅－艎の フネ 790（□－□フテヲ ヲ）
與－與とモシ タリ 289（□－□ヲヒシケル トタリ）
雍－雍と ツ、シメル 584（□－□ツ、シメルヲ ト）
雍－容と ホシイマ、ナリ 786（□－□ホシイマ、ナリ ト）
噰噰と ヤワラキヤハラク 692（□－□ヤワラキナク ヲ ト）
容－裔とウテル エイ 240（□－□ウテル ト）
容－裔ウテル 295（□－□ウテル トタリ）
○容與ホシマ、ニ 117（□－□ホシイマ、ニシ ト）
容－與と ウテル 294

（□－□トタリ ウテル）容－與ス 603 （□－□ト ユク）容與と 1001 （□－□ト ヤスラヒテ）容－與とユタカナル 1041 （□－□ト ユタカニ〆）峪－嵷と サカシキ 469 （□－□トタリ サガシキニ）（□ ウサ

庸－庸と ツタナキ 443 （□－□ニ ツタナキヲ）溶－滃と ウコクアリ 1137 （□－□エイト ウコクアリ）減－汩と トクナカル 286 （□－□ト トクナカル）翼－乎と ムラカレテ 559 （□－□ト ムラカレリ）翼－翼タル 401

（－□トタル カンナル ルワシキ）翼－翼 289 （□－□ト〆 モエシケリ）邕邕と ナイ 606 （□－□ト ナイテ）

羅－衣 1055 （□－□ノ ウスキヌ）羅－綺ニタモ 202 （□－□ノ ウスモノニタモ）覼－縷ルと 347 （□－□ルニ ツマヒラカニシ）○礧－嵬と サカシ 171 （□－□トタリ ライ サカシ）磊とオホキに 758

（□ライト オホキニ）磊－砢と ツモレリ タイラカナリ 521 （□－□ト ツモレリ タイラカナリ）磊－砢と カタ、カイニシて 714 （□－□ト カタ、カヒニ〆）磊－落と タカウシて 773 （□－□ト サカリヲ タカウ〆）磊－落と オホク 955 （□－□ト ヲ、ク）

磥－硌と サカリにシて 1096 （□－□ト サカリニ〆）磈－磈と 341 （□－□ト タカクサカシク）礧－珞と カサナリ 724 （□－□ト カサ ナレリ）雷－硠と ナリハタメイて 373 （□－□ト ナリハタメイテ）牢－落 ハルカニヲチ 531

（□－□ト ハルカニヲチ）牢－落と ヲトフレタリ 1040 （□－□ト ヲチフレタリ ホノカナリ）朗－密 アキラカにキヒシク 1094 （□－□ト アキラカニキヒシ）○浰－浪と サナケトテ 196 （□－□トテ セタケ サナケトニ〆 サクリトテ）琅 ナリて 696 （□ト ナリテ）硠－

硠礚礚 509 （□－□－□－□ト ナル）醪－敷の サカアフヲ 291 （□－□ノ サカアフラシク）閬－閬と ホカラカニシて 474 （□－□〱ト ラウ ホカラカニ〆 タカクシテ）砮確と ナル 776 （□－□カクト サラメク カク）絡－幕と ハレリ 328

（□－□ト ハレリ）酪－漿 ツクリミツ 2497 （□－□ノ ラク ツクリミツ）駱－驛と ツラナリて 715 （□－□ト ツラナリテ）駱－驛 1055 （□－□ト ツラナリテ）□－□ ツラナリて 1047 （□－□ト ツラナリテ）

駱－驛と ユキタリ 293 （□－□ト〆 ユキ、タリ）（□－□と ユキ、タル）1039 （□－□ト ユキ、タル）拉－揩とシて ラフ 1055 （□－□トト〆 カサナリテ）狑－獛とトシて 372 （□－□ト トクシテ ヲ、クシ）彎－耳と ミ、タリニ 1152

（□－□－□ト ヤモヘルミ、ノ ミ、タリニ）鸞－旗アリ 468 （□－□ノ ハタ）瀾－漫と ワカレホトコリ 1044 （□－□ト ワカレホトコリテ）爛－爛と テリカ、ヤイテ 521 （□－□ト テリカ、ヤク）

峛－崺と ナ、メシ 483 （□－□イト リ ナ、メナルミチヲ）欐－沲 カサナレリ 529 （□－□キト リ サ、ヘカサナレリ）理－比と ホソクキヒシクシて 1038 （□－□ト ホソクキヒシク）纚－聯と アヒツラナレリ 282 （□－□ト アヒツラナレリ）纚－連と ツラナレル

730 （□－□ト ツラナレルカ）莅－莅と ナリ 519 （□－□〱ト リ ナリテ）○邐－倚と ナ、メニシて 170 （□－□ト ナ、メニ〆）離－散て 532 （□－□ト アラケチ）離－灑と カタハカヒにシて 1037 （□－□ト キロ、カナリ）

離－纚と フクケナリ 1102 （□－□ト フクケナリ）離－褷と フクケニシて 766 （□－褷ト フクケニ〆）離－離と フサナレル 309 （□－□ト サカンナルヲ）離－離 アサナレリ 197 （□－□ト〆 アサナレリ）離－婁と キサミチリハミタリ 735

（□－□ト《キサミチリハメタリ》） 離－樓《マシハレリ》と714 （□－□ト《マシワレリ》） 離－樓《ルトアツマ》963 （□－□ルト《アツマリテ》） 流－星721 （□－□ノ《ヨハイホシヲ》） 流－蘇《カサリ》の242 （□－□ノ《カサリ》）

流－睇《ナカメニシて》と896 （□－□シテ） 流－鏑の188 （□－□ノ《カフラ》） ○流－眄《ナカシメニシテ》と203 （□－□ト〆《ナカシメニ〆》） 流《ハヒコレリ》－漫と1084 （□－□ト《ナカル》） 流－離《アラケタル》と475

（□－□ト《アラケタルヲ》） 流－離《ホトコリて》と965 （□－□ト《ホトコリテ》） 流－離《ウルイナカル》1017 （□－□トス《ウルヒ　ナカル》） 流－離爛－漫《ホトコリ》と711 （□－□□－□ト《ホトコリ》） 漻－淚と286 （□

－□《キヨク》レイト） 瀏《キラ、カニス》と660 （□ト《キラ、カニ〆》） 瀏《キヨクシて》－漂と1074 （□－□ト《キヨク〆》） 瀏－濫《キヨクて》と471 （□－□ト《キヨクシツカニ〆》） 陸－離《アラケ》と328 （□－□ト《アラケ》） 陸－離《カタ、カイナリ》と

285 （□－□ト《カタ、カヒナリ》） □－□と《カタ、カヒナリ》469 （□－□ト《カタ、カヒニ〆》） □－□と《カタ、カヒニシて／ムラ　カレハシル》531 （□－□トシ《カタ、カヒニシ／ムラカレハシル》） □－□と《ツカレシキ／カタ、カヒニシテ》532 （□－□ト〆《カタ、カヒニ〆／ツカレニキ》） 陸－梁《ヲトテ》と199 （□－□ト《ヲドテ》）

〆） □－□《トヲトル》467 （□－□ト《ミタル》） 慄168 （□ト《ヲノ、キテ》） 聿－皇《トクシ》と1077 （□－□ト《トクシ》） 惏－慄《サムク》と1039 （□《リン》－□ト《サムク》） 林－岑《タカウシテ》と171

（□－□ト〆《タカク〆》） 岑－麗131 （□－□ト〆《シナイテ》） 淋－灑《ツラナリて》と1042 （□－□ト《ツラナリテ》） ◎琳－珉ノ玉103 （□－□ノ玉） 琳－碧163 （□－□ノ《タマ》）

淋－滲《ツ、ケナリ》と766 （□－□ト《ツ、ケヲリ》） 淋－溧《サムクシて》と804 （□－□ト《サムシ》） 梁－倚《アヒツケリ》と716 （□－□ト《アヒツケリ》） 踉－蹡《タメライ》と590 （□－□ト《タメラヒテ》） 隆《サカリニシテ》と709 （□ト《サカリ》）

ニ） 隆－崇《タカク》と298 （□－□ト〆《タカク》） □□500 （□－□ト《タカク》） 隆－頽《ウチ、ヤシ》と757 （□－□ト《ウチ　ハヤシ》） ○閭閻《サト》の92 （□－□ノ《サト》） 凌－遽《ミスヤケル》《キヨ》と561

（□－□キト《スミヤカナルヲ》） 凌濤《オツルナミ》777 （□－□ノ《ノホル　ナミ》） 龍－輈《ナカヘ》の240 （□－□ノ《ナカヘ》） 嶙－峋《フカウシ》と483 （□－□ト《フカウシ》） 嶙－峋《シナくナリ》と411 （□－□ト《シナくナリ》） 燐

－亂《カ、ヤク》と711 （□－□ト《カ、ヤイテ》） 璘－彬《マタラカナリ》163 （□－□ト《マタラカナリ》） 璘[王扁]471 （□－□ト《マタラカナルヲ》） 瞵《とシて》588 （□《リント　メニハリテ》） 輪－菌《マカリ》と351 （□－□ト《マカリ》）

輪－豳《マタラカナル》と732 （□－□《ヒント　マタラカナルヲ》） ○轔－輑《マカレリ》199 （□－□《キント（ミセケチ）ス　マカレリ》） 轔－轔《ト、ロク》と243 （□－□ト《ト、ロク》） □－□《ト、ロクに》486 （□－□ト《ト、ロクニ》） 鄰《マカリ》菌と

1037 （□－□ト《マカリ》） ○鱗－眴《シナくニシて》と159 （□－□ト《シナくニシテ》） 鱗－羅《ツラナリ》と1037 （□－□ト《ツラナリ》）

礫－佹《カサナリて》と714 （□－□ト《カサナリテ》） 累－跪《ヒサマツイ》1058 （□－□ト《ヒサマツイテ》） 累－欷《ナケイて》と1045 （□－□ト《ナケイテ》） 累－集《アツマリて》と530 （參輯ト《アツマリ》）

伶－傳（サスラテ）983（□レイ－□ト　サスラフテ）　岭－嶒 483（□－□ト　フカク）　戾と（トクシテ）810（□ト　トクシテ）　玲－瓏と 346（□－□ト　テレリ）　玲－瓏と（アキラカにして）693（□－□ト　アキラカニ〆）

瞭－眑（ヤウヤクヲサメ）1059（□－□ト　ヤウヤクオサメテ）　鈴鈴と（ナル）690（□－□ヲ　ナル）　靈－果（アヤシキクタモノ）954（□－□ノ　アヤシキクタモノ）　靈－坐の（ムナシキトコ）991（□－□ノ　ムナシキトコヲ）　颸（レイ　スミヤカニシテ）791

（□レイト　スミヤカニ〆）　○麗－巧と（タカクサカシク〆）108（－□ト・□ニ　ウルワシウ〆）　麗－靡と（ハヒツラナリ）524（離－□ト　ハヒツラナリ）　嶚と（タカシ）400（□ト　タカシ）　嶚－剌と（アヒモトレリ）282（□－□ラツト　アヒモトレリ）　寥

－廓と（ホカラカナル）328（□－□ヲ）　寥－朗と（ホカラカナル）692（□－□トヲ　ホカラカナルヲ）　寥－亮と（カスカナル）968（□－□ト　カスカナリ）　憀－慄（ワヒシ）808（□－□ト〆　ワヒシ）　料戾と（スイテ）589（□－□　アカリテ）

ト）　繚糾と（アヒツイテ）1037（□－□イト　アヒツケリ）　繚－繞と（マツハレテ）294（□－□ト〆　アツワリテ）　繚－眺とシ（イサキヨウナカウシテ）1124（□－□ト）　聊－且（イサ、カニシテ　シヤシ）910（□－□　イサ、カシヤト　シハラク）　聊－（ホシ）

浪と（マナリニ）372（□－□ト　ホシイマ、ナリ）　蓼－擾と（ミタレテ）371（□－□ト　ミタレ）　鐐－質　輪－菌と（カ、マレリ）732（□－□－□－□ト　カ、マリ）　歷－齒と（ハワカレタリ）1152（□－□　マハラナルハアリ　ハワカレタリ）　瀝

－滴と（シタ、リ）755（□－□ト　シタ、リ）　列－缺 928（□－□ノ　イナヒカリ）　○列－卒の（カリコ）113（□－□ノ　カリコ）（□カリコ－□の　カリコ）499（□－□ノ　カリコ）　○列列と（タカシ）169（□－　タカシ）

□ト）　冽－清と（ス、シ）227（□－□ト　ス、ス）　獵－捷と（カサナリて）734（□－□ト　カサナリテ）　瀲－灩と（レン　ツラナリて）756（□－□ト　ツラナリテ）　獵－猭と（ニクメル）374（□－□ト　ニクメル）　聯－娟と（マカリて）

1148（□－□ト　マカリテ）　□－□ 1158（□－□ト　ホソクマカレリ）　聯－延と（ツラナリ）1035（□－□ト　ツラナリ）　○聯－逶と（ハシリテ）189（□－□ト〆　ハシリテ）　連－卷（マカリ）529（□－□ト　マカリ）　連

－婘と（マカレリ）293（□－□ケンタリト　マカレリ）　連－拳 724（□－□ノ　ツラナレルミネ）　連－蜷と（マカリ）473（□－□ト　マカリ）　連－娟と（ホソヤカニシテ）540（□－□　ホソヤカニシ）　連－軒と（トヒアカて）766（□－□ト　トヒアカテ）

盧－橘 528（□－□ノ　クロキタチハナ）　龍－從と（タカク）522（□－□ト　タカク）　龍と從と（タカクサカシ）643（□－□ソウト　タカクサカシ）　龍－從と（サカシ）724（□－□ト　サカシ）　龍－從と（アツマリて）1059（□アツ

マリテオ、ウ〆　－□）　瓏－玲と（テレリ）474（玲瓏ト　テレリ）　輘－輷と（ラウ　カマヒスク）1041（□ラウ－□カウト　カマヒスシク）

淙－瀤と（ウチハヤウシ）777（□クワ－□クワイト　ウチハヤウ〆　タカクミシカクシテ）　窊－窳（クタリ）1077（窳－□ト　クタリ）　崀－嵬と（タカクサカヒて）522（㟪クワイ－□ト〆）　崴－㠥と 356（□－□ト　カタ、カイニシテ）　碨－砬（ソハ〻ナリ）

780（□ワイ－□アト　ソハ〻ナリ）　碨－磊と（ウチハヤウシて）758（□－□ト　ウチハヤウ〆）　嵬－㠑と（ウチハヤウシて）406（□－□ト　ウチハヤウシ）　薈－蔚と（ワイ　ウルヘル）755（□－□ト　ウルヘル）　往－來（ユキ　ル　ス）1009（□－□ト　ユキ　キタル）

凋-滉と(メクリ) 776 (□-□カウト メクリ) 泓-澄と(ワウ スミ タウ タ、ヒ) 342 (□-□ト スミタス) 霐-寥-窲と(ハルカニフカクシテ) 711 (□-□-□ト フカクハルカニ ホノカニ フカウ〆) 圜-潾(ワン ランと) 776 (□-□ ワン リント メクリ メクリ) 暐-曄と(テレル) 158

委曲と(コケヒイテ) 506 (□-□ト コチヒイテ) 委-積(ツモリ ツモレリ セリ) 745 (□-□ト ツモリ ツモレリ) 威-委と(ナカウシテ) 692 (□-□ト ナカウ〆) 威-威と(シナヱタル) 478 (□-□ シナヘタルヲ)

(□-□ト テレルヲ) □-□と(テレリ) 361 (□-□ヲ) 渭-淪と(ヰと アヒマカヒテ) 757 濆(□ アヒマカヒテ アヒミタレ) 煒煒煌-煌と(テレリ) 711 (□-□ト テレリ テリ) (□-□ト テレリ) 葳-蕤と(シナヘル) 301

(□-□ト シナヘルヲ) 蜲-蛇の(オニ) 259 (□-□ヲ クルマノオニヲ) 蜲-蛇と 287 (□-□ト ナカシ) □□(ナカシ) 198 (□-□ト〆 ナカシ) 蜲-蛇と(ナ、メニ) 1058 (□-□ト ナ、メニ) 逶ナ

淹と(カウシテ) 682 (□-□ト ナカウ〆) □-□と(ナカクシテ) 721 (□-□ト ナガク〆) 逶池と(タヒラカナル) 479 (□-□イト タイラカナルヲ) 韋-韛(ヲシカハノタマキ ハノ タスキ) 2497 (□-□ノ オシカワノタスキ) 韡と(トクシテ フク) 791 (□トク〆 フイテ)

郁-毓と 313 (□-□ト ユタカニサカンニ〆) 郁-郁と(ウルオシウシテ) 280 (□-□ト〆 ウルホシウ) □□(イク) 524 (□-□ト カウハシ〆) 汨と 384 (□ト トク) □と(トクシテ) 473 (□イツト トク〆) □と(トク) 710

(□ トク) 汨-起と(オコリテ) 342 (□-□ト ヲコリテ) 汨-潏と(ナリ トクナカレテ) 519 (□-□ト トクナカレ) 汨-隍と(アスヒリ) 1078 (□イツ アスヒリテ 湟ト) 汨-汨と(ナル) 761 (□-□ト ナル)

窳-滌(メクリカヘ) 342 (□-□ト カヘリ) 婉-轉と(キヒシウシテ) 589 (□-□ト キヒシウ〆) 宛-延と(マカレル) 475 (□-□ト マカレルヲ) 宛-潬と 519 (□-□ト メクリカヘリ) 宛-轉と(メクリテ) 874 (メ□

(□ト クリテ) □-□と(メクリテ) 717 (□-□ト〆 メクリ) 猨-狖の(サル) 114 (□-□ノ サル コウ) □-□(サル) 199 (□-□ノ サル) 苑と(スル) 420 (菀トスル ソノニハ) 蝁-蟺と(メクリテ) 1091 (メ□

(□ト クリテ) 蜿-演と(メクリテ) 777 (□-□ト メクリテ) 蜿-蟺と(ワタカマレリ) 716 (□-□ト ワタカマリ) 鴛-鸞の(トノトモアリ) 162 (□-□ノ トノトモアリ) 灩-灩と(シテ) 244 (□-□トシテ ヒマキワタリテ)

汗と-穢 1084 (□-□ノ ケカラワシキヲ) 窊-窊と(クホミクタリテ) 1066 (□ヲ-□ト クホミ クタリテ) 滃-渤と(イラウシテ オウ ホツ) 776 (□ヲウ-□ホット クラウ〆) 蓊-(トアツマリ) 1136 (□ト アツマリ) 蓊-藹と(サカリニシテ) 954 (□-□ サカリニ

(□ト シテ) 蓊-蔚と(モクサカナリ) 290 (□-□ト〆 サカンナリ) 蓊-鬱と(モクサカリニシテ) 285 (□-□ト〆 モクサカリニシ) □-□と(モクサカリナリ) 311 (□-□ト モクサカリナリ) 蓊-茸と(サカリニシ) 285 (□ヲウ-□ト〆 サカリニ)

□-□と(サカリニ) 354 (□-□ト サカリニ) ○蓊伯(アフラヒサキ) 175 (□-□ノ アフラヒサキ) 殟-歿と(ユルシ) 1058 (□-□ト ユルシ)

注

1　慶安五年（一六五二）刊の和刻本で、寛文二年本の祖本である。

2　中田祝夫『古点本の国語学的研究・総論篇』34ページ以下。築島裕『平安時代の漢文訓読語につきての研究』261ページ以下。同「猿投神社文選巻第一弘安点」（山岸徳平編『日本漢文学史論考』所収）。小林芳規『平安鎌倉時代における漢籍訓読の国語史的研究』476ページ以下。

3　壽岳章子「抄物の文選読」（『国語国文』22ノ10）

4　丁形式の文選読の確例としては、『近世白話小説翻訳集第一巻』所収「通俗酔菩提全伝」――宝暦巳卯九年（1759）刊――の「佛前香烟靄々。」（22ページ）と、「氣狠々終ニ一計ヲ生ジ、」（171ページ）の二例がある。

5　注1の『平安時代の漢文訓読語につきての研究』

6　『訓点語と訓点資料』第14・16・18・21輯所収。

第四章　法華經の漢語

妙法蓮華經、略して法華經は、大乗佛教の代表的な経典であり、鳩摩羅什の漢訳が、最も普及してゐる。日本に佛教が正式に伝来したのは、六世紀、欽明天皇の御代、百済の聖明王が、佛教と経論を獻上した時である。がこの經論の中に、法華經が含まれてゐたか否かは、不明である。

日本書紀によれば、推古天皇の十四年秋七月に、聖徳太子が勝鬘經を講義され、また、「是歳、皇太子亦講㆓法華經於岡本宮㆒」と記される。これが、法華經の名の見える最初である。

奈良時代、聖武天皇の天平十三年（西暦七四一）、国分寺・国分尼寺の造営を発願された詔勅に、金光明最勝王經・妙法蓮華經各一部を書写せしめるべき由見えて、国分寺・国分尼寺に必ず備へるべき經典とされてゐる。

平安時代、最澄により伝へられた天台宗は、法華經を根本の教義としたので、法華經はいよいよ尊重読誦せられた。

その様は、本朝文粋に「村上天皇御筆法華經供養問者表白」「於豫州楠本道場聴講法華經同賦寿命不可量詩序」「朱雀院被修御八講願文」などの文章があるのでも知れる。

また、康保元年（九六四）三月十五日には、大学寮の北堂の学生等が西阪本で勧学会を修し、「講㆓法華経㆒、以㆓経中一句㆒為㆓其題㆒、作㆑詩詠㆑歌也」と扶桑略記に記され、断絶した時期はあるものの、保安三年（一一二二）まで行はれた。この勧学会は紀伝道の学生・儒家が中心であるが、これに対抗して、明経道の学生は、清水寺に長講会を開いて、法華經を聽講した。[注1] これも純儒学の立場の儒家さへ、佛教の法華經を尊崇したといふ、当時の世相を物語るものである。また、追善法会の法華八講は、宇津保物語の「忠こそ」の巻、源氏物語の「賢木・御法」などの巻に見え、佛教結縁の法華八講は、枕草子の三三・三四・三五・二五三・二八八の各段に見え、貴族階級において法華經が崇敬される様子が伺へる。今昔物語では、法華經を受持読誦する功徳・霊験を題材にした説話が、巻十二・十三・十四を中心に収められ、平安朝末期に僧俗を通じて法華經が最も尊重せられた佛典であることを物語つてゐる。

鎌倉時代の新興佛教である日蓮宗も、法華經に所依するもので、これにより時代とともに一般民衆にまで、親しまれ、尊崇されていつた。従つて、法華經の漢語が、多数摂取されたことは容易に予想できる。

法華經の加点本も、平安初期の九世紀前半のものを初めとして、以後多数現存してゐる。が、漢語採録の対象としたのは、足利市鑁阿寺所藏の『假名書き法華經』の影印本である。

第一軸の末尾に「元徳二午广壬六廿四句切已」と朱筆の識語がある。この朱筆、及び全巻に亙る朱筆の補入が、墨字本文と同筆であることについては、既に述べられてゐる。[注2] それで本文の書写も元徳二年（西暦一三三〇）と見られる。また、この書の価値については、中田祝夫博士により、次の如く、簡潔に述べられてゐる。[注3]

㈠　法華經八軸を全体的に訓み下したもので、往古の佛典の和読を如実に知り得る重要文献である。
㈡　字音の仮名書き例が特に多量にあって、字音・音韻史の研究に豊富な材料を提供している。
㈢　八軸がほとんど完全に遺存し、その分量は約九、〇〇〇行にも達する。
㈣　八軸全体が一筆で、全体等質のものであり、校異訂正の記入も一筆である。

漢語の認定については、これまでとは多少趣を異にする。

仮名書きの部分では、字音よみの語が容易に選べる。

また、「妙くはう菩薩・四かるら王・阿耨多ら三みやく三菩提・無量億こう・道ちやう・ほくゑ經」など、一語が漢字・仮名で書かれてゐる場合も、字音よみの語と認定できる。

次に、類音の漢字と仮名・漢字により表記されてゐる「道ちやう（刀杖）[注4]・み六菩薩とう（彌勒菩薩等）・身心（甚深）・大衆（大樹）・大衆（大數）・大地（大智）・少王（小王）・衆生（種性）・所行（諸經）」なども、字音よみの語と認定できる。

次に、漢字のみによる表記の場合、「佛法・父母・法・自在天・正法」などは、他の個所に「ふつほう・ふも・ほう・しさひてん・しやうほう」と仮名書きの例があるので、漢語と認定する。

漢字表記の例だけの語の場合、数を構成要素とする「一尺・五百・三十二相・四月・二百万億・八・百千万億分・六百八十万由旬」などは、論語・遊仙窟・文選と同様、漢語と認めた。

次に、その語を構成要素とする語、またはその語の構成要素が、漢語として他の個所にある場合、漢語と認めた。次の例などが、それに該当する。

神呪——たらに神しゆ（陀羅尼神呪）
南方——とうなんはう（東南方）
女人——せん女人（善女人）
法性——むろほつしやう（無漏法性）
月天子——てんし（天子）
大長者——ちやうしや（長者）

天王如來——ほんてんわう（梵天王）・によらい（如來）

大白牛——ひやくこ（白牛）

以上の条件に該当しない、次の四十八語は、私意により漢語と認めた。

有無　後世　今日　今夜　今世　西　在世　西北方　実道　上下　上中下　上方　衆星　取證　衆山　出　手

筆　所經　諸水　諸山　諸鳥　諸母　諸力　諸王　身意　真法　小乗　小女　山　大相　大道　大地　大人相

大法　道力　中夜　天中天　東北方　南　女身　人相　北方　法門　無小　無大　面目　王者　王舍城

第一節　語数

採録した漢語の異なり語数は凡そ四千、延べ語数は約一万七千に達する。これを、一字語・二字語と、構成する字数によつて分類し、それ〴〵の語数と百分比及び平均使用度数を、表示する。

	異なり語数（A）	百分比	延べ語数（B）	百分比	平均使用度数（B/A）
一字語	426	10.2	3615	21.0	8.49
二字語	2353	56.5	10033	58.2	4.26
三字語	515	12.4	1750	10.2	3.40
四字語	522	12.5	1153	6.7	2.21
五字語以上	345	8.3	680	3.9	1.97
計	4161	99.9	17231	(100)	4.14

異なり語数では、二字語が最も多い点は、論語・遊仙窟・文選と同じであるが、その占める比率は60%に達しない。次いで、四字語・三字語・一字語の順になる点も、上記の漢籍に比べて、著しく異なる。五字語以上も8%を超え、漢籍の1%以下の比率に比べて、対照的である。これらの特徴は、佛典の漢語の構成が、漢籍の漢語とは大きく異なることを物語るものであらう。

延べ語数では、二字語が最も多く、一字語がそれに次ぎ、三字語・四字語・五字語以上と順に減少するのは、遊仙窟・文選の場合と同様である。たゞ、三字語以上の比率が大きい点に差がある。

平均使用度数も、一字語・二字語・三字語と字数が多くなるにつれて減少する点は、漢籍と同じ傾向を示すが、二字語以上の平均使用度数が大きく、五字語以上でも2.0で、漢籍の二字語に匹敵するのが注目される。

第二節　和漢混種語

漢語にサ行変格活用の動詞が下接して生ずる漢語サ変動詞は、731語あり、全体の17.6%を占める。その構成要素の字数に分類し、それぞれ一字語サ変動詞が一字語に占める比率、二字語サ変動詞が二字語に占める比率などを、次に表示する。

	一字語サ変動詞	二字語サ変動詞	三字語サ変動詞	四字語サ変動詞	五字語以上のサ変動詞	計
語数	112	521	2	86	7	728
百分比	26.2	22.1	0.39	16.4	2.0	17.5

一字語サ変動詞の比率が大きい点は、これまでの漢籍の場合と同様であるが、二字語サ変動詞、四字語サ変動詞の比率が多い点が、漢籍に比べて著しく異なる。

一字語・二字語サ変動詞は後掲の語彙表に譲り、三字語以上のサ変動詞の例を挙げる。振り仮名が本文の表記で、漢字は『倭点法華経』を参照して還元した。所在を示す数字の上段は巻数、下段は行数である。

三字語サ変動詞

師子吼し給ふ 4-976　讀誦持する 4-550

四字語サ変動詞

靉靆垂布し 8-857　悪罵捶打する 1-182　憂惱悲哀し 7-352　宛轉腹行し 2-749　飲食充足せ 2-1166　開化演暢し 5-523　啀喍嘷吠す 2-498

開示演説す 2-639　合掌恭敬せ 4-466　驚疑怖畏せ 4-633　競供馳走し 2-303　輕賤憎嫉し 2-724　恭敬合掌し 1-1127　恭敬供養し 2-700

恭敬尊重し 4-414　恭敬禮拜す 5-609　供給走使す 5-19　供養恭敬し 1-367　供養奉覲し 3-239　供養禮拜す 8-456　廣宣流布し 7-503

歡喜遊戲し 2-377　歡喜踊躍し 2-616　歡喜快樂せ 6-735　交横馳走す 2-490　飢餓羸痩し 2-1124　飢渇惱急し 2-558　結加趺坐し 1-58

飢羸慞惶し 2-496　見佛聞法し 6-405　護持助宣し 4-25　護持讀誦せ 4-973　勤行精進し 5-1098　勤苦憂惱し 4-230　勤苦積行し 5-191

欣樂説法し 1-169　勤修精進す 2-412　算數校計す 4-82　侍從親近し 8-456　莊校嚴飾し 2-602　莊嚴光飾し 4-987　精勤修習し 8-568

精勤給侍し 5-30　精進經行し 7-224　思惟分別し 5-1094　思惟校計し 6-36　授記作佛する 2-9　周匝圍繞せ 2-608　周章惶怖し 2-531

周章悶走す 2-544　周障屈曲し 2-485　周旋往返し 5-315　受持讀誦し 5-317　出家修道せ 8-505　出入息利する 2-884　咀嚼踐踏し 2-493

親近供養し 1-91　親近恭敬し 8-607　親近禮拜せ 7-612　抄劫竊盗せ 2-767　説法教化す 6-56　尊重讚歎せ 1-368　注記券疏する 2-1132

鬪諍齟掣し 2-497　讀誦通利し 5-1094　貪樂嬉戲す 2-588　難行苦行し 7-187　入禪出禪す 6-703　入里乞食せ 5-492　拜跪問訊し 6-145

悲感懊惱し 7-324　諷誦通利し 3-923　孚乳産生し 2-502　明了通達し 4-36　愍念安樂し 2-439　悶絶躄地す 2-942　聞法得果

する3-188　勇猛精進し1-530　踊躍歓喜し2-2　傭賃展轉し2-901　禮拜供養せ4-597　禮拜讃歎し7-46　伶俜辛苦する2-1032　羸痩
憔悴し2-975　憐愍教化し2-1263　往返遊行し2-508　圍繞恭敬し1-1113

五字語以上のサ変動詞

悪口罵詈等し5-328　悪口罵詈誹謗する7-5　恭敬尊重讃歎する5-625　読誦解説書寫し4-461　見聞読誦書持供養する4-600
護持読誦書寫供養する5-392　受持読誦解説書寫し4-476

次に、和語の接頭語「相」に漢語サ変動詞が下接した語には、次の5例がある。

相残害し　相推排し　相體信し　相違背せ　相慰問し

すべて、二字語サ変動詞である点、一字語サ変動詞が殆んどである文選の漢語と異なる。

また、漢語サ変動詞に和語動詞が下接した複合動詞の例は、次の通りであるが、和語動詞の大半は「已る」である。

開示し教へ　行し已り　供養し已り　歓喜し讃め　興し出て　散し已り　成し已り　思惟し已り　誦し已り
出家し已り　侵毀し已る　随喜し已り　切責已り　持し已り　饒益し已り　破し已り　満し已り　滅し已り
滅盡し已り

また、和語動詞に漢語サ変動詞が下接した複合動詞には、次のものがある。

敬ひ信し　歸ひ信する　習ひ学せ　習ひ誦せ　貪り愛する　読み誦し

次に、漢語サ変動詞に和語形容詞が下接した複合形容詞には、次のものがある。和語は「かたし・やすし」の二語である。

思議し難し　信し難し　度し難し　度し易し　分別し回し

また、漢語に和語が下接した複合の体言に次の2語がある。和語は共通して「時」が下接してゐる。

涅槃時(ねはんとき)　滅盡時(めつしんとき)

また、和語の接尾語「ら」が、漢語に下接したものが、次の3語ある。

天人衆(しゆ)ら　佛子ら　菩薩衆ら

「佛子ら」は3例あるが、「佛子等(しとう)5-1199・佛子等(とう)4-979」の二例、漢語接尾語「等(とう)」の下接した例がある。「佛子ら」は第一軸に2例、第二軸に1例であるのに対し、「佛子等(とう)」は、第四軸・第五軸に各1例であり、始めの軸の方で訓で読む方針が、途中で音で読むやうに変更されたものであらう。

また「土等(つちとう)1-1019」は、和語に、漢語接尾語が下接して出来た複合語で、注目される例である。

第三節　漢語の読み

本書は大部分が平仮名で書かれてゐるので、仮名表記の漢語について、その読みを検討できる。たゞし、濁点は一切付せられてゐない為、濁点による清濁の区別はできない。

陀羅尼の読みには、一般の漢語と異なる点が見られるので、検討の対象外とした。それは約90語である。

漢音・呉音の別がある頭子音・韻の二面から検討する。語例では、その項に該当する字のみの音を振り仮名で示した。その振り仮名が、本文の表記である。所在は省略した。

㈠　頭子音

(1)　明母

哀愍 悪魔 悪罵捶打する 阿耨多羅三藐三菩提 阿耨多羅三藐三菩提心 阿跋摩羅 阿彌陀 阿彌陀佛 暗瞑 一面
一切現諸身三昧 一切浄功徳莊嚴三昧 烏摩勒伽 幽冥 宴黙 我慢 甘美 喜滿 鬼魅 歸命 毀罵 奇妙
起滅 卉木 輕慢 輕罵 輕蔑 具足妙相 朽邁 求名 求名菩薩 軀命 苦滅 苦滅度 群萌 教門 現一
切色身三昧 衒賣 眼目 最妙 最妙第一 摧滅 草木 三昧 三明 三藐三佛陀 十六沙彌 死魔 紫磨金
石 士民 慈愍 駟罵 四面 浄光三昧 浄光明三昧 浄嚴王三昧 浄藏三昧 浄色三昧 清浄三昧 常寂滅相
釋迦牟尼佛 寂莫 寂滅 邪慢 沙彌 沙門 充滿 須曼那 須曼那華香 須曼那油燈 須彌 須彌山 須彌
頂 壽命 殊妙 勝妙 諸大三昧 諸佛集三昧 諸母 神通遊戲三昧 身命 臣民 深妙 盡滅す 衰邁す
水沫 睡眠し 照明 消滅 増上慢 聡慧明達 第一微妙 大光明 大菩薩摩訶薩衆 大目犍連 退没 大威
徳藏三昧 杖木 著相憍慢 重門 智慧波羅蜜 珍妙 塵墨 頭面 頭目 燈明 燈明佛 日月浄明徳如來
日月浄明徳佛 日月燈明 日星宿三昧 日旋三昧 人民 方便波羅蜜 毘沙門 毘摩質多羅阿修羅王 祕密
毘梨耶波羅蜜 不共三昧 不美 普明 普明如來 不滅 父母 浮木 普門示現 普門品 富樓那彌多羅尼子
遍滿 寶慢 寶明 菩薩浄三昧 菩薩沙彌 菩薩摩訶薩 法華三昧 法明 法明如來 煩惱魔 本末 魔 米
玫瑰 蟒身 盲瞑 魔訶迦葉 魔訶迦栴延 魔訶拘絺羅 魔訶薩 摩訶波闍波提比丘尼 摩訶曼殊沙華 摩訶
曼陀羅華 摩訶曼陀羅華等 摩訶曼陀羅華香 摩訶彌樓山等 摩訶目犍連 摩訶目眞隣陀 魔軍 魔睺羅伽
魔睺羅伽聲 魔睺羅伽女 魔子 魔事 魔衆 磨し 魔賊 末 末香 末後 末し 末世 末法 末利華香
摩那斯龍王 摩尼 魔女 魔民 魔王 魔怨 慢 蔓延 曼殊沙 曼殊沙華 滿し已り 滿す 滿足 曼陀 曼
陀華 曼陀羅華 曼陀羅華香 曼陀羅曼殊沙華 美 美音乾闥婆王 眉間 美乾闥婆王 密雲 密行 彌布し

美味　微妙　命　明　冥　名衣　名號　明行足　名月天子　名華　名相　名相如來　名字　名色　命終　明珠　名稱　命し　命濁　命命等　名聞　猛利　明了　明了通達し　彌樓　彌勒　彌勒菩薩　彌樓山　愍哀　愍念し　愍念安樂し　無緣三昧　某甲　無名　無明　無滅　貿易　馬　迷悶　迷惑　妙衣　妙音　妙音遍滿　妙好　妙光　妙光法師　妙華　苗稼　犛牛　妙相具　妙莊嚴　妙莊嚴王　妙莊嚴王後宮　妙身　妙塔　妙智　妙幢相三昧　妙寶　妙寶珠　妙法　妙法堂　眇目　妙樓閣　妙慧　馬香　馬聲　滅　滅後　滅相　滅し已り　滅盡時　滅す　滅諦　滅除　滅度　馬瑙　罵詈　麵　勉濟　勉出　面貌　面目　毛孔　目眞隣陀山　默し　默然　沒在　沒し　門　悶絶　悶走　藥發悶乱し　藥木　勇猛　勇猛精進　羅睺羅母　吏民　憐愍　六波羅蜜　露幔　威猛　大勢　慧炬三昧　慧命　圓滿　悪味　安隱無漏　一味　一相一味　有無　疑網　悕望　虚妄　財物　四無礙智　四無礙慧　聲聞　聲聞聲　聲聞衆　聲聞乘　聲聞地　釋迦文　借問　諸聲聞　所望　所聞　眞珠羅網　施無畏者　千萬　多聞　魑魅魍魎　珍寶物　難問　難問答　拜跪問訊す　廢忘す　非無想　百千億無数　百千万億無数　佛廟　寶網　寶物　盲　忘失　網身　網幔　魍魎　萬億　未成熟　未曾有　微塵　微塵數　微塵等　微塵等数　未來　未來世　無央數劫　無厭足　無學　無僞　無垢清淨　無垢世界　無價　無礙　無繫　無礙智　無根　無作　無際　無相　無想　無識　無師智　無上　無生　無障　無上士　無上道　無上兩足尊　無數　無數億　無數恒沙　無數種人　無數千万　無數千万億　無數千万億那由多　無數百千　無數百千万億阿僧祇　無數萬億　無所礙　無所畏　無盡意　無盡意菩薩　無足　無知　無智　無等等　無比　無邊　無邊　阿僧祇　無餘涅槃　無量　無量阿僧祇　無量阿僧祇劫　無量億　無量億歳　無量恒河沙劫　無量智　無量德　無量百千億　無量百千萬億　無量無數　無量無數阿僧祇　無量無邊　無量無邊阿僧祇　無量　無邊百千萬億那由多阿僧祇劫　無漏　無漏根力　無漏實相　無漏智　無漏法生　無漏法性　無漏無上　無漏無爲　無爲　無畏　問　聞外　文

殊　文(もん)殊師利　文(もん)殊師利法王　文(もん)殊師利法王子　文(もん)殊師利法王子菩薩　問(もん)訊　問(もん)答　聞(もん)知　文(もん)筆　聞(もん)法　聞(もん)法得果　巷陌(はく)

最後の一例を除き、全部マ行音で、呉音の特徴を示す。「陌(はく)」は諧声音符の誤読によるものであらう。

(2)　泥母

愛念(ねん)　懊惱(なう)　悪瘡膿(のう)血　阿難(なん)　阿耨(のく)多羅三藐三菩提　阿耨(のく)多羅三藐三菩提心　一切世間苦惱(なう)　憂惱(なう)　憂惱(なう)悲哀し　憂(う)念　有餘涅(ね)槃　憶念(ねん)　厚煖(なん)　艱難(なん)　鬼難(なん)　緊那(な)羅　緊那(な)羅聲　究竟涅(ね)槃　苦惱(なう)　苦難(なん)　憒閙(ねう)　火難(なん)　飢渇惱(なう)急し　患難(なん)　國内(なひ)　護念(ねん)　劫賓那(な)　三百萬億那(な)由他　四緊那(な)羅王　四十餘年(ねん)　七百万二千那(な)由他恒河沙等　屎尿(ねう)　志念(ねん)　思念(ねん)　慈念(ねん)　志念(ねん)力　四百萬億那(な)由他　正憶念(ねん)　愁惱(なう)　須曼那(な)　須曼那(な)華香　須曼那(な)油燈　諸善男(なん)子　諸惱(なう)　所念(ねん)　隨腦(なう)　出内(ぬひ)す　出内(ぬひ)取與す　少惱(なう)　刹那(な)　千万億恒河沙那(な)由他等　千万億那(な)由他分　千万那(な)由他　蘇摩那(な)華油燈　孫陀羅難(なん)陀　大苦惱(なう)　大法緊那(な)羅王　多年(ねん)　持法緊那(な)羅王　内(ない)　内(なひ)衣　内(ない)外　乃(ない)至乃(ない)往過去　乃(なひ)往古世　乃(なひ)往古昔　惱(なう)　惱(なう)乱　那(な)提迦葉　那(な)婆摩利油燈　納(なう)受　南(な)無佛　男(なん)　難(なん)　男(なん)香　男(なん)形難(なん)行苦行し　難(なん)解　難(なん)遭　男(なん)子　難(なん)事　男(なん)聲　難(なん)處　難(なん)信　難(なん)信難(なん)解　難(なん)陀　男(なん)女　難(なん)問　難(なん)問答　奴(ぬ)婢　奴(ぬ)僕　二涅(ね)槃　熱惱(なう)　涅(ね)槃　涅(ね)槃信實　涅(ね)槃時　念(ねん)言　念(ねん)す　年(ねん)少　納(のう)衣　八十万億那(な)由他　八百千万億那(な)由他波羅奈(ない)　悲惱(なう)　百千万億那(な)由他恒河沙等　百千万億那(な)由他　百千万億那(な)由他阿僧祇　百千万億那(な)由他阿僧祇劫百八万億那(な)由他恒河沙等　富單那(な)　不男(なん)　富樓那(な)　富樓那(な)比丘　富樓那(な)彌多羅尼子　怖畏急難(なん)　法緊那(な)羅王煩惱(なう)　煩惱(なう)濁　煩惱(なう)魔　愍念(ねん)し　愍念(ねん)安樂し　無數千万億那(な)由他　無餘涅(ね)槃　無量無邊百千万億那(な)由他阿僧祇劫　惟念(ねん)　庸賃(にん)展轉し　六十五百千万億那(な)由他恒河沙　王難(なん)　土泥(てい)

最後の一例を除いて、すべてナ行音で、呉音の特徴を示す。「泥(てい)」は、理論上は漢音であるが、「でい」の音形の

みが実見される。[注5]

(3)　娘母

阿迦尼吒天　阿修羅女　婬女等　迦樓羅女　垢膩　旨緻柅　釋迦牟尼佛　陀羅尼　陀羅尼呪　陀羅尼神呪　陀羅尼菩薩　陀羅尼品　男女　尼揵子等　女　女色　鐃　比丘尼　比丘尼聲　百千万億旋陀羅尼　富樓那彌多羅尼子　法音方便陀羅尼　摩訶波闍波提比丘尼　摩尼　耶輸陀羅比丘尼

すべてナ行音で、呉音の特徴をもつ。

(4)　日母

悪人　阿若憍陳如等　阿練若　茵蓐　怯弱　怯弱下劣　堪任　毀辱　愚人　懐妊　化人　快然　骨肉　忽然　欻然　細軟　罪人　自然　熾然　自然智　充潤　所潤　諸人　身肉　小児　説法人　世人　觸嬈　第二　大忍辱力　大忍力　泰然　他人　坦然　調柔　天耳　屠兒　軟語　耳　兒　柔軟　柔伏　柔和　柔和善須　肉眼　耳根　二千人　二足　二地　日月燈明如來　肉髻　日星宿三昧　入禪出禪す　入里乞食す　若干　若干種　若干百千　如　如意迦樓羅王　如實　如來　人　仁　忍　仁者　仁讓　人衆　忍受　忍善　人中　忍辱　人民　鐃益　鐃益し已る　熱　熱惱　熱病　燃燈　燃燈佛　般若波羅蜜　非人　普智天人尊　孚乳産生し　夫人　保任　凡夫人　無數種人　默然　餘人　六入　狂人　圍遶　圍繞　圍繞恭敬し　慧日大聖尊

すべてナ行音で、呉音の特徴を示す。

(5)　匣母合口

四無礙慧　衆會　山海慧自在通王佛　聰慧明達　大會　斷壞　智慧　智慧者　智慧波羅蜜　智慧力　柔和　柔和善順　破壞　平等大慧　福慧　佛智慧　佛慧　法會　玫瑰　無上慧　妙慧　輪廻　畫　會　慧　壞一切世間怖

畏　慧雲　廻向　慧光　慧眼第一淨　慧炬三昧　畫像　慧心　壞し　廻轉し　慧日　慧日大聖尊　慧命　怨憎會苦

すべてワ行音で、呉音の特徴を示す。

以上、頭子音の面からの検討では、呉音の特徴を示し、例外は二語のみである。

(二)　韻

(1)　東韻（直音）

熢㶿　諷誦通利す　通し　通塞　通泰　通達　通達無疑　通利　神通　神通力　山海慧自在通王如來　山海慧自在通王佛　多摩羅跋栴檀香神通　六通　東方　同一　同師　同時　同等　同梵行者　不同　動搖　動作　動し　震動す　銅器　銅鈸　童子　童子香　童子聲　童男　童男形　童女　童女香　童女形　童女聲　僮僕　幢幡　妙幢相三昧　苦痛　病痛　空　空閑　空寂　空處　空中　空法　空王佛　虚空　虚空住　箜篌　功勳　功德　一切淨功德莊嚴三昧　集一切功德三昧　善功德　功　蜈蚣　孔穴　毛孔　聾

「㋒・㋒ウ」の音形は、呉音の特徴を示す。「㋔ウ」の音形は、漢音・呉音に共通であるが、「功」は漢音の混入したものであろう。また、「聾」は例外的音形で問題を含む。注6

(2)　東韻（拗音）

風　風聲　豊足し　宮殿　一切法宮　後宮　守宮　天宮　梵宮　妙莊嚴王後宮　龍宮　王宮　窮困し　窮子
貧窮　貧窮困苦　衆　衆華　衆生　衆星　衆聖　衆僧　衆多　衆病　衆寶　衆寶珠　衆寶蓮華　衆會　衆怨
一切衆生　一切衆生喜見菩薩　乾闥婆衆　四衆　四部衆　聲聞衆　大聲聞衆　大衆　大菩薩衆　大菩薩摩訶薩衆　弟子衆　天衆　天人衆等　人衆　比丘衆　兵衆　菩薩衆　菩薩大衆　梵衆　魔衆　夜叉衆　醜　鷲　充溢

充溢嬉戯し　充潔　充足　充満　充洽　充潤　終始　終没　掬　生育　薫陸　身肉　肉眼　顰蹙

「フ・クウ・シユ・ロク」の音形は呉音の特徴を示す。「㋑ウ・㋑ク」の音形は、漢音・呉音に共通である。「シユウ・シユク」の音形は、不明である。

(3)　侯韻

九部　四部　四部衆　十二部經　八部　頭頂　頭面　頭目　牛頭　牛頭栴檀　句逗　兜樓婆　垢　垢重　垢膩
垢穢　弊垢　無垢清淨　無垢世界　離垢　狗　群狗　箜篌　悪口　悪口罵詈誹謗する　師子吼し　後　後宮
後身　後世　後分　最後　最後身　最末後　如來滅後　末後　妙莊嚴王後宮　滅後　深厚　親厚　摩睺羅伽
摩睺羅伽聲　羅睺　羅睺阿修羅王　羅睺羅　羅睺羅母　漏　安隱無漏　有漏　諸漏　無漏　無漏實相　無漏法生　無漏法性　無漏無上　無漏無爲　樓閣　高樓閣　迦樓羅　迦樓羅聲　迦樓羅女　四迦樓羅王　大身迦樓羅王　大滿迦樓羅王　大威德迦樓羅王　富樓那　富樓那比丘　富樓那彌多羅尼子　摩訶彌樓山　彌樓　彌樓山
妙樓閣　矬陋　醜陋

「㋒・㋔」の音形は、呉音の特徴を示し、大半を占める。「㋔ウ」の音形は「樓閣」の語にのみ現れ、漢音と思はれる。

「厚」は、特異であるが、呉音形であることが明らかにされてゐる。注7

(4)　尤韻

不休息菩薩　不成就　孚乳産生し　富樓那　富樓那比丘　富樓那彌多羅尼子　晝夜　籌量し　行籌　九　九部
求索し　求名　依求し　四求　追求し　丘坑　比丘　比丘聲　比丘僧　比丘尼　比丘尼聲　菩薩比丘　摩訶波闍波提比丘尼　耶輸陀羅比丘尼　究竟　究竟涅槃　究盡　救護　救済　救世　救療し　休息　朽邁　老朽し　久遠

牛　牛羊等　牛車　牛聲　牛頭　牛頭栴檀　水牛等　大牛　白牛　犛牛　野牛　受　受記　受決し　受持　受持讀誦し　受報　信受　頂受し　聽受し　納受し　忍受　容受　呪　呪咀　陀羅尼呪　陀羅尼神呪　首　上首　修　修す　修學　修行　修敬　修習　修攝　修多羅　阿修羅　阿修羅聲　阿修羅衆等　阿修羅道　阿修羅女　佉羅騫駄阿修羅王　四阿修羅　出家修道す　毘摩質多羅阿修羅王　羅睺羅阿修羅王　授記　授與　與授し　守宮　守護　周行求索す　周匝し　周匝圍繞せ　周旋し　周旋往返す　周陀　周遍　周流　囚執　手足　壽命　悪獸　禽獸　毒獸　成就　醜陋　痟瘦　羸瘦憔悴し　福聚　寶華聚　寶聚　妙寶聚　有　靈鷲山　有意　有形　有想　有頂　有寶　有無　有餘涅槃　有漏　有爲　有頂天　希有　所有　第一希有　端正有相　悲有想　未曾有　憂　憂懼　憂悔　憂患　憂色　憂愁　憂惱　憂念　憂怖　憂慮　優陀夷　優曇花　優曇鉢華　優曇波羅　優曇波羅華　優婆夷　優婆塞　優婆提舎經　優鉢華　優鉢羅華油燈　優鉢羅龍王　優樓頻螺迦葉　親友　善友　狖　蚰蜒　誘引　誘進　遊行　遊樂し　油燈　香油　膽蔔華油燈　膽蔔油燈　酥油　婆梨師迦油燈　千万億恒河沙那由他等　千万億那由他　千万億那由他分　千万那由他　二千由旬　二百万億那由多　二百万億那由他歳　八十万億那由他　八百万億那由他　百千万億那由他恒河沙等　百千万億那由他　百千万億那由他阿僧祇　百千万億那由他阿僧祇劫　百千万億那由他恒河沙等　無数千万億那由他　無量阿僧祇千万億那由他　無量無邊百千万億那由他劫　無量無邊百千万　億那由他阿僧祇劫　六十五百千万億那由他恒河沙　六百万億那由他　六百万億那由他恒河沙等　流泉　流布　川流　漂流　琉璃　琉璃珠　柔軟　柔伏　柔和

舌音・日母が「㋑ウ」の音形、歯音が「シユ」の音形、他は「㋒」の音形である。「㋑ウ」は漢音・呉音共通であるが、「シユ・㋒」は呉音の特徴を示す。

「牛」は、この字のみの特異な音で、呉音形である。

(5)　鍾韻

奉(ふ)観し　供(く)養奉(ふ)観し　奉(ふ)献し　奉(ふ)事し　重(ちう)罪　重(ちう)病　重(ちう)寶　重(ちう)門　尊重(ちう)　供(くう)せ　供(く)給　供(く)給走使す　恭(く)敬供(く)養し　供(く)具　供(く)散　供(く)養　供(く)養恭(く)敬し　供(く)養し已り　應供(く)　合掌供(く)敬せ　上供(く)　上供(く)養　恭敬　恭敬合掌し　胸(く)臆　兇(く)戲　凶(く)険　恐(く)怖　恐(く)怖悪世　恐(く)畏　競(く)共馳走し　十八不共(く)　不共(く)三昧　種(しう)　種(しう)類　種(しう)性　種(しゅ)種(しゅ)　一佛乗　一切種(しゅ)智　一切種(しゅ)　一切種(しゅ)智　一種(しゅ)　五種(しゅ)　十万種(しゅ)　釋種(しゅ)　千万億種(しゅ)　千万種(しゅ)　地種(しゅ)　若干種(しゅ)　八十種(しゅ)好　百種(しゅ)　佛種(しゅ)　無数種(しゅ)人　無数千万億種(しゅ)　六種(しゅ)　鐘(しょう)　鐘(しょう)聲　頌(しゅ)し　歌頌(しゅ)　諍訟(しゅ)　誦(しゅ)し　讀誦(しゅ)し　讀誦(しゅ)受持す　讀誦(しゅ)通利し　讀誦(しゅ)解説書写し　諷誦(しゅ)通利す　縦(しゅう)廣　従(しゅ)來　侍従(しゅ)親近し　所従(しゅ)　踊(ゆ)現し　踊(ゆ)在し　踊(ゆ)出し　踊(ゆ)躍し　踊(ゆ)躍歓喜し　勇(ゆ)施菩薩　勇(ゆ)猛　勇(ゆ)猛精進　勇(ゆ)躍し　傭(よう)賃　傭(よう)賃轉展し　傭(よう)力し　用(よ)心　龍(りう)　龍(りう)宮　龍(りう)聲　龍(りう)神　龍(りう)女　龍(りう)王　龍(りう)王女　曲(こく)歯　曲(こく)戻　屈曲(こく)　諂曲(こく)　獄(こく)　阿鼻地獄(こく)　屬(そく)せ　眷屬(そく)　天女眷屬(そく)　菩薩眷屬(そく)　觸(そく)　觸(そく)嬈し　囑(そく)累し　所囑(そく)　忍辱(にく)

「㋒・㋑ウ・シユ・㋔ク・㋑ク」の音形が大半で、呉音の特徴を示す。「ヨウ」は、漢音・呉音に共通の音形である。

(6)　齊韻

米(まい)　迷(めい)問　迷(めい)惑　啼(たい)哭聲　諦(たい)　苦諦(たい)　四諦(たい)　誠諦(たひ)　審諦(たひ)　匾⿷匚虒(たひ)　帝(たい)相　帝(たい)釋　天帝(たい)釋　第(たい)一　第(たい)一義　第(たい)一希有　第(たい)三　第(たい)二　最妙第(たい)一　次第(たい)　慧(ゑ)眼第(たい)一淨　體(たい)　相體(たい)信し　形體(たい)　身體(たい)　阿耨多羅三藐三菩提(たい)　阿耨多羅三藐三菩提(たひ)心　一閻浮提(たひ)　優婆提(たい)舎經　閻浮提(たい)　閻浮提(たい)金光如來　憍荒波提(たい)　七寶菩提(たひ)樹下　釋提(たい)桓因　闍提(たゐ)　闍提(たひ)華香　須菩提(たい)　羼提(たい)波羅蜜　提(たい)婆達多　提(たい)婆達多品　菩提(たい)心　摩訶波闍波提(たい)比丘尼　韋提(たい)希子　泥(てい)　土泥(てい)　一渧(てい)　弟(て)子　弟(て)子衆　涕(てい)泣　西(さい)　西(さい)方　妻(さい)子　濟(さい)度し　濟(さい)抜し　救濟(さい)し　一切(さい)　一切(さひ)見者　一切(さひ)三世　一切(さい)十

方　一切淨光莊嚴國　一切衆　一切衆生　一切衆生喜見如來　一切衆生喜見菩薩　一切種智　一切諸法　一切世間　一切世間苦惱　一切智　一切知者　一切法空　解一切衆生語言三昧　現一切色身　現一切色身三昧　現一切世間　壞一切世間怖異　細氎　細軟　細末　齊密　齋持し　雞　谿澗　相詣し　來詣し　往詣　醯　計する　計算　計著し　校計　稱計し　不可計　稽首　繫著し　檢繫　無繫　髻中　禮　禮す　禮敬し　禮拜し　禮拜供養し　禮拜讃歎し　敬禮し　曲戾　繚戾　慧　慧雲　慧光　慧炬三昧　慧心　慧日　慧日大聖尊　慧命　廣大智慧觀　山海慧自在通王如來　山海慧自在通王佛　聰慧明達　智慧　智慧者　智慧波羅蜜　智慧力　福慧　佛智慧　佛慧　無上慧　無量慧　妙慧

「㋐イ・㋓イ・㋓」の三音形が現れるが、「㋐イ・㋓」は呉音形である。「㋓イ」は、漢音と共通であるが、唇音・舌音・牙音に現れてゐる。

(7)　庚韻（直音）

行す　行啓　行業　行者　行樹　行處　行し已り　行籌　行歩　行列し　安樂行　安立行　經行　苦行　教戒所行　華足安行多陀阿伽度　勤行　懃行　勤行精進し　十二行　周行求索す　修行　宿命所行　所行　同梵行者　難行苦行し　飛行　奉行す　腹行し　密行　明行足　遊行　生　生し　生育　生縁　生死　生長し　生滅一切衆生　一切衆生喜見菩薩　果報生處　群生　化生　資生　衆生　初生　所生　世世所生　畜生　畜生聲非生　孚乳產生し　寶生　本生　來生し　猛利　勇猛　勇猛精神　威猛大勢　盲瞑　白衣　白毫　白毫相　白牛　白象　白象王　白拂　白癩　白鑞　白蓮華香　鮮白　百穀　百歲　百足　巷陌　逼迫　宅　火宅　險宅田宅　求索し　客作　賈客

「㋑ヤウ・㋑ヤク」が大部分で、呉音の特徴を示す。一部の「㋐ウ・㋐ク」の音形は、漢音と共通である。

(8)　庚韻（拗音）

兵　兵衆　平正　平等　平等大慧　平鼻　高下不平　無上大乘平等　病痛　衆病　少病　多病[百]　重病　毒病　熱病　老病死海　命　命し　命終　命濁　命命等　歸命　軀命　壽命　身命　慧命　明　明行足　明珠　明了　通達し　光明　光明莊嚴　光明大梵等　三明　淨光明三昧　淨照明三昧　照明　聰慧明達　大光明　燈明　燈明佛　日月淨明德如來　日月淨明德佛　日月燈明　日月燈明如來　日月燈明佛　普明　普明如來　分明　寶明　法明　慶　慶幸　欣慶　稱慶　敬親し　敬順し　敬信し　敬禮し　愛敬　恭敬　恭敬合掌し　恭敬供養し　恭敬尊重し　恭　敬尊重讃歎する　修敬　信敬し　禮敬し　驚疑怖畏す　驚懼　驚怖し　荊棘　諍競　悪罵捶打する　打擲し　讃詠　反逆

「㋑ヤウ・㋑ヤク」の音形で、呉音の特徴を示す。「病[百]」は不審である。

(9)　清韻

伶俜辛苦する　屏處　名衣　名號　名月天子　名華　名相　名相如來　名字　名色　名稱　名聞　名利　求名　求名菩薩　無名　輕毀し　輕笑　輕賤　輕賤憎嫉し　輕慢　輕罵し　輕蔑し　輕利　常不輕　常不輕菩薩　不輕　不輕菩薩　姓　一姓　城　城邑　城郭　伽耶城　化城　國城　大城　聲　聲聞　聲聞聲　聲聞衆　聲聞乘　聲聞地　阿修羅聲　音聲　高聲　餓鬼聲　迦樓羅聲　喜聲　緊那羅聲　苦聲　鼓聲　火聲　乾闥婆聲　牛聲　語聲　象聲　車聲　鐘聲　諸聲聞　水聲　笑聲　大音聲　啼哭聲　大聲聞衆　大德聲聞　畜生聲　地獄聲　天聲　童子聲　童女聲　男聲　女聲　比丘聲　比丘尼聲　辟支佛聲　風聲　佛聲　菩薩聲　法聲　梵音聲　凡夫聲　摩睺羅伽聲　馬聲　夜叉聲　雷聲　樂聲　螺聲　鈴聲　龍聲　聖　聖師子　聖主　聖主師子　聖主世尊　聖尊　聖人聲　觀世音淨聖　衆聖　大聖　大聖主　大聖世尊　天輪聖主　慧日大聖尊　性　性相　性欲　種性

智性　本性　欲性　淨戒　淨行　淨光　淨光三昧　淨光莊嚴　淨光明三昧　淨華宿王智如來　淨華宿王知佛　淨潔　淨眼　淨堅固　淨藏　淨藏三昧　淨藏三昧菩薩　淨色三昧　清淨　清淨觀　清淨三昧　淨心　淨身　淨照明三昧　淨道　淨土　淨德　淨德三昧　淨德夫人　淨德王　淨妙第一　淨琉璃　深淨　善淨　大清淨　淨明德　淨明德佛　不淨　遍淨　遍淨夫　寶淨　菩薩淨三昧　法眼淨　無垢清淨　六根清淨　慧眼第一淨　一切淨功德　莊嚴三昧　一切淨光莊嚴國　眼根清淨　嚴淨　請　請し　歸請　勸請　正憶念　正覚　正見　正定聚　正等　成等正覚　正遍知　正法　最正覚　端正　端正有相　等正覚　清潔　清信　清涼　精勤し　精勤給持す　精勤　修習し　常精進　常精進菩薩　精進　精進力　奪一切衆生精氣　得勤精進力菩薩　勇猛精進　成し　成就　成熟　成佛し　成滿　好成　合成　七寶所成　不成就　未成熟　靜室　靜然　誠諦　五情　熾盛　馳騁　瓔珞　真珠瓔珞　持瓔珞　宝瓔珞　盈溢し　華纓　令知し　宣令　領す　領知し　辟支佛　躄地　悶絶躄地す　打擲　釋　釋氏　釋師子　釋種　釋提桓因　釋然　解釋し　諸釋　帝釋　天帝釋　赤子　赤蓮華香　勤苦積行し　智積　智積菩薩　寶積菩薩　瓦石　鍮石　借問　典籍　乃往古昔　往昔　狼籍　悋惜　貿易　益　增益し　饒益　利益

「㋑ヤウ・㋑ヤク・ヤウ・ヤク」の音形で、すべて呉音の特徴を示す。

(10)　青韻

寶瓶　冥　幽冥　暗瞑　盲瞑　定　決定し　正定聚　深禪定　禪定　必定　聽許し　聽受し　聽法　頂上　頂受し　頂戴　頂禮　有頂　有頂天　須彌頂　頭頂　經　經行　經卷　經書　經典　經方　經法　經歷し　優婆提舍經　十二部經　所經　大乘經　持經者　讀經　法華經　餘經　形色　形體有形　童男形　童女形　男形　女形　無形　裸形　青蓮華香　紺青　醒悟し・衆星　日星宿三昧　鈴　鈴聲　寶鈴　伶傳辛苦する　霊鷲山

笛(ちゃく)　怨敵(てき)　寂(じゃく)然　寂(じゃく)莫　寂(じゃく)滅　宴寂(じゃく)　空寂(じゃく)　常寂(じゃく)滅相　大善寂(じゃく)力　錫(しゃく)　瓦礫(りゃく)

「㋑ヤウ・㋑ヤク」の音形は、呉音の特徴を示す。「怨敵(てき)」の一例が、漢音形である。

(11)　魚韻

猪(ちょ)　除(ちょ)疑意　除(ちょ)糞　除(ちょ)愈　滅除(ちょ)　女(にょ)　女(にょ)色　男女(にょ)　魚(ぎょ)　魚(ぎょ)捕　去(こ)　過去(こ)　過去(こ)所(しょ)習　過去(こ)世　乃往過去(こ)　巨(こ)海
巨(こ)身　居(こ)し　居(こ)在　居(こ)士　閑居(こ)　虚(こ)　虚(こ)空　虚(こ)空住　虚(こ)妄　語(ご)　語(ご)言　語(ご)聲　言語(ご)　實語(ご)　宣語(ご)　軟語(ご)　佛語(ご)
炬(こ)火　慧炬(こ)三昧　踞(こ)し　蹲踞(こ)し　聽許(こ)　調御(ご)大夫　諸(しょ)苦　諸(しょ)君　諸(しょ)觀　諸(しょ)化　諸(しょ)華等　諸(しょ)國　諸(しょ)根　諸(しょ)子　諸(しょ)衰　諸(しょ)善根力　諸(しょ)善男子　諸(しょ)鳥　諸(しょ)天　諸(しょ)度　諸(しょ)惱　諸(しょ)人　諸(しょ)佛　諸(しょ)法　諸(しょ)餘(よ)　諸(しょ)來　諸(しょ)漏　所(しょ)愛　所(しょ)因　所(しょ)有　所(しょ)雨　所(しょ)行　所(しょ)經　所(しょ)願　所(しょ)樂　所(しょ)作　所(しょ)在　所(しょ)散　所(しょ)止　所(しょ)至　所(しょ)使　所(しょ)集　所(しょ)生　所(しょ)趣　所(しょ)將　所(しょ)親近　所(しょ)照　所(しょ)燒　所(しょ)説　所(しょ)囑　所(しょ)著　所(しょ)住　所(しょ)得　所(しょ)念　所(しょ)分　所(しょ)分身　所(しょ)望　所(しょ)欲　所(しょ)爲　教戒所(しょ)行　四無所(しょ)畏　七寶所(しょ)成　道場所(しょ)得　佛所(しょ)　佛所(しょ)護念　寶所(しょ)　本所(しょ)　無所(しょ)礙　無所(しょ)畏　處(しょ)し　處(しょ)處(しょ)　處(しょ)女　惡處(しょ)　安處(しょ)　一處(しょ)　行處(しょ)　空處(しょ)　果報生處(しょ)　官處(しょ)　戲處(しょ)　近處(しょ)　坐處(しょ)　親近處(しょ)　善處(しょ)　息處(しょ)　難處(しょ)　二處(しょ)　屛處(しょ)　無量義處(しょ)
無量義處(しょ)三昧　餘(よ)處(しょ)　初(しょ)　初(しょ)生　最初(しょ)　呪咀(しょ)　助(しょ)宣　護助(しょ)　三十七品助(しょ)道法　書(しょ)寫　癰疽(そ)　甘蔗(しょ)　餘(よ)　餘(よ)經
餘(よ)國　餘(よ)事　餘(よ)食　餘(よ)乘　餘(よ)人　四十餘(よ)年　有慮(りょ)　如(にょ)　如(にょ)意迦樓羅王　如(にょ)實　如(にょ)來　如(にょ)來衣　阿若憍陳如(にょ)等

「㋔・㋑ヨ」の二音形であるが、「㋔」音形は呉音の特徴を示し、「㋑ヨ」の音形は漢音と共通である。

(12)　真韻（牙音・喉音）

緊(きん)那羅　緊(きん)那羅聲　緊(きん)那羅女　四緊(きん)那羅王　大法緊(きん)那羅王　持法緊(きん)那羅王　妙法緊(きん)那羅王　銀(こん)　白銀(こん)　供養奉覲(こん)し　因(いん)　因(いん)縁　因(いん)縁果報　大因(いん)縁　引(いん)導　引(いん)入し　印(いん)　茵(いん)蓐　一(いち)飡　盈溢(いつ)　阿逸(いつ)　阿逸(いつ)多

「㋑ン・コン」の二音形で、「㋑ン」は漢音と共通であるが、「コン」は呉音の特徴を示す。

(13)　侵音（唇音・牙音・喉音）

観世音菩薩品　三十七品助道法　提婆達多品　普門品　金　金剛　金剛山　金華　金色　金縄　金剎　紫磨金　石　眞金　閻浮金光　閻浮檀金　閻浮那提金光如來　黄金　琴　琴瑟　今説　今日　禽獣　飲食充足せ　肴膳　飲食　瘖瘂　音教　音聲　海潮音　樂音乾闥婆王　光音　觀音　觀世音　觀世音菩薩　師子音　勝彼世間音　小音　大音聲　法音　梵音　梵音聲　美音乾闥婆王　妙音　妙音遍滿　威音王　威音王如來　威音王佛　涕泣　怖畏急難　邑　城邑

「㋔ム・㋔ン・㋔ウ」の音形は、呉音の特徴を示し、-m韻尾は-n韻尾と混同され、フ入声の韻尾もウ母音化してゐる。「㋑ン」の音形は、漢音の混入したものであらう。

たゞ、挙例を省略した歯音等では「心・深・枕・林・入・集・執」と、中心母音は㋑であり、漢音と共通する。

(14)　覃韻

貪　貪樂嬉戲　貪著　貪欲　貪利し　慳貪　優曇花　優曇鉢華　優曇波羅　優曇波羅華　憍曇彌　阿那含　阿那含道　斯陀含　斯陀含道　合掌　合掌恭敬せ　合成

「㋔ム・㋔ン」は-m韻尾が混乱してゐるが、呉音の特徴を示す。「合（かう）」は、フ入聲の韻尾がウ母音化したもの、「合（かつ）」は韻尾の促音化したもの、「合（か）」はその促音が無表記のもので、「カフ」は漢音と共通する音形である。

(15)　山韻

眼根　眼根清淨　眼目　一眼　慈眼　淨眼　天眼　肉眼　佛眼　法眼淨　慧眼第一淨　閑居　空閑　閑靜　限礙　限数　一切世間　一切世間苦惱　現一切世間　出世間　勝彼世間音　世間　世間解　中間　人間　眉間　壞一切世間怖畏　山　山海慧自在通王如來　山海慧自在通王佛　山川　山澤　山陵　山林　耆闍崛山　金剛山

須彌山　小鐵圍山　大鐵圍山　鐵圍山　寶山　摩訶目真隣陀山　彌樓山　目真隣陀山　靈鷲山　財産　孚乳産生し　刹那　刹利　悪羅刹　金刹　十方刹　十羅刹女　表刹　羅刹　羅刹鬼　羅刹女　殺害

「㋓ン・㋓ツ」の形で、呉音の特徴を示す。

(16)　咸韻

減し　減少　減損す　損減し　狹劣

「㋓ン・㋓ウ」の音形は、呉音の特徴を示す。韻尾の「ム」が「ン」と混同し、フ入声の韻尾がウ母音化してゐる。

(17)　肴韻

教　教戒所行　教化　教誨　校飾　教語　教勅　教菩薩法　教門　音教　示教利喜す　大乘教　轉教　孝す交接　交絡　交横馳走す　八交道　絞絡　善巧　校計　莊校　莊校嚴飾し　肴膳　肴膳飲食　餚饌　膠香

「㋓ウ」の音形は、呉音の特徴を示す。「膠」は、誤記であらう。

(18)　凡韻

凡愚　凡夫　凡夫聲　凡夫人　梵　梵音　梵音聲　梵宮　梵相　梵志　梵衆　梵天　梵天王　梵王　光明大梵等　憍梵波提　尸棄大梵　大梵天王　大梵王　同梵行者　乏短　渇乏　法　法雨　法音　法音方便陀羅尼　法喜　法喜食　法器　法華經　法眼淨　法鼓　法座　法相　法藏　法子　法師　法身　法施珍寶　法服　法寶法明　法輪　法王　法位　法會　一切法空　空法　像法　三十七品助道法　讃法　四攝法　實法　四法　正法勝法　諸法　深法　説法者　善法　大法師　持法緊那羅王　持法者　聽法　著法　轉法輪　破法罪業　波羅門法　佛法　末法　無上大法輪　無漏法性　妙光法師　妙法　妙法堂　文殊師利法王子　文殊師利法王子菩薩

聞法　聞法得果す

「㋔ム・㋔ウ」の音形で、呉音の特徴を示す。-m韻尾が混乱してゐる点は、他の韻と同じ。フ入声の韻尾も、ウ母音化してゐる。「ホツ」は、フ韻尾の促音化したものである。

⒆　麻韻

馬　馬香　馬聲　馬瑙　象馬　駟馬　罵詈　悪罵捶打する　悪口罵詈誹謗する　毀罵　輕罵　家　家事　在家　出家修道す　價直　無價　妙稼　牙　牙齒　六牙　和雅　瘂　瘖瘂　下賤　下方　下劣　高下不平　上下　瑕穢　化　化し　化作し　化生　化城　化導　化人　化佛　開化演暢し　教化　現化　所化　變化　變化人　法化　花　優曇花　寶花　曼陀羅花　華　華蓋　華香油　華光如來　華光佛　華齒　華樹香　華足安行多陀阿伽度　華德　華德菩薩　華幡　華纓　優曇鉢華　優曇波羅華　優鉢華　優鉢羅華油燈　雲雷宿王華智多陀阿伽度　雲雷宿王華智佛　香華　金華　雜華　淨華宿王智如來　淨華宿王智佛　赤蓮華香　闍提華香　宿王華　宿王華菩薩　須曼那華香　諸華等　眞珠華　瞻蔔華香　瞻蔔華油燈　蹈七寶華如來　蹈七寶華佛　天華　人華　波羅羅華香　白蓮華香　寶華　寶華聚　法華經　摩訶曼殊沙華　摩訶曼殊沙華香　末利華香　曼殊沙華香　曼陀羅華　曼陀羅曼殊沙華　名華　妙華　蓮華

「㋓・クヱ」の音形が殆んどで、呉音の特徴を示す。「瘂」は、漢音にも共通の音形である。

⒇　泰韻（合口牙音・喉音）

外書　外道　内外　門外　會　怨憎會苦　魁會　衆會　大會　法會

「クヱ・ヱ」の音形は、呉音の特徴を示す。

㉑　嚴韻

嚴好　嚴飾　嚴淨　嚴身　一切淨功德莊嚴三昧　一切淨光莊嚴國　光照莊嚴相菩薩　光明莊嚴　淨光莊嚴　莊校嚴飾し　莊嚴　莊嚴光飾す　莊嚴王三昧　莊嚴王菩薩　尊嚴　大寶嚴　大寶莊嚴　長莊嚴三昧　福莊嚴　妙莊嚴　妙莊嚴王　妙莊嚴王後宮　業　業因縁　業報　悪業　行業　罪業　生死業報　善業　破法罪業　福業　劫　劫数　劫燒　劫濁　劫賓那　阿僧祇劫　一少劫　一劫　億億萬劫　億無量劫　億劫　賢劫　五十小劫　三十二小劫　四十小劫　四十萬億那由他恒河沙劫　十劫　十小劫　十二小劫　四萬二千劫　抄劫竊盜す　千劫　千萬億劫　千萬億無量阿僧祇劫　千萬劫　濁劫悪世　二十四劫　二十四小劫　二十小劫　二十中劫　八十億劫　八十小劫　八小劫　八萬四千劫　八千劫　百三十劫　百千劫　百千萬億劫　百千萬億那由他阿僧祇劫　不可思議阿僧祇劫　萬億劫　無数劫　無量阿僧祇劫　無量億劫　無量恒河沙劫　無量劫　無量千萬億阿僧祇劫　無量千萬億劫　無量百千萬億劫　無量無邊劫　無量無邊百千萬億僧阿僧祇劫　無量無邊百千萬億那由他劫　無量無邊百千萬億那由他阿僧祇劫　無量無邊不可思議阿僧祇劫　累劫　六十小劫　六萬劫　怯弱　怯弱下劣

終りの二語を除き、「㋔ム・㋔ン・㋔ウ」の音形で、-m韻尾の混同、フ入声韻尾のウ母音化はあるものの、呉音の特徴を示す。

「怯」は、漢音と共通である。

(22)　幽韻

欣仰し　欣慶　欣樂し　欣樂説法し　勤加精進　勤行　勤行精進し　勤苦　勤苦憂惱し　勤苦積行し　勤求し　勤作し　勤修精進す　殷勤　精勤し　精勤給持し　精勤修習し　得勤精進力菩薩　懃行　懃求し　殷懃　近處　侍從親近し　所親近　親近　親近處　附近　筋力　親覲し　奉覲し　安隱　安隱無漏　無上安隱　入里乞食す

すべて、「㋔ン・㋔ツ」の音形で、呉音の特徴を示す。-n韻尾が-m韻尾と混同してゐる。

(23)　元韻

反逆　六反　煩惱　煩惱濁　煩惱魔　言　言語　言辭　言説　言論　悪言　苦言　語言　唱言　誓言　善言
念言　奉獻し　所獻　志願力　所願　誓願　大願　大誓願　本願　注記券疏す　園觀　園林　怨嫌　怨嫉　怨
憎會苦　怨賊　怨敵　衆怨　宛轉腹行し　綩綖　遠塵　遠離　高遠　久遠　幽遠　深遠　長遠　多髮　顯發
藥發悶亂し

「㋔ン・㋔ツ」の音形が大部分で、呉音の特徴を示す。「クワン・ヲン」は合口の音形で、これも呉音形である。「ヘン」も呉音として扱われる。

(24)　模韻（唇音・牙音・喉音）

怖畏　怖畏急難　怖畏険道　憂怖　驚怖　恐怖　恐怖悪世　惶怖　漁捕　分布　苦縛　枯槁　枯竭　蜈蚣　虎
珀　護持　護念　守護　宣護　擁護

「㋒」の音形は、呉音のみの音形であり、「㋔」の音形は、漢音に共通である。

(25)　職韻

直　價直　正直　告勅　教勅　疲極　色　色相　色像　色力　憂色　形色　七寶雜色　女色　識　善知識　儀
式　食　食する　食噉　衣食　飲食　肴膳飲食　雜飾し　懈息　子息　止息　出入息利す　胸臆　正憶念　多
千億　無数億　無数億萬　無数千萬億種　無数萬億　無量億　無量億歳　無量億千　無量千萬億　六十二億
力　強力　願力　樂説辯力　筋力　志願力　志念力　精進力　心力　信力　神力　神通力　勢力　大慈悲力
大信力　大勢力　大善寂力　大智力　大忍辱力　大忍力　大力　大威神力　多力　知見力　智力　智慧力　方
便力　福德力　威德力　威力

「㋑キ」の音形が大半で、「㋔ク」の音形とともに、呉音の特徴を示す。「㋑ヨク」の音形は、漢音と共通である。

(26)　止攝

止攝の諸韻の開口字は、「彼(ひ)・卑(ひ)・秘(ひ)・彌(み)・美(み)・智(ち)・恥(ち)・持(ち)・義(き)・奇(き)・起(き)・喜(き)・此(し)・尸(し)・思(し)・子(し)・伊(い)・意(い)・異(い)・詈(り)・利(り)・里(り)・兒(に)・二(に)・耳(に)」のやうに「㋑」の音形が大部分を占める。一部に「㋓・㋔」の音形があり、呉音の特徴を示す。その例は次の通りである。

戯(け)處　戯(け)笑　戯(け)論　兇戯(け)　宿王戯(け)三昧　耽湎嬉戯(け)し　遊戯(け)　施(せ)　施(せ)す　施(せ)主　施(せ)無畏者　安施(せ)　大施(せ)主　布施(せ)
勇施(せ)菩薩（支韻）

飢(け)餓羸痩し　飢(け)渇　飢(け)渇惱急し　飢(け)羸慞惶し（脂韻）

己(こ)事　己(こ)身　己(こ)利　單己(こ)　欺(こ)誑（之韻）

依(え)求し　依(え)怙　依(え)止し　衣(え)裓　衣(え)食　衣(え)服　上衣(え)　天衣(え)　内衣(え)　如來衣(え)　納衣(え)　白衣(え)　寶衣(え)　寶衣(え)服　名衣(え)
妙衣(え)　希(け)有　希(け)求　第一希(け)有　悕(け)求　悕(け)望　氣(け)　氣(け)毒　氣(け)力　香氣(け)　奪一切衆生精氣(け)　短氣(け)（微韻）

以上、韻の面の検討においても、呉音の特徴を示す音形が殆んどで、漢音形は希少で例外的である。

第四節　現代語との関連

既述の通り、古来法華經は、僧俗の間に尊重読誦された經典であるので、法華經から多数の漢語が摂取されてゐる筈である。それを検証する爲に、これまでと同じく、『広辞苑』の見出し語と共通する漢語を調査した。共通の漢語として認めた條件は、『論語・遊仙窟・文選』の場合と同じである。

共通する漢語は、1597語であり、仮名書き法華經の漢語4161語の38.4%を占める。論語・遊仙窟の場合、それ〲50%を超える漢語が共通であるのに比較して小さい比率であるが、文選の場合の26.6%に比べると大きい比率である。法華經の漢語の構成は、三字語・四字語・五字語以上の漢語を併せると、33.2%となり、全体の$\frac{1}{3}$に達する。これに対して、論語では9.7%、遊仙窟では3.4%、文選では3.7%と、非常に少ない。広辞苑と共通する漢語には、三字語以上は極めて少ないので、三字語以上が大きい比率を点める法華經の比率が減少するのである。

そこで、三字語以上で、広辞苑の見出し語と一致するものを算すると、155語ある。これを除いた1442語が、法華經の一字語・二字語の計、2789語に占める割合を求めると、51.9%になる。これにより、一字語・二字語の範囲では、論語・遊仙窟の場合と、ほゞ同様の比率に達することが知れる。

勿論、これだけの漢語全部が、法華經から摂取されたとは言へないが、大半は法華經の漢語の影響を受けたものであらう。

第五節　語彙表

一、足利本仮名書き法華經の漢字のうち、『広辞苑』の見出し語と共通するものを、五十音順に配列した。

二、漢語はすべて漢字で表記し、原本の仮名書き部分は、振り仮名とした。仮名遣は、原文のまゝとし、一語につき一例を示した。

三、語の所在は、原則として省略した。所在は中田祝夫編著『足利本仮名書き法華經　索引篇』勉誠社により当られたい。所在を示した語は、同書と語の認定が異なり、検索しにくいものである。

四、△を付した語は、共通ではないが、酷似した語である。（　）内へ広辞苑の表記を示した。

ア　愛　愛敬せ　愛樂し　愛する　愛憎　阿逸多　愛別離苦　愛欲　懊惱し　悪　悪口　悪口し　悪鬼　悪業　悪言　悪者　悪趣　悪獸　悪處　悪心　悪世　悪道　悪知識　悪人　悪魔　阿私仙　阿閦　阿修羅　阿修羅道　阿僧祇　阿那含　阿難　阿耨多羅三藐三菩提　阿鼻地獄　阿彌陀　阿彌陀佛　阿羅漢　阿羅漢果　安隱　安坐し　安住し　安樂　安樂し　安樂世界　安慰す

イ　異　異國　意趣　一　一一　一月　一字　一事　一時　一乗　一大事　一日　一念　一佛乗　一分　一万　一味　一面　一句　一國　一劫　一切　一切衆　一切種　一切衆生　一切種智　一切智　一尺　一種　一所　一心　一旦　一點　一百　委付す　異名　醫藥　印　因　因縁　引導し　婬欲

ウ　有　有頂　有頂天　優曇花　優婆夷　優婆塞　有無　有餘涅槃　有漏　有爲

エ　幼　要　幼稚　幼童　依怙　衣裓　葉　縁　塩　縁覚　煙火　演説し　閻浮檀金　厭離

オ　應供　應す　憶念せ　億劫　恩　殷勤　飲食　音聲

カ　河　戒　界　害　蓋　開示す　害する　海中　海潮音　香　高原　高下　高聲　講し　香水　講説し　豪族
講堂　豪富　降伏せ　香油　強力　香爐　樂　學　覚　覚悟せ　学習し　学地　覚知せ　餓鬼　我見　枷鎖　歌
頌　迦葉　伽陀　荷擔し　渇仰　渇仰し　合掌し　渇し　我慢　迦留陀夷　迦樓羅　感傷し　艱難　堪忍し　甘
露

キ　△机案（几案）　伎樂　疑懼　憙見　儀式　棄捨　耆闍崛山　記す　議す　儀則　奇特　急　給与せ　△疑網
（疑罔）　奇妙　祇夜　行　經　經行　經行し　驚懼　經巻　行業　行者　行す　經典　行歩　驚怖し　經法　輕
慢　輕慢せ　敬禮し　行列し　疑惑　琴　琴瑟　△禽獸（きんじゅう）　緊那羅

ク　九　具　垢　苦　宮　箜篌　窮子　空寂　△空處（空所）　供し　空中　宮殿　空法　苦海　究竟　究竟せ
苦行　恭敬　恭敬すれ　究竟涅槃　供具　苦患　箜篌　救濟す　具す　醫師　救世　具足　休息せ　苦諦　△愚
癡（愚痴）　苦痛　功徳　苦難　垢膩　虎珀　鳩槃茶　供養　供養し　愚劣　果　懐妊　懐妊せ　光曜　光曜し
光音　廣大　光明　曠野　臥具　過去　過去世　火災　菓實　過失　臥し　火宅　月光菩薩　火難　果報　丸
冠　願　歡悦す　觀音　歡喜　歡喜し　觀察　官事　勸請　勸進し　觀す　觀世音　觀世音菩薩　官長　願力
巍巍　鬼子母　鬼神　歸する　貴賤　毀謗　鬼魅　歸命　華香　化作す　化生　化生し　化し　化導し　外道
決し　決定し　化度　化人　化佛　快樂　快樂し　眷屬　衒賣する　久遠　群生　群臣　訓導す

ケ　牙　氣　偈　梟　希有　教化　教化せ　憍曇彌　憍慢　教門　△飢渇（けかち）　△希求する（けく）　解悟し
芥子　解釋し　解し　下賤　懈怠　解脱　解脱す　結　結加趺坐し　△悕望（希望）　下劣　戲論し　見　現　險
險隘　現化　堅固　現在　顯示し　賢聖　賢聖衆　現す　減し　現世　減少せ　現前　現前せ　減損す　乾闥婆

慳貪　険難　見佛聞法し　見聞する　△嶮路（険路）

コ　五　後　語　功　溝壑　恒沙　巨海　枯槁　枯竭せ　獄　虚空　國城　國土　國内　黒風　國王　國位　居士　五十　五情　五障　五衆　己身　後世　護持せ　五濁悪世　牛頭　國界　乞食　牛頭栴檀　骨肉　忽然　五百　劫　業　劫濁　業報　虚妄　五欲　娯樂　根　金剛　勤行し　△勤求し（ごんぐ）　言語　金色　紺青　嚴淨　今世　今日　今夜　困厄

サ　座　歳　左右　在家　最後　罪業　在在　在在處處　妻子　最上　最初　最勝　在世　最小　最大　濟度せ　罪人　西方　財寶　罪報　細末　摧滅し　財物　相　草　象　藏　想　草庵　倉庫　造作せ　相續し　像法　草木　△造立し（ぞうりつ）　坐處　坐す　坐禪　坐禪す　雜飾し　三　三悪道　三界　残害し　三界火宅　三苦　珊瑚　三匝　算師　三七日　散失し　三十　三十三天　三十二　三十二相　三車　算數　算数す　三乗　散す　讃せ　三世　三千

シ　士　四　死　事　枝　師　慈　四悪道　色　食　思議　色相　四衢　四月　自活　示現す　慈眼　自在　自在天　指爪　死屍　自恣せ　師子　時時　師子吼　師子吼し　師子奮迅　使者　侍者　四生　熾盛　四衆　止宿し　師子王　慈心　死す　子息　四足　四大　四諦　次第　四大天王　七　七多羅樹　七佛　七寶　室　實　實語　實相　實事　失心　實智　七珍　嫉妬　十方　十方世界　實法　四天　四天下　自然　思念し　自然智　四方　慈悲　十　集　四部　慈父　報金剛身　四部衆　十二因縁　十二部經　十羅刹女　十力　十六　四分　四法　死魔　士民　四無礙智　駟馬　四面　邪　蛇　上　生　姓　性　城　掌　請　聲　生育する　淨戒　正覚　章句　城郭　上下　障礙　淨潔　商估　莊嚴　莊嚴せ　淨藏　生死　賞賜せ　清淨　常精進　成就　成就す　聖主　上昇する　精進　精進し　生す　成し　請し　唱導　將導し　正直　常住　淨土　成等正覚　商人　上方

常不輕　成佛し　正法　生滅　聲聞　聲聞乘　將來　清涼　△淨琉璃（淨瑠璃）　釋迦如來　釋迦牟尼佛　娑伽羅
龍王　錫　釋氏　寂然　釋然　寂寞　寂滅　寂滅し　借問し　邪見　△車渠（硨磲）　車乘　邪心　舍宅　邪智
娑婆世界　差別　差別す　邪慢　沙彌　沙門　舍利　舍利弗　取　受　呪　首△衆（しゆう）　充溢せ　終始　充
足する　充滿せ　修学し　授記　授記する　修行する　宿する　宿世　宿福　樹下　守護　守護し　衆生　種種く
殊勝　修す　誦し　衆僧　手足　修多羅　須陀洹　出　出家　出家し　出現し　出處　出世　出世間　出入　修
福　須菩提　須彌　須彌山　壽命　須臾　授與す　聚落　衆會　純一　△淳厚（醇厚）　諸惡　乘　證　鐘　諸有
稱讃し　乘し　稱す　證す　稱歎し　勝妙　稱揚する　所行　諸經　諸苦　所願　諸觀　諸君　所化　諸國　所
作　所在　諸子　書寫せ　所生　處處　處す　所說　所囑　所知　諸天　所得　諸人　所念　諸佛　所分　諸法
諸法實相　所望　諸王　所爲　思量す　四王　心　臣　信　眞　瞋　深奧　心意　瞋恚　深厚　信解　信解し
信樂する　眞實　眞珠　身心　甚深く　深心　信す　親族　甚大△深大　身體△神智△深智　身中　神通　神通力
震動し　信伏し△神変　△神変する　新發意　身命　△臣民　盡滅し　信力　神力

ス

瑞　隨喜　隨喜す　醉臥し　水腫　隨順し　推せ　隨腦　水沫　衰老　衰老し

セ

世　施　誓願　誓願す　制止し　勢力　小　少　簫　照曜　照曜する　小葉　燒香　小莖　小根　消散する
少時　小車　小樹　小乘　消せ　憔悴し　小智　少分　消滅し　小欲　少欲　世界　世間　施主　施す　世世
世俗　世尊　說　殺害する　舌根　攝す　刹那　說法　說法する　刹利　妄　仙　善　禪　善惡　善意　禪悅
千億　瞻仰し　善巧　善業　善根　千歲　善哉　宣示し　漸次　善事　淺識　撰集し　善處　全身　善心　前世
善逝　漸漸く　栴陀羅　栴檀　栴檀樹　善知識　禪定　宣傳する　善男子　善女人　仙人　淺薄　宣布し　千佛
先佛　千分　善本　千萬

ソ　僧　増上慢　總説し　聰達　僧坊　叢林　俗　觸　屬せ　率土　尊　損減する　蹲踞せ　尊者　存せ　損す
る
タ　他　大　臺　體　大悪　大阿羅漢　第一　第一義　大雲　大恩　大音聲　大海　△大火　大願　臺觀　大國
大根　△大相　退散し　第三　大士　大事　大師　大慈　太子　第四　大自在　大自在天　大慈大悲　大聖　帝
釋　大衆　大乗　大乗經　大臣　△大身　△大水　△大勢　大小　大道　退轉せ　大徳　第二　提婆達多　提婆
達多品　大悲　大白牛　大寶　大菩薩　大法　△大利　大力　大王　大威徳　大會　道　當時　導師　堂舎　道
心　道場　湯藥　當來　忉利　宅　他國　他事　墮し　多少　多足△達し　他土　他人　多年　他方　多病　塔
多寶　多寶如來　多聞　墮落し　陀羅尼　陀羅尼呪　多力　端嚴　端正　歎す　斷し　斷絶せ　段々　檀波羅蜜
チ　地　持　智　癡　晝夜　持戒　直　持經者　値遇し　畜生　知見　地獄　持國天王　知識　持者　智者　智
積　治す　持し　持説せ　馳走し△智分(知分)　魑魅　定　帳　長子　長者　頂上　長大　頂戴し　長短　打擲
せ　丈夫　長夜　頂禮す　長遠　笛　著し　中　住　中葉　中間　重罪　鍮石　住處　住す　中道　重病　重寶
中夜　勅　濁世　智慧　陣　珍奇　珍玩　沈水　沈水香　塵土　珍寶　珍妙　塵穢(マ、)
ツ　追求する　墜墮し　通し　通塞　通達し　通利　通利せ　塗香　頭陀　頭頂　頭面
テ　泥　涕泣し　調伏し　弟子　鐵　田　天衣　天宮　電光　天華　天眼　諂曲　天子　天上　典籍　天衆　天
神　點し　轉す　天道　顚倒　顚倒せ　展轉し　天女　轉法輪　轉輪　轉輪聖王　轉輪王
ト　土　幢　等 1-564 666 972　同一　同学　銅器　動作する　東西　同時　童子　鬪諍　鬪諍し　等正覚　動し　同等
童男　童男形　童女　東方　銅鈸　幢幡　僮僕　燈明　等倫　毒　徳　毒害　得道せ　毒蟲　毒藥　度す　貪
鈍　鈍根　貪著　貪著し　貪欲

ナ　内　内衣　内外　乃至　惱　惱亂する　納受　納受し　那羅延　南　難　難行苦行　難行苦行し　難解　男子　難事　難處　難陀　男女　南方　難問する

ニ　二　柔和　肉眼　二食　二十　廿五　二乘　二千　二足　日月　日月燈明　日月燈明佛　日夜　日光　肉髻　日天子　二百　二佛　二分　二万　如　女人　如來　人　仁　忍　人間　人相　忍受し　人中　忍辱　人民

ヌ　奴婢　奴僕

ネ　熱　熱病　涅槃　念す　年少　燃燈　燃燈佛　念念

ノ　納衣

ハ　倍し　方　放逸　房舍　方所　房中　方便　方便力　方面　破戒　薄德　波旬　破す　八　鉢　八十種　八十種好　八十　八道　八万　八王子　拔出し　八方△八部（はちふ）　波浪　波羅蜜　婆羅門　破壞する　半　幡　幡蓋　半座　半日　般若波羅蜜

ヒ　秘要　彼岸　飛行　比丘　比丘尼　悲觀△疲惓（疲倦）　秘藏　毘沙門天王　彼此　毘沙門　卑賤　必定し　逼迫せ　非人　琵琶　誹謗する　祕密　兵　平正　平等　白衣　白毫　百千　百千万　百足　躄地　百福　百福莊嚴　百分　白癩　白鑞　譬喩　疲勞　貪窮　擯出せ　頻婆果

フ　不可　不可思議　奉行す　福　不具△伏し　服す　福德　福報　普賢　普賢菩薩　不思議　不實　不淨　不成就　不信　布施　布施する　不善　付囑　付囑す　不退　不退轉　蒲萄　佛　佛意　佛教　佛眼　佛語　佛座　佛子　佛事　佛舍利　佛種　佛所　佛乘　佛身　佛前　佛足　佛道　佛塔　佛智　佛土　佛寶(法)　佛法　不同　普遍　不滅　父母　普門品　不老不死　富樓那　怖畏　怖畏す　分　糞　分身　糞土　分布し　分別し　分明

ヘ　閉塞せ　表し　漂流し　辯　変化　変化し　変現　変現する　邊際　辯才　辨せ　變し　遍滿し　便利

ホ　報　寶蓋　寶器　寶華　寶座　寶藏　寶生　寶珠　報し　寶塔　寶瓶　寶物　方藥　寶蓮華　僕從　法華經
菩薩　菩薩道　法身　菩提　菩提樹　菩提心　發起し　法華　法華三昧　法性　發心　北方　法　法印　法雨
法喜　法鼓　法座　法相　法藏　法師　法服　法門　法輪　法王　法位　法會　本　梵　梵音　梵行　凡愚　梵
宮　本願　本國　梵志　本性　本處　本心　梵天　梵天王　本土　煩惱　煩惱濁　煩惱魔　本人　凡夫　本末
梵王

マ　魔　盲　摩訶迦葉　魔軍　末　末香　末世　末法　摩尼　魔王　万　蔓延　曼殊沙　曼殊沙華　滿す　滿足
し

ミ　眉間　未曾有　微塵　明　冥　名號　名字　名聞　名利　未來　未來世　彌勒　彌勒菩薩

ム　無　無学　無價　無礙　無根　無作　無相　無想　無識　無上　無上尊　無上道　無上菩提　無所畏　無知
無智　無比　無邊　無名　無明　貿易　無餘涅槃　無量　無量義　無量無邊　無畏　無爲

メ　迷悶　迷惑し　妙衣　妙音　妙音菩薩　妙好　妙光　妙法　妙法蓮華　妙法蓮華經　滅　滅後　滅相　滅盡
し　滅す　滅度　滅度し　馬瑙　罵詈せ　麵　面目

モ　毛孔　木　默し　默然　默然し　没し　門　文殊　問訊し　悶絶躄地す　問答

ヤ　瓔珞　野干　益　藥草　藥王　藥王菩薩　夜叉　耶輸陀羅

ユ　△誘引せ(ゆういん)　遊行し　遊戲し　勇施菩薩　△勇猛(ゆうみやう)△勇猛精進し(ゆうみやうしやうしん)△勇躍(ゆうやく)

ヨ　餘　容顏　癰疽　餘經　欲　餘國　餘事　餘食　餘乘　△用心(ようしん)　餘人

ラ　螺　來　禮　癩　來詣し　來集し　禮す　來世　禮拜　禮拜し　牢固　老死　狼藉　老大　良藥　羅漢　樂

馲駝　樂土　羅睺　羅睺阿修羅王　羅睺羅　羅刹　羅列し

リ　利　力　離垢　離垢し　利根　利鈍　離別し　利養　靈鷲山　領す　兩足　兩足尊　領知すれ　利益　利益

し　略し　龍　龍宮　龍神　龍女　龍王　輪　悋惜し　林藪　林野　△輪廻（りんね）

ル　類　流布　流布し　琉璃

レ　了し　了達し　獵師　蓮華　練し　戀慕　戀慕する　憐愍し　輦輿

ロ　漏　驢　樓閣　六　六牙　六根　六根清淨　六種　六趣　六神通　六道　六通　六波羅蜜　露地　論議　論

說し

ワ　王　往詣し　黄金　王子　王者　往昔　王舍城　王難　往來する　王位　和合し　惑亂せ　和雅

ヰ　威儀　威光　威勢　威德　圍繞せ

ヱ　△畫（絵）　會　慧　廻向し　衛護　衛護し　△畫像（絵像）　慧日　慧命　宛轉す　圓滿せ

ヲ　擁護せ　怨憎會苦　怨敵　遠離　遠離し

注

1　桃裕行『上代学制の研究』三六〇ページ以下。

2　中田祝夫編『足利本仮名書き法華経　影印編』小引。

3　右書、索引篇解説。

4　（　）内へは、漢語本来の漢字を示す。語例の所在は、注3の索引篇が公刊されてゐるので省略した。

5　沼本克明『平安鎌倉時代に於る日本漢字音に就ての研究』

6　右書、五五七ページ。

7　右書、一一三七ページ以降。

第五章　本朝文粋の漢語

『本朝文粋』は、藤原明衡が編纂した漢詩文集で、天暦年間（九四七〜九五七）を中心に、平安初期から後期に亙る二百数十年間を通じての、わが国漢詩文作者約七十人の代表作を収めた模範文集である。以後の文学に及ぼした影響も大きく、既に先学の説に詳しい。[注1]その一端を述べれば、平家物語巻三「少將都歸」の章句にある「鷄籠の山明けなんとすれども」の詞は、『新撰朗詠集』にあるが、その出典は『本朝文粋』巻八の紀斉名の詩序であり、巻六「小督」の「南に翔り北に嚮ふ……」の句は『和漢朗詠集』にあるが、その出典は『本朝文粋』巻七の後江相公の文であり、また同じく「小督」の「悲しみの至つて悲しきは老いて後、子に後れたるより悲しきはなし。……」の句も、『本朝文粋』巻十四の後江相公の願文からの引用であり、巻七「忠度都落」の「前途程遠し、思を雁山の夕の雲に馳す」の句も『和漢朗詠集』にあるが、出典は『本朝文粋』巻九の後江相公大江朝綱の文である。『和漢朗詠集』には、これらを含めて、93句採集されてゐるが、朗詠の流行が、貴族知識階級から、仏家・一般庶民へと伝播することにより、[注2]影響は広く及んだ。

『本朝文粋』の文章は、日本人の作つた漢文であり、その点では、『論語』『文選』などシナ人の作つた漢文と同じである。それ故、『本朝文粋』についても、『論語』『文選』の場合と同じく、訓点本の訓み下し文の中から漢語を採録するのが適当と考へられる。

本来外来語である漢語が、日本人の作つた漢文から摂取されるといふのは、一見矛盾してゐる感がある。しかし、上記のやうに、朗詠などを介して、平曲その他に移入されたのが現実であり、漢語は、漢籍、仏典からだけでなく、本邦人製作の漢詩文からも、摂取されたのである。

『本朝文粋』の点本として、身延山久遠寺藏『本朝文粋』を選んだ。「奥書によれば、相州御本即ち最明寺禪門北条時頼（弘長三年歿）の本を、文永六・七・八年（一二六九―七一）に書写した本を、さらに六年後の建治二年（一二七六）に書写したもので、底本となつた相州御本は時頼が故清原教隆に命じて加点せしめたものである。[注3]全十四巻のうち、巻一を欠くが、紀伝点と付訓が付せられた善本で、「近世初に至るまで伝承された完本全ての祖本に該當する最古の写本にして、本朝文粋の現流布本の原本[注4]」である。

調査は、汲古書院より刊行された上下二冊の影印本に據つた。同書には、闕巻の巻一を静嘉堂文庫本により影印補完してあるが、巻一は対象から除外した。

猶、『正保五年刊本』と対照し、必要に応じて『国史大系本』『校註日本文学大系本』を参照した。

漢語認定の規準は、第一章に述べた九項目の他に、音読の明徴は無いもの丶、音読したと推定される次の各項の語である。以下、その各項と例語を示す。例語の所在を示す数字は、ページ数で、「下」は下巻を示し、「下」を付してゐない例は上巻である。

(イ)国名・地名などの語。

魯17　周72　楚248　秦99　梁73　日州下192　太唐295　蜀越下293　丹後43

(ロ)人名などの語。

後一條院下146　桓武天皇31　弘法大師下205　故左相府255　四條大納言191　寂心上人下295　孔子6　堯120

(ハ)官職名などの語。

侍従331　式部220　祠官下132　右大臣14　従二位167　大蔵省49　左右馬寮7　刑部大輔317

(ニ)書名・経名などの語。

新撰和謌下143　白氏文集下88　貞観政要302　古今和謌集下142　大般若経下219　妙法蓮華経下223　尊勝陀羅尼経下256

貞観臨時格328

(ホ)佛教関係の語。

僧58　三寶下221　帝釋下251　金剛杵下209　諷誦文下289　天台座主下192　法華三昧下163　大千世界下241　釋迦牟尼佛下245　大勢至菩薩下256

(ヘ)殿閣名・寺名などの語。

鐘樓下222　應天門32　臨水閣下85　東大寺61　積善寺198　法華寺下225　慈恩院下61　吉祥院下59

(ト)誤写の為、音合符を付けないと見られる例。十語。（　）内が正字。

遊幸下180（行□）　惠鏡下293（瑩□）　关丑下175（癸□）　軋尾下206（胡□）　十方億下268（□万□）　人文下296（請□）　父臣17（名□）　夜獨364（□燭）　楊帝下296（煬□）　緣煙下76（綠□）

(チ)私意により認めた語。約三百五十語で、全体の二%強である。

菊97　劫下278　仙75　亭346　列47　廊下173　夏日362　已上217　晩春下85　陽春353　寶壽下293　流俗下293　老臣142

表白文下212

第一節　語数

前述の規準で採録した漢語の異なり語数は約一万五千、延べ語数は凡そ三万四千に達する。これを漢語を構成する漢字の字数によつて分類し、それ〴〵の語数と百分比を、次に表示する。

	一字語	二字語	三字語	四字語	五字語以上	計
異なり語数 A	1218	12012	1002	568	351	15151
百分比 /15151	8.0	79.3	6.6	3.7	2.3	(100)
延べ語数 B	8202	22509	1738	898	520	33867
百分比 /33867	24.2	66.5	5.1	2.7	1.5	(100)
平均使用度数 B/A	6.73	1.87	1.73	1.58	1.48	2.24

異なり語数の80%弱を二字語が占め、一字語がそれに次いで多く、一字語、二字語で90%近くを占める。また、三字語、四字語、五字語以上と、構成字数が多くなるにつれて、比率が減少する。この傾向は、漢籍の『論語』『遊仙窟』『文選』においても同様である。しかし、『法華経』の漢語とは大きく異なる。

三字語、四字語、五字語以上では、順次減少する点は同様であるが、それらの占める比率は漢籍より大きく、『法華経』よりは少く、両者の中間に位する。

延べ語数も二字語が最も多く、一字語がそれに次ぐが、異なり語数の場合と異なるのは、比率において、二字語が10％以上減少し、一字語は逆に16％増加して、異なり語の三倍にもなる点である。これは、二字語は同一語が何度も使用されることはないが、一字語が同一語が何度も使用される結果である。具体例で示せば、三十回以上使用されるのは、二字語では「以聞ス・一人・及第・兼行・古今・公卿・死罪・自然・諸國・誠恐・誠惶・中謝ス・弟子・天恩・天下・頓首・風月・陛下・望請ス」の十九語であるが、一字語では「案ス・意・宴・應ス・恩・客・学・感ス・記ス・義・句・化・官・歸ス・闕・教・兼・獻ス・賢・期・期ス・公・功・才・士・字・師・詩・辞ス・修ス・任・任ス・謝ス・狀・序・序ス・書・稱ス・屬ス・仁・臣・性・製・節・俗・存ス・對ス・地・朕・朝・天・轉ス・通ス・徳・方・法・美・賦ス・風・文・表・變ス・報ス・命・命ス・勞・理・例・礼・論ス」の七十語である。右のうち傍線の語は『足利本文選』で五十回以上使用された、二字語8語・一字語78語と共通の語である。

一字語・二字語の延べ語数の比率は、『論語』『遊仙窟』とは大きく異なるが、『文選』とはほゞ類似する。これは、総数が『論語』約三千六百、『遊仙窟』約千三百と少数であるのに対し、『文選』約七万一千、『本朝文粋』約三万四千と大差があることに由来すると思はれる。総数が増大するのは、二字語・一字語の増大が主な要因となるからである。

三字語の延べ語数の比率は、『文選』の三倍以上であるが、『法華経』の半分である。

四字語の延べ語数の比率は『文選』の四倍であるが、『法華経』の約$\frac{1}{3}$であり、五字語以上は、『文選』の約二十倍であるが、『法華経』の約$\frac{1}{2}$である。

平均使用度数も、一字語・二字語・三字語は漢籍の漢語、就中『文選』に類似してゐるが、四字語・五字語以上では『文選』よりも大きく、『法華経』に類似した数値を示す。

以上の如く、『本朝文粋』の漢語は、漢籍の漢語と類似した傾向を一字語・二字語で示す反面、三字語以上では『法華経』の漢語に類似した面を示す。

これは、巻十三・十四を中心として呪願文・願文・諷誦文など佛教関係の文章が収められてゐることを反映するものと思はれる。

第二節　和漢混種語

漢語と和語との複合語には種々の結合様式があるが、品詞別では、動詞と名詞に分れる。

動詞では、漢語にサ行変格活用動詞が下接して生じる漢語サ変動詞が大半で、九五九語に達し、全体の6.3％を占める。その中、「修ス・哭ス・書ス」など一字語サ変動詞は三百一語で、一字語の24.7％を占め、一字語の$\frac{1}{4}$は漢語サ変動詞である。その中で「亡ゼル70」一語のみが、ザ行に変つてゐる。「入道ス・拝任ス・扶持ス」など二字語サ変動詞は六百三十三語あり、二字語の5.3％を占める。三字語サ変動詞は「長-大-息ス下9」一語であり、四字語サ変動詞は「恭-敬供-養す下211　跼-懼踣迷シ170　歸-命稽-首シて下228 278 281　供-養演-説す下251 262 267　供-養講-演す下279　歸-命頂-礼(シ)て下286　稽-首和-南す下281 268　稽-首礼-足ス下273　再-拝頓-首シ301　悉知悉見シ玉ヘ下288　精-進歸-依セリ下251　受-持讀-誦シ下213　書写供養シ下241　申聞　謹-奏ス117　清-談遊-宴シ355　撰-定奏

‐聞323　走‐使供‐養280　知‐見證‐明221 268 280　侶‐頭擧‐手246　展轉隨‐喜164　悲‐哭跼‐蹐299　夢‐想追‐歓355」など二十二語、六字語サ変動詞は「拜‐表陳‐乞以‐聞139」一語、八字語サ変動詞は「断‐悪修‐善離‐苦得‐樂234」一語である。

このサ変動詞に、更に接頭語「相」が上接した複合語が、次の十三語である。

相‐映354 50　相‐謁8　相‐賀52　相‐議193 250　相‐會128　相‐賞80　相‐親365　相‐接184　相‐談367　相‐配88 91　相‐反326 331　相‐変108 138　相寄和334

一例を除いて、一字語サ変動詞である。傍線を付した語は『足利本文選』にも見られる語である。

また、和語動詞に漢語サ変動詞が下接した複合語には、次の十語が見られる。

召‐侯212 217　移‐修280　撰‐進214　間‐奏50　削‐損174　遷‐轉54　申‐補197　充‐補60

漢語サ変動詞に和語動詞が下接した複合語には、次の五語がある。

混‐混110　任‐來231　布‐告4　賦‐得341　浴‐來274 283

ともに、一字語サ変動詞の場合のみで、二字語の例を見ない。

名詞の複合語では、国・土地名の漢語に和語の「人」が下接するものが四語ある。

胡人19　秦‐人5　魯‐人15　郷‐人141

これに対して、「人」も音読するものが二語見える。

越(マヽ)‐人147　胡‐人97

この二語は、それぞれ「胡‐兒・越‐裳」と対になつてゐるので、音読されたものであらう。

次に、複数の意の接尾語「等」が下接したものが39語見える。神仏・人・文書・事物・山など、種々の漢語につく。

亀謀等下189　卿等16　臣等下142　牧宰等52　竪義僧等40　僧等40　阿弥陀等下234　学生等4445　検非違使等222　衮等295　沙弥等37　使人等下189　史生等209　史生書生等54　四菩薩等下230　宿衛等57　准三宮等128　諸國司等37　随身等171　勢至等下288　善神等下228　大学頭等234　大夫等16　圖書頭等220　斐璆等下197　博士等44　寮頭等45　勘文等232　願文等340　華嚴經等下245　詩等270　章奏等14　諸真言等下234　佛經等下284　位記等213　二百餘匹等242　常膳等7　微功等231　鷲峯等下220

初めの6例は「等」を訓読した例、最終の例は音読した例である。それ以外は、訓読か、音読かの明徴がないが、人に下接した場合は訓読されたものであらう。

次に、接頭語「幾」に漢語が下接した例が、次の七語ある。

幾久遠下233　幾千巻下283　幾千里22 204　幾丈下172　幾万人下63　幾万年下204　幾末來下233

また、一字語に和語が下接したものに、

半蔀107 109　造伊勢豊受宮242　非藏人244

の3語がある。それぞれ「半月下51・造宣耀殿242・非参議217」などの語構成から類推して成立した複合語であらう。これまでの混種語は、強ひて音読すれば不可能ではないが、この三語は、加点者によるよりも以前に、作者により混種語として認識された例と見られる点に特徴がある。

第三節　漢語の読み

㈠　漢音よみと呉音よみ

漢語の約$\frac{1}{3}$程度に、声点や仮名による字音が付せられてゐる。それによると、漢音よみが大多数である。これは、本朝文粋が、漢音を正音とした平安時代の詞文の粋を収録したものである故、当然であるが、巻十三、十四を中心として願文・諷誦文など佛教関係の文章があるので、呉音よみの語も見られる。以下、声母と韻母の両面から、漢語の読みを調査する。

声母の面では、漢音と呉音とで差のある全濁の声母と、疑母を除く次濁の声母とをもつ字を構成要素とする漢語について調査した。その声母に該当する漢字だけ、声点・付音仮名を示し、数字は所在ページである。

(1)並母　蓬－宮245　轉－蓬159　曝(ハク)－布358　瀑－布85　僕368　僮－僕222　龐(ホウ)－公38　遊－蜂(ホウ)87　疲(ヒ)－駿151　繡－被(ヒ)52　避(ヒ)－悪121　毗－首226　貔(ヒ)－豹190　贔(ヒ)－屓127　犢鼻187　匍(ホ)－匐(フク)40　匍(ホ)－匐(フクセン)162　蒲(ホ)－鞭106　蒲(ホ)－柳257　哺(ホ)340　哺(ホ)－養49　行－歩(ホ)223　矩－歩81　矩歩(ホセリ)186　咫－歩(ホ)248　俳－優107　排(ハイ)－拒292　排(ハイ)－虚78　排(ハイ)脱292　牢徘(ヘイ)50　薜(ヒ/ヘイ)－衣287　薜(ヒ)－服242　薜(ヘイ)－蘿77　薜(ヒ)茘72　皇帝陛－下316　聖－霊陛－下226　裴(ハイ)－璆等197　陪－侍226　佩－刀205　玉－佩(ハイ)220　憂－悖(ハイ)183　釵－珮(ハイ)134　唄211　薄－弊(ヘイ)330

財－幣下220　貧－窶下216　臣－弼11　嬪296　嬪－御31　繽－紛下7　蘋－藻75　蘋－蘩下132　蘋－風下121
苾－芬下13　周－勃124　渤－海51　渤海－國下188　渤－瀣123　溟－渤171　弁－行22　弁－正317　弁－論80
弁－論執－議318　抃－躍34　王－別－駕93　般－爾275　瘢－瘡63　盤下222　磻－溪167　叛逆25　澤－畔238
跋－扈下122　跋－提下286　拔－粹下126　拔－擢159　方－袍下255　暴129　暴－客64　暴－心26　暴－風225　暴－
戻81　凶－暴57　宿－暴25　瀑－露下67　瓢－簞209　簞－瓢195　婆－娑下99　後－房32　華－房358　椒－
房133　房－星下100　旁午356　旁－羅下12　惟－薄46　寡－薄161　浅－薄161　彭－祖下121　老－彭下16　玉－
帛下220　白－烏105　白－虎－通284　寛平五年32　長－平84　天平格24　天－平神－護元年21　病304　病－
婦下141　老－病206　屏－營124　苹下33　掊－謙183　培－塿下166　裒－埸77　吏－部214　項－畝195　芝－畝下274
十－有－餘－畝下180　千－畝下213　田－畝104　南－畝下161　朋－賓下51　賓－朋下267　風－鵬下181　詹－蔔下
246　憑－虚78　馮－虚109　戴－馮103　馮－驩下156　鳳－銜下287　伏－尸248　服－尸下257　服－御7　御元服243
俸－禄下215　公－俸226　薄－俸下221　奉258　奉－國170　供－奉下124　裁－縫222　弥－縫366　肥－碩76　肥
－膚下156　翡－翠下270　上－元－夫－人下124　春－宮大夫25　搏－扶下73　扶－木下27　符74　符－應91　梟－藻下
148　梟－鐘73　梟－鳥360　雙－梟226　歌－父－山88　高－祖父260　邵－父105　腐－儒下72　腐－鼠193　輔
－佐134　輔－導下207　附－鳳下114　吠－犬120　狗－吠60　鳴－吠182　墳－墓下225　古－墳下210　汝－墳下48

憤(フン)－懣309　幽－憤(フン)下285　分148　分－香下283　位－分(ブン)53　焚(ホン/ハム)－籠81　繁(ハン)－孳34　繁－麗327　蕃(ハン)－客323　蕃－客65　蕃－息33　歸－蕃(ハン)下28　蘋－蘩(ハン)下132　煩－濫316　伐(フツ/ハツ)－木下48　坊(ハウ)194　防－衛59　徐－防127　隄－防330　俱－縛下233　浮－埃下269　浮－偽63　浮彩344　浮－沈下266　浮(フ)－圖31　愚－婦305　負(フ)－扆151　阜(フ)－成158　曲－阜(フ)下76　凡(ハン)下127　凡(ハン)－叢下115　凡(ハム)－藔下28　雲－帆(ハム)下28　歸－帆(ハン)294　風－帆(ハム)361　梵下211　范(ハム)－曄下38　范－々下177　淼－范86　范－別－駕339

以上、ハ行の清音が漢音読みで一六七語、バ行の濁音が呉音読みで四三語である。

(2)定母　僮－僕222　同－時164　同－聴317　哀慟下286　桐－孫362　桐－郷下240　刻－桐94　兩－瞳下161　洞下259　洞－雲180　洞－壑下157　洞－月下265　洞－簫下243　洞－中下72　洞－庭下134　洞－天166　一－洞372　西－洞下116　茅洞下73　蓬－萊－洞下271　龍－洞184　案－牘(トク)109　犢(トク)83　犢(トク)－鼻下188　獨－273　單－獨61　講讀－師200　彤(トウ)－編71　毒焰下274　圖(ト)76　魚－圖102　浮－圖(ツ)31　蘿－圖(ト)下255　龍－圖149　泥－塗(ト)下177　屠(ト)－兒58　屠(ト)－釣239　屠(ト)－羊129　徒(ト)336　凶－徒下208　荼(ト/ド)316　官－途62　度(ト)73　度(ド)－者200　平－臺361　苔－衡348　苔－徑下66　苔－痕下120　苔－癬下5　苔(タイ)甍下283　粉－黛下62　啼(テイ)－眼下274　常－啼(タイ)苦－薩下221　提(テイ)獎334　提－撕208　孩－提(テイ)下189　支－提(タイ)下222　蹄－105　題(テイン)361　題(テイ)－署下206　鶗(タイ)－鴂下167　棣(テイ)－華165　及－第(タイス)217　頽(タイ)－殘下73　頹暮12　頽－齡182　傾－頽(タイ)161　傾－頽(タイセル)下40　大－監－物222　大－壯318　大内記225　大－方27　大－伯84

大-半53 大-辟4 函-大10 馬-大-宰133 鉗-鈦59 兌96 兌-方77 屯306 迍-邅44 混-
沌99 辞-遁46 流-遁63 魯-鈍175 突-騎187 壇-場75 杏-壇15 栴-檀-椹257 腥-膻
58 誕297 誕-漫70 迂-誕288 再-誕35 真-誕92 放-誕8 達218 佃-漁319 田-畝104 治
-田43 殄-瘁27 殄-滅209 奠206 殿-最239 綵-殿113 造-宜-耀-殿242 甸-服59 電-泡
260 飛-電127 耋89 大-耋177 團-月343 團-雪364 一團90 摶-扶73 斷-ム48 決-斷56 判-
斷208 脱-頴169 脱-梏316 脱-屣263 頴-脱44 波-濤212 乱-濤284 稲-梁92 逃-債39 陶78
陶-元-亮337 陶-染109 陶-潜350 陶-唐30 陶-々11 陶-徵-君93 陶-冶241 陶-令130 館-
陶-公-主64 燾-載321 覆-燾280 道248 道-路253 言-路74 至-道元年四月日191 先-導51
輔-導207 蹈-井152 陰-條50 枝-條346 詞-條36 章-條316 調-和124 調-庸8 貢-調114
迢-々370 齠-齔79 窈-窕146 蓼-藋146 蹉-跎162 首-弛173 墮250 花-塘84 池-塘371 林
-塘118 唐-園244 蕩-覆61 蕩-没115 怡-蕩138 遊-蕩221 浩-蕩285 程117 程-子369 程-
章40 行-程52 王-程268 停-滞174 停-滞80 停-癈128 亭-々364 佛-庭210 定-額197 定
-額-寺196 定準317 定-星226 敵188 敵-國66 投49 旋-頭139 隴-頭129 俎-豆132 邪-
竇122 情-竇47 石-竇205 曇-元比-丘243 菊-潭120 桓-潭48 釣-潭85 緑-潭371 竹-

牒(テウ)243　柳-牒(テフ)103　疊(テフ)-映76　疊-岫370　談(タン)70　談下36　談337(シ)　談-咲109　言-談70　淡(タム)-水下48　濃-

談(タン)下90　剳(トウ)-林下181

タ行の清音は漢音読みで一七七語で、ダ行の濁音は呉音読みで三四語である。

(3)澄母　仲-冬下286　舳(チク)-艫61　重-衣下7　重-客109　重-器下119　重-寄下279　重-華168　重-軒下50

重-載180　重-臣下227　重-任176　重-々371　重-葩下82　重-霧下274　重-病201　重-門129　重(テウ)-離319

九-重下260　三-重(チョウ)下224　珎-重下114　秘-重下197　礼-重103　軌-躅(チョク)下44　勝-躅(チョク)下48　躑-躅(チョクシ)下47　奬-

擢(タク)51　超-擢(タクシ)44　抜-擢(タク)159　澣-濯(タク)38　華-池(チ)99　獬-豸(チ)49　馳-星73　馳(チ)-騖27　丹-墀(チ)244　遲-疑

295　青-雉(チ)下76　地下102　括-地87　寸-地140　稚(チ)-川82　越-椎(ツイ)166　鐵-槌(ツイ)下185　顛-墜(ツイ)下41　住(チウ)-持

200　治29　治-迹230　治-田43　治-否28　私-儲(チョ)16　除(チョセ)207　除-書211　除-目248　拜-除222　拜-

除213(セ)　白-箸(チョ)-翁下7　厨(チウ)77　仙-厨下113　山-厨(チウ)97　天-厨(チウ)97　柱(チウ)182　柱-礎下183　筆-柱(チウ)下213　住-

僧196　陳-丞-相134　敷-陳191　塵(チン)-曠149　塵-俗10　舊-塵(チン)170　業-塵下109　絶-塵151　門-塵244　弟

-姪(シツ/チツ)149　帙(チツ)下160　一-帙(チツ)214　高-秩(チツ)134　秩(チツ)-滿220　任-秩(チツ)下219　品-秩(チツ)39　傳63　傳-癖下41　累-祖

相-傳239　籒(チウ)-篆(テン)42　兆(テウ)下58　趙(テウ)-燕下51　趙(テウ)-軍82　茶(チャ)-酒下117　茶(チャ)-茗下168　壇-場75　欝-腸(チャウ)下277

中-腸(チャウ)下122　霜-杖(チャウ)136　宅(タク)194　弟-宅(タク)31　茆-宅194　採-檡(チャク)223　霈-澤8　抽(チウ)-撰下143　稠(チウ)-桑-驛97

稠-疊15　稠-林下239　綢-繆下160　九-疇90　宇-宙346　冑-子64　酎-臺110　沈-痾下164　沈-困249　沈-滞238　昇-沈254　浮-沈下266　陸-沈225　蟄-虫330　湛-々366　懲粛319　澄-清73　澄-清下221　澄-々346　價-直57

タ行の清音は漢音読みで一〇〇語、ダ行の濁音は呉音読みで一九語である。たゞ、「採-擇」は、韻の面では呉音読みである点、疑問が存する。

(4)群母　窮-鳥244　窮-僻下180　局下173　曹局44　跼懼蹐-迷170　跼-蹐122　奇下50　奇-花下116　奇-肱下240　數-奇210　妓-鑪下79　粉-妓下6　歧-嶷下29　楊-歧下24　芰-荷下126　騎135　耆89　耆-夭81　耆-崛下280　耆-儒101　耆-德下19　耆-域下257　葵-藿88　葵心375　野-葵152　夔-子87　夔-龍下158　百-揆11　期99　期225　期238　期-約98　合-期253　朞-月34　朞-年32　騏-驥148　騏-驎下50　忌-諱6　郊-畿49　京-畿60　祈-感37　祈-年35　石-渠365　巨-万62　遽-伯-玉下149　街-衢92　康-衢下48　昏-衢下212　鸜-鴿79　貧-窶下216　具下227　具-瞻162　荷-懼133　慨-懼301　喜-懼下269　三-懼192　慙懼149　悚-懼131　迷懼161　偈-厲下39　瑕瑾274　侯-瑾79　窘-急241　勤-天下28　格-勤225　芹-田下181　昵-近243　群337　呉-郡80　四郡115　八-郡下45　本-郡33　強-健149　乾105　乾-臨212　樞-鍵下287　傑-出93　傑-俊下12　英-傑351　拳-石86　老-拳59　權佐245　權-衡320　權-貴46

權-化下249 權-輿357 權-輿(シ)下62 孫-權(クヱン)85 子-喬366 翹-材-館361 翹(ケウ)-楚104 強-豪59 強-仕209 強-仕(シ)209 強-弩56 剛-強108 狂(キヤウ)-堅下208 狂-風下83 狂-欲247 邪-狂(クキヤウ)28 劇(ケキ)-官249 劇(ケキ)-窖175 劇(ケキ)務336 一-劇(ケキ)下130 理-劇(ケキ)51 瓊(ケイ)-娥71 瓊(ケイ)-花下73 瓊(ケイ)-戸下13 瓊(ケイ)-牒85 瓊(ケイ)-苗下274 瓊(ケイ)-簾下136 蒙-求下38 裘-璆(キウ)等下197 丹-莍(キウ)6 箕-裘(キウ)260 咎(キウ)-異182 妖-咎(ク)37 舅(キウ)下232 親-舅(キウ)149 舊124 舊-云318 舊-賜下269 虬(キウ)-箭72 虬(キウ)-漏下116 禽129 伯-禽17 飛-禽下231 黔(ケム)-首下232 黔(ケン)-庶160 及-科254 耄-及88 鉗(ケン)-鈦59 倹-約65 節-儉146 至-極(コク)226 窮-困44

カ行の清音は漢音読みで一一八語、ガ行の濁音は呉音読みで一八語である。ただし、「妖-咎(ク)」は、韻の面からは呉音読みであり、疑問が存する。

(5)従母　聚(シュ)下229 藂-祠下59 藂-庭下114 一-藂335 菊-藂(ソウ)下125 凡-藂下28 族(ソク)-氏101 氏-族(ソク)98 黄-琮(ソウ)76 役-従(シウ)10 贈従(シウ)二位244 倍-従209 服-従(シ)51 茅-茨下203 殄-瘁(スイ)27 遊-萃(スイ)下171 抜-萃(スイ)104 慈下169 慈-母206 恩-慈211 繁-孳(シ)34 含-咀(シヨ)15 粗(ソ)遣294 聚-榛73 聚-斂64 在-俗185 如-在36 才下72 不-才132 材下49 翹-材-館361 裁(サイ)-錦下121 裁(サイ)-成(シ)97 裁-縫222 財46 財-幣下220 貨-財65 齊-鉞166 齊-衰下52 齊(セイ)-紈38 齊(セイ)-刑316 夷-齊255 棲遑81 棲-息下203 存(スル)70 蹲-狗87 蹲-狐80 私-鑄-錢4 絶-塵151 擁-絶、7 癈-絶下67 戔(セン)-々下220 殘-焰下239 虐-殘247

頽-殘下73　貧-殘64　前-後105　前-功232　前-路下75　有-截142　曹局44　曹-子-建下35　曹-廳31　諸-曹322　皀-盍下21　造-作下199　造-次下225　樵-謌下93　樵-蘇下109　樵-夫162　樵-路下20　麗譙71　座255　圓-座108　方-座下283　八-座219　行-藏下159　白-藏下123　墻-東93　宮-墻下259　垣-墻下183　意-匠下226　講-匠下212　魯-匠下210　情-峯255　叡-情368　籍170　書-籍260　藉-冕84　茅-藉75　寂-々下142　寂-寞80　寂滅196　寂-寥下35　桂-檝下96　西蚕下209　泥-蚕95　氷-蚕下213　老-蚕下182　慙懼149　慙-悚164　慙-惕181　荷-懼慙-迫171　潜-潭-巴284　潜-鱗117　陶-潜350　漸235　漸76　勁-捷下102　層-雲148　賊-吏51　寇-賊56

サ行の清音は漢音読みで九五語、ザ行の濁音は呉音読みで一七語である。たゞし、「役-従」は韻の面では呉音読みであるので、疑問を残す。

(6)牀母　崇-階下287　崇-班103　崇-文23　崇-梁下49　軍-士84　東宮學士237　文-士下16　兵-士33　強-仕下224　致-仕12　事-狀220　一-事261　故-事下121　王-事127　犲-狼60　林-豺76　巣-穴下35　巣-處-公下186　有-巣318　烏-巣下100　煙-巣下274　縄-床下66　告-狀50　愁-悩下130　荊-岑99　蓮-莆275

サ行の清音は漢音読みで一八語、ザ行の濁音は呉音読みで七語である。たゞし、「煙-巣」は韻の面からは呉音読みであり、疑問が存する。

(7)神母　贖-勞37　蔭-贖22　神-祠75　鬼-神75　黄-神316　天-平-神-護元年21　實-封146　虚-實50　再-實133　脣-吻88　術72　法-術79　饌39　綺-饌358　芳-饌下33　虵下208　虵-齒下244　射-鵠下131　射-的87　射-禮116　飛-射73　頳-甚71　繩-床下66　繩-木下35　寝-繩315　乘下182　乘-牛80　控-乘70　乘-坏下243

サ行の清音は漢音読みで二四語、ザ行の濁音は呉音読みで六語である。

(8)禪母　淑-姫197　淑-景下80　豊-熟35　是下251　是-非50　垂-天169　隋下239　瑞118　神-瑞85　視70　視-聴89　同-時164　菅-原文-時234　明-時251　半-市316　江-侍-郎下34　尚-侍188　陪-侍下226　署下206　署-牒22　連-署261　殊-途78　洙-泗下11　洙-州下133　洙-水下13　鍿-銖73　狂-竪下208　賈-竪下12　易-筮308　宸83　宸-扆177　宸襟328　宸-筆下196　宸-旒366　宸-位下44　寅卯辰巳74　嘉-辰下114　臣-弼11　純-銀下256　純-青下172　王-純下52　淳-素238　淳-風248　澆-淳102　婉-順下281　逆-順82　十-禪-師199　善下285　善下285　善-苗下258　珎-善下269　蟬-付下188　珥-蟬129　貂蟬360　繕-寫下261　膳95　貳-膳180　常-膳7　寝-膳下281　嬋-娟下81　韶光下80　蕭-韶143　邊-韶103　邵84　邵-父105　周-邵146　王-邵下227　常-蛾346　大嘗會211　荷-裳255　霓-裳下16　惝-怳下162　上272　上

-界下41　上-階231　上-九293　上-玄3　上-奏220　上-帝82　上-天127　今上119　吉-上108　見-
上253　聖上189　殿-上103　尚-齒-會下18　尚-書238　尚-書相-公下118　高-尚下74　好-尚72　嚴-
閤尚-書下39　鄭-尚-書下15　呂尚239　呂-尚父14　王-尚書下20　城26　子-城下87　成-業226　裁-
成97　奢-盛下182　鼎-盛130　拳-石86　獻-酬下145　虚-受122　壽88　壽考88　聖-壽118　授-任64
紫-綬109　嘉-什下145　三十餘132　四十餘132　賑-贍8　承-香109　承-知26　祇-承352　前-疑後-
承303　車-丞-相133

サ行の清音は漢音読みで九三語、ザ行の濁音は呉音読みで二九語である。たゞし、「常-膳」は「常」が漢音読み、「膳」が呉音読みで、漢音・呉音が一語の中に共存する例となる。

(9)邪母　誦103　誦107　誦341　誦-音下145　習-誦下45　長-子-誦下32　頌下10　頌-歎下216　俗62　俗下248　俗-姓337　俗-塵197　國-俗30　在-俗259　道-俗259　土-俗104　風-俗27　幽-墜下224　荒-墜9　遂-古下121　襲-遂51　祠-堂200　仁-祠下239　神-祠75　蘩-祠下59　詞下10　詞-藻334　瓦-詞362　辭下10　辭362　辭下274　言-辭下287　短-辭128　辭-對50　辭-遁46　元-巳97　寅卯辰巳74　胤-嗣165　阮-嗣-宗93　寺-塔31　食下161　徐-侍-中下15　徐-膂事339　徐-防127　執-徐下28　新-叙224　女-叙47　序89　緒345　別-緒365　由緒下229　灰-燼3　煨-燼下255　循史104　循-良51　累-旬下276

巡下87　巡-行(ス)27　巡-察-使27　逡-巡下124　琁(セン)-璣185　旋(セン)-頭下139　周-旋(センスル)下73　斜-景178　斜(シャ)-戸下50　邪(シャ)下208　邪-賨下122　邪-佞247　祆-邪77　嶮-邪(シャ)85　謝3　潘謝336　庠(シャウ)89　庠(シャウ)-序42　祥(シャウ)下137　祥(シャウ)-麟76　翔(シャウ)-烏106　翶-翔(シャウ)下187　廻-翔(シャウ)下133　飛-翔下133　詳-略73　象(シャウ)325　象(シャウ)閣98　象-魏下59　象-外210　懸-象(シャウ)下14　万-象99　岫(シウ)-幌下72　荊-岫(シウ)6　梧-岫(シウ)258　疊-岫(シウ)370　紅-袖(シウ)38　領-袖(シウ)50　尋51　千-尋71　習々下85

サ行の清音は漢音読みで八〇語、ザ行の濁音は呉音読みで一六語である。

(10) 匣母開口　洪-才339　洪(コウ)-典下132　鴻-藻下10　鴻-慈158　鴻-儒336　鴻-濛76　鴻臚-館下27　濛-鴻88

陳-紅(コウ)184　鵠(コフ)-鼎135　射-鵠(コク)下131　降-臨下258　項(カウ)-畁-都72　大-項(カウ)-槖下33　顔-巷(カウ)下219　陋-巷(カウ)下276　學160　學(カツ)-稼238　勤-學103　奬-學-院194　宿-學138　大-學-寮194　東宮學士237　壺(コ)-觴下192　壺-中下106　金-壺351　方-壺165　氷壺344　湖-尾下50　鼎-湖122　狐疑65　狐-丘184　衆-狐下52　胡-髯下116　戸(コ)-口33　京-戸55　封-戸183　跋-扈(コシ)下122　天-平神-護元年21　愍-護135　謦-咳(カイ)下238　孩(カイ)-提下189　巳-亥(カイ)下48　骸-骨175　形-骸(カイ)373　挑-兮(ケイ)46　嵆含下98　嵆-叔-夜78　嵆-中-散下20　析-奚(ケイ)309　伯-里-奚(ケイ)254　幽-蹊(ケイ)下24　樵-蹊(ケイ)下72　害83　灾-害28　解-語78　解(カイ)-印139　解(カイ)-替(シ)248　解-任(シ)220　未-得解(ゲ)由54　勘-解-由220　注-解(カイ)下40　公-廨29　痕(コン)-際下175　苔痕(コム)下120　幽-閑下176　空-閑(ケン)

20　年－限(ケン)222　轄(カツ)下94　琯－轄(カツ)160　管－轄(カツ)下37　寒下127　韓(カン)－康86　三－韓(カン)30　捍(カン)－格(シ)44　水－旱下172
漢|176　翰－苑下28　翰－墨下73　表－翰(カン)15　菀－褐(カツ)38　野－褐(カツ)下108　賢28　賢－和61　賢－劫198　賢(ゲン)－聖
211　峴－人下132　峴(ケン)－亭下280　見－課－丁53　見－丁54　現－山168　黄－纈－纈(ケツ)下71　英－毫(カウ)下186　豪－富
41　強－豪59　秋－豪255　昊(カウ)－蒼158　昊(カウ)－天309　蒼－昊(カウ)160　浩－々286　浩－蕩285　皓(カウ)－白下18　鎬(カウ)－池
76　烏－號342　肴(カウ)－函368　爻(カウ)－辞80　震－爻(カウ)98　陽－爻(カウ)下167　効(カウ)167　効－驗81　成－効(カウ)18　薄－効(カウ)211
無－何下257　荷－懼133　荷－裳255　荷載128　荷－擔245　瑕瑾274　小－瑕(カ)50　蝦(カ)－夷19　遐(カ)－郷87　遐－
荒19　遐(カ)－迩129　棲－霞－觀下195　下－愚81　大－廈(カ)199　夏356　虞－夏325　肆－夏281　暇－景下10　杭(カウ)－
越307　杭(カウ)－州下191　梯－航(カウシ)下188　狐－狢(カク)39　鶴－歎132　蘅(カウ)－蓀15　衡－門137　阿－衡下52　權－衡320　嵩－
衡255　苔－衡348　行(カウ)下33　行－藏(ス)下159　行(カウ)(キヤウ)－程52　行－歩223　行－樂(ス)下177　行(カウ)－路下257　鴈－行(ス)下133　規
－行81　苦－行80　言－行下45　公－行(カウ)319　三－十－行(カウ)362　周－行46　巡－行358　巡－行(カウス)27　數－行下
16　績－行221　攝－行(カウ)152　德－行15　百－行下12　八－旬－行下157　弁－行(シ)22　杏(カウ)－華下209　杏－壇下15　杏(カウ)
－園下99　梅－杏(カウ)97　野－杏(カウ)下86　千－万－莖(カウ)下120　百千万莖(カウ)358　僥－倖(カウシ)46　行－幸(シ)33　慶－幸219　核(カク)－練
341　研－覈(カクシ)80　較(カク)－量下41　刑325　刑－獄48　齊－刑316　形－槩374　形－相70　形－容下16　儀－形(ケイ)144
鉶(ケイ)下44　赤－脛(ケイ)下5　羽－檄(ケキ)下113　後江相公123　後－事下287　後－輩238　後－房32　後－臂60　牛－後84

前—後105　厚—載223　厚—福下217　厚—祿下278　仁—厚299　庑—厚329　候28　候、257　候下124　表—候72
后—妃下225　含—鶏下4　含—咀15　鶊—鴿將—軍下85　函—関下75　函—大下10　肴—函368　輝—函等下190
表—函下190　合—期253　合射117　咸—池77　三—峽下22　酣—醉49　酣—暢下35　酣—樂下18　醉—酣下81
銜—策56　銜—勒下44　鳳—銜下287　軒—檻371　朱—檻下118　殿—檻5　鏡—匣下270　狎—客下4　恒—渥
144　恒—規下197　恒—務127　弘160　恢—弘42　惶—惑145　不—惑134

カ行の清音は漢音読みで二〇〇語、ガ行の濁音は呉音読みで三七語である。たゞし、「三十行」「儀形」は韻の面からは漢音であり、疑問が存する。

(11) 匣母合口　廻—惶151　却—廻下190　槐—鼎174　三—槐211　面—槐169　壞—窓下61　星—壞182　妖—壞3　襟—懷下49　悃—懷122　中—懷261　蓄—懷下193　淮40　淮—南下102　談—話下71　惠185　慧79　聡—慧23　蕙—心下273　蕙—服下72　會下18　繪—畫下284　繪—素下170　畫—葵230　畫—鷁下51　畫—象25　畫—圖下141　畫—餅56　畫—梁下146　畫—鹿下51　圖—畫下18　潺—湲下103　暗—魂下240　遊—魂9　氷—魂172　渾353　混140　混—迷下101　混沌329　溷—埃93　桓—榮102　桓—霊64　紈—綺下85　綺—紈176　齊—紈38　汍—瀾179
瀚—濯38　緩—謌下37　緩—急73　緩—怠252　懈—緩60　寰—寓353　寰—海340　寰—中321　塵—寰下115
遺—還301　放—還220　雲—鬟下255　灾—患下269　愁—患下272　功—窟下160　猾—民64　懸下44　懸—隔249　眩—轉

下50　金-鉉°(ケン)下237　台-鉉°(ケン)9　和°(クワ)192　和(クワス)88　和(ワス)下99　安和(ワ)二年正月八日181　康-和(ワ)129　中-和(クワ)73　悔禍(クワ)下209　灸

-輠°(クワ)下81　華(クワ)-麗下141　白-華(クワ)196　驊(クワ)-騮騄-騠100　惶(クワウ)-迫135　煌°(クワウ)303　孫-大-皇(ワウ)87　膏-肓°(クワウ)138　捿-遑°(クワウシ)下157

雌-黄(ワウ)11　潢(クワウ)-汚下220　潢(クワウ)-潦75　螢-幌°(クワウ)209　岫-幌°(クワウ)下72　繡-幌°(クワウ)355　風-幌(クワウ)下279　簾-幌°(クワウ)下118　黌°(クワウ)45　黌°(クワウ)-

門160　宏°(クワウ)-海187　宏°(カウ)-才81　宏(カウ)-弁下81　衛-宏°(カウ)73　埏-紘°(カウ)(クワウ)84　八-紘(クワウ)321　畫°(クワク)-一333　六十四畫°(クワク)78　窓-

螢°(ケイ)244　夕-螢°(ケイ)187　弘(コウ)-仁-格319　恢-弘°(コウシ)42　孫-弘(コウ)下157　迷-惑(コウツ)下274　不-惑°(コク)134

カ行の清音は漢音読みで九六語、ガ行の濁音・ワ行音は呉音読みで一六語である。

(12)明母　木°°-吏56　沐°°(ホクシ)356　湯-沐°°10　才-望°°245　瞻-望°°295　牧°°-宰27　牧°°-笛下93　牧°°(ホク)-都-尉97　岳-牧°°

105　諸-牧°°40　蒭-牧°°(ホク)下12　耳-目°°116　除-目(モク)248　穆°°-遊120　穆°°-々-焉下15　周-穆°°(ホク)下76　敦厖°°(ハウ)30　敦-

厖(マウ)下160　藐°°(ハク)-姑-射下87　徐-邈°(ハク)106　冲-邈°°(ハク)下224　弥(ヒ)縫°°(ス)366　弥(ミ)-留(シ)52　八-糜°°(ヒ)94　野-糜°°(ヒ)186　靡°(ヒ)-然235

靡°(ヒ)費46　靡(ヒ)-々-然147　綺-靡°°(ヒ)下119　侈-靡°°(ヒニシテ)38　奢-靡°°(ヒ)32　麗-靡(ヒ)32　鬢-眉°°(ヒ)下18　媚°°-景下47　寤-寐°°(ヒ)

3　夢-寐°°(ヒ)下170　螭-魅°°(ヒ)48　模(ホす)250　規-模(ボスル)38　前-模°°(ホ)328　謨°°(ホ)-謀30　嘉-謨°°(ホ)14　墳-墓°°下225　頽暮°°(ホ)12　米°°(ヘイ)

-塩323　懸-米(マイ)195　粁-米(マイ)242　迷(ヘイ)懼°°161　迷°°(ヘイ)-惑(シ)下274　跼-懼蹐-迷°°(ヘイシ)170　詩-媒°°(ハイ)下27　枚°°(ハイ)97　一-枚°°(ハイ)175　鄒

枚°°(ハイ)下31　朽°-邁(マイ)178　朽邁(マイシテ)下161　衰-邁°(マイ)209　昧°(マイ)-爽4　曖°昧(マイ)下137　愚-昧(マイ)11　惷-昧(マヒ)127　范°°(ハウ)-昧°(マイ)76　濛-昧°99

冥-昧°81　朱-買(ハイ)-臣241　占-賣°°64　愍°(ミン)-護135　顔-閔°°下34　宓(ヒツ)-羲281　密°°-宴下114　密°°-迩下137　遏-密°°

321　機－密下37　愼－密109　踈－密102　民76　猾－民64　僶－俛51　皇－甫謐下101　清－謐下72　門13

門－塵244　憤－懣309　悶下168　悶－襟下157　没、248　没－官45　没－官－田43　哀没下186　蕩－没115　陥－没

160　漂－没62　漂－没61　綿惙178　綿－篇9　綿－々下274　堙－滅236　煙滅下35　寂－滅196　殄－滅26

殄－滅下209　免－相189　、冕226　冕礼127　玄冕147　衮－冕143　藉－冕84　顧－眄309　蔑－如361　昪－都70

項－昪－都72　秩－満220　漫－映下91　誕－漫70　爛－漫354　末－葉149　末－光下273　末－塵下90　末－

班145　末－苗146　末－利夫－人下117　末－流下204　密－沫下114　秣穀7　蠻－貊19　南－蠻90　驕－慢下281

毛－髪356　牛－毛71　柔－毛80　旄－人107　髦－俊171　英－髦14　耄128　耄－及88　耄－乱下158　荒－

耄下161　茅－屋下71　茅－君下90　茅－山361　茅－茨下203　茅－藉75　茅－土下52　茅洞下73　蝥－蟹58　寅

卯辰巳74　建－卯298　昴91　茆－山下133　茆－宅194　茆－土184　貌－言89　瓊－苗下274　枝－苗149　寸－

苗下139　善－苗下258　廟76　廟－基下58　虚－廟下61　淼－范86　淼々115　渺々100　眇－焉325　眇－身下238

眇－代10　眇－々370　縹－眇86　妙110　妙－音88　至－妙74　墨－妙84　切－磨下186　達磨和尚下145　麻－

果283　麻－滄下242　雪－麻下213　苲－馬343　竹－馬下85　閑－忙49　忩－忙37　北－芒下157　草－恭80　寂－

寞下97　雲－幕下15　幕府109　漠－々－焉354　脉下213　一－脉－泉下177　水－脉下205　泉－脉下109　地－脉下122

餘－萌117　麥－齒下186　菽－麥158　慈－母206　戊－巳校－尉下205　茂－才244　茂－草44　茂－典下40　幽－

茂346　蔦―茂226　謀―殺4　謀―反52　謀―略221　孫―謀14　狂―謀129　王―龜―謀等188　綢―繆160
紕―繆324　謬―訛303　謬―妄64　黙―休143　薵墨239　微195　微―躬149　微―禽135　微―光53　微―
言115　微―功211　微―懇150　微―霜120　微―臣200　微―情117　微―衷174　微―望235　微―妙78　微―
陽10　微―力134　幽―微298　式―微178　纖―微354　卑―微186　塵―尾100　未―得解由54　未―發―覺4
未―萌4　乙―未353　巳―未178　无―涯161　无―偏227　王―无―公351　無―何257　無―彊229　無―人
70　無偏235　蕪―詞34　荒―蕪341　萊―蕪233　綠―蕪118　誣―告50　鸚―鵡79　輕―侮50　要―務
27　機―務135　劇―務336　公―務255　恒―務127　庶―務51　大―務117　臺―務338　中務17　朝―務12　朝
―務151　鼇―務51　霧―露11　霧―豹181　雲―霧87　重―霧274　宿―霧15　蒙―霧226　馳―騖27　文198
文66　文―雄236　文―記36　文―章238　奇―文85　菅原文―時234　首―文100　青―文72　拙―文361　背
―文100　舞―文75　飛―蚊169　刎頸369　朱―吻355　脣―吻88　申―聞115　前―聞46　遠―聞212　、問242
問70　問70　廉―問51　博―物83　巨―万62　蔓―草369　亡158　亡251　亡―是109　亡―叔120　亡―
妣171　亡―父244　望345　望請24　望―斗316　網325　網―罟318　魚―網261　蛛―網175　疑―網268　俗
―網66　妄297　妄―授190　謬―妄64　忘―年86　鋑―字170

バ行音は漢音読みで二五〇語、マ行音は呉音読みで七二語ある。たゞし、右の例には、通摂の「曚・矇・濛・

蒙」、梗摂の「孟・鳴・明・盟・命・甍・萌・冥・溟・蓂・銘・茗・酩・瞑」を構成要素とする語は除いた。それぐ、漢音・呉音ともにマ行音であるからである。

(13) 泥母　尼-父28　尼-嶺126　宣-尼199　寺-奴31　老奴300　妻-孥226　府-帑32　駑-駑256　駑-馬148　弩56　弩-師55　喜怒316　喜怒哀-樂108　三-能174　乃-貢247　泥-蚕95　泥沙208　雲-泥276　紫-泥9　青-泥134　祖-祢169　萎-腇122　内-史213　内-史-局213　内-寝32　内-主146　内-属30　内-職211　五-内285　入-内285　大内記225　奈-苑243　捺-落241　捺-苑73　昵-語191　昵-近243　難283　難370　難-易45　嶮-難209　艱-難209　羸-茶180　暖355　暖-雨256　暖-霞87　和-暖213　寒-暖113　飽-暖226　暗-懦150　柔-懦172　愁-悩130　嫋-娜181　嫋-舞354　裊々96　裊-柳94　佛-那181　朝-那縣286　縑嚢326　嚢-古169　嚢-志210　嚢-日17　然-諾368　滔-溺186　厭-溺84　東南87　納-言160　選-納46　藤-納-言367　衲-衣66　雲-衲258　黏-虫315　念164　念285　帝-念113

ダ行音は漢音読みで五五語、ナ行音は呉音読みで二〇語である。「泥」は呉音の可能性があるが、今は漢音に算入した。

(14) 嬢母　濃-香79　濃-輝81　濃-淡92　女133　女-子47　女-叙47　工-女258　姫-娘18　少-年娘

187

ダ行音が漢音読みで九語であり、呉音読みの注音例はない。

(15) 日母　戎（シュ）－器56　戎－政191　戎－族下209　皮－宍（シク）下184　肉（シク）－飡下16　酒－肉223　體－肉（シフ）下168　流－冗（ショウ）40　流－冗（ショウす）20　穠（ショウ）－李下6　溽（ショク）－札9　辱（ショク）25　榮－辱（ショク）79　淩－辱（ショク）59　淩－辱（ショクシ）下208　兒下184　愛－兒135　戚－兒（シ）10　朱－兒（シ）72　屠－兒58　氷－兒166　颯－尒（シ）下71　般－爾275　斑－爾197　遐－邇（シ）129　密－邇（シ）下137　蘂（スイ）下124　意－蘂下242　覺－蘂（スイ）下210　菊－蘂（スイ）下135　黄－蘂94　霜－蘂（スイ）下125　雑－蘂（スイ）下82　新－蘂（スイ）下79　細－蘂（スイ）下118　二十三－箭74　二－跡147　二－府149　二－門317　貳－采258　貳－師將－軍下205　貳－膳180　蕤－賓375　而－立下224　驊－騮騄－駬（シ）100　耳－語（シ）下98　耳－目116　李－耳116　珥－蟬129　藥－餌（シ）176　如－雲8　如－在36　相－如（ショ）下157　汝（ショ）－墳下48　汝－南105　儒下13　儒（シュ）－職207　者－儒101　十五儒104　乳下166　乳（シウ）－虎247　乳－子105　九－乳140　虞－芮（セイ）307　人－才57　人－臣151　資－人54　上－元－夫－人下124　良－人31　仁262　仁－祠下239　仁（ニン）－和193　弘－仁（ニン）192　弘－仁（ニン）－格319　数－仞（シン）371　千－仞（シン）98　万－仞（シン）下248　刃（シン）121　智－刃（シン）131　白－刃（シン）下238　日－夕247　幼－日下232　今（ケフ）－日（ニチ）4　不（フ）－日（シツ）下230　潤171　潤（シュン・ジュン）－色124　軟（セム）－雲下6　軟（セン）弱284　然（ネン）－禪－師下191　間－然（セン）下63　固－然（ナル）326　灼－然183　悵－然（セン）下22　天－然下51　熱（ネツ）198　熱－湯下186　淡－熱（セツ）下76　蒭－蕘（セウ）34　蘭－橈（セウ）下96　擾（セウ）－攘（シャウ）299　瀼（シャウ）－々下118　穰（シャウ）－々下16　豊穰（シャウ）34　壌22　朽－壌（シャウ）下228　黄－壌下240　州－壌60

細-壌(シャウ)255　泉-壌9　土-壌349　譲-爵256　揖-譲292　五-譲316　餝-譲132　遜-譲11　廉-譲247　弱-冠133　有-若下232　柔下17　柔(シウ)-臣239　柔(シウ)-愞下172　柔(シウ/シユ)-毛80　温-柔92　剛-柔(シウ)89　和-柔(ジウ)108　紛-楺(チウ)下150　任(シン)143　任(ニン)230　任(スル)28　任(ニンシ)-來(ル)231　任-安下156　任-放373　委-任129　去-任(ニン)229　公-任191　授-任64　着-任(ニンス)305　重-任145　入(シフ)-内下271　入-木下212　闌-入下197　闌-入(シフス)下35　入(ニツ)-已53　胡-髯(セン)下116　冉(ゼン)-牛93　冉(セン)々90　陶-染(スル)下126

ザ行音は漢音読みで一四五語、ナ行音は呉音で一六語である。

(16)頭子音のまとめ　以上に検討した結果を、表にすると次の通りである。

声母／よみの別	並母	定母	澄母	群母	従母	牀母	神母	禪母	邪母	匣母（開口）	匣母（合口）	明母
漢音よみ	167	177	100	118	95	18	24	93	80	200	96	250
呉音よみ	43	34	19	18	17	7	6	29	16	37	16	72

泥母	嬢母	日母	（計）	重複語	共存	実数	百分比/1827
55	9	145	1627	96	20	1511	82.7
20	0	16	350	14	20	316	17.3

表の重複語は、二字以上の語で、二字または、それ以上、漢音よみか呉音よみである為に、語としては重複し

て数へられたもので、以下に示すものである。また、共存は、二字語の一字が漢音よみ、他の一字が呉音よみのものである。

漢音よみ重複語……僮-僕　犢鼻　行-歩　陪-侍　臣-弼　蘋-繁　般爾　後-房　鳳-銜　輔導　墳-墓　汝-墳　憤-懣　繁-孳　徐-防　浮-沉　淼范　同-時　茅-洞　屠-兒　孩-提　頽-残　頽暮　函-大　混-沌　辞-遁　壇-場　田-畝　陶-染　湯-没　邪-竇　濃-淡　重-任　重-霧　馳-騖　茆-宅　耆-儒　巨-万　荷-懼　迷-懼　昵近　拳-石　翹-材-館　強-豪　強-仕　瓊-苗　裴-璆等　毫-及、凡-藜　茅-茨　弥-庠　慈、-母　如-在　裁-成　斉-刑　棲-遑　前-後　樵-夫　行-藏　耤-冕　茅-耤　寂-寞　泥-蚕　暫-懼　陶-潜　愁-惱　寅卯辰巳　善-苗　珥-蟬　貳-膳　邵-父　荷-裳　授-任　習-誦　神-祠　旋-頭　胡-髯　翰-墨　無-何　遐-迩　瑕-瑾　權-衡　含-咀　斉-紈　辭-濯　猾、民　驊-騮　騄-駬　岫-幌　迷-惑　耳-目　密-迩　柔-毛　入-内　柔-懦　仁-祠

呉音よみ重複語……弁-行　天平神護元年　大内記　治-田　行-程　除-目　合-期　劇-務　在-俗　寂-滅　東宮學士　縄-床　未-得解由

漢音・呉音共存例……財-幣　上-元　夫-人　浮-圖　鉗-鈦　誕-漫　殄-滅　抜-擢　絶-塵

狂(キャウ)-竪(シウ)　菅原文-時　常-膳　女(チョ)-叙　巡-行(ス)　疊-岫(シウ)　項(カウ)-昜-都　愍(ミン)-護　杏-壇　弘(コウ)-仁(ニン)-格　茫-味(マイ)　謬-妄(マウ)

頭子音の面からは、漢音よみが80％を越え、呉音よみは20％に満たない。

次に、韻について、頭子音同様、漢音と呉音とで差のあるものについて検討する。韻目は平声のみ示し、上声・去声・入声の韻を含めた。また、付音仮名は該当する字のみ示した。また、その韻の中でも、漢音・呉音に差のない字については、例示を省略した。

(1)東韻(直音)　諷(フ)-刺下144　豊(フ)-樂-院31　蜂(フ)-腰270　通(トウス)下168　通(ツウシ)下116　公(コ)188　清原清-公(コウ)236　公(コウ)-行319　公(ク)-家215　公(ク)-癬29　公(ク)-損41　公(ク/コウ)-務(ム)255　功(コウ)下171　功(ク/コウ)-課220　功(ク)-徳40　功(ク/コウ)-勞223　先-功(コウ)17　大功(コウ)151　方功(コウ)下24　微-功(コウ)211　工(ク)-巧31　工(ク)女258　金-釭(コウ)下50　貢(コウ)-擧44　貢(コウ)-擧(スル)46　貢(ク)-調114　貢(コウ)-賦100　乃-貢(コウ)下247　空(コウ)-桑下237　謹-空(コウ)295　袁-司-空(コウ)74　崆(コウ)-峒下77　悾(コウ)-款124　控(コウ)-弦342　一-孔(コウ)80　洪(コウ)-典下132　鴻(コウ)-濛76　陳-紅(コウ)184

「㋔ウ」の音形は漢音読みで二七語、「㋒・㋒ウ」の音形は呉音読みで一三語である。

(2)東韻(拗音)　皇-大-后-宮(クウ)下260　東-宮(クウ)161　匪-躬(キウ)32　微-躬(キウ)135　蒼-躬(キウ)213　窮(ク)-谷下164　窮(キウ)-僻下180　戮(リク)129　陸(リク)-沈225　栗-陸(リク)102

「㋑ウ・㋑ク」の音形は漢音読みで七語、「㋒・㋒ウ」の音形は呉音読みで三語である。

(3) 鍾韻

封(ウ/ホ)376　封(ホウシ)187　封(ホウ)-戸10　封(フ)-戸292　實-封(ホウ)146　實-封(フ)292　半-封(フ)183　遊-蜂(ホウ)下87　月-俸(ホウ)下192　公-俸(ホウ)56　薄-俸(ホウ)下221　奉(ホウス)300　供(ク)-奉(フ)下124　裁-縫(ホウ)222　弥-縫(ホウス)366　寵(テウ)172　重(テウ)-離319　三-重(チョウ)。下224　古塚(テウ)下224　青-塚(テウ)下227　軌-躅(チョク)下35　勝-躅(チョク)下125　躑-躅(チョクシ)下47　濃(テウ)-淡下92　供(ク)196　供(クス)226　恭(クヰヨウ)-敬下203　謙-恭(クヰヨウ)258　龔(クヰウ)-黄230　龔(クヰヨウ)-遂51　曲(キョク)下243　臨-卭(クヰヨウ)254　局(キョク)下173　局(キョク)-會下78　曹-局(キョク)44　跼(キョク)懼蹐-迷(シ)170　悲-哭跼(キョク)-蹐(シ)299　(キョク)跼-蹐122　怨-獄(コク/キク)48　疑-獄(キョク)48　形-獄(ギャク/コク)48　征-忪(ショウ)179　鍾(ショウ)-愛下268　鐘(ショウ)下11　鐘(ショウ)-石9　種(ショウ)79　種(シュ)13　貴種(ショウ)24　囑(ソク)22　秉-燭(ショク)221　燈-燭(ショク)-料263　縦(ショウ)-容159　蹤(ショウ)-跡222　前-蹤(ショウ)192　遺-蹤(ショウ)45　遺-蹤(ソ)13　足(ソクセン)下211　衝(ショウ)-黒下195　役-従(シウ)10　扈従(ショウシ)下5　贈従(シウ)二位244　追-従(セウ)351　追-従(ショウシ)下87　贖(ゾク)-労37　蔭-贖(ゾク)22　舂(ショウ)。-夕75　下-舂(ショウ)351　愚舂(ショウ)109　悚(ショウ)-懼163　悚(ショウ)-迫140　悚(ショウ)-越143　荒-悚(ショウ)186　慙-悚(ショウ)164　紅-粟(ショク)下166　属(ショク)25　属(ショクスル)70　属(ショク)-纊120　僉-属(ショク)13　訟(シュ)-犬78　誦(ショウスル)341　誦(シュスル)下8　頌(ショウ)。-歎(ス)下216　俗(ショク)下141　俗(ソク)下248　俗(ソク)-姓337　俗(ソク)-絅338　風(フウ/フウ)-俗(ショ/ゾク)107　雍(キョウ)宮下132　雍(キョウ)-歯235　雍(キョウ)-州下50　雍(キョウ)-容81　擁(キョウシ)99　擁(キョウ)-絶(セヨ)7　胸(クキョウ)-陂下273　胸(クキョウ)臆351　心-胸(クキョウ)下205　涌(ユ)-出(シ)下239　法-涌(ユ)菩薩下242　踊(ヨウ)-躍221

「㋑ヨウ・㋑ヨク・ホウ」の音形が漢音読みで七八語、「㋒・㋒ウ・㋔ク」の音形は呉音読みで二三語である。

(4)江韻　經−邦(ハウ)下176　駮(ハク)−議48　朴(ハク)330　質−朴(ハク)下219　質−朴(ホク)109　朴(ホク)−略110　璞(ハク)下34　和−璞(ハク)下80　治−璞(ハク)下121　良−璞(ハク)339　龎(ホウ)−公下38　藐(ハク)−姑−射下87　徐−邈(ハク)106　冲−邈(ハク)下224

「ハウ・ハク」の音形が漢音読みで一一語、「ホウ・ホク」の音形が呉音読みで三語である。

(5)之韻　己(キ)未下178　知−己(コ)299　入−己(コ)53　戊−己(キ)校尉下205　期(キ)99　期(コ)11　期(キセ)下120　期(コス)下6　相−期(コス)下19　期(キ)−約98　佳−期(キ)364　前−期(キ)下24　朞(キ)−月34　朞(キ)−年32　忌(キ)下283

「キ」の漢音読み一〇語、「コ」の呉音読み五語である。

(6)微韻　氣(キ)301　鋭−氣(キ)190　怨−氣(ケ)下237　依(イ)−領295　玉−扆(イ)185　周−。扆(イ)98　宸−扆(イ)177　負−扆(イ)151　鳳−扆(イ)下134　旒−扆(イ)下287　垂−衣(イ)151　希(キ)−夷80　希(キ)−代下249　。餼(キ)−羊66

「㋑」の漢音読みが一三語、「㋓」の呉音読みが一語である。

(7)魚韻　居(キョ)下237　居(キョスル)293　居(キョ)−攝247　居(コ)−多196　羣−居(キョシ)下257　裾(キョ)下45　瑶−裾(キョ)下270　擧(キョ)229　擧(コシ)43　擧(コ)−哀下199　擧(コ)−稻43　擧(キョ)−奏(スル)261　擧(キョ)動下289　加−擧(キョ)198　加−擧(コ)195　加−擧(キョシ)196　加−擧(コシ)198　君擧(キョ)下18　貢−擧(キョ)44　貢−擧(キョスル)46　出−擧(コ)20　薦−擧(キョスル)45　瞻−擧(キョス)下188　案據(キョ)317　非−據(キョ)144　墟(キョ)下203　幽−墟(キョ)下178　丘−墟(キョ)45　石−渠(キョ)365　巨(キョ)−細131　巨(キョ)−唐下40　巨(キョ)−万62　巨(コ)−爲−時9　排−拒(キョ)292　遽(キョ)−伯−玉下149　漁(キョ)−人343　佃−漁(キョ)319　魚(キョ)−肉323　挫−圄(キョ)8

防-禦(キョ)下44　語(キョ)下88　(キョシ)語75　解-語(キョ)78　御(キョセ)下62　馭(キョシ)83　控-御(キョ)下133　策-御(キョシ)70　虚(キョ)-受122　虚(キョ)-名260　憑-虚(キョ)
70　許(キョ)268　許(キョ)-月255　許(キョ)-否下206　吹-嘘(キョセ)263

「㋑ヨ」の音形は漢音読みで四六語、「㋔」の音形は呉音読みで八語である。

(8) 模韻

逋(ホ)-人40　逋(ホ)-容294　補(フス)23　補(ホス)下122　充-補(フッテ)60　申(シ)-補(フセン)197　補(ホ)-益332　補(ホ)-衮374　擬-補(フスル)37　擧
-補(フス)308　裨-補(ホシ)195　譜(フ)下225　舊-譜(フ)下124　家-譜(フ)165　藝-圃(ホ)260　玄-圃(ホ)下119　藥-圃(ホ)下71　園-圃(ホ)7　露-布(ホシ)365
普(ホ)-天81　漳-浦(ホ)131　匍(ホ)-匐40　匍(ホ)-匐(セン)下162　蒲(ホ)-鞭106　蒲(ホ)-柳257　鞭-蒲(ホ)230　哺(ホ)340　哺(ホ)-養49　追-捕(フ)239
歩(フ)208　行-歩(ホ)223　矩-歩(ホ)下188　矩歩(ホセリ)下186　咫-歩(ホ)下248　推-歩(フ)257　推-歩(フスル)下78　獨-歩(ホセリ)下140　模(ボシ)199　規-
模(ボスル)38　前-模(ホ)328　頽-暮(ホ)12　都(ト)33　都(ト)-督247　蠹(ト)-害59　蠹(ト)-簡下36　疣-蠹下169　圖(ト)76　圖(ツン)下234　乾-圖(ト)98
畫-圖(ト)211　受-圖(ト)下263　浮-圖(ヅ)31　蘿-圖(ト)下255　塗(ト)炭(タン)30　泥-塗(ト)下177　徒(ト)303　徒(ト)-倚(シ)下96　遊-徒(ト)下148　金-徒(ト)
73　司-徒(ト)164　生-徒(ト)24　門-徒(ト)262　一-途(ト)192　畏-途(ト)193　(カ)家-(ト)途241　窮-途(ト)下108　吏-途(ト)230　杜(ト)-伯-山下161
寺-奴(ヌ)31　老-奴(ト)300　妻-孥(ト)226　府-帑(ト)32　駑(ト)-騫256　駑(ト)-馬148　弩(ト)56　弩(ド)-師56　喜-怒(ト)316　喜-(ド)怒(ヌ)哀-樂
108　苦(ク)81　苦(ク)-學103　苦(コ)-懐93　苦(ク)空下244　苦(コ)-節225　甘-苦(コ)下269　窮-苦(コ)223　勤-苦(コ)227　勤-苦(コセン)66　五-袴(コ)
106　誤(ク)。-樂356　歡-娯(ク)下101　歡-娯(クセ)下145　嗚(ウ)-咽下266　烏(ウ)-啄139　烏(ヲ)-啄175　烏(ウ)-瑟下242　西-烏(ウ)下25　赤-烏(ウ)

361 汙(ウ)-濁下205 虎(コ)-鼠221 虎(コ)-皮188 乳-虎(コ)247

「㋔」の音形は漢音読みで七四語、「㋒」の音形は呉音読みで二八語である。

(9) 斉韻

挫(ヘイ)-圄8 徴-嬖(ヘイ)下9 牢-狴(ヘイ)50 (ヘイ)薜-衣下287 薜(ヘイ)-蘿下77 皇帝陛(ヘイ)-下116 聖-靈陛(ヘイ)-下下266 米(ヘイ)-塩323 懸-米(マイ)195 粁-米(マイ)242 迷(ヘイ)懼161 迷(ヘイ)-惑(シ)下274 跼懼蹐-迷(ヘイ)170(シ) 仾(テイ)-屋下180 仾(テイ)-昂下230 池-堤(テイ)下263 先-帝(テイ)(タイ)222 省-底(テイ)55 諦(タイ)下74 (テイ)隄-防330 帯(タイ)芥下240 梯(テイ)-航下188 躰(テイ)下141 聖-躰(テイ)下257 體(テイ)下141 體(テイス)下186 解-替(タイシ)248 交-替(タイ)43 交-替(タイ)-式323 獻-替(テイ)162 得-替(タイ)252 滞(テイ)255 滞-淹227 滞(タイ)-病301 疑-滞(テイ)318 啓-滞(テイ)下133 沉-滞(タイ)238 停-滞(テイ)下174 停-滞(テイセリ)下141 啼(テイ)-眼下274 常-啼(タイ)菩-薩下221 提(テイ)結下9 提(テイ)奨334 孩-提(テイ)下189 支-提(タイ)下222 荑(テイ)-指下17 蹄(ダイ)-宮下62 花-蹄(タイ)下66 鶗(テイシ)361 題(テイ)-署下206 題(タイ)-鴂下167 高-弟(テイ)159 棣(テイ)-華165 第(テイ)-宅31 及(キフ)-第(タイス)217 祖-禰(テイ)169 稽(ケイ)-古225 鳳-繋(ケイ)105 計(ケ)-帳41 通-計(ケシ)44 濟(セイシ)51 濟(セイ)々103 濟(セイ)-々-焉下14 濟(サイ)-生下260 濟(セイ)-川133 濟(セイ)-陽下86 究-濟(セイ)251 兼-濟(セイ)下176 所-濟(セイ)251 萋(セイ)-々下21 荒-砌(セイ)下257 珠-砌(セイ)180 一-切(サイ)-經200 斉(セイ)下260 斉(サイ)40 斉(セイ)-紈38 斉(セイ)-刑316 斉(サイ)-房下75 夷-斉(セイ)255 提-撕(セイ)208 棲(セイ)-遑下157 西(サイ)-府248 栖(セイ)-息下263 栖(セイ)-遲192 幽-栖(サイ)339 細(セイ)-文371 巨-細(セイ)131 郭-細(セイ)-侯下25 夫-聟(セイ)下9 瞖(エイ)下134 群-瞖(エイ)343 塵-瞖(エイ)下235 淪瞖(エイ)334 曀(エイシ)下183 挑-兮(ケイ)46 黎(レイ)-元20 黎(レイ)-民31 民-黎(レイ)221 藜(レイ)-戸39 藜(レイ)-枝87 藜(レイ)-藋209 礼(レイ)下80 礼(レイス)下98 礼(ライセシ)下246

禮(レイ)―經79　射禮(ライ)116　伉―儷(レイ)364　鶴―唳(レイ)177　凝―戻(レイ)下118　鳳―戻(レイ)142　暴―戻(レイ)81　灾―沴(レイ)183　隷(レイシ)115　夷―隷(レイ)79　餓―隷(レイ)254　分―隷(レイス)322　薜荔(レイ)下72　麗(レイ)―花下211　麗(レイ)―事81　麗(レイ)―質下271　麗(レイ)―辰365　麗(レイ)譙71　麗(レイ)靡32　麗(レイ)―服62　華―麗(レイ)下141　壯―麗(レイ)下49　秀―麗(レイ)84　清―麗(レイ)下84　珪(ケイ)―璋178　青―珪(ケイ)76　閨(ケイ)―門下187　閨(ケイ)―闈10　紅―閨(ケイ)下9　孀―閨(ケイ)下135　惠(クヱイ)185　慧(クヱイ)79　聡―慧(ヱ)23　蕙(ケイ)―心下273　蕙(ケイ)―服下72

「㋓イ」の音形が漢音読みで一一語、「㋐イ・㋓」の音形は呉音読みで二八語である。

(10)皆韻　乖(クワイ)―遠284　恠(クワイ)下114　恠(クワイ)―異199　星―恠(クワイ)182　妖―恠(クワイ)3　壞(クワイ)。―窓下61　襟―懷(クワイ)下49　悃―懷(クワイ)122　中―懷(クワイ)261　蓄―懷(クワイ)下193　淮(クワイ)40　淮(クワイ)―南下75

「㋐イ」の音形で、すべて漢音読みである。

(11)佳韻　朱―買(ハイ)―臣241　占―賣(ハイ)64　佳(カ)―遊下115　佳(カ)―辰97　退―亦―佳(ケイ)下236　渤―澥(カイ)72　解(ケ)23　解(カイ)―印139　解(カイ)―却22　解(カイ)―語78　解(ケ)―狀25　解(ケ)―任251　解(カイ)―替248　解(カイ)―軆24　解(ケ)―文55　解(ケ)―由51　國―解(ケ)54　注―解(カイ)下40　不―与―解(ケ)―由―狀52　未―得―解(ケ)由54　令義解(ケ)315　公―癖(ケ)29　娯―娃(ワ)下88　狭―隘(アイ)下173　獬(カイ)―豸49

「㋐イ・㋐」の音形は漢音読みで十四語、「㋓イ・㋓」の音形は呉音読みで十一語である。

(12)真韻　巾(キン)―櫛下281　巾(キム)―箱下276　山―巾(キン)下108　荃―巾(キン)下72　侯―瑾(キン)79　覲(キンスル)182　入―覲(キンセリ)294　純―銀(コン)下256　甲乙(ヲツ)316

「㋑ン」の音形は漢音読みで七語、「㋔ン・㋔ツ」の音形は呉音読みで二語である。

(13)欣韻　筋-骨180　筋-肉219　筋-力215　謹-以115　謹奏114　謹-慎142　陳-乞144　勤-王225　勤-労214　格-勤225　藤-懃372　芹-田下181　近-古218　殷-工下210　殷-朝142　惻-隠34　大-昕下13　欣-享下204　欣-々370

「㋑ン・㋑ツ」の音形は漢音読みで、十八語、「㋔ン」の音形は呉音読みで一語である。

(14)山韻　辛-艱238　此-間下147　簡下13　簡-擇250　素-簡9　蠹-簡下36　鶴-眼238　三-山下107　潺-湲下103　産39　閑-林下164　幽-閑下66　空-閑20　年-限222　轄下94　琯-轄160　管-轄下37　鰥-寡8　嚚-頑下158

「㋐ン・㋐ツ」の音形は漢音読みで十二語、「㋓ン」の音形は呉音読みで八語である。

(15)元韻　蹇々191　蹇-驢119　告言49　納-言191　徴-言92　妖-言78　偃側下186　偃-息下27　偃-泊下77　謁下173　謁364　相-謁下8　展-謁下188　軒-雲182　軒-檻371　重-軒下50　獻-策246　獻-替162　憲-臺240　相-反326　反-鑑128　反-覆74　謀-反52　坂-東-國45　下坂367　蜀-坂151　蘭-坂149　藩-王下190　在-藩下237　惣-返-抄232　往-返199　發58　發82　發-遣50　已-發-覺4　徴-發30　亮發281　鶴-發89　歯-髪190　翩-翻362　樊-籠81　繁-孳34　蘋-蘩下132　飯-飡下182　煩-費146　伐-木下48　剞-劂128　券-契22　勤-誘下248　勤-誡319　勤-賞249　元176　元慶38　元-興-寺下184　元-首16　玄元聖-祖下115　五元下208　原-免8　騵-馬147　阮-嗣-宗93　願下260　冤247　冤-屈248　冤。-魂下232　冤-者8　冤-牢316　冤-靈下223　鵷-群359　宛-轉下274　婉-順下281　婉-轉下7　黄-琬下105　翰-苑66　棕-苑下73　怨下244　怨-氣下237　怨-獄48　怨-

親下239　喧(クヱン)々下176　喧(クヱン)-囂下157　袁(ヱン)-氏363　袁(ヱン)-司-徒171　溙-園(ヱン)82　田-園(ヲン)31　垣(ヱン)-墻下183　猿(ヱン)-巖下211　野-猿(ヱン)143　轅(ヱン)-門190　高-媛(ヱン)297　梅-援(ヱン)下87　久-遠(ヲン)195　不-遠(ヱン)319　越-綾38　惟-越(ヲツ)下69　檀-越(ヲツ)197　斉-鉞(ヱツ)166　鈇-鉞(ヱツ)129

「エン・エツ」は漢音読みで七七語、「オン・オツ・クワン」は呉音読みで二一語である。

(16) 刪韻　奸(カン)54　奸(カン)-人105　奸(カン)-濫55　澗(カン)-氷186　敢-諫(カン)150　尊-顔(ケン)下117　憂-鴈(カン)78　胡-鴈(カン)87　札(サツ)-々下200　察(サツス)下51　謗-訕(セン)146　敓(セツ)下137　敓(セツス)315　敓(サツ)-伐下167　鬼-敓(サツ)下184　粛-敓(サツ)95　生-敓(サツ)130　鳳-刹(セツ)197　遊-鷃(アン)169　籬-鷃(アン)141　勇-捍(カン)下186　黠(クワツ)79　黠(クワツ)-虜26　班(ハン)-爾197　班(ハン)-足下209　一-班(ハン)34　官-班(ハム)246　崇-班(ハン)194　清-班(ハン)162　末-班(ハン)145　検-頒(ハン)下192　攀(ヘン)-緣下231　攀(ヘン)-慕下29　攀(ハン)-龍下114　攀(ヘン・ハン)-龍下190　樊(ハン)-壇75　關(クワン)下195　雲-關(クワン)360　疑-關(クワン)下37　交關(ケン)294　頑(クヘン)-質166　頑(クワン)魯226　撰(センス)320　爨(サン)72　爨(サン)鼎73　寰(クワン)-寓353　寰(クワン)-海340　寰(クワン)-中321　塵-寰(クワン)下115　遣-還(クワンス)301　放-還(クワン)220　雲-鬟(クワム)下255　灾-患(クワム)下269　愁-患(クワム)下272　宦(クワン)-學64　功-宦(クワン)下160　猾(クワツ)-民64

「アン・アツ」の音形は漢音読みで四四語、「エン・エツ」の音形は呉音読みで十三語である。

(17) 仙韻　蹇(ケン)々191　蹇(ケン)驢119　駑-蹇(ケン)256　權(コン)-貴22　權(コム)-扉下221　權(ケン)-門20　孫-權(クヱン)85　春宮權(コン)亮168

「エン」の音形は漢音読みで五語、「オン」の音形は呉音読みで三語である。

(18) 肴韻　豹(ヘウ)34　豹(ハウ)-髄358　貔-豹(ハウ)190　霧-豹(ハウ)190　茅(ハウ)-屋下71　茅(ハウ)-茨下203　茅(ハウ)-藉75　茅(ハウ)-土下52　昴(ハウ)91　茆(ハウ)-山下

133　茆(バウ)-宅194　茆(ハウ)-土184　貌(ヘウ/ハウ)-言89　棹(タウ)-歌284　蘭-棹(タウ)下77　交(ケウ)關294　交(カウ)-迹244　交(ケウ)-替43　交(ケウ)-替-式323　交(ケウ)
-易(ヤク)下198　交(ケウ)-易(ヤクシ)242　絶-交(カウ)下174　蛙-咬(カウ)271　膠(カウ)-漆下86　蛟(カウ)348　蛟(カウ)-眼358　郊(カウ)316　郊(カウシ)281　郊(カウ)-野(ヤ)147　煙-郊(カウ)下
217　寒-郊(カウ)下213　四-郊(カウ)下180　東-郊(カウ)199　學-校(カウ)235　敎(ケウ)31　敎(カウ)316　敎(カウ)戒下139　敎(カウ)-化66　儒-敎(カウ)101　道-敎(ケウ)78
較(ケウ)-量下261　巧(カウ)32　巧(カウ)-思62　工-巧(ケウ)31　樂(カウ)316　瓜(サウ)-牙168　抄(セウ)-帳198　惣-返-抄(シヨ)252　梢(セウ)-雲下117　林/梢(サウ)(セウよし)下211
巣(サウ)-庭-公下186　有-巣(サウ)318　烏-巣(サウ)下100　煙-巣(セウ)下274　孝(カウ)下226　孝(ケウ)-子39　孝(カウ)-養257　肴(カウ)-函368　爻(カウ)-辞80　震-
爻(カウ)98　陽-爻(カウ)98　綺-肴(カウ)359　効(カウ)169　効(カウ)-験83　成-効(カウ)18　薄-効(カウ)211

「㋐ウ」の音形は漢音読みで五二語、「㋓ウ」の音形は呉音読みで十八語である。

(19)麻韻(直音)　加(カ)-擧(キヨ)198　加(カ)-擧(コ)195　加(カ)-擧(キヨシ)196　加(カ)-擧(コシ)198　嘉(カ)詳三年249　嘉(カ)-瑞215　家(カ)-途241　家(ケ)-譜165　家(ケ)
-老149　一家(カ)216　豪-家(カ)20　漢-家(カ)64　公-家(ケ)215　庄-家(ケ)20　策-家(ケ)237　數-家(カ)317　良-家(カ)47　架(カ)-中下115
葭(カ)-灰下190　價(ケ)-直57　聲-價(カ)334　賈(カ)-捐115　賈(カ)-誼86　賈(カ)、-生82　荀-賈(カ)319　假(カス)188　假(カ)-玠下41　休-假(カ)下58
嫁(カセ)47　稼(カ)98　稼(カ)-穡104　學-稼(カ)246　駕(カ)下60　駕(カシ)70　六-牙(ケ)下280　衙(カ)-門下100　蝦(カ)-夷19　遐(カ)-郷87　遐(カ)-邇129
已-下(ケ)4　硯下(カ)308　天-下(ケ)4　大-廈(カ)199　夏(ケ)-中下8　暇(カ)-景下78　休-暇(カ)下6　寡(クワ)-居下266　寡(クワ)-薄7　誇(クワ)-張
下122　井-蛙(ワ)141　院-花(クワ)下265　掌-花(クワ)下230　化(クワ)下244　化(クヱ)下91　化(クワシ)176　化(クヱシ)下165　化(クワ)-樹27　華(クワ)-麗下141　白-華(クワ)196
驊(クワ)-騮騄-駬100　炙-輠(クワ)下81

「㋐」の音形は漢音読みで四九語、「㋓」の音形は呉音読みで十二語である。

(20) 庚韻（直音）　舊－柏(ハク)下136　惶－迫(ハク)135　陌(ハク)－上下184　烹(カウ)鮮211　彭(ハウ)－祖下121　老－彭(ハウ)下16　幣－白(ハク)35　白(ヒャク)－牛185　蠻－貊(ハク)19　宅(タク)194　弟－宅(タク)31　簡－擇(タクス)250　採－擇(チャク)223　採－擇(タク)下76　渙－澤(タク)215　長－庚(カフ)下105　菜－羹(カウ)下17　更(カウ)345　梗(カウ)－槩下187　忠－鯁(カウ)277　格(キャク)21　格(キャク)－言92　格(カク)－勤222　格(キャク)－式279　捍－格(カクシ)44　清－格(カク)340　天平格(キャク)24　坑(カウ)－岸下41　郢－客(カク)357　額(カク)下205　諸－定－額(キャク・カク)－寺242　定－額(キャク)－寺196　牓－額(カク)下73　牲(セイ)76　猩(セイ)－々79　生(シャウ)23　生(セイ)194　生(シャウス)下164　生(セイス)82　一－生(シャウ)225　平－生(セイ)下285　文章生(シャウ)234　養－生(シャウ)80　省(シャウ)269　省(シャウス)23　省去(シャウインシ)23　省(セイ)－減7　省(シャウ)－試269　省(シャウ)－底55　省(セイ)－撤16　省(セイ)－略279　禁－省(セイ)下145　式－兵二－省(シャウ)53　西－省(セイ)下206　欣－亨(キャウ)下204　顯－赫(カク)192　蘅(カウ)－蓀15　衡(カウ)－門226　伊－衡(カウ)125　行(カウ)下33　行(キャウ)下163　行(キャウシ)36　行(キャウ・カウ)－程(チャウ・テイ)52　行(カウ)－路下257　公－行(カウ)319　三－十－行(カウ)362　施－行(キャウ)117　巡－行(カウス)27　攝－行(カウ)152　半－行半(キャウ)－座下223　杏(カウ)－華下209　杏(カウ)－園下99　梅－杏(カウ)97　野－杏(カウ)下86　菱荇(カウ)下120　黌(クヮウ)。45　黌(クヮウ)。－門160

「㋐ウ・㋐ク・㋓イ」の音形は漢音読みで五三語、「㋑ヤウ・㋑ヤク」の音形は呉音読みで二四語である。

(21) 庚韻（拗音）　式－兵(ヒャウ)二－省53　秉(ヘイ)－燭221　邴(ヘイ)－吉124　鈞－柄(ヘイ)132　斗－柄(ヘイ)169　八－柄(ヘイ)146　平(ヘイ)－日下263　平(ヘイ)－素下278　寛平(ヒャウ)五年32　天平(ビャウ)格24　天－平(ビャウ)神－護元年21　病(ヘイ)－鶴151　鳴(メイ)－絃221　嚶－鳴(メイ)下136　欽－明(メイ)天皇31　盟(メイ)77　盟(メイ)－約下190　命(メイ)304　命(メイシ)8　京(ケイ)－畿197　荊(ケイ)－谿下287　荊(ケイ)－岫6　荊(ケイ)－楚下6　驚－覺下206　警(ケイ)－策355　警(ケイ)－備59　警(ケイ)－衛143　竟(ケイ)－宴下9　恭－敬(ケイ)下203　劍戟(ケキ)316　電－戟(ケキ)191　揚－執－戟(ケキ)83　卿(キャウ)87　卿(ケイ)等16　中－務－卿(キャウ)下281　卿(ケイ)－家13

卿-士358　九-卿146　群-卿248　馬-卿297　兩-卿343　勵-卿14　元慶38　天慶九年九月四日132　天慶元年八月十五日128　餘-慶258　奔-競13　迎-佛下72　劇-官247　劇-窄175　劇-務229　一-劇下130　理-劇51
大-逆52　英24　英-毫下23　英-賢82　英-俊162　英-聲下236　雲-英107　渕-英下165　皇-英76　玄-英下167
人-英下10　落-英下122　影-堂197　映下236　映下81　相-映354　疊-映76　先-瑩下227　榮143　榮-耀219　榮-貴208　榮-顯149　榮-爵206　榮-路151　桓-榮102　寵-榮149　追-榮9　浮-榮186　瑩-拂下137　清-瑩下91
永-元73　永觀二年十二月十五日10　遊-泳117　詠下89

「㋓イ・㋓キ」の音形は漢音読みで七一語、「㋑ヤウ・㋑ヤク」の音形は呉音読みで十三語である。この他四語の「劇」は、頭子音の面では呉音の特徴をもち、韻の面では漢音の特徴をもつ。

(22)清韻　幷-兼41　晝-餅56　大-辟4　徵-辟245　百-辟147　復-辟174　璧118　尺-璧255　張-騁80　娉下133　娉-命下12　漢-娉170　幽-僻101　窮-僻下180　癖下39　傳-癖下41　開-闢129　勁草221　勁-節100　勁-捷下102　三-旌167　精下279　弃-井下214　蹈-井152　積-薪223　積-善162　蹤-跡222　跼懼蹐-迷170　跼-蹐122
悲-哭跼-蹐299　交-迹244　治-迹230　請183　請下206　望請24　砂-磧下119　肥-磧76　籍82　勘-籍54
勘-籍-人53　書-籍240　仙-籍244　藉-冕84　田-藉41　茅-藉75　姓170　性下137　荘-舃下249　梟-舃360
五-十-席103　穸々97　劉-嬰下40　纓下28　簪-纓下132　益24　益283　符-益55　松-盈下77　瀛-海94　四

ー瀛(エイ)下268　盈(エイ)143　籝(エイ)ー金下41　郢(エイ)ー客357　郢(テイ)ー斤下51　郢(エイ)ー中352　弈(エキ)ー々366　弈(エキ)ー世下60　嶧(エキ)ー陽下31　掖(エキ)ー庭下274　紫ー掖(エキ)163　鳳ー掖(エキ)下217　易(エキ)139　易(エキ)ー經101　易(エキ)ー者175　易(ヤク)ー筮308　交ー易(ヤク)下198　交易(ヤクシ)242　太ー易(エキ)76　夢ー宅變ー易(ヤク)186　滋液(エキ)下122　精ー液(エキ)下186　飛ー液(エキ)70　露ー液(エキ)下16　譯(ヤクス)下220　驛(ヤク)ー戸8　驛(エキ)ー日73　使ー驛(エキ)30　卸ー驛(エキ)59　駱驛(エキす)下118　頃(ケイ)ー畝195　一ー頃(ケイ)238　万ー頃(ケイ)344　瓊(ケイ)ー娥71　瓊(ケイ)ー玉下156　瓊(ケイ)ー花下73　瓊(ケイ)ー戸下13　瓊(ケイ)ー牒85　瓊(ケイ)ー苗下274　瓊(ケイ)ー簾下136　屛ー營(エイ)124　奔ー營(エイせり)247　頴(エイ)ー水15　頴(エイ)ー川下126　穎(エイ)ー脱44　穎(エイ)ー陽下48　准ー穎(エイ)242　脱ー穎(エイ)169　本ー穎(エイ)45　役(ヤク)30　役(エキ)5　役(ヤクシ)7　役(エキシ)73　役(エンの)居士下172　駈ー役(ヤクセ)59　課ー役(ヤク)20　役(エキ)ー從10　徭ー役(エキ)31　作ー役(エキ)7　職ー役(エキ)223　王ー役(エキ)61　忠ー貞(テイ)211　一ー楨(チャウ)下251　禎(テイ)ー祥91　赬(テイ)ー甚71　程(チャウ)60　程(テイ)117　程(テイ)ー子369　程(テイ)ー章40　行ー程(ヂャウ・テイ)52　王ー程(テイ)268　躑(テキ)ー躅下47　正(セイ)ー旦116　正(シャウ)暦四年正月十一日236　正(イ)ー位下204　弁ー正(セイ)317　整(シャウ)ー理下222　政(セイ)ー聲230　蹠(セキ)ー實78　蹠(セキ)ー實(す)78　鷄ー蹠(セキ)194　赤(セキ)ー日86　聖(セイ)ー宰235　賢ー聖(シャウ)211　姫ー奭(セキ)12　舍(セキ)ー菜下15　釋(シャク)ー奠302　五ー城(セイ)70　大ー成(セイ)下218　耆ー盛(セイ)下182　瓦ー石(セキ・シャク)187　拳ー石(セキ)86　碩(セキ)ー儒250　碩(セキ)ー德下212　。令(レイ)316　令(リャウ)319　令(リャウ)義解315　時ー令(レイ)28　法ー令(リャウ)315　台ー嶺(レイ)258　嶺(レイシ)293　領(レイ)ー袖50　依ー領(レイス)295

「㋓イ・㋓キ」の音形は漢音読みで一三四語、「㋑ヤウ・㋑ヤク」の音形は呉音読みで三十語である。その他、「役(エン)居士」の特異な音形が一語見られる。

(23) 耕韻　脉(ハク)下213　一ー脉(ハク)ー泉下177　水ー脉(ハク)下205　泉ー脉(ハク)下109　地ー脉(ハク)下122　遷ー讁(タクセ)299　讁(タクセル)下179　貶ー讁(タク)下148　苦ー耕(カウ)

84　耿(カウ)—々364　懸—隔(カク)249　紙—隔(カク)348　分—隔(カク)下28　革(カク)319　革(カク)—命297　沿—革(カク)251　變—革(カク)298　鏗(カウ)—鏘339　箏(シャウ)下92　琴—箏(シャウ)359　課—責(セキ)20　譴—責(セキ)63　逃—債(サク)39　冊(サク)76　史—冊(シャク)123　對冊(シャク)69　策(シャク)209　策(シャツ)—家237　策(シャク)—試214　銜—策(サク)56　謦—策(サク)355　獻—策(サク)246　推—策(サク)(スル)80　方—策(サク)(シャク)101　轡—策(サク)330　靈—策(サク)77　史—笧(サク)87　秘—賾(サク)338　嚶(アフ)—鳴下136　櫻(アウ)—笠下199　鸚(エイ)(アウ)—鵡79　千—万—茎(カウ)下120　百千万茎(カウ)358　兩—三—茎(カウ)下130　僥—倖(カウシ)46　核(カク)練341　研—覈(カクシ)80　較(カク)—量下41　宏(クワウ)—海187　宏(カウ)—才81　宏(カウ)—弁下81　衛—宏(クワウ)74　埏—紘(カウ)(コウ)(クワウ)84　八—紘(クワウ)321　畫(クワク)—一333　六十四畫(クワク)78

「㋐ウ・㋐ク」の音形は漢音読みで四七語、「㋑ヤウ・㋑ヤク」の音形は呉音読みで八語である。その他、「責(セキ)」の特異な音をもつ二語がある。

(24) 青韻　屏(ヘイ)—帷下108　屏(ヘイ)—營124　萍(ヘイ)下33　冥(メイ)76　冥(メイ)—譴下206　冥(メイ)々95　窈—冥(メイ)下133　晦—冥(メイ)下172　淪—冥(メイ)284　溟(メイ)—海下188　溟(メイ)—涬(テウ)89　溟(メイ)—渤171　洮—溟(メイ)77　南—溟(メイ)115　銘(メイ)74　銘(メイシ)9　茶—茗(メイ)下168　酩(メイ)—酊(テイセリ)下175　瞑(メイ)—目273　丁(テイ)—年244　見—丁(チャウ)54　禿—丁(チャウ)186　紺—頂(チャウ)78　丹—頂(チャウ)99　鼎(テイ)—湖122　鼎(テイ)—司182　鼎(テイ)—族193　槐—鼎(テイ)174　鷁—鼎(テイ)175　鵠—鼎(テイ)135　爨—鼎(テイ)73　鍾—鼎(テイ)下281　沸—鼎(テイ)下238　龍—鼎(テイ)333　嫡(チャク)17　嫡(テキ)—孫82　嗣—嫡(テキ)376　射—的(テキ)87　准—的(テキス)280　曹—廳(チャウ)31　政—廳(チャウ)105　聴(テイ)70　叡—聴(テイ)248　視—聴(テイ)110　同—聴(テイ)317　卑—聴(テイ)213　兢—惕(テキ)3　勤—惕(テキ)295　慙—惕(テキ)181　誠—惕(テキ)142　停(テイ)—滞(セリ)下141　停(テイ)—癈128　亭(テイ)—午下279　亭(テイ)—々364　亭(テイ)毒下204　柯—亭(テイ)99　呈(テイス)下198　龍—庭(テイ)221　廷(テイ)—尉240　敵(テキ)下188　敵(テキスル)下165　敵(テキ)—國66　酒—敵(テキ)下78　羌—笛(テキ)下243　邪—佞(ネイ)247　休—寧(ネイス)59　淫—溺(テキ)下186　厭—溺(テキ)84　經(ケイ)下160

熊-經(ケイ)下16　試-經(キヤウ)213　上-經(キヤウ)175　謦(ケイ)-咳下238　蘿-徑(ケイ)255　涇(ケイ)-渭170　涇(ケイ)-渭(セン)272　磬(ケイ)下281　三-逕(ケイ)226　籮-逕(ケイ)177　蘿-逕(ケイ)180　振-撃(ケキ)下167　激(ケキ)(シ)下38　激(ケキ)-射下205　激(ケキ)-浪141　鶂(ケキ)-退223　畫-鷁(ケキ)下51　龍-頭鷁(ケキ)-首下243　盧-勣(セキ)106　王-勣(セキ)下94　績(セキ)9　績(セキ)-行221　遺-績(セキ)下73　勤-績(セキ)212　功-績(セキ)256　殊-績(セキ)83　政-績(セキ)27　勞-績(セキ)211　戚(セキ)-里15　左-戚(セキ)146　内-外戚(セキ)(シャク)下227　四-慼(セキ)下224　寂(セキ)70　寂(シャク)-々下224　寂(セキ)-寞下97　寂(セキ)-寥下35　星(セイ)-霜161　腥(セイ)-臊78　腥(セイ)-膻58　錫(シャク)下109　徳-馨(キヤウ)296　刑(ケイ)48　形(ケイ)-骸下242　鉶(ケイ)下44　鉶(ケイ)-陶75　赤-脛(ケイ)下5　短-脛(ケイ)123　羽-檄(ケキ)下113　伶(レイ)-人下95　伶(レイ)-倫下222　金剛鈴(レイ)下209　靈(レイ)-海319　少-齢(レイ)下262　零(レイ)-落192　歴(レキ)-々下158　瀝(レキ)-々下118　瓦-礫(レキ)76　酈(テキ)-谷下106　酈(テキ)-水下126　巖-扃(ケイ)下74　芝-扃(ケイ)13　炯(ケイ)-戒下38　炯(ケイ)-誡下47　闃(ケキ)44　窓-螢(ケイ)244　夕-螢(ケイ)

「㋓イ・㋓キ」の音形は漢音読みで一一三語、「㋑ヤウ・㋑ヤク」の音形は呉音読みで十三語である。その中で「滌(テウ)・酈(テキ)」と音を誤つたものが三語ある。

(25) 侯韻

掊(ホウ)謙183　掊(ホウ)-塿(ロウ)下166　裒(ホウ)-揚77　茂(ホ)-才244　幽-茂(ホ)346　篤-茂(ホ)226　投(トウス)256　頭(ツ)-陀下8　一蛇頭(トウ)(ツ)-尾下116　叩(コウ)-頭(トウス)下198　旋-頭(トウ)下139　低-頭(ツシて)137　邊-豆(トウ)下13　邪-竇(トウ)下122　情-竇(トウ)下47　石-竇(トウ)下205　逗(トウ)-留(シ)362　句(コウ)-曲下48　句(コウ)-申下14　拘(コウ)-牽51　緱(コウ)-山下73　緱(コウ)-嶺下91　垢(コウ)-氛下77　離-垢(クセン)下232　家-狗(コウ)186　蹲-狗(ク)(コウ)87　構(コウ)-雲199　雲-構(コウ)65　奸-構(コウ)20　堂-構(コウ)321　重-構(コウ)328　口(ク)-勅125　金-口(ク)78　戸-口(ク)33　寇(コウ)-賊56　隣-寇(コウ)57　偶(コウ)人下186　對-偶(コウ)下144　配-偶(コウ)296　配-偶(コウシ)下121　奏(ソウス)下37　謹奏(ソウ)114　勤-奏(ソウス)115　呴(ク)區(ヲウ)355　謳(ヲウ)-歌(シ)253　沙-鷗(ヲウ)下150　白-鷗(ヲウ)下118

歐-吐下175　侯235　郭-細-侯下25　爵-侯102　封-侯83　魯-侯79　喉-舌14　後185　後-代200　厚-載223
厚-賜64　厚-福下217　厚-礼146　厚-祿下278　忠-厚30　笁-厚下29　候28　候下124　召-候212　皇-太-
后-宮下260　僂々然147　漏370　漏-尅72　守-漏73　陋-身144

「㋔ウ・㋔」の音形は漢音読みで六四語、「㋒」の音形は呉音読みで九語である。

(26)尤韻　可-否53　富365　富-有下176　覆載130　覆載352　覆-燾280　謀-斂4　謀-反52　謀-略221　王-龜-
謀等下188　鳩-尸下258　久-遠195　九月363　究-濟251　左-典-既下8　丘下181　比-丘258　裴-璆等下197　丹-
莍6　箕-裘260　咎-異182　咎-過299　妖-咎37　舅下224　新-舅149　舊-吏224　冉-牛93　白-牛185　鄒-
邑下133　鄒枚下31　鄒-魯351　騶-使171　四-騶78　周-備下211　一周下28　洲105　舟-檝180　造-舟195　祝噎
89　藤-醜-人109　香皇下167　首-途305　元-首16　正二位守145　獻-酬下145　壽下270　壽考88　壽-詞下145
綬179　紫-綬109　紫-綬下119　綠-綬374　妄-授190　就-日249　鷲窟258　移-修下280　修-餝下205　修-短82
修-治250　修-治250　因-修326　脩-竹下115　刊脩321　繡-幌下17　繡-戸下136　繡-柱下4　蟄-囚下249
岫-幌下72　荊-岫6　梧-岫258　疊-岫370　紅-袖38　領-袖50　優359　優273　優-遊下16　優-遊191
優-曇花下236　優-鉢-羅下257　優-容189　優-劣102　俳-優107　憂-鳲78　休下27　休-祥3　休-寧59
朽-骨下211　朽-索下238　朽-壤下228　朽-株189　朽邁178　朽邁下161　不-朽66　庸-朽127　六-畜78　風-猷下

16　疣-蠹下169　山-郵360　波-郵下28　文-友下62　有-巣318　菀-囿100　寛-宥22　勅-祐180　福-祐81
悠-々24　猶-子192　猶-豫下279　解-由51　未-得解-由54　薫-蕕92　遊-下16　遊-徒下148　莠-言277　莨
莠下167　誘-進下37　勤-誘25　勤-誘下248　善-誘下194　辛-酉298　劉-婁下40　劉-孝-標83　劉-攸106　劉
-君-仙下61　旒-扆366　宸-旒366　天-旒53　山-榴下84　流下275　逗-留362　弥-留52　驊-騮-騄-駬
100　赤-騮下76　溜72

「㋑ウ・スウ・ホウ」の音形は漢音読みで一〇五語、「㋒・㋑ユ・㋔ユ」の音形は呉音読みで三〇語である。

(27)侵韻　諮-稟176　品26　階-品39　群-品下204　三品215　四-品259　千-品下134　今-日4　衿366　子-衿45
青-衿下25　襟166　襟-懐下49　叡-襟259　雙-襟下24　宸襟328　神-襟184　青-襟下100　丹-襟163　衷-襟173
悶-襟下157　禁下231　欽-饗下203　欽-賞下190　欽-慕93　欽-明天皇31　凝-陰78　音-韻42　飲下175　蔭-贖
22　蔭孫262　邑33　邑-祖293　粛-邑75　歆-饗36

「㋑ム(㋑ン)・㋑フ」の音形は漢音読みで三〇語、「㋔ム(㋔ン)・㋔フ」の音形は呉音読みで五語である。

(28)覃韻　貪-鳥247　貪-残64　貪-泉93　貪-婪230　貪-憐下256　踏-歌116　踏-舞下90　優-曇下230　優-曇花下
236　桓-潭48　釣-潭85　納-言160　衲-衣下66　雲-衲下230　感161　感303　感-涙下231　紺-頂下238　一-閤下
29　黄-閤下117　嚴-閤尚-書下39　尊-閤297　右大-閤下198　東-閤下49　禮-部-閤301　含-雞下4　含-咀

15

「㋐ム（㋐ン）・㋐フ」の音形は漢音読みで二一語、「㋔ム・㋔フ」の音形は呉音読みで五語である。

(29)咸韻　湛(タン)-々366　笈(サフ)351　讒(サン)255　讒(セム)334　萐(サフ)-莆77　汲-黯(アン)106　祈-咸(カン)37　減(ケンジ)7　峡(カフ)下109　峡(カウ)-猿108　峡(カフ)-中100
三-峡(カフ)下22　狹(ケフ)-隘下173　輕-狹(ケフ)25

「㋐ム（㋐ン）・㋐フ」の音形は漢音読みで十語、「㋓ム（㋓ン）・㋓フ」の音形は呉音読みで四語である。

(30)銜韻　監(カン)192　礛(カン)-礶下30　鑒(カン)251　鑒(カム)-察下204　叡-鑒(カン)172　降-鑒(カン)188　曲-鑒(カンシ)161　皇-鑒(カン)135　玄-鑒(カン)143　聖-鑒(カン)159　前-鑒(カン)172　天-鑒(カン)82　反-鑑(カン)128　靈-鑑(カン)74　甲(カフ)下38　甲(カフ)-科245　甲(コフ)-虫下204　車-甲(カフ)190　懺(セム)-愧下170　紅衫(サム)355　朱衫(サン)下64　茜衫(サン)226　青-衫(サム)257　銜(カン)-策56　鳳-銜(カム)下287　軒-檻(カン)371　朱-檻(カン)下118　水-檻(カン)下75　竹-檻(カン)360　殿-檻(カン)5　鏡-匣(カフ)下270　狎(カフ)-客下4

「㋐ム（㋐ン）・㋐フ」の音形は漢音読みで三〇語、「㋓ム・㋓フ」の音形は呉音読みで二語である。

(31)嚴韻　刧(ケフ)-略25　刧(ケフ)-略(セシ)58　剽刧(ケフ)129　神-鈴(キン)77　嚴(ケン)-凝下124　嚴(ケン)-科316　嚴(ケン)-々-然102　嚴(ケン)-霜225　業(ケフ)253
業(コフ)-塵下109　成-業(コフ)240　文章得業(コフノ)生24　威-脅(ケフ)20

「ケム（ケン）・ケフ」の音形は漢音読みで九語、「コフ」の音形は呉音読みで三語である。「鈴(キン)」は音符の誤読によるものか。

(32)凡韻　法(ハフ)318　法(ホフ)200　法(ホフ)-莚226　法(ホツ)-興-院199　法(ホツ)-曹318　法(ハツ)-則(ス)下81　算-明-法(ホフ)-等208　泛(ハン)-遊下151　泛(ハム)-々下21　遊-泛(ハン)下176　凡(ハン)下127　凡(ハン)-材71　凡(ハン)-情116　凡(ハン)-叢下115　凡(ハム)-藂下28　凡(ハン)-夫193　凡(ハン)-流23　帆(ホ)61　雲-帆(ハム)下28　歸-帆(ハン)294　風-帆(ハム)361　犯(ホム)八-虘4　不-犯(ハム)325　范(ハム)-羣下38　范(ハン)-史30　渇-乏(ホク)下179　鋄(ハン)-字下170　劒(ケン)-珮134　欠(カンシ)104

「㋐ム(㋐ン)・㋐フ・ケン」の音形は漢音読みで二一語、「㋔ム・㋔フ」の音形は呉音で八語である。

(33)登韻(合口)　弘(コウ)-仁-格319　恢-弘(コウシ)42　孫-弘(コウ)下157　迷-惑(コクシ)下274　不-惑(コク)134

「コウ・コク」の音形は漢音読みで、五語である。

(34)蒸韻　伊-陟(チヨク)145　黜-陟(チヨク)64　羊-陟(チヨク)93　勅(チヨクス)10　(チヨク)勅-到18　奉-勅(チヨク)211　直(チヨクセ)45　直(チキス)213　價-直(チキ)57　棘(キヨク)98　九-棘(キヨク)下211　荊-棘(キヨク)223　枳-棘(キヨク)58　丹-棘(キヨク)下24　岐-嶷(キヨク)下29　皇-極(キヨク)天-皇32　至-極(コク)226　職(シヨク)189　職(シヨク)-役223　要-職(シヨク)229　衮-職(シヨク)162　食(シヨク)下105　食(シヨクシ)34　式(シキ)45　式(シヨク)-微178　格-式(シキ)279　拂-拭(シヨク)下205　抱-識(シヨク)78　熊軾(シヨク)106　飾(シヨク)273　矯-飾(シヨク)20　餝(シヨク)-譲132　動-殖(シヨク)100　稷(シヨク)契下108　淹-稷(シヨク)下11　黍稷(シヨク)3　膺(キヨウ)-門下75　服-膺(キヨウシ)下15　膺(キヨウ)-鸇下179　應(キヨウ)364　應(ヲウス)下136　應(キヨウシ)28　協-應(キヨウ)328　抑(ヨク)-遏125　抑(ヨク)-遏(セ)229　胸-臆(ヨク)351　興(キヨウ)下169　興(コウス)下232　興(キヨウ)-治74　元-興(コウ)-寺下184　法-興(コウ)-院199　翌(ヨク)-日168　世-翼(ヨク)106　域(ヰキ)275　域(ヰキ)-中4　耆-域(ヰキ)下257　義-域(ヰキ)下81　兆-域(ヰキ)下103

「㋑ヨウ・㋑ヨク・ヨク」の音形は漢音読みで四語、「㋔ウ・㋑キ」の音形は呉音読みで十四語である。

(35)　韻のまとめ　以上に検討した結果を、表にまとめると次の通りである。

韻	漢音よみ	呉音よみ
東韻(直音)	27	13
東韻(拗音)	7	3
鍾韻	78	23
江韻	1	3
之韻	10	5
微韻	13	2
魚韻	46	8
模韻	74	28
斉韻	111	28
皆韻	12	0
佳韻	14	11
真韻	7	2
欣韻	18	1
山韻	12	8
元韻	77	21
刪韻	44	13
仙韻	5	3
肴韻	52	18
麻韻(直音)	49	12
庚韻(直音)	53	24
庚韻(拗音)	71	13
清韻	134	30
耕韻	47	8
青韻	123	13
侯韻	64	9
尤韻	105	30
侵韻	30	5
覃韻	21	5
咸韻	10	4
銜韻	30	2
嚴韻	9	3
凡韻	21	8
登韻	5	0
蒸韻	44	15
計	1434	371
重複語	57	32
共存語	12	12
実数	1365	327
百分比/1692	80.7	19.3

表の重複語、共存語は次のものである。

漢音よみ重複語……公(コウ)―行(カウ)　貢(コウ)―擧(キヨ)　貢(コウ)―擧(キヨスル)　窮(キウ)―僻(ヘキ)　恭(クキヨウ)―敬(ケイ)　蹤(シヨウ)―跡(セキ)　胸臆(クキヨウヨク)　巨(キヨ)―細(セイ)　蠹簡(トカン)　疣(イウ)―蠹(ト)

遊徒(イウト)　家(カ)―途(ト)　狴(ヘイ)―圄(キヨ)　迷(ヘイ)―惑(コクシ)　跼(キヨク)―懼蹐(セキ)―迷(ヘイ)　停(テイ)―滞(テイセリ)　華(クワ)―麗(レイ)　解(カイ)―語(キヨ)　謹奏(キンソウ)　謹(キン)―奏(ソウス)　軒(ケン)―檻(カン)　獻替(ケンテイ)

反(ハン)-鑑(カン)　怨(エン)-獄(キク)　駑(ト)-蹇(ケン)　茅(ハウ)-藉(セキ)　交(カウ)-迹(セキ)　有(イウ)-巣(サウ)　加(カ)-擧(キヨ)　加(カ)-擧(キヨシ)　驊(クワ)-騮(リウ)騄-駬　郢(エイ)-客(カク)　秉(ヘイ)-燭(シヨク)　嚶(アウ)-
鳴(メイ)　荊(ケイ)-岫(シウ)　跼(キヨク)-蹐(セキ)　悲-哭跼(キヨク)-蹐(セキ)　屛(ヘイ)-營(エイ)　職(シヨク)-役(エキ)　躑(テキ)-躅(チヨクシ)　領(レイ)-袖(シウ)　依(イ)-領(レイス)　銜(カン)-策(サク)　獻(ケン)-策(サク)　爨(サン)-鼎(テイ)
休(キウ)-寧(ネイス)　逗(トウ)-留(リウシ)　郭-細(セイ)-侯(コウ)　究(キウ)-済(セイ)　憂(イウ)-鴈(カン)　劉(リウ)-嬰(エイ)　旒(リウ)-扆(イ)　欽(キン)-明(メイ)天皇　行(カウ)-程(テイ)　襟(キン)-懷(クワイ)

呉音よみ重複語……公(ク)-家(ケ)　工(ク)-巧(ケウ)　皇-太-后(コ)-宮(クウ)　供(ク)-奉(フ)　蔭(ヲン)-贖(ゾク)　怨(ヲム)-氣(ケ)　家(ケ)-譜(フ)　公(ク)-廨(ケ)　交(ケウ)-替(タイ)
交(ケウ)-替(タイ)-式　久(ク)-遠(ヲン)　交(ケウ)-関(ケン)　交(ケウ)-易(ヤク)　交易(ケウヤクシ)　天平格(ビヤウキヤク)　式-兵(ヒヤウ)二一-省(シヤウ)　元慶(クワンキヤウ)　令(リヤウ)義解(ケ)　策(シヤツ)-家(ケ)　紺(コン)-頂(チヤウ)　謀(ム)-
反(ホン)-元(クワン)-首(シユ)　優(ウ)-曇(トム)花　解(ケ)由(ユ)　未-得-解(ケ)-由(ユ)　價(ケ)-直(チキ)　格(キヤク)-式(シキ)　元(クワン)-興(コウ)-寺　法(ホツ)-興(コウ)-院　行(キヤウ)-程(チヤウ)　棕(ナイ)-苑(ヲン)
白(ヒヤク)-牛(コ)

漢音・呉音共存の語……公務(コウム)　役従(エキシウ)　省底(シヨウテイ)　解(カイ)-替(タイシヌ)　怨獄(エンコク)　加(カ)-擧(コ)　加(カ)-擧(コシ)　簡(ケン)-擇(タクス)　格(カク)-勤(ゴン)　欣亨(キンキヤウ)　勤誘(クワンイウシ)
狹(ケフ)-隘(アイ)

韻母の面からも、漢音よみが約80％、呉音読みが約20％で、頭子音と同様の比率を示す。これにより、漢音よみと呉音よみの比率は、約四対一であると見られるが、原加点者が清原教隆であることを考慮に入れると、呉音よみの比率が大きく感じられる。

(二)　呉音引符

二字語以上の語には、音合符の他に、呉音引符[注5]が付せられてゐるものがある。上下の字のほゞ中央を結ぶ音合符に対して、右側寄り、或いは右側を結ぶ呉音引符は、上下の字形により音合符と判別し難い場合もあるが、明瞭に認められるものが大半で、約二千二百語に認められる。中には、音合符と呉音引符と兩方付せられてゐて、呉音引符へ合点が付せられてゐる例が二十二例あり、逆に音合符へ合点が付せられてゐる例が二語あり、どちらにも合点が付せられてゐない例が七語ある。以下、順にその例を示す。

呉音引符へ合点の例……擁絶7　經王16下236　國内22 252　請僧36　請用37　饗宴38　公損41　勘籍人53　四九71　儒宗103　宿念189　弘仁192　寂滅196　當時214　同時220　王法221　至極226　先後230　造作239　道俗259

音合符へ合点の例……五經42　世途66

合点がない例……閑地21　明法42　神女47　上經175　滿月200　兼任211　他人243

これらのうち、「饗宴」一語を除いて、他の語は漢音・呉音で差のある字を構成要素としてもつ故、漢音・呉音双方の読みがあり、合点はそのうちの一方を採ることを表示したものであり、合点のない例は、どちらの読みを採つても可いことを示すものであると見られる。

また、次の例の如く、同じ字を構成要素とする語で、呉音よみには呉音引符が、漢音よみには音合符が付け分けられてゐる。

貢　□調114……□擧24・□賦100・乃□下247

戯　□弄下65……□言109・游□86

居　□多196……□攝247・羣□下257

歩　推□257……行□223・矩□下188・咫□下248　数百□190・獨□下140

没　□(モツ)―官45……蕩―□(ホツ)115・陥―□160・漂(ヘウ)―□(ホツ)62・漂(ヘウ)―□(ホツす)61

反　謀(ム)―□(ホン)52……□(ハン)―鑑(カン)128・□(ハン)―覆(シ)74

然　□(ネン)―禅―師下191……間―□(セン)下63・悵―□(セン)下22・天―□下51

行　施(シ)―□(キヤウ)117・弁―□(シ)22……□(カウ)―路下257・公(コウ)―□(カウ)319・三―十―□(カウ)362・巡―□(カウス)27・攝―□(カウ)152

役　駈(グ)―□(ヤクセ)59・課―□(ヤク)20……□(エキ)―従(シウ)10・徭(エウ)―□(エキ)31・作―□(エキ)7・職(ショク)―□(エキ)223・王―□(エキ)61

成　□―業(コウ)226……裁(サイ)―□(シ)98・大―□(セイ)下218

優　□(ウ)―曇(トム)花下236・□(ウ)―鉢―羅下257……□(イウ)―遊下16・□(イウ)―遊(セリ)191・□(イウ)―容189・□(イウ)―劣(レツ)102・俳(ハイ)―□(イウ)107

式　格(キヤク)―□(シキ)279・格―□(シキ)39……□(ショク)―微(ヒ)178

更に、「及第」は28例すべてに呉音引符が付せられて例外がない。その他、出例数すべてに呉音引符が付せられてゐる語で、3例までの語を次に示す。

道場（12例）　以前・講讀師・格式・勧学會・慈悲（以上7例）　大悲・法輪・恵業（以上6例）　苦海・三明・停止(ス)・第一・題者・佛教・妙覚・六趣（以上5例）　巳下・起請・去声・官物・口分田・國司・娑婆・造塔・三宮・四病・僧綱・天台山・任國・奉行・文筆式・法音・法界・法華・弥陀・落第・令旨（以上4例）　以後・因縁・香縁・勘籍人・公損・求法・勧学田・貫花・血脈・薫修(セ)・下臈・結縁・五畿内・五衰・墾田・沙門・罪人・四恩・舎宅・尚歯會・聖靈・聖靈陛下・諸公卿・僧徒・尊号・湯薬・知見證明(シタマヘ)・除目・天神

地祇・任中・方圓・非成業・不退・佛界・佛道・煩悩・羅漢・六牙・圓明（以上3例）

以上により、呉音よみの語に呉音引符を付し、漢音よみの語に合音符を付す原則があると見られる。たゞし、「功徳」は19例中17例に呉音引符、2例に音合符が付せられ、「釋迦・如来」は7例中3例に呉音引符、4例に音合符が付せられてゐる。このやうに、両者は必ずしも厳密に区別されてゐない面もある。次にそんな例を示す。呉音引符の例数を分子に、合音符の例数との合計を分母とし、合計8例以上の語を挙げた。

望請(ス) 21/32　自然 2/31　蜂腰 26/30　諸國 14/28　古今 10/27　公卿 4/24　諸司 13/21　供養(ス) 11/20
功徳 17/19　國家 2/19　天下 2/19　當時 11/18　衆生 6/17　拝任(ス) 9/17　當今 2/17　和歌 10/16
今日 10/16　遠近 5/15　菩提 7/15　弟子 7/14　故事 2/14　本朝 5/12　善根 8/12　学生 9/11
及第(ス) 9/11　調庸 7/11　童子 5/11　受領 5/11　國宰 3/11　佛法 9/10　髄脳 7/10　貞観 6/10
臨時 6/10　叙位 5/10　主者 8/9　先後 6/9　官符 6/9　延喜 5/9　案内 4/9　御願 4/9
因准(シ) 2/9　賢愚 1/9　奏状 7/8　乃至 7/8　人間 6/8　真如 6/8　律令 5/8　東西 4/8
多寶 4/8　自餘 4/8　観音 4/8　衆僧 3/8

また、声点、仮名による付音と併用された例について点検しても、呉音引符・音合符がそれぞれ呉音よみ・漢音よみの語に限つて付せられてゐるとはいへない。次にその例を示す。

漢音よみに呉音引符の例。25例。

末萌(ヒマウ) 4　擁絶(キヨウセヨ) 7　紫泥 9　刺到(チヨクタウ) 18　豪家(カウカ) 20　本頴(エイ) 45　皇極(キヨク)天皇 32　女叙 45　資人 54　弩師(ト) 55 56　謹奏(キンソウ) 114
虚受(キヨ) 122　影堂(エイ) 197　篤茂(トクホ) 226　弘仁格(コウニン) 319　微禽 下135　金皷(コ) 下171　裁縫(ホウ) 下199　班足(ハン) 下209　覚蘂(スイ) 下210　冲邈 下224　庖浴(ハウヨク) 下

229　幼日下232　五内下285　寤寐下285

呉音よみに合音符の例。約百六十例中、若干を挙げる。

悔過36　庶務51　法術79　上帝82 84　康和129　東宮161　家譜165　俗塵197　試經213　一生225　省試269　脱梏316　兩卿343　夏中下8　縄床下66　廢絶下67　齊房下75　兆域下103　供奉下124　抜粋下126　風鵬下181　整理下222　寂々下224　紺頂下238　済生下260　跋提下286

以上、呉音引符・音合符は、それ〴〵呉音よみ・漢音よみの語に付して分ける原則であるが、現実の加点では混同があることを明らかにした。

(三)　読みと意味分野

呉音よみの語は、これまで例示した語により判明する通り、佛教関係の語が多く属し、次いで宮廷・官廳などの政治関係の語が多い。また、次に示す若干の例の如く、数詞も多いが、数詞全体からは僅少である。

一々　一尺餘　九十　九歳　五代　五六輩　三箇年　三字　三史　三倍　四五人　四口　四十　七箇所　七十二　七百歳　十有二月　十一巻　十座　十二韻　十餘年來　十六日　二京　二三許年　二親　百億　百歳　已上　百度　八九　八萬　万葉　万戸　万分　幾万人　六韻　六七巡　六千餘社

また、次例の如く、これといふ特色のない日常用語も含まれる。しかし、この種の語には呉音よみよりも漢音よみの方が圧倒的に多い。

衣服　遺恨　家屋　家産　夏至　孝門　高下　期日　氣色　色紙　先生　先祖　測量　他人　他方　大病　當時　帳内　田地　農桑　農夫　毎日　毎年　白銀　白色　未進　秘藏　風聞　福壽　邊土　墓所　本意　本志　藥草　餘習　容色　老人　乱心　利害　兩家　練習　戀慕　樓閣　滿月　天下(テムケ)　賢聖(ゲンシャウ)　道教(ケウ)　較量(ケウ)　已下(ケ)　尚齒會　故郷　雌黄(シワウ)

次に、同一漢字からなる語で、呉音よみ・漢音よみ、双方のよみのある語が、38語ある。それを次に示す。

期(コ)225　□(コ)76　□(コ)11(他32例)……□(キ)99　□(キ)365 下67 184

期(コス)下6(他50例)……□(キセ)下120 128 147

化(クヱ)下91……□(クワ)下244　□(クハ)72

化(クヱシ)下165……□(クワシ)176 336　□(クワスル)下10

生(シャウ)23　□(シャウ)23 下217 261 278 279 281 281……□(セイ)下217　□(セイ)194 下34 165 217 276

生(シャウス)下164　□(シャウセ)下184……□(セイス)82

種(シュ)13……□(ショウ)79

誦(シュスル)下8……□(ショウスル)341

俗(ソク)下248　□186　□62 63……□(ショク)下141　□62 71 100

讒(セム)334……□(サム)255

程(チャウ)60……□(テイ)。117　□(テイ)下166

補(フス)23(他12例)……。□(ホス)下122

役(ヤク)30　214　222　244　□(ヤク)261……□(エキ)5

役(ヤクシ)(エキシ)7……□(エキシ)73

礼(ライセシカハ)下246……□(レイス)下98　。□(レイセン)259

令(リャウ)。24　□(リャウ)319　320　320　下43　129……。□(レイ)316　328　下78　78　146　□(レイ)316　326

烏(ウ)-啄(タク)139……□(ヲ)。-□(タク)175

加(カ)-擧(コ)195……□(カ)-□(キヨ)198

加(カ)-擧(コシ)198　198……□-□(キヨシ)196

採(サイ)-擇(チャク)。223……□(サイ)-□(タク)下76

可-。否(フ)53……□-(フ)□(ヒ)73

封(フ)-戸292……□(ホウ)-□(コ)10　□(ホク)-□(コ)145

實-封(フ)292……□。-□(ホウ)146

質-朴(ホク)。。109……□-□(ハク)。下219

風-俗27……□-□107
開-闢26……□-□129
行-程52　功-課220　咎-異182　蹲-狗87　方-策101　瓦-石187　内-外戚下227　頭-尾下116　先-
帝222　伐-木48　攀-龍190　樊-籠81

右の「行程」以下の例で明らかなやうに、同一個所で、呉音よみ・漢音よみがなされるのであるから、よみの区別は意味の差によるものではない。呉音よみ・漢音よみが別々の個所に見られる例について検しても、意味の差は認められない。

また、右の例は、同一語に呉音よみ・漢音よみ、兩方の讀みがあつたことを示すものであるが、一部には合点が付けられて、その一方を可とする意向が示されてゐる。これは、前述の音合符と呉音引符の双方が付せられたり、その一方に合点が付せられたりするのと同様のことである。すると、前節に例示した「自然・古今・公卿・天下・今日・遠近・弟子・人間」などの語に、一部の出例に呉音引符、他の出例に音合符が付せられてゐるのは、或いは呉音・漢音に讀み分けたものであらうか。

(四)　連濁・百姓読

清音の字が鼻音韻尾をもつ字に下接して複合語を造り、濁音に変る連濁の例が、14語16例ある。

券-契22　三-省54　荒-砌下257　□-□下261　星-霜161　生-々下274　養-生80　養-生-抄350

尚-歯-會下18　文(イ)-記(イ)36　先-生217　賢(ゲン)-聖(シャウ)211　上-階231　上-帝82 84　箄-明法(ホフ)-等(ラ)208

「尚歯會」までの八語が漢音よみ、「文記」以下が呉音よみである。漢音よみのうち4例に呉音引符が付せられ、呉音よみでは3例にとどまる。

鼻音韻尾ではなく、唇内入声字に下接して濁音化したものに「三-十-行(カウ)362」がある。これにも呉音引符が付せられてゐる。

次に、漢字の諧声音符を誤読した「百姓読」に該当する例が15例ある。それを、百姓読の漢語、（広韻の所属韻・声母）――諧声音符を共有する百姓読と同音の漢字の順に示す。

炊(カム)-甑下172（支韻・穿母）――坎

浹(ケフ)-日34・浹(ケフ)-辰122（帖韻・精母）――峽・狭

煨(クヰ)-燼下255（灰韻・影母）――㾾

贓(サウ)4・盗-贓(サウ)52（唐韻・精母）――藏

莨莠(シウ)下167（有韻・喩母）――秀

茜(セイ)衫226（霰韻・清母）――西

蘭-橈(セウ)下96（效韻・泥母）――饒・橈・繞

桂-髄(スイ)下114・豹-髄(スイ)358（紙韻・心母）――隋・隨

顥ー晦（マイ）下177（隊韻・曉母）——毎・梅

印ー鎰（ヤク）25（質韻・喩母）——益

巖ー灣（ラン）。374（刪韻・影母）——巒・鸞

莨（リヤウ）。莠下167（唐韻・來母）——良

桂ー陽鑠（レキ）下30（藥韻・審母）——礫・櫟・轢

百姓読は源順の和名抄の類音注の中に既に発生してゐるが、[注6] 本資料では更に多くなつてゐる。

百姓読に関連して、「院」は本来の音「ヱン」とともに、慣用音と呼ばれる「ヰン」も付音されてゐる。

。院（ヱン）下117・。□（ヱム）ー花（クワ）下265・仙ー□（エン）192・兩ー□（ヱン）149——一ー院（ヰン）195・三院（ヰン）146・法（ホツ）ー興（コウ）ー院（ヰン）199

第四節　現代語との関連

『本朝文粋』は、既述の通り後代の文学に大きな影響を与へただけでなく、漢文が公文書の時代を通じて、実用の模範文例として尊重された。[注5] 江戸時代には、四種の刊本が發行され、好学の人士に愛好された。

この『本朝文粋』の漢語が、現代語の中にどれほど影響してゐるかを検証する為に、前四書と同じく『広辞苑』の見出し語と共通する漢語を調査した。

共通の語と認める規準は、『論語』の場合と同じである。

また、足利本文選の漢語との共通の語についても、右と同じ規準で調査したので、その結果も併せて表示する。

	語数	百分比／15151
広辞苑との共通漢語	7609	50.2
文選との共通漢語	4444	29.3
広辞苑・文選との共通漢語	3165	20.9

『本朝文粋』の漢語の半数以上が、広辞苑の見出し語と一致する。『論語』『遊仙窟』においても、それぞれ約52％が広辞苑の見出し語と一致するのであるが、語数ではそれぞれ約670語、450語であるのに対し、『本朝文粋』はその十倍以上の7600語が共通するのである。『文選』の8400語に比べて、あまり遜色のない語数である。

また、『文選』との共通の漢語が約4400語存在し、『文選』の影響の大きいことを物語つてゐる。その『文選』『本朝文粋』と『広辞苑』とに共通の漢語も、約3200語あり、平安時代以来の漢語が、今日においても脈々と息づいてゐることを如実に示してゐる。

第五節　語彙表

一、語の配列は、漢字の第一字の音の五十音順である。
二、原則として、一語につき一例を示した。
三、数字は、語の所在ページ数。「下」は下巻を示し、数字だけは上巻である。

四、注音仮名、付訓は片仮名で、ヲコト点は平仮名で示した。
五、○は、広辞苑の見出し語と共通する語に付した。

○亞-相下19　○亞-將108　痾(ア)-恙(ヤウ)15　○阿-育下232　○阿-衡下52　○阿-闍-世-王下264　○阿闍梨200　○阿-耨347　○阿-耨菩-提下164　阿-尾下239　○阿-鼻下283　阿-鼻-地下237　○阿弥陀下162　○阿弥陀経下256　阿弥陀等下234　○阿弥陀如来下265　○阿弥陀佛下216　哀-許126　哀-矜(キヨウ)61　○哀-傷下144　哀-情下274　哀贈下244　哀慟下286　哀没下186　○哀-樂下47　哀-憐233　哀(アイ)-憐(レンシ)227　○愛下278　○愛(アイシツ)下89　○愛-河下239　愛-海下268　愛-翫下132　愛-翫(クワンスル)344　○愛-子105　○愛-兒135　○愛-日下226　○愛執下290　愛-賞下61　○愛-憎48　○愛-憐(シ)下18　曖(アイ)々(タル)98　○曖(アイ)昧(マイ)下137　○嚶(アフ)-鳴下136　奥74　奥(アウ)學282　○奥-義85　奥-區(ク)下73　奥(アウ)竈(サウ)下160　奥-藏下66　○奥(アウ)州211　○櫻-花下81　○櫻-樹下81　櫻(アウ)-笠(リウ)下199　鴦(アウ)瓦354　○鸎-謌下95　○鸎-語下13　鸎-花下6　鸎-華355　鸎聲下100　○鸎-舌下263　鸚-盞下135　○鸚(エイ)鵡79　○悪82　○悪-逆299　○悪-業下274　悪眼下290　○悪-趣下250　悪-種下168　○悪-僧58　悪-奴下185　○悪-法下164　握(アク)符下291　渥(アク)171　渥(アク)-澤下279　○遏(アツ)-雲86　遏(アツ)-密321　鴨-河下179　安(アン)下173　安-邑90　○安-穩下211　○安-閑下174　○安-居下246　安-公369　安-緝(シフ)下94　○安-全123　○安-置下230　○安-置(セン)197　安-平144　安-平-王164　安-本-忠109　○安-養下164　安-勅-氏107　○安-樂下231　安-樂-界下282　安樂國下247　安和(ン)二年249　安和(ワ)二年正月八日181　○安-慰下156

○按察使319　○晏(アム)-駕下264　○晏(アン)-然(タラ)181　晏-平-仲131　○暗(アム)343　暗-雨367　暗-脚下108　暗-魂下240　○
暗-室221　暗-質126　暗(アン)-懦(タン)150　暗-蟲96　暗-天73　○暗-冥下235　○暗-夜下133　暗-陋345　桉(アン)下170
○案|223　○案(ず)185　案據(キョ)317　○案-内20　○案-頭362　案-牘(トク)109　菴-菓下210　菴-園下243　闇-蔽(ヘイニシて)下158
○以-下下145　○以-外302　以-言245　○以-後21　○以-上36　○以-前30　○以-東361　○以-聞(す)118　○以
-北下178　○以-往8　○伊(人名)尹125　伊(イ)衡(カウ)125　○伊-州335　伊(人名)-周下49　伊(イ)-陟(チョク)145　伊(イ)-呂147　依々365　依-々-
然(トシ)下27　依-怙下272　○依-然(タリ)下22　依(イ)-領(レイス)295　依-違(ス)下278　○倚(イ)-伏(フク)81　倚-違301　唯思152　唯(ヰ)-然(シて)下
149　已-下(ケ)4　已-結-正4　已-後下280　○已上217　已-前4　已-發(ホツ)-覺4　○帷(ヰ)-幄(アク)243　帷(ヰ)-盍下72
○帷-帳190　○怡(イ)-然(タリ)下20　怡(イ)-蕩(タウ)下138　惟(ヰ)-薄(ハク)46　惟-越(ヲツ)下69　○意4　○意-氣下176　○意-外122　○
意-見30　○意-見封-事26　○意-匠下226　意-樹下270　○意-趣290　意-緒86　意-蘂(スイ)下242　意-聖81　○
彝(イ)-訓(クン)170　彝(イ)-範14　彝(イ)-綸(リン)19　洟(イ)-唾(タニシ)71　○異下170　異-氣下136　○異-口同-音下246　異-綵16　異-
草下107　異-兒下184　○異-時下189　異(イ)-賞134　異-俗下148　異-代下86　○異-躰287　○異-同下167　○異-方下
293　○異-物336　○異-域下26　○異-類下48　○異-論54　○移(イ)下19　○衣16　○衣-冠下205　○衣-裝47　○
衣-裳138　○衣-服38　遺(ヰ)下133　遺-哀下270　遺-藹(アイ)71　遺-音下124　遺-韻下266　○遺-恩258　○遺-訓下34
○遺-教196　○遺-孽(ケツ)下208　○遺-業161　○遺-孤下268　○遺-恨189　遺-種17　遺(ヰ)-蹤(ショウ)45　遺-績(セキ)下73　○遺

－跡168　遺－託187　○遺－塵下11　遺－弟下263　遺－調下37　○遺－徳170　遺－美下125　○遺－風235　○遺－文339　遺－名89　遺－卵下282　遺－例322　遺－路下23　貽－孫下59　醫－人下262　○醫－藥13　○醫－療201　○優359　優下16　優－異下118　優－異226　○優－遊下16　○優－遊下80　○優－賞250　○優－恤174　優－恕291　優－寵下28　優－暢下173　優－容189　優－老89　○優－劣102　幼下278　幼－學下34　幼－孤40　幼－日下232　幼主121　幼－少下232　幼－聰下79　幼－智370　幼－稚下65　幼－敏下31　友－道下28　○友－朋下120　右282　右（人名）－軍下206　庾－樓下161　幽｜335　幽－穩下178　幽－咽下133　○幽－閑下66　幽－儀下280　幽－奇下84　幽－祇77　幽－墟下178　○幽－玄下139　幽－蹊95　幽－顯129　○幽－谷下245　幽－栖339　幽－贊73　○幽－思下108　○幽－深下103　幽－趣下101　○幽－人334　幽－邃下224　幽－水73　○幽－邃下72　幽－情下96　○幽－棲293　幽－洞下118　幽－微298　幽－憤下285　幽－僻101　幽－茂346　○幽－冥77　○幽－明下242　○幽－靈下228　○悠－々24　憂255　憂－鴈78　○憂－喜下284　○憂－懼187　○憂－苦下220　憂－愧169　憂惱下290　憂－悖183　憂－迫144　憂－悲下238　憂－勞16　○游－泳117　游－夏24　○游－戲86　熊－經下16　熊軾106　熊－躍下136　○猶－子192　○猶－豫下279　疣－囊下169　○有133　有－一下236　○有－涯下260　○有虞下264　有－國127　○有－巢（人名）318　○有－司下180　有－習下244　○有－若下232　有－截142　○有－道208　○有－智下174　有－恥316　○有－德120　有－無279　○有－餘下217　○有－用115　有－勞222　莠－言277　蕕｜下166　融－結87　遊下16　遊－鷃169　○遊－

宴下42　遊讌下148　遊幸下180　○遊-行下9　○遊-行シ下187　○遊-學297　遊-戲下180　遊-氣352　○遊-魚86
遊-。釣クキンニシテ356　遊。-魂。48　○遊-絲357　○遊-手5　遊-。萃スイスル下171　遊-息セン下102　遊-岱タイ下284　○遊-蕩。タウ221
遊-塔下230　○遊女下8　遊イウ-徒ト下148　遊-。泛ハン下176　遊-蜂ホウ下87　遊。-。豫シタマフ355　○遊-樂下6　○遊。-覽下118　○
遊覽シ下93　○遊獵下180　。誘イウ-進下37　○雄。イウ242　○雄-劒下30　雄。-伯下104　○雄-飛す下76　育丨280　育イクスル319　郁。-
々-焉。タリ下11　○。郁ユ-芳。-門35　○一丨76　一丨-以コレヲ101　一-友下27　○一-々255　○一員47　○一-音80　○一
宇下192　一-筵下217　一縁下164　一屋239　一伽藍195　○一家カ216　○一-階259　一香一色下234　○一-角下73　一割カイ
121　一合下292　一-閤カフ下29　一-眼367　一基下222　○一季49　一机キ39　○一氣ニシテ下167　一-驥キ375　一吟下117　○一
-向56　一-鄕33　○一-擧35　一-許　一-里下172　○一-曲348　○一具下294　一-區グ194　○一-句336　一軀下245
一-遇下102　○一-隅。。ク47　○一-華下97　一-巻242　○一官224　○一管下292　○一-貫ニシテ下167　○一-簣クヰ下248
○一月362　○一月下51　一月十日下251　一-郡305　一-經下14　一-。項ケイ238　一-鷄92　一-劇。ケキ下130　一結下193　○
一-言172　○一-言セ303　○一間ケン下215　○一-顧コ256　○一-顧335　一-孔コウ80　○一國29　一斛4　一劫下274　○
一座93　○一-切338　○一-切-經200　○一切衆生下64　○一-雙300　一草下126　一-草一-木下14　○一-札
294　○一-山下287　○一。事261　一-事一-言下281　一事一物355　一士136　一司226　○一-子259　○一-字347
一-枝下284　○一-時18　○一-紙下193　○一-實下74　○一-日91　一日一夜61　一-日-行60　○一日三秋下

23　一-入下89　一-十巻(クヱン)319　一十三顯88　一十二-歳211　一十二律78　一十餘二(ナシ)158　○一-心176　一-深下
188　一-車105　○一-生(シヤウ)225　一-生一-死98　一章下191　一-爵下11　一周(シユ)下28　一株下173　○一-樹下88　一首下
32　○一瞬(シユン)219　○一-所302　一-處下91　○一-乗下76　一-乗-經下163　一-乗-教下218　一-稱下64　一稱南
無佛下62　○一-色下80　一職207　○一神下218　○一身30　一-醉下93　一城下193　一-歳下61　一-清下149　一-
聖221　○一聲93　○一-夕下269　一-尺-餘下172　一石五斗43　○一切。52　一-絶下59　一千18　一千戸183　一
千年下190　一千篇下143　一千里93　一善下228　一淺下188　一箭129　○一-錢下216　一僧39　一-蓁。335　○一-族下
211　○一-束352　一-寸(ソン)245　一-樽。下24　一-蛇頭-尾下116　○一-代下97　一代教主下232　○一-大-事下213
○一躰下234　○一堂下215　○一道下25　一-塔下210　一團。(タン)90　○一-旦(タン)337　○一端。(タン)216　○一-致(チナル)143　一-池371
一-柱下240　一-株(チウ)下85　○一-重(チウ)下65　一-帙(チツ)。。214　一-砧。(チン)38　一-丈-餘下173　○一-張342　一楨(チヤウ)下251　一通55
○一-定(セリ)248　一帝287　一庭下115　○一-朝下21　○一-朝一-夕179　○一-條下168　一條院下145　○一-滴。下139
○一-天294　○一-天-下下131　○一-度4　○一途(ト)192　○一-同274　一-。洞372　○一-得305　○一-二下137
一-二-三88　一二千里下26　一-二-年188　一-二-年-來下246　一-二-里下106　○一-人3　○一-念下240
○一-年53　一-婆下243　一。(イツ)-把(ハ)176　一-枚(ハイ)。。175　○一-盃下94　○一-方80　一-眼-泉下177　一-鉢198　一-
法17　○一-半208　○一-班(ハン)34　一般若經下255　○一疋35　一品行190　一百五人下188　一百年102　一百餘-丁43

一百餘領114　○一部96　○一夫下187　一-府下131　一-封下188　一-物已-上358　○一分32　○一-瓢(ヘウ)226　○一
片13　○一邊102　一鋪下275　○一-報下68　○一-毛292　○一-面330　○一-門194　○一-夜125　○一-覽304
○一-流195　○一-粒52　一-林145　○一-兩29　一-兩-曲下107　一-兩-句下25　一兩寺下192　一兩声下295
一-兩-僧下5　一-兩-。朶(タ)下120　一-累(ルイ)292　一-領39　○一聯(レン)。356　○一-葦下16　○一-院(ヰン)195　一-園下166
一-園-中下283　乙下4　乙-丑下143　乙。-。。未353　溢(イツ)。-浪330　○逸(イツセリ)29　○逸-遊342　逸韻339　○逸-群下165
逸-契下38　○逸-興下141　逸-態(タイ)下166　逸-馬下24　○逸-樂(ラク)。81　揖(イフ)71　○揖(イフ)。-。。讓292　揖(イフ)。-滿150　○邑(イフ)33
邑-者下72　邑(イフ)-祖(ソ)293　邑-土10　邑-里下9　蔭(イン)孫262　○陰|352　○陰-雲下133　陰-郭。146　陰-勝356　○陰-
晴下177　陰-精下168　陰-虫72　陰-土357　陰-條。下50　○陰-德15　陰-魄96　○陰-陽28　陰-律80　陰靈
346　○音284　。音(ム)-。韻42　音-樂。。下76　音-曲下285　○音-信下277　音-聲下243　音-塵下22　韵270　韵-氣281
○韻280　韻(インス)下135　○。飮(イン)226　。飮(シ)337　○飮-食38　。飮-啄(タク)下133　允(ヰン)。-容177　。允-容(ヨウセン)。14　○印(イン)下228　○印(インス)178
○印-鎰(ヤク)25　○因下64　○因-緣349　○因-脩(シユン)186　○因-修(シウシ)326　因-准(シ)55　。寅(イン)。卯辰。巳(シ)74　。胤(イン)208　胤(イン)-。嗣(シ)165
胤-子下145　○。引下10　○引-接下62　○引-接(セ)下278　○引-攝下162　引-道下236　殞(ソンシヌ)129　殷(イン)。-工下210　殷-。鳶(セン)
75　殷(人名)-宗7　殷-庭98　殷(イン)。-朝142　殷-夢170　○滛(イン)。81　○滛(イン(セ))。110　○滛(イン)。-心81　滛-水下186　滛。-溺(テキ)。下186
滛。-奔下9　○滛。-奔(スル)。76　禋(マツリ)76　○貟(イン)119　○貟外|26　貟-外刺-史337　貟外納言下293　貟-外-郎350　○貟-

數219 ○河原院下289 嵯-峨院下116 白河院下91 ○院司下259 ○院-主369 隱下182 ○隱-逸下108 ○隱-居85
隱-市171
于(ウ)。公下44 于(ウ(人名))氏高-門318 ○優-曇(トム)下230 ○優(ウ)-曇(トム)花下236 優(ウ)-鉢-羅下257 古-鷹-揚-衛下85 右-監-門下
24 右近中將下285 右近衛權中將120 ○右近衛少將161 ○右近衛大將120 ○右近衛中將150 右-相-府下225 ○
右-丞-相340 右-尚-書下100 右-親-衛下33 右少史327 右-少-丞下85 ○右少弁67 ○右少辨207 右大
-閤(カフ)下198 右大史332 右大將軍下127 右大丞下94 ○右大臣14 ○右大弁218 ○右中弁26 右兵衛佐258 右-武
-衛下92 右-武衛將-軍下73 右-馬下44 ○右衛門235 ○右衛門督下259 ○右衛門府生下142 嗚(ウ)。-咽(エツ)。下266 ○
宇(ウ)32 宇多院下289 ○。宇-。宙(チウ)346 寓(ウ)96 。汙(ウ)-濁(タク)下205 烏-雲下59 烏。-號。342 ○烏。-合25 烏。-巢(サウ)下100 烏(ウ)
-瑟(シユツ)下242 ○烏(ウ)-啄(タク)139 烏-。轡(ヒ)81 ○烏文98 ○盂(ウ)-蘭(ラム)下283 禹-湯83 紆(ウ)-帶25 ○有縁下244 ○有-頂下170
○有-頂-天下237 ○有-漏下171 ○有-爲下101 有-爲-界下213 ○羽-衣下113 羽-益104 ○。羽-化下217 羽-
括100 ○羽-檄(ケキ)。下113 羽-氏100 ○羽-觴358 羽-爵下52 羽-服366 ○羽-翼45 羽-陵366 迃(ウ)-誕(タン)276 雨-
畢(ヒツ)。352 ○雨-露9 欝-邑14 ○欝-陶(タウ)下137 欝-歎301 欝-腸(チヤウ)下277 ○云々下198 ○云-為。98 ○。緼(ウン)-袍39
○芸(ウン)。-閣217 芸(ウン)。-縑。80 蘊(ウン)。袍下199 ○運(ウン)304 ○運-載下235 ○運-送115 ○運-轉(シ)96 ○運-命207 ○雲-
雨86 雲-英(エイ)107 ○雲-霞87 雲-樂(カク)。。下98 ○雲-漢下137 ○雲-氣下169 雲-衢(ク)368 雲-會370 雲-闊(クワン)。360 雲

−鬟下255　雲−巖119　雲−構65　雲心下20　雲−書349　○雲−霄248　雲−泉下70　○雲−孫下177　○雲−臺下235
○雲中120　○雲−泥下276　○雲−衲下258　雲−幕下15　雲−帆下28　雲−膚下16　○雲−霧87　雲−物182　○
雲−表下172　○雲−母166　○雲−門77　雲−閬下135　○雲−龍116　○雲−林−院下5　雲−嶺下243　雲−輦下120
雲路208
叡−鑒172　叡−襟下259　叡−景145　叡−指135　○叡−旨322　叡−心下258　叡−賞下83　叡−情368　叡−楚下129　○
叡−智258　叡−聽248　○叡−哲353　叡−徳100　叡−念下260　○叡−覧186　○叡−慮130　○影−堂197　映下236　○
映14　相−映354　映−徹349　曀下183　○榮143　○榮−耀219　榮−宴下125　榮(人名)−期90　○榮−遇下100　榮−花246
○榮−華161　○榮−光288　榮−暉39　榮−貴208　榮(人名)−啓−期下101・　榮−顯149　○榮−枯82　○榮−爵206　榮
−職210　○榮−辱79　榮−凋下137　榮−班256　榮−分298　○榮−名374　○榮−落99　○榮−利下141　榮−路151　○
永−々303　永觀元年4　永觀元年四月十五日4　永−元73　永觀二年247　永觀二年十二月十五日10　永觀二
年十二月廿八日6　永祚二年五月五日152　永祚二年三月十七日148　永祚二年四月廿一日150　永祚二年六月日186
永−寧−坊下84　○永−平下40　永−明87　永−例323　○瀛−海94　瀛−養下48　榮|31　營−丘144　營−衛136
惠鏡下293　瑩−拂下137　盈143　盈−溢161　○盈−虚293　盈−縮下172　盈−数下269　○睿−覧161　○睿−慮164
贏−縮73　○翳下134　○纓下28　○英24　○英−雄82　英−毫下23　英−花346　英−華369　○英−傑351　英

－賢 82　○英。－才 340　英。－儒 291　○英－俊 162　英。－聲 下236　英－妙 下105　英。－髦 14　英－利 115　○衛 下118　衛(人名)
－宏 73　衛－國 79　衛(人名)－將－軍 下156　衛－卒 59　衛－欒 147　○衛－府 234　○詠 下89　○詠｜45　○詠－歌 348　○
詠－謌 下145　○詠－歌 下19　○詠－謌 下93　贏。－金 下41　。郢－斤 下51　。郢－客 357　郢－中 352　○鋭－氣 190　。頴
－水 15　○。穎－川 下126　○頴－脱。 44　。頴－陽 下48　傜役 31　夭 下276　夭 172　○夭々 下80　○夭。－桃 下94　○妖
7
○妖。－艶 下196　○妖－氣 83　妖。－咎 37　○妖。－恠 3　○妖－言 78　○要 35　○要。 下195　○要－害 下129
○要－職 229　○要－津 下9　要－樞 208　○要－須 269　○。要－道 116　要－務 27　○要－路 357　媵－妾 38　○揺
－落 下28　揺－動 下187　○。杳 70　○。杳々 95　○曜－宿 下226　洮。－溟 77　瑶。－裾 下270　瑶－光 289　瑶。－鋭 15
瑶。－池 下134　○瓔－珞 下273　袄。－邪。 77　袄－神 75　窈々 97　○。窈－。窕 下146　。窈－冥 下133　耀－靈 358　膋。－
體 下16　遥－涯 下194　遙－源 下35　遙。－夜 342　○役 5　○役 73　役。－。従 10　○。弈－々 364　○奕－世 下60　嶧
－陽 下31　○掖。－庭 下274　○易 139　○易－經 101　○易。－者 175　○益 24　○益 283　益－符 54　腋。－庭 下276　疫－
疾 301　驛－日 73　○驛－亭 296　悦－可 下69　○謁 下173　○謁 364　相－謁 下8　○越 下249　越－裳 98　越－賞 94　○
越。。－人 147　越－石 105　○越前 76　越前守 253　越前國 43　越前權守 220　越前大掾 88　越。－。膽 下239　越中權守 272
越－椎 166　○越－鳥 187　越。－。斧 下51　越。－綾 38　越－王－鳥 375　閲－實 48　閲－水 下62　厭。－々－然 下88　厭
－溺。 84　。剡 下92　○塩－梅 9　炎－旱 3　炎－旱 16　炎－居 363　炎－州 下102　○炎－暑 363　炎－熱。。 下76　○炎。

－涼73　○焰－々下91　猒－却下199　簷。－事下118　○。艶下142　艶－語下150　○艶－色下83　艶－情下196　○艶－
陽下99　艶－流下140　○閻－浮下260　役居－士下172　○偃－臥下175　。偃側。下186　○偃－息下27　偃－泊下77
挻。－紘。84　堙。－滅236　○宴235　○宴258　○宴－安下137　宴－遊下122　○宴－飲358　宴－莚・下11　○宴－會357
宴－集下18　宴－集－詩334　○宴－席下37　○宴－樂下31　○延－喜233　延－喜以－後336　○延－喜－格333　延
喜九年249　延喜元年57　延喜五年249　延喜五年七月廿一日293　延喜七年332　延喜十一年33　延喜十九年下36　延
喜十三年下158　延喜十四年四月廿八日62　延喜天暦235　延喜二年336　延喜二年三月十三日23　延喜八年下27　延
喜八年五月十二日294　延喜八年八月十四日81　延－喜－臨－時－格333　○延－長下4　延長四年七月四日下391　延
長二年二月十五日206　延長八年十月九日126　延長八年十月十三日123　延長八年十月十六日125　延長八年十月廿
日11　延長八年十二月日188　○延－年135　○延－命下147　○延暦61　○延－暦－寺下272　延暦廿一年三月下172　延
暦年中323　○延－齢91　掾－吏364　捐－陳38　沿。319　○沿。－革。251　淹。－屈210　淹。－稯下11　淹。－沈218
渕－英下165　渕。－雲。下23　渕－魚85　○淵－水120　○渕－酔下94　渕－泉209　渕－塞。281　演－家376　○演－説
78　○演－説下226　演－暢下246　○煙－雲98　煙－驛下28　煙越375　○煙－炎。下160　○煙－霞298　煙－郊。下217
○煙－客下90　○煙－火223　煙華336　○煙－景下20　煙－溪12　煙－巖。。下116　煙－巣。下274　○煙－水下26　煙－
霄。下61　○煙－塵83　○煙－波86　煙。滅下35　○煙－嵐下27　煙－柳下118　煙－林下213　○燕。364　燕。－肝下239　燕

－姫354　燕－脂101　燕－寢212　○燕－雀10　燕－弗342　燕－毛14　燕－餘138　燕－王227　○緣367　緣
－海－國45　○緣－邊56　衍－溢48　院117　院－花265　鳶肩－公－子85　○鷰－雀187　鷰－頷將－軍85
烏－啄175　雍－宮132　雍－齒235　雍－州50　○雍－容81　應364　○應－167　相－應348　應－曜15
○應－化241　應－科24　○應－身65　應－世－叔165　○應－對124　○應天門32　應－揚350　應－輸41
○應－和243　應和三年242　應和三年三月十九日223　應和三年八月廿二日245　應和三年六月日110　應和二年
212　○擁－11　○擁－護204　擁－絕7　○歐－吐175　膺－門75　○謳－歌254　○謳－歌253　謳吟145
謳－吟146　鷹－鸇179　○鷹－揚223　○屋－83　○屋－舍173　憶－持147　○恩193　○恩－愛248　恩－涯
259　恩－客355　恩－許297　恩－喣114　○恩－光139　恩－矜260　恩－旨159　恩－慈211　○恩－赦7　○恩－
賞224　恩酌345　恩－授139　○恩－恤254　○恩－詔215　○恩－澤106　○恩－寵271　○恩－德268　○恩－波136
○恩－命113　恩－盼82　恩－裕300　温259　温－育316　○温－顏32　○温－和355　○温－官208　○温－柔
92　温－樹276　温－潤210　○温－職206　○温－清257　○温－泉247　温－酎107　温－飽209　温－諭305　蔭－
牘22　音－聲菩薩91　○音－樂76
下267　下－帷174　下－界271　下－机292　○下－愚81　○下－官194　下－國188　○下－若90　下－若－村
114　○下－旬353　○下－舂351　○下－情139　下－澤19　○下－知196　○下－知21　○下－土217　下坂367

○下-風58
○下-問下34
○下-臈207
○下-流下122
下-列24
○下-位83
○伽-藍199
佳。(カ)-遊下115
○佳。-期(キ)364
佳-氣116
佳-會344
○佳-境337
佳-賞343
佳-趣374
佳-色下119
○佳(カ)-辰97
○假(カス)188
假-珎下41
價-直下180
○加-階232
○加-擧(キヨ)198
○加-擧(キヨシ)196
加(カ)-擧(コ)195
加-擧(コシ)198
加-任(セ)250
○加-增(スル)55
加-倍(ス)55
○可19
○可-否(ヒ)73
可-封83
哥-王下244
嘉-遊下79
嘉-睨(ギャウ)下194
○嘉。-會下121
嘉-惠295
嘉-什。(シフ)下145
嘉祥三年249
嘉祥二年250
嘉。-手下226
○嘉。-辰下114
○嘉(カ)-瑞(スイ)215
嘉-招。(セウ)下119
嘉-歎下19
○嘉-賓下60
嘉-謨。。(ホ)14
○嫁(カセ)47
○家-郷(キャウ)下248
○家-君下173
○家-業下58
家-公165
家-狗。(コウ)186
○家-山179
○家-産39
○家事下183
○家-司299
○家-資16
○家-室下281
家-主下181
○家-臣下120
家。-素317
家-塵308
家-途241
○家-督(トク)376
○家-譜132
○家-風182
○家-門92
家-園下100
夏｜281
○夏356
夏｜禹(ウ)61
夏-昊121
夏-侯下126
夏-侯-氏106
夏(人名)-侯-勝。15
夏-后82
○夏-至73
○夏日362
夏天363
夏夜363
○夏-臈284
夏-曆209
暇。-景下10
暇-豫(ヨ)下104
○柯。(カ)-亭(テイニ)99
○枷鏁下290
架。(カ)-中下115
○歌339
歌-嬰362
歌-詠下69
歌-樂220
歌-山86
歌。-父。(フ)-山88
○河｜下9
○河-漢337
○河-魚75
河-朔363
○河-上下75
○河-水下65
河-中下9
○河-伯86
○河邊下179
河-目92
河-陽362
河-陽-館362
○。。雅143
○雅-意307
雅-音77
雅-訓125
○雅-言15
。。雅-。操(サウナリ)92
雅-情下142
雅-。正282
○雅-量下30
。。雅-。麗(ナル)下37
○瑕。瑾274
稼(カ)98
○稼(カ)-穡(ショク)104
笳。-角87
○蛾。。-眉86
蝦(カ)。-夷57
衙。。-牒下193
○衙(カ)。。-門

下100　○荷(カ)－葉347　荷－懼(ク)133　荷－懼(ク)慙(サン)－迫171　荷－裳(シャウ)255　荷載(タイ)128　○荷－擔(タン)245　○苛(カ)－法20　葭(カ)－灰下

190　訶－囂下87　訶詠下149　○訶－謡下126　訶－客下31　訶－管下85　訶－兒下39　訶－詩下50　訶－什下148　訶－

吹下43　訶－咲(セウす)下9　○訶－舞下20　訶(カ)－樂(ラク)32　○賀下230　○賀(カス)下147　相－賀(カシて)下52　賀瑞117　○賀－表243　賀－表

等214　賈(カ)－捐(エン)(人名)115　○賈(カ)－誼(キ)(人名)86　賈(カ)(人名)－生82　遐(カ)－鄕87　遐－荒19　○遐(カ)－迩(シ)129　遐－年174　遐－方66

○遐－齡下16　霞－軒下15　霞－飡下261　霞－窓下4　霞－袂(ヘイ)下133　餓(カ)犬88　○餓－死63　○餓－殍(フ)40　餓餘(レイナリ)

254　○駕(カ)下60　○駕(カシ)70　鵞鴨下291　鵝－王下68　介(カイ)－國(コク)78　○介－冑(チウ)191　○偕－老下281　凱－樂下122　○凱(ガイ)－風

116　○孩(カイ)－提(テイ)下189　○害83　○害(カイス)40　害－馬136　慨(カイ)－懼(ク)301　○慨－然(トシて)241　懈(カイ)－緩(クワンシて)60　○戒下284　○戒香下

295　○戒－師下272　○戒－牒59　○改－易323　○改－元3　改－補(スル)54　皆－空下70　皆－悉22　海289　海－行

60　海－鼇(カウ)71　○海－岳下194　○海－岸下84　○海－外26　○海－口下50　○海－象(サウ)下243　○海－水276　海－西

下60　○海－內142　○海－中114　○海－鳥75　海－田下5　○海－風下65　海－表170　涯124　涯(カイ)－涘(シ)下8　○涯(カイ)－

分208　獬(カイ)－豸(チ)49　○界(カイ)下170　○睚(カイ)－眦(サイ)159　○疥(カイ)癬(センノミ)59　○盖(カイ)364　盖－海下21　盖(カイ)－嶺86　艾122　艾－人375

艾－髮89　艾－韠(ヒツ)329　艾－服149　芥－鷄下65　芥－城下228　薤(カイ)上下169　薤(カイ)龍(リョウ)下240　○街(カイ)－衢92　誡－罸252

解(カイ)－印(イン)139　解(カイ)－却(セン)22　解(カイ)－語(キョ)78　○解－任242　解(カイ)－替(タイシヌ)248　○解(カイ)－軆(センコトヲ)24　○階320　○階－級231　階－業

37　○階－前372　階－品(ヒン)39　○開－講下63　○開－闔(カフ)354　○開－元297　○開結下264　○開－結－經下240　○開－

悟下235　開－國－公下185　○開－墾21　○開－三顗－一下262　○開－示下242　○開－題下209　開－田20　○開－
闢26　○開－敷下82　開－陽84　○開－落357　開－蓮下212　○骸－骨175　亢－滿151　○亢龍下264　交－會下
146　○交－錯40　交－情下128　交－迹244　交－泰96　○交－通285　○伉－儷364　傲－吏82　○剛下17
○剛－強108　○剛－柔89　○効119　○効－驗81　○号　○号369　告－狀50　告－訴50　○號－令329　囂
－頑下158　坑－岸下41　幸下89　幸－翁216　○幸－甚152　○好－音下133　好－客下119　○好－學305　好－倹下
183　○好－事下103　○好－尚72　好－女下141　○好－風353　○好－文260　○宏－才81　宏－弁下81　○巧32
巧－思62　○巧－匠287　○庚下204　○庚－申363　庚－辛95　庚保元年217　庚保五年正月五日169　庚保三年下33
庚保四年七月七日下293　庚保四年十月廿五日183　庚保四年十二月廿五日144　庚保四年二月222　庚保二年月日262
庚－陵下36　○庚－和129　庚和元年212　○康－衢下48　康－哉下145　○慠－然下20　抗－表167　杏－華下209
杏－園下99　杭－越307　○杭－州下191　校－授下41　栲－案下290　○梗－槩下187　樂316　教316　教－化66　教
戒下139　教－誡下144　旲－蒼158　○旲－天309　○更74　○更－始下40　更－漏346　○毫－毛123　○江105　江(人名)
－淹339　江－翁350　○江－家102　○江－海176　江－學－士下10　江匡衡132　○江－月下192　○江－湖15　江－
國－子下52　江－左360　江相公下101　○江－山下21　江－侍－郎下34　○江－州341　江－主－人304　江(人名)－惣下86
江－大－夫下30　○江－都342　○江－東96　江納言下234　江納言維時下221　江－波343　江(人名)－泌84　江－府212　江

－鱗下72　江－樓350　洪－才339　○浩－々286　○溝－壑215　爻－辞80　○皎－々下22　○皓－月86　皓－
彩349　○皓－白下18　稾－草下174　絳－闕276　絳－桑71　絳脣354　絳－霄344　絳－雪下81　○綱－維200
○綱－要73　○翺－翔下187　考－沙－弥下218　○考－妣下211　考－老88　○孝下226　孝－安下40　○孝－行下250
○孝－經280　孝－敬下143　孝（人名）－猷下40　孝－思下269　○孝－子下14　○孝－道284　孝－治下14　孝－文皇－帝下267
孝－門16　○孝－養257　○孝－廉240　孝－王361　○耿－々364　肴－函368　○膏－肓174　膏－燈下158　○膏
－腴30　○膏－粱141　○膠－漆下86　膠－舩125　○行下33　行－衣96　行－雨下213　○行－雲355　○行－
客下132　行－宮33　行－操下199　○行－蔵下74　○行－藏下159　○行－事195　行－子下22　○行－人65　○行成300
行－住下225　○行－程59　○行－年下181　行－鑣下25　○行－歩223　○行－樂下177　○行－李162　○行－旅下148
○行－路下257　行－露下22　○衡－門226　蘅－蓀15　蛟348　蛟－眼358　皐－陶48　皐（人名）－虞319　皐－鶴161
○耕－作21　○耕－種18　○耕－織19　耕－食21　耕－食21　○耕－田37　○講下38　○講下33　○講－
演下240　○講－演367　○講－莚39　○講－會下280　○講－經下63　講－經－論和－尚下191　講後下46　○講－師下
63　講肆下282　講－匠下212　○講－誦下32　○講－席下11　○講説下212　○講－説下251　○講－堂44　○講－讀
－師37　講－論下75　○豪－家20　○豪－冨41　遨146　○郊316　郊281　郊－畿40　○郊－外下93　郊－天76
○郊－野下80　○郷33　鎬－池76　鏗－鏘339　○降下209　○降－鑒188　○降－伏338　降－跡88　○降－誕91

○降-臨下258　○降-臨(シ)161　降-虜(リヨ)下12　項(カウ)-年209　項(カウ)-昴(人名)-都72　○香(カウ)200　○香-煙下70　香-緣下220　香-莚365　○香-火226　香-花下102　○香-華197　香-山下243　香-晃下167　○香(カフ)-粉365　○香-爐下230　高-韵下94　高-媛(エン)297　高-宴344　○高-下45　○高-家下178　高-盖下44　高-巖358　高-規(キナリ)39　高-會下19　高-皇下36　高-冠102　○高-貴21　高-五-帝194　高-興下196　○高-才24　高-材99　○高-山下245　高-旨12　○高-尚(シヤストモ)14　高-情下48　高積善下60　○高-祖73　○高-祖父260　○高-僧下284　高-宗下32　高-大-宗335　○高-堂62　高-唐下126　○高-致下74　高-秩(チツ)134　高-侶下89　○高-帝99　○高弟(テイナシて)159　○高-天345　○高-年8　高-班189　○高-卑(ヒ)131　高-命下30　高-門256　高-麗(リ)30　高麗笛下292　○高-樓下83　○高-論下81　○高-位(ニシて)320　鼇(カウ)-海100　○鼇(カウ)-頭193　鼇(カウ)-波下28　鼇(カウ)-背(ハヒ)72　各-々下176　○客下247　客-右下121　客-葉下101　客-館340　客-卿351　○客-死(セリ)303　客-鬢下19　岳(カ)-筆143　岳-牧105　嶽-々(タリ)下104　嶽(カク)-鼻92　○格(カク)-勤(コン)222　核(カク)練(レンセ)341　○樂(カク)108　樂-遊110　樂(カク)-韻356　○樂-器下169　○樂(カク)曲363　樂(カク)-廣353　樂(人名)-彦-輔126　樂-縣下12　○樂-師下12　○樂-章下33　○學160　學-稼(カ)87　○學-海209　○學-校42　○學-官363　○學-舘16　○學-舘194　○學-業29　學-山下10　○學-士261　○學-舍194　○學-者下173　○學-生23　學-生等44　學-生-析43　學-道23　學-達(セ)256　學-亭194　○學-徒215　○學-府85　○學-問下174　學-問-料244　學-鹿下49　○覺-|280　覺-運僧都下286　覺-慶下191　覺-花下241　覺-華下282　覺-月下268　○覺樹下291　覺-

◦◦蘂(スイ)下210
覺(カク)-路259
覺-位下64
角(カク)(ロク)-里-生168
角-立93
角-立(シ)下75
較(カクニシテ)◦74
○較(カク)◦-量下41
貉(カク)-駼79
雒◦127
○閣◦167
○革(カク)319
○革(カク)-命297
○額(カク)◦◦下234
○鰐(カク)◦◦-魚49
鸖-頂下101
鶴-◦板下287
渇(カツ)-乏(ホクナリ)下179
葛-公78
葛◦(人名)-仙80
葛(人名)-仙公下123
葛(人名)-稚-仙下109
葛◦-陂100
葛◦-慮79
轄(カツ)◦下94
合-宴下131
合-宴(す)下145
合-應(す)109
○合◦◦-期◦◦253
合◦-射117
○合-掌下109
○合-掌(シ)下247
合-◦注(シュ)285
○合-成下210
○合-躰下291
○合-體(ニシテ)下159
合-浦106
○合-力下216
○合-力(シ)下215
峡(カフ)下109
峡(カフ)-中100
峡(カフ)-猿108
狎(カフ)◦-客下4
○甲(カフ)下38
甲寅340
○甲乙(ヲツ)316
甲◦-乙◦丙丁◦74
○甲(カフ)-科(クワ)245
○甲子下40
○甲-州下193
甲-州司-馬下215
○甲申下41
○甲-弟360
甲-令330
函(カン)◦-関◦下75
函(カン)◦-◦大下10
○勘(カン)-合(シテ)55
勘-糺(キウスレハ)59
勘解相公下147
○勘(カン)-解◦◦-由(ユ)220
勘-解-由-使328
勘解由次官327
勘解由長官317
勘解由判官318
勘(カン)-籍(シャク)54
勘-籍-人53
勘-籍-人等54
勘濟253
○勘-責下197
勘(カン)-帳252
○◦勘(カン)-判(ハン)52
勘(カン)文等232
○勘-返(シテ)55
含(カム)◦-鵄◦下4
含(カン)◦-◦咀(ショす)15
含-靈78
◦坎德85
◦◦坎(カン)壈(ラン)44
咸◦-池77
咸-陽-縣下87
○感(カン)161
○感(カムシ)303
○感-應37
○感-應(す)37
○感-歎下5
○感-歎(シ)下18
○感-通16
○感-佩(ハイ)294
○感-涙下198
欠(カンシ)104
◦敢-◦諫5
炊(カム)◦-甑(ソウ)◦下172
甘|272
甘◦-◦菓93
甘◦-◦苦(コ)下269
○甘-心(スル)297
甘-◦澍(シウ)7
○甘-泉76
甘◦(人名)-羅158
○甘-露135
○◦監(カン)192
監-行37
◦監-試(シ)56
監-穢(ヱ)37
◦礛(カン)-[石諸](ショ)◦下30
銜(カン)-策(サクナリ)56
銜◦-勒(ロク)下44
○諫-鼓30
○酣(カン)◦-◦醉49
○酣◦-◦暢(チャウ)下35
○酣(カン)-暢(チャウシ)下80
○酣(カン)◦-樂下18
○陷(タウ)-没◦◦160
◦鑒(カン)251
○鑑(カム)-察下204
○乾◦105
○乾-元77
乾-槌(ツイ)下170
乾-圖(ト)98
乾◦

-臨212　乾-位98　侃(カン)-々-如(タリ)下15　刋(カン)脩(シウ)321　刋(カン)-定下38　○鴈-行下242　○鴈-行(ス)下133　○鴈-山下28
鴈-堂下212　○鴈-塔下223　鴈-頭下188　○鴈-門下240　鴈-門散-吏(リ)下185　○姦姧(カン)316　○姧52　姧-構(コウ)20　○
姧(カン)-人105　姧(カン)-濫(ラン)55　○寒(カン)198　寒鷃256　寒-温(ウン)259　寒-郊(カウ)下213　寒-鴈下134　○寒-菊下48　寒-吟下107　寒-
玉下196　○寒-苦209　○寒-花下119　○寒-光357　○寒-月下127　○寒-草下100　○寒-暑118　○寒-松下77　○
寒-聲下107　寒-雪225　○寒-素24　寒-窓297　寒-潭下120　○寒-暖(タン)下113　寒-氷76　寒-飈(ヘウ)下160　寒-木下61
○寒夜下103　寒-餘356　寒-嵐下22　○寒-林下104　○寒-冷下79　岸-葉下177　岸-脚(キャク)359　岸-口下99　○岸-
頭下147　岸-風364　岸-柳下93　○干(カン)戈(クワ)298　○捍(カン)-格(カクシ)44　旱-苗301　○間12　間-關下136　○間-然(セン)下63　軨(カン)
-舟146　○軨墨239　軨(カン)-了(レウニシテ)62　韓(カン)-康(カウ)(人名)86　○韓(カン)-信(人名)254　韓崇(カンスウ)106　扞(カン)-城114　○閑|下100　閑-遊353　○閑
居138　○閑-居(シタマウ)下15　○閑-官226　閑-敞(シヤウナル)下222　閑素(ソ)231　○閑-宅下18　○閑談下73　○閑-地20　○閑-中下
102　○閑庭下99　閑-天下10　閑-忙49　閑-放下96　閑-夢下108　○閑-院194　○汗-簡下41　○漢|176　○漢
下36　漢-雲366　○漢-家(カ)64　漢-宮349　漢-廣下48　漢-皇下30　漢(人名)-惠90　○漢-月347　○漢-口下116　漢-
興131　漢-國36　漢-室83　漢-主209　○漢-書下35　漢-聖下36　漢-代160　漢-竹97　漢-女下91　漢-帝
235　漢-庭下23　○漢-朝103　漢-貂(テウ)下51　漢-典107　○漢-武3　○漢-文82　漢-甹(ヘイ)170　澗-戸下20　澗-
口下109　○澗(カン)-氷186　○澗-底下213　眼-界下87　眼泉下294　眼-路151　○簡(カン)下13　○翰(カン)-藻(サウ)240　○翰-墨下73

○翰(カン)-林104　○翰-林學-士下30　翰-林主-人350　翰(カン)-苑(エン)66　○肝124　肝-葉下230　肝-家151　○肝(カン)-膽(タン)
14　○艱-難209　限-數下69　○顏(人名)-淵93　顏-巷(カウ)下219　○顏-回93　顏(人名)-子226　顏(人名)-子-淵83　○顏(人名)-之-
推341　顏-駟227　○顏-色下173　顏(人名)閔下34　○顏-面下246
伎-歌107　○伎(キ)-樂下220　○伎(キ)-藝110　○儀下28　儀-形144　○儀-式7　○儀-同-三-司下125　○儀-範
152　○儀-表162　○几(キ)-案下174　宜(キ)52　宜-春下22　○剞(キ)-劂(ケツ)128　喜-慍(ヲン)93　○喜-氣下114　○喜-懼(ク)下269
○喜-撰下141　○喜-怒(ト)316　喜(キ)-怒(ヌ)(ト)哀-樂108　○器|148　○器-用208　○器-量17　○基-趾下72　○奇(キ)下50
○奇-巧56　○奇-巖下107　奇-花下116　奇-犬71　奇-肱(コウ)下240　○奇-骨71　○奇-才83　奇-作(ナル)下38　○
奇-態(タイ)108　奇-法270　奇-文85　相寄-和(す)334　岐(キ)下22　○岐(キ)-嶷(キヨクニシ)下29　○岐(キ)-路291　○崎(キ)-嶇(ク)371　○妓(キ)46
妓-榭(シャ)下81　○妓-女46　妓-鑪下79　姬(キ)-漢下6　姬-公下51　姬-周93　姬-水下46　姬-奭(セキ)12　姬(キ)-旦(人名)
185　姬(キ)-娘(チャウ)下18　已-亥(カイ)下48　○已(キ)-未(ヒ)下178　弃(キ)-井(セイ)下214　○弃-置下149　○弃(キ)-置(チセ)228　寄(キ)119　○寄-居(セリ)90
○寄-進20　○寄-託(タク)129　希(キ)-夷80　○希-有12　○希(キ)-代下246　○忌(キ)下283　○忌-諱(クヰ)6　○忌-景下263　○
忌-辰下272　○擬(トシ)25　○擬(キ)(セリ)24　○擬-議(す)下13　擬(キ)-補(フスル)37　擬-文-章-生269　戲-和307　○戲(キ)-言109
○戲-咲(セウ)下66　杞(キ)-梓(シ)15　○機74　○機-緣下263　機-急59　機-弦57　○機-婦下7　○機(キ)-務135　○機-
密下37　○期(キ)99　○期(キセ)下120　期-頤(イ)89　期-運34　期-々88　○朞(キ)-月(ニシテ)34　○期-日下215　期(キ)-約(シャク)98　○

萁(キ)-年(ニシテ)32　○既-往138　旖(キ)-常9　○氣(キ)301　氣-韵375　○氣-韻107　○氣-候下186　氣-序下119　○氣-色
300　氣-味下21　○氣-力178　濈-連(レン)-河下263　○犧-牲79　犧-瑟92　犧-文80　琪(キ)-樹下90　祇-樹下62
祇-陁-園下90　畿-外下163　○畿-内下163　○窺(キ)-窬(ユ)25　疑-開下212　疑(キ)-獄(キョク)48　疑-関下37　疑-信80
疑(キ)-滞(テイ)318　疑(キョウ)睇(テイ)下72　○疑-氷92　疑-網(マウ)下268　祈(キ)-感(カン)37　祈(キ)-奚(ケイ)(人名)309　○祈-請下205　○祈-禱82　○祈
-禱(タシ)36　○祈-念37　○祈(キ)-年35　○祈年祭35　○箕(キ)裘(キウ)260　○箕-山168　箕-星75　○紀(キ)91　○紀-綱(カウ)160
紀-極38　紀-相-公336　紀-秀-才335　紀納言17　○紀-傳下40　綺-莚下196　綺(キ)-肴(カウ)359　綺-閣下89　○綺
-語下66　綺-紈(クン)176　綺-席361　綺-節365　綺-饌358　綺(キ)-組32　綺(キ)-窓下273　綺袋下292　綺(キ)-靡(ヒ)下119　○
綺-羅355　綺(人名)-里-季90　○羈-旅下71　○義102　○義-渕84　義行247　義-虎下192　○義-士94　義-辞
339　義-實87　義-寶下236　義(人名)-陽164　義-域(ヰキ)下81　羲(キ)281　○羲-和77　羲-皇287　耆(キ)89　耆(キ)-夭(エウ)81　○耆
-舊下84　耆(キ)-崛(クツ)下280　○耆(キ)-儒101　○耆(キ)-徳(ナリ)下19　○耆-老102　耆-域(ヰキ)下257　芰(キ)-荷下126　芰(キ)-製98　○
規(キ)75　規(キ)-行81　○規-矩102　規(キ)-錮(ヨシ)57　○規(キ)-模(ニシ)109　○規-模(ボスル)38　○記(キ)下74　記(キす)9　○記-文323　記
-里下24　○記-録(シ)18　○議(キ)下189　○議(キス)下208　相-議(キシ)下193　○議-定248　○起-縁下247　起-家262　○起-居199
起-居-郎350　○起-請252　○起-伏128　○起-立(す)下210　○飢-寒44　飢-険下160　○饑(キ)-羊66　○騎135　○
騎-兵下116　○騏(キ)-驥(キ)148　○騏-驎下50　○丘(キウ)(人名)下181　○丘-壑(カク)298　丘-墟45　丘-園170　久-要下156　久

―時下8　久―視71　久―芳下5　○九｜77　九―醞(ウン)351　九―億下230　九―河85　九箇國53　九箇年212　九霞6

○九皐(カウ)下133　九―疑(キ)101　○九―棘(キョク)下211　九―廻(ス)292　○九―月6　九月卅日下130　九月十日下53　九月十五日下68

○九―月―盡367　九月二日下120　九月廿九日下254　九月廿七日下130　○九―原下282　○九卿(ケイ)146　○九―獻75　○

九―五105　○九國56　九―載(サイ)下142　○九―枝下211　○九―州下67　○九秋142　○九―日下16　九―十149　九―十以

上4　九十五日162　九十三年下19　九十日下246　九―乳140　○九―章316　九―首100　○九―春下5　九―歳下266

○九―霄(セウ)346　九―仙―府下127　○九―泉122　○九―尊下28　九―歎(タンす)125　九―株(チウ)下59　九―疇(チウ)90　○九―重下260

○九―條下109　○九冬107　九年233　九―苞(ハウ)下206　九万四千束43　九万四千八百束45　九万里141　○九―流101

九―圍(ヰ)168　休(キウセ)下27　○休―暇(カ)下6　○休―閑(セン)下203　○休―止101　休―舍(スル)194　○休(キウ)―祥3　○休―息下173　休

―退147　休(キウ)―寧(ネイス)59　○休―明227　咎(キウ/フ)―異182　咎(キウ)―過299　○宮｜下123　○宮―掖366　宮―館31　○宮闕下190　○宮

―室3　宮―商88　宮―墻(シヤウ)下259　○宮―人365　宮―臣下146　○宮―城下40　○宮―中63　○宮―殿31　宮―漏96

宮―圍(ヰ)196　○弓―馬下164　○朽(キウ)―骨下211　○朽(キウ)―索(サク)下238　○朽(キウ)―壤(シヤウ)下228　朽(キウ)―株(チウ)189　朽(キウ)邁(マイ)178　朽邁(キウマイシて)下161　牛

―漢86　○牛口下12　○牛―後84　○牛―女364　牛―蹄下37　○牛―馬301　牛―毛71　○牛―羊254　求―願下

220　求―車下62　○究―竟(シ)下229　○究(キウ)―濟(セイ)251　究―通(セ)下186　窮―巷(カウ)83　○窮―窘(クキン)303　○窮―苦209　○窮―困(コン)

44　窮―秋下161　窮儒304　窮―聲下176　○窮―鳥244　○窮―途(ト)下108　窮―冬下211　○窮―通81　窮―弊(ヘイ)252　窮(キウ)―

僻(ヘキ)。下180　○糺(キウ)-察(サツ)52　舅(キウ)下224　○。舊124　○舊-悪下190　○蕉-遊下19　舊-昔下113　。舊-云(ウン)318　舊-諤下142　舊-号24　舊-格326　○舊-儀363　○舊-記30　○舊-規下188　舊-氣372　○舊-郷44　○舊-居下33　舊-語13　舊-曲下37　舊-華下60　○舊-貫240　舊-契下49　○舊-故下194　○舊-國87　舊-谷360　○舊-草335　舊-造下223　○舊事196　○舊-史183　舊-史-氏118　舊-詞352　舊-詩下88　。舊-。賜下269　舊-失74　○舊-日下23　舊-寝下285　○舊-章16　○舊主下289　舊書下223　舊-蹤下19　○舊-臣161　○舊-制73　舊-生下132　○舊-跡349　○舊-迹164　○舊-宅166　舊-塵(チン)。170　○舊-典(テン)184　○舊-土248　○舊徳下293　舊-柏(ハク)下136　○舊-法63　舊-。譜下124　○舊-風15　○舊-物300　舊-僕下95　舊-目332　舊-容下271　○舊-勞232　舊(キウ)-吏224　○舊-。里100　○舊-例23　○舊-院下263　虬(キウ)-。箭72　虬(キウ)。-漏下116　鳩。-車下224　○鳩-杖89　○菊97　○菊-花下122　菊-華352　○菊-酒下126　○菊-水90　菊-。。蘂86　菊-蘂(ソウ)。下125　菊-潭。下120　○麹-塵下93　橘-廣-相下42　橘-卿338　橘-侍-郎下42　橘贈納言17　橘-太-后371　橘-命-婦下171　橘-郎-中341　○吉|15　○吉-凶84　○吉-日下170　○吉-祥36　吉祥院下59　及。-科(クヘス)254　○及-第270　○及(キウ)-第(タイシテ)5　○急(キフ)下184　急-響(キャウ)下135　汲(キフ)-黯(アン)106　汲-引下214　○汲(キフ)。-水下186　○笈(キフ)下11　給-官(スル)249　給-物114　給。-稟(リン)215　○給-料(レウ)261　今月三日201　今月四日161　今月十九日143　今月十五日145　今月十四日158　今月十七日269　今月二日305　今月廿五日164　今月八日30　○今-古322　○今-日370　○。今上。。119　○今-上陛-下149　○今-世下274　○今-朝下242　○今-度302　○

今-年下255　○今-明301　○吟|下138　吟|(す)下146　○吟-詠6　○吟-詠(す)368　吟-翫(クワンシて)下186　吟-賞下93　吟賞(シ)335
欽(キン)。-饗(セ)下203　欽(キン)。-賞(セ)下190　○欽(キン)-慕93　○欽(キン)-明(メイ)天皇31　。歆(キン)-。饗(キャウ)36　歆-饗(セ)36　○禁。211　○禁(キムシ)下231　○禁
-遏(アツセ)52　○禁-戒下107　禁-宮下43　○禁-。錮(コ)50　○禁-止40　禁-樹下136　○禁-制21　○禁-制(す)21　○禁-
。省193　○禁-断(セ)21　○禁-中174　○禁-庭345　禁-懲(テウ)58　○禁-兵15　禁。-闈(ヰ)下122　○禁-苑下104　○琴297
○琴-歌346　○琴-絃下186　琴-箏。359　琴-。軫(シン)下84　琴-樽下11　琴-臺下149　衿(キム)。下70　○襟(キン)166　○襟(キン)。-懐(クワイ)下49
○金|335　○金-印(イン)109　○金-烏下38　○金屋134　金-河下264　金-宮284　○金。-玉316　○金-銀303　○金-口(ク)
78　○金-科玉-條329　金-官76　金-。琯(クワン)下80　○金-闕70　○金-穴下199　金-。鉉(ケン)下237　金-磬下70　○金-
言下227　金。-壺。351　○。金鼓(ク)。下171　○金-吾191　金-釭(コウ)。下50　金-谷下279　金-谷-園367　○金-沙下269　○金-
策下い59　○金-字下241　金-商365　○金-章140　○金-色下124　○金-人下277　金-身下69　○金。-星下230　○金
-石178　金-。箭355　金-錢下141　○金-湯(タウ)。下39　金-張下73　○金-殿365　金-徒(ト)73　金-銅77　○金-波344
○金-馬78　○金-帛223　○金-風下130　○金-文下255　金-鋪下17　金-鳳下52　○金-容下235　金-輪下237　金
-埒(ラツ)375　。錦-筵。下239　錦-綺(キ)下138　錦-窠(クワ)下80　○錦-。繡32　錦-繡-谷374　錦車下119　錦-水下165　錦-帳下84
錦-篇下49　錦-里下102　錦-梁下120　。享(キャウ)75　享(キャウ)-主77　羌(キャウ)。-笛91　○卿(キャウ)87　○中(ナカ)-務(ツカサ)-卿(キャウ)下281　藤原卿下275
○刑部卿317　刑-部尚-書下18　刑部大輔317　刑部-郎中下215　○向-後下80　向-上287　○向(キャウ)-背322　○強。-

豪59 ○強健149 ○強ー仕209 ○強ーー仕下224 強ー竊4 強ー楚371 ○強ー弩56 悁ー々下11 ○杏ー
壇下15 ○狂ー下180 ○狂ー句下64 ○狂ー愚34 ○狂ー言67 狂ー瞽下136 狂ー堅下208 ○狂ー風下83 狂ー
謀129 狂ー欲247 ○經下66 ○經ー巻下263 經ー中下63 ○經ー典下163 ○行下163 ○行36 行ー衣下103 ○行ー
幸33 行ー基菩ー薩60 ○鄕65 鄕337 鄕ー人下147 鄕ー飲89 ○鄕ー士下32 ○鄕ー士下250 鄕ー風85 ○
饗40 ○饗ー宴38 香ー楓316 却ー廻下190 却ー歸下189 ○格21 格ー言92 ○格ー式279 格ー律341 虐
ー殘247 ○逆下208 ○逆修下251 去ー272 去下179 去ー鴈下136 去ー今ー年254 ○去ー就99 ○去ー聲270 去
ー任229 ○去年254 去ー無ー來下238 去ー病13 ○去ー留366 ○居下237 居293 居(人名)ー易下156 居ー閑13 ○居ー
所下49 居ー處下180 ○居ー諸72 居ー人下22 居ー攝247 居ー多下186 居ー廗96 ○居ー宅39 ○墟下203
巨ー害275 巨ー海下163 巨ー過下164 巨ー細131 巨ー千ー万下182 ○巨川147 巨ー唐下40 ○巨ー万62 巨ー病
277 ○御下62 ○御ー遊109 ○御ー宇196 御ー寓下266 御ー溝345 ○御ー忌下255 御ー管下43 御願198 御願
文下254 御元服243 御ー產下145 御ー筭下144 ○御ー史51 ○御ー書ー所212 御ー世170 ○御ー製下267 御ー斉下
260 御ー前305 御塔下221 御ー注孝ー經下30 御ー筆下196 御布施下289 ○御ー府293 御ー封293 御諷誦下296 御
ー幣下207 御ー曆下81 ○擧229 學ー102 擧ー周107 ○擧ー狀222 擧ー奏261 擧ー稲43 ○擧ー達254 ○擧動下
289 ○擧ー白370 擧ー補308 ○擧ー用44 ○漁ー舟下135 ○漁ー人343 ○漁ー釣289 漁ー田下164 ○虚ー耗

34　虚－閑293　虚－弓下134　虚－空下69　虚－詐(ニシテ)51　虚－詞下126　虚－賜(シ)75　○虚－舟178　○虚－室95　○虚
－實50　○虚－心下208　虚(キョ)－受122　虚－稱292　○虚－誕下8　虚－廟下61　○虚－無133　○虚(キョ)－名260　虚－柳
96　○裾(キョ)下45　許(キョ)268　○許(人名)－由15　許(キョ)－月255　○許－諾(す)下63　○許(キョ)－否下206　語70　語(キョシ)73　語－言下173　○
遽(キョ)(人名)－伯－玉下149　馭(キョシ)83　魚－衣347　魚－竿下217　魚(キョ)－肉323　○魚－水下159　○魚－虫下241　○魚－蟲下51　魚
－圖102　魚－網(ハウ)下261　○魚－鼈(ヘツ)86　○魚－鱗下101　○供－給(セン)下220　供－私132　匡－衡234　○匡－濟119　○凶
129　凶－邪56　凶－損下204　凶宅82　○凶－黨59　○凶－徒下208　○凶－暴(ホウ)57　凶－濫59　○凶－類18　凝(キョウ)－
陰(イン)78　凝－高(ナリ)下30　凝－戻(レイ)下118　共－(す)118　兢(キョウ)－惕(テキ)3　喁(クキョウ)－々(トシテ)48　○恭(クキョウ)－敬(ケイ)下203　○恭－敬(す)下5　恭－敬供
－養(す)下211　恐－恥307　矜(キョウ)－遂(スイ)135　○矜(クキョウ)－恤(スヰツ)219　矜(キョウ)－照200　胸(クキョウ)－陂(ヒ)下273　胸(キョウ)臆(ヨク)351　○興(キョウ)下169　興(キョウ)－治(す)74　襲(クキョウ)
－黄230　襲(クキョウ)－遂51　○曲(キョク)下243　曲－鑒(カンシて)161　曲－觀361　曲－仁－里88　○曲－水358　曲－井下181　曲－照216
曲－照(シて)145　○曲－折下139　曲－臺117　曲－池下177　○曲－阜(フ)下76　曲－洛72　○局(キョク)下173　局(キョク)－會下78　○棘(キョク)98
○棘路下59　棘－露181　○玉－扆(イ)185　○玉－音135　玉－羽下133　○玉－葉346　○玉－階下6　玉－簡下192　玉－
妓(キ)下4　玉－句下48　○玉－闕284　玉－鏡344　玉懸117　玉－沙347　○玉－山下264　玉－枕(シム)下269　玉－爵下38　玉－
繩289　玉－燭367　○玉－人下121　玉－井366　玉－砌下211　玉－笙95　玉－聲351　○玉－石下10　玉－饌(セン)359　○玉
－臺下223　○玉－躰下237　玉－軸下227　○玉－女71　玉－塵(チム)下73　○玉－條192　玉－笛下267　玉－洞下87　○玉－

佩220　○玉-盃355　○玉-帛下220　玉-府344　玉-卵下274　○玉-簾366　○玉-輦369　○玉-樓70　玉-漏下
87　跼懼蹐-迷170　○跼-蹐122　勤242　勤-役下160　○勤-學103　勤-々301　勤-苦227　勤-苦66　勤
-公211　○勤-仕213　勤-修下163　勤-績212　勤-天下28　○勤-勞214　○勤-勞下207　○勤-王225　○均
-一228　○巾-櫛下281　巾-箱下276　巾櫛196　槿-籬下240　欣-享下204　○欣-々370　禽129　○禽-獸79
○筋-骨180　○筋-肉219　○筋-力215　芹-田下181　謹-以115　謹々298　○謹-言301　謹-空295　○謹-愼
142　○謹奏114　○謹-奏115　○近-古218　○近-習368　近-蜀下121　○近-臣下4　○近-親299　○近-世下44
○近-代208　○近-地下178　○近-年249　近-伏191　近-例218　觀182　○銀-河344　○銀-漢365　銀-黄158
○銀-燭下269　銀-星下230　銀-青219　○銀-地下170　銀-兎下21　○銀-牓307　誾-々-如下15
○九月363　○九-品下275　○久-遠195　幾久-遠下233　○孔-雀下258　○公-宴下130　○公-家215　○公-廨29
公-損41　供196　供226　○供-講下285　○供花下63　○供-花-會下62　○供-奉下124　○供-奉109　○供-佛
下282　○供物下202　○供-養下229　○供-養230　供-養演-説262　供-養講-演下279　○倶-縛下233　○區70
○區-宇85　○區-々24　區-裏下113　○具下294　○具下227　具-經等下265　○具瞻32　○具-足下220　○功
-德40　功-德-海201　○功-德-池下282　○功-德-林下255　功-勞57　口-勅125　○口-分-田41　○句270
句-偈下64　娯-樂356　寓-直下130　工-巧31　○弘-願367　○弘-誓下162　○愚下207　愚-暗下203　愚-謹170

愚－欸120　○愚－管292　愚－悃(コン)158　愚－懇181　愚－才下13　愚－士92　愚－子257　愚－舟下278　愚－質164　○
愚－心126　○愚－者下219　愚－儒298　愚惷(シヨウ)25　○愚－臣122　愚－拙(セツナリ)下6　愚－節227　愚－淺240　愚－賤245　愚
叟(ソウ)下169　○愚－息350　愚－丹131　○愚－智44　○愚－癡下109　愚－忠213　○愚－夫63　○愚－婦63　○愚－昧(マイナル)
11　○愚－民下179　○愚－曚(モウナル)143　愚－庸(ヨウ)167　愚－吏(リ)下132　愚－魯下59　○求－法下26　煦(ク)嘔(ヲウ)355　○狗－吠60
○矩330　○矩(ク)－歩81　○矩(ク)歩(ホセリ)下186　窮(ク)－谷下164　虞－夏325　○虞－舜34　虞(ク)－松148　○虞－芮307　○苦
81　苦－縁下235　苦－海下214　苦－耕(カウ)84　○苦－行80　○苦(ク)－學103　苦－旱7　○苦(ク)空下244　苦－請13　○
苦－戰(セシ)83　○苦－悩下214　○苦－輪下271　軀(ク)－命下248　貢－調114　○遇(クセラン)338　駈(グ)－役(ヤクセ)59　鳩(ク)－鳴下258　鸜(ク)－
鵒(ヨク)79　○空－虚32　空－閑(ゲン)20　○空－谷183　空－桑122　○空－門下157　○空－也下242　空－也上－人下241　空
－也聖－者下62　空－王下170　咄(クツス)下211　啒(シ)下226　○屈(クツス)下279　○屈－曲(ナリ)下106　○屈－原85　屈(人名)－靈－均(クヰン)87　窟下
19　詘(クツシ)下39　○化(クワ)下244　○化(クワシ)176　化(クワ)－樹27　化－人下148　化－導11　○卦(クワ)75　卦－辭80　媧－簧92　○寡(クワ)－
居下266　○寡(クワ)薄(ナル)7　○寡－婦下272　○和(クワ)192　○和(クワス)88　和羹下291　○和－漢下92　○和－喜123　○和琴下292　和
－詞下146　和－柔(ジウニス)108　○和－上下147　和－暖下39　和－璞(ハク)下80　○和－風117　戈－名下160　○果(クワ)下242　○果－報下222
○火－血－刀下245　○火－災下178　火－井下91　○火－宅下62　火－長－者下277　火－方下40　畫(クワ)－葵(クヰ)230　畫－鷁(ケキ)
下51　畫－象25　○畫－障下19　○畫(クワ)－圖(ト)211　畫(クワ)馬170　○畫(クワ)－餅(ヘイ)56　畫－梁下146　畫－鹿下51　○禍｜298　○禍

｜胎83　○禍｜難84　○禍｜敗81　○禍｜福82　○科30　科｜比48　○窠92　瓦｜詞362　○瓦｜石187　○
瓦｜礫76　臥｜270　臥｜雲263　臥｜治12　蛙｜蛟271　花｜141　花｜雨246　花｜夏244　花界255　花｜構
226　花｜綱73　○花｜閣84　○花｜香288　○花｜月12　花｜言218　花札295　○花｜山209　花｜山僧正141
○花山院264　花｜枝270　花｜詞108　○花｜實143　○花｜樹100　花｜酒88　花｜首122　花｜胥110　○花
｜飾206　花｜水52　花足292　花｜蹄66　花｜塘84　○花｜亭79　○花｜鳥92　○花｜粉141　花｜報
109　花｜藥86　花｜容100　花｜浪190　○花｜柳136　花｜露240　菓｜實121　菓｜脣264　○華｜353　○華｜夷
10　華｜葉346　○華｜岳85　華｜閣338　華｜月59　華｜轂24　華｜山僧｜正196　華山法皇10　○華｜胥
329　華｜軨169　華｜水359　華｜星168　○華｜族73　○華｜他277　華｜堂178　華｜塘90　華｜池99　華｜
亭361　華｜鳥341　華｜房358　華｜髪134　華｜封149　○華｜表80　華｜譽97　○華｜麗141　○華輦274　○
訛｜言304　訛｜口305　訛｜跡249　課｜口115　○課｜試5　課｜責20　課｜持163　○課｜丁33　○課｜役
54　誇｜張93　○貨｜財65　○過｜去224　過｜才163　過｜差161　○過｜狀197　○過｜分192　驊｜騮騄
｜駬100　○乖｜逺275　○傀｜儡109　壞｜窓61　○外｜277　○外｜記303　外｜學271　○外｜國5　外｜師299　○
外｜人109　○外｜祖149　○外｜祖｜母10　○外｜孫337　○外｜題55　○外土350　外｜班94　○外｜賓65　外
｜吏198　廻｜惶151　廻｜施223　廻｜翔133　廻｜信192　○廻｜雪11　○廻｜文24　廻｜輿6　廻｜

李下194　○恠(クワイナリ)下114　○恠(クハイ)－異(イ)199　恠－水下116　○恠－石下107　恠－牒(テフ)77　○怀(クワイ)－弘(コウシ)42　悔－福175　悔－恡(リン)143
壊壽下288　○懐－抱下86　○晦－冥(メイナリ)下172　○會｜299　相－會(セン)下128　○會(シ)下218　○會－合(す)下98　○會－稽227　○會
－衆下67　○會－日下193　會－昌下19　會－昌五年下18　○會－所下193　會人下62　會－面93　槐－陰下76　槐－葉
192　○槐－棘12　槐－市下15　槐－庭139　槐(クワイ)－鼎(テイ)174　槐－風181　○槐－門258　槐－林下109　槐－路185　槐－
露下104　○槐－位298　淮(クワイ)40　淮(クワイ)－南下102　淮(人名)－南道－君181　淮－陽106　○灰－燼(シン)3　煨(クワイ)－燼(シム)下255　○繪(クワイ)－畫(クワ)下
284　○繪(クワイ)－素下170　膾－縷(ル)353　○隗(クワイ)(人名)227　隗－臺下13　○魁(クワイ)－首129　○魁(クワイ)－帥(スイ)26　○光－陰196　○光－
耀下99　光－曜下192　○光－儀294　光－花298　○光－華238　○光－輝下162　光－暉(クヰ)下41　○光－景下176　○光－景(して)
74　光－色下21　光－塵301　光(人名)－武下40　○光－風358　光－粉355　○光－明(ナリ)290　光－陽下11　○光－祿87　宏(クワウ)
－海187　廣－作佛－事下69　廣－相下42　廣－徳5　○惶－惑(して)145　惶(クワウ)－迫(ハク)135　曠－言4　横－街(カイ)下95　横－草
下237　○横－死下229　○横笛下292　○煌－々(タリ)下104　煌－煌－焉(タリ)下58　潢(クワウ)－汙(ウ)下220　○潢(クワウ)－潦(ラウ・レウ)75　潢－流193
皇－矣(イ)46　○皇－猷下198　皇－英(エイ)76　○皇－恩138　皇－綱(カウ)64　皇－鑒(カン)135　○皇(人名)－侃(カン)84　○皇－居3　皇－極(キョク)天
－皇32　○皇－化253　皇－花下224　皇－歡91　○皇－后127　○皇－子下140　○皇－上下125　○皇－城290　○皇－
孫(ソム)170　○皇－太－后8　○皇－太－后(コ)－宮(クウ)下260　○皇太子33　皇太子傳324　皇大弟169　皇－唐360　○皇－澤354
○皇女下146　○皇－帝127　皇帝陛－下316　○皇－朝64　○皇－天26　皇－都60　○皇－徳280　皇(人名)－甫(フ)謐下101

○皇-風128　皇-母122　皇。-明。318　皇-流下146　○皇-威129　○荒-原下244　荒-。悚(ショウクウ)186　荒-垂(スイ)280　荒。-。遂(スイニハ)9
荒。-。。砌(セイ)下257　荒-庶(ソナリ)161　○荒-地下180　○荒(クワウ)-田21　○荒-廢20　○荒-蕪(ナリ)136　○荒。-蕪(フシ)。。39　荒。-。。耄(ホウ)下161
○荒-涼(タリ)143　○黄-鸎354　黄-熊77　黄(人名)-炎下90　○黄-屋7　○黄-河239　黄-閣下121　黄。-纐(カフ)。-纈(ケツ)。下71
黄-閤(カフ)。下117　黄(人名)-綺359　黄-菊6　黄-金下231　黄-駒(ク)79　○黄-花下77　黄-華95　黄(人名)-憲下39　黄-軒。364
黄-公神下61　○黄-昏362　黄山376　○黄-。壤(ジャウ)219　○黄-雀下76　○黄-色。下29　黄(人名)。-神。316　黄-。。蘂94
黄-琮(ソウ)。76　○黄道91　黄-庭70　○黄-鳥78　黄-扉162　黄-陂(ヒ)。255　○黄-門341　○黄-老72　○黄-落179
黄-柳99　黄(人名)-。琬(エン)下105　黌(クワウ)。-舍45　黌(クワウ)。-門160　○畫(クワク)。-一333　確(クワク)-執(シフシテ)270　○郭(クワク)。-。隗(クワイ)(人名)235　○郭。-子200
郭(人名)。-。子-玄83　郭(人名)-。細(セイ)-侯下25　郭。-門105　郭(人名)-林-宗93　霍(人名)-融73　霍(人名)。-禹376　○霍(人名)-光376　霍(人名)-子-孟124
霍。-將軍13　鶉-尾下28　○鶴-駕下6　鶴-眼(カン)238　鶴-琴下135　○鶴-。禁下244　鶴勤下236　○鶴-膝273
鶴-樹188　鶴。-。歎132　鶴-。鼎(テイ)175　鶴-望137　○鶴-髪(ハツ)。89　鶴-。板104　○鶴-翼下31　○鶴-林下69　鶴-綾。下269
○鶴-唳(レイ)177　鶴-列190　括(クワツ)。-。地87　○月-宮下235　月-弓86　○月-。桂244　○月-氏下267　○月日下192
月-初下42　○月-水下187　月-窓下279　月-臺下84　○月-中下32　月-亭338　月-殿下243　月-燈-閣364　月-浦372
○月-俸(ホウ)下192　月-林下192　○月-令下12　○月-輪下67　月-析47　○活(クワツ)-計下140　猾(クワツ)。-。民64　黠(クワツニシテ)79
黠(クワツ)-虜(リヨ)26　○巻下37　巻-舒(す)350　○巻-軸336　巻-遍下297　侃-侃-如(タリ)下46　儇(クヱン)。-才282　○元慶(クワンキヤウ)38　元-慶

皇－后8　元慶元年下38　元慶三年下49　元慶三年四月廿八日18　元慶三年十一月一日118　元慶四年月日189　元
慶六年九月下168　○元－々5　○元°°(クヮム)－興(コウ)－寺下184　元(クヮン)－首(シユ)16　○冠蓋(クヮムカイ)191　○冠－絶(ナリ)32　○冠°－履下7　○°勸
－°誘(イウ)25　○°勸(クヮン)－°誘(イウシ)下248　勸誘源下216　○°勸(クヮン)－誡(カイ)319　○°勸－學下14　○勸－學－會下63　○勸－學－田43　○勸
－學－院195　勸－酒下85　勸°－惕(テキ)295　○官°80　官－榮230　官号下19　○官－軍18　○官－庫49　○官－裁25
官－倉20　官－曹327　官－齒119　官史(シ)222　官－箴°(シン)30　○官－爵26　○官－職135　○官－人64　○官－長5　○
官－底55　○°官(クヮン)－途°°62　官－班°(ハム)246　○官－符22　○官－府322　○官－物50　○官文書135　官根下190　○官－
吏94　○官－位下183　○官－威50　寛°95　○寛－宥299　○寛(クヮン)－宥(イウセ)22　○寛弘下150　寛弘九年十月廿日251　寛弘
九年六月廿五日下208　寛弘元年十月下221　寛弘元年十月十四日下221　寛弘五年三月廿二日下265　寛弘四年下205　寛
弘四年十二月十日下289　寛弘四年十二月二日下212　寛弘四年二月廿二日246　寛弘二年十一月十三日下32　寛弘二
年十月下229　寛弘二年十月十九日下228　寛弘年月日192　寛弘八年八月十二日下268　寛弘六年正月十五日243　○寛
－恕(シヨ)27　○寛－仁(ナリ)下8　寛平176　寛°平(ヒヤウ)°°五年32　寛平三年二月日194　寛平四年47　寛平七年八月廿一日17　寛
－平太－上下97　寛平年中335　寛平八季下169　○寛(クヮン)－猛92　○寛－容(ヨウ)297　○寛－容(ヨウセ)191　寛和元年月日下278　寛和
元年六月十七日下273　寛和二年七月廿日下219　寛平二年正月廿五日190　寛－慰(ヰシ)300　寰°(クヮン)－寓(ウ)353　○寰°(クヮン)－海340　○
寰°(クヮン)－中321　桓(クヮン)－榮(エイ)(人名)102　桓(人名)－侯164　○桓－公下12　桓－譚°(タン)48　○桓武天皇31　桓°(クヮン)－靈°64　款(クヮン)－々(タリ)下17　款

闕。150　○歡-悦301　歡-宴354　○歡-喜下236　○歡-喜す下230　歡。-娯(ク)。。下101　歡-娯(クセ)下145　。歡。-華208　○歡-
會下9　○歡-心116　歡。-情下114　歡-伯下27　歡-豫(ヨ)216　○歡-樂下170　氿(クワン)。瀾(ランタリ)179　渙(クワム)-渥(アク)211　渙(クワン)-汗(カン)8　。渙(クワン)-
-澤(タク)215　○。澣(クワン)-濯。(タク)38　。煥(クワン)-爛(ランタル)32　。琯(クワン)-轄。(カツ)160　窾(クワン)-學64　紈。(クワン)-。綺(キ)下85　。緩-謌下37　○緩(クハン)-急73　○緩(クハン)-怠
252　緩-風350　翫。。(クワン)-。好下160　○。管下243　管-學-士下36　○管-轄(カツ)下37　管-穴298　○管-絃下7　管-在-躬
下85　○管-内57　管中(クハンチウニ)(ウニ)34　菅-右-相-府297　菅右大臣9　○菅-家281　○菅-見328　○菅三品(カン)142　菅-師-
匠346　菅-秀才300　菅相公下18　菅相國下130　菅淳茂下189　○菅-丞-相335　菅-清-公306　菅贈太相國117　菅
-中-丞下100　○觀下101　○觀(クワンシ)下164　○觀-音下170　觀音像下237　○觀-音-寺下73　觀學會-所下192　觀-闕下49
○觀世音菩薩下240　○觀-念10　○觀普賢經下256　○觀-覽下108　○觀-覽(シ)下151　觀-林下192　還賀下191　貫|(セリ)101
貫-花下212　○。貫-首。下58　○關下195　關-外91　○關。-々(トシ)下117　關-城94　○關-西93　關。-戍。。(シュ)299　○關
-東下21　○關-白130　○關-白(す)131　○關-門下22　○關-路下118　○舘|下160　。館-陶。(タウ)-公-主64　頑(クハン)-質166　○
頑。(クワン)魯(ナリ)226　○願(クワン)下260　○願-海367　○願-主下228　○願-文308　願-文等340　○願-力下164　○鰥。(クワン)-寡8　危-
葉下128　○危-懼48　危(キ)-懼(ク)謙(ケン)-退173　輝。(クヰ)-函。(カン)(人名)等下190　○偽|(クヰ)108　嫣。(クヰ)-水91　○巍。。-々95　徽。(クヰ)-烈。9　撝挹(クヰイフ)190
夔子(クヰ)(人名)85　夔。(クヰ)(人名)-龍下158　○歸(クヰす)下198　○歸-依下243　○歸-依(す)下163　○歸-休190　○歸-郷下28　○歸-去下26　○
歸-化(す)30　○歸-京267　○歸-參268　歸-住(スル)60　○歸-田350　○歸-帆。(ハン)294　歸-蕃。。(ハン)下28　歸-命稽-首下228

歸－命稽－首(シて) 下228 ○歸－命頂－礼((シ)て) 下286 歸－歟。137 ○歸－老148 ○歸－洛(シ)335 ○歸－路 下190 ○毀(クヰ)－
。謗267 ○徽(クヰ)。－号8 ○季－秋76 季－商371 季(人名)－節 下28 ○季－節367 季－苻53 ○季(キ)(人名)－路39 ○季－禄(ロク)49
癸丑 下175 葵(クヰ)。－藿(クワク)88 葵。－心291 葵征虜(人名)191 甖(クヰ)79 詭(クヰ)－過(セ)81 ○軌(クヰ)330 軌(クヰ)－儀 下187 。軌－成(スル)73 。軌(クヰ)－躅(チヨク)。下
44 貴 下14 貴－遊子－弟 下45 ○貴－公－子370 ○貴－國 下189 貴種(シヨウ)24 ○貴－臣109 ○貴－賤62 夔(クヰ)－旌279
○鬼－77 鬼－害 下185 鬼－。瞰(カン)159 鬼－血75 鬼－敎(サツ) 下184 ○鬼－神75 鬼－魄 下166 ○鬼－物 下205 鬼－傭(ヨウ)。下232
○魏66 。。魏－闕131 魏－帝340 魏(人名)－文 下84 。魏(人名)－勃(ホツ)。227 魏－夜344 龜－鶴 下16 ○龜(キ)－鏡103 龜山 下203 龜－
背 下31 龜某等(ラ) 下189 龜－林 下27 ○。窘(クヰン)－急(ニシて)241 ○鈞(クヰン)。－天 下16 。鈞(クヰン)－柄(ヘイ)。132 化(クヱ) 下91 ○化(クヱン) 下165 ○化－人(ナル) 下272
○化－身 下272 化－成(ス) 下10 ○外(クヱ)－位231 ○快－樂(ナラン) 下228 ○華－嚴 下164 華嚴經等 下245 華－嚴骨－目 下191
。惠5 ○惠－愛34 惠－化356 惠－花 下270 惠－子女－王10 惠－日 下232 ○惠－澤139 。惠－露256 。慧(クヱイニシて)79
。蕙(ケイ)－心 下273 蕙－帯 下96 蕙－。態(タイ) 下114 ○決(クヱツセム)。。22 決－。。疑 下191 ○決－。。断(タン)56 ○決－断(スルコト)47 泬(クヱツ)。－寥(レウナリ) 下120
○血－肉 下248 血－誠169 ○血－脈356 ○血涙 下294 ○闕。182 ○闕。－下193 ○闕－國224 ○闕－如(ス) 下191
闕。－政134 ○闕－庭180 ○闕－文 下192 闕－里45 ○元(クヱン)。。176 元－。凱(カイ) 下41 ○元－氣 下186 元－吉 下42 元(人名)－兢(キヨウ)。
272 元－謙－光 下169 ○元－。巳(シ)97 元－寵158 元帝115 元－年十月 下131 ○元(人名)－白335 ○元－服17 元－輔163
○元。。－老146 元(人名)。。－礼93 ○原(人名)。。－。憲39 原(クヱン)。。－兔8 巻(クヱン)－龍145 ○券(クヱン)－契(ケイ)22 ○勤(クヱン)－賞249 ○喧(クヱン)。々(タリ) 下176 ○

喧(クヱン)-囂(ケウ)。下157　○憲-法251　懸(クヱン)下44　懸-邑25　懸-高(ナリリ)下17　○懸(ケン)-隔(カクナリ)。。249　懸-磬198　○懸-車148　懸。-。象164
懸-泉73　懸-旆(ハイ)150　懸-米(マイ)195　懸-流87　懽(ケム)。-心(シン)下11　○拳(クヱン)。-石(セキ)。86　○權-臣182　○權。-輿。357　○權。-
輿(シ)。下62　源-亜將337　源-皇-子下29　源-桂下165　源-才子下103　源-刺-史下24　○源-氏337　源-將-軍下
33　源-相-公362　源-處-士下198　源-太-守下8　源-能-州下24　源-判-史下93　○源-流85　○玄下143
○玄-雲下156　玄-運89　玄-英。下103　○玄-應140　玄-翰(カン)360　○玄-鑒(カン)143　○玄義下191　玄宮下292　玄-化169
玄-和-上下147　○玄-鶴185　玄-。渙(クワン)239　○玄-関81　玄-月下123　玄-元374　玄。-元(ケム)。。聖-祖下115　玄-訓130
玄-牂三-藏下220　玄-草下161　玄-。趾(シ)下192　玄-成13　玄-宗皇-帝下124　玄-宗法師下147　○玄-孫373　玄-
道180　○玄-談71　玄-池100　○玄-德129　玄-都下50　玄-波188　玄。-牝(ヒン)72　玄。-。。鬢下271　○玄-武下204
○玄-風下266　玄。。冕147　玄-。圃(ホ)下119　玄-夜367　玄-。覽132　○玄-理79　玄-遠210　眩(クヱン)。-轉(す)下50　。眷-慈181
○眷-屬下66　○絃|104　綺-譋下61　○絃-管下32　○。懸92　○蠲(ケン)。-符54　。。阮(クヱン)-。嗣(シ(人名))-宗93　驟(ケン)-馬147　○軍-
器57　○軍。-。士84　○軍-陣18　○君|272　君-揖(イフ)89　君擧(キヨ)下18　○君-子284　○君-臣11　○君-父316　君-
王355　○勲。124　勲。-賢下190　○勲-功26　○群。337　群|(セ)283　群-遊下149　群-飲(シ)334　群-英167　群-翳(エイ)343　○
群-下下129　群-香下86　○群-議277　○群-居(キヨシ)下257　群(クン)-卿(ケイ)248　群-藝287　○群-言下40　群-賢下98　群-公
31　群=后95　○群-聚(スル)下178　群-儒250　群-臣117　群-情325　○群-生下273　群-仙70　○群-盗58　群-

徳302　群-品(ヒン)下204　群-迷下238　群-木下167　○群-類下170　○群-僚(レウ)下131　葷-血下62　○薫下211　○薫(クムス)353　○
薫-蕕(イウ)92　○薫-香下141　○薫-修下63　○薫-修(セ)37　○薫-風72　訓-説下41　○訓-導144　訓-註317
○訓(クキン)128　○郡-懸195　醺-々351
○下-品下277　○偈(ケ)下269　價(ケ)-直(チキ)57　○夏(ケ)-中下8　○外(ケ)-記(キ)222　○希-有307　家(ケ)-譜(フ)165　家-老149　悔(ケ)-過
36　○懈-怠下194　戯-弄下65　計(ゲ)-帳(チャウ)54　○解(ケ)23　○解(ケ)-任(ス)251　○解-状25　○解-脱下239　○解-脱(セム)下273
解-脱-性339　○解(ケ)-文55　○解(ケ)-由(ユ)51　京-下56　○京(ケイ)-畿(キ)197　京-外下180　○京-官5　京-戸(コ)55　京-
坻37　○京-師20　京-内下180　京-中299　○京-都324　京-輔(フ)170　○京-洛38　係-仰(キャウ)301　○傾-頽(タイ)161
○傾-頽(タイセル)下40　竟(ケイ)-宴下9　○刑(ケイ)48　○刑-獄(キャク/コク)48　刑-官52　刑-徳325　○刑-法48　刑部大録(ロク)48　○刑
-名315　○勁(ケイ)草221　○勁(ケイ)-節100　○勁(ケイ)-捷(セフ)下102　○卿33　卿(ケイ)等(ラ)16　卿(ケイ)家13　○卿(ケイ)-士358　○卿-相24　○卿-
大-夫42　○兄-弟82　○啓(ケイ)339　啓-沃(ヨク)138　啓-滞(テイ)下133　○啓-白下232　圭-陰74　○境-界下268　○契(ケイ)82　嵇(人名)-
含下98　嵇(人名)-叔-夜78　嵇(人名)-中-散80　形-槩(カイ)374　○形-骸223　形-氣181　○形-像下163　○形-相70
○形-勝下95　形-神80　○形-勢下207　○形-容下16　○形-容(ス)下177　惠-業下221　惠-日下223　○慶82　○
慶-雲72　○慶-賀下144　○慶-幸(ノミナラン)219　慶-司-馬341　慶-節下16　慶-保-胤3　掲(ケイ)-厲(レイ)下39　○敬下14
○敬(スル)下204　○敬-愛344　敬-公集337　敬-祭(シ)下204　敬-通82　○敬-礼(す)下228　○景290　景-氣下41　景-化

286 景(人名)｜公82 ○景｜趣下89 景｜鐘324 景｜村369 景｜帝361 ○景｜福284 ○景｜物下61 景｜緯(ヰ)84 桂｜葉
87 桂｜花347 ○桂｜月366 桂｜檝(シフ・セフ)下96 桂｜醑(ショ)368 桂｜髄(スイ)下114 桂｜楫(セフ・シフ)下77 桂｜殿下18 桂(人名)｜陽鑠(レキ)下30
涇(ケイ)｜渭(ヰタリ)170 涇(ケイ)｜渭(ヰセン)272 溪｜月下226 溪｜鳥下224 溪霧338 溪｜嵐97 炯(ケイ)｜戒(カイ)下38 炯(ケイ)｜誡下47 珪｜璋93
瓊(ケイ)｜娥71 ○瓊(ケイ)｜玉下156 ○瓊(ケイ)｜花下73 瓊(ケイ)｜戸下13 瓊(ケイ)｜牒(テフ)85 瓊(ケイ)｜苗(ヘウ)下274 瓊(ケイ)｜簾下136 ○磬(ケイ)下281 ○稽
｜古225 ○稽｜首下5 ○稽｜首(シ)下241 稽｜首和｜南下271 稽｜首和｜南(す)下281 稽｜首礼｜足(ス)下273 ○經(ケイ)下160
○經｜營(セント)下268 ○經｜過85 ○經｜藝42 經｜藏下71 ○經｜史29 ○經｜始(シヽ)下49 經｜笥(シナリ)103 ○經｜籍下38
○經｜説下237 ○經｜書341 ○經｜論338 經｜邦(ハウ)下176 經｜王16 ○荊｜棘(キヨク)223 ○荊｜溪下191 荊(ケイ)｜谿(ケイ)下287
荊｜巖339 荊｜山下34 荊(ケイ)｜岫(シウ)6 ○荊｜州226 荊｜樹下74 荊(ケイ)｜楚下6 荊｜峯99 荊｜萊(ライ)下10 蕙(ケイ)｜
服下72 ○藝131 ○藝｜州338 ○藝(ケイ)｜能235 藝(ケイ)｜圃(ホ)260 螢｜愰(クワウ)209 ○螢｜雪161 ○謦(ケイ)｜咳(カイ)下238 ○警｜戒82
○警｜急59 ○警｜策(サク)84 ○警｜巡190 ○警(ケイ)｜備(ヒシて)59 ○警(ケイ)｜衛143 谿(ケイ)｜鳥下240 ○輕下26 ○輕｜騎52 ○
輕｜擧70 ○輕｜科299 輕｜狭(ケフ)25 ○輕｜忽(スル)下193 輕｜財下217 ○輕｜舟下151 輕｜質下24 輕｜碎(スイナリ)323 輕
｜棹下92 ○輕｜重4 輕｜塵184 輕｜葩(ハ)下118 輕｜比316 ○輕｜侮(フす)50 輕｜鑣(ヘウ)下23 ○輕｜微(ナリ)295 輕｜
漾(ヤウ)371 鯢(ケイ)｜軏(コツナリ)325 迎(ケイ)｜佛下72 銒(ケイ)下44 銒(ケイ)｜陶(タウ)75 鏡｜匣(カフ)下270 鏡｜湖下133 鏡｜谷下14 鏡｜水372 鏡樓下
222 ○閨(ケイ)｜門下187 ○閨｜房下187 閨(ケイ)｜闈(ヰ)10 ○雞｜肋(ロク)333 ○霓｜裳71 項(ケイ)｜畝(ホ)195 驚(ケイ)｜覺(シ)下206 驚｜風

71　驚-颯 下167　鵄-樹142　○鵄-人72　鵄-蹠194　○鵄-足 下270　○鵄-籠343　○僥-倖46　凝-邃361

交-關294　○交-替43　交-替-式323　○交-易 下198　○交易242　囂-塵93　○墝-埆 下180　○堯120　堯-

胤 下40　堯-雲 下212　○堯-山275　堯-時49　堯-舟104　堯-日182　堯-讓131　○堯-舜236　堯-帝151　堯-天212

堯-德110　堯-年142　堯-風 下126　○興104　興-託 下127　興-復34　興-隆 下222　興-立 下119　○嬌-聲 下136

教 下36　○教-學 下30　○教-化81　○教-迹 下65　教-文 下220　教-法 下210　○教-令329　曉-更364　○曉-鷄

下281　曉-夕51　曉-燈 下115　曉-爐293　橋-山 下144　○澆-季5　澆-時65　澆-淳102　澆-世16　澆-

風38　○澆-漓 下140　澆-醨30　皎-々345　○矯-餝20　孝-子39　翹-材-館 下361　○翹-楚23　○

較-量 下261　○驍-勇25　○驕-慢 下281　劇-官247　劇-宦175　○劇-務336　○激 下38　激-射 下205　○激-

浪141　逆-順82　逆-心130　逆-黨 下239　○逆-浪 下238　○逆-旅294　○逆-鱗141　○闃44　○鶂-退223

○傑-出93　傑-俊 下12　○掲-焉356　挈-壺72　蘖-生 下109　○潔-斎35　潔-信 下220　○結-緣 下63　○結

-跏 下273　○結-構199　○結-構 下193　○結-願 下209　結-使 下231　○結-番59　讞-書48　協-應328　○劫

-略25　○劫-略58　○業253　浹-日34　浹-辰122　○狹-隘 下173　○儉5　○儉-素92　○儉-德138

○儉-約65　○兼25　○兼 下11　兼近江守101　兼腋陣吉-上108　兼右近衛大將29　兼皇-太子傅28　兼-行

163　○兼-金128　○兼-官210　兼-勝294　兼-清88　兼-濟 下94　○兼-帯29　兼-珍16　○兼-任212

○兼-任(す)207　兼-福301　兼文章博士88　兼-明下203　嚴-閤(カフ)尚-書下39　嚴(ケン)-凝(キョウ)下124　○嚴-禁63　○嚴(ケン)-科316　○嚴-君下41　嚴(ケン)-々-然(トシテ)102　嚴(ケン)-霜225　○嚴-旨下149　嚴-鎊下65　○嚴-親165　嚴-制21　○嚴-冬下78　嚴-頭下225　嚴-配77　○嚴-命307　嚴-涼下41　嚴-淩-瀬170　○嚴-威172　嫌(ケン)-退(セ)188　嶮253　嶮(ケン)-邪(シャ)85　○嶮-難209　○嶮-浪294　巖-阿96　巖-榲下72　巖-扃(ケイ)下74　巖-室下77　巖-泉下99　巖-僧259　巖-扉(ヒ)下157　巖-腹下109　巖-灣(ラン)374　巖-路367　石清水檢校下294　○檢-非-違-使39　檢(ケム)-非-違-使等222　檢-領(セヨ)296　○縑(ケン)-細(シャウ)下160　縑-囊326　○謙(ケン)11　謙(ケムシ)11　謙(ケン)-挹(イフ)148　○謙-恭(クキャウ)81　○謙-讓13　○謙(ケン)-退142　○謙-德-公下278　○釼|169　○釼-客63　○釼戟(ケキ)316　釼(ケン)-珮(ハイ)134　○釼林下290　鉗(ケン)-鈦(タ)59　○險(ケム)下39　險-途125　○驗6　○驗(ケンス)下120　○驗-佛下209　○黔(ケム)-首下232　黔(ケン)庶160　○乾-坤下123　喧(ケン)囂(ケウ)下289　妍(ケン)-和下79　○妍(ケン)-姿(シ)下88　峴-山下132　峴(ケン)-亭下280　建-元3　建-卯298　○建-武下40　建-木72　彥(ケン(人名))-雲78　○懸-車12　○憲-章(ニシ)332　○憲-章(ス)下13　○憲(ケン)-臺240　○憲-法21　○憲-法十七條320　欠(スル)下109　○涓(ケン)-埃(アイ)195　涓(ケン)-塵226　○涓-露下163　○減(ケンセント)184　減-定(シ)55　○權-衡320　權-貴46　權-時333　○權-勢下186　○權(ケン)-門20　犬-居-士80　○犬馬130　獻|333　○獻|(ス)365　○獻(ケン)-策(サク)246　○獻-酬(シウ)40　○獻-酬(す)下145　○獻上下207　獻-雉98　○獻(ケン)-替(テイ)162　○獻-物下198　甄(ケン)-公下190　甄(ケン)錄231　○研(ケン)-覈(カクシ)80　研(ケン)-京下50　○研-精334　硯(ケンカ)下308　○硯-水下213　堅-義(キ)僧-等40　簡(ケン)-擇(タクス)250　褰(ケン)-裳下87　○見|下185　見(ジ)-課(クワ)-丁53　見-口41　○見-作252

見－修下70　○見－任22　見－上(シ)253　見－丁(チャウ)54　○見－風下175　○見－佛聞－法下65　○見－聞下211　○見－
聞(セム)下164　見－欲下233　○現(ケンシ)下271　現－界下244　現－山168　○現－世201　○現－當下251　○言－行下45　○言－
語78　言－事下35　言－詩下85　○言－辞下287　○言－上(す)22　○言－泉下143　言－道74　○言－談70　言－約
下93　譴(ケン)－告182　○譴(ケン)－責(セキ)63　○賢28　賢－友下182　○賢－愚108　賢－和61　賢－劫198　○賢－佐83　○賢
－才174　賢－材164　○賢－士360　賢－師下182　○賢－者256　○賢－相136　○賢(ゲン)－聖(シャウ)211　○賢－主下182　○賢－
人66　○賢－臣102　○賢－息(ソク)12　賢－大－夫下92　賢－智342　賢弟－十－二娘296　○賢－哲39　○賢－徳28
○賢－能42　○賢－妃76　賢－夫92　○賢－輔下237　賢－明(ナル)303　○賢－良102　○賢－路163　軒－靄(アイ)77　軒(ケン)－
雲182　軒－益下79　○軒(ケン)－檻(カン)371　○軒－騎下51　○蹇(ケン)々(トシテ)191　○蹇(ケン)－驢119　遣(ケン)－還(クヮンス)301　閑(ケン)－林下164　○顕(ケン)－
要224　顕(ケン)－赫(カク)192　顕－晦(マイ)下177　顕－慶五年正月下220　○顕－教下287　○顯－職208　○顯(人名)－宗下40　○顯(ケン)－位254
五－噫下108　○五－音88　○五－実6　○五－蘊(ウン)下241　○五箇年234　○五－更242　○五－行下161　○五－岳85
五－覺－院下116　○五畿七－道213　○五－畿－内53　五－祇下43　五－起(キ)下269　○五－逆下244　五－花81　五－
華下12　五巻337　○五月下75　五月四日下279　五月七日下62　五元(ケム)下208　○五－絃(ケン)95　五君131　五－郡下227　○五
－刑48　五溪90　○五－經42　○五－教95　五－業下59　○五言下64　五－釼318　五－湖12　○五－穀下122　五
－袴(コ)106　○五時下246　五時講下245　○五－色71　○五－日下279　○五十下187　五十九下149　五十五町43　五十四年

211　五十字下130　五十人43　五-十-席(セキ)。103　五十八年162　五十遍下191　五十餘年61　五-。。讓316　○五-障下277
五-旬下181　○五-衰下271　五-醉338　五-城(セイ)70　○五-情185　五-政96　○五尺下246　○五節46　五-千130
五-千有=言93　五千三百六十二巻下259　五-層(ソウ)下258　○五-代34　○五-。。内下285　○五-大-夫下177　五-臺下
27　○五-臺-山下247　○五-濁下214　○五-虫79　○五-天下107　○五-天-竺下127　五-度(ト)142　○五-德下206
○五人24　五年下10　○五-馬226　五-美7　○五-百下69　五-百-箇-歳下122　五百斛242　○五-部下262　○
五-福90　○五佛下222　○五分(ニシテ)32　五-歩166　五品257　五-万-四-千349　○五-夜286　五-老91　○五-
柳先-生下74　五-柳-門96　五-龍78　五-粒下82　○五-力下209　○五-倫147　○五-六368　五-六-株下107
五-六-人下18　五-六-重209　五-六-年175　五六年-内49　五-六-輩下5　五六餘年下26　五-鹿驍(ケウ)-逸下
75　○五位227　五-位以-上5　五位已-上29　五-緯(ヰ)89　○。。伍下179　伍(人名)-貟(ウン)。86　伍-子-江下59　○古-樂
270　○古-記42　○古-今32　○古-今和-謌下143　○古今和謌集下142　○古-賢15　○古-釼下209　○古-語
56　○古-寺下72　○古-詩272　古-質下139　○古-松362　○古-人193　古-先-生118　○古-。塚(テウ)下224　○古-
典29　古-栢下100　○古-風166　○。古-墳(フン)。下210　○古-文下13　古-文孝經下14　古-弊(ヘイ)下199　○古-廟下86　古
-篇下11　○古-來54　○古老下172　○呉84　呉-江106　呉-牛187　呉-。會30　呉。。-。郡80　呉。。(人名)-札93　呉。。-
松96　呉-桐375　呉-坂下22　呉-綿下52　呉-門175　呉-娃(ワ)。下88　呉。。-王82　呉-越-王294　呉越王殿-下295

○呼-吸(キフニセ)71 ○居-士下8 居-士-無-名294 居(コ)-多(ナリ)196 ○固(コ)-辞(スル)173 固-然(ナル)326 ○壺(コ)74 ○壺(コ)-
觴(シャウ)下192 ○壺-中下106 姑-山下262 姑(コ)-射(ヤ)下77 姑(コ)-射(ヤ)-山下255 ○孤(コ)下158 孤-雲126 孤-巖163 ○孤-月下
74 孤-魂下275 孤-心下156 孤-賞下134 孤-藂下129 孤-竹下74 孤-點下53 ○孤-燈132 ○孤-獨(ク)8 孤
-微209 孤-浪170 巨(コ)-為-時9 ○午(コ)下171 後一條院下146 後江相公123 ○後-漢下40 ○後-生201 御八講
下234 御-苦提下265 ○戸(コ)302 戸-邑33 戸(コ)-口(ク)33 ○戸(コ)-田195 ○戸-部尚-書下92 戸-部-省下104 戸-
部郎-中下85 戸-万274 擧(コシ)43 擧(コ)-哀下199 擧(コ)-稲43 ○期(コ)225 ○期(す)238 相(ア)-期(コス)下19 枯-荄(カイ)193 枯-株(チュ)(チウ)
下52 ○枯(コ)-木(ニシ)下7 枯-鱗250 梧-岫(シウ)258 梧-楸下105 ○梧-桐374 ○故下6 故右-親-衛中-郎-將
下285 故右大臣326 ○故-宮9 ○故-舊下193 ○故-鄕下221 故-菅-丞-相334 故-溪下61 故-劒下285 故
左相府255 ○故-致4 故參議321 ○故-事下121 故從三位守大納言331 ○故-實46 故正三位行中納言322
○故-障下193 故寂心上人下295 ○故-人下78 故-典359 故民部卿33 ○故-老165 故-里147 故越-州別-
駕335 ○故-園下269 ○沽-却(セン)41 ○沽-洗下37 ○湖(コ)下94 湖-山下125 ○湖-心357 湖-尾下50 ○瓠(コ)-
狢(カク)39 ○狐-疑65 狐(コ)-丘184 ○狐-狸(リ)78 瞽(コ)-言185 ○痼(コ)-痺(ヒ)3 ○股肱(コ コウ)191 ○胡248 胡(コ)人(ヒト)19 ○胡-
角96 ○胡-鴈(カン)87 胡-顔162 ○胡-塞下23 胡-山106 胡-兒147 ○胡-人下97 胡-城18 ○胡-髯(セン)下116
(人名)胡-太-尉(ヰ)下122 ○胡-馬180 胡尾下206 苦(コ)-懷93 苦(コ)-節225 ○虎-牙下34 虎-館102 ○虎-視(シ)19 虎(コ)-

鼠221　虎ー尾194　虎ー皮188　○虎ー符106　虎ー歩下187　○虎ー賁188　虎ー門206　虎ー圍下267　虎ー闈209　○袴ー下下185　○護ー國下208　護ー塔下230　○護ー持下75　賈ー竪下12　○扈ー從下89　○扈從下5　顧ー稱80　顧ー長ー康370　顧ー兎340　顧ー複40　○顧ー命下267　○顧ー眄309　○顧ー野ー王283　○皷下182　偶人下186　寇ー賊56　○厚ー顏188　厚ー顧下261　厚ー載223　厚ー賜64　○厚ー薄293　厚ー福下217　厚ー礼146　○厚ー祿下278　○侯235　侯ー瑾79　○侯ー爵185　○侯王13　○候28　○候ー247　召ー候212　○公188　吉ー備ー公298　○公ー宴302　○公ー家64　○公ー行319　公ー勤下158　○公ー卿5　○公ー驗22　○公ー侯75　○公ー罪53　○公ー事51　○公ー子360　○公ー私61　公ー任191　公ー心282　○公ー主31　公ー政121　○公ー孫下119　公ー旦12　公ー寵169　公ー帳242　○公ー庭259　○公ー田37　公ー府184　公ー封292　○公ー物47　○公ー文252　公ー俸226　○公ー民26　○公ー務37　公ー冶79　○功169　○功ー效308　○功ー課224　功ー宦下160　○功ー臣17　○功ー績250　功ー程323　○功ー能下223　○功ー名275　○功ー勞223　○口ー實335　口ー膳192　口ー談348　口ー味ー析43　句ー曲下48　句ー申下14　○叩ー頭下198　○后ー104　○后ー妃下225　后ー園192　○告ー朔66　○喉ー舌14　垢ー氛下77　○孔子6　孔ー子ー寇92　孔ー章316　孔ー翠下10　○孔ー聖306　孔ー宣ー文369　孔ー夫ー子93　孔廟下13　孔ー廟下132　○孔ー明下159　○孔ー門83　崆ー峒下77　○工ー女258　○工部341　弘160　○弘ー徽下276　弘ー慈172　弘ー典330　○弘ー仁192　○弘ー仁ー格319　弘仁三年21　弘仁十一年四月廿一日325　弘仁十一年十二月八日23

弘仁十載327　弘仁十年324　○弘法大師下205　後（コウ）185　○後－胤（イン）下227　○後－榮233　○後－學下38　○後－勘253　後－紀下189　○後－宮下272　○後－悔136　○後－會368　○後－魏90　○後－昆210　○後－事下287　後－司52　○後－日下74　○後章12　後－賞187　○後－人下132　○後－身下35　○後－進24　○後－世115　○後－素下19　後－族（ソク）105　○後（コウ）－代200　後－治5　後中書王下162　○後－塵下25　○後－庭355　○後－朝357　後－典328　○後－年212　○後－輩（ハイ）238　○後－房32　後－臂60　○後－來下62　後－慮下271　後－王330　○後－園下182　恒（コウ）渥（アク）144　恒－河沙－世－界下213　○恒（コウ）－規（キ）下197　○恒－沙下214　恒沙－界下234　恒－務127　○恒－例210　悾（コウ）－欵（クハン）124　拘（コウ）－牽（ケンセラル）51　控（コウ）－馭（キヨ）下133　控（コウ）－弦342　控（コウ）－乗（シ）70　構（コウ）－雲199　○洪－基7　洪－施（シ）212　洪－私258　○洪－水43　○洪－鍾下226　洪（コウ）－典下132　○洪範90　洪－流下205　○浩－蕩（タウタリ）285　空－観348　空－語280　空（コウ）－桑下237　紅－櫻下82　紅－榮179　○紅－葉下70　紅－艶下17　○紅－顔下20　○紅－錦下93　紅－錦－繍下105　紅－蕙下166　紅－桂254　○紅－閨（ケイ）下9　紅－瞼（ケン）下94　紅衫（サム）355　紅－袖（シウ）38　紅－粟（ショク）下166　紅－帯71　○紅－桃71　紅－女下121　○紅－塵下5　紅－葩（ハ）下84　○紅－粉下81　紅－螺（ラ）下29　紅－蠟（ラフ）354　○紅－蘭下118　紅－梨下197　紅－鯉下181　紅－林下104　○紅－爐下115　緱（コウ）－山下73　緱（コウ）－嶺下132　○興（コウス）下232　興－衰34　○興－亡230　○興－復45　○興－復（スル）253　○興－福－寺199　○興－隆（シ）200　○薨－（シタマヒヌ）336　薨（コウ）－卒（シュツ）255　○薨－逝（セイシヌ）下144　○講（ズ）198　○貢41　○貢（スル）下190　貢（人名）－禹下94　○貢（コウ）－擧（キヨ）44　○貢（コウ）－擧（キヨスル）46　貢－書下198　○貢－進（ス）46　○貢（コウ）－賦100　○貢－物下199　鵠（コフ）鼎（テイ）135　○鴻－恩219

鴻-鴈下187　○鴻-基102　鴻-化354　○鴻-業8　鴻-才372　鴻。-藻下10　鴻。-慈158　○鴻。-儒336　鴻-都下
76　○鴻-名164　。鴻(コウ)-。濛(モウ)76　○鴻-臚。下28　○鴻-臚-館65　刻-桐。94　○刻-鏤32　尅-賊297　告記49
告-言(セ)53　告-狀52　告-人51　○哭(コク)下274　○哭(コクシ)336　國。(人名)84　國|下185　○國-恩16　○國-家15　○國-界下163
○國-學56　○國-郡21　○國-解(ケ)54　國-卿149　○國-憲296　○國-宰25　○國-司41　○國-子351　○國
-子學348　○國-子祭-酒下11　○國守28　○國。-俗。30　○國-中37　國-冑(チウ)46　○國-典208　○國-土下268
○國-内22　○國-務22　○國-府59　○國-風下148　國-分-僧37　國-分二-寺31　○國-分-尼-寺242
○國-母下260　○國-用64　國-史20　國-衛60　○極-樂下66　極-樂-國下162　○極-樂寺下106　○極-樂浄
-土-變下264　○極樂世界下64　極-樂-會下63　○穀(コク)20　穀-稼8　○穀-倉。-院260　穀(コク)。城下208　○轂(コク)。下190
酷(コク)-嗜(シ)下77　酷-罸11　○酷(コク)。-烈下167　○谷-水下122　○鵠(コク)239　黒下185　○黒-月下209　○黒-業。。下277　○黒-白
-衣下227　黒-夜下282　○忽-諸(スル)下216　○骨|337　○骨-。相(シャウ)81　骨-肉下149　骨-録70　○劫下278　劫-石下228
劫-塵下162　○甲(コウ)-虫下204　○業(コフ)255　○業-因下245　業(コフ)。。-。。塵下109　○業報下289　○今-生下217　○今(ケ)-日(フ)4　紺(コン)-
頂(チャウ)78　○紺-瑠-璃下242　○金-剛下279　○金-剛-界下274　金剛釼下209　○金剛杵下209　金剛珠下209　金剛壽命經
下269　○金剛般若經下255　○金剛鈴(レイ)下209　金剛輪下209　○金光明下269　○金光明經下191　○金色下209　○金-輪下223
○。金-。輪聖主下212　○魂下244　○魂-魄78　○勤-修(す)下210　○建-立下193　○建-立(スル)61　○困-窮(セリ)下161　坤。

―維84 ○坤―儀85 ○墾(メウ)―田21 崐(コム)―陰下31 崐―岳72 ○崑―山下227 崑―閬(ラウ)371 ○崑―崙132 悃(コン)―懐(クワイ)122 悃(コン)―欵(ウハン)122 ○悃(コン)―誠188 ○悃―情301 懇(コン)―欵(クワン)216 ○懇(コン)―誠140 ○懇(コン)―請161 ○懇(コン)―切183 懇(コン)―衷(チウ)135 ○懇―篤(トク)260 ○懇念下293 ○懇(コン)―望261 昏―衢(ク)下212 昏―旦96 昏―明73 昏―曚(モウナリ)下158 昆―吾169 昆(コン)―石下188 根―荄(カイ)下45 ○根―源88 出雲権守267 伊豫権守308 周防権守78 丹波権守177 播磨権守下206 美濃権守168 美作権守173 尾張権守88 内藏権頭177 権佐(スケ)234 近江権介165 周防権介332 常陸権介237 権(コン)―貴22 ○権―化下249 熱―田権―現下221 ○権―實下66 権―實―教下261 ○権―者下148 権―制89 権僧正下191 近江権大掾99 権大輔216 大藏権大輔237 権中納言145 権(コム)―扉(ヒ)下221 ○混(コンシ)83 ○混(コンシ)―迷(マトヒ)下110 ○混―沌(トン)99 ○混―本下139 ○混―乱下167 渾(コンシ)353 溷(コン)―埃(アイ)93 痕(コン)―際(サイ)下175 ○痕(コン)―跡下207 衮(コン)等295 ○衮(コン)―職(シヨク)162 ○衮(コン)―冕(ヘン)143 ○近―衛137 ○近―衛大―將190 ○近衛中將218 ○閫(コン)―外下174 鵾(コン)―紘下37 ○作―業下157 佐(サ)下158 佐―職下158 佐―命151 ○嗟―嘆(タンスル)355 ○坐(サス)268 ○坐―臥127 ○嵯―峨下203 ○娑―婆下162 ○娑―婆世―界下245 左(す)下35 ○左―右190 ○左―右(す)350 左右(ノ)近衛143 左右大臣22 左右馬43 左右馬寮7 左―右―衛―門245 左―箇(カ)98 左―降人267 左―監―門下43 左―眼11 ○左(人名)―丘―明下35 左(人名)―元―放80 ○左京194 ○左京太夫317 左近大將169 左近衛権少將170 左近衛権中將125 左―近―衛少將234 左―近衛大將25 左近衛中將123 左―車下44 ○左―相295 左―相―府374 ○左―丞―相下29 左―親―衛337 左少史318

左-少-丞下37　○左少弁207　左(サ)-戚(セキ)146　○左-遷(ス)335　○左大史26　左-大-尚-書下92　○左大臣9　○左
大弁244　○左中辨218　○左-典-既(キウ)下8　左-轉下178　左-轉(セ)299　○左兵衛督322　左-府殿-下下221　左-武-
衛下92　左武衛將軍下88　左-武衛-藤-相-公下118　○左-僕-射165　左-龍下14　○左衛門督191　左衛門尉235
左衛門権佐235　左-圓右-方下58　○差(サス)56　○差-別49　○座(サ)245　○座-右下18　座-莚下72　○座-容338　座
-左-銘下169　○座-上337　座-主下191　○座-席下51　沙下21　沙-雨下121　沙-煙下177　沙-鷗(ヲウ)下150　沙-涯(カイ)下
90　○沙-界下116　○沙金294　○沙-月364　○沙-石373　○沙-汰291　沙-頭下101　沙-風下99　○沙-弥59
沙-弥等37　沙-面下100　○沙-門30　○沙-羅下286　○沙-羅-林下263　沙-浪下138　瑳(サ)焉(エンタリ)下16　瑳(サ)々(タル)210
瑳(サ)-々-焉(タリ)下46　砂-崖(キ)372　○砂-磧(セキ)下119　○紗(サ)下53　紗(サ)-燈下53　紗(サ)-籠358　○蹉(サ)-跎(タリ)167　○蹉(サ)-跎(タシ)下162
○鏁(サシ)下102　傞(サイ)-野329　○再-三150　再-實133　再-入下89　○再-生下91　再-全121　○再-誕下35　○再-拝305
再-拝頓首(シ)301　再-露165　灾刂下183　灾(サイ)-異(イ)119　灾-火32　灾-害28　灾-患(クワム)下269　灾-淰(シン)36　灾(サイ)-變3　灾-沴(レイ)
183　○宰226　宰-守105　○宰-府下190　在-學-士340　○在-々下216　○在-所下8　在-生下265　○在-世199
在-俗185　在(サ)-納-言下142　○在-藩(ハン)下237　○在-位117　○塞(サイ)-外178　塞-上91　崔(サイ)(人名)-御-史103　○崔(サイ)嵬371
崔(人名)-子-王下169　崔(人名)-文-子84　○災(サイ)下232　○災(サイ)-害16　○彩-雲354　○彩-色下141　彩-鳳下94　○才(サイ)262　○
才-學24　才-伎(キ)57　○才-華143　才-冠(ナリ)103　○才-藝45　○才-操(サウ)304　才-士44　○才-子6　才-籤(シン)9

○才－色下276　才－職181　才－儒302　○才－人下137　才－臣下125　才－情107　才－地104　○才－智304　○才－德149　○才－望245　○才－名246　才－用146　○採－詩303　採(サイ)－擇(チャク)223　○採－用222　○最|下203　○最－勝40　○最－少下273　最－弟361　○采(サイ)－椽(テン)63　○材下49　○㴚(サイ)－扉257　柴(サイ)－籬下72　○濟(サイ)－生下260　○濟－度下237　○犲(サイ)－狼(ラウ)60　璀(サイ)－錯(サクタリ)下21　○碎(サイ)－金下65　○祭－物35　○祭－文35　税(サイ)－蓄(チク)37　税(サイ)－帳252　綵－雲366　綵－霞下7　綵－殿下113　綵－縷(ル)365　○罪－科52　○罪－過248　○罪－業下246　○罪－根下163　○罪－障下248　○罪－人42　○罪－責67　○罪－報(ホウ)233　○罪－累(ルイ)下217　○裁(サイス)362　裁(サイ)－錦下121　裁－成(す)74　○裁－縫(ホウ)222　○裁縫(セシ)下294　○菜下17　○菜－羹(カウ)下17　○菜－園下181　蔡(サイ)(人名)－子下260　蔡(サイ)(人名)－氏99　西(人名)－海－王下49　西－極－樂下275　西(サイ)－府248　○財46　○財－貨(クワ)下178　○財－幣(ヘイ)下220　財－禄84　載(サイ)－礼下206　○齊(サイ)40　齊－供39　○齊－會下163　齊(サイ)－肅(シウ)35　齊(サイ)－房下75　○像下68　像－法－世下66　早－夏下12　早－薤97　早－肝74　早－花下78　早－霜下127　○早－春下4　早－衰144　早－速18　○早－梅下78　雙－開下130　雙－襟(キム)下24　雙－鳧(フ)226　雙－離118　○雙－林下266　倉－卒307　○倉－廩(リン)5　○喪－家39　○壯－觀117　○壯(サウ)－年209　○壯－麗(レイ)下49　莊(サウ)－舄(セキ)(人名)下249　大目(ヲホイサウクワン)70　少目(スナイサウクワン)下142　爽(サウ)77　爽(サウ)－籟(ライ)368　孀(サウ)－閨(ケイ)下135　巣－穴下35　巣(サウ)－處－公下186　慼(サウ)－児(シ)10　○操(サウ)下188　○曹(サウ)262　曹(サウ)局(キヨク)44　○曹－司282　曹(人名)－子－建下35　曹－廳(チヤウ)31　曹(人名)－王下79　桑－葉下209　○桑－梓(シ)下250　○桑－門185　○桑－楡下122　薬(サウ)－葉下210　○瓜(サウ)－牙168　○滄－海283　○滄－溟346　璪(サウ)－容355　○相(サウ)下170　○相－好下246　相－規下

132　相-經(下)185　○相-公351　相-者(下)203　相-將(下)141　相-鼠(下)190　○相-續(シ)(下)163　○相-傳(下)283　○相-
法。72　○相-府(下)280　○相-門162　○相-違(下)283　○相-違(シ)276　皂(サウ)-盍(下)21　窓(サウ)-螢244　竈(ウ)-下(下)195　○糟(サウ)-
粕(ハク)209　○草-334　○草(サウシ)(下)225　草-纓329　○草-菴189　草-螢(下)135　○草-創321　○草-創(スル)(下)229　草-樹(下)113　○
草-堂97　草-澤(下)133　草-奉(ス)307　○草-木86　○草-莽(マウ)(下)143　○草-萊(ライ)(下)203　○莊-敬102　○莊-嚴(下)222　○
莊-嚴(シ)(下)220　○莊-子308　○葬-礼(下)198　蒼-煙9　○蒼-昊(カウ)160　○蒼-穹(キウ)213　○蒼-梧(下)170　○蒼-々(タル)210
○蒼生147　蒼-精(下)35　○蒼-天188　蒼天白日126　○蒼-頭376　○蒼-波295　○蒼-栢93　○蒼蠅(下)100　○蒼
-浪(タリ)(下)156　藻(サウ)336　藻-鑒(下)11　藻-思(下)21　藏-人308　○象(サウ)(下)164　○贓(サウ)4　躁-性(下)74　造-伊-勢豊(トヨ)-受(ウケ)-宮
242　○造-宮247　○造-化89　○造-作31　○造-作(サスル)(下)229　○造-寺199　○造-次(下)225　造-舟(シウ)195　造-寫(下)257
造-寫(シ)(下)245　造-宣-耀-殿242　○造-塔(下)222　○造-佛(下)260　造立(下)245　造-立(す)(下)234　霜葉(下)102　霜-艾(カイ)104
霜-科63　霜-翅(シ)80　霜-松206　霜-蘂(スイ)(下)125　○霜-雪208　霜-杖(チウ)136　○霜-鬢(下)149　霜-毛99　霜-威96
○冊(サク)76　○作-109　作-(ス)338　作-役(エキ)7　○作-者214　作-書213　作-田252　作-佛-事(下)107　削(サクス)318　○朔(サク)(下)205　○
朔旦(タン)(下)194　策-馭(キヨシ)70　○索(サク)-々(トシて)(下)101　筰(サク)-馬343　○察(サツシ)330　○殺(サツ)-伐(下)167　札(サツ)-々(タル)(下)200　○颯(サツ)-々(トシて)(下)76　颯
-々-然(タリ)(下)105　颯-爾(シ)(下)71　○颯(サツ)-然(タリ)(下)181　笈(サフ)351　萐(サフ)(サツ)-莆(フ)275　○雜-器323　雜-花(下)128　雜-公-文232　○
雜事269　雜修善(下)234　○雜-任23　雜-蘂(スイ)(下)82　○雜-説317　○雜-體(下)139　○雜-筆302　雜-符326　○雜-篇

323　○雜-用43　雜-令333　○三|76　○三-悪下233　三。-握アク316　○三衣一鉢293　○三-友下108　三-有下236　○三-葉81　三-下下109　三-箇年8　○三-界下210　○三更342　○三-綱。下14　三-各下41　三-合下208　三-峽。カフ下22　三間下195　○三-。韓カン30　○。三宮128　三-級89　三-許-人下174　三-。懼ク192　三-。。遇ク下182　三-科。クワ下16　三-廻183　○三-槐。クヰ下211　○三光下223　○三皇281　三巻350　○三-歸下162　三歸五戒下295　三-龜375　○三-月下8　三月三日358　三月廿八日340　○三-月盡360　三月盡日下116　○三。軍クン49　○三-逕ケイ226　○三-五238　○三-五-月下257　三五七下257　三-壺コ70　三-空下245　○三-公175　○三國18　三斛4　○三-才97　○三-山85　○三-事146　○。三-史42　三-司145　三-字276　○三-四44　三-四-許-寸下184　三-四-代下43　三。家シ107　○三-州下227　三-獸淺-深下116　○三-秋244　○三日下63　○三十208　三十有七158　○卅一字下139　三-十-。。行カウ362　三十九年216　三-十-五-名349　卅町43　○三十二下268　○卅年62　卅万人53　三十。。餘132　三-十餘-家下122　三十餘箇年258　卅餘町43　○三-十-六71　○三-章106　○三-讓11　三-象117　○三-酌シャク337　三-首97　三-宿シテ下156　○三-春246　○三-所下221　三升43　○三-審シン52　○三-身下162　○三-辰89　三-數-盞下107　○三-世下268　○三世佛下230　三-成281　三-旌。セイ167　○三-。。省54　○三-尺下168　○三-千105　○三-千-界下208　三千五百餘町252　三千士下70　三千尺141　三千束195　○三千大千下224　三-千-從下59　三千人53　三千六百餘213　三山。セン下107　三-泉下282　○三尊37　○三-代131　○三-台。タイ下244　三-態。タイ138　三能タイ174　○三-臺134

○三道8　○三-端。4　○三-遅下122　三-重。(チョウ)下224　○三-朝211　○三条194　三-典316　三-塗下238　○三度下
289　○三-冬下71　三-納-言下92　○三-人33　○三年34　三年二月213　三-農下150　三-倍(ナリ)42　三疋下207
○三-百285　三百巻242　三百五篇306　三-百-戸10　三百歳下190　三百七十祠75　三百端下292　三百坏103　三-
百-盃下24　三百篇178　三百六十下204　三百六十日下144　三百六十首下144　三百六旬74　三-風363　○三-伏185
○三分43　三分等10　三篇347　○三寶下221　三宝界會下288　○三品(ホン)215　三-品巳-上23　○三-味198　三-味-
料198　三万六十餘束114　○三-密347　○三-明下255　○三面下234　三-陽下90　○三-餘238　○三-老89　○三
-樂下93　○三-礼101　三賚43　○三位217　三位已上23　三位博士216　○三-豌(サン)146　僣(サン)-。侈(シ)63　。僣(サン)-濫(ラン)40
○參|(シ)下181　○參-向300　○參-議下149　參(サン)。-軍下116　○參-詣下229　○參-州下71　○參-拝307　參-漏122　慘(サン)-
虐(キヤクナシ)下43　。慘(サン)-。懍(リン)下129　○慙(サン)。。懼(ク)149　慙(サン)。-悚(ショウ)164　慙(サン)。-惕(テキ)。181　○懺-愧下233　○懺-悔下164　懺-除業-障下163
。漸(サンシ)76　○讒(サン)255　。飡(サン)70　飡飽(サンハウシて)下131　飡-飯下22　山|下9　山-阿(ニハ)下133　○山-鸎338　山-遊下284　○山-郵(イウ)。360
○山-陰57　○山-雨97　山-雲186　○山-下下32　山-霞下150　○山-海下198　山-祇86　山-巾(キン)。下108　山-
花下192　○山-月下66　○山-鶏165　○山寺下70　○山-庄下18　○山-桝(ショウ)152　○山-神下205　○山-水84　○山
-城212　○山-西75　○山-鵲下72　山-茆下76　○山-川57　山-泉下19　山桃93　山-宅下19　○山-澤91
○山-智298　○山-池101　○山-中下64　山(人名)-中書-生181　山-厨。(チウ)97　○山-亭下195　○山-東170　○山-頭下

108　山‐表下211　山‐北352　山‐木99　山‐面357　○山‐門189　○山‐陽8　山‐嵐下84　山‐榴下84　○山‐
林221　○山‐陵9　○山‐路下93　山‐漏下20　攅‐枝下77　○散365　○散‐逸下144　○散‐員下193　○散樂107
散‐花下211　○散‐卒下12　散‐班下98　○散‐木230　○散‐落59　○散位220　爨72　爨‐鼎73　○殘‐焔
下239　殘‐涯下61　殘‐氣189　○殘‐菊372　○殘‐花下39　○殘‐月下22　殘‐暉368　殘‐螢下53　殘日下293　○
殘‐春下100　○殘‐生下195　○殘‐燈139　○殘‐夢181　○殘‐滅251　殘‐命219　○珊‐瑚下270　○產39　○產‐
業20　○算下16　○算‐数下261　○算‐術42　算‐明‐法‐等208　○粲爛下91　○讃下162　○讃下149　讃‐成74
○讃‐嘆下246　讃‐揚下263　○賛339　○鑚‐仰44
（人名）之‐長‐芝78　事意49　○事‐々51　事旨322　事‐狀220　事‐緒下32　○事情253　事‐類323　二‐宇下215　二
友下68　○二‐恩下225　二箇條232　二箇年251　○二‐儀96　○二‐氣78　○二‐季下163　○二‐宮285　○二‐級
89　○二‐九267　二‐句274　二‐華100　○二‐科24　二‐巻下191　○二‐月下92　二月卅日下29　二月四日35
二月十一日114　二月十五日30　二月十二日下263　二月廿二日49　二‐郡231　二‐京下178　二‐兄172　二經下288
○二‐言下27　二斛4　二‐載‐千‐秋下23　二‐匝下184　二‐三80　二‐三‐許‐年下159　二‐三‐許‐里下131
二‐三‐子259　二三‐日下107　二‐三‐人下140　二三年下182　二三輩下248　二三百人58　二‐三‐畝下180　二‐
三‐歩下81　二事下266　二‐子下74　二日下63　廿以‐下29　二‐十有‐餘208　廿一日307　廿一人146　二十一年

217 廿九日119 二-十-廻180 廿巻下142 ○廿五日下289 二十五年216 二十口下64 ◦◦二十三-箭74 二十日140
廿二巻320 廿二年下37 廿二日122 廿七日137 廿人23 二十年93 二十盃下175 二十輩下150 廿八日144 二十八
品下149 二十篇下34 二-十-餘下12 二-十-餘-載196 二十餘日下16 二十餘章93 二十餘年下8 廿六年下266
二-主下97 二-守29 二-旬355 ○二-人275 ○二-親下230 ○二-水97 ○二-星365 二省254 ○二-千161
二千年86 ◦◦二-踈(ソ)147 二-窓371 二代46 二-盗4 二仲269 二-軸下209 二帝287 二朝233 二通55 ○二-
等278 二-方下19 ○二-八12 二疋35 二百五十年34 二百餘匹等242 二-不-可下176 ◦◦二-府149 二物117
○二分32 ○二-毛97 二-門317 二-離下16 二-流285 ○二-龍107 二賚208 ○尒-時下224 仕(セ)213 侈(シ)-
◦◦靡(ヒ)(ニシ)38 ○侍(シ)192 ○侍-座下30 ○侍-坐(セリ)下41 ○侍從331 ○侍-臣306 ○侍-中17 ○侍-讀103 ○侍-
婢(ヒ)38 ○侍-郎341 侍-郎以-下下104 ○使下197 使-驛(エキ)30 ○使-君下193 ○使(カヒ)-人(ト)52 使-人等下189 ○兒◦◦
下184 ○兒-童下182 ○刺(シ)-史29 刺-史館下下192 ○此-岸下282 此(シ)-◦◦間(ケン)下147 ○司|79 司-存323 ○司-徒(ト)164
○司-馬12 ○司(人名)-馬-遷81 司(人名)-馬-孚(フ)178 司-命下16 司-暦73 ○史下35 史-漢254 ○史-記308 史(シ)篇◦(サク)
87 ○史-生36 史-生-書-生等54 史-生等209 ○史-籍36 史-冊◦(シャク)123 史-治41 ○史-籀(チウ)103 ○◦咫(シ)-
尺(ニシテ)下137 ◦咫(シ)-◦歩(ホ)下248 嗣(シ)-嫡(テキ)376 ○四282 ○四-夷147 四-韵287 ○四韻362 四-運下278 四-瀛(エイ)◦下268 ○四
裛(エイ)150 四-葉下60 ○四-恩201 ○四-海128 四-海-内下131 四-皓172 四-効(カウ)◦下180 四年(ケ)217 ○四季53

四-九71　○四-衢下212　○四-科。82　○四-花下211　四-廻136　四-廻ス172　○四月下12　四月九日162　四月十
五日下143　四-月-中295　四-郡100　四-五-更94　四五-月4　四-五-人下82　四-五-年-來335　四-五
-輩375　四-枯コ下271　四-虎105　四-口下171　四斛4　四-山下50　○四-始90　○四-時176　○四-衆下267　四
-七-將下34　四-日下63　○四-十下233　四十一下265　○四十九下258　○四十九日下262　四十巻324　四十五尺358
四-十-尺370　卌二巻下256　四十人下67　四十年53　四。十。。餘132　四-首下145　四-處下220　○四-種下75　四-
騶スウ。78　○四-生下210　○四-聲88　四碱セキ下224　四-代176　四-軸下144　○四-重下244　○四-條下178　四条大納言
191　○四-土下162　○四-德297　四-人33　四年207　○四-方34　○四-八-相下255　○四百下40　四百餘年下163
四百年下47　○四分43　四-病273　○四-壁95　○四-菩-薩下211　四菩薩等下230　四-目11　○四-品ホン259　○
四-魔338　○四-民365　○四面下215　○四門102　卌-餘-曰下277　○四-隣303　○四位212　○士26　士（人名）-安下41
○士-女304　○始-皇99　○始-終120　○。始-。祖下225　姿|82　○子|70　子（人名）-高下28　子衿キン。45　子（人名）-喬。366　子-
鷰。下52　○子（人名）-貢66　子（人名）-産283　子（人名）-晉70　○子-細ニセヨ95　○子-孫23　子-男82　○子-弟23　○子-房242
子-墨351　子-墨-客-卿下42　子（人名）-孟185　○子-夜下212　子-野271　○子-來す19　子-諒リヤウ下14　○字シ186　字-
家198　○寺-社22　○。。寺-塔。31　寺-奴ヌ31　寺-廟下227　寺-邊下184　○寺-院下229　○尸-諫スル5　尸。居セ下161
○尸-素158　尼。。-。嶺下126　○市シ142　○市-人下8　○市-門下8　帋-窓下70　○師シタリ304　○師-説セツ240　師-知

338　師-讀306　○師-範130　○師-傳108　師-路27　○廝-養24　貳-采258　貳(人名)-師-將-軍205　貳-膳180　貳佰兩295　○弛-張134　○志|127　志-緒296　思336　思-諸188　思-風92　○思-量250　○思-慮138　○慈169　○慈-愛183　慈音290　○慈-雲210　○慈-恩62　慈-恩-寺117　慈恩院61　慈-海257　○慈-惠225　慈-旨292　○慈-氏74　○慈-心70　○慈-親256　○慈-尊210　慈-堂250　○慈-悲214　○慈-父208　○慈-母206　指-陳277　○指-點225　○指-南287　支-提222　○孜々103　施16　○施-行117　○施-行4　施-張96　旨-意308　○旨-酒33　○旨-趣266　○是78　是-界270　是-善19　○是-非50　○時-宜170　時-義19　時-議252　時-賢93　○時々290　○時-日95　○時-習183　○時-俗94　○時-節121　○時-代51　○時-輩336　時芳353　時-風330　○時-服47　○時-變128　○時-務161　○時-令28　杞-梓351　○枝-葉72　枝-親145　枝-中-丞340　○枝-條346　枝-苗149　枳-棘58　梓-材376　梓-樹101　梓-澤361　○次-官220　○次-子258　○次-將26　○次-第230　○止-觀287　止-水344　止-足135　○死57　○死176　○死-灰302　○死-骨193　○死-罪30　○死-生19　氏-爵220　○氏-姓262　○氏族98　藤原氏281　○泗-水283　○泗-濱85　○滋液122　滋-相-公61　滋-章332　滋-生95　珥-蟬129　○璽325　璽-紱266　○砥礪375　祒-承87　祇-承352　○祠官132　○祠-堂200　○私-恩121　私-鑄-錢4　○私-信294　○私-稻195　○私-宅20　私-儲16　○私-度59　私-筆243　○私-門62

○私-利21 私-戀296 私-盧下225 ○粢(シ)◦盛75 紙-隔(カク)348 紙-魚217 ○紙-窓下107 紙-墨339 ○絲-竹下11 ○絲-綸291 ◦紫(シ)下16 紫-掖(エキ)◦163 紫-鸞360 紫-霞下124 ○紫-蓋370 ○紫-毫下29 紫-宮374 紫-菊下118 紫-禁二年下98 ○紫-極下50 紫-桂71 紫-姑(コ)357 ○紫-綬(シウ)109 ◦紫(シ)-、◦笋(シユン)244 ○紫-宸下232 ○紫-震-殿211 紫-霄◦133 紫-臺258 ○紫-闥(タツ)◦134 ○紫-庭191 ○◦紫-泥◦◦9 紫-殿下187 ○紫-電(テン)下80 ○紫-藤下116 ○紫-微下237 ◦紫-◦府70 紫-苻下133 紫-紱(フツ)◦219 ○紫-磨-金下242 紫-名72 紫-嵐94 ○紫-蘭下166 紫-鱗353 紫-闈(ヰ)188 紫-鴛◦下118 ○緇(シ)◦-衣下65 緇(シ)◦-素下26 緇-素男-女下266 緇(シ)◦-門下263 而◦◦-立下224 ◦◦耳-◦◦語(シ)下98 耳◦◦-目◦◦116 ◦肆(シ)-◦夏281 脂(シ)◦-膏(カウ)下137 脂(シ)◦-◦粉188 ○自-愛(セヨ)305 自-界下272 ○自-記下185 ○自-今21 自-外下174 ○自-在(ナリ)下234 自-宗(シナリ)下248 ○自身下231 ○自-然65 ○自-存8 自-他利-益下236 ○自-得(ナリ)下18 ○自筆下239 ○自-余270 ○自-餘38 至-哀下265 ○至-孝(ナシ)93 ○至-愚◦260 ○至-言11 ○至-極(コク)◦◦226 ○至-心下5 ○至-誠120 ○至-情16 ◦至-道◦元年四月日下191 ○至-徳94 至-◦◦妙(ナル)74 ○至-理下137 芝◦-英71 芝-澗166 芝◦-扃(ケイ)13 芝◦-◦◦砌8 芝-田下123 芝(シ)◦-◦畝(ホ)下274 ○芝-蘭193 葘(シ)◦-川167 ○詞◦下10 詞-江下48 ○詞-客下195 詞-句下19 ○詞-花下146 詞-義276 ○詞-華108 詞(シ)-源260 ○詞-◦藻12 ○詞-人6 詞-條◦下36 詞-賦343 詞-浪150 ○詞-林85 詞-露下86 詞-苑95 ○詩23 詩-宴302 ○詩-家下78 詩-閣下149 ○詩-句337 ○詩-巻336 詩-境◦下51 ○詩興下97 ○詩-語下72 詩-寺下215 詩-

章下43　○詩-酒337　○詩-書215　詩書礼樂219　○詩-人164　詩-臣356　○詩-仙下125　詩等270　詩-媒(ハイ)下27
○詩-賦344　○詩-篇340　○詩-魔338　詩-流下100　○詩-律下90　試(シ)56　試(シ)-經(キャウ)213　試-場273　試(シ)-判269　諮(シ)
-稟(ヒン/リン)176　視(シ)70　○視(シ)-聴89　覼(シ)-縷(ルナリ)274　○資(シ)39　○資(シス/トレリ)119　○資-産31　○資-人54　資貯(シチョ)下288　賜(シ)-爵
-侯104　○辞下10　○辞(シ)下274　辞狀157　○辞職118　○辞-表122　辤-對50　辤-遁(シテ)46　○錙(シ)-銖(シュ)73　○
雌-雄239　○雌(シ)-黄(ワウ)11　○食(シ)下161　○駟-馬下72　駟(シ)-盖39　鳲(シ)-鳩49　○齒-牙85　歯(シ)-髪(ハツ)190　歯-落-
詞下156　○衆下34　衆-駕下166　○衆-議239　○衆-藝48　衆-狐下52　衆-口109　衆-色下233　○衆-生218
○衆-庶6　衆-庶-人219　○衆-人下249　○衆-水下210　衆-川195　○衆-僧37　衆-鳥79　○衆-望下198
衆-賓下59　○衆-務165　衆-釐(リ)95　○衆-流下10　○衆-力下234　○修(す)36　○修-學36　○修-造(シ)60　○修
-習(シ)下163　修-章48　○修善下218　○修-撰下44　○修(シウ)-短82　○修(シウ)-治27　○修-復(フクす)下49　脩-蛾下138　脩-
撰(セ)321　○脩(シウ)-竹下115　○周72　周-扆(イ)98　○周-遊(シ)344　○周-易下29　周-行257　○周-忌下260　周-関(キ)39
周(人名)-景式100　○周-公209　周(人名)-公-旦171　周-室127　周-日275　○周-章125　周-邵(ショウ)146　周-晨97　○周-旋(センす)
193　周鼠333　周-道下40　周(人名)-鎮94　周-庭98　○周-備(セリ)下211　○周(人名)-文90　周(人名)-穆下136　○周(人名)-勃(ホツ)124　○周-
礼42　周(人名)-郎下136　周(人名)-李97　周-王336　周-衛190　○宗(シュ)下280　○宗-室170　○宗-匠下19　○宗-族下229　宗
-廇下167　岫(シウ)-幌下72　○州305　○州-郡57　○州-縣下208　○州-壌60　○州-牧240　州-民106　州-吏下189

○愁―雲下144　○愁―吟255　愁恙下272　○愁―訴50　愁―惱下130　○愁―眉下87　戎―政191　戎―旅下209　○收
―納20　○收―納295　就―日249　樞―機79　○洲105　洲―鶴97　獸―言79　祝―噎89　○祝文下194　○秀―
逸341　○秀―才5　秀―麥下180　○秀―麗84　秋―河364　秋―駕135　○秋―毫255　秋―月下147　秋―桂下66　○
秋日369　秋―實下45　秋池下77　○秋―分73　秋―令95　秋漏198　瘦―鴈80　瘦―馬178　瘦―容下166　終（人名）―
軍下105　○終―始28　○終―身39　終―制下283　綬179　○繡―衣352　繡―幌下17　繡―戸下136　繡―柱下4　繡
―被下52　舟―宿284　○舟―檝170　○舟―舩60　聚―沙下64　聚―橐73　○聚―斂64　蒐―祠下59　蒐―庭
下114　蒐―邊下127　○酬報下295　鷲―子下236　鷲―露下170　鷲窟258　鷲―頭下239　○鷲―峯下69　鷲―峯―等下220　鷲
―嶺下243　○式45　○式條49　式―兵二―省53　○式部220　式部權少輔81　式部權大輔237　○式―部―省23
式部丞253　式部少輔91　式部大輔70　式―部民―部丞303　式文49　○式―法39　色像下165　色―象下137　○色―
紙下207　色―々255　○識―者下49　俶―裝下27　○叔（人名）―孫―通171　宿―痾151　夙―夜下186　夙―夜下265　夙―慮
下74　○椒―房下244　淑氣下114　淑―景下80　肅―邑75　肅―殺95　○肅―愼30　肅清338　肅―清下94　○肉―
下187　肉―飡下16　○七―104　七―葉下12　七箇下291　七箇寺下257　七―箇―所303　○七―覺下258　七―九95　七卷
340　○七―月365　七月一日301　七月三日341　七月七日364　七月日下175　七―月―半下283　○七―賢100　七間下215
○七―言下9　七―匝下246　七子49　七字下231　七―絲140　七―秋255　○七―々下267　○七々日39　七―日116

○七十136　七十已上4　七｜十｜子下15　○七｜十｜二71　七十二代下35　七十年83　七十餘人33　七｜浄下227　○七｜旬181　七寸下185　七｜世下96　七｜歳下266　七｜尺下102　七｜叟(ソウ)下19　七｜代下10　○七｜道8　七町44　○七｜玠下226　○七｜難下209　○七人55　○七｜年99　七｜八｜箇180　七｜八｜許｜里367　七｜八｜年228　七｜八｜年｜來下75　七｜八｜輩下134　七｜万｜里70　七｜百｜載下207　七百年102　七｜百｜里370　七｜不｜堪下176　○七｜歩80　七｜寶下266　七｜寶｜池下264　七｜略256　叱(シツ)。｜呵(カ)246　○失(シツ)｜198　○失｜(シテ)43　○失｜誤288　○失｜墜(ツイ)下194　○室(シツ)下287　○室｜家37　悉(シツス)11　悉知悉見(シ玉へ)下288　○日｜脚下80　日｜火下187　日｜月173　日｜官下39　日州下192　○日｜日下131　○日｜新335　日辰下292　日｜城下59　○日｜精下122　日。。｜夕247　○日｜域下27　日｜遠下42　濕(シツ)化下217　漆(シツ)。｜園82　○瑟(シツ)。｜々(タリ)371　疾｜185　疾｜痾(ア)。268　○疾｜疫36　○疾｜苦28　○疾｜。疹(シン)178　○疾｜病下204　○疲｜風下103　○膝(シツ)。｜下165　○質。124　質｜朴(ハク)。下219　○質｜朴(ホク)。。109　○實｜74　○實｜語下265　○實｜相下164　○實｜智下162　實｜賓167　實｜封(フ)292　實。｜封(ホウ)146　○實｜録下21　乳。。下166　乳｜海下265　乳。。(シウ)｜。虎(コ)247　乳。。｜子105　乳｜神75　○什(シフ)下139　入｜272　入｜音下258　入｜観下26　入｜覲(キンセリ)294　入｜覲｜使下188　○入｜内下274　○入(シフ)｜。。内(セリ)下271　○入｜朝下197　○入｜朝(シ)30　入。。｜木下212　○入｜洛(シ)59　○十｜下137　○十悪下162　十｜有｜五(ニシテ)下271　十有三人146　十｜有｜三｜年361　十｜有｜四｜日下163　十｜有｜二｜巻333　十｜有｜二月328　十有二日下93　十｜有｜二｜人下146　十｜有｜余年189　十｜有｜餘(ニシテ)下184　十｜有｜餘｜年下82　十｜有｜餘輩342　十｜有｜餘｜。。畝(ホ)下180　十｜一161　十

一箇年232　十-一-巻(クハン)214　○十一月340　十一月廿一日下146　十一月丙辰朔旦118　十一年247　十-家下266　十箇年47　十-界下231　十-号下283　○十講下251　○十九下264　十九日下272　十九首下49　十巻302　十-願-王下164　○十-月7　十月三日下151　十月八日下50　○十五日下67　十五儒104　十五年3　十五遍下191　○十-座下279　○十-齊下251　十-歳下32　○十-三下232　十三基下234　十三年218　十四廻下242　○十-指97　十祀130　十七日116　十-日下87　十-室167　十-舍下160　十句37　十-數下177　○十-善下268　○十-禪-師199　○十-代下142　十-勅150　○十二下38　十-二-韻286　十二箇處242　十二箇條30　十-二-箇年250　十二衢344　十-二-廻345　○十二月28　十二月十一日35　十二月二日下178　十-二-巻328　十二州下198　十二世下36　十二年217　○十-二-楼70　○十-人230　○十念下273　○十年213　十年巳-下212　十盃下176　○十-方下271　○十方-世界下163　○十-方-浄-土下279　十-方佛-土下245　十方菩薩下220　○十-八334　○十-八學-士302　十-八-廻190　十八日下90　十八年100　十万億下268　十-万-里86　○十-分44　十篇337　十-歩下113　十餘(ニシテ)下232　十-餘-人下116　十余年4　十-餘-年-來下163　十餘万束242　十餘万人53　○十力下238　十列下207　○十-六267　十六韵286　十-六-箇-年下215　十-六-行下59　十-六-會下208　○十六觀経下191　十-六-日116　十六族下12　十-六大-會下243　十-六-年98　○執(シフ)-金-吾下143　執-卿下137　執-謙12　○執-事301　○執政205　執(シツ)-徐下28　○拾-遺108　拾螢306　拾-青107　○柔下17　○柔-和下281　柔(シウ)-臣239　柔(シウ)-偄(タンニシテ)下172　柔(シウ・シュ)-毛80　○集337　○集-會(シ)下243

○集‐賢下174　濕‐桑下48　習下71　習‐講75　○習々下85　習‐誦下45　任143　任64　充‐任56　任‐
安下156　○任‐官320　○任‐國232　任‐終52　任‐中51　任‐土下190　任‐放373　○任‐用50　任‐寮226　○
參差323　○尋51　○心‐7　○心‐意354　心憂下292　○心印下191　○心‐肝下286　心‐顔134　心‐花180　○心‐
胸下205　心‐源178　○心‐根12　○心‐寃187　○心‐事301　○心‐匠373　○心‐緒301　○心‐神下179　○心‐
情214　○心‐地91　○心‐中257　○心‐腹105　心‐目348　心‐膂167　○斟‐酌98　○斟‐酌77　枕‐中
185　○森‐々100　沈‐歸‐士103　○深‐渕85　深‐規326　○深‐宮361　○深‐居95　深‐徼下24　深‐彦下13
○深‐谷下45　深‐山幽‐谷下181　深‐仁102　○深水353　深誠下293　○深‐淺104　○深‐秘下137　潜‐然下192　○
甚‐深下238　○箴下10　箴‐誨下162　簪‐纓下132　○寢196　寢‐興129　寢‐縄315　○寢‐食下277　○寢‐膳下
281　○寫‐經下260　卸‐驛59　奢63　奢‐淫下140　奢‐盈38　○奢‐侈38　奢‐盛下182　○奢‐靡32　射
‐宮117　射‐鵠下36　謝(人名)‐仁‐祖93　○射‐的87　○射禮116　○赦4　赦‐除4　○赦‐免48　○赦‐
免4　赦‐面下102　○赭‐面下126　灑々286　炙‐粿下81　斜‐景178　斜‐岸下151　斜‐戸下50　社‐下209
○社‐稷15　○舍‐7　舍‐宅20　○舍‐利下227　蚫‐歯下244　謝3　○謝下105　○謝‐安126　謝(人名)‐安‐石下108
○謝‐德12　○謝(人名)‐靈‐運370　車‐下93　車‐右下12　○車(人名)‐胤下35　車‐甲190　車(人名)‐司‐徒103　○車‐上185
車‐書325　車‐丞‐相133　○車‐馬242　○邪7　○邪‐悪58　○邪‐鬼下204　邪‐狂28　○邪心下290　邪‐

竇(トウ)下122　○邪－佞(ネイ)247　邪－濫58　○釋－迦下211　釋迦善逝下260　○釋迦尊下224　○釋－迦如－來下220　釋迦如來像
下236　釋－迦－文下149　○釋迦牟尼下247　○釋迦牟尼如來下245　○釋迦牟尼佛下245　釋－提－桓－因下240　闍－梨下
91　驪－駒下29　○鷓－鴣下105　○麝(シヤ)下127　○上－272　上－葉下119　○上－下5　○上－界下41　○上－階－231
上－九293　上(シヤウ)－經(キヤウ)175　○上宮太－子320　○上－皇176　○上－官209　上－月353　上－元－夫－人下124　○上－
弦下134　上－玄3　○上卿35　○上－啓(セ)308　上－獻(セン)下144　○上－古下139　上公164　○上國55　上－宰左－相
下125　上紙下207　上州大王下85　○上－々下244　○上－壽90　○上－首下287　○上－旬下286　上－春76　上－聖148
○上－疏90　○上－奏220　○上－代下143　上－台192　○上－帝82　○上－智81　上－池247　○上－丁下46　上
－弟209　○上－天127　○上－都31　○上－東－門下180　上－德93　○上－人373　上－年下149　○上方下70　上－
尾273　上－服下226　○上－聞323　○上－聞(スル)261　○上－表138　○上－表(シテ)135　○上－品下277　上－陽下5　上－
腴(ユ)184　○上－林100　○上－林－苑下114　傷－翊250　尚(シヤウ)－饗(キヤウ)下207　○尚－侍188　○尚－齒89　○尚－齒－會下18
○尚書210　尚書右中丞下99　尚－書相－公下118　唱－首352　唱－滅下264　商－謌下12　商－庚96　商－客87
商－權95　商－紘100　商－價(コ)37　○商－賈(コ)下198　○商－山14　○商－飆(ヘウ)347　○商－量(スル)115　○商－略125　○
商－略(シ)322　商－嶺168　襄(シヤウ)－邑下126　襄－暮下159　墻(シヤウ)－東93　壤(シヤウ)22　○奬(シヤウ)－學－院194　弉(シヤウ)－擢(タク)51　○庄20
○庄(シヤウ)－家(ケ)20　○床－363　庠(シヤウ)89　○庠(シヤウ)－序42　○常－娥346　○常－行下73　常－饗(ヤウ)89　○常－座下73　○常－在(ナリ)

下266　○常山下208　○常-赦4　常。-膳。。7　常膳等7　常-啼大-士下242　常-。啼菩-薩下221　常-住寺下251
常-㳠。88　○常-燈199　○常-樂下62　○常-理下260　○。惝-怳下162　掌-錧169　。掌-花下230　○成-劫下241
○。。成-業。。226　成-身-會下275　○成-道下220　○成-等-正-覺下231　○成-佛下64　○成-佛下279　○牀189
牀-迹251　○將-軍32　○。將-。相12　○將-來下15　昌-泰214　昌泰三年十月十一日298　昌泰三年二月九日300
昌泰二年三月四日160　昌泰二年三月廿八日162　昌泰二年十二月五日184　昌泰二年二月廿七日159　昌。-亭254　○
正一位320　正-教下163　○正覺下293　正-軌下66　○。正-月174　正觀音像下259　正-月元-日116　正月三日177
正下217　正五位下17　正五位下行81　正五位下守332　正五位上行317　正-税31　正三位244　正三位行192　正三
位守158　正三位行中納言25　正四位下201　正四位下行70　正二位123　正二位守145　○正-法51　正暦五年月日
245　正暦五年十月248　正暦五年十二月252　正暦五年二月十七日201　正暦四年正月十一日236　正暦四年閏十月9
正暦二年251　正暦二年閏二月廿七日下264　正暦二年十二月廿三日14　正暦六年二月五日133　正六位下守332　正
六位上76　正六位上行75　整-理下222　淨闍梨下90　○淨-土下224　○淨-土-變下264　○淨-妙-寺下228　○清
-淨下229　湘。-山76　湘-洲106　○湘。-南96　湘-濱下144　漳。-濱。15　漳-浦131　○瀼。。-々下118　○。生23
○生下164　○生-涯。。295　○生。-死317　○生-死-海下245　○。生-。。々下274　○生々世々下214　生-善下231　○省269
。省23　省去23　○大藏省49　○省-試269　省-底55　○相-公340　相-將190　○相。(人名)-如。。下157　○。相-府369

○祥。98　祥。(シャウ)-麟76　○穰。。(シャウ)々(タル)下16　○章123　章儀77　章-奏15　章奏等14　章。-條。。316　○精-舍下280　精-
進歸-依(セリ)下251　○精-靈下232　○笙下91　笙-謌下97　箏(シャウ)下92　○粧下17　粧-樓下6　翔。(シャウ)-鴈106　聲-聞167
聲-聞菩-薩下164　○莊(シャウ)-嚴。。200　○莊-嚴(シ)下162　。蔣(シャウ)-袞(コン)294　。蔣(シャウ)-丞。勲。(ショク(人名))295　蔣。(シャウ(人名))-生226　○裝-束52　觴(シャウシ)下20
○觴。(シャウ)-詠下79　○觴-詠(す)下150　觴。(シャウ)-爵下60　○詳。-略73　○請(シャウシ)下206　。。讓-爵256　讓-蹝(ソ)184　○讓-位122　○象。(シャウ)
325　象-教下242　象-岳15　。象(シャウ)閣98　○。象-。。魏下59　○。象-外210　○。賞26　○賞|(す)下119　相-賞(ス)下80　○賞-
翫344　○賞-翫(クワンシ)下51　賞-心下96　○賞-罰240　賞-物27　賞-賚(ライ)340　鏘。(シャウ)-々-焉(タリ)下14　○鼙-牙下199　障(シャウ)下18
○障-子211　障-浦138　寂-公下297　寂心上人下295　○寂(シャク)-々(タリ)下224　○寂-靜347　寂照下297　○寂。。-滅。196　○
爵。105　爵-級211　爵-侯(コウ)102　爵-賞89　爵-命17　○爵-祿。161　○爵-位89　○弱。。-冠133　弱-骨下138　○
弱-質123　○灼。(ヤク/シャク)-然。(ナリ)183　積善寺198　策(シャク)209　策(シャク)-家(ケ)237　策(シャク)-試。(シ)214　若-菜72　赤-栴-檀下246　○酌(シャク)281　○
釋(スル)279　釋-宮下71　○釋-尊下69　○釋(シャク)-奠(テン)302　○釋-門338　○雀-羅下100　○錫(シャク)下109　○錫-杖下230　鵲(シャク)-翅366
○主(シュ)下255　○主-恩下138　○主-客367　○主-者4　○主-上下129　○主-人78　○主典代下291　○修-行下248
○修-行(ス)下209　○修-造(サウシ)242　○修-飾下206　○修(シュ)-飾(セント)下205　修(シュ)-治(スル)250　○修理大夫150　移(ウツシ)-修(シュセトイフ)下280　○衆-
生198　○儒。。下13　○儒-胤260　○儒-家108　○儒-雅。。215　○儒-教(カウ)101　儒-行104　○儒-學215　○儒-官234
○儒-業210　○儒-士5　○儒-宗103　○儒-者212　儒-職207　儒-人306　儒-宣下198　儒-宋101　儒-風244

○儒-門208　儒-勞212　儒-吏358　○儒-林95　○取-捨324　受-持下208　受-持讀-誦(シ)下213　受-圖(ト)下263
○受-命下36　○受-領230　○咒-願307　○咒-願文307　○壽88　○壽-天下181　○壽考(シウ)88　壽-丘76　○
壽(シウ)-詞下145　壽-尚(スル)92　○壽-福下210　壽-木下244　○壽-命下68　壽-域352　○壽-量下260　○守|51　守-介27
○守-護(セヨ)下209　守-漏(ロウ)73　宗(シュ)下235　從一位122　○從-下231　從五位下26　從五位下行78　從五位下守|322　從五
位上67　從五位上行84　從五位上守161　從三位29　從三位行101　從三位守下239　從四位下114　從四位下行
137　從四位下守|317　從四位上159　從四位上行177　從四位上行式部大輔62　從四位上守326　從二位167　從二
位兼行120　從二位行大納言28　從八位上守|318　從六位下行318　○手-書下206　○手-詔292　○手-足下50　○手
-臂(ヒ)下159　手-命276　○授戒下295　○授-記下62　授-任64　戎(シュ)-器56　○殊-恩252　○殊-功25　殊-私(シ)
134　殊-常189　殊-奬132　○殊-勝(ナリ)下208　○殊-俗66　殊-製(セ)333　○殊-績(セキ)83　殊-途78　殊-妙下269　○
朱下11　○朱-衣257　朱-雲5　朱-檻(カン)下118　朱-卷(クハン)98　朱-戸下178　朱-草下196　朱-衫(サン)下64　朱-山95　朱-
兒(シ)72　朱-氏下187　朱-紫下18　朱-緇下74　朱-雀-院372　○朱-邑下240　○朱(人名)-買-臣106　朱(人名)-博下94　朱
-髪129　朱-紱(フツ)209　朱-吻(フン)355　○朱-門下185　○朱-輪226　○樹-陰367　○樹-下下183　樹-桂91　樹-提下282
○洙(シュ)-泗下11　洙(シュ)-州下133　洙(シュ)-水下13　酒軍343　酒-肉223　○酒-樽353　酒-敵(テキ)下78　酒-德-頌359　酒-
域350　珠-崖(カイ)-郡115　珠-汗(カン)367　○珠-玉下171　珠-翠下170　珠(シウ)-砌(セイ)180　珠-履下119　○珠-簾355　珠-露347

○種13　○種々下231　○種智下147　聚下229　訟犬78　○須臾下184　○須弥下240　○首途305　○首
-尾下17　首文100　○首陽78　○塵尾100　叔向5　○叔孫通136　○叔父308　○宿33　○宿192
○宿意下86　○宿雨下53　○宿構337　○宿學138　宿花下137　宿懐下250　宿歯14　○宿習下67　○
宿世233　○宿昔下61　○宿雪334　○宿訴下291　宿住通下65　○宿鳥下87　宿祢下199　宿念189　宿
-暴25　○宿望下271　○宿霧15　○宿報下233　宿廬下173　宿露下68　宿慮186　○宿衛57　○宿-
衛191　宿衛等57　淑姫197　○熟93　○菽麥158　出嫁47　○出家185　○出家下272　○出仕下185
○出入48　○出入134　○出身200　出震281　○出世下260　○出生下74　出勅90　○出塵下31　○
出離下291　率土3　○術72　○術數297　○俊105　○俊異87　○俊士23　○准7　准頴242　准擬50
○准三宮185　准三宮等128　准稲114　准的303　隼旟241　○準的98　○峻宇下182　峻極85　○
峻嶺87　峻礼102　○循吏104　循良51　惇誨下37　敦化109　○旬141　○旬月51　○春夏105　春
-和95　○春官209　春官及第下284　春（人名）卿242　春蒼121　○春秋下190　○春日下24　春臺下90　春洞
下90　春波下99　○春分73　春木135　○春夜下79　○春陽下61　春蘿下66　春王353　淳化330　淳-
源16　淳酒下175　淳世65　淳性94　○淳素238　○淳風248　淳茂81　淳和院371　濬（人名）84　潤
171　○潤屋230　潤月下6　○潤色124　○潤色283　○潤澤下186　純銀下256　純青下172　○舜76　舜

－海250　舜－曲110　舜－日223　舜－帝下264　舜－風下32　。蠢(シュン)－物73　荀(シュン)。－。賈(カ)(人名)319　荀(シュン)(人名)。－君369　荀(シュン)。－爽(サウ)(人名)162
荀(シュン)(人名)－氏255　荀(シュン)。－龍93　○巡下87　巡－遊(シ)下165　○巡－行358　○巡。。－行(カウス)27　○巡－警192　○巡。。－察。－。使27
○逡(シュン)。－巡(シュン)。。下124　○遵－行323　○閏|(ニシ)下51　閏九月盡368　○順|下247　順231　順－陽下40　○。駿下165　駿(シュン)－珎(チン)104　○
駿－馬227　。駿－命9　初－鶯下137　初－莚下33　○初－更343　初－學－記289　初－九下121　○初－會下62　○初－
月下5　○初－三341　初－三－夜342　○初－心下226　初－丁下13　○初冬下48　初－服257　○助－成(シタマヘ)下232　○叙(ショス)
355　○叙(ショ)－爵(シャク)248　○叙－用255　○叙－用(セ)229　○叙－位46　如。。－雲8　○如、。－。在36　如－綸130　墅(ショ)－業152　○
。序89　○序|(ス)329　○序題下138　庶－尹(イン)下161　庶－機131　庶－官49　○庶－事108　○庶－子下206　○庶－人39　庶－
品95　○庶－民32　○庶－務(ム)51　○庶－類356　○庶－僚(レウ)38　徐(人名)－堅289　徐(人名)－公下94　徐。－侍－中下15　徐。－詹
事339　徐(ショ)。－防。127　徐(ショ)－邈(ハク)。106　抄(ジョ)－帳252　。攄(ショ)148　○所－勞300　所－攄290　○所－課下218　○所－願下231　○所－
司8　所－修下231　○所－職188　○所－濟(セイ)251　○所－生下221　○所－説下65　○所－帶137　○所－天199　○所－
得下222　○所－望244　所－不－免4　○所－部50　○所－爲271　○書|158　○書－淫下41　○書－閣342　○書－。卷
160　○書－契(ケイ)下35　○書－齋(サイ)下48　○書－寫下242　○書－寫(シ)下236　書寫供－養下235　書寫供養(シ)下241　○書－籍(シャク)。、240
○書－信下26　○書－生下64　書－報304　○書－林302　書帷(ヰ)。下217　○暑(ショ)362　○暑－月367　。。汝(ショ)－南105　○。緒(ショ)345
○署下193　○。署(ショセン)下206　署(ショ)。。－牒22　舒。－。卷(クヱン)下285　○處268　○處－士下185　○處－々下216　○處－分25　。緒(ショ)(人名)(チョ)－氏下79

○諸-家46　諸-客下116　○諸(人名)-葛-亮(リャウ)下40　諸-機80　諸-宮20　○諸-君下176　諸-卿-僉(セン)-議242　諸-故-人下21　○諸-侯下12　諸-公-卿15　○諸-國37　諸-國-司21　諸-國-司等(ハ)37　諸-才-子下130　諸-曹(サウ)°°322　○諸-事18　○諸-司38　○諸-子下29　諸-寺36　諸-氏29　諸-衆-生下234　○諸-宗下75　○諸-社35　○諸-°將235　諸-儒261　○諸-人21　諸-真-言等下234　○諸-神213　諸-親-王53　○諸-生66　諸-善逝下232　諸-善-男-子下69　諸-僧-徒59　諸-大-夫53　○諸-道45　諸-定-額(キャク/カク)°°-寺242　○諸-天255　○諸-佛200　諸-佛知-見下64　諸-文-友下198　諸-牧°°40　○諸-法下233　諸-藥下234　諸-王下237　諸-院20　諸-衛(エ)府53　○°黍稷°(ショショク)3　○丞206　大藏(クラノ)丞220　○丞-相51　○乗(ショウ)187　○乗(ショウシ)下227　乗-牛°°80　○乗-車(シテ)306　°°乗-坏(ハイ)°下243　勝-遊116　○勝-°槩(カイ)下52　勝-号91　勝-氣下10　勝-句339　○勝-境362　勝-業下244　○勝-事364　勝-賞下79　勝-趣下117　○勝-絶(ナリ)下89　勝-跡下35　○勝-地361　勝-躅(チョク)°下48　○勝-負下46　勝-兵33　勝-理下214　○勝-利下223　○悚(ショウ)-懼(グ)°°131　°悚-息下175　°悚(ショウ)-迫140　°悚(ショウ)-越143　舂(ショウ)-°昧(マヒ)127　○羕°-香(キャウ)°109　承-指(シ)63　○承平212　承平三年三月十六日14　承平三年十一月六日下70　承平六年九月十五日142　○承和46　承和七年250　承和十一年下62　承和年-中43　尾張掾92　昇°-霞下267　○昇-降74　昇-晋下49　○昇-進159　○昇-進(す)136　昇°-遷°361　○昇°-沉°254　○昇-殿210　松°-楹(エイ)下77　○松-煙下261　○松-下下76　松-盖71　松-江372　松-客下126　○松-花下5　松-筠(クキン)下222　○松-桂下148　松-戸下72　○松-根下150　○松-子139　○松-樹

下6　松-茆291　松-窓177　松-柱下195　○松-竹360　松-房下70　○松-栢90　松-扉293　松-霧下93　○松-
風下116　○松-門下66　○松-容(ヨウ)87　○松-蘿下285　○松-林99　烝。-勲。296　。種(シヨウ)79　○稱|89　○稱(シヨウす)107　稱-計(ス)
下48　○稱-讃下69　○稱-美(スル)38　○稱-揚下255　○稱-譽(ヨ)92　○稱-謂85　穠(シヨウ)。。-李(リ)下6　○縦(シヨウ)。-容(ナラ)。159　○
縄。。-床(シヤウ)。。下66　縄。-木下35　舂(シヨウ)。-夕75　蒸(シヨウ)。-雲73　衝(シヨウ)。-黒下195　蒸(シヨウ)。-黎158　。誦103　○。誦(シヨウスル)。。341　。誦-音下145　○
誦-詠(す)101　誦-士109　○誦-讀341　○證273　○證(す)下235　○證-果下262　證-知(シタマヘ)下211　○證-明下223　○證-明(シ)
下239　○蹤(シヨウ)。-跡(セキ)222　○鐘。140　○。鐘(シヨウ)-愛下268　○鐘。-愛(シタマウ)下29　鍾。(人名)-儀。。下249　○鐘-鼓75　鐘(シヨウ)。-石9　鐘。(人名)-大
-尉下134　○鐘-堂下184　○鐘。-鼎(テイ)下281　○鐘-樓下71　鐘-漏101　○。頌下10　頌-臣353　。頌(シヨウ)-歎(ス)下216　○俗(シヨク)下141
○俗-客下48　○俗-。。眼下114　俗-機下109　○俗-化330　○俗-骨210　俗-境下132　○俗-事下9　○俗-人355
俗-服59　○俗-物348　○俗-流下31　辱(シヨク)25　○属(シヨクスル)70　属(シヨク)。-纊(クハウ)120　属-文334　式(シヨク)-微(ヒ)。。178　溽(シヨク)。。-露73　○燭
下22　燭-照(ス)290　燭-夜下126　稷契(シヨクセツ)(人名)下108　縟(シヨク)。。-礼9　○織-女365　續-座-右下169　○蜀下118　○蜀-江339
蜀-機(キ)。下109　○蜀-錦下88　蜀-主下159　蜀-人下91　蜀-坂(ハン)151　蜀-柳下102　蜀越下293　○觸-穢下193　贖-勞-
人55　○贖-勞-料(レウ)56　○職(シヨク)189　職-邑146　職-員-令47　職(シヨク)-役(エキ)223　職居(キ)5　職職56　職-任下249　○職-
務137　○職-封184　○食(シヨク)下105　○食(シヨクシ)34　食-飲下213　食-香下282　○食-客。254　○食-時75　○食-料42　飾|272
餝(シヨク)。。。讓132　餝。-首135　申(シン)-聞(モン)115　申-聞謹-奏(ス)117　申揚(シ)95　人|307　人-英。下10　○人-家下178　○人-我下66

○人－間51　○人寰下292　○人－君17　○人－口253　○人－才57　○人－事74　人－師下148　○人心下179　○人
－主5　人－庶16　人－俗下148　○人－臣151　人－數31　○人－世下115　○人情363　○人－生下177　○人－跡194
人－代下139　○人－中下97　○人－天36　○人徳116　人－若63　○人－望165　○人－物93　○人－文下10　人－
兵114　人－柄134　○人－別43　○人－目下138　○人－民28　○人－命66　○人－力31　○人－倫66　○人－位
181　○仁5　○仁－恩下266　○仁－義19　仁－化106　○仁－恵105　○仁－厚299　仁－山296　○仁－祠下239　○
仁－心247　○仁－者191　○仁－壽－殿下6　仁－澤67　○仁－智87　○仁－風94　仁－威下97　○信下169　○信－(シ)
72　○信－心下66　○信－女下171　○信－力下233　○眞－(シン)108　真－器下41　真救下232　○真－空下241　真－観33　真－
形88　真－姿(シ)100　○真－實258　真－色下227　○真－心206　○真－跡下196　○真－俗下74　真－談180　真－誕(タン)下92
真－途71　○真－如下148　真－容下164　○真－龍163　○刃(シン)121　宸(シン)83　宸－扆(イ)177　○宸－遊下87　○宸襟(キン)328
○宸(シン)－衷(チウ)161　宸(シン)－波145　○宸(シン)－筆下196　宸－旒(リウ)366　宸(シン)－位下44　○審－察(シ)322　慎－謹下8　○慎(シン)－密(ナル)109　振
－撃(ケキ)下167　振－鷺下197　新－意328　新－家372　○新－戒下62　新－格333　新－感下80　○新－儀71　○新－規(キ)73
新－弓下209　○新－舊333　○新－菊下120　新－化下113　新果下293　新－花下136　○新－功下206　新－才下86　新－材
147　○新－司52　○新－詩下38　新－寺下210　新－什(シフ)下11　○新－任183　○新－嘗－會46　新－章下50　新－粧
下17　新－叙224　新－蘂(スイ)下79　○新－制46　○新－聲下7　新－詔16　○新－説279　○新撰和謌下143　○新－知

下49　新-除184　○新-定328　○新-法74　○新-風170　○新-佛下273　新-墳下286　新-韎-韐107　新-命
145　新-名100　○新-羅18　新-立20　○新-令252　新-王下197　○晋5　晋-月344　晋-煙77　晋-客下5
晋-后75　晋-日97　晋-室123　晋-退下206　晋-帝103　晋-朝80　晋-陽76　晨283　○晨-昏259　○晨-
昏下226　○晨-風下24　榛-木162　○秦99　秦-人下5　○秦-皇下76　秦-皇-帝下43　秦-呉下23　秦-氏
78　秦宿祢氏安108　秦-城366　秦-律316　○盡日366　○神|76　○神意76　○神-異下139　神-交下16　○神-器
3　○神-機73　○神-祇35　○神-祇-官35　神-襟184　神-鈴77　○神-恠77　神-眷下207　○神-工286
○神功皇后56　○神-草下185　○神-事46　○神-祠75　○神-社242　熱-田神-社下219　○神-瑞85　神-
情下30　神-星下146　○神-仙373　○神-泉-苑下104　神-聰75　○神速下79　○神-代下144　○神-道下210　○
神-池下172　○神-女47　神-聴370　○神-馬35　○神-秘下197　神-筆下212　○神-符下208　○神-兵26　○神-
妙下140　○神-變下235　○神-明26　神-理82　○神-力下232　○神-靈16　○神-威下221　○紳下162　縉-雲-
山下71　○縉-紳下81　縉-紳-先-生下45　○臣12　臣等318　○臣-下197　○臣-子141　○臣-節235　○臣-
妾下262　臣-弼11　脣-吻88　莘75　薪-哥98　○蜃-樓289　○親206　親|下34　相-親365　○親-友下78
親-舅149　親-賢125　親-故下23　○親-疎134　親-知下27　親-賓93　○親-父256　○親-衛109　親-衛大-
丞下148　○親-王31　賑-贍8　身下276　身-涯122　○身-後下240　身-子下246　身-田下239　○辛-酉298　○辛-

艱(カン)。238　辛－君下59　辰｜95　辰－角352　辰－極158　○迅(シン)－。瀨下91　進｜182　○進(スル)242　撰(ヒ)－進｜(シンス)214　作(リ)－進(シンス)214　○

進－士24　進－善150　○進－退84　○進－發(スルコトヲ)306　針。－。。艾90　○。震(シン)96　震－爻(カウ)。98　。震－雷。330　○。震－位77

○數(ス)－奇。210　垂｜(スル)下118　垂(スイ)－衣151　垂－跡下221　○垂。－天169　垂－柳下222　○垂－露下213　○出－擧(コ)20　○出－

擧－稲43　○出－納49　○吹(スイ)－。噓(キヨセ)263　○吹－擧309　吹－筠(クキン)。72　吹－塵下237　吹－萬333　吹－。。毛161　衰－葉151

○衰－顏下195　衰－危(ナリ)241　衰－梧下104　○衰－年80　○衰－亡(ス)64　○衰－弊(ヘイ)34　衰－暮下64　衰－。邁(マイ)209　○衰

－老261　○衰－老(シ)44　衰－翁211　悴(スイ)223　○推－問51　水－雨127　○水－害下180　○水－閣下51　水－闇348　○

水－旱下172　水－檻(カン)下75　水－嬉下72　○水－火下204　○水－月347　水－亀下197　○水－鏡349　○水－光(シ)下35　水

－菽。16　○水－心下125　○水－上358　水－樹374　○水－石363　水－泉356　○水－道319　水－獺(タツ)。76　○水－中371

○水－鳥108　○水－波105　水－脈(ハク)。。下205　○水－邊下15　○水－面下101　○水－陸下33　○水－路359　推－。竿(カン)下189

○推。－鞠(キク)。50　○推－古下43　○推古天皇31　推－古天－皇十二年320　○推(スイ)。－轂(コク)238　推(スイ)。－(サク)策(スル)。80　○推－察(シ)298

○推－讓183　○推(スイ)。薦(セン)247　推(スイ)－步(フ)257　推－步(フスル)下78　○推－問51　○炊(スイ)。－。爨(サン)下215　○。瑞118　○瑞－氣77　瑞－馬

76　瑞－露下89　綏(スイ)。－山下115　。翠－娥。。下271　翠－簡71　翠－華120　。翠－幌(クワウ)355　翠(スイ)池374　○翠－帳下9　○翠－眉

下94　○翠－嵐86　○翠－柳下235　○翠簾下118　翠－。輦(レン)下270　○蕤。。－賓375　○。。蘂(スイ)下124　。遂(スイ)－古下121　○隋。。下239　○

随(カフ)縁(スイエン)下280　○随－喜下149　○随－喜(す)下297　随－喜功－徳下163　○随－身137　随－身等171　随－珠下80　随(スイ)代下206

随（人名）｜武｜子131
○随｜分227
随｜類 下272
酔｜酣（カン） 下81
○酔｜眼 下11
○酔｜郷345
酔｜郷｜國359
酔｜郷先｜生350
○髄｜脳272
崇（スウ）｜階 下287
崇｜号142
崇（スウ）｜規（キ）76
崇｜仁｜坊 下103
崇｜神｜院｜田 下180
崇｜重122
崇（スウ）｜兆78
○崇｜徳123
崇｜班（ハン）194
崇｜封146
崇｜文23
崇｜梁 下49
嵩（スウ）｜衡255
○嵩（スウ）｜高 下185
嵩｜高｜山 下185
嵩（スウ）｜岳 下149
嵩嶽87
○嵩（スウ）｜山 下6
○數95
數｜家（カ）317
數｜下 下184
○數｜行90
數｜竿 下82
數｜駒（ク）305
數｜月213
數｜國29
數｜事328
數｜子340
數｜紙214
○數｜日301
數｜十｜家 下178
數｜十｜人375
數｜十｜年 下22
數｜十｜篇 下43
數｜巡 下101
數｜仞（シン）371
數｜尺34
數｜千｜里 下171
數｜代330
數｜丈 下184
數｜重347
○數｜年39
○數｜人12
數｜盃 下41
數｜輩356
數｜百｜歩（ホ）190
數｜百｜万｜里 下19
數｜百25
數｜歩 下173
數｜片 下105
○樞（スウ）115
○樞（スウ）｜機103
樞（スウ）｜鍵（ケン） 下287
蒭（スウ）｜韻365
蒭（スウ）｜蕘（セウ）34
蒭（スウ）｜牧（ホク） 下12
趍（スウ）｜馳（チセンニハ）210
○趍（ス）｜拝（す）193
鄒（スウ）｜邑 下133
鄒（スウ）枚（ハイ） 下31
○鄒（スウ）｜魯351
騶（スウ）｜使171
○世｜議166
○世｜外 下109
○世｜間 下147
○世｜上 下141
○世｜事 下17
世々生々 下216
○世｜情 下176
○世｜俗 下70
○世｜尊292
○世｜途66
世｜翼（ヨク）106
世｜羅｜国107
○世｜路 下157
○世｜祿 下165
○世｜論93
○施｜行（ス）325
○施｜主 下211
○施僧 下288
○施｜入（ス） 下215
○施｜旡｜畏197
施｜旡｜畏｜寺196
○施｜無｜畏 下170
施｜無｜畏寺 下72
○施｜薬｜院 下225
井｜蛙（ワ）141
○凄｜凉 下213
○制（セイ）40
制（スル）77
制（サウ）｜草 下206
○制｜法320
○勢 下182
○勢（セイ）｜家 下179
○勢｜至 下211
勢至等 下288
○勢｜力21
○城26
○城｜外306
城｜月180
○城｜郭138

○城ー闕120　城ー戍57　○城ー中下93　○城ー東103　○城ー南下61　○城ー北下72　○城ー門101　○姓170　姓ー
藤下165　○姓ー名94　○妻ー兒下164　○妻ー子37　○妻ー孥226　○征ー衣下24　征ー營128　征ー彸179　○征ー
馬下118　○征ー伐下208　○性ー137　性ー水下47　○性ー分170　○性ー命169　性ー靈82　○情|81　情ー感下30　○情
ー願239　○情ー狀76　○情ー趣下21　○情ー性下173　情ー素下191　情ー竇下47　○情ー峯255　○情ー欲下139　○
情ー理131　成ー効18　成基243　○成ー規327　○成ー業238　成ー子下264　○成ー人208　○成ー都下92　○成ー童340
○成ー敗18　○成ー立44　○成ー王151　政ー化28　○政ー教51　○政ー事119　政所298　政ー聲230　政ー績27
○政ー道67　○政ー廳105　○政ー體321　政ー典115　政ー途24　政ー範101　○政ー務下143　○政ー理50　○政ー
令50　政ー路136　星ー緊下124　星ー階15　星佐182　星ー灰211　星ー官169　○星ー霜161　星ー旄191　○星ー次
333　○星ー辰81　星星350　星ー躔349　星ー楡244　星ー律65　○星ー位365　晴ー沙334　栖ー霞ー観下102　栖ー
霞寺下102　栖ー鶴ー洞294　○栖ー息下263　○栖ー遲192　棲ー霞ー観下195　棲遑81　棲ー遑下157　○棲ー息
下203　正ー議大ー夫359　○正ー樂77　○正ー稔41　○正ー朔3　正ー台146　○正ー旦116　○正ー直89　正ー
通下80　○正ー丁33　正ー朝下16　正ー文324　○正ー平下174　○正ー位下204　歳ー紀333　○歳ー華209　○歳ー月90
○歳ー時下6　○歳ー次下143　歳ー年85　○歳ー暮下129　○歳ー餘338　○清|85　清ー英361　○清ー歌359　清ー階
145　清ー行下50　清ー格340　清ー角95　○清虚150　○清ー吟下117　○清ー和下280　○清ー華下52　○清ー光349

清－曠 下180　清－輝 352　清－景 290　清－瑩 下91　清－謙 15　清－公 27　管原清－公 236　清－詞 下10　○清－秋 342　○清－酒 35　○清－勝 296　清－愼公 142　清－靜 下151　○清－泉 下71　清－選 下125　○清－談 362　清－談遊－宴 355　○清－濁 79　○清－聴 下36　清－班 162　清－繁 341　清－謐 下223　○清－風 63　清－文 339　清－芬 下38　○清－平 下10　清－命 下50　○清－夜 346　○清－流 160　○清－涼 下76　○清－涼－殿 下81　○清－麗 下84　清－唳 133　済 51　○済々 103　濟－々－焉 下14　濟々煌－々 下73　濟－川 15　濟－陽 下86　○牲 77　猩－々 79　○生 194　生 82　○生－育 下159　○生－敓 130　生－肅 96　○生－前 下267　生－知 下31　生－賜 下77　○生－徒 24　○生－民 19　○生－霊 下190　盛－遊 375　○盛－事 66　○盛－衰 88　○盛－徳 151　盛－美 92　省 25　○省－減 7　省－撤 16　省輔 269　○省－略 18　○省－略 274　○精 下279　○精－液 下186　○精－氣 下160　精－強 下23　○精－勤 下157　○精－勤 下164　精－款 下243　精－爽 178　○精－神 下173　○精－進 37　○精－誠 下15　精－甦 49　○精－徽 74　○精－兵 下187　○精－明 下223　○精－霊 下206　○細－雨 357　細－腰 63　細－葉 100　細－煙 下181　細－月 下53　細－壌 255　○細－書 101　細－蘂 下118　○細－馬 下151　細－文 371　細－浪 344　○聲 284　○聲－價 334　○聲－樂 下47　聲－華 下165　聲－源 136　聲－迹 93　聲－塵 下35　○聲－名 下218　○聲－明 106　○聲－譽 246　脆－色 下108　○腥－臊 78　腥－羶 58　茜衫 226　萋－々 下21　○製 下50　○製 39　○製－作 31　○製－作 56　製－詔 下137　西－烏 下25　西－崦 下23　○西－海 60　○西－郊 下85　○西－岸 356　○西宮 下84　西－脚 下150

○西-京166　西-曹306　西-蚕(サン)下209　○西-山189　西-日下283　○西-晉164　西-成(す)96　西-省(セイ)下206　西-窓下181
西-菍(ソウ)下50　○西-堂98　○西-土200　○西-都下36　西-洞下116　西-巴259　○西-方293　西-府下131　○西(人名)
-母下136　○西-北197　西(人名)-門-豹134　西-隣下178　○西-園100　○聖|94　聖-哀116　○聖-鑒(カン)159　聖-忌下265
○聖-躬122　聖-襟130　○聖-化39　聖-懐120　○聖-皇下128　○聖-訓下35　○聖-君下14　○聖-教180
○聖-賢104　聖(セイ)-宰(サイ)235　聖-早(サウ)305　聖-造下31　聖-師下46　○聖-旨145　○聖-日163　○聖上189　○聖-主
7　聖-主陛-下161　○聖-壽118　○聖-人92　聖-臣下125　○聖-世129　○聖-詔141　○聖-跡下71　○聖
-代36　○聖-道305　○聖-帝165　聖-聴307　聖-躰(テイ)下257　○聖-體168　○聖-朝46　○聖-哲14　○聖-德
130　聖-念61　聖-範366　聖-風108　聖-廚下60　○聖-廟下59　○聖-明(ナル)11　○聖-慮131　○聖-靈下223　聖
-靈陛(ヘイ)-下下255　聖-暦361　誠喜118　誠-恐30　誠-懼179　○誠-惶30　誠-歡117　誠-兢(クキョウ)168　○誠-心214
○誠-信329　誠-情189　誠-節130　誠-怵(チキツ)168　誠-惕(テキ)142　○誓-願下63　誓-護(セン)198　○請(セイ)183　請-印(インセン)55
○請-僧36　○請-託(タク)45　請文下296　○請-用37　○逝-去(セン)下144　青-鳥下282　○青-雲45　青-腰140　青-
霞下31　青-閣258　青-巖71　青-紺下172　○青-眼360　青-祇96　青-牛下165　○青-衿(キム)下25　青-襟(キン)下100
青-溪94　青-珪(ケイ)76　青-璅373　○青-草7　青-草-湖371　青-霜下80　青-衫(サム)257　○青-山374　○青-史(シ)
下137　○青-紫359　青-州100　青-珠78　○青-春下80　○青-松下61　○青-色下209　青-真(ン)97　青-蒭(スウ)下166　青

-精84　青-霄下74　○青-苔9　○青-黛371　青。-雉下76　○青-帝357　青-泥134　青-冢下157　青-塚下
227　○青-鳥下7　○青-天97　青-童72　青-文72　青-羊70　○青-陽87　青-蓮下170　青-闈下33　○静-
下87　○齊87　斉-乙96　斉-雲下12　斉-葉96　斉筵下243　斉-紀101　斉。-裘下52　齊。-紈38　斉。-刑316
斉-國376　斉-陳96　齊-帝下30　齊名272　齊。-鉞166　播磨丞309　僬。-僥123　劭（人名）84　叔-平下186　召（人名）-平
141　嘯-露104　○小-303　○小-屋下179　○小-學89　小-閣下180　小藝287　小-橋下181　○小-國227
○小-材125　小-草337　小-山下172　小-使下197　○小-兒下183　○小-子下35　○小-字下158　小-枝下181　○小
-序下130　小-松下172　○小-臣5　○小-善下164　○小-舩下181　○小-僧37　小-大29　小-堂下180　小-宅
下181　小-池下180　小-儲44　○小-僕下105　小弥陀経下191　○小-民51　小-羅下174　○小-吏50　○小-量126
○少-102　少-屋下178　少-康83　少-監下188　少-橋下92　少-侯下106　○少-壯下156　○少-子11　少-日4
少-主119　少-序下84　少-掾76　播磨少掾102　少-人下40　少-臣291　少-舩下182　少-宅下182　少帝123　○
少-内-記75　○少-年109　少-年娘下187　少-判-事47　○少-分下273　少輔207　少僕下105　少-陽149　少-
吏49　少-齢下262　○抄-出下174　○抄-帳198　○抄-掠25　○招-引338　招-揺下33　○招集下198　招-王364
捎176　擾-攘299　昭256　○昭-々下18　○昭。-宣。-公。下225　○昭-明太-子下10　昭-王364　梢。-雲下117
椒。-室13　○椒。-庭下266　○椒。-房133　○樵。-謌下93　樵-蹊下72　○樵。-蘇下109　○樵。-夫162　○樵。-

路 下20　消-伏(す) 36　消-没(シ) 下8　○照-耀 306　照-見 下236　照-見(シタマヘ) 下250　照(ショウ)-松 260　○照-然(タル) 74　照-讀 43　○

照-文 23　照-文-館 303　照-明 下123　照-陽 下197　○照-臨 321　○照-臨(す) 下207　○焼-香 下211　○簫 71　○

紹(セウ)隆(スル) 下102　蕉-葉 349　蕭-扆 下134　蕭-育(人名) 下94　○蕭(セウ)-何(人名) 239　蕭-艾 下119　蕭-丘 下103　蕭-會稽 下86　○蕭

-索(サクトシテ) 下107　○蕭-颯(サットシテ) 下115　○蕭-瑟(トカスカナリ) 下77　蕭-相(人名) 下158　蕭-相(人名)-國 下180　○蕭-々(タリ) 372　蕭-々-然(タリ) 下105　蕭

-韶(セウ) 143　蕭-條 下119　○詔| 3　詔(セウス) 3　詔-草 326　詔-旨 158　○詔-書 30　詔-召(セウ) 356　○詔(セウ)-勅 213　詔-名 下258

○詔-命 105　○逍(セウ)-遥 下151　○逍遥(す) 下118　邵(セウ)-父(フ) 105　銷(セウ)-滅(セヨ) 下277　霄(セウ)蛾(カ) 297　○霄(セウ)-漢 150　○韶(セウ)光 下80　韶

-陽 下37　饒-益 下233　夕-螢(ケイ) 187　夕-見 136　○夕-陽 下24　○寂(セキトシテ) 70　○寂-靜 下260　○寂-寂(トシテ) 下142　○寂-

寞(タリ) 80　○寂(セキ)-寥(レウタリ) 下35　○尺 51　○尺-寸 354　尺-波 下102　○尺-璧(ヘキ) 255　尺-木 下216　○席| 134　○席-上 166　庶(セキ)

-門 75　○戚(セキ)-里 15　○昔日 下290　石-函(カン) 下192　石-季-倫(人名) 下103　石-渠(キヨ) 365　石-火 下241　石-犬 85　○石-室

下8　石-崇(人名) 下199　石-竇(トウ) 下205　○石-門 86　石-瀬 374　○石-樓 下72　石-樓(ロウ) 367　○磧(セキ)-儒 250　○碩(セキ)-德 下212

○積-悪 25　積-思 下195　積(セキ)-薪(シン) 223　積-正 84　○積(セキ)-善 162　○積-善餘-慶 376　積-饌(ン) 40　積-羸(ルイ) 301　○

籍(セキ) 82　績(セキ)-行 221　○舍(セキ)-菜 下15　藉(セキ)-寃(ヘン) 84　赤-烏(ウ) 361　○赤-光 下104　赤-脛(ケイ) 下5　○赤-子 373　○赤(セキ)-日 86

赤-春 下137　○赤-色 下104　赤-城 85　○赤誠 152　赤霄(セ) 353　○赤-地 7　赤-帝 下41　赤-馬 79　赤-萸(ユ) 下121

赤-鯉 70　赤騮(リウ) 下76　○赤-龍 131　蹠(セキ)-實 78　蹠(セキ)-實(す) 78　鵲-官 164　○切(セツニス) 177　○切-韵 283　切-玉 169　切

‐磨下187　○刹‐那下235　○剎‐那下209　○煞下137　敓315　○敓生下289　○敓‐青下117　○敓‐略18　○折‐中
323　拙‐旨142　○拙‐掌下226　○拙‐文361　拙‐目下29　相接下184　○攝33　○攝‐行152　○攝‐行125
梲下182　○竊‐盜4　○節374　○節‐儉16　節‐候88　○節‐日47　○節‐制40　○節‐目24　○節‐會116
絶‐艶下144　○絶‐交下174　絶‐寵121　○絶‐塵151　○絶‐妙下91　○絶‐域89　○絶‐倫下125　絶‐嶺下74
○舌‐下212　○舌‐根下273　薛‐縣99　薩‐子下174　○説78　説70　○説‐法下243　雪‐汗172　雪‐月花‐草
下47　○雪‐山下66　○雪‐山童‐子下233　雪‐麻下213　雪‐白下165　雪‐鬢下240　雪林下294　○妾下166　○接下23
攝9　攝‐國29　攝‐州刺‐史下150　○攝‐政10　○攝‐政132　攝政関白118　攝‐念下65　○攝‐理138　○攝
‐籙123　葉‐縣226　葉‐公149　○冉‐牛93　冉々90　僣‐差39　占‐賣64　○僉‐議248　○僉‐議
下93　僉‐属13　懴‐愧下170　○懴‐悔下246　染出下294　染‐人258　○漸下235　○漸‐々下242　漸‐々廻‐向
下63　潜‐潭‐巴284　潜‐鱗117　潜‐衛下208　瞻‐擧下188　瞻‐望295　○瞻‐望下265　○纖‐芥50　蟾‐
影347　薝‐蔔下246　詹‐事下38　讒334　軟‐雲下6　千‐葉下284　千‐行下270　千九百餘人33　千‐花下95　千
顆万顆下89　幾千‐巻下283　千‐官下255　○千古183　○千載下136　○千‐載一‐遇下99　○千‐祀95　○千‐秋368
○千秋万‐歳下221　千‐室104　○千日351　千‐箱37　千‐象万形下107　千手観世音菩薩下259　千‐緒50　○千‐
乗下76　○千人61　○千‐仭98　○千‐歳364　千歳一‐遇238　○千僧下239　千株下96　千軸下226　○千‐尋71

千―丈下77　千二百餘町252　○千―年34　○千―万(ナル)25　千―万―億下260　千―万―莖(カウ)下120　千―万―秋下277　千―万―緒下242　千―万―處344　千―万―種348　千―万―人下248　千―万―尋下106　千―万―錢下180　千―万―里345

千―万―兩下198　千―比―丘下261　千―品(ヒン)下134　○千―輻(フク)下244　○千篇340　千―畝(ホ)下213　千―名(ナリ)下23　○千―門下237　○千―里123　幾(イク)千―里下22　千―僚(レウ)下244　○仙75　仙―衣366　仙―遊下115　○仙―家下81　仙―階121　仙―蓦(カク)170

○仙―宮下84　○仙―居77　○仙―窟下16　仙―官下179　○仙―境下66　仙―竈(サウ)下109　仙―筭下83　○仙―術352　仙―星366　仙―砌120　○仙―籍(セキ)244　仙―厨下113　仙―殿353　○仙―洞347　○仙―方(ホウ)下119　○仙―蹕(ヒツ)下268

仙―母―山下59　○仙―郎358　仙―欄(ラン)193　仙―籬下131　仙―靈下185　仙―簾下171　仙―闈(ヰ)下211　仙―院(エン)192　全―姫(キ)188　○全―身下211　○先|93　○先―瑩(エイ)下227　○先―考下224　先―格327　先―勘(カン)252　○先―皇11　先―言下131　○先―賢282

○先―公199　先―功(コウ)17　○先―後89　○先―師334　先―志200　先―式194　先―唱下79　○先―主下197　○先―儒270　○先―緒321　○先―蹤下25　○先―臣132　○先―生下217　○先―聖38　先―跡下68　○先―祖281

○先―導下51　○先―達下70　先―勅147　○先―帝(テイ)(タイ)222　○先―朝129　○先―年197　○先―妣10　○先―父135　先―廟下59　先―來下137　○先―例200　先―靈下231　○先―王45　前―格328　前―鑒(カン)172　前鴈門大守下185　○前―期(キ)下24

前―疑―後―承303　前―祈(キ)187　○前―記121　前―規183　○前―件17　（□―□）　○前言下291　○前―賢146　前―軒下61　○前―功232　○前―後105　○前―事5　○前―史10　前―司252　前―修下46　前―脩123　○前―日107

○前ー蹤198　○前ー身下241　○前ー世下86　○前ー生下274　前詔11　前ー跡下113　前ー泉ー州刺ー史下98　前ー疏148　○前ー代下61　前大僧都下286　前中書王18　前ー帝330　○前ー庭360　○前ー程下25　○前ー朝11　○前ー條332　○前ー殿下49　○前ー途367　○前ー年51　○前ー聞下206　○前ー表123　前ー模328　前ー吏下36　○前ー例197　○前ー路下75　○前ー王29　○善下285　○善ー悪下241　善ー誘下194　○善ー因下263　○善ー縁下250　善ー居ー逸下158　善ー願下214　○善ー業下273　○善ー言7　善ー國下164　○善ー根下101　善ー根ー山201　善相公30　○善ー心下63　○善ー人299　善ー神等下228　○善ー道81　善道統下241　○善ー知ー識下246　○善ー男ー子下229　○善ー男善ー女下287　○善ー女ー人下229　善ー唄ー比ー丘下117　善ー苗下258　○嬋ー娟下81　○宣25　○宣115　宣ー行137　宣ー行15　○宣ー旨242　宣ー尼(人名)下199　宣帝50　宣ー風ー坊下173　○宣ー命213　専ー介下190　専ー城223　○専ー統165　○薦下203　○薦ー擧45　戔ー々下220　戰ー汗145　○戰ー場下239　戰ー栗148　戰ー越160　○撰下185　○撰320　撰ー國ー史ー所214　撰ー式ー所213　○撰ー集下143　○撰ー定下143　撰ー定奏ー聞323　○撰ー録下148　撰ー和ー謌下196　旋ー頭下139　○栴ー檀下235　栴ー檀ー椹下257　泉ー魚87　泉ー室347　泉ー壌9　○泉ー石347　泉ー脉下109　○淺ー紅下79　○淺ー深319　○淺ー薄161　潺ー湲下103　○然89　○然ー諾368　琁ー璣185　琁ー流下91　○禪ー悦下233　禪ー観下175　○禪ー僧36　禪ー智36　○禪ー定下66　禪ー徒36　禪ー波下244　○禪ー房373　○禪ー門下266　○禪ー侶下64　○禪ー林下242　○禪ー林ー寺下64　○繕ー寫下261　○繕ー寫下238　○纖ー手下6

纖微(セム) 354　纖(セン)－流 255　纖(セン)－綸 133　○膳 95　船－太 107　○船－尾 下22　荃(セン)－巾(キン) 下72　荃(セン)－宰 352　蟬－附 下188
詮(セムスル) 80　賤－子 370　賤－貧 下178　○賤－民 50　賤－老 下12　○踐－祚 228　輭(セン)弱(ナリ) 284　○選－224　選－納 46　遷－鶯
下94　○遷－御(マシマス) 下254　遷－次(シス) 下194　遷－所 336　○遷－謫(タクセ) 299　○遷－任(セ) 222　遷－變(ス) 78　銑(セン)－谿(ケイ) 下82　銓(セン)－緝(シフ)
324　銛(セン)－利 316　○錢 64　○錢－貨 58　○錢－帛 下263　○錢(セン)－別 下148　○饌(セン) 39　鮮－雲 357　○鮮(セン)－潔(ケツナリ) 下90　鮮(セン)－
姸(ケンタリ) 下82　鮮(セン)－娟(ケンタル) 下84　鮮－粧 下4　○鮮(セン)－明(ナリ) 下124
○率都婆 下232　○庶(ソ)－幾(シ) 109　○俎(ソ)－豆 下132　○楚 248　楚－艶 下138　楚－金 375　楚－歎 下31　楚毒 下290　楚－夢 下104
楚－嶺 下22　楚－王 63　○祖－(ソ) 260　祖(ソス) 下25　○祖－考 下226　祖(ソ)遣(ケンセリ) 294　○祖－業 下38　○祖－宗 282　祖－稱 下67
○祖－税 41　祖－席 下21　祖－祢(テイ) 169　祖－調 41　○祖－父 350　○祖－母 10　○祚(ソ) 下273　租(ソ)－税(サイ) 41　○素(ソ) 下167
○素－意 135　素－閑 下51　素－簡(カン) 9　素－舊 下62　素－花 346　○素－懐 138　素－光 344　素－玄 下74　素－業 下46
素－功 下59　○素－飡(サン) 172　素－秋 下119　○素－性 15　素－性法－師 下148　素－葩 下84　素－論 71　○素－王 下161
○蘇－州 241　蘇－將－軍 97　蘇－定方 32　○蘇(人名)－武 248　蘇(人名)－李 下23　蘇－嶺 77　蔬(ソ)－糲(ラツ) 38　訴－言 下199　○訴
－訟 49　○訴－人 51　○疎(ソ) 下203　疎－毫(カウ) 下30　○疎－隔 下190　○疎－闊(クヮツナリ) 343　疎(ソ)－密 102　疎－慵(ヨウニシテ) 下158　○疎略 294
○疏 下191　○僧 58　僧－等 40　○僧－伽 197　○僧－伽－藍 下90　○僧－綱 36　○僧正 下192　僧－俗－房 下215　○僧
－徒 36　僧－統(トウ) 40　○僧－尼 4　○僧房 下70　僧－龍 下192　○僧－侶 下63　叢－竹 296　叢－邊 下119　增－(セ) 下175　○僧

-益下232　○増-益(シタマヘ)下228　○増-損332　○増-。損(シテ)323　○増-長下221　○。奏281　○奏(ソウス)下37　間(マシヘ)-奏(ス)下50　奏-
下48　○奏-議(シテ)61　○奏-上(ス)328　○奏-状18　奏状中205　○奏-聞(セン)48　○宋(ソウ)75　宋(人名)-景7　○。宋-。主82
宋(人名)-生99　宋-大-夫下27　○宗(ソウ)319　宗(ソウシ)319　○宗(ソウ)-室160　○宗-社123　○宗-廟下225　○層。(ソウ)-雲148　○忩(ソウ)-々(ナリ)　くナリ
下198　○忩(ソウ)-忙。。(ハウニシテ)37　惣-別(ヘツ)下74　惣(ソウ)-返-抄(ショ)252　惣-落269　○曽(人名)子下15　○曽(人名)-參。(シム)93　○曽-祖下21　○曽-祖
-父213　曽。-波下81　窓-梅下86　窓-霧下157　。綜(ソウ)-緝(シウセ)326　総-州。下34　聡。84　○聡-晤。。(コナル)150　聡-識337　○
聡-明下42　聡-慧(エナラン)23　○葱(ソウ)-嶺81　○藪(ソウ)-澤下241　贈正一位9　贈従一位321　贈従四位上下273　贈。。従(シウ)二位244
贈太政大臣194　。走(ソウ)301　走(ソウ)-使(シ)供-養(セ)下280　走-獣下231　走(ソウ)-破-勢下186　走-馬下207　。鬆。(ソウ)-丱(クワン)下258　鰺(ソウ)-生372　○
俗。。(ソク)下248　○俗。。(ソク)-姓337　○俗。。-塵197　俗(ソク)-綱338　俗-。網(マウ)下66　○俗-累292　則-哲144　○即64　即-一下162　○
即-身下24　○即-世下285　○即-世(セリ)下191　即-墨92　嘱(ソク)22　○塞(ソク)281　○息-災下221　息。-子186　○息-女下273
○惻。(フク ソク)-。隠(イン イン)3　族(ソク)-氏101　○測-量下68　○賊18　○賊-徒18　○賊。-。吏51　足-(ソクセン)下211　○足-下294　速-證
下265　○贖(ゾク)-勞37　○卒-191　○卒(ソツ)-伍。。221　○率。-土81　○存。(スル)70　存-活84　存日下288　○存-亡248　○存-
問301　存-慰(キセ)下78　○孫-權。(クヱン)85　○孫(人名)-呉。。190　孫(ソン)(人名)-弘159　孫-綽。(シャク)73　孫(人名)-叔-敖(カウ)142　孫-大-皇(ワウ)87　孫-謀。。
下14　○寸104　○。寸-陰255　○寸-心97　。寸(ソム)-誠128　○寸-断下27　○。寸-。地140　○寸-鐵下216　寸-府168
○寸-歩下102　寸-苗。。下139　○尊。149　○尊-号292　尊-閣下19　尊-閤。(カフ)297　○尊-儀下255　尊-敬上-人337　尊

－顔(ケン)下117　○尊－像197　○尊－師下220　○尊勝陀羅尼經下256　○尊－神下204　○尊－親200　○尊－崇(ニシ)50　○尊－

重(す)31　尊－德下188　○尊－卑89　○尊－容下246　○尊－靈下288　尊盧。98　○損｜179　○損(ソンセリ)下198　削(ケヅリ)－損(シ)下174　○損

－益101　○損(ソン)－失62　損－苻54　村－砧543　村－司78　○村叟下72　○村－吏80　○村－閭(リヨ)。下51　○樽(ソン)下119　蹲(ソン)

下157　蹲。－狗(クコウ)。。87　蹲。－孤80　○遜。(ソン)－讓。。11

○他36　○他－家39　○他－界下244　○他－鄉(キヤウ)下251　他官225　他－境21　○他－見304　他－才下142　○他－事307

○他－日下127　○他－所199　他－處下193　○他－人21　他－聲280　○他－方下235　他－番59　○他－聞304　○墮(タセ)。。

下250　達嘶物下296　○多－藝94　○多－言(センヤ)356　○多－才下41　○多－材94　○多－士145　○多－數(ナリ)下88　○多

－少23　○多－智158　○多－年110　○多－寶下69　○多－寶如－來下233　○惰｜281　惰(タ)－嬾(ランニシ)下158　乃(タイ)。。－貢(コウ)下247　○

代－謝(シヤス)下157　代－祖下32　○代－々42　○内－衣下68　○内－宴334　○内－考54　内－樂354　○内－記212　○内

－擧271　○内－外137　内－外－官10　○内－官237　内。。－史213　内。。－史(シ)－局(キヨク)。213　○内－相府360　内。。－屬30

内。。－職下211　内。。－。主146　内。。－。寢32　○内－寵46　○内－壁下177　○内－覽135　。兌(タイ)96　。兌(タイ)－方77　○台－獄。。367

台－鉉(ケン)。9　台山下64　台(タイ)－司(シ)191　台－星164　○台。(タイ)－嶺(レイ)258　○台－位170　○太－一75　太－易(エキ)76　太－階下186

○太(人名)－公－望90　○太－后149　○太宰53　○太宰大貳218　○太－山82　○太－子359　太(人名)－子－賢下40　○太－

上下211　○。太上皇159　先(サキ)－太－上－皇下272　○太上天皇121　○太－上法－皇下175　○太－相－國165　○太－守301

○太－政－官19　○太政大臣9　太(人名)－初78　太－宋－國下191　○太－宗289　太宗皇帝下108　○太唐295　太－帝
75　太平57　太寶元年320　太－本216　太－尉127　岱－嶺99　○帶｜208　○帶－甲25　帶－草下44　席－門166
○對｜下42　○對287　對－偶下144　○對－策212　對冊69　○對－揚80　○大｜98　大－醫－王下245　大－因－緣
下216　大－隱下107　大－緣下227　○大恩下67　○大－厦199　○大－河43　○大－概下60　○大－海下221　大－階340
○大綱325　大(大名)－項－槖下33　○大－學23　大學大屬327　○大學頭206　大學頭等234　○大－學－寮194　○大－
旱下219　大－漢316　大－規330　○大－逆52　○大－極72　大－昕下13　大和尚位下192　○大－會下230　○大－光
下236　大－館下216　○大外記276　大－卿306　○大－業66　大－監－物222　○大－賢48　○大－戸下175　○大后
123　大－后夫－人下280　○大功151　大江公下295　○大－極－殿31　○大國55　大－闇82　大－座下44　大－宰57
大－宰大貳237　大－壯318　○大－山下248　○大寺31　○大－師下286　○大－慈下268　○大－慈大悲下248　大－慈
－悲292　○大－旨302　○大－衆下246　○大－日下282　○大－任125　○大－赦4　大－車360　大－匠下190　○大－
相－國165　○大將169　○大嘗會211　○大－儒160　○大守241　○大初位下318　○大－乘下228　播磨大掾322　○大
－人329　淺－間大－神下172　○大－臣186　○大－進307　○大－水下179　大勢至菩薩下256　○大－成下218　○大政官
符23　○大－聖124　○大－小18　大－小－乘下261　大小判事47　大－少104　○大千下170　○大千世界下241　大－
善根下216　大－舩－師下245　大－祖下59　大－素98　○大僧正下272　大－宋－國243　大－宗302　○大－内下137　大

－帯下15　○大－唐30　○大－道下186　○大－智下228　○大－帳33　大－長－秋下92　大－長－秋納－言下58　大

－庭330　大耋(テツ)下177　○大－典333　○大納言319　○大(ダイ)－内(ナ)記(キ)78　○大貳212　○大日本國下224　大－年148　○大－

方27　○大邦185　大－伯84　○大般涅槃經下256　○大－法下73　○大－半53　○大－判－事47　○大般若下219

○大般若經下219　○大－般－若－會下219　○大－悲下214　大悲觀世音下106　大(タイ)－辟(ヒャク)4　大－務(フナリ)117　○大－夫5

大夫等16　柿－本大－夫下196　○大－府下52　○大－輔280　○大－平下231　○大－病303　大寶元年324　大寶年中

42　大－寶－蓮下268　○大－名下60　大－様(ヤウ)300　○大－陽135　○大－畧277　○大－領33　大－麓(ロク)75　○大－王294

大－位下224　○帝釋下251　○怠狀下197　提－河下227　提－撕(セイ)下208　○提－婆－品下271　載(タイ)－馮(ヘウ)103　○泰(タイ)－運(ウン)194　泰

－階132　○泰－山84　泰－清71　滯(タイ)－病301　第－宅下92　○胎－藏下279　○胎－卵下217　○臺下87　○臺－閣136

臺－上下285　臺中下100　臺－務338　諦(タイ)下74　苔－茵(イン)下107　苔－衡348　○苔－徑下66　苔痕(コム)下120　○苔－癬下5

苔－髮下100　苔－鬢下109　苔(タイ)龍(リヨウ)下283　○帶(タイ)芥(カイ)下240　蹄(タイ)－宮下62　退182　○退－居(す)191　退－還(セ)下214　退－亦－佳(ケイ)

下236　○退－轉(セ)下164　○退－老189　○醍－醐下235　○醍－醐天皇292　頽(タイ)－残下73　頽(タイ)暮12　頽(タイ)－輪126　○頽(タイ)－

齡182　○題－目下93　鮐(タイ)－背(ハイ)89　鶗(タイ)－鴂(クヱツ)下167　倒－裘128　倒－載下94　倒(タウ)－載(サイシ)下176　○刀下174　刀－火192　○

刀－劒下44　刀(タウ)－尺366　○刀－筆316　到－岸下62　到俊22　○到－來307　○到－來(セリ)下193　○唐102　唐－損(エンナランヤ)下211

唐－家274　○唐－堯3　○唐－國212　唐－式23　唐－室下19　唐(タウ)－帝下206　○唐－朝下249　○唐－園下244　○堂

206
○堂-宇 31
堂-構 下261
○堂-舍 下193
○堂-上 下287
堂-室 下49
堂-前 下209
○導-引(スル) 下185
○忉(タウ)-利 下260
○忉-利-天 下246
忉-利天-宮 下236
曩-古 下96
曩-史 下32
○曩時 下291
○曩-日 下31
○桃-顏 89
○桃-源 90
○桃-李 88
○。棹(タウ)-歌 284
○棠-梨 下108
湯鑊 下290
湯(タウ)々(タリ) 下176
湯-武 146
湯。-沐。。 10
○湯-藥 206
湯-療(レウ) 247
滔(タウ)。-漢 296
濤| 284
燾(タウ)。-。載(セイ) 321
○當(タウ) 下40
○當-家 260
當-階 217
○當-今 32
當-官 224
當-結 下193
○當-國 下189
○當-時 17
當-上 209
○當-職 207
○當-世 下196
當-省 217
○當-代 22
○當-朝 207
當-土 295
○當-年 下189
○當-番 59
當-寮(レウ) 211
盗-。。贓(サウ) 52
○盗-賊 下178
盗-徒 39
○盗-犯 52
盪(タウシ) 289
。稻(タウ)-粱。 92
蕩(タウナリ) 下105
蕩(タウス) 371
蕩-々-乎(トシテ) 102
蕩(タウ)。-覆(フクスル)。 61
蕩。-没(ホツ)。。 115
○討-滅 18
○討(タウ)-論(シ) 291
○讜(タウ)-議 30
○。讜-言 134
○逃-亡(セリ) 51
逃-債(サク)。 39
○道(タウ)。 下248
道-引 70
○道-家 335
道-儀 下230
○道-具 下220
道-藝 42
○道-教(ケウ) 78
道-左 下12
道-子 99
道-素 143
○道-俗。。 259
○道-場 40
道-場-觀 下225
道-場法-師 下183
○道-德 103
○道風 210
道-腴(ユ)。 下59
○道-理 250
○。道-路 253
○踏(タウ)-歌 116
踏(タウ)-謌 116
。蹈(タウ)-。井(セイ) 152
陶(タウス)。 78
陶(人名)-安-公 71
陶(人名)。-元-。亮 337
陶(タウ)。-染(ス) 109
○陶(人名)。-潜(セン)。 350
○陶。-唐 30
陶(タウ)。々(タリ) 下11
陶。-嶮(テウ)-君 93
○陶(タウ)。-。冶(ヤ) 下241
陶(タフ)(人名)。-。令 下130
○。黨 25
○黨|(セシカトモ) 334
黨-結 下215
○卓(タク)-犖(ラク) 下103
○卓-躒(ラクセル) 下225
○宅(タク)。 194
宅|(スル) 70
○柝(タク)。 95
橐(タク)。-。籥(ヤク) 298
○澤| 77
○澤-。畔(ハン) 238
○濁| 85
濁-悪 下63
濁-清 285
琢(タク)。-玉 下41
籜(タク)。 下209
○謫(タクセル) 下179
○託(タク) 11
○託(タクシ) 78
○鐸(タク)(チヤク) 下222
○脱(タツスル) 下66
脱。-。穎(エイ) 169
脱。。-梏(コク)。 316
○脱(タツ)-屣(シ) 372
○達(タツシ) 171
○塔 下210
塔

－下 下231　塔寺 下221　塔－上 下231　○塔－婆 下70　答 10　答恩 下295　答－信 295　納－言 160　○納－涼 下180　○踏－
歌 110　○踏－舞 下90　○達磨和尚 下145　○男｜ 244　○男子 下63　○男－女 下63　淡－海－公 下225　○淡－交 下182　○淡－
－水 下48　○湛－々 366　潭－月 289　潭－面 347　○膽 6　膽－中 下20　○談 70　○談 337　相－談 367　談－話 下71
談－玄 370　○談－咲 109　○談－咲 下146　貪－烏 247　貪－殘 64　貪－泉 93　○貪－婪 230　○丹｜ 下101　丹－鵶 354
○丹－霞 71　○丹－祈 143　丹－丘 下227　丹莍 6　丹－襟 163　○丹－棘 下24　丹－丸 下109　○丹－款 140　丹－契 下119
丹－螢 366　○丹後 43　丹後國 43　丹－悃 188　丹－魂 123　丹－州 226　○丹－沙 90　○丹－心 176　丹－情 132　○丹
－誠 8　○丹－青 下279　丹－竈 97　丹－地 下74　○丹－墀 244　丹－頂 99　丹－鳥 下217　丹－府 91　○丹－鳳 下15
單－書 188　○單－獨 61　單－醪 49　團－月 343　團－雪 364　坦－途 119　○壇－場 75　○彈 下258　彈正少忠 327
彈正少弼 234　○彈－正大－弼 下149　彈－箏－峽 374　（□－□－□）　摶－扶 下73　○旦－暮 138　○暖 下137　暖－雨
256　暖－霞 下87　暖－露 下198　○斷 317　○斷 292　斷－悪修－善離－苦得－樂 下234　○斷－金 下21　○斷－決 324
○斷－罪 56　○檀－那 下72　○檀－越 197　○歎 338　歎－音 下23　○短－衣 255　○短－謌 下139　短－懷 352　○短－
晷 87　短－脛 123　短－虹 下106　○短－才 127　○短－札 下174　短－辞 128　○短－裳 193　短－檝 120　短－男 110　○
短－長 73　○短－命 83　○端 51　端－尹 375　端－木（人名） 下227　簞瓢 下161　誕 297　○誕－生 80　誕－漫 70　難 370
○地 3　○地－下 下231　地－芥 下73　○地－祇 下221　○地－形 85　地－載 下80　地藏 下234　○地－子 41　○地－上

下109
地-忍282
○地震(シン)127
○地-勢165
○地-中13
○地-圖下107
○地-方下180
地-望93
地-脉(ハク)下122
地-分184
地-洛96
○地-理下14
○地-利41
○地-類下211
尼-丘下166
尼(人名)-父下28
○持(チス)82
○持-戒37
○持-經-者下213
○持-念(す)下164
○持-律37
○致(チ)-仕12
○智71
○智-行下287
○智-者下191
○智-者大-師下65
智-刄(シン)131
智-釼下239
○智-水94
智-風下192
智-峯下277
○智-略170
○智-慮304
○智-恵下220
○池-魚248
池-舘13
○池-上下99
○池-水200
○池-塘371
○池-中下104
○池-亭344
池-堤(テイ)下263
池-陽369
○治29
○治(す)173
○治-國251
○治-術253
○治-世下48
○治-政51
治-迹(セキ)230
治-田43
治-方27
治-不29
治-否28
治部少輔98
○治-亂108
治-理8
○治-略252
○置(チ)-酒下146
置(チ)-命168
○知-音下177
○知-恩下280
○知-見(シタマヘ)下239
知-見證-明(シタマヘ)下221
知-己(コ)299
○知-識下214
○知-人124
知-足199
○知-命144
知-亮(リヤウスル)298
稚(チ)-羽117
稚(チ)(人名)-川82
笞掠下290
螭(チ)-魅(ヒ)48
○質(チ)-子下190
○遲-疑(スル)295
遲-景下114
○遲-日353
○遲-速356
○遲々(タル)98
○除(チ)-目(モク)248
馳-星73
馳(チ)-鶩(フスルコト)27
○中下100
○中(す)96
○中-央346
○中-有下273
○中-間下233
中-禁109
○中-宮下145
中-和(クワ)73
○中-華100
中-懐(クワイ)261
○中-興126
○中-國19
○中-悃(コン)192
中-才44
○中-使120
中志下275
○中-心6
中謝(す)119
在原中將下141
中-賞354
○中-旬341
中-書大-王下72
○中-丞338
中-信上-人下62
○中情345
○中-正73
○中-霄(セウ)182
○中-尊下106
中-代165
○中大-夫下11
中-臺-省下188
○中-道下68
○中-膽(タン)

184 中-丹 3　中-男 33　○中-腸(チヤウ)下 122　○中-庭下 41　○中-朝下 188　○中-天下 27　○中-天-竺下 247　○中
納言 191　中方下 209　中-判-事 47　○中-風(セリ) 303　○中務(ムす) 17　○中-務-省 189　○中-夜下 69　○中-呂(リヨ)下 279
中-露下 58　○仲 343　仲-月下 46　仲月六日 351　仲(人名)-山-甫下 94　○仲-秋 342　仲-旬下 281　○仲-春下 13　○仲(人名)
-尼下 41　仲(人名)-長-統(トウ)下 180　○仲-冬下 286　○住(チウシ) 181　○住-所 59　○住-僧 196　○住(チウ)-持 200　厨 77　冲-挹 10
冲(チウ)-襟(キン)下 261　冲(チウ)-旨 326　○冲-邈(ハク)下 224　冲(チウ)-融(ユウナリ) 78　○忠| 268　○忠-孝 141　忠-鯁(カウ) 277　忠義公 144　忠-規(キ) 170
○忠-厚(コウナリ) 30　忠-仁-公下 225　○忠-信 143　○忠-臣 141　○忠-誠 257　○忠-節下 237　○忠-貞(テイ) 211　○抽(チウ)-賞
228　○抽(チウ)-賞(シヤウスル) 233　抽(チウ)-撰下 143　柱-下下 64　柱-史 214　柱-礎下 183　○胄(チウ)-子 64　○晝-夜 52　晝-漏下 17
○注(シテ)下 297　○注-解(カイ)下 40　○注-記 18　稠(チウ)-桑(サウ)-驛 97　稠(チウ)-疊(シテ) 15　○稠(チウ)-林下 239　○籌(チウ)下 94　籀(チウ)-篆(テン) 42　○
綢(チウ)-繆(ヒウ)下 160　蛛(チウ)-絲 315　蛛(チウ)-網(ハウ) 175　蛛(チウ)-網 139　衷(チウ)-襟(キン) 173　○誅 129　○誅(セ) 330　貙(チウ)-虎 60　酎(チウ)-臺 110　○重
-病 201　鑄-木 122　直(チキス) 213　竹|下 35　○竹葉下 122　竹-煙下 93　竹-檻(カン) 360　○竹-簡下 283　竹-騎 106　竹-戸下 70
竹-肉下 31　竹-樹 347　○竹-蘂 99　竹-牒(テフ) 94　○竹-馬下 85　○竹-帛 80　竹符 224　竹-譜 101　竹-霧下 177
○竹-林下 20　○竹-園 149　○筑(チク)下 99　○筑-紫 33　筑-紫絹 38　○舳(チク)-艫(ロ) 61　蓄(チク)-妓(キ)下 108　蓄-懷(クワイ)下 193　蓄(チク)-
德 132　○蓄-念 178　○軸下 261　逐(チク)-育(イクシて) 280　○帙(チツ)下 160　○昵(チツ)-近(ス) 243　昵-語下 191　○秩(チツ) 75　秩(チツ)-々 282　○秩-
滿 51　縶(チフ)-囚(シウ)下 249　○蟄(チツ)-虫 330　茶(チヤ)-酒下 117　茶(チヤ)-茗(メイ)下 168　○茶-園下 71　○蚰下 208　幾(イク)-丈(チヤウ)下 172　○丈-六

下246　○定‐額197　定‐額(キャク)‐寺196　○帳252　○帳‐内53　帳‐望下29　○張(人名)‐儀248　張(人名)‐左下38　張(人名)‐子‐房
174　張(人名)‐芝(シ)下261　張‐楚‐金289　張(人名)‐博‐望86　張(人名)‐騁(ヘイ)80　張‐僕‐射(ヤ)下86　○張‐本下65　○悵‐然(セン)下22　悵
‐望(シ)下22　○杖22　程(チャウ)60　○聴‐衆40　○聴‐聞下75　聴‐聞受‐持下235　○貞‐観127　○貞観格324　貞観十
年327　貞観十一年332　貞観十四年下38　貞観十四年十月十三日158　貞観十七年十一月五日下171　貞観十八年十一
月一日120　貞観十八年十二月日122　貞観政要302　貞観年‐中32　貞観臨時格328　貞観六年下41　○長(チャウタリ)56　長(チャウシ)
下213　○長‐安344　長‐安‐城358　長‐河下50　○長‐謌下139　○長‐庚(カフ)下105　○長‐講‐會下225　○長‐久200　○
長‐曲下7　長(人名)‐卿254　長‐鯨289　長‐鋏(ケフ)255　長‐公‐主下84　○長‐子258　長(人名)‐子‐誦下32　○長‐秋135　○
長‐秋‐宮下271　○長‐沙82　○長壽下294　長‐松下77　○長‐城11　○長‐生70　長‐孫127　長‐代74　○長
‐大(スル)下185　○長‐大‐息(セ)下9　○長‐短57　○長‐途下23　長徳元年251　長徳元年十二月252　長徳元年八月251
長徳三年七月廿日272　長徳三年正月廿一日249　長徳三年八月十五日277　長徳三年八月廿九日290　長徳四年三月
十二日15　長徳四年十月十二日下286　長徳二年四月二日241　長徳二年十月七日269　長徳二年正月十五日240　○
長‐男185　○長‐年下232　長‐坂下76　長‐風‐浦373　長(人名)‐平84　○長‐保306　長保元年閏三月廿九日下60
長保元年六月二日下45　長保三年245　長保三年三月三日307　長保三年三月廿八日307　長保三年七月一日302　長
保三年十二月廿五日107　長保三年八月下220　長保四年五月廿七日263　長保四年十一月十四日309　長保四年十二

月九日下296　長保二年五月九日139　長保二年五月十八日140　長保二年二月六日304　長保六年三月一日下226　○長｜夜297　゜長｜養(シ)下205　○長樂寺下108　○゜長｜齢下79　長和三年正月二十三日254　長｜遠(ニシテ)下229　○頂｜上下211　頂｜載下68　○嫡(チャク)17　○着(チャクセシ)下224　○着(チャク)｜任(ニンス)305　○黜゜(チュツ)｜陟゜(チョク)64　○儲｜君下32　○゜゜女133　○女官188　○女｜功32　○女(チョ)｜子47　゜゜女｜叙゜゜47　○女｜色下9　女身下63　゜゜汝｜墳(ショ)下48　○゜著(チョ)235　○著(チョ)｜作275　著｜作｜郎下85　゜著(チョ)｜姓245　著｜性下60　○゜゜除(チョセシ)207　除｜却(シ)338　○゜゜除｜書゜211　○除｜病延｜命下284　嶔(チョウ)｜言(ケン)92　○寵(テウ)172　○寵｜榮17　○寵｜愛下30　○寵｜幸(セ)下185　寵｜光126　゜寵｜章゜9　寵｜爵27　寵｜樹166　寵｜澤143　寵｜命160　澄゜(チョウ)｜清(ナリ)73　澄゜｜清゜(シ)下221　澄゜(テウ)｜々(タル)346　澄｜明87　○重｜悪下164　゜重｜衣下7　重｜渕゜148　○重｜恩375　゜重｜客109　○゜重｜器下119　○゜重｜゜寄(キ)下279　重｜乞152　○重｜科268　重゜｜華168　重゜｜軒(ケン)下50　重｜゜構(コウ)328　重゜載(サイ)180　重罪下290　重｜山224　○重｜賞130　重｜任゜゜145　○゜重｜臣下227　重｜秩15　○重゜｜々(タリ)371　○重｜疊(セリ)21　重｜年188　重゜｜葩゜(ハ)下82　重゜｜霧(フ)下274　重｜命183　重｜明下281　○重゜｜門129　○重｜陽7　重゜(テウ)｜離319　重｜輪下33　○勅10　勅(チョクス)10　勅｜゜祐(イフ)180　勅゜喚(クワン)355　○勅｜使213　○勅｜旨20　○勅｜書10　勅(チョク)｜到(タウ)18　○勅｜答11　○勅｜符18　○勅｜命187　濁(チョク)｜波(ハ)248　○直｜281　直(チョクセ)45　直轄206　○沈゜(チム)｜痾(ア)下164　○沈｜香下65　○沈｜吟(セ)337　沈゜｜゜困(コン)249　○沈｜思下100　○沈｜酔下24　○沈゜｜゜滞(タイ)238　沈｜檀296　○沈｜淪215　○沈｜淪(スル)227　○朕(チン)3　○塵｜埃(アイ)下158　塵｜翳(エイ)下235　塵巷下292　塵｜機292　塵｜゜曠149　○塵｜寰(クワン)下115　塵｜刹下212　塵｜心下114　塵｜數下235　○゜゜塵｜俗10　○塵｜中

下74　○塵－土下131　○塵－労下162　塵－籠下66　○塵－穢(ヱ)下182　。殄(チン)－。瘁(スイ)27　。殄－滅(ヘツシ)下209　殄(チン)－滅。(メツ)26　○珍。62

○珍－貨296　珍。－。善下269　○珍－重。(ナル)下114　琛(チン)。下190　○椿。－葉下5　沌(チン)。－邅(テン)。44　○。鎮19　○鎮－主下219　○鎮－

西下34　鎮(チン)－府(フ)247　陣－雲下238　○陣92　○陣(チンシ)281　陣－家古－壁之文(モム)318　陳(チン)－乞(キツ)144　陳－乞(キツス)161　陳－紅(コウ)。184　陳(人名)

－思－王下165　陳－譲123　陳－丞－相134　陳－請124　陳(人名)－太－守369　陳－大－尉91　陳－重94　陳－篇342　○

陳－列(レッス)35

圖(ツスル)下164　圖－寫(シ)下265　○圖書頭225　圖書頭等220　○圖繪下251　○圖－繪(シ)下277　○頭－陀(タ)221　○頭－陀(タセシ)下8　墜(ツイ)

－失。(シッセリ)324　追(ツイ)－榮(エイ)9　○追－孝下280　追－歡下31　○追－從(セウ)351　○追－從(ショウシ)下87　○追善下254　○追(ツイ)－捕(フ)239　○追－

捕(シ)59　追－風169　○追－福39　○通(ツウシ)下116

○丁－寧(ナル)370　○丁。(テイ)－年244　丁(人名)－令－威71　○亭246　○亭(テイ)－。午(コ)下279　○亭－子－院下175　○亭－子347　亭－上360

○亭。(テイ)－々(タル)364　亭毒(テイトクシ)下204　低－頭(ツシテ)137　仾(テイ)。－屋下180　仾(テイ)。－昻。。(カウスル)下230　仾－頭(シ)下220　仾－頭擧－手(シテ)下246　仾－柳

下37　○停－止173　○停－止(す)20　停。－。滯(テイ)下174　停。－。滯(テイす)80　○停－癈(バイ)24　○呈(テイス)下198　啼(テイ)。－。。眼下274　○定－惠

下239　。定。。準317　○定－數53　○。定－星下226　帝－漢93　帝皇36　帝后下99　帝－閽(コン)。137　○帝－者306　帝舜48

○帝－城197　帝先150　○帝－道146　○帝－德241　。帝－念(ネム)下113　。帝－。放－勛(クン)72　○帝－範下225　帝里下40　○帝

－王293　○帝－位下266　庭－櫻下84　庭－隅。。96　庭－戸下107　庭－實100　○庭－上下76　○庭－樹下263　○庭－前

373 ○庭-中373 庭-露下157 ○廷-尉240 提奬334 提結下9 梯-航下188 棣-華165 弟123 弟二之子13
○弟-子299 弟-姪149 弟-宅下179 泥-蚕95 ○泥-塗下177 ○泥沙208 涕-川下257 ○涕-涙下286 滞
255 滞-淹227 禎-祥91 ○程117 ○程(人名)-子369 程-章40 ○第-一下88 ○第-九下279 ○第-五272 第
五七句281 ○第三125 ○第四150 第-七下79 第十下79 ○第-二272 ○第八280 綴-韻334 綴-属下74 聴
70 聴-覧301 苐-宅31 荑-指下17 ○諦-聴下292 ○貞下189 ○貞-元下240 貞元々年247 貞元々年九月
十九日下241 貞元二年下157 貞元二年六月十四日171 貞-公下73 貞-壮下23 貞-作22 ○貞-心98 貞-上
-人373 貞-信-公122 貞-臣170 ○貞-節47 鄭-康-成83 ○鄭(人名)-玄103 鄭(人名)-公85 鄭(人名)-弘87 鄭-尚
-書下15 鄭-臣-君147 鄭-泉359 鄭(人名)-太-尉171 ○鄭-重下100 鄭(人名)-武-公164 頳-甚71 ○蹄|105 躰下141
軆下141 隄-防330 ○題270 ○題|336 題-者280 題-署下206 ○題-名下255 題-目下63 體下141 體下186
體-製335 體-肉下168 ○鼎316 鼎-湖122 鼎-司182 鼎-嗣下32 鼎-盛130 鼎-族193 ○鼎-定169
弔141 ○弔下148 ○凋-枯149 ○凋-殘55 ○凋-殘252 ○凋-衰62 ○凋-落下130 ○凋-落44
○兆下58 兆-庶34 ○兆-民249 ○兆-域下103 嘲-風下114 奝-上-人下26 奝-然下247 奝-然上-人
下247 嫋-娜下181 嫋-舞354 彫330 ○彫-刻375 彫-飾272 彫-餝277 ○徵75 ○徵-發30 ○徵-嬖
下9 ○徵-辟245 懲-肅319 挑-兮46 條-貫333 條-事272 條々232 條-流325 條-類50 ○朝177 ○朝

下249　○朝—衣189　○朝—雲下4　○朝—恩52　○朝—家30　朝—綱下35　○朝儀136　朝—曦(キ)283　○朝—義171
○朝—會323　朝—藿(クワク)297　朝—經164　○朝。—。憲25　○朝—坐74　朝—事89　朝—市171　○朝—使49　朝—士下151
○朝—章179　○朝—臣28　○朝—政11　朝—請257　○朝—夕下48　朝—。選(セン)249　朝—那(タ)。。縣286　○朝—廷63　○朝
—天178　朝—東121　○朝—拜235　朝—務(フ)151　○朝—暮下68　○朝—務(ム)12　朝—霧13　○朝—野220　朝—列(レツ)160
○朝—露139　○朝—威208　潮—南下21　濃(テウ)。。—淡(タン)。下90　○眺—望下72　○眺—望(ス)下73　調—御。。(す)74　○調。—。和下124
○調。。—。庸(ヨウ)8　超—擢(タクシ)。44　○超—越(シて)208　○趙(テウ)84　。趙(テウ)—燕(エン)。下51　。趙(テウ)—軍82　趙—氏107　趙女下99　○迢(テウ)。—々(タル)
370　○貂363　貂(テウ)。蟬360　。釣(テウ)—潭(タン)。85　○銚子下168　雕(テウ)。—雲87　雕(テウ)。—虎(コ)下35　○雕(テウ)。—文32　鳥—詠下108　鳥—言79
鳥—語下100　鳥—策。下36　鳥—字102　○鳥—獸78　鳥—獸魚—虫下47　○鳥—雀148　鳥—申(シン)。下16　鳥—鼠286　○
鳥—羅下217　鵰(テウ)。239　鵰。—龍下36　。。裊(テウ)々(タリ)96　。。裊(テウ)—柳下94　齠(テウ)。齔(シ)下79　商—飆(ヘウ)。6　○嫡(テキ)—孫。82　○敵(テキ)。下188　○
敵(テキスル)下165　○敵(テキ)。—國66　○躑(テキ)—躅(チョクシ)。下47　酈(テキ)—谷下106　酈(テキ)。—水下126　徹(テツ)。—明(ニテ)下195　○撤(テツシ)147　熱。。—湯下186　耋(テツ)。89
○轍(テツ)。256　○轍(テツ)。—魚。。221　酈。—縣86　鐵—子下187　鐵杵下290　鐵—處—士下185　○鐵—槌(ツイ)下185　鐵圍下288　○牒(テフ)23
○牒(テフス)下190　牒—送下193　牒—送(セン)60　牒—封下191　疊(テフ)。—。映(ヱイ)76　。。疊—岫(シウ)370　疊—浪125　蝶—舞下95　鍱(テフ)(テツ)。。—腹。下243
霑(テム)|274　○點(テン)74　○點(テムス)下262　○佃(テン)。—漁(キヨ)。。319　佔(テン)—畢(ヒツ)87　○傳。63　○傳教大師下249　○傳—國119　○傳奏(ス)下292　傳—
天—台下191　。傳—癖(ヘキ)下41　傳—法阿闍梨下106　傳—曆下36　○典|下40　○典—故下189　○典—章101　○典—籍下158

○典－藥43　○顚。－。墜(ツイ)下41　○顚。－。沛下225　○顚－覆161　○。天下170　天－愛79　○天－安193　天安元年249　○天－意下5　○天－運(ウン)220　天延元年247　天延三年下203　天延三年九月十日下216　天延三年五月十一日下194　天延四年正月廿八日232　天延二年217　天延二年十一月十一日216　天延二年十二月十七日231　天延二年二月十日145　天延二年八月十日下193　○天－恩46　○天－下(テムケ)4　○天－涯(カイ)。。下26　○天－。鑒(カン)175　○天－顔135　○天－機79　○天－氣348　○天－慶258　天慶(キャウ)九年九月四日132　天慶(キャウ)元年八月十五日128　天慶五年212　天慶三年正月十一日26　天慶三年五月廿七日130　天慶七年178　天慶七年六月十日163　天慶七年六月廿三日164　天慶七年六月廿八日166　天慶十年三月十七日下237　天慶十年三月廿八日下239　天慶二年下11　天慶二年二月廿二日下210　天慶八年三月五日下283　天慶六年五月廿七日9　天慶六年四月廿二日下294　天－居下16　○天－官下263　○天闕257　天－元五－載下183　天元五年下74　天元五年七月十三日下252　天元三年247　天元三年正月五日220　天元三年正月廿三日233　天元二年正月日256　天元二年七月廿二日225　天元六年4　○天－眷(クヱン)。174　○天－刑58　天－經96　○天。譴(ケン)172　○天－。險30　○天－工(ツカサ)64　○天－裁34　○天－才165　○天－際下171　○天－使下262　○天子102　天－慈189　○天－時74　天－旨161　天－枝下73　天－枝帝－葉357　天－耳下43　○天－資72　○天－衆下211　○天－心183　○天－上下207　○天上天下下224　○天象340　○天－爵181　○天－錫下15　天－書177　○天－人364　天－人－師下279　○天－津下165　○天－神281　○天－神地－祇下223　○天－數298　○天－性93　○天仙116　天－然143　天－選271　○天

－台下292　○天台座主下192　○天－台－山338　○天－道73　○天－地73　○天智天皇33　天－智天－皇元－年320
○天－中下109　天－厨(チウ)353　○天－誅26　○天－竺30　天長元年21　天長元年九月三日115　天長元年八月廿日30
天長四年六月十三日25　天長年－中61　○天－聴120　○天－朝206　天－度下39　○天徳198　天徳四年九月廿一日
167　天徳四年七月廿六日222　天徳二年正月十一日212　○天－年下122　天－判282　○天平31　天平格(ビャウキャク)24　天－平
勝－寶九年五月廿日320　天－平(ビャウ)神－護元年21　天－平神－護年－中33　天平二年三月廿七日23　天平年中61
○天－府319　○天－變191　天－満自－在天神下207　天－満天－神下218　天－民62　○天－命下249　○天－文356
○天－文博士302　天－門－山100　天－輿374　天－吏353　天－旒(リウ)53　天－臨下17　天－量193　○天－暦309　天暦
九年九月十七日191　天暦九年十二月廿五日117　天暦九年正月四日下212　天暦元年潤七月廿九日185　天暦元年潤
七月廿七日295　天暦元年十一月廿二日下275　天暦五年8　天暦五年十月日下197　天暦三年206　天暦三年正月三日
177　天暦三年三月十一日13　天暦三年三月十六日179　天暦三年十一月一日下256　天暦四年220　天暦四年九月下242
天暦四年九月四日下284　天暦四年九月廿六日7　天暦七年254　天暦七年三月日201　天歴七年七月日296　天暦七年
二月日198　天暦七年八月七日下262　天暦十年月日261　天暦十年七月廿三日8　天暦十一年十二月廿七日67　天
暦二年213　天暦二年二月廿七日12　天暦八年七月廿七日67　天暦八年二月廿日下271　天暦八年八月九日210　天
暦六年四月廿七日257　天暦六年十月二日下259　○天－路168　○天－祿下247　天祿四年正月十五日228　天祿二年232

天禄二年四月廿九日下281　○天-皇下139　○村-上天-皇下268　天-尉366　。奠（テン）下206　奠（テンす）下81　奠（テン）-礼下132　展（テン）-謁（エツ）

下188　展轉隨-喜（スル）下164　○殿-下174　殿。-檻（カン）5　。殿-最（サイ）239　○殿-。上103　殿-前下82　殿-庭363　○田|363

田-翁下199　田-藉（シャク）41　○田-祖8　田-祖-穀45　田-大-夫335　田達音下83　○田-地20　○田-夫26　田

-父下70　○田-畝（ホ）31　○田-園（ヲン）31　○。甸（テン）-服59　纏（テン）-牽（ケンシ）下194　○纏-頭（ア（ツ）て）下176　○轉（テンシ）下51　遷（ウツリ）-轉（テンシ）54　○

轉-轉下213　轉展隨喜下63　○轉-動（スル）299　○轉-任（スル）223　轉女成佛經下272　轉-蓬。下159　躔（テン）82　躔（テン）-次下16　○

電（テン）-戟（ケキ）。191　電。。-泡（ハウ）下260　黏（テン）。-虫315

兎-影342　兎-毫下119　○。兎（ト）-褐。38　○兎（ト）。-裘360　兎-月358　○兎-園343　○兕（ト）-率（ソツ）下228　吐（ト）-握（アク）下51　○圖（ト）。

76　○圖-。。畫下18　○圖-書下40　圖-寫（シ）下18　○土下67　○土-。階63　土-宜（キ）。。100　○土-貢下51　土-事下107

○土-。。壌30　○。土-俗。104　○土-人下172　○土-地115　○土-中下141　土-田75　○土木5　土-浪22　○。堵

104　○塗（ト）。炭（タン）30　○屠（ト）-児。。58　屠（ト）。-釣（テウ）239　屠（ト）。。-羊。129　○。度（ト）73　○度（ト）（スル）下63　○度-縁59　○度（ト）-者199　度-

脱下234　○度-々43　○弩（ト）56　○弩（ド）-師56　弩-射57　○徒（ト）。336　徒（ト）-倚（イシ）下96　徒-衆下247　○徒-黨59　怒-浪

288　斗-升232　斗（ト）-藪（ソウ）下249　○斗-柄169　。斗（ト）-杓（ヘウ）73　杜（ト）（人名）-伯-山下161　杜-母下192　○渡-海下26　茶（ト）316　○。蠹（ト）

-害59　蠹（ト）-。簡（カン）下36　○都（ト）。33　都|（スル）70　都-序下30　○都-人下92　○都-城344　都-大-夫334　○都-統下190

○都（ト）-督（トク）247　都-督相-公下131　都-督（トク）。大-王361　都-良-香273　都-盧下180　駑（ト）、。-鶱（ケン）256　○駑（ト）。。-馬148　僮。

－僕222　○凍－餧44　凍梨259　剅－禹(人名)364　剅－左(人名)－丞74　剅－攸(人名)106　剅－林72　○冬－官下79　○冬－至
117　○冬日下31　冬夜下115　○動下19　動－殖100　○動－静106　動－用294　動－履下20　○同277　同－遊下22
○同－一下217　○同－音273　○同－居199　○同－穴下187　同－穴偕－老297　同－郡下186　同公11　○同－時164
○同－心282　○同－心269　○同－聲272　○同－前27　同－聴317　○同－年下33　○同－房261　○同－胞下159
同－謀299　○同－門334　○同－類下136　○幢－幡下226　彤－編71　○投256　○春－宮307　春宮亮331　春－宮権
亮168　春宮権大夫331　春－宮大夫25　東－阿343　東－河下8　○東－海8　東－海東－山道25　○東－郊199
東－閣374　東－閤下49　○東－岸356　○東－漢下169　東－極346　○東－宮161　東宮學士237　東宮昇－殿309　東(人名)
－郭－牙134　東－観下40　東－輝71　○東－京下173　東－呉下121　東曹306　○東－作下209　○東－作96　東－
三－條下98　○東－山8　○東－周164　東－西兩－都下63　○東－西44　○東－漸下65　○東大寺61　東－岱267
東－丹－國下197　東－朝下10　○東都下289　東－都－賦290　東－頭下150　○東南下87　○東－方下69　○東(人名)－方－
朔254　○東－風下212　東(人名)－平蒼下30　東(人名)－平－王100　○東－北下131　○東－萊下50　東－洛248　○東－籬下124　東
－里124　○東－流下192　○東－流下163　○東－林下97　東－隣下178　東－圍4　桐－郷下240　桐－山下74　桐－
孫362　桐－尾下51　棟－宇318　○棟－梁165　○洞下259　洞－雲180　洞－霞338　洞－壑下157　洞花下66　洞－月
下265　○洞－簫下243　洞－中下72　○洞－庭下134　○洞－庭－湖下177　○洞－天166　○洞－房下73　○洞－門下102

○濃-艶下89　濃◦◦-香下79　濃◦◦-輝◦(クヰ)下81　○濃-粧下87　○燈-下368　○燈-火下53　○燈-燭下127　燈(トウ)-燭(ショク)-析263　○燈前下294　○燈-分197　○燈-分-料(レウ)195　◦禱75　○童-子下65　童-稚(チ)下194　○童(トウ)-僕(ホク)226　○童-蒙◦下30
○等-差◦89　等-事306　○統(トウ)30　○◦統-理165　○能|64　○能-事199　能-説80　董(トウ)(人名)-公下174　董(トウ)(人名)-氏103　藤-亞-相下19　藤-學-士下33　藤-懃(キン)372　藤-群下165　藤後生下144　藤-貢-士下52　藤-侍御-史下44　○藤-氏194
藤-醜(シウ)-人109　藤-十-一-大-夫369　藤-上-卿下70　藤-將-軍下24　藤-相-公350　藤-納◦◦-言◦◦367　藤登州309　通(トウスレハナリ)下142　通-計(ケシテ)44　通-賢65　○通-言78　○通-才下11　通-儒下116　通-博下37　通-門下185
○通-理下80　○通-論81　○逗(トウ)-留◦(リウシ)362　○農-業22　○農-桑20　○農-事32　鄧(トウ)◦-林下181　登-覚下257　○登◦-科◦212　○登(トウ)-極131　○登-庸下74　○登-用91　○登-用(セラル)171　登◦-◦闈(ラ)下50　○登◦-臨◦360　○登◦-臨◦(ス)下51
○銅-山下199　銅-史73　銅-雀下79　銅-水366　銅-虎307　劉-攸106　○頭196　○頭-巾340　○頭-足下167　頭等218　頭弁殿307　得益下288　得-果40　○得-業生23　○得-失6　得-大下257　○得◦-替(ダイ)251　○得-道下64
○得-度58　○德|280　德-意363　德-音8　德-宇10　○德-◦行15　○德-義8　德-馨(キヤウ)296　○德-化105　德-輝◦(クヰ)下47　德-◦采(サイ)106　德-潤下114　德-水250　○德-政3　○德-澤下276　○德-本下164　德-譽下30
德-位180　○犢(トク)◦83　○犢◦◦-鼻下187　○獨|◦273　獨-遊下134　○獨-吟下22　獨-繭(ケン)下183　○獨-見48　○獨-善下176
○獨-歩下79　○獨-歩(ホセリ)下140　○獨木下106　○獨-立209　○獨-往86　獨-園下62　○毒◦◦-◦焔下274　毒睡下290

○毒-虫下204　○毒-藥下229　○毒-龍下257　禿(トク)-首58　禿(トク)-丁(チヤウ)下186　○禿(トク)-筆148　竺(トク)-論下166　○篤(トク)-學215　○
篤(トク)-厚下29　○篤疾(トク)下164　篤(トク)=仁106　篤(トク)-茂(ホ)226　○讀-書341　突(トツ)-騎(キ)下187　曇-元比-丘下243　○貪-欲下198
貪-吏52　貪(トム)-隣(レムセコトヲ)下256　屯(トン)306　敦(トン)-誠下188　敦厖(トンハウニシテ)30　涒(トン)-灘(タン)下29　○遁-世下95　鈍(トン)-學361　○頓-首30　○
頓-首(シテ)下159
○㮈(ナ)-落下241　○乃-至下164　○内-宴下6　○内-外下75　○内-外戚(シヤクセキ)下227　○内臣下198　○内-大-臣198　○内
-典下222　奈(ナイ)-苑下243　㮈(ナイ)-苑(ヲン)下73　曩(ナウ)-古169　曩(ナウ)-志下210　○曩(ナウ)-日17　曩-篇下197　○納-言367　納-言殿
-下下108　南-亞-將下18　南-院下179　南-簷(エン)下181　○南-榮下195　南-垓(カイ)下14　○南-海57　南-陔(カイ)293　南岳
下288　南-岳大-師下267　○南-極下173　○南-曹(サウ)371　○南-山166　○南-枝357　南-氏下19　○南-至118　南-
相下19　南-相-公下18　南-燭71　○南-嶋下177　南-宅下178　○南-條99　○南-方98　○南-蠻90　南-
皮下94　○南-部下234　南-畝(ホ)下161　南-浦下23　○南-北44　南-北二-京下63　○南-無下232　南-無-垢下275
○南-溟(メイ)115　○南-面下44　○南-門下206　南-陽97　南-隣下198　南-嶺267　南-樓下279　○難(ナン)283　○難-易
24　○難-解下218　難-解難-入下235　難-済20　○難-陀下282　難-入下212
○二-世尊下211　○二條下212　二條前-后8　二如來下230　○二-年下93　○二-八下273　二-八-廻下276　○二百
下38　二百年下36　二部下279　二菩薩下272　○二品269　二万33　二万人33　二万八千四百卌束45　○尼-連-禪-

河下286　○日本下220　○日-本-國294　日本國王下232　女一宮下146　○女-御46　女-弟-子下285　○如-意下220
○如實185　○如-來下62　如-來薩-埵下280　如-來住-世下147　入(ニッ)-已(コ)53　○入-聲272　○入-唐下247　○入-
道下284　○入-道(ス)下272　入道前-太政大臣14　○入-滅下74　○入-滅(シ)62　○任(ニン)。230　任(ニンシ)-來(ル)231　○任-限下221
任-秩(チツ)。。下219　仁康下245　仁康上人下245　○仁-壽下122　○仁-明天皇32　○仁-王下208　○仁王經下251　○仁王般
若經下191　○仁-王-會307　○仁(ニン)-和193　仁-和二年正月二日17　○忍-辱下287
○涅-槃下69　涅-槃-山下233　寧-歸(スル)60　○熱。133　○念(ネム)下164　○念(ネンス)下285　○念-願下210　○念-佛下69　○念-
佛三-昧下63　○念-力下147　年-顔下122　○年-紀52　年-記34　○年-給57　○年-華下78　○年月日17　○
年-月　○年-官10　○年-限(ケン)。。222　年-穀35　○年-齒(シ)262　年十月廿四日292　○年-爵10　○年-少下86
○年-代43　年-鬢167　○年-分58　○年-來224　年-臈(トイフ)下191　○年-齡208　年-料199　年-暦211　然(ネン)-禪-
師下191　○然-燈下235
○能|。165　○能-事下246　○能-州下24　○能-仁下280　納(ノフ)-衣下66　○農-夫下70
巴(ハ)359　巴-人357　○巴-猿87　○婆。。-娑(サタリ)。下99　○婆-羅-門僧正下145　○波|276　波-郵(イウ)下28　波-月下177　○波
上下105　○波-旬下264　○波-心347　○波-濤。212　○波-面下120　○波-浪289　○波-瀾。72　皤(ハ)。-々(タル)90　○破|
281　破-暗下282　○破-産40　。覇(ハ)-陵下265　跛(ハ)-牂(シャウ)。193　○頗-梨下239　馬-鞍(アン)。224　馬-卿(ケイ)297　馬-頰(ケフ)86　馬(人名)-

氏90　馬—州268　馬(人名)—相—如103　馬(人名)—遷下35　馬—。大—。宰133　馬(人名)—。大—。史80　馬(人名)鄭下46　○馬—頭下22　○馬
—鬣(レフ)。9　麻。。—。果(カウ)283　○俳—佪(スル)134　○俳(ハイ)。—優(イウ)107　○倍(トス)下28　○倍(ハイス)31　○倍。—。從(ニダモ)209　○。佩—刀下205　佩(ハイ)—
履(リ)下11　○唄。。下211　坏。—觴。下50　廢—失(セ)65　○拜42　○拜(ハイスル)下226　○拜—官220　○拜—官(ス)233　○拜—謝下5　拜
—唱(シ)下162　○拜—除。。222　○拜—除(チヨスル)252　○拜—任252　○拜—任(ス)222　拜—表(シテ)118　拜—表陳—乞(キツ)以—聞(ス)139　○
拜—伏161　排(ハイ)。—拒(キヨ)292　排(ハイ)。—虛78　排(ハイ)。脱(タツシキ)292　○梅—雨下29　梅—。杏(カウ)97　○梅—花下150　梅—樹下78　梅—心下114
梅—生下8　梅—暖下87　梅—柳下113　○毎—日下63　○毎—度224　○毎—年55　○毎—夜下63　。沛(ハイ)—中下99　○
廢—人51　○廢(ハイ)—絶。。下67　○廢(ハイ)—忘(セリ)65　○盃。95　○盃—酌348　○盃—酒下22　盃—杓下128　○盃—盤359　。背(ハヒ)—
文。。100　裴(ハイ)。—璆。等下197　裴—公294　裴—遡293　莓—苔下131　○配下59　相—配(スル)88　配—。。偶(コウ)296　配—。。偶(コウシ)下121
○配—流268　貝—葉下210　○買(人名)—臣306　○。輩180　○陪。—。侍(スル)下226　○陪—臣下190　○陪—増(シ)下211　。霈(ハイ)—澤。8
亡(ハウス)158　○亡—國303　亡。。—是(シ)109　亡(ハウ)。。—叔(シク)120　○亡—室下281　○亡—者下283　亡—祖214　○亡—息下283　○亡—卒
下239　亡(ハウ)。。—妣下171　○亡(ハウ)—父244　○亡—命下178　○亡—靈下289　傍(ハウ)374　傍—行(シ)下173　○傍—親下225　傍—人208　傍(ハウ)
—薄(シテ)53　傍—例198　○妄想下266　○妄—誕297　妄—轡(ヒ)下74　○。。坊(ハウ)194　坊—城下180　彭(ハウ)(人名)。—祖下121　○庖(ハウ)—厨(チウ)284
○庖(ハウ)—人下190　庖(ハウ)。—浴(ヨク)下229　厖—厚329　望—雲下67　望—海289　望—祀(シ)75　。。望—。斗316　望夫下188　望—苑191　○
忘(ハウ)—年下86　○抱(ハウ)—関下24　抱(ハウ)(イダキ)—識(シヨク)(ヲ)78　○方(ハウ)42　○方—外下16　方黄96　方—壺。165　方(ホウ)功(コウ)下24　○方(ホウ)—廣下282

○方。-策。(サク/シャク)101　○方-士下277　方-。趾92　方-諸72　○方-寸152　方-赤11　○方-丈39　方-念136　○方。-
。袍下255　○方-伯30　方八(ホウ)-尺下184　○方-便下66　方-便-智338　○方-物下190　○方-輿99　方-來138　○
方(ホウ)-略82　方-嶺下133　○方-圓82　○旁。午(コナリ)356　旁。-羅(す)下12　○房-舍下229　房-星下100　房-内下186　○
。。昴(ハウ)91　○放-却下189　放-還(クワン)220　放-。誕(タム)下8　○放-逐(チクセ)299　泡。(ハウ)-山下262　滂-滂-流(シテ)下5　牓(ハウ)20　。牓(ハウ)-額(カク)。。下73
。。網(ハウ)325　。。網-。罟(コ)318　胞(ハウ)-胎(タイニハ)82　○芳。|15　○芳意下288　芳-猷168　芳-遊下48　芳-桂283　芳-潔(ケツ)下165　芳-骨
下226　○芳-魂。9　○芳-草117　芳-樹下78　○芳-心下21　○芳辰362　芳-。饌下33　○芳-躅下19　芳-轍(テツ)下24
○芳-年下59　芳-梅下79　○芳。菲下114　○芳-名97　○芳-烈82　○茅(ハウ)。。-屋下71　茅。。-君下90　茅。-山361　○
茅(ハウ)。。-茨(シ)下203　茅(ハウ)。。-藉(セキ)。75　茅(ハウ)。。-土下52　茅。。-。洞下73　茆(ハウ)。。-山下133　茆(バウ)。。-宅。194　茆(ハウ)。。-土184　苞(ハウ)。-瓯(クキ)下51　茫(ハウ)。。-。昧(マイ)
76　○袍(ハウ)下284　謗|131　○謗-議124　○。謗(ハウ)-。毀(キ)181　。謗(ハウ)-訕(セン)。146　謗-法下215　。謗-譽。4　。豹(ハウ)-。。髄(スイ)358　○邦-家
91　○邦-國27　防-淫下188　防-河下179　防-閑46　○防。。禦(キヨ)下44　○。。防-衛(エイ)。59　飽。-煖(タニシテ)226　○髣(ハウ)。-。髴(ヒタリ)下91
伯(人名)-禽。17　伯(人名)-司-空86　○伯-父165　伯-鸞下108　伯(人名)-里-奚(ケイ)254　伯-倫下170　○博-愛下108　○博-學93
博。-古79　○博士45　博士等44　博-帶102　博-波86　○博。-物。。83　○博文下185　博-練(ニシテ)74　○博-陸13
○帛|下35　○幕-下下44　○幕(ハク)。。-。府107　搏(ハク/タン)。-風。141　曝-布86　朴(ハク)330　栢-葉97　栢-皇102　○栢-城下59　栢
-梁-殿下236　漠(ハク)。。-々-焉(タリ)354　○瀑。-布85　璞(ハク)。下34　○白|107　○白-衣下172　○白-雲下72　白-塩(エン)下84　○白

―鴎下118　○白―屋220　白―額129　白―鴈105　○白―氣364　白―牛下73　白―菊下130　○白―居―易287　○白―玉下165　○白―銀下269　白―花259　白―華196　白―鶴下281　○白―業下211　白―黒下193　○白―沙下115　○白―藏下123　○白―氏下19　○白氏文集下88　○白―色下209　○白―日131　白―章187　白―象下223　○白―首103　○白―刃下238　白―精96　○白―石362　白―雀79　○白―雪44　白―跣190　白―足下243　○白―檀下240　白―箸―翁下7　白―紵下181　○白―丁23　○白―帝下41　○白―頭352　○白―波129　○白―髪下64　○白―眉下71　○白―鳳下29　○白―面354　白―毛下70　○白―楊9　白―楡292　○白―浪下243　○白―樂―天241　白―露―水下71　○白―鷺下15　○百下297　○百一130　百―億下240　○百―家101　○百―行下12　百―講下209　○百―花下59　百―華96　百巻下226　○百―官31　百―卉下167　百―揆11　○百―工下47　百＝尅74　○百＝穀下213　百―口下211　百―済30　百―實96　○百―日59　百―藥下96　百城226　○百―姓3　百―歳372　百―歳―已―上4　百千万莖358　百―川71　百―泉下227　百―艘61　○百―代9　○百端下295　百―鳥78　百帖下207　○百―度43　百二十下260　百廿字280　○百―人下173　○百―年下58　○百部下226　○百―福302　○百―辟147　百―遍下41　百―万―里104　○百―味下226　○百―藥下122　百―餘―口下226　百―餘―歳下8　○百―羅―漢下261　百霊75　百―寮162　百六十字286　○百―王101　脉下213　莫―耆下220　○薄―徳下31　薄―幣330　○薄―暮下161　○薄―俸下221　○薄―命84　○薄―祿下194　薄―位64　藐―姑―射下87　栢―上下184　○駮―議48　○魄―342　麥―麹351　麦―齒下186　○麥―

秋下28　○伐－木下21　八韻286　○八－葉339　○八－。埏エン22　八箇年238　○八－講下63　○八－虐キャク。。4　八－九71
八－九－載下63　八－九－人348　○八－紘クヮウ321　○八月342　八月十五日下39　八月十五夜343　八月十三日369　八月
廿五日158　八月廿二日49　八巻下256　八－。郡クヰン下45　八－戸104　八顧93　○八－座。219　八－蚕サン下52　八ハツ－使27　○
八字270　八日下49　○八十下7　八十已上4　八十字281　八十年下255　八－十－餘下276　八首下147　八－旬101　八
－旬－行。下157　○八－人下175　八－水85　八－正下268　八千徒102　○八－難下244　八年213　八－羆ヒ。。94　○八百303
八百戸102　八百束43　八－風下286　八－。柄ヘイ146　八－病278　八－萬80　○八万下162　八万四千相サウ。下262　八万十二
下261　抜－苦下231　抜－済下75　抜－俗下95　○抜。。－粋スイナリ下126　○抜－。萃スイ104　○抜ハツ。。－摺タク。159　○末。。－葉149　末－光
161　○末－座207　末－儒306　○末席下132　○末－孫260　○末－代210　末ハツ。。－塵下90　末ハツ。。－班ハン145　末。。－苗ヘウトイフ146　末。。
－流下204　末－列下77　法ハツ－則ソクス下81　○發ハツシ58　發－因下247　○發－句274　發－願下222　發－願ス下213　發願文下212
○發ハツ。－。遣す50　發－心セ下246　發成下293　○發－明スル81　發。－曚テウ。下133　○發－露ス下242　ハツ秣。。コク穀7　○罸151　○罸｜シ328
罸－滅19　薄ハツ－。効カウ211　○跋ハツ。－。扈コシ下122　○跋ハツ。－提下286　○跋－提－河下246　鉢－羅－樹下264　○髪－膚下6　髪－
落詞下156　○法ハフ。318　○法－家47　○法－禁19　○法－藏80　法－札307　○法－術。。79　法－星82　○法文337　○
法－務37　法－用36　○法－吏48　○法－律27　法－慮下175　○法－。令30　凡ハン。下127　凡－要325　凡ハン－材サイ71　凡ハム。
蘩。下28　凡ハン－叢ソウ下115　凡－情116　○凡－聖下286　凡ハン－夫193　ハン凡－流。23　泛ハン－遊す下151　○。泛ハム－々タリ下21　犯す51　犯

｜過52　犯｜用50(セル)　范(人名)｜蔚(ウツ)。｜宗下40　。范(ハム)｜曄(エフ)。(人名)下38　范｜史30　范(人名)｜張下68　范。。｜々(タル)下177　。范(人名)｜別｜駕339
○范(人名)｜蠡86　万｜一下295　○万｜葉下196　○万｜行下281　○万｜機13　○万｜。項(ケイ)344　○万｜古34　○万｜戸104　○
万事下9　万｜字下270　○万｜死下207　○万｜。象99　万｜樹下79　万緒下61　○万｜乗(ショウ)242　万鐘129　万｜心100　○
万｜人267　幾(イク)万｜人下63　○万｜仞123　○万｜水下245　○万｜姓282　○万｜歳88　万｜歳｜藤下225　万｜歳千秋
楽｜未央下231　○万善下290　万｜錢38　○万代89　○万｜端(ナリ)50　万｜株(チウ)。下113　○万｜丈86　万｜條下101　万｜
點347　○万｜年183　幾万｜年下204　万｜。。倍(ナリ)146　○万｜方下276　○万｜邦下238　万八千年89　○万｜物356　○万｜
分292　○万｜分之一｜57　○万｜民下207　○万。籟(ライ)下227　○万｜里11　○万｜類78　万｜霊97　万｜戀下188　半(ハン)｜蔀(シトミ)
107　半｜漢135　半｜行(ギャウ)半｜座下223　○半｜月下51　半｜偈下261　○半座下69　半。｜。市316　○半｜死304　○半｜日
368　○半｜錢下242　半｜百(ナリ)下177　半｜封(フ)183　○半｜分45　○半｜夜下130　。半｜。里｜餘下87　○判269　判｜許22
○判｜官62　○判｜官｜代303　○判｜事47　判｜史302　○判｜断‥208　○判｜定(セヨ)269　相｜反(ハンセンコトヲ)326　○反。｜謌
下139　反(ハン)｜鑑(カン)128　反｜潟(シャ)下176　○。反｜。照127　○反(ハン)｜覆(シ)74　○。叛逆。。25　○坂｜東｜國45　樊(ハン)｜壇75　○幡｜盖
下285　攀(ヘン)。｜慕下29　○攀(ハン)。｜龍下114　○斑｜竹76　○晩｜鷺下35　○晩｜霞下21　○晩｜學下34　晩｜。。遇(ク)144　○晩｜
秋下71　晩｜萩(シウ)。97　○晩｜鐘下91　○晩春下85　○晩｜節327　○晩冬下78　潘(人名)安仁126　潘(人名)｜岳下80　潘。｜子368　潘(ハン)。
(人名)。謝336　潘(人名)｜郎下130　煩費(ハンヒ)146　煩。｜。濫316　班｜陰下74　班。｜荊下24　班｜雑(ニシヤ)323　班(人名)。｜。。爾下49　○班(人名)｜婕(セフ)。｜妤(ヨ)。

363
○班-足 下209
○班-馬 下165
班(人名)-孟-堅 下36
○盤(ハン) 下222
○瘢(ハン)-瘡(サウ) 63
磻(ハン)-溪(ケイ) 167
○磐(ハム)-石 下237
範-則 98
○範-圍(ヰス) 96
繁艶 下87
○繁-華 下74
繁-霜 291
繁(ハン)-孳(シ) 34
○繁-多(ナリ) 197
○繁-務 下100
○繁-文 下43
繁-麗 327
繁-漏 345
般(人名)爾(シ) 275
○般-若 下220
○般-若心-經 下240
般若心等 下259
般若心等經 下277
○蠻(ハン)-貊(ハク) 19
○萬-機 下269
萬-計 84
○萬-國 116
○萬-象 79
萬-緒(ショ) 下23
○萬-朶(タ) 下96
○萬-類 325
○蕃-客 65
○蕃-息(す) 33
藩(ハン)-王 下190
鑁(ハン)-字 下170
飯(ハン)-湌(サン) 下182
○飯-料米 44
備後権介 332
備-州 下93
○備-進(セシ) 54
○備前 62
備中守 331
備中介 32
備中権守 159
俻-霜 下170
○匪(ヒ)-躬(キウ) 32
匪(ヒ)-石 下226
匪(ヒ)-德 171
匪-服 144
○卑 下14
卑-儀 下190
卑-小(ナリ) 下194
卑-聽(テイ) 213
卑(ヒ)-微(ヒナリ) 下186
轡(ヒ)-策(サク) 330
○妃(ヒ) 下272
媚(ヒ)-景 下47
○尾-州 349
○旀(ヒ)-縫(ホウス) 366
○彼-岸 347
○微(ヒナリ) 195
○微-躬(キウ) 135
○微(ヒ)-禽 76
微-光 下53
○微-官 下218
○微(ヒ)-言 下115
○微-功(コウ) 211
微-功等 231
微(ヒ)-懇(コン) 150
微-霜 下120
○微(ヒ)-臣 142
微-身 下179
微-情 117
微-誠 120
○微(ヒ)-衷(チウ) 174
微-塵-劫 下234
微(ヒ)-望 235
○微々(タリ) 371
○微-分 25
○微-妙(ナリ) 下90
微-俸 下194
微(ヒ)-陽 下10
○微(ヒ)-力 134
悲| 下278
悲-愛 259
悲-感 292
○悲-泣 下161
○悲-泣(ス) 299
○悲-願 下163
悲-哭跼(コクキョク)-蹐(セキシて) 299
悲-心 下234
悲-情 下260
○悲-歎(シ) 下290
悲-端 下27
○悲-風 下144
○悲-涙 下284
○披閲(スル) 304
○披-講 下44
○披-陳 141
○披-陳(す) 135
○敏達天皇 下183
未-結-正 4
○未-進 8
未-聞 下48
未(ヒ)-萠(マウ) 4
○未-明 下273
枇-杷左大臣 13
○比(ヒシ) 91
○比(ヒ)-屋(ヲク) 223
○比-丘(ク) 258
比(ヒ)-鳥 下138
○比-

年119　比-風下250　沸-鼎(テイ)下238　○毗-沙門下240　○毗-首下226　疲-極5　疲(ヒ)駿(サン)151　○疲-労(シテ)218　皮-宍(シク)

下184　皮-竺(チク)72　○碑(ヒ)下226　○裨(ヒ)-補(ホシ)195　○秘(ヒスル)26　秘-遊下135　○秘-閣下52　○秘-藏下173　秘-賾338　○秘

-術108　○秘-書85　秘書-閣365　秘-重下197　○秘-密下66　紕(ヒ)-繆(ビウ)324　○美|15　美-悪343　○美-衣62　美

-玉下231　美-錦339　○美-景下90　美-才27　美-刺下47　美-州335　美-種下168　美-體下166　○美-談107

○美女下172　○美-福-門下205　美-王下30　○翡(ヒ)-翠(スイ)下270　肥-磧(セキ)76　○肥-馬361　肥-膚(フ)下156　菲-虚(ナル)8

薜(ヒ)-衣下287　薜(ヒ)-服242　薜(ヒ)-荔(レイ)下72　○誹-謗下248　貔(ヒ)-豹(ハウ)190　費-損115　費(人名)-長-房100　○贔(ヒ)-屓(キ)下205　○

贔(ヒ)-屓(キす)127　跛(ヒ)-鼈(ヘツ)122　避(ヒ)-悪下121　避-陳下197　○鄙-懐下52　○鄙-言298　○鄙-野下132　○霏-々焉(エンタリ)354

○非(ヒ)下251　○非(ヒ)-藏-人244　○非-有下208　○非-據(キヨ)144　非-空下208　○非-参-議217　○非-常119　○非-儒

250　非-成-業233　非-服121　○非-分162　非-類75　飛-羽79　飛-液(エキ)70　飛-越(シテ)186　○飛-鶩下96　○

飛香舍下31　○飛-禽下231　○飛-花下138　飛-軒下44　○飛-州下25　飛-射73　○飛-翔161　○飛-泉下205

飛-談下10　飛-沈下217　飛帝下244　○飛-電(テン)下127　飛-文341　○飛-蚊169　飛甍(マウ)下50　○飛揚(シ)下168　○飛-楊

221　○靡(ヒ)-然(トシテ)235　靡(ヒ)費(ヒ)46　靡(ヒ)-々-然(として)147　謬(ヒウ)-訛(クワセル)303　謬-妄(マウ)64　○疋(ヒツ)-夫下12　宓(ヒツ)-義281　密-宴

下114　密(ヒツ)-邇(シナリ)下137　筆|92　○筆|(シ)318　筆-海99　筆-區(ク)下226　筆-科下61　○筆-管下213　○筆-硯261　筆-語

294　○筆削(サク)330　○筆-削(サクシ)下225　○筆-札340　筆-精81　筆-柱(チウ)下213　○筆-墨下284　○筆-力下104　筆-露95

華(ヒツ)-門 158　蜜-沫(ハツ) 下114　苾(ヒツ)-芬 下13　○兵部卿 下206　兵部少輔 下175　兵部大輔 下175　兵衛督 下262　○屛-風 211　○
平-等 下239　○病-婦(フ) 下141　萍-實 下124　○評-定 269　○白-衣 94　○白-毫 下170　白(ヒヤク)-牛(コ) 185　○白-虎-通 284
○白-蓮 228　○百-官 325　百-慮 下107　○百王 下101　氷-谷 107　氷-魂 172　氷-蚕(サン) 下213　○氷-雪 下117　○氷-
炭(タン) 144　憑(ヒヨウ)-虚 78　憑(ショウ)-虚(キヨナラ) 70　○品(ヒン) 26　○品-彙(キ) 99　○品-藻(シ) 93　品-秩(チツ) 39　○便-宜 52　僶(ヒン)-俛(ヘンシ) 51　○
嬪(ヒン) 296　嬪(ヒン)-御 31　○賓(ヒン) 下133　賓-友 下97　○賓-客 306　賓-館 66　賓-主 66　賓-榻(タウ) 358　賓-崩(ホウ) 下267　愍念 下292
敏-給(ニシテ) 下185　敏-思 下44　檳(ヒン)-俗 下113　濱 83　濱-海 57　濱-岸(カン) 61　○繽-紛(タリ) 下7　蘋-藻 75　○蘋(ヒン)-蘩(ハン)
下132　蘋(ヒン)-風 下121　○貧- 226　○貧-窮 21　○貧-居 下198　貧-窶(クナリ) 下216　○貧-賤 208　○貧-道 40　○貧-富 62
○鬢(ヒン) 下30　○鬢-髪 223　鬢-眉(ヒ) 下18　鬢邊 12
○不-意 121　○不-運 208　○不-易 274　○不-可-思-議 下170　○不-可-量 下68　○不-幸 244　不-嚴 316　○
不-堪 130　○不-朽(キウ) 66　○不-義 64　○不-諱(キ) 6　不-及-弟 291　○不具 300　○不-虞(ク) 143　○不-遇 83　不
-課(クワ) 53　不壞 下229　不-群 下77　○不-言 329　不-惑(コク) 134　○不-才 132　○不-材 下226　○不-二 293　○不-次 25
○不-死 70　不-翅(シ) 161　○不-實(ナリ) 50　○不-日 8　不-成 下164　○不-肖 162　○不-宣 295　○不-退 下147　○
不-退-地 下109　○不-住(ナリ) 下258　○不-忠 135　○不-定 下283　○不-第 291　○不-動 41　○不能(フノフ) 8　不-亡 253
不-犯(ハム) 325　○不-敏(ナリ) 143　○不-明 下159　不-与-解-由-状 52　○不-豫(ヨ) 下257　○不-老 下244　○不-離 348

○不－慮244　◦不－遠(エン)319　○付－属下208　○俯(ウシテ)96　○傳(フ)191　○傳(フ)－説(エツ)275　傳(フ)－氏－巖170　◦富(フ)365　○富(フ)－有(ニスル)
下176　○富－豪(カウ)54　○富－貴下160　富－士下172　鳧(フ)－藻下148　○鳧－鐘73　鳧－舃(セキ)360　馮(フ)－驩(クワン)(人名)下156　○奉－行
18　○婦－人下16　○婦－女38　婦－歟(ヨ)173　○富(フ)－士(シ)山下171　○巫山下134　布(シ)－告(ツケ)4　○布－施下217　○布帛下52
○府(フ)44　○府－君297　○府－庫293　○府－生137　○府－帑(ト)32　○封(フ)20　○封(フ)－戸292　○扶－桑283　扶－疎(ナリ)86
○扶－持120　○扶(フ)－持(スル)195　○扶－南49　扶－木下27　○扶－翼下33　○撫－育40　撫－運下36　撫－民252　○武
109　○武－器104　○武－官221　○武－庫下94　○武士109　武子(人名)75　○武－將239　武－職337　○武－備375　○武－
勇下34　○武－陵下81　○武王127　○武－衛368　无－涯(カイ)161　无－事189　无－偏(ヘン)249　无邊下293　无－量(ナラン)200　无－
爲189　普－皆下164　普－賢下163　普賢經下275　普－賢薩－埵下228　普－賢菩－薩下239　○普－天83　○歩(フ)208　敷(フ)－
蕚(カク)360　敷－陳191　浮－埃(アイ)下269　○浮－遊372　○浮－雲183　浮－榮(エイ)186　浮－近下62　浮花下149　浮－僞(クキ)63　浮
－磬85　○浮(フ)－言109　浮彩344　○浮(フ)－藻下143　浮－詞下140　浮－食5　○浮－生259　○浮－沈下266　浮(フ)－圖(ツ)31
浮－陽78　父下183　○父－兄256　○父－子11　○父－祖40　父－道下207　○父－母44　○父－老149　○無|110　○
無－益115　無－何下257　○無－何之郷|下95　無－忌127　無－彊(キヤウ)下229　無－虞(ナラ)60　○無－功130　○無－雙(サウナリ)239
○無－慚(サン)37　○無－筭345　○無－事102　○無－實54　無－人70　○無－貳228　○無－能144　○無－偏220　○無
－邊200　無－万－数(ナリ)370　○無－用41　○無－量(ナル)下204　○無－漏下147　○無－位17　○無－爲(ニシテ)320　○符(フ)77

符。應91　符-損55　符-益(ヤク)55　○腐(フ)-儒下72　。腐(フ)-鼠(ソ)193　舞-衣下96　○舞-妓46　舞-鶴下87　舞-水86
舞-人下39　舞-蝶362　○舞-文(フ)75　蜂(フ)-腰(エウ)270　○補(フス)23　申(シ)-補(フセン)197　充-補(フシテ)60　○補-任(セン)48　○芙-蓉
下120　○苻(フ)。74　○蒲-柳90　○蕪。。-詞下34　。覆(フ)-載130　覆(フ)-。載(サイスル)352　。覆(フ)-。燾(タウシて)280　○誣(ブ)-告。。51　○諷(フ)-刺(ス)下144　○
譜(フ)下225　。負(フ)-扆(イ)151　負(フ)-乗171　負(フ)-。鼎148　負(フ)-鳳98　○。賦下10　○賦(フス)下58　賦(フシ)-得(タリ)341　賦-樞(スウ)。下186　○賦-
。税(セイ)30　○賦-。斂(ン)30　○輔(フ)-。佐134　輔-昭下87　輔(フ)-弼(ヒツスル)下158　○部289　○部-内59　○部-類290　○部-類(シ)
下142　○豊(フ)-楽(ラク)-院31　○鈇(フ)。-鉞(エツ)。129　鋪-設323　。阜(フ)-成158　○附-屬下270　○附-託17　。附(フ)-鳳下114　霧-靄
下103　霧-街(カイ)。下134　霧-氣136　霧-帳366　霧。。-豹(ハウ)下181　霧。。-露11　○風。-。土。。-。記32　。黼(フ)-。藻(サウ)下107　○夫。-子
下77　○夫-。聟(セイ)下9　○夫-婦下138　○封-事4　封-賞(シ給へ)142　封。-樹99　○封-人下7　封-題295　封-祿15
楓-柳下106　○諷誦下289　諷誦文下289　○諷-諭(ユ)下108　○風。28　風-獻。下16　○風-雨28　○風-雨(シて)73　○風-
雲9　風-煙357　○風-雅下47　風-客下98　○風儀下294　○風-棘。下12　○風-化15　○風-化(シ)下144　風-花
下95　○風-光135　風-幌(クヮウ)下279　○風-穴下27　風-穴-山364　○風-月16　風-境368　○風-景下6　○風-教
63　風-業下44　風-胡375　風-虎下103　○風-骨334　風-山87　風-藻337　○風-霜315　○風-姿(シ)。下80　風-
思369　○風-枝下104　○風-樹199　風-渚(ショ)下189　風-松下210　風-人365　○風-神10　○風-勢下206　○風-情183
○風-聲27　風-窓下133　○風(フウ)(フウ)-俗(ショ)(ソク)107　○風-濤86　○風-塵209　風-亭下78　○風-度340　○風-帆(ハム)。361　風-

舞下20　風－霧218　○風－物下71　○風－聞19　風－鵬(ホフ)下181　風－譽338　風－羅(シ)99　○風－浪61　○風－流199

○風－露369　○伏(シヌ)|248　伏－義85　○伏－奏(スル)373　伏－走下217　伏－不－見下236　○幅(フク)下93　○復(フクス)23　復－辟(ヘイシテ)138

○服|178　○服(フクス)下168　服－御7　○服－事(セン)下214　○服－従(シ)51　○服－膺(キヨウシ)下15　○福|161　福－祐(イウ)81　福－恵下266

○福－壽下221　福－助(シ)下224　○福－祚(ソ)216　福－庭83　○福－田198　覆(フク)－試(シ)23　覆－舟136　覆(フク)－折171　○腹－

心134　輻－輪80　○伐(フツ・ハツ)－木下48　○佛－恩185　佛－海下262　○佛－界下232　○佛－儀下224　○佛－經下71　佛經

等下284　○佛－果下278　○佛－語80　佛－國－荘－嚴－論下191　○佛－像31　○佛－事152　○佛－寺200　○佛－子

下248　佛－上下104　○佛－心下235　○佛－身下218　佛－世－尊下243　佛－性－院367　○佛－那(タ)下181　○佛－堂下62

○佛－道下25　佛－道記(キ)－里下287　佛－塔下65　○佛－地下5　○佛－智下116　佛－庭下210　○佛土下264　○佛－日

下65　○佛－法31　佛－法興－隆下236　○佛－法－僧下219　○佛－名下216　佛名懺－悔下216　佛－律58　○拂－拭(シヨク)

下205　○物－議115　○物－色358　○物－類94　○分(フン)124　分－憂206　○分－陰下44　分－香下283　分－隔(カク)下28　○

分－身下232　○分段下291　○分－段生－死下260　○分－番(スル)59　○分－別52　○分－別(ス)262　○分－明(ニシテ)22　○分

－野115　○分－類(スル)下17　分－隷(レイス)322　○刎(フム・ハヌル)〉頸(クビ)|369　墳－上100　○墳－墓下225　憤(フン)－懣(ホン)309　○文(フムヲ)370　○文－案

324　文－漪(イ)353　文－友(イウ)下62　○文(フン)－雄(イウ)236　○文苑346　○文－學236　文－記36　○文－華300　○文－會334　文

－皇－帝289　○文－官下237　○文－教104　文－虹下86　○文－彩342　○文－釆(サイ)369　文－綵下104　文－草84　○文

－藻340　○文－事272　○文－。士下16　文子下99　文－思下169　文時212　菅原文。。－時234　○文－辞下30　○文－質326　○文。。－章238　○文－章－。院262　文－章儀－式273　○文書208　○文－人338　文－星302　文－聲281　文－跡301　○文－籍208　文－籍－院下188　○文（人名）－宣－王下15　○文－躰下127　○文－體336　文。韜（タウ）239　○文－道235　○文－場6　文－亭下43　文－帝66　○文－鳥下21　○文－法27　○文－筆214　文－筆－式273　文－賓下125　○文－武239　文－郎－中下78　文－吏221　○文－林下10　文－琳（リン）下141　○文－王下12　汾－陰369　汾－水6　汾－陽72

。粉下120　。粉－。妓（キ）下6　○粉－。黛下62　粉－澤12　○粉－墨下207　○紛（フン）。－紜（ウンタリ）。323　○紛（フン）。－然（タリ）75　紛。－。。糅（チウタリ）下150　紛。－飛下107　○紛。－々（トシテ）下117　紛。－々－焉（タリ）下11　紛。－蒙76　○紛。－乱299　聞－（す）126　奮（フン）－藻341　芬－郁（イクタリ）下79　○芬。－芳166　芬－敷（フ）。下80　芬－馥（フクタリ）下82

丙－律330　○兵18　兵－要299　○兵－機19　○兵－戈（クワ）。下197　○兵－。。士33　○兵－仗143　兵杖（チャウ）187　兵部少録332　兵－部郎－中下283　兵－欄。59　。。吠－。犬120　○平325　平－臯。95　平－。。議74　○平－均（キンナル）230　○平－原169　平－公5　○平（ヘイ）－日下263　○平－津。下76　平－城天－子下142　○平－生（セイ）。下285　○平－聲272　○平（ヘイ）－素（ソ）下278　平－臺。361　○平－旦362　○平－地下172　平帝下36　平－頭273　○平－復301　平露282　幷（ヘイ）。－兼41　屏（ヘイ）－營（エイ）124　屏（ヘイ）－帷（ヰ）下108　弊絹35　弊－俗4　○弊－帛（ハク）35　○秉（ヘイ）－燭（ショク）221　。狴（ヘイ）－。。圄（キョ）8　。病304　病（ヘイ）－鶴151　○病－根下176　病－雀256　病－臣131　病－累（ルイ）270　○。。米（ヘイ）－塩（エン）。323　萍（ヘイ）。下33　○。薜（ヘイ）－蘿。下77　迷（ヘイ）。。懼（ク）。161　迷（ヘイ）。。－惑（コクシ）下274　○迷－情下114　○。邴（ヘイ）（人名）－吉124　。邴（人名）－蒸

-相15　娉下133　娉-命下12　○陛-下34　剽劫129　淜-虛109　妙110　妙-音88　妙-韵下32　妙-簡282

○妙-曲91　○妙-句337　妙-果268　妙-思56　妙-舞107　○妙-理71　庿76　庿-意下59　庿-基下58　庿

-社下218　庿-藉下60　庿-前下58　○廟下227　廟-雲165　○廟-堂下132　廟-庭下61　廟-壇下225　氷壺344　氷

-皃166　氷綃347　氷-凍下160　淼-茫86　淼々115　○渺々100　漂-亡115　○漂-没62　○漂-没61

漂-流下41　瓢-箪209　眇-焉325　眇-身16　眇-代10　○眇-々370　○縹-眇86　苗-胤145　苗-

緒194　○表41　○表135　表下157　表-函下190　表-翰15　表-儀14　○表-記175　表-候72　表上117

表-章131　表-奏148　○表白下212　表白文下212　○表-裏88　○豹34　貌-言89　飄-飆下222　飄-落下80

○壁下174　壁-水44　壁-璫下50　○璧118　璧-水76　○癖下39　○碧-巖下84　○碧-玉下115　碧-鶏78　○

碧-水下42　碧-窓361　○碧-潭86　碧洞下82　碧-波-亭371　碧-羅山下106　○碧-落343　碧-欄下124　○碧-

瑠-璃下71　碧-嶺下21　碧-露下74　辟（人名）-彊17　辟-命下32　○別|114　○別-院下261　○別-駕335　○別-宮371

○別-館194　○別-業下20　別-功232　別-恨下25　別-座362　○別-紙195　別-爵下23　別-緒365　別-進242

○別-當174　○別-勅下113　別-弟362　別-方下22　○別-涙下27　○別-路下23　○滅-亡下238　○蔑-如361

○偏|235　○偏-愛309　偏-煦49　○偏-見317　○偏-執282　○偏-頗49　免-相189　弁-行22　○弁-

官212　弁-正317　弁-説下75　弁-張下220　○弁-論80　弁-論執-議318　○抃-舞118　○抃-躍34　攀

－縁下231　攀（ハン）（ヘン）－龍下190　○。變下286　○變－（ヘンシ）219　相變（スル）108　○。變－異146　○變－改下251　○變－革（カク）298　○變－化98

○變－身下233　○變－。態（タイナリ）80　○變－轉299　○變－通329　○變－通（スル）80　變－風164　○片－雲下196　○片－月177

○片－時25　片（ヘン）－善287　○片－片351　○扁。－舟86　○篇。下10　篇簡92　篇－句350　○篇－章345　篇－軸下37

○篇－目319　編（ヘン）－戸（コ）230　○編－次（シス）下148　○編－緝。（シフ）321　編－竹下44　編－録（シ）340　○、。皃（ヘン）226　。。皃（ヘン）礼127　翩（ヘン）。－翻（ハンタリ）362

。褊（ヘン）－衣193　○貶（ヘン）－讁（タク）下148　○辨（ヘン）96　○辨－（ヘンす）下31　○辨－官35　辨－薫（クン）蕕－論下166　○返－却。（キャク）252　○返事304　○返

－上302　○返－進59　○返－抄198　○返－納302　○返－牒下189　遍（ヘンシ）－下228　○遍－照下282　遍－法－界下223　○邊－

19　○邊－。。涯120　○邊－際下69　○邊－城129　邊（人名）－韶。103　邊－鎮（チン）129　○邊－土247　邊－豆（トウ）下13　○邊－弊115

鞭（ヘン）107　鞭（ヘン）。－草72　鞭（ヘン）。－蒲（ホ）230

保－胤363　保－輔（シ）122　○匍（ホ）。－匐（フク）。40　○匍（ホ）。－匐（フクセン）下162　○。哺（ホ）340　。。哺（ホ）－。養49　○墓－所下224　○布－衣140　布－

遽（ケキ）。。178　。布－鼓（コ）。256　○帆（ホ）61　。。戊（ホ）－。己（キ）。校（カウ）－。尉（ヰ）下205　普（ホ）－天81　○暮－雲下251　暮－月下83　暮－景360　暮－歯90

○暮－秋下50　○暮－春下11　暮－西121　○暮－年14　暮－齢下272　○歩－障下103　模（ホす）250　○母－儀374　○母－

后136　○母－子79　母－面下251　○法－花下148　○法－華367　○法華經下8　法華經廿八品下147　○法華三昧下163

○法華寺下225　法華宗（ソウ）－殊（シュ）－指下191　法華廿八品下234　脯（ホ）。－食74　茂－才（サイ）240　。。茂－草44　。。茂－典下40　茂－範76

○菩薩36　○菩－薩－戒下243　菩薩行61　○菩（ホ）提201　○菩－提－樹下258　○菩－提－心下225　菩－提－道樹下286

○蒱(ホ)-鞭(ヘン)106　○蒱(ホ)-柳257　蒲-輪下133　○補(ホス)下122　○補(ホ)-益332　補(ホ)-袞(コン)374　謨(ホ)-謀(キ)30　○輔-佐358　○輔
-佐(スルコト)下268　○輔-相165　○輔-導(シ)下207　逋(ホ)-人40　逋(ホ)-容294　○俸-祿下215　○報(ホウ)下278　○報(ホウス)下126　○報-恩
258　○報國下293　○報-賽(サイ)35　○報-書243　○報答下290　○報-知(シ)下193　報-陳下191　培-塿(ロウ)下166　崩(ホウシヌ)33　崩(ホウ)-
浪193　○奉(ホウス)300　○奉-公222　奉-國170　○奉-仕(ス)213　○奉-書下226　奉-進(ス)35　奉-先寺下191　奉-宣(シ)125
○奉-勅(チヨク)211　奉-傳(シ)161　奉-表175　奉-表(シテ)124　○封10　○封(ホウシ)187　○封彊(キヤウ)下133　○封(ホウ)-戸(コ)10　○封-侯(コウ)83
龐(ホウ)-公下38　彭(人名)-祖352　○夢-後219　夢-想追-歡(クワンセ)355　夢-宅變-易(ヤク)186　○夢中下169　○夢-寐(ヒ)下170　夢-路
下282　宝宮下254　○寶-蓋下226　寶-宮下260　寶-曲下238　寶-琴下169　寶龜三年21　寶-偈下277　○寶-藏下185　寶
-山下234　○寶-筭下145　寶壽下293　○寶-樹下163　○寶-珠下235　寶-乗下66　寶-税(セイ)98　○寶-祚(ソ)211　寶躰下290
○寶-塔下223　○寶-鐸(チヤク)下230　○寶-典367　○寶-暦77　掊(ホウ)-謙183　旄(ホウ)-人107　○暴(ボウ)129　○暴-雨下41　○暴(ボウ)-
客64　暴-逆58　暴(ボウ)-心26　○暴(ボウ)-風225　○暴(ホウ)-戻(レイ)81　暴(ホウ)-露下67　○朋-友下173　朋-賓下51　○毛-擧(セ)
348　毛-骨82　○毛-布340　毛-髪356　耄(ホウ)-及(シク)88　耄(ホウ)-乱(セ)下158　烹鮮(ホウセン)211　蓬76　蓬-宮245　蓬-壺375　蓬
-砂下104　蓬-山72　蓬-嶋下133　蓬-鬢226　○蓬-莱99　蓬-莱-洞下271　螯(ホウ)-蟹(ソク)58　褒(ホウ)-貴9　○褒(ホウ)-揚
77　○褒-揚(スル)93　褒(ホウ)-喩(ユ)141　罕(カウ)-駕330　○謀(ホウ)-略221　逢|215　豊-邑下36　豊-屋下182　○豊穰(シヤウ)34　○豊-
焚35　豊(ホウ)-大(ニス)242　○豊-年36　豊(ホウ)-沛(ハイ)149　○髦(ホウ)-俊(シユン)171　○鳳91　鳳-扆(イ)下134　○鳳-音71　鳳-掖(エキ)下217

○鳳－閣下267　°鳳－銜(カム)°°下287　鳳－琴349　鳳－錦下269　○鳳－管80　○鳳(ホウ)－闕下165　鳳－繫(ケイ)105　鳳－藻359　鳳(人名)－史297　鳳－唱下115　○鳳－城下70　○鳳－詔177　鳳－刹(セツ)°197　鳳－足下169　○鳳－池355　鳳－德下45　鳳－筆下99　鳳－舞下258　鳳－毛17　鳳－律73　鳳－°戾(レイ)142　○鳳－曆149　○鳳－凰275　鳳－凰－谷下230　○卜下7　○卜下179（□）

○僕°°368　○僕－妾下226　僕－夫343　北－院下179　北－葉99　○北－海294　北－客下27　○北－闕4　北－戸下181　北－興下108　北－°塞下124　北－山195　○北－枝357　○北辰(ホク)193　北－窓103　○北－堂306　北－宅下178　○北－方下204　北－芒°°下157　北－門(ン)255　北－野下180　○北－陸57

○墨－客365　○墨－字下240　○墨－守下38　○墨－池95　墨－點下213　○墨°°－°°妙84　○木－281　木－鴈下135　木－強(キヤウニシテ)下187　木景75　木－刃下147　○木－石下10　木－德96　木°°－吏56　朴(ホク)°°－署110　沐(ホクシ)°°356　○牧°°－°宰27　牧－宰等(ラ)52　○牧°°－笛下93　穆281　穆°°－遊120　穆－天－子72　穆－々95　穆°°－々－焉(タリ)下15　穆－王下145　默(ホク)°°－休143　○沒(ホセシ)°248　○沒後下289　沒－死(スル)61　法(ホツ)°－興(コウ)－院(ヰン)199　法(ホツ)－曹318

○渤(ホツ)°－海51　渤(ホツ)－海－國下188　渤(ホツ)－澥(カイ)72　發(ホツ)82　○法(ホフ)200　○法－雨下232　法－雲下223　○法－衣下284　○法(ホフ)－莚226　法－音下163　○法－界198　○法－器下170　法－軍降－魔下287　法眼和尚－位下286　法－興－院下225　○法師下183　法－肆(シ)下269　○法－性－寺下277　○法－身下227　○法－水下65　○法－施下287　○法－棟(トウ)下227　○法－服58　○法－味下66　法－涌(ユ)菩薩下242　法－令(リヤウ)315　法－侶下240　法－龍－池下227　○法－輪198　○法－王下101　○法皇292　○法－會39

○凡－身下271　凡°－藥°下167　○凡－夫下147　○凡－庸°93　○品下149　○梵°°下211　梵－筵下285　○梵－

音下227　○梵-宮下66　○梵-志下191　○梵鐘下291　○梵天下251　○梵-唄下226　梵-風下269　犯八-虐4　問242
奔-營下178　奔-營247　奔。-。駕下238　奔-競13　奔-聲86　奔-箭下134　○奔-走222　奔-足79　奔-波131
奔-亡下209　奔-。浪284　○奔-流下205　悶下168　○本-意292　本-頴45　○本-役59　本-号8　○本覚下288
○本-懐189　○本-官229　○本-願下269　○本-源358　本-郡33　○本-業110　○本-國60　○本-師下124　○
本-志下271　○本-社36　○本-主22　○本-職229　○本-誓下242　本-尊-観音大-悲下214　○本-堂下67　本
-堂講-書214　○本-朝26　本朝文粋巻第五201　本朝文粋巻第三110　本朝文粋巻第七309　本朝文粋巻第十下110
本朝文粋巻第十一下151　本朝文粋巻第十三下252　本朝文粋巻第十四下297　本朝文粋巻第十二下200　本朝文粋巻第二67
本朝文粋巻第八376　本朝文粋巻第六263　○本-土下249　本-稲43　本-府60　○本-文322　○本-望220　○本
-末下128　○本-名下73　○本位8　樊-壇77　○樊。-籠81　○煩雜332　○煩-悩下231　煩-悩病下245　○煩-慮
348　煩-穢下205
○摩-訶迦-葉下270　○摩-尼347　○摩尼-珠下268　○摩-耶下257　麻-。飡下242　魔-事下251　○。昧-。爽4　亡
下251　○亡者下295　○。妄297　○妄-語下217　妄-授190　。望345　望請24　○猛-虎106　○孟夏下74　孟-季96
○孟-嘗-君下156　○孟-冬下183　孟(人名)-伯-周106　孟(人名)-博。78　。孟-賁。148　○孟-浪102　萠。-牙下167　萠。-動
下113　○末法下288　末。-利夫-人下117　○万-葉-集下142　○万-壽下6　万-仞下248　○万-燈-會下243　○昜-

茶－羅下275　○曼－陀－羅下277　曼－陀曼－殊下104　曼。(人名)－都70　。湧－映。(セルナリ)下91　○湧－々下21　○満－(ヲ)下211　満－記

下188　○満－月200　○満－座368　○満－山316　満－盞下71　○満－堂下217　満林下102　萬葉下89　萬－葉－集下148

○。蔓－草369

美－玉下216　微(ミ)－妙(ナリ)78　弥－陁下228　○弥－陀下180　弥陀尊下272　弥陀佛下64　○弥－勒下69　弥勒成佛經下191

弥勒菩薩下265　旀(ミ)－留(ルシテ)52　○未－曽－有下91　未(ミ)－得解由(トクゲユ)54　未(ミ)－發－覺4　○未－來下213　幾(イ)未－來下233　○

眉－間下211　密－宴下4　○密－法下287　名－聞下64　名利下176　愍。(ミン)－。護135　民。76　○民－烟。(エン)20　民－謌105　○

民－間59　○民－居58　○民－業下140　○民－戸3　民－貢293　民－子105　民身8　○民－俗293　民部210　○

民部卿28　民部大丞205　民部大輔206　○民－風30　民－黎(レイ)221

旡数下290　旡明下290　○無－縁下224　○無－行下249　○無官下193　○無－間下171　無－垢－稱337　○無－才下249　○

無－相下255　○無－事下6　無－始以－來下244　○無－上下231　○無－上道下232　○無－上菩－提下213　○無－常260

無－盡－意下170　○無－智下174　○無－知下248　○無－二無三下235　○無－邊(ニシテ)下219　○無－名294　○無－明下244

○無－量下174　○無量義經下256　無－量－劫下213　無－量罪－障下64　○無－量無－邊下222　○無－漏下163　無－漏

－界下109　○無－漏－地下213　○無－爲下6　○無－畏下240　○牟－尼下208　謀(ム)－敍4　○謀(ム)－反(ホン)52　誣(ム)－告(カウシ)50

冥(メイ)。76　冥(メイ)－譴(ケン)下206　○冥－助下226　冥－報下15　冥。－。昧81　○冥(メイ)。々(タリ)95　冥吏(リ)下290　名－衣下226　○名－醫268

○名-号213 ○名-義85 名-區下103 ○名-士274 ○名-字85 ○名-實180 ○名-儒270 名-處下173 ○名-神下209 ○名-臣17 名-姓340 ○名-德下63 名-父294 ○名物下292 ○名-文17 ○命(メイ)304 ◦命(人名)84 ○命|(メイシ)下13 命-駕93 ○◦命-◦世80 ○命-婦53 命-命下244 ○明|78 明-一77 明-恩136 明-霞104 ○明-鑒254 ○明-決85 ○明-月344 明-月池373 ○明-經5 明-賢下42 ○明-察(ナル)48 明-子258 明-時(シ)38 ○明-日下184 ○明-主下292 ○明-珠104 明-春308 明◦-◦歲下280 明-聖下90 明-照258 明-◦詔318 ○明-堂下49 ○明-智82 ○明-帝64 ○明-德75 明-年298 ○明-法42 明法得業生318 ○明法博士234 ○明-文168 ○明-々282 ○明-王38 ○溟(メイ)◦-海(ニシて)下188 溟(メイ)◦-涬(テウ)◦89 溟(メイ)◦-渤◦171 ○盟◦(メイ)77 盟(メイ)-約(エキ)下190 ○瞑(メイ)◦-目273 蓂◦-◦莢(ケウ)◦349 ○酩(メイ)◦-酊(テイセリ)◦下175 ○銘(メイ)◦74 ○銘(メイシ)9 鳴-琴下169 ○鳴-鶴120 ○鳴(メイ)-絃221 鳴-情142 鳴-◦◦吠(ハイ)182 ◦◦墾(メウ)◦-田21 ○妙-音下241 妙-韻下136 ○妙-覺下224 妙-器下171 ○妙-果下282 妙-光法-師下228 妙功下290 妙-相下162 妙-辞下144 妙-匠下49 ○妙-典下222 ○妙-法下66 妙-法一-乗下63 ○妙-法-蓮下231 ○妙法蓮華經下223 ○妙-文下66 ○妙-理下208 妙-輪下264 ○滅|(シ)下64 ○滅-罪下231 ○滅-罪生-善195 滅-罪證-覺下284 ○滅-度下246 ○免|(す)119 ○免-除(セヨ)8 綿◦-惙(テツ)178 綿-圖85 綿◦-篇◦9 ○綿(メン)◦-々(タル)下274 ○面-謁300 面-槐(クハイ)169 面-◦展(テン)294 ○面-目268 ○面-々下35 ○毛-詩308 ◦濛(モウ)-◦鴻88 ○◦濛(モウ)-◦昧99 ○濛(モウ)◦-々(タル)357 耄(モウ)128 曚(モウ)11 曚◦-◦瞽(コ)下160 矇(モウ)◦-昧下161 ○蒙(モウ)◦306 蒙(モウ)-

雲108　○蒙-求下38　蒙-泉下46　蒙-霧下226　○蒙-朧(ロウタリ)343　木工頭210　○木蘭地下292　○目-録214　○没(モツ)-
官(シテ)45　没(モツ)-官-田43　問(モンス)70　○問-者下212　悶-襟(キン)下157　○文(モン)198　錦-文(モン)下118　○文章生(シヤウ)234　文章得業生(コフノ)24
○文-章-博-士236　○文-殊下211　文粋巻第四152　○文-選(セン)240　○文-武下60　○文-武天皇320　○門13　○
門-下-掾(エン)下186　○門-客93　○門-外下175　門-業262　○門-戸256　門-資24　○門-人299　○門-籍59　門-
千274　○門-前209　門(モン)-塵244　○門-弟-子299　○門-徒299　門-風262　門-欄60　○門-柳下86
冶(ヤ)-鑄(シウシ)下272　冶(ヤ)-璞(ハク)下121　冶-氷160　○夜-遊下85　○夜-飲下88　○夜-學下165　○夜-行12　○夜-火
下156　○夜-月下4　○夜-景下90　夜-酌351　夜-臺197　夜柝(タク)91　○夜燭364　夜-魄283　○夜-漏181　射(ヤ)-山
下257　邪(ヤ)4　○野(ヤ)28　○野遊下149　○野-遊(シ)下5　野-雲149　野-煙下150　○野-外下133　野-杏(カウ)下86　野-褐(カツ)
下108　野-葵(クヰ)152　野-相-公下142　○野-草99　○野-心129　○野-人294　○野-情168　○野-叟(ソウ)26　野-大
-夫335　野-桃下93　○野-中下17　○野-亭349　野-羆(ヒ)186　野-面下109　○野-老130　○野(ヤ)-猿(エン)143　○揚雄(人名)337
揚-執-戟(ケキ)83　揚(人名)-伯-起93　楊342　楊-岐(キ)下24　楊-藻360　○楊(人名)-子下22　楊(人名)-子-雲下161　楊-州347　楊-
大-尉(ヰ)19　楊-庭70　楊(人名)-得-意254　楊(人名)-馬24　○樣200　○洋(ヤウ)-々(タリ)102　○煬帝下296　殃(ヤウ)26　羊-公下176　羊-
質188　羊-叔(シク)-子147　羊-僧下249　羊(人名)-太-傅(フ)下132　羊-柱81　○羊(ヤウ)腸(チヤウ)238　羊-陟(チヨク)(セフ)93　○陽118　陽-鳥下29
○陽-葉下51　陽-爻(カウ)下167　○陽-氣下6　○陽春353　陽-数下121　陽成院下254　陽-臺下146　陽-鳥下133　陽-父

下168 陽-明-里下79 陽-律80 陽-霊96 養-性下147 ○養-生80 養-生-抄350 ○養-老下43 養老
二年320 養老年中320 ○役30 ○役7 易-筮308 ○約5 ○約下14 約-勵下159 藥-驗201 ○藥-草下212
○藥-餌176 ○藥師如來下269 ○藥-石11 ○藥-圃下71 藥王寺下71 ○譯下220 躍-雲107 驛-戸8
喩-機161 楡-風366 楡-柳下108 涌-出下239 ○由-緒下229 腴-地21 輸195 輸-税21 唯-一-心下69
○維-摩40 幼151
○予下88 予-一-人16 予-客40 与-參下35 ○余下117 橡-樟99 瘀-葉下103 輿-蓋352 輿-輦下267
○豫-州301 預-判281 飫-宴32 ○餘下140 餘-靄353 餘-映71 ○餘-殃4 ○餘-裔下60 ○餘-炎
下178 餘-閑下73 餘-化106 餘-華360 ○餘-光219 餘-輝168 ○餘-慶258 餘-景下143 ○餘-業下161 ○
餘-日下138 ○餘-習273 餘-潤350 餘-心下64 ○餘-燼130 ○餘-生142 ○餘-喘219 ○餘-喘下7 餘-
唾45 ○餘-澤下90 ○餘-念185 ○餘-年133 ○餘-波下115 ○餘-芳7 ○餘-風81 ○餘分下6 餘-萠
117 ○餘-命201 餘-力下94 ○勇-191 勇-捍下186 孕下277 ○容128 容-隱63 容-輝334 ○容-姿下32
○容-色下187 容納294 容-納296 ○容-皃下7 庸-音下29 庸-朽127 庸-虛3 ○庸才210 庸-材
187 庸-心328 庸-人39 庸淺324 庸-賤76 ○庸-夫148 庸-味124 庸-流下79 ○用221 ○用-捨250
○用-心144 ○踊-躍221 鎔-範128 鎔-範97 ○抑-遏125 ○抑-遏120 ○抑-揚330 ○抑-留270

浴。131　○浴（ヨクす）下224　浴（ヨクシ）-來（て）274　浴-日296　○欲（ヨク）下140　○欲-海下239　欲-利65　○翌（ヨク）-日168　翼-氏100　翼-衛

15

籮。-。逕（ケイ）177　○羅-漢下69　○羅-綺（キ）下17　羅-山下271　羅-氏94　○羅-城-門下209　羅泰下185　○羅-列（レッシ）下220

○螺（ラ）下73　○螺鈿下292　○蘿-衣下96　蘿（ラ）。-襟下258　○蘿-月下116　○蘿（ラ）。-。徑（ケイ）255　蘿（ラ）。-。逕（ケイ）180　蘿-桂98　蘿（ラ）。-

圖（ト）。下255　。裸（ラ）-國49　○礼（ライセシカハ）下246　○礼-記下80　。勵（ライ）-卿（キャウ）14　○來94　來-葉下8　來-至（スル）下69　○來-世下65

來-代下144　○來-朝（シて）107　來牒下193　○來-賓117　○來-報304　來-樂下135　○來-往289　萊（ライ）。-蕪（フ）。。233　○雷。

下215　○雷-雨225　○雷-雨（す）下183　雷-陂（ハ）。343　雷-門256　○。勞14　○。勞（ラウシ）29　○勞-逸（イツ）45　○勞-功149　勞-

績（セキ）。211　勞-來下160　牢（ラウ）。徃（ヘイ）。50　○廊下173　○廊-下下58　浪|276　。浪驛361　○浪-花289　。浪-井85　○狼-藉（ナリ）

下98　○狼-戾19　瑯。琊。87　○老11　○老-鸎360　○老-翁219　老-閑下157　老-。檜（クワイ）362　老-拳（クヱン）。59　○老-後

下162　老-蠶（セム）（サム）下182　○老-子189　老-志下19　○老-弱18　○老-松372　老-春361　○老-人4　○老臣142　○

老-成14　○老-生下198　○老-少101　○老-僧下8　老-聃（タン）。93　○老-丁33　老奴（ト）。。300　○老-年132　○老-

農下179　○老-馬163　老（人名）-彭（ハウ）。下16　○老-病。。206　○老-病（シ）下185　○老-父142　老-。圃下179　○老-母239　老-容

下187　老-。爛（ラン）下156　○老-吏342　老-柳下104　○老淚189　○朗-詠353　○朗-詠（す）362　。朗-。悟（にシて）下30　○朗-月

187　郎-中下78　○樂。下116　樂-意下86　樂-遊下65　○樂-事下19　樂-。暑（ショ）363　樂（ラク）-善下115　○樂（ラク）-池下90　○樂

天 下20 ○洛(ラク)305 ○洛－外 下151 ○洛－水6 洛－城151 洛－川 下122 洛－浦 下146 ○洛－陽358 洛(人名)－陽－子103

洛－陽－城347 落－櫻 下11 ○落－英(エイ) 下122 ○落－葉 下105 落－霞 下94 ○落－花117 ○落－輝(クヰ) 下71 ○落－月296

○落－日 下68 ○落書 下198 ○落－弟270 ○落－弟(シ)291 ○落－魄(シ) 下187 ○落－涙255 駱(ラク)驛(エキ) 下118 駱(ラク)－前84 ○

蠟(ラツ)－燭 下116 蠟(ラツ)－炷(チウ)315 臘(ラフ)－雷284 ○濫－悪57 ○濫－行37 ○濫－觴85 ○濫－觴(シ)358 ○濫－吹45 ○濫

－罰48 濫－穢(エ)37 藍(ラン)－羅(ラ) 下115 ○乱－ 下190 ○乱－階238 乱－花151 ○乱－心 下63 ○乱－世80 乱－濤(タウ)284 嬾(ラン)

－音354 嬾(ラン)－放 下176 爛－蛾136 ○爛(ラン)－漫(マンタリ)354 ○爛(ラン)－々372 ○蘭97 蘭－牙 下114 蘭－肴 下4 ○蘭－蕙145

○蘭契296 ○蘭－質 下274 ○蘭－省 下267 蘭－橈(セウ) 下96 蘭－蘂92 蘭－樽(ソン)360 ○蘭－臺99 蘭－棹(タク/タウ) 下77 蘭－殿

下244 蘭－燈368 ○蘭－房 下258 蘭－坂(ハン)149 蘭－芬276 ○蘭－陵 下12 闌(ラン)－晦(クヮイ) 下146 闌(ラン)－入 下174 闌(ラン)－入(シフス) 下35 ○

鸞(ラン)96 鸞(ラン)－謌 下258 鸞(ラン)－吟 下115 鸞－鶴168 ○鸞－鏡347 鸞(ラン)－觴(シャウ) 下145 ○鸞－鳳 下230

○吏(リ)229 史－幹206 ○吏－治58 吏－途(ト)230 吏－表105 ○吏－部214 吏－部員－外侍－郎 下158 吏－部員－外

大－卿 下147 吏－部侍－郎 下31 吏－部善－侍－郎 下116 吏－部大－卿 下58 吏－部－王108 吏(リ)－民 下208 ○吏－

務349 履－道－坊 下18 李(人名)－參－軍 下42 李－耳 下30 李(人名)－將－軍83 李(人名)－蕭－遠81 李(人名)－都－尉 下27 李南(人名)79

○李－夫－人 下277 李－部109 李部大王 下102 李－門 下24 李(人名)－老 下22 梨(リ)棗359 ○梨－園 下18 ○利(リ)82 ○利(リス)36

○利－害6 ○利－器 下168 利－衆－生 下223 ○利－生 下257 ○利－他61 利－稲43 ○利－鈍44 ○利－益 下228

○利益(セン)下288　○理。下255　理(リす)102　○理-運247　○理-窟。84　理-官48　理-劇(ケキ)。。51　○理-世135　○理-致283
理-乱329　理-乱(シ)134　籬。-。鷃(アン)141　籬-下372　○籬-菊下131　籬-脚下119　籬-花下241　螭。-舍下185　釐(リ)-務(ム)51
離-憂下24　○離謌下25　○離-宮347　○離-垢(クセン)下232　離-駒(ク)下25　離-鴻下96　離-酌下25　○離。朱(人名)298　離-
亭下22　○離-別下23　○離。-々(タリ)下180　驪(リ)-翰(カン)22　。鯉262　劉(リウ)-嬰(エイ)(人名)下40　劉(リウ)。-孝-標(ヘウ)(人名)83　劉(リウ)。-君-仙下61
劉。-太-守下25　劉(人名)-仲-威下120　劉(人名)-寵85　劉(人名)-伯-倫351　旒(リウ)。-。扆(イ)下287　○。柳-腰。134　○柳-。。眼下114　柳-
市70　柳-枝192　柳-中下51　柳-牒(テフ)。103　○流(リウ)下275　○流-鸎97　流-溢(イッシ)下179　○流-言124　流-謙16　流-
澌(シ)。82　○流-矢下178　流-。冗(ショウ)40　流-。。冗(ショウす)20　○流-水373　○流俗下293　○流-電(テン)161　流-。遁(トンシて)63　○流-年下127
流-聞(セル)下141　○流-民105　○流-離下118　○流-離(す)下47　○流-例249　。溜(リウ)72　留-司-格328　○留-連(スルコト)60
隆家267　隆。-周。30　隆-平下40　○六-義376　○六-。。藝(ケイ)下162　六-載下10　○六-十-四-卦306　○力-役22
戮(リク)129　陸(ミチ)-奥(アウ)(ヲク)19　○陸-海62　陸。(人名)-機。73　陸(人名)-恵-暁94　○陸(リク)。-沈(チン)。225　陸-歩108　○律319　律-學47　○律
-儀36　○律-令320　○律-呂100　栗。-陸(リク)102　○立-錐(スキ)。下214　立-用(セ)242　粒。-樓下83　林-宴下72　○林-下
360　林-花200　○林-間下83　林-豺(サイ)。76　○林-鍾363　林-梢(サウ)(セウよし)。下211　林-泉下289　林-叢下163　林-堂下20　林
-塘。下118　林-池下105　林-亭13　林-庭下33　林-頭358　林-風下48　○林-鹿338　林-園下80　林-薗12　○
臨-幸374　○臨-幸(シ)242　臨-邛(クキヨウ)254　○臨-時58　○臨-終121　臨水閣下85　○臨-池下212　亮(リヤウタリ)・284　亮發(リヤウハツす)281

○令。24　令義解315　兩-院149　兩-家下199　兩-箇244　○兩-眼下232　○兩-儀77　兩-卿343　兩-會下19　兩
-巻328　兩-官192　兩-菅-學-士下97　兩-館23　兩源-相-公368　。兩郡43　兩-京下179　兩-公下186　○兩
-國53　兩-相-公下149　○兩-三368　兩-三-莖下130　兩-三-聲下220　兩-三-人下134　兩-事287　兩字284
兩-子340　兩氏262　兩日121　○兩-處275　○兩-人下62　兩-数323　○兩-足下246　兩-存328　○兩-端。65　兩
-地下22　○兩-度゛211　兩-瞳。下161　兩-納-言下148　○兩-部下279　兩壁318　○兩-翼下73　○兩-兩下144　○
凉|362　凉-陰下149　○凉-秋下133　凉-天下119　○凉-風365　○凉-夜下146　○梁73　梁-遊下31　梁-蕭97　梁（人名）
-高74　梁（人名）-元下136　梁（人名）-鴻下120　梁（人名）-伯-鸞93　梁王100　○梁-園349　○良-醫138　良-遊下113　良-因下257
良-宴116　良。讌7　○良-家47　○良-弓186　良香下30　○良源下272　○良-工下31　良-刺-史106　良-史下41
○良-將221　良-守29　○。良-人。。31　○良-辰17　○良。-二-千-石50　○良馬下166　良-璞。。339　○良-民
18　○良-。治下170　○良-夜344　○良-藥82　○良-吏27　莨。。莠下167　○量下213　靈-山-會下65　○略318
略-例214　侶下240　呂（人名）-公296　○。呂（人名）。尚239　呂（人名）-。尚父14　呂（人名）-望12　呂-梁150　○旅-館下60　○旅-魂下277
○旅-宿372　旅-力下184　。壠-陌7　○楞-嚴院下225　○淩-雲下206　○淩。-霄。151　○綾-綺-殿下209　。綾-彩
下80　○綾。-。羅62　陵-谷下5　○陵-遲196　○龍370　龍-渕下166　○龍-駕下258　○龍-顔211　○龍-吟下136
龍-花下210　○龍-華下74　○龍-華三-會下192　龍-光9　龍-。渙132　○龍-虎168　龍-興下146　龍-朔二年

十月下220　○龍－山下134　○龍－舟下99　○龍－象下75　龍－象－衆下279　○龍樹下234　龍－鬢(ヒンスウ)下225　龍－星下28

龍－節190　龍－泉139　龍－胎(タイ)下244　○龍－女下275　龍－女成－佛義下191　龍－庭(テイ)221　○龍－蹄306　龍－鼎(テイ)333　○

龍－笛349　龍－圖149　龍－洞184　○龍－頭下28　○龍－頭鷁(ケキ)－首下243　○龍－尾下95　龍－飛105　○龍－文162

龍鳳下49　○龍－門86　龍－門－集291　○龍鱗100　○龍－樓下211　緑(リヨク)煙下76　緑－蟻下100　○緑－綬(シウ)374　緑－觴

下35　緑－醑(シヨ)下115　緑－松下181　緑－塘(タウ)下92　緑－潭371　緑－池下104　○緑－竹下170　○緑－波140　○緑－袍(ハウ)209

○緑－蘋93　○緑－蕪下118　緑－楊99　○緑－蘿96　○緑－林100　倫｜166　凜(リン)－々－然(トシテ)下77　淪(リン)翳(エイ)334　淪(リン)－冥(メイ)

284　○淪－落208　○綸－言277　○綸－旨177　綸－紙143　綸－綍(ホツ)34　○綸－命下124　○輪｜186　○輪－奐(クワン)下49　○

輪－轉(シテ)46　輪－廻下239　輪－廻(す)72　○隣－好307　隣－寇(コウ)57　○隣－境50　隣－言下190　隣－舍80　隣－笛343

隣－約下188　驎－角194　○鱗－介275　鱗－甲221　鱗－水下261　鱗－飛下217　○麟－角70　○流－傳(セリ)下222　○流－

轉下236　○流－布下220　琉－璃下246　○瑠－璃178　縷(ル)－旨下123　涙(ルイ)－川下273　涙－泉下265　涙－浪下286　○累－葉95

○累(ルイ)－日225　累(ルイ)－旬下276　累－聖下123　累(ルイ)－祖相－傳239　○累－代54　累－表(シテ)122　○累(ルイ)－卵(ラン)132　○縲(ルイ)－紲

50　○纍(ルイ)－々(タル)下229　羸(ルイ)茶(テツ)180　○類下267　○類(ルイス)下186　類－帝76

○令(レイ)316　○令(セ)63　○令－旨下130　令－節下122　令－典10　令－命301　○伶(レイ)－人下95　○伶(レイ)－倫下222　○例(イ)222

例－事233　例－進54　例－致288　例－務213　○冷｜351　冷－席297　○冷泉下254　○冷泉院下89　○冷－然(タリ)363　冷

－壁下67　〇冷－々(トシテ)下76　°厲－卿151　嶺－南93　°嶺－猿下224　〇玲°－瓏°(ロウトシテ)344　°礪(レイ)－砥°(シ)下30　〇癘(レイ)－鬼75　〇礼(レイ)
下80　°礼(レイセン)259　礼－云(ウン)下189　〇礼－樂215　〇礼－°°遇(ク)66　礼敬下295　礼－教下75　礼－序101　礼－制180　〇礼－節
下210　礼－足(シ)下219　礼堂下215　礼－°重103　〇礼－典104　〇礼－拜下217　〇礼－拜(スラク)下109　〇礼－法104　礼－部侍郎
302　礼－部郎－中下104　〇禮－儀116　禮(レイ)－經79　〇禮－法10　禮－部－閤(カフ)301　〇黎(レイ)－元20　〇黎°－庶118　〇黎°(レイ)
－民31　〇°⿰止余(レイスル)114　藜°－戸39　藜(レイ)－枝87　〇藜°(レイ)－°藋(テウ)209　〇零°(レイ)－落(セリ)192　〇靈°70　霊(レイ)－海319　霊－効100　〇霊－
感下164　霊－°⿰車夸98　霊－鑒(カン)74　霊－基下171　霊°貺(キャウ)下221　〇霊－禽下133　霊－光下50　霊－奇(ナリ)285　〇霊－龜下204
〇霊－魂9　霊－造74　霊－策°(サク)77　〇霊－山下148　靈－舟下26　〇霊－鷲－山下227　〇霊－社下220　霊－樹下107
霊－勝下73　霊－辰下134　〇霊－跡77　霊－蚍下184　〇霊－長85　靈－疋364　靈－廗下24　〇霊－廟下59　〇霊－
夢下151　領(レイシ)293　領(レイ)－°袖(シウ)50　〇領－掌(ス)下191　〇麗－句下10　麗°(レイ)－花下211　麗－藻(ナラ)下4　°麗(レイ)－事81　〇麗－日357
〇°麗(レイ)－質(ナラ)下271　麗(レイ)－辰365　°麗(レイセウ)譙°71　°麗－美354　麗(レイ)－靡(ヒ)32　〇°麗(レイ)服39　〇了－達(シヌレは)下163　〇僚(レウ)－属29　〇寥°(レウ)－
廓(クワク)下133　〇寮(レウ)25　大(オホイ)－炊寮43　寮－家45　〇寮(レウ)試(シ)220　寮(レウ)－中250　寮－頭等45　〇淩(レウ)－辱(ショク)59　〇療－治267　〇料
43　料－物62　料－米(マイ)242　料(レウ)－主22　〇°繚(レウ)－乱下136　蓼(レウ)°荇(カウ)下120　遼°(レウ)－鶴180　遼°－°豕(シ)333　遼－水下28　〇暦－日
362　〇暦－數下113　暦－鳥72　〇暦－名44　〇歴(レキ)－々(タル)下158　〇瀝(レキ)－々下118　〇列47　〇列|(セス)319　列°－岳°132　列
－郡115　列－真70　列－序下17　〇列－聖下132　〇列－祖132　〇劣(レツニ)260　匳(レン)－香(カウ)下280　〇廉(レム)255　〇廉(レン)－士72　〇廉°

|讓247　○廉|正65　○廉|耻230　廉|問51　簾|帷下285　簾|幌下118　簾|席下173　○簾|中下174　○戀
|幕下267　○憐|恤261　○憐|愍下248　○練72　練|衣38　○練|行37　練|金357　○練|習57　蓮|葉下204
蓮|宮下109　蓮|華世|界下236　蓮|眼下255　○蓮|座下261　○蓮|子362　○蓮|臺371　○蓮|府133　蓮|峯下165
○輦|路下263　連|案317　連|壑370　連|閣62　連|及248　○連|山75　○連|枝149　○連|城209　○連|署
261　○連|峯下151　○連|理280　鍊168
○魯17　魯|人下15　○魯|魚下94　魯|侯79　魯|公376　魯|子下211　魯|匠下210　魯|儒下36　魯|水370　魯
|聖下49　魯|堂103　○魯|鈍175　○魯|般275　魯|門下60　○櫓下133　○爐223　爐|下下17　爐|炭160　○
蘆|花下52　蘆|葦142　盧|胡下248　盧|公下19　盧|勣106　盧|白下19　路|寢下137　路|中下7　鑪|炭
下274　鑪|峯357　露|液下16　露|驛下26　露|蒿下210　露|槐下12　露|惠96　露|才下119　露|斯370　露|
酌下16　露|人下136　露|井下81　露|膽下51　○露|地下66　○露|點下206　○露|盤下230　○露|文349　露|布
365　○露|命下207　露|來下135　駱96　○鱸|魚下121　鷺|池下102　相|弄294　哢|月下114　僂々然147　○
樓|閣31　○樓|船5　樓|殿下116　○漏370　○漏|屋221　○漏|尅72　漏|水下257　○籠|鳥231　○陋|巷
下276　○陋|質142　陋|身144　隴|右360　隴|山191　隴|頭129　六|韵286　六|韻下19　六|燕輕|重76　六
箇條26　六|畜78　六|行297　六月十一日35　六月十五日下175　六月廿二日下266　六巻320　○六|觀|音195　六

軍60　〇六-牙(ケ)下280　〇六-牙象下164　六-五-人下53　〇六-根373　〇六-根清-浄下107　〇六-時下210　六-
七下191　六-七-巡下175　六-日下6　〇六十22　六十九88　六十口下220　六十四畫。(クワク)78　六十七下158　〇六-十-
餘下207　六-十餘-廻下131　六-十-餘-歳下159　〇六-種-動下227　〇六-趣下171　〇六-出351　六-旬268　〇
六-籍187　六-千餘-社213　六-。叟(ソウ)下18　〇六-代107　六躰佛菩薩下234　〇六-道下242　〇六-通下235　〇六-條
50　六條右大臣14　〇六-典146　〇六-度下243　六斗44　〇六人48　六-年80　〇六波羅密寺下62　〇六八下162
六-百高-僧下243　六百巻下219　六百八十所75　六-轡(ヒ)147　〇六部下237　六-變75　六鋪下237　〇六-衛。(ヱ)-府(フ)57
〇勒373　〇勒(ロクス)92　〇祿(ロク)184　〇祿-仕下108　祿-綿下52　祿-養16　籙(ロク)下10　〇録(ロクシ)60　鹿-巖。。100　鹿-猪(チヨ)下186　〇
鹿-鳴6　〇鹿-苑下102　〇論。84　〇。論(スル)293　論-言122　〇論-語下33　〇論-者下92　〇論-奏214　〇論-文
下29
倭-漢243　倭。(ワ)-皇31　倭-唐(タウ)256　〇和下148　〇。和(ワシ)170　〇和-謌下138　和謌序下138　〇和-合下226　〇和-州337
和。-。。暖(タン)下213　和-調(シ)下168　〇和-風下198　。猥(ワイ)-。濫54　賂(ワイ)-遺(ヰ)20　。賄(ワイ)-。貺(クワ)316　尫(ワウ)下278　尫。(ワウ)-羸。(ルイ)150　〇徃|94　〇
徃-還115　〇徃-還(セムヤ)下256　徃-賢148　〇徃-古38　徃-古來-今下121　〇徃-事8　〇往-時352　〇徃-日103
〇徃-生268　〇徃-生(セン)下247　徃-世32　徃-聖241　〇徃-昔170　徃-跡16　徃-哲下79　〇徃-年下88　〇徃-
反下9　〇徃-反(す)下109　〇徃-來(スル)下72　〇王。(ワウ)280　王-。右-軍100　王-役(エキ)61　王(人名)-延-壽下50　王(人名)-何336　王-

亀-謀等(ム)下188　○王化38　○王業150　○王-侯下123　○王-侯。相-。將下266　○王-公245　○王-佐下119　王-才
-子373　○王(人名)-粲(サン)下83　○王-事(ジ)127　王(人名)-子-猷下116　王(人名)-子-渕下37　王(人名)-子-晋71　王-氏10　王(人名)-爾275
王。(人名)-充。。84　○王-室189　○王-者4　○王-舍下227　○王-舍-城下101　王(人名)-尚。書下20　王-春下40　王(人名)-純。(シュン)
下52　王(人名)-丞-相下227　○王臣21　○。王-城。下87　王(人名)-。劭(セウ)下227　王(人名)-勣(セキ)下94　王-僧-綽(シャク)84　○王-孫360　○王
-道220　○王-澤238　王-程。(テイ)268　○王土26　王-度下40　王-德下223　○王(人名)-覇(ハ)82　○王ハ法221　王-夫-人
81　王(人名)-无。。(フ)-公351　○王-父82　王。(人名)-別。-。駕93　○王-母下264　○王-民下239　王(人名)-陽下94　王(人名)-朗339　王(人名)-
烈90
○位-記17　位-記等213　位-望160　○位-封195　位-分(ブン)53　○偉(イ)-器357　○圍。(ヰ)354　夷。(イ)356　夷-吾125　夷(イ)-
齊(セイ)226　○夷-賊18　○夷-狄19　夷浪120　夷-。䖘(レイ)79　○委(ヰス)下26　○委-曲18　委-趣307　委-。。任129　○委-附
37　○威(ヰ)下124　○威-儀下12　○威-光下211　○威-權50　威-脅。(ケフ)20　○威。-嚴。。下137　○威-風67　○威-力下223
○。慰(ヰス)下195　慰。(ヰ)-。誨(クワイ)301　○慰-問294　○。慰(ヰ)-。喩(ユ)190　渭-境106　○渭(ヰ)-水14　渭-濱下12　。渭(ヰ)-陽149　為-憲
252　為-佛-塔下64　。畏-途(ト)193　畏-尾(シテ)137　緯-侯297　萎。(ヰ)-。。腇(タイ)122　葦。(人名)-仲-將。下50　。諱(ヰ)-月116　違。(ヰ)198　違(ヰセ)
下30　○違(ヰ)-勅22　違-律37　○違例(シテ)269　韋(ヰ)(人名)-賢159　韋(人名)-丞-相13　韋(ヰ)帯175　○韋。-編。下41　○域(ヰキ)275　域(ヰキ)-
中4

○壊-劫下241　○廻-向下164　○廻-向(す)下221　恵-業下255　○會(ヱ)下18　○繪-馬下207　穢(ヱイ)-悪下167　園(人名)-司-徒14
園-桃下86　○園-圃(ホ)7　圓-蓋99　○圓覚下255　○圓-丘101　圓-冠下13　○圓-鏡165　○圓-座(サ)108　圓-
紫96　○圓-城-寺下70　圓照下294　圓通82　圓-扉(ヒ)3　○圓-満下221　○圓-滿(セ)下273　○圓-明下241　圓明房
下73　○圓-融308　圓融院下262　○圓-顱(ロ)92　○垣(ヱン)-墻(シャウ)下183　袁(人名)-山-松87　袁(ヱン)(人名)-氏363　袁(人名)-司-空(コウ)74　袁(ヱン)(人名)-
司(人名)-徒171　婉(ヱン)-順下281　婉(ヱン)-轉下7　○宛(ヱン)-轉(シ)下274　○宛(ヱン)247　宛(ヱン)-屈248　宛(ヱン)-魂下232　宛(ヱン)-者8　宛(ヱン)-牢316
怨272　怨-曠下47　怨(ヱン)-獄(コク)48　怨(ヱン)-親下239　○怨-望下23　怨-門299　○援(ヱン)-助(ショ)334　援-神-契(ケイ)284　猿(ヱン)-巖
下211　○苑-囿(イウ)100　苑-柳下48　○轅(ヱン)-門190　○遠-行下26　○遠-近61　○遠-志295　遠-戌91　○遠-
樹358　遠-書下188　○遠-人65　○遠-征191　遠-情343　遠-節下28　○遠-地下149　遠-傳法-華下69　○遠-
圖141　○遠-聞(フン)212　遠-吏309　○遠-流48　遠-夷107　遠-々(タル)364　○鴛-鴦下282　鵷(ヱン)-群359　鴛(ヱム)-鸞下15
汚-澄354　冤(ヲン)-霊下223　怨(ヲン)下244　怨(ヲム)-氣(ケ)下237

注

1 『懐風藻　文華秀麗集　本朝文粋』(日本古典文学大系所収) 三六ページ。

2 『和漢朗詠集　梁塵秘抄』(日本古典文学大系所収) 三二一ページ。

3 『身延山久遠寺藏本朝文粋』下巻解説、三六五ページ。

4 右書、三六三ページ。

5 右書、三五六ページ。

第三編　漢語の表現

――表現語彙としての漢語――

第二編では、漢文訓読文の中の漢語について述べ、漢籍、仏典の訓読を通じて、多数の漢語が摂取され、現代に至るまで活力をもつてゐることを明らかにした。本編では、和文・和歌などの和文脈の文章の中で、漢語が如何に使用されてゐるかについて述べる。点本の中の漢語が理解語彙の性格を帯びてゐるのに対して、和文脈の文章中の漢語は表現語彙の性格をもつ。従つて、どんな対象・事柄をどのやうに表現してゐるか、などが新たな問題として登場する。言語は、それを話す人々の生活と文化に深く根ざしてゐる故、高度に進んだ大陸文化を受け入れた側には、川柳の「失念と言へば聞きよい物忘れ」に代表される、和語と漢語の価値観の差が、摂取の始めから存在したことであらう。

I　古代の漢語

漢語伝来の当初より奈良時代までを古代とする。

既に第一編で述べた通り、漢語の確実な最古例は、天武天皇九年（六八一）の「山ノ上ノ碑」の「辛巳歳集月三日記……」の「集月」である。「十月」と記せば、訓読みされる可能性があるので、音読みであることを明確にする為に、類音字表記にしたと思はれる。その点に、和語を退けて漢語を選んだ筆者「放光寺僧」の価値観が見られる。

この碑文の「長利僧」「放光寺僧」も「ホフシ」と読まれる漢語と解される。

それは、天平九年（七三七）の正倉院文書に「読僧法志」と万葉仮名による注があり、日本書紀の古訓では「僧・

沙門・師・釈・緇・大徳」などが「ホフシ・ホウシ・ホシ」と読まれてゐて、「法師」といふ漢語が「僧」などの漢語より比較にならぬほど古くから摂取されてゐたと思はれるからである。

また「長利」は、音読みか訓読みか決定し難いが「放光寺」は音読みで漢語の可能性が極めて大である。寺名で訓読みされたものは、地名を稱した「飛鳥寺・河原寺・斑鳩寺・山田寺」などで、他は音読みされたからである。以上三語のうち、二語まで佛教関係の漢語である。

次に、右に続いて古い漢語の使用例は、七世紀末から八世紀初の頃の、藤原京出土木簡の「西辛一兩・久参四兩」である。ともに、「細（サイ）辛・苦（ク）参」の類音表記であり、二語ともに薬草の名である。漢方薬では、唐文化として舶来の文物である為、漢語が使用されたと思はれる。すると、同じ木簡の「車前子」も漢語と解される。そして、それらの数量を表してゐる「一升・一兩・四兩・三種」も漢語として認めるのが妥当である。

次に、天平勝宝五年（七五三）の作とされる佛足石歌の中に「舍加（釋迦）・久須理師（薬師）」の二語の漢語があることは、序章で既に述べた。この「釋迦」も仏教関係の語である。

また、「くすり師」は、和漢混種語であるが、「師（し）」が安萬侶により漢語と意識されぬほど、慣用久しきに亙ってゐたらしいことも既述の通りである。

次に、萬葉集では、確例として「佐叡（釆）」があること、及び「手（て）師（し）」を述べたが、その他に、次の歌の傍線部が漢語として読まれてゐる。

相思はぬ人を思ふは大寺の餓鬼の後に額つくごとし（巻四・608）

布施置きて我は乞ひ禱むあざむかず直に率行きて天路知らしめ（巻五・906）

香塗れる塔にな寄りその川隈の屎鮒食めるいたき女奴（巻十六・3828）

池上の力士舞かも白鷺の桙啄ひ持ちて飛び渡るらむ（巻十六・3831）
寺々の女餓鬼申さく大神の男餓鬼賜りてその子産まはむ（巻十六・3840）
法師等がひげの剃り杭馬繋ぎいたくな引きそ僧は泣かむ（巻十六・3846）
檀越や然もな言ひそ里長が課役徴らば汝も泣かむ（巻十六・3847）
生死の二つの海を厭はしみ潮干の山を偲ひつるかも（巻十六・3849）
心をし無何有の郷に置きてあらば藐姑射の山を見まく近けむ（巻十六・3851）
波羅門の作れる小田を食む烏瞼腫れて幡桙に居り（巻十六・3856）
過所なしに関飛び越ゆるほととぎす多我子尓毛止まず通はむ（巻十五・3754）
一二の目のみにはあらず五六三四さへありけり双六の佐叡（巻十六・3827）
荳莢に延ひおほとれる屎葛絶ゆることなく宮仕へせむ（巻十六・3855）
この頃のわが恋力記し集め功に申さば五位の冠（巻十六・3858）
朝参の君が姿を見ず久に鄙にし住めば我恋ひにけり（巻十八・4121）
わが妻も畫に描き取らむ暇もが旅行く我は見つつ偲はむ（巻二十・4327）

……を付した語は、一説で字音読とされるものである。これらは、その漢語本来の漢字で表記されてゐるが、ここにおいても佛教関係の語が大半を占め、官廳関係の語、遊戯関係の語が使はれてゐる。和漢混種語として「力士舞・法師等・女餓鬼・男餓鬼」が見え、体言と漢語の複合語の他に、漢語に和語の接尾語「ら」がつく複合語の形式をとる。そして、これらの混種語が少数ながら存在することは、漢語が摂取されて、或程度まで和語に同化したことを示すものである。しかしながら、巻十六の戯れ歌に使用されてゐるのが殆んどで、通常の和歌の中では使用されてゐない点は、歌語としては、漢語は異和感があつたのであらう。

また「一・二・三・四・五・六」を漢語として訓む説に従へば、数については和語があるにも拘らず、漢語が摂取され、使用されたことを示す。

次に続日本紀所収の宣命は、第一詔が文武元年（六九七）、第六十二詔が延暦八年（七八九）と、約百年に亙るものであるが、漢語と覚しき語が多数使用されてゐる。意味分野別に分類して、次にその例を挙げる。

年号……慶雲・和銅（四詔）神亀（五・六詔）霊亀・養老（五詔）天平（六詔）天平神護（四十二詔）神護景雲（四十二・四十八詔）寶亀（四十八詔）

官職関係……博士（十一詔）僧綱（十三・二十四・四十八・六十一詔）内相（十九詔）職事（二十四詔）聖武天皇・崇道盡敬皇帝（二十五詔）大保（二十五・二十六詔）乾政官（二十六詔）賞罰（二十七詔）大臣禅師（二十八・三十五・三十六詔）大政大臣禅師（三十六・四十一詔）法王・法臣・法参議大律師（四十一詔）陰陽寮・有位無位等（四十二詔）大瑞（四十二・四十八詔）遠流（五十三詔）大將軍・鎮守副將軍・斬刑・邊戍（六十二詔）

佛教関係……僧（五詔）三寶（十二・十三・三十八詔）盧舎那像（十二詔）盧舎那佛（十二・十三・十五詔）最勝王經（十三・四十二・四十三・四十五詔）知識寺（十五詔）盧舎那如来（十九・四十三詔）觀世音菩薩（十九・四十三詔）護法梵王（十九詔）帝釋（十九・四十三詔）四大天皇（十九・四十三詔）不可思議威神（十九詔）大師（二十六詔）菩提心（二十七詔）出家・弟子（二十七詔）経・国王・王位（二十八詔）菩薩（二十八・四十一詔）道鏡禅師（二十八詔）謀反（三十四・五十三詔）道鏡（三十五詔）御弟子（三十八詔）如来・大御舎利・大師・行・大法師・禅師等・圓興禅師・基真禅師（四十一詔）大法師等（四十一・四十二詔）

吉祥天・悔過（四十二詔）護法善神（四十三詔）不可識威神（四十三詔）法均・明基・諸聖等（四十四詔）諸聖・善悪・業・現在・諸天・護持・報・悪業・王・世間・人天（四十五詔）師（四十八詔）僧尼等（六十一詔）

漢籍関係……禮・楽（九詔）瑞書・孝子・順孫・義夫・孝婦・節婦・力田・鰥寡孤獨（四十二詔）孝義（四十八・五十・六十一詔）仁孝・百行（五十九詔）

その他……百済王敬福（十二詔）景雲・講読（セ）（四十二詔）読誦之・禁制（セ）・順正・理・治擯・榮福・勝楽（四十五詔）魔魅（五十四詔）百足（五十九詔）智行（六十一詔）進退・度（六十二詔）

以上、約百十語の凡そ半数が佛教関係の語であるが、その中に「御弟子・大御舎利・大臣禅師・大法師等・禅師等・有位無位等・諸聖等・僧尼等」などの和漢混種語が見られる他に、「読誦之・講読（セ）・護持（シ）・禁制（セ）」などの漢語サ変動詞がある。「読誦之」以外は、活用語尾が明記されてゐないので、補読した。

官職や政治関係の語は、大化の改新以後、唐の法制・政治を目標に努力した反映であり、漢籍関係の語と共に、新知識の表現である。

以上、古代の漢語は、確実な例が少なく、多少不確実な例を含めても約百五十語である。佛教関係の語が最も多く、官職・政治関係・儒教・漢籍関係の語が次ぎ、漢土より渡来した新文化・新知識の表現となってゐる。薬物や植物に漢語が使用されてゐるのも同様のことであり、月の名稱や、数に使用されるのも、同様である。和漢混種語が既に存在し、戯れ歌にまで使用されてゐるので、漢語摂取より相当の年代を経過し、和化が進んでゐる感がある。

II　中古の漢語

中古は平安時代とし、平安遷都（七九四）以降の約四百年間を指す。正式の文章は漢文であり、勅撰漢詩集をはじめとして、私家の漢詩文集も編まれ、初期は唐風文化が謳歌された時代である。公卿の日記も変体漢文で書かれた。一方、初期に片仮名・平仮名が案出され、中期から後期にかけて、広く普及するに至り、和歌が興隆して次々と勅撰和歌集が撰ばれ、散文では数多くの物語・日記・随筆などが書かれ、仮名文学の最盛期を迎へた。以下、仮名文学を中心に、そこに使用されてゐる漢語について検討する。

第一章　竹取物語の漢語

調査は、古典文庫所収の、現存最古の写本といはれる武藤本[注1]竹取物語によつて、行つた。同じ武藤本を底本とする岩波書店日本古典文学大系竹取物語、山田忠雄編「竹取物語総索引」所収の古活字版十行本、及び、中田剛直著「竹取物語の研究」所収の校異編を参照した。

漢語として取りあげたのは「格子・唱歌・装束・輿・願」などの、漢字を音読した語の他に、「要す・ひき具す・請しいる・大納言殿・まき絵」などの、漢語を構成要素としてもつ語を含め、合計百十五語である。

第一節　表記

(一) 表記の種類

竹取物語の漢語の表記は、次の三種類に分れてゐる。

イ　その漢語本来の漢字で表記されたもの。約五十語。

願　官人　五色　五尺　少将　大納言　勅使

ロ　全部または一部が平仮名で表記されたもの。約六十語。

よう（用）　るい（類）　れい（例）　せかい（世界）　せけん（世間）　御らんす（御覧す）　三すん（三寸）――（　）内はその漢語本来の漢字を示す。以下同じ。――

ハ　他の漢字の音を借りた類音表記のもの。三語。

安す（按す）　こ国（五穀）　録（禄）

(二) 漢字表記

その漢語本来の漢字で表記されてゐる漢語は、他の平安朝の仮名文学作品の場合と同じく、「拗音・舌内入声音・三内撥音を含む漢語」[注2]及び、数名詞[注3]が殆んどである。

a　拗音を含むもの

願　官人　装束　少将　大願力　中将　中納言　勅使　頭中将　百官　変化

b　舌内入声音を含むもの

五百日　千日　千余日　七日　十五日

c　三内撥音を含むもの

(1)　右大臣　官人　大納言　天　天竺　天人　辺　変化（舌内撥音 -n）

(2)　南海　御覧ず（唇内撥音 -m）

(3)　装束　少将　中将　長者　頭中将　蓬來（喉内撥音 -ŋ）

d　数名詞

五色　五十　五尺　五十両　五人　五百日　三年　三四日　七月十五日　千人　廿人　廿余年　二千人　百

千万里　百人　六人　六衛

右以外の漢字表記の漢語は、次の二語に過ぎない。

調す　内侍

㈢　仮名表記

漢語の仮名表記の面で注目される点は、撥音「ン」をすべて「ん」で表記し、他の物語作品に見られるやうな、無表記の例がないことである。

あんす（按す）20[注4]　えん（縁）14　三すん（三寸）1　せけん（世間）53　たいめんす（対面す）45・46

てんか（天下）48　はん（番）58　ひんつる（賓頭盧）10

右の例外としては、伊左左米言本で「対面し」を「たいめし」と表記してゐる例と「せに(銭)」がある。「銭」は、上代日本語に閉音節がなく、〔n〕の後へ母音〔i〕を加へたものである。武藤本は天正廿年（一五九二）の奥書を有するが、「ン」をすべて表記してゐる外には「い・ひ」の混乱が漢語についてはない。ただ、「む」を「ん」に混同する例は次のやうに存在する。

御らんし（御覧し）50・51　こんしやう（紺青）25　ねんし（念し）61

また、開拗音の表記は、次例のやうに「や」を入れて表記したものばかりで、拗音の直音化といはれる表記例は見あたらない。

一しやう（一生）21　こんしやう（金青）25　しやうし入（請し入る）26・44　しやうか（唱歌）7　ちやう（帳）2

㈣　借音表記

借音表記の漢語は、前記三語であるが、三語とも武藤本以外で現はれる。

イ　安す（按す）

武藤本は「あんす」と仮名表記であるが、古活字版十行本・新井本で「安す」とある。

安　広韻平声寒韻　全清　影母　漢音アン　呉音アン

按　広韻去声翰韻　全清　影母　漢音アン　呉音アン

「安」と「按」は、声調を除いて全く同一の発音である。ところで、借音字の音は殆んど呉音で、従ってその声調も呉音の声調であり、[注5] 広韻の声調は漢音系の声調とほぼ一致する。「安」の呉音の声調は、心空の法華経音義によれば去声である。呉音の去声も、実際の調値は同じであると推定されてゐるので、[注6]「按す」が漢音であるならば、借音字「安」は単に音だけでなく、声調まで表現したものといへる。なほ、「按」の呉音の声調については確証が得られないので不明である。

ロ　こ国（五穀）

武藤本その他では「五こく」であるが、古本系統の似閑本・太氏本・京大本・高安本・平瀬本、及び、通行本系統の第三類丹羽本・十一行丙本・十一行丁本・正保本の諸本において「こ国」となつてゐる。

国　広韻入声徳韻　全清見母　漢音コク　呉音コク

穀　広韻入声屋韻　全清見母　漢音コク　呉音コク

「国・穀」の両字は、声調も、我国における音も一致する。

ハ　録（禄）

「ろく（禄）」は蓬莱の玉の枝の段に三例使用されてゐるが、そのうちの一例

かのうれへをしたるたくみをは、かくや姫よひすへて、「うれしき人ともなり。」といひて、ろくいとおほくとらせ給。

の「ろく」が、金森本・内閣本・大覚寺本・伊佐佐米言本・類従本で「録」となつてゐる。

録　広韻入声燭韻　次濁来母　漢音リヨク　呉音ロク

禄　広韻入声屋韻　次濁来母　漢音ロク　呉音ロク

「録」は呉音よみで、禄の音を表はしたものと考へられ、声調も一致する。また「録・禄」は諧声音符「彔」を共有するが、このやうに、漢字の音を表はすに諧声音符を共有する他の漢字による方法は、次のやうに平安朝時代に屢々用ゐられたものである。

吾五　渟丁（大東急記念文庫蔵　金光明最勝王経音義）

婚昏反　婭亞反　娣弟　妾接　聯線反　吭亢音　笙音生　頬音挾（倭名類聚抄）

整正　笈及　灰火（地蔵十輪経元慶点）

以上、借音字は、声調、音ともに同一の字を使用し、忠実にもとの漢字の発音を示さうとしたものといへる。

第二節　語数

百十五語の漢語を、構成する漢語の字数により、一字語・二字語・三字語のやうに分類して、その異なり語数と、百分比を次表に示す。

	語数	百分比
一字語	39	33.9
二字語	52	45.2
三字語	17	14.8
四字語	2	1.7
五字語	2	1.7
不明	3	2.6
計	115	(99.9)

不明の三語は、宛てる漢字に定説のないもので、「さうす・うかんるり・わうけい」[注7]の三語である。

二字語が最も多く、一字語がそれに次ぎ、三字語・四字語・五字語の順に減少する傾向は、第二編の漢籍・佛典の漢語と同様である。

竹取物語の和語を含めた全異なり語数については、一二八六語とも一五〇〇語とも言はれる。[注8]一一五語は、一二八六語の8.9％、一五〇〇語の7.7％に当る。宮島達夫編『古典対照語い表』では、異なり語数一三一一で、漢語・混種語計一〇九語、8.3％の数値が示されてゐる。

第三節　和漢混種語

体言には、「青反吐・まき絵・大納言殿・いか様・か様・さ様」の六語があり、複合の仕方も種々で、漢語の和語化が進んでゐる感じがある。

用言のうち、動詞は漢語サ変動詞のみで、一字語に十一語、二字語に二語ある。

按す　要し　害せ　具し　ひき具し　請し入　制し　奏す　帯し　調せ　念し　御覧し　対面す

右のうち、「うち具し・請し入」は、漢語サ変動詞が、更に和語の接頭語・動詞と複合してゐる二重の複合形式をもつ複式混種語である点、和語化が、一段と進んだものと言へる。

形容詞としては「本意なく・用なき」の二語が見られ、ともに「なし」が下接して出来た混種語である。

第四節　漢語の読み

発音が明確に知れる仮名表記の漢語について、漢音よみ・呉音よみを中心に、頭子音・韻の二面から考察する。

一　頭子音

漢音と呉音で差のある頭子音の漢字をもつ漢語は、次の6語に過ぎない。

明母　まう（猛）　たいめんす（対面す）

泥母　ねんす（念す）

匣母合口　うとんくゑ（優曇華）　ゑ（絵）　まきゑ（まき絵）

「ゑ・まきゑ」の二語が呉音よみである他は、漢音・呉音不明である。例数が少ないので、傾向は分明でない。

二　韻

漢音・呉音で差のある韻の字のよみに傍線を引き、漢音はK、呉音はGの符号を付す。韻目は平声のみを挙げ、対応する上声・去声・入声を含めた。

(1)　東韻（直音）

ほうらい（蓬萊）K　くとく（功徳）G

(2)　鐘韻

しそく（紙燭）G?　りう（龍）G

(3)　微韻

けしき（気色）G

(4)　模韻

ひんつる（賓頭盧）G

(5)　泰韻

ゑ（絵）G　まきゑ（まき絵）G

(6)　山韻

せけん（世間）G

(7)　麻韻（直音）

けこ（家子）G　へんけ（変化）G　けさう（化粧）G　うとんくゑ（優曇華）G　てんか（天下）K

(8)　庚韻（直音）

一しやう（一生）G　まう（猛）K

(9)　清韻

しやうし入（請し入る）G　こんしやう（紺青）G

(10)　侯韻

ひんつる（賓頭盧）G　そうす（奏す）K

(11)　尤韻

うとんくゑ（優曇華）G　いう（優）K　るり（瑠璃）G　るり色（瑠璃色）G

(12)　侵韻

こんしやう（金青）G

(13)　覃韻

うとんくゑ（優曇華）G

(14)　職韻

けしき（気色）G

呉音よみで重複してゐる「気色・紺青・賓頭盧・優曇華」を、それぞれ一例とすると、漢音よみ5語、呉音よみ17語で、呉音よみが三倍以上である。が、例数が少ないので、一応の参考になる程度である。

二字語以上の漢語で、一字が漢音よみ、他の字が呉音よみの如く、一語の中に漢音・呉音が混在する例はない。すべての字が、漢音よみか、呉音よみに統一されてゐる。

三　漢語の読みと意味分野

漢音よみの語のうち「蓬萊」はシナの伝説上の神仙の住む山であり、漢籍出自の語と見られる。また「奏す」は、史記孝文本紀延久五年（一〇七三）点や、神田本白氏文集天永四年（一一一三）点に見られるので、漢籍出自とみられる。

呉音よみの語のうち、「優曇華・功德・世間・変化・瑠璃」は法華經の漢語と一致し、「賓頭盧」は十六羅漢の一人である故、これらは、佛典出自と見られる。

第五節　漢語の表現

漢語の表現してゐる分野は、官職関係・佛教関係・数名詞が主なものである。それぞれの語例を次に示す。

官職関係……右大臣　官人　国王　少將　中將　大臣　大納言　勅使　頭中將　内侍　百官　六衛

佛教関係……優曇華　功德　願　世界　世間　大願力　天竺　天人　鉢　賓頭盧　変化　龍　瑠璃

数名詞……五穀　五色　五十　五十兩　五尺　五人　五百日　三四日　三寸　三年　四百余日　七月十五日

七十　七度　七日　十五日　十六所　千日　千余日　千人　二三日　廿人　廿余年　二千人　八月十五日

百千萬里　百人　六人

右以外では、家具関係の語として「格子・紙燭・帳・羅蓋」があり、衣服関係では「裝束」、音楽関係で「唱歌」、人事関係で「化粧・気色・支度」がある。

漢語サ変動詞の例は、既に示したが、その用法について佐藤武義氏の説がある。[注9] 地の文・会話文・消息文に分けて、地の文の漢語サ変動詞の動作主体は「帝・皇子・大納言・中納言・帝の使（侍）・竹取翁・かぐや姫・天人」で、貴人と古風な竹取翁に概括でき、消息文は「本来漢文体であったもので、漢語を用いることは当然」であり、会話文では竹取翁と大納言の詞に使用されてゐて、「貴人と老人の詞」であり、「結局、漢語サ変動詞は、消息文の中、そして貴人・老人の詞や動作を示す場合に用いていることになる。」と説く。この新しい視点からの分析は鋭く、肯定できる面が多いが、猶不充分と思はれる面もある。

まず「御覧ず」は、地の文で三例、会話で二例使用され、動作主はすべて帝である。この語自体が尊敬語であるので、貴人が動作主であるのは、自然である。

「具す」は、地の文で四例、会話文で一例使用せられ、動作主は、地の文で「天人・天人としてのかぐや姫・帝・勅使」、会話文で「天人としてのかぐや姫」である。「引き具す」は地の文で一例、中將の動作に使用される。ともに、貴人の動作の表現と言へる。

「奏す」は地の文で十例使用され、動作主は、内侍1、竹取の翁3、かぐや姫2、中將1、ある人2、御使1である。が、これは、動作主を意識すると云ふよりも、動作の受け手である帝を意識した表現であると云へる。

「対面す」が会話で二例使用され、その会話の話手は嫗であるが、かぐや姫が勅使の内侍に会ふ動作を表現してゐる。同じ動作をかぐや姫は「見ゆ」と表現し、地の文でも「見ゆ」と表現されてゐる。それ故、「対面す」は、話手嫗の意識が、動作の受け手である内侍に強く向けられた表現、謙譲語とまでは云へぬものの、それに近い改まつた表現と云ふことができる。

「害せられ」は、会話文で二例使用され、話手は大納言である。「害す」動作主は龍であり、「害される」受動者は「人々・大納言」である。「かぐや姫てふ大盗人の奴が、人を殺さんとするなりけり」と大納言は述べるが、

「大納言の生命を奪ふ」といふ同じ動作を、かぐや姫がする場合は「殺す」と表現し、龍がする場合は「害す」と表現する。この差は「龍は鳴る神の類」だといふ意識と、「かぐや姫てふ大盗人の奴」といふ意識の差により生じたものである。

「請じ入る」が地の文で一例、会話で一例使用されるが、これも、それぞれ、動作の受け手である勅使の内侍・右大臣を強く意識した表現と云へる。

このやうに、動作主を意識した表現の場合と、動作の受け手を意識した表現の場合との二種の場合で、説明できる。地の文の「調せさせ給ふ・帯す・念す」、申し文の「要し給ふ」は動作主を意識した場合であり、地の文の「制す」、申し文の「按ずるに」は動作の受け手を意識した場合である。この意識は、「奏す・御覧ず」のやうな敬意から、改まつた気持、自らの心化粧など、いろいろ、場面に応じたものがあると思はれる。

視点を変へると、これは、和語よりも漢語の方が価値ある言葉であるといふ、言語感覚の反映と云へる。

次に、竹取物語の漢語と共通の漢語が、源氏物語・枕冊子にどの程度使用されてゐるかを調べると、次の表のやうになる。

	語数	百分比/115
源氏物語	70	60.9
枕冊子	58	50.4
源氏物語・枕冊子	51	44.3

竹取物語の漢語115語の60％が源氏物語で使用され、50％が枕冊子で使用され、竹取・源氏・枕の三者に共通の

漢語が44％に達する。これは、竹取物語の漢語がほぼそのまま継承されてゐることを示すものに他ならない。

竹取物語の成立は「九世紀末から十世紀の初頭」[注10]とされ、枕冊子の成立は「長保二（一〇〇〇）年十二月前後、あるいは長保三（一〇〇一）年前半期」[注11]と推定され、源氏物語は十一世紀初めとされてゐる。竹取物語と枕冊子・源氏物語の間には約百年間の隔りがあるが、使用する漢語の中核部分には余り変動が無かつたと云へる。

第六節　語彙表

一、漢字の第一字の字音の五十音順に配列した。

二、平仮名表記の場合は、（　）内に本来の漢字を示した。

三、漢語の所在は、一語につき一例のみ示した。その数字は、古典文庫のページ数である。

四、◎は、枕冊子・源氏物語に共通の語である。

※は、枕冊子に共通の語である。

○は、源氏物語に共通の語である。

五、武藤本で付けられてゐる振仮名は、参考のため、そのまま付記した。

ア行　○あん（按）す20　◎いう（優）45　一しやう（一生）21　○右大臣4　○うとんくゑ（優曇華）13

○えう（要）し20　◎えん（縁）14

カ行　かい（害）せ36　◎かうし（格子）63　◎かむたう（勘当）36　◎く（具）し61　○ひきく（具）し67

◎くとく（功徳）62　○願5　◎官人39　けこ（家子）19　◎けう（興）38　◎けさう（化粧）25　◎けしき（気色）19　◎けそう（顕証）2　◎御らん（覧）し50　五こく（五穀）19　五色9　五十56　五十両24　※五尺61　○五人4　五百日16　○国王46　こんしやう（金青）25

サ行　※三四日34　三すん（三寸）1　○三年10　◎しそく（紙燭）42　したく（支度）10　四百よ（餘）日18　しち（質）24　※七月十五日52　※七十6　※七と（七度）40　※七日23　◎十五日55　十六そ（所）12　しやうし入（請し入る）26　○しやうか（唱歌）7　◎装束61　◎せかい（世界）3　◎せけん（世間）53　◎せい（制）し52　◎少将57　◎せち（切）26　○せに（銭）30　千日20　千余日19　○千人58　◎そう（奏）す50

タ行　たい（帯）し58　大願力18　◎大臣27　◎大納言4　◎大納言殿31　◎たいめん（対面）す46　◎中将66　◎中納言4　長者23　◎ちやう（帳）2　○勅使57　◎調せ21　◎天29　◎てんか（天下）48　天ちく（竺）10　◎天人17　◎頭中将66

ナ行　◎内侍44　南海35　二三日17　※廿人38　○廿余年62　二千人58　◎ねん（念）し61

ハ行　○はち（鉢）8　八月十五日54　◎はん（番）58　百官51　百千萬里10　百人66　ひんつる（賓頭盧）10　ふし（不死）64　◎辺31　◎へんけ（変化）6　あをへと（反吐）33　◎ほい（本意）なく64　○ほうらい（蓬莱）8

マ行　まう（猛）2

ヤ行　◎やう（様）1　◎いかやう（様）7　◎かやう（様）52　◎さやう（様）48　○よう（用）37　◎よう（用）なき3

ラ行　らかい（羅蓋）61　◯りう（龍）34　◎るい（類）36　◯るり（瑠璃）25　るり（瑠璃）色17　◎れい（例）7　◎れう（料）37　◎ろく（禄）19　◎六人12　六衛57

ワ行　わう（王）61　◎ゑ（絵）31　◎まきゑ（絵）31

漢字不明の漢語　さうし2　うかんるり17　わうけい22

注

1　竹取物語諸本の略称は、中田剛直著『竹取物語の研究』に従った。

2　小林芳規「平安時代の平仮名文に用いられた表記様式」（『国語学』44・45）

3　原田芳起氏の用語で、数を構成要素としてもつ名詞を呼ぶ。

4　数字は、古典文庫でのページ数である。

5　拙論「枕草子の漢語」（『国語と国文学』昭和40年11月号）

6　金田一春彦「日本四声古義」（『国語アクセント論叢』636ページ）

7　「さうす」は、「かぐや姫の生ひ立ち」の段に「……かみあけなとさうして、かみあけさせ、もきす」とあり、諸学者により「左右す」とも「相す」とも解されて、定説がない。

「うかんるり」は、「蓬萊の玉の枝」の段に出てくる天女の名であるが、次のやうに異文が多く、漢字もあて難い。「こらん」——新井本・似閑本・友時本・京大本・高安本・平瀬本。「こらんるり」——太氏本。「はうかんるり」——島原本・北島本・度会本・丹羽本・内閣本・反町本・伊左左米本・十一行丙本・十一行丁本・正保本・竹取物語抄本・松本本・中田本。「うかん」——荒木田本。「らかんるり」——金森本。「らかむ」——霊元本。

「わうけい」は、「火鼠の皮ころも」の段に出てくる唐人の名であるが、あてるべき漢字を決め難い。

8　山田忠雄篇『竹取物語総索引』、築島裕『平安時代語新論』588ページ
9　「古代語彙の概説」（『講座日本語の語彙3』所収）
10　『日本古典文学全集　竹取物語・伊勢物語・大和物語・平仲物語』29ページ
11　田中重太郎『枕冊子本文の研究』

第二章　伊勢物語の漢語

調査は、池田亀鑑著『伊勢物語に就きての研究　本文篇』の底本である天福本により、『日本古典文学大系』所収の伊勢物語（底本は、天福本系統の三条西家旧蔵本）を参照して、漢語を採録した。天福本は、天福二年（一二三三）書写の奥書をもつ。

第一節　表　記

伊勢物語の漢語の表記は、漢字表記と仮名表記の二種類である。

(一)　漢字表記

その漢語本来の漢字で表記されてゐる漢語は、約四十語あり、「拗音・舌内入声音・三内撥音を含む漢語[注1]」及び数名詞[注2]が殆んどである。

a　拗音を含む例

安祥寺　右大將　京　西の京　行幸す　す行者　宮内卿　官人　願　五丈　後涼殿　左中辨　左兵衛

在五中將　大將　中將　中納言　殿上　春宮　二十丈　女御　ゐい花

b　舌内入声音を含む例

十一日

c　三内撥音を含む例

(1)　右近　西院　左中辨　官人　願　後涼殿　大納言　中納言　殿上　仁和　文徳天皇（舌内撥音 -n）

(2)　春宮　藤氏（喉内撥音 -ŋ）

d　数名詞

九條　五條　五條の后　五條わたり　三尺六寸　三條　四十　二十丈　二條の后　六條わたり　六十よこく（餘国）　十一日

たゞし、右と同様の漢語で仮名書きの例もある。猶、右以外の漢字表記の例は、次の四語である。

賀　句　内記　下らう（﨟）

(二)　仮名表記

全部、又は一部が平仮名で表記されてゐる漢語は、約六十語である。平安時代の平仮名文としては、漢字表記されるのが本態である「拗音・舌内入声音・三内撥音を含む漢語」及び数名詞で、仮名書きされてゐる例を次に挙げる。

a　拗音を含む例

けさう（化粧）す　けさう（懸想）す　さうそく（装束）　けきやう（現形）し　しそう（祇承）　すくせ（宿世）

「現形す」の開拗音は「や」を入れた表記であり、その他は、拗音が直音化してゐる。

b　舌内入声音を含む例

くせち（口舌）　しちよう（實用）　しんしち（眞実）　せち（切）
全例とも「ち」により、舌内入声音〔t〕を表記してゐる。

c　三内撥音を含む例

(1)　あん（案）　みすいしん（随身）　せんし（禅師）　たいめん（対面）す　ゐん（院）　せんさい（前栽）　けきやう（現形）し　しそく（親族）　せさい（前栽）　ほい（本意）　いつもし（文字）　えに（縁）……（舌内撥音-n）

「ん」で撥音を表記してゐる例と無表記の例が主流であるが、無表記の方がより古い表記である。「えに」は撥音に母音〔i〕を添へた発音で、竹取物語の「錢」と同類である。

(2)　おむやうし（陰陽師）　ねむ（念）しわひて　せうかうし（小柑子）　ねう（念）しわたる　ろうさう（緑衫）　さふらう（三郎）……（唇内韻尾-m）

「む」で撥音を表記したものが2語、その「む」が「う」に音変化したものが3語、また、「む」が非鼻音化して「ふ」と表記されたものが1語で、舌内韻尾とは明確に区別されてゐる。

猶、「三郎」は数名詞であるが、音が変化してゐるので、漢字表記されなかつたものであらう。

(3)　おむやうし（陰陽師）　かう（講）　けさう（化粧）す　けさう（懸想）す　さうそく（装束）　しそう（祇承）　たらう（太郎）　たう（堂）　やう（様）　さやう（様）　ろう（弄）す　す（誦）し　さか（性）　さか（性）なき……（喉内撥音-ŋ）

「う」で撥音を表記する例が大半で、「すし」は無表記である。「さか・さかなし」は撥音に母音〔a〕を添へて開音節としたもので、「縁・銭」と同類である。

第二節　語数

漢語を構成する字数により、一字語・二字語のやうに分類して語数を、次に表示する。全部で百語なので、百分比は省略した。

	一字語	二字語	三字語	四字語	計
語数	32	51	13	4	100

二字語が最も多く、一字語がそれに次ぎ、三字語・四字語と字数が多くなるにつれて語数は減少する。

伊勢物語の和語を含めた全異なり語数は、一七六七語で、[注3] 漢語一〇〇語は5.7％になる。他の調べでは、一四九二語中漢語九三語で6.2％、[注4] 或いは一六九二語中一〇六語で6.3[注5]％となつてゐる。

第三節　和漢混種語

体言では、次の六語がある。

このゑつかさ（近衛府）　しらきく（白菊）　まきゑ（蒔絵）　さやう（さ様）　みけしき（御氣色）　みさうし（御曹司）　みすいしん（御随身）　こたち（御たち）

初めの四例は、和語の体言と漢語の複合語で、その結合の仕方も異なる。次は、和語の接頭語「み」が漢語に上接したもの、最後の例は和語の接尾語が漢語に下接したもので、結合形式が種々である。

用言のうち、漢語サ変動詞は十一語あり、一字語と二字語のものである。

く（具す）　す（誦）し　ねう（念）しわたる　ねむ（念）しわひて　ろう（弄）す　行幸す　けきやう（現形）す　けさう（化粧）す　けさう（懸想）す　せうえう（逍遥）す　たいめん（対面）す

右のうち、「念しわたる・念しわひ」の二語は、漢語サ変動詞に和語動詞が下接した、複式混種語である。

形容詞には、次の二語があり、ともに一字語に「なし」が下接したものである。

えう（要）なし　さか（性）なき

第四節　漢語の読み

発音が明確に知れる仮名表記の漢語について、漢音よみ・呉音よみを中心に、頭子音・韻の二面から考察する。

一　頭子音

漢音と呉音で差のある頭子音の漢字を含む漢語は、次の6語である。

明母　たいめんす（対面す）　いつもし（五文字）

泥母　ねうしわたる（念しわたる）　ねむしわひ（念しわひ）

匣母合口　ゑ（絵）　まきゑ（まき絵）

「いつもし・ゑ・まきゑ」が呉音よみであるが、他は漢音・呉音不明である。例数が少いので傾向は分明ではない。

二　韻

漢音・呉音で差のある韻の字のよみに傍線を引き、漢音はK、呉音はGの符号を付す。韻目は平声のみを挙げ、対応する上声・去声・入声を含めた。

(1)　東韻（拗音）

すくせ（宿世）G

(2)　鍾韻

すし（誦し）G　さうぞく（装束）G　ぞく（俗）G

(3)　之韻

こ（期）G

(4)　微韻

けしき（氣色）G　みけしき（御氣色）G

(5)　魚韻

こたち（御たち）G

(6)　斉韻

たい（題）G

(7)　泰韻

ゑ（絵）G　まきゑ（まき絵）G

(8)　欣韻

このゑつかさ（近衛府）G

(9)　麻韻

けさうす（化粧す）G

(10)　青韻

けきやうす（現形す）G

(11)　庚韻

ゑい花（榮花）K

(12)　侯韻

くせち（口舌）G

(13)　尤韻

す行者（修行者）G

(14)　侵韻

おむやうし（陰陽師）G

(15)　職韻

せうそこ（消息）G　けしき（氣色）G　みけしき（御氣色）G

漢音よみは1語のみで、他はすべて呉音よみである。

三　読みと意味分野

漢音よみが1語のみで、他は呉音であるので、意味分野による読み分けの考察には、不十分である。

呉音よみで、佛教関係の語としては、「宿世・誦す・俗・修行者」があり、官職関係で「近衛府・陰陽師」、文物関係で「絵・蒔絵・五文字・題・消息」、衣服・人事関係で「装束・氣色・御たち・化粧す・口舌」があり、幅広い分野に呉音よみが使用されてゐる。

第五節　漢語の表現

漢語が表現してゐる分野は、官職関係、京の地名関係、殿舎関係、佛教関係、服飾関係、文物関係、数名詞が主なものである。

官職関係……右近　右大將　おむやうし（陰陽師）　宮内卿　官人　このゑつかさ（近衛府）　左中辨　左兵衛　在五中將　しそう（祇承）　みすいしん（御随身）　大將　大納言　中將　中納言　殿上　春宮　女御　内記　文徳天皇　ゑふ（衛府）　下らう（下﨟）？　ろく（禄）？

京の地名関係……京　西の京　九條　五條　五條わたり　西院　三條　二條の后　六條わたり

殿舎関係……後涼殿　さうし（曹司）　みさうし（御曹司）　せさい・せんさい（前栽）　たい（対）　ゐん（院）

佛教関係……安祥寺　かう（講）　願　す行者（修行者）　すし（誦し）　すくせ（宿世）　せんし（禪師）　そく（俗）　たう（堂）

服飾関係……さし（釵子）　さうそく（装束）　ろうさう（緑衫）

文物関係……あん（案）　くせち（口舌）　句　せうそこ（消息）　たい（題）　いつもし（五文字）

ゑ（絵）　まきゑ（蒔絵）
数名詞……五丈　三尺六寸　四十　十一日　二十丈　六十よこく（六十餘国）
その他、植物関係で「きく（菊）・しらきく（白菊）・せうかうし（小柑子）」、人倫関係で「こたち（御たち）・さふらう（三郎）・しそく（親族）・たらう（太郎）」がある。
和歌には、「白菊・えに（縁）」の二語が次のやうに詠まれてゐる。
紅ににほふがうへの白菊はおりける人の袖かとも見ゆ（18段）
かち人の渡れど濡れぬえにしあれば（69段）
秋かけていひしながらもあらなくに木の葉ふりしくえにこそありけれ（96段）
次に、漢語サ変動詞の用法について検討するに、「行幸し給ひ」は114段と117段の二例でともに天皇が動作主であり、「現形し給」（117段）は住吉大神、「誦し給ふ」（82段）は惟喬の親王、「逍遥し給ふ」（106段）は親王たちが動作主である。それぞれ、高貴な方々が動作主である。
また、「対面す」は46・95段でそれぞれ一例づつ使用されてゐる。46段では手紙の文中であり、書手である「うるはしき友」は、受取人・読手である「をとこ」に対して、「忘れやし給ひにけん」と尊敬語を使用してゐるが、その「友」が「男」に会ふことを「対面せで」と表現してゐる。95段では、「男」が慕ひつづけて来た「女」に対し、「いかで物越しに対面して、おぼつかなく思ひつめたること、すこしはるかさん」と懇願する会話の中で使用されてゐる。地の文では、同じ動作を「女、いとしのびて、物越しにあひにけり」と、「あふ」と表現してゐる。「あふ」と「対面す」では、「対面す」の方に謙譲語的要素が見受けられる。以上二例の「対面す」は、それぞれ、動作主が動作の受け手に対し、敬意乃至改まつた気持を抱いて使用してゐる。

「逍遥す」は、前記の他に67段にも一例あり、「むかし、をとこ、逍遥しに、思ふどちかいつらねて、和泉の国へ二月許にいきけり。」と、動作主は「男」である。この「逍遥」と同様の行動に、枕冊子の223段「五月ばかりなどに山里にありく、いとをかし」の「ありく」がある。枕冊子では、作者が自分自身の行為である故「ありく」と表現し、伊勢物語では、作者が自分以外の「男」の行為を「逍遥し」と表現した。そして、「作者は『おとこ』業平に対して、相当好意を持って書いている」[注6]ので、「ありく」でなく、「逍遥し」と表現したと解せる。

同様に、「男」が動作主であるのは、「懸想し」(3段)、「弄し」(94段)、「具せ」(127段)である。これらも、作者が「男」に対し、好意を抱いてゐるとすれば、一貫した説明がつく。

漢語サ変動詞十一語十四例中、七例までは高貴な尊者、又は敬意の対象者に関連して使用され、四例も作者が好意を持つ「男」に関連して使用されてゐる。漢語サ変動詞の使用には、特別に待遇する意識があると解せられ、改まつた表現と見られる。

以上の他には、「念しわひ」(21段)、「化粧し」(23段)、「念しわたる」(139段)の三語があり、それ〴〵「女」が動作主である。この三例についても、作者が「女」を好遇してゐるものであらう。

一方、伊勢物語の漢語と、源氏物語・枕冊子の漢語との共通のものを調べると、次のやうになる。

	源氏物語と共通	枕冊子と共通	源氏物語・枕冊子と共通
語数	72	51	46

源氏物語の漢語と共通な語が72%であるのは、非常に密接な関係があることを示すもので、枕冊子の漢語にも51%共通な語がある点を併せ考へると、伊勢物語の漢語が、ほゞそのまゝ一条天皇の頃に継承されたことを物語

るものである。

第六節　語彙表

一、漢語の第一字の字音の五十音順に配列した。
二、平仮名表記の場合は、（　）内に本来の漢字を示した。
三、漢語の所在は、一語につき、原則として一例のみ示した。その数字は、段数である。
四、◎は、枕草子・源氏物語に共通の語である。
※は、枕草子に共通の語である。
○は、源氏物語に共通の語である。

ア行　安祥寺77　あん（案）107　◎右近99　○右大將　○ゑい（榮）花101　えう（要）なし9　○えに（縁）69・96　◎おむやうし（陰陽師）65

カ行　○賀29　かう（講）77　◎きく（菊）18　しらきく（白菊）18　◎京1　◎西の京2　◎行幸す114・117　◎九條97　くせち（口舌）96　○句9　◎く（具）65　◎くす（具す）127　○宮内卿87　◎官人60　○願40　◎下らう（﨟）6　◎けさう（化粧）す23　◎けしき（氣色）63　みけしき（御氣色）114　◎けさう（懸想）す3　けきやう（現形）す117　※こ（期）28　五丈87　○五條4　五條の后　五條わたり　○こ（御）たち19　○後涼殿100　◎このゑつかさ（近衛府）76

サ行　○左中辨101　○左兵衛101　※さし（釵子）133　○在五中將63　西院39　◎さうし（曹司）65　※みさうし

（御曹司）65　◎さうぞく（装束）44　◎さか（性）31　さか（性）なき15　○さふらう（三郎）63　三尺六寸　◎三條78　◎四十97　しそう（祇承）60　◎しそく（親族）102　しちよう（實用）103　十一日82　○しんしち（真實）40　◎す（修）行者9　◎す（誦）し82　○みすいしん（御随身）78　◎すくせ（宿世）65　せうかうし（小柑子）87　◎せうそこ（消息）73　○せうえう（逍遥）す67・106　◎せさい（前栽）138　◎せち（切）14　○せんし（禪師）78　◎そく（俗）85

タ行　○たらう（太郎）6　◎大將78　◎大納言6　◎たい（対）4　◎たいめん（対面）す46・95　◎たい（題）101　◎たう（堂）77　○中將79　○中納言79　◎殿上65　◎春宮29　藤氏101

ナ行　○内記107　二條の后3　二十丈87　◎女御29　※仁和114　○ねう（念）しわたる139　ねむ（念）しわひ21

ハ行　◎ほい（本意）4

マ行　○いつもし（五文字）9　文徳天皇69

ヤ行　◎やう（様）63◎さやう（様）15

ラ行　◎れい（例）65　○ろう（弄）す94　※ろうさう（緑衫）41　○六條わたり81　◎ろく（禄）76　六十よこく（餘国）81

ワ行　◎ゐん（院）82　◎ゑ（絵）94　◎まきゑ（蒔絵）78　◎ゑふ（衛府）87

注

1　小林芳規「平安時代の平仮名文に用いられた表記様式」（『国語学』44・45）

2　原田芳起氏の用語で、数を構成要素としてもつ名詞を呼ぶ。

3 大野晋・辛島稔子編『伊勢物語総索引』により、私意を加へ調査した語数。
4 築島裕『平安時代語新論』五八八ページ。
5 宮島達夫編『古典対照語い表』
6 辛嶋稔子「伊勢物語の作者について」(大野晋・辛島稔子編『伊勢物語総索引』所収)

第三章　土左日記の漢語

漢語の採録は、池田亀鑑著『古典の批判的処置に関する研究』所収の青谿書屋本により行ひ、『日本古典文学大系』の土左日記、日本大学文理学部国文学研究室編『土左日記総索引』所収の日本大学図書館本、及び、古典文庫『土左日記』所収の諸本を参照した。

これらの諸本は、貫之自筆本からの直接の書写か、或いはその転写本で、この諸本を参照して、原本再建が池田亀鑑博士により、試みられ、ほゞ成し遂げられたといへる。

漢語の表記については、既に小林芳規博士の論究があり[注1]、「拗音・舌内入声音・三内撥音」の字及び「数字」を含む字音語が漢字表記されてゐる。

右の「数字」を含む字音語の中には、「二月一日・二日・十日・廿日・廿六日・卅日」など、月日を表す語が30語ある。これらは、『日本古典文学大系』・『日本古典文学全集』などの中で字音よみされず、訓よみの和語となってゐる。しかし、和語の場合は、次のやうに仮名書きされてゐる。(数字は用例数)

いか1　とうかあまり1　はつか3　はつかあまり1　はつかあまりひとひ1　はつかあまりいつか1　みそか1　みそかあまりここぬか1　よそか1　ここのつ1　ななそち1　やそち1　みそもしあまり1　みそもちあまりななもし1　いつとせ2　よとせ1　むとせ1　ちとせ1[注2]　千とせ1　いくちとせ1　ちよ2　ひといろ1　ひとうた1　しはす1　むつき1

従つて、「子細に見れば、『四』『五』のごとく右の音節（拗音・三内撥音・入声音を指す――柏谷注）を含まぬ数字もあり、また三内撥音・入声音でも仮名書の例も他の語にはあることだから、『さむ（三）』『じふ（十）』のごとき表記もあってよさそうであるのに、等しく漢字表記であるのは、『数字』は字音語としては漢字表記する原則があったのであろう」と、小林博士が推論するのは、肯定できる。それで、本稿でも、前記の30語は漢語と認定した。

第一節　語　数

土左日記の漢語を、構成する漢字の字数により、一字語・二字語のやうに分類し、その字数と百分比を表示する。ただし、「廿日」は二字語に、「廿一日・廿九日」など9語は三字語に算入した。

	語　数	百分比/71
一字語	17	23.9
二字語	30	42.3
三字語	22	31.0
四字語	2	2.8
計	71	（100）

二字語が最も多く、次いで三字語・一字語・四字語の順である。三字語が多いのは、日を表はす漢語が18語あるからで、日記の特徴である。

土左日記の和語も含めた全語数は1105語であり、[注3] 71語はその6.4％である。他の調査では、909語中36語（4.0％[注4]）、或いは984語中58語（5.9％[注5]）と報告されてゐる。

第二節　和漢混種語

和漢混種語の体言で、和語に漢語が下接したものには次の七語がある。

おほいこ（大御）　くすし（醫師）　をとこもし（男文字）　みそもしあまり（三十文字あまり）　みそもしあまりななもし（三十文字あまり七文字）　ありやう（あり様）　かうやう（かう様）

「醫師」は『佛足石歌』にも使用されてゐた語、また、「三十文字あまり」「三十文字あまり七文字」は、それぞれ、「和語―漢語―和語」「和語―漢語―和語―和語―漢語」の複雑な語構成になつてゐて、「文字」といふ漢語が和語と全く同様に使用されてゐる。

また、漢語に和語が下接したものは四語ある。

故ありはわのなりひらの中將（故在原業平中將）　故これたかのみこ（故惟喬親王）　さうしもの（精進物）　せちみ（節忌）

「故」は人名に上接して故人を表す用法で、現代語まで続いてゐる。「せちみ」は「いみ」の母音音節が脱落したもので、和語の音節結合の法則が守られてゐる。

用言では、漢語サ変動詞「ゑす（怨す）」一語がある。

第三節　漢語の読み

平仮名表記の漢語を対象として、漢音よみ・呉音よみの別を中心に、頭子音・韻の二面から検討する。

一　頭子音

明母……もし（文字）　みそもしあまり（三十文字余り）　みそもしあまりなもし（三十文字余り七文字）

をとこもし（男文字）

匣母合口……ゑ（絵）

以上すべて呉音よみであるが、実質二語に過ぎない。

二　韻

漢音・呉音で差のある韻の字のよみに傍線を引き、漢音はK、呉音はGの符号を付す。韻目は平声のみを挙げ、対応する上声・去声・入声を含めた。

(1)　微韻

けしき（氣色）G　てけ・ていけ（天氣）G

(2)　魚韻

おほいこ（大御）G　あはちのこ（淡路の御）G

(3)　模韻

とうそ（屠蘇）K

(4)　佳韻

けゆ（解由）G

(5)　泰韻

ゑ（絵）G

(6) 文韻

もし（文字）G　みそもしあまり（三十文字余り）G　みそもしあまりなもし（三十文字余り七文字）G

をとこもし（男文字）G

(7) 元韻

ゑす・ゑし（怨す）K

(8) 尤韻

けゆ（解由）G

(9) 職韻

けしき（氣色）G

漢音よみが二語、それ以外は呉音よみである。

漢音よみの「屠蘇」は、唐時代に始まつたと云はれる正月の薬酒で、日本への舶来も比較的新しいと思はれる。それに対し、古く渡来したと推定される「文字・絵」が呉音よみであるのが、対照的である。その他、官廳関係の「解由・御」などが呉音よみである。

猶、舌内撥音尾(-n)について、平仮名表記では次の三種が見られる。

(1) 無表記……さうしもの（精進物）　てけ（天氣）　もし（文字）　ゑす（怨す）

(2) ニ表記……せに（銭）　とに（頓）

(3) イ表記……ていけ（天氣）

この三種の表記が、当時の訓点資料の表記に一致することは、前引の小林博士の説く所であり、築島裕博士の博査した例[注6]によつても明らかである。

第四節　漢語の表現

土左日記の漢語は、日記である性格から、日付の漢語が、31語ある。次いで文物、佛教、官廳、人倫、正月行事などに関する語が使用されてゐる。

文物関係……一文字　十文字　もし（文字）　みそもしあまり（三十文字余り）　みそもしあまりななもし（三十文字余り七文字）　をとこもし（男文字）　ゑ（絵）

佛教関係……講師　願　相応寺　さうしもの（精進物）　せちみ（節忌）

官廳関係……けゆ（解由）　こ（御）　郎等

人倫関係……病者　くすし（醫師）

正月行事関係……屠蘇　白散

この他に、京の地名として「京」が12例、使用されてゐる。同じ対象を表す和語「都」は11例、使用され、うち1例は漢詩の引用文での使用である。10例中5例は、和歌の中で使用されてゐるが、「京」は和歌では使用されない。それは一月十一日の条で特徴的に表はれる。

まことにてなにきくところはねならばとぶがごとくにみやこへもがなとぞいへる。をとこもをんなも、いかでとく京へもがなとおもふこころあれば、このうたよしとにはあらねど、げにとおもひて、ひと〴〵わすれず。

また、「京」は次のやうな移動の動作の対象となる。

京へかへる（十二月廿七日）　京へもがな（一月十一日）　京よりくだりしとき（二月九日）　くるま京へとりにやる（十四日）　京へのぼる　京へいく　京へはいらん　京にいりたちて（以上十六日）

それに対し、「都」は、「けふはみやこのみぞおもひやらるる」と、思慕の対象である。「京」も「都」も、ともに、主語・対象語の用法があり、その点では差がないが、動作の対象の用法では差が明確になつてゐる。

次に、漢語サ変動詞は「怨す」一語であるが、二例使用されてゐる。一例は一月十八日の条で、「うたぬし、いとけしきあしくてゑ（怨）す」と、三十七文字の歌を詠んで笑はれた歌主の動作を表す。この歌主は「ある人」と直前に記されるのみである。他の一例は、二月一日の条の会話文で「船君のからくひねり出して、よしとおもへることを。ゑ（怨）しもこそし給べ」とあり、動作主は「船君」で、「給へ」も使用されてゐて、話手が敬語を使用する対象者である尊者と考へられる。

以上、「怨す」二例中一例は、尊者の動作の表現に使用され、改まつた気持での表現と見られる。

次に、土左日記の漢語と、源氏物語・枕冊子の漢語との共通のものを調べると、次の表のやうになる。

	語数	百分比/71
源氏物語と共通	25	35.2
枕冊子と共通	17	23.9
源氏物語・枕冊子と共通	13	18.3

土左日記の漢語の約$\frac{1}{3}$が源氏物語と一致し、約$\frac{1}{4}$が枕冊子と一致する。竹取・伊勢に比べて比率が少ないのは、

物語と日記といふ資料の性格の差によるものであらうか。

第五節　語彙表

一、漢語の第一字の字音の五十音順に配列した。
二、平仮名表記の語は、(　)内に本来の漢字を示した。
三、漢語の所在は、一語につき、原則として一例示した。その数字は月日である。小数点より上が月、下が日である。小数点のない数は、十二月の日である。
四、◎は、枕草子・源氏物語に共通の語。
※は、枕草子に共通の語。
○は、源氏物語に共通の語。

ア行　一文字**24**

カ行　○かいそく(海賊)1.21　◎講師**24**　◎京**27**　九日1.9　元日1.1　○願**22**　◎けしき(氣色)1.14　けゆ(解由)**21**　五色2.1　五日1.5　おほいこ(大御)2.6　こ(御)2.7　故ありはらのなりひらの中將2.9　故これたかのみこ2.9

サ行　相応寺2.11　◎さうしもの(精進物)1.14　三日1.3　卅日1.30　四日1.4　◎くすし(醫師)**29**　七日1.7　十日1.10　十一日1.11　十九日1.19　◎十五日1.15　◎十三日1.13　十四日1.14　○十七日1.17　十二日1.12　※十八日1.18　十文字**24**　○十六日1.16　◎すはう(蘇芳)2.1　せちみ(節忌)1.14―せに(銭)1.9

タ行　てけ・ていけ(天氣)1.9・1.26　とうそ(屠蘇)**29**　とに(頓)1.16

ナ行　二月一日2.1　二日1.2　○日記21　※廿日1.20　廿一日1.21　廿九日1.29　○廿五日25　○廿三日23　廿七日27　廿二日22　○廿八日28　廿六日26

ハ行　八日1.8　○病者2.7　白散29　※不用2.8

マ行　※明神2.5　◎もし（文字）1.18　○みそもしあまり（三十文字余り）2.5　みそもしあまりななもし（三十文字余り七文字）1.18　をとこもし（男文字）1.20

ヤ行　◎やう（様）23　かうやう（様）1.1　ありやう（様）1.11

ラ行　○郎等26　○れい（例）21　六日1.6

ワ行　◎院2.9　なぎさの院2.9　◎ゑ（怨）す1.18・2.1　◎ゑ（絵）2.16

注

1　小林芳規「平安時代仮名文に用いられた表記様式」（『国語学』44・45）

2　注1『国語学』44の60ページ。

3　日本大学文理学部国文学研究室編『土左日記総索引』に、私意を加へて計数した。

4　築島裕『平安時代語新論』五八八ページ。

5　宮島達夫編『古典対照語い表』

6　注4の四一二ページ以降。

第四章　宇津保物語の漢語

漢語の調査は、古典文庫所収の「宇津保物語一―八」に拠つた。その凡例によれば、「底本たる前田家本宇津保物語は、寛永年間を下らない古写本で、書写保存のよい美本であり、慶安四年後水尾天皇から前田利常卿に下賜せられた由緒正しい写本で、宇津保物語傳本中首尾完全な書写本として最古である」ものである。漢語の決定には、日本古典文学大系所収の『宇津保物語』を参照した。

第一節　表記

宇津保物語の漢語の表記は、次の四種類に分れてゐる。

イ、その漢語本来の漢字による表記。

樂　食　行者　九　右大將　音聲樂など

ロ、仮名による表記。

こ（碁）　そく（俗）　けう（希有）　けしき（氣色）　ちふきやう（治部卿）　さいはうしやうと（西方淨土）など

ハ、漢字の音による類音表記、三十三語。

し院（四韻）　そ京てん（承香殿）　す行（誦經）　火かく院（勧学院）　下たい（外題）　五（碁）　御五（御碁）　御

しんせ（護身せ）　上（錠）　上と（淨土）　てん上・天上（天井）　大上の宮（彈正の宮）　本上（本性）　さい將殿（宰相殿）　ろく生（緑青）　声か（唱歌）　心殿（寢殿）　壽尺院（朱雀院）　頌し（誦し）　巡（順）　し大し（次第し）　大はん（台盤）　とう大（燈台）　丁（帳）　御丁（御帳）　き丁（几帳）　丁たい（帳台）　天上人（殿上人）　殿下（天下）　東中將（頭中將）　兩する（領する）　六とも（祿とも）　天王（天皇）

二、漢字の訓による借訓表記、四語。

御しやうかく（音声楽）　木丁（几帳）　御木丁（御几帳）　水し所（御厨子所）

漢字表記　平安時代の平仮名文で使用される漢字は、拗音・舌内入声音・三内撥音を含む漢語と数名詞が主体であるが、宇津保物語の漢字表記の漢語、約六二〇語もほゞこの範囲である。この範囲に収まらない漢語は、次の四八語である。

賀　階　更衣　樂　楽器　学生　学生ら　畿内　孝　孝す　罪業　師子　施す　慈悲　諸大夫　世界　世間

代々　内裏　大　御大事　大事　大事す　大使　大内記　太子　題　地　致仕　條　頭　頭中將　頭藏人　内侍　内侍のかみ　内侍のかむのとの　内侍のきみ　内侍のすけ　入学し　入道　入道の君　夫　不孝　舞踏し　副使

菩提　法服　礼拜し　和歌

右のうち傍線を付した語は、例へば「更衣2例・かうい7例・かうゐ4例」など、漢字表記の他に仮名表記のある語である。

これとは別に、「一かい（一階）・氣しき（氣色）」など、漢字と仮名で表記されてゐる漢語が、約二五〇語ある。その中には、数名詞の数の部分を漢字、他の部分を仮名で表記する例が、約半数を占める。

一しやく（尺）　一しやく（尺）二すん（寸）　一尺三すん（寸）　一と（斗）五せう（升）　一二と（斗）　九す（寸）

五しやく（尺）　三しやく（尺）　三すん（寸）　四五けん（間）　四しやく（尺）　七けん（間）　十五けん（間）　千りやう（兩）　廿くはん（貫）　廿ちやう（町）　二しやく（尺）　八しやく（尺）　六しやく（尺）　一二ねん（年）　一日一や（夜）　一ねん（年）　廿ねん（年）　十五さい（歳）　十五や（夜）　十さい（歳）　十三さい（歳）　十四さい（歳）十七さい（歳）　十よさい（余歳）　十六さい（歳）　二三ねん（年）　廿さい（歳）　二十ねん（年）　廿八や（夜）　万さい（歳）　一はん（番）　三はん（番）　十二はん（番）　二はん（番）　六はん（番）　一てう（條）　五てう（條）　三てう（條）　三てう（條）殿　三てう（條）の院　四てう（條）　七てう（條）殿　二てう（條）　一まい（枚）　三まい（枚）　七八まゐ（枚）　五十ひき（疋）　三十ひき（疋）　三十よひき（餘疋）　三百ひき（疋）　十ひき（疋）　二三十万ひき（疋）　廿ひき（疋）　百ひき（疋）　六七ひき（疋）　六十ひき（疋）　五十か（荷）　卅か（荷）　十か（荷）　二か（荷）　廿か（荷）　三く（具）　卅く（具）　十く（具）　廿く（具）　五と（度）　六と（度）　二ゐ（位）　六ゐ（位）三十よ（餘）　卅よ（餘）年　七尺よ（餘）　十よ（餘）　十よ（餘）人　廿よ（餘）　廿よ（餘）人　二百よ（餘）人　八九十よ（餘）　八十よ（餘）人　百よ（餘）人　六十よ（餘）　六十よこく（餘國）　一かい（階）　一く（句）　一くはん（巻）　一こ（期）　一しやう（生）　一せい（世）　一てうし（調子）　一てん（点）　五せち（節）　五たい（體）　五六てう（調）　三百たん（段）　四き（季）　四くわん（巻）　四十九たん（壇）　四てう（帖）　四めん（面）　七八たん（壇）　七ほう（寶）　七まん（万）三千　十せんし（禪師）　十六大こく（國）　千たう（塔）　二こく（刻）　二三たい（代）　二てん（点）　二百たん（端）　八ゐん（韻）　百さう（姓）　百とん（屯）　万こう（劫）　御四らう（郎）　せん（千）年

最後の例は、数字が仮名書きされたものである。

また、官職名の上に一字名を冠する場合に一字名を仮名表記にしたり、殿舎名・固有名詞の場合に最後の字を漢字表記する傾向が見られる。

くゐんさい將（源宰相）　けん（源）中將　けん（源）中納言　けん（源）中納言殿　とう（藤）宰相　とう（藤）大納言　とう（藤）中納言　とう（藤）中納言との　らう（良）少將　らう（良）中將　一さい（切）經　くさく（孔雀）經　しん（寝）殿　すさく（朱雀）院　せんよう（宣曜）殿　そきやう（承香）殿　そうち（惣持）院　たんとく（檀特）山　とうくは（登華）殿　りう（龍）門　れいけい（麗景）殿　わうせう（王昭）君

また、「大」が上接した漢語では、「大」は漢字で書く傾向が著しい。

大かうし（柑子）　大かく（学）　大きやう（饗）　大きやう（饗）す　大くはん（願）　大こく（國）　大しやうゐ（嘗會）　大す（衆）　大とうし（童子）　大とこ（徳）　大はむにやきやう（般若經）　大ひさ（悲者）　大ひちりき（篳篥）　大ふくとく（福徳）　大ほうゐ（法會）　大もん（紋）　大わう（王）

また、次の如く、官職名を含む語も多い。

右こん（近）君　うこん（右近）の少將　うこん（右近）の中將　右ひやう（兵）衛せう（尉）　右ゐもん（衛門）のかみ　右ゐもん（衛門）のそう（尉）　くはん（官）人　源さい將（宰相）殿　源ししう（侍従）　源し（氏）の中將　こん（權）大納言殿　こん（權）中納言　こん（權）少納言　左右こん（近）　左右こんゐ（近衛）　さ（左）右大臣　さ（左）大將　さ（左）大臣　さ（左）大臣殿　さ（左）大弁　さい（宰）相　さい（宰）相の君　さい（宰）相中將　さい（宰）相中納言　しん（新）中納言殿　すい（隨）身　少しん（進）　大しん（臣）　大に（貳）　中なこん（納言）の君　女こ（御）　ひやう（兵）部卿　ひやう（兵）衛　ひやう（兵）衛の督　ひやう（兵）衛の君　ひやう（兵）衛の佐　御すい（隨）身　みん（民）部卿　院し（司）

以上の他には、以下の語がある。

かく（楽）所　京こく（極）　行かう（幸）　くはん（𠯈）女　花ふれう（文綾）　源し（氏）　下らう（﨟）　外しやく（戚）　氣しき（色）　五しやうらく（常楽）　こく（國）王　こく（獄）所　こん（今）月　さく（作）文　上め（馬）　上す（手）　上す（手）めく　上らう（﨟）　す（修）行　す（誦）經　少くはん（願）　千し（字）文　千すたらに（手陀羅尼）　そう（僧）正　太らう（郎）　たん（壇）所　地こく（獄）　中たう（堂）　中らう（﨟）　天く（狗）　てん（天）下　天し（子）　天ち（地）　天ちく（竺）　てん（殿）上　とそ（兜率）天　とく（毒）蛇　内えん（宴）　内け（外）　内しんわう（親王）　女し（子）　女はう（房）くるま　佛みやう（名）　文さい（才）　へん（変）化　本さい（妻）　御き（几）帳　礼はい（拝）　院ない（内）

以上の、漢字と仮名表記の漢語は、平安時代の表記とは異なり、後世の表記形式と見られる。それには、数名詞、人名と官職名との複合語、殿舎名、固有名詞などにおいて、それ〴〵表記の傾向があるが、その傾向は、前田家本宇津保物語の書写された時代の一般的なものか、或いは書写者の個人的なものか、両者の混淆したものか、明らかでない。

類音表記　類音表記に使用されてゐる借音字は二三字ある。その漢語本来の漢字と、借音字との音について、以下順次考察する。それ〴〵の字について記した韻目・声調は広韻のものである。

(1)し院（四韻）

院　去声線韻　漢音ヱン　呉音ヱン

韻　去声問韻　漢音ウン　呉音ウン

両字の音は異なるが、「院」には慣用音の「ヰン」があり、「韻」にはこれとは別に、王仁昫刊謬補缺切韻の震韻に「ヰン」の音がある。この「韻」の別音「ヰン」を、「院」の慣用で写したものである。「院」は『音訓篇立』で音注に使用されてゐる。

(2) そ京てん（承香殿）

京　平声庚韻　漢音ケイ　呉音キヤウ
香　平声陽韻　漢音キヤウ　呉音カウ

「香」の漢音を、「京」の「呉音」で写したもので、「京」は『音訓篇立』で注音字に使用されてゐる。

(3) す行（誦經）

行　平声庚韻　漢音カウ　呉音ギヤウ
經　平声青韻　漢音ケイ　呉音キヤウ

「經」の呉音が、「誦」の韻尾-ŋの影響で連濁し、その「ギヤウ」を「行」の呉音で写したと見られる。「行」は、平安朝仮名文学の写本では「ギヤウ」の借音字として普通に使用され、『観智院本類聚名義抄』『音訓篇立』などで、注音に使用されてゐる。

(4) 火かく院（勸学院）

火　上声果韻　漢音クワ　呉音クワ
勸　去声願韻　漢音クヱン　呉音クワン

「勸」の呉音の韻尾-*n*を、無表記で「火」と写したものであり、「勸・火」の呉音はともに平声であるので、「火」は呉音と見られる。「火」は「クワ」の借音字として、『西大寺本金光明最勝王経古点』『石山寺藏大唐西域記古点』『地藏十輪經元慶七年点』『類聚名義抄』などに、広く使用されてゐる。

(5) 下たい（外題）

下　上声馬韻　漢音カ　呉音ゲ

外　去声泰韻　漢音グワイ　呉音グヱ

「外」の呉音が、合拗音から直音化して「ゲ」となり、その音を「下」の呉音で写したもので、中世以降の表記と見られる。「下」が注音字に使用された例は、管見に入らない。

(6) 五(碁)　御五(御碁)

五　上声姥韻　漢音ゴ　呉音ゴ

碁　平声之韻　漢音キ　呉音ゴ

「碁」の呉音に対して、「五」で写したもので、『和名類聚抄』の「棊・棊局」の注記に「世間云五・俗云五半」とある。その他、「五」は『金光明最勝王経音義』『書陵部藏大乗本生心地願経古点』『音訓篇立』などで音注に使用されてゐる。

(7) 御しんせ(護身せ)

御　去声御韻　漢音ギヨ　呉音ゴ

護　去声暮韻　漢音コ　呉音ゴ

「護」の呉音を、「御」の呉音で写したものであるが、「御」が注音字に使用された例は、管見に入らない。

(8) 上(錠)　てん上・天上(天井)　大上の宮(彈正の宮)　上と(淨土)

上　上声養韻　漢音シヤウ　呉音ジヤウ

錠　去声徑韻　漢音テイ　呉音ヂヤウ

井　上声靜韻　漢音セイ　呉音シヤウ

正　去声勁韻　漢音セイ　呉音シヤウ
淨　去声勁韻　漢音セイ　呉音ジヤウ

「錠」の呉音の破裂音が、破擦音と変化して、「上」の呉音で写されたと見られる。とすれば、この借音字の用法は室町期以降である。

「上」は、「錠」の借音の点でも呉音であるので、「井・正」は、それ〴〵、「天・彈」の韻尾-*n*の影響による連濁で、呉音が「ジヤウ」となり、その音を「上」で写したものと見られる。また、「淨」ではその呉音を「上」の呉音で写したものである。「上」は、平安朝仮名文学に普通に使用されてゐる外に、『金光明最勝王経古点』『知恩院藏大唐三藏玄奘法師表啓古点』『石山寺法華義疏長保四年点』など広く音注に使用されてゐる。

(9)　さい將たち（宰相たち）　さい將殿（宰相殿）　さい將ぬし（宰相主）　さい將の君（宰相の君）　さい將の中將（宰相の中將）　とうさい將（藤宰相）

將　去声漾韻　漢音シヤウ　呉音シヤウ
相　去声漾韻　漢音シヤウ　呉音サウ

「宰相」は漢音読みであり、[注2]「相」の漢音を「將」の漢音で写したものとみられる。「將」は『新訳華厳経音義私記』『和名抄』で音注に使用されてゐる。

(10)　ろく生（緑青）　こむ生（紺青）　生のこと（箏の琴）

生　平声庚韻　漢音セイ　呉音シヤウ
青　平声青韻　漢音セイ　呉音シヤウ
箏　平声耕韻　漢音サウ　呉音シヤウ

生・青両字は、漢音・呉音ともに同音である。「緑青」の「ロク」が呉音なので、「青」も呉音「シヤウ」であり、「生」も呉音で写したものである。また、「生」の呉音で「淨」の呉音を写したものと見られる。「生」は、『和名類聚抄』『音訓篇立』などで注音に使用されてゐる。

(11)　聲か（唱歌）

聲　平声清韻　漢音セイ　　呉音シヤウ
唱　去声漾韻　漢音シヤウ　呉音シヤウ

「聲」の呉音で、「唱」の音を写したものである。「聲」の注音字の例は、管見に入らない。

(12)　心殿（寝殿）

心　平声侵韻　漢音シム　呉音シム
寝　上声寝韻　漢音シム　呉音シム

二字は、漢音、呉音ともに同音である。「寝殿」は漢音よみとされる。[注3]「心」の呉音に上声があるので、それだとすれば声調まで一致する。「心」は、『建武本論語古点』『音訓篇立』などで注音字に使用されてゐる。

(13)　壽尺院（朱雀院）

壽　去声有韻　漢音シウ　　呉音ジユ
朱　平声虞韻　漢音シユ　　呉音ス・シユ
尺　入声麥韻　漢音セキ　　呉音シヤク
雀　入声薬韻　漢音シヤク　呉音サク・シヤク

「朱雀」は漢音でよまれるので、[注4]それぞれの漢音を、「壽・尺」の呉音で写したものと見られる。「壽」の呉音が濁音であるが、『名義抄』『音訓篇立』における注音例も濁音であり、この借用例は疑を存する。

「尺」は、『和名抄』で「雀」その他の音注に使用されるなど、多用される。

⒁　頌し（誦し）

頌　去声用韻　漢音シヨウ　呉音ジユ

誦　去声用韻　漢音シヨウ　呉音ジユ

二字は全く同音であるので、正確な借音といへる。「頌」の注音例は管見に入らない。

⒂　巡（順）

巡　平声諄韻　漢音シユン　呉音ジユン

順　去声諄韻　漢音シユン　呉音ジユン

二字は、漢音・呉音ともに同じである。「巡」は『大般若經字抄』『建武本論語古点』などに注音字として使用されてゐる。

⒃　し大し（次第し）　大はん（臺盤）　とう大（燈臺）　大上の宮（彈正の宮）

大　去声泰韻　漢音タイ　呉音ダイ

第　去声霽韻　漢音テイ　呉音ダイ

臺　平声咍韻　漢音タイ　呉音ダイ

彈　平声寒韻　漢音タン　呉音ダン

「次第し」では、「第」の呉音を、「大」の呉音で写したものと見られる。

「臺」は、「大」と漢音・呉音ともに同じであるが、「次第し」で「大」が呉音「ダイ」の借音字である故、「臺盤・燈臺」の場合も、「大」の呉音「ダイ」の音で写したものとなる。

「彈」の場合、韻尾の-*n*を「イ」で表記する方法が、平安初期以来訓点資料にあり、[注5] また土左日記にもある。その「イ」表記の「ダイ」が更に、漢字で「大」と表記したものと思はれる。

「大」は『音訓篇立』で注音字に使用されてゐる。

⒄　き丁（几帳）　丁（帳）　御丁（御帳）　丁たい（帳臺）

丁　平声青韻　漢音テイ　　呉音チヤウ

帳　去声漾韻　漢音チヤウ　呉音チヤウ

「丁」の呉音が借音されたのは、帳の呉音と推定される。[注6]「丁」は『聖語藏央堀魔羅經古点』『和名抄』『音訓篇立』などで注音に使用されてゐる。

⒅　天上人（殿上人）

天　平声仙韻　漢音テン　呉音テン

殿　去声線韻　漢音テン　呉音デン

「天」の両音形のどちらかが、「殿」の漢音を写したものだが、「天」の呉音は去声なので、呉音の借音とすれば、声調までが一致する。

「天」は『和名抄』で「殿」などの注音字に使用され、『音訓篇立』などでも注音に使用されてゐる。

⒆　殿下（天下）

「天下」の他の表記としては、「てんけ・てけ・てん下・天下」があり、呉音よみの「テンゲ」である。それで、「殿」の漢音で、「天」の呉音を写したと見られる。

「殿」は『和名抄』で「天」などの注音字に使用され、また、『大般若経字抄』『音訓篇立』などでも注音に使用されている。

⒇　東中將（頭中將）

東　平声東韻　漢音トウ　呉音トウ

頭　平声侯韻　漢音トウ　呉音ヅ

「頭」の漢音を、「東」の漢音で写したと見れば、声調まで一致する。が、「頭」の原音 tau を写した「トウ」と、「東」の原音 tuŋ を写した「トウ」とでは、「ウ」の写した音が異なつてゐた。その両者の「ウ」の間の差が失はれて後、この「東」の借音表記が成立したと考へられ、当初から存在した表記とは解せられない。

「東」は『和名抄』で注音字に使用されてゐるが、すべて -ŋ 韻尾をもつ「蝀・鶇」についてである。

㉑　兩する（領する）

兩　上声養韻　漢音リヤウ　呉音リヤウ

領　上声靜韻　漢音レイ　呉音リヤウ

「領」の呉音を、「兩」で写したものだが、呉音は平声なので、声調まで、写したものとすれば、「兩」の呉音となる。

「兩」は『金光明最勝王經古点』『和名抄』『音訓篇立』などで、注音字に使用されてゐる。

㉒　六とも（祿ども）

六　入声屋韻　漢音リク　呉音ロク

祿　入声屋韻　漢音ロク　呉音ロク

「六」の呉音で、「祿」の音を写したもので、「祿」は漢音、呉音、いづれとも決しがたい。「六」は『建武本論語古点』『大般若經字抄』『音訓篇立』などで注音字に使用されてゐる。

(23)　天王(天皇)

王　平声陽韻　漢音ワウ　　呉音ワウ

皇　平声唐韻　漢音クワウ　呉音ワウ

「皇」の呉音が「王」によつて写されたものである。「王」は『和名抄』『音訓篇立』などで、注音字に使用されてゐる。

(24)　まとめ

以上に考察した類音表記では、大多数が呉音の借音であり、漢音の借音が明確なものは「殿・東・將」の三字に過ぎない。

また、類音表記は、多くは拗音を表記するものであると諸先学により指摘されてゐるが、宇津保物語の類音表記もその傾向にあり、二三字のうち十六字が拗音の表記である。直音を示す「下・五・心・大・天・殿・六」の七字は、「殿」を除いて画数の少い平易な字であり、七字とも日常よく使用される字である。

また、借音字は、平安朝初期からの訓点資料や音義類に注音字として使用されてゐるものが殆んどであり、当時の用字法に沿つた表記の一面をもつ。が、他面、「上(錠)・東中將(頭中將)」などの如く、中世以降の音変化に伴ふ表記も見られ、当初の表記ではない面が混在する。

第二節　語　数

宇津保物語の漢語を、一字語・二字語・三字語と字数で分類し、異なり語数・延べ語数とそれ〳〵の百分比、及び平均使用度数を、表示する。

なほ、充てるべき漢字が不明な、疑問の存する語が、約六十語あるが、表からは除外した。

	一字語	二字語	三字語	四字語	五字語以上	計
異なり語数 A	541	1196	357	116	43	2253
百分比	24	53.1	15.8	5.1	1.9	(99.9)
延べ語数 B	4087	6873	1879	354	68	13261
百分比	30.8	51.8	14.2	2.7	0.5	(100.1)
平均使用度数B／A	7.55	5.75	5.26	3.05	1.58	5.89

異なり語数は、二字語が最も多くて50%を越え、次いで、一字語・三字語が続き、四字語・五字語以上と字数が増加すると急激に減少する。

延べ語数も、二字語が50%を越え、一字語・三字語・四字語・五字語以上の順に減少して行き、異なり語数とほゞ似た傾向である。たゞ、百分比が、一字語は異なり語数に比べて増大し、四字語・五字語以上は減少してゐる。

延べ語数を異なり語数で除した平均使用度数は、一字語が最大で、二字語・三字語と字数が増えるにつれて減少して行く。

これは、一字語は異なり語数は少いもの丶、一語一語が使用される回数は多いことを示し、二字語・三字語は異なり語数はそれ〲差があるが、一語の使用回数はほゞ似通つてゐる。また、四字語・五字語は、異なり語数も少く、一語一語の使用回数も少い。

宇津保物語の本文は、誤写と思はれるものも多く、その語数も計算しがたい。が、『宇津保物語　本文と索引　索引篇』により、私見を加へて計算すると、約一二二〇〇語である。二二五六語は、その18.5％に達し、竹取物語・伊勢物語・土佐日記などに比べて、飛躍的に大きい比率である。

第三節　和漢混種語

和漢混種語は、多種多様で語数も多く、漢語の慣用久しい感がある。以下、体言・用言に大別し、例語を挙げて考察を加へる。

体言　漢語と和語との複合形式を分類して、それ〲の形式ごとに述べる。

(1)　接頭語「御」——漢語

おほん楽　おほむきん（琴）　おほんけん（験）　おほむせうそく（消息）　おほんたい（臺）　おほんまく（幕）　おほんえさく（會釋）　みかうし（格子）　みきちやう（几帳）　みけいめい（敬命）　みけしき（氣色）　みけん（験）　みさう（相）　みさう〲（庄々）　みしやう（庄）　みさうし（障子）　みさうし（曹司）　みす経（誦経）　みすほう（修法）　みすいしん（随身）　みせうそく（消息）　みそう（族）　みたう（堂）　みちやう（帳）　みつし（厨子）　み

つしところ（厨子所）　みてし（弟子）　みとく（徳）　みふ（封）　みらう（領）　みれう（料）　御あいし（愛子）　御いまやう色（今様色）　御えう（要）　御おと、にうと（弟入道）　御おん（恩）　御か（賀）　御かう（講）　御かくもん（学問）　御くのもの（具の物）　御願　御けしやう（化粧）　御けふそく（脇息）　御こ（碁）　こと御てうと（異御調度）　御さ（座）　御さう（箏）　御しやうか（唱歌）　御さうそく（裝束）　御さえ（才）　御しそく（親族）　御したい（次第）　御しつらひ（室礼）　御四郎　御せうふう（處分）　御せく・御せつく（節供）　御せちれう（節料）　御そくゐ（即位）　御題　御たいきやう（大饗）　御大事　御たいめん（對面）　御たらう（太郎）　御たらに（陀羅尼）　御つし（通事）　御てうと（調度）　御てほん（手本）　御ねち（熱）　御念佛　御はかせ（博士）　御はん（判）　御はん（番）　御ひは（琵琶）　御ひやうふ（屛風）　御ふけう（不興）　御ふせ（布施）　御ふたい（文題）　御ふつみやう（佛名）　御へう（表）　御ほい（本意）　御ほに（盆）　御ほうふく（法服）　御やうたい（様態）　御よう（用）　御ようい（用意）　御れい（靈）　御ろく（祿）　御ゑほうし（烏帽子）

「御」と漢字表記されてゐる場合の読みは、仮名表記の「おほむ」「み」の他に「ご」「ぎよ」の可能性もある。その「ご」「ぎよ」の場合は、本項の対象からは除かれる。

「おほんけん・みけん（御験）」「おほむせうそく・みせうそく（御消息）」と、同一の漢語に「おほむ」「み」の両方がついてゐる例がある反面、「み」が上接してゐる漢語には、佛教関係・家具関係のものが多い。また、「おほむ」の形のみで、「おん」の形がないのは、院政期を下らない表記と見られる点、注目される。

(2)　漢語——接尾語「きみ」

こ（故）きみ　三郎きみ　しらう（四郎）君　たらう（太郎）君　中將君

すべて人の呼稱である。

(3)　漢語――接尾語「どの」

一條との　右大將との　右大臣殿　右大弁殿　おほき大將との　きやうこく(京極)との　九條殿　宮内卿殿　源右大將殿　源大納言殿　けん(源)中納言殿　こ(故)大臣殿　こん(權)大納言殿　宰相との　左大將との　左大臣との　左大弁との　左衛門督殿　三條との　三條右大臣殿　しゝう(侍從)との　七てう(條)殿　しん(新)中納言殿　す、しの中納言殿　そち(帥)殿　大將との　大臣との　大納言との　中將との　中納言との　藤宰相との　藤大納言殿　二條殿　女御との　左の大將殿　兵衛督殿　平中納言殿　へたう(別當)との　弁殿　院の女御との

すべて、身分ある人の呼稱である。

(4)　漢語――接尾語「たち」

いふそく(有職)たち　きやう(京)くそたち　公卿たち　こ(御)たち　ことみやうふ(異命婦)たち　さい將(宰相)中將たち　左近中將たち　ししう(侍從)たち　しそく(親族)たち　少將たち　せんし(禪師)たち　そんわう(孫王)たち　大將たち　大とく(德)たち　中將たち　中納言たち　ないし(内侍)たち　女御たち　女房たち　はかせ(博士)たち　院のうへたち

すべて、人の呼稱である。

(5)　漢語――接尾語「ども」

あひし(愛子)とも　あく(悪)とも　いふそく(有職)とも　かう(香)とも　みかうし(御格子)とも　樂器とも　かく(学)生とも　かくす(樂衆)とも　かくそ(樂所)とも　かく(樂)人とも　き丁(几帳)とも　みき丁(御几帳)とも　きやう(經)とも　く(具)とも　願とも　くはん(官)人とも　こき(御器)とも　こせん(御前)とも　こた

い(御題)とも　ことたい(異對)とも　みしやう(御庄)とも　しやう〳〵(庄々)とも　しやうそく(裝束)とも　御しやうそく(裝束)とも　さえ(才)とも　さかう(麝香)とも　さうし(雜仕)とも　師とも　詩とも　しうとく(宿徳)とも　しきし(色紙)とも　十ひき(疋)とも　しふ(集)とも　上手とも　しう(主)とも　すう(衆)とも　そう(尉)とも　諸大夫とも　しんか(臣下)とも　随身とも　御すいしん(随身)とも　御せうそく(消息)とも　せうもち(抄物)とも　せちゑ(節會)とも　そうはう(僧坊)とも　たい(對)とも　たい(台)とも　御たい(台)とも　てうと(調度)とも　にき(日記)とも　女はう(房)くるまとも　はかせ(博士)とも　はくち(博打)とも　ひやうふ(屏風)とも　御ひやうふ(屏風)とも　兵衛のせう(尉)とも　御ほに(盆)とも　ほうふく(法服)とも　本とも　ほんさい(本妻)とも　まひのし(師)とも　まところの別當とも　文人とも　らう(廊)とも　れい(靈)とも　六(祿)とも　ろくろし(轆轤師)とも

人の他に、器物・書籍・行事・衣類・家屋など、種々のものを表はす語である。

(6)　漢語――接尾語「ら」

あく(悪)ら　学生ら　さこん(左近)ら　したん(紫檀)ら　せうもち(抄物)ら　はかせ(博士)ら　まゐのし(師)ら　殿上人等

人の他に、植物・書籍を表はすが、最後の例は確例とは言へない。

(7)　漢語――その他の接尾語

はう(坊)かね　めいわう(明王)かね　官人こと　せちゑ(節會)こと　かうい(更衣)はら　ひん(鬢)つき　女御はら　ほふし(法師)はら　四てう(條)わたり

人物関係の語が大半であるが、行事・人体・町筋など種々の語がある。

(8)　和語――漢語

あふきひやうし(扇拍子)　ありやう(有り様)　あをし(青甆)　いかだし(筏師)　いかやう(様)　いまやう(様)　うすすはう(薄蘇芳)　うすやう(様)　うちさうし(内曹司)　うふやさうそく(産屋装束)　おいかくもん(老學問)　大藏卿　大くら史生　おほやけやう(公様)　かやう(様)　からかく(唐楽)　かりきぬさうそく(狩衣装束)　かりしやうそく(狩装束)　くすし(藥師)　くろはう(黒方)　御心したい(次第)　心しやうす(上手)　ことさえ(異才)　ことやう(異様)　さやう(様)　しらきく(白菊)　しらう(白鑞)　たたまろほうし(忠麿法師)　な、所經　なおしさうそく(直衣装束)　ねさうそく(寢装束)　ひとるい(一類)　ひんかしさうし(東曹司)　ふた大將(二大將)　ふた院(二院)　ふるひやうふ(古屛風)　まきゑ(蒔繪)　みたりかくひやう(乱り脚病)　みなもし(御名文字)　よこさ(横座)　わかほうし(若法師)　わらはへいしう(童陪従)　をはりほうし(尾張法師)　女たいきやう(大饗)

(9)　漢語――和語

をんやうしふみ(陰陽師文)　かくや(樂屋)　きくその(菊園)　きやうしところ(行事所)　京つと　京ひと　京わらはへ　けさう(懸想)人　こいしけ(碁石笥)　こうち(碁打)　こて(碁代)物　こまうと(高麗人)　こまふえ(高麗笛)　こます、(高麗鈴)　さうしまち(曹司町)　さうしめ(雜仕女)　三條ほりかは　ししうところ(侍従所)　すきやうふみ(誦經文)　しをんいろ(紫苑色)　すりつかさ(修理職)　せんしかき(宣旨書)　大臣めし(召し)　殿上人　殿上わらは　殿上わらはへ　殿上くち　殿上くら人　頭藏人　とくまち(徳町)　二てう(條)おほち　はうさため(坊定め)　八まち(町)　ひらうけ(檳榔毛)　やくしほとけ(藥師佛)　らうすり(蠟摺り)　れい(例)人　ろくろひき(轆轤挽)　ゐきをさめ(威儀納め)　院かた(方)　ゑふつかさ(衛府司)

(8)(9)の形式では、漢語が多種多様で、しかも語数が多く、竹取物語・伊勢物語・土佐日記などの漢語とは比較にならぬほど自由に複合語を構成してゐる。

(10)　複式混種語

いまやう(今様)色　くすしふみ(薬師文)　こと御てうと(異御調度)

「今様―色」「薬師―文」「異―御調度」と、混種語と和語との複合語の形式をもつものである。この形式に該当するものとしては、これまでに挙げた形式の例中にも、「御厨子所・異命婦たち・み格子ども・み几帳ども・異對ども・み庄ども・御装束ども・御随身ども・御消息ども・御台ども・女房車ども・御屏風ども・御盆ども」などがある。

以上、(1)～(10)の形式の体言は、三二六語、14.5%に達する。

用言　動詞・形容詞に二分し、さらにそれぐ〵複合の形式により細分して、検討する。

(1)　一字語サ変動詞

えう(要)し　をく(臆)せ　かい(害)する　かう(講)す　かく(樂)し　かん(感)し　かむ(勘)せ　きやう(饗)せ　けう(興)し　く(具)し　くわん(願)し　けい(啓)す　けう(孝)する　けん(現)し　こう(困)し　さう(相)する　さ(差)す　さ(鎖)し　さ(座)し　し(辞)す　しやうし(請)し　す(誦)す　すん(誦)し　せい(制)し　せう(招)し　せ(施)す　そう(奏)す　てう(懲)し　てう(調)す　とう(動)し　とく(督)し　にん(妊)し　ねむ(念)し　はい(拝)し　ひ(秘)し　ふん(封)し　ほう(報)し　やう(瑩)し　よう(用)し　らう(労)し　らう(領)しりやう(領)す　れう(凌)せ　れう(料)せ　ろう(弄)し　ゑ(怨)し

(2)　二字語サ変動詞

あない（案内）し　いふらう（遊猟）し　かうし（講師）す　かうしん（庚申）し　かかい（加階）す　かくもん（学問）せ　かち（加持）し　かんたう（勘當）し　き（祈）願し　きふたい（及第）し　きやうし（行事）す　くやう（供養）し　けうやく（交易）し　けさう（懸想）し　けさう（氣上）し　けんけう（検校）し　こしき（乞食）する　御らん（覧）す　さうか（唱歌）す　さうし（曹司）し　さうそく（装束）し　さるかう（散楽）する　したひ（次第）し　しゆきやう（誦經）す　すほう（修法）せ　しんとう（震動）す　しんらう（心勞）し　すそ（呪咀）し　せうよう（逍遙）し　せうすい（憔悴）し　せうそく（消息）し　御せうそこ（消息）し　せちかい（殺害）す　大きやう（饗）し　大事し　たいしやく（對策）せ　たいめん（對面）す　たんゐ（探韻）す　ちゆうはい（仲媒）し　つゐせう（追従）する　とうさう（登省）し　入学し　ねんくはん（念願）し　ねんす（念誦）し　はつとう（發動）し　ふけう（不興）し　ふたう（舞踏）す　ほてい（拂底）し　ゆいこん（遺言）し　ようい（用意）し　らんしやう（乱声）し　輪廻し　れんし（連子）す

(3)　漢語サ変動詞――和語動詞

きしあひ（擬し合ひ）　きようしあはせ（興し合はせ）　きようしめて（興し愛で）　しやうしいて（請し出で）　しやうしいれ（請し入れ）　しやうしよせ（請し寄せ）　すりしはて（修理し果て）　すんしあけ（誦し上げ）　せいしそさ（制し過さ）　そうしきり（奏しきり）　そうしくたす（奏し下す）　てうしいたし（調し出し）　てうしいそく（調し急く）　てうしすへ（調し据ゑ）　てうしまうくる（調し設くる）　ねんしあまり（念し余り）　えんしうらみ（怨し恨み）

和漢混種語である漢語サ変動詞に、和語の動詞が下接した複合動詞である故、複式混種語と云へる。この場合の漢語サ変動詞は、「修理し」を除いて、一字語サ変動詞である。

(4)　接頭語――漢語サ変動詞

うちく(打具)し　うちけそう(打化粧)し　うちすん(打誦)し　うちやう(打瑩)し　かいく(具)し　みすり(修理)す　御たいめん(對面)せ

これらも複式混種語であり、「御」がつくのは二字語サ変動詞で、他は一字語サ変動詞が構成要素となつてゐる。

(5)　和語動詞――漢語サ変動詞

あそびけうす(遊び興す)　いひてうせ(言ひ懲せ)　おもひこうし(思ひ困し)　おもひくす(思ひ屈す)　おもほしくし(思ほし屈し)　おもほしくむす(思ほし屈す)　かれこうし(枯れ困し)　しくし(爲具し)　せめてうし(責め調し)　みけうし(見興し)　やきてうし(焼き調し)

これらも複式混種語であり、一字語サ変動詞が構成要素となつてゐる。

(6)　漢語――和語動詞

あいきやう(愛敬)つき　あふ(奥)よる　くう(功)つき　くせち(口舌)ののしり　けしき(氣色)はむ　上す(手)めき　せうそこ(消息)たつ

(7)　漢語の語末音が活用する動詞

さうそき(装束き)　さうそかし(装束かし)　さうそきをか(装束き置か)　さうすきたち(装束き立ち)　さうそきまうけ(装束き設け)　かさりさうそき(飾り装束き)

漢語「装束」の語末音「く」を活用させて、四段動詞としたもので、漢語が和語化した典型である。[注7] その「装束く」が、更に和語動詞と複合したものは、複式混種語に準じたものと言へる。

(8)　漢語――形容詞「なし」

なん(難)なき　はう(法・方)なけれ　ひん(便)なく　ほい(本意)なし　めんほく(面目)なく　よう(用)なきろ(論)なく

漢語形容詞の数は、漢語動詞に比べると比較にならぬほど少い。そして、その大部分は、漢語に「なし」が下接した構造をもつ。

(9)　漢語——形容詞的接尾語

らう(乱)かはしき　上らう(﨟)しう　らう〳〵(労々)し

形容詞的接尾語「がはし」「し」が下接した例が三例あるが、「し」が下接する漢語一例は畳語である。

以上(1)〜(9)の用言の混種語は一五七語で、異なり語数の6.96％を占める。

複合の形式も多種で、サ変動詞が多数ではあるが、一旦サ変動詞となつて、更に別の和語と二重に複合する複式の混種語もあり、漢語が和語に同化する姿が浮き彫りになつてゐる。中でも、「装束く」は、和語の動詞と共通の点を語末音に見出して、四段動詞としたところに、自由な発想と包容力が感じとれる。

和漢混種語は、体言・用言の計四八三語に達し、異なり語の21.4％を占める。その量と比率と、共に大きい。

第四節　漢語の読み

漢語の読みが明確に知れる仮名表記の漢語について、漢音よみ・呉音よみを中心に、声母と韻母の二面から考察する。

頭子音　漢音と呉音で差のある次濁の声母と匣母合口の字について、以下例を挙げて順次検討する。

(1)　明母

さいもく（材木）　もく（木工）　もく（木工）の君　もく（木工）のすけ　もくろく（目録）　ちもく（除目）　めいほく・めほく・めんほく（面目）　みさう（美相）　ちうはい（中媒）　一まい（枚）　三まい（三枚）　七八まゐ（枚）　四十まい（枚）　こうはい（紅梅）　みんふきやう（民部卿）　みち（蜜）　もん（門）　御もん（門）　左ゑもん（衛門）

さゑもんのかみ（左衛門督）　さゑもんのかんのとの（左衛門督殿）　さゑもんのすけ（左衛門佐）　左ゑもんのせう（衛門尉）　すさくもん（朱雀門）　りうもん（龍門）　ゑもん（衛門）　ゑもんのかみ（衛門督）　ゑもんのすけ（衛門佐）　ゑもんのせう（衛門尉）　たいめん（対面）　たいめんする（対面する）　御たいめんす（対面す）　四めん（面）　ようめい（容面）　御めん（免）　まんまく（幔幕）　もかう（帽額）　御みゑほうし（烏帽子）　あくま（悪魔）　あくまこく（悪魔国）　こま（胡麻）　うこま（烏胡麻）　めなう（瑪瑙）　おほんまく（幕）　おほまく（幕）　ところ　めい（命）　みやうふ（命婦）　ことみやうふ（命婦）たち　ゑんめいそくさい（延命息災）　みけいめい（敬命）　めいわう（明王）　めいわう（明王）かね　みやうねん（明年）　佛みやう（名）　御ふつみやう（佛名）　こくも（国母）　みすく（未熟）　みらい（未來）　むけ（無下）　むこ（無期）　むさい（無才）　むさん（無慙）　むしん（無心）　むとく（無徳）　むらい（無礼）　ふあく（武悪）　ふたい（舞臺）　ふたうす（舞踏す）　あうむ（鸚鵡）　ふん（文）　御ふん（文）　ふたい（文題）　ふんたい（文臺）　もし（文字）　もんしやうはかせ（文章博士）　もんしよ（文書）　くはんもん（願文）　花ふれう（花文綾）　ほうもん（法文）　もん（紋）　こもん（小紋）　大もん（紋）　すわうもんせん（蘇坊紋籖）　かくもん（学問）　かくもんす（学問す）　かくもんれう（学問料）　せうもち（抄物）　ほうもち（棒物）　いちもち（逸物）　まんさい（萬歳）　七まん（萬）三千　まんさいらく（萬歳樂）　百まん（萬）

バ行音が漢音、マ行音が呉音であるが、韻尾に鼻音をもつ場合、頭子音が鼻音化して、漢音でもマ行音のま、であるから、それは不明とすると、漢音よみ一二語、呉音よみ五〇語、不明三〇語である。

(2)　泥母

たらに(陀羅尼)　御たらに(陀羅尼)　千すたらに(千手陀羅尼)　たい(内)　ないえん(内宴)　ないき(内記)　ないけうはう(内教坊)　ないし(内侍)　ないしのかみ(内侍督)　ないしのかむのとの(内侍督殿)　ないしの(内侍)かんのおとと　ないし(内侍)のすけ　ないしれう(内侍料)　ないしやく(内戚)　ないせん(内膳)　ないはう(内方)　あない(案内)　あないす(案内す)　院ない(院内)　くない(宮内)　くないきやう(宮内卿)　くない(宮内)のきみ　てい(泥)　なん(難)　た(攤)　あつまた(東攤)　一ねん(年)　一二ねん(年)　こんねん(今年)　卅ねん(年)　千ねん(年)　二三ねん(年)　二十ねん(年)　廿よねん(餘年)　みやうねん(明年)　やくね(厄年)　らいねん(來年)　めなう(瑪瑙)　りうなう(龍脳)　なんてんちく(南天竺)　とうなん(童男)　なころ[注8](納言)　中なこん(納言)の君　へちなう(別納)　ねん(念)　ねんす・ねむす(念す)　ねつ[注9]しあまる(念し餘る)　ねんくはんす(念願す)　ねんすす(念誦す)　あくねん(悪念)　しふね(執念)

ダ行音が漢音、ナ行音が呉音であるが、韻尾に鼻音がある場合、漢音もナ行音となることがある。また「泥(でい)」は漢音であるが、呉音資料にも、この形で出現する。[注10]

漢音よみ四語、呉音よみ二八語、不明一九語である。

(3)　日母

にんにく(忍辱)　に(二)のみこ　しらう(二郎)　しらう(二郎)君　たいに(大貳)　かくにん(樂人)　くはんにん(官人)　たうしん(唐人)　ししうてん(仁壽殿)　にき(日記)　しせん(自然)　しねん(自然)　ねち(熱)　御ねち(熱)　こくねち(極熱)　大はむにやきやう(般若經)　にんす(妊す)　御おと、にうと(入道)

ザ行音が漢音、ナ行音が呉音であり、漢音よみ五語、呉音よみ一三語である。

(4)　匣母合口

ゑ（絵）　ゑし（絵師）　まきゑ（蒔絵）　せちゑ（節会）　せちゑ（節会）とも　けさう（懸想）し　けさう（懸想）人

わか（和歌）　わこん（和琴）　わうしやう（皇麞）　わうちやう（横笛）

カ行音の漢音よみが二語、ワ行音の呉音よみが九語である。

(5)　まとめ

頭子音の面から見た、漢音よみ・呉音よみを、まとめて次に表示する。

	明母	泥母	日母	匣母合口	合計	百分比／172
漢音よみ	12	4	5	2	23	13.4
呉音よみ	50	28	13	9	100	58.1
不明	30	19	0	0	49	28.5

漢音よみが少く、呉音よみはその四・五倍に及ぶ。

韻母　韻について、頭子音と同じく、漢音と呉音とで差のあるものについて、例を挙げて検討する。韻目は平声のみ示し、上声・去声・入声の韻を含めた。また、韻の中で、漢音・呉音に差のない字については、例示を省略した。

(1)　東韻（直音）

ほうらい（蓬萊）　ほうらい（蓬萊）の山　ふこ（豊後）のすけ　つうし（通事）　御つし（通事）　くきやう（公卿）

ていしんこう（貞信公）　さいく（細工）　もく（木工）　もく（木工）の君　もく（木工）のすけ　くとく（功徳）　く

さく(孔雀)　くさく經(孔雀經)　こうはい(紅梅)
「㋔ウ」の音形の漢音読みが四語、「㋒」の音形の呉音読みが十一語である。この他に、「そう(族)・ひとつそう(一つ族)・みそう(御族)」と、「ゾク」の韻尾が「ウ」に変化した現象が注目される。

(2)　東韻(拗音)

ひやうふ(屏風)　御ひやうふ(屏風)　ふるひやうふ(古屏風)　三尺ひやうふ(屏風)　くない(宮内)　くない(宮内)の君　くないきやう(宮内卿)　とうくう(東宮)　しう(衆)　す(衆)　すしやう(衆生)　きさうす(擬生衆)　けす(下衆)　大す(衆)　女房す(衆)　きく(菊)　きくその(菊園)　しらきく(白菊)　ひともときく(一本菊)　すくせ(宿世)　しうとく(宿徳)　ふすく(粉熟)　みすく(未熟)　ろく(六)　すくろく(雙六)
「㋑ウ・ホウ・㋑ク」の音形の漢音読みが六語、「㋒・㋒ウ・㋒ク・ロク」の音形の呉音読みが十九語である。

(3)　鍾韻

ふ(封)　みふ(御封)　ふん(封)す　ほうもち(棒物)　ちうもち(重物)　くこ(供御)　くやう(供養)　くやう(供養)す　きやうほとけくやう(經佛供養)す　御く(供)　せつく(節供)　御せつく(節供)　聖天く(供)　ししう(侍從)　源ししう(侍從)　ししう(侍從)の君　こししう(故侍從)　とうししう(藤侍從)　すさ(從者)　ついせう(追從)す　へいしう(陪從)　おとこへいしう(男陪從)　わらはへいしう(童陪從)　すす・すんす(誦す)　うちすん(誦)す　もろす(諸誦)す　すきやう(誦經)　しゆきやう(誦經)す　みすきやう(御誦經)　すきやうふみ(誦經文)　ねんす(念誦)す　念すたう(誦堂)　けうし(凶事)　りう(龍)　りうなう(龍脳)　りうもん(龍門)
　こく(曲)　たいこく(大曲)　こく(獄)所　地こく(獄)　こく(玉)　しそく(紙燭)　さうそく(裝束)　さうそき(裝束き)　さうそく(裝束)す　おほんさうそく(御裝束)　御さうそく(裝束)す　かりしやうすく(狩裝束)

かりきぬさうぞく（狩衣裝束）　すいかんしやうぞく（水干裝束）　とのいさうぞく（宿直裝束）　なをしさうぞく（直衣裝束）　ねさうぞく（寝裝束）　わらはさうぞく（童裝束）す　そくさこく（粟散国）　そくゑ（觸穢）　くゑんぞく（眷屬）　ぞく（俗）

「ホウ・㋑ヨウ・㋑ヨク」の音形の漢音読みが三語、「㋒・㋑ウ・㋔ク」の音形の呉音読みが五語であり、それぐ〵に音形が変化してゐるものもある。

(4)　之韻

こ（期）　一こ（期）　むこ（無期）　こ（碁）　御こ（碁）　こいし（碁石）　こて（碁代）　こて物（碁代物）　御こてもの（碁代物）　こはん（碁盤）

「ゴ」の呉音読みのみである。

(5)　微韻

け（氣）　けしき（氣色）　けしき（氣色）はむ　御けしき（氣色）　さけ（邪氣）　りやうけ（靈氣）　けふ（希有）　えさう（衣裳）　えい（裛衣）　かうい（更衣）　かういはら（更衣腹）　くのえかう（薫衣香）　ほい（布衣）

「㋑」の音形の漢音読みが四語、「㋓」の音形の呉音読みが九語である。

(6)　魚韻

しやこ（車渠）　こ（御）　こ（御）たち　こたいふのこ（小大輔の御）　こき（御器）　こせん（御前）　こせんす（御前す）　こたい（御題）　こらむ（御覧）す　くこ（供御）　女こ（御）　ねうこのきみ（女御の君）

「コ」の音形は呉音読みである。

(7)　模韻

ふ（譜）　ふせ（布施）　御ふせ（布施）　ほい（布衣）　しやうふ（菖蒲）　ほうせふ（歩障）　そうつ（僧都）　とはう（途方）

「㋔」の音形の漢音読みが三語、「㋒」の音形の呉音読みが五語である。

(8)　齊韻

ほてい（拂底）す　ていわう（帝王）　せんてい（先帝）　五たい（體）　ほたい（菩提）　ほたいす（菩提樹）　たい（題）　おほんたい（御題）　下たい（外題）　こたい（御題）　ふたい（文題）　てし（弟子）　みてし（御弟子）　したい（次第）　きふたい（及第）す　し大（次第）し　御したい（次第）　し大し（次第司）　てい（泥）　けい（啓）す　さいこく（西国）　とうさい（東西）　さいはうしやうと（西方淨土）　さいく（細工）　いさい（委細）　さい（妻）　さいし（妻子）　ほんさい（本妻）　一さい（切）經　しちらい（失禮）　むらい（無禮）　れいけい（麗景）殿　かうらい（高麗）　ちゑ（智慧）

「㋓イ」の音形の漢音読みが六語、「㋐イ・㋓」の音形の呉音読みが二八語である。

(9)　泰韻

内け（外）　ゑ（繪）　まきゑ（蒔絵）　ゑし（繪師）　はくゑ（箔繪）　おほんゑさく（御會釋）　しむしやうゑ（新嘗會）　せちゑ（節會）　大しやうゑ（嘗會）　大ほうゑ（大法會）　たうのゑ（塔の會）

「㋓」の音形ですべて呉音読みである。

(10)　佳韻

けたい（懈怠）　さいし（釵子）

「㋐イ」の音形の漢音読みが一語、「㋓」の音形の呉音読みが一語である。

(11)　廃韻

そくゐ（觸穢）

「㋓」の音形の呉音読み一語のみである。

(12)　眞韻

こし（巾子）　こん〳〵（金銀）

「㋔ン」の音形の呉音読みが二語である。

(13)　欣韻

このえ（近衛）　このえつかさ（近衛司）　うこん（右近）　うこん（右近）のめのと　右こん（近）君　右こん（近）のこきみ　うこむのしやうけん（右近將監）　うこん（右近）の少將　うこんのそう（右近丞）　うこん（右近）の中將左右こん（近）　左右こんゐ（近衛）　さこん（左近）　さこむ（左近）の中將　こしき（乞食）　こしき（乞食）す

「㋔ン・㋔ツ」の音形の呉音読みのみである。

(14)　山韻

四五けん（間）　七けん（間）　十一けん（間）　十五けん（間）　せけん（間）　さんきやう（產經）　さしき（棧敷）御さしき（棧敷）

「㋐ン」の音形の漢音読みが三語、「㋓ン」の音形の呉音読みが五語である。

(15)　元韻

しんこんゐん（真言院）　中なこん（納言）の君　なころ（納言）　ゆいこん（遺言）　ゆいこん（遺言）す　ゆいこん（遺言）しをく　ほうこ（反故）　すいはん（水飯）　けん（券）　くゐんさいしやう（源宰相）　くゐんし（源氏）　け

んし(源氏)の君　けんし(源氏)の中将　けんし(源氏)の中納言　けん(源)中将　けん(源)中納言　けん(源)中納言殿　くわん(願)　くはん(願)す　くはんしよ(願書)　くはんもん(願文)　けちくわん(結願)　けちくはん(結願)す　少くはん(願)　たいくはん(大願)　ねんくはん(念願)す　ゑん(怨)す　しほん(紫苑)　しをん(紫苑)色　ゑんか(垣下)　くゑち(闕)　けちす(闕巡)　ゑちこ(越後)

「㋓ン・㋓ツ」の音形の漢音読みが十五語、「㋔ン・ワン」の音形の呉音読みが十八語であり、ワ行音をハ行の仮名で表記する例は後代の表記である。

⒃　仙韻

こんのかみ(権守)　こんのすけ(権介)　むまのくゑんすけ(馬の権助)　こん(権)少将　こん(権)大納言殿　こん(権)中納言

「㋓ン」の音形の漢音読みが一語、「㋔ン」の音形の呉音読みが五語である。たゞし、この漢音読みについては、疑問が存する。

⒄　肴韻

へう(豹)　はうちやう(庖丁)　けうやく(交易)　けうやく(交易)す　ないけうはう(内教坊)　せうもち(抄物)　けう(孝)　ふけう(不孝)　すかう(酒肴)　けんけう(検校)す

「㋐ウ」の音形の漢音読みが二語、「㋓ウ」の音形の呉音読みが八語である。

⒅　麻韻　(直音)

めなう(瑪瑙)　上め(馬)　けいし(家司)　けいし(家司)たち　しもけいし(下家司)　かうけ(豪家)　本け(家)　けさ(袈裟)　こか(胡笳)　けす(下衆)　しんか(臣下)　てけ(天下)　ひけ(卑下)す　むけ(無下)　ゑんか

（垣下）　たうくは（桃華）殿　うとんけ（優曇華）　けにむれう（花文綾）　へんけ（変化）

「㋐」の音形の漢音読みが四語、「㋓」の音形の呉音読みが十五語である。

⒆　庚韻（直音）

かうしん（庚申）　かうしん（庚申）す　きちかう（桔梗）　きかう（桔梗）色　かうい（更衣）　かうゐ（更衣）たち　かうい（更衣）はら　しやう〳〵（生々）世々　一しやう（生）　かくしやう（学生）　きさう（擬生）　きさうす（擬生衆）　すしやう（衆生）　ちやうせいてん（長生殿）　ふしやう（府生）　さう（笙）　さう（笙）のふえ　さう（笙）の御ふゑ　きやうかう（行幸）　きやうし（行事）　きやうし（行事）す　きやうし（行事）ところ　ふかう（不行）　はうし・ひやうし（拍子）　あふきひやうし（扇拍子）　ひやくたむ（白檀）　ひやくるり（白瑠璃）　かうし（格子）　みかうし（御格子）　かく（客）　りんしかく（臨時客）　もかう（帽額）　わうちやう（横笛）

「㋐ウ・㋐ク・㋓イ」の音形の漢音読みが十五語、「㋑ヤウ・㋑ヤク」の音形の呉音読みが十九語である。たゞし「笙」は呉音読みの直音化と見られる。「拍子」に漢音読み・呉音読みがある点が注目される。また、「拍子・格子・帽額」の韻尾の「ク」が「ウ」に変化してゐる。

⒇　庚韻（拗音）

ひやうふ（兵部）　ひやう（兵）部卿　ひやうふのたいふ（兵部の大輔）　ひやう（兵）部卿のみこ　ひやうふきやうのみや（兵部卿の宮）　ひやうゑ（兵衛）　ひやう（兵）衛の督　ひやうゑのかんの殿（兵衛の督の殿）　ひやうゑのかんのきみ（兵衛の督の君）　ひやうゑのきみ（兵衛の君）　ひやうゑのすけ（兵衛の佐）　ひやうゑのせう（兵衛の尉）　ひやうゑのつかさ（兵衛府）　右ひやう（兵）衛せう　へいれう（平綾）　ひやうさ（病者）　かくひやう（脚病）　みたりかくひやう（乱り脚病）　めい（命）　みやうふ（命婦）　ことみやうふ（異命婦）たち　ゑんめいそく

さい（延命息災）　みけいめい（御敬命）　めいわう（明王）　めいわう（明王）かね　みやうねん（明年）　きやう（京）　きやうこく（京極）　きやうこく（京極）殿　れいけい（麗景）殿　きやうさく（警策）　けうさう（警策）す　あいきやう（愛敬）　あいきやう（愛敬）つく　きやう（卿）　くきやう（公卿）　くないきやう（宮内卿）　しきふきやう（式部卿）の宮　しきふきやう（式部卿）の君　ちふきやう（治部卿）　こちふきやう（故治部卿）　みんふきやう（民部卿）　みんふきやう（民部卿）殿　そうけい（宗慶）　とうえい（藤英）　やう（瑩）す

「㋓イ」の音形の漢音読みが九語、「㋑ヤウ」の音形の呉音読みが三八語である。

(21)　清韻

佛みやう（名）　御ふつみやう（佛名）　しやうし（精進）　てん上（天井）　さう（姓）　百さう（姓）　本上（性）　せいりやうてん（清涼殿）　さう（請）す　上と（淨土）　さいはうしやうと（西方淨土）　たんさく（短籍）　けうやく（交易）　けうやく（交易）す　ふえう（不益）　やく（役）　さうやく（雜役）　ていしんこう（貞信公）　さうしみ（正身）　みさうしみ（御正身）　せいひ（正妃）　たんしやう（彈正）の宮　をんしやうかく（音聲楽）　らんしやう（亂聲）す　さうてん（聖天）　せいとく（聖德）　御りやう（領）　りやう（領）す　すりやう（受領）　おほんえさく（御會釋）　一しやく（尺）　一しやく（尺）二すん（寸）　五しやく（尺）　三しやく（尺）　四しやく（尺）　二しやく（尺）　八しやく（尺）　六しやく（尺）

「㋓イ・㋓キ」の音形の漢音読みが五語、「㋑ヤウ・㋑ヤク」の音形の呉音読みが三三語である。

(22)　青韻

へいし（瓶子）　こへい（胡瓶）　へい（屏）　ひやうふ（屏風）　御ひやうふ（屏風）　三尺ひやうふ（屏風）　ふるひやうふ（古屏風）　ちやうし（丁子）　はうちやう（庖丁）　廿ちやう（町）　ふちやう（定）　きやう（經）　きやうほ

とけくやう（經佛供養）す　さんきやう（産經）　すきやう（誦經）　しゆきやう（誦經）す　みすきやう（御誦經）　すきやうふみ（誦經文）　大はむにやきやう（般若經）　ときやう（讀經）　ときやう（讀經）す　みときやう（御讀經）　けひ（磬）　こむ生（紺青）　ろく生（緑青）　れんし（櫺子）す　れい（靈）　御れい（靈）　りやうけ（靈氣）　わうちやう（横笛）　外しやく（戚）　ないしやく（内戚）

「㋓イ」の音形の漢音読みが七語、「㋑ヤウ・㋑ヤク」の音形の呉音読みが二五語である。また、「横笛」の韻尾の「ク」が「ウ」に音変化してゐる。

(23)　侯韻

しきふ（式部）　しきふきやう（式部卿）の君　しきふきやう（式部卿）の宮　こしきふ（故式部）卿の宮　しきふのせう（式部の丞）　しきふのたいふ（式部の大輔）　ちふきやう（治部卿）　こちふきやう（故治部卿）　ひやうふ（兵部）　ひやうふのたいふ（兵部の大輔）　ひやうふきやうのみや（兵部卿の宮）　みんふきやう（民部卿）　みんふきやう（民部卿）殿　りほう（吏部）　とう（頭）　とう（頭）の君　とうさいさう（頭宰相）　とうさいさう（頭宰相）殿　とうちうしやう（頭中將）　とう（頭）の中將君　れんく（聯句）　天く（狗）　くせち（口舌）　そう（奏）す　こかむ（後勘）　こゐむ（後院）　ゑちこ（越後）　せんこ（前後）　たんこ（丹後）　たこ（丹後）の守　ひんこのかみ（備後の守）　ろう（樓）

「㋔ウ」の音形の漢音読みが九語、「㋒・ゴ」の音形の呉音読みが二三語である。

(24)　尤韻

すかう（酒肴）　すそ（呪咀）　すそ（呪咀）す　す（修）行　すほう（修法）　みすほう（御修法）　すり（修理）のかみすり（修理）す　みすり（御修理）す　すりつかさ（修理司）　すりしき（修理職）　あすら（阿修羅）　すさい（秀

オ）　しやうす（上手）　上す（手）めく　心しやうす（上手）　千すたらに（手陀羅尼）　ししうてん（仁壽殿）　すりやう（受領）　いふ（優）　うとんけ（優曇華）　うはそく（優婆塞）　うこん（右近）　うこん（右近）のめのと　うこむのしやうけん（右近の將監）　うこん（右近）の少將　うこんのそう（右近の丞）　うこん（右近）の中將　さう（左右）　いうそく（有職）　うしむ（有心）　うしむしや（有心者）　けふ（希有）　ゆう〳〵（悠々）　ゆた（油單）　いふらう（遊獵）　るさい（流罪）　るり（瑠璃）　こんるり（紺瑠璃）　ひやくるり（白瑠璃）

「㋑ウ」の音形の漢音読みが五語、「㋒」の音形の呉音読みが三五語である。

(25)　侵韻

ほん〳〵（品品）　こん（今）月　こんねん（今年）　きん（金）　こん〳〵（金銀）　こんしき（金色）　こんかう大し（金剛大師）　わこん（和琴）　おんやうし（陰陽師）　をんやうしふみ（陰陽師文）　おんやうのかみ（陰陽の頭）　をんしやうかく（音聲楽）

「㋑ム」の音形の漢音読みが一語、「㋔ム」の音形の呉音読みが十一語である。

(26)　覃韻

たむゐん（探韻）　たんゐ（探韻）す　とんよく（貪欲）　うとんけ（優曇華）　こんわた（紺綿）　こん生（紺青）　こんるり（紺瑠璃）

「㋐ム」の音形の漢音読みが二語、「㋔ム」の音形の呉音読みが五語である。

(27)　銜韻

うこむのしやうけん（右近の將監）　こふ（甲）　かいこふ（貝甲）

「㋓ム・コフ」の音形は、ともに呉音読みである。

(28)　嚴韻

こう(劫)　万こう(劫)　けう(業)　こふ(業)　けうそく(脇息)　御けうそく(脇息)

「ケフ」の音形の漢音読みが三語、「コフ」の音形の呉音読みが三語である。

(29)　凡韻

ほう(法)　ほうし(法師)　ほたし(法師)はら[注11]　をはりほうし(法師)　わかほうし(法師)　ほうふく(法服)　ほうふく(法服)す　御ほうふく(法服)　大ほうゑ(法會)　ほうもん(法文)　さほう(作法)　しほう(實法)　すほう(修法)　みすほう(御修法)

「ホフ」の変化した「ホウ」の呉音読みのみである。

(30)　職韻

ちょくし(勅使)　きやうこく(京極)　きやうこく(京極)殿　こくねち(極熱)　そくゐ(即位)　御そくゐ(即位)

しよく(職)　しきのさうし(職の曹司)　しきし(職事)　いうそく(有職)　すりしき(修理職)しきし(色紙)　からしきし(唐色紙)　けしき(氣色)　けしき(氣色)はむ　みけしき(御氣色)　こんしき(金色)　さうしき(雑色)　ひそく(秘色)　しきふ(式部)　しきふきやう(式部卿)の君　しきふきやう(式部卿)の宮　こしきふ(故式部)卿の宮　しきふのせう(式部の丞)　しきふのたいふ(式部の大輔)　きしき(儀式)　きしき(儀式)す　しき(食)　こしき(乞食)　こしき(乞食)す　としき(屯食)　をく(臆)す　よりき(與力)す

「㋑ヨク」の音形の漢音読みが四語、「㋔ク・㋑キ」の音形の呉音読みが二九語である。

(31)　韻のまとめ

以上で考察した結果を、表にまとめると次の通りである。

韻　読みの別	漢音よみ	呉音よみ
東韻（直音）	4	11
東韻（拗音）	6	19
鍾韻	3	55
之韻	0	10
微韻	4	9
魚韻	0	12
模韻	3	5
斉韻	6	28
泰韻	0	11
佳韻	1	1
廃韻	0	1
真韻	0	2
欣韻	0	16
山韻	3	5
元韻	15	18
仙韻	1	5
肴韻	2	8
麻韻（直音）	4	15
庚韻（直音）	16	23
庚韻（拗音）	9	38
清韻	5	33
青韻	6	21
侯韻	9	23
尤韻	5	35
侵韻	1	11
覃韻	2	5
銜韻	0	3
厳韻	3	3
凡韻	0	14
職韻	4	29
計	112	469
重複語	8	64
共存語	2	2
実数	102	403
百分比/505	20.2	79.8

表の重複語・共存語は次のものである。原表記の仮名を振り仮名として、該当する漢字に施した。

漢音読み重複語……貞信公　布衣　垣下　更衣　更衣たち　更衣腹　麗景殿　有職

呉音読み重複語……公卿　細工　屛風　御屛風　古屛風　三尺屛風　衆生　下衆　宮内卿　供御　經佛供養す　誦經　誦經す　み誦經　誦經文　氣色　氣色はむ　御氣色　靈氣　希有　西方淨土　觸穢　右近　右近のめのと　右近の將監　右近の少將　右近の丞　右近の中將　乞食　乞食す　擬生衆　白瑠璃　京極　京極殿　式部卿の君　式部卿の宮　交易　交易す　音聲樂　受領　御會釋　横笛　式部　故式部卿の宮　式部丞　治部卿　故治部卿　兵部　兵部大輔　兵部卿宮　民部卿　民部卿殿　修法　修理職　金銀　金色　紺瑠璃　紺青　優曇華　大法會

漢音・呉音共存のもの……庖丁　産經

韻母の面からは、漢音読みが約20％、呉音読みが約80％で、呉音読みが約四倍であり、頭子音の場合と稍同様の傾向を示す。

前田家本宇津保物語は現存最古の写本ではあるが、書写年代は物語成立より遙か後代であるし、字音の舌音撥音尾-*n*と唇内撥音尾-*m*の区別も全く失はれてゐるし、唇内入声韻尾の「フ」も大半「ウ」に変化してゐるし、拗音が直音化したと思へる例もあるなど、後世の字音の姿が存する。しかしながら、これらの欠点を持つものの、漢音読み・呉音読みの語の比率は、頭子音・韻の考察で判明した傾向により、概ね伺ひ知ることができる。

第五節　漢語の表現

宇津保物語の漢語と、源氏物語・枕冊子の漢語とで、共通のものを調査すると、次表の如くになる。

	源氏物語と共通	枕冊子と共通	源氏・枕　に共通
語　数	819	429	340
百分比／2255	36.3	19	15.1

宇津保物語の漢語の$\frac{1}{3}$以上が、源氏物語と共通であり、20％弱が枕冊子と共通である。また、源氏物語・枕冊子・宇津保物語に共通に使用されてゐる漢語が約15％存在するのであり、宇津保物語成立の十世紀中葉には、[注12]かなりの数の漢語の共通語彙が、読書階級の人々の間に成立してゐたと見られる。

次に、漢語サ変動詞のうちから、二三取り上げて、その用法を検討する。

第一に、「奏す」は、天皇、又は上皇へ申し上げる意の語であり、次の如く、殆んどそれに該当する。

……源氏一所生まれ給ひけり。母生みおきて隠れぬ。帝しろしめさず。母奏せずなりにけり。（459）注13

「……君やは、忠こそが、帝にかう奏したるやうに告げ給はぬ」（231）

「……嵯峨の院にも折あらば『今かくなん』と奏せん……」（278）

朱雀院に御使参りて委しく奏す。（1645）

すべて111例を、受け手によつて分類すると次表の通りである。

受け手	天皇	天皇と上皇	上皇	春宮	（計）
例数	86	2	20	3	111

例外的に、春宮に対して申し上げる例が三例ある。それを次に示す。

かくて夜ふかくなりて、春宮、御あそびなどし給ついでに「……娘比べなどせられよや。」左のおとど「……」と源中納言そうし給（571）

春宮「それは今のことにこそあなれ。……」大將「宣旨を背かぬ物に侍れば、思ふ給へ煩ひ侍る。」「なにかそは。……なおぼしわづらひそ。」大將「さとば仰言に従はむ」などそうし給を……（575）

大臣たち「よき事聞き侍れど、えなん此の中には定め侍らぬ。なほ申しつるやうに、そうせさせ給へ」とて皆まかで給ひぬ。（1505）

最後の例は、「国譲下」の最初で、中宮とその兄弟の大臣たちとの対話で、「申しつるやうに」とは、「たゞ、御子のよしみに『かくなんとおぼす。いかゞ』と聞え給はんに、御心に定めさせ給て、これをと思さば、何の疑ひか侍らん」（1497）や「なを、只啓するやうに、皇子の君に、あるべきやうを、よからん折、こしらへ聞え給へ」（1502）を指し、「御子・皇子の君」は皇太子である。この個所は、日本古典文学大系本の校異では、異文がない。

これに対し、第一・第二例は「菊の宴」の巻の初めで、流布本系諸本では「嵯峨院」の巻との間で重複本文のある箇所であり、九大本系本文では、この「奏す」の二例は無い。

以上、「奏す」は、天皇に対する場合が大半で、上皇に対しても使用せられ、例外的に皇太子に対しても使用されてゐる。

第二に、「啓す」について検討する。すべて23例を、受け手によつて分類して表示する。

受け手	上皇	中宮	春宮	(計)
例数	18	1	4	23

それ〳〵の例を次に挙げる。

院「いとちひさくて、かしこく舞ふ物かな。……」との給ふに、左の大臣「四人はこの家に侍る童なり」と啓し給へば……(1873)

右大将、その御氣色を給はりて「……」と度々啓し給へば、朱雀院は嵯峨の院へ「啓せらるゝまゝにも」と聞え給へば……(1903)

「……なほ只啓するやうに、皇子の君に、有るべきやうを、よからむ折こしらへ聞え給へ。……」(1562)

春宮もいとあやしと思ほしたるに、この宮「いとたい〳〵しき事は、啓し申さるべき。……」いと切に怨じたまへば、春宮もいとあやしとおぼして……(314)

三番目の例は、「奏す」の項にも引用した文で、中宮に対して、その兄の大臣が話してゐる会話である。上皇に対して使用する例が大半であり、上皇に対しては、「奏す・啓す」の兩語が使用される。

第三に「御覧ず」について、地の文・会話・消息文に大別して検討する。

地の文で使用されてゐるものは、103例あるが、それを、「御覧ず」の動作主によつて分類して、表示する。

動作主	天皇	上皇	中宮・女御君	春宮	藤壺	兵部卿親王	女一宮宮たち	藤壺母	あて宮	大臣	大将	君達	(計)
例数	50	18	4	2	5	2	4	1	5	9	2	1	103

天皇が最も多く、次いで上皇・中宮・春宮と、尊貴の動作に使用するのが、特徴である。藤壺は東宮妃であり、藤壺母(1359)は東宮妃の母である故であらう。あて宮は入内前の藤壺であるが、春宮の懸想人である故であらうか。兵部卿親王・女一宮・宮たちは、それ〴〵高貴の皇族である。

臣下では、大臣のうち8例(274 391 445 526 528 528 731 975)は正頼で、一世の源氏であり、あて宮の父である。1例(1195)は兼雅で、嵯峨院女三宮を妻に迎へ、梨壺の女御の父である。また、大将は二例(1728 1843)とも仲忠であり、朱雀院の女一宮を妻に迎へてゐる。また、君だち(485)は、源氏の涼、少将仲頼、侍従仲忠、兵衛佐行正たちであるが、嵯峨院一世の源氏である涼を主として「御覧ず」を使用したものと見られる。この臣下の場合も、皇族に準ずる高貴の地位の人々である。

以上、地の文の「御覧ず」の動作主は、帝を始めとする皇族、又は皇族に準ずる人々に限られてゐる。

次に会話の中で使用されてゐる「御覧ず」85例について、その動作主を分類して表示する。

動作主	聞手	天皇	上皇	女御	あて宮	大臣
例数	61	9	4	1	4	1

涼中納言	1
人	1
聞手の母	1
話手の主人	1
(計)	85

聞手の場合が最も多いが、その聞手の身分は多種多様である。先づ、帝(933)院(1650)中宮(1503)藤壺(1022)あて宮(145)女一宮(1334)女三宮(1225)五宮(798)式部卿宮(961)兵部卿宮(584)梨壺の若宮(1829)は天皇と皇族又は皇族に準ずる人であり、地の文でも「御覧ず」の動作主であった。

これと同じく、臣下で地の文でも使用されてゐた人として、源中納言(1120)大臣(528)左大臣(1457)大將(729)があるが、これに類するものとして、梨壺の母(1124)大將の妻(589)が挙げられる。これらは、高貴の方と解せられる人々である。

しかし、御随身に対して使用してゐる例(923)もある。「藏開上」で、藏番の嫗翁が話手である。高貴ではないが、官人である御随身に対する敬意から使用してゐるもので、一般の尊敬語と変らない。

このやうに、一般の尊敬語と同じ用法の「御覧ず」は、話手の父の例(1113)、話手の母の例(678 813 1720)が該当するし、又、中將の仲忠が藤壺に仕へる女房兵衛との会話で、兵衛に使用してゐる例(788)も該当する。それに、侍従仲純が、あて宮への恋の仲介を、あて宮の姉である八の君に懇願する会話での例(305)、右大臣忠雅が、妻の怒りをなだめようとする場で、妻の姉妹に対して使用してゐる例(1532)などでは、聞手に過度の敬意を拂つて「御覧ず」を使用してゐると解される。

以上、聞手に対して使用してゐる場合には、天皇・皇族・準皇族の外に、一般の尊敬語と同じく、話手が敬意を拂ふ人物が、新しく登場する。

次に、聞手以外の人物としては、地の文の場合と同じ、「天皇・上皇・女御・あて宮・大臣・涼中納言」と、皇族・準皇族に使用される。

「人」の一例(480)は、聞手を含めた複数の人々を指すので、これも準聞手と解せる。

「聞手の母」の一例(1791)は、話手は仲忠で、聞手はその幼ない娘犬宮であり、聞手の母は仲忠の妻である女一宮である。聞手を強く意識した待遇表現と見られる。

「話手の主人」の一例(1289)は、源宰相実忠に仕へる侍が話手で、主人の実忠について使用してゐるもので、一般の尊敬語と同じ用法である。

以上、聞手以外の人物については、皇族・準皇族の他に、一般の尊敬語と同じく、敬意の対象の人物に使用されてゐる。

従つて、会話文での「御覧ず」の動作主には、地の文の場合と同じ「皇族・準皇族」があり、また、地の文には現れなかつた、尊敬語と同様の一般的な敬意の対象が含まれてゐる。

次に、消息文13例の「御覧ず」について、その動作主を分類して、表示する。

動作主	読手	天皇	人々	(計)
例数	8	4	1	13

読手、つまり、消息文の受け手が8例で最も多い。その身分を細分すると、春宮(131)藤壺(1399)あて宮(594 652)女一宮(955)大将(1585)源中納言(1120)は、「皇族・準皇族」として、地の文、会話文でも「御覧ず」が使用されてゐた人物である。また、中納言実忠の娘袖君に、贈物の缶に書きつけてあつた消息文の例(1488)は、贈り主左大臣の同情の気持からの使用であり、一般の尊敬語の用法と異ならない。この点、会話文の聞手の場合と同様である。

次に、読手以外では、天皇について4例あり、地の文の場合と同じである。また、「人々」の一例(798)は、相撲の節会の日、仁壽殿に参集してゐる高貴の方々である。

以上、消息文の場合は、会話文の場合とほゞ同様の使ひ方であると言へる。

このやうに、地の文、会話文、消息文に分けて「御覧ず」を検討したところを纏めると次のやうになる。

一、地の文では、天皇・上皇・中宮・東宮・皇子・皇女などの皇族、及び一世の源氏などの準皇族の限られた尊貴の方について、使用される。

二、会話文・消息文でも、皇族・準皇族に使用されるが、それに止らず、尊敬の対象である一般の人にも使用される。

三、右の一般の人は、会話の聞手、消息文の読手の場合が多い。

第四に「對面・御對面」「對面す」についてそれぞれ、地の文、会話、消息文に分けて考察する。

地の文の「御對面」は、次の一例である。

一院は嵯峨の院おはしましぬと聞き給ひて、後に御對面あるべきにておはしまさんとし給ふ。（1862）

朱雀院が父嵯峨院に会ふ場合で、「御對面ある」と中世の漢語敬語動詞「御―漢語―あり」の構成となつてゐる点が注目される。

会話の「對面」36例・「御對面」1例を、誰が誰に会ふかを、分類すると、次表の四種になる。その例数とともに表で示す。

種類	(イ)話手→聞手	(ロ)話手→第三者	(ハ)第三者→話手	(ニ)聞手→第三者	（計）
例数	15	9	1	2	27

(イ)では、「對面たまはる」となつてゐるものが12例あり、話手が聞手に敬意を拂つてゐる点に特徴がある。そ

れが端的に示されてゐる例は、帝の仲忠の母（俊蔭娘・兼雅妻）に対する会話（826）で、仲忠母の琴を所望する場面である。

「たまはる」が接してゐない3例は、すべて中納言涼が大将仲忠に会ふ例（1744 1745 1745）で、聞手に対する敬意が拂はれてゐる。

(ロ)も、「たまはる」と共に使はれてゐる例が6例あり、話手の敬意が拂はれてゐる点は(イ)同様である。残り3例の中、1例は嵯峨院が仲忠に話される会話（1735）で、嵯峨院が朱雀院・帝に会はれることであり、他の1例は帝が生後五十日にもならぬ皇子を御覧になつて、「これをも對面とやいはん」（1668）と乳母に告げられる例である。この二例は、天皇・上皇の動作である点に特徴がある。残りの1例（1575）は、話手の左大臣正頼が娘に会ふことであるが、その娘は現在東宮妃である故、「對面」と改まつた表現にしてゐると見られる。

(ハ)の一例（475）は、「たまはる」と共に使はれてゐるものである。

(ニ)の1例（1547）は「たまはる」と共に使はれてゐる。他の1例（1824）は「御對面」で、聞手の大将仲忠が妻の女一宮に会ふのであるが、女一宮の立場からは、同じ事柄が「見えじ」（1823）と表現される。「對面」は、「見ゆ」に比べて、改まつた上位の待遇と見られる。

以上、会話の「對面」は、「たまはる」と共に使はれる場合が多く、敬意を拂つた改つた表現と言へる。

次に消息文の「對面」は、9例すべて書手が読手に会ふ場合である。うち、「たまはる」と共用されてゐるのは1例（708）であるが、他の例も、「帝から仲忠母（944）」「女一宮から大将仲忠（1081）」「藤壺から女御の君（1210）」「女一宮から藤壺（1278）」「春宮から藤壺（1389）」「右大臣兼雅から妻中の君（1465）」「后宮から兼雅（1541）」「朱雀院から嵯峨院（1865）」と、それ〴〵、敬意を拂ふか改まつた場合の表現である。

次いで、「對面す」は、地の文で30例、会話で36例、消息文で1例使用されてゐる。

地の文の例は、「帝から后の宮(1664)」「嵯峨院から春宮(607)」「中宮から右大臣(1507)」「春宮から大將殿の大宮(611)」「大將から平中納言(313)」「平中納言から中將の君(312)」「大宮から兵部卿宮(583)」「中納言涼から大將仲忠(1824)」など、それ〴〵、改つた場合であるが、それを端的に示す例は、右大臣正頼が所顕しの夜に婿に会ふもの(898)である。

会話の用例を「對面」の例と同様に分類して次に表示する。

種類	(イ)話手→聞手	(ロ)話手→第三者	(ハ)第三者→聞手
例数	13	14	1

(ニ)聞手→第三者	(ホ)第三者→第三者	(計)
5	3	36

(イ)では、「帝が春宮(1093)」「春宮が左大將(1235)」「北方から夫の右大臣(1808)」「右大臣が新中納言実忠(1359 1359)」「山の主が俊蔭(18)」に会ふ場合のそれ〴〵、改つた表現であり、父娘が数年振りに再会した例(1446 1484)がその特徴をよく示してゐる。

(ロ)の場合も同様で、「嵯峨院が春宮・大將(343)」「女一宮が藤壺(1332)」「大宮が藤壺(1264)」「太政大臣が右大臣(1246)」「大宮が兵部卿親王(589)」「大將が中納言(312)」「大納言が源宰相(532)」に会ふ、改つた表現と見られる。また、次の例の話手は大將仲忠、聞手は山隠りの仲頼法師であり、「かしこ」は仲頼の妹で、現在仲忠妻の女房となつてゐる。

「……君をのみ見奉りて、かしこに對面せざらましかば……」(1563)

聞手の君に対しては「見奉り」と高く待遇してゐるが、その妹に対しては「對面す」を使用してゐるので、「對面す」は「見奉る」に比べて低い待遇であると見られる。

(ハ)の1例(684)は、侍従仲純があて宮に会ふものであり、侍従の「對面をたまはらずなりぬること」を受けたものである。

(ニ)の5例は、「妻が夫(大臣・中納言)」(1448 1525 1536)「あて宮の女房が中納言」(1362)「妻がその父母」(1573)に会ふもので、第三者が上位者である特徴をもつ。

(ホ)は、「春宮が五宮」(1071)「中納言が妻子」(1521)と「たれ〳〵」(1546)の三例で、「たれ〳〵」は太政大臣・大將・大臣たちを暗に指してゐる。三例、それ〴〵、敬意を拂つた表現と見られる。

次に消息文の1例は、書手が読手に会ふ場合(1410)で、「春宮から藤壺へ」の文である。

以上、「對面・對面す」は、身分のある人々の動作に使用され、「見奉る」より低く、「見ゆ」より高い待遇の改まつた表現と見られる。

第六節　語　彙　表

一、前田家本宇津保物語の漢語を、五十音順に配列した。
二、仮名表記・類音表記の語には、(　)内に本来の漢字を記した。
三、一語につき、数種の表記のある場合、原則として、一種の表記を挙げた。
四、語の所在は省略した。注13

五　◎を付した語は、源氏物語・枕冊子と共通の漢語である。
　○を付した語は、源氏物語と共通の漢語である。
　※を付した語は、枕冊子と共通の漢語である。

ア　あひ（愛）　◎あいきやう（愛敬）　◎あいきやう（愛敬）つき　あいし（愛子）　あひし（愛子）とも　御あいし（愛子）　※あうむ（鸚鵡）　◎あふ（奥）よる　あく（悪）　あく（幄）　あく（幄）ども　あく（幄）ら　あくどく（悪毒）　あくねん（悪念）　あくまこく（悪魔国）　◎あざり（阿闍梨）　あすら（阿修羅）　○あぜち（按察使）　○あぜち（按察使）のきみ　あそびけう（興）じ　◎あない（案内）　◎あない（案内）し　あふきびやうし（扇拍子）　あふみのぜう（掾）　あみだざんまい（阿彌陀三昧）　○ありやう（様）　あをし（襖子）

イ　○いうそく（有職）　◎いう（優）　いうよう（有用）　いふらう（遊猟）し　いか（衣架）　いかだし（筏師）　◎いかやう（様）　※いち（一）　※一月　一合　○一ぐ（具）　一ご（期）　一石　一石四斗七升　※一丈　◎一でう（條）　※一條どの（殿）　一條のかた　一條にしのたい（對）の君　いちど（一度）　一男　○いちに（一二）　一二石　※一日　一二丁　一二と（斗）　一二ねん（年）　○一二のたい（對）　一二の宮　一二万丁　一ねん（年）　一のかみ　いち（一）の后　一の車　○一のざえ（才）　いちのたい（一の對）　いち（一）のとねり　一の内親王　一の女御　一のは（拍）　※一の人　一のひゞき　一のみこ　一の宮　一のめ　一のもの　一ばん（番）　一分　一まい（枚）　一万恒沙　いちもち（逸物）　○一や（夜）　一わう（王）　○一ゐ（院）　一院の上　一かい（階）　いかう（一向）　いつぐ（五具）　一さい（切）經　一しやう（生）　◎一しやく（尺）　一尺五寸　一しやく（尺）二すん（寸）　一すん（寸）　一せい（世）の源氏　一そく（束）　一天下　一斗　一と（斗）五せう（升）　一疋　いひてう（調）ぜ　家しふ（集）ども　いへのごしふ（御集）　いま一ばん（番）　◎いまやう（今様）　○いまやう（様）色　御いまやう（様）色　いよのみ

ふ（御封）　いん（韻）　いんえ（因縁）　いんよく（淫欲）

ウ　うごま（烏胡麻）　◎うこん（右近）　右近君　右近のくらん　右近のこきみ　右近のさねよりの中將　うこん（右近）の少將　うこむのしやうけん（右近の將監）　○うこんのそう（右近の尉）　右近大將　◎右近の中將　◎うこむのぢん（右近の陣）　右近のむまづかさ　右近のめのと　※うしむ（有心）　うしむじや（有心者）　うすかう（薄香）　○うすすはう（薄蘇芳）　◎うすやう（薄樣）　うせやう（樣）　○右大將　○右大將どの（殿）　右大將殿御方　右大將のあそん　右大將のおとど　○右大將の君　右大將のぬし　○右大臣　○右大臣殿　○右大弁　○右大弁のきみ　右大弁のとの　うたのぜう（尉）　うちやう（瑩）じ　○うちぐ（具）し　○うちけそう（化粧）し　うちさうし（内曹司）　◎うちずん（誦）じ　うちのぐ（具）　うちのくらのぜう（尉）　うちの女御　うぢのゐん（院）　○右中弁　うどんげ（優曇花）　○うばそく（優婆塞）　右ひやう衛ぜう（右兵衛尉）　うぶ屋さうぞく（裝束）　○右ゑもん（衛門）のかみ　※右ゑもんのぞう（衛門の尉）　◎右衛門佐　右衛門佐のきみ　右衛門大夫　うん（運）

エ　えい（裛衣）　ゑよう（榮耀）さかし　えう（要）　御えう（要）　○えう（要）じ　えさう（衣裳）　○えに（縁）　◎えん（艶）　◎えん（縁）　○えん（宴）　ゑん（宴）の松ばら　ゑんめいそくさい（延命息災）

オ　おいがくもん（老学問）　◎をく（臆）せ　御おとゝにうと（入道）　大かうじ（柑子）　おほき大將殿　◎大藏卿　大くら史生　おほやけやう（公樣）　おほんやう（御樣）　※おもひく（屈）す　○思ひこう（困）じ　○おもほしくつ（屈）し　○おもほしくむ（屈）す　○おん（恩）　御おん（恩）　飲食　をんしやうかく（音聲樂）　おんやう（陰陽）　◎おんやうじ（陰陽師）　をんやうじぶみ（陰陽師文）　おんやうのかみ（陰陽頭）

カ　○賀　○御が（賀）　がい（害）　かいぐ（具）し　がい（害）する　かいぶ（海賦）　◎かう（香）　かう（講）　御かう（講）　○かうい（更衣）　○かういばら（更衣腹）　○がうけ（豪家）　◎かうし（格子）　◎みかうし（格子）　○か

うじ（柑子）　校書殿　◎かうじ（講師）　かうじ（講師）す　かうしよ（講書）　○かうしん（庚申）　※かうしん（庚申）し　○かう（講）ず　かうすい（香水）　かうせち（講説）　※かうらい（高麗）　◎かうらん（高欄）　○かかい（加階）　○かかい（加階）し　◎がく（樂）　おほんがく（樂）　樂器ども　がくし（学士）　○がくしやう（学生）　がく（学）生ども　学生ら　がくす（楽衆）ども　がく（楽）し　○がく（楽）所　がくそ（楽所）ども　○がくにん（楽人）　○がく（楽）人ども　○かくびやう（脚病）　○がくもん（学問）　※御がくもん（学問）　がくもん（学問）せ　がくもんれう（学問料）　○がくや（楽屋）　かざりさうぞき（飾り装束き）　◎かぢ（加持）　◎かぢ（加持）し　かつしき（喝食）　○かほやう（顔様）　◎かやう（様）　からがく（唐楽）　かりぎぬさうぞく（狩衣装束）　※かりしやうずく（狩装束）　かれこう（困）じ　かん（感）　○かむし（勘事）　◎かん（感）じ　○かむ（勘）ぜ　○かんだう（勘當）　○かんだう（勘當）し

キ　○き（綺）　九十　きう丁（毬杖）　九尺　九す（寸）のくろ　九番　きかう（桔梗）色　◎きく（菊）　きくその（菊園）　きくのえん（菊の宴）　き（祈）願し　○きさう（擬生）　ぎさうす（擬生衆）　ぎ（擬）しあひ　◎ぎしき（儀式）　○きたのたい（對）　きたのらう（廊）　○きちじやうてん（吉祥天）女　◎きちやう（几帳）　◎みきちやう（御几帳）　◎き丁（几帳）ども　きない（畿内）　◎きふ（急）　きふだい（及第）し　きうよう（急用）　◎きやう（京）　◎きやう（經）　きやう（經）ども　○きやう（饗）　ぎやう（行）　◎ぎやうかう（行幸）　行かう（幸）し　きやう（京）くそたち　◎きやうごく（京極）　※きやうごく（京極）どの　○経ざく（警策）　※ぎやうし（行事）　※ぎやうじ（行事）す　○京びと　京わらはべ　卿の君　○きやく（客）　きよう（器用）　◎けう（興）　けう（興）さかし　けう（興）じあはせ　けうじ（興事）　けう（興）しめで　けうし（凶事）　◎けう（興）じ　きん（金）　◎きん（琴）　○きん（琴）のこと　◎きん（琴）の御こと

ク　九　○く(句)　◎ぐ(具)　○くう(功)づき　○くぎやう(公卿)　くぎやう(公卿)たち　※九月　九月かみの十日　※九月九日　九月一日　※九月つごもり　九月廿日　くご(供御)　ぐさ(具者)　くじやく(孔雀)　くざく(孔雀)經　九す(寸)　◎ぐ(具)し　○くすし(薬師)　くすし(薬師)ども　くすしぶみ(薬師書)　くぜち(口舌)の、しり　九條殿　◎くどく(功徳)　くない(宮内)　○くないきやう(宮内卿)　くない(宮内)卿のとの　宮内卿のぬし　宮内のかねみのあそん　宮内少輔　くに(訓)　九人　○くのえかう(薫衣香)　九の君　九のみこ　御く(供)のもの　※くやう(供養)　○くやう(供養)し　藏人の源少將　藏人の式部のぜう(丞)　○藏人の少將　○藏人の少將の君　くら人のとう(頭)　九郎　○くろぼう(黒方)　○くわうぶつ(灌佛)　○ぐわん(願)　○御願　○願ども　◎觀音　火がく(勧学)院　ぐはんじよ(願書)　ぐわん(願)し　◎くはんにん(官人)　※くはん(官)人ども　官人ごと　くわん(丱)女　◎ぐはんもん(願文)　くわんゐ(官位)　○くゑんぞく(眷属)　ぐゑんばん(玄蕃)のすけ

ケ　○け(氣)　けひ(磬)　○けいし(家司)　けいし(家司)たち　○けいし(家司)ども　◎けい(啓)す　けいてい(兄弟)　みけいめい(敬命)　◎けう(孝)　○けう(希有)　げう(業)　○けう(孝)ずる　けうやく(交易)　けうやく(交易)す　げき(外記)　◎けさ(袈裟)　○けさう(化粧)　○けさう(懸想)し　けざう(氣上)し　◎けさう(懸想)人　○げざん(見参)　◎けしき(氣色)　○みけしき(氣色)　◎けしき(氣色)ばむ　御けしやう(化粧)　○外じやく(戚)　◎げす(下衆)　◎けだい(懈怠)　下だい(外題)　けたう(遣唐)の大弁　◎けち(闕)　◎けちぐわん(結願)　けちず(闕巡)　けちする(闕巡流)　下人　けにむれう(下人料)　○けふそく(脇息)　○御けうそく(脇息)　○花ふれう(文綾)　◎下らう(臈)　○けん(巻)　けん(兼)　げん(現)　◎げん(験)　おほんげん(験)　みげん(験)　源右大將殿　兼行　けんげう(検校)し　◎げんざ(験者)　げんさいさう(源宰相)　げんさいしやうど

の（源宰相殿）　源三位　○げんじ（源氏）　○源じゝう（侍従）　○源侍従の君　○げんじ（源氏）の君　源氏の侍従
○げんじ（源氏）の中將　げんじ（源氏）の中納言　げん（現）じ　○源少將　源少將ほうし（法師）　源大納言殿
◎げん（源）中將　源中將のあそん　源中將の君　○げん（源）中納言　げん（源）中納言殿　源中納言のおとゞ　源
中納言君　慳貪邪見　見物

コ　五　※ご（期）　◎ご（碁）　○御ご（碁）　ごいしけ（碁石笥）　○こう（功）　こうきぬ（国府絹）　こう（困）じが
くれせ　◎こう（困）じ　ご（碁）うち　◎こうばい（紅梅）　◎ごえう（五葉）　○こおとゞ（故大臣）　こ（故）太政大
臣殿　○こか（胡笳）　ごかう（御幸）　こがく（古樂）　○こか（胡笳）のしらべ　ごき（御器）　ごき（御器）ども　○
こ（故）君　こく（穀）　○ごく（曲）　ごく（獄）所　こくど（国土）　○ごくねち（極熱）　ごく（玉）のおび　ごく（曲）
のて　○ごく（曲）のもの　こくも（国母）　○こくわう（国王）　※五月　※五月五日　五月なかの十日ごろ　五月
のつごもりの日　ごくわん（五貫）　こぐ衛（故源）侍従　五け（笥）　ごげむ（御監）　五石　○九日の宴　御心しだ
い（次第）　御さん（產）　こじ（巾子）　こじき（乞食）　こじき（乞食）する　○こしきぶ（故式部）卿の宮　こじゝう
（故侍従）　五十ひき（匹）　○こしふ（古集）　○五十　五十か（荷）　五十人　五十よ（餘）　五じやうらく（常樂）
五しやく（尺）　○御しん（護身）　○五せち（節）　○ごぜん（御前）　◎ごぜん（御前）ども　※五たい（體）　ごだい
（御題）ども　こ（故）大臣殿　こだいふのご（小大輔の御）　○ご（御）たち　故治部卿　故治部卿のあそん　故治部
卿のおとゞ　こ（故）治部卿のぬし　ごて（碁代）　○五でう（條）　○こてふ（胡蝶）　ご（碁）て物　御ご（碁）て物
御てん（殿）　五斗　五ど（度）　ことかうざく（殊警策）　ことく（異句）　ことざえ（異才）　ことたい（異對）ども
こと御てうど（調度）　ことのし（琴の師）　ことみやうぶ（異命婦）たち　○ことやう（異様）　○五人　五年　○五
の君　○こ（胡）のくに　○ご（五）の宮　○近衛　◎このへ（近衛）づかさ　このゑ（近衛）づかさ大將　※このえ

（近衛）のみかど　◎ごばん（碁盤）　五百枚　五百疋　○ごう（劫）　こう（甲）　○ごふ（業）　こふみ（古文）　こふら（甲羅）　○こま（高麗）　○こまうど（高麗人）　こま（高麗）すゞ　こま（高麗）にしき　こまぶえ（高麗笛）　○こもん（小紋）　○五部　御らん（覧）じあやまち　御らん（覧）じおとさ　御らん（覧）じおはします　○御らん（覧）じくらべ　○御らん（覧）じしら　○御らん（覧）じつけ　御らん（覧）じつゞけ　御らん（覧）じとか　○ごらん（御覧）じなさ　○御らん（覧）じなをす　御らん（覧）じならひ　御らん（覧）じまはし　御らん（覧）じわすれ　◎ごらむ（御覧）じ　◎五六人　○五六年　五六宮　◎五ゐ（位）　ごゐむ（後院）　こんがう大し（金剛大師）　こんく（金鼓）

こむ〳〵（金銀）　こんじき（金色）　こむ生（紺青）　ごん（権）少将　◎権大納言　◎ごん（権）大納言殿　◎ごん（権）中納言　○権中納言のあそん　金銅　こんねん（今年）　◎ごん（権）のかみ　○ごん（権）のすけ　○こんるり（紺瑠璃）　こんわた（紺綿）

サ　○ざ（座）　○御ざ（座）　さい（妻）　さいあひ（最愛）　○さいく（細工）　○さい（齋）宮　さいこく（西国）　罪業　さいさうらう（採桑老）　○さいし（妻子）　※さいし（釵子）　ざいし（財資）　◎さいしやう（宰相）　○さい將（宰相）殿　さい將（宰相）ぬし　さいしやう（宰相）のあそん　さいしやう（宰相）のおもと　◎宰相の君　◎さいしやう（宰相）の中將　さい將（宰相）中將たち　宰相の中將の君　さい（宰）相中納言　○最勝王經　ざいなのり（才名乗り）　さいはうじやうど（西方浄土）　さいばら（催馬楽）　ざいもく（材木）　※さう（姓）　○みさう（相）　○さう（草）　○さう（莊）　○みしやう（莊）　しやう〳〵（莊々）　みさう〳〵（莊々）　さう（莊）ども　みしやう（莊）ども　しやう〳〵（莊々）ども　○さう（箏）　御さう（箏）　◎さう（左右）　ざう（藏）　○しやうが（唱歌）　御しやうが（唱歌）　さうがい（草鞋）　○さうが（唱歌）し　さうがな（草仮名）　さうこん（左右近）　左右こんゑ（近衛）のつかさ　◎さうし（冊子）　◎さうじ（障子）　◎みさうじ（障子）　◎さうじ（精進）　みさうし（正身）　◎ざうし（曹

司）　◎みざうし（曹司）　ざうし〳〵（曹司々々）　ざうし（曹司）し　◎しやうし（精進）の物　ざうし（曹司）まち
○さうじみ（正身）　みさうじみ（正身）　さう（相）する　さうぞか（裝束）し　さうぞき（裝束）をか　※さうずき
（裝束）たち　さうぞき（裝束）まうけ　◎さうぞく（裝束）　○おほんさうぞく（裝束）　○しやうぞく（裝束）ども
○おほんさうぞく（裝束）ども　◎さうぞき（裝束き）　◎さうぞく（裝束）し　左右のおとゞ　左右のおほとの　◎
さう（箏）のこと　御さう（箏）の事（琴）　左右の近衛づかさ　左右近衛大將　○左右の大將　左右大弁　左右の中
將　さ（左）右のつかさ　左右衛門尉　◎ざえ（才）　○御ざえ（才）　○ざえ（才）ども　ざへ（才）のめぐらしぶみ
※ざえ（才）のおとこ　ざかう（麝香）　ざかう（麝香）ども　○さがのゐん（嵯峨の院）　さが院の女御　さきのそつ
（帥）　左京の督　さく（作）文　○ざけ（邪氣）　◎左近　さこん（左近）ら　○左近のぜう（尉）　○左近少將　左近
大將　○さこん（左近）中將　左近の頭の少將　さこん（左近）のめのと　左近衛大將　左近衛中將たち　◎さ（差）
す　○ざす（座主）　ざ（座）し　さぜん（作善）　○左大將　○さ（左）大將殿　左大將のあそん　左大將のおとゞ
左大將の君　左大將のぬし　さ（左）大臣　さ（左）大臣殿　左大臣のおとゞ　さ（左）大弁　左大弁どの　左大弁の
君　左大弁の殿　さねたゞのきやう（卿）　さねたゞのさい將（宰相）　○さば（娑婆）　左兵衛尉　左兵衛佐　※ざ
うし（雜仕）　ざうし（雜仕）ども　※ざうしき（雜色）　ざうしめ（雜仕女）　○ざうやく（雜役）　ざうやく（雜役）の
藏人　○さぶらふ（三郎）　○三郎ぎみ　さぶらひのべたう（別當）　◎さほう（作法）　◎さやう（様）　さり（舍利）
◎さるがう（散樂）　※さるがう（散樂）する　○左衛門　◎さゑもん（左衛門）のかみ　さゑもん（左衛門）のかみ
のきみ　左衛門のかうの殿　○左衛門尉　左ゑもんのぜう（衛門尉）のきみ　左衛門佐　さへもん（左衛門）のすけ
のきみ　左衛門の佐との　○左衛門大夫　※左衛門のぢん（陣）　左ゑもんのひゐのぞう（衛門の非違尉）　三　三
合　○參議　さんきやう（參経）　三ぐ（具）　◎三月　三月十二日　三月一日　※三月つごもり　三月つごもりが

た　三月つごもりの日　三月十よ(餘)日ごろ　三月廿八日　三月の十のよひ(餘日)　三月のせちゑ(節會)　※三月三日　三巻　三貫　三け(笥)　三石　三四十人　三四町　三四人　三十ひき(匹)　◎三十　卅一　卅一年　三十か(荷)　卅九　卅ぐ(具)　卅貫　三十五　◎三十人　三十年　※三十よ(餘)　○卅よ(餘)年　三十よひき(餘匹)　卅りやう(兩)　◎三じやく(尺)　三尺びやうぶ(屏風)　三ずん(寸)　三千大千世界　三千兩　○三代　山中　○三でう(條)　三條大宮　三條おもて　三條京極　○三でう(條)殿　三條右大臣殿　三條のおほぢ　○三條の北方　三條の新中納言殿　三條のみこ　三でうのゐん(條の院)　三條ほりかは　三と(斗)　三斗いつます　◎三人　○三年　○三の君　三の内しんわう(親王)　三のみこ　○三の宮　○三ばん(番)　三百　三百石　三百たん(反)　三百ひき(匹)　三分　○三寶　三品　三まい(枚)　◎三位　◎三位中將　山陽道

シ　◎し(師)　師ども　◎し(詩)　詩ども　じ(字)　しゆさい(秀才)　○しうとく(宿德)　しうとく(宿德)ども　○四き(季)　◎しき(史記)　じき(食)　◎しきし(色紙)　しきし(色紙)ども　しきし(職事)　※しきの御ざうし(職の御曹司)　しきのざうし(職曹司)　◎式ぶ(部)　○式部卿　式部卿たゆふ(大輔)　○しきぶきやう(式部卿)の君　式部卿の女御　○式部卿のみこ　◎しきぶきやう(式部卿)の宮　式部卿の宮の御方　式部卿宮の御むすめ　式部卿宮の女御　◎しきぶのぜう(式部丞)　◎しきぶのたいふ(式部大輔)　しぐ(具)し　※四月　四くわん(巻)　しげのゝ宰相　しげのゝそち(帥)　しげのゝわう(王)　◎四五月　○四五けん(間)　四石　四五日　四五日まぜ　◎四五人　四五百人　四五六のみこ　しさく(試策)　師子　◎四十　四十九所　四十九だん(壇)　○四十九日　○御四十九日　四十九人　四十九院　四十二　○四十人　○四十まい(枚)　◎四しやく(尺)　○じゝう(侍從)　じゝう(侍從)たち　◎じゞう(侍從)の君　※じゞうでん(仁壽殿)　じじうでん(侍從殿)の女御　侍從所　※じゞう(侍從)どの　じゞう(侍從)のあそん　○侍從のめのと　○じ(辞)す　○しそく(紙燭)　◎しぞく

（親族）　御しぞく（親族）　しぞく（親族）たち　しそくゑ（死觸穢）　◎しだい（次第）　御しだい（次第）　したいし（次第司）　しだひ（次第）し　○したん（紫檀）　したん（紫檀）ら　七　しち（質）　◎七月　七月ついたち　七月十日　七月なかの十日　◎七月七日　○七けん（間）　七さい（歳）　※七十　七十二　※七尺　七尺よ（餘）　○七大寺　七でう（條）殿　七條家　七條のおほぢ　七ながら　○じち（實）　七人　七年　七の君　七のたから　七のみこ　七宮　七八木　七八だん（壇）　○七八人　七八まゐ（枚）　七番　七ほう（寶）　七まん（萬）三千の佛　しちらい（失禮）　○七郎　十か（荷）　十石　十さい（歳）　十ひき（疋）　十ぴき（疋）ども　しつらひ（室禮）　御しつらひ（室禮）　※四でう（條）　四條の家　四でう（條）わたり　◎四人　し（死）人　○じねん（自然）　◎四の君　○四のみこ　○四の宮　○じほう（實法）　○慈悲　四疋　◎しふ（集）　○しふ（集）ども　しふ（四府）　十　○十一　○十一月　※十一月ついたち　十一けん（間）　十一日　十一人　十一の君　十一郎　○十九　十ぐ（具）　十九才　十九日　○十月　十月五日　十月十五日　十月ついたち　十月ついたちの日　◎十五　十五貫　十五けん（間）　十五さい（歳）　◎十五日　十五人　○十五や（夜）　○十五夜の月　十五夜のよ　○十五六　十三　十三さい（歳）　十三千　◎十三日　十三の君　○十四　十四さい（歳）　十七　十七さい（歳）　○十七日　十七人　十七八人　十四日　十四人　十四の君　十ぜんじ（禪師）　◎十二　◎十二月　十二歳　○十二三　十二十人　十二十兩　十二日　◎十二人　十二の君　十二ばん（番）　◎十人　○しふね（執念）　十のきみ　○十のみこ　十宮　十八　十八人　拾番　十よ（餘）　十よさい（餘歳）　○十よ（餘）人　十郎　○十六　十六さい（歳）　十六大こく（国）　十六年　四品　四めん（面）　○しもけいし（下家司）　○さう（笙）　◎正月　正月十八日　正月廿七日　正月のせちゑ（節會）　正月三日　上下　○正三位　正三位の大納言　生死　さう（請）じいで　しやう（請）じいれ　じやうし　（上巳）のはらへ　しやう〱（生々）世々　しやう（請）じよせ　◎上ず（手）　上じゆ（手）たち　○上ず（手）ども

○上ず(手)めき　○さう(請)じ　聖天ぐ(供)　さうでんのほう(聖天の法)　○上ど(淨上)　※じやうとう(常燈)　淨土の楽　正二位　しやう(笙)の笛　さう(笙)の御ふえ　◎しやうぶ(菖蒲)　○上め(乗馬)　◎上らふ(﨟)　上らう(﨟)しう　じやかう(麝香)　※しやく(笏)　邪見　しやこ(硨磲)　娑婆　娑婆世界　す(朱)　すのだい(朱の臺)　◎しう(主)　しう(主)ども　◎しゆ(衆)　○すう(衆)とも　すじやう(衆生)　すかう(酒肴)　従三位　従二位　ぜう(尉)　ぞう(尉)ども　せうぶ(勝負)　諸卿　○しよく(職)　女し(子)　○諸大夫　諸大夫ども　○四郎　御四らう(郎)　○じらう(二郎)　○じらう(二郎)君　しらぎく(白菊)　◎しゐ(四位)　◎しゐ(四位)の少將　○し院(四韻)　◎しほん(紫苑)　○しをん(紫苑)いろ　信　しんか(臣下)　しんか(臣下)ども　真言院のあざり(阿闍梨)　しんごんゐん(真言院)律師　新宰相　新宰相君　◎しんじ(進士)　○しんじち(真實)　しむじやうゑ(新嘗會)　しぜん(神泉)　※新中納言　しん(新)中納言殿　◎しんでん(寝殿)　※しんどう(震動)す　しんね(心念)　神佛　神馬　しんらう(心勞)し　○しんわう(親王)

ス　ずいじん(随身)　みずいじん(随身)　随身ども　御ずいじん(随身)ども　すいはん(水飯)　◎す行(修行)　◎すきやう(誦經)　◎御ずきやう(誦經)　じゆきやう(誦經)す　ずきやうぶみ(誦經文)　◎すくせ(宿世)　◎すぐろく(雙六)　すぐろくのばん(雙六の盤)　すくわい(数回)　すけずみのさい(宰)相中將　すけずみの中將　◎ずさ(従者)　すざくもん(朱雀門)　○すざくゐん(朱雀院)　すざくゐん(朱雀院)の女御　◎ず(誦)し　◎ずゞ(数珠)　すゞしのさい將(宰相)　すゞしの中將　すゞしの中納言　すゞしの中納言どの　すゞしの中なごん(納言)の君　すゞりのぐ(具)　※ずそ(呪咀)　ずそ(呪岨)し　◎すはう(蘇芳)　◎すはう(蘇芳)がさね　○ずほう(修法)　○みずほう(修法)　ずほう(修法)せ　○すりしき(修理職)　すり(修理)しはて　◎すり(修理)す　すり(修理)づかさ　○すり(修理)のかみ　◎ずりやう(受領)　すわうもんせん(蘇芳紋籖)　すゑふさの弁　ずん(誦)

じあげ　◎ずん（誦）じ　ずむ（順）のまひ　ずむのわか（順の和歌）

セ　◎せい（制）し　せい（制）しそさ　せいとく（勢徳）　せいひ（正妃）　※せいりやうでん（清涼殿）　○せうえう（逍遙）　○せうえう（消遙）し　せうじ（少時）　◎せうしやう（少將）　少將たち　◎少將の君　少將のご（御）　少將ぬし　少じん（進）　せう（招）し　せうすい（憔悴）し　◎せう〳〵（少々）　◎せうそく（消息）　◎おほむせうそく（消息）　みせうそく（消息）　○御せうそく（消息）ども　◎せうそく（消息）し　せうそこ（消息）だゝ　◎せうなごん（少納言）　せうなごん（少納言）のきみ　御せうぶん（處分）のふみ　※小弁　せうもち（抄物）　せうもち（抄物）ども　せうもち（抄物）ら　◎せかい（世界）　※せく（節供）　※御せつく（節供）　◎せけん（世間）　○せ（施）す　○せち（切）　◎せち（節）　○せちがい（殺害）す　せちれう（節料）　御せちれう（節料）　◎せちゑ（節會）　○せちゑ（節會）ども　せちゑ（節會）ごと　せつな（刹那）　○ぜに（銭）　せめてう（調）じ　せん（籤）　※せんえう（宣耀）殿　○せんがう（淺香）　前後　千五百　◎せんざい（前栽）　◎せんじ（宣旨）　ぜんじ（禪師）たち　○せんじがき（宣旨書）　千じ（字）文　前生　せんじよ（先所）　※千ずだらに（手陀羅尼）　○せんぞ（先祖）　○せんだい（先帝）　○せんだん（旋檀）　千丈　千たう（仙洞）　○千人　○せんにん（仙人）　せん（千）年　千ぶん（分）がひとつ　千里　千りやう（兩）

ソ　◎そう（僧）　◎ぞう（尉）　ぞう（尉）ども　○ぞう（族）　○みぞう（族）　※そうがう（僧綱）　そうがう（僧綱）たち　そうぐ（僧供）　そうけい（宗慶）　そう（奏）しきり　そう（奏）しくだす　◎そう（僧）正　◎そう（奏）す　そう〳〵（怱々）　そうぢ（惣持）院　◎そうづ（僧都）　ぞうのげんじ（族の源氏）　○そうばう（僧坊）　そうばう（僧坊）ども　ぞうゐ（贈位）の中納言　○そぎやう（承香）殿　○そきやうでん（承香殿）の女御　承香殿の御息所　○ぞく（俗）　※そくさい（息災）　ぞくざこく（粟散国）　○ぞくらう（贖勞）　御そくゐ（即位）　そくゑ（觸穢）　○そ

ち(帥)　そち(帥)殿　そち(帥)の君　そち(帥)のぬし　○そち(帥)のみこ　○そち(帥)の宮　そむ(損)　そん
(樽)　※尊勝陀羅尼　○そんわう(孫王)　そんわう(孫王)たち　そんわう(孫王)の君

タ　た(他)　だ(攤)　◎たい(對)　○たい(對)ども　だい(代)　だい(大)　○だい(臺)　○おほんだい(臺)　だ
い(臺)ども　御だい(臺)ども　◎だい(題)　○御題　だいおほゐ(臺覆)　たいかい(大海)　○大がく(學)　○大
がくのしう(學の衆)　だいがくのぜう(大學の丞)　大がく(學)のすけ　◎たいきやう(大饗)　御たいきやう(大
饗)　だいきやう(大饗)せ　太皇太后宮　○だいぐわん(大願)　大こく(国)　○だいごく(大曲)　たいさく(對策)
　大使　○太子　◎大じ(事)　御大事　大事し　◎だいしやう(大將)　○大將どの　だいじやう(大上)　◎大床
子　○太政大臣　太政大臣のおとゞ　たい(大)將ぬし　大將のあそん　大將のおとゞ　○大將のきみ　大將の宮
　大じやうゑ(嘗會)　たいしやく(對策)せ　◎大臣　大臣どの　※大じん(進)　大臣家　大臣めし　大す(衆)
○大小　○代々　○たい〴〵(怠々)しき　だいどうじ(大童子)　○大とく(德)　大とく(德)たち　○だいとこ
(大德)たち　○大内記　◎大納言　◎大納言どの　○大納言のあそん　◎だいに(大貳)　だいに(大貳)おもと
大に(貳)の君　○たい(對)の御方　たい(對)の君　提婆品　○だいばん(臺盤)　◎だいばん(臺盤)所　大般若
※大はむにやきやう(般若經)　○大ひさ(悲者)　◎たいふ(大夫)　○たいふ(大輔)　大ふくとく(福德)　○たい
ふ(大夫)の君　○たいふ(大輔)のめのと　◎太平樂　※大弁　大法　大ほうゑ(法會)　◎たいめん(對面)　◎御
たいめん(對面)　◎たいめん(對面)す　大もん(紋)　※内裏　○大王　たう(唐)　とう(桃)　○だう(堂)　◎み
だう(堂)　○たうか(踏歌)　○たうじ(當時)　◎だうし(導師)　たうじん(唐人)　※だうどうし(堂童子)　○だ
うり(道理)　忉利天　とうりうし(道隆寺)　たうわん(陶鋺)　たゞぎみそうづ(僧都)　たゞずみの中納言　たゞ
まろほうし(法師)　たつの一てん(点)　たつの二てん(点)　◎たふ(荅)　たうのゑ(塔の會)　たほうのたう(多

寶の塔）○たらう（太郎）○御たらう（太郎）○たらう（太郎）君　◎だらに（陀羅尼）　御だらに（陀羅尼）○だん（緂）○だん（壇）　たんご（丹後）　たんごのぜう（丹後の掾）　たんご（丹後）のめのと　たんざく（短籍）　弾正のみこ　だんじやう（弾正）の宮　だん（壇）所　だんどく（壇特）山　○たんゐん（探韻）　たんゐん（探韻）す

チ　◎ち（地）○持　ちうすん（中旬）　中だう（堂）　ぢうもち（重物）　地ごく（獄）　ちしや（智者）　ちさ（智者）ども　ぢし（地子）○ぢじ（致仕）のおとゞ　○ぢす（帙簀）　※ぢずり（地摺）　ぢぶきやう（治部卿）　治部卿しふ（集）　治部卿のあそん　治部卿の殿　治部卿のぬし　◎ぢもく（除目）　ちやう（帳）　◎みちやう（帳）　じやう（錠）○ちやうじ（丁子）　ちやうじや（長者）○ちやうせいでん（長生殿）◎丁だい（帳臺）◎中宮　中宮大夫　◎中將　中將君　中將たち　◎中將どの　◎中少將　○中將のあそん　○中將の君　◎中納言　中納言たち　◎中納言どの　○中納言のあそん　◎中納言の君　※ちうのばむ（中の盤）　ちうばい（仲媒）　ちうはい（仲媒）し　◎中門　中らう（﨟）○ちよくし（勅使）　千ろ（地爐）　ちゑ（智慧）　◎ぢん（陣）◎ぢん（沈）　ぢん（陣）ごと

ツ　◎ついせう（追從）する　つうし（通事）　御つうし（通事）○づし（厨子）○みづし（厨子）　みづし（厨子）どころ

テ　てい（泥）○ていわう（帝王）　條　◎てうし（調子）　てうし（銚子）　てう（調）しいだし　てう（調）じいそぐ　てう（調）じすへ　てう（調）じまうくる　◎てう（調）す　◎てうど（調度）○御てうど（調度）　てうど（調度）ども　○てうはい（朝拜）　てうふく（朝服）○でし（弟子）◎みでし（弟子）◎てふ（蝶）○てほん（手本）○御てほん（手本）◎てん（天）○天ぐ（狗）○てんげ（天下）　天し（子）　天上　てん上（天井）◎てん（殿）上　◎殿上人　殿上人等　殿上のわらは　※殿上わらは　○殿上わらはべ　殿上ぐち　殿上くら人　てんだう（天道）　天地（地）　てんぢく（天竺）○天女　◎天人　てんやく（典藥）のかみ　天王（皇）

ト　◎とう（頭）　とうえい（藤英）　とうえい（藤英）の大内記　とうがい（燈蓋）　同行　◎とうぐう（東宮）　春宮さだめ　春宮のがくし（學士）　春宮方　とう（春）宮のかみ　東宮の藏人　東宮のすけ　春宮のすけの君ども　○東宮の女御　◎とうくは（登華）殿　頭藏人　東国　※とうさい（東西）　○とうさい將（藤宰相）　藤宰相どの　とうさう（登省）し　藤氏　とうし（頭使）　とうし（童子）　◎とうじゞう（藤侍從）　とうじゞう（藤侍從）のきみ　○とう（動）し　◎とうだい（燈臺）　とう大し（東大寺）　◎とう（藤）大納言　◎とう（頭）中將　とうちうじやう（藤中將）　頭中將のあそん　とう（頭）の中將君　○とう（藤）中納言　とう（藤）中納言どの　どうなむ（童男）　※どう（童）女　○とう（頭）の君　○とうろ（燈籠）　◎どきやう（讀經）　◎みどきやう（讀經）　※どきやう（讀經）するとく（得）　◎とく（德）　みとく（得）　とく（特）　どく（毒）蛇　とく（督）し　とくぶん（得分）　とくまち（德町）とそ（兜率）天　との丶じゞう（侍從）のきみ　とのもりのご（御）　とのゐさうぞく（裝束）　とはう（途方）　○とりぐ（具）し　○十日よ（餘）ひ　○とじき（屯食）　とんよく（貪欲）

ナ　○ないえん（内宴）　○ないき（内記）　◎内げ（外）　○ないけうばう（内教坊）　◎ないし（内侍）　ないし（内侍）たち　○ないし（内侍）のかみ　ないし（内侍）のかんのおとゞ　ないし（内侍）のかんの殿　ないし（内侍）のきみ　◎ないし（内侍）のすけ　内侍のすけのおとゞ　ないじやく（内戚）　ないしれう（内侍寮）　※ないぜん（内膳）○内大臣　内々　ないはう（内方）　内院　なかたゞのさい將（宰相）　なかたゞのじゞう（侍從）　なかたゞの中將　なかつかさのぜう（丞）　ながとのごん（權）のすけ　なぎさのいん（院）　な丶所經　なごん（納言）　なおしさうぞく（裝束）　○なん（難）　南海道　○南殿　なんてんぢく（南天竺）　○なん（難）なき

ニ　二　二か（荷）　○にき（日記）　にき（日記）ども　◎二月　二月十二日　二月廿七日　二月廿日　二石　※二三　二三月　二三巻　二三十万ひき（疋）　二三寸　二三千　二三だい（代）　二三町　二三日　◎二三人　○二三

ねん（年）　二三百人　にし北のたい（對）　にしさうし（曹司）　廿くわん（貫）　廿石　廿さい（歳）　廿ちやう（町）　廿ぴき（疋）　にしの一のたい（對）　◎にしのたい（對）　にしのたい（對）の君　にしのぢん（陣）　にしの二のたい（對）　にしのろう（樓）　にしのゐん（院）　※にしひんがしのたい（對）　◎二十　○廿一　廿か（荷）　廿九　廿ぐ（具）　廿くだり　廿九日　○廿五　○廿五日　○廿三　○廿三日　廿三年　廿七　廿七日　廿四日　○廿二　廿二日　※二十八　二十ねん（年）　○二十八　廿八や（夜）　○廿よ（餘）　廿よ（餘）人　○廿よねん（餘年）　廿六　廿六日　※二しやく（尺）　二寸　二千人　二丁　※二でう（條）おほぢ　二條殿　○二でう（條）のゐん（院）　にゝく（忍辱）のおもと　にゝく（忍辱）のともがら　二のたい（對）　二の女御　二のみこ　○二の宮　に（二）のわらは　二ばん（番）　二疋　二百石　二百五十貫　二百たん（反）　二百人　二百よ（餘）人　二百兩　入學し　◎にうどう（入道）　日本　日本国　日本国皇　◎女ご（御）　○女御たち　女御ばら　○女御どの　○女御の君　女御の君ばらのみこたち　◎女房　◎にようばう（女房）たち　○女ばう（房）ぐるま　女ばう（房）ぐるまども　◎女官　○女官ども　○女人　女王　※二ゐ（位）　にん（妊）じ　※人長　にんにく（忍辱）

ネ　ねさうぞく（寝装束）　ねち（熱）　御ねち（熱）　ねん（念）　ねんぐはん（念願）し　○ねん（念）じあまり　◎ねん（念）じ　○ねんず（念誦）し　○念ずだう（誦堂）　◎御念佛

ハ　◎はい（拜）し　○はう（方）　◎ばう（坊）　○ばう（坊）がね　はう（坊）さだめ　◎はうし（拍子）　はうしやう（放唱）　はうちやう（包丁）　はう（法）なけれ　ばう（坊）のきみ　ばう（坊）のたちはき　方略　◎はかせ（博士）　はかせ（博士）たち　○はかせ（博士）ども　はかせ（博士）ら　はくえ（箔絵）　ばくち（博打）　ばくち（博打）ども

八　八がう（合）　八九　八九十よ（餘）　◎八月　八月十五日　八月十三日　八月十七日　八月十日　八月廿八日　八月つごもり　八月六日　八十歳　八十人　八十よ（餘）人　◎八人　八年　八の君　○八の宮　八番　八まち

八郎　八ゐん（韻）　廿日あまり一日　八生　八しやく（尺）　八丁　はつどう（發動）し　花のえん（宴）　林のいん（院）　○はう（判）　御はん（判）　◎ばん（番）　御ばん（番）　◎ばん（盤）　※はんざう（半挿）　ばんそう（伴僧）
はん〳〵（番々）　※はんひ（半臂）

ヒ　ひ（妃）　○ひがん（彼岸）　ひこん（秘錦）　◎ひさう（非常）　ひじ（非時）　○ひ（秘）し　ひぜん（備前）のすけ
○ひそく（秘色）　左の大將　左の大將殿　左のつかさの中將　ひだりみぎのぞう（尉）　◎ひちりき（篳篥）　びづら（鬢頰）　ひとぐ（一具）　○ひとつぞう（一族）　ひとばん（一番）　○ひとるい（一類）　ひのさうぞく（日の裝束）ども　◎びは（琵琶）　御びは（琵琶）　※びは（琵琶）の御こと　○びやうざ（病者）　◎ひやうし（拍子）　◎びやうぶ（屛風）　◎御びやうぶ（屛風）　○びやうぶ（屛風）ども　○御びやうぶ（屛風）ども　○兵部　◎兵部卿　ひやう（兵）部卿少將　○兵部卿のみこ　○兵部卿の宮　兵部丞　○ひやうぶのたいふ（兵部の大輔）　兵部大輔きみ
◎ひやうゑ（兵衛）　ひやうゑさくはん（兵衛主典）　兵衛つかさ　兵衛督　ひやうゑ（兵衛）のかんのきみ　兵衛督殿　ひやうゑ（兵衛）の君　ひやうゑ（兵衛）の君のみや　○ひやうゑのぜう（兵衛の尉）　ひやうゑのぞう（兵衛の尉）の君　◎兵衛佐　兵衛佐君　ひやうゑ（兵衛）のつかさ　兵衛殿　百　百官　百くはん（貫）　百五十石　百さい（歳）　百さう（姓）ら　○びやくだむ（白檀）　百とん（屯）　百人　百ひき（疋）　百まん（萬）の神　百味　百よ（餘）人　○百りやう（兩）　ひやくるり（白瑠璃）　百六十　◎ひらうげ（檳榔毛）　ひゐのぜうすけ（非違の尉佐）
ひゐのべたう（非違の別當）　◎びん（鬢）　びん（便）　ひんがしざうし（東曹司）　◎ひんがしのたい（對）　ひんがしのぢん（陣）　東のろう（樓）　びん（鬢）つき　◎びん（便）なし

フ　○ふ（封）　○みふ（封）　ふ（夫）　ふ（釜）　ふあく（不悪）　○ふい（不意）　御笛のし（師）　ふかう（不行）　ふがう（不合）　○ぶく（服）　○御ぶく（服）　副使　ぶく（服）なをし　ぶく（服）やつれ　○ふけう（不孝）　御ふけう

（不興）　ふけう（不興）し　ふさい（不才）　ふさうらく（扶桑樂）　不死のくすり　ふしやう（府生）　ふしやく（不死薬）　ふじよ（婦女）　○ふじん（夫人）　○ふずく（粉熟）　○ふせ（布施）　御ふせ（布施）　ふせい（風情）　ふせう（不肖）　ふだい（文題）　御ふだい（文題）　○ぶたい（舞臺）　○ふたう（不當）　◎ぶたう（舞踏）し　ふた大將　◎ふだん（不断）　ふだんのじゆほう（不断の修法）　ふぢつぼの女御　ふぢつぼの女御の君　○ふぢやう（不定）　※佛みやう（名）　◎御ぶつみやう（佛名）　◎ふどう（不動）　◎ふびん（不便）　ふみのしよ（書）　◎ふよう（不用）　ふるびやうぶ（古屏風）　ふれい（不例）　◎ふん（封）し　○ふんだい（文臺）　ふん（文）のこと　ふん（文）のて

ヘ　◎へい（塀）　○へいし（瓶子）　◎べいじう（部従）　○へう（表）　◎べたう（別當）　べたう（別當）どの　○べちなう（別納）　◎へん（辺）　◎弁　◎へんげ（変化）　弁殿　○べん（弁）の君　弁のぬし

ホ　ほ（帆）　ほい（布衣）　◎ほい（本意）　○御ほい（本意）　◎ほい（本意）なし　ほうご（反故）　ほうせふ（歩障）　ほう（報）じ　○ぼうもち（捧物）　○ほうらい（蓬萊）　○ほうらい（蓬萊）の山　◎菩薩　※ぼだい（菩提）　ほてい（拂底）し　ほに（本に）　※御ぼに（盆）　御ぼに（盆）ども　◎ほう（法）　◎ほうし（法師）　ほうし（法師）ばら　◎ほうふく（法服）　○御ほうふく（法服）　ほうふく（法服）ども　○ほうもん（法文）　◎ほん（本）　○本ども　本け（家）　○本さい（妻）　◎本上（性）　本誓　○本尊　ほん〳〵（品々）

マ　◎まきゑ（蒔絵）　おほんまく（幕）　まさあきらの中納言　○まひのし（師）　舞のし（師）ども　舞のし（師）ら　万恒河沙　万ごく（石）　万ごう（劫）　○まんざい（萬歳）　○まんざいらく（萬歳樂）　まどころのべたう（別當）　まんまく（幔幕）　万両

ミ　右の大將　右の大將どの　右のとう（頭）　右のゑもん（衛門）のかみ　みけう（見興）じ　みじく（未熟）　みだい（臺）　みだりかくびやう（脚病）　みなみのぢん（陣）　みなみのもん（門）　みなもし（御名文字）　みふ二でう

（條）　みまやのべたう（別當）　宮あこのじじう（侍従）　みやあこのたいふ（大輔）　○名がう（香）　みやうねん（明年）　◎みやうぶ（命婦）　宮のがくし（樂士）　宮の権かみ　宮の進　宮のだいぶ（大夫）のあそん　みらい（未來）　みらう（領）　○みんぶきやう（民部卿）　民部卿の君　民部卿の殿　民部卿のみこ　民部卿宮　民部丞　○民部のたいふ（大輔）

ム　◎むげ（無下）　◎むご（無期）　○むさい（無才）　○むざん（無慚）　◎むしん（無心）　無等三昧　◎むとく（無徳）　○む（無）品　むまのくゑん（右馬の権）すけ　むまの二てん（点）　むめつぼのかうゐ（更衣）　○むらい（無禮）

メ　めい（命）　○めいぼく（面目）　◎めいわう（明王）　めいわう（明王）がね　めなう（瑪瑙）　◎めんぼく（面目）　○めんぼく（面目）なく

モ　※もかう（帽額）　◎もく（木工）　○もく（木工）の君　もく（木工）のすけ　もくり（木理）　もくろく（目錄）　◎もじ（文字）　もの丶えう（要）　もの丶ぐ（具）　◎もの丶け（怪）　○もの丶けう（興）　○物のけしき（氣色）　○物のし（師）　◎物の上ず（手）　○もの丶上手ども　○もの丶へげ（変化）　○もの丶よう（用）　物ふびん（不便）　○もみぢの賀　もろず（諸誦）　※もん（文）　もん（門）　◎もん（紋）　○文ざい（才）　○文章生　※もんじやうはかせ（文章博士）　※文殊　もんじよ（文書）　○文人　文人ども

ヤ　◎やう（様）　※御やう（様）　◎やうき（様器）　◎やうきひ（楊貴妃）　やう（瑩）じかけ　やう（瑩）せ　○やうだい（様態）　御やうたい（様態）　焼きてう（調）じ　◎やく（役）　◎やくし（薬師）ほとけ　山のわう（王）

ユ　ゆいごん（遺言）　ゆいごん（遺言）し　ゆう〳〵（悠々）　ゆきまさの左兵衛中將たち　ゆきまさの中將

ヨ　よ（餘）　◎よう（用）　御よう（用）　◎ようい（用意）　◎御ようい（用意）　◎ようい（用意）し　○よう（用）し

○よう(用)なき　○ようめい(容面)　ようめう(容面)　よぐ(具)　よく(欲)ふかく　よこざ(横座)　よるのさうぞく(装束)

ラ　○ら(羅)　らいせ(來世)　◎らいねん(來年)　礼はい(拜)　○らう(勞)　◎らう(郎)　○らう(郎)ども　○らう(勞)あり　○らう(乱)がはしき　らうざ(勞者)　らうし(娘子)　○らう(領)じ　らう(勞)し　らうすけ(良佐)　らう(良)少將　らう(良)中將　らう(良)中將のあそん　らう〳〵(勞々)　◎らう〳〵(勞々)じ　らう〳〵たく　◎らくそん(落蹲)　○らち(埒)　○らでん(螺鈿)　らう(鑞)　○らんじやう(乱聲)　らんじやう(乱聲)し

リ　○りう(龍)　りうかく(麟角)　りうかくふ(麟角風)　りうなう(龍脳)　りう(龍)のこま　りう(龍)のつのりうもん(龍門)　◎りし(律師)　理趣經　吏部　御りやう(領)　りやうけ(靈氣)　◎りやう(領)ず　○りよ(呂)れう(綾)　○れうわう(陵王)　◎りんじ(臨時)　○りんじかく(臨時客)　◎りんじ(臨時)の祭　りんだい(輪台)　◎りんだう(龍膽)　輪廻　輪廻し

ル　◎るい(類)　るいだい(累代)　るざい(流罪)　○るり(瑠璃)

レ　◎れい(例)　れい(靈)　御れい(靈)　れい(靈)ども　○れいけい(麗景)殿　◎れい(例)ならず　◎れい(例)の　れい(例)人　◎れう(料)　みれう(料)　れう(凌)ぜ　れう(料)ぜ　れう(料)物　れち(列)　れんげ(蓮華)れんく(連句)　れんじ(連子)す　れんり(連理)のちぎり

ロ　ろう(樓)　○ろう(弄)じ　○六　◎ろく(祿)　御ろく(祿)　○六(祿)ども　※六月　六月中の十日　六月六日　○六時　六七人　六七ひき(疋)　六十ぴき(疋)　○六十　六十人　御六十のが(賀)　六十よ(餘)　六十余日六十よこく(餘國)　ろく青(緑青)　○六しやく(尺)　六ど(度)　◎六人　六年　○六の君　六のみこ　六の宮六ばん(番)　ろくろ(轆轤)　ろくろし(轆轤師)ども　ろくろ(轆轤)ひき　○六郎　◎六ゐ(位)　六百人　◎ろ

（論）なう　○ろむき（論議）

ワ　わう（王）　王母　往還　わうしやう（皇麞）　わうせう（王昭）君　わうたう（王統）　わうぢやう（横笛）　わうらい（往來）　御をうゐ（王位）　○わか（和歌）　わかほうし（若法師）　◎わごん（和琴）　わらはべいじう（童陪従）

ヰ　位記　ゐぎ（威儀）　いぎ（威儀）物　ゐぎをさめ（威儀納）　ゐん（韻）　◎ゐん（院）　○院がた　○院じ（司）　院ない（内）　○院の上　院の御方　院のきさいの宮　院の女御　院の女御どの　○院のみかど

ヱ　◎ゑ（絵）　おほんえさく（會釋）　◎ゑし（絵師）　◎ゑ（怨）じ　ゑちご（越後）のめのと　◎ゑふ（衛府）　○ゑふ（衛府）づかさ　ゑふのぞう（衛府尉）ども　ゑふのぢん（衛府の陣）　◎御みゑぼうし（烏帽子）　○ゑもん（衛門）　○ゑもん（衛門）のかみ　ゑもんのぜう（衛門尉）　○ゑもん（衛門）のすけ　◎ゑんが（垣下）　えん（怨）じうらみ

ヲ　をはりほうし（法師）　女一のみこ　○女一の宮　○女五宮　○女三の宮　女だいきやう（大饗）　○女のさうぞく（装束）

注

1　本書第二編「本朝文粋の漢語」に、「ヱン」「ヰン」の兩音が存在する。
2　原田芳起『平安時代文学語彙の研究』五〇四ページ。
3　右書、五八三ページ。
4　右書、五八〇ページ。
5　築島裕『平安時代語新論』四一三ページ。
6　拙論「枕草子の漢語」（『国語と国文学』42巻11号）参照。
7　鈴木朖『言語四種論』（六丁ウラ）に「漢語ヲ和語ノ格ニ働カシ用ル事」の例語に挙げてある。

8　誤字か。

9　tとnとは発音部位が類似してゐるので、「ツ」と「ン」を同音と解したとの指摘が小林芳規博士によりされてゐる。『広島大学文学部紀要別冊中世片仮名文の国語史的研究』一〇三ページ・『高山寺資料叢書2高山寺本古往来表白集』五四二ページ。

10　沼本克明『平安鎌倉時代に於る日本漢字音に就ての研究』一四七ページ。

11　誤字か。

12　日本古典文学大系『宇津保物語』三の解説、三九ページ。

13　（　）内の数字は、古典文庫本のページ数である。また、例文では、原文の仮名表記の語を、漢字表記にした箇所がある。

14　語の所在は、宇津保物語研究会『宇津保物語　本文と索引　索引篇』によられたい。

第五章　かげろふ日記の漢語

かげろふ日記は、天暦八年（九五四）から天延二年（九七四）までの約二十年間の内容が記されてゐて、「およそ九七二年から書きはじめられ、九七六年の頃にほぼでき上った[注1]」とされる。が、現存古写本としては、近世以前のものがなく、近世初期の写本である宮内廳書陵部藏御所本『蜻蛉日記』の影印本により、漢語の調査をした。調査に際しては、玉上琢弥・柿本奨編『蜻蛉日記本文篇』、上村悦子編『蜻蛉日記校本・書入・諸本の研究』、日本古典文学大系『土左日記・かげろふ日記・和泉式部日記・更級日記』、日本古典文学全集『土左日記・蜻蛉日記』、佐伯梅友・伊牟田経久編『かげろふ日記総索引』、柿本奨『蜻蛉日記全注釋』を参照した。

第一節　表　記

かげろふ日記の漢語の表記は、次の三種類に分れてゐる。

イ　漢語本来の漢字による表記。

　京　經　願　大饗　中門　天下　大納言　右兵衛　貞観殿　行基菩薩

ロ　平仮名による表記。

か(賀)　とく(徳)　く(具)す　さうし(曹司)　そや(初夜)　ようい(用意)す　こやうせい(故陽成)院　雲林ゐん(院)　十よねん(余年)

ハ　漢字の音による類音表記、九語。

大上ゑ(大嘗會)　本上(本性)　太上(太政)の大との　宰將(宰相)　法正寺(法性寺)　御道(御堂)　丁(帳)　き丁(几帳)　一丁(町)

右の「イ　漢字表記」の語は、拗音・舌内入声音・三内撥音を含む漢語と数名詞が主体である点は、竹取物語・土左日記・伊勢物語・宇津保物語の漢字表記と同様であり、これ以外の漢字表記は、次の四語である。

大輔　大夫　導師　法師

「ハ　類音表記」に使用されてゐる借音字は5字ある。その借音字と、漢語本来の漢字との音について、以下順次考察する。それぞれの字に記した声調・韻目は広韻のものである。

(1)　大上ゑ(大嘗會)　本上(本性)　太上(太政)の大との

上	上声養韻	漢音シヤウ	呉音ジヤウ
嘗	平声陽韻	漢音シヤウ	呉音ジヤウ
性	去声勁韻	漢音セイ	呉音シヤウ
政	去声勁韻	漢音セイ	呉音シヤウ

「上」の呉音が、宇津保物語で類音表記に使用されてゐるが、右の「上」も呉音と推定される。それは、「大嘗會」の「會(ゑ)」の呉音読みと矛盾しない。また、「本性」では、「本」の韻尾-nの影響で「性(じやう)」が連濁になつたものと見られる。

また、「太政」では、日葡辞書に Daijôdaijin とある他、下学集・節用集の古辞書類に「ダイジヤウダイジン」と

「政」を濁音に読んでゐる。以上、「上」は呉音「ジヤウ」の借音による類音字として使用されてゐる。

(2)　宰将（宰相）

同じ類音表記が宇津保物語にあり、そこで述べたので、省略に従ふ。

(3)　法正寺（法性寺）

正　平声清韻　漢音セイ　呉音シヤウ

性　去声勁韻　漢音セイ　呉音シヤウ

「正・性」は漢音・呉音ともに同音であるが、寺院名は呉音読みが普通である故、呉音の借音である。

(4)　御道（御堂）

道　上声晧韻　漢音タウ　呉音ダウ

堂　平声唐韻　漢音タウ　呉音ダウ

「道・堂」は、漢音・呉音同じであり、佛教関係の漢語は呉音読みが通常であるので、ここも呉音の借音と見られる。

(5)　丁（帳）　き丁（几帳）　一丁（一町）

丁　平声青韻　漢音テイ　呉音チヤウ

町　平声青韻　漢音テイ　呉音チヤウ

「丁」の呉音が「帳」の類音表記であることは、宇津保物語で既に述べた。「丁・町」は漢音・呉音ともに同音であるが、「帳」の場合と同じく、「丁」の呉音による類音表記で、「町」も呉音読みである。

以上、類音表記は、日本漢字音としては同音の字が使用され、「道」以外は拗音の表記に使用されてゐる。

第二節　語数

かげろふ日記の漢語を、一字語・二字語・三字語など漢語の字数によつて分類し、異なり語数・延べ語数・それ〴〵の百分比、及び平均使用度数を、次表に示す。

	異なり語数 A	百分比	延べ語数 B	百分比	平均使用度数 B/A
一字語	107	29.9	446	46.8	4.17
二字語	182	50.8	404	42.3	2.22
三字語	45	12.7	78	8.2	1.73
四字語	16	4.5	16	1.7	1.0
五字語以上	8	2.2	10	1.0	1.25
（計）	358	(100.1)	954	（100）	2.66

異なり語数は、二字語が最も多くて50%を越え、一字語・二字語が次いで多く、四字語・五字語以上と字数が増大すると語数は急減する。

延べ語数は、一字語が最も多く、二字語がそれに比肩し、三字語以上は激減し、字数が多くなるにつれて、延べ語数は減少する。

延べ語数を異なり語数で除した平均使用度数も、一字語が最大で、二字語・三字語と減少して行く。

以上の傾向は、竹取物語・土左日記・伊勢物語・宇津保物語に共通の傾向である。

『かげろふ日記総索引』により、私見を加へて計算したところでは、かげろふ日記の異なり語数は四二一七語である。漢語の異なり語数三五八語は、その8.49%にあたり、伊勢物語・土左日記よりやゝ多くて、竹取物語とほゞ同じである。が、宇津保物語の½以下である。因みに、宮島達夫編『古典対照語い表』では、漢語と混種語の計三一九語で、全体三五九八語の8.87%を占めると報告されてゐる。

第三節　和漢混種語

かげろふ日記の和漢混種語は、語構成が多種であり、語数も多い。以下、体言・用言に大別し、例語を挙げて考察を加へる。

体言の混種語は、漢語と和語との複合形式により五分類して述べる。

(1)　接頭語「み・御」——漢語

みたう(御堂)　みひやうふ(御屏風)　みすいしんはら(御随身ばら)　御か(賀)　御けさ(袈裟)　御さうし(曹司)　御すいしん(随身)　御せうそこ(消息)　御さしき(桟敷)　御ふしやう(不祥)　御ふく(服)

仮名表記では「み」の例のみであるが、右側に傍線を付した「御」は「み」とよむ例が、他の個所、または他の作品にあるものである。又、左側に傍線を付した「御」は「おほん・おん」とよむ例が他の作品にあるものである。

(2)　漢語――接尾語

き(几)帳とも　けす(下衆)とも　御せん(前)とも　そう(僧)とも　あせち(按察使)との　そち(帥)殿　さく(笏)ら　せし(禪師)たち　ほふし(法師)はら　せちゑ(節會)かち　ちうてん(重点)かち　けす(下衆)ちか

例数は少ないが、接尾語は「ども・との・ら・たち・ばら・がち・ぢか」と多種に亙る。

(3)　漢語――和語

けしやき(芥子焼)　ちくもと(軸本)　てんけひと(天下人)　殿上人　ねふつこゑ(念佛聲)　ねんすこゑ(念誦聲)　ひりやうけ(檳榔毛)　せくまゐり(節句参り)　こくたち(穀斷ち)　けみ(検見)　さるかうこと(散樂言)

和語には、動詞連用形の轉じた体言(傍線を付したもの)が目立つ。

(4)　和語――漢語

あじろびやうぶ(網代屛風)　ありやう(有り様)　いかやう(様)　いまやう(今様)　うすやう(薄様)　かやう(様)　かうやう(様)　かたもん(固紋)　ことやう(異様)　さやう(様)　なかさうし(長精進)　なゝもし(七文字)　ひときやう(一京)　ひともしたい(一文字題)　わらはさうすく(童装束)　女ゑ(繪)

「様」に上接したものが多い。

(5)　和語――漢語――和語(複式混種語)

みすいしんはら(御随身ばら)

「御随身」で混種語となり、さらに接尾語「ばら」がついた複式混種語で、この一語のみである。

以上、(1)~(5)の形式の和漢混種語の体言は五二語、異なり語数の14.5%である。

用言の混種語は、動詞と形容詞に二分し、それをさらに、それ〳〵複合の形式により分類して述べる。

(1) 一字語サ変動詞

く(具)し　こう(困)し　さ(鎖)し　ち(治)せ　てう(調)し　ねん(念)し　はい(拝)する　ふん(封)し　らう(領)し・りやう(領)し　るい(類)し　ろう(弄)する　ゑに(怨)すれ

(2) 二字語サ変動詞

あない(案内)する　かち(加持)し　かんたう(勘當)し　けいめい(敬命)し　ごらん(御覧)す　たいめ(對面)し　ねんす(念誦)する　ようい(用意)し

(3) 漢語サ変動詞——和語動詞

くしいけ(具し行け)　くしはて(屈し果て)　くんしはて(屈し果て)　てうしたて(調し立て)　ねんしおもふ(念し思ふ)　ねんしかへし(念し返し)　すりしはて(修理し果て)　こらんしはつ(御覧し果つ)

終りの二例を除いて、一字語サ変動詞に和語の接したものであり、これらは複式混種語である。

(4) 和語——漢語サ変動詞

うちく(屈)し　うちすん(誦)する　うちゑん(怨)し　わらは(童)装束す

接頭語「うち」に一字語サ変動詞がついたものが特徴的で、これらも複式混種語である。

(5) 漢語——和語動詞

あう(奥)よる　けしき(氣色)ばむ　けしき(氣色)ばみたて　らう(労)たがる

「氣色ばみたて」は複式混種語である。

(6) 和語——漢語——和語動詞

なましそくたつ（生親族たつ）

これも複式混種語である。

(7)　漢語の語末音が活用する動詞

ひきさうそき（引き裝束き）　しやうそきあつまり（裝束き集り）

「裝束」の語末音が活用した「裝束く」が、さらに、接頭語・和語動詞と複合したもので、複式混種語である。

(8)　漢語――形容詞「なし」

あう（奥）なかり　ひ・ひん（便）なし　よう（用）なし　ろ・ろん（論）なう

(9)　漢語――形容詞的接尾語

ひゝ（美々）しう　らう（勞）かはし　らう（勞）たし

(10)　漢語サ変動詞――形容詞

く（屈）しいたく　ねん（念）しかたく

(8)～(10)は形容詞であるが、動詞に比べて語数が少ない。また、約半数は「なし」が漢語に下接したものであり、「し」が下接する漢語は疊語である。(10)は複式混種語である。

(11)　漢語形容詞より派出した体言

ひなけ（便無げ）　らうたけ（勞たげ）

この二語は体言であるが、形容詞に体言的接尾語が下接した複式混種語なので、ここに挙げた。

右の(1)～(11)は計五十語で、異なり語数の14％を占める。

以上、体言・用言を併せて混種語は、百二語、28.5％に達し、複式混種語が多いなど、複合の形式が複雑である。

第四節　漢語の読み

漢語の読みが明確に知れる仮名表記の漢語について、漢音よみ・呉音よみを中心に、頭子音と韻の二面から考察する。

頭子音　漢音と呉音で差のある次濁の声母をもつ字について、以下例を挙げて順次検討する。

(1)　明母

こうはい・こうはゐ（紅梅）　ほうたん（牡丹）　まく（幕）　しもく（除目）　たいめむ（對面）　たいめ・たいめん（對面）す　ひゝ（美々）しう　むけ（無下）　もし（文字）　ひともしたい（一文字題）　かたもん（固紋）

「めん」は、韻尾の鼻音で頭子音が鼻音化したものと見られ、漢音・呉音不明であるが、バ行音の漢音よみが三語、マ行音の呉音よみが六語である。

(2)　泥母

な（儺）　なひ（儺火）　ないし（内侍）のかみ　ないし（内侍）のかんの殿　あない（案内）する　ねんす（念誦）　ねふつ（念佛）　十よねん（余年）　らいねん（來年）

ナ行音のみであるが、「年(ねん)」は漢音・呉音不明であり、呉音よみ八語、不明二語である。

(3)　娘母

たらに（陀羅尼）

ナ行音の呉音よみ一語のみである。

(4)　日母

せさう（軟障）　にかい（二階）

ザ行音の漢音よみ一語、ナ行音の呉音よみ一語である。

(5)　匣母合口字

こうはい・こうはゐ（紅梅）　ゑ（繪）　女ゑ（繪）　えほう（恵方）　すまひのゑ（相撲の會）　たいしやうゑ（大嘗會）　せちゑ（節會）がち

カ行音の漢音よみ一語、ワ行音の呉音よみ六語である。

(6)　頭子音のまとめ

(1)〜(5)を表にまとめると次の如くなる。

	明母	泥母	娘母	日母	匣母合口	計	重複語	実数	百分比/30
漢音よみ	3	0	0	1	1	5	1	4	13.3
呉音よみ	6	8	1	1	6	22	0	22	73.3
不明	2	2	0	0	0	4	0	4	13.3.

表の重複語は、「紅梅」で、明母と匣母合口とで計数されてゐる。対象の語数は三十語であるが、漢音よみが少なく、呉音よみが五倍以上もあるといふ傾向が見られる。

韻　韻についても、漢音と呉音で差のあるものについて、例を挙げて考察する。韻目は平声のみ示し、対応する上声・去声・入声の韻を含めた。また、韻の中でも、漢音・呉音の差がない字については、例示を省略した。

(1)　東韻（直音）

こうはい（紅梅）　ろう（弄）す

二語ともに「㋔ウ」の漢音よみである。

(2)　東韻（拗音）

ひやうふ（屛風）　みひやうふ（御屛風）　あしろひやうふ（網代屛風）　けす（下衆）　けす（下衆）とも　けす（下衆）ちか　すくせ（宿世）　すく（宿）院　すくろく（雙六）

「㋒・㋒ク・ロク」の呉音よみのみである。

(3)　鍾韻

ふん（封）す　ちうてん（重点）かち　せく（節供）　せく（節供）まゐり　ちそく（知足）院　へいしう（陪従）

すん（誦）す　す（誦）經　ねんす（念誦）

「㋒・㋑ウ・㋔ク」の音形の呉音よみである。

(4)　之韻

き（忌）日　こ（期）

「キ」の漢音よみ、「ゴ」の呉音よみ、各一語である。

(5)　微韻

け（氣）　けしき（氣色）　御けしき（氣色）　けしき（氣色）はむ　けしき（氣色）はみたて

「ケ」の呉音よみのみである。

(6)　魚韻

こらん（御覧）す　こらん（御覧）し果つ　こせん（御前）　こけい（御禊）

すべて、「ゴ」の呉音よみである。

(7)　模韻

ふ（普）門寺　しやうふ（菖蒲）

二語とも「フ」の呉音よみである。

(8)　皆韻

けし（芥子）やき　もの、け（怪）

二語ともに「ケ」の呉音よみである。

(9)　齊韻

先たい（帝）　ほたい（菩提）　たい（題）　ひともしたい（一文字題）　さいわう（西王）　こけい（御禊）　えほう（恵方）　らいたう（禮堂）

「㋓イ」の音形の漢音よみが一語、「㋐イ・㋓」の音形の呉音よみが七語である。

(10)　佳韻

けたい（懈怠）

「ケ」は呉音よみである。

(11)　泰韻

すまひのゑ（相撲の會）　たいしやうゑ（大嘗會）　せちゑ（節會）かち　ゑ（繪）　女ゑ（繪）

すべて「ヱ」の呉音よみである。

⑿　元韻

すいは(水飯)　ゑむ(怨)す

二語ともに漢音よみである。

⒀　刪韻

あせち(按察使)との　あせち(按察使)の大納言

「㋓ツ」は呉音よみである。

⒁　麻韻

けさ(袈裟)　御けさ(袈裟)　むけ(無下)　てんけ(天下)　てんけひと(天下人)　けす(下衆)　けす(下衆)とも　けす(下衆)ちか

すべて「㋓」の音形で、呉音よみである。

⒂　庚韻(拗音)

きやう(京)　ひときやう(一京)　けいめい(敬命)　けいめい(敬命)し

「㋓イ」の音形の漢音よみが二語、「㋑ヤウ」の音形の呉音よみが二語である。

⒃　清韻

しやうし(精進)　なかしやうし(長精進)　一條の太しやう(政)のおと、　法正(性)寺　本上(性)　ふしやう(不淨)　こやうせい(故陽成)院　えひ(纓)　さうやく(雜役)　りやう(領)す

「㋓イ」の音形の漢音よみ二語、「㋑ヤウ・ヤク」の音形の呉音よみが八語である。

(17)　青韻
ひやうふ（屏風）　みひやうふ（御屏風）　あしろひやうふ（網代屏風）　ふちやう（不定）　きやう（經）　ときやう（讀經）　こんさう（紺青）
「㋑ヤウ」の音形、及びその直音化した音形「サウ」で、すべて呉音よみである。

(18)　侯韻
ほうたん（牡丹）　くら人のとう（頭）　くせち（口舌）　こや（後夜）
「㋔ウ」の音形の漢音よみが二語、「㋒・㋔」の音形の呉音よみが二語である。

(19)　尤韻
すほう（修法）　すり（修理）し果て　しやうす（上手）　ゆ（柚）
すべて「㋒」の音形の呉音よみである。

(20)　覃韻
こんさう（紺青）　かんたう（勘當）　かんたう（勘當）し　かうし（勘事）
「㋐ム」の音形と、その変化した「カウ」の音形が漢音よみで三語、「㋔ム」の音形の呉音よみが一語である。

(21)　凡韻
ほうし（法師）　ほうし（法師）はら　すほう（修法）　さほう（作法）
「ホフ」の変化した「ホウ」は、呉音よみで、すべて呉音よみである。

(22)　職韻
けしき（氣色）　御けしき（氣色）　けしき（氣色）はむ　けしき（氣色）はみたて　さうしき（雜色）　しきし（色紙

（色紙）きしき（儀式）

「㋑キ」の音形は、呉音よみである。

(23)　韻のまとめ

以上の考察を表にすると次の通りである。

韻＼読みの別	漢音よみ	呉音よみ
東韻（直音）	2	0
東韻（拗音）	0	9
鍾韻	0	9
之韻	1	1
微韻	0	5
魚韻	0	4
模韻	0	2
皆韻	0	2
齊韻	1	7
佳韻	0	1
泰韻	0	5
元韻	2	0
刪韻	0	2
麻韻（直音）	0	8
庚韻（拗音）	2	2
清韻	2	8
青韻	0	7
侯韻	2	2
尤韻	0	4
覃韻	3	1
凡韻	0	4
職韻	0	7
計	15	90
重複語	0	12
共存語	1	1
実数	14	77
百分比/91	15.4	84.6

右の表の重複語・共存語は次のものである。原表記の仮名を振り仮名として、該当する漢字につけた。

呉音よみ重複語……屛風（ひやうふ）　み屛風（ひやうふ）　網代屛風（ひやうふ）　下衆（けす）　下衆（けす）ども　下衆（けす）ぢか　氣色（けしき）　氣色（けしき）ばむ　氣色（けしき）ばみたて

御氣色（けしき）　紺青（こんしやう）　修法（すほう）

漢音・呉音共存のもの……御禊（こけい）

韻の面からは、漢音よみが約15%、呉音よみが約85%で、呉音よみが5.5倍も多く、頭子音の場合とほゞ同様の傾向を示す。

また、舌内撥音尾-nと唇内撥音尾-mの区別も全くないが、舌内撥音尾については、「ニ」表記のものが二語「ほに(盆)・ゑに(怨)す」あり、無表記のものも「ひらう(檳榔)・ひらうけ(檳榔毛)・しやうし(精進)・なかさうし(長精進)・ろ(論)なう・すいは(水飯)・たいめ(對面)す・せし(禪師)・あない(案内)・かうら(高欄)・ひ(便)なし・ひ(便)なげ」など多く見られる。

第五節　漢語の表現

かげろふ日記の漢語と、源氏物語・枕冊子の漢語とで、共通のものを調査すると、次表の如くになる。

	語　数	百分比/358
源氏物語と共通	224	62.6
枕冊子と共通	180	50.3
源氏・枕に共通	162	45.3

かげろふ日記の漢語の60%が源氏物語と共通であり、50%が枕冊子と共通であり、さらに源氏物語・枕冊子と共通のものが45%存在する。この比率は、宇津保物語に比べて二倍から三倍であるが、それは、かげろふ日記が源氏物語・枕冊子と時代的に近いことの上に、作者が女性である点も関係すると見られる。

そして、右の共通語彙は、平安朝中期の貴族階級の女性たちの間に共有されたものと見られる。

次に、漢語サ変動詞を中心とした二三の語について、その用法を検討する。

先づ「御覧ず」は、地の文での用例はなく、会話と消息文とに用例がある。

会話の中の6例について、その動作主を分類して、次に表示する。

動作主	聞手	大納言	聞手の主人	聞手の夫	（計）
例数	2	1	1	2	6

会話では、話手が聞手に対して過度の敬意を持つ場合が多いことは、宇津保物語にもその例があつたが、表の2例も同様である。1例（315）[注2]は、話手の子の上司ではあるが、右馬頭に過ぎず、他の1例（321）は話手と聞手の関係は兄弟姉妹の関係である。

次に、会話での第三者の立場にある動作主では、「大納言」（169）は、臣下としては大臣に次ぐ高官であり、「聞手の主人」（312）は、話手と兄弟姉妹の関係にあり、「聞手」の場合と同趣と見られる。また、「聞手の夫」（259・299）は、聞手が話手の主人である。

以上、会話での使用例は、一般の尊敬語と同様のものである。

次に、消息文の「御覧ず」の動作主を分類して表示する。

動作主	読手・受手	書手の主人	（計）
例数	3	1	4

「読手」の3例(178・178・223)は、すべて書手は作者で読手は作者の夫兼家である。「書手の主人」(301)の例は、書手が兼家方の女房で、読手は作者であり、動作主は兼家である。

この消息文の用例も、一般の尊敬語と変らない。

以上、かげろふ日記の「御覧ず」は、帝・院といふ皇室関係の高貴の方々に使用した例はなく、一般の尊敬語と同様、尊敬の対象である人々への使用例ばかりである。

次に、「對面・對面す」について見るに、「對面」は消息文に1例(178)あり、書手は作者、読手は夫兼家で、書手が読手に会ふ場合であり、宇津保物語の消息文の用例と同じである。

「對面す」は、地の文に1例(303)、会話文に1例(149)ある。地の文では、作者の子右馬助道綱が来訪した上司右馬頭に会ふ、少し改まつた場合の動作である。

会話の例は、話手兼家、聞手作者の侍女たちで、重病の話手が妻である作者に再び会へるかどうかと訴へる場面で、改まつた場面の表現と云へる。

以上、例数は少ないが、「對面・對面す」は、会ふ人か相手かが、或程度の身分のある人であり、改まつた場合の表現と見られる。

第六節　語　彙　表

一　かげろふ日記の漢語を、五十音順に配列した。

二　仮名表記・類音表記の語には、(　)内に本来の漢字を記した。

三　一語につき、数種の表記のある場合、原則として、一種の表記を挙げた。
四　語の所在は省略した。[注3]
五　◎を付した語は、源氏物語・枕冊子と共通の漢語である。
○を付した語は、源氏物語と共通の漢語である。
※を付した語は、枕冊子と共通の漢語である。

ア行　○あう（奥）なかり　◎あう（奥）寄り　あがたのゐん（院）　◎あしろひやうふ（網代屏風）　あせちとの（按察使殿）　○あせち（按察使）の大納言　◎あない（案内）する　◎ありやう（様）　◎いかやう（様）　一條のおほきおとと　一條の太しやう（政）のおとと　一條の太政のおととの少將　一丁（町）　◎いまやう（今様）　◎うすやう（薄様）　※うちく（屈）し　◎うちすん（誦）する　○うちのゐん（院）　○うちゑん（怨）し　◎右兵衛　うま（右馬）のかんのきみ　◎雲林ゐん（院）　◎えひ（纓）　◎えう（要）　◎えむ（縁）

カ行　○か（賀）　○御か（賀）　◎かう（香）　◎かうし（格子）　◎かうし（勘事）　○かうやう（様）　◎かうらん（高欄）　◎かく（樂）　※かたもん（固紋）　◎かち（加持）　◎かち（加持）し　◎かやう（様）　○かんたう（勘當）　○かんたう（勘當）し　◎きく（菊）　きこう（困）し　◎きしき（儀式）　◎き丁（几帳）　◎き（几）帳とも　○き（忌）日　◎きやう・京　◎きやう・經　◎行かう（幸）　行基菩薩　○くきやう（公卿）　◎九月　九月ついたち　○九月十よ（余）日　く（具）し行け　○く（屈）しいたく　く（屈）し果て　○九十月　◎く（具）し　くせち（口舌）　九條殿の女御殿の御方　くら人のとう（頭）　○願　くん（屈）し果て　◎け（氣）　けいめい（敬命）　◎けいめい（敬命）し　◎けさ（袈裟）　◎御けさ（袈裟）　◎けしき（氣色）　◎御けしき（氣色）　◎けしき（氣色）はむ　けしき（氣

色）はみたて　けし（芥子）焼き　◎けす（下衆）　◎けす（下衆）とも　けす（下衆）ちか　◎けたい（懈怠）　◎けふそく（脇息）　源さい（宰）相かねた丶　○源し（氏）の大納言　◎けむせう（顕証）　◎源中將　けみ（検見）　※こ（期）　◎五月　小一てう（條）の左のおと丶　◎こう（困）し　こう（困）し暮し　◎こうはい（紅梅）　○御けい（禊）こく（穀）断ち　○こしん（護身）　こしむ（護身）せさす　◎こせん（御前）　◎御せん（前）とも　○こたい（古代）こちく（胡竹）　こてふらく（胡蝶樂）　◎ことやう（異様）　◎こや（後夜）　こやうせい（故陽成）院　○こらん（御覧）し果つ　◎こらん（御覧）す　こんさう（紺青）

サ行　◎さい將（宰相）　※さいそ（最初）　さいわう（西王）　◎さうし・しやうし（精進）　◎さうし（障子）　◎さうし（曹司）　◎御さうし（曹司）　◎さうそく・しやうそく（装束）　◎さうそく（装束）し　◎さうぞき（装束き）◎さう（箏）の琴　◎さうふ・しやうふ（菖蒲）　◎さえ（才）　◎左京　さく（笏）ら　◎さ（鎖）し　※さうしき（雑色）　○さうやく（雜役）　◎さほう（作法）　◎さやう（樣）　※さるかうこと（散樂言）　◎左衛門のかみ　◎三ゐ（位）　◎しかく（試樂）　◎しきし（色紙）　○四月　四五條　四十五日　四十日　四十よ（余）日　◎四尺　四すん（寸）　◎七月　七月五日　七月一日　七月十よ（余）日　七月三日　○七八寸　◎四人　十一日　十九日　◎十五日　十五六日　○十七日　十七八日　十四日　○十二三　十二日　※十八日　※十よ（余）日　○十よねん（余年）○十六日　※正月　◎しやうす（上手）　しやうそき（装束き）あつまり　◎すいしん（随身）　○御すいしん（随身○みすいしん（随身）はら　◎すいは（水飯）　◎す（誦）經　◎修行者　◎すくせ（宿世）　◎すくろく（雙六）　すく（宿）院　◎す（誦）する　◎すす（数珠）　◎すほう（修法）　すまひのゑ（相撲の會）　すり（修理）し果て　◎せうそこ（消息）　◎御せうそこ（消息）　◎少納言　◎せかい（世界）　※せく（節供）　せく（節供）まゐり　◎せさい（前栽）　○せさう（軟障）　◎せち（切）　◎せち（節）　◎せち（節）分　せちゑ（節會）がち　せし（禪師）　せし（禪師）

たち　せんし(禪師)のきみ　○先たい(帝)　◎そう(僧)　○そう(僧)とも　○御そう(族)　○そうはう(僧房)
そち(帥)殿の北方　◎そや(初夜)　○そむわう(孫王)

タ行　○たい(臺)　◎大饗　大上え(大嘗會)　◎大將　◎大臣　○たいとこ(大德)　◎大納言　◎大輔　◎たいふ(大夫)　◎たいめむ(對面)　◎たいめ(對面)し　※大門　○たう(堂)　◎みたう・御道(御堂)　◎導師　◎たらに(陀羅尼)　○ち(持)　ちくもと(軸本)　ち(治)せ　※ちそく(知足)院　◎しもく(除目)　◎丁(帳)　貞觀殿の御方　着座　◎中將　ちうてん(重点)かち　◎中門　◎てう(調)し　てうし(銚子)　てう(調)したて　てんけ(天下)　てんけひと(天下人)　◎殿上　◎殿上人　天祿三年　◎とう(筒)　◎東宮　※東宮のすけ　◎ときやう(讀經)　◎とく(德)

ナ行　○な(儺)　なひ(儺火)　○ないし(内侍)のかみ　なかさうし・なかしやうし(長精進)　な丶もし(七文字)　なにのそう(丞)のきみ　なましそく(生親族)たつ　○にかい(二階)　○日き(記)　◎二月　二月十五日　○二月廿日　◎にしの京　廿一日　○廿五日　廿五六日　○廿三日　廿七日　廿七八日　廿四日　※廿二日　※廿人　○廿八日　廿よ(余)日　入たう(道)の君　女御たい(代)　◎女はう(房)　◎ねふつ(念佛)　ねふつこゑ(念佛聲)　ねん(念)しおもふ　ねん(念)しかたく　○ねん(念)しかへし　○念す(誦)する　◎ねん(念)し　ねんすこゑ(念誦聲)

ハ行　◎はい(拜)する　◎はう(坊)　◎八月　八月十五夜　はつかよ(余)日　○八月廿よ(余)日　○ひかん(彼岸)　ひきさうそき(引裝束き)　ひときやう(一京)　ひとすす(一数珠)　ひともしたい(一文字題)　ひなけ(便無げ)　◎ひなし・ひんなし(便無し)　◎ひは(琵琶)　◎ひ丶(美々)しう　◎ひやうふ(屛風)　◎みひやうふ(御屛風)　◎兵衛佐　ひらう(檳榔)　◎ひりやうけ(檳榔毛)　ふう(賦・諷・封・風?)　○ふく(服)　※御ふく(服)

ふさう・ふしやう(不淨)　御ふしやう(不祥)　○ふちやう(不定)　◎ふん(封)し　◎へいしう(陪從)　◎へたう(別當)　◎へむ(辺)　※ほうたん(牡丹)　◎ほたい(菩提)　※ほに(盆)　◎ほうし(法師)　◎ほうし(法師)はら○法正(性)寺　◎本上(性)

マ行　まく(幕)　○まひのし(師)　◎むけ(無下)　◎もし(文字)　※もの、く(具)　◎もの、け(怪)　◎文

ヤ行　◎やう(様)　○やうたい(様体)　※ゆ(柚)　ゆみのし(師)　◎ようい(用意)し　○よう(用)なく

ラ行　らいたう(禮堂)　◎らいねん(來年)　◎らう(廊)　○らう(労)　○らう(亂)かはしく　◎らうし・りやうし(領し)　◎らう(労)たがり　◎らう(労)たげ　◎らう(労)たし　○らち(埒)　◎りんし(臨時)のまつり　◎るい(類)　るい(類)し　◎れい(例)　◎冷泉院　○れうわう(陵王)　○ろう(弄)ずる　◎六月　※六七月　◎六位◎ろなう・ろんなう(論無う)

ワ行　わらはさうすく(童裝束)し　◎ゐん(院)　◎ゑ(繪)　衛士　ゑに(怨)すれ　○ゑふ(衛府)のすけ　◎女ゑ(繪)

注

1　日本古典文学大系『土左日記　かげろふ日記　和泉式部日記　更級日記』のかげろふ日記解説。

2　(　)内の数字は、右書における所在のページ数。

3　佐伯・伊牟田共編『かげろふ日記総索引』に、語の所在が記されてゐる。

第六章　枕冊子の漢語

調査は、田中重太郎編著「校本枕冊子」によつた。漢語の決定に際しては、池田亀鑑著『全講枕草子』、日本古典全書『枕冊子』、日本古典文学大系『枕草子　紫式部日記』、日本古典文学全集『枕草子』を参照した。

第一節　表　記

枕冊子の漢語の表記は、次の四種類に分かれてゐる。

イ　漢語本来の漢字による表記。

京　經　題　坊　願文　大將　淨衣　一切經　中納言　頭中將　藤大納言　威儀具足し

ロ　平仮名による表記。

えん（緣）　かう（香）　かく（客）　そうつ（僧都）　せんさい（前栽）　五せち（節）　ちそく（知足）院　すみやう（壽命）經　をんやうし（陰陽師）

ハ　漢字の音による類音表記。

あい行（愛敬）　あい行（愛敬）つく　す行（誦經）　五はん（碁盤）　上官（政官）　尺泉寺（積善寺）　尺迦（釋迦）　大はん（臺盤）　丁火殿（貞觀殿）　御丁（御帳）　き丁・木丁（几帳）　丁めい（長命）　郎（廊）　す兩（受領）

会（絵）　京殿（宜陽殿）　古殿（故殿）　女意輪（如意輪）

木帳・木丁（几帳）

二　漢字の訓による借訓表記。

右の漢字表記の漢語は、拗音・舌内入声音・三内撥音を含む漢語と数名詞が主体である点は、竹取物語・土左日記・伊勢物語・宇津保物語・かげろふ日記と同様であり、右以外の漢字表記のものは、次の十一語である。

菊　詩　時　史記　題　大貳　大夫　いま内裏　導師　地下　内侍

類音表記に使用されてゐる借音字は十一字ある。その借音字と漢語本来の漢字について、以下順次考察する。その際の声調と韻目は、広韻のものである。

(1)　あい行（愛敬）　あい行（愛敬）つく　す行（誦經）

行　平声庚韻　漢音カウ　呉音ギヤウ

敬　去声敬韻　漢音ケイ　呉音キヤウ

經　平声青韻　漢音ケイ　呉音キヤウ

「す行（誦經）」は宇都保物語にも用例があり、「行」の呉音の借音である点は既に述べた。「愛敬」の場合も、「行」の呉音の借音であり、「敬」の呉音を写したものである。「敬」は清音であるが、山家本法華経では「愛敬」の「敬」に平声の新濁点[注1]が付せられてゐるので、「愛敬」の「敬」は濁音化してゐたと見られる。[注2]

(2)　五はん（碁盤）

「五」が「碁」の類音表記に使用された例は、宇津保物語にあり、既に検討した。

(3)　上官（政官）

上　上声養韻　漢音シヤウ　呉音ジヤウ
政　去声勁韻　漢音セイ　　呉音シヤウ

「上」は、宇津保物語、かげろふ日記においても、類音表記に使用され、すべて呉音読みであつた。この「上官」も、呉音である。それは、政官が太政官の略で、太政官・太政大臣は古来「ダイジヤウクワン・ダイジヤウダイジン」の訓みが伝承され、[注3]政官も「ジヤウクワン」と訓まれたからである。

(4)　尺泉寺(積善寺)　尺迦(釋迦)

尺　入声昔韻　漢音セキ　呉音シヤク
積　入声昔韻　漢音セキ　呉音シヤク
釋　入声昔韻　漢音セキ　呉音シヤク

「尺・積・釋」の三字は、漢音・呉音ともに同音であり、「尺」は宇津保物語でも呉音が類音表記に使用された例があり、こゝでも呉音よみである。

(5)　尺泉寺(積善寺)

泉　平声仙韻　漢音セン　呉音ゼン
善　上声獮韻　漢音セン　呉音ゼン

前項の「積」が呉音よみなので、「善」も呉音よみで、それを「泉」の呉音で類音表記したものである。法華経音義・法華経音訓では、「泉」に平声清音の声点が付せられてゐるが、広韻では「疾縁切」の反切なので、頭子音は従母の濁音である。『大般若経字抄』では、濁音の「涎」の音注に「泉」が使用されてゐる。

(6)　大はん(臺盤)

同じ類音表記が宇津保物語にあり、既にそこで述べた。

(7) 丁火殿　御丁(御帳)　き丁・木丁(几帳)　丁めい(長命)

丁　平声青韻　漢音テイ　呉音チヤウ
貞　平声清韻　漢音テイ　呉音チヤウ
帳　去声様韻　漢音チヤウ　呉音チヤウ
長　平声陽韻　漢音チヤウ　呉音ヂヤウ

「御丁・き丁」については、宇津保物語にも同じ類音表記の例があり、そこで述べた。

「貞」の呉音よみ、「長」の漢音よみを、「丁」の呉音よみで写したものである。

(8) 丁火殿(貞観殿)

火　上声果韻　漢音クワ　呉音クワ
観　去声換韻　漢音クワン　呉音クワン

前述の如く、「貞」が呉音よみ故、「観」も呉音よみで、その撥音韻尾を無表記で「火」で写したものであり、「観・火」ともに呉音は平声である。猶「火」は、宇津保物語での類音表記の用例がある。

(9) 郎(廊)

郎　平声唐韻　漢音ラウ　呉音ラウ
廊　平声唐韻　漢音ラウ　呉音ラウ

兩字は同音であるので、類音表記としては完全である。原田芳起氏の説[注4]では「廊」は漢音よみである。「郎」は和名抄で注音に使用されてゐる。

⑽　す兩（受領）

両　上声養韻　漢音リヤウ　呉音リヤウ

領　上声静韻　漢音レイ　　呉音リヤウ

「兩」が「領」の類音表記に使用される例は、宇津保物語にあり、既に検討した。

⑾　会（絵）

会　去声泰韻　漢音クワイ　呉音ヱ

絵　去声泰韻　漢音クワイ　呉音ヱ

兩字は同音であり、類音表記としては完全である。色葉字類抄では「絵」の音注に「会」が使用され、呉音の声調はともに平声である。また、「会」は金光明最勝王経音義でも音注に使用されてゐる。

⑿　古殿（故殿）

古　上声姥韻　漢音コ　呉音コ・（ク）

故　去声暮韻　漢音コ　呉音コ・（ク）

兩字とも、漢音・呉音同音であるが、「故」は漢音とされるので、[注5]「古」は漢音でなく、呉音の可能性大である。心空法華經音義では、「古・故」の呉音の声調はともに平声である。

「古」は、和名抄・大般若經字抄・図書寮本類聚名義抄・音訓篇立などで、注音に使用されてゐる。

⒀　京殿（宜陽殿）

京　平声庚韻　漢音ケイ　呉音キヤウ

宜　平声支韻　漢音ギ　　呉音ギ

陽　平声陽韻　漢音ヤウ　呉音ヤウ

「京」一字で、「宜陽」の二字の音を写す、変則の例である。「京」は清音であるが、「宜」は濁音である点、一致しない。が、「京」の呉音で「宜陽」を写さうとしたもので、「きやう」の仮名表記を仲介にした成立が推測され、後世の表記と考へられる。

⑭　女意輪（如意輪）

女　上声語韻　漢音ヂヨ　呉音ニヨ

如　平声魚韻　漢音ジヨ　呉音ニヨ

両字ともに呉音よみであり、心空法華經音義では、両字ともに平声である。

「女」は、和名抄・音訓篇立などで、注音に使用されてゐる。

以上の類音表記は「郎」の一字を除いて、他はすべて呉音よみである点が注目される。

また、十四字のうち「古・五・大・郎」を除いた十字十四語が拗音であり、類音表記は拗音を表記するものが大部分である点、諸先学の指摘がある注6

また、類音字は、すべて平安・鎌倉時代の古辞書・音義類で注音に使用されてゐる字であり、当時の一般の用字法を反映したものと言へよう。

第二節　語　数

枕冊子の漢語を、一字語・二字語など漢語の字数によつて分類し、異なり語数・延べ語数、それ〴〵の百分比、及び平均使用度数を、次に表示する。

	一字語	二字語	三字語	四字語	五字語以上	(計)
異なり語数A	222	585	150	46	21	1024
百分比	21.7	57.1	14.6	4.5	2.1	(100)
延べ語数B	658	1318	239	81	22	2318
百分比	28.4	56.9	10.3	3.5	0.9	(100)
平均使用度数B／A	2.96	2.25	1.59	1.76	1.04	2.26

異なり語数は、二字語が最も多くて50％を越え、次いで一字語三字語が多く、四字語・五字語以上と字数が増大するにつれて、語数は急減する。この傾向は、竹取物語・土左日記・伊勢物語・宇津保物語・かげろふ日記に共通のものである。

延べ語数も、二字語が最も多く、次いで一字語・三字語・四字語・五字語以上の順である。二字語が50％以上を占める点が、枕冊子の特徴で、これまでの物語・日記とは異なる。

延べ語数を異なり語数で除した平均使用度数は、一字語が最大で、二字語・三字語と字数が増大するに応じて減少して行く。この傾向は、これまでに検討した物語・日記と共通するものである。

『校本枕冊子総索引第Ⅰ部』により、私見を加へて計算したところでは、枕冊子の異なり語数は六五七二語である。漢語の異なり語数一〇二四語は、その15.6%にあたる。これは、宇津保物語の18.5%にほゞ比肩し、竹取・伊勢・土左・かげろふなどの約二倍であり、大きい比率である。因みに、宮島達夫編『古典対照語い表』では、漢語と混種語の計八三二語で、全体五二四七語の15.9%を占める。

第三節　和漢混種語

枕冊子の和漢混種語は、語構成が多種多様で、語数も多い。以下、体言・用言に大別し、例語を挙げて考察を加へる。

体言の混種語は、漢語と和語との複合形式により、分類して述べる。

(1)　接頭語「み・御」――漢語

みかうし（御格子）　み木丁（御几帳）　みちやう（御帳）　みつし（御厨子）　御かくもん（学問）　御經　御けしき（氣色）　御さうし（冊子）　御さうし（曹司）　御さうし・しやうし（障子）　御そうそく（裝束）　御すきやう（誦經）　御修法　御すくせ（宿世）　御せうそこ（消息）　御せく（節供）　御堂　御導師　御弟子　御と經（讀經）　御はゝ（母）女御　御ひわ（琵琶）　御屛風　御ふく（服）　御佛供　御佛名　御物のけ（怪）　御やう（様）　御ようい（用意）

仮名表記では「み」の例があるが、「御」は他の作品で「み」と読む例があるものは右側に傍線を付し、「おほん・おん」と読む例があるものは左側に傍線を付した。

(2)　漢語――接尾語「どの」

一條殿　京極殿　関白殿　権大納言殿　左大臣殿　宰相中將殿　侍從殿　少納言殿　大將殿　大納言殿　大夫殿　中將殿　中納言殿　頭中將殿　内大臣殿

「殿」が下接してゐる漢語は、すべて人を表はすものである。

(3)　漢語――接尾語「ども」

かうし(格子)とも　かけはん(懸け盤)とも　木丁(几帳)とも　官人とも　けしき(氣色)とも　けす(下衆)とも　けす(下衆)女とも　こうはい(紅梅)とも　御前とも　草子とも　すさ・すんさ(從者)とも　すいしん(隨身)とも　せんさい(前栽)とも　所の衆とも　女官とも　女房とも　ほそ冠者とも　六位とも

半数以上は人を表はすが、器物・植物などを表すものもある。

(4)　漢語――接尾語「たち」

御はう(坊)たち　女房たち

ともに、人を表すものである。

(5)　漢語――接尾語「ばら」

小法師はら　法師はら

ともに、人を表はすものである。

(6)　漢語――和語

うけん(繧繝)はし　かう(香)染　かうらい(高麗)はし　けさう(懸想)人　けさう(懸想)文　けさきぬ(袈裟衣)　けす(下衆)男　けす(下衆)女　こいし(碁石)　こうへ(故上)　五たいこめ(五体籠め)　こ(故)殿　さるかう

こと（散楽言）　すわうかさね（蘇枋襲）　すいかんはかま（水干袴）　たいはん（臺盤）所　ちうせいたかつき（中勢高坏）　ちうせいをしき（中勢折敷）　ちんや（陣屋）　てうはみ（調食み）　殿上人　殿上ましらひ　殿上わらは　はしとみ（半蔀）　ひらうけ（檳榔毛）　ふさうくも（不祥雲）　法師子　薬師佛　れいさま（例様）　ゐふたき（韻塞き）

和語は種々であるが、傍線の動詞連用形から轉じたものが目立つ。

(7)　和語――漢語

あかけさ（赤袈裟）　あしろひやうふ（網代屏風）　あをし（青磁）　いまたいり（今内裏）　いまやう（今様）　うきもん（浮紋）　うすこうはい（薄紅梅）　うすやう（薄様）　うへさうし（上雜仕）　老法師　大藏卿　かけはん（懸け盤）　かしこまりかうし（畏まり勘事）　かたもし（片文字）　かたもん（片紋）　かやう（様）　からゐ（唐絵）　かりさうそく（狩装束）　くろはひ（黒半臂）　小一條　こさうし（小障子）　ことやう（異様）　こひやうゑ（小兵衛）　さやう（様）　袖木丁（几帳）　たなつし（棚厨子）　ついたてさうし（衝立障子）　つほさうそく（壺装束）　ともし（十文字）　なたいめん（名對面）　はしすわう（端蘇枋）　まきゑ（蒔絵）　やり戸つし（遣戸厨子）　をしへやう（教へ様）　男しう（主）　をりかうし（折り格子）　女ゑ（絵）

衣服・調度などの語が多く、日常生活に漢語が滲透してゐる感が大である。

(8)　和語――漢語――和語

こはしとみ（小半蔀）　みつしところ（御厨子所）　御さるかう事（散楽言）　かけはん（懸け盤）とも　ほそ冠者とも

これらは、言はば複式の混種語であり、漢語の和化が進んだ形式である。猶、「懸け盤ども・ほそ冠者ども」は重出した。

以上、(1)~(8)の混種語の体言は、一三六語で、異なり語数の13.3%である。

次に用言の混種語を、動詞・形容詞の順に、それ〴〵の複合の形式に分けて述べる。

(1)　一字語サ変動詞

おく(臆)せ　かん(感)し　けう(興)し　く(具)し　くん(屈)し　けい(啓)す　こう(困)し　さ(鎖)す　參せ　さん(讒)し　し(死)し　す・すん(誦)し　せい(制)し　せう(称)す　そう(奏)し　てう(調)す　ねん(念)し　はい(拝)し　ふん(封)し　ほん(盆)する　やう(瑩)し　りやう(領)し　ろん(論)すれ　ゑ・ゑん(怨)し

(2)　二字語サ変動詞

あない(案内)し　かうしん(庚申)せ　かち(加持)せ　行事する　きやうよう(饗応)し　下かう(向)し　けさう(化粧)し　けさむ(夾算)し　御らん(覧)す　さうすく・さうそく(装束)し　しんたい(進退)し　しんとう(震動)し　すほう(修法)し　誦文する　すり(修理)し　すりやう(受領)し　せうそこ(消息)し　せきやう(説経)す　せんくう(前駆)し　たいめん(対面)し　ちやうもん(聴聞)する　ついしよう(追従)し　てうろう(嘲弄)する　と(読)経し　八講し　ふたう(舞踏)し　ようい(用意)し　いねう(圍繞)し

(3)　三・四・五字語サ変動詞

けちゑん(結縁)講する　威儀具足し　一切経供養せ

(4)　漢語サ変動詞——和語動詞

けいしなをさ(啓し直さ)　けうしわらふ(興し笑ふ)　けさうしたて(化粧したて)　御らんしあはせ(御覧し合はせ)　御覧し出し　御覧しつけ　御覧し渡し　さうそくしたち(装束したち)　さるかうしかくる（散楽しかく

る）　すしいて（誦し出で）　せいしわつらひ（制し煩ひ）　念しくら（暮）し　念し過し　ねんしい（念し居）
えし心うかり（怨し心憂がり）　ゑんしそしり（怨し謗り）

右はすべて複式混種語である。

(5)　和語――漢語サ変動詞

打くん（屈）し　うちすん（誦）　うちてう（調）し　つほさうそく（壺装束）し　なしゑ（梨絵）し　みたけさうし（御嶽精進）し　物けい（啓）し　ひのさうそく（昼の装束）し

接頭語「うち」は、一字語サ変動詞につく。これらも複式混種語である。

(6)　和語動詞――漢語サ変動詞

いひきし（言ひ期し）　うめきすんし（呻き誦し）　おとろきけうし（驚き興し）　おもひくんし（思ひ屈し）　そしり（謗り）誹謗せ　立そひりやうし（立ち添ひ領し）　のほりこうし（登り困し）　ほめかんし（賞め感し）　待こうする（待ち困する）　まつはれついせうし（纏はれ追従し）　まねひけいし（学ひ啓し）　よみこうし（読み困し）　わらひけうし（笑ひ興し）

これらも複式混種語であり、一字語サ変動詞が主流である。

(7)　漢語――和語動詞

あいきやうをくれ（愛敬後れ）　あいきやうつき（愛敬づき）　あふより（奥寄り）　あういか（奥行か）　うしんすき（有心過ぎ）　えむたち（艶立ち）　けしきたちゆるかし（氣色だち揺がし）　氣色はみ　けちさし（闕さし）　すきやうしやたち（修行者だち）　随身立（だち）

「氣色だち揺がし」は複式混種語である。

(8)　和語――漢語――和語動詞

うちけしきはめ（うち氣色ばめ）　物えむしし（物怨しし）

「物怨しし」は、複々式混種語である。

(9)　漢語の語末音が活用する動詞

さうそき（裝束き）　さうそきたて（裝束きたて）　うちさうそき（裝束き）　うちさるかひ（散楽ひ）

「裝束く」は宇津保物語・かけろふ日記にも使用されてゐるもので、漢語自体の中に和語動詞と共通の要素を見出したものである。「裝束きたて・うち裝束き」は複式混種語に準ずるものである。

(10)　漢語――形容詞「なし」

あひきやうなし（愛敬なし）　さうなく（左右なく）　すくせなき（宿世なき）　人けなき（人氣なき）　ひんなき（便なき）　ほいなし（本意なし）　もたゐな（勿体な）　ろむなう（論なう）

(11)　漢語――形容詞的接尾語

しうねき（執念き）　ひゝしく（美々しく）　らう〳〵しく（勞々しく）　らうたし（勞たし）

(12)　漢語――形容詞

けうとけれ（氣疎けれ）　けたかう（氣高う）　けちかく（氣近く）　けとほく（氣遠く）　けにくゝ（氣憎く）

(10)～(12)は形容詞で、動詞に比べて語数が極めて少い。その半数は、漢語に「なし」が下接したものであり、(12)はすべて「氣」に形容詞が下接したものである。

右の(1)～(12)の用言の混種語は、一二四語で異なり語数の12.1％に当る。

以上、体言・用言を併せて混種語は、二六〇語、25.4％に達し、語構成も多種で、複式混種語も多く、漢語の和化が進展してゐることを如実に物語るものである。

第四節　漢語の読み

漢語の読みが明確に知れる仮名表記の漢語について、漢音よみ・呉音よみを中心に、頭子音と韻の二面から考察する。

頭子音　漢音と呉音で差のある次濁の声母と全濁の匣母合口の字について、以下例を挙げて順次検討する。

(1)　明母

ほくは（牧馬）　ちもく（除目）　めんほく（面目）　もくゑ（木絵）　こうはい（紅梅）　こうはい（紅梅）とも　すはいし（朱買臣）　さへもん（左衛門）の陣　うゑもん（右衛門）　へいまん（屏幔）　もかう（帽額）　ゑほうし（烏帽子子）　なかゑほし（長烏帽子）　めんたう（馬道）　まうさうくん（孟嘗君）　ほうたん（牡丹）　たいめん（對面）　御たいめむ（對面）　なたいめん（名對面）　たいめん（對面）し　さうみやう（聡明）　みやう（明）星　めいわう（明王）　すみやう（寿命）経　むみやう（無名）　みつ（蜜）　あみた（阿彌陀）の峯　ひゝ（美々）しく　さうひ（薔薇）　むこ（無期）　むしん（無心）　むとく（無徳）　むみやう（無名）　むもん（無紋）　むけ（無下）　ふたう（舞踏）し　あうむ（鸚鵡）　もし（文字）　かたもし（片文字）　らんもむ（羅文）　けもん（解文）　さいもん（祭文）　かたもん（固紋）　うきもん（浮紋）　もん（紋）　御かくもん（學問）　ちやうもん（聴聞）する

「面・門・幔・孟・明・命・名」は、韻尾の鼻音の影響で頭子音が鼻音化したものとも見られ、漢音・呉音不明であるが、バ行音の漢音よみが十語、マ行音の呉音よみが二三語である。

(2)　泥母

たいり（内裏）　いまたいり（今内裏）　ほんなう（煩悩）　くなう（苦悩）　ねん（念）し　ねんしい（念し居）　しうね（執念）き　のう（衲）

韻尾に鼻音のある「念」は漢音・呉音不明であるが、ダ行音の漢音よみが二語、ナ行音の呉音よみが三語である。

(3)　娘母

たらに（陀羅尼）　せんすたらに（千手陀羅尼）

ナ行音の呉音よみ二語である。

(4)　日母

くゑにち（凶会日）　しゝうてん（仁寿殿）　いねう（圍繞）し

ザ行音の漢音よみが一語、ナ行音の呉音よみが二語である。

(5)　匣母合口

ゑかう（回向）　ゑ（絵）　からゑ（唐絵）　地こくゑ（地獄絵）　なしゑ（梨絵）し　まきゑ（蒔絵）　もくゑ（木絵）　女ゑ（絵）　ゑし（絵師）　御りやうゑ（靈會）　くゑにち（凶會日）　せちゑ（節會）　けさう（懸想）人　けさう（懸想）文　けんしやう（玄上）　わこん（和琴）　とうくわてん（登華殿）　わうしきてう（黄鐘調）　こき（弘徽）殿

カ行音の漢音よみが五語、ワ行音の呉音よみが一四語である。

(6)　まとめ

頭子音の面から見た、漢音よみ・呉音よみを表にまとめると、次のやうになる。

	明母	泥母	娘母	日母	匣母合口	合計	重複	実数	百分比／75
漢音よみ	10	2	0	1	5	18	0	18	24
呉音よみ	23	3	2	2	14	44	2	42	56
不明	12	3	0	0	0	15	0	15	20

表の「重複」は、同一語が二回計数された語で「木絵・凶会日」の二語である。
呉音よみが、漢音よみの二倍以上に及ぶ。

韻

韻についても、漢音と呉音とで差のあるものについて、例を挙げて検討する。韻目は平声のみを示し、上声、去声・入声の韻を含めた。また、韻の中で、漢音・呉音に差のない字は、例示を省略した。

(1)　東韻（直音）

うこう（于公）　くとく（功徳）　くし（孔子）　こうはい（紅梅）　こうはい（紅梅）とも

「㋔ウ」の音形の漢音よみが三語、「㋒」の音形の呉音よみが二語である。

(2)　東韻（拗音）

ふそく（風俗）　ふかうてう（風香調）　ひやうふ（屛風）　あしろひやうふ（網代屛風）　けす（下衆）　けす（下衆）とも　けすおのこ（下衆男）　けす（下衆）女　けす（下衆）女とも　きく（菊）　すくせ（宿世）　御すくせ（宿世）

すくせ（宿世）なき　しけいしや（淑景舎）　すくろく（雙六）

「㋑ク」の音形の漢音よみが二語、「㋒・㋒ク・ロク」の音形の呉音よみが一三語である。

(3)　鍾韻

ふん（封）し　かうろほう（香爐峯）　くふ（供奉）　せく（節供）　す・すん（誦）し　す（誦）しいで　す行（誦經）　御すきやう（誦經）　へいしう（陪從）　ついせう（追從）し　ずんさ（從者）　すんさ（從者）とも　くゑにち（凶会日）　りうたん（龍膽）　地こくゑ（獄絵）　しそく（紙燭）　さうそく（装束）　さうそく（装束）し　さうそく（装束束）したち　御さうそく（装束）　かりさうそく（狩装束）　つほさうそく（壺装束）　つほさうそく（壺装束）し　ひのさうそく（昼の装束）　ふそく（風俗）　そく（俗）たち

「ホウ・㋑ヨウ」の音形の漢音よみが二語、「㋒・㋑ウ・㋔ク」の音形の呉音よみが二五語で、その音形が変化してゐるものも見られる。

(4)　之韻

こ（期）　むこ（無期）　こ（碁）　こいし（碁石）　こはん（碁盤）　いひきし（言ひ期し）

「キ」の漢音よみ一語、「ゴ」の呉音よみ五語である。

(5)　微韻

けしき（氣色）　けしき（氣色）とも　御けしき（氣色）　けしき（氣色）たち　けしき（氣色）たちゆるかし　けしき（氣色）はみ　けたかう（氣高う）　けちかく（氣近く）　けとほく（氣遠く）　けにく、（氣憎く）　人けなき（人氣なき）

「ケ」の呉音よみのみである。

(6)　模韻

さうふ（菖蒲）　僧つ（都）の君　定てうそうつ（定澄僧都）

「㋒」の音形の呉音よみのみである。

(7)　齊韻

五たい（體）ごめ　もたいな（勿體無）　けい（啓）す　行けい（啓）　とうさい（東西）　らいはん（禮盤）　かうらい（高麗）　かうらいはし（高麗端）

「㋓イ」の音形の漢音よみが二語、「㋐イ」の音形の呉音よみが六語である。

(8)　灰韻

はいせん（陪膳）　へいしう（陪従）　こうはい（紅梅）　こうはい（紅梅）とも　ゑかう（回向）

「㋐イ」の音形の漢音よみが三語、「㋓・㋓イ」の音形の呉音よみが二語である。

(9)　泰韻

御りやうゑ（靈会）　せちゑ（節会）　くゑにち（凶会日）　ゑ（絵）　からゑ（唐絵）　地こくゑ（地獄絵）　なしゑ（梨絵）し　まきゑ（蒔絵）　もくゑ（木絵）　ゑし（絵師）　女ゑ（絵）

「㋓」の音形の呉音よみのみである。

(10)　佳韻

すはいし（朱買臣）　けもん（解文）　けたい（懈怠）

「㋐イ」の音形の漢音よみが一語、「㋓」の音形の呉音よみが二語である。

(11)　欣韻

うこん(右近)の上官　このゑ(近衛)の御門
「㋔ン」の音形の呉音よみのみである。

⑿　山韻
ちうけん(中間)　うけんはし(繧繝縁)　さうかん(象眼)　御さん(産)
「㋐ン」の音形の漢音よみが二語、「㋓ン」の音形の呉音よみが二語である。

⒀　元韻
ほんなう(煩悩)　すいはん(水飯)　えん・え(怨)し　えん(怨)しそしり　しをん(紫苑)　くわんさう(萱草)
ゑんか(垣下)
「㋓ン・ハン」の音形の漢音よみが四語、「㋔ン・ワン」の音形の呉音よみが三語である。

⒁　肴韻
けう(孝)　けうけ(教化)
「㋓ウ」の音形の呉音よみのみである。

⒂　麻韻(直音)
ほくは(牧馬)　めんたう(馬道)　けさ(袈裟)　けす(下衆)　けす(下衆)とも　けすおのこ(下衆男)　けす(下衆)女　けす(下衆)女とも　むけ(無下)　ゑんか(垣下)　とうくわてん(登華殿)　けさう(化粧)し　けさう(化粧)したて　けうけ(教化)
「㋐」の音形の漢音よみが三語、「㋓」の音形の呉音よみが一一語である。

⒃　庚韻(直音)

きゝやう（桔梗）　さう（笙）　やかう（夜行）　れいたう（冷淡）　ひやうし（拍子）　かうし（格子）　かうし（格子）とも　みかうし（御格子）　かく（客）　もかう（帽額）

「㋐ウ・㋐ク・㋓イ」の音形の漢音よみが八語、「㋑ヤウ・㋑ヤク」の音形の呉音よみが二語である。また、「拍・格・額」の入声韻尾の「ク」が「ウ」に変化してゐる。ウ音便と同じ現象で、字音の和化が進んだ姿である。

⒄　庚韻（拗音）

こひやうゑ（小兵衛）　たいへいらく（太平樂）　すみやう（壽命）経　そうみやう（聡明）　みやう（明）星　めいわう（明王）　あい行（愛敬）　あいきやう（愛敬）おくれ　あいきやう（愛敬）つき　あひきやう（愛敬）なし　けいし（屐子）　しけいしや（淑景舎）

「㋓イ・㋓キ」の音形の漢音よみが四語、「㋑ヤウ」の音形の呉音よみが八語である。「屐」の入声韻尾が、「イ」に変化してゐるが、イ音便と同じ現象で、字音の和化が進んだ姿である。

⒅　清韻

へいたん（餅餤）　むみやう（無名）　ちやうくわてん（貞觀殿）　すいしやう（水晶）　しやうし・さうし（精進）　御さうし（精進）　みたけさうし（御嶽精進）し　ほんしやう（本性）　らんせい（蘭省）　しやう・さう（姓）　せいはん（清範）　せいりやうてん（清涼殿）　ゑい（纓）　尺泉（積善）寺　尺せん（積善）寺供養　りやう（領）し　たちそひりやう（立ち添ひ領）し　すりやう（受領）　すりやう（受領）し　やく（役）

「㋓イ」の音形の漢音よみが五語、「㋑ヤウ・ヤク」の音形の呉音よみが一五語である。

⒆　青韻

へい（塀）　へいまん（屏幔）　ひやうふ（屏風）　あしろひやうふ（網代屏風）　ちやうもん（聴聞）する　ちやうさ

（定者）　す行（誦經）　御すきやう（誦經）　やう（瑩）し　御りやうゑ（靈会）
「㊁イ」の音形の漢音よみが二語、「㋑ヤウ」の音形の呉音よみが八語である。

⒇　侯韻

しきふ（式部）　ほうたん（牡丹）　はとう（抜頭）　こ（鉤）　くてん（口傳）　そう（奏）じ
「㋔ウ」の音形の漢音よみが三語、「㋒・㋔」の音形の呉音よみが三語である。

(21)　尤韻

すそ（呪咀）　上す（手）　せんすたらに（千手陀羅尼）　す（修）法　すほう（修法）し　すり（修理）し　すみやう（壽命）　經　し丶うてん（仁壽殿）　いう（優）　さう（左右）なく　ゆた（油單）
「㋑ウ」の音形の漢音よみが二語、「㋒」の音形の呉音よみが九語である。

(22)　侵韻

こんく（金鼓）　きん（琴）　きん（琴）の御こと　わこん（和琴）　をんやうし（陰陽師）
「㋑ム」の音形の漢音よみが二語、「㋔ム」の音形の呉音よみが三語で、韻尾の「ム」は「ン」に変化してゐる。

(23)　凡韻

せいはん（清範）　ほうし（法師）　ほふりん（法輪）　こほう（護法）　さほう（作法）　すほう（修法）し
「㋐ム」の音形の漢音よみが一語、「㋔フ」の音形の呉音よみが五語で、それ〴〵韻尾が「ン・ウ」と変化してゐる。

(24)　職韻

こくらく（極樂）　しき（職）　しきし（色紙）　さうしき（雜色）　けしき（氣色）　けしき（氣色）とも　御けしき（氣色）　けしき（氣色）たち　けしき（氣色）たちゆるかし　けしき（氣色）はみ　しき（式）の神　しきふ（式部）　お

く（臆）せ

「㋔ク・㋑キ」の音形の呉音よみのみである。

⒇ 韻のまとめ

以上を、次に表示する。

韻＼よみの別	漢音よみ	呉音よみ
東韻（直音）	3	2
東韻（拗音）	2	13
鍾韻	2	25
之韻	1	5
微韻	0	11
模韻	0	3
斉韻	2	6
灰韻	3	2
泰韻	0	11
佳韻	1	2
欣韻	0	2
山韻	2	2
元韻	4	3
肴韻	0	2
麻韻（直音）	3	11
庚韻（直音）	8	2
庚韻（拗音）	4	8
清韻	5	15
青韻	2	8
侯韻	3	3
尤韻	2	9
侵韻	2	3
凡韻	1	5
職韻	0	12
計	50	169

重複	実数	百分比／185
5	45	24.3
25	140	75.7

表の「重複」は、次の語である。原表記の仮名を振り仮名として、該当する漢字に付した。

漢音よみ重複語……紅梅（こうはい）　紅梅（こうはい）とも　淑景舎（しけい）　垣下（えんか）　清範（せいはん）

呉音よみ重複語……風俗（ふそく）　屏風（ひやうふ）　網代屏風（ひやうふ）　下衆（けす）　下衆（けす）とも　下衆男（けす）　下衆女（けす）　下衆女（けす）とも　陪従（へいしう）　誦經（す行）　御誦經（すきやう）　凶会日（くゑ）　地獄絵（こくゑ）　氣色（けしき）　氣色（けしき）とも　御氣色（けしき）　氣色（けしき）たち　氣色（けしき）たちゆるかし　氣色（けしき）はみ　御霊会（りやうゑ）　教化（けうけ）　壽命經（すみやう）　受領（すりやう）　受領（すりやう）し　修法（すほう）し

韻の面からは、呉音よみが漢音よみの三倍以上あり、頭子音の場合とほゞ同様の傾向を示す。以上、呉音よみの語が多数で、漢音よみの語の二〜三倍に達する。

第五節　漢語の表現

枕冊子の漢語と、源氏物語の漢語で共通のものを調査し、表示する。表には、竹取物語・伊勢物語など、これまで調査した作品について併せ示した。

作品名	共通の漢語数	枕冊子の漢語の百分比／1024	その作品の漢語の百分比
竹取物語	57	5.6	49.6
伊勢物語	46	4.5	46.0
土左日記	17	1.7	23.9
宇津保物語	429	41.9	19.0
かけろふ日記	181	17.7	50.6
源氏物語	483	47.2	25.0

枕冊子の漢語の約半数が、源氏物語に使用されてゐて、十一世紀初頭の読書階級、とりわけ後宮の女房たちの間には、かなりの数の漢語の共通語彙が存在してゐたことを示す。

また、竹取物語・伊勢物語に比べて土左日記との共通漢語が少く、宇津保物語・源氏物語に比べてかけろふ日記との共通漢語が少いのは、枕冊子が物語と親近性をもち、日記類とは疎薄であることを示すものと見られる。

次に、漢語サ変動詞の二三について、その用法を検討する。

第一に「奏す」は、地の文で11例、会話で1例、計12例すべてが天皇に申し上げる意に使用されてゐて、例外はない。

第二に「啓す」は、地の文で23例、会話で6例、消息文で2例、計31例の用例すべてが中宮に対して申し上げる意で、例外はない。

第三に「御覧ず」について、地の文・会話・消息文・心話に大別して検討する。

地の文では26例使用されてゐるが、それを「御覧ず」の動作主により分類して、次に表示する。

動作主	天皇	天皇・中宮	法皇	今上一宮	中宮	中宮他	関白（道隆）	内大臣（伊周）	（計）
例数	3	1	1	1	13	2	4	1	26

天皇・法皇・一宮・中宮と、尊貴の動作について使用されるのが、根幹の用法である。関白道隆は中宮の父であり、内大臣伊周は中宮の兄であるので、中宮に仕へる清少納言にとつては、この二人は中宮に准じた待遇になる。猶、右表の「中宮他」は、中宮・道隆・道隆妻の一例（108段67行）[注7]と、中宮・その妹たち・道隆妻・その妹たちの一例（256段131行）である。

会話文では6例使用されてゐる。動作主を会話の聞手・第三者に分けて、表に示す。

動作主	聞手		第三者
	中宮	清少納言	中宮
例数	2	1	3

動作主は、聞手・第三者が各3例であるが、聞手の中に清少納言が1例ある他は、中宮が動作主である点、地の文の用法と同様である。清少納言の例（104段11行）は、話手が牛車の供の人であり、聞手の清少納言に対して、過度の敬意をもつて待遇したものと見られる。同様の用例は、宇津保物語にも見られた。

消息文の1例（90段6行）は、書手が清少納言、読手・受手が中宮であり、動作主は中宮である。

心話には4例あり（86段22行・91段95行・182行11行・215段8行）、動作主はすべて中宮である。

以上、「御覽ず」は、会話の1例を除き、他の36例は、皇室関係の方々の動作に使用されてゐて、高度の敬意をもつて待遇した表現である。

第四に、「對面す」は、会話に1例、用例がある。話手は大進生昌で、聞手は清少納言である。

「一夜の門の事を中納言に語りはべりしかば、いみじう感じ申されて『いかでさるべからむをりに對面して申しうけたまはらむ』となむ申されつる」（6段49行）

とあるので、「対面す」も、清少納言を上位者として待遇した表現と見られる。

会話に引用された会話の中での使用で、中納言は生昌の兄惟仲である。その引用の中に「申しうけたまはらむ」

因みに、「對面」の用例はなく、「御對面」が1例あるが（108段2行）、中宮が東宮妃となつた妹厚子に会ふことの表現で、身分ある人の動作に使用されてゐる。

以上、例数は少いが、「對面す・御對面」は、動作主か相手が身分のある人・上位に遇される人であり、改つた場合の表現である。

第六節　語彙表

一、枕冊子の漢語を五十音順に配列した。
二、仮名表記、類音表記の語には、(　)内に本来の漢字を記した。
三、一語に数種の表記のある場合、原則として一種の表記を挙げた。
四、語の所在は省略した。注8
五　○を付した語は、源氏物語と共通の漢語である。

ア　○あひきやう(愛敬)　あい行(愛敬)をくれ　○あいきやう(愛敬)つき　○あひきやう(愛敬)なし　あう(奥)いか　あうむ(鸚鵡)　○あふ(奥)より　あかけさ(赤袈裟)　○あさり(阿闍梨)　○あしろひやうふ(網代屛風)　○あない(案内)　○あない(案内)し　○阿彌陀の大呪　あみた(阿彌陀)の峯　ありとほしの明神　あをし(青磁)

イ　○いう(優)　遊子　○いかやう(様)　○ひし(倚子)　一　一月　一乗の法　一丈はかり　○一條　一條殿　一條院　○一日　一の車　一のくち(口)　一の国　一のたな(棚)　○一の所　一のはし(橋)　一の人　一のまひ(舞)　一はん(番)　五日のさうふ(菖蒲)　一切經　一切經供養せ　一枝　○一尺　一尺よ(余)　一寸　○一品の宮　いひきし(言ひ期し)　いま内裏　○いまやう(今様)

ウ　○うきもん(浮紋)　うけんはし(繧繝縁)　うこう(于公)　○右近　うこんの上官(右近の政官)　○右近中將　○右近の陣　右近の内侍　うしん(有心)すき　○うすこうはい(薄紅梅)　○うすやう(薄様)　○うた(宇陀)の

法師　うちくん(屈)し　○うちけしき(氣色)はめ　○うちさうそき(裝束き)　うちさるがひ(散樂ひ)　○うちすん(誦)し　うちてう(調)し　右兵衛督たゝきみ　右兵衛佐　うへさうし(上雜仕)　○うへの女房　うへの女房たち　うへのはうくわん(上の判官)　うめきすんし(呻き誦し)　右衛門　右衛門のせう(尉)　右衛門佐信賢　○雲林院

エ　○ゑほうし(烏帽子)　○ゑい(纓)　○えん(縁)　えんたう(莚道)　○えん(艶)　○えむ(艶)たち

オ　○老法師　○おく(臆)せ　おちくほの少將　おとろきけうし(驚き興し)　○御佛名　○大藏卿　大殿の四位の少將　○おもひくんし(思ひ屈し)　○御かくもん(学問)　○御經　○御けしき(氣色)　○御さうし(冊子)　○御さうそく(裝束)　御さるかう(散樂)言　○御すくせ(宿世)　○御せうそこ(消息)　御せく(節供)　○御導師　○御弟子　○御はゝ女御　○御ひわ(琵琶)　○御屏風　御佛供　○御ふく(服)　○御物のけ(怪)　御やう(様)　○をんやうし(陰陽師)　○御ようい(用意)

カ　かう(講)　○かう(香)　かうさ(高座)　○かうし(格子)　かうし(格子)とも　○かうし(講師)　かうしん(庚申)せ　○かうそめ(香染)　かうたう(強盜)　かう(考)定　高名　かうらい(高麗)　かうらいはし(高麗端)　○かうら・かうらん(高欄)　かうろほう(香爐峯)　○かく(客)　○かく(樂)　かけは・かけはん(懸盤)　かけはん(懸盤)とも　かしこまりかうし(畏り勘事)　○かたの、少將　かたもし(片文字)　かたもん(固紋)　○かち(加持)　○かち(加持)せ　かふし(合子)　神なりの陣　○かやう(様)　からゑ(唐絵)　○かりさうそく(狩裝束)　○かん(感)し　閑院の大政大臣の女御

キ　○きゝやう(桔梗)　○きく(菊)　○きしき(儀式)　○北の陣　北野、三位　○木丁(几帳)　○木丁(几帳)とも　季の御讀經　○きう(急)　○京　○經　○行幸　經供養　行けい(啓)　京極殿　行事する　行事の藏人　○

京殿（宜陽殿）　きやうよう（饗応）し　○けう（興）　○けう（興）し　けうしわらふ（興し笑ふ）　○御題　○きん（琴）
　今上一の宮　公任の君　○きん（琴）の御こと

ク　○く（具）　九月九日　○九月つこもり　○九月十日　倶舍　孔雀經　○くし（孔子）　九十一月　○く（具）し
くたい・くんたい（裙帯）　九條錫杖　くてん（口傳）　○くとく（功德）　くなう（苦惱）　九品蓮臺　藏人兵衛佐
　藏人弁　くろはひ（黒半臂）　皇后宮権大夫　くわいけい（會稽）　○くわんさう（萱草）　元三　○巻数　○くわんにん（官人）　官人とも　官のつかさ　関白殿　○願文　くゑにち（凶會日）　○くん（屈）し

ケ　けいし（屐子）　けいしなをさ（啓し直さ）　○けい（啓）す　○けう（孝）　教化　○け（氣）うとし　下かう（向）し　○けさ（袈裟）　○けさう（化粧）し　けさうしたて（化粧したて）　○けさう（懸想）人　けさう（懸想）文　けさきぬ（袈裟衣）　けさむ（夾算）し　○けしき（氣色）　○けしき（氣色）たち　けしき（氣色）たちゆるかし　○けしき（氣色）とも　○けしき（氣色）はみ　○けせう（顕証）　○けす（下衆）　○けす（下衆）とも　けす（下衆）おのこ　○けす（下衆）女　けす（下衆）女とも　○けたい（懈怠）　○け（氣）たかう　○けちゑん（結縁）　けちゑん（結縁）講する　○け（氣）ちかく　○けち（結）願　○けち（闕）さし　○け（氣）とほく　○け（氣）にくく　けひいし（検非違使）
　下品　けもん（解文）　○下らう（﨟）　○けん（験）　○けんき（嫌疑）　○けんさ・けんしや（験者）　けんしやう（玄上）　○源少納言　○源中將

コ　こ（鉤）　こ（期）　○こ（碁）　こいし（碁石）　小一條　こ一條の大將殿　小一條の左大臣殿　○こう（困）し
○こうはい（紅梅）　こうはい（紅梅）とも　○こうへ（故上）　弘法大師　○五葉　御えん（縁）　○こき（弘徽）殿
○古今　○古今集　○こくらく（極樂）　五月五日　五月の節　五月ついたち　五月の御さうし（精進）　○御座
御斎会　○こさうし（小障子）　五尺　御さん（産）　御所　こすいろう（小水龍）　五寸　○五せち（節）　五千　○

こせん（御前駆）　後撰集　○御前とも　五たい（體）こめ　五大尊　○御たいめむ（對面）　御たんしやう（短章）　○こ（故）殿　○ことやう（異様）　○近衛つかさ　近衛御門　御はいせん（陪膳）　御はう（坊）たち　こはしとみ（小半蔀）　御はん（盤）　○こはん（碁盤）　こひやうゑ（小兵衛）　○御佛名　こふん（胡粉）　こへう（古廟）　こほう（護法）　○小法師はら　○後夜　御らん（覽）しあはせ　御覽し出し　○御覽しつけ　御覽しわたす　○御らん（覽）す　御りやうゑ（靈会）　五六月　五六尺　小六條　○五六人　○五位　○五位の藏人　こんく（金鼓）　こんけんろく（坤元錄）　○権大納言　○権大納言殿　○権中納言　○こんのかみ（権の守）　権大夫　○権中將

サ　さい（賽）　さいし（釵子）　○宰相　○さい（宰）相の君　○宰相中將　宰相の中將忠信　宰相中將殿　さいそ（最初）　さいもん（祭文）　○斎院　さう（笙）　さう（姓）　○左右　○さう（草）　さうかな（草仮名）　さうかん（象嵌）　○さうし（冊子）　○さうし（障子）　○さうし（精進）　○草子とも　○さうすく・さうそく（装束）し　さうそ（装束）きたて　○さうそく（装束）　○さうそき（装束き）　さうそく（装束）したち　さう（左右）なく　さを（双）なしのぬし　さう（箏）のこと　左右大將　○さうのふゑ（笙の笛）　左右衛門佐　○さうひ（薔薇）　○さうふ（菖蒲）　さうふ（蔓蒲）のかづら　○想夫恋　○さえ（才）　さえ（才）のおのことも　○さか（性）　○左京　左京の君　さ（左）京のせう（尉）　さく（笏）　左近のつかさ　○さ（鎖）す　○左大弁　左中將　實方の中將　さねかたの兵衛左　さうし（雑仕）　さうしき（雑色）　○さほう（作法）　○さやう（様）　さるかうこと（散樂言）　さるかう（散樂樂）　しかくる　○左衛門のかみ　○左衛門大夫　左衛門尉のりみつ　左衛門陣　○三月　三月つもこり　三月つもこり比　三月三日　三四月　三四日　○三四人　三四の君　○三十　三十あまり　三十よ（余）　三尺の木丁（几帳）　三尺の御木丁（几帳）　さん（参）せ　さん（讒）し　○三千　○三人　三の御前　○三昧　三位二位　○三位中將

シ　○詩　○し（師）　し（士）　○時　○しう（主）　○しかく（試樂）　○史記　しき（職）　○しきし（色紙）　しき（式）のかみ　しきの御さうし（職の御曹司）　○式部卿の宮　しきふ（式部）のおと、　しきふ（式部）のおもと　○式部のせう（丞）　式部丞た、たか　式部のせうなにかし　式部丞のりつね　○式部大輔　○四月　四月つこもり　○淑景舍　四五月　○四五人　○四五年　史生　し、（獅子）　○四十　○四十九　熾盛光　四尺の木丁（几帳）　四尺の屛風　し、うてん（仁寿殿）　侍從殿　○侍從の君　○侍從宰相　○し、（死し）　○したひ（次第）　史大夫　○七月　七月十五日　○七月七日　七十　七尺　七八　七八月　七八十　七八年　十巻　四條宮　○四人　○四の君　しはすの十よ（余）日　○集　十月十余日　十月ついたち　十願　○十五　○十五日　十五六人　○十三日　○十七八　○十二　○十二月　十二月二十四日　○十二人　十二年　○十八　○しうねき（執念き）　十年　十八九　十八日　○十よ（余）日　○承香殿　正月一日　正月十日　○上官（政官）　しやうし（床子）　しやうとう（常燈）　○上らう（臈）　○尺（釋）迦　尺泉（積善）寺　尺せん（積善）寺供養　修理亮のり光　序　せう（稱）す　○四位　○四位五位　四位五位六位　四位の君　○四位少將　○しをん（紫苑）　○真言　○しんし（進士）　しん（進）上　○しんそく（親族）　しんたい（進退）し　新中將　新中納言　○しんてん（寝殿）　しんとう（震動）し

ス　すいかんはかま（水干袴）　隨求經　すいしやう（水晶）　○すいしん（隨身）　隨身立　すいしん（隨身）とも　○すいはん（水飯）　すいろう（水籠）　すか原の院　○す行（誦經）　修行者たち　す行（誦經）のもの　○すくせ（宿世）　すくせ（宿世）なき　○すくろく（雙六）　すさ（朱砂）　すさ・すんさ（從者）とも　○す（誦）し　す（誦）して　○す、（數珠）　すそ（呪咀）　すはいし（朱買臣）　○すわう（蘇枋）　○すわうかさね（蘇枋襲）　○す（修）法　すほう（修法）し　○すみやう（寿命）經　誦文する　○すり（修理）し　○すりやう（受領）　すりやう（受領）し　するかのせんし（前司）　すろ（棕櫚）　○すんさ（從者）　○すん（誦）し

セ　せい(制)　せい(制)しわつらひ　○せい(制)し　せいはん(清範)　せいりやうてん(清涼殿)　蕭会稽　○少將　○少將の君　少將井　○せう〱(少々)　○せうそこ(消息)　○せうそこ(消息)し　○少納言　少納言殿　○少納言の命婦　少弁　○せかい(世界)　せかゐ(清和院)　せきやう(説經)　説經師　説經す　せく(節供)　○世間　○節　○切　○せちふん(節分)　○せちゑ(節会)　せんようてん(宣耀殿)　せんようてん(宣耀殿)の女御　せんくう(前驅)し　○せんさい(前栽)　○せんさい(前栽)とも　○せんし(宣旨)　せんし(前司)　千手　千手經　千手陀羅尼　千日のさうし(精進)

ソ　○そう(僧)　○そう(丞)　僧かう(綱)　○僧正　○そう(奏)し　僧俗　○僧都　○僧(都)の君　そうみやう(聡明)　そかうのきう(蘇合の急)　そくさい(息災)　そく(俗)たち　そしり誹謗せ　袖木丁(几帳)　そとは(卒塔婆)　○初夜　尊勝陀羅尼

タ　○題　題いたしから　○第一　第一の人　○大きやう(饗)　大行道　○大事　○大將　大政官　○大しやうし(床子)　○大臣　大進　大進なりまさ　○大納言　○大納言殿　○大貳　○大はん(臺盤)　○たいはん(臺盤)所　大般若經　○大夫　大夫權守　大夫殿　○大夫の君　○たいへいらく(太平樂)　○大弁　○たいめん(對面)し　大門　たいり(内裏)　○道心　たうしん(道心)す、むる　堂童子　道命阿闍梨　高遠の大貳　たちそひりやうし(立添ひ領し)　○たなつし(棚厨子)　○たう(答)　○陀羅尼　彈正

チ　○ち(地)　○中宮　○ちうけん(中間)　○中將　○中將殿　○中少將　ちうせい(中勢)たかつき　ちうせい(中勢)をしき　○中納言　○中納言殿　○中納言の君　中のはむ(盤)　○中門　ちかよりの少將　持經者　筑後　○筑前の守　ち火ろ(地火爐)　○地下　地こくゑ(獄絵)　地藏　ちすり(地摺り)　知足院　○ちもく(除目)　○帳　ちやうくわてん(貞觀殿)　ちやうさ(定者)　定証僧都　○ちやうたい(帳臺)　定てそうつ(澄僧都)　定本

ちやうもん（聽聞）する　○ちん（枕）　○ちん（陣）　ちんや（陣屋）

ツ　ついせう（追從）し　ついたてさうし（衝立障子）　つねふさの中將　○つほさうそく（壺装束）　つほさうそく（壺装束）し

テ　てう（調）　○てうかく（調樂）　○てうし（調子）　○てう（調）せ　○てうと（調度）　てうはみ（調食・調半）　てうろう（嘲弄）する　○てう（蝶）　○天　○殿上　○殿上人　殿上ましらひ　○殿上わらは　○天人

ト　春宮權大夫　春宮亮　○春宮大夫　○とうくわてん（登華殿）　とうさい（東西）　とう（東）三條　藤三位　○藤侍從　○とうたい（燈臺）　○藤大納言　童女　○頭中將　頭中將た、のふの君　頭中將殿　頭の殿　○頭弁　○とう（洞）院　○と（讀）經　と（讀）經し　○とくい（得意）　とくせん（得選）　○とこ（獨鈷）　所衆　所の衆とも　としかたの中將　殿の大夫　と文字

ナ　内供　○内外　○ないし（内侍）　○内侍のすけ　内膳　○内大臣殿　なしゑ（梨絵）し　○なにいめん（名對面）　なにかし供奉　七日の御節供　成信中將

ニ　○二月　○二月十余日　二月朔日　二月つこもり　二月つこもりかた　二月晦日三月朔日ころ　二月十日　二月廿五日　二月むまの日　二尺　二三　二三尺　○二三人　廿巻　○西の京　西のたい（對）　にしひんかしのたい（對）　○廿　廿日　廿人　廿余人　廿六七日　日中の時　○二條　○二條の宮　二度　入道兵部卿宮　女（如）意輪　○女官　○女官とも　○女御　○女はう（房）　○女房たち　○女房とも　女院　仁和寺　人間　人ちやう（長）

ヌ　ぬのさうし（布障子）　ぬの屛風

ネ　○ねん（念）し　念しくらし　○念し過し　○ねんしい（念し居）　○念佛

ノ　のう（衲）　のふかたの中將　のほりこうし（登り困し）

ハ　はい（拜）し　はしすわう（端蘇芳）　○はしとみ（半蔀）　八九人　○八月　八月九日　八月つこもり　八丈　○八人　○八かう（講）　八講し　はとう（拔頭）　番　○はん（盤）　はんさう（半挿）　はんひ（半臂）

ヒ　○ひさう（非常）　○ひちりき（篳篥）　○人け（氣）なき　ひの御さうそく（昼の御裝束）　ひのさうそく（（昼の裝束）　日のさうそく（昼の裝束）し　○ひわ（琵琶）　ひは（琵琶）の御こと　ひはう（誹謗）せ　○ひゝ（美々）しく　○ひやうし（拍子）　○兵部　○ひやうふ（屏風）　○兵部卿　○兵衛　兵衛督すけそう（尉）　兵衛の藏人　○兵衛佐　百日はかり　○ひらうけ（檳榔毛）　○ひん（鬢）　○東のたい（對）　東の對たち　○ひん（便）なき

フ　ふかうてん（風香調）　○普賢　ふさうくも（不祥雲）　ふせん（豊前）　ふそく（風俗）　○ふたう（舞踏）し　○ふたん（不断）　○不断經　佛眼　○佛名　不動尊　○ふひん（不便）　普門寺　○ふよう（不用）　ふん（封）し

ヘ　へいたん（餠餤）　へいまん（屏幔）　○へち（別）　○別當　○へん（辺）　○へん（扁）　○辨　○変化　○辨のおもと

ホ　ほ（帆）　○ほい（本意）　○ほい（本意）なし　○ほう（方）　ほうたん（牡丹）　ほくは（牧馬）　○法華經　法興院　○菩薩　ほそ冠者とも　○菩提　○法　○ほうし（法師）　法師陰陽師　法師子　○法師はら　○法服　ほうりん（法輪）　法王（皇）　ほめかんし（賞め感し）　○本　ほん（盆）　○ほんしやう（本性）　ほん（盆）する　○ほんなう（煩悩）

マ　まうさうくん（孟嘗君）　○まきゑ（蒔絵）　まちこうする（待ち困する）　まつはれついせうし（纒はれ追従し）

まねひけいし（学ひ啓し）　万葉集

ミ　みあれのせんし（御生れの宣旨）　○みかうし（御格子）　○み木丁（几帳）　○御さうし（曹司）　○御しやうし

（障子）　○御すきやう（誦經）　○御修法　○御堂　みたけさうし（御嶽精進）し　道方少納言　○御ちやう・丁（帳）　みつ（蜜）　○みつし（御厨子）　○みつしところ（御厨子所）　みつなのすけの中少將　○みと（御読）經　南の院　みやう（明）星　明神　○命婦　命婦のおと、　命婦のめのと　宮の大夫殿　宮中將　宮の女房　○彌勒

ム　○むけ（無下）　○むこ（無期）　○むしん（無心）　○むとく（無德）　むまの内侍のすけ　むまの命婦　むみやう（無名）　梅つほの少將　○むもん（無紋）

メ　○めいわう（明王）　○めんたう（馬道）　○めんほく（面目）

モ　もかう（帽額）　木工のそう（丞）　もくゑ（木絵）　○もし（文字）　もたい（勿体）な　物けい（啓）し　物のく（具）　○物のけ（怪）　○物の上す（手）　物のれい（例）　○もの、ゑやう（物の絵様）　○物えむ（怨）しし　もろこしのかく（唐の楽）し　○もん（紋）　○文集　○文章博士　文殊　文選

ヤ　○やう（様）　○やうき（様器）　○やうきひ（楊貴妃）　やう（瑩）し　やかう（夜行）　○やく（役）　○薬師佛　山の井の大納言　やり戸つし（厨子）

ユ　ゆ（柚）　ゆた（油單）

ヨ　○よう（用）　○ようい（用意）　○ようい（用意）し　よしちかの中納言　よみこうし（読み困し）

ラ　○來年　らいはん（禮盤）　○らう（廊）　良少將　○らう（勞）たかる　○らう（勞）たけ　○らう（勞）たし　○らう〱（勞々）しく　○らくそん（落蹲）　らんせい（蘭省）　らんもむ（羅文）

リ　○りうたん（龍膽）　梨花　○律師　○りやう（領）し　りうもん（龍紋）　りうえん（隆円）　○りむし（臨時）　○りんし（臨時）の祭　りん〱（凜々）

ル　○るい（類）

レ　○れい（例）　○れいさま（例様）　れいたう（冷淡）　○れい（例）の　○れう（料）　○れせい（冷泉）の院

ロ　ろ（櫓）　らう（牢）　らうさう（緑衫）　○ろき（論義）　○ろく（祿）　○六月　六月十二月のつごもり　六月十よ（余）日　六巻　六観音　六七月　六人　○六位　六位とも　六位藏人　ろたひ（露臺）　ろん（論）　○ろん（論）すれ　○ろむ（論）なう

ワ　○わうしきてう（黄鍾調）　○わごん（和琴）　わらひけうし（笑ひ興し）

ヰ　威儀具足し　威儀師　ゐけう（渭橋）　いねう（囲繞）し　○ゐふたき（韻塞）　○院　○院の別當

ヱ　ゑ（絵）　○ゑかう（回向）　○ゑし（絵師）　えし心うかり（怨し心憂かり）　○え（怨）し越後　○ゑふ（衛府）　○ゑんか（垣下）　えんしそしり（怨し謗り）　○えん（怨）し　圓融院

ヲ　をしへやう（教へ様）　男しう（主）　をりかうし（折り格子）　○女ゑ（絵）

注

1　山家本法華經の「法師功徳品第十九」と「觀世音菩薩普門品第廿五」に、それ〴〵一例ある。

2　日葡辞書には、Aiguiõ と濁音で表記されてゐる。

3　日葡辞書には、Daijõdaijin と表記され、各種下学集・節用集では「ダイジヤウダイジン」の付訓・濁声点がある。

4　原田芳起『平安時代の文学語彙の研究』五八三ページ。

5　右書、五八二ページ。

6　小林芳規「平安時代の平仮名文に用いられた表記様式」（『国語学』44・45輯）参照。

7　段・行は、田中重太郎編著『校本枕冊子』のものである。

8　所在は、田中重太郎編著『校本枕冊子総索引第Ⅰ部』、松村博司監修『枕草子総索引』によられたい。

第七章　源氏物語の漢語

調査は、池田亀鑑編著『源氏物語大成』校異篇によつた。漢語の決定に際しては、日本古典全書『源氏物語』、日本古典文学大系『源氏物語』、日本古典文学全集『源氏物語』を参照した。

第一節　表　記

源氏物語の漢語の表記は、次の四種類に分れてゐる点、宇津保物語・枕冊子と同様である。

イ　漢語本来の漢字による表記。

坊　弁　師　女御　更衣　宣旨　楊貴妃　民部卿　後涼殿　秋風樂　故大納言　六條京極わたり　觀世音寺

古今和哥集　故民部大輔　八月十余日

ロ　平仮名による表記。

けう（孝）　おん（恩）　たい（對）　あいきやう（愛敬）　いうそく（有職）　けう（希有）　こしきふ（故式部）　こむかうし（金剛子）　さうふれむ（想夫戀）　さうとくたいし（聖德太子）　こんかうはむにや（金剛般若）　まかひるさな（摩訶毘盧遮那）　法かい三まいふけん大し（法界三昧普賢大士）

ハ　漢字の音による類音表記。

あい行（愛敬）　き經（桔梗）　火んさ（冠者）　古宮（故宮）　五（碁）　せふ正（攝政）　さい將の君（宰相の君）　上と（淨土）　官尺（官爵）　心殿（寝殿）　み丁（御帳）　木長（几帳）など　大二（大貳）　女坊（女房）　百部（百歩）　兩し（領し）

ニ　漢字の訓による借訓表記。

木丁（几帳）　木長（几帳）など　み木丁（御几帳）

「イ　漢字表記」の漢語は、拗音・舌内入声音・三内撥音を含む漢語と数名詞が主体である点は、これまでに述べた平安時代の物語・日記などの仮名文学作品と同様である。右の節囲外で漢字表記のものには、次の五十八語がある。

賀　御賀　荷葉　儀式　菊　句　御具　氣色　御氣色　家司　家礼　古集　故后　故大殿　御碁　胡　御座　左右　師　御師　史記　慈悲　試楽　式部　式部大輔　施し　施入し　少貳　少輔　大液　大事　大小　大内記　大貳　大夫　大輔　題　導師　御導師　塔　地　地下　致仕　弟子とも　御弟子とも　調子とも　頭の君　内記　内教　内侍　内侍所　入道　琵琶　法師　老法師　法事　御法事　例

右のうち、実線を付した十六語は官職関係の分野であり、点線を付した十四語は佛教関係の分野であり、この二分野で半ばを超える。これは、漢字表記の漢語の中で、官職関係の分野には「女御・更衣・大納言・右大臣・女房・勅使・命婦・宰相」など約百語があり、佛教関係の分野には「願文・法華經・正日・仁王会・御念佛・衆生・灌佛・廻向」など約七十語が含まれることと、無関係ではないだらう。

猶、右の五十八語は漢字表記の漢語約六百語の10％弱である。

次に、「類音表記」に使用されてゐる借音字は、例示した十六字である。以下、その借音字と漢語本来の漢字について、順次考察する。漢字について記した声調と韻目は、広韻のものである。

(1)　き經（桔梗）

經　平声青韻　漢音ケイ　呉音キヤウ

梗　上声梗韻　漢音カウ　呉音キヤウ

「經」の呉音で「梗」の呉音を写したものである。「經」は、和名抄・新譯華嚴經私記・大般若經字抄・音訓篇立などで、注音字として使用されてゐる。

(2)　あい行（愛敬）　御あい行（愛敬）　あい行（愛敬）なげ　御す行（誦經）　そ行（承香）殿

行　平声庚韻　漢音カウ　呉音ギヤウ

敬　去声敬韻　漢音ケイ　呉音キヤウ

經　平声青韻　漢音ケイ　呉音キヤウ

香　平声陽韻　漢音キヤウ　呉音カウ

「あい行」は枕冊子にも用例があり、「行」の呉音で「敬」の呉音の連濁の音を写したものであることは、既に述べた。また、「す行」は宇津保物語にも用例があり、「行」の呉音で写したものである点は、そこで述べた。

「そ行殿」も、同じく「行」の呉音で「香」の漢音を写したものと解せる。たゞ「行」が濁音、「香」が清音である点に差異がある。「承」の韻尾の喉内撥音の影響で、「香」が連濁になつたとも解せるが、宇津保物語で「そ京殿」の類音表記例があり、「京」は「香」と共に清音であるので、清・濁兩樣の讀みが行はれたのであらうか。

(3)　火んさ（冠者）

火　上声果韻　漢音クワ　呉音クワ

冠　平声桓韻　漢音クワン　呉音クワン

「火」は「クワ」の借音字として使用され、同様の例は、宇津保物語の「火かく（勧学）院」、枕冊子の「丁火（貞観）殿」がある。「冠」の韻尾の -n は、無表記である。

(4) 古（故）おと、　古（故）権大納言　古（故）八の宮　古（故）宮

古　上声姥韻　漢音コ　呉音コ・（ク）

故　去声暮韻　漢音コ　呉音コ・（ク）

「古」が「故」の類音表記として使用された例は、枕冊子にあり、そこで既に述べた。

(5) 五（碁）　御五（碁）　五つ千たん（牛頭栴檀）

五　上声姥韻　漢音ゴ　呉音ゴ

碁　平声之韻　漢音キ　呉音ゴ

牛　平声尤韻　漢音ギウ　呉音ゴ

「碁」の呉音を「五」で写した例は、宇津保物語・枕冊子にあり、宇津保物語で既に述べた。また、「牛」もその呉音を「五」で写したものである。

(6) せふ正（攝政）　大正し（大床子）

正　平声清韻　漢音セイ　呉音シヤウ

政　去声勁韻　漢音セイ　呉音シヤウ

床　平声陽韻　漢音サウ　呉音ジヤウ

「正」の呉音で、「政・床」の呉音を写したものであるが、「床」とは清濁が異なる。「正」はかげろふ日記で「法正

寺（法性寺）」の類音表記例があるので、「床」は清音に読まれたものであらう。

(7)　さい將（宰相）の君　こさい將（故宰相）の君　さい將（宰相）の中將

將	去声漾韻	漢音シヤウ	呉音シヤウ
相	去声漾韻	漢音シヤウ	呉音サウ

「相」の漢音を「將」の漢音で写したものと見られ、同じ類音表記は宇津保物語・かげろふ日記で使用されてゐて、宇津保物語で既に述べた。

(8)　上（錠）　上くわん（政官）　上え（淨衣）　上と（淨土）　本上（性）　御ほん上（本性）　御心本上（性）　上（正）三位

上	上声養韻	漢音シヤウ	呉音ジヤウ
錠	去声經韻	漢音テイ	呉音ヂヤウ
政	去声勁韻	漢音セイ	呉音シヤウ
淨	去声勁韻	漢音セイ	呉音ジヤウ
性	去声勁韻	漢音セイ	呉音シヤウ
正	去声勁韻	漢音セイ	呉音シヤウ

「上」が「錠」の類音表記となる例は、宇津保物語にあり、そこで既に述べた。

また、「政官」を「上官」と表記する例は枕冊子にあり、そこで既に述べた。また「太政」の「政」を「上」で写す例も、かげろふ日記にあつた。

また、「淨土」を「上と」と表記する例は、宇津保物語にあり、そこで既に述べた。

また、「本性」を「本上」と表記する例は、かげろふ日記にあり、そこで既に述べた。

これらの用例の「上」はすべて呉音であるので、「正三位」の表記の「上」も呉音で濁音である。それで「正」は呉音であり、清濁の点で一致しないが、「正二位・正三位」では「ジヤウ」と濁音で読まれるのが伝承音であり、[注1]その濁音を「上」は写してゐるものである。

(9)　官尺（爵）　外尺（戚）　尺定（錫杖）

尺　入声昔韻　漢音セキ　呉音シヤク

爵　入声薬韻　漢音シヤク　呉音シヤク

戚　入声錫韻　漢音セキ　呉音シヤク

錫　入声錫韻　漢音セキ　呉音シヤク

「爵」は漢音呉音同じであるが、官職関係は呉音が多いので、呉音とみられる。それを、「尺」の呉音で写したものである。

また外尺は、「戚」の呉音を「尺」の呉音で写したものであり、尺定も「錫」の呉音を「尺」の呉音で写したものである。「尺」は宇津保物語・枕冊子でも類音表記に使用されてゐる。

(10)　心殿（寝殿）

心　平声侵韻　漢音シム　呉音シム

寝　上声寝韻　漢音シム　呉音シム

(11)　五つ千たん（牛頭栴檀）

宇津保物語に、この類音表記があり、そこで既に述べた。

千　平声先韻　漢音セン　呉音セン
栴　平声仙韻　漢音セン　呉音セン

両字は、漢音・呉音ともに同音であるが、「牛頭」が呉音よみであり、且つ佛教関係の語なので、「栴」も呉音である。それを写した「千」も呉音の可能性大である。「千」は、大唐三藏法師表啓古点・和名抄・音訓篇立などで、注音字に使用されてゐる。

(12)　大はむ（臺盤）

大　去声泰韻　漢音タイ　呉音ダイ
臺　平声咍韻　漢音タイ　呉音ダイ

同じ類音表記が、宇津保物語・枕冊子にもあり、既に述べた。

(13)　み丁（帳）　木丁（几帳）　みき丁（几帳）

丁　平声青韻　漢音テイ　呉音チヤウ
帳　去声漾韻　漢音チヤウ　呉音チヤウ

宇津保物語・かけろふ日記・枕冊子にも、同じ類音表記があり、既に述べた。

(14)　木長（几帳）など

長　平声陽韻　漢音チヤウ　呉音ヂヤウ
　　上声養韻　漢音チヤウ　呉音チヤウ
帳　去声漾韻　漢音チヤウ　呉音チヤウ

「長」が陽韻の漢音とすれば、「帳」の呉音が平声であるのと一致するが、借音字が殆んど呉音である点に一抹の疑問が残る。

養韻の「長」の呉音の声調は、心空の法華經音訓によれば、平声である。その借音と考へれば、「帳」の声調とも一致する。

以上、「長」は、陽韻の漢音とも、養韻の呉音とも解され、いづれとも決しがたいが、借音字に呉音が多いことを考慮すれば、後者の可能性大である。

「長」は、和名抄で「帳」の注音字として使用され、新譯華嚴經音義・音訓篇立でも注音に使用されてゐる。

⒂　尺定（錫杖）

定　去声徑韻　漢音テイ　　呉音ヂヤウ

杖　上声養韻　漢音チヤウ　呉音ヂヤウ

「杖」の呉音を「定」の呉音で写したもので、「定」は和名抄・音訓篇立で注音字として使用されてゐる。

⒃　大二（貳）

二　去声至韻　漢音ジ　呉音ニ

貳　去声至韻　漢音ジ　呉音ニ

「二・貳」は同音であり、「二」の呉音で、「貳」の呉音を写したものである。

⒄　女坊（房）

坊　平声陽韻　漢音ハウ　呉音バウ

房　平声陽韻　漢音ハウ　呉音バウ

「坊・房」は同音であり、「坊」の呉音で、「房」の呉音を写したものである。

(18)　百部(歩)

部　上声姥韻　漢音ホ　呉音ブ

歩　去声暮韻　漢音ホ　呉音ブ

「部・歩」は同音であり、「部」の呉音で「歩」の呉音を写したものである。

「部」は和名抄で注音字に使用されてゐる。

(19)　両(領)し　御両(領)　す両(受領)　ゐせす両(似而非受領)　み両(領)したる物

両　上声養韻　漢音リヤウ　呉音リヤウ

領　上声静韻　漢音レイ　呉音リヤウ

宇津保物語・枕冊子にも、同じ類音表記があり、既に述べた。

(20)　まとめ

以上の類音表記に使用された19字は、大多数が呉音の借音であり、明確な漢音の借音は「將」のみである。また、拗音を表記するものが13字で主体となつてゐる。直音は「古・五・心・大・二・部」の6字で、日常よく使用される画数の少い平易な字である。画数の多い「部」も、写本では「ア」の略字が使用されてゐる。

また、借音字は、平安朝初期からの訓点資料や字書・音義類に注音字として使用されてゐるものが殆んどで、他の日記・物語など仮名文学でも類音表記に使用されてゐるものが大半であり、当時の用字法を反映したものと云へる。

第二節　語数

源氏物語の漢語を、一字語・二字語など漢語の字数によつて分類し、異なり語数・延べ語数、それ〴〵の百分比、及び平均使用度数を次に表示する。

	一字語	二字語	三字語	四字語	五字語以上	(計)
異なり語数A	524	1004	270	92	40	1930
百分比	27.2	52.0	14.0	4.8	2.1	100.1
延べ語数B	4693	6356	935	212	54	12250
百分比	38.3	51.9	7.6	1.7	0.4	(99.9)
平均使用度数B／A	8.96	6.33	3.46	2.30	1.35	6.35

異なり語数は、二字語が最も多くて50%を越え、次いで一字語・三字語が多く、四字語・五字語以上と字数が増大するに従つて語数は急減する。この傾向は、本書で取り上げた竹取物語以下の日記・物語などの仮名作品に共通するものである。

延べ語数も、二字語が50%を越え、一字語が40%に近い比率を占め、以下三字語・四字語・五字語以上の順に激減して行くが、この傾向も、本書で取扱つた平安朝の仮名文学作品に共通のものである。

『源氏物語大成巻四索引篇』により、私見を加へて計算したところでは、源氏物語の異なり語数は一四四八九語である。漢語の異なり語数一九三〇語は、その13.3％にあたる。これは、宇津保物語の18.5％、枕冊子の15.6％に次いで大きい。因みに、宮島達夫編『古典対照語い表』では、漢語と混種語の計一四七〇語で、全体一一四二三語の12.9％であり、築島裕博士の調査では漢語一八八八語で、全体一四九六七語の12.6％と報告されてゐる。注2

第三節　和漢混種語

源氏物語の和漢混種語は、これまでに検討した平安時代の仮名文字作品のどれよりも、多種多様で語数も多く、一つの頂点を形成してゐる。以下、体言・用語に大別し、それぞれ例語を挙げて考察を加へる。

体言　漢語と和語との複合形式を分類し、それ〴〵の形式ごとに述べる。

(1)「み・おほむ・御」——漢語

みかうし（格子）　みき丁（几帳）　みさ（座）　みさう（荘）　みさうし（障子）　みすいしむ（随身）　みすくせ（宿世）　みたう（堂）　みちやう（帳）　みつし（厨子）　みと（読）經　みふ（封）　おほむけしき（氣色）御あい行（愛敬）　御いのりのし（師）　御賀　御かうし（勘事）　御かくもん（学問）　御かち（加持）　御かれうひんか（伽陵頻伽）の声　御きしき（儀式）　御き（忌）月　御き（忌）日　御經　御きやうふく（輕服）　御經佛　御きむ（琴）　御く（具）　御くろほう（黒方）　御願　御くわむもん（願文）　御け（氣）　御けう（孝）　御けさう（懸想）人　御けうそく（脇息）　御元服　御五（碁）　御かい（戒）の師　御こき（國忌）　御心けさう（懸想）　御こせむ（御前）　御

さいしやう(宰相)のめのと　御さうし(冊子)　御さうし・さうしん(精進)　御さうし(曹司)　御さうそう(葬送)　御さうそく(裝束)　御さえ(才)　御さほう(作法)　御師　御四十九日　御七らう(郎)　御しう(集)　御正日　御しやけ(邪氣)　御す丶(數珠)　御せうえう(逍遙)　御せうそこ(消息)　御そう(族)　御そうふん(處分)　御たい(臺)　御たい(題)　御たいめ・たいめん(對面)　御導師　御たうしん(道心)　御たらう(太郎)　御持經　御ちしき(地敷)　御ち(持)佛　御てうと(調度)　御てし(弟子)　御とく(德)　御ねんす(念誦)　御ねむすたう(念誦堂)　御念佛　御ほう(方)　御はうへん(方便)　御はち(鉢)　御ひは(琵琶)　御屛風　御ひん(鬢)

　御ふく(服)　御佛名　御ほい(本意)　御法事　御ほうふく(法服)　御本上(性)　御めんほく(面目)　御もの丶け(物怪)　御もみちの賀　御ゆいこん(遺言)　御ようめい(容面)　御らう(勞)　御らう(靈)　御れい(例)　御れう(料)　御ろく(祿)　御ゑかう(廻向)

「御」の右側に傍線を付した語は、他の作品などで「み」の表記例があるものであり、左側に傍線をつけた語は「おほむ」の例があるものである。

「み」が上接してゐる漢語には、佛教関係・家具関係のものが多い。

(2)　漢語——接尾語「きみ」

五郎君　三らう(郎)君　四らう(郎)君　二らう(郎)君　たらう(太郎)君　六郎君

すべて、男性の子息の呼び名の漢語である。

(3)　漢語——接尾語「どの」

右大將殿　右大臣殿　こ(故)大將殿　權大納言殿　左大將殿　三条殿　少將殿　大將殿　大納言殿　中將との　中納言との　內大臣殿　女御との　六条との

それ〴〵、身分のある人の呼称である。「三条殿」は、夕霧大将の妻雲居雁を指す他に殿名もある。「六条殿」は、大政大臣の光源氏を指す。

(4)　漢語——接尾語「たち」

あさり(阿闍梨)たち　おいこ(老御)たち　更衣たち　こ(御)たち　四位五位たち　僧たち　そうつ(僧都)たち　大將たち　大臣たち　たいとこ(大德)たち　女御たち　女御更衣たち　女房たち　ふるこ(古御)たち　法ふく(服)たち　もののけ(物怪)たち　わるこ(悪御)たち

「たち」が下接する漢語は、「物怪」を除いてすべて人の呼称である。「との」が下接する漢語と一部重なるが、僧・女性の呼称が多い。

(5)　漢語——接尾語「ども」

あさり(阿闍梨)とも　いうそく(有職)とも　御いのりのし(師)とも　陰陽師とも　香とも　みかうし(格子)とも　かく(樂)とも　樂人とも　き丁(几帳)とも　みき丁(几帳)とも　く(具)とも　御く(具)とも　願とも　御願とも　願ふみとも　けいし(家司)とも　けしき(氣色)とも　御けしき(氣色)とも　けす(下衆)とも　けんさ(験者)とも　こく(曲)のものとも　こせむ(御前驅)とも　五位とも　五位四位とも　さいく(細工)とも　さい(才)人とも　さうし(冊子)とも　さうし(障子)とも　さうそく(装束)とも　御さうそく(装束)とも　さふ(相)人とも　さえ(才)とも　さうし(雜事)とも　さほう(作法)とも　しう(衆)とも　おほん師とも　しふ(集)とも　上す(手)とも　みすいしん(隨身)とも　御すくせ(宿世)とも　みす(修)法とも　す兩(受領)とも　御せうそこ(消息)とも　せちゑ(節会)とも　そう(僧)とも　御そふん(處分)とも　たい(對)とも　大きやう(饗)とも　大こく(曲)とも　大事とも　みつし(厨子)とも　てうし(調子)とも　御てうと(調度)とも　てし(弟子)とも

御てし(弟子)とも　殿上人とも　内侍とも　女くわん(官)とも　女房とも　御ねむすのく(念誦具)とも　はかせ(博士)とも　はむ(判)とも　はむ(盤)とも　ひこんき(秘錦綺)とも　御屛風とも　屛風とも　ふせ(布施)とも　ふてう(不調)ものとも　へい(塀)とも　へたう(別当)とも　ほく(反故)とも　法とも　本とも　もし(文字)とも　もの、上手とも　御ゆいこむ(遺言)とも　らいし(罍子)とも　らう(廊)とも　らうとう(郎等)とも　らさう(乱声)とも　御らう(﨟)とも　ろく(祿)とも　院司とも　ゑ(絵)とも　御ゑ(絵)とも　ゑし(絵師)とも　女ゑ(絵)とも

「ども」が下接する漢語は、人の呼稱が最も多いが、次いで器物・書物・行事・音樂・家屋などを表すものが多い。

(6)　漢語——接尾語「ばら」

こほうし(小法師)はら　三条殿はら　四の君はら　弟子はら　内侍はら　ほうし(法師)はら

「ばら」が下接する漢語は、すべて人の呼称である。

(7)　漢語——その他の接尾語

くちさか(口性)なさ　け(氣)うとさ　け(氣)ちかさ　こち〳〵(骨々)しさ　さか(性)なさ　やく(益)なさ　ようい(用意)なさ　らう(乱)かはしさ　らう(労)たけさ　らう(労)たさ　らう〳〵(労々)しさ　あい行(愛敬)なけ　えん(艶)け　く(屈)しいたけ　け(氣)うとけ　け(氣)とをけ　こち(骨)なけ　さか(性)なけ　らう(労)たけ　をく(臆)しかち　さう(草)かち　四位五位かち　す(誦)しかち　てむ(点)かち　小侍従かり　大夫かり　さうし(雑事)ら　三条ら　大將こそ　女御かた　すいしん(髄身)から

漢語形容詞の語幹に「さ・げ」の下接したものが多い。これらと、「臆しがち・誦しがち」は、複式混種語である。

(8)　和語――漢語「やう(様)」

あまかつやう(天兒様)　ありやう(有様)　いかやう(様)　いしふしやう(石伏様)　いまやう(今様)　うすやう(薄様)　おもやう(面様)　かうやう(様)　かやう(様)　かほやう(顔様)　かむなきやう(巫様)　きつねこたまやう(狐木魂様)　きつねなとやう(狐など様)　ことやう(異様)　これみつやう(惟光様)　さしもやう(様)　さまたけやう(妨様)　さやう(様)　水はむなとやう(水飯など様)　すみなとやう(炭など様)　御はさみなとやう(挾など様)　はすのみなとやう(蓮実など様)　ひとやう(一様)　ひはりこやう(桧破籠様)　ふくろやう(袋様)

　御ふすまなとやう(衾など様)　ま、は、なとやう(継母など様)　むかしやう(昔様)　めのとやう(乳母様)

御めのとやう(乳母様)　もしやう(文字様)　もの、ゑやう(物絵様)

「様」は接尾語と同じく、人・動物・植物・器物・状態などを表す和語に、自由に下接してゐる。

(9)　和語――漢語

あささ(朝座)　あしろ屛風　いつもし(文字)　うきもん(浮紋)　うすこうはい(薄紅梅)　うす、わう(薄蘇枋)

　うすたん(薄緂)　うたゑ(歌絵)　えせす両(受領)　おいほうし(老法師)　おほ君けしき(氣色)　おほきみ四位　大藏卿　大ひちりき(篳篥)　かけはん(懸盤)　かみゑ(紙絵)　くすし(医師)　くろほう(黒方)　心けさう(懸想)　こさい將(小宰相)　こさうし(小障子)　小侍従　こ(小)少將　こと(異)少將　こと(異)法文　こと(異)文字　したゑ(下絵)　しもけいし(下家司)　そらせうそこ(空消息)　たなつし(棚厨子)　ち、(父)入道　てほん(手本)　とはり(帷)帳　なかさうし(中障子)　なたいめん(名對面)　なにかしあさり(某阿闍梨)　なにかしそうつ(某僧都)　なます両(受領)　はなてふ(花蝶)　ひとるい(一類)　ふるすらう(古受領)　まきゑ(蒔絵)　三十一文字　みたけさうし(御嶽精進)　みたりかくひやう(乱り脚病)　みもし(三文字)　むらさきち(紫地)

ものかたりゑ(物語絵)　ものゑんし(物怨し)　やまとさう(大和相)　わらはすいしん(童随身)　わらはそむわう(童孫王)　おとこたうか(男踏歌)　女かく(楽)

和語には「薄・えせ・おほ・小・異・空・なま・古」などの接頭語も含まれ、種々多様である。一方、漢語は、人・文物・器物を表はすものが多い。

⑽　漢語――和語

あかつき(閼伽杯)　かういはら(更衣腹)　かうそめ(香染)　かくや(楽屋)　き丁こし(几帳越し)　京極わたり　經はこ　京ひと　くわんさういろ(萱草色)　願ふみ　けさうひと(懸想人)　けす(下衆)女　けらうさふらひ(下﨟侍)　けんかた(験方)　こあまうへ(故尼上)　こあまきみ(故尼君)　こうはいかさね(紅梅襲)　こうへ(故上)　こおとと(故大臣)　故おとゝの院　こ(故)大殿　こ(故)おほとのゝ宮　故大宮　こ(故)御方　こ(故)かむの君　こ(故)きさいの宮　こ(故)北のかた　こ(故)ちゝおとゝ　故致仕のおとゝ　故ちし(致仕)のおほい殿　五て(碁手)　こ(故)殿　こ(故)入道の宮　近衞つかさ　古(故)八宮　こ(故)はゝ　故はゝ宮すん所　こ(故)ひめ君　故式部卿のみこ　こ(故)宮　こ(故)みやす所　故衛門督　さうし(障子)くち　さうし(曹司)まち　さうし(精進)物　さうふかさね(菖蒲襲)　さか(性)な物　左衛門督　三条わたり　四十つら(列)　正月つこもりかた　三月ついたち　三月はつかあまり　すわうかさね(蘇枋襲)　せうそこふみ(消息文)　せんしかき(宣旨書)　そくひしり(俗聖)　たいはむ(臺盤)所　丁子そめ　殿上人　てんなか(点長)　内侍所　二月ついたちころ　二月廿日あまり　女房車　女くら(藏)人　坊かね　拍子あはせ　はしとみ(半蔀)　はちをと(撥音)　兵衛督　兵衛佐　ひらうけ(檳榔毛)　ひむくき(鬢莖)　もしすくな(文字少)　よういありかほ(用意有顔)　よう(用)なしこと　れい(例)さま　六條京極わたり　六条わたり　院かた　韻ふたき　院もり　ゑところ(絵所)　ゑも

のかたり（絵物語）　衛門督

漢語では、「故」が最も多くて人の呼称に上接してゐる。次に、文物・官職・佛教・月日・街路関係の語が多い。

⑾　複式混種語

いまやういろ（今様色）　御覧し所　御そうふむ（處分）所　大將殿わたり　みつし（厨子）所　御てほん（手本）　なまそむ（孫）王めく　御心けさう（懸想）　御ひくき（鬢茎）　みそもし（三十文字）あまり　女一宮　女三宮　女二の宮

それぐ〳〵「今様―色」「御覧じ―所」「御―心懸想」と、和漢混種語が更に和語と複合する形式のものである。

この他に、「漢語―和漢混種語」の複合形式のものである「故大將殿・故致仕の大臣・故致仕の大殿・故入道の宮・故式部卿のみこ・故衛門督」などがあり、「⑽漢語―和語」の項に例示した。

これらの他に、複式混種語で、既に他の項で例示したものに、次の語がある。

老御たち　古御たち　悪御たち　み格子ども　み几帳ども　願ふみども　おほん師ども　み随身ども　御消息ども　御處分ども　み厨子ども　御調度ども　御弟子ども　不調ものども　御屛風ども　女絵ども　屈しいたげ　口性なげ　臆しがち　誦しがち　骨々しさ　乱がはしさ　労たげさ　小法師ばら　三條殿ばら　御乳母様用なしごと

この複式混種語は、単なる混種語より漢語の和語化が進んだものであり、その語数が宇津保物語・枕冊子よりも遙かに多い点に、源氏物語の漢語の一つの特徴が見られる。

以上、⑴〜⑾の形式の体言の混種語は、四四一語で、異なり語数一九三〇語の23％に達する。

用言　動詞・形容詞に二分し、それぐ〳〵、複合の形式により分類して、考察する。

(1)　一字語サ変動詞

あむ（按）する　えう（要）し　おく（臆）す　かう（講）し　かん（感）し　かむ（勘）し　く・くむ（屈）し　く（具）し　くつ（屈）し　けい（啓）し　けう（孝）し　けう（興）し　こう（困）し　さ（鎖）し　さう（請）し　し（死）し　し（辞）し　しん（信）す　す・すん（誦）する　せい（制）す　施し　せん（先）せ　そう（奏）す　てう（調）し　とう（動）せ　なん（難）す　ねん（念）す　はい（拝）し　はい（陪）し　ひ（秘）し　ふく（服）し　よう（用）せ　らう・りやう（領）し　れん（練）し　ろう（弄）し　ろむ（論）する　わ（和）し　ゑ・ゑん（怨）す

(2)　二字語サ変動詞

あんない（案内）し　かうし（勘事）し　かゝい（加階）し　かち（加持）し　かんたう（勘当）せ　行道する　くやう（供養）す　けいめい（敬命）し　けうさう（交雑）し　けさう（化粧）し　けさう（懸想）する　けたい（懈怠）し　けんそ（見所）し　御らむ（覧）す　さうか（唱歌）し　さうそく（装束）し　さむさ（參座）し　出家し　すり（修理）し　せうよう（逍遙）し　せうそこ（消息）し　せふ正（摂政）し　施入し　處分し　たいめ・たいめん（対面）す　ついせう（追従）し　殿上し　ねむす（念誦）し　徘徊す　ひけ（卑下）し　ふたう（舞踏）し　へんくゑ（変化）し　ようい（用意）す

(3)　三字語サ変動詞

正三位し

漢語サ変動詞は、一字語・二字語の場合が殆んどで、三字語の場合は稀である。

(4)　接頭語——漢語サ変動詞

うちく（具）し　うちけさう（化粧）し　うちすう（誦）し　うちゑ（怨）し　とりく（具）し　ひきく（具）し

これらは複式混種語で、一字語サ変動詞が多い。

(5)　接頭語――漢語サ変動詞――和語動詞

うちすん(誦)しなし

三重の複合形式の語であり、源氏物語の漢語の特徴の一である。

(6)　和語――漢語サ変動詞

心けさう(化粧)し　わらは殿上し

この二語も複式混種語である。

(7)　和語――漢語サ変動詞――和語動詞

心けさう(化粧)しあへ　心けさう(化粧)しそし

この二語も、三重の複合形式をもつ。

(8)　和語動詞――漢語サ変動詞

をちこう(怖ち困)し　おほしくく(思し屈)し　おほしねむ(思し念)し　おもひねん(思ひ念)し　かへさひそう(返さひ奏)し　き丶こう(聞き困)し　さふらひこう(候ひ困)し　もらしそう(漏し奏)し

これらも複式混種語であるが、すべて一字語サ変動詞が構成要素である。

(9)　漢語――和語動詞

あいきやう(愛敬)つき　あふ(奥)より　いまやう(今様)たち　うすやう(薄様)たち　えん(艶)かりおはする

えん(艶)たち　えん(艶)たちゐ　みかうし(格子)まいり　みかうし(格子)まゐりわたし　くう(功)つき　け(氣)のほり　けいし(家司)たつ　けさう(懸想)たち　けさう(懸想)はみ　けさう(懸想)ひ　けしき(氣色)たつ　け

しき(氣色)つき　けしき(氣色)とり　御けしき(氣色)とり　けしき(氣色)はみありき　けしき(氣色)はみおきけしき(氣色)はみかけ　けしき(氣色)はみかへし　けしき(氣色)はみはしめ　けしき(氣色)はみよる　けしき(氣色)はむ　しかく(試樂)めき　上す(手)めかし　上す(手)めき　上らう(﨟)たつ　すん(順)なかる　せうそく(消息)かる　せむし(宣旨)かきめき　中將たつ　てうと(調度)めく　てむ(点)つか　なん(難)つく　拍し(子)とり　屛風たつ　ほうけ(法氣)つき　ほうし(法師)まさりし　御もの丶け(物怪)めき　もののへむけ(変化化)めき　やう(様)かはり　やう(様)かへ　やう(様)たかひ　やう(様)はなれ　らう(労)たくし　らう(廊)めく　わうけ(王家)つき　ゑむ(怨)しをき　ゑん(怨)しはつ　ゑん(怨)せられはて　なま孫王めく

和語動詞は「たつ・ばむ・めく・つく」が多い。傍線を付した語は、複式混種語であるが、そのうち「み格子参り渡し・怨せられ果て」の二語は三重の複合形式をもつ。

⑽　漢語サ変動詞――和語動詞

かう(講)しはて　くん(屈)しいり[注3]　けいめい(敬命)しあへ　けいめい(敬命)しありく　けう(興)しあへ　けさう(化粧)しくらし　けさう(化粧)しそふ　御らむ(覽)しあて　御らん(覽)しいれ　御らん(覽)しうる　御覽しをく　御覽しをくら　御覽しおこせ　御覽しおとろき　御らん(覽)しくらへ　御らん(覽)しさし　御らむ(覽)しさたむる　御らむ(覽)ししらせ　御らん(覽)ししる　御覽しすくす　御らむ(覽)しつき　御らむ(覽)しつけ　御覽しとかめ　御らん(覽)しと丶む　御覽しなす　御らん(覽)しなをさ　御覽しなれ　御覽しはしめ　御覽しはて　御らん(覽)しはなち　御覽しゆるす　御らん(覽)しわか　御覽しわく　さう(請)しあへ　さう(請)しいて　さう(請)しおろし　す(誦)しあへ　す(誦)しなし　すり(修理)しなし　すん(誦)しの丶しる　そう(奏)しをき　そう(奏)しさし　そう(奏)しなし　そう(奏)しなをす　ついせう(追従)しありき　ついせう(追従)し

より　てう（調）しいて　てう（調）しわひ　ねん（念）しあへ　ねん（念）しあまり　ねむ（念）しいり　ねむ（念）しかへし　ねむ（念）しすくす　ねん（念）しすこし　ねむ（念）しはつ　ね（念）しわたり　ふむ（封）しこめ　りやう（領）しはて

すべて複式混種語であり、漢語サ変動詞としては「御覧ず・念ず・誦ず・奏す」などが多く、和語動詞としては「あふ・はつ・なす」など多種の語が複合してゐる。

⑾　接頭語――漢語――和語動詞

うちけしき（氣色）はみ　ほのけしき（氣色）み　ものねん（念）しし　ものゑん（怨）しす

始めの二語は複式混種語で、後の二語は三重の複合形式をもつ。

⑿　漢語の語末音が活用する動詞

さうそき（装束き）[注4]　さうとき（騒動き）　うちさうそき（装束き）　うちさうとき（騒動き）　さうそきわけ（装束き分け）

「装束く」は、宇津保・かげろふ・枕冊子にも使用されてゐたが、源氏物語では新に「騒動く」が使用されてゐる。それぐ、接頭語が付いたり、和語動詞と複合したりしてゐるが、それらは複式混種語に準ずるものである。

⒀　漢語――形容詞

あい行（愛敬）なし　あふ（奥）なく　こち（骨）なし　さか（性）なく　しさひ（仔細）なき　なん（難）なく　ひ・ひん（便）なし　ひさう（美相）なき　ほい（本意）なし　めいほく（面目）なく　やく（益）なし　よう（用）なき　ろ（論）なく　人け（氣）なし　け（氣）うとく　け（氣）たかし　け（氣）ちかく　け（氣）とおく　け（氣）なつかしう　け（氣）にくく　けしき（氣色）ふかう　もし（文字）つよう

漢語形容詞の数は漢語動詞に比べて非常に少い。そして、その大半は、漢語に「なし」が下接したものである。

⒁　漢語――形容詞的接尾語

しふね(執念)く[注4]　らう(労)たし　けしき(氣色)はまし　さるかう(散楽)かましく　らう(乱)かはしく　けすけす(下衆々々)しく　こち〳〵(骨々)しく　さえ〳〵(才々)しく　ひゝ(美々)しう　らう〳〵(労々)し

疊語に付く「し」はシク活用である点は、和語の疊語に付く場合と同様である。

⒂　漢語サ変動詞――形容詞

く・くむ(屈)しいたく　御らむ(覧)しかたく　御らむ(覧)しすてかたく　しむ(信)しかたき　そう(奏)しかたく

下接する形容詞は「かたし」が大半である。この形式は複式混種語であるが、「御覧じ捨て難く」は三重の複合形式のものである。「屈しいたく・御覧しかたく」は、かげろふ日記にも使用されてゐたが、源氏物語では、さらに語数が増加した。

以上、⑴〜⒂の用言の混種語は二五〇語で、異なり語数の13％を占める。そして、単に語数が多いだけではなく、複合形式も多種で、三重の複合形式も現れるなど、源氏物語の漢語の特徴が見られる。また、「装束く」からの類推か、「騒動く」も使用され、漢語の和化が進んでゐる姿が見られる。

和漢混種語は、体言・用言の計六九〇語に達し、異なり語数の36％を占め、その量と比率ともに非常に大きい。

第四節　漢語の読み

漢語の読みが明確に知れる仮名表記の漢語について、漢音よみ・呉音よみを中心に、頭子音と韻の二面から考察する。

頭子音　漢音と呉音で差のある次濁と匣母合口の声母をもつ字について、以下例を挙げて順次検討する。

(1)　明母

もく（木工）　もく（木工）の君　もくれん（目蓮）　ちもく（除目）　めいほく・めんほく（面目）　御めんほく（面目）　めいほく（面目）なく　はこや（藐姑射）のとし　はい（梅）花　こうはい（紅梅）　こうはい（紅梅）かさね　こうはい（紅梅）の御方　うすこうはい（薄紅梅）　四五まい（枚）　四十まい（枚）　三まい（味）　れうもん（寮門）　さゑもんのたいふ（左衛門の大夫）　まんたら（曼陀羅）　えほうし（烏帽子）　まかひるさな（摩訶毘盧遮那）　かま（降魔）　上め（馬）　めたう（馬道）　みろく（彌勒）　すみ（須彌）の山　あみた（阿彌陀）　あみたほとけ（阿彌陀佛）　ひさう（美相）なき　ひゝ（美々）しう　めうほうしのへたうたいとこ（妙法寺別当大德）　めいわう（明王）　みやうかう（名香）　やうめい（揚名）のすけ　たいめ・たいめん（對面）　御たいめ・たいめん（對面）　たいめ・たいめん（對面）す　めいほく・めんほく・めんほく（面目）　御めんほく（面目）　めいほく（面目）なく　御ようめい（容面）　さうひ（薔薇）　むけ（無下）　むこ（無期）　むさい（無才）　むさん（無慚）　むしん（無心）　むとく（無德）　むもん（無紋）　むらい（無礼）　ふたい（舞臺）　ふたう（舞踏）し　うきもむ（浮紋）　もむ（紋）　ふんたい（文臺）　もんさうはかせ（文章博士）　御くわむもん（願文）　もし（文字）とも　もし（文字）　もし（文字）すくな　もし（文字）つよう　もしやう（文字様）　みそもし（三十文字）あまり　かくもむ（学問）　御かくもん（学問）　ほうもち（捧物）

バ行音が漢音、マ行音が呉音であるが、韻尾に鼻音をもつ字のマ行音は不明の場合がある。漢音よみ十六語、呉音よみ三五語、不明十四語である。「めいほく・御ようめい」は舌内韻尾の「イ」表記である。

(2)　泥母

あない・あんない（案内）　あない・あんない（案内）し　ないえむ（内宴）　ないけ（内外）　ないけう（内教）　ないけうはう（内教坊）　ないし（内侍）　ないし（内侍）のかみ　ないし（内侍）のかむの君　ないし（内侍）のすけはら　ないしんわう（内親王）　なむ（難）　なん（難）す　なん（難）つく　なん（難）なく　あなん（阿難）　卅よねん（余年）　三ねん（年）　十八ねん（年）　二三ねん（年）　ほむなう（煩悩）　すいなう（髄悩）　まかひるさな（摩訶毘盧遮那）　な（儺）　ねん（念）しあへ　ねん（念）しあまり　ねむ（念）しいり　ねむ（念）しかへし　ねむ（念）しすくす　ねん（念）しすこし　ねむ（念）しはつ　ね（念）しわたり　ねむ（念）しゐ　ねん（念）す　ねむす（念誦）　ねむす（念誦）し　御ねんす（念誦）　御ねむすたう（念誦堂）　ねんすのく（念誦具）　御ねむすのく（念誦具）　ねん（念）佛　一ねむ（念）　しふね（執念）け　しふね（執念）く　へちなう（別納）　たらに（陀羅尼）

韻尾に鼻音のある「難・年・念」は漢音・呉音不明であるが、それ以外で、ナ行音の呉音よみが十七語である。

(3)　娘母

ねうはう（女房）

ナ行音の呉音よみである。

(4)　日母

にかい（二階）　大に（貳）　せうに（少貳）　さうにむ（相人）　にき（日記）　しねむ（自然）　こくねち（極熱）　せしやう・せんしやう（軟障）　こんかうはむにや（金剛般若）　にむ（任）　にうかく（入学）　にうたう（入道）后の宮　にうたう（入道）のひめきみ　にうたう（入道）の宮

ザ行音の漢音よみが一語、ナ行音の呉音よみが十三語である。

(5)　匣母合口

ゑかう（廻向）　御ゑかう（廻向）　せちゑ（節会）　せちゑ（節会）とも　ゑ（絵）　ゑ（絵）とも　御ゑ（絵）　御ゑ（絵）とも　ゑし（絵師）　ゑし（絵師）とも　ゑところ（絵所）　ゑ（絵）ものかたり　ゑやう（絵様）　かみゑ（紙絵）　まきゑ（蒔絵）　女ゑ（絵）とも　けさう（懸想）する　けさう（懸想）たち　けさう（懸想）はみ　けさう（懸想）ひと　御けさう（懸想）人　けさう（懸想）ひ　心けさう（懸想）　御心けさう（懸想）　心けさう（懸想）し　心けさう（懸想）しあへ　心けさう（懸想）しそし　わ（和）し　わこむ（和琴）　わうしきてう（黄鐘調）　わうしやう（皇麞）

カ行音の漢音よみが十一語、ワ行音の呉音よみが十九語である。

(6)　まとめ

頭子音の面から見た、漢音よみ・呉音よみをまとめると、次表の通りである。

	明母	泥母	娘母	日母	匣母合口	合計	重複	実数	百分比／156
漢音よみ	16	0	0	1	11	28	0	28	17.9
呉音よみ	35	17	1	13	20	86	1	85	54.5
不明	14	29	0	0	0	43	0	43	27.6

「重複」の一語は、二回計数された「摩訶毘盧遮那」である。

頭子音の面からは、呉音よみが漢音よみの約三倍あることが知れる。

韻

韻についても、漢音と呉音とで差のあるものについて、例を挙げて検討する。韻目は広韻の平声のみを示し、上声・去声・入声の韻を含めた。また、韻の中で、漢音・呉音の差がない字は、例示を省略した。

(1)　東韻（直音）

ほうらい（蓬萊）　ほうらい（蓬萊）の山　こう（功）　くとく（功徳）　さいく（細工）とも　くし（孔子）　こうはい（紅梅）　こうはい（紅梅）かさね　こうはい（紅梅）の御方　うすこうはい（薄紅梅）　こうろくわん（鴻臚館）　もく（木工）　もく（木工）の君

「㋔ウ」の音形の漢音よみが八語、「㋒」の音形の呉音よみが五語である。

(2)　東韻（拗音）

ふひやう（風病）　ひやうふ（屛風）　ひやうふ（屛風）たつ　御ひやうふ（屛風）　くちう（宮中）　けす（下衆）　けす（下衆）とも　けすけす（下衆下衆）しく　けす（下衆）女　きく（菊）　しけいさ（淑景舎）　ふすく（粉熟）　しうとく・すうとく（宿徳）　すくえう（宿曜）　すくせ（宿世）　みすくせ（宿世）　御すくせ（宿世）とも　すくせすくせ（宿世々々）　御すくせすくせ（宿世々々）　すくろく（雙六）

「㋑ク」の音形の漢音よみが三語、「㋒・㋒ク」の音形の呉音よみが十八語である。「宿徳」には、漢音よみ・呉音よみがあり、入声韻尾「ク」が「ウ」と変化してゐる。音便と同じで、字音の和化の進んだ現象である。

(3)　鍾韻

ふう（封）　みふ（封）　ふむ（封）しこめ　ほうもち（捧物）　長ふそうし（奉送使）　くやう（供養）す　くやう（供養）法　しゝう（侍従）　しゝう（侍従）の君　しゝう（侍従）のさい相　すさ（従者）　ついせう（追従）　ついせう（追従）し　ついせう（追従）しありき　ついせう（追従）しより　へいしう（陪従）　すきやう（誦經）　みすきやう（誦經）　す・すん（誦）する　す（誦）しあへ　す（誦）しかち　す（誦）しなし　す・すん（誦）しのゝしる　うちすう（誦）し　ねむす（念誦）　ねむす（念誦）し　御ねんす（念誦）　御ねむすたう（念誦堂）　ねんすのく（念誦

具）　御ねむすのく（念誦具）　かいりうはう（海龍王）　りう（龍）　りうわう（龍王）　こく（曲）の物　こく（曲）のものとも　大こく（曲）　くゑそく（花足）　しそく（紙燭）　さうそき（装束き）　さうそき（装束き）わけ　さうそく・しやうそく（装束）　御さうそく（装束）　さうそく（装束）とも　御さうそく（装束）とも　さうそく（装束）し　うちさうそき（装束き）　つほさうそく（壺装束）　くゑそく（眷屬）　そくらう（贖労）　そく（俗）　そくひしり（俗聖）　はうそく（放俗）

「ホウ・㋑ヨウ」の音形の漢音よみが五語、「㋒・㋑ウ・㋔ク」の音形の呉音よみが四七語であり、音形に変化が生じてゐるものもある。

(4)　之韻

きせい（碁聖）　きせい大とこ（碁聖大徳）　こ（碁）　御五（碁）　五て（碁代）　たき（弾碁）　むこ（無期）

「キ」の漢音よみが三語、「ゴ」の呉音よみが四語である。

(5)　微韻

け（氣）　御け（氣）　け（氣）うとけ　け（氣）うとさ　け（氣）うとく　けしき（氣色）　けしき（氣色）とも　けしき（氣色）たつ　けしき（氣色）つき　けしき（氣色）とり　御けしき（氣色）とり　けしき（氣色）はまし　けしき（氣色）はみありき　けしき（氣色）はみおき　けしき（氣色）はみかけ　けしき（氣色）はみかへし　けしき（氣色）はみはしめ　けしき（氣色）はみよる　けしき（氣色）はむ　さけ（邪氣）　御しやけ（邪氣）　ほうけ（法氣）つき　らうけ（労氣）　わうけ（王氣）つき　えひかう（衣被香）　えひ（衣被）のか　かうい（更衣）　かうい（更衣）たち　かうい（更衣）はら　くのえかう（薫衣香）　上え（浄衣）

「㋑」の漢音よみが三語、「㋓」の呉音よみが二八語である。

(6)　魚韻

こせむ（御前駆）　こせむ（御前駆）とも　こせむ（御前）　御こせむ（御前）　こらむ（御覧）せ　こらん（御覧）しす　てかたく　こけい（御禊）　おいこ（老御）たち　ふるこ（古御）たち　こ（御）たち　わるこ（悪御）たち

「ゴ」の呉音よみ、十一語である。

(7)　模韻

ふせ（布施）　ふせ（布施）とも　ふ（譜）　ふけむかう（普賢講）　ふけむほさつ（普賢菩薩）　さうふ（菖蒲）　さうふ（菖蒲）かさね　百部（歩）　そうつ（僧都）　そうつ（僧都）たち　そうつ（僧都）の君　そうつ（僧都）の御坊　はく（反故）　ほく（反故）とも　えほうし（烏帽子）

「エ」（烏）は漢音よみと考へられるが、他は「㋒」の呉音よみで、十四語である。

(8)　齊韻

たいこのあさり（醍醐阿闍梨）　てし（弟子）　てし（弟子）とも　御てし（弟子）　きうたい（及第）　したい（次第）　ほたい（菩提）　たうたい（当帝）　たいしやく（帝釋）　たい（題）　御たい（題）　けい（啓）し　はむさい（班犀）　さいく（細工）　しさひ（子細）なき　さいし（妻子）　せいし（妻子）　ほむさい（本妻）　こけい（御禊）　れいけいてん（麗景殿）

「㋓イ」の音形の漢音よみが四語、「㋐イ・㋓」の音形の呉音よみが十六語である。「妻子」に漢音よみと呉音よみの両方があるが、漢音よみは詩句の引用での使用である。注5

(9)　灰韻

はい（陪）し　はいせん（陪膳）　へいしう（陪従）　はい（梅）花　こうはい（紅梅）　こうはい（紅梅）かさね　こう

はい（紅梅）の御方　うすこうはい（薄紅梅）　ゑかう（廻向）　御ゑかう（廻向）

「㋐イ」の音形の漢音よみが七語、「㋓イ・㋓」の音形の呉音よみが三語である。

⑽　泰韻

ないけ（内外）　せちゑ（節会）　せちゑ（節会）とも　ゑ（絵）　ゑ（絵）とも　御ゑ（絵）　御ゑ（絵）とも　ゑし（絵師）　ゑところ（絵所）　ゑものかたり（絵物語）　ゑやう（絵様）　まきゑ（蒔絵）　女ゑ（絵）　かみゑ（紙絵）

「㋓」の音形の呉音読みばかりである。

⑾　佳韻

けたい（懈怠）　けたい（懈怠）し　け（罫）

「㋓」の音形の呉音よみが三語である。

⑿　欣韻

うこむ（右近）　うこむ（右近）の陣　このゑ（近衛）

「㋔ン」の音形の呉音よみと、その変化したものである。

⒀　山韻

せけむ（世間）　四五けむ（間）　ちうけん（中間）　天けん（眼）

「㋓ン」の音形の呉音よみばかりである。

⒁　元韻

さうけん（讒言）　しむこん（真言）　ゆいこん（遺言）　御ゆいこん（遺言）　御ゆいこむ（遺言）とも　ほく（反故）　ほく（反故）とも　ほむなう（煩悩）　すひはむ（水飯）　水はむ（飯）なとやう　わうはん（椀飯）　けんし（源氏）

の君　けむし（源氏）の大納言　御くわむもん（願文）　くわん（願）　くわん（願）とも　御くわん（願）　御くはん（願）とも　たいくわん（大願）　くわむさう（萱草）　くわんさういろ（萱草色）　ゑか・ゑんか（垣下）　しほち（新發意）　ゑ・ゑん（怨）す　ゑん（怨）しはつ　ゑん（怨）せられはて　けち（闕）　いちこちてう（壹越調）

「㋓ン・㋓ツ・ハン」の音形の漢音よみが十一語、「㋔ン・㋔チ・ホン・ホ」の音形の呉音よみが十七語である。

⒂　刪韻

あせち（按察使）　あせち（按察使）の君　はむさい（班犀）

「㋐ン」の音形の漢音よみが一語、「㋓チ」の音形の呉音よみが二語である。

⒃　肴韻

ないけう（内教）　ないけうはう（内教坊）　せんけうたいし（善巧太子）　けう（孝）　御けう（孝）　けう（孝）し　けうやう（孝養）　ふけう（不孝）　けうさう（交雜）し

「㋓ウ」の音形の呉音よみのみである。

⒄　麻韻（直音）

上め（馬）　めたう（馬道）　けいし（家司）　けいし（家司）とも　けいし（家司）たつ　かうけ（豪家）　すけ（出家）　けさ（袈裟）　けす（下衆）　けす（下衆）とも　けすけす（下衆々々）しく　けす（下衆）女　けらう（下臈）　けらうさふらひ（下臈侍）　けらうほうし（下臈法師）　ひけ（卑下）し　むけ（無下）　ゑか・ゑんか（垣下）　けさう（化粧）　けさう（化粧）し　けさう（化粧）しくらし　けさう（化粧）しそふ　へんくゑ（変化）し　くゑそく（花足）　うとむけ（優曇華）　ゑいくわ（榮華）

「㋐」の音形の漢音よみが二語、「㋓」の音形の呉音よみが二四語である。

⒅　庚韻（直音）

かうしん（庚申）　き經（桔梗）　かうい（更衣）　かうい（更衣）たち　かういはら（更衣腹）　きやうかう（行幸）　すきやうさ（修行者）　れせいゐん（冷泉院）　れいせん（冷泉）院のきさいの宮　ひやうし・はうし（拍子）　かうし（格子）　みかうし（格子）　みかうし（格子）とも　みかうし（格子）まいり　みかうし（格子）まゐりわたし

「㋐ウ・㋐ク・㋓イ」の音形の漢音よみが十二語、「㋑ヤウ」の音形の呉音よみが四語である。「格」の入声韻尾は音便で「ウ」に変化してゐる。字音和化の進んだ姿である。

⒆　庚韻（拗音）

へいちう（平仲）　へいないし（平内侍）　へいないし（平内侍）のすけ　ひやうてう（平調）　ひやうさ・はうさ（病者）　みたりかくひやう（乱脚病）　ふひやう（風病）　めいわう（明王）　けいめい（敬命）し　けいめい（敬命）しあへ　けいめい（敬命）しありく　きやうたい（鏡臺）　きやうさく・かうさく（警策）　あいきやう（愛敬）　御あい行（愛敬）　あいきやう（愛敬）つき　あい行（愛敬）なけ　あい行（愛敬）なし　れいけいてん（麗景殿）　しけいさ（淑景舎）　ゑい（詠）　ゑいくわ（榮華）　しきふきやう（式部卿）　しきふきやう（式部卿）の宮

「㋓イ」の音形の漢音よみが十一語、「㋑ヤウ」の音形の呉音よみが十三語である。

⒇　清韻

みやうかう（名香）　やうめい（揚名）のすけ　きやう〳〵（經々）　御きやうふく（經服）　さうし・しやうしん（精進）　御さうし・さうしん（精進）　さうし（精進）物　さか（性）　さか（性）なけ　さか（性）なさ　さか（性）なく　さか（性）な物　さか（性）な物の君　ほんしやう（本性）　御本上（性）　ほうさうし・ほうしやうし（法性寺）

らんしやう（乱声）　らさう（乱声）とも　さう（請）し　さう（請）しあへ　さう（請）しいて　さう（請）しおろし

上と（淨土）　上え（淨衣）　やうせい（陽成）院　やく（益）　やく（益）なさ　やく（益）なし　きせい（碁聖）　きせい大とこ（碁聖大德）　さうとくたいし（聖德太子）　上くわん（政官）　せふ正（攝政）　らう・りやう（領）し　御兩（領）　りやう（領）しはて　すらう・すりやう（受領）　す兩（受領）とも　さか（釋迦）　たいしやく（帝釋）　さくはち（尺八）のふえ　やく（役）　さうやく（雜役）

「㋓イ」の音形の漢音よみが四語、「㋑ヤウ・㋐ウ・㋐ク」の音形の呉音よみが三九語である。

(21)　青韻

へいし（瓶子）　ひやうふ（屛風）　御ひやうふ（屛風）　ひやうふ（屛風）たつ　ちやう（廳）　ふちやう（不定）　きやう（經）　すきやう（誦經）　みすきやう（誦經）　せいかいは（青海波）　りやう（靈）　御らう（靈）　あくりやう（惡靈）　尺定（錫杖）　外尺（戚）

「㋓イ」の音形の漢音よみが二語、「㋑ヤウ・㋑ヤク」の音形の呉音よみが十三語である。

(22)　侯韻

しきふきやう（式部卿）　しきふきやう（式部卿）の宮　しきふ（式部）の少輔　てんく（天狗）　く（句）　くし（句詩詩）　五つ千たん（牛頭梅檀）　とう（頭）　とう（頭）の少將　とう（頭）の中將　かとう（歌頭）　そう（奏）　そう（奏）す　そう（奏）しをき　そう（奏）しかたく　そう（奏）しさし　そう（奏）しなし　そう（奏）しなをす　かへさひそう（返さひ奏）し　もらしそう（漏し奏）し　こうたい（後代）　こうらう（後涼）殿　こえん（後宴）　こや（後夜）

「㋔ウ」の音形の漢音よみが十四語、「㋒・ゴ」の音形の呉音よみが九語である。

(23)　尤韻

五つ千たん（牛頭梅檀）　阿彌陀の大す（呪）　すほう（修法）　みすほう（修法）　みす（修）法とも　すり（修理）

すりしき（修理職）　すり（修理）し　すり（修理）しなし　すり（修理）のかみ　すり（修理）のさい将　すきやうさ（修行者）　上す（手）　上す（手）とも　上す（手）めかし　上す（手）めき　もの、上す（手）　すらう・すりやう（受領）　いう（優）　うとむけ（優曇華）　うはそく（優婆塞）　いうそく（有職）　いうそく（有職）とも　いうしやうくん（右将軍）　うこむ（右近）　うこむ（右近）の陣　るてん三かいちう（流轉三界中）　るり（瑠璃）　こむるり（紺瑠璃）

「㋑ウ」の音形の漢音よみが四語、「㋒・ゴ」の音形の呉音よみが二五語である。

(24)　侵韻

こむかうし（金剛子）　こんかうはむにや（金剛般若）　ひこんき（祕錦綺）とも　きむ（琴）　御きむ（琴）　きむ（琴）のこと　きん（琴）の御こと　わこむ（和琴）　おむやうし（陰陽師）　おんやうし（陰陽師）とも　くわんおん（觀音）

「㋑ム」の音形の漢音よみが四語、「㋔ム」の音形の呉音よみが七語である。

(25)　覃韻

うとむけ（優曇華）　たむゐむ（探韻）　こんち（紺地）　こむるり（紺瑠璃）

「㋐ム」の音形の漢音よみが一語、「㋔ム」の音形の呉音よみが三語である。

(26)　銜韻

けむ（監）　せんほう（懺法）

「㋓ム」の音形の呉音よみのみである。

(27)　嚴韻

こう（業）　こうしやう（業障）　こう（劫）　けうし（脇士）　けうそく（脇息）　御けうそく（脇息）

「㋓フ」の音形の漢音よみが三語、「㋔フ」の音形の呉音よみが三語で、入声韻尾が「ウ」に変化してゐる。

㉘　凡韻

ほんし（梵字）　ほうけ（法氣）つき　ほうさうし・ほうしやうし（法性寺）　ほうし（法師）　ほうし（法師）はらほうし（法事）　ほうし（法師）まさりし　ほうふく（法服）　御ほうふく（法服）　ほ（法）花のまたら　さほう（作法法）　さほう（作法）とも　しほう（実法）　すほう（修法）　みすほう（修法）　佛ほう（法）　めうほうしのへたうたいとこ（妙法寺別当大徳）　けらうほうし（下臈法師）

「㋔ム・㋔フ」から変化した音形の呉音よみ、十八語である。

㉙　職韻

こくねち（極熱）　こくらく（極樂）　こくらくし（極樂寺）　大こくてん（極殿）　そく（職）　すりしき（修理職）いうそく（有職）　けしき（氣色）　けしき（氣色）とも　けしき（氣色）たつ　けしき（氣色）とり　御けしき（氣色）とり　けしき（氣色）はまし　けしき（氣色）はみありき　けしき（氣色）はみおき　けしき（氣色）はみかけ　けしき（氣色）はみかへり　けしき（氣色）はみよる　けしき（氣色）はむ　しきふきやう（式部卿）　しきふ（式部）の少輔　しきふきやう（式部卿）の宮　きしき（儀式）　御きしき（儀式）　きしき（儀式）官　とむしき（屯食）　おく（臆）す　をく（臆）しかち

「㋑ヨク」の音形から変化した「ソク」の漢音よみが二語、「㋔ク・㋑キ」の音形の呉音よみが二六語である。

㉚　韻のまとめ

以上を、次表にまとめて示す。

読み／韻	漢音よみ	呉音よみ
東韻（直音）	8	5
東韻（拗音）	3	18
鍾韻	5	47
之韻	3	4
微韻	3	28
魚韻	0	11
模韻	1	14
斉韻	4	16
灰韻	7	3
泰韻	0	14
佳韻	0	3
欣韻	0	3
山韻	0	4
元韻	11	17
删韻	1	2
肴韻	0	9
麻韻（直音）	2	24
庚韻（直音）	12	4
庚韻（拗音）	11	13
清韻	4	39
青韻	2	13
侯韻	14	9
尤韻	4	25
侵韻	4	7
覃韻	1	3
銜韻	0	2
厳韻	3	3
凡韻	0	18
職韻	2	26
計	105	384
重複語	13	48
共存語	1	1
実数	91	335
百分比／426	21.4	78.6

表の重複語・共存語は次のものである。原表記の仮名を振り仮名として、該当する漢字に施した。

漢音よみ重複語……淑景舎　碁聖　碁聖大徳　紅梅　紅梅襲　紅梅の御方　垣下　榮華　更衣　更衣たち　更衣腹　麗景殿　有職

呉音よみ重複語……細工　風病　屛風　屛風たつ　御屛風　下衆　下衆とも　下衆下衆しく　下衆女　誦經　み誦經　陪從　花足　氣色　氣色とも　氣色たつ　氣色とり　御氣色とり　氣色はまし　氣色はみありき　氣色はみおき　氣色はみかけ　氣色はみかへり　氣色はみよる　氣色はむ　右近　反故　反故とも　下﨟法師　帝釋　式部の少輔　牛頭栴檀　修理職　修行者　受領　受領とも　右近の陣　紺瑠璃　法氣つく　法性寺　修法　み修法　優曇華　式部卿　式部卿の宮

漢音・呉音共存の語……御禊

韻の面からは、漢音読みが約20%、呉音読みが約80%で、呉音読みの語が約四倍あり、頭子音の面からの約三倍よりも、増加する。

呉音よみの語が、漢音よみの語の五倍以上であるのはかげろふ日記であり、約三倍であるのが枕冊子であり、源氏物語の約四倍は宇津保物語とほゞ同じである。

第五節　漢語の表現

これまでに調査した仮名文学作品については、その作品の漢語と源氏物語の漢語との共通の語を、個々に述べてきた。一方、源氏物語の漢語で、それら六作品のどれかで使用されてゐるものを調査して、次に表示する。表には、六作品についても併せ示した。

作品名	竹取物語	伊勢物語	土左日記	宇津保物語	かけろふ日記	枕冊子	六作品
共通の漢語数	70	72	25	819	226	483	918
源氏物語の漢語の百分比／1930	3.6	3.7	1.3	42.4	11.7	25.0	47.6
その作品の漢語の百分比	60.9	72.0	35.2	36.3	62.8	47.2	

源氏物語の漢語の約半数が、他の六作品で使用されてゐて、十一世紀初頭の読書階級の間では、共通の漢語語彙が存在してゐたことを、如実に示す。

また、竹取物語・伊勢物語に比べて土左日記の共通漢語が少く、宇津保物語・枕冊子に比べてかげろふ日記の共通漢語が少いのは、日記類が物語類とは疎薄であることを示す。そして、その作品の漢語の百分比が、土左日記が少く、かげろふ日記は多いのは、かげろふ日記の方が、時代も近く、内容も類似するからであらう。

次に、漢語サ変動詞のうち、二三の語について、その用法を検討する。

第一に、「奏す」は65例のうち、2例は音楽を演奏する意である。

　日やうやうくだりて、樂の船ども漕ぎまひて、調子ども奏するほどの、山風の響きおもしろく吹きあはせたるに……（少女704）[注6]

　賀皇恩といふものを奏するほどに、太政大臣の御弟子の十ばかりなる、切におもしろう舞ふ。（藤裏葉1017）

63例は、天皇・上皇へ申し上げる意であるが、受手によって分類すると、次表の通りである。

受手		例数
天皇	桐壺帝	18
	朱雀帝	5
	冷泉帝	21
	今上帝	9
上皇	桐壺院	2
	朱雀院	5
	冷泉院	2
弘徽殿大后と朱雀帝		1

大半が天皇の場合で、上皇に対しても使用されてゐる。その地の文・会話の例文を、それ〴〵一例づつ挙げる。

七つになり給ひしこのかた、帝の御前に夜晝さぶらひ給ひて、奏し給ふことのならぬはなかりしかば、この御いたはりにかゝらぬ人なく、御徳を喜ばぬやはありし。（須磨411）

「……かゝるついでに、内裏に奏すべきことあるによりなむ急ぎ上りぬる」（明石445）

宮はかくて住みはてなんと思したつことありけれど、院に人の漏らし奏しければ……（夕霧1354）

受手が「弘徽殿大后と朱雀帝」であるのは、次の例である。

尚侍の君は、人わらへにいみじう思しくづほるゝを、大臣いとかなしうし給ふ君にて、切に宮にも内裏にも奏し給ひければ……（須磨420）

「宮」は、朱雀帝の生母弘徽殿の大后であるが、帝を主として「奏す」を使用したと見られる。

以上、「奏す」は、天皇・上皇に対して申し上げる場合のみで、例外はない。

猶、上皇の場合の例の所在は、葵315 315・若菜上1048・若菜下1173 1207・柏木1237・夕霧1354・竹河1498・橋姫1515である。

第二に、「啓す」について、すべて15例を、受け手によって分類して表示する。

受手	例数
中宮	10
東宮	4
皇太后	1

中宮が大半で、東宮に対しても使用され、皇太后に対しても1例（賢木375）使用されてゐる。「奏す」における天皇対上皇の関係に相当するものが、「啓す」における中宮対皇太后の関係であるので、皇太后に対して使用されるのは自然である。

例文を二三挙げる。

……いと忍びて度重なりゆけば、氣色見る人々もあるべかめれど、わづらはしうて、宮にはさなむと啓せず。（賢木375）

……御氣色のゆかしければ、大宮にさるべきついでつくり出でてぞ啓したまふ。（手習2049）

「……いま、大宮の御前にて、恨みきこえさせ給ふ、と啓せん」とのたまふ。（蜻蛉1968）

明けはつるほどに帰り給ひて、春宮にも御消息聞え給ふ。王命婦を御かはりにてさぶらはせ給へば、その局にとて「……よろづ推しはかりて啓し給へ。……」……「御返りいかゞものしはべらむ」と啓すれば、（須磨410）

「啓す」は、中宮・東宮・皇太后に対して使用され、宇津保物語に見られた上皇に対する使用例はない。

第三に、「御覧ず」について、地の文、会話、消息文に大別して、検討する。

地の文の使用例144を、「御覧ず」の動作主により分類して表示する。

動作主	例数
天皇	29
上皇	12
中宮・女御	12
東宮	1
大宮	1
式部卿宮	1
八の宮	1
光源氏	61
螢宮	1
匂宮	10
落葉宮	2
女三宮	1
女一宮	2
女二宮	1
宰相中將	1
薫	3
紫の上	3
朝顔宮	1
中の君	1
（計）	144

この表の光源氏61例中には、光源氏と夕霧の祖母宮（野分866）、光源氏と螢宮（梅枝986・若菜上1113）の3例を含み、また、匂宮10例中には、匂宮と薫中納言（総角1635）の1例を含む。

表の天皇・上皇・中宮・東宮は、尊貴の皇族であり、天皇の使用例が最も多い。次に、大宮（葵317）、式部卿宮（若菜下1131）、八宮（橋姫1532）、光源氏、螢宮（梅枝977）、匂宮、落葉宮（夕霧1321 1343）、女三宮（若菜上1119）、女一宮（総角1643 1644）、女二宮（東屋1843）は、皇子・皇女であり、皇族または臣籍にある準皇族と見られる。光源氏の使用例が最も多いのは、物語の主人公であり、匂宮が多いのも宇治十帖の活躍があるからである。

次に、第三のグループとして、宰相中將（須磨432）、薫（椎本1577・宿木1760・蜻蛉1959）、紫上（螢819・藤裏葉1007・若菜下1146）、朝顔宮（葵311）、中の君（宿木1748）は、それ〴〵孫王の世代である。その中で、薫・紫上・中の君は、それ〴〵、第二のグループの女二宮・光源氏・匂宮と結婚して居り、準皇族と見られる。朝顔宮は、斎院に立たれた方であるので、高く遇されたと見られる。また、宰相中將は、光源氏の流謫の地である須磨を訪れた際の使用例であるので、田舎とは懸隔のある京の高官の権勢を印象づけるため、ことさらに高く待遇したものと見られる。

用例の殆んどは主語が記されてゐないが、動作主の明記されてゐる例文のうち、主要なものを、次に挙げる。

うちにもほのかに御覧ぜし御容貌ありさまを心にかけ給ひて……（真木柱965）

院には、かの櫛の箱の御返り御覧ぜしにつけても、御心離れがたかりけり。（絵合560）

院の帝御覧ずるに、限りなくあはれと思すにぞ、ありし世をとり返さまほしく思ほしける。（絵合568）

明けはつるほどに帰り給ひて、春宮にも御消息聞え給ふ。……「かくなむ」と御覧ぜさすれば……（須磨410）

弘徽殿には御覧じつきたれば、睦ましうあはれに心やすく思ほし……（絵合560）

中宮も参らせ給へる頃にて、かた〴〵御覧じ棄てがたく思ほすことなれば、御行ひも怠りつゝ、御覧ず。（絵合564）

宮、かの紅葉の御返りなりけり、とほゝ笑みて御覧ず。（胡蝶786）

殿参り給ひて御覧ずるに、昔御目とまり給ひし少女の姿思し出づ。（少女697）

ほのかなるを御覧じつけて、宮はことごとしう誦じ給ふ。（梅枝977）

正月晦日方より、例ならぬさまに悩み給ふを、宮、まだ御覧じ知らぬことにて、いかならむと思し嘆きて…（宿木1769）

……宮の御前には、あはれに心深き言の葉を尽くして恨みきこえ、かつは尽きもせぬ御とぶらひを聞え給へど、取りてだに御覧ぜず……（夕霧1343）

……女一宮の御方に参り給へれば、御前に人多くも侍らはず、しめやかに御絵など御覧ずるほどなり。（総角1643）

下草のをかしき花ども紅葉など折らせ給ひて、宮に御覧ぜさせ給ふ。（東屋1843）

殿に御覧ぜさすれば、「いとすゞろなるわざかな」とのたまふ。（蜻蛉1959）

以上、地の文の「御覧ず」は、天皇を中心とする皇族、準皇族の方々について、使用されてゐる。

次に、会話で使用されてゐる「御覧ず」102例は、その動作主が聞手83例、第三者即ち話手・聞手以外19例である。第三者の19例を細分して、次に表示する。

動作主	天皇	上皇	故八宮	光源氏	匂宮	大宮	女三宮	薫大将	大君	浮舟	僧都	（計）
例数	3	2	1	1	2	1	2	2	1	3	1	19

天皇・上皇は尊貴の皇族であり、地の文の「御覧ず」の場合と同じである。皇子・皇女にあたる、故八宮・光源氏・匂宮・大宮・女三宮も、準皇族として、地の文でも動作主となつてゐた。たゞ、大宮の例(少女681)は、話手が子の内大臣であり、女三宮の1例(匂宮1439)も話手が子の薫であるので、母に対する敬意が添加されてゐると見られる。

また、孫王にあたる薫大將・大君・浮舟は、薫の場合(浮舟1911 1916)、話手は2例とも浮舟の侍女右近で、薫に対しては主人の浮舟同様の高い待遇をしたと見られ、大君の場合(総角1652)、話手は大君の侍女弁で、聞手薫に対して、その思ひ人であり、自分の主人である大君を高く待遇したと見られる。浮舟の場合、1例(浮舟1873)は、話手・聞手ともに浮舟の侍女であるので女主人を高く待遇したと見られ、1例(蜻蛉1955)は、話手右近、聞手薫で、薫の思ひ人で自分の主人である浮舟を高く待遇したと見られ、残りの1例(夢浮橋2067)は、浮舟が薫大將の思ひ人と知つた妹尼が話手で、浮舟の弟小君が聞手であり、薫との関係で浮舟を高く待遇したものと見られる。

孫王にあたる三人の場合は、それ〴〵、通常の尊敬語の場合と同様の敬意による表現と解せる。

僧都の場合(手習1991)は、話手・聞手ともに弟子の僧であり、師の僧都への敬意による表現と解せる。

以上、会話の「御覧ず」の動作主が第三者の場合は、地の文の場合と同じ皇族・準皇族の他に、通常の尊敬語と同様な用法が見られる。

次に、会話の「御覧ず」で動作主が聞手の83例を、更にその身分に細分して、表示する。

動作主	例数
天皇	1
上皇	2
東宮	1
大后	1
中宮・女御	8
一條御息所	6
六條御息所	1
式部卿宮	1
八宮	1
光源氏	13
螢宮	1

動作主	例数
匂宮	6
大宮	3
落葉宮	3
女三宮	1
内大臣	1
夕霧	1
薫	3
葵の上	1
北の方	1
大君	4
中の君	3
浮舟	4
柏木	1
玉鬘	7
左大臣	1
中將	2
尼君	2
弁	1
妹尼	1
人	1
(計)	83

天皇(絵合562)・上皇(若菜上1029・柏木1241)・東宮(賢木355)・大后(澪標485)・中宮・女御(薄雲626 628・常夏842・梅枝982・若菜上1101 1101 1101・御法1388)・一條御息所(若菜下1219 1219 1220・柏木1256・横笛1276・夕霧1312)・六條御息所(葵293)は、尊貴の皇族で、地の文で「御覧ず」が使用された第一のグループに属する。皇子・皇女など第二のグループに属するのは、式部卿宮(真木柱955)・八宮(椎本1554)・光源氏(夕顔102 139・若紫159 162 165・末摘花225・初音773・胡蝶791・行幸898 907・若菜上1103 1107・若菜下1214)・螢宮(絵合571)・匂宮(橋姫1533 1533・浮舟1862 1863・蜻蛉1944 1945)・大宮(少女682 683・野分879)・落葉宮(夕霧1317 1317 1374)・女三宮(若菜下1177)であり、準皇族として地の文でも使用されてゐる。このうち、大宮の3例は、話手が子の内大臣である。

次に第三グループに属する孫王の世代として、内大臣(藤裏葉1002)では、話手が夕霧で、その意中の人雲井雁の父内大臣に招かれた藤の宴での会話である故、注意深く、敬意を拂つたものである。夕霧(少女699)の場合、話手は弟であるが、兄の申出を断る発言の中なので、必要以上に高く待遇したと見られる。薫の3例(橋姫1535 1538・蜻蛉1978)は、話手が従者・侍女であるので中將・大將の薫に対して高く待遇したものと見られる。葵の上(葵286)の場合は、話手が若い女房たちなので、女主人に対するものである。北の方(真木柱942)の場合は、話手が夫鬚黒大將で、鬚黒と玉鬘の関係に怒り、父の家へ去らうとする北の方を説得する会話なので、北の方に対し、下手に出たものと見られる。大君の4例(橋姫1524・椎本1575・総角1596 1646)は、いづれも話手が薫であり、思ひ人を高く遇したものと見られる。中の君3例のうち1例(宿木1722)は、女房どもが話手で、女主人に対するものであり、他の1例(宿木1753)は、話手の薫が、匂宮の妻として中の君を待遇したものと見られ、残りの1例(東屋1816)は、浮舟の母中將の君が話手で、娘浮舟を中の君に依頼する発言なので、中の君を高く待遇したと見られる。浮舟4例のうち、2例(浮舟1915 1916)は、話手が侍女で、女主人に対するものであり、他の1例(手習2015)の話手は侍女に相当する少將の尼で、女主人に準ずるものとして浮舟を待遇してゐると見られ、残りの1例(手習2044)の話手は妹尼が浮舟に依頼する発言である。以上の例は、動作主の身分の高さによるものでなく、一般の尊敬語と同じく、話手が動作主である聞手を高く待遇する事情・理由があるものと言へる。

第一〜三のグループに入らぬ人々について、以下順次検討する。柏木(若菜下1214)の場合は、話手が光源氏で、身分・地位ともに隔りがあるにも拘らず、わざ〳〵招いた客である故、柏木を高く待遇したと見られる。玉鬘7例のうち、1例(玉鬘746)は、侍女が話手で女主人を遇するものであり、4例(藤袴920 921 921 926)は、話手夕霧・柏木が懸想人として玉鬘を遇するものであり、残り2例(竹河1497 1499)は、話手の薫が、中納言昇進の挨拶に玉鬘邸へ参上した際の会話である。左大臣(葵316)の場合、話手光源氏にとつて左大臣は外舅である。中將の1例(手習2015)は、中將の亡妻の母である妹尼が話手で、妹尼が世話をする浮舟に執心して通ふが相手にされず失望して帰らうとする中將に同情しての発言であり、他の1例(手習2009)は、妹尼の侍女にあたる少將尼が話手で、妹尼の客である中將を高く遇したものと見られる。尼君の2例(若紫164 165)は、ともに話手が光源氏で、若紫の後見を、その祖母に所望してゐる会話である。弁(橋姫1529)の場合は、話手は薫中將で、八宮の老女房弁が、故柏木の遺言を薫に伝へたいと申出たことに対する返事で、自分のことに関する秘事を知る相手弁を、高く遇したものと見られる。妹尼

（手習1994）の場合、話手は兄の僧都で、通常の会話での使用である。人（玉鬘746）は、大夫監の玉鬘への求婚に対して、話手玉鬘の乳母が、聞手大夫監を一般化して「人」と表現したもので、厳密には、動作主は聞手ではないが、婉曲に聞手の申出を斥け、感情を損はぬやうに、高く待遇したものと見られる。その点、夕霧（少女699）の場合に、夕霧を一般化して「君達」と表現したのと同じである。

　これら、第四グループでは、外舅・客人・懸想人・依頼する相手など、通常の尊敬語の用法と変りなく、妹尼と兄僧都の通常の会話における用法も、「御覧ず」が一般の尊敬語と同様に使用されてゐることを伺はせるものである。

　以上、会話における「御覧ず」の用法は、地の文の皇族・準皇族に限定されず、話手が高く待遇する人々に使用されてゐて、一般の尊敬語と変りない用法であることが明らかである。

　次に、消息文の中の「御覧ず」11例について、その動作主により分けて、表に示す。

動作主	匂宮	若宮	藤壺	六條御息所	大宮	前斎宮	前斎院	尼上	光源氏	（計）
例数	1	1	2	1	2	1	1	1	1	11

　消息文の第三者の立場にある動作主は、匂宮と若宮（ともに浮舟1863）の2例で、他の9例の動作主は読手である。匂宮・若宮の場合、書手は浮舟の乳母子右近で、読手は中君の侍女大輔であり、浮舟の異母姉が中君でその夫が匂宮であり、二人の間の子が若宮である。匂宮は皇子であるが、右の人間関係も加はり、若宮はそれに準じたものとして、高く遇されたものと見られる。

　動作主が読手の場合で、藤壺（紅葉賀238・賢木360）は中宮であり、六條御息所（葵308）は故東宮妃であり、ともに尊貴の皇族である。皇女の大宮（葵311 326）と前斎宮（澪標508）・前斎院（朝顔643）も皇族に準ずるものであり、高く待遇されてしかるべき方々である。

尼上（若紫172）の場合は、書手が光源氏で、若紫の後見を懇望する相手尼上を高く遇する点、会話の聞手の尼上の例と同様である。以上の8例は、すべて書手が光源氏である。

光源氏（葵326）の場合、書手は大宮で、光源氏は準皇族であるとともに、大宮の婿であり、娘が亡くなつてからも正月に訪れることへの感謝の念も添へられてゐる。

以上、消息文の「御覧ず」は、大半、皇族・準皇族に使用されるが、一部に一般の尊敬語と同様の用法が見られる。

「御覧ず」について、地の文、会話、消息文に分けて考察したところは、次のやうに纏めることができる。

一、地の文では、天皇・上皇・中宮・東宮などの皇族と、皇子・皇女など皇族に準ずる方々に限定された使用である。

二、会話文・消息文でも、大半は皇族・準皇族に使用されるが、一部は、普通の尊敬語と同じ意識で、一般の人にも使用される。

三、右の一般の人は、会話の聞手の場合が多い。

次に、「御覧ず」に関連して、「御覧・御覧じ所」の二語について述べる。

「御覧」は1例（藤裏葉1016）のみで、冷泉帝の動作である。

「御覧じ所」は、地の文1例（絵合564）、会話1例（帚木37）がある。地の文は、次のやうに、天皇（冷泉帝）である。

……うちわたりも、節会どものひまなれば、たゞかやうの事どもにて、御方々暮らし給ふを、同じくは、御覧じ所もまさりぬべくて奉らむの御心つきて、いとわざと集めまゐらせ給へり。

会話の例は、話手頭中將、聞手光源氏で、「御覧じ」の動作主は光源氏である。

右の「御覧・御覧じ所」の用法は、「御覧ず」の地の文の用法と同じく、天皇及び皇族に準ずる限られた方々である。

第四に、「対面す」について、地の文・会話に大別して、考察する。

地の文における「対面す」60例のうち、当事者の一方または双方が、皇族または皇族に準ずる例は、36例ある。

それぐ\の当事者は次の組合せである。

紫の上――明石女御（若菜上1075）、雲居雁――弘徽殿女御（夕霧1371）、六條御息所――光源氏（葵290・賢木333 335）、一條御息所――夕霧（柏木1255・横笛1274）、光源氏――斎宮（賢木339）、兵部卿宮――光源氏（紅葉賀242）、薫――八宮（竹河1516）、相人――光源氏（桐壺21）、葵の上――光源氏（若紫188・花宴275・葵301）、藤壺方女房――光源氏（紅葉賀390）、光源氏――朧月夜の君（賢木375）、左大臣――光源氏（須磨397）、光源氏――帥宮・三位中將（須磨403）、末摘花――光源氏（蓬生536 540）、光源氏――王命婦（薄雲625）、女五宮――光源氏（朝顔639）、宣旨（命婦）――光源氏（朝顔642）、光源氏――内大臣（行幸896）、光源氏――螢兵部卿宮（幻1403）、光源氏――上達部・はらからの宮（幻1407）、光源氏――夕霧（幻1407）、薫――匂宮（竹河1570）、中君――匂宮（総角1640 1666）、匂宮――夕霧（宿木1768）、匂宮――例入りたまふ人（蜻蛉1943）、女五宮――朝顔の姫君（少女666）、紫の上――女三宮（若菜上1078）、柏木――落葉宮（柏木1248）、夕霧――落葉宮（夕霧1366）

これらの例は、次の文例に明確に表れてゐるやうに、意志・意図をもつて面会する点に特徴がある。

……大方の御物語聞こえ給ふほどに、兵部卿宮参り給へり。この君おはすと聞き給ひて、対面し給へり。（紅

葉賀242）

大臣、うちより出て給ひけるまゝにここに参り給へれば、宮「こと〳〵しげなるさまして、何しにいましつるぞとよ」とむつかり給へど、あなたに渡り給ひて対面し給ふ。（宿木1768）

大臣こなたに渡り給ひて、対面し給へり。（須磨397）

その動作としては、面会して会話を交すのであり、それは、次の例文に明らかに示されてゐる。

宮、対面し給ひて御物語聞こえ給ふ。（朝顔639）

例の、御息所対面し給ひて、昔の物語ども聞こえかはし給ふ。（横笛1274）

藤壺のまかで給へる三條宮に、御ありさまもゆかしうて、参り給へれば、命婦、中納言の君、中務などやうの人々対面したり。けざやかにもてなし給ふかなと、やすからず思へど、しづめて、大方の御物語聞こえ給ふほどに……（紅葉賀242）

宣旨、対面して、御消息は聞こゆ。（朝顔642）

「対面す」の内容としては、枕冊子までは右の通りであり、源氏物語でも殆んどの例が右に該当するのであるが、さらに男女の契を結ぶ内容まで表現してゐる場合がある。次の**2**例がそれである。

その頃尚侍の君まかで給へり。……例の珍らしき隙なるをと、聞えかはし給ひて、わりなきさまにて夜な夜な対面し給ふ。（賢木375）

正身は、たまさかに対面し給ふ時、限りなく深きことを頼め契り給へれば、さりともこよなうは思し変らじと、おぼつかなきも、わりなき障りこそはものし給ふらめと、心の中に思ひ慰め給ふ方あり。（総角1640）

次に、地の文の「対面す」で、当事者が皇族・準皇族以外である**24**例は、それ〴〵、次の組合せである。

夕霧――雲居雁（少女692 707）、北の方――鬚黒大将（真木柱955）、内大臣――夕霧（藤裏葉1001）、致仕大臣――夕霧（柏木1259）、玉鬘――夕霧（若菜下1129）、柏木――夕霧（柏木1244）、薫――柏木（匂宮1434）、玉鬘――薫（竹河1497）、大君――薫（椎本1573・総角1593 1600 1601 1616 1632 1645）、中君――薫（総角1664・早蕨1684・宿木1736 1751 1768・浮舟1861）、妹尼――中将（手習2007 2013）

これらの人々の大半は、血筋から云へば帝の二世・三世にあたる人々であり、貴族の中でも上流に属する。ただ、鬚黒大将・中将・妹尼の三人が、出自が明らかでないが、大将・中将は高位の高官であり、妹尼は僧都の妹で、中将がその婿である故、上流貴族階級の者と見られる。

「対面す」の内容としては、わざ〳〵面会して会話を交すもののみである。

やがて致仕の大殿に参り給へれば、君たちあまたものしたまひけり。「こなたに入らせ給へ」とあれば、大臣の御出居の方に入り給へり。ためらひて対面し給へり。（柏木1259）

中納言の御喜びに、前尚侍の君に参り給へり。御前の庭にて拝し奉り給ふ。尚侍の君対面し給ひて、「……」など聞こえ給ふ。（竹河1497）

……よろづの事憂き身なりけりと、もののみつゝましくて、まだ対面してものなど聞え給はず。（総角1664）

尼君、障子口に几帳立て、対面し給ふ。（手習2007）

以上、地の文の「対面す」は、皇族・準皇族・上流貴族について、使用せられる。

次に、会話の「対面す」9例について、その当事者を、話手・聞手・第三者に分類して、例数と共に表示する。

種類	(イ)話手→聞手	(ロ)話手→第三者	(ハ)聞手→第三者	(ニ)第三者→第三者	（計）
例数	3	3	1	2	9

(イ)の3例は、光源氏——乳母の尼(夕顔104)、玉鬘の侍女たち——右近(玉鬘734)、夕霧——一條御息所(夕霧1325)である。2例は、皇族・準皇族が当事者であるが、玉鬘の1例は、当事者の双方が身分が低い人々である。元は共に夕顔に仕へてゐた人々であるが、十数年を隔て丶再会したので、改まつた気持で右近を遇したものと見られる。

(ロ)の3例は、光源氏——空蟬(空蟬85)、冷泉帝——心やすく思ふ人々(若菜下1133)、弁の尼——中將の君(宿木1787)で、2例は天皇・準皇族が当事者であるが、残る1例は双方ともに身分が低い。が、中將の君は、弁の尼のもとの主筋である上に、聞手薫の思ひ人浮舟の母であるので、改つた氣持で過したものと見られる。

(ハ)の1例(蜻蛉1935)は、話手匂宮の家司時方、聞手浮舟の侍女らの会話の中に引用された、「君たちに対面せよ」であり、話手は匂宮、聞手は時方である。浮舟失綜の真相を知らせてほしいので、侍女らを「君たち」と高めて表現してゐるのと同じ意識が「対面せよ」にもあると思はれる。

(ニ)の2例は、明石入道——源少納言良清(明石446)、紫上——明石女御(若菜上1075)で、後者は皇族が当事者であるが、前者は異なる。前者の話手は明石入道の従者であり、「明石の浦より、前の守新発意の、御舟よそひて参れるなり。源少納言さぶらひ給はゞ、対面して事の心とり申さん」と、主人よりも源少納言を高く待遇して、「対面す」を使用したと見られる。

以上、会話の「対面す」の当事者は、地の文の場合と同じく、天皇・皇族・準皇族が大半であるが、それ以外に、上流貴族や、通常の尊敬語と同じく、敬意をもつて高く遇される人々も含まれる。

次に、「対面す」に関連して「対面」について、地の文・会話・消息文に分けて考察する。

地の文の28例のうち、対面する当事者の一方または双方が皇族または皇族に準ずる場合は、22例ある。それぞれの当事者は、次の組合せである。

皇太后宮――冷泉帝・光源氏（少女706）、朱雀院――光源氏（若菜上1046）、朱雀院――女三宮（若菜下1143）、冷泉院――光源氏（鈴虫1304）、光源氏――入道宮藤壺（明石477）、紫上――秋好中宮（梅枝982）、紫上――明石中宮（御法1386）、近江君――弘徽殿女御（常夏849）、光源氏――六條御息所（賢木334 336）、大宮――光源氏（少女667）、右大臣――光源氏（花宴276）、光源氏――朧月夜の君（賢木348・須磨407・若菜上1068 1071 1071）、光源氏――花散里（初音766）、内大臣――光源氏（行幸897）、玉鬘――光源氏（真木柱964・若菜上1053）、夕霧――落葉宮（夕霧1335）

また、右に該当しない場合が6例ある。それについても、同様に挙げる。

紫上――明石の君（藤裏葉1011）、玉鬘――紫上（胡蝶787・若菜下1143）、玉鬘――明石姫君（初音774）、玉鬘――夕霧（藤袴918）、大君――薫（総角254）

この六例も、帝から二世の関係の人々が当事者であり、地の文の「対面」は、すべて、皇族または皇族に準ずる高貴の方について使用されてゐる。

また、例の所在を示す数字に下線を施したものは、「御対面」となつてゐるものであるが、その「御対面」も、前の22例中14例、後の6例中5例あり、両者は明確な区別をされてはゐない。「御対面」19例中、「御対面あり」と「あり」と結合してゐる例が8例あり、中世の漢語敬語動詞「御―漢語―あり」の初めと言へる。

次にそれらの例を挙げる。

源氏の君にも、一日うちにて御対面のついでに聞こえ給ひしかど、おはせねば、口惜しう、もの、栄なしと思して、御子の四位少将を奉り給ふ。（花宴276）

入道の宮にも、御心すこし靜めて、御対面のほどにも、あはれなる事どもあらむかし。（明石477）

夜更けぬれど、か丶るついでに皇太后宮おはします方を、避きて訪ひきこえさせ給はざらんも情なければ、かへさに渡らせ給ふ。大臣もろともにさぶらひ給ふ。后待ち喜び給ひて御対面あり。（少女706）

西の対の姫君は、寝殿の南の御方に渡り給ひて、こなたの姫君、御対面ありけり。（初音774）

上も、このついでに中宮に御対面あり。（梅枝982）

院にはいみじく待ち喜びきこえさせ給ひて、苦しき御心地を思し強りて御対面あり。（若菜上1046）

……今は北の方もおとなびはて丶……さるべき折も渡りまうで給ひつ丶、対の上にも御対面ありて、あらまほしく聞こえ交し給ひけり。（若菜下1143）

次に、会話の「対面」32例について、その当事者を、話手・聞手・第三者に分類して、例数と共に表示する。

種類	例数
(イ)話手→聞手	20
(ロ)話手→第三者	10
(ハ)第三者→第三者	2
(計)	32

(イ)の20例の当事者は次の通りである。

一條御息所——落葉宮（夕霧1328）、八宮——薫（椎本1556）、八宮——姫君たち（椎本1559）、光源氏——匂宮（幻1409）、光源氏——葵上（葵299）、光源氏——中納言の君（須磨400）、光源氏——花散里（須磨405）、宰相中將——光源氏（須磨434）、光源氏——内大臣（行幸898）、光源氏——柏木（若菜下1213）、光源氏——玉鬘（若菜上1057）、内大臣——夕霧（少女679）、薫——中君（宿木1739）、玉鬘——薫（竹河1498 1499）、薫——弁の君（橋姫1540）、中君——弁の尼（早蕨1688）、柏木——母北の方（若菜下1220）、中將の君——弁の尼（浮舟1902）、博士の娘——式部（帚木60）

大半は、皇族・準皇族・上流貴族が当事者であるが、終りの2例が該当しない。また、所在を示す数字に下線を施したものは、「賜はる」が下接してゐる例で、地の文では見えないものである。最後の例は、女性の言葉としては漢語が多用され、訓読語の用法の混じつた衒学的な会話であるので、引用する。

「月ごろ風病重きに耐へかねて、極熱の草薬を服して、いと臭きによりなん、え対面賜はらぬ。眼のあたりならずとも、さるべからん雑事らは承はらむ」

次に(ロ)の10例について、当事者を示す。

朱雀院――光源氏(若菜上1029 1050)、光源氏――内大臣(行幸892 892 894)、光源氏――朧月夜の君(若菜上1074)、玉鬘――夕霧(竹河1467 1482)、薫――弁の尼(東屋1844)、惟光――侍従の君(蓬生534)

9例までが、皇族、準皇族、上流貴族で、最後の1例が異なる。その例文を引用する。

……寄りて声づくれば、いとものの古りたる声にて、まづ咳を先にたてて、「かれは誰ぞ。何人ぞ」と問ふ。名のりして、「侍従の君と聞こえし人に対面賜はらむ」と言ふ。(蓬生534)

「賜はる」と共に使用されてゐる点に、侍従の君をとりわけ上位に侍遇する気持が見え、それが「対面」にも反映してゐると見られる。

次に(ハ)の2例は、尼君――光源氏(若紫177)と内大臣――光源氏(行幸900)であり、それぞれ、話手は尼君の侍女・内大臣の従者であり、対面の相手が光源氏であるので、ともに「御対面」が使用されてゐる。

以上、会話の「対面」は、地の文とほゞ同じく、皇族・準皇族・上流貴族について使用されるが、それ以外の使用例も少数ながら存在し、一般の人についても高く待遇する場合には使用されてゐる。

次に、消息文の「対面」7例の当事者を、書手・読手・第三者に分けて、表示する。

種類	(イ)書手→読手	(ロ)第三者→読手	(計)
例数	6	1	7

(イ)の6例の当事者は次の通りである。

朱雀院――女三宮（横笛1270）、光源氏――玉鬘（真木柱966）、内大臣――夕霧（藤裏葉999）、明石入道――明石の君（若菜上1096）、明石入道――良清（須磨429）、明石入道――尼君（若菜上1096）

初めの4例は、皇族・準皇族・上流貴族が当事者であるが、残り2例は異なる。が、その2例では、良清を光源氏への仲介者として依頼したい為に高く遇したのであり、また、妻の尼君への遺言状である為改つた気持で使用したものと見られる。

(ロ)の1例は、太政大臣の光源氏と内大臣が当事者で、準皇族と上流貴族である。その例文は左のごとくである。

内の大殿にも、かく三條宮に太政大臣渡りおはしまいたるよし聞き給ひて……などのたまふほどに、大宮の御文あり。「六條の大臣の訪ひに渡り給へるを……こと〳〵しうかう聞こえたるやうにはあらで、渡り給ひなんや。対面に聞こえまほしげなることもあなり」と聞こえ給へり。（行幸895）

以上、消息文の「対面」は、会話の場合と同じく、皇族・準皇族、上流貴族について使用されるのが大半で、一部、それ以下の人についても使用されるが、それは当事者を高く遇しようといふ改つた表現と見られる。

「対面す」「対面」を通じて、地の文では天皇を始めとする皇族・準皇族・上流貴族に使用が限定されるが、会話・消息文では、それ以外の一般の人々にまで、使用が拡大されてゐる。その一般の人々は、会話の聞手、消息文の読手に当る場合が殆んどである。この点、「御覧ず」の使用と同様の傾向を示す。

第六節　語彙表

一、源氏物語の漢語を五十音順に配列した。語の所在は省略した。[注7]
二、仮名表記、類音表記の語には、（　）内に本来の漢字を記した。
三、一語に数種の表記のある場合、原則として一種の表記を挙げた。
四、○の語は、竹取物語・伊勢物語・土左日記・宇津保物語・かげろふ日記・枕冊子に共通である。

ア○あいきやう（愛敬）　御あい行（愛敬）○あいきやう（愛敬）つき　あい行（愛敬）なけ○あい行（愛敬）なし　あいしふ（愛執）○あふ（奥）なく○あふより（奥寄り）　あかしの入道　あかつき（閼伽杯）　あか（閼伽）　あくりやう（悪靈）　あささ（朝座）○あさり（阿闍梨）　あさり（阿闍梨）たち　あさり（阿闍梨）とも○あしろ屛風○あせち（按察使）　あせち（按察使）のきみ○按察大納言○あない・あんない（案内）○あない・あんない（案内）し　あなん（阿難）　あまかつやう（様）のもの　あみた（阿彌陀）○阿彌陀の大す（呪）　あみた（阿彌陀）ほとけ○ありやう（様）○あむ（按）する　あ・あん（案）

イ○いう（優）　いうしやうくん（右将軍）○いうそく（有職）　いうそく（有職）とも　いかう（一向）　いかやう（様）○いし（倚子）　いしふしやう（石伏様）　いせのこ（御）○一く（具）　いちこちてう（壹越調）○一条　一条の宮　一てう（帖）　一日一や（夜）○一二のたい（對）　一ねん（念）○一のさえ（才）○一の所　一のみこ　一のみこの女御　一の宮　一の物○一院　一部○一尺　一世○一品宮○いつもし（五文字）　いつものこん（權）のかみときかたの朝臣　御いのりのし（師）　御いのりのし（師）とも　いはもる中將○いまやう（様）○いまやう（様）いろ　いまやう（様）

たち　いん(印)

ウ○うきもむ(浮紋)　右京のかみ○右近　右近の君　右近の君こそ　右近のくら人のそう(將監)○右近のそう(將監)　右近のそう(將監)のくら人　右近のたいふ(大夫)○右近中將○うこむのちん(右近の陣)　右近のつかさ○うすこうはい(薄紅梅)○うすゝわう(薄蘇枋)　うすたん(薄淡)○うすやう(薄様)　うすやう(薄様)たち○右大將○右大將殿○右大將の君○右大臣○右大臣殿　右大臣の女御○右大弁○右大弁の君　宇多の法師　うたゑ(歌絵)　右中將○右中弁○うちく(具)し○うちけさう(化粧)し○うちけしき(氣色)はみ○うちさうそき(裝束き)　うちさうと(騒動)き○うちすう(誦)し・うちすし・うちすんし　うちすん(誦)しなし○うちの院○うちゑ(怨)し・うちゑんし○うとむけ(優曇華)○うはそく(優婆塞)　右兵衞督　うへの五節○うへの女房　うへの命婦○雲林院○右衞門督○右衞門のすけ　温明殿

エ○えい(纓)　ゑい(詠)○ゑいくわ(榮華)○えう(要)し　ゑせす兩(受領)○え・えに・えん(縁)　えひかう(衣被被香)　えひ(衣被)のか○えほうし(烏帽子)○えん(艶)　えん(艶)かりおはする　延喜　えん(艶)け○えん(艶)たち　えん(艶)たちゐ

オ　おいこ(老御)たち○おいほうし(老法師)　をく(臆)しかち○おく(臆)す　をちこう(怖ち困)し　おほ君けしき(氣色)　おほきみ四位○大藏卿　おほくらのたいふ(大夫)　おほしく(屈)し・おほしくんせ　おほしねむ(念)し　大ひちりき(篳篥)○おもひく(屈)し○おもひこう(困)し　おもひねん(念)し　おもやう(面様)○おん(恩)恩賜○おむやうし(陰陽師)　おんやうし(陰陽師)とも

カ○賀○御賀　かい(戒)　海仙樂○かいそく(海賊)　かいふ(海部)　かいりうはう(海龍王)○かう(香)　かう(香)とも○かうい(更衣)○かうい(更衣)たち○かういはら(更衣腹)○かうけ(豪家)　かうこ(香壺)　かうこんし(高

巾子）○かうさく・きやうさく（警策）○かうし（格子）○みかうし（格子）　みかうし（格子）とも　みかうし（格子）
まゐりわたし　みかうし（格子）まいり○かうし（講師）○かうし・かんし（柑子）○かうし（勘事）　御かうし（勘事）
　かうし（勘事）し○かう（講）し　かう（講）しはて○かうしん（庚申）　かうせち（講説）○かうそめ（香染）○かうら
ん（高欄）　かうれう（廣陵）　荷葉○かゝい（加階）○かゝい（加階）し○かく（樂）　かく（樂）とも○かく（学）生○か
くしよ・かくそ（樂所）○かく（樂）人○樂人とも○かくもむ（学問）○御かくもん（学問）○かくや（樂屋）○かけはん
（懸盤）　かせう（迦葉）○かたのゝ少將○かち（加持）　御かち（加持）○かち（加持）し　かちそう（加持僧）　かつら
の院　かとう（歌頭）　かへさひそう（返さひ奏）し○かほやう（顔様）　かま（降魔）　かみゑ（紙絵）○かやう（様）
からのき（唐綺）　からのこもん（唐小紋）　からのしきし（唐色紙）　からの地　からの百部のくのえかう（百歩の
薫衣香）　からのふせむれう（唐浮線綾）　からのほん（唐本）なと　御かれうひんか（伽陵頻伽）のこゑ　賀皇恩
かほる中將○かん（感）し○かむ（勘）し　かむすいらく（酣酔樂）○かむたう（勘当）○かんたう（勘当）せ　かむなき
やう（巫様）　かん（坎）日○かうやう（様）

キ○き（綺）　き（忌）　き（義）　きゝこう（聞困）し○き經（桔梗）○きく（菊）○擬生○きしき（儀式）　御きしき　（儀
式）　きしき（儀式）官　喜春樂　きせい（碁聖）　きせい（碁聖）大とこ（徳）○きたのたい（對）　北のちん（陣）　き
たの院○きち上（吉祥）天女○木丁・き丁（几帳）○き丁（几帳）とも○みき丁（几帳）　みき丁（几帳）とも　き丁　（几
帳）こし　忌月　御き（忌）月　きつねこたまやう（様）　きつねなとやう（様）○き（忌）日　御き（忌）日○きう（急）
　きうたい（及第）○京○きやう（經）○御經○きやう（饗）○行かう（幸）　行香　きやう〳〵（輕々）○京極わたり
きやうたい（鏡臺）　行道する○宜陽殿　經はこ（箱）○京ひと（人）　御きやうふく（輕服）　經佛　御經佛　御衣
きよみつのくわんをん（清水観音）　きりつほのかうい（桐壺更衣）○きむ（琴）　御きむ（琴）○きむ（琴）のこと○き

ん(琴)の御こと

ク○く(句)○く(具)　く(具)とも　御く(具)　御く(具)とも○くう(功)つき○公卿○九月○九十月○九月つこも
り○九月十日○九月十よ(余)日　九月七日　九月廿日　九月廿よ(余)日　九尺よ(餘)　くし(句詩)○くし(孔子)
○く・くむ(屈)しいたく　く(屈)しいたけ○く・くむ(屈)し○く(具)し○くすし(醫師)　くちう(宮中)　くちさ
か(口性)なさ　くちさか(口性)なく　くつ(屈)し○九条○くとく(功德)○宮内卿の宰相○くのえかう(薫衣香)
九品○くやう(供養)す　くやう(供養)法　くら人の左衞門のせう(尉)○くら人の少將○くら人の少將の君　くら
人の兵衞のすけ○くろほう(黒方)　御くろほう(黒方)○くわん(願)○くわん(願)とも○御くわん(願)　御くはん
(願)とも○くわんおん(觀音)　火んさ(冠者)　くわさ(冠者)の君　くわむさう(萱草)　くわんさういろ(萱草色)
官尺(爵)○くわんす(巻數)　觀世音寺○官人○灌佛　願ふみ　願ふみとも○願文　御くわむもん(願文)○くゑ
そく(花足)　くゑそく(眷屬)　くん(屈)しいり

ケ○け(氣)　御け(氣)　け(罫)　偈○けいし(家司)　けいし(家司)とも　けいし(家司)たつ○けい(啓)し○けい
めい(敬命)し　けいめい(敬命)しあへ　けいめい(敬命)しありく○けう(孝)　御けう(孝)　けうさう(交雜)し
○けう(孝)し　け(氣)うとけ　け(氣)うとさ○け(氣)うとく○け(氣)たかし　け(氣)ちかさ○け(氣)ちかく　け
(氣)とをけ　け(氣)とおく　け(氣)なつかしう○け(氣)にくく　け(氣)のほり○けう(希有)　けうやう(孝養)
○けう(興)○けう(興)し　けう(興)しあへ○けさ(袈裟)　けさう(懸想)○けさう(化粧)○けさう(化粧)し　けさ
う(化粧)しくらし　けさう(化粧)しそふ○けさう(懸想)する　けさう(懸想)たち　けさう(懸想)はみ　けさうひ
と(懸想人)　御けさう(懸想)人　けさう(懸想)ひ○外尺(戚)　けさむ(見参)　けし(芥子)○けしき(氣色)　けし
き(氣色)とも○おほむけしき(御氣色)　御けしき(氣色)とも　けしき(氣色)たつ　けしき(氣色)つき　けしき(氣

色)とり　御けしき(氣色)とり　けしき(氣色)はまし　けしき(氣色)はみありき　けしき(氣色)はみおき　けし
き(氣色)はみかへし　けしき(氣色)はみはしめ　けしき(氣色)はみよる　○けしき(氣色)はむ　氣色ふかう　○けす
(下衆)　○けす(下衆)とも　けすけす(下衆下衆)しく　○けす(下衆)女　○けせう・けんそう(顯證)　けそむ(家損)　○け
たい(懈怠)　けたい(懈怠)し　○けちえん(結縁)　けちえん(掲焉)　結願　けち(闕)　けうし(脇士)　○けうそく
(脇息)　○御けうそく(脇息)　○花文れう(綾)　家礼　○けらう(下臈)　けらう(下臈)さふらひ　けらうほうし(下臈
法師)　○券　○けん(験)　けむ(監)　けんかた(験方)　○けんき(嫌疑)　○けむさ(験者)　けんさ(験者)とも　○源氏　○源
侍従　○源侍従の君　源氏のおと、　○けんし(源氏)の君　○けむし(源氏)の大納言　○源氏の中將　源氏のひかる君　○源
少將　源少納言　けんそ(見所)　けんそ(見所)し　○源中將　○源中納言　源内侍のすけ　元服　御元服
コ　○こ(碁)　○御五(碁)　○胡　○こ(御)たち　故按察大納言　こ(故)あまうへ　こ(故)あまきみ　○こう(功)○こう(困)
し　こうたい(後代)　○こうはい(紅梅)　こうはい(紅梅)かさね　こうはい(紅梅)の御方　○こうへ(故上)　○こうら
う(後涼)殿　こうろくわん(鴻臚館)　○こえう(五葉)　こえん(後宴)　○こ(故)おと、　故おと、の院　こ(故)大殿
こ(故)おほとの、宮　故大宮　こ(故)御方　○こか(胡笳)　五かい(戒)　御かい(戒)の師　こ(故)かむの君　御
こき(国忌)　こ(故)きさいの宮　こ(故)北のかた　○こきてん(弘徽殿)　弘徽殿の女御　五經　古今和哥集　○こく
ねち(極熱)　○こく(曲)の物　こく(曲)のものとも　○こくらく(極樂)　こくらくし(極樂寺)　○こくわう(国王)　○五
月　五巻　こけい(御禊)　九日のえん(宴)　心けさう(化粧)　御心けさう(化粧)　心けさう(化粧)し　心けさう
(化粧)しあへ　心けさう(化粧)しそし　こ(故)權大納言　故權大納言の君　こさい將(小宰相)　こさい將(小宰相)
の君　○こさうし(小障子)　こ(故)左大臣殿の女御　こし(五師)　○こしきふ(故式部)卿の宮　小侍従　小侍従かり
こし、う(小侍従)の君　○古集　五十く(具)　五十寺　五十七八　五十八　故人　○こしむ(護身)　こ(小)少將　こ少

將の君　こせうに(故少貳)○五せち(節)　五節の君○こせむ(御前)　御こせむ(御前)○こせむ(御前驅)○こせむ(御前驅)とも　故前坊　こそうつ(故僧都)　こ(故)大將殿　故大納言○こたい(古代)　五たん(壇)こち〳〵(骨骨)しく　こち〳〵(骨々)しさ　故致仕のおと、　故ちし(致仕)のおほい殿　こ(故)ち、おと、　こち(骨)なけ　こち(骨)なし　五つ千たん(牛頭栴檀)○五条　五て(碁代)○こてふ(胡蝶)　こと少將○こ(故)殿　ことほうもん(異法文)　こともし(異文字)○ことやう(異様)　こ(故)入道の宮○五人○五の君○五の宮○このゑ(近衞)○近衞つかさ　近衞の中將　近衞の中少將　御坊　古(故)八宮　こ(故)は、　故は、宮すん所○碁はん(盤)　こ(故)ひめ君　故兵部卿のみこ　こう(国府)○こう(業)　こふしやう(業障)　こう(劫)　こほうし(小法師)はら○こま(高麗)○こまうと(高麗人)　古万葉集　こ(故)宮　こ(故)みやす所　故民部大輔○こや(後夜)　こよみのはかせ(博士)　こらう(古老)　五郎君　御らん(覽)　御らむ(覽)しあて　御らん(覽)しいれ　御らん(覽)しうる　御覽しをく　御覽しをくら　御覽しおこせ　御覽しおとろき　御らん(覽)しかたく○御らん(覽)しくらへ　御らん(覽)しさし　御らむ(覽)しさたむる　御らむ(覽)ししらせ○御らん(覽)ししる　御覽しすくす　こらむ(御覽)してかたく　御らむ(覽)しつき○御らむ(覽)しつけ　御覽しとかめ　御らむ(覽)し所　御らん(覽)しと、む○御覽しなす○御らん(覽)しなをさ　御覽しなれ　御覽しはしめ○御覽しはて　御らん(覽)しはなち　御覽しゆるす　御らん(覽)しわか　御覽しわく○御らむ(覽)す　これみつのさい(宰)相　これみつやう(様)　五六　五六十人　故六條院○五六人○五六年　五六の君　五六枚○五ゐ(位)　五位とも　五位四位とも○五位のくら人　こ(故)院　故院のうへ　故衞門督　こむかうし(金剛子)　こんかうはむにや(金剛般若)○權大納言○權大納言殿　こんち(紺地)○權中將○權中納言○權中納言の朝臣○こむるり(紺瑠璃)

サ○さ(座)○みさ・御さ(座)　さい(賽)　さいかく(才学)　さいく(細工)とも○齋宮　齋宮の女御　さい(在)五

かものかたり○さい(在)五中將○さいし(妻子)○さい將(宰相)○宰相殿○宰相の君○宰相の中將　宰相のめのと
御さいしやう(宰相)のめのと　さい(才)人とも○さいそわう(最勝王)經○齋院○さう(莊)○みさう(御莊)○さう(草)○左右○さう(箏)　さう(相)○さうか・しやうか(唱歌)○さうか(唱歌)し　さう(草)かち　さうけん(讒言)　○さうし(冊子)　御さうし(冊子)○さうし(冊子)とも○さうし(障子)○みさうし(障子)　さうし(障子)とも○さうし(精進)　御さうし・さうしん(精進)○さうし(曹司)　御さうし(曹司)○さう(請)し　さう(請)しあへ　さう(請)しいて　さう(請)しおろし　さうし(障子)くち○さうし〳〵(曹司曹司)　さうし(曹司)まち○さうしみ(正身)○さうし(精進)物　御さうそう(葬送)○さうそき(裝束き)　さうそ(裝束)きわけ○さうそく・しやうそく(裝束)　御さうそく(裝束)○さうそく(裝束)とも○御さうそく(裝束)とも○さうそく(裝束)し　さうと(騷動)き　さうとくたいし(聖德太子)　さうにむ(相人)　さふ(相)人とも○さう(箏)のこと　さう(箏)の御こと　左右近衞○左右大將　左右大臣○さう(笙)のふゑ　さう(草)の本○さうひ(薔薇)　さうふ(菖蒲)　さうふ(菖蒲)かさね　さう(常)不輕○さうふれむ(想夫戀)　さうやく(草樂)○さえ(才)○さえ(才)とも○御さえ(才)　さえ〳〵(才々)しく　さか(釋迦)○さか(性)　さか(性)なけ　さか(性)なさ　さか(性)なく　さか(性)な物　さか(性)な物の君○さかのゐん(院)　釋迦牟尼仏弟子　さきの右近のそう(將監)　さきのすさく(朱雀)院　さきのないし(内侍)のかんの君　左京大夫　さくはち(尺八)のふえ　さくらの宴○さけ(邪氣)　左近○左近の少將　左近の少將との　さこんのそう(左近將監)○左近中將　さこむ(左近)の命婦○さ(鎖)し　さしもやう(様)　さす(座主)○左大將○左大將殿○左大弁○左中弁　五月のせち(節)○さは(娑婆)○左兵衞のかみ　さふ〳〵(雜々)の人　さうし(雜事)とも　さうし(雜事)ら○さうやく(雜役)○三らう(郎)○三らう(郎)君　さふらひこう(困)し○さほう(作法)　御さほう(作法)　さほう(作法)とも　御さほう(作法)　さまたけやう(様)○さやう(様)　さるかう(散樂)

かましく○左衛門○左衛門督○さゑもんのたいふ（左衛門の大夫）　左衛門のつかさ　左衛門のめのと　三尺のみ
つし（御厨子）　さむさ（参座）し○三月　三月十三日　三月ついたち　三月はつかあまり　三史　三四人○三十
三十七　卅二三○三十八人○卅よねん（余年）　三千里○三代　さむたん（讃嘆）○三条　三条ら　三条殿　三条殿は
ら○三条の北の方　三条の君　三条のひめ君　三条の宮　三条わたり○三人○三ねん（年）　三のきみ　三のくち
○三宮○三はむ（番）○三ほう（宝）○三まい（味）　三昧たう（堂）○三位　三位の君　三位の宰相○三位の中将
シ○し（師）　御師　おほむ師とも○詩○し（時）○しう（主）○しう（衆）○しう（衆）とも○しうとく・すうとく（宿
徳）　秋風樂○しかく（試樂）　しかく（試樂）めき○史記○四き（季）○しきし（色紙）○式部○式部卿○式部卿のみ
こ○式部卿宮　式部卿宮のおほきたの方　しきふ（式部）の少輔○式部のそう（丞）○式部大輔　式部のつかさ○四
月　四五月　四月十よ（余）日　四月廿日　四巻○しけいさ（淑景舎）○四五けむ（間）○四五人○四五年　四五まい
（枚）　しさひ（子細）なき○四尺○四十　四十疋○四十九日○御四十九日　四十寺　四十つら○四十人○四十まい
（枚）　四十よ（余）○しゝう（侍従）○しゝう（侍従）の君○しゝうのさい將（侍従の宰相）　侍従の内侍○侍従のめの
と○し（死）し○し（辞）し　四千たん（段）○しそく（紙燭）　しそく（親族）○したい（次第）　したい（四代）　したい
（進退）　したゑ（下絵）○したむ（紫檀）○しち（實）○七月○七月七日　七月廿よ（余）日○七間　七そう（僧）○七大
寺○七八人○七八寸　七夜　御七らう（郎）　四帖○四人○しねむ（自然）○四の君　四の君はら○四のみこ○四の
宮○慈悲　四百疋○しう（集）○しふ（集）とも　しふ（執）　御しう（集）○十一○十一月○十九○十月　十月一日こ
ろ　十月中の十日○十五○十五日○十五夜○十五六　十三四○十三日　十四○十四五　十四五日○十七日○十七
八○十二○十二月　十二月十よ（余）日○十二三○十二人○十人　しふね（執念）け○しふね（執念）く○十のみこ
十八ねん（年）　十八九　十万億　十四日○十よ（余）日○十よ（余）人○十よ（余）年○十六○十六日　しほち（新發

意）○しほう（實法）○しもけいし（下家司）　生　上　上え（淨衣）○上くわん（政官）○正月　正月朔日　正月つもりかた　正月廿三日　正月廿日　正下○上（正）三位　正三位し○上す（手）○上す（手）とも　上す（手）めかし○上す（手）めき○上と（淨土）　正日　御正日○上め（馬）○上らう（﨟）　上らう（臈）たつ　御しやけ（邪氣）　尺定（錫杖）　衆生○しゆしやく（朱雀）院　しゆしやく（朱雀）院の宮　春鶯囀　松門　諸大夫○承香殿○承香殿の女御○二らう（郎）　四らう（郎）君○二らう（郎）君○しゐ（四位）　四位五位たち　四ゐ（位）五ゐ（位）かち　四位の侍従四位の少將○四ゐん（韻）○しおん（紫苑）○しをん（紫苑）いろ○しむこん（真言）○進士　しむ（信）しかたき○しんしち（真實）○しん（信）す○しむてん（寝殿）

ス○すいしん（隨身）○みすいしむ（御隨身）○みすいしん（御隨身）とも　すいしん（隨身）から　すいなう（髓腦）○すひはむ（水飯）　水はむ（飯）なとやう（様）　すいふん（隨分）○すきやう（誦經）○みすきやう（御誦經）○すきやうさ（修行者）　すくえう（宿曜）○すくせ（宿世）○みすくせ（御宿世）　御すくせ（宿世）とも　すくせ〳〵（宿世宿世）

御すくせすくせ（宿世宿世）○すくろく（雙六）　すけ（出家）　出家し○すさ（從者）　朱雀　すさく（朱雀）院　朱雀院の御門　す（誦）しあへ　す（誦）しかち　す（誦）しなし○す、（數珠）　御す、（數珠）○すわう（蘇芳）　すわう（蘇芳）かさね○すほう（修法）○みすほう（御修法）　みす（御修）法とも　すみなとやう（様）　すみ（須彌）の山○壽命經　すらう・す兩（受領）　す兩（受領）とも　すり（修理）　すりしき（修理職）○すり（修理）し　すり（修理）しなし○すり（修理）のかみ　すり（修理）のさい將（宰相）　す・すん（誦）しの、しる○す・すん（誦）する　すん（順）なかる

セ　せいかいは（青海波）　せいし（妻子）○せい（制）す　成王　少輔○せうえう（逍遥）　御せうえい（逍遥）○せうよう（逍遥）し　せうさい（小賽）○少將　少將殿　少將のあま　少將のあま君○少將の君　少將の命婦○せう〳〵（少々）　せうそく（消息）かる○せうそこ（消息）○御せうそこ（消息）○御せうそこ（消息）とも○せうそこ（消息）し

せうそこ（消息）ふみ ○少納言　少納言のめのと　せうに（少貳）　せかい（世界）　夕殿　戚夫人　絶句 ○せけむ（世間）○施し ○せち（切）○せちふん（節分）○せちゑ（節会）　せちゑ（節会）とも ○せに（銭）　せふ正（攝政）し　施入し　せひ（是非）しらす　せりかはの大將　仙遊霞 ○せむかう（浅香）　せんけうたいし（善巧太子）○せむさい（前栽）　前齋宮　せむ（前）齋院 ○せむし（宣旨）　せんし（宣旨）かき　せむし（宣旨）かきめき ○せむし（禪師）の君 ○せんしやう・せしやう（軟障）　せん（先）せ　せんすい（泉水）○せんそ（先祖）○先帝　せむ（前）大王 ○仙人 ○千人　せむ（前）坊　千部　せんほう（懺法）　宣命

ソ ○そう（僧）　僧たち ○そう（僧）とも ○そう（族）○御そう（族）○そう（丞）　そう（奏）しをき　そう（奏）しかたく　そう（奏）しさし　そう（奏）しなし　そう（奏）しなをす ○そう（僧）正 ○そう（奏）す ○そうつ（僧都）　そうつ（僧都）たち ○そうつ（僧都）の君　そうつ（僧都）の御坊 ○そうはう（僧房）　御そうふん（處分）　御そふん（處分）とも　御そうふむ（處分）所　そうるい（族類）　承和　そ行（承香）殿のみこ　そく（職）○そく（俗）　そく（俗）ひしり ○そくらう（贖勞）○そち（帥）○そち（帥）のみこ ○そち（帥）の宮　處分し ○そや（初夜）　そらせうそこ（空消息）　楚王 ○そむわう（孫王）　そむわう（孫王）の君たち　そん（尊）者

タ ○たい（對）○たい（對）とも ○たい（臺）○御たい（臺）○たい（題）○御たい（題）○第一　大液 ○大かく（学）　大かく（覚）寺　大かく（学）の君 ○大きやう（饗）　大きやう（饗）とも ○たいくわん（大願）　たいこ（太鼓）○大こく（曲）とも　大こくてん（極殿）　たいこのあさり（醍醐の阿闍梨）のきみ　太子 ○たいし（大事）　大事とも ○大將　大將たち　大將こそ ○大正し（床子）○太政大臣　太上天皇　大將殿　大將殿わたり　大將の君　たいしやく（帝釋）○大臣　大臣たち ○大小　たいそう（大乗）○たい〱（代々）○たいとこ（大徳）○たいとこ（大徳）たち ○大内記 ○大納言 ○大納言殿 ○大納言の朝臣　大納言の君 ○大に（貳）　大日如來　大貳の内侍のすけ　大貳のめのと　たい（對）

のうへ○たい(對)の御かた　たい(對)の方　たい(對)のひめ君○大はむ(臺盤)○たいはむ(臺盤)所○大ひさ(悲者)
○たいふ(大夫)○大輔　大夫かり　大夫のおと、○大夫の君　大輔の君　大夫監　たいふ(大輔)の命婦○大輔の
めのと○太平樂○たいめ・たいめん(對面)○御たいめ・たいめん(對面)○たいめ・たいめん(對面)す○たう(堂)
○みたう(御堂)○たうか(踏歌)　たうこく(當国)○たうし(當時)○導師○御導師○たうしむ(道心)　御たうしん(道
心)　たうたい(當帝)　たうのはい(答の拜)○たうり(道理)　打毬樂　たき(彈碁)　たなつし(棚厨子)○たらう
(太郎)○御たらう(太郎)○たらう(太郎)君○たらに(陀羅尼)○たむ(綣)○たむ(壇)○たむゐむ(探韻)
チ　○地　地○持　ち(持)經　御持經　ちう(柱)○中宮　中宮の御方○ちうけん(中間)○中將　中將たつ○中將と
の○中將のあそん　中將のおもと○中將のきみ　中將の命婦○中少將　中たう(堂)○中納言○中納言との○中納
言のあそん○中納言の君　中納言のめのと　中納言みなもとのあそん○中門　ちく(軸)○ちくせむ(筑前)のかみ
○地下　御ちしき(地敷)　ちし(致仕)○ちし(致仕)のおと、　ちし(致仕)の大殿○ちす(帙簀)　ち、入道　ち(持)
佛　御ち(持)佛○ちもく(除目)○丁(帳)○みちやう(御帳)　上(錠)　ちやう(廳)　長恨歌○丁子　丁子そめ○長
生殿○ちやうたい(帳臺)　長ふそうし(奉送使)　長や(夜)○勅使○ちむ(沈)
ツ　ついせう(追従)○ついせう(追従)し　ついせう(追従)しありき　ついせう(追従)しより　月のえん(宴)　つ
くしのこせち(筑紫の五節)　つくりやう(様)　つくりゑ(作絵)○つし(厨子)○みつし(御厨子)　みつし(厨子)と
も○みつし(厨子)ところ○つほさうそく(壺装束)　つほせんさい(壺前栽)　つほせむさいのえん(壺前栽の宴)
テ　亭子院○帝王　てうかく(調樂)○てうし(調子)　てうし(調子)とも○てう(調)し　てう(調)しいて　てう(調)
しわひ○てうと(調度)○御てうと(調度)　御てうと(調度)とも　てうと(調度)めく○てうはい(朝拜)　てくるま
の宣旨○てし(弟子)　てし(弟子)とも　弟子はら○御てし(弟子)　御弟子とも○てう(蝶)○てほん(手本)○御て

ほむ（手本）○天　てむ（点）かち○てんく（天狗）○天下　天けん（眼）○殿上　殿上し　殿上のそう（将監）○殿上人殿上人とも　てむ（点）つか　てん（点）なか○天人　天へむ（変）

ト○とう（頭）○とう（筒）　とう（動）○とう（春）宮　東宮の御方　春宮の宣旨　春宮大夫○春宮の女御○とう（登）花殿○藤宰相　藤式部のそう（丞）○藤侍従○とう（動）せ　とう（藤）少將○とうたい（燈臺）○藤大納言○とう（藤）中納言○頭の君　とう（頭）の少將○頭中將○頭弁○とうろ（燈籠）○とうゐむ（洞院）○と（讀）經○みと（御讀）經○とく（徳）○御とく（徳）○とくゐ（得意）○とこ（獨鈷）　との、中將　殿の中將の君　とはり帳○とりく（取具）し○とむしき（屯食）

ナ○な（儺）○ないえむ（内宴）○内記○ないけ（内外）　ないけう（内教）○ないけうはう（内教坊）○ないし（内侍）内侍とも　内侍所○ないし（内侍）のかみ　ないし（内侍）のかむの君○内侍のすけ　ないし（内侍）のすけはら　内侍はら　ないしんわう（内親王）○内大臣○内大臣殿　なかさうし（中障子）　なかのみさうし（中の御障子）　中のさうし（障子）のくち　なかのたい（對）　中のへい（塀）　なかのらう（廊）○なたいめん（名對面）○南殿　なにかしあさり（阿闍梨）　なにかしそうつ（僧都）　なにかしの念佛　なにかしの院　なにそやう（様）　なにやう（様）　なます兩（受領）　なまそむ（孫）王めく　南無當來導師　ならの京○なむ（難）○なん（難）す　なん（難）つく○なん（難）なく

ニ○にかい（二階）○にき（日記）○二月○二月十よ（余）日　二月ついたちころ　二月廿日あまり○二三人○二三ねん（年）○にしの京○廿　廿一二○廿五○廿五日○廿三○廿三日　廿七八　廿二三○廿八日○廿よ（余）年　二千里日中　二条　二条のうへ　二条のおと、　御二条のきたのかた　二条の君○二条の宮○二條院　二条の院のうへ　二条院の君　二条院のひめ君　二のくるま　二のま　二のまち○二宮　にうかく（入学）○入道　にうたう（入道）后の宮　にうたう（入道）のひめきみ　入道のひめ宮　入道のみかと　にうたう（入道）の宮　にほふ兵部卿二品　日本記　二品宮 ○女官 ○女くわん（官）とも ○女御 ○女御たち　女御かうい（更衣）　女御更衣たち　女御かた　女御かた ○女御との ○女御の君　女くら人 ○女人　女へたう（別当）　にむ（任）　仁王會

ネ ○ねうはう（女房）○女はう（房）たち ○女房とも ○女房車　女ほう（房）のさふらひ　年三　ねん（念）しあへ ○ねん（念）しあまり　ねむ（念）しいり ○ねむ（念）しかへし ○ねむ（念）しすくす　ねん（念）しすこし　ねむ（念）しはつ ○ね（念）しわたり ○ねむ（念）しゐ ○ねん（念）す　ねむす（念誦）○ねむす（念誦）し　御ねんす（念誦）　御ねむすたう（念誦堂）　ねんすのく（念誦の具）　御ねむすのく（念誦の具）とも ○ねん（念）佛 ○御念佛　念佛衆生攝取不捨念佛そう（僧）　念佛のそう（僧）とも

ノ　野の行幸　のりのし（師）

ハ　はい（梅）花　徘徊す ○はい（拜）し　はい（陪）し　はいせん（陪膳）○はう（方）　御はう（方）○はう（坊）○坊かね ○はうし（拍子）　拍子あはせ　拍し（子）とり　はうそく（放俗）　はうとう（方等）經　はうへむ（方便）　御はうへん（方便）○八講 ○はかせ（博士）○はかせ（博士）とも　はかまのく（具）　はきのえん（宴）　白虹　はこや（藐姑射）のとし　御はさみなとやう（様）○はしとみ（半蔀）　はすのみなとやう（様）○御はち（鉢）　はち（撥）　はちをと（撥音）○八月 ○八月十五夜　八月十余日 ○八月廿よ（余）日　八条の式部卿 ○八人 ○八の宮　八らう（郎）君　八省　はつせの観音　はつ（發）のを　はなてふ（花蝶）　花の宴 ○はん（判）　はむ（判）とも ○はむ（盤）　はむ（盤）とも ○はん（番）　はむさ（判者）　はむさい（斑犀）　はむしきてう（盤渉調）　万春樂

ヒ　ひかる源氏 ○ひかん（彼岸）○ひきく（具）し　御ひくき（鬢茎）　ひけ（卑下）し　ひこ（肥後）　ひこんき（祕錦綺）とも ○ひさう・ひしやう（非常）　ひさう（美相）なき　ひさむき（非参議）　非参議の四位　非参議の四位とも

○ひ（祕）し　ひせむ（肥前）　ひそくやう（祕色様）　ひたう（非道）　ひたちのせんし（前司）殿　○ひちりき（篳篥）　○人け（氣）なし　○ひとそう（一族）　ひとつ院　ひとやう（一様）　○ひとるい（一類）　○ひは（琵琶）　○御ひは（琵琶）　ひわ（琵琶）の法師　○ひゝ（美々）しう　○ひやうさ・はうさ（病者）　○ひやうし（拍子）　ひやうてふ（平調）　兵藤た（太）未央　○兵部　○ひやうふ（屛風）　ひやうふ（屛風）たつ　○屛風とも　○御ひやうふ（屛風）　○御屛風とも　○兵部卿　○兵部卿のみこ　○兵部卿宮　兵部の君　○兵部のたいふ（大夫）　兵衛の大君　○兵衛督　○兵衛佐　○兵衛のそう（尉）　兵衛の命婦　○白たん（檀）　百部（歩）　○百りやう（兩）　○ひらうけ（檳榔毛）　ひはりこやう（桧破籠様）　○ひん（鬢）　御ひん（鬢）　○ひんかしのたい（對）　ひむくき（鬢茎）　○ひ・ひん（便）なし

フ　ふ（譜）　○ふい（不意）　○ふう（封）　ふかう（不幸）　不輕　○ふく（服）　○御ふく（服）　ふく（服）し　ふくち（福地）のその　ふくろやう（様）　○ふけう（不孝）　ふけむほさつ（普賢菩薩）　ふけむかう（普賢講）　ふすく（粉熟）　御ふすまなとやう（様）　○ふせ（布施）　ふせ（布施）とも　○ふたい（舞臺）　○ふたう（舞踏）し　○ふたん（不断）　○ふたむ（不断）　經　ふちの宴　ふちの花のえん（宴）　○ふちやう（不定）　佛天　佛ほう（法）　○御佛名　ふてう（不調）　ふてう（不調）ものとも　ふとうのたらに（不動の陀羅尼）　○不動尊　ふひやう（風病）　○ふひん（不便）　芙蓉　○ふよう（不用）　ふるこ（古御）たち　ふるすらう（古受領）　武王　ふんこ・ふこ（豊後）のすけ　ふむ（封）しこめ　○ふんたい（文臺）　文王

ヘ　へい（塀）とも　○へいし（瓶子）　○へいしう（陪従）　へいちう（平仲）　へいないし（平内侍）　へいないし（平内侍）のすけ　○へう（表）　へうし（表紙）　○へたう（別当）　へたう（別当）とも　別当大納言　○へち（別）○へちなう（別納）　○へん（邊）○弁　弁官　へんくゑ（変化）し　○へんけ（変化）　へん（偏）つき　弁のあま　弁のあま君　○弁の御もと　○弁の君　弁のきみたち　弁の少将　弁命婦

ホ○ほい（本意）○御ほい（本意）○ほい（本意）なし　ほうもち（捧物）○ほうらい（蓬萊）○ほうらい（蓬萊）の山○ほく（反故）　ほく（反故）とも○木石○法華經　法花三昧　ほ（法）花のまたら（曼陀羅）○ほたい（菩提）　佛經　佛ほさつ（菩薩）　ほのけしき（氣色）み　法とも　法かい三まいふけん大し（法界三昧普賢大士）　ほうけ（法氣）つき○ほうさうし・ほうしやうし（法性寺）○ほうし（法師）○ほうし（法師）はら　ほうし（法事）　御法事　ほうし（法師）まさりし○ほうふく（法服）○御ほうふく（法服）　法ふく（服）たち○法文○ほん（本）○ほん（本）とも○ほむさい（本妻）　ほんさい（本才）　ほんし（梵字）○本上（性）　御本上（性）　本所○本そん（尊）○ほむなう（煩惱）

マ　まかひるさな（摩訶毘盧遮那）○まきゑ（蒔絵）○万さい（歳）○万さい（歳）樂○まひの師　まゝはゝなとやう（様）　まんたら（曼陀羅）

ミ　御くしあけの内侍　三十一字○みそもし（三十文字）あまり　みたけさうし（精進）○みたりかくひやう（脚病）○みふ（御封）　みもし（三文字）○みやうかう（名香）○命婦　命婦の君　宮の権の佐　宮の大夫　宮の女御○みろく（彌勒）○民部卿　民部のおもと○民部大輔

ム　むかしやう（様）○むけ（無下）○むこ（無期）　無言太子○むさい（無才）○むさん（無慚）○むしん（無心）○むとく（無徳）　無品親王○むもん（無紋）○むらい（無礼）　むらさきち（紫地）

メ○めいほく・めんほく（面目）　御めんほく（面目）○めいほく（面目）なく○めいわう（明王）　めうほうしのへたうたいとこ（妙法寺別当大徳）○めたう（馬道）　めのとやう（様）　御めのとやう（様）

モ　もう〳〵（朦々）○もく（木工）○もく（木工）の君　もくれん（木蓮）○もし（文字）　もし（文字）とも　もし（文字）すくな　もし（文字）つよう　もしやう（文字様）　ものかたりゑ（物語絵）　ものねむ（物念）しし○ものゝけ（物怪）○御ものゝけ（物怪）　ものゝけ（物怪）たち　御ものゝけ（物怪）めき○ものゝ上す（手）○ものの上手とも○物

のへんくゑ(変化)○もの、へむけ(変化)めき○もの、よう(用)○もの、ゑやう(絵様)　ものゑし・ものゑんし(物怨)　○ものゑんし(物怨し)す　紅葉の賀　御もみちの賀　もらしそう(漏し奏)し○もむ(紋)○文さい(才)○もんさうはかせ(文章博士)　○文章　文章の生　文籍　○文人

ヤ　○やう(様)　やう(様)かはり　やう(様)かへ　○やうき(様器)○楊貴妃　やうせい(陽成)院　○やうたい(様體)　やう(様)たかひ　やう(様)の物　やう(様)の物とも　やう(様)はなれ　やうめい(揚名)のすけ　○夜行　○やく(役)　やく(益)○薬師ほとけ　やく(益)なさ　やく(益)なし　やまとさう(相)

ユ　○ゆいこん(遺言)　御ゆいこん(遺言)　御ゆいこむ(遺言)とも　ゆきひらの中納言　ゆけひのせう(尉)　ゆけひの命婦

ヨ　○よう(用)　○ようい(用意)　ようい(用意)ありかほ○ようい(用意)す　ようい(用意)なさ○よう(用)せ○よう(用)なき　よう(用)なしこと　御ようめい(容面)　よかわのそうつ(僧都)

ラ　らいし(罍子)　らいし(罍子)とも○らい(來)年○らう(廊)○らう(廊)とも○らう(労)　御らう(労)　御らう(霊)○らう(乱)かはしく　らう(乱)かはしさ　らうけ(労氣)○らう・りやう(領)し　らうそう(老僧)　らう(労)たくし　らう(労)たけさ○らう(労)たけ　らう(労)たさ○らう(労)たし○らうとう(郎等)　らうとう(郎等)とも　らう(廊)めく○らう〱(労々)し　らう〱(労々)しさ　らうろう(牢籠)○らくそむ(落蹲)　らさう(乱声)とも○らち(埒)○らてん(螺蜔)　らに(蘭)　御らう(﨟)とも○らんしやう(乱声)

リ　○りう(龍)　柳花苑　龍頭鷁首　りうわう(龍王)○りし(律師)　りち(律)　りやう(霊)○御両(領)　りやう(領)しはて○りよ(呂)○りんし(臨時)○臨時客○りむし(臨時)のまつり○りんたう(龍膽)　りむ(輪)の手

ル　○るい(類)　るてん三かいちう(流轉三界中)○るり(瑠璃)

レ○れい(例)　御れい(例)○れいけいてん(麗景殿)○れい(例)さま○れせいゐん(冷泉院)　冷泉院の后　れいせん(冷泉)院のきさいの宮　冷泉院の御門　れい(例)の人さま　れい(例)の人めき○れう(料)○御れう(料)　れうし(寮試)　れうもん(寮門)○れうわう(陵王)　れせい(冷泉)院の女御殿　れん(練)し

ロ○ろう(弄)し○ろく(祿)○御ろく(祿)○ろく(祿)とも○六○六月○六尺　六十巻　六時のつとめ　六十五六十三　六十そう(僧)　六十余人　六道　六条　六条京極わたり　六条との　六条のおと、　六条の女御　六条のみやす所　六条の院　六条わたり○六人　六の君　六部　六郎君○六位　六衛府○ろ(論)なく○ろむき(論議)○ろむ(論)する

ワ　わうけ(王氣)つき○わうしきてう(黄鍾調)○わうしやう(皇麞)○王昭君　王女御　わうはん(椀飯)　王命婦○和歌○わこむ(和琴)　わ(和)し　わらはすいしん(童隨身)　わらはそむわう(孫王)　わらは殿上し　わるこ(悪御)たち

ヰ○院○院かた○院司　院司とも○院のうへ　院のでんしやう(殿上)　院の殿上人　院のないし(内侍)のかみ○院の別当○院のみかと○ゐん(韻)○ゐむ(韻)ふたき　院もり

ヱ○ゑ(絵)　ゑ(絵)とも　御ゑ(絵)　御ゑ(絵)とも○ゑかう(廻向)　御ゑかう(廻向)○ゑし(絵師)　ゑし(絵師)とも○ゑ・ゑん(怨)す　ゑところ(絵所)○ゑふ(衛府)つかさたち○ゑふ(衛府)のすけ　ゑ(絵)ものかたり○衛門督　衛門のかむの君　ゑやう(絵様)○ゑか・ゑんか(垣下)　えむ(怨)しをき　ゑん(怨)しはつ　ゑん(怨)せられはて

ヲ　おとこたうか(男踏歌)○女一宮　女かく(樂)○女三宮　女二の宮○女ゑ(絵)とも

注

1 『京大本平曲正節』の小教訓の章句に、「正二位」と「正」に濁声点が付せられてゐる。

2 築島裕著『平安時代語新論』五八八ページ。

3 舌内入声音の韻尾-tを「ム」で表記する例が、『漢書楊雄傳天暦二年点』など十世紀以降の点本にあり、「屈(クン)」の音は、当時の音表記を反映したものと見られる。

4 鈴木朖『言語四種論』(六丁ウラ)に「漢語ヲ和語ノ格ニ働カシ用ル事、中昔ニハ執念ガマシキ事ヲシフネシ、シフネクナドイヒ、装束スルヲサウゾク、サウゾキナド云タグヒアリ」とある。

5 築島裕『平安時代の漢文訓読語につきての研究』七七四―七七五ページ。

6 原文の表記の仮名を漢字に変へたものがある。数字は、源氏物語大成のページ数である。以下同。

7 語の所在は、源氏物語大成巻四索引篇によられたい。

第四編　終　章

第二編では、漢籍・佛典などの訓読を介して、日本語に摂取され受容され蓄積された漢語、即ち、理解語彙としての漢語について、論語・遊仙窟・文選・法華經・本朝文粋の訓読資料を対象として考察して、その全体像を解明し、その語彙の約30～50％が現代語に継承されてゐる実態を明らかにした。

第三編では、和文脈の中で使用されてゐる漢語、即ち、表現語彙としての漢語について、主として平安朝の仮名文学作品、竹取物語・伊勢物語・土左日記・宇津保物語・かげろふ日記・枕冊子・源氏物語を対象として考察して、その全体像と使用の実態を解明し、平安朝の十世紀と十一世紀の交に漢語の共通語彙が成立してゐたことを明らかにした。

この第四編では、理解語彙として摂取した漢語と、表現語彙として使用した漢語との関聯について、語数・和漢混種語・漢語の読みなどの面から考察を加へる。

一　語　数

漢語の異なり語数は、その作品の量と質により大きく左右されるが、訓読資料では、文選で約三万二千語、本朝文粋で約一万五千語、法華經で約四千語、論語で約千三百語、遊仙窟で約九百語であるのに対し、仮名文学作品では、宇津保物語で約二千三百語、源氏物語で約二千語、枕冊子で約千語、かげろふ日記で約三百六十語、土左日記・竹取物語・伊勢物語で各約百語である。

訓読資料の語数が非常に多く、仮名文学作品の語数の数倍から十数倍に達する。これは、理解語彙として摂取した漢語のうち、実際に使用されるものは一割程度であることを示唆するものであらう。

次に、異なり語数の内容を見るに、二字語が最も多い点は、訓読資料・仮名文学作品を通じて、変らない。二字語に続いて語数の多いのは、一字語・三字語・四字語・五字語以上の順である点は、法華經・土左日記を除いて、訓読資料・仮名文学作品に共通である。また、一字語・二字語の合計の割合は、訓読資料では法華經以外は約90％であり、仮名文学作品では土左日記以外は約80％である点も、共通してゐる。

また、平均使用度数は、一字語が最も大きく、二字語・三字語と字数の多くなるにつれて減少する点も、訓読資料・仮名文学作品を通じて、同様である。

以上、訓点資料の漢語と仮名文学作品の漢語とでは、語数において著しい差が見られるが、その内部構成の面では類同である。

二　和漢混種語

和漢混種語は、体言と用言とに分けて考察する。

体言　先づ、各資料における和漢混種語の体言の語数と、漢語の異なり語数に占める割合を表示する。

資料名	語数	百分比
論語	7	0.55
遊仙窟	0	0
文選	23	0.07
法華經	6	0.14
本朝文粹	53	0.35
竹取物語	6	5.2
伊勢物語	6	6
土左日記	11	15.5
宇津保物語	326	14.5
かげろふ日記	52	14.5
枕冊子	136	13.3
源氏物語	441	23

表を一見して判明するやうに、訓読資料での語数は極めて少い。遊仙窟では皆無であり、他の資料もすべて、1%に満たない。これに対して、仮名文学作品での語数は多く、比率も非常に大きい。

複合の形式については、訓読資料では、「魯(ロ)」人(ヒト)・卿等(ケイラ)・好悪(かうあく)ら・涅槃時(ねはんとき)・半(ハン)」蔀(シトミ)・非」蔵」人」などの「漢語――和語」の形式と、「土等(つちとう)・幾(イク)万－里」などの「和語――漢語」の形式との二種である。また、それ〴〵の形式でも、漢語は「国名・人名・等(とう)」など、和語は「人(ヒト)・ら・幾(イク)」などの語に限られる傾向がある。これは、元の漢文の字面から強い制約を受ける本質的な面があるもの、限定された不自由な構成である。

一方、仮名文学作品では、右の二形式の他に、二重の複合形式である複式混種語が見られる。「今様色・御随身ばら・御覧じ所・大将殿わたり」などの「和漢混種語――和語」の複合形式や、「御心化粧・異御調度・御乳母様」などの「和語――和漢混種語」の複合形式や、「故大将殿・故衛門督・故在原業平中将」などの「漢語――和漢混種語」の複合形式が、それである。この外に、「三十文字あまり七文字」の如く、「和漢混種語――和語――和漢混種語」の複雑な複合形式も見られるなど、複合形式の種類も多種に亘る。

更に、その和漢混種語を構成する和語としては、「おほむ・み」などの接頭語、「きみ・どの・たち・ども・ら・ばら」などの接尾語の外に、「扇・青・今・心・横・童・男・女・所・色・町・方・司」などの普通名詞も多く使用され、何の制約もなく自由に混種語となつて居る。また、漢語も「悪・香・楽器・几帳・菊・經・具・願・官人・下衆・穀・紫苑・色紙・主・精進・障子・消息・節会・節句・殿上・日記・女房・屏風・紋」などが、和漢混種語を構成してゐて、特に制約は見当らなく自由である。

以上、体言の和漢混種語は、訓読資料では、語数も極めて少く、複合形式も僅か二つのみであり、且つ構成する漢語・和語に制約が見られるのに対し、仮名文学作品では、語数も甚だ多く、複合形式も多種多彩であり、構成する漢語・和語に制約がなく自由であり、全く対照的な様相を呈してゐる。

用言　各資料における和漢混種語の用言の語数と、漢語の異なり語数に占める割合を、次に表示する。

資料名	語数	百分比
論語	156	12.2
遊仙窟	41	4.7
文選	2726	8.6
法華經	733	17.6
本朝文粹	959	6.3
竹取物語	15	23
伊勢物語	13	13
土左日記	1	1.4
宇津保物語	157	7
かげろふ日記	50	14
枕冊子	124	12.1
源氏物語	250	13

訓読資料では、それ〴〵の資料により相当のばらつきがあるが、体言に比べると語数は格段に多く、割合も比較にならぬほど大きい。

一方、仮名文学作品では、語数は訓読資料に比べると概して少い。同一作品の和漢混種語の体言に比べると、それ〴〵多い作品・少い作品があるが、宇津保物語・源氏物語など語彙量の多い作品では体言の約半数である。しかし、その作品に占める割合は10％台が大半で、各訓点資料の割合とほゞ同じである。

次に、複合形式は、訓読資料では、「愛ス・食ス・下‐達ス・再‐拝ス」などの「漢語――和語動詞『ス』」の形式が殆どある。この漢語サ変動詞が再び和語と複合する複式混種語には、次の四種類の複合形式が見られる。

その一は、「相‐轉ス・相‐映ス・相残害ス」などの「和語接頭語――漢語サ変動詞」の形式であり、その二は、「敬ひ信し・貧り愛する・削‐損・撰‐進」などの「和語動詞――漢語サ変動詞」の形式であり、その三は、「興し出て・任‐来・成し已り・供養し已り」などの「漢語サ変動詞――和語動詞」の形式であり、その四は、「度し易し・信し難し・思議し難し・分別し叵し」などの「漢語サ変動詞――和語形容詞」の形式である。その一の形式では、和語接頭語は「相」に限定され、その三の形式では、和語の大半は「已る」であり、その四の形式では、和語形容詞は「やすし・かたし」に限定されるなど、かなり強い制約が見られる。

一方、仮名文学作品における和漢混種語の用言でも、その複合形式には、漢語サ変動詞、及び、漢語サ変動詞がさらに和語と複合する複式混種語の四種類の形式が存在する。しかしながら、その一の形式では、「うち化粧し・かい具し・とり具し・ひき具し」など、和語接頭語が多彩であり、その三の形式では、「請し入れ・誦し上け・奏しきり・奏し下す・啓し直す・調し出し・調し急く・念し余り・念しすくす・化粧したて・御覧し合はせ・講しはて・追従しありき」など、多数の和語動詞が自由に複合して居り、その四の形式では、「屈しいたく・信しかたき・御覧し捨てかたく」と、新に「いたし」が加はるなど、訓読資料に比べて制約が殆ど見られず、複合する和語は多数で自由である。

更に、複合の形式には、訓読資料にはない、次の新しい複合形式が見られる。「愛敬づく・奥よる・上手めく・消息だつ」などの「漢語――和語動詞」の形式、「今様たち・宣旨かきめき・氣色ばみありき・艶がりおはす・物怨じし」などの「和漢混種語――和語動詞」の複式混種語の形式、「うち氣色ばむ」などの「和語接頭語――和漢混種語」の複式混種語の形式、「便なく・本意なし・氣近く・氣色深う・文字強う」などの「漢語――和語形容詞」の形式、「執念し・上臈しう・美々し・労たし・乱がはし・氣色ばまし・散楽がましく」などの「漢語――和語形容詞的接尾語」の形式、また、「うち誦しなし・心化粧しあへ・心化粧しそし」などの複々式混種語の形式などがそれであり、複合の形式が多種で複雑なものまで見られる。

以上、和漢混種語の用言は、訓点資料では、語数は多いが複合形式が比較的単純であり、且つ、構成する和語は、サ変動詞・接頭語「相」などに限定されてゐるのに対して、仮名文学作品では、語数こそ少いものゝ、複合形式は多種多様であり、構成する和語もサ変動詞以外の動詞も多数で、接頭語の種類も多彩であるなど、自由自在に複合してゐる。

和漢混種語の体言・用言を通じて、訓読資料の理解語彙としてのそれに比べて、仮名文学作品の表現語彙としてのそれは、外来語である漢語の和語化の程度が進み発展した様相を如実に示してゐる。さらに体言・用言を併せた和漢混種語の語数も、宇津保物語・かげろふ日記・枕冊子では、異なり語数の20％以上を占め、源氏物語では36％にも達し、語数の面でも、漢語の中で重要な地位を占めてゐることを物語る。

三　漢語の読み

訓読資料の漢語の読みは、本朝文粋以外は、資料毎に、漢音読みか、呉音読みかが一定してゐる。即ち、漢籍関係の論語・遊仙窟・文選は漢音読みが原則であり、佛典の法華經は呉音読みが原則であり、それ〴〵例外は稀である。本朝文粋には、内容的に漢籍と同じの「詔・対冊・奏状・表・序」などと、佛教に密接な関係のある「願文・諷誦文・奏状の佛事・序の法会」とが併せ収められてゐて、前者は主として漢音読み、後者は主として呉音読みである。これは、漢籍出自の漢語は漢音読み、佛典出自の漢語は呉音読みの原則に忠実な読みをしてゐる結果であらう。

仮名文学作品においては、漢音読み・呉音読みの漢語が混在し、どちらかの読みが原則といふ傾向は見られない。この点が、訓読資料の漢語と対照的である。たゞ、漢詩文の訓読そのものが引用されるなど、出自が明らかな場合には、その漢語の読みは、出典の読みと同じである。例へば、源氏物語の玉鬘の巻の「胡の地のせいし（妻児）をはむなしくすて〳〵つ」は白氏文集の引用であり、[注1]同じく柏木の巻の「いうしやうくん（右將軍）かつかにくさはしめてあをし」は紀在昌の詩の引用であり、[注2]枕冊子八六段の「らんせい（蘭省）の花の時の錦の帳のもと」は白氏文集の引用であり、[注3]同じく二九二段の「声めいわう（明王）のねふりをおとろかす」は本朝文粋からの引用であり、[注4]四例すべてが漢音読みで、出典の漢詩文の読みと一致する。

周知の通り、平安初期には、漢音が正音とされて漢音に熟習することが奨勵され、呉音は訛謬あるものとして抑制された。延暦十七（西暦七九八）年二月の太政官宣に、[注5]次の一條がある。

一、諸読書出身人等皆令レ読二漢音一、勿レ用二呉音一

これは、漢音奨勵の明白な意志表示であるが、その一面として、呉音の勢力が強大で、漢音の勢力が弱小である背景を、描出したものに他ならない。

この背景の反映が、仮名文学作品で、呉音読みの漢語が、漢音読みの漢語の二～三倍多い語数となつて現れたと思はれる。古く伝来してゐた呉音の勢力は欝然として抜きがたく、朝廷の推奨にも拘らず新來の漢音の勢力は伸び悩んでゐたのが実状と見られる。

以上、訓読資料から摂取された理解語彙としての漢語と、仮名文学作品に使用された表現語彙としての漢語との関聯について、語数・和漢混種語・読みの面から考察した。両者は、重なり合ふ共通の面を保有しつゝも、和語化の面では著しい程度の差があることが明らかとなつた。

注

1 築島裕『平安時代の漢文訓讀文につきての研究』七七四ページ。

2 日本古典文学大系『源氏物語』四の補注四八、及び、注1の書八〇四ページ。

3 日本古典文学大系『枕草子』八二段の頭注。

4 右書、三一三段頭注。

5 中田祝夫『古典本の国語学的研究』一六ページ。

編者略歴

柏谷嘉弘（かしはだに・よしひろ）

神戸女子大学・名誉教授。
専門は日本漢語の研究。主な著書に『日本漢語の系譜』（東宛社、昭和62年）、『續　日本漢語の系譜』（東宛社、平成9年）などがある。

靏岡昭夫（つるおか・あきお）

山口大学・名誉教授。
専門は計量国語学・語彙論・文字表記論・日本語文法等の研究。主な著書に『あなたも漢字大博士』（実業の日本社、昭和56年）、『漢字熟語の辞典』（こう書房、昭和62年）、『たけくらべ総索引』（笠間書院、平成4年）などがある。

日本古典漢語語彙集成（にほんこてんかんごごいしゅうせい）
第二冊 研究篇 正（だいにさつ けんきゅうへん せい）

2015年11月10日　初版発行

編　者　柏谷嘉弘・靏岡昭夫（柏谷嘉弘 著）

発行者　池嶋洋次
発行所　勉誠出版株式会社
〒101-0051　東京都千代田区神田神保町 3-10-2
TEL：(03)5215-9021(代)　FAX：(03)5215-9025

〈出版詳細情報〉http://bensei.jp

印　刷　平河工業社
製　本　大口製本印刷

© KASHIWADANI Yoshihiro 2015, Printed in Japan

【三冊揃】ISBN978-4-585-28022-4　C3080

本書は『日本漢語の系譜』（東宛社）をもとにしております。